сновні країни, де англійська мова
державною й офіційною

A B C D E F G H I J K L M N O P Q R S T U V W X YZ

СЛОВНИК

АНГЛІЙСЬКО-УКРАЇНСЬКИЙ
УКРАЇНСЬКО-АНГЛІЙСЬКИЙ

DICTIONARY

ENGLISH-UKRAINIAN
UKRAINIAN-ENGLISH

КИЇВ ПЕРУН ІРПІНЬ

УДК 811.111+811.161.2] (038)
ББК 81.2Анг-4
А64

Упорядкування та загальна редакція

В. Т. БУСЕЛА

А64 **Словник:** Англійсько-український. Українсько-англійський: посіб. для загальноосвіт. та вищ. навч. закл. — 2-ге вид., стереотип. — К.; Ірпінь ВТФ «Перун», 2010. — 464 с.

УДК 811.111+811.161.2] (038)
ISBN 966-569-150-3 **ББК 81.2 АНГ-4**

Словник містить близько 40 000 найбільш уживаних слів і словосполучень англійської та української мов. Широко представлена суспільно-політична, науково-технічна, літературна та розмовна лексика, враховано особливості американського варіанта англійської мови. Словник побудовано за оригінальною гніздовою системою.

Призначений для учнів старших класів, викладачів, слухачів курсів іноземних мов, студентів, аспірантів та осіб, що вивчають англійську мову самостійно.

ПЕРЕДМОВА

Пропонований для повсякденного користування словник розраховано на працівників різних професій, студентів і школярів. У ньому зібрано найуживанішу суспільно-політичну, літературну й побутову лексику, що складає основу як української, так і англійської мов, а також найбільш поширені наукові й технічні терміни. У словнику наведено фразеологічні вирази і словосполучення, часто вживані в художніх творах, періодиці, науково-популярній літературі.

Нормативний характер словника досягається з допомогою таких засобів:

а) цілеспрямованим добором лексики в обох частинах: українській та англійській;

б) введенням ремарок, умовних знаків та скорочень, що показують сферу вживання слова або розкривають його значення. Щоб раціонально і компактно подати в словнику лексичний матеріал, упорядники вдалися до оригінального розміщення слів у певних гніздах, хоча це в якійсь мірі й ускладнює користування словником.

До українських слів та словосполучень упорядники прагнули підібрати найточніші англійські відповідники, і навпаки. Наш словник допоможе всім бажаючим перекладати за своїм уподобанням українські і англійські тексти середньої складності. У словнику також враховано особливості американського варіанту англійської мови.

У словнику наводиться перелік основних відмінностей між мовою британців та американців стосовно правопису і вимови, а також додаються: списки географічних назв (американських та британських), числівників, мір довжини і ваги (американських та британських). Упорядники словника послуговувалися, крім оригінальних текстів обома мовами, такими лексикографічними виданнями:

Великий тлумачний словник сучасної української мови К.; Ірпінь. «Перун», 2008

Українсько-російський, російсько-український словник 250000 тис. слів К.; Ірпінь. «Перун», 2009

Russian-English – English-Russian Oxford University press; Oxford, New York, 2000

Англійсько-український, українсько-англійський словник. К.; Ірпінь. «Перун», 2005

Visual English dictionary К.; Ірпінь. «Перун», 2008

Webster's Third New International Dictionary, 1993

Dictionary of Contemporary English; Longman, 2003

ЯК КОРИСТУВАТИСЯ СЛОВНИКОМ

Всі заголовні слова разом з неправильними похідними формами окремих частин мови подано в алфавітному порядку з вказівкою на правильну вимову, перекладом і сталими мовними зворотами.

Жирна і світла тильди (~ ~) слугують у гніздах слів знаком повтору. Вони замінюють або все заголовне слово, або його складову частину, яка стоїть перед вертикальною рискою [|].

Наприклад:
моро́з... ; **~иво = моро́зиво**.
мі́д|ний...; **~ь = мідь**;
жо́вта ~ь = жо́вта мідь.

При зміні початкової літери (великої на малу) замість простої тильди ставиться відповідна тильда з кружечком ≗ (≗).

Наприклад:
Аме́рика... America; **≗́анець** = америка́нець... American.

На всіх українських словах, крім односкладових, проставлено наголос.

Якщо над тильдою стоїть наголос (~́), це означає, що в похідному від заголовного слові його зміщено на склад, який знаходиться безпосередньо перед вертикальною рискою.

Наприклад:
пої́зд...; **~́ка = пої́здка**.
труб|а́...; **~́ка = тру́бка**.

Якщо наголос стоїть перед тильдою ('~), то це означає, що в похідному від заголовного слові його зміщено на склад, який не знаходиться безпосередньо перед вертикальною рискою.

Наприклад:
блискав|и́чний...; **'~ка = бли́скавка**.

Знак (=) вказує на те, що англійський переклад лише приблизно відповідає значенню українського фразеологічного виразу.

Жирна і світла рисочки (- -) ставляться замість повтору певної частини слова, виконуючи функцію тильди.

Наприклад:
бра́ти [беру́, бере́ш; брав, -ла, -ло] = беру́, бере́ш; брав, бра́ла, бра́ло;
проси́ти...; <по-> = попроси́ти;
весели́ти...; **-ся** = веселитися.

За традицією українські дієслова наводяться в формі недоконаного виду, після якої вказано форму доконаного. Рідковживана видова форма дієслова опускається.

Крапка з комою відділяє різні відтінки значень; синоніми подані через кому. Різні значення українських та англійських слів виділяються арабськими цифрами —напівжирними з крапкою (**1.**, **2.**) або світлими, піднятими над строчкою (^{1}, ^{2}).

Додатки курсивом служать тільки для уточнення окремих англійських значень.

Вимова складних англійських слів не вказується, якщо кожна з їх складових частин наводиться в алфавітній послідовності як самостійне заголовне слово з посиланням на вимову.

Додавання (-ally) до англійського прикметника означає, що його прислівник утворюється шляхом додавання -ally до заголовного слова.

Наприклад: dramatic (-ally = dramatically).

Далі всі необхідні пояснення буде подано у вигляді умовних знаків та скорочень (див. с. XI — XIV).

ПОЯСНЕННЯ АНГЛІЙСЬКОЇ ВИМОВИ ЗА ДОПОМОГОЮ ФОНЕТИЧНИХ ЗНАКІВ

А. Голосні і дифтонги

В англійській мові існують короткі й довгі голосні незалежно від наголосу.

[ɑ:] довгий, глибокий і відкритий звук “а”, як у словах *так*, *ла*: *arm*, *class*, *car*.

[ʌ] короткий звук, схожий на ненаголошений звук “а” в слові *дарунок*: *cup*, *must*. Англійський звук [ʌ] зустрічається головним чином в наголошеному складі.

[æ] дзвінкий, не дуже короткий звук, середній між “а” і “е”, більш відкритий, ніж “е”. При вимові рот відкритий: *hat*, *cat*, *man*.

[ɛə] дифтонг, перший елемент якого дещо схожий на український звук “е” в слові *ера*, а другий елемент — нейтральний голосний [ə] з відтінком [ʌ]: *air*, *hair*, *care*, *where*.

[ai] цей дифтонг схожий на звук “ай” у слові *край*; його перший елемент близький до звука “а”, другий елемент — дуже короткий звук [i]: *five*, *my*, *life*.

[au] цей дифтонг схожий на звук “ау” в слові *пауза*; його перший елемент той самий, що і в [ai], але цей звук поволі переходить в дуже короткий звук [u]: *how*, *now*, *brown*.

[ei] дифтонг, що нагадує звук “ей” в українських словах *рейд*, *клей*: *take*, *make*, *name*. Він складається зі звука [e] і дуже короткого звука [i].

[e] короткий звук, що нагадує “е” в слові *теніс*: *red*, *bed*, *ten*.

[ə] нейтральний, неясний, ненаголошений голосний звук, що нагадує щось середнє між коротким звуком “е” і дуже коротким “а”: *reader*, *data*.

[i:] довгий голосний звук, схожий на протяжливе “і” в словах *ніколи*, *нікель*: *see*, *be*, *me*.

[i] короткий відкритий голосний звук, схожий на короткий український звук “и” у слові *битва*: *did*, *it*, *sit*.

[iə] дифтонг, що складається з напіввідкритого, напівдовгого звука [i] і неясного звука [ə] (як у слові *клавіатура*): *near*, *real*.

[ou] дифтонг, що нагадує звук “оу” в слові *клоун*: *go*, *home*. Перший його елемент — напіввідкритий звук “о” — переходить у слабке “у”, причому губи трохи округляються, а язик лишається нерухомим.

[ɔ:] відкритий, довгий голосний звук, схожий на протяжливе “о” в словах *сорт*, *порт*: *floor*, *all*, *saw*. При вимові цього голосного губи мають бути заокруглені (але не випнуті), положення рота — майже як при вимові звука “а”, проте язик відтягнуто назад.

[ɔ] короткий відкритий звук, схожий на звук "о". Вимовляючи його, слід розкрити рот, як при "а" і, відтягуючи язик назад, не випинаючи губів, вимовити "о".

[o] закритий, короткий (близький до "у") звук "о" в ненаголошених складах.

[ə:] вимовляється як довгий звук [ə] під наголосом; для вимови слід злегка розкрити рот, розтягнути губи, язик лишити в нейтральному положенні й вимовити протяжно український звук "и", а потім, не змінюючи позиції органів мовлення, звук "е": *bird*, *fern*, *furnace*. В закритому складі цей голосний орфографічно представлений сполученнями -er, -ir, -ur.

[ɔi] дифтонг, схожий на звук "ой", але після вимови [ɔ] вимовляється коротке "й" або зовсім коротке "і": *joy*, *boy*.

[u:] довгий голосний, що нагадує протяжливе українське наголошене "у" в словах *куля, губка*: *spook*, *food*. Вимовляючи цей звук, губи випинати не слід.

[uə] дифтонг, схожий на звук "уе" в слові *Уельс*: *sure*, *poor*. Він складається зі звука [u] і неясного голосного [ə].

[u' короткий звук, схожий на ненаголошене "у" в словах *тупий*, *рука*: *bush*, *goody*.

Б. Приголосні

Приголосні: [b] — б, [f] — ф, [g] — г, [k] — к, [m] — м, [p] — п, [s] — с, [v] — в, [z] — з майже не відрізняються від відповідних українських.

Англійські дзвінкі приголосні, на відміну від українських, зберігають в кінці свою дзвінкість і вимовляються чітко та енергійно.

[r] вимовляється тільки перед голосними, а в кінці слова лише тоді, коли наступне слово починається з голосного. При вимові цього звука кінчик язика треба підняти до піднебіння і злегка торкатися до нього вище альвеол. Англійське [r] вимовляється, на відміну від українського звука "р", без розкотистої вібрації язика: *riot*, *rock*, *outright*.

[ʒ] звук, що відповідає українському "ж", але звучить м'якше: *pleasure*.

[ʃ] звук, що відповідає українському "ш", але звучить м'якше: *shovel*, *shrimp*.

[θ] аналогічного звука в українській мові немає. Щоб відтворити цей приголосний, слід пропустити струмінь повітря між кінчиком язика й краєм верхніх зубів; цей звук наближається до українського "с" в слові *син*, якщо його вимовити з трохи висунутим язиком: *thick*, *thought*.

[ð] відрізняється від [θ] тільки дзвінкістю. Проте слід уникати звука, схожого на українське "з": *their*, *them*.

[s] відповідає українському "с".

[z] відповідає українському "з".

[ŋ] носовий задньоязичний приголосний. В українській мові аналогічного звука немає. Щоб навчитися вимовляти цей звук, треба відкрити рот і задньою частиною спинки язика спробувати вимовити звук "м" так, щоб повітря проходило не через рот, а через ніс: *thing*, *long*.

[ŋk] приголосний звук, який відрізняється від [ŋ] тільки присутністю [k].

[w] губний звук, який утворюється шляхом округлення губів, як при вимові “у”, що переходить у “в”: *war*, *way*.

[h] простий безголосий видих: *hold*, *hoof*.

[j] звук, схожий на український “й” у слові *гай*: *yellow*, *yach*.

[f] відповідає українському “ф”.

[v] відповідає українському “в”.

Наголос в англійських словах позначається знаком ['] і ставиться перед наголошеним складом, напр.: *onion* ['ʌnjən].

В англійській мові, крім слів з наголосом на одному складі, бувають слова з однаково сильним наголосом на двох складах, напр.: *unsound* ['ʌn'saund], а також (довгі слова) з головним і побічним наголосом, напр.: *conglomeration* [kɔn'glɔmə'reiʃn].

Дві крапки [:] позначають довготу звука, напр.: *ask* [a:sk], *astir* [əs'tə:].

АМЕРИКАНСЬКА ОРФОГРАФІЯ

відрізняється від англійської по таких основних пунктах:

1. Замість **-our** пишеться **-or**, напр.: hon*or* = honour, lab*or* = labour.

2. Закінченню **-re** відповідає **-er**, напр.: cent*er* = centre, theat*er* = theatre, meag*er* = meagre; виняток являють собою og*re* і слова, що закінчуються на **-cre**, напр.: massa*cre*, na*cre*.

3. Замість **-ce** пишеться **-se**, напр.: defen*se* = defence, licen*se* = licence.

4. У всіх словах, похідних від дієслів, що закінчуються на **l** і **p**, кінцева приголосна не подвоюється, напр.: travel — trave*l*ed — trave*l*er — trave*l*ing, worship — worshi*p*ed — worshi*p*er — worshi*p*ing. Також і в деяких інших словах замість подвійного пишеться один приголосний напр.: wagon = waggon, woo*l*en = woollen.

5. В деяких випадках німе **e** пропускається, напр.: abridgment = abridg*e*ment, acknowledgment = acknowledg*e*ment, judgment = judg*e*ment, ax = ax*e*, good-by = good-by*e*.

6. В деяких словах замість префікса **en-** вживається префікс **in-** напр.: *in*close = enclose, *in*snare = ensnare.

7. Замість **ae** і **oe** часто вживається просте **e**, напр.: an*e*mia = anaemia; diarrh*e*a = diarrhoea.

8. Німий кінцевий склад в словах французького походження часто опускається, напр.: catalog = catalog*ue*, program = program*me*, prolog = prolog*ue*.

9. Особливі випадки: st*a*nch = staunch, m*o*ld = mould, m*o*lt = moult, gr*a*y = grey, pl*ow* = plough, ski*ll*ful = skilful, t*i*re = tyre.

АМЕРИКАНСЬКА ВИМОВА

відрізняється від англійської по таких основних пунктах:

1. ɑ: вимовляється як протяжливе æ в словах ask [æ:sk = ɑ:sk], castle [kæ:sl = kɑ:sl], grass [græ:s = grɑ:s], past [pæ:st = pɑ:st] і т. д.; також в словах branch [bræ:ntʃ = brɑ:ntʃ] can't [kæ:nt = kɑ:nt], dance [dæ:ns = dɑ:ns] і т.д.

2. ɔ вимовляється як ɑ в таких словах: common ['kamən = 'kɔmən], not [nat = nɔt], on [an = ɔn], rock [rak = rɔk], bond [band = bɔnd] і в багатьох інших.

3. ju вимовляється як u:, напр.: due [du: = dju], duke [du:k = dju:k], new [nu: = nju:].

4. r вимовляється між попереднім голосним і наступним приголосним дзвінко, коротко, причому кінчик язика відтягується назад і торкається твердого піднебіння трохи вище альвеол, напр.: clerk [klə:rk = klɑ:k], hard [hɑ:rd = hɑ:d]; так само і в кінці слова, напр.: far [fɑ:r = fɑ:], her [hə:r = hə:].

5. Глухі p, t, k на початку ненаголошеного складу [що йде після наголошеного] вимовляються дзвінко, тобто як b, d, g, напр.: property, water, second.

6. Різниця між складами з сильним і слабким наголосом незначна; в більш довгих словах ясно звучить другорядний наголос, напр.: dictionary ['dikʃə'nɛri = 'dikʃənri], ceremony ['serə'mouni = 'seriməni], inventori ['inven'touri = 'invəntri], secretary ['sekrə'tɛri = 'sekrətri].

7. Перед носовими приголосними m, n, ŋ, а часто також і після них, голосні та дифтонги вимовляються з носовим відтінком, напр.: stand, time, small.

SYMBOLS AND ABBREVIATION —УМОВНІ ЗНАКИ І СКОРОЧЕННЯ

English Abbreviation — Англійські скорочення

□	після англійського прикметника або дієприкметника вказує на можливість правильного утворення від них прислівників шляхом додавання суфіксу *-ly* або зміни *-le* на *-ly*, або *-y* на *-ily*, напр.: rich □ = *richly*; acceptable □ = *acceptably*; happy □ = *happily*.
=	*equal to* дорі́внює
a.	*also* тако́ж
A	*aviation* авіація
abbr.	*abbreviation* скоро́чення
Ac	*farming* сільське́ господа́рство
acc.	*accusative (case)* знахі́дний відмі́нок
adj.	*adjective* прикме́тник
adv.	*adverb* прислі́вник
Am.	*Americanism* американі́зм
anat.	*anatomy* анато́мія
Ar	*architecture* архітекту́ра
art.	*article* арти́кль, член
ast.	*astronomy* астроно́мія
attr.	*attributively* атрибути́вне вжива́ння (то́бто як озна́чення)
B	*botany* бота́ніка
biol.	*biology* біоло́гія
Brt.	*British (English) usage* брита́нське (англі́йське) слововжива́ння
b.s.	*bad sense* в пога́ному зна́ченні
C	*commercial term* торгі́вля
cap.	*capitalized* з вели́кої лі́тери
cf.	*compare* порівня́й
ch.	*chess* ша́хи
Ch	*chemistry* хі́мія
cj.	*conjunction* сполу́чник
co.	*comic(ally)* жартівли́во
coll.	*collective (noun)* збі́рний іме́нник
com.	*commonly* звича́йно
comp.	*comparative (degree)* ви́щий сту́пінь
compd(s).	*compound(s)* складне́ сло́во (складні́ слова́)
cond.	*conditional* умо́вний спо́сіб
contp.	*contemptuously* знева́жливо
cook.	*cookery* кулінА́рія
dat.	*dative (case)* дава́льний відмі́нок
dem.	*demonstrative pronoun* вказі́вний займе́нник
dim.	*diminutive* зме́ншувальна фо́рма
e.	*endings stressed (throughout)* на́голос (суці́льно) на закі́нченнях
E	*handicraft engineering* те́хніка

eccl.	*ecclesiastical term* церкóвний вúслів
econ.	*economy* економіка
educ.	*education* шкóла, шкільнá спрáва, педагóгіка
e.g.	*for example* наприклад
Ee; El	*electrical engineering* електротéхніка
esp.	*especially* особлúво
etc.	*et cetera (and so on)* і т. д. (і так дáлі)
f	*feminine (gender)* жінóчий рід
F	*familiar-colloquial language* рóзмовна мóва
fenc.	*fencing* фехтувáння
fig.	*figuratively* в перенóсному знáченні
form.	*formerly* ранíше
f/pl.	*feminine plural* жінóчий рід множинú
fr.	*French* францýзьке слóво, вúслів
ft.	*future (tense)* майбýтній час
gen.	*genitive (case)* родóвий відмíнок
georg.	*geography* геогрáфія
geol.	*geology* геолóгія
geom.	*geometry* геомéтрія
ger.	*gerund* герýндій
g/pl.	*genitive plural* родóвий відмíнок множинú
g.pr.	*(pt.) present (past) gerund* дієприслíвник тепéрішнього (минýлого) чáсу
gr.	*grammar* грамáтика
hist.	*history* істóрія
hunt.	*hunting* полювáння
imp.	*imperative* наказóвий спóсіб
impers.	*impersonal (form)* безособóва фóрма
impf.	*imperfective (aspect)* недокóнаний вид
(im)pf.	*imperfective and perfective (aspect)* недокóнаний і докóнаний вид
ind(ecl).	*indeclinable word* невідмíнюване слóво
inf.	*infinitive* інфінітúв, неознáчена фóрма дієслóва
instr.	*instrumental (case)* орýдний відмíнок
int.	*interjection* вúгук
interr.	*interrogative* питáльна фóрма
iro.	*ironically* ironíчно
irr.	*irregular* непрáвильна фóрма
iter.	*iterative frequentative (aspect)* многокрáтний вид
J	*jurisprudence* юриспрудéнція
ling.	*linguistics* лінгвíстика, мовознавство
lit.	*literary* книжний вислів
m	*masculine (gender)* чоловíчий рід
M	*mining* гірнúча спрáва
Ma.	*mathematics* математика
metall.	*metallurgy* металýргія
Me	*medicine* медицúна
min.	*mineralogy* мінералóгія
Ml	*military term* військóва спрáва
m/pl.	*masculine plural* чоловíчий рід множинú
mst.	*mostly* здебíльшого
Mu	*musical term* мýзика
n	*neuter (gender)* серéдній рід
no.	*number* нóмер
nom.	*nominative (case)* називнúй відмíнок
n/pl.	*neuter plural* серéдній рід множинú
npr.	*proper name (or noun)* влáсне ім'я́
O	*obsolete* застарíле слóво, вúраз
o.a.	*one another* одúн óдного, одúн óдному
obj.	*objective (case)* об'єктний відмíнок
obl.	*oblique* непрямí відмíнки

oft.	*often* ча́сто
once	*semelfactive (aspect)* однокра́тний вид
op.	*opposite* протиле́жно
opt.	*optics* о́птика
o.s.	*oneself* себе́, собі́
p.	*participle* дієприкме́тник
p.	*person* осо́ба
P.	*person* люди́на
P	*popular* просторі́ччя
paint.	*painting* живо́пис
parl.	*parliamentary term* парла́ментський ви́слів
part.	1. *particle* ча́стка; 2. *particular(ly)* особли́во
part.g.	*partitive genitive* родо́ви́й розділо́вий
pers.	*person(al form)* осо́ба (особо́ва фо́рма)
pf.	*perfective (aspect)* доко́наний вид
pharm.	*pharmacy* фармаце́втика
phon.	*phonetics* фоне́тика
phot.	*photography* фотогра́фія
phys.	*physics* фі́зика
pl.	*plural* множина́
Po	*postal affairs* по́шта
poet.	*poetic* поети́чне сло́во, ви́слів
pol.	*politics* полі́тика
poss.	*possessive (form)* присві́йна фо́рма
p.pr.a.(p.)	*present participle active (passive)* акти́вний (паси́вний) дієприкме́тник тепе́рішнього ча́су
p.pt.a.(p.)	*past participle active (passive)* акти́вний (паси́вний) дієпри́кме́тник мину́лого ча́су
pr.	*present (tense)* тепе́рішній час
pred(ic.)	*predicative* предикати́вне вжива́ння (то́бто я́к іменна́ части́на при́судка)
pref.	*prefix* пре́фікс
pr(e)s.	*present (tense)* тепе́рішній час
pron.	*pronoun* займе́нник
prov.	*proverb(ial saying)* прислі́в'я, при́казка
prp.	*preposition* прийме́нник
prpos.	*prepositional (case)* місце́вий відмі́нок
psych.	*psychology* психоло́гія
pt.	*preterite, past (tense)* мину́лий час
R	*rare* рідковжи́ване сло́во
Ra	*railroad, railway* залізни́чна спра́ва
rad.	*radio* ра́діо
refl.	*reflexive (form)* зворо́тна фо́рма
rel.	*relative (form)* відно́сна фо́рма
resp.	*respectively* або́
rhet.	*rhetoric* рито́рика
s.	*see* диви́сь
S	*scientific* науко́вий те́рмін
s.b.	*somebody* хто́-(кого́-, кому́-)-не́будь
s.b.'s	*somebody's* чи́й-небудь
s.g.	*singular* однина́
sl.	*slang* жарго́н
Sov.	*Soviet term* ви́слів радя́нського пері́оду
st.	*stem stressed (throughout)* на́голос (суці́льно) на осно́ві
s.th.	*something* що-не́будь
su.	*substantive* іме́нник
sup.	*superlative* найви́щий ступінь
surv.	*surveying* топогра́фія
tel.	*telegraphy* телегра́ф
teleph.	*telephony* телефо́н
text.	*textiles* ткани́ни

th.	*thing* річ, предмéт
thea.	*theater* теáтр
typ.	*typography* друкáрська спрáва
univ.	*university* університéт
usu.	*usually* звичáйно
v/aux.	*auxiliary verb* допомíжнé дієслóво
vb.	*verb* дієслóво
vet.	*veterinary* ветеринáрія
v/i.	*verb intransitive* неперехіднé дієслóво
voc.	*vocative (case)* клúчний відмíнок
v/refl.	*verb reflexive* зворóтне дієслóво
v/t.	*verb transitive* перехіднé дієслóво
zo.	*zoology* зоолóгія

Ukrainian Abbreviations — Українські скорочення.

Н	називнúй відмíнок nominative (case).
Р	родóвий відмíнок genitive (case).
Д	давáльний відмíнок dative (case).
З	знахíдний відмíнок accusative (case).
О	орýдний відмíнок instrumental (case).
М	місцéвий відмíнок prepositional or locative (case).
і т.д.	(і так дáлі) *etc.* (*et cetera*).
і т.ін.	(і такé íнше) *and the like.*
лат.	латúнська мóва Latin.
тж.	такóж *also.*

DICTIONARY

ENGLISH-UKRAINIAN

СЛОВНИК

АНГЛІЙСЬКО-УКРАЇНСЬКИЙ

АНГЛІЙСЬКИЙ АЛФАВІТ
ENGLISH ALPHABET

A a
B b
C c
D d
E e
F f
G g
H h
I i
J j
K k
L l
M m
N n
O o
P p
Q q
R r
S s
T t
U u
V v
W w
X x
Y y
Z z

A

a [ei, ə] неозна́чений арти́кль; звича́йно не перекладáється; ~ table стіл; 10 dollars a dozen де́сять до́ларів дю́жина.

A1 [ei'wʌn] **1.** □ F першокла́сний; **2.** чудо́во.

aback [ə'bæk] *adv*. наза́д.

abandon [ə'bændən] відмовля́тися від (P); залиша́ти, ки́дати; **~ed** [-d] □ поки́нутий; розпу́сний; **~ment** [-mənt] залиша́ння, зали́шення, покида́ння, поки́нення.

abase [ə'beis] прини́жувати; **~ment** [-mənt] прини́ження.

abash [ə'bæʃ] бенте́жити; **~ment** [-mənt] збенте́ження.

abate [ə'beit] *v/t*. зме́ншувати; *v/i*. вщуха́ти [вщу́хнути] (що́до бу́рі і т. ін.); **~ment** [-mənt] зме́ншення; зни́жка.

abattoir ['æbətwɑ:] різни́ця, бо́йня.

abb|ess ['æbis] абати́са, ігу́меня, настоя́телька; **~ey** ['æbi] монасти́р; **~ot** ['æbət] аба́т, ігу́мен, настоя́тель *m*.

abbreviat|e [ə'bri:vieit] скоро́чувати [-оти́ти]; **~ion** [əbri:vi'eiʃən] скоро́чення.

abdicat|e ['æbdikeit] зріка́тися престо́лу; відмовля́тися [відмовитися]від (P); **~ion** [æbdi'keiʃən] зре́чення престо́лу.

abdomen ['æbdəmen] живі́т; черевна́ порожни́на.

abduct [æb'dʌkt] викрада́ти [викрасти] (жі́нку).

aberration [æbə'reiʃən] по́ми́лка; *ast*. абера́ція.

abet [ə'bet] *v/t*. підбу́рювати [-рити]; (по)сприя́ти (пога́ному); **~tor** [-tə] підбу́рювач(-ка).

abeyance [ə'beiəns] стан невідо́мості; **in ~** без вла́сника; тимчасо́во скасо́ваний (зако́н).

abhor [əb'hɔ:] ненави́діти; **~rence** [əb'hɔrəns] відра́за; **~rent** [-ənt] □ відра́зливий.

abide [ə'baid] [*irr.*] *v/i*. перебува́ти; ~ by мі́цно трима́тися (P); *v/t*. not ~ не терпі́ти.

ability [ə'biliti] зда́тність, зді́бність, спромо́жність *f*.

abject ['æbdʒəkt] □ оги́дний, нікче́мний, жалюгі́дний.

abjure [əb'dʒuə] зріка́тися [зректи́ся] (P).

able ['eibl] □ зді́бний, спромо́жний; be ~ бу́ти в змо́зі; **~-bodied** ['bɔdid] □ здоро́вий, зда́тний.

abnegat|e ['æbnigeit] відмовля́ти [відмовити] собі́ в (M); запере́чувати [-чити]; **~ion** [æbni'geiʃən] запере́чення *n*; (само)зре́чення *n*.

abnormal [æb'nɔ:məl] □ ненорма́льний.

aboard [ə'bɔ:d] Sh на корабе́ль *m*, на кораблі́.

abode [ə'boud] **1.** *pt*. від abide; **2.** місцеперебува́ння; житло́, осе́ля, поме́шкання.

aboli|sh [ə'bɔliʃ] скасову́вати [-сува́ти]; відміня́ти [-ни́ти]; **~tion** [æbə'liʃən] скасува́ння, відмі́на.

abomina|ble [ə'bɔminəbl] □ оги́дний; **~te** [-neit] *v/t*. відчува́ти оги́ду (відра́зу) до (P); **~tion** [əbɔmi'neiʃən] відра́за, оги́да.

aboriginal [æbə'ridʒənəl] **1.** □ тубі́льний; **2.** тубі́лець *m*.

abortion [ə'bɔ:ʃən] ви́кидень *m*, або́рт.

abound [ə'baund] бу́ти бага́тим на (З).

about [ə'baut] **1.** *prp*. навко́ло (P); бли́зько (P); про (З); що́до (P); у, в (P); I had no money ~ me я не мав гро́шей з собо́ю; **2.** *adv*. навко́ло, скрі́зь; прибли́зно; be ~ to do збира́тися роби́ти.

above [ə'bʌv] **1.** *prp*. над (O); ви́ще (P); по́над (З); ~ all головни́м чи́ном; **2.** *adv*. зве́рху, наве́рх, згори́, наго́ру; ви́ще; **3.** *adj*. ска́заний ви́ще.

abreast [ə'brest] у ряд.

abridg|e [ə'bridʒ] скоро́чувати [-оти́ти]; **~(e)ment** [-mənt] скоро́чення.

abroad [ə'brɔ:d] за кордо́ном; за кордо́н; there is a report ~ хо́дять чутки́.

abrogate ['æbrogeit] *v/t*. скасо́вувати [-сува́ти]; анулюва́ти *(im)pf*.

abrupt [ə'brʌpt] □ ури́вчастий, рапто́вий; різки́й; нага́льний.

abscond [əb'skɔnd] *v/i*. хова́тися, перехо́вуватися.

absence ['æbsns] відсу́тність *f*; ~ of mind неува́жність *f*, неува́жливість *f*.

absent **1.** ['æbsənt] □ відсу́тній; **2.** [æb'sent] ~ o. s. вихо́дити, виї́жджа́ти, бу́ти відсу́тнім;

~-minded ['æbsent-'maindid] □ неуважний, неуважливий.
absolut|e ['æbsəlu:t] □ абсолютний; небувалий; надзвичайний; **~ion** [æbsə'lu:ʃən] відпущення гріхів; відпуст.
absolve [əb'zɔlv] прощати [простити], пробачати [пробачити], вибачати [вибачити]; звільняти [-нити] (from від Р).
absorb [əb'sɔ:b] вбирати [увібрати], всмоктувати [-тати]; абсорбувати *(im)pf.*
absorption [əb'sɔ:pʃən] вбирання *n*, всотування, всмоктування *n*; *fig.* заглибленість *f* (у думки).
abstain [əb'stein] утримуватися [-матися] (from від Р).
abstemious [əb'sti:miəs] □ стриманий, поміркований.
abstention [æb'stenʃən] помірність *f*, поміркованість *f*; стримання *n*, утримування від (Р).
abstinen|ce ['æbstinəns] помірність *f*, поміркованість *f*; тверезість *f*; **~t** [-nənt] □ помірний, стриманий; непитущий.
abstract 1. ['æb'strækt] □ абстрактний, абстрагований; 2. конспект; витяг; *gr.* абстрактний іменник; 3. [æb'strækt] абстрагувати; виділяти; резюмувати *(im)pf.*; **~ed** [-id] □ абстрагований; **~ion** [-kʃən] абстракція.
abstruse [æbs'tru:s] □ *fig.* незрозумілий, темний.
abundan|ce [ə'bʌndəns] надлишок, достаток; **~t** [-dənt] □ багатий, рясний.
abus|e 1. [ə'bju:s] зловживання; образа; лайка *f*; 2. [ə'bju:z] зловживати; [об]лаяти; **~ive** [ə'bju:siv] □ образливий.
abut [ə'bʌt] межувати (upon з О).
abyss [ə'bis] безодня.
academic|(al □**)** [ækə'demik(əl)] академічний; **~ian** [əkædə'miʃən] академік.
accede [æk'si:d]: ~ to вступати [-пити] у (З), до (Р).
accelerat|e [æk'seləreit] прискорювати [-рити]; _ **~or** [æk'seləreitə] прискорювач.
accent 1. ['æksənt] наголос; вимова; акцент; 2. [æk'sənt], **~uate** [æk'sentjueit] наголошувати на (М); *fig.* підкреслювати [-лити].
accept [ək'sept] приймати [прийняти]; погоджуватися [-дитися] з (О); **~able** [ək'septəbl] □ прийнятний; приємний; **~ance** [ək'səptəns] прийом, прийняття; С акцепт.
access ['ækses] доступ; прохід; Ме напад, приступ; easy of ~ □ доступний; **~ary** [æk'sesəri] співучасник(-иця); **~ible** [æk'sesəbl] □ доступний, досяжний; **~ion** [æk'seʃən] вступ, вступання у (З), до (Р); доступ до (Р); ~ to the throne вступ на престол.
accessory [æk'sesəri] □ 1. додатковий, другорядний; 2. *pl.* приладдя; речі *f/pl.* убрання.
accident ['æksidənt] випадковість *f*; катастрофа, аварія; **~al** [æksi'dentl] □ випадковий.
acclaim [ə'kleim] гучно вітати (З); аплодувати (Д).
acclamation [æklə'meiʃən] гучне схвалення.
acclimatize [ə'klaimətaiz] акліматизувати(ся) *(im)pf.*
acclivity [ə'kliviti] підйом (дороги).
accommodat|e [ə'kɔmədeit] пристосовувати [-сувати]; (на)давати житло (Д); **~ion** [əkɔmə'deiʃən] притулок; приміщення *n*.
accompan|iment [ə'kʌmpənimənt] акомпанемент; супровід; **~y** [-pəni] *v/t.* акомпанувати (Д); супроводжувати [-дити].
accomplice [ə'kɔmplis] співучасник (-ця), спільник (-ця).
accomplish [ə'kɔmpliʃ] виконувати [виконати]; досягати [досягти] (Р); **~ment** [-mənt] виконання; досягнення; **~s** *pl.* освіченість *f*.
accord [ə'kɔ:d] 1. згода; гармонія; with one ~ одностайно; 2. *v/i.* узгоджуватися [-дитися] з (О); гармоніювати з (О); *v/t.* нада(ва)ти; **~ance** [-əns] згода, злагода; **~ant** [-ənt] □ згідний, згодний з (О), від-повідний до (Р); **~ing** [-iŋ]: ~ to відповідно до (Р); **~ingly** [-iŋli] *adv.* відповідно, належним чином; таким чином.
accost [ə'kɔst] заговорювати [-рити] з (О).
account [ə'kaunt] 1. рахунок; звіт; of no ~ незначний; on no ~ в жодному разі; on ~ of через (З); take into ~, take ~ of брати до уваги; turn to ~ використовувати *(im)pf.*; call to ~ притягати до відповідальності; make ~ of надавати значення (ваги) (Д); 2. *v/i.* ~ for відповідати [відповісти] за (З); пояснювати [-нити]; be much ~ed of мати гарну репутацію; *v/t.* гадати (З), вважати (З), за (З); **~able** [ə'kauntəbl] □ пояснимий, з'ясовний; **~ant** [-ənt] рахівник; (chartered, *Am.* certified public ~ присяжний) бухгалтер; **~ing** [-iŋ] звітність *f*, облік.

A

accredit [ə'kredit] акредитува́ти *(im)pf.*; припи́сувати [-са́ти].
accrue [ə'kru:] накопи́чуватися [-чи́тися], нагрома́джуватися [-ди́тися]; похо́дити (from з від P).
accumulat|e [ə'kju:mjuleit] накопи́чувати(ся) [-чити(ся)], нагрома́джувати(ся); [-дити(ся)] **~ion** [əkju:mju'leiʃən] ску́пчення, нагрома́дження.
accura|cy ['ækjurəsi] то́чність *f*; рете́льність *f*; **~te** [-rit] □ то́чний, рете́льний.
accurs|ed [ə'kə:sid], **~t** [-st] □ (про)-кля́тий.
accus|ation [ækju'zeiʃən] звинува́чення; **~e** [ə'kju:z] *v/t.* звинува́чувати [-а́тити]; **~er** [-ə] обвинува́ч(ка).
accustom [ə'kʌstəm] привча́ти [-чити] (to до P); get **~ed** звика́ти [зви́кнути] (to до P); **~ed** [-d] □ зви́чний, зви́клий.
ace [eis] туз; *fig.* першокла́сний льо́тчик.
acerbity [ə'sə:biti] те́рпкість *f*.
acet|ic [ə'si:tik] □ о́цтовий; **~ify** [ə'setifai] окисля́ти(ся) [оки́слити(ся)].
ache [eik] 1. біль *m*; 2. *v/i.* болі́ти (про части́ну ті́ла).
achieve [ə'tʃi:v] досяг(а́)ти́, здобу́(ва́)ти (P); **~ment** [-mənt] дося́гнення, здобу́ток.
acid ['æsid] □ ки́слий; їдки́й; яду́чий; **~ity** [ə'siditi] кисло́тність *f*; ї́дкість *f*.
acknowledg|e [ək'nɔlidʒ] *v/t.* підтве́рджувати [-ди́ти]; визнава́ти [ви́знати]; **~(e)ment** [-mənt] визна́ння; розпи́ска.
acme ['ækmi] найви́ща то́чка (P); кри́за.
acorn ['eikɔ:n] В жо́лудь *m*.
acoustics [ə'kaustiks] аку́стика.
acquaint [ə'kweint] *v/t.* (по)знайо́мити; be **~ed** with бу́ти знайо́мим з (O); **~ance** [-əns] знайо́мство; знайо́мий.
acquiesce [əkwi'es] мо́вчки або неохо́че пого́джуватися (in на З); **~ment** [-mənt] мовчазна́ або неохо́ча зго́да.
acquire [ə'kwaiə] набу́(ва́)ти; купува́ти [купи́ти]; здобу́(ва́)ти; дося(га́)ти́; **~ment** придба́ння; здобу́ток.
acquisition [ækwi'ziʃən] придба́ння.
acquit [ə'kwit] *v/t.* виправдо́вувати [-виправда́ти]; ~ of звільня́ти від (P); вико́нувати (обо́в'язки); ~ o. s. well до́бре спра́влятися з робо́тою; **~tal** [-l] ви́правдання; **~tance** [-əns] спла́та (бо́ргу і т. ін.).
acre ['eikə] акр (0,4) га.
acrid ['ækrid] □ го́стрий, їдки́й, яду́чий.
across [ə'krɔs] 1. *adv.* упо́перек; на той бік, на́вхрест; 2. *prp.* крізь (З), че́рез (З).
act [ækt] 1. *v/i.* ді́яти; (в)чини́ти; *v/t.* *thea.* (зі)гра́ти; 2. спра́ва; постано́ва; акт; **~ing** [-iŋ] 1. вико́нуючий обо́в'язки; 2. ді́ї *f/pl.*; *thea.* гра.
action ['ækʃən] вчи́нок; ді́я (*a. thea.*); ді́яльність *f*; Ml бій; по́зов; take ~ вжива́ти за́ходів.
activ|e ['æktiv] □ акти́вний; енергі́йний; ді́яльний; **~ity** [æk'tiviti] ді́яльність *f*; акти́вність *f*; ене́ргія.
act|or ['æktə] акто́р; **~ress** [-tris] акто́рка; актри́са.
actual ['æktjuəl] □ ді́йсний.
actuate ['æktjueit] приво́дити в дію, зді́йснювати.
acute [ə'kju:t] □ го́стрий; прони́кливий.
adamant ['ædəmənt] □ *fig.* незла́мний, непохи́тний.
adapt [ə'dæpt] пристос(о́в)у́вати (to, for до P); **~ation** [ædæp'teiʃən] пристосува́ння; перero̍бка; аранжува́ння.
add [æd] дода́(ва́)ти; *v/i.* збі́льшувати [-шити] (to З).
addict ['ædikt] наркома́н; **~ed** [ə'diktid] □ схи́льний до (P).
addition [ə'diʃən] Ма додава́ння; in ~ to на дода́ток до (P); in ~ крім то́го, до то́го ж; **~al** [-l] □ додатко́вий.
address [ə'dres] *v/t.* 1. адресува́ти *(im)pf.*; зверта́тися [зверну́тися] до (P); 2. адре́са; зве́рнення; промо́ва; **~ee** [ædre'si:] адреса́т.
adept ['ædept] аде́пт.
adequa|cy ['ædikwəsi] пропорці́йність *f*, відпові́дність *f*, домі́рність *f*; **~te** [-kwit] □ доста́тній; адеква́тний.
adhere [əd'hiə] прилипа́ти [прили́пнути] (to до P); дотри́муватися (to P); **~nce** [-rəns] прихи́льність *f*; **~nt** [-rənt] прихи́льник (-иця).
adhesive [əd'hi:ziv] □ липки́й, клейки́й; ~ plaster, ~ tape липки́й пла́стир.
adjacent [ə'dʒeisənt] □ сумі́жний (to з O), сусі́дній.
adjoin [ə'dʒɔin] приляг(а́)ти́ до (P); межува́ти з (O).
adjourn [ə'dʒə:n] *v/t.* відклада́ти [відкла́сти]; відстро́чувати [-чити]; *parl.* роби́ти пере́рву; **~ment** [-mənt] відстро́чка; пере́рва.
adjudge [ə'dʒʌdʒ] ухва́лювати ви́рок.
administ|er [əd'ministə] керува́ти (O); ~ justice чини́ти правосу́ддя; **~ration** [ədminis'treiʃən] адмі-

A

ністрáція; ~rative [əd'ministrətiv] □ адміністратúвний; виконáвчий; ~rator [əd'ministreitə] адміністрáтор.
admir|able ['ædmərəbl] □ чудóвий; прекрáсний; ~ation [ædmi'reiʃən] захóплення; ~e [əd'maiə] захóплюватися (З); (по)милувáтися (З).
admiss|ible [əd'misəbl] □ припустúмий, прийнятний; ~ion [əd'miʃən] вхід; припýщення; визнáння.
admit [əd'mit] *v/t.* допускáти [- стúти]; ~tance [-əns] дóступ, вхід.
admixture [əd'mikstʃə] дóмішка.
admon|ish [əd'mɔniʃ] умовляти *impf.*; застерігáти [застерегтú] (of від Р); ~ition [ædmɔ'niʃən] умовляння; застерéження.
ado [ə'du:] метушня; клóпіт.
adolescen|ce [ædo'lesns] юність *f*; ~t [-snt] □ юний, юнáцький.
adopt [ə'dɔpt] *v/t.* усиновляти [-вúти]; засвóювати [-засвóїти]; ~ion [ə'dɔpʃən] усинóвлення; засвóєння.
ador|ation [ædo'reiʃən] обóжнювання; ~e [ə'dɔ:] *v/t.* обóжнювати.
adorn [ə'dɔ:n] прикрашáти [-áсити]; ~ment [-mənt] прикрáса.
adroit [ə'drɔit] □ спрúтний; винахíдливий.
adult ['ædʌlt] □ дорóслий, повнолíтній.
adulter|ate [ə'dʌltəreit] фальсифікувáти *(im)pf.*; ~er [ə'dʌltərə] зрадлúвий чоловíк; ~ess [-ris] зрадлúва жíнка; ~y [-ri] подрýжня невíрність.
advance [əd'vɑ:ns] **1.** *v/i.* просувáтися вперéд; Ml наступáти [-пúти]; просувáтися [просýнутися]; робúти ýспіхи; *v/t.* просувáти [просýнути]; висувáти [вúсунути]; сплáчувати авáнсом; **2.** Ml нáступ; ýспіх (у навчáнні); прогрéс; ~d [-t] □ передовúй; ~ment [-mənt] ýспіх; просувáння.
advantage [əd'vɑ:ntidʒ] перевáга; корúсть; take ~ of (по)користувáтися (О); ~ous [ædvən'teidʒəs] □ вúгідний.
adventur|e [əd'ventʃə] пригóда; ~er [-rə] шукáч пригóд; авантюрúст; ~ous [-rəs] □ заповзятливий; авантюрний.
advers|ary ['ædvəsəri] супéрник (-иця); вóрог; ~e ['ædvə:s] □ ворóжий; ~ity [əd'və:siti] лúхо, нещáстя.
advertis|e ['ædvətaiz] рекламувáти *(im)pf.*; оголóшувати [оголосúти]; ~ement [əd'və:tismənt] оголóшення; реклáма; ~ing ['ædvətaiziŋ] реклáмний.
advice [əd'vais] (по)рáда.
advis|able [əd'vaizəbl] □ бáжаний; ~e [əd'vaiz] *v/t.* рáдити (Д); *v/i.* (по)рáдитися (with з О); ~er [-ə] рáдник; порáдник.
advocate **1.** ['ædvəkit] захисник (-иця); прихúльник(-иця); адвокáт; **2.** [-keit] відстóювати [відстояти], обстóювати [обстояти].
aerial ['ɛəriəl] **1.** □ повíтряний; **2.** антéна; outdoor ~ зóвнішня антéна.
aero... ['ɛərou] áеро...; ~drome ['ɛərədroum] аэродрóм; ~naut [-nɔ:t] аеронáвт; ~nautics [-'nɔ:tiks] аеронáвтика; ~plane [-plein] літáк, аероплáн; ~stat [-stæt] аеростáт.
aesthetic [i:s'θetik] □ естетúчний; ~s [-s] естéтика.
afar [ə'fɑ:] *adv.* удалинí; from ~ здáлеку.
affable ['æfəbl] □ привíтний.
affair [æ'fɛə] спрáва.
affect [ə'fekt] *v/t.* (по)діяти на (З); зачіпáти [зачепúти]; Me уражáти [урáзити]; ~ation [æfek'teiʃən] манíрність *f*; ~ed [ə'fektid] □ манíрний; ~ion [ə'fəkʃən] прихúльність *f*; захвóрювання; ~ionate [ə'fekʃənət] □ ніжний.
affidavit [æfi'deivit] письмóве свíдчення під присягою.
affiliate [ə'filieit] *v/t.* приєднувати [-нáти] (як фíлію).
affinity [ə'finiti] спорíдненість *f*, спорíднення;
affirm [ə'fə:m] ствéрджувати [-дúти]; ~ation [æfə:'meiʃən] (с)твéрдження *n*; ~ative [ə'fə:mətiv] □ ствéрдний.
affix [ə'fiks] прикріплювати [-пúти] (to до Р).
afflict [ə'flikt] *v/t.* засмýчувати [-утúти]; be ~ed страждáти (with від Р); ~ion [ə'flikʃən] лúхо; хворóба.
affluen|ce ['æfluens] достáток; багáтство; стáток; ~t [-ənt] **1.** □ рясний, багáтий; **2.** приплúв.
afford [ə'fɔ:d] дозволяти [дозвóлити] собí; I can ~ it я мóжу собí це дозвóлити; надá(вá)ти.
affront [ə'frʌnt] **1.** ображáти [обрáзити]; **2.** обрáза.
afield [ə'fi:ld] *adv.* удалинí; у пóлі; на війнí.
afloat [ə'flout] Sh на водí; у мóрі; в óбігу.
afraid [ə'freid] □ зляканий; be ~ of боятися (Р).
afresh [ə'freʃ] *adv.* знóву, спочáтку.
African ['æfrikən] **1.** африкáнець (-нка); **2.** □ африкáнський.

after ['ɑ:ftə] 1. *adv.* пóтім, пíсля, потóму; позáду; 2. *prp.* за (О), позáду (Р); чéрез (З), за (З); пíсля (Р); 3. *cj.* відтóді, як; з тих пір, як; пíсля тóго, як; 4. *adj.* настýпний; ~**crop** дрýгий урожáй; ~**math** [-mæθ] отáва; *fig.* нáслідки *m/pl.*; ~**noon** [-'nu:n] час по полýдні; ~-**taste** прúсмак; ~**thought** запізнíла дýмка; ~**wards** [-wədz] *adv.* пóтім.
again [ə'gein *Am.* ə'gen] *adv.* знóву; ~ and ~, time and ~ раз у раз; as much ~ ще стíльки ж.
against [ə'geinst] *prp.* прóти (Р); про (З); на (З); as ~ прóти (Р); ~ the wall бíля стінú; до стінú.
age [eidʒ] вік; літá *pl.*; епóха, добá; of ~ □ повнолíтній; under ~ □ неповнолíтній; ~**d** ['eidʒid] □ старúй, постарíлий; ~ twenty двадцятú рóків.
agency ['eidʒənsi] дíя; агéнтство (агéнція).
agent ['eidʒənt] фáктор; агéнт; довíрена осóба.
agglomerate [ə'glɔməreit] *v/t.* збирáти [зібрáти]; *v/i.* нагромáджуватися [-дитися].
agglutinate [ə'glu:tineit] склéювати [склéїти].
aggrandize ['ægrəndaiz] збíльшувати [-шити]; звелúчувати [-чити].
aggravate ['ægrəveit] погíршувати [-шити]; загóстрювати [-рити]; (роз)дратувáти.
aggregate 1. ['ægrigeit] збирáти(ся) докýпи; 2. [-git] □ сукýпний, спíльний; 3. [-git] сукýпність *f*; агрегáт.
aggress|ion [ə'greʃən] нáпад; агрéсія; ~**or** [ə'gresə] агрéсор.
aghast [ə'gɑ:st] □ приголóмшений, нажаханий.
agil|e ['ædʒail] □ спрúтний, жвáвий; ~**ity** [ə'dʒiliti] спрúтність *f*, жвáвість *f*.
agitat|e ['ædʒiteit] *v/t.* (с)хвилювáти, збýджувати [-дити]; *v/i.* агітувáти (for за З); ~**ion** [ædʒi'teiʃən] хвилювáння *n*; агітáція.
agnail ['ægneil] зáдирка (бíля нíгтя).
ago [ə'gou]: a year ~ рік томý.
agonize ['ægəneiz] агонізувáти; дýже мýчити(ся).
agony ['ægəni] агóнія; біль *m*.
agree [ə'gri:] погóджуватися [-дитися] (to з О, на З); ~ [up]on домовлятися [домóвитися] про (З), щóдо (Р); ~**able** [-əbl] □ згíдний (to з О, на З); □ приéмний; ~**ment** [-mənt] згóда; угóда, дóговір.
agricultur|al [ægri'kʌltʃərəl] □ сільськогосподáрський; ~**e** ['ægrikʌltʃə] сільськé господáрство; землерóбство; агронóмія; ~**ist** [ægri'kʌltʃərist] агронóм; землерóб.
ague ['eigju:] пропáсниця.
ahead [ə'hed] уперéд, попéреду; straight ~ прямо, уперéд.
aid [eid] 1. допомóга; помічнúк (-úця); 2. допомагáти (Д).
ail [eil]: what ~s him? що йогó турбýє?; ~**ing** ['eiliŋ] □ хвóрий, недýжий; ~**ment** ['eilmənt] недýга.
aim [eim] 1. *v/i.* прицíлюватися [-литися](at у З); *fig.* ~ at мáти на увáзі; *v/t.* направлятн [напрáвити], спрямóвувати [-мувáти] (at на З); 2. метá, нáмір; ~**less** [eimlis] □ безцíльний.
air 1. [ɛə] 1. повíтря; by ~ літакóм; авіапóштою; *Am.* be on the ~ працювáти в ефíрі; *Am.* put on the ~ передавáти по рáдіо, ТБ; *Am.* be off the ~ не працювáти (про рáдіо, ТБ); 2. провíтрювати; **2.** [~] *mst pl.* афектáція, бундючність *f*; give o. s. ~s занóситися, бундючитися; **3.** [~] *Mu* мелóдія; пíсня; áрія.
air|-base [-beis] авіабáза; ~-**brake** [-breik] повíтряне гальмó; ~**conditioned** [-kən'diʃənd] з кондиціонóваним повíтрям; ~**craft** [-krɑ:ft] літáк; ~**field** [-fi:ld] аеродрóм; ~**force** [-fɔ:s] військóво-повíтряний флот; ~-**jacket** [-dʒækit] надувнúй рятувáльний жилéт; ~-**lift** [-lift] "повíтряний міст"; ~-**liner** [-lainə] рéйсовий літáк; ~-**mail** [-meil] авіапóшта; ~**man** [-mæn] льóтчик, авіатор; ~**plane** [-plein] *Am.* літáк; ~-**port** [-pɔ:t] аеропóрт; ~-**raid** [-reid] повíтряний налíт; ~ **precautions** *pl.* протиповíтряна оборóна; ~-**route** [-ru:t] повíтряна трáса; ~**shelter** [-ʃeltə] бомбосхóвище; ~**ship** [-ʃip] дирижáбль *m*; ~-**tight** [-tait] герметúчний; ~-**tube** [-tju:b] кáмера шúни; *anat.* трахéя; ~**way** [-wei] повíтряна трáса.
airy ['ɛəri] □ повíтряний; легковáжний.
aisle [ail] *Ar* притвóр; прохíд.
ajar [ə'dʒɑ:] прочúнений, відхúлений.
akin [ə'kin] спорíднений, близькúй (to Р).
alarm [ə'lɑ:m] 1. тривóга; страх; 2. (с)тривóжити, (с)хвилювáти; ~-**clock** [-klɔk] будúльник.
albuminous [æl'bju:minəs] що мíстить білóк; альбумíнний.
alcohol ['ælkəhɔl] алкогóль *m*; спирт; ~**ic** [ælkə'hɔlik] 1. □ алкогóльний;

A

2. алкоголік; ~**ism** ['ælkəhɔlizm] алкоголізм.
alcove ['ælkouv] альков, ніша.
ale [eil] пиво, ель *m*.
alert [ə'lə:t] 1. □ жвавий, меткий, моторний; 2. (повітряна) тривога; on the ~ насторожі.
alien ['eiliən] 1. □ іноземний; чужий; 2. іноземець, чужоземець; ~**able** [-əbl] □ відчужуваний; ~**ate** [-eit] відчужувати[-ужити]; ~**ist** ['eiliənist] психіатр.
alight [ə'lait] 1. сходити [зійти] (з Р); приземлюватися[-литися]; 2. *adj. predic*. запалений, у вогні; освітлений.
align [ə'lain] вирівнювати(ся) [вирівняти(ся)].
alike [ə'laik] 1. *adj. pred*. однаковий; схожий; 2. *adv*. так само; подібно.
aliment ['æliment] харчування; ~**ary** [æli'mentəri] □ харчовий; поживний; ~ canal стравохід.
alimony ['æliməni] аліменти *m/pl*.
alive [e'laiv] живий, бадьорий; чуйний (to до Р); що кишить (with О); be ~ to ясно розуміти.
all [ɔ:l] 1. *adj*. весь, увесь, ввесь *m*; вся, уся *f*; все, усе *n*; всі, усі *pl*.; усякий, всілякий; for ~ that незважаючи на те, що; 2. усе; взагалі; not at ~ зовсім ніяк, аж ніяк; for ~ (that) I care мені однаково, мені байдуже; for ~ I know оскільки я знаю; 3. *adv*. сповна, цілком, цілковито; ~ at once відразу; ~ the better тим краще; ~ but майже; ~ right добре, гаразд.
allay [ə'lei] заспокоювати [-оїти].
alleg|ation [æle'geiʃən] заява; безпідставне твердження; ~**e** [ə'ledʒ] пос(и)латися на (З); стверджувати [-дити] (без підстав).
allegiance [ə'li:dʒəns] вірність *f*, відданість *f*.
alleviate [ə'li:vieit] полегшувати [-шити].
alley ['æli] алея; провулок.
alliance [ə'laiəns] альянс.
allocat|e ['æləkeit] розміщувати [-істити]; розташовувати [-шувати]; розподіляти [-ити]; ~**ion** [ælə'keiʃən] розподіл.
allot [ə'lɔt] *v/t*. розда(ва)ти, розподіляти [-лити].
allow [ə'lau] дозволяти [-ити]; допускати [-стити]; *Am*. стверджувати; ~**able** [-əbl] □ дозволений; ~**ance** [-əns] утримування; знижка; дозвіл; make ~ for брати до уваги.
alloy [ə'lɔi] 1. домішка; сплав; 2. сплавляти [сплавити].
all-round всебічний, всесторонній, різнобічний.
allude [ə'lu:d] натякати [-кнути] (to на З); пос(и)латися (to на З).
allure [ə'ljuə] зваблювати [-бити]; спокушати [-сити]; ~**ment** [-mənt] спокуса, зваба.
allusion [ə'luʒən] натяк, посилання *n*.
ally 1. [ə'lai] сполучати [-чити] (to, with з О); 2. ['ælai] спільник.
almanac ['ɔ:lmənæk] календар, альманах.
almighty [ɔ:l'maiti] □ всемогутній.
almond ['ɑ:mənd] 1. мигдаль *m*; мигдалина (*a*. Me); 2. мигдальний, мигдалевий.
almost ['ɔ:lmoust] майже; мало не..., трохи не..., ледве не..., замалим не...
alms [ɑ:mz] *sg. a. pl*. милостиня; ~-**house** богадільня.
aloft [ə'lɔft] нагорі, нагору.
alone ['loun] сам *m*, сама *f*; саме *n*; самі *pl*; одинокий, самотній [-ня]; let (або leave) ~ дати спокій; let ~... не кажучи вже про...
along [ə'lɔŋ] 1. *adv*. уперед; all ~ весь час; ~ with разом з (О); F get ~ with you! забирайтесь!; ідіть (собі) геть!; 2. *prp*. уздовж (Р); ~**side** [-said] пліч-о-пліч, поряд.
aloof [ə'lu:f] віддалік, осторонь; stand ~ триматися осторонь.
aloud [ə'laud] голосно, уголос.
alp [ælp] полонина; ≈s Альпи *pl*.
already [ɔ:l'redi] уже.
also ['ɔ:lsou] також, теж.
alter ['ɔ:ltə] змінювати(ся) [-нити(ся)]; ~**ation** [-reiʃən] переміна, зміна, перероблювання, переробка.
alternat|e 1. ['ɔ:ltə:neit] чергувати(ся); 2. □ [ɔ:l'tə:nit] змінний, перемінний; Ee alternating current змінний струм; ~**ion** [ɔ:ltə:'neiʃən] чергування; ~**ive** [ɔ:l'tə:nətiv] 1. □ взаємовиключаючий, альтернативний; змінно діючий; 2. альтернатива; вибір, можливість *f*.
although [ɔ:l'ðou] хоч, хоча, дарма що.
altitude ['æltitju:d] височина; висота.
altogether [ɔ:ltə'geðə] зовсім, цілком; цілковито; взагалі.
alumin(i)um [ælju'minjəm] алюміній.
always ['ɔ:lwəz] завжди.
am [æm; в реченні: əm] [*irr*.] 1. *pers. sg. prs*. від be.
amalgamate [ə'mælgəmeit] амальгамувати *(im)pf*.
amass [ə'mæs] збирати [зібрати]; накопичувати [-чити].

amateur ['æmətə:] люби́тель(ка *f*) *m*; ама́тор(ка *f*) *m*; дилета́нт(ка).
amaz|e [ə'meiz] (з)дивува́ти, вража́ти [вра́зити]; **~ement** [-mənt] здивува́ння, зачудува́ння, зчудува́ння; **~ing** [ə'meiziŋ] □ ди́вний, дивови́жний, чудо́вий, преди́вний, на ди́во (напро́чуд) га́рний.
ambassador [æm'bæsədə] посо́л, посланéць *m*.
amber ['æmbə] буршти́н.
ambigu|ity [æmbi'gjuiti] двозна́чність *f*; **~ous** [-'bigjuəs] □ двозна́чний; сумні́вний, непе́вний.
ambitio|n [æm'biʃən] честолю́бство; **~ous** [-ʃəs] □ честолю́бний.
amble ['æmbl] **1.** і́нохідь *f*; **2.** йти і́ноходдю.
ambulance ['æmbjuləns] маши́на швидко́ї допомо́ги.
ambuscade [æmbəs'keid], **ambush** ['æmbuʃ] заса́да, за́сідка.
ameliorate [ə'mi:liəreit] покра́щувати(ся) [покра́щити(ся)].
amend [ə'mend] виправля́ти(ся) [ви́правити(ся)]; *parl.* вно́сити попра́вки до (Р); **~ment** [-mənt] ви́правлення; *parl.* попра́вка (до резолю́ції, законопроє́кту); **~s** [ə'mendz] компенса́ція.
amenity [ə'mi:niti] прие́мність *f*.
American [ə'merikən] **1.** америка́нець(-нка); **2.** америка́нський; **~ism** [-izm] американі́зм; **~ize** [-aiz] американізува́ти *(im)pf.*
amiable ['eimjəbl] □ дружелю́бний; доброду́шний.
amicable ['æmikəbl] □ дру́жній; при́язний.
amid(st) [ə'mid(st)] се́ред(Р), посере́д (Р); між, по́між (О *sometimes* Р).
amiss [ə'mis] *adv.* пога́но, неві́рно, хи́бно; недоре́чно; невча́сно; take ~ обража́тися [обра́зитися].
amity ['æmiti] дру́жба.
ammonia [ə'mounjə] Ch аміа́к.
ammunition [æmju'niʃən] боєприпа́си *m/pl.*
amnesty ['æmnesti] **1.** амні́стія; **2.** амністува́ти *(im)pf.*
among(st) [ə'mʌŋ(st)] се́ред (Р), між, по́між (О *sometimes* Р).
amorous ['æmərəs] □ закóханий (of у З); влю́бливий.
amount [ə'maunt] **1.** ~to дорі́внювати (Д); **2.** су́ма; кі́лькість *f*.
ample ['æmpl] □ доста́тній; рясни́й, бага́тий, вели́кий; просто́рий.
ampli|fication [æmplifi'keiʃən] розши́рення; збі́льшення; поси́лення; **~fier** ['æmplifaiə] *phys.* підси́лювач; **~fy** ['æmplifai] поси́лювати [-лити]; розповсю́джувати(ся) [-дитися]; **~tude** [-tju:d] широта́, широчі́нь, ро́змах (ду́мки); *phys.*, *astr.* амплітýда.
amputate ['æmpjuteit] ампутува́ти *(im)pf.*; відтина́ти [відтя́ти].
amuse [ə'mju:z] забавля́ти, поті́шити *pf.*, розважа́ти [-жити]; **~ment** [-mənt] розва́га, заба́ва.
an [æn, ən] неозна́чений арти́кль.
an(a)esthetic [æni:s'θetik] нарко́тик.
analog|ous [ə'næləgəs] □ аналогі́чний, поді́бний; **~y** [ə'nælədʒi] анало́гія, поді́бність *f*.
analys|e ['ænəlaiz] аналізува́ти *(im)pf.*, *pf.a.* [про-]; **~is** [ə'næləsis] ана́ліз.
anarchy ['ænəki] ана́рхія.
anatom|ize [ə'nætəmaiz] анатомува́ти *(im)pf.*; (про)аналізува́ти *(im)pf.*; **~y** анато́мія.
ancest|or ['ænsistə] пре́док; **~ral** [æn'sestrəl] □ спадко́вий, родови́й; **~ress** [-ris] прама́ти; прароди́телька; **~ry** ['ænsistri] похо́дження; пре́дки *m/pl.*
anchor ['æŋkə] **1.** я́кір; at ~ на я́корі; **2.** ста́вити (ста́ти) на я́кір.
anchovy [æn'tʃouvi] анчо́ус.
ancient ['einʃənt] **1.** □ да́вній; анти́чний; **2.** the ~s *pl. hist.* да́вні наро́ди *m/pl.*
and [ænd, ənd, F ən] і, й, та, та й; *a.*
anew [ə'nju:] зно́ву; по-ново́му.
angel ['eindʒəl] а́нгел, я́нгол; **~ic(al** □) [æn'dʒelik(əl)] а́нгельський, я́нгольський.
anger ['æŋgə] **1.** гнів; **2.** (роз)гні́вити.
angle ['æŋgl] **1.** кут; то́чка зо́ру; **2.** ву́дити (for З); ву́дити ри́бу; *fig.* закида́ти ву́дочку.
Anglican ['æŋglikən] **1.** член англіка́нської це́ркви; **2.** англіка́нський.
Anglo-Saxon ['æŋglou'sæksn] **1.** англоса́кс; **2.** англосаксо́нський.
angry ['æŋgri] □ серди́тий (with на З).
anguish ['æŋwiʃ] му́ка, страждá́ння.
angular ['æŋgjulə] кутови́й, ку́тній, нарі́жний; *fig.* худи́й, незгра́бний.
animal ['æniməl] **1.** твари́на; **2.** твари́нний; скоти́нячий.
animat|e ['ænimeit] пожва́влювати [-вити], оживля́ти [-ви́ти]; запа́лювати [-ли́ти], надиха́ти [-ну́ти]; **~ion** [æni'meiʃən] жва́вість *f*; пожва́влення.
animosity [æni'mɔsiti] воро́жість *f*.
ankle ['æŋkl] кі́сточка, щи́колотка.
annals ['ænlz] *pl.* літо́пис.
annex 1. [ə'neks] анексува́ти *(im)pf.*; прие́днувати [-на́ти]; **2.**['æneks] прибудо́ва; дода́ток; **~ation** [ænek'seiʃən] ане́ксія.

A

annihilate [ə'naiəleit] знищувати [-щити], винищувати [-щити].
anniversary [æni'və:səri] річниця; роковини.
annotat|e ['ænouteit] анотувати *(im)pf.*; давати примітки; **~ion** [ænou'teiʃən] примітка.
announce [ə'nauns] оголошувати [-осити]; оповіщати [-істити]; заявляти [-вити]; **~ment** [-mənt] оголошення; **~er** [-ə] *radio* диктор.
annoy [ə'nɔi] набридати [набриднути] (Д); докучати [надокучити] (Д); **~ance** [-əns] досада, прикрість *f*, шкода; роздратування; неприємність *f*.
annual ['ænjuəl] 1. □ щорічний; річний; 2. щорічник; однорічна рослина.
annuity [ə'njuiti] річна рента.
annul [ə'nʌl] анулювати *(im)pf.*; скас(ов)увати; **~ment** [-mənt] анулювання.
anoint [ə'nɔint] намащувати [-астити]; *eccl.* помаз(ув)ати.
anomalous [ə'nɔmələs] □ аномальний, неправильний, хибний.
anonymous [ə'ɒniməs] □ анонімний.
another [ə'nʌðə] інший, ще один.
answer ['ɑ:nsə] 1. *v/t.* відповідати [-вісти] (Д); задовольняти [-нити]; ~ the bell or door відчиняти двері на дзвінок; *v/i.* відповідати [-вісти] (to a p. Д, to a question на запитання); ~ for відповідати [-вісти] за (З); 2. відповідь (to на З); **~able** ['ɑ:nsərəbl] □ відповідальний.
ant [ænt] мураха.
antagonis|m [æn'tægənizm] антагонізм, ворожнеча; **~t** [-ist] антагоніст, супротивник.
antecedent [ænti'si:dənt] 1. □ попередній; що передує (to Д); 2. **~s** *pl.* минуле (людини).
anterior [æn'tiriə] що передує (to Д); □ чільний.
ante-room ['æntirum] передпокій.
anthem ['ænθəm] гімн.
anti... [ænti...] проти..., анти...; **~-aircraft** [ænti'ɛəkrɑ:ft] протиповітряний; ~ alarm повітряна тривога; ~ defence протиповітряна оборона (ППО).
antic ['æntik] 1. □ блазнівський; 2. гротеск; **~s** *pl.* кривляння; пустощі *pl.*
anticipat|e [æn'tisipeit] передчу(ва)ти; попереджати [попередити]; **~ion** [æntisi'peiʃən] очікування; передчуття; in ~ заздалегідь.
antidote ['æntidout] протиотрута.
antipathy [æn'tipəθi] антипатія.
antiqua|ry ['æntikwəri] антиквар; **~ted** [-kweitid] застарілий; старомодний.
antiqu|e [æn'ti:k] 1. □ античний; старовинний; 2. античний витвір мистецтва; антикварна річ *f*; **~ity** [æn'tikwiti] давнина; старовина; античність.
antlers ['æntləz] *pl.* оленячі роги *m/pl.*
anvil ['ænvil] ковадло.
anxiety [æŋ'zaiəti] занепокоєння; палке бажання; побоювання.
anxious ['æŋkʃəs] □ стурбований; що турбується (about, for про З, щодо Р).
any ['əni] 1. *pron.* який-небудь, будь-який; not ~ ніякий; 2. *adv.* будь-скільки, кілька; **~body, ~one** хто-небудь, будь-хто; усякий; кожен; **~how** абияк, як-небудь, будь-як; так чи інакше, у всякому разі; **~thing** будь-що; ~ but далеко не..., зовсім не...; **~where** будь-де, будь-куди.
apart [ə'pɑ:t] окремо; нарізно; ~ from крім (Р); **~ment** [-mənt] кімната (мебльована); **~s** *pl.* квартира; *Am.* ~ house багатоквартирний будинок.
ape [eip] 1. мавпа; 2. (з)мавпувати, удавати (З).
aperient [ə'piəriənt] проносний засіб.
aperture ['æpətjuə] отвір; проріз.
apiculture ['eipikʌltʃə] бджільництво.
apiece [ə'pi:s] за штуку; за кожного, з людини.
apish ['eipiʃ] □ мавпячий; дурний.
apolog|etic [əpɔlə'dʒetik] (**~ally**) □ вибачний; вибачливий; захисний; **~ize** [ə'pɔlədʒaiz] вибачатися [вибачитися] (for за З; to перед О); **~y** [-dʒi] вибачення.
apoplexy ['æpopleksi] удар, параліч.
apostate [ə'pɔstit] відступник.
apostle [ə'pɔsl] апостол.
apostroph|e [ə'pɔstrəfi] апостроф; **~ize** [-faiz] звертатися [звернутися] до (Р).
appal [ə'pɔ:l] (з)лякати; (на)страхати.
apparatus [æpə'reitəs] прилад; апаратура, апарат.
apparel [ə'pærəl] одяг, убрання.
appar|ent [ə'pærənt] □ очевидний, безперечний; **~ition** [æpə'riʃən] поява; примара.
appeal [ə'pi:l] 1. апелювати *(im)pf.*; подавати скаргу; звертатися [-рнутися](to до Р); притяг(а)ти (to З); 2. відозва, заклик; апеляція; привабливість *f*; **~ing** [-iŋ] □ зворушливий; привабливий.
appear [ə'piə] з'являтися [з'явитися]; показуватися [-затися]; виступати [виступити] (на концерті і т. ін.);

~ance [ə'piərəns] поя́ва; зо́внішність *f*; ~s *pl.* пра́вила присто́йності.
appease [ə'pi:z] умиротворя́ти [-ри́ти]; заспоко́ювати [-о́їти].
appellant [ə'pelənt] апеля́нт.
append [ə'pend] дода́(ва́)ти (до Р); доклада́ти [докла́сти] (З, Р); **~age** [-idʒ] прида́ток; **~ix** [ə'pendiks] дода́ток.
appertain [æpə'tein] нале́жати; стосува́тися (Р).
appetite ['æpitait] апети́т (for на З); *fig.* по́тяг, схи́льність *f* (for до Р).
appetizing ['æpitaiziŋ] □ апети́тний.
applaud [ə'plɔ:d] *v/t.* аплодува́ти (Д); схва́лювати [-ли́ти].
applause [ə'plɔ:z] аплодисме́нти, о́плески *m/pl.*; схва́лення.
apple [æpl] я́блуко; ~sauce я́блучний мус; *sl.* ле́стощі *pl*; дурни́ці *f/pl.*
appliance [ə'plaiəns] пристосува́ння, при́стрій, при́лад.
applica|ble ['æplikəbl] □ прида́тний (to до Р); **~nt** [-kənt] проха́ч (ка *f*) *m*; кандида́т (for на З); **~tion** [æpli'keiʃən] застосува́ння; зая́ва; проха́ння (for про З).
apply [ə'plai] *v/t.* доклада́ти [докла́сти] (to до Р; З); застос(о́в)у́вати; ~o. s. to займа́тися [займа́тися] (О) [вико́нувати щось]; *v/i.* зверта́тися [зверну́тися] (for по З; to до Р); стосува́тися.
appoint [ə'pɔint] признача́ти [призна́чити]; визнача́ти [ви́значити]; споряджа́ти [-ди́ти]; well ~ed до́бре обла́днаний; **~ment** [-mənt] призна́чення; поба́чення; ~s *pl.* обла́днання; обстано́вка.
apportion [ə'pɔ:ʃən] (по)діли́ти, розподіля́ти [-ли́ти]; **~ment** [-mənt] пропорці́йний розпо́діл.
apprais|al [ə'preizəl] оці́нка; **~e** [ə'preiz] оці́нювати [-ни́ти], розці́нювати [-ни́ти].
apprecia|ble [ə'pri:ʃəbl] □ помі́тний, відчу́тний; **~te** [-ʃieit] *v/t.* оці́нювати [-ни́ти]; (о)ціни́ти; (з)розумі́ти; *v/i.* підніма́тися в ці́ні; **~ion** [əpri:ʃi'eiʃən] оці́нка; розумі́ння.
apprehen|d [æpri'hend] передчува́ти; боя́тися; затри́мувати [-мати], заарешт(о́в)ува́ти; **~sion** [-'henʃən] побо́ювання, передчуття́; аре́шт; **~sive** [-'hensiv] □ стурбо́ваний; тяму́щий.
apprentice [ə'prentis] **1.** підма́йстер, у́чень *m*; **2.** віддава́ти в нау́ку; **~ship** [-ʃip] навча́ння, учні́вство.
approach [ə'proutʃ] **1.** наближа́тися [набли́зитися] до (Р); зверта́тися [зверну́тися] до (Р); **2.** набли́ження; пі́дступ; *fig.* підхі́д.
approbation [æpro'beiʃən] схва́лення; са́нкція.
appropriat|e **1.** [ə'prouprieit] привла́снювати [-ни́ти]; *parl.* признача́ти [призна́чити]; **2.** [-it] □ відпові́дний, підхо́жий; **~ion** [əproupri'eiʃən] привла́снення; *parl.* асигнува́ння.
approv|al [ə'pru:vəl] схва́лення; тве́рдження; **~e** [ə'pru:v] схва́лювати [-ли́ти]; затве́рджувати [-дити]; санкціонува́ти *(im)pf.*
approximate **1.** [ə'prkɔsimeit] наближа́тися [набли́зитися] до (Р); **2.** [-mit] □ прибли́зний.
apricot ['eiprikɔt] абрико́с.
April ['eiprəl] кві́тень *m*.
apron ['eiprən] фарту́х.
apt [æpt] □ підхо́жий; зда́тний; ~ to схи́льний до (Р); **~itude** [æ'ptitju:d], **~ness** [-nis] зда́тність *f*, спромо́жність *f*; схи́льність *f* (for, to до Р); доре́чність *f*.
aquatic [ə'kwætik] **1.** □ водяни́й; во́дний; **2.** ~s *pl.* во́дний спорт.
aque|duct ['ækwidʌkt] акведу́к; **~ous** ['eikwiəs] □ водяни́стий.
Arab ['ærəb] ара́б(ка); **~ic** ['ærəbik] **1.** ара́бська мо́ва; **2.** ара́бський.
arable ['ærəbl] о́рний.
arbit|er ['ɑbitə] арбі́тр, трете́йський суддя́ *m*; *fig.* верши́тель до́лі; **~rariness** ['ɑ:bitrərinis] сваво́ля, сваві́лля; **~rary** [-trəri] □ сваві́льний; **~rate** ['ɑ:bitreit] вирі́шувати трете́йсь-ким судо́м; **~ration** [ɑ:bit'reiʃən] трете́йське рі́шення; **~rator** ['ɑ:bitreitə] J арбі́тр, трете́йський суддя́ *m*.
arbo(u)r ['ɑ:bə] бесі́дка, альта́нка.
arc [ɑ:k] *ast.*, Ma, Ee, дуга́; **~ade** [ɑ:'keid] паса́ж, арка́да.
arch¹ [ɑ:tʃ] **1.** а́рка; склепі́ння; дуга́; **2.** надава́ти фо́рму а́рки; вигина́ти(ся) дуго́ю.
arch² [~] **1.** □ хи́трий, лука́вий; **2.** *pref.* архі... (переда́ча найви́щого сту́пеню).
archaic [ɑ:'keiik] (~ally) □ застарі́лий.
archbishop ['ɑ:tʃbiʃəp] архієпи́скоп.
archery ['ɑ:tʃəri] стрільба́ з лу́ка.
architect ['ɑ:kitekt] архіте́ктор; **~onic** [-'ɔnik] (~ally) □ архітекту́рний, конструкти́вний; **~ure** ['ɑ:kitektʃə] архітекту́ра.
archway ['ɑ:tʃwei] склепі́нчастий прохі́д.
arc-lamp ['ɑ:klæmp] El дугова́ ла́мпа.
arctic ['ɑ:ktik] поля́рний, аркти́чний.
arden|cy ['ɑ:dənsi] жар, за́пал;

ре́вність *f*; ~**t** ['ɑ:dənt] □ *mst fig.* гаря́чий, палки́й; ре́вний.
ardo(u)r ['ɑ:də] ре́вність *f*; завзя́ття.
arduous ['ɑ:djuəs] □ тяжки́й, важки́й.
are [ɑ: ; у ре́ченні: ə] *s.* be.
area ['ɛəriə] майда́н, пло́ща; о́бласть *f*; райо́н.
Argentine ['ɑ:dʒəntain] **1.** □ аргенті́нський; **2.** аргенті́нець *m* (-нка *f*).
argue ['ɑ:gju:] *v/t.* обгово́рювати [-ри́ти]; дово́дити [довести́]; ~ a p. into запевня́ти [запе́внити] в (М); *v/i.* сперечáтися з (О).
argument ['ɑ:gjumənt] до́каз, аргуме́нт; супере́чка, спір; ~**ation** [ɑ:gjumen'teiʃən] аргумента́ція.
arid ['ærid] □ сухи́й (*a. fig.*), безво́дний.
arise [æ'raiz] [*irr.*] *fig.* виникáти (from з Р); поставáти; ~**n** [æ'rizn] *p. pt.* від arise.
aristocra|cy [æris'tɔkrəsi] аристокра́тія; ~**t** ['æristəkræt] аристокра́т; ~**tic** (**al** □) [æristə'krætik(əl)] аристократи́чний.
arithmetic [ə'riθmətik] арифме́тика.
ark [ɑ:k] ковче́г.
arm[1] [ɑ:m] рука́; рука́в (ріки́).
arm[2] [~] **1.** збро́я; рід військ; **2.** озбро́юватися [о́їтися].
arma|ment ['ɑ:məmənt] озбро́єння; ~**ture** ['ɑ:mətjuə] броня́, па́нцир; Е армату́ра.
armchair ['ɑ:mtʃɛə] крі́сло.
armistice ['ɑ:mistis] переми́р'я.
armo(u)r ['ɑ:mə] **1.** збро́я, обладу́нок *m/pl.*; броня́, па́нцир; **2.** покривáти броне́ю; ~**y** [-ri] арсена́л.
armpit ['ɑ:mpit] пахва́.
army ['ɑ:mi] а́рмія; *fig.* си́ла, бе́зліч.
arose [ə'rouz] *pt.* від arise.
around [ə'raund] **1.** adv. всю́ди, скрізь; **2.** *prp.* навко́ло (Р).
arouse [ə'rauz] (роз)буди́ти; збу́джувати [-ди́ти]; викликáти [ви́кликати].
arraign [ə'rein] притягáти до су́ду; *fig.* знахо́дити недо́ліки в (М).
arrange [ə'reindʒ] впорядко́вувати [-кувáти]; влашто́вувати [-тувáти]; класифікувáти *(im)pf.*; умовля́тися [умо́витися]; Mu аранжувáти *(im)pf.*; ~**ment** [-mənt] облаштувáння; розташувáння; уго́да; за́хід; Mu аранжувáння.
array [ə'rei] **1.** бойови́й поря́док; *fig.* си́ла, бе́зліч *f*; **2.** одяг(á)ти́; прикрашáти [прикра́сити]; вишик(о́в)увáти.
arrear [ə'riə] *mst. pl.* заборго́ваність, недо́їмка.
arrest [ə'rest] **1.** аре́шт, затри́мання; **2.** заарешт(о́в)увáти, затри́м(ув)ати.
arriv|al [ə'raivəl] прибуття́, приї́зд; ~**s** *pl.* прибу́лі *pl.*; ~**e** [ə'raiv] прибу́(вá)ти, приїжджáти (at у, на З).
arroga|nce ['ærəgəns] зарозумі́лість *f*, пихáтість *f*; ~**nt** □ зарозумі́лий, пихáтий; ~**te** [-geit] зухвáло вимагáти (З).
arrow ['ærou] стрілá.
arsenal ['ɑ:sinl] арсенáл.
arsenic ['ɑ:snik] миш'я́к.
arson ['ɑ:sn] J підпáл.
art [ɑ:t] мисте́цтво; *fig.* хи́трість *f*.
arter|ial [a'tiəriəl] ~ road магі́страль *f*; ~**y** ['ɑ:təri] арте́рія; головнá доро́га.
artful ['ɑ:tful] □ спри́тний, хи́трий.
article ['ɑ:tikl] стаття́; парáграф; *gr.* арти́кль *m*, член; ~d to відданий (в наýку) до (Р).
articulat|e **1.** [ɑ:'tikjuleit] вирáзно чі́тко вимовля́ти; **2.** [-lit] □ вирáзний; розбі́рливий; колі́нчастий; ~**ion** [ɑ:tikju'leiʃən] артикуля́ція; чіткá, вирáзна вимо́ва; *anat.* зчленувáння.
artific|e ['ɑ:tifis] спри́тність *f*, впрáвність *f*; ви́нахід, ви́гадка; ~**ial** [ɑ:ti'fiʃəl] □ штýчний.
artillery [ɑ:'tiləri] артиле́рія; ~**man** [-mən] артилери́ст.
artisan [ɑ:ti'zæn] ремісни́к.
artist ['ɑ:tist] худо́жник(-иця), митéць; актóр(ка); ~**e** [ɑ:'tist] естрáдний(-на) арти́ст(ка); ~**ic(al** □**)** [ɑ:'tistik(əl)] артисти́чний, худо́жній.
as [æz] *cj. a. adv.* коли́; в той час як; оскі́льки; хочá; ~ it were ні́би, нáче; ~ well так сáмо; ті́єю ж мі́рою, тою ж мі́рою; such ~ таки́й як; як напри́клад; ~ well ~ і...і...; *prp.* ~ for, ~ to стосо́вно (Р); ~ from з (Р).
ascend [ə'send] піднімáтися [підня́тися]; схо́дити [зійти́]; брáти почáток у (М); А наб(и)рáти висотý.
ascension [ə'senʃən] схо́дження; ♀ (Day) Вознесі́ння.
ascent [ə'sent] підйо́м; крути́й схил.
ascertain [æsə'tein] упевня́тися [упе́внитися], пересві́дчуватися [-читися] в (М).
ascribe [ə'skraib] припи́сувати [-сáти] (Д/З).
aseptic [ei'septik] □ Me стери́льний.
ash[1] [æʃ] В я́сен; mountain ~ горобина.
ash[2] [~], *mst pl.* ~**es** ['æʃiz] золá, по́піл.
ashamed [ə'ʃeimd] присоро́млений.
ash-can *Am.* відро́ для смі́ття́.
ashen [æʃn] попеля́стий (ко́лір).
ashore [ə'ʃɔ:] на бе́рег, на бе́резі; run ~, be driven ~ наско́чити на мілинý.

ash-tray ['æʃtrei] попільни́ця.
ashy ['æʃi] попеля́стий; блідий.
Asiatic [eiʃi'ætik] **1**. азіа́тський; **2**. азіа́т(ка).
aside [ə'said] убі́к; о́сторонь; окре́мо.
ask [ɑ:sk] *v/t*. (по)проха́ти (a th. of, from a p. щось у ко́гось); ~ that проси́ти (проха́ти) щоб...; (с)пита́ти; ~ (a p.) a question запи́тувати (Р), ста́вити пита́ння (Д); *v/i*. ~ for (по)проси́ти, (по)проха́ти (З *or* Р).
askance [əs'kæns], **askew** [əs'kju:] ско́са, кри́во; ко́со.
asleep [ə'sli:p] спля́чий; be ~ спа́ти.
aslope [ə'sloup] *adv*. похи́лий; на схи́лі.
asparagus [əs'pærəgəs] спа́ржа.
aspect ['æspekt] вид (*a. gr.*); аспе́кт; бік; ви́гляд, вид.
asperity [æs'periti] суво́рість *f*.
asphalt ['æsfælt] **1**. асфа́льт; **2**. асфальтува́ти.
aspir|ant [əs'paiərənt] кандида́т; **~ate** ['æspəreit] вимовля́ти з при́дихом; **~ation** [æspə'reiʃən] пра́гнення; *phon*. при́дих; **~e** [əs'paiə] пра́гнути (to, after, at до Р); домага́тися (Р).
ass [æs] віслю́к.
assail [ə'seil] напада́ти [напа́сти] на (З), атакува́ти (З) *(im)pf*.; *fig*. енергі́йно бра́тися (до робо́ти); **~ant** [-ənt] (су)проти́вник; напада́юча сторона́.
assassin [ə'sæsin] вби́вця *m/f*; **~ate** [-ineit] вби́(ва́)ти; **~ation** [əsæsi'neiʃən] вби́вство.
assault [ə'sɔ:lt] **1**. на́пад, ата́ка; J обра́за сло́вом; фізи́чне наси́льство; **2**. напада́ти [напа́сти], накида́тися [наки́нутися] на (З).
assay [ə'sei] **1**. випро́бування (мета́лів); **2**. випро́б(о́в)увати, дослі́джувати [-ди́ти].
assembl|age [ə'semblidʒ] зібра́ння; ску́пчення; збір; E монта́ж; склада́ння *n*; **~e** [ə'sembl] склика́ти [скли́кати]; E (з)монтува́ти; **~y** [-i] зібра́ння; збо́ри; асамбле́я; E склада́ння части́н.
assent [ə'sent] **1**. зго́да; **2**. пого́джуватися (to на З; з О).
assert [ə'sə:t] стве́рджувати [-дити]; **~ion** [ə'sə:ʃən] тве́рдження.
assess [ə'ses] обклада́ти пода́тком; оці́нювати майно́; **~able** [-əbl] □ що підляга́є оподаткува́нню; **~ment** [-mənt] обклада́ння; оці́нка.
asset ['æset] ці́нна я́кість; C стаття́ прибу́тку; ~s *pl*. C акти́в.
assiduous [ə'sidjuəs] □ стара́нний, рете́льний.
assign [ə'sain] визнача́ти [ви́значити]; призна́ча́ти [призна́чити]; асигнува́ти (*im)pf*.; доруча́ти [-чи́ти]; **~ment** [ə'sainmənt] призна́чення; J переда́ча; завда́ння.
assimilat|e [ə'simileit] асимілюва́ти (ся) *(im)pf*.; засво́ювати [засво́їти], опан(о́в)ува́ти; прирі́внювати [-ня́ти]; **~ion** [əsimi'leiʃən] уподі́бнення; асиміля́ція; засво́єння.
assist [ə'sist] допомага́ти [допомо́гти], (по)сприя́ти *(im)pf*.; **~ance** [-əns] допомо́га; **~ant** [-ənt] асисте́нт(ка); помічни́к(-и́ця).
associa|te **1**. [ə'souʃieit] спілкува́тися (with з О); асоціюва́ти(ся) *(im)pf*.; приє́днувати(ся) [-на́тися] (with до Р); **2**. [-ʃiit] а) пов'я́заний; об'є́дна-ний; б) това́риш, коле́га; співуча́сник; **~tion** [əsousi'eiʃən] асоціа́ція; з'є́днання; товари́ство.
assort [ə'sɔ:t] (роз)сортува́ти; підбира́ти [підібра́ти]; забезпе́чувати асортиментом; **~ment** [-mənt] сортува́ння.
assume [ə'sju:m] прийма́ти [прийня́ти], перейма́ти [перейня́ти] (на се́бе); припуска́ти [-сти́ти]; **~ption** [ə'sʌmpʃən] припу́щення; привла́снення; *eccl*. ♀ Успі́ння.
assur|ance [ə'ʃuərəns] запе́внення; впе́вненість *f*; страхо́вка; **~e** [ə'ʃuə] запевня́ти [запе́внити]; забезпе́чувати [-чити]; (за)страхува́ти; **~edly** [-ridli] *adv*. звича́йно, безумо́вно.
astir [əs'tə:] у ру́сі; на нога́х.
astonish [əs'tɔniʃ] (з)дивува́ти; вража́ти [вра́зити]; be ~ed (з)дивува́тися (at Д; на З); **~ing** [-iʃiŋ] □ дивови́жний; чудо́вий; *adv*. напро́чуд; **~ment** [əs'tɔniʃmənt] по́див; здивува́ння; зчудува́ння.
astound [əs'taund] вража́ти [вра́зити]; приголо́мшувати [-шити].
astray [əs'trei]: go ~ заблука́ти, зби́тися зі шля́ху.
astride [əs'traid] ве́рхи (of на М).
astringent [əs'trindʒənt] □ Me в'я́жучий (за́сіб).
astro|logy [əs'trɔlədʒi] астроло́гія; **~nomer** [əs'trɔnəmə] астроно́м; **~nomy** [əs'trɔnəmi] астроно́мія.
astute [əs'tju:t] □ хи́трий; прони́кливий; **~ness** [-nis] хи́трість *f*; прони́кливість *f*.
asunder [ə'sʌndə] на́різно, окре́мо; на шматки́, на части́ни.
asylum [ə'sailəm] приту́лок; схо́вище.
at [et] *prp*. у (М, З); бі́ля (Р); при (М); на (М, З); бі́ля (Р); за (О); ~ school у шко́лі; ~ the age of у ві́ці (Р).
ate [et, eit] *pt*. від eat.
atheism ['eiθiizm] атеї́зм.

athlet|e ['æθli:t] атлéт; **~ic(al** □) [æθ'letik(əl)] атлети́чний; **~ics** *pl.* [æθ'letiks] атлéтика.

Atlantic [ət'læntik] **1.** атланти́чний; **2.** (*a.* ~ Ocean) Атланти́чний океáн.

atmospher|e ['ætməsfiə] атмосфéра; **~ic(al** □) [ætməs'ferik(əl)] атмосфéрний, атмосфери́чний.

atom ['ætəm] S áтом; ~ (*a.* ~ic) bomb áтомна бóмба; **~ic** [ə'tɔmik] áтомний; ~ pile áтомний реáктор; ~ smashing розщéплення áтома; **~izer** ['ætəmaizə] розпи́лювач.

atone [ə'toun]: ~ for зглáджувати [-дити], поку́тувати, споку́тувати; **~ment** [-mənt] поку́та, споку́та.

atroci|ous [ə'trouʃəs] □ звіря́чий, жахли́вий; **~ty** [ə'trɔsiti] звíрство.

attach [ə'tætʃ] *v/t. com.* прикрíплювати [-пи́ти]; прикомандир(óв)увáти; надá(вá)ти; J заарештóвувати [-тувáти]; ~ o. s. to прихиля́тися [-ли́тися] до (Р); **~ment** [-mənt] прихи́льність *f*; прикрíплення; наклáдення арéшту.

attack [ə'tæk] **1.** атáка; нáступ; при́ступ; **2.** атакувáти *(im)pf.*; нападáти [напáсти] на (З); накидáтися [наки́нутися] на (З); Me уражáти [врáзити].

attain [ə'tein] *v/t.* досяг(á)ти́ (Р), доби́(вá)тися (Р); **~ment** [-mənt] надбáння, здобу́ток; дося́гнення; **~s** *pl.* знання́ *n/pl.*; нáвички *f/pl.*

attempt [ə'tempt] **1.** спрóба; зáмах; **2.** намагáтися; заміря́тися [замíритися] на (З).

attend [ə'tend] обслугóвувати [-ужи́ти]; відвíдувати [-дати]; Me доглядáти (З); прислугóвувати (to Д); бу́ти прису́тнім (at на М); бу́ти увáжним; **~ance** [ə'tendəns] прису́тність *f* (at на М); обслугóвування; пу́бліка; відвíдування; Me дóгляд (за О); **~ant** [-ənt] **1.** супровóджуючий (on З); прису́тній (at на М); **2.** відвíдувач(ка); супу́тник(-иця); Me санітáр; службо́витель *m.*

attent|ion [ə'tenʃən] увáга; **~ive** [-tiv] □ увáжний.

attest [ə'test] (за)свíдчити; засвíдчувати [-чити]; *part.* Ml привóдити до прися́ги.

attic ['ætik] гори́ще; мансáрда.

attire [ə'taiə] **1.** убрáння *n*; **2.** одяг(á)ти́, наряджáти [-ди́ти], (при)чепури́ти.

attitude ['ætitju:d] стáвлення; пози́ція; пóза; постáва; *fig.* тóчка зóру.

attorney [ə'tə:ni] повíрений; power of ~ повновáження; ~ General *Am.* міні́стр юсти́ції.

attract [ə'trækt] *v/t.* прихиля́ти [-ли́ти] (*a. fig.*); притяг(á)ти́; *fig.* привáблювати [-бити]; **~ion** [ə'trækʃən] притягáння; тяжíння; *fig.* привáбливість *f*, *thea.* атракціóн; **~ive** [-tiv] привáбливий; замáнливий; **~iveness** [-tivnis] привáбливість *f.*

attribute **1.** [ə'tribju:t] припи́сувати [-сáти] (Д/З); віднóсити [-віднéсти] (до Р); **2.** ['ætribju:t] власти́вість *f*; ознáка; *gr.* означéння.

attune [ə'tju:n] привóдити до співзву́чності.

auction ['ɔ:kʃən] **1.** аукціóн, торги́ *m/pl.*; sell by ~, put up for ~ продавáти з аукціóну; **2.** продавáти з аукціóну (*mst* ~ off); **~eer** [ɔ:kʃə'niə] аукціонíст.

audaci|ous [ɔ:'deiʃəs] □ смíли́вий; відвáжний; *b. s.* зухвáлий; **~ty** [ɔ:'dæsiti] смíли́вість *f*; відвáга; *b. s.* зухвáльство.

audible ['ɔ:debl] □ розбíрливий, вирáзний, чу́тний.

audience ['ɔ:djəns] слухачí *m/pl.*, глядачí *m/pl.*, пу́бліка; аудiéнція (of, with у Р).

audit ['ɔ:dit] **1.** перевíрка, ревíзія (бухгáлтерських книг); **2.** перевіря́ти [перевíрити] (звíтність), **~or** ['ɔ:ditə] слухáч; ревізóр, (фінáнсовий) контролéр.

auger ['ɔ:gə] Е свéрдло, бурáв.

augment [ɔ:g'ment] збíльшувати [-шити]; **~ation** [ɔ:gmen'teiʃən] збíльшення, при́ріст, прирóщення.

augur ['ɔ:gə] **1.** авгу́р, віщу́н; **2.** віщувáти (well дóбре, ill погáне); **~y** ['ɔ:gəri] провíщення, передвíстка.

August ['ɔ:gəst] сéрпень *m.*

aunt [ɑ:nt] тíтка, тьóтя.

auspic|e ['ɔ:spis] гáрна прикмéта; **~s** *pl.* засту́пництво; **~ious** [ɔ:s'piʃəs] □ сприя́тливий, щасли́вий.

auster|e [ɔ:s'tiə] □ сувóрий; **~ity** [ɔ:s'teriti] сувóрість *f.*

Australian [ɔ:s'treiljən] **1.** австралíєць (-íйка); **2.** австралíйський.

Austrian ['ɔ:striən] **1.** австрíєць(-íйка); **2.** австрíйський.

authentic [ɔ:'θentik] (~ally) □ автенти́чний; спрáвжній; достовíрний.

author ['ɔ:θə] áвтор; **~itative** [ɔ:'θɔriteitiv] □ авторитéтний; **~ity** [ɔ:'θɔriti] авторитéт; повновáження; влáда (over над О); on the ~ of на підстáві (Р); за твéрдженням (Р); **~ize** ['ɔ:θəraiz] уповновáжувати [-жити]; санкціонувáти *(im)pf.*

autocar ['ɔ:təkɑ:] автомобíль *m.*

autocra|cy [ɔ:'tɔkrəsi] самодержáвство, автокрáтія; **~tic(al** □) [ɔ:tə'krætik(əl)] самодержáвний, деспоти́чний.

autogyro ['ɔ:tou'dʒaiərou] А автожи́р.

autograph ['ɔ:təgrɑ:f] автóграф.

automat|ic [ɔ:tə'mætik] (~ally) авто-

матичний; ~ machine автомат; ~on [ɔ:'tɔmətən] автомат.
automobile ['ɔtəməbi:l] *part Am.* автомобіль *m.*
autonomy [ɔ:'tɔnəmi] автономія, самоврядування.
autumn ['ɔ:təm] осінь *f*; **~al** [ɔ:'tʌmnəl] □ осінній.
auxiliary [ɔ:g'ziljəri] допоміжний; додатковий.
avail [ə'veil] **1.** допомагати [-могти]; ~ o. s. of скористатися (О); **2.** користь *f*, вигода; of no ~ марний, даремний; **~able** [ə'veiləbl] □ приступний; наявний.
avalanche ['ævəlɑ:nʃ] лавина.
avaric|e ['ævəris] скупість *f*, скнарість *f*, жадібність *f*; **~ious** [ævə'riʃəs] □ скупий, скнарий; жадібний.
aveng|e [ə'vendʒ] (по)мститися (Д за З); **~er** [-ə] месник(-иця *f*) *m.*
avenue ['ævinju:] алея; *Am.* широка вулиця, проспект; *fig.* шлях.
aver [ə'və:] стверджувати.
average ['ævəridʒ] **1.** середнє число; at an ~ у середньому; **2.** середній; **3.** виводити середнє число.
avers|e [ə'və:s] □ неприхильний (to, from до Р); неохочий, знеохочений; **~ion** [ə'və:ʃn] неприязнь *f*, відраза, антипатія.
avert [ə'və:t] відвертати [-рнути].
aviat|ion [eivi'eiʃən] авіація; **~or** ['eivieitə] льотчик, авіатор.
avoid [ə'vɔid] уникати [уникнути] (Р); **~ance** [-əns] уникнення.
avow [ə'vau] визна(ва)ти; ~ oneself зізна(ва)тися; **~al** [-əl] визнання.
await [ə'weit] чекати, очікувати.
awake [ə'weik] **1.** що не спить; be ~ to ясно розуміти; **2.** [*irr.*] *v/t.* (*mst* **~n** [ə'weikən]) (роз)будити; пробуджувати [-дити] (свідомість, цікавість) (до Р); *v/i.* прокидатися [прокинутися]; ~ to a th. усвідомлювати [-мити] (З).
aware [ə'wɛə]: be ~ of знати (З, про З); усвідомлювати [-мити] (З), бути свідомим (Р); become ~ of усвідомлювати (З).
away [ə'wei] геть; далеко.
awe [ɔ:] **1.** побожність *f*, благоговіння; **2.** викликати побожність (Р), благоговіння *f*, навіювати страх (Д).
awful ['ɔ:ful] □ що викликає побожність *f*, страшний; □ F жахливий; надзвичайний.
awhile [ə'wail] на деякий час, ненадовго.
awkward ['ɔ:kwəd] □ незграбний; незручний.
awl [ɔ:l] шило.
awning ['ɔ:niŋ] навіс, тент.
awoke [ə'wouk] *pt.* та *p. pt.* від awake.
awry [ə'rai] косо, набік; *fig.* хибно.
ax(e) [æks] сокира, колун.
axis ['æksis], *pl.* **axes** [-si:z] вісь *f.*
axle ['æksl] E вісь *f*, ~ tree колісний вал.
ay(e) [ai] так; *parl.* голос "за" (під час голосування).
azure ['æʒə] **1.** блакить *f*, лазур *f*; **2.** блакитний, лазуровий.

B

babble ['bæbl] **1.** белькотіння; базікання; лепет (дитячий); **2.** (по)базікати; (за)белькотіти.
baboon [bə'bu:n] *zo.* бабуїн.
baby ['beibi] **1.** немовля *n*, дитя *n*, дитина; **2.** невеликий, малий; **~hood** ['beibihud] раннє дитинство.
bachelor ['bætʃələ] холостяк, парубок; *univ.* бакалавр.
back [bæk] **1.** спина; спинка (стільця, сукні); бильце (стільця, ліжка); виворіт; *football* захисник; **2.** *adv.* задній; зворотній; віддалений; **3.** *adv.* назад; тому; **4.** *v/t.* підтримувати [-мати]; підкріпляти [-пити]; битися об заклад, закладатися; (по)ставити на (коня); C індосувати; *v/i.* відступати [-пити]; (по)задкувати; **~bone** хребет; *fig.* опора; **~er** ['bækə] C індосант; **~ground** задній план, фон; **~ing** підтримка; C індосамент; **~side** задній бік, зад; **~slide** [*irr.* (slide)] відпадати [відпасти] (від віри); **~stairs** чорні сходи; **~stroke** плавання на спині; **~-talk** *Am.* зухвала відповідь; **~ward** ['bækwəd] **1.** *adj.* зворотній; *fig.* відсталий; **2.** *adv.* (*a.* **~-wards** [-z]) назад; задом; навпаки, у зворотному напрямку; **~water** заводь *f*; **~wheel** заднє колесо.
bacon ['beikən] бекон, копчена грудинка (поребрина).
bacteri|ologist [bæktiəri'ɔlədʒist] бактеріолог; **~um** [bæk'tiəriəm], *pl.* **~a** [-riə] бактерія.
bad [bæd] □ поганий, кепський, гидкий, мерзотний; he is ~ly off у нього кепські справи; ~ly wounded тяжкопоранений; F want ~ly дуже хотіти.
bade [beid, bæd] *pt.* від bid.
badge [bædʒ] значок.

B

badger ['bædʒə] **1.** *zo.* борсу́к; **2.** (за)цькува́ти; дратува́ти.
badness ['bædnis] неприда́тність *f*; шкідли́вість *f*.
baffle ['bæfl] розла́днувати [-на́ти]; засму́чувати [-ти́ти]; збива́ти з пантели́ку.
bag [bæg] **1.** мішо́к; то́рба; су́мка; **2.** кла́сти у то́рбу; *hunt.* вбива́ти [вби́ти].
baggage ['bægidʒ] бага́ж; **~-check** *Am.* бага́жна квита́нція.
bagpipe ['bægpaip] воли́нка.
bail [beil] **1.** пору́чництво; admit to ~ J відпуска́ти на пору́ки; **2.** ~ out J бра́ти на пору́ки.
bailiff ['beilif] судо́вий при́став; управи́тель (має́тком).
bait [beit] **1.** прина́да; нажи́вка; *fig.* споку́са; **2.** прина́джувати [-дити]; *hunt.* цькува́ти собаками, полюва́ти; *fig.* переслі́дувати на́смішками, докуча́ти, не дава́ти спо́кою.
bak|e [beik] (с)пекти́(ся); обпа́лювати [обпали́ти] (це́глу); **~er** ['beikə] пе́кар, бу́лочник; **~ery** [-ri] пека́рня; **~ing-powder** пека́рний порошо́к.
balance ['bæləns] **1.** ва́ги *f/pl.*; рівнова́га; протива́га; баланси́р; C бала́нс; са́льдо *n indecl.*; *sl.* за́лишок; ~ of power політи́чна рівнова́га; ~ of trade акти́вний бала́нс; **2.** (з)балансува́ти (З); зберіга́ти ріновáгу; C підбива́ти бала́нс; зва́жувати [-жити] (у ду́мці).
balcony ['bælkəni] балко́н.
bald [bɔ:ld] □ ли́сий, пліши́вий; *fig.* прости́й; безба́рвний (стиль).
bale [beil] C па́ка, па́чка, тюк, стіс.
balk [bɔ:k] **1.** межа́; брус; ба́лка; **2.** *v/t.* перешкоджа́ти [перешко́дити], заважа́ти [зава́дити] (Д); опира́тися, пруча́тися (*a. fig.*).
ball[1] [bɔ:l] **1.** м'яч; ку́ля; клубо́к (во́вни); keep the ~ rolling підтри́мувати розмо́ву; **2.** скрути́тися у клубо́к; зіщу́литися.
ball[2] [~] бал, ве́чір та́нців.
ballad ['bæləd] бала́да.
ballast ['bæləst] **1.** ще́бінь *m*; Rr, Sh бала́ст; **2.** вантажи́ти як бала́ст.
ball-bearing(*s pl.*) шарикопідши́пник.
ballet ['bælei] бале́т.
balloon [bə'lu:n] пові́тряна ку́ля; аероста́т; **~ist** [-ist] аерона́вт; повітропла́вець *m*.
ballot ['bælət] **1.** балотува́ння, голосува́ння; **2.** (про)голосува́ти; **~-box** ви́борча у́рна.
ball-point (*a. ~ pen*) кулькова́ ру́чка.
ball-room ба́льна за́ла.
balm [bɑ:m] бальза́м; *fig.* вті́ха, поті́ха.
balmy [bɑ:mi] □ арома́тний, духмя́ний, запашни́й.
baloney [bə'louni] *Am. sl.* нісені́тниця.
balsam ['bɔ:lsəm] бальза́м; B бальзамі́н, розри́в-трава́.
balustrade ['bæləstreid] балюстра́да.
bamboo [bæm'bu:] бамбу́к.
bamboozle F [-zl] обду́рювати [-ри́ти], ошу́кувати [-ка́ти].
ban [bæn] **1.** заборо́на; **2.** забороня́ти.
banana [bə'nɑ:nə] бана́н.
band [bænd] **1.** стрі́чка, тасьма́; о́бід; ба́нда; загі́н; Mu орке́стр; **2.** зв'я́зувати [-за́ти], пов'я́зувати [-за́ти]; ~ o. s. об'є́днуватися [-на́тися].
bandage ['bændidʒ] **1.** бинт, банда́ж; **2.** (за)бинтува́ти, перев'я́зувати [-за́ти].
bandbox ['bændbɔks] карто́нка (для капелю́хів).
bandit ['bændit] банди́т.
band-master ['bændmɑ:stə] капельме́йстер.
bandy ['bændi] обмі́нюватися [-ня́тися] (слова́ми, м'яче́м і т.ін.).
bane [bein] *fig.* отру́та.
bang [bæŋ] **1.** уда́р, сту́кіт; **2.** би́ти(ся), ударя́тися [уда́рити(ся)], сту́катися [сту́кнути(ся)].
banish ['bæniʃ] виганя́ти [вигна́ти]; висила́ти [ви́слати]; **~ment** [-mənt] вигна́ння.
banisters ['bænistəz] *pl.* по́ручні *m/pl.*, би́льця *n/pl.*
bank [bæŋk] **1.** бе́рег; на́сип; банк; ~ of issue емісі́йний банк; **2.** *v/t.* ото́чувати ва́лом; зага́чувати [загати́ти]; C кла́сти (гро́ші) до ба́нку; *v/i.* бу́ти банкі́ром; A роби́ти віра́ж, нахиля́тися [-ли́тися]; ~ on поклада́тися [покла́стися] на (З); **~er** ['bæŋkə] банкі́р; **~ing** ['bæŋkiŋ] ба́нкова спра́ва; **~rupt** ['bæŋkrʌpt] **1.** банкру́т; **2.** збанкруті́лий; **3.** роби́ти банкру́том; **~ruptcy** ['bæŋkrʌptsi] банкру́тство.
banner ['bænə] пра́пор, знаме́но, стяг.
banns [bænz] *pl.* оголо́шення (тих, хто бере́ шлюб).
banquet ['bæŋkwit] **1.** бенке́т; **2.** дава́ти бенке́т; бенкетува́ти.
banter ['bæntə] (по)жартува́ти, кепкува́ти.
baptism [bæp'tizm] хре́щення.
baptize [bæp'taiz] (по)хрести́ти.
bar [bɑ:] **1.** брусо́к; за́сув; обмі́лина; бар; сто́йка; Mu такт; *fig.* перепо́на, перешко́да; J адвокату́ра; **2.** зачиня́ти на за́сув; перепиня́ти [-ни́ти]; виключа́ти [ви́ключити].

B

barb [bɑ:b] колючка; зубе́ць *m*; **~ed wire** колючий дріт.
barbar|ian [bɑ:'bɛəriən] **1.** ва́рвар; **2.** ва́рварський; **~ous** ['bɑ:bərəs] □ ди́кий; брута́льний, жорсто́кий.
barbecue ['bɑ:bikju:] **1.** сма́жити цілко́м (ту́шу); **2.** цілко́м засма́жена ту́ша.
barber ['bɑ:bə] перука́р.
bare [bɛə] **1.** го́лий, ого́лений; поро́жній; **2.** ого́лювати [-ли́ти]; відкри́(ва́)ти; **~faced** ['bɛəfeist] □ безсоро́мний; **~-foot** босо́ніж; **~-footed** бо́сий; **~-headed** з непокри́тою голово́ю, простоволо́сий; **~ly** ['bɛəli] ле́две.
bargain ['bɑ:gin] **1.** уго́да, ви́гідна поку́пка; **2.** (по)торгува́тися (про З, що́до Р, з О).
barge [bɑ:dʒ] ба́ржа.
bark¹ [bɑ:k] **1.** кора́; **2.** здира́ти ко́ру (з Р).
bark² [~] **1.** га́вкіт; **2.** (за)га́вкати.
bar-keeper буфе́тник.
barley ['bɑ:li] ячмі́нь *m*.
barn [bɑ:n] комо́ра, амба́р, гамазе́й (хлі́бний).
baron ['bærən] баро́н; **~ess** [-is] бароне́са.
barrack(s *pl.*) ['bærək(s)] бара́к, каза́рма.
barrage ['bærɑ:ʒ] загоро́дження; Ml загоро́джувальний во́гонь *m*.
barrel ['bærəl] **1.** бо́чка, ді́жка, бари́ло; ствол (рушни́ці); E цилі́ндр; бараба́н; вал; **2.** розлива́ти по бо́чках, ді́жках.
barren ['bærən] □ неродю́чий, безплі́дний.
barricade [bæri'keid] **1.** барика́да; **2.** (за)барикадува́ти.
barrier ['bæriə] бар'є́р, заста́ва; перепо́на, зава́да.
barrister ['bæristə] адвока́т.
barrow ['bærou] та́чка.
barter ['bɑ:tə] **1.** товаро́обмін, мінова́ торгі́вля; **2.** (по)міня́ти, обмі́нювати [-ня́ти] (for на З).
base¹ [beis] □ пі́длий, ни́цій.
base² [~] **1.** осно́ва, ба́зис, фунда́мент; Ch осно́ва; **2.** (об)грунтува́ти, базува́ти.
base|-ball *Am.* бейсбо́л; **~less** ['beislis] без підста́в; **~ment** [-mənt] підва́л, підва́льний по́верх.
baseness ['beisnis] ни́цість *f*, пі́длість *f*.
bashful ['bæʃful] □ сором'язли́вий, боязки́й.
basic ['beisik] (~ally) основни́й; Ch осно́вний.
basin [beisn] таз, ми́ска; басе́йн.
bas|is ['beisis], *pl.* **~es** [-i:z] заснува́ння, вихідни́й пункт; Ml, Sh ба́за.
bask [bɑ:sk] грі́тися (на со́нці).
basket ['bɑ:skit] ко́шик; **~-ball** баскетбо́л.
bass [beis] Mu **1.** бас; **2.** басови́й.
basso ['bæsou] Mu бас.
bastard ['bæstəd] **1.** □ позашлю́бний; підро́блений; калі́чена (мо́ва); **2.** позашлю́бне дитя́ *n*, байстрю́к.
baste¹ [beist] полива́ти печéню со́ком (під час сма́ження).
baste² [~] намéтувати [-та́ти].
bat¹ [bæt] кажа́н.
bat² [~] **1.** би́тка (у кри́кеті); **2.** би́ти по м'ячу́.
bath [bɑ:θ] **1.** ва́нна; купа́льня; **2.** (ви́, по)ми́ти, (с)купа́ти.
bathe [beið] (с)купа́тися.
bathing ['beiðiŋ] купа́ння; **~-hut** кабі́на; **~-suit** купа́льний костю́м.
bath|-room ва́нна кімна́та; **~-sheet** купа́льне простира́дло; **~-towel** купа́льний рушни́к.
batiste [bæ'ti:st] C бати́ст.
baton ['bætən] жезл; дириге́нтська па́личка; поліце́йський кийо́к.
battalion [bə'tæljən] батальйо́н.
batter ['bætə] **1.** зби́те ті́сто; **2.** си́льно би́ти; лупцюва́ти; дуба́сити, гамсе́лити; ~ down *or* in зла́мувати [-ма́ти]; **~y** [-ri] батаре́я; assault and ~ обра́за ді́єю.
battle ['bætl] **1.** бій, би́тва (of під О); **2.** (по)би́тися; (по)боро́тися; **~-ax(e)** *hist.* бойова́ соки́ра; *Am. fig.* ко́зир-ба́ба.
battle|-field по́ле бо́ю; **~-plane** Ml штурмови́к; **~-ship** Ml ліні́йний корабе́ль *m*.
bawdy ['bɔ:di] □ непристо́йний.
bawl [bɔ:l] крича́ти [-кри́кнути]; (за)репетува́ти; ~ out вигу́кувати [ви́гукнути].
bay¹ [bei] гніди́й = гніди́й кінь *m*.
bay² [~] зато́ка, бу́хта.
bay³ [~] лавро́ве де́рево.
bay⁴ [~] **1.** га́вкіт; **2.** (за)га́вкати; bring to ~ *fig.* припе́рти до сті́нки; заганя́ти [загна́ти] (зві́ра).
bayonet ['beiənit] Ml **1.** багне́т; **2.** коло́ти багне́том.
bay-window ['bei'windou] Ar еркéр; *Am.* черевце́.
baza(a)r [bə'zɑ:] база́р.
be [bi:, bi] [*irr.*]: a) бу́ти, бува́ти, жи́ти; перебува́ти; знахо́дитися; почува́ти себе́, почува́тися; there is, are є; ~ about збира́тися [зібра́тися] (+*inf.*); ~ at *s. th.* займа́тися (О); ~ off виру́ша́ти [ви́рушити]; ~ on бу́ти в ді́ї; b)

v/aux. (для утво́рення подо́вженої фо́рми): ~ reding чита́ти; c) *v/aux.* (для утво́рення паси́ву): ~ read чита́тися.

B

beach [bi:tʃ] **1.** пляж, узбере́жжя *n*; **2.** Sh ви́тягати на бе́рег; посади́ти на мілину́.
beacon ['bi:kən] сигна́льний вого́нь *m*; ба́кен; буй.
bead [bi:d] намисти́на, бісери́на; краплі́на; **~s** *pl. a.* чо́тки *f/pl.*; нами́сто; бі́сер.
beak [bi:k] дзьоб; но́сик (посу́дини).
beam [bi:m] **1.** сво́лок; банти́на; про́мінь *m*; **2.** ся́яти; випромі́нювати [ви́промінити].
bean [bi:n] біб.
bear 1. [bɛə] ведмі́дь *m* (-ме́дица *f*); C *sl.* біржови́й граве́ць *m*, яки́й гра́є на зни́ження; **2.** [~] [*irr.*] *v/t.* носи́ти [не́сти]; (ви́)терпі́ти, витри́мувати [ви́тримати]; наро́джувати [-ди́ти]; ~ down перебо́рювати [-ро́ти]; ~ out підтве́рджувати [-ди́ти]; ~ o. s. трима́тися, пово́дитися; ~ up підтри́м(ув)ати; ~ (up)on торка́тися [торкну́тися] (P); bring to ~ вжива́ти [вжи́ти].
beard [biəd] **1.** борода́; зубе́ць *m*; B ость *m*, остю́к; **2.** *v/t.* смілúво висту-па́ти про́ти (P).
bearer ['bɛərə] носі́й; подаве́ць *m*, пода́тель *m* (ка) *f*; пред'явни́к (-ни́ця).
bearing ['bɛəriŋ] носі́ння; терпі́ння; пово́дження; дітороді́ння.
beast [bi:st] звір; тварю́ка; **~ly** [-li] брута́льний, жахли́вий.
beat [bi:t] **1.** [*irr.*] *v/t.* (по)би́ти; (від)лупцюва́ти; ~ a retreat відсту-па́ти [-пи́ти]; ~ up (по)би́ти; зби́(ва́)ти; ~ about the bush почина́ти зда́леку; *v/i.* би́ти; би́тися; (по)сту́кати(ся); **2.** уда́р; бій; биття́; ритм; **~en** [bi:tn] **1.** *p. pt.* від beat; **2.** би́тий; перемо́жений; торо́ваний (шлях).
beatitude [bi'ætitju:d] блаже́нство.
beau [bou] чепуру́н, джигу́н; кавале́р.
beautiful ['bju:tiful] □ чудо́вий, га́рний.
beautify ['bju:tifai] прикраша́ти [прикра́сити].
beauty ['bju:ti] краса́; красу́ня.
beaver ['bi:və] бобе́р.
became [bi'keim] *pt.* від become.
because [bi'kɔz] тому́ що, оскі́льки; ~ of че́рез (З).
beckon ['bekən] (по)мани́ти.
becom|e [bi'kʌm] [*irr.* (come)] *v/i.* (з)роби́тися; ст(ав)а́ти; *v/t.* ли́чити; **~ing** [-iŋ] □ до лиця́ (о́дяг).
bed [bed] **1.** по́стіль *f*; лі́жко; Ac гря́дка, клу́мба; **2.** кла́сти або вклада́тися у по́стіль; саджа́ти [посади́ти] (кві́ти).
bed-clothes *pl.* пості́льна біли́зна.
bedding ['bediŋ] пості́льні ре́чі *f/pl.*
bedevil [bi'devl] (з)ні́вечити, (з)му́чити; зачар(о́в)ува́ти.
bed|rid(den) прику́тий до лі́жка (хворо́бою); **~room** спа́льня; **~spread** покрива́ло (на лі́жко); **~stead** лі́жко; **~time** час спа́ти.
bee [bi:] бджола́; have a ~ in one's bonnet F дива́к, бу́ти з химе́рою.
beech [bi:tʃ] B бук; ~nut бу́ковий горі́шок.
beef [bi:f] я́ловичина; **~-tea** міцни́й бульйо́н; **~y** [bi:fi] м'язи́стий; м'яси́стий.
bee|hive ву́лик; **~-line** пряма́ лі́нія.
been [bi:n, bin] *p. pt.* від be.
beer [biə] пи́во; small ~ слабке́ пи́во.
beet [bit] B буря́к.
beetle [bi:tl] жук.
befall [bi'fɔ:l] [*irr.* (fall)] *v/t.* спітка́ти [спіткну́ти] (З); *v/i.* тра́питися.
befit [bi'fit] ли́чити; годи́тися; підхо́дити [підійти́] (Д).
before [bi'fɔ:] **1.** *adv.* спе́реду, впере́д; рані́ше; long ~ задо́вго, заздалегі́дь; **2.** *cj.* перш ніж; скорі́ше ніж; **3.** *prp.* пе́ред (О); попе́реду (Р); до (Р); **~hand** завча́сно, заздалегі́дь.
befriend [bi'frend] ста́витися дру́жньо до (Д).
beg [beg] *v/t.* (по)проси́ти, (по)проха́ти (Р); блага́ти (про З); випро́шувати [ви́просити] (of у Р); *v/i.* жебракува́ти.
began [bi'gæn] *pt.* від begin.
beget [bi'get] [*irr.* (get)] наро́джувати [-ди́ти], поро́джувати [-ди́ти].
beggar ['begə] **1.** жебра́к, жебра́чка; **2.** розоря́ти [-ри́ти], дово́дити до жебра́цтва; *fig.* переве́ршувати [-шити]; it ~s all description не піддає́ться о́писові.
begin [bi'gin] [*irr.*] поч(ин)а́ти (with з Р); **~ner** початкі́вець *m*, новачо́к; **~ning** [-iŋ] поча́ток.
begot(ten) [bi'gɔt(n)] *pt.* від beget.
begrudge [bi'grʌdʒ] (по)за́здрити (Д у М).
beguile [bi'gail] обма́нювати [-ну́ти], ошу́кувати [ошука́ти]; прово́дити [прове́сти] (час).
begun [bi'gʌn] *pt.* від begin.
behalf [bi'hɑ:f] on *or* in ~ of для (Р), зара́ди (Р); від і́мені (Р).
behav|e [bi'heiv] пово́дитися [пове́стися]; **~iour** [-jə] пово́дження, поведі́нка.

behead [bi'hed] обезглáвлювати [-вити], відтинáти [відтяти] гóлову.
behind [bi'haind] 1. *adv.* пíсля; позáду, ззáду; 2. *prp.* за (О); позáду (Р), ззáду (Р); пíсля (Р).
behold [bi'hould] [*irr.* (hold)] 1. помічáти [помíтити], (по)бáчити; 2. дивись!, ось!
behoof [bi'hu:f] to (for, on) (the) ~ of на кóристь (Р), за (З).
being ['bi:iŋ] буття, існувáння.
belated [bi'leitid] □ запізнíлий.
belch [beltʃ] 1. відрижка; стовп (вóгню, диму); 2. ригáти [ригнýти]; вивергáти [вивергнути].
belfry ['belfri] дзвіниця.
Belgian ['beldʒən] 1. бельгíєць *m* (-íйка); 2. бельгíйський.
belief [bi'li:f] вíра (in у З); переконáння.
believable [bi'li:vəbl] □ правдоподíбний.
believe [bi'li:v] (по)вíрити (in у З); ~r [-ə] вíруючий.
belittle [bi'litl] *fig.* примéншувати [-шити], принижувати [принизити].
bell [bel] дзвін, дзвінóк; дзвóник.
belle [bel] красýня.
belles-lettres ['be'letr] *pl.* худóжня літератýра, белетристика.
belligerent [bi'lidʒərənt] 1. воююча сторонá, якá воює; 2. воюючий.
bellow ['belou] 1. мýкання; ревíння (бýрі); 2. (за)мýкати; (за)ревíти; (за)бушувáти; ~s [-z] *pl.* ковáльські міхи *m/pl.*
belly ['beli] 1. живíт, чéрево; 2. надимáтися [надýтися].
belong [bi'lɔŋ] налéжати (Д); стосувáтися (Р); ~ings [-iŋz] *pl.* прилáддя *n/pl*; пожитки *m/pl.*
beloved [bi'lʌvid, *pred.* bi'lʌvd] кохáний, любий.
below [bi'lou] 1. *adv.* унизý; нижче; 2. *prp.* нижче (Р); під (З; О).
belt [belt] 1. пóяс, зóна; E приводний пас; Mi портупéя; 2. підперíзувати [-зáти]; шмагáти рéменем.
bemoan [bi'moun] оплáк(ув)ати.
bench [bentʃ] лáва, лáвка; E верстáт.
bend [bend] 1. згин; вигин; заворóт; Sh вýзол, шпангóут; 2. [*irr.*] загинáтися [загнýтися]; направляти [напрáвити]; спрямóвувати [-мувáти]; підкоряти [-рити].
beneath [bi'ni:θ] *s.* below.
benediction [beni'dikʃən] благословíння.
benefact|ion [-'fækʃən] благодіяння; ~or ['benifæktə] благодíйник, доброчинець *m.*
beneficе|nce [bi'nefisns] благодíйність *f*, доброчинність *f*; ~nt □ доброчинний.
beneficial [beni'fiʃəl] □ благотвóрний, цілющий, кориснийй.
benefit ['benifit] 1. кóристь *f*; допомóга; *thea.* бенефíс; 2. принóсити кóристь *f*; діставáти кóристь *f*.
benevolen|ce [bi'nevələns] доброзичливість *f*; ~t [-ənt] □ доброзичливий.
benign [bi'nain] □ дóбрий, ласкáвий, милостивий; Me доброякісний.
bent [bent] 1. *pt.* та *p. pt.* від bend; ~ on схиблений на (М); 2. схильність *f*.
benz|ene [ben'zi:n] Ch бензóл; ~ine [~] бензин.
bequeath [bi'kwi:ð] заповідáти *(im)pf.*
bequest [bi'kwest] спáдок, спáдщина.
bereave [bi'ri:v] [*irr.*] позбавляти [позбáвити] (Р); відбирáти [відібрáти].
berry ['beri] ягода.
berth [bə:θ] Sh якірна стоянка; кóйка; *fig.* (вигідна) посáда.
beseech [bi'si:tʃ] [*irr.*] благáти, умовляти [умóвити] (+*inf.*).
beset [bi'set] [*irr.* (set)] отóчувати [-чити]; облягáти [-гти].
beside [bi'said] *prp.* пóряд з (О); кóло (Р), бíля (Р); повз (З); ~ o. s. не тямлячи сéбе (with від Р); ~ the question не до рéчі, не по сýті; ~s [-z] 1. *adv.* крім тóго, зверх тóго; 2. *prp.* крім (Р).
besiege [bi'si:dʒ] облягáти [обложити].
besmear [bi'smiə] (за)бруднити, (за)мастити.
besom ['bi:zəm] мітлá, вíник.
besought [bi'sɔ:t] *pt.* від beseech.
bespatter [bi'spætə] забризк(ув)ати.
bespeak [bi'spi:k] [*irr.* (speak)] замовляти [замóвити]; bespoke tailor кравéць, який працює на замóвлення.
best [best] 1. *adj.* крáщий; ~ man боярин, дрýжба, дружкó; 2. *adv.* крáще за все, всіх; 3. найкрáще; to the ~ of ... наскíльки; у мíру ...; make the ~ of використóвувати якнайкрáще; at ~ в крáщому рáзі.
bestial ['bestjəl] □ звірячий, скотинячий.
bestow [bi'stou] дарувáти ([up]on Д/З or З/О), нагорóджувати [-дити].
bet [bet] 1. заклáд, парí *n indecl.*; 2. [*irr.*] битися об заклáд, закладáтися.
betake [bi'teik] [*irr.* (take)]: ~ o. s. to вирушáти [вирушити] у (З); *fig.* вдавáтися [вдáтися] до (Р).
bethink [bi'θiŋk] [*irr.* (think)]: ~ o. s.

зга́дувати [-да́ти]; ду́мати (of про P); ~ o. s. to *inf.* зага́дувати [-да́ти].
betray [bi'trei] зра́джувати [-дити]; вика́зувати [ви́казати]; **~er** [-ə] зра́дник(-иця).
betrothal [bi'trouðəl] зару́чини.
better ['betə] 1. *adj.* кра́щий; he is ~ йому́ кра́ще; 2. перева́га; **~s** *pl.* ви́щі осо́би; get the ~ взя́ти го́ру над (O); 3. *adv.* кра́ще; бі́льше; so much the ~ тим кра́ще; you had ~ go вам кра́ще піти́; 4. *v/t.* покра́щувати [-щити]; виправля́ти [ви́правити]; *v/i.* оду́ж(ув)ати; **~ment** [-mənt] покра́щення.
between [bi'twi:n] 1. *adv.* між (O); 2. *prp.* між (O).
beverage ['bevəridʒ] напі́й.
bevy ['bevi] згра́я; ста́до; череда́; згра́йка, гру́па (дівча́т).
bewail [bi'weil] тужи́ти (над O), опла́к(ув)ати.
beware [bi'wɛə] остеріга́тися [остерегти́ся] (P).
bewilder [bi'wildə] (з)бенте́жити; спантели́чувати [-чити]; **~ment** [-mənt] збенте́ження; зніякові́ння; плутани́на.
bewitch [bi'witʃ] зачаро́вувати [-рува́ти], причаро́вувати [-рува́ти].
beyond [bi'jɔnd] 1. *adv.* вдалині́, на ві́дстані; 2. *prp.* за (O); по́за (O); зверх (P); по той бік (P).
bias ['baiəs] 1. упере́дження (про́ти P); схил, у́хил; 2. схиля́ти [-ли́ти]; 3. ко́со.
bib [bib] дитя́чий нагру́дник.
Bible [baibl] Бі́блія.
biblical ['biblikəl] □ біблі́йський, біблі́йний.
bicarbonate [bai'kɑ:bənit] Ch: ~ of soda двовуглеки́слий на́трій.
bicker ['bikə] сперечатися (з O).
bicycle ['baisikl] 1. велосипе́д; 2. ї́здити на велосипе́ді.
bid [bid] 1. [*irr.*] нака́зувати [-за́ти]; (за)пропонува́ти; ~ fair (по)обіця́ти; ~ farewell (по)проща́тися; 2. пропози́ція (ціни́), зая́вка (на торга́х); *Am.* F запро́шення; **~den** [bidn] *p. pt.* від bid.
bide [baid]: ~ one's time чека́ти слу́шного моме́нту.
biennial [bai'enjəl] □ дворі́чний.
bier [biə] похоро́нні дро́ги *f/pl.*
big [big] вели́кий; доро́слий; F *fig.* пи́шний, бундю́чний; F *fig.* ~ shot вели́ке цабе́; talk ~ вихваля́тися [похвали́тися].
bigamy ['bigəmi] біга́мія, двошлю́бність.
bigot ['bigət] сліпи́й прибі́чник; **~ry** [-ri] сліпе́ прибі́чництво.
bigwig ['bigwig] F вели́ке цабе́.
bike [baik] F велосипе́д.
bile [bail] жовч *f*; *fig.* дратівли́вість *f.*
bilious ['biljəs] □ жо́вчний.
bill[1] [bil] дзьоб; но́сик я́коря.
bill[2] [~] 1. законопрое́кт, білль *m*; раху́нок; афі́ша; C ве́ксель *m*; ~ of fare меню́; ~ of lading коносаме́нт; ~ of sale J заставна́, закладна́; 2.оголо́шувати [-оси́ти] (в афі́ші).
billfold [bilfold] гамане́ць *m*, гама́н.
billiards ['biljədz] *pl.* більярд.
billion ['biljən] більйо́н; *Am.* мілья́рд.
billow ['bilou] 1. вели́ка хви́ля; 2. здійма́тися (хви́лями), хвилюва́тися (про мо́ре); **~y** ['biloui] що здійма́ється (про хви́лі).
bin [bin] за́сік; скри́ня; відро́ для сміття́.
bind [baind] [*irr.*] 1. *v/t.* (з)в'яза́ти; зв'я́зувати [-за́ти]; зобов'я́зувати [-за́ти]; переплíта́ти [-плести́]; 2. *v/i.* (за)тве́рднути; **~er** ['baində] палітýрник; **~ing** [-iŋ] 1. опра́ва, палітýрка; 2. сполу́чний.
binocular [bai'nɔkjulə] біно́кль *m.*
biography [bai'ɔgrəfi] біогра́фія.
biology [bai'ɔlədʒi] біоло́гія.
birch [bə:tʃ] 1. B (*a.* **~-tree**) бере́за; рі́зка; 2. відшмага́ти.
bird [bə:d] птах; **~'s-eye** ['bə:dzai]: ~ view вид з пташи́ного польо́ту.
birth [bə:θ] наро́дження; похо́дження; bring to ~ поро́джувати [-ди́ти]; **~day** день наро́дження; **~-place** мі́сце наро́дження.
biscuit ['biskit] пе́чиво.
bishop ['biʃəp] єпи́скоп; chess слон; **~ric** [-rik] єпа́рхія.
bison ['baisn] *zo.* бізо́н, зубр.
bit [bit] 1. шмато́чок, части́нка, ча́стка; тро́хи; вуди́ла *n/pl.*; борі́дка (ключа́); 2. *pt.* від ~e.
bitch [bitʃ] су́ка.
bite [bait] 1. уку́с; клюва́ння (ри́би); шмато́к; гострота́; 2. [*irr.*] куса́ти [вкуси́ти]; клюва́ти [клю́нути] (про ри́бу); пекти́ (про пе́рець); щипа́ти (про моро́з); E бра́ти [взя́ти]; *fig.* шпига́ти (слова́ми).
bitten ['bitn] *pt.* від bite.
bitter ['bitə] □ гірки́й, різки́й; *fig.* несте́рпний; **~s** *pl.* [-z] гірки́й ліка́рський напі́й.
blab [blæb] F розбо́вк(ув)ати, базі́кати.
black [blæk] 1. □ чо́рний; те́мний, похму́рий; 2. (по)чорни́ти; *fig.* (з)ганьби́ти; ~ out затемня́ти [-ни́ти]; 3. чорнота́; чо́рний ко́лір; чорношкі́рий (негр); **~berry**

ожи́на; **~bird** чо́рний дрізд; **~board** кла́сна до́шка; **~en** ['blækn] *v/t.* (на)чорни́ти; *fig.* обмовля́ти, гу́дити; *v/i.* (по)чорні́ти; **~-guard** ['blægɑ:d] **1.** негі́дник, підло́тник; **2.** □ пі́длий; **~head** Me вугри́ *m/pl.*; **~ing** ['blækiŋ] ва́кса; **~ish** ['blækiʃ] □ чорнува́тий; **~leg** шахра́й; штрейкбре́хер; **~-letter** *typ.* старови́нний готи́чний шрифт; **~mail 1.** зди́рництво, шанта́ж; **2.** здира́ти гро́ші; **~ness** [-nis] чорнота́; **~out** зате́мнення; **~smith** кова́ль *m.*

bladder ['blædə] *anat.* міху́р.

blade [bleid] ло́пать *f*; *anat.* лопа́тка; ле́зо; клино́к; В лист; стебло́; били́на.

blame [bleim] **1.** докі́р; прови́на; о́суд; **2.** га́нити, засу́джувати [-ди́ти]; звинува́чувати [-а́тити]; be to ~ for бу́ти ви́нним, завини́ти в (М); **~ful** [bleimful] що заслуго́вує на о́суд; **~less** [-lis] □ бездога́нний.

blanch [blɑ:ntʃ] (ви́)біли́ти; чи́стити (мета́л); ~ over обіля́ти [-ли́ти], виправдо́вувати [ви́правдати].

bland [blænd] □ вві́чливий; м'яки́й.

blank [blæŋk] **1.** □ поро́жній; беззмі́сто́вний; невира́зний; С незапо́внений; ~ **cartridge** Ml холости́й патро́н; **2.** бланк; пробі́л; порожне́ча (душе́вна).

blanket [blæŋkit] **1.** во́вняна ко́вдра; **2.** вкрива́ти ко́вдрою.

blare [blɛə] (за)сурми́ти.

blasphem|e [blæs'fi:m] блюзни́ти; ганьби́ти, паплю́жити (against З); **~y** ['blæsfimi] блюзні́рство.

blast [blɑ:st] **1.** си́льний пори́в ві́тру; звук (духово́го інструме́нту); вибухо́ва хви́ля; заря́д для ви́буху Е дуття́; *fig.* згу́бний вплив; **2.** підрива́ти [підірва́ти]; проклина́ти [проkля́сти]; **~-furnace** [-'fə:nis] до́мна, до́менна піч *f.*

blaze [bleiz] **1.** сліпу́че по́лум'я *n*; спа́лах (вогню́, при́страсті); **2.** *v/i.* горі́ти; пала́ти; ся́яти; *v/t.* розголо́шувати [-оси́ти]; **~r** ['bleizə] спорти́вна ку́ртка.

blazon ['bleizn] герб.

bleach [bli:tʃ] (ви́)біли́ти.

bleak [bli:k] □ го́лий, пусте́льний; суво́рий (клі́мат).

blear [bliə] **1.** □ затума́нений, затьма́рений; **2.** затума́нювати [-нити]; **~eyed** ['bliəraid] із затьма́реним по́глядом.

bleat [bli:t] **1.** ме́кання; **2.** (за)ме́кати.

bleb [bleb] пухи́р; бу́льбашка (на воді́).

bled [bled] *pt.* та *p. pt.* від bleed.

bleed [bli:d] [*irr.*] **1.** *v/i.* кровоточи́ти; стіка́ти кро́в'ю; **2.** *v/t.* пуска́ти кров (Д); **~ing** ['bli:diŋ] кровоте́ча; кровопуска́ння.

blemish ['blemiʃ] **1.** недо́лік; пля́ма; ганьба́; **2.** (за)плямува́ти; (зі)псува́ти; (з)ганьби́ти.

blench [blentʃ] відступа́ти [-пи́ти] (пе́ред О).

blend [blend] **1.** змі́шувати(ся) [-ша́ти(ся)]; розво́дити [розвести́]; сполуча́ти(ся) [-чи́ти(ся)] *(im)pf.*; **2.** змі́шування; су́міш *f.*

bless [bles] благословля́ти [-ви́ти]; ощасли́влювати [-вити]; **~ed** [*pt.* blest; *adj.* 'blesid] □ щасли́вий, блаже́нний; **~ing** ['blesiŋ] благослові́ння.

blew [blu:] *pt.* від blow2,3.

blight [blait] **1.** В грибко́ве ура́ження росли́н; *fig.* заги́бель *f*; **2.** завдава́ти шко́ди (росли́нам); розби́(ва́)ти (наді́ї і т. ін.).

blind [blaind] □ **1.** сліпи́й (*fig.* ~ to до Р); нечітки́й, нерозбі́рливий; ~ alley глухи́й кут; **~ly** *fig.* наздога́д, навмання́; **2.** што́ра; маркі́за; жалюзі́ *n. indecl.*; **3.** заслі́плювати [-пи́ти]; **~-fold** ['blaindfould] зав'я́зувати о́чі (Д).

blink [bliŋk] **1.** бли́мання; мерехті́ння; мить; **2.** *v/i.* (за)мерехті́ти; бли́мати [-мнути]; примру́жуватися [-житися]; *v/t.* заплю́щувати о́чі на (З).

bliss [blis] блаже́нство, раюва́ння.

blister ['blistə] **1.** пухи́р; **2.** вкрива́тися пухиря́ми.

blizzard ['blizəd] буреві́й, хуртови́на.

bloat [blout] розпуха́ти [розпу́хнути]; роздува́тися; **~er** ['bloutə] копче́ні оселе́дці.

block [blɔk] **1.** коло́да; пла́ха; бри́ла; кварта́л (мі́ста); **2.** ~ **in** наки́дати [наки́нути] на́чорно; (*mst* ~ up) блокува́ти *(im)pf.*

blockade [blɔ'keid] **1.** блока́да; **2.** блокува́ти *(im)pf.*

blockhead ['blɔkhed] бо́вдур.

blond [blɔnd] □ біля́вий; **~e** блонди́нка.

blood [blʌd] кров *f*; in cold ~ холоднокро́вно; **~-horse** чистокро́вний кінь; **~shed** кровопролиття́; **~shot** нали́ті кро́в'ю (очі́); **~thirsty** кровоже́рний; **~-vessel** кровоно́сна суди́на; **~y** ['blʌdi] □ крива́вий; закрива́влений.

bloom [blu:m] **1.** кві́тка; квітува́ння, цвіті́ння; ро́зквіт (*a. fig.*); **2.** цвісти́, квітува́ти.

B

blossom ['blɔsəm] **1.** квíтка (фруктóвого дéрева); рóзквіт; **2.** цвістú, розквітáти [розквíтнути].
blot [blɔt] **1.** ля́пка, пля́ма (*a. fig.*); **2.** (за)плямувáти; промокáти [промóкнути]; викрéслювати [вúкреслити].
blotch [blɔtʃ] прищ; пля́ма, ля́пка.
blotter ['blɔtə] прес-пап'є́ *n indecl.*
blotting-paper промокáльний папíр.
blouse [blauz] блýза; блýзка.
blow[1] [blou] удáр.
blow[2] [~] [*irr.*] **1.** цвістú; **2.** цвітíння.
blow[3] [~] [*irr.*] **1.** (по)дýти, дмýхати; вíяти; пúхкати; грáти (на духовóму інструмéнті); ~ up висáджувати у повíтря; роздмýх(ув)ати (вогóнь); гнáти (хмáри); ~ one's nose (вú)сякáтися; **2.** пóдув, пóдих; ~**er** ['blouə] сурмáч; ~**n** [-n] *p. pt.* від blow[2,3]; ~-**out** *mot.* розрúв шúни; ~-**pipe** пая́льна трýбка.
bludgeon ['blʌdʒən] ломáка.
blue [blu:] **1.** □ блакúтний; лазурóвий; сúній; F сумовúтий, пригнíчений; **2.** сúня фáрба; сúній кóлір; блакúтна фáрба; сúнька; ~**s** *pl.* меланхóлія, нудьгá; **3.** фарбувáти у сúній, блакúтний кóлір; підсúнювати [-нúти] білúзну.
bluff [blʌf] **1.** □ різкúй; грубувáтий; зрúвистий; **2.** ошукáнство, блеф; **3.** зали́кувати [-кáти]; ошýкувати [-кáти].
bluish ['blu:iʃ] □ блакитнувáтий, синювáтий.
blunder ['blʌndə] **1.** грýба пóмилка; **2.** грýбо помиля́тися.
blunt [blʌnt] **1.** □ тупúй; різкúй; **2.** притупля́ти [-пúти].
blur [blə:] **1.** нечíткúй óбрис; пля́ма; **2.** (за)плямувáти (*a. fig.*), (за)бруднúти; *fig.* затьмáрювати [-рити] (свідóмість).
blush [blʌʃ] **1.** крáска сóрому; **2.** (по)червонíти.
bluster ['blʌstə] **1.** хвáстощі, похваля́ння; мáрні погрóзи *f/pl.*; **2.** погрóжувати; похваля́тися.
boar [bɔ:] кабáн; *hunt.* вепр.
board [bɔ:d] **1.** дóшка; стіл (харчувáння); Sh борт; сцéна; підмóстки *m/pl.*; правлíння; ≗ of Trade міністéрство торгíвлі; *Am.* торговéльна палáта; **2.** *v/t.* нас(ти)лáти (підлóгу); Sh брáти на абордáж; *v/i.* столувáтися; сідáти [сíсти] (на пóїзд, пароплáв); ~**er** ['bɔ:də] пансіонéр(ка); ~**ing-house** мебльóвані кімнáти з харчувáнням.
boast [boust] **1.** хвáстощі *pl*; **2.** (of, about) пишáтися (O); (по)хвалúтися (O); ~**ful** ['boustful] □ хвалькувáтий.
boat [bout] чóвен; сýдно; ~**ing** ['boutiŋ] катáння на човнí.
bob [bɔb] **1.** гúря (мáятника); ривóк; кóротко стрúжене волóсся *n/pl.*; **2.** *v/t.* стригтú кóротко; *v/i.* підстрúбувати [-бнýти].
bobbin ['bɔbin] котýшка; шпýлька.
bode [boud] провіщáти [-істúти], віщувáти.
bodice ['bɔdis] ліф, лíфчик.
bodily ['bɔdili] тілéсний.
body ['bɔdi] тíло; труп; *mot.* кýзов; Ml військóва частúна.
bog [bɔg] **1.** болóто, трясовинá; **2.** be ~ed загрузáти [загрýзнути] (у трясовинí).
boggle ['bɔgl] (з)ляќатися (at P); невмíло працювáти.
bogus ['bougəs] підрóблений.
boil [bɔil] **1.** кипíння; фурýнкул, нарúв; **2.** (з)варúти(ся); (с)кип'ятúти(ся); ~**er** ['bɔilə] котéл, казáн; бак, куб (для кип'ятíння).
boisterous ['bɔistərəs] □ бурхлúвий, шýмний.
bold [bould] □ смілúвий; зухвáлий, нахáбний; *typ.* жúрний, розбíрливий (шрифт); ~**ness** ['bouldnis] смілúвість *f*; зухвáлість *f*.
bolster ['boulstə] **1.** (дивáнний) вáлик; подýшка; **2.** підтрúмувати [-мáти].
bolt [boult] **1.** болт; зáсув; блúскавка; **2.** *v/t.* зачиня́ти(ся) на зáсув; *v/i.* мчáти стрілóю; тікáти [втектú]; понестú *pf.* (про кóней).
bomb [bɔm] **1.** бóмба; **2.** бомбúти.
bombard [bɔm'bɑ:d] бомбардувáти.
bombastic [bɔm'bæstik] пихáтий.
bomb-proof ['bɔmbpru:f] що не пробивáється бóмбами.
bond [bɔnd] *pl.*: ~ ýзи *f/pl.*; кайдáни *m/pl.*; C борговé зобов'я́зання; ~**age** ['bɔndidʒ] рáбство; залéжність *f*; ~**(s)man** ['bɔnd(z)mən] раб.
bone [boun] **1.** кíстка; ~ of contention я́блуко рóзбрату; make no ~s about F не церемóнитися (з O); **2.** виймáти, вирізáти кісткú.
bonfire ['bɔnfaiə] вóгнище, багáття.
bonnet ['bɔnit] чéпчик; кáпор; капелю́шок; *mot.* капóт.
bonus ['bounes] C прéмія; тантьéма.
bony ['bouni] □ кістля́вий; костúстий.
booby ['bu:bi] бóвдур, дýрень.
book [buk] **1.** кнúга; **2.** занóсити до кнúги; реєструвáти *(im)pf.*, *pf. a.* [за-]; замовля́ти, брáти (квиткú до теáтру, на пóїзд і т. ін.); запрóшувати [запросúти] (артúстів);

~-case книжко́ва ша́фа; ~ing-clerk ['bukiŋklɑ:k] каси́р; ~ing-office біле́тна ка́са; ~-keeping рахівни́цтво; ~let ['buklit] брошу́ра; ~seller продаве́ць *m* книг; букініст.
boom¹ [bu:m] 1. С бум; 2. виклика́ти сенса́цію, га́лас навко́ло (Р).
boom² [~] 1. гул, гуді́ння; 2. (за)гуді́ти; (за)дзижча́ти.
boon¹ [bu:n] благоді́йність *f.*
boon² [~] благотво́рний; прие́мний.
boor [buə] гру́ба, неви́хована люди́на; ~ish ['buəriʃ] □ груби́й, неви́хований.
boost [bu:st] підно́сити [підне́сти] (торгі́влю).
boot¹ [bu:t]: to ~ на дода́ток, на дода́чу *adv.*
boot² [~] чо́біт.
booth [bu:ð] наме́т, кіо́ск.
bootlegger ['bu:tlegə] *Am.* торго́вець контраба́ндними напо́ями.
booty ['bu:ti] здо́бич *f*; награбо́ване добро́.
border ['bɔ:də] 1. кордо́н; край; каймá; 2. межува́ти (upon з О); облям(о́в)ува́ти.
bore¹ [bɔ:] 1. ви́свердлений о́твір; калі́бр; *fig.* нудна́ люди́на; 2. (про)свердли́ти; (про)бура́вити; набрида́ти [набри́днути] (Д).
bore² [~] *pt.* від bear².
born [bɔ:n] наро́джений; приро́джений; ~e [~] *p. pt.* від bear².
borough ['bʌrə] невели́ке мі́сто; municipal ~ мі́сто із самоврядува́нням.
borrow ['bɔrou] позича́ти [пози́чити] (from, of у Р).
bosom ['buzəm] гру́ди *f/pl.*; па́зуха; *fig.* ло́но; на́дра *n/pl.*
boss [bɔs] F 1. хазя́їн; підприе́мець (-миця *f*) *m*; *pol. Am.* керівни́к політи́чної па́ртії; 2. розпоряджа́тися [-ди́тися] (О); порядкува́ти; бу́ти хазя́їном (Р); ~y *Am.* ['bɔsi] що лю́бить розпоряджа́тися.
botany ['bɔtəni] бота́ніка.
botch [bɔtʃ] 1. невмі́ла ла́тка; пога́не ла́годження; 2. ста́вити незгра́бні ла́тки (на З, М); пога́но ла́годити.
both [bouθ] оби́два, оби́дві; і той і дру́гий; ~ ... and ... як ... так і ...; і ... і ...
bother ['bɔðə] F 1. неспо́кій; oh ~! яка́ при́крість!; 2. набрида́ти [набри́днути] (Д); (по)турбува́ти.
bottle [bɔtl] 1. пля́шка; 2. розлива́ти по пляшка́х.
bottom ['bɔtəm] 1. дно, дни́ще; ни́жня части́на; грунт; F зад; *fig.* осно́ва, суть *f*; at the ~ нанизу́; *fig.* по су́ті; на дні (суспі́льства); 2. найни́жчий.
bough [bau] гі́лка.
bought [bɔ:t] *pt.* і *p. pt.* від buy.
boulder ['bouldə] валу́н.
bounce [bauns] 1. стрибо́к; 2. підстри́бувати [-бну́ти]; відска́кувати [відскочи́ти] (про м'яч); F перебі́льшення.
bound¹ [baund] 1. межа́; обме́ження; 2. обме́жувати [обме́жити]; стри́мувати [стрима́ти].
bound² [~] Ml гото́вий до відпра́влення, що вируша́є (for у З).
bound³ [~] 1. стрибо́к; 2. стриба́ти [стри́бнути], (по)скака́ти; відска́кувати [-ко́чити].
bound⁴ [~] 1. *pt.* і *p. pt.* від bind; 2. пов'я́заний; зобов'я́заний; перепле́тений, опра́влений.
boundary ['baundəri] кордо́н, межа́.
boundless [-lis] □ безме́жний.
bounteous ['bauntiəs], **bountiful** ['bauntiful] □ ще́дрий, бага́тий.
bounty ['baunti] ще́дрість *f*; С урядо́ва пре́мія.
bouquet ['bukei] буке́т, арома́т (вина́).
bout [baut] че́рга; раз; Ме при́ступ; *sport.* су́тичка.
bow [bau] 1. уклі́н; Sh ніс; 2. *v/i.* (зі)гну́тися; вклоня́тися [-ни́тися]; підкоря́тися [-ри́тися] (Д); *v/t.* (зі)гну́ти.
bow [bou] 1. лук; дуга́; бант; Mu смичо́к; rain~ ра́йдуга, весе́лка; 2. Mu володі́ти смичко́м.
bowels ['bauəlz] *pl.* кишки́ *f/pl.*; ну́трощі *pl.*; на́дра *n/pl.*; *fig.* співчуття́.
bower ['bauə] альта́нка.
bowl¹ [boul] ку́бок, ча́ша; ва́за.
bowl² [~] 1. ку́ля; 2. *v/t.* (по)коти́ти; *v/i.* гра́ти у ку́лі; ~ along шви́дко коти́тися.
box¹ [bɔks] 1. коро́бка; я́щик; скри́ня; E бу́кса; вту́лка; B самши́т; *thea.* ло́жа; 2. кла́сти у я́щик.
box² [~] 1. *sport* бокс; ~ on the ear ля́пас.
box|-kepper капельди́нер; ~-office театра́льна ка́са.
boy [bɔi] хло́пець *m*; юна́к; ~hood ['bɔihud] юна́цтво; ~ish ['bɔiiʃ] □ хлопча́чий, юна́цький.
brace [breis] 1. E зв'язо́к; ско́бка; па́ра (про дичи́ну); ~s *pl.* підтя́жки *f/pl.*; 2. зв'я́зувати [-за́ти]; підпира́ти [підпе́рти]; ~ up підбадьо́рювати [-ри́ти].
bracelet ['breislit] брасле́т.
bracket ['brækit] 1. Ar кронште́йн,

консо́ль *f*; га́зовий ріжо́к; *typ.* ду́жка; 2. бра́ти у ду́жки; *fig.* ста́вити на одну́ до́шку (з О).

brag [bræg] 1. (по)хвали́тися; 2. похваля́ння.

braggart ['brægət] 1. хвалько́ *m*; 2. □ хвалькува́тий.

braid [breid] 1. коса́; тасьма́; галу́н; 2. заплітáти [заплести́] (косу́); обшива́ти тасьмо́ю.

brain [brein] 1. мо́зок; голова́; (*fig. mst* ~s) ро́зум; розумо́ві зді́бності *f/pl.*; 2. розтрощи́ти го́лову (Д).

brake [breik] 1. Е гальмо́; 2. (за)гальмува́ти.

bramble ['bræmbl] В ожи́на.

bran [bræn] ви́сівки *f/pl.*

branch [brɑ:ntʃ] 1. гі́лка; га́лузь *f* (нау́ки); філія; 2. розгалу́жувати(ся) [-жи́ти(ся)]; розши́рюватися [-ри́тися].

brand [brænd] 1. тавро́; Е фабри́чне клеймо́; сорт; 2. ста́вити клеймо́; *fig.* (за)таврува́ти; (з)ганьби́ти.

brandish ['brændiʃ] розма́хувати [-хну́ти] (О).

bran(d)new ['brænd'nju:] F нові́сінький, з го́лочки.

brandy ['brændi] конья́к.

brass [brɑ:s] лату́нь *f*, жо́вта мідь *f*; F безсоро́мність *f*; ~ band духови́й орке́стр.

brassire ['bræsiɛə] бюстга́льтер.

brave [breiv] 1. □ хоро́брий, сміли́вий; 2. бравува́ти; хоро́бро зустріча́ти (небезпе́ку і т. ін.); ~**ry** ['breivəri] хоро́брість *f*, смі́ли́вість *f*.

brawl [brɔ:l] 1. галасли́ва сва́рка; ву́лична колотне́ча; (по)свари́тися (з О).

brawny ['brɔ:ni] сильни́й; м'язи́стий.

bray [brei] 1. крик віслюка́; 2. (за)крича́ти (про віслюка́); 3. [~] (по)товкти́.

brazen ['breizn] □ мі́дний, бро́нзовий; безсоро́мний, наха́бний (*a.* ~-**faced**).

Brazilian [brə'ziljən] 1. бразі́льський; 2. бразі́лець *m*, бразілі́йка.

breach [bri:tʃ] 1. прола́м; *fig.* розри́в (стосу́нків); пору́шення; прола́мувати (З).

bread [bred] хліб.

breadth [bredθ] ширина́; широчі́нь *f* (по́глядів); широ́кий ро́змах.

break [breik] 1. пере́рва; па́уза; світа́нок; трі́щина; F a bad ~ невда́ча; 2. [*irr.*] *v/t.* (з)лама́ти; розби́(ва́)ти; (з)руйнува́ти; перер(и)ва́ти; зла́м(ув)а́ти; ~ up розла́мувати [розлама́ти]; розби́(ва́)ти; *v/i.* пор(и)ва́ти (з О); (по)лама́тися, розби́(ва́)тися; ~ away відокре́млюватися (від Р); ~ down зазна́ти ава́рії, невда́чі; ~**able** ['breikəbl] □ ламки́й, крихки́й; ~**age** ['breikidʒ] поло́мка; ~-**down** розва́л, ро́зладі; *mot.* ава́рія; ~**fast** ['breikfəst] 1. сніда́нок; 2. (по)сні́дати; ~**up** ро́зпад, розва́л; ~**water** мол, хвилері́з.

breast [brest] гру́ди *f/pl.*; make a clean ~ of a th. щи́ро зізнава́тися у чо́мусь; ~-**stroke** брас.

breath [breθ] ди́хання; зітха́ння; ~**e** [bri:ð] *v/i.* ди́хати [дихну́ти]; перевести́ по́дих; ~**less** ['breθlis] □ захе́каний, заса́паний; безві́тряний.

bred [bred] 1. ви́годуваний; ви́хований; 2. *pt.* і *p. pt.* від breed.

breeches ['bretʃiz] *pl.* бри́джі *pl.*, штани́ *pl.*

breed [bri:d] 1. поро́да; 2. [*irr.*] *v/t.* виво́дити [ви́вести]; розво́дити [розве́сти]; виси́джувати [ви́сидіти]; вигодо́вувати [вигодува́ти]; *v/i.* розмно́жуватися [-житися]; (ви)рости́; ~**er** ['bri:də] плідни́к; скота́р; ~**ing** [iŋ] розпло́джування (тва́рин); га́рне пово́дження; вихова́ння.

breez|e [bri:z] легки́й вітере́ць *m*, бриз; ~**y** ['bri:zi] □ сві́жий, жва́вий, весе́лий.

brethren ['breðrin] побрати́ми; бра́тія.

brevity ['breviti] сти́слість *f*, коро́ткість *f*.

brew [bru:] *v/t.* (з)вари́ти (пи́во); зава́рювати [-ри́ти] (чай); (при)готува́ти; *fig.* затіва́ти [зати́яти]; ~**ery** ['bruəri] брова́рня, пивова́рний заво́д, пивова́рня.

brib|e [braib] 1. хаба́р; пі́дкуп; 2. підкупо́вувати; дава́ти хабара́ (Д); ~**ery** ['braibəri] хаба́рництво.

brick [brik] 1. це́гла; *fig.* га́рний хло́пець *m*; 2. кла́сти це́глу; ~**layer** [-leiə] му́ляр.

bridal ['braidl] □ весі́льний; ~ procession весі́льна проце́сія.

bride [braid] наре́чена; ~**groom** нарече́ний; ~**smaid** дру́жка.

bridge [bridʒ] 1. міст; 2. з'є́днувати мо́стом; наво́дити міст че́рез (З); *fig.* дола́ти (перешко́ди).

bridle ['braidl] 1. вузде́чка; по́від; нали́гач; 2. *v/t.* загнузда́ти; *v/i.* (ви)пруча́тися; задира́ти но́са (*a.* ~ up); ~-**path** верхова́ сте́жка.

brief [bri:f] 1. □ коро́ткий, сти́слий; 2. J резюме́ спра́ви для захисника́; hold a ~ for бра́ти на се́бе ве́дення спра́ви (Р); ~-**case** портфе́ль *m*.

brigade [bri'geid] Ml брига́да.

bright [brait] □ яскра́вий; сві́тлий; ясни́й; ~**en** ['braitn] *v/t.* (від)полірува́ти; надава́ти бли́ску (Д); *v/i.* проя́с-нюватися [-ни́тися]; ~**ness** [-nis] яскра́вість *f*; блиск.
brillian|ce, cy ['briljəns, -si] яскра́вість; блиск; пишно́та; ~**t** [-jənt] **1**. □ блиску́чий (*a. fig.*); діама́нт.
brim [brim] **1**. край; кри́са *m/pl.*; береги́ (у кни́зі); кри́си (капелю́ха); **2**. напо́внювати(ся) до кра́ю, по ві́нця.
brine [brain] розсі́л; морська́ вода́.
bring [briŋ] [*irr.*] прино́сити [нести́]; доставля́ти [доста́вити]; приво́зити [-везти́]; приво́дити [-вести́]; ~ about зді́йснювати [-ни́ти]; ~ down зни́жувати [зни́зити] (ці́ни); ~ forth виробля́ти [ви́робити]; ~ home to дава́ти зрозумі́ти (Д); ~ round приводи́ти [-вести́] до тя́ми; ~ up вихо́вувати [ви́ховати].
brink [briŋk] край (обри́ву, у́рвища); крути́й бе́рег.
brisk [brisk] □ жва́вий.
bristl|e ['brisl] **1**. щети́на; **2**. (на)ї́житися; (роз)гніви́тися; ~ with рясні́ти (О); ~**ed** [-d], ~**y** [-i] їжакува́тий.
British ['britiʃ] брита́нський; the ~ англі́йці *m/pl.*
brittle ['britl] крихки́й, ламки́й.
broach [broutʃ] розпочина́ти; підніма́ти (пита́ння); поч(ин)а́ти (розмо́ву).
broad [brɔ:d] □ широ́кий; просто́рий; грубува́тий; ~**cast 1**. розкида́ти [розки́дати] (насі́ння); розповсю́джувати [-дити]; передава́ти по ра́діо, ТБ; **2**. ра́діо-, телепереда́ча; теле-, радіомо́влення; ~**cloth** то́нке сукно́; баво́вняна ткани́на.
brocade [bro'keid] парча́.
broil [brɔil] **1**. сма́жене м'я́со; **2**. сма́жити(ся) на вогні́; F сма́житися на со́нці.
broke [brouk] *pt.* від break.
broken ['broukən] **1**. *p. pt.* від break; **2**. □ розби́тий, розко́лотий; ~ health підупа́ле здоро́в'я.
broker ['broukə] ма́клер, бро́кер.
bronc(h)o ['brɔŋkou] *Am.* напівди́кий кінь *m.*
bronze [brɔnz] **1**.бро́нза; **2**. бро́нзовий; **3**. бронзува́ти *(im)pf.*; загоря́ти на со́нці.
brooch [broutʃ] бро́шка.
brood [bru:d] **1**. ви́водок; згра́я; **2**. сиді́ти на я́йцях; *fig.* су́мно міркува́ти.
brook [bruk] руча́й, струмо́к.
broom [bru:m, brum] мітла́, ві́ник ~stick мітли́ще.
broth [brɔ:θ, brɔθ] бульйо́н, ю́шка.
brothel ['brɔθl] дім розпу́сти.
brother ['brʌðə] брат; побрати́м; ~**hood** [-hud] бра́тство; ~-**in-law** [-rinlɔ] зять *m*; шу́рин; ді́вер; своя́к; ~**ly** [-li] брате́рський.
brought [brɔ:t] *pt.* і *p.pt.* від bring.
brow [brau] брова́; ви́ступ (ске́лі); ~**beat** ['braubi:t] [*irr.*(beat)] заля́кувати [-ка́ти].
brown [braun] **1**. кори́чневий, бруна́тний ко́лір; **2**. смагля́вий; засма́глий; **3**. засмага́ти [засма́гнути], загоря́ти [-рі́ти].
browse [brauz] **1**. обску́бувати, об'ї́дати ли́стя *n/pl.*; *fig.* безла́дно чита́ти; **2**. молоді́ па́гони *m/pl.*
bruise [bru:z] **1**. сине́ць *m*; **2**. забива́ти(ся); ста́вити синці́.
brunt [brʌnt] головни́й уда́р; весь тяга́р.
brush [brʌʃ] **1**. щі́тка; пе́нзель *m*; чи́щення щі́ткою; *Am.* ~**wood** за́рості *f/pl.*; **2**. *v/t.* чи́стити щі́ткою; ~ up прибира́ти; *fig.* поно́влювати в па́м'яті; *v/i.* ~ by прослиза́ти [-зну́ти]; ~ against a p. зачепи́ти ко́гось (прохо́дячи повз ньо́го); ~**wood** ['brʌʃwud] хмиз, лома́ччя *n/pl.*
brusque [brusk] □ гру́бий; різки́й.
brut|al ['bru:tl] □ брута́льний ; жорсто́кий; ~**ality** [bru:tæliti] бруга́льність *f*; жорсто́кість *f*; ~**e** [bru:t] **1**. бруга́льний; несвідо́мий; **2**. твари́на; F тварю́ка (ла́йка).
bubble ['bʌbl] **1**. бу́лька; **2**. бу́лькати; кипі́ти; би́ти ключе́м, вирува́ти.
buccaneer [bʌkə'niə] піра́т.
buck [bʌk] **1**. *zo.* саме́ць *m*; **2**. става́ти ди́бки; хвица́тися [хвицну́тися]; ~ up F підбадьо́рюватися [-ритися]; (по)жваві́шати.
bucket ['bʌkit] це́бер, цебе́рко, бaддя́, коно́вка.
buckle ['bʌkl] **1**. пря́жка; **2**. застіба́ти [застебну́ти] (на пря́жку); *v/i.* E згина́тися [зігну́тися] (від ти́ску); ~ to *fig.* захо́джуватися (ко́ло Р).
buckshot ['bʌkʃɔt] *hunt.* кру́пний шріт.
bud [bʌd] **1**. бру́нька, пу́п'янок; *fig.* за́родок; **2**. *v/i.* Ас брунькува́тися; пуска́ти па́гони; *fig.* розви́(ва́)тися.
budge ['bʌdʒ] воруши́тися [ворухну́тися]; зру́шувати з мі́сця.
budget ['bʌdʒit] бюдже́т; фіна́нсовий кошто́рис; draft ~ прое́кт держа́вного бюдже́ту.
buff [bʌf] **1**. воло́ва шкі́ра; **2**. те́мнодо́втий.
buffalo ['bʌfəlou] *zo.* бу́йвіл.
buffer ['bʌfə] Rr бу́фер; амортиза́тор, де́мпфер.
buffet[1] ['bʌfit] **1**. уда́р(руко́ю), по́штовх;

B

2. штовха́ти, завдава́ти уда́ру (Д); 3. [~] буфе́т; 4. ['bufei] буфе́тна сто́йка.
buffoon [bʌ'fu:n] бла́зень *m*, фігля́р.
bug [bʌg] блощи́ця; *Am.* кома́ха.
bugle ['bju:gl] ріжо́к, сурма́.
build [bild] 1. [*irr.*] (по)будува́ти; спору́джувати [-ди́ти]; (з)ви́ти (гніздо́); ~ on покляда́тися [покла́стися] на (З); 2. констру́кція; стиль; будо́ва; стату́ра; ~**er** ['bildə] будіве́льник; підря́дник; те́сляр; ~**ing** [-iŋ] буді́вля; спору́да; будівни́цтво.
built [bilt] *pt.* і *p. pt.* від build.
bulb [bʌlb] B цибули́на; ла́мпочка.
bulge [bʌldʒ] 1. опу́клість *f*; 2. випина́тися [ви́пнутися], виступа́ти [ви́ступити].
bulk [bʌlk] о́бсяг, об'є́м; Sh мі́сткість *f*; in ~ в нава́лку; in the ~ в ціло́му; ~**y** [bʌlki] □ громіздки́й.
bull[1] [bul] бик; C *sl.* біржови́й граве́ць, яки́й гра́є на підви́щення; *Am. sl.* дурни́ця; протирі́ччя.
bull[2] [~] па́пська бу́лла.
bulldog ['buldɔg] бульдо́г.
bullet ['bulit] ку́ля; ядро́.
bulletin ['bulitin] бюлете́нь *m*.
bullion ['buljən] злито́к зо́лота чи срі́бла.
bully ['buli] 1. задира́ка *m*, задери́ка *m*, забія́ка *m*, ши́беник; 2. задира́ти; залякувати [ка́ти]; 3. *Am.* F першокла́сний, чудо́вий; хвалькува́тий.
bulwark ['bulwək] Ml вал; *mst fig.* оплі́т, за́хист.
bum [bam] *Am.* F 1. сідни́ця, за́д(ниця); ле́дар, неро́ба *m*; 2. ледарюва́ти.
bumble-bee ['bumblbi] джміль *m*.
bump [bʌmp] 1. зі́ткнення; глухи́й уда́р; гу́ля; *fig.* зда́тність *f* (of до Р); 2. би́ти(ся), забива́ти(ся) [заби́ти(ся)].
bumper ['bʌmpə] 1. ке́лих, напо́внений по ві́нця *n/pl.*; ~ crop F *sl.* небува́лий врожа́й; 2. *Am. mot.* амортиза́тор.
bun [bʌn] бу́лочка (з ізю́мом).
bunch [bʌntʃ] 1. паку́нок; жмут; пук; па́чка; 2. зв'я́зувати в пучо́к.
bundle ['bʌndl] 1. ву́зол; в'я́зка; 2. *v/t.* збира́ти доку́пи (ре́чі); зв'я́зувати у ву́зол (а. ~ up).
bungalow ['bʌŋgəlou] одноповерхо́ва да́ча, бу́нгало *n indecl.*
bungle ['bʌŋgl] 1. недба́ла робо́та; по́хибка; плутани́на; 2. невмі́ло, недба́ло працюва́ти; псува́ти робо́ту.
bunk[1] [bʌŋk] *Am.* дурни́ці *f/pl.*; 2. [~] ляга́ти спа́ти.
bunny ['bʌni] кро́лик.
buoy [bɔi] Sh 1. ба́кен, буй; 2. ста́вити ба́кени; підтри́мувати на пове́рхні; (*mst* ~ up) *fig.* підтри́мувати [-ма́ти]; ~**ant** ['bɔiənt] □ плаву́чий; життєра́дісний; бадьо́рий.
burden ['bə:dn] 1. но́ша; тяга́р; вант а́ж; 2. навантá́жувати [-жити]; обтя́жувати [-жити]; ~-**some** [-səm] обтя́жливий.
bureau [bjuə'rou, 'bjuərou] конто́рка; конто́ра; бюро́ *n indecl.*; ві́дділ; ~**cracy** [bjuə'rɔkrəsi] бюрокра́тія.
burglar ['bə:glə] зло́дій-зло́мщик; ~**y** [-ri] краді́жка зі зло́мом.
burial ['beriəl] по́хорон.
burlesque [bə:'lesk] 1. комі́чний; 2. карикату́ра, паро́дія; 3. пародіюва́ти *(im)pf.*
burly ['bə:li] огря́дний.
burn [bə:n] 1. о́пік; тавро́; 2. [*irr.*] *v/i.* горі́ти; підгора́ти [-рі́ти] (про ї́жу); (с)пали́ти; *v/t.* пали́ти; спалюва́ти [-ли́ти]; ~**er** ['bə:nə] пальни́к.
burnish ['bə:niʃ] 1. поліро́вка; блиск (мета́лу); 2. (від)полірува́ти (мета́л); блища́ти.
burnt [bə:nt] *pt.* і *p. pt.* від burn.
burrow ['bʌrou] 1. нора́; 2. ри́ти нору́; (по)ри́тися у (кни́жках і т. ін.).
burst [bə:st] 1. розри́в (снаря́ду); ви́бух *a. fig.*; спа́лах (по́лум'я, гні́ву); 2. [*irr.*] *v/i.* вибуха́ти [ви́бухнути]; прор(и)ва́тися (що́до гре́блі); лу́скати [лу́снути] (with від Р); ~ forth або out спала́хувати [-хну́ти]; ~ into tears залива́тися сльоза́ми; *v/t.* виса́джувати [ви́садити], підрива́ти [підірва́ти]; (з)руйнува́ти.
bury ['beri] (по)хова́ти; зако́пувати [-па́ти].
bus [bʌs] F авто́бус.
bush ['buʃ] кущ; чагарни́к.
bushel ['buʃl] бу́шель *m* (мі́ра є́мкості сипу́чих речови́н у А́нглії [=36,3 л] та у США [=35,2 л]).
bushy ['buʃi] густи́й.
business ['biznis] спра́ва; профе́сія; C фі́рма; торго́ве підприє́мство; ~ of the day поря́док де́нний; ~ (*or* professional) discretion службо́вий обо́в'язок мовча́ти; have no ~ to *inf.* не ма́ти пра́ва (+*inf.*); ~-**like** [-laik] ділови́й; практи́чний.
bust [bʌst] бюст; пе́рса *pl.*
bustle ['bʌsl] 1. метушня́; сує́та́; 2. *v/i.* (по)спіши́ти; (за)метуши́тися; *v/t.* (по)ква́пити.
busy ['bizi] 1. □ дія́льний; зайня́ти́й (at O); за́йнятий; *Am. teleph.* за́йнята (лі́нія); 2. (*mst* ~ o. s.) займа́тися (with O).

but [bʌt] 1. *cj.* але, а; однáк; протé; якбú не (*a.* ~ that); 2. *prp.* крім (P), за вúнятком (P); the last ~ one передостáнній; ~ for без (P); 3. *adv.* лишé, тíльки; ~just тíльки-но; ~ now лишé тепéр; all ~ мáло не ...; nothing ~ нічóго, окрíм ...; I cannot ~ *inf.* не мóжу не (+*inf.*).
butcher ['butʃə] 1. м'яснúк; *fig.* убúвця *m*; 2. забивáти (скот); вбивáти; ~**y** [-ri] різнúця, бóйня; різанúна.
butler ['bʌtlə] дворéцький.
butt [bʌt] 1. удáр; приклáд (рушнúці); (*a.* ~ end) товстúй кінéць; ~**s** *pl.* стрíльбище, полігóн; *fig.* посміхóвисько; 2. бúти головóю; бýцати(ся) [бýцнути]; натикáтися [наткнýтися].
butter ['bʌtə] 1. мáсло; 2. мастúти (намáщувати) мáслом; ~**cut** B жовтéць *m*; ~**fly** метéлик; ~**y** ['bʌtəri] 1. комóра; 2. мáсляний.
buttocks ['bʌtəks] *pl.* сіднúці *f/pl.*
button ['bʌtn] 1. гýдзик; кнóпка; пýп'янок (квíтки); 2. застібáти [застебнýти] (на гýдзик).
buttress ['bʌtris] 1. підпóра, стоя́к; бик (мостá); *fig.* опóра, підтрúмка; 2. підтрúмувати [-мáти]; бýти опóрою (Д).
buxom ['bʌksəm] здорóвий; миловúдний.
buy [bai] [*irr.*] *v/t.* купувáти [купúти] (from у P); ~**er** ['baiə] покупéць *m*, покупнúця *f.*
buzz [bʌz] 1. дзижчáння; гудíння; 2. *v/i.* (за)дзижчáти; (за)гудíти.
buzzard ['bʌzəd] мишоїд, кáня.
by [bai] 1. *prp.* у (P); при (M); бíля (P); вздовж (P); ~ the dozen дю́жинами; ~ o. s. сам *m*, самá *f*; ~ land суходóлом; ~ rail залізнúцею; day ~ day день у день; 2. *adv.* блúзько, пóряд; повз; ~ and ~ невдóвзі; ~ the ~ між íншим; ~ and large *Am.* загалóм кáжучи; ~-**election** ['baii'lekʃən] додаткóві вúбори *m/pl.*; ~-**gone** минýлий; ~-**law** постанóва місцéвої влáди; ~-**path** обхíд, обхіднúй шлях; ~-**product** побíчний продýкт; ~-**stander** свíдок (*a. f.*); глядáч(ка); ~-**street** глухá вýлиця; провýлок; ~-**way** малоїжджений шлях; ~-**word** прúказка.

C

cab [kæb] екіпáж; таксí *n indecl.*; Rr бýдка (на паровóзі).
cabbage ['kæbidʒ] капýста.
cabin ['kæbin] 1. хатúна, хúжа, халýпа; бýдка; Sh каю́та; 2. поміщáти у тіснý кімнáту і т. п.
cabinet ['kæbinit] кабінéт; гíрка; я́щик; ≗ Council Кабінéт мінíстрів; ~-**maker** стóляр.
cable ['keibl] 1. кáбель *m*; канáт; 2. *tel.* телеграфувáти *(im)pf.*; ~**gram** [-græm] телегрáма.
cabman ['kæbmən] візнúк.
cacao [kə'kɑːou] какáо *n indecl.*; дéрево какáо.
cackle ['kækl] 1. кудкудáкання; гелготíння; 2. (за)кудкудáкати; (за)гелготíти.
cad [kæd] F невихована, грýба людúна.
cadaverous [kə'dævərəs] □ схýдлий як труп; трýпний.
cadence ['keidəns] Mu кадéнція; модуля́ція
cadet [kə'det] кадéт.
cafe [kæ'fei] кафé *n indecl.*, кафé-ресторáн.
cafeteria [kæfi'tiəriə] кафетéрій, кафé-закýсочна.
cage [keidʒ] 1. клíтка; ліфт; M кліть *f* (у шáхті); 2. саджáти у клíтку.
cajole [kə'dʒoul] (по)лестúти (Д).
cake [keik] 1. торт; кекс; тíстечко; 2. спікáтися [спектúся].
calami|tous [kə'læmitəs] □ згýбний; тяжкúй; ~**ty** [-ti] лúхо, нещáстя.
calcify ['kælsifai] перетвóрюватися на вапнó.
calculat|e ['kælkjuleit] *v/t.* обчúслювати [-лити]; підрахóвувати [-хувáти]; калькулювáти; *v/i.* розрахóвувати (on на З); ~**ion** [kælkju'leiʃən] обчúслення; калькуля́ція; розрахýнок.
caldron ['kɔːldrən] казáн, котéл.
calendar ['kælində] 1. календáр; реéстр; 2. складáти íндекс (P); (за)реєструвáти.
calf[1] [kɑːf], *pl.* **calves** [kɑːvz] теля́ *n* (*pl.* теля́та); (*a.*~-**skin**) теля́ча шкíра, опóйок.
calf[2] [~], *pl.* **calves** [~] лúтка.
calibre ['kælibə] калíбр.
calico ['kælikou] C коленкóр; *Am.* сúтець *m.*
call [kɔːl] 1. óклик; пóклик; *teleph.*

виклик; *fig.* пропозиція (місця, кафедри і т. п.); заклик; сигнал; вимога; попит (for на З); візит, відвідання; on ~ на вимогу; 2. *v/t.* (по)кликати; скликати [скликати]; викликати [викликати]; (роз)будити; закликати [закликати]; in ~ вимагати назад (борг); ~ over робити переклик (Р); ~ up призивати на військову службу; *teleph.* викликати [викликати]; *v/i.* кричати [крикнути]; *teleph.* (по)дзвонити, (за)телефонувати; заходити [зайти] (at у З, on a p. до Р); ~ for зажадати; (по)кликати на (З); ~ for a p. заходити [зайти] по (З); ~ in F забігати [забігти] (до Р); ~ on відвід(ув)ати (З); (за)волати (до Р) (for про З); закликати [закликати] (to do etc. зробити і т. ін.); **~-box** ['kɔ:lbɔks] телефонна будка; **~er** ['kɔ:lə] гість *m*, гостя *f*.

calling ['kɔ:liŋ] покликання; професія.

call-office ['kɔ:lɔfis] телефонна станція.

callous ['kæləs] □ огрубілий, мозолистий, мозолястий; *fig.* безсердечний.

calm [kɑ:m] 1. □ спокійний; безвітряний; 2. тиша; штиль *m*; спокій; 3. ~ down заспокоювати(ся) [-оїти(ся)].

calori|c [kə'lɔrik] 1. *phys.* теплота; 2. тепловий; **~e** ['kæləri] *phys.* калорія.

calumn|iate [kə'lʌmnieit] зводити [звести] наклеп (на З); **~iation** [kəlʌmni'eiʃən], **~y** ['kæləmni] наклеп.

calve [kɑ:v] (о)телитися; **~s** *pl.* від **calf.**

cambric ['keimbrik] C батист.

came [keim] *pt.* від come.

camera ['kæmərə] фотоапарат; in ~ J у кабінеті судді.

camomile ['kæməmail] B ромашка.

camouflage ['kæmu:flɑ:ʃ] Ml 1. маскування; 2. (за)маскувати(ся).

camp [kæmp] 1. табір; ~ bed похідне ліжко; 2. розташовуватися табором; ~ out ночувати просто неба, під відкритим небом.

campaign [kæm'pein] 1. Ml похід; кампанія; 2. брати участь у поході; проводити кампанію.

camphor ['kæmfə] камфора.

can¹ [kæn] [*irr.*] можу і т. ін.; *inf.*: be able = (з)могти, бути в змозі; (з)уміти.

can² [~] 1. бідон; банка; 2. *Am.* консервувати *(im)pf.*

canal [kə'næl] канал.

canard [kə'nɑ:] плітка, чутка, брехня.

canary [kə'nɛəri] канарка.

cancel ['kænsəl] викреслювати [викреслити]; анульовувати *(im)pf.*; погашати [погасити] (марки); Ma (*a.* ~ out) скорочувати [скоротити].

cancer ['kænsə] *ast.* сузір'я Рака; Me рак; **~ous** [-rəs] раковий.

candid ['kændid] □ щирий, відвертий.

candidate ['kændidit] кандидат(ка) (for на З).

candied ['kændid] зацукрований.

candle ['kændl] свічка; **~stick** [-stik] свічник.

cando(u)r ['kændə] щирість *f*.

candy ['kændi] 1. леденець *m*; *Am.* цукерки *f/pl.*, солодощі *f/pl.*; 2. *v/t.* зацукровувати.

cane [kein] 1. очерет, комиш, тростина (цукрова); ціпок; 2. бити ціпком.

canker ['kæŋkə] Me гангренозний стоматит; B рак.

canned [kænd] *Am.* консервований (продукт).

cannibal ['kænibəl] канібал.

cannon ['kænən] гармата.

cannot ['kænɔt] не в змозі, *s.* can.

canoe [kə'nu:] каное; човник; байдарка.

canon ['kænən] Mu канон; правило; критерій.

canopy ['kænəpi] запона; *fig.* небозвід, небосхил; Ar. навіс, піддашшя.

cant¹ [kænt] 1. косяк; нахил; 2. скошувати [скосити]; нахиляти [-лити].

cant² [~] 1. плаксивий тон; святенництво; 2. співучо говорити; удавати (з себе) святого.

can't [kɑ:nt] F не в змозі.

canteen [kæn'ti:n] Ml лавка; їдальня; похідна кухня.

canton 1. ['kæntɔn] кантон; 2. [kən'tu:n] Ml розквартировувати [-рувати] (війська).

canvas ['kænvəs] полотно; канва; *paint.* картина.

canvass [~] 1. обговорення; 2. *v/t.* обговорювати [-рити]; *v/i.* збирати голоси; шукати замовлення.

caoutchouc ['kautʃuk] каучук.

cap [kæp] 1. кепка, кашкет, шапка; E ковпачок, головка; шляпка (гриба); пістон; set one's ~ at a p. заграватиз (О); 2. надавати вченого ступеню (Д); *fig.* довершувати [-шити]; F перевершити, взяти гору.

capab|ility [keipə'biliti] спроможність *f*, здатність *f*; **~le** ['keipəbl] □ здатний (of на З); обдарований.

capaci|ous [kə'peiʃəs] □ просторий; об'ємистий, великий, місткий; **~ty**

[kə'pæsiti] об'є́м, мі́сткість *f*; спромо́жність *f*; in the ~ of як (Н).
cape[1] [keip] плащ; пелери́на.
cape[2] [~] мис.
caper ['keipə] стрибо́к; ви́тівка, ви́хватка; cut ~s пустува́ти.
capital ['kæpitl] 1. □ основни́й, капіта́льний; (*crime*) ка́рний; (*sentence, punishment*) сме́ртний; 2. столи́ця; капіта́л; (*a.* ~ letter) вели́ка лі́тера; **~izm** ['kæpitəlizm] капіталі́зм; **~ize** [kə'pitəlaiz] капіталізува́ти (*im*)*pf*.
capitulate [kə'pitjuleit] зда́(ва́)тися (to Д).
capric|e [kə'pri:s] при́мха; **~ious** [kə'priʃəs] □ примхли́вий.
capsize [kæp'saiz] *v/i.* Sh перекида́тися [переки́нутися]; *v/t.* перекида́ти [переки́нути] (чо́вен і т. ін.).
capsule ['kæpsju:l] ка́псуль *m*; Me ка́псула.
captain ['kæptin] Ml капіта́н; керівни́к(-и́ця); Sh капіта́н, команди́р.
caption ['kæpʃən] *part. Am.* заголо́вок (статті́, ро́зділу, глави́); (кіно́) на́пис на екра́ні.
captious ['kæpʃəs] □ прискі́пливий.
captiv|ate ['kæptiveit] (за)чарува́ти, (за)полони́ти; **~e** ['kæptiv] полоне́ний; бра́нець *m*; **~ity** [kæp'tiviti] поло́н.
capture ['kæptʃə] 1. захо́плювати си́лою; бра́ти у поло́н; 2. пійма́ння; захо́плення; здо́бич; Sh приз.
car [kɑ:] ваго́н; автомобі́ль *m*.
caramel ['kærəmel] караме́ль *f*.
caravan [kærə'væn] карава́н; дім-автопри́чіп.
caraway ['kærəwei] B кмин.
carbine ['kɑ:bain] карабі́н.
carbohydrate ['kɑ:bou'haidreit] Ch вуглево́д.
carbon ['kɑ:bən] Ch вугле́ць *m*; (*a.* ~ paper) копі́рка.
carburet(t)or ['kɑ:bjuretə] *mot.* карбюра́тор.
carcas|e, *mst* **~s** ['kɑ:kəs] труп; ту́ша.
card [kɑ:d] ка́рта; ка́ртка; **~board** ['kɑ:dbɔ:d] карто́н.
cardigan ['kɑ:digən] во́вняний дже́мпер.
cardinal ['kɑ:dinl] 1. □ головни́й, основни́й; кардина́льний; ~ number кі́лькісний числі́вник; 2. кардина́л.
card-index ['kɑ:dindeks] картоте́ка.
card-sharp(er) ['kɑ:dʃɑ:pə] шу́лер.
care [kɛə] 1. турбо́та; піклува́ння; ува́га; ~ of (*abbr.* c/o) на адре́су (Р); take ~ of (з)берегти́ (З); догляда́ти [догля́нути] (З); with ~! оберé́жно ! 2. ма́ти бажа́ння, (за)хоті́ти (to: +*inf*); ~ for: а) (по)турбува́тися про (З);б) люби́ти (З); ціка́витися (О); F I don't ~! мені́ одна́ково, все одно́! well ~d-for випе́щений; замо́жний.
career [kə'riə] 1. кар'є́р; *fig.* кар'є́ра, у́спіх; 2. шви́дко просува́тися.
carefree ['kɛəfri:] безтурбо́тний.
careful ['kɛəful] □ турбо́тливий; оха́йний; ува́жний (до Р); **~ness** [-nis] турбо́тливість.
careless [-lis] □ легкова́жний; недбайли́вий; **~ness** [-nis] недба́льство.
caress [kə'res] 1. ла́ска, пе́щення; 2. пе́стити; (по)гла́дити.
caretaker ['kɛəteikə] двірни́к; сто́рож.
carfare ['kɑ:fɛə] *Am.* проїзні́ (гро́ші).
cargo ['kɑ:gou] Shванта́ж.
caricature ['kærikə'tjuə] 1. карикату́ра; 2. зобра́жувати у карикату́рному ви́гляді.
carn|al [kɑ:nl] □ чутте́вий, пло́тський; **~ation** [kɑ:'neiʃən] B гвозди́ка.
carnival ['kɑ:nivəl] карнава́л.
carnivorous [kɑ:'nivərəs] *zo.* м'ясої́дний.
carol ['kærəl] 1. різдвя́ний гімн; 2. оспі́вувати [-ва́ти], (про)сла́вити.
carous|e [kə'rauz] 1. *a.* **~al** [-əl] гуля́нка, вечі́рка; 2. гуля́ти.
carp[1] [kɑ:p] *zo.* ко́роп.
carp[2] [~] прискі́п(ув)атися (at до Р).
carpent|er ['kɑ:pintə] те́сля *m* (З); **~ry** [-tri] тесля́рство.
carpet ['kɑ:pit] 1. ки́лим; 2. застила́ти ки́лимом.
carriage ['kæridʒ] екіпа́ж; переве́зення, тра́нспорт; **~-drive** під'ї́зд; ~ free, ~ paid пересилка безкошто́вно.
carrier ['kæriə] поси́льний; носі́й; Ml транспорте́р.
carrot ['kærət] мо́рква.
carry ['kari] 1. *v/t.* носи́ти, (по)нести́; вози́ти, (по)везти́; ~ o. s. трима́тися, пово́дитися; be carried бу́ти при́йнятим; C ~ forward або over перено́сити на і́ншу сторі́нку; ~ on продо́вжувати [-жити]; вести́ (спра́ву, боротьбу́ і т. ін.); ~ out або through дово́дити до кінця́; вико́нувати [ви́конати]; *v/i.* долина́ти [доли́нути]; Ml доліта́ти [долеті́ти]; 2. Ml далекобі́йність *f*; да́льність *f* польо́ту.
cart [kɑ:t] 1. віз, візо́к; 2. везти́ у во́зі; **~age** ['kɑ:tidʒ] переве́зення; ва́ртість переве́зення.
carter ['kɑ:tə] візни́к.
cartilage ['kɑ:tilidʒ] хрящ.

C

carton ['kɑ:tən] картóн.
cartoon [kɑ:'tu:n] карикатýра; E картóн.
cartridge ['kɑ:tridʒ] патрóн; набíй; заря́д.
C **carve** [kɑ:v] різьби́ти (по де́реву); (ви)гравіруáти; нарізáти [нарíзáти] (м'я́со); ~r ['kɑ:və] різьбя́р (по де́реву); гравéр; ніж для розбирáння м'я́са.
carving ['kɑ:viŋ] рі́зьблення (по де́реву).
case[1] [keis] **1.** я́щик, шухля́да; футля́р; сýмка; вітри́на; *typ.* складáльна кáса; **2.** клáсти у я́щик і т. ін.
case[2] [~] ви́падок; станóвище; обстáвина; J судóва спрáва.
case-harden ['keishɑ:dn] E цементувáти *(im)pf.; fig.* роби́ти нечуттéвим.
casement ['keismənt] вікóнна рáма зі стýлками.
cash [kæʃ] **1.** грóші; готíвка; ~ down, for ~ за готíвкою; ~ on delivery післяплáтою; ~ register кáсовий апарáт; **2.** одéржувати грóші; **~-book** кáсова кни́га; **~ier** [kæ'ʃiə] каси́р(ка).
casing ['keisiŋ] опрáва; рáма; обши́вка, оббивка.
cask [kɑ:sk] бóчка, дíжка, бари́ло.
casket ['kɑ:skit] скри́нька, шкатýлка; *Am.* трунá.
casserole ['kæsəroul] кастрýля.
cassock ['kæsək] ря́са, сутáна.
cast [kɑ:st] **1.** кидóк, ки́дання; гíпсовий злíпок; Sh ки́дання (я́коря); *thea.* розпóділ рóлей; склад виконáвців; **2.** [*irr.*] *v/t.* ки́дати [ки́нути]; метáти [метнýти]; E відли́(вá)ти (метáли); *thea.* розподіля́ти [-ли́ти] (рóлі); ~ iron чавýн; ~ lots ки́дати жéреб; be ~ down засмýчуватися; *v/i.* ~ about for обміркóвувати [-кувáти] (З).
castaway ['kɑ:stəwei] **1.** пáрія, знедóлений; Sh той, що зазнáв авáрії корабля́; **2.** знедóблений.
caste [kɑ:st] кáста.
castigate ['kæstigeit] (по)карáти; *fig.* жорстóко критикувáти.
cast-iron чавýнний.
castle ['kɑ:sl] зáмок; *chess* турá.
castor[1] ['kɑ:stə]: ~ oil рици́нова олíя.
castor[2] [~] коліщáтко (на нíжках мéблів).
castrate [kæs'treit] каструвáти *(im)pf.*
casual ['kæʒjuəl] □ випадкóвий; неувáжний; **~ty** [-ti] нещáсний ви́падок; *pl.* Ml втрáти (на вíйні).
cat [kæt] кíшка.
catalog, *Brt.* **~ue** ['kætəlɔg] **1.** каталóг; прейскурáнт; **2.** каталогізувáти *(im)pf.*, внóсити до каталóгу.
cataract ['kætərækt] водоспáд; Me катарáкта.
catarrh [kə'tɑ:] катáр.
catastrophe [kə'tæstrɔfi] катастрóфа.
catch [kætʃ] **1.** піймáння; загáрбання; улóв; здóбич; пáстка; E зáсувка; шпінгалéт; **2.** [*irr.*] *v/t.* лови́ти [піймáти]; схóплювати [-пи́ти]; заражáтися [зарази́тися] (О); встигáти [вcти́гнути] (на пóїзд і т. ін.); ~ cold застýджуватися [-ди́тися]; ~ a p. 's eye лови́ти пóгляд (Р); ~ up доганя́ти [догнáти]; F піднімáти [підня́ти]; **3.** *v/i.* зачіпля́тися [зачепи́тися]; F ~ on вхóдити у мóду; ~ up with доганя́ти [догнáти] (З); **~er** ['kætʃə] ловéць *m*; **~ing** ['kætʃiŋ] *fig.* зарáзливий сміх; Me зарáзний; **~word** мóдне слівцé; заголóвне слóво.
catechism ['kætikizm] катехíзис.
categor|ical [kæti'gɔrikəl] □ категори́чний; рішýчий; **~y** ['kætigəri] категóрія, розря́д.
cater ['keitə]: ~ for постачáти провíзію (Д); *fig.* (по)турбувáтися (про З).
caterpillar ['kætəpilə] *zo.* гýсінь *f.*
catgut ['kætgʌt] кетгýт; кишкóва ни́тка; струнá.
cathedral [kɔ'θi:drəl] собóр.
Catholic ['kæθəlik] **1.** катóлик; **2.** католи́цький.
cattle [kætl] вели́ка рогáта худóба; **~-breeding** скотáрство; **~-plague** чумá.
caught [kɔ:t] *pt.* і *p.pt.* від catch.
cauldron ['kɔ:ldrən] казáн, котéл.
cauliflower ['kɔliflauə] B цвітнá капýста.
caulk [kɔ:k] Sh (про)конопáтити.
caus|al ['kɔ:zəl] □ причи́нний; **~e** [kɔ:z] **1.** причи́на; при́від; J спрáва, процéс; **2.** заподíювати [-дíяти]; спричиня́ти [-ни́ти]; **~eless** ['kɔ:zlis] □ безпричи́нний, безпідстáвний.
caution ['kɔ:ʃən] **1.** пересторóга; застерéження; ~ money застáва; **2.** застерігáти [-регти́] (*against* від Р).
cautious ['kɔ:ʃəs] □ оберéжний; завбáчливий; **~ness** [-nis] оберéжність *f*; завбáчливість *f.*
cavalry ['kævəlri] Ml кіннóта.
cave ['keiv] **1.** печéра; **2.** ~in: *v/i.* осідáти [осíсти], опускáтися [-сти́тися].

cavil ['kævil] 1. при́чіпка; 2. чіпля́тися [причепи́тися] (at, about до Р, за З).
cavity ['kæviti] запа́дина; порожни́на.
caw [kɔ:] 1. ка́ркання; 2. (за)ка́ркати.
cease [si:s] *v/i.* перест(ав)а́ти; *v/t.* припиня́ти [-ни́ти]; призупиня́ти [-ни́ти]; **~less** ['si:slis] □ безпере́рвний; безпереста́нний, невпи́нний, безуга́вний, безупи́нний, ненаста́нний, несп́инний.
cede [si:d] поступа́тися [-пи́тися] (Д).
ceiling ['si:liŋ] сте́ля; *attr.* максима́льний; ~ price грани́чна ціна́.
celebrat|e ['selibreit] (від)святкува́ти; **~ed** [-id] славе́тний, знамени́тий; **~ion** [seli'breiʃən] урочи́стості *f/pl.*; святкува́ння.
celebrity [si'lebriti] знамени́тість *f*, славе́тність *f*.
celerity [si'leriti] шви́дкість *f*.
celery ['seləri] В селе́ра.
celestial [si'lestjəl] □ небе́сний.
celibacy ['selibəsi] целіба́т; обі́тниця безшлю́бності.
cell [sel] чару́нка; ка́мера у в'я́зниці; ке́лія; Ee елеме́нт.
cellar ['selə] підва́л; ви́нний по́гріб.
cement [si'ment] 1. циме́нт; 2. цементува́ти *(im)pf.*
cemetery ['semitri] кладови́ще, цви́нтар.
censor ['sensə] 1. це́нзор; 2. піддава́ти цензу́рі, цензурува́ти; **~ious** [sen'sɔ:riəs] □ суво́рий, крити́чний; **~ship** ['sensəʃip] цензу́ра.
censure ['senʃə] 1. о́суд; 2. осу́джувати [-ди́ти].
census ['sensəs] пере́пис.
cent [sent] со́тня; *Am.* цент (0,01 до́лара); per ~ проце́нт, відсо́ток.
centennial [sen'tenjəl] столі́тній; що відбува́ється раз на сто ро́ків.
center *s.* centre.
centi|grade ['sentigreid] стогра́дусний; **~metre** [-mi:tə] сантиме́тр; **~pede** [-pi:d] *zo.* стоно́га.
central ['sentrəl] □ центра́льний; голо́вний; ~ office центра́льна конто́ра; ~ station головни́й вокза́л; **~ize** [-laiz] централізува́ти *(im)pf.*
centre ['sentə] 1. центр; осере́док; 2. (с)концентрува́ти(ся); зосере́джувати(ся) [-дити(ся)].
century ['sentʃəri] сторі́ччя, столі́ття, вік.
cereal ['siəriəl] хлі́бний злак; *Am.* ка́ша.
ceremon|ial [seri'mounjəl] □ форма́льний; церемоніа́льний; **~ious** [-njəs] □ церемо́нний; мані́рний; **~y** ['seriməni] церемо́нія.
certain ['sə:tn] □ ви́значений; упе́внений; пе́вний; безпере́чний; **~ty** [-ti] упе́вненість *f*; ви́значеність *f*.
certi|ficate 1. [sə'tifikit] свідо́цтво; сертифіка́т; ~ of birth свідо́цтво про наро́дження, ме́трика; [-keit] ви́дати письмо́ве посві́дчення (Д); **~fication** [sə:tifi'keiʃən] посві́дчення; **~fy** ['sə:tifai] посві́дчувати [-чити]; **~tude** ['tju:d] упе́вненість *f*.
cessation [se'seiʃən] припи́нення.
cession ['seʃən] по́ступка, переда́ча.
cesspool ['sespu:l] вигрібна́ я́ма, смітни́к; сті́чний колодя́зь *m*.
chafe [tʃeif] *v/t.* натира́ти [нате́рти]; нагрі́(ва́)ти; *v/i.* (роз)дратува́тися, нервува́ти.
chaff [tʃɑ:f] 1. поло́ва; по́кидьки *m/pl.*; F кепкува́ння; 2. сікти́, дрі́бно нарі́за́ти (соло́му і т. ін.); F (по)кепкува́ти з (Р).
chagrin ['ʃægrin] 1. доса́да, при́крість *f*; 2. досажда́ти [досади́ти], засму́чувати [засмути́ти].
chain [tʃein] 1. ланцю́г; **~s** *pl. fig.* кайда́ни *m/pl.*; пу́та *m/pl.*; 2. ско́вувати [скува́ти]; трима́ти в кайда́нах; *fig.* прико́вувати [-кува́ти].
chair [tʃɛə] стіле́ць *m*; ка́федра; мі́сце головую́чого; be in the ~ головува́ти; **~man** ['tʃɛəmən] голова́ *m*.
chalk [tʃɔ:k] 1. кре́йда; 2. писа́ти, малюва́ти кре́йдою; (*mst* ~ up) запи́сувати [-са́ти] (борг); ~ out намі́ча́ти [намі́тити], накре́слювати [-лити].
challenge ['tʃælindʒ] 1. ви́клик; Ml о́клик (вартово́го); *parl.* J відві́д (прися́жних); 2. виклика́ти [ви́кликати]; запере́чувати [-чити]; потребува́ти ува́ги.
chamber ['tʃeimbə] кімна́та; пала́та; **~s** *pl.* конто́ра адвока́та; ка́мера судді́; **~maid** покоі́вка.
chamois ['ʃæmwɑ:] 1. са́рна; за́мша; 2. жо́вто-кори́чневий.
champion ['tʃæmpjən] 1. чемпіо́н(ка); перемо́жець *m* (-жниця); захисни́к (-иця); 2. захища́ти [захисти́ти]; боро́тися за (З).
chance [tʃɑ:ns] 1. випадко́вість *f*; ри́зик (у грі); тала́н; слу́шний ви́падок; шанс (of на З); by ~ випадко́во; take a ~ ризикува́ти [-кну́ти]; 2. випадко́вий; 3. *v/i.* трапля́тися [тра́питися]; ~ upon випадко́во знайти́ *pf.*; *v/t.* F про́бувати навма́ння.

chancellor ['tʃɑ:nsələ] ка́нцлер.
chandelier [ʃændi'liə] лю́стра.
chandler ['tʃɑ:ndlə] крама́р.
change ['tʃeindʒ] **1.** переміна, зміна; дрібні гроші, зда́ча; **2.** *v/t.* (по)міня́ти; змінювати [-ни́ти]; розмінювати [-ня́ти] (гро́ші); *v/i.* (по)міня́тися; змінюватися [зміни́тися]; перевдяг(а́)ти́ся; обмінюватися [обміня́тися]; Rr пересіда́ти [пересі́сти]; **~able** ['tʃeindʒəbl] □ нестійки́й, мінли́вий; **~less** [-lis] □ незмі́нний, пості́йний.
channel ['tʃænl] рі́чище; русло́; фарва́тер; прото́ка; *fig.* шлях; джерело́.
chant [tʃɑ:nt] **1.** пі́сня; співи *m/pl.*; **2.** моното́нно співа́ти; *fig.* оспі́вувати [-ва́ти].
chaos ['keiɔs] хао́с.
chap[1] [tʃæp] **1.** щіли́на; трі́щина; **2.** (по)трі́скатися.
chap[2] [~] F хло́пець *m*, мали́й.
chapel ['tʃæpəl] капли́ця; капе́ла.
chaplain ['tʃæplin] свяще́ник.
chapter ['tʃæptə] глава́.
char [tʃɑ:] обпіка́ти [обпекти́]; обву́глюватися [-литися].
character ['kæriktə] хара́ктер; особи́стість *f*; *thea.* ді́юча осо́ба; лі́тера; **~istic** [kæriktə'ristik] **1.** (~ally) характе́рний; типо́вий (of для Р); **2.** характе́рна особли́вість *f*; **~ize** ['kæriktəraiz] характеризува́ти (*im*)*pf.*; зобра́жувати [зобра́зити].
charcoal ['tʃɑ:koul] деревне́ вугі́лля *n/pl.*
charge [tʃɑ:dʒ] **1.** заря́д; наванта́ження; дору́чення; ціна́; звинува́чення; ата́ка; *fig.* піклува́ння, опі́ка; **~s** *pl.* C витра́ти *f/pl.*; be in ~ of заві́дувати (О); **2.** *v/t.* заряджа́ти [-ди́ти]; наванта́жувати [-жити]; доруча́ти [-чи́ти]; звинува́чувати [-а́тити] (with у М); признача́ти [призна́чити] (ці́ну) (to на З); *Am.* стве́рджувати [-дити].
charitable ['tʃæritəbl] □ благоді́йний; милосе́рдний.
charity ['tʃæriti] милосе́рдя *n*; благоді́йність *f*.
charlatan ['ʃɑ:lətən] шарлата́н.
charm [tʃɑ:m] **1.** амуле́т; *fig.* ча́ри *f/pl.*; чарі́вність *f*; **2.** зачаро́вувати [-рува́ти]; *fig.* причаро́вувати [-рува́ти]; **~ing** ['tʃɑ:miŋ] □ чарівли́вий, чарі́вний.
chart [tʃɑ:t] **1.** Sh морська́ ка́рта; **2.** нано́сити на ка́рту; кре́слити ка́рту.
charter ['tʃɑ:tə] **1.** ха́ртія; пра́во; приві́ле́й; **2.** дарува́ти приві́ле́й (Д); Sh (за)фрахтува́ти (су́дно).
charwoman ['tʃɑ:wumən] поде́нниця.
chary ['tʃɛəri] □ обере́жний; скупи́й (на слова́).
chase [tʃeis] **1.** пого́ня; полюва́ння; **2.** полюва́ти (на З, 'за О); пересліду́вати; прoганя́ти [прогна́ти].
chasm [kæzm] безо́дня, прі́рва.
chaste [tʃeist] □ цнотли́вий, неви́нний.
chastity ['tʃæstiti] цнотли́вість *f*; неви́нність *f*.
chat [tʃæt] **1.** бе́сіда; **2.** (по)бесі́дувати; (по)бала́кати.
chattels ['tʃætls] *pl.* (*mst* goods and ~) майно́, ре́чі *f/pl.*
chatter [tʃætə] **1.** балакани́на; щебета́ння; **2.** (по)бала́кати, (по)базі́кати; **~er** [-rə] балаку́н(-у́ха).
chatty ['tʃæti] □ балаку́чий.
chauffeur ['ʃoufə] воді́й, шофе́р.
cheap [tʃi:p] □ деше́вий; *fig.* пога́ний; **~en** ['tʃi:pən] (по)деше́вшати; зни́жувати ціну́ (на З); *fig.* прини́жувати [прини́зити].
cheat [tʃi:t] **1.** обма́нщик, шахра́й; обма́н; **2.** обма́нювати [-ну́ти].
check [tʃek] **1.** *chess* шах; перешко́да; зупи́нка; контро́ль *m* (on над О), пе-реві́рка (on Р); *Am.* бага́жна квита́нція; *Am.* C чек; карта́та ткани́на; **2.** перевіря́ти [переві́рити]; (про)контролюва́ти; зупиня́ти [-ни́ти]; перешкоджа́ти [перешко́дити]; **~er** ['tʃekə] контроле́р; **~s** *pl.* *Am.* ша́шки *f/pl.*; **~ing-room** *Am.* ка́мера схо́ву (багажу́); **~mate** **1.** шах і мат; **2.** ста́вити мат; **~-up** *Am.* суво́ра переві́рка.
cheek [tʃi:k] щока́; F зухва́льство.
cheer [tʃiə] **1.** весе́лість *f*; схва́льні ви́гуки *m/pl.*; **2.** *v/t.* підбадьо́рювати [-рити]; заохо́чувати [-тити]; віта́ти голосни́ми ви́гуками; *v/i.* раді́ти; **~ful** ['tʃiəful] □ бадьо́рий, весе́лий; **~less** [-lis] □ смутни́й, похму́рий; **~y** [-ri] □ жва́вий, весе́лий, ра́дісний.
cheese [tʃi:z] сир.
chemical ['kemikəl] **1.** □ хімі́чний; **2.** **~s** [-s] *pl.* хімі́чні препара́ти *m/pl.*, хіміка́лії *f/pl.*
chemist ['kemist] хі́мік; апте́кар; **~ry** ['kemistri] хі́мія.
cheque [tʃek] C ба́нковий чек.
chequer ['tʃekə] **1.** *mst* **~s** *pl.* карта́тий візеру́нок; **2.** кре́слити, розкре́слювати, графи́ти в клі́тинку.
cherish ['tʃeriʃ] плека́ти (наді́ю); зберіга́ти (в па́м'яті); ні́жно коха́ти.
cherry ['tʃeri] ви́шня.
chess [tʃes] ша́хи *pl.*; **~board** ша́хова до́шка; **~man** ша́хова фігу́ра.

chest [tʃest] скри́ня; грудна́ клі́тка; ~ of drawers комо́д.
chestnut ['tʃesnʌt] 1. кашта́н; F заяло́жений анекдо́т; 2. кашта́новий; гніди́й.
chevy ['tʃevi] *Brit.* F 1. полюва́ння; пого́ня; 2. гна́тися за (O); ті́кати [втекти́].
chew [tʃu:] жува́ти; розмірко́вувати; **~ing-gum**['tʃu:ingʌm] жува́льна гу́мка.
chicane [ʃi'kein] 1. причі́пка; 2. чіпля́тися [причепи́тися] (до P).
chick [tʃik], **~en** ['tʃikin] курча́; пташеня́; **~en-pox** Me ві́тряна́ ві́спа.
chief [tʃi:f] 1. □ головни́й; керівни́й; ~ clerk керівни́к ві́дділу; 2. глава́, керівни́к(-и́ця); ...-in-~ головни́й...; **~tain** ['tʃi:ftən] вождь *m* (кла́ну); отама́н.
chilblain ['tʃiblein] відморо́жене мі́сце.
child [tʃaild] дити́на, дитя́; from a ~ з дити́нства; with ~ вагі́тна; **~birth** поло́ги *m/pl.*; **~hood** [-hud] дити́нство; **~ish** ['tʃaildiʃ] □ дитя́чий; **~like** [-laik] на́че дити́на; неви́нний; **~ren** ['tʃildrən] *pl.* від child.
chill [tʃil] 1. хо́лод; холо́дність; Me просту́да; засту́да; 2.холо́дний; розхоло́джуючий; 3. *v/t.* охоло́джувати(ся) [-ди́ти(ся)]; (о)студи́ти; **~y** ['tʃili] холо́дний; мерзлякува́тий.
chime [tʃaim] 1. дзвін дзво́нів; биття́ годи́нника; *fig.* гармоні́йне сполу́чення; 2. (по)дзвони́ти (що́до дзво́нів); (про)би́ти (про годи́нник); *fig.* відповіда́ти; гармоніюва́ти.
chimney ['tʃimni] дима́р; ла́мпове скло.
chin [tʃin] підборі́ддя.
china ['tʃainə] фарфо́р, порцеля́на.
Chinese ['tʃai'ni:z] кита́єць *m* (-я́нка *f*); 2. кита́йський.
chink [tʃiŋk] щіли́на, свердлови́на.
chip [tʃip] 1. трі́ска, скі́пка; стру́жка; ска́лка; 2. *v/t.* відбива́ти краї́ (по́суду); відла́муватися [-ма́тися].
chirp [tʃə:p] 1. цвірі́нькання; джеркоті́ння; 2. цвірі́нькати [-кнути]; (за)джеркоті́ти.
chisel ['tʃizl] 1. долото́, стаме́ска; 2. (ви́)різьби́ти, (ви́)ліпи́ти; *sl.* обду́рювати [-ри́ти].
chit-chat ['tʃit-tʃæt] бազі́кання.
chivalr|ous ['ʃivəlrəs] □ лицарський; **~y** [-ri] лицарство.
chlor|ine ['klɔ:rin] Ch хлор; **~oform** ['klɔrəfɔ:m] 1. хлорофо́рм; 2. хлороформува́ти (*im*)*pf.*
chocolate ['tʃɔkəlit] шокола́д.
choice [tʃɔis] 1. ви́бір; відбі́р; альтернати́ва; 2. □ відбі́рний.
choir ['kwaiə] хор.
choke [tʃouk] 1. *v/t.* (за)души́ти; засмі́чувати [засміти́ти]; Ee дроселюва́ти; (*mst* ~ down) наси́лу ковта́ти; дави́тися (with від P); задиха́тися [-хну́тися]; 2. при́ступ, на́пад ядухи; E за́слінка.
choose [tʃu:z] [*irr.*] вибира́ти [ви́брати]; нада́(ва́)ти перева́гу; ~ to *inf.* хоті́ти (+ *inf.*).
chop [tʃɔp] 1. відбивна́ котле́та; **~s** *pl.* ще́лепа; 2. *v/t.* E сті́сувати [стеса́ти]; (на)довба́ти; (на)руба́ти; криши́ти; *v/i.* вага́тися; міня́тися (про ві́тер); **~per** ['tʃɔpə] січа́к; лісору́б; колу́н; **~py** ['tʃɔpi] □ неспокі́йний (про мо́ре).
choral ['kɔrəl] □ хорови́й; **~(e)** [kɔ'rɑ:l] Mu хора́л.
chord [kɔ:d] струна́; Mu акорд; співзву́чність.
chore [tʃɔ:] *Am.* поде́нна пра́ця; рути́нна дома́шня (ха́тня) пра́ця.
chorus ['kɔ:rəs] 1. хор; му́зика для хо́ру; 2. співа́ти хо́ром.
chose [tʃouz] *pt.* від choose; **~n** 1. *p.pt.* від choose; 2. □ о́браний.
Christ [kraist] Христо́с.
christen ['krisn] (по)хрести́ти; **~ing** [-iŋ] хрести́ни *f/pl.*; хре́щення.
Christian ['kristjən] 1. □ християнський; ~ name ім'я́ (на відмі́ну від прі́звища); 2. християни́н (-нка); **~ity** [kristi'æniti] християнство.
Christmas ['krisməs] Різдво́.
chromium ['kroumiəm] Ch хром; **~-plated** хромо́ваний.
chronic ['krɔnik] (~ally) хроні́чний; Me застарі́лий, зада́внений P; огидний; **~le** [~l] 1. хро́ніка, літо́пис; 2. вести́ хро́ніку (P).
chronolog|ical [krɔnə'lɔdʒikəl] □ хронологі́чний; **~y** [krə'nɔlədʒi] хроноло́гія.
chubby ['tʃʌbi] F товсти́й, гладки́й.
chuck[1] [tʃʌk] 1. кудкуда́кання; курча́ *n*; my ~! мій го́лубе!; 2. (за)кудкуда́кати.
chuk[2] [~] 1. ки́дати [ки́нути]; F жбурля́ти [жбурну́ти]; 2. F звільнення.
chuckle ['tʃʌkl] підсмі́юватися.
chum [tʃʌm] F 1. при́ятель *m*; дру́г-нерозлийвода́; 2. бу́ти у дру́жбі.
chump [tʃʌmp] коло́да; F макі́тра, довбе́шка (голова́).
chunk [tʃʌnk] F ски́бка; бо́вдур.
church [tʃə:rtʃ] це́рква; ~ service богослужі́ння; **~yard** цви́нтар.
churl [tʃə:l] гру́ба люди́на; **~ish** ['tʃə:liʃ] □ скупи́й; гру́бий.
churn [tʃə:n] 1. маслоро́бня, маслоро́бка, масни́чка (апара́т); 2. збива́-

ти ма́сло; *fig.* збо́втувати [-та́ти]; спі́нювати [-ни́ти].
cider ['saidə] сидр.
cigar [si'gɑ:] сига́ра.
cigarette [sigə'ret] цига́рка, сигаре́та; **~-case** портсига́р.
cigar-holder мундшту́к.
cinch [sintʃ] *Am. sl.* щось пе́вне, наді́йне.
cincture ['siŋktʃə] по́яс; опері́зування.
cinder ['sində] шлак; ока́лина; **~s** *pl.* по́піл; **~-path** *sport:* гарева́ margin дорі́жка.
cinema ['sinimə] кінемато́граф, кіно́ *n indecl.*
cinnamon ['sinəmən] кори́ця, цинамо́н.
cipher ['saifə] **1.** шифр; ци́фра; нуль *m*; **2.** зашифро́вувати [-рува́ти]; обчи́слювати [-лити]; вирахо́вувати [-хува́ти].
circle ['sə:kl] **1.** круг; ко́ло; орбі́та; кільце́; сфе́ра; *thea.* я́рус; **2.** оберта́тися навко́ло (Р); крути́тися, кружля́ти.
circuit ['sə:kit] колоо́біг; об'ї́зд; о́круг (судови́й); Ее ланцю́г, ко́нтур; Ее short ~ коро́тке замика́ння; А кругови́й полі́т.
circular ['sə:kjulə] **1.** □ кру́глий, кругови́й; ~ letter циркуля́р, циркуля́рний лист; ~ note С ба́нковий акредити́в; **2.** циркуля́р; проспе́кт.
circulat|e ['sə:kjuleit] *v/i.* розповсю́джуватися [-дитися]; зді́йснювати кругови́й рух; циркулюва́ти; **~ing** [-iŋ]: ~ library бібліоте́ка з абонеме́нтом; **~ion** [sə:kju'leiʃən] кровоо́біг; циркуля́ція; тира́ж, на́клад; *fig.* розповсю́дження (чуто́к і т. ін.).
circum...['sə:kəm] *pref.* (у складни́х слова́х) круго́м, навко́ло; **~ference** [sə'kʌmfərəns] окру́жність *f*, ко́ло; перифері́я; **~jacent** [sə:kəm'dʒeisnt] навко́лишній; **~-locution** [-lə'kju:ʃən] велеречи́вість *f*; **~navigate** [-'nævigeit] пла́вати навко́ло (Р); **~scribe** ['sə:kəmskraib] Ма опи́сувати (ко́ло); *fig.* обме́жувати [-жити] (право́); **~spect** [-spekt] □ оба́чливий, обере́жний; **~stance** ['sə:kəmstəns] обста́вина; **~stantial** [sə:kəm'stænʃəl] □ докла́дний, всебі́чний; **~vent** [-'vent] обхо́дити (зако́н).
cistern ['sistən] бак; цисте́рна; водо́йма.
cit|ation [sai'teiʃən] цита́та, поси́лання; цитува́ння; **~e** [sait] пос(и)ла́тися на (З).
citizen ['sitizn] громадя́нин(-дя́нка); **~ship** [-ʃip] громадя́нство.
citron ['sitrən] цитро́н.
city ['siti] **1.** мі́сто; *attr.* місько́й; **2.** the ♇ ділови́й кварта́л у Ло́ндоні; ♇ article біржови́й бюлете́нь; газе́тна статтея́ з фіна́нсових, комерці́йних пита́нь.
civic ['sivik] громадя́нський, циві́льний; **~s** [-s] *pl.* J циві́льні спра́ви *f/pl.*; осно́ви громадя́нськості.
civil ['sivil] □ громадя́нський, циві́льний; вві́чливий; J циві́льний (на противагу ка́рному); ~ servant чино́вник; ~ service держа́вна слу́жба; **~ian** [si'viljən] Ml циві́льний; **~ity** [si'viliti] вві́чливість *f*; **~ization** [sivilai'zeʃən] цивіліза́ція; **~ize** ['sivilaiz] цивілізува́ти (*im*)*pf.*
clad [klæd] *pt.* і *p.pt.* від clothe.
claim [kleim] **1.** претендува́ти на (З); вимага́ти; заявля́ти права́; стве́рджувати [-дити]; **2.** вимо́га; по́зов; прете́н- зія; ~to be видава́ти себе́ за (З); **~ant** ['kleimənt] предENDе́нт; J позива́ч.
clairvoyant [klɛə'vɔiənt] ясновидець *m.*
clamber ['klæmbə] видира́тися [ви́дертися].
clammy ['klæmi] □ клейки́й, ли́пкий; холо́дний і во́логий.
clamo(u)r ['klæmə] **1.** га́мір, кри́ки *m/pl.*; проте́сти *m/pl.*; **2.** шу́мно вимага́ти (Р).
clamp [klæmp] **1.** Е скоба́; скрі́па; скрі́плення; затиска́ч; **2.** скрі́плювати [-пи́ти]; затиска́ти [-сну́ти]; змика́ти [зімкну́ти].
clandestine [klæn'destin] □ тає́мний.
clang [klæŋ] **1.** калата́ння, бря́зкіт (збро́ї, дзво́нів, мо́лота); **2.** бря́зкати [бря́знути]; (за)грימі́ти.
clank [klæŋk] **1.** бря́зкіт, кла́цання; **2.** бря́зкати [бря́знути].
clap [klæp] **1.** ля́скіт, ля́скання; грю́кання; уда́р (гро́му); **2.** ля́скати (у доло́ні); **~trap** пого́ня за ефе́ктом.
clarify ['klærifai] *v/t.* очища́ти [очи́стити]; роби́ти прозо́рим; *fig.* з'ясо́вувати [-сува́ти]; *v/i.* роби́тися прозо́рим, ясни́м.
clarity ['klɛəriti] я́сність *f*.
clash [klæʃ] **1.** зі́ткнення; су́тичка; протирі́ччя; конфлі́кт; **2.** стика́тися [зіткну́тися]; розхо́дитися [розійти́сь] (у по́глядах).
clasp [klɑ:sp] **1.** пря́жка, за́стібка; *fig.* обі́йми *pl.*; **2.** *v/t.* застіба́ти [застебну́ти]; сти́скати [сти́снути]; *fig.* стиска́ти в обі́ймах; *v/i.* обви́(ва́)тися (про росли́ни).
class [klɑ:s] **1.** клас (шко́ли); суспі́льний клас; **2.** класифікува́ти (*im*)*pf.*
classic ['klæsik] **1.** кла́сик; **2.** ~(al □) [~, -ikəl] класи́чний.

classi|fication [klæsifi'keiʃən] класифікáція; ~**fy** ['klæsifai] класифікувáти (*im*)*pf.*
clatter [klætə] 1. дзéнькіт, бря́зкіт; гýркіт; базíкання; тýпіт; 2. (за)гуркотíти; (за)тупотíти; *fig.* (по)базíкати.
clause [klɔ:z] пункт; стаття́; клáузула (у дóговорі).
claw [klɔ:] 1. кíготь *m*; клішня́; 2. роздирáти кíгтями.
clay [klei] гли́на; глей; *fig.* прах, пóрох.
clean [kli:n] 1. *adj.* □ чи́стий; охáйний; чепурни́й; 2. *adv.* нáчисто; цілкóм, геть-чи́сто; 3. (ви)чи́стити; прочищáти [прочи́стити]; зчищáти [зчи́стити]; ~ up прибирáти; ~**ing** ['kli:niŋ] чи́щення; прибирáння; чи́стка; ~**liness** ['klelinis] охáйність *f*; ~**ly** 1. *adv.* ['kli:nli] чи́сто; цнотли́во; 2. *adj.* ['klenli] охáйний; ~**se** [klenz] очищáти [очи́стити]; дезинфікувáти (*im*)*pf.*
clear [kliə] 1. □ ясни́й, свíтлий; прозóрий; *fig.* вíльний (from, of від Р); С чи́стий (прибýток, вагá і т. ін.); 2. *v/t.* очищáти [очи́стити] (from, of від Р); розчищáти [розчи́стити]; розпрóдавати [-дáти]; J виправдóвувати [ви́правдати] (звинувáченого); *v/i.* (*a.* ~ up) розсíюватися [розсíятися] (про тумáн); прояснятися [-ни́тися]; ~**ance** ['kliərəns] очи́стка; усýнення перешкóд; звíльнення від ми́тних збóрів; розчи́стка (під óранку); ~**ing** ['kliəriŋ] проя́снення; прóсіка; клíринг (між бáнками); ⁓ House розрахункóва палáта.
cleave[1] [kli:v] [*irr.*] розкóлювати(ся) [-лóтися]; розсікáти [-кти́] (хвилі, повíтря).
cleave[2] [~] *fig.* залишáтися вíрним (to Д).
cleaver ['kli:və] вели́кий ніж м'яснúкá.
clef [klef] Mu ключ.
cleft [kleft] 1. розкóлина, розпáдина; 2. розкóлотий.
clemen|cy ['klemənsi] милосéрдя; поблáжливість *f*; ~**t** ['klemənt] □ милосéрдий, ми́лостивий, поблáжливий.
clench [klentʃ] затискáти [зати́снути], стискáти [сти́снути] (зýби]; *s.* clinch.
clergy ['klə:dʒi] духівни́цтво, духовéнство; ~**man** [-mən] священик.
clerical ['klerikəl] 1. □ клерикáльний; канцеля́рський; 2. клерикáл.
clerk [klə:k] чинóвник; службóвець *m*; урядóвець *m*; *Am.* прикáжчик.
clever ['klevə] □ розýмний; обдарóваний; впрáвний.
clew [klu:] 1. клубóк; 2. змóтувати у клубóк.
click [klik] 1. клáцання; E зáсувка, кля́мка, зáщіпка; 2. клáцати [-цнути]; прицмóкувати [-кнути] (язикóм); *Am.* мáти ýспіх.
client ['klaiənt] клієнт(ка); постíйний покупéць *m*; ~**ele** [kliɑ:n'tel] клієнтýра.
cliff [klif] скéля.
climate ['klaimit] клíмат.
climax ['klaimæks] 1. кульмінацíйна тóчка; 2. досягáти кульмінацíйної тóчки.
climb [klaim] [*irr.*] вилáзити [ви́лізти] на (З); піднімáтися [-ня́тися] (на гóру); ~**er** ['klaimə] альпінíст; *fig.* честолю́бець *m*; B виткá росли́на .
clinch [klintʃ] 1. E затискáч; скобá; 2. *v/t.* (за)клепáти; ~ a bargain уклáдáти угóду; *s.* clench.
cling [kliŋ] [*irr.*] (to) (при)горнýтися, (при)тули́тися до (Р); ~ together тримáтися рáзом.
clinic ['klinik] 1. клíніка; 2. =~al [-ikəl] клінíчний.
clink [kliŋk] 1. дзéнькіт, бря́зкіт; 2. (за)дзéнькати; (за)бряжчáти.
clip[1] [klip] 1. стри́жка; 2. обрізáти [обрíзати]; обстри́г(á)ти.
clip[2] [~] скрíпка.
clipper ['klipə]: (a pair of) ~s *pl.* нóжиці, *f*/*pl.* секáтор; Sh клíппер (вітри́льник); (flying ~) літáк цивíльної авіáції; ~**ings** [-iŋz] *pl.* газéтні ви́різки *f*/*pl.*; обрíзки *m*/*pl.*
cloak [klouk] 1. плащ; мáнтія; покрóв; *fig.* при́від; 2. вкри́(вá)ти; *fig.* прикри́(вá)ти; ~-**room** роздягáльня; Rr кáмера схóву.
clock [klɔk] годи́нник (стíнний, настíльний, бáштовий).
clod [klɔd] грýдка болóта, грязю́ки; дýрень, йóлоп, тéлепень *m*.
clog [klɔg] 1. перепóна; пýта *n*/*pl.*; дерев'я́ний черевик; 2. перешкоджáти [перешкóдити] (Д); забрýднювати(ся) [-ни́ти(ся)].
cloister ['klɔistə] монасти́р; кри́та аркáда.
close 1. [klous] □ зачи́нений; близьки́й; тісни́й; задýшливий; скупи́й; ~ by *adv.* пóряд, поблизу; ~ to бíля (Р); ~ fight, ~ quarters *pl.* рукопáшний бій; hunt. ~ season, ~ time заборóнений сезóн для полювáння; 2. a) [klouz] кінéць *m*; закíнчення; б) [klous] обгорóджене мíсце; 3. [klouz] *v/t.* зачиняти [-ни́ти]; закíнчувати [-чити]; завéршувати [-шити]; *v/i.* зачиня́тися [-ни́тися]; закíнчуватися [-чи́тися] ; ~ in наближáтися [наблизитися]; нас-

тупа́ти [-пи́ти]; ~ on (*prp.*) замика́тися навко́ло (P); **~ness** ['klousnis] бли́зкість *f*; ску́пість *f*.
closet ['klɔzit] **1.** комірчи́на; туале́т; стінна́ ша́фа; **2.** be ~ed with ра́дитися віч-на́-віч з (O).
closure ['klouʒə] закриття́; *parl.* припи́нення деба́тів.
clot [klɔt] **1.** згу́сток; гру́дка; **2.** згуща́тися [згусти́тися], згорта́тися [згорну́тися].
cloth [klɔ:θ, klɔθ], *pl.* **~s** [klɔ:ðz, klɔθs] скатерти́на; ткани́на; сукно́; F the ~ духове́нство; ~ binding ткани́нна опра́ва.
clothe [klouð] [*a. irr.*] одяга́ти [одягти́]; *fig.* вкри́(ва́)ти, огорта́ти [огорну́ти].
clothes [klouðz] *pl.* о́дяг; білизна; **~-basket** ко́шик для біли́зни; **~-line** мотузка для суші́ння біли́зни; **~-peg** при́щіпка.
clothier ['klouðiə] фабрика́нт су́кна.
clothing ['klouðiŋ] о́дяг.
cloud [klaud] **1.** хма́ра; **2.** вкрива́ти(ся) хма́рами; затьма́рювати(ся) [затьма́ритися]; **~-burst** зли́ва; **~less** ['klaudlis] □ безхма́рний; **~y** [-i] □ хма́рний; каламу́тний; тума́нний.
clove[1] [klouv] гвозди́ка (пря́нощі).
clove[2] [~] *pt.* від cleave; **~n** ['klouvn] *p.pt.* від cleave.
clover ['klouvə] B конюши́на.
clown [klaun] кло́ун.
cloy [klɔi] пересичувати(ся) [-си́тити(ся)].
club [klʌb] **1.** клуб; лома́ка, ціпо́к, дуби́на, дубе́ць; *Am.* кийо́к полі-це́йського; **~s** *pl.* тре́фи *f/pl.* (ка́рточна масть); **2.** *v/t.* (по)би́ти (ціпко́м); *v/i.* збира́тися ра́зом; влашто́вувати скла́дчину.
clue [klu:] ключ (до розга́дки); провідна́ (ни́тка).
clump [klʌmp] **1.** гру́дка; гру́па (дере́в); **2.** ва́жко ступа́ти.
clumsy ['klʌmzi] □ незгра́бний, невпра́вний; нетакто́вний.
clung [klʌŋ] *pt.* і *p.pt.* від cling.
cluster ['klʌstə] **1.** гро́но; ке́тяг; кити́ця; во́лоть *f*; **2.** рости́ гро́нами і т. ін.
clutch [klʌtʃ] **1.** сти́снення; захва́т; E за́сувка; затиска́ч; му́фта зче́плення; **2.** схо́плювати [-пи́ти]; затиска́ти [зати́снути].
clutter ['klʌtə] **1.** сум'яття́; хао́с; **2.** призво́дити до сум'яття́.
coach [koutʃ] **1.** екіпа́ж; тре́нер; інстру́ктор; Rr пасажи́рський ваго́н; **2.** ї́хати в каре́ті;(на)тренува́ти; готува́ти до і́спиту; **~man** візни́к.
coagulate [kou'ægjuleit] згуща́тися [згусти́тися].
coal [koul] **1.** вугі́лля; **2.** Sh ванта́жити(ся) вугі́ллям.
coalesce [kouə'les] зроста́тися [-сти́ся].
coalition [kouə'liʃən] коалі́ція; спі́лка.
coal-pit вугі́льна ша́хта; копа́льня.
coarse [kɔ:s] гру́бий; вели́кий; неоте́саний.
coast [koust] **1.**бе́рег мо́ря, узбе-ре́жжя; **2.** пли́сти вздовж узбере́жжя; **~er** ['koustə] Sh кабота́жне су́дно.
coat [kout] **1.** піджа́к; пальто́ *n indecl.*; ху́тро, шерсть *f* (у твари́н); шар; ~ of arms ге́рбовий щит; **2.** вкри́(ва́)ти (фа́рбою, пи́лом і т. ін.); облицьо́вувати [-цюва́ти], обличко́вувати [-кува́ти]; **~-hanger** ві́шалка; **~ing** ['koutiŋ] шар (фа́рби і т.ін.).
coax [kouks] умовля́ти [умо́вити].
cob [kɔb] гру́дка; *Am.* кача́н кукуру́дзи.
cobbler ['kɔblə] швець *m*; *fig.* халту́рник; го́ре-ма́йстер.
cobweb ['kɔbwəb] павути́ння.
cock [kɔk] **1.** пі́вень *m*; кран; флю́гер; куро́к; **2.** (*a.* ~ up) нашоро́шувати [-шити] (ву́ха).
cockade [kɔ'keid] кока́рда.
cockatoo [kɔkə'tu:] какаду́ *m indecl.*
cockboat ['kɔkbout] Sh суднова́ шлю́пка.
cockchafer ['kɔktʃeifə] хрущ.
cock-eyed ['kɔkaid] *sl.* косоо́кий, кривоо́кий, ко́сий; *Am.* п'я́ний.
cockpit ['kɔkpit] мі́сце півня́чих бої́в; Sh ку́брик; A кабі́на.
cockroach ['kɔkroutʃ] *zo.* тарга́н.
cock|sure ['kɔkʃuə] F самовпе́внений; **~tail** кокте́ль *m*; *fig.* виско́чень *m*, ви́скочка; **~y** ['kɔki] □ F наха́бний; зухва́лий.
coco ['koukou] коко́сова па́льма.
cocoa ['koukou] кака́о (порошо́к, на́пій) *n indecl.*
coco-nut ['koukənʌt] коко́совий горі́х.
cocoon [kɔ'ku:n] ко́кон.
cod [kɔd] тріска́.
coddle ['kɔdl] (роз)пе́стити; (при)голу́бити.
code ['koud] **1.** ко́декс; *telegr.* код; **2.** кодува́ти (*im*)*pf.*
codger ['kɔdʒə] F дива́к.
cod-liver ['kɔdlivə]: ~ oil ри́б'ячий жир.
coerc|e [kou'ə:s] приму́шувати [-му́сити]; **~ion** [-ʃən] при́мус.
coeval [kou'i:vəl] □ суча́сний.
coexist ['kouig'zist] співіснува́ти (з O).

coffee ['kɔfi] ка́ва; **~-pot** ка́вник; **~-room** їда́льня у готе́лі; **~-set** ка́вовий серві́з.
coffer ['kɔfə] метале́ва скри́ня.
coffin ['kɔfin] труна́.
cogent ['koudʒənt] □ незапере́чний, переко́нливий.
cogitate ['kɔdʒiteit] *v/i.* міркува́ти; *v/t.* обмірко́вувати [-кува́ти].
cognate ['kɔgneit] спорі́днений; поді́бний.
cognition [kɔg'niʃən] знання́; пізна́ння.
coheir ['kou'ɛə] співспадкоє́мець *m.*
coheren|ce [kou'hiərəns] зв'язо́к; зв'я́зність *f*; узго́дженість *f*; **~t** [-rənt] □ зв'я́зний; узго́джений.
cohesi|on [kou'hi:ʒən] зв'язо́к; згурто́ваність *f*; **~ve** [-siv] сполу́чний; зда́тний до зче́плення.
coiff|eur [kwɑ:'fə:] перука́р; [-'fjuə] за́чіска.
coil [kɔil] **1.** кільце́ (моту́зки і т. ін.); Ee коту́шка; E змійови́к; **2.** (*a.* ~ up) згорта́тися кільце́м (спіра́ллю).
coin [kɔin] **1.** моне́та; **2.** (ви)карбува́ти (моне́ти); **~age** ['kɔinidʒ] карбува́ння (моне́т).
coincide [kouin'said] збіга́тися [збі́гтися]; **~nce** [kou'insidəns] збіг; *fig.* випадко́вий збіг обста́вин.
coke [kouk] **1.** кокс; **2.** коксува́ти.
cold [kould] **1.** □ холо́дний; неприві́тний; **2.** хо́лод; засту́да; **~ness** ['kouldnis] холо́дність *f*, байду́жість *f.*
colic ['kɔlik] Me ко́льки *f/pl.*
collaborat|e [kə'læbəreit] співробі́тничати; **~ion** [kəlæbə'reiʃən] співробі́тництво.
collapse [kə'læps] **1.** обва́л; зруйнува́ння; знеси́лення; **2.** обру́шуватися; обва́люватися [-ли́тися]; знеси́люватися [-литися].
collar ['kɔlə] **1.** ко́мір; наши́йник; хому́т; E вту́лка; обру́ч; ша́йба; **2.** схопи́ти за ко́мір; *sl.* заволоді́(ва)ти (O); захо́плювати [-пи́ти] (си́лою).
collate [kɔ'leit] звіря́ти [зві́рити]; зіставля́ти [зіста́вити].
collateral [kɔ'lætərəl] **1.** □ побі́чний; непрями́й; **2.** спорі́дненість *f* по бічні́й лі́нії.
colleague ['kɔli:g] коле́га *f/m*, това́риш(ка) по слу́жбі.
collect 1. ['kɔlekt] *eccl.* коро́тка моли́тва; **2.** [kə'lekt] *v/t.* збира́ти; [зібра́ти] колекціонува́ти; захо́дити [зайти́] (по З); *v/i.* збира́тися [зібра́тися]; опано́вувати себе́; **~ed** [kə'lektid] □ *fig.* холоднокро́вний; спокі́йний; **~ion** [kə'lekʃən] коле́кція; зібра́ння; **~ive** [-tiv] □ колекти́вний; спі́льний; **~or** [-tə] колекціоне́р; збира́ч.
college ['kɔlidʒ] коле́дж; сере́дня шко́ла.
collide [kə'laid] стика́тися [зіткну́тися].
collie ['kɔli] ко́лі *m/f indecl.* (шотла́ндська вівча́рка).
collier ['kɔliə] шахта́р; Sh ву́гільник (су́дно); **~y** [kɔ'ljəri] вугі́льна ру́дня, копа́льня.
collision ['kəliʒən] зі́ткнення.
colloquial [kə'loukwiəl] □ розмо́вний.
colloquy ['kɔləkwi] розмо́ва, співбе́сіда.
colon ['koulən] *typ.* двокра́пка.
colonel ['kə:nl] Ml полко́вник.
coloni|al [kə'lonjəl] **1.** колоніа́льний; **2.** жи́тель *m* (ка) коло́ній; **~ze** ['kɔlənaiz] колонізува́ти (*im*)*pf.*; заселя́ти [-ли́ти].
colony ['kɔləni] коло́нія.
colo(u)r ['kʌlə] **1.** ко́лір; фа́рба; рум'я́нець *m*; *fig.* колори́т; **~s** *pl.* пра́пор; **2.** *v/t.* (по)фарбува́ти; заба́рвлювати [-вити]; прикраша́ти [-ра́сити]; *v/i.* (по)червоні́ти; зашарі́тися; **~ed** [-d] пофарбо́ваний; заба́рвлений; кольоро́вий; **~ful** [-ful] яскра́вий; **~ing** [-riŋ] фарбува́ння; заба́рвлення; *fig.* прикраша́ння; **~less** [-lis] □ безба́рвний.
colt [koult] лоша́ *n*; *fig.* новачо́к.
column ['kɔləm] Ar, Ml коло́на; стовп; *typ.* шпа́льта, коло́нка.
comb [koum] **1.** гре́бінь *m*, гребіне́ць *m*; стільни́к; E бе́рдо, чеса́лка; **2.** розчі́сувати [-чеса́ти]; чеса́ти (*a.* E); тіпа́ти (льон, коно́плі *f/pl*).
combat ['kɔmbət, 'kʌm-] **1.** бій; **2.** би́тися; **~ant** [ənt] боє́ць *m.*
combin|ation [kɔmbi'neiʃən] з'є́дна́ння; сполу́чення; *mst* **~s** *pl.* комбіна́ція (білизна); **~e** [kəm'bain] об'є́днувати(ся) [-на́ти(ся)]; сполуча́ти(ся) [-чи́ти(ся)] (*im*)*pf.*
combusti|ble [kəm'bʌstəbl] **1.** горю́чий, займи́стий; **2.** **~s** *pl.* па́ливо; *mot.* пальне́; **~on** [-tʃən] горі́ння, згоря́ння.
come [kʌm] [*irr.*] прихо́дити [прийти́]; приїжджа́ти [-їхати]; to ~ майбу́тній, прийде́шній; ~ about трапля́тися [тра́питися], відбува́тися [відбу́тися]; ~ across a p. зустрі́(ча́)тися з (O), натрапля́ти... наштовхуватися [-хну́тися] на (З); ~ at доб(и)ра́тися до (P); ~ by діста́(ва́)ти (випадко́во); ~ off позбува́тися [-бу́тися], відбува́тися [-бу́тися]; схо́дити [зійти́]; ~ round оприто́мнювати [-нітиъ, отя́млюватися [-митися]; F

заходи́ти [зайти́] (до Р); *fig.* йти на по́ступки; to ~ дохо́дити [дійти́] до (Р); Sh зупини́ти су́дно; дорі́внювати (Д), ко́штувати (З or Р); ~ up to відповіда́ти (Д).
comedian [kə'mi:diən] акто́р-ко́мік; а́втор коме́дії.
comedy ['kɔmidi] коме́дія.
comeliness ['kʌmlinis] милови́дність *f*.
comfort ['kʌmfət] **1.** комфо́рт, зру́чність *f*; *fig.* розра́да; підтри́мка; **2.** розра́джувати [-дити]; заспоко́ювати [-о́їти]; **~able** [-əbl] □ зру́чний, комфорта́бельний; *Am.* F доста́тній; **~er** [-ə] розра́дник ; *Am.* стьо́бана ко́вдра; **~less** [-lis] □ неза́тишний.
comic(al □) ['kɔmik(əl)] комі́чний, смішни́й; гумористи́чний.
coming ['kʌmiŋ] **1.** прии́зд, прибуття́; **2.** прийде́шній; очі́куваний.
command [kə'ma:nd] **1.** кома́нда, нака́з; кома́ндування; have at ~ ма́ти у своє́му розпоря́дженні; **2.** нака́зувати [-за́ти] (Д); володі́ти (О); Ml кома́ндувати; **~er** [kə'ma:ndə] Ml команди́р; Sh капіта́н; **≗er-in-Chief** [-rin'tʃi:f] головнокома́ндуючий; **~ment** [-mənt] нака́з; *eccl.* за́повідь *f*.
commemora|te [kə'meməreit] (від)святкува́ти (річни́цю); відзнача́ти [відзна́чити] (поді́ю); **~tion** [kəmemə'reʃən] святкува́ння (річни́ці).
commence [kə'mens] почина́ти(ся); **~ment** [-mənt] поча́ток.
commend [kə'mend] рекомендува́ти (*im*)*pf*.
comment ['kɔment] **1.** тлума́чення; комента́р; **2.** (upon) коментува́ти (*im*)*pf*.; поя́снювати [-ни́ти]; **~ary** ['kɔməntəri] комента́р; **~ator** ['kɔmenteitə] коментатор.
commerc|e ['kɔməs, -ə:s] торгі́вля; спілкува́ння; **~ial** [kə'mə:ʃəl] □ торго́вий, торгове́льний; комерці́йний.
commiseration [kəmizə'reiʃən] співчуття́.
commissary ['kɔmisəri] коміса́р; уповнова́жений; Ml інтенда́нт.
commission [kə'miʃən] **1.** комі́сія; повнова́ження; дору́чення; Ml пате́нт на офіце́рський чин; **2.** признача́ти на поса́ду; уповнова́жувати; Sh готува́ти (корабе́ль) до пла́вання; **~er** [kə'miʃənə] уповнова́жений; коміса́р.
commit [kə'mit] доруча́ти [-чи́ти], звіря́ти [зві́рити]; віддава́ти (під суд); зді́йснювати [-ни́ти] (зло́чин); ~ (o. s.) (с)компрометува́ти (се́бе); зобов'я́зувати(ся) [-за́ти(ся)]; ~ (to prison) ув'я́знювати [-ни́ти]; **~ment** [-mənt], **~tal** [-l] переда́ча; зобов'я́зання; **~tee** [-i] комі́сія; комі́те́т.
commodity [kə'mɔditi] това́р; предме́т вжи́тку.
common ['kɔmən] **1.** □ зага́льний; прости́й; гру́бий; звича́йний; пересі́чний; ≗ Council муніципа́льна ра́да; ~ law звича́єве пра́во; ~ sense здоро́вий глузд; in ~ спі́льно; **2.** грома́дська земля́; ви́гін; **~place** **1.** бана́льність *f*; **2.** бана́льний; F заяло́жений; **~s** [-z] *pl.* зага́льний стіл; (mst House of) ≗ Пала́та грома́д; **~wealth** [-welθ] співдру́жність *f*; федера́ція; the British ≗ of Nations Брита́нська Співдру́жність На́цій.
commotion [kə'mouʃən] збенте́ження.
communal ['kɔmjunl] □ комуна́льний; грома́дський; колекти́вний.
communicat|e [kə'mju:nikeit] *v/t.* повідомля́ти [повідо́мити], передава́ти [-да́ти]; *v/i.* сполуча́тися; **~ion** [kəmju:ni'keiʃən] по́відо́млення; комуніка́ція; зв'язо́к; **~ive** [kə'mju:nikeitiv] □ товари́ський; говірки́й, балаку́чий.
communion [kə'mju:njən] спілкува́ння; *eccl.* прича́стя.
communis|m ['kɔmjunizm] комуні́зм; **~t** **1.** комуні́ст(ка); **2.** комуністи́чний.
community [kə'mju:niti] грома́да; товари́ство; суспі́льство.
commutation [kɔmju'teiʃən] замі́на; J пом'я́кшення покара́ння; Ee комута́ція; перемика́ння, переклю́чення.
compact **1.** ['kɔmpækt] до́говір; **2.** [kəm'pækt] *adj.* компа́ктний; щі́льний; сти́слий; **3.** *v/t.* стиска́ти [сти́снути]; ущі́льнювати [-ни́ти].
companion [kəm'pænjən] това́риш; супу́тник; співрозмо́вник; **~ship** [-ʃip] компа́нія; товари́ські стосу́нки *m/pl.*
company ['kʌmpəni] товари́ство; компа́нія; го́сті *pl.*; Sh екіпа́ж (су́дна); *thea.* тру́па; keep ~ with підтри́мувати знайо́мство з (О).
compar|able ['kɔmpərəbl] □ порівня́нний; **~ative** [kəm'pærətiv] □ порівня́льний; **~e** [kəm'pɛə] **1.** beyond ~, without ~, past ~ по́за вся́ким порівня́нням; **2.** *v/t.* порі́внювати [-ня́ти], звіря́ти [зві́рити] (to з О); упо́ді́бнювати [-нити] (З/Д); *v/i.* зрі́внюватися [-ня́тися]; **~ison** [kəm'pærisn] порівня́ння.
compartment [kəm'pa:tmənt] відді́лення; перегоро́дка; Rr купе́ *n indecl.*
compass ['kʌmpəs] **1.** ко́мпас; о́бсяг; ко́ло, окру́жність *f*; Mu діапазо́н;

(a pair of) ~es *pl.* ци́ркуль *m*; **2**. досяга́ти (Р); замишля́ти, заду́мувати (пога́не):

compassion [kəm'pəæʃən] співчуття́, жаль *f*, **~ate** [-it] співчутли́вий, жа́лісливий.

compatible [kəm'pætəbl] □ сумі́сний.

compatriot [kəm'pætriət] співвітчи́зник(-иця).

compel [kəm'pel] приму́шувати.

compensat|e ['kɔmpenseit] *v/t.* винагоро́джувати; відшкодо́вувати (зби́тки); **~ion** [kɔmpen'seiʃən] винаго́рода; компенса́ція.

compete [kəm'pi:t] змага́тися; конкурува́ти (with з О, for за З).

competen|ce, **~cy** ['kɔmpitəns, -i] зда́тність *f*, компете́нтність *f*, **-t** [-tənt] а компете́нтний.

competit|ion [kɔmpi'tiʃən] змага́ння; С конкуре́нція; **~or** [kəm'petitə] конкуре́нт(ка); супе́рник(-иця).

compile [kəm'pail] (з)компілюва́ти; склада́ти (from з Р).

complancen|ce, **~cy** [kəm'pleisns, -snsi] самовдово́лення, самовті́ха.

complain [kəm'plein] (по)ска́ржитися (of на З); подава́ти ска́ргу; **~t** ска́рга; Ме хворо́ба; **~ant** [-ənt] позива́ч.

complement ['kɔmplimənt] **1**. допо́внення, дода́ток; компле́кт; **2**. допо́внювати; комплектува́ти.

complet|e [kəm'pli:t] **1**. □ по́вний; закі́нчений; **2**. закі́нчувати; допо́внювати; **~ion** [-ʃən] закі́нчення.

complex ['kɔmpleks] **1**. складни́й; ко́мплексний, скла́дений; *fig.* складни́й, заплу́таний; **2**. ко́мплекс; **~ion** [kəm'plekʃən] ко́лір обли́ччя; **~ity** [-siti] скла́дність *f*.

compliance [kəm'plaiəns] зго́да; in ~ with зго́дно (Р), у відпові́дності з (О).

complicate ['kɔmplikeit] ускла́днювати(ся).

compliment **1**. ['kɔmplimənt] комплімéнт; приві́т; **2**. [-mənt] *v/t.* гово́рити компліме́нти (Д); віта́ти (on з О).

comply [kəm'plai] зго́джуватися (with з О); підляга́ти (with Д).

component [kəm'pounəənt] **1**. компоне́нт; складова́ части́на; **2**. скла́дений.

compos|e [kəm'pɔuz] склада́ти; компонува́ти; писа́ти му́зику; заспоко́юватися; *typ.* склада́ти; **~ed** [-d] а спокі́йний, стри́маний; **~er** [-ə] компози́тор; **~ition** [kɔmpə'ziʃən] компози́ція; склад; твір; С полюбо́вна уго́да; **~ure** [kəm'pouzə] самовлада́ння.

compound **1**. [kɔmpaund] склад, з'є́днання; **2**. скла́дений, складови́й; складни́й; ~ **interest** складні́ відсо́тки *т/pi.;* **3**. [kəm'paund] *v/t.* змі́шувати; з'є́днувати; ула́годжувати, зала́годжувати; *v/i.* прихо́дити до компромі́су.

comprehend [kɔmpri'hend] осяга́ти; охо́плювати.

comprehepd|sible [kɔmpri'hensəbl] о зрозумі́лий, збагне́нний; **~sion** [-ʃən] розумі́ння; тяму́щість/; **~sive** [-siv] а всеося́жний; вичéрпний.

compress [kəm'pres] стиска́ти; зда́влювати; **~ed** air сти́снене пові́тря; **~ion** [kəm'preʃən] phys. сти́снення; Е компре́сія; наби́вка; прокла́дка.

comprise [kəm'praiz] місти́ти (в собі́).

compromise [kɔmprəmaiz] **1**. компромі́с; **2**. *v/t.* (с)компрометува́ти; нара́жати на ри́зик; *v/i.* йти на компромі́с.

compulsion [kəm'pʌlʃən] при́мус; **~ory** [-səri] примусо́вий; обов'язко́вий.

comput|ation [kɔmpju'teiʃən] обчи́слення; ви́кладка; розраху́нок; **~e** [kəmpju:t] обчи́слювати; роби́ти ви́кладки.

computer [kəmpju:tə] комп'ю́тер.

comrade [kɔmrid] това́риш.

con [kɔn] = contra про́ти.

conceal [kən'si:l] прихо́вувати; таї́ти; замо́вчувати.

concede [kən'si:d] поступа́тися; допуска́ти.

conceit [kən'si:t] зарозумі́лість; марносла́вство; **~ed** [-id] о самовдово́лений; марносла́вний.

conceiv|able [kən'si:vəbl] мислими́й; збагне́нний; **~e** [kən'si:v] *v/i.* уявля́ти собі́; *v/t.* осяга́ти; розумі́ти; заду́мувати.

concentrate [kɔnsentreit] зосе́реджувати(ся).

conception [kən'sepʃən] поня́ття; конце́пція; за́дум; *biol.* зача́ття; заплі́днення.

concern [kən'sə:n] **1**. спра́ва; у́часть; інтере́с; турбо́та; **2**. торка́тися (Р); стосува́тися (Р); ~ o. s. about, for (за)ціка́витися (О); **~ed** [-d] о заціка́влений; той (те), що ма́є стосу́нок, стосо́вний; стурбо́ваний; **~ing** [-iŋ] *prp.* стосо́вно (Р).

concert **1**. [kɔnsət] конце́рт; зго́да; уго́да; **2**.[kən'sə:t] змовля́тися; **~ed** [-id] узго́джений.

concession [kən'seʃən] по́ступка; конце́сія.

conciliat|e [kən'silieit] прими́рювати; **~or** [-ə] посере́дник.

concise [kən`sais] □ сти́слий; ~**ness** [-nis] сти́слість *f*.
conclude [kən`klu:d] закі́нчувати; заве́ршувати; to be ~d закі́нчення бу́де.
conclusi|on [kən`klu:ʒən] закі́нчення; заве́ршення; ви́сновок; ~**ve** [-siv] □ заключний; виріша́льний; пи́льний.
concoct [kən`kɔkt] кухова́рити; *fig.* вига́дувати; ~**ion** [kən`kɔkʃən] стра́ва, ї́жа; fig. нісені́тниця.
concord [`kɔŋkɔ:d] зла́года; уго́да; догові́р, конве́нція; Mu гармо́нія; ~**ant** [kən`kɔ:dənt] □ зла́годжений; Mu гармоні́йний.
concrete [`kɔnkri:t] **1.** □ конкре́тний; **2.** бето́н; **3.** (за)бетонува́ти; [kən`krit] згу́щуватися; (за)тве́рднути.
concur [kən`kə:] зго́джуватися; збіга́тися; спри́яти; ~**rence** [kən`kʌrəns] збіг; зго́да.
condemn [kən`dem] засу́джувати; прису́джувати (до Р); бракува́ти; ~**ation** [`kɔndem`neiʃən] о́суд.
condens|ation [`kɔnden`seiʃən] конденса́ція, ущі́льнення, згу́щення; ~**e** [kən`dens] згу́щувати(ся); E кондесува́ти *(im)pf.*; *fig.* скоро́чувати.
condescen|d [kɔndi`send] ста́витися побла́жливо; спуска́тися (до Р); ~**sion** [-`senʃən] побла́жливість; поле́гкість.
condiment [`kɔndimənt] припра́ва.
condition [kən`diʃən] **1.** умо́ва; стан; ~**s** *pl.* обста́вини *f/pl.*; **2.** ста́вити умо́ви; обумо́влювати; ~**al** [-l] □ умо́вний.
condol|e [kən`doul] співчува́ти (with Д); ~**ence** [-əns] співчуття́.
conduc|e [kən`dju:s] спри́яти (to Д); ~**ive** [-iv] сприя́тливий.
conduct **1.** [`kɔndəkt] поведі́нка, пово́дження; **2.** [kən`dʌkt] пово́дитися; керува́ти (спра́вою); Mu диригува́ти; ~**ion** [-kʃən] E провíдність; ~**or** [kən`dʌktə] конду́ктор; *Am.* Rr вагоново́д; Mu дириге́нт.
conduit [`kɔndjuit, `kɔndit] трубопро́від.
cone [koun] ко́нус; B ши́шка.
confabulation [kənfæbju`leiʃən] базі́кання.
confection [kən`fekʃən] соло́дощі *f/pl.*; ~**er** [-ə] конди́тер; ~**ery** [-əri] конди́терська; конди́терські ви́роби *m/pl.*
confedera|cy [kən`fedərəsi] конфедера́ція; спі́лка, сою́з; ~**te** **1**. [-rit] федерати́вний, сою́зний; **2**. [-rit] член конфедера́ції, спі́льник, сою́зник; **3**. [-reit] об'є́днуватися в сою́з; ~**tion** [kənfedə`reiʃən] конфедера́ція; сою́з.
confer [kən`fə:] *v/t.* дарува́ти; прису́джувати; *v/i.* ра́дитися; ~**ence** [`kɔnfərəns] конфере́нція; з'ї́зд; нара́да.
confess [kən`fes] зізнава́тися (в M); сповіда́тися; ~**ion** [-ʃən] визна́ння; спо́відь; віросповіда́ння; ~**ional** [-ʃənl] сповіда́льня; ~**or** [-sə] спові́дник.
confide [kən`faid] довіря́ти (in Д); звіря́ти; поклада́тися (in на З); ~**nce** [`kɔnfidəns] дові́ра; впе́вненість; ~**nt** [`kɔnfidənt] □ впе́внений; ~**ntial** [kɔnfi`denʃəl] □ конфіденці́йний; секре́тний.
confine [kən`fain] обме́жувати; ув'я́знювати; be ~d наро́джувати (of З); ~**ment** [-mənt] обме́ження; ув'я́знення; поло́ги *pl.*
confirm [kən'fə:m] підтве́рджувати [-дити]; підтри́мувати [-мати]; ~**ation** [konfə'meiʃən] підтве́рдження; *eccl.* конфірма́ція.
confiscat|e ['konfiskeit] конфіскува́ти *(im)pf.*; ~**ion** [konfis'keiʃən] конфіска́ція.
conflagration [konflə'greiʃən] спа́лення; вируюча поже́жа.
conflict **1**. ['konflikt] конфлі́кт; зі́ткнення, су́тичка; **2**. [kən'flikt] конфлікту́вати.
conflu|ence ['konfluəns] злиття́ (річок); напли́в наро́ду; ~**ent** **1**. що злива́ється; **2**. прито́ка.
conform [kən'fɔ:m] узго́джуватися [-дитися] (to з О); підпорядко́вуватися [-кува́тися] (to Д); ~**able** [-əbl] □ (to) відпові́дний (Д); підпорядко́ваний (Д); ~**ity** [iti] відпові́дність *f*; підпорядко́ваність *f*.
confound [kən'faund] (с)плу́тати; вража́ти [вра́зити], бенте́жити.
confront [kən'frʌnt] стоя́ти віч-на-віч з (О); зіставля́ти [зіста́вити], порі́внювати [-ня́ти] (with з О).
confus|e [kən'fju:z] змі́шувати [-ша́ти]; (з)бенте́жити, ~**ion** [kən'fu:ʒən] збенте́ження; безла́ддя.
confut|ation [konfju:'teiʃən] спростува́ння; ~**e** [kən'fju:t] спросто́вувати [-тува́ти].
congeal [kən'dʒi:l] застига́ти [засти́гнути]; заморо́жувати [-ро́зити].
congenial [kən'dʒi:niəl] □ близьки́й за ду́хом; сприятли́вий.
congestion [kən'dʒestʃən] переванта́женість; перенасе́леність.

conglomeration [kon'glomə'reiʃən] накопи́чення, ску́пчення.
congratulat|e [kən'gretjuleit] (при)віта́ти, поздоровля́ти [-ро́вити] (on з О); **~ion** [kəngretju'leiʃən] віта́ння, поздоро́влення.
congregat|e ['kɔngrigeit] збира́ти(ся) [зібра́ти(ся)]; **~ion** [kɔŋgri'geiʃən] збо́ри; *eccl.* парафія́ни *pl.*
congress ['koŋgres] конгре́с; з'їзд.
congruous ['koŋgruəs] □ відпові́дний; що гармоніює (to з О).
conifer ['kounifə] хво́йне де́рево.
conjecture [kən'dʒektʃə] **1.** здо́гад, припу́щення; **2.** припуска́ти [-сти́ти].
conjoin [kən'dʒɔin] з'є́днувати(ся) [-на́ти(ся)]; сполуча́ти(ся) [-чи́ти (ся)] *(im)pf.*; **~t** [t] спі́льний; об'є́днаний.
conjugal ['kondʒugəl] □ подружні́й, шлю́бний.
conjunction [kən'dʒʌŋkʃən] з'є́днання, зв'язо́к.
conjur|e **1.** ['kʌndʒə] *v/t.* виклика́ти [ви́кликати], заклина́ти [закля́сти], виганя́ти [ви́гнати] (ду́хів); **~up** *fig.* виклика́ти в уя́ві; *v/i.* займа́тися ма́гією; пока́зувати фо́куси; **2.** [kən'dʒuə] блага́ти, заклина́ти; **~er, ~or** [-rə] чарівни́к; фо́кусник.
connect [kə'nekt] з'є́днувати(ся)[-на́ти(ся)]; зв'я́зувати(ся) [-за́ти(ся)]; **~ed** [-id] □ зв'я́заний, пое́днаний; скла́дний (мо́ва і т.ін.); be ~ with ма́ти зв'язки́ (з О); **~ion** *s.* connexion.
connexion [kə'nekʃən] зв'язо́к; з'є́днання; спорі́днення.
connive [kə'naiv]: ~ at потура́ти (Д), диви́тися крізь па́льці на (З).
connoisseur [koni'sə:] знаве́ць *m.*
connubial [kə'nju:biəl] □ шлю́бний.
conquer ['koŋkə] завойо́вувати [завою́вати]; перемага́ти [-могти́]; **~able** [-rəbl] перемо́жний; **~or** [-rə] перемо́жець *m* (-жниця), завойо́вник (-иця).
conquest ['koŋkwest] завоюва́ння; перемо́га.
conscience ['konʃəns] со́вість *f*, сумлі́ння.
conscientious [konʃi'enʃəs] □ сумлі́нний; **~ness** [-nis] сумлі́нність *f.*
consious ['konʃəs] □ свідо́мий; усвідо́млюючий; **~ness** [-nis] свідо́мість *f*; усвідо́млення.
conscript ['konskript] Ml призо́вник; **~ion** [kən'skripʃən] Ml військо́ва пови́нність *f.*
consecrat|e ['konsikreit] освя́чувати [освяти́ти]; посвя́чувати [посвяти́ти]; **~ion** [konsi'kreiʃən] освя́чення; посвя́чення.
consecutive [kən'sekjutiv] □ послідо́вний.
consent [kən'sent] **1.** зго́да; **2.** зго́джуватися [-дитися].
consequen|ce ['konsikwəns] на́слідок; ви́сновок; **~t** [-kwənt] **1.** послі́довний; **2.** на́слідок; **~tial** [konsi'kwenʃəl] □ що логі́чно випливає; важли́вий; **~tly** ['konsikwəntli] о́тже; вихо́дить.
conserv|ation [konsə'veiʃən] збере́ження; **~ative** [kən'sə:vətiv] **1.** □ консервати́вний; охоро́нний; **2.** *pol.* консерва́тор; **~atory** [-ətri] оранжере́я; Mu консервато́рія; **~e** [kən'sə:v] зберіга́ти [-регти́].
consider [kən'sidə] *v/t.* обгово́рювати [-ри́ти]; обмірко́вувати [-кува́ти]; вважа́ти, рахува́тися з (О); *v/i.* (в)тя́мити; **~able** [-rəbl] □ значни́й; вели́кий; важли́вий; **~ate** [-rit] □ ува́жний (до Р); **~ation** [kənsidə'reiʃən] обгово́рення; мірку́вання; ува́га; on no ~ ні в я́кому ра́зі; **~ing** [kən'sidəriŋ] *prp.* врахо́вуючи (З), беручи́ до ува́ги (З).
consign [kən'sain] переда́(ва́)ючи; доруча́ти [-чи́ти]; С посила́ти (ванта́ж) на консигна́цію; **~ment** [-mənt] па́ртія това́рів; коносаме́нт.
consist [kən'sist] склада́тися (of з Р); поляга́ти (in у М); **~ence, ~ency** [-əns, -ənsi] логі́чність *f*; щі́льність *f*; **~ent** [-ənt] □ щі́льний; послідо́вний; пого́джений.
consol|ation [kɔnsə'leiʃn] уті́ха, розра́да; **~e** [kən'soul] утіша́ти [уті́шити], розра́джувати [-дити].
consolidate [kən'sɔlideit] підтве́рджувати[-дити]; об'є́днувати(ся) [-на́ти(ся)]; консоліду́вати *(im)pf.*
consonan|ce ['kɔnsənəns] співзву́ччя; сузвуччя; суголо́сся; зла́года; **~t** [-nənt] □ згі́дний; зла́годжений; (*a.* noun) при́голосний; сумі́сний.
consort ['kɔnso:t] дружи́на або чолові́к.
conspicuous [kən'spikjuəs] □ помі́тний; що впада́є в о́ко.
conspir|acy [kən'spirəsi] змо́ва; **~ator** [-ətə] змо́вник (-иця); **~e** [kən'spaiə] зчиня́ти змо́ву; змовля́тися [змо́витися].
constab|le ['kʌnstəbl] консте́бль *m*, поліце́йський; **~ulary** [kən'stæbjuləri] полі́ція.
constan|cy ['kɔnstənsi] ста́лість *f*, пості́йність *f*; ві́рність *f*; **~t** ['kɔnstənt] □ ста́лий, пості́йний; ві́рний.

consternation [kɔnstə'neiʃən] заціпеніння, приголомшення (від жаху).
constipation [kɔnsti'peiʃən] Me запор.
constituen|cy [kən'stitjuəncy] виборчий округ; виборці *m/pl.*; **~t** [-ənt] **1.** істотний; установчий; **2.** виборець *m*; складова частина.
constitut|e ['kɔnstitju:t] складати [скласти]; засновувати [-нувати]; **~ion** [kɔnsti'tju:ʃn] конституція; установа; статура; склад; **~ional** [-l] □ конституційний; органічний.
constrain [kən'strein] примушувати [примусити]; стримувати [стримати]; **~t** примус; вимушеність *f*.
constrict [kən'strikt] стягати [-гти]; стискати [стиснути]; **~ion** [kən'strikʃən] стягнення; стиснення.
construct [kən'strʌkt] (з)будувати; споруджувати [-дити]; *fig.* створювати [-йти]; **~ion** [-kʃən] будівництво, будова; будівля; **~ive** [-tiv] конструктивний; будівельний; творчий; **~or** [-tə] будівник, будівельник.
construe [kən'stru:] (ви)тлумачити; *gr.* робити синтаксичний аналіз.
consul ['kɔnsəl] консул; **~ general** генеральний консул; **~ate** ['kɔnsjulit] консульство.
consult [kən'sʌlt] *v/t.* питати поради у (Р); *v/t.* (по)радитися; **~ation** [kɔnsəl'teiʃən] консультація; консиліум; **~ative** [kən'sʌltətiv] дорадчий.
consum|e [kən'sju:m] *v/t.* споживати [спожити]; витрачати [витратити]; **~er** [-ə] споживач.
consummate 1. [kən'sʌmit] □ досконалий, завершений; **2.** ['kɔnsʌmeit] доводити до кінця; завершувати [-шити].
consumpti|on [kən'sʌmpʃən] споживання, витрати *f/pl.*; Me туберкульоз легенів; **~ve** [-tiv] □ туберкульозний, сухотний.
contact ['kɔntækt] контакт; дотик.
contagi|on [kən'teidʒən] Me зараза, інфекція; **~ous** [-dʒəs] □ заразний, інфекційний.
contain [kən'tein] містити (в собі); **~o.s.** стримуватися [-матися]; **~er** [-ə] вмістилище; контейнер.
contaminate [kən'tæmineit] забруднювати [-нити]; *fig.* заражати [зара- зити], (с)паплюжити.
contemplat|e ['kɔntempleit] споглядати; обмірковувати [-кувати]; **~ion** [kɔntem'pleiʃən] споглядання; розмірковування; **~ive** [kən'templətiv] □ споглядальний.
contempora|neous [kəntempə'reinjəs] □ сучасний; одночасний; **~ry** [kən'tempərəri] **1.** сучасний; одночасний; **2.** сучасник (-иця).
contempt [kən'tempt] презирство (for до Р); **~ible** [-əbl] □ нікчемний; **~uous** [-juəs] □ презирливий.
contend [kən'tend] *v/i.* боротися; суперничати; *v/t.* стверджувати.
content [kən'tent] **1.** задоволений; **2.** задовольняти [-нити]; **3.** задоволення; **4.** ['kɔntənt] вміст; обсяг; **~ed** [kən'tentid] □ задоволений, вдоволений.
contention [kən'tenʃən] суперечка.
contentment [kən'tentmənt] задоволення.
contest 1. ['kɔntest] змагання; **2.** [kən'test] змагатися; доби(ва)тися (місця); відстоювати [відстояти]; виборювати [вибороти].
context ['kɔntekst] контекст.
contiguous [kən'tigjuəs] □ суміжний, стичний (to з О).
continent ['kɔntinənt] **1.** □ стриманий; цнотливий; **2.** материк; континент.
conting|ency [kən'tindʒənsi] випадковість *f*; непередбачена обставина; **~gent** [-dʒənt] **1.** □ випадковий, непередбачений; **2.** Ml, C контингент.
continu|al [kən'tinjuəl] □ безперервний, безперестанний; **~ance** [-əns] тривалість *f*; **~ation** [kəntinju'eiʃən] продовження; **~e** [kən'tinju:] *v/t.* продовжувати [-жити]; **to be ~d** далі буде; *v/i.* продовжуватися [-житися]; простягатися; **~ity** [kɔntin'juiti] безперервність *f*; **~ous** [kən'tinjuəs] □ безперервний; суцільний.
contort [kən'tɔ:t] викривляти [викривити]; **~ion** [kən'tɔ:ʃən] викривлення.
contour ['kɔntuə] контур, обрис.
contraband ['kɔntrəbænd] контрабанда.
contract 1. [kən'trækt] *v/t.* скорочувати [скоротити]; стискати [стиснути]; укладати [укласти] (угоду); заводити [-вести] (знайомство); брати [взяти] (шлюб); *v/i.* скорочуватися [-отитися]; стискатися [стиснутися]; **2.** ['kɔntrækt] контракт, договір, угода; скорочення; **~or** [-tə] підрядчик.
contradict [kɔntrə'dikt] спростовувати [-тувати]; суперечити (Д); **~ion** [kɔntrə'dikʃən] заперечення, спростування; **~ory** [-əri] □ суперечливий.
contrar|iety [kɔntrə'raiəti] розбіжність *f*, суперечність *f*; **~y** ['kɔntrəri] □ **1.**

противле́жний; ~to *prp.* всу́переч (Д), про́ти (Р); **2.** зворо́тний; on the ~ навпаки́.

contrast 1. ['kɔntræst] протиле́жність *f*, контра́ст; **2.** [kən'træst] зіставля́ти [зіста́вити], протиставля́ти [протиста́вити]; контрастува́ти.

contribut|e [kən'tribju:t] сприя́ти; (по)же́ртвувати; співробі́тничати (to в М); **~ion** [kɔntri'bju:ʃən] вне́сок; стаття́; співробі́тництво; **~or** [kən'tribjutə] співробі́тник (-иця); **~ory** [-təri] □ що сприя́є; що співробі́тничає.

contrit|e ['kɔntrait] □ що жалку́є, ка́ється; **~ion** [kən'triʃən] каяття́.

contriv|ance [kən'traivəns] ви́гадка; ви́нахід; **~e** [kən'traiv] *v/t.* вига́дувати [ви́гадати], винахо́дити [ви́найти]; затіва́ти [заті́яти]; *v/i.* примудря́тися [-ри́тися]; ухитря́тися [-ри́тися]; **~er** [-ə] винахі́дник (-иця).

control [kən'troul] **1.** керівни́цтво; на́гляд; контро́ль *m*; **2.** керува́ти (О); (про)контролюва́ти, регулюва́ти (*im*)*pf.*; стри́мувати [стрима́ти] (почуття́); **~ler** [-ə] контроле́р, інспе́ктор.

controver|sial [kɔntrə'və:ʃəl] □ спі́рний; **~sy** ['kɔntrəvə:si] супере́чка; диску́сія, поле́міка; **~t** ['kɔntrəvə:t] оспо́рювати.

contumacious [kɔntju'meiʃəs] □ упе́ртий; непокі́рний; j що не підкоря́ється розпоря́дженню су́ду.

contumely ['kɔntjum(i)li] обра́за; зухва́лість *f*; безче́стя.

convalesce [kɔnvə'les] оду́жувати [-жати]; **~nce** [-ns] оду́жання; **~nt** [-nt] □ що оду́жує.

convene [kən'vi:n] склика́ти [скли́кати]; збира́ти(ся) [зібра́ти(ся)]; J виклика́ти [ви́кликати] (до су́ду).

convenien|ce [kən'vi:njəns] зру́чність *f*; at your earliest ~ якнайшви́дше; **~t** [-jənt] □ зру́чний.

convent ['kɔnvənt] монасти́р; **~ion** [kən'venʃən] збо́ри; з'ї́зд; уго́да; звича́й.

converge [kən'və:dʒ] схо́дитися [зійти́ся]; зво́дити в одну́ то́чку.

convers|ant ['kɔnvəsnt] □ обі́знаний; **~ation** [kɔnvə'seiʃən] розмо́ва, бе́сіда; **~ational** [-l] □ розмо́вний; **~e** [kən'və:s] розмовля́ти, бесі́дувати; **~ion** [kən'və:ʃən] перетво́рення; змі́на; E перері́бка; El трансформува́ння; *eccl.* наверта́ння до і́ншої ві́ри; C конве́рсія.

convert 1. ['kɔnvə:t] новонаве́рнений; **2.** [kən'və:t] перетво́рювати [-ри́ти]; E переробля́ти [-би́ти]; El трансформува́ти (*im*)*pf.*; *eccl.* наверта́ти [наверну́ти] до і́ншої ві́ри; C конвертува́ти (*im*)*pf.*; **~er** [-ə] El конве́ртер; **~ible** [-əbl] □ змі́нюваний; оборо́тний; C що підляга́є конве́рсії.

convey [kən'vei] перево́зити [-везти́], переправля́ти [перепра́вити]; переда́(ва́)ти; **~ance** переве́зення; доста́вка; **~or** [-ə] E (*a.* ~ belt) конве́йєр; транспорте́р.

convict 1. ['kɔnvikt] засу́джений; ка́торжник; **2.** [kən'vikt] ви́зна(ва́)ти ви́нним; викрива́ти [ви́крити]; **~ion** [kən'vikʃən] J засу́дження; перекона́ння.

convince [kən'vins] перекo͂нувати [перекона́ти] (of у М).

convocation [kɔnvə'keiʃən] скли́кання; збо́ри.

convoke [kən'vouk] склика́ти [скли́кати].

convoy 1. ['kɔnvɔi] конво́й; су́провід; **2.** [kən'vɔi] супрово́джувати; конвоюва́ти.

convuls|ion [kən'vʌlʃən] колива́ння; судо́ма; **~ive** [-siv] □ судо́мний.

coo [ku:] воркота́ти.

cook [kuk] **1.** ку́хар, кухова́рка; **2.** кухова́рити, (при)готува́ти; **~ery** ['kukəri] кулінa͂рія; кухова́рство; **~ie, ~y** ['kuki] *Am.* пе́чиво.

cool [ku:l] **1.** прохоло́дний; *fig.* холоднокро́вний; незвору́шний; b.s. зухва́лий, наха́бний; **2.** прохоло́да; холоднокро́вність *f*; **3.** охоло́джуватися [-ди́тися]; вистига́ти [ви́стигнути].

coolness ['ku:lnis] холодо́к; прохоло́да; холоднокро́вність *f*.

coop [ku:p] **1.** курни́к; **2.** ~ up (*a.* ~ in) трима́ти під замко́м.

cooper ['ku:pə] бо́ндар.

co-operat|e [kou'ɔpəreit] співробі́тничати; **~ion** [kouɔpə'reiʃən] коопера́ція; співробі́тництво; **~ive** [kou'ɔpərativ] □ спі́льний, об'є́днаний; ~ society кооперати́вне товари́ство; **~or** [-eitə] співробі́тник; коопера́тор.

co-ordinat|e 1. [kou'ɔ:dnit] □ непідпорядко́ваний; рі́вний; **2.** [-neit] координува́ти (*im*)*pf.*; узго́джувати [-дити]; **~ion** [kou'ɔ:di'neiʃən] координа́ція.

cope [koup]: ~ with справля́тися [спра́витися] з (О).

copious ['koupjəs] □ бага́тий, рясни́й; **~ness** [-nis] ряснота́, чисе́нність *f*.

copper ['kɔpə] **1.** мідь *f*; мі́дна моне́та; **2.** мі́дний; **~y** [-ri] мі́дного ко́льору.

C

coppice, **copse** ['kɔpis, kɔps] гай, діброва.

copy ['kɔpi] **1**. копія; рукопис; примірник. **2**. переписувати [-сати]; знімати копію з (P); **~-book** зошит; **~ing** ['kɔpiiŋ] переписування; **~ist** ['kɔpiist] переписувач; наслідувач; **~right** ['rait] авторське право.

coral ['kɔrəl] корал; кораль *m*.

cord [kɔ:d] **1**. мотузка, шворка; *anat.* зв'язка; **2**. зв'язувати [зати]; **~ed** ['kɔ:did] рубчастий (про тканину).

cordial ['kɔ:djəl] **1**. □ щирий, щиросердий; **2**. стимулюючий (серцевий) засіб; **~ity** [kɔ:di'æliti] щирість *f*, щиросердість *f*.

cordon ['kɔ:dən] **1**. кордон; **2**. ~ off відгороджувати [-дити].

corduroy ['kɔ:dərɔi, -dju] рубчастий плис, вельвет; **~s** *pl.* плисові (or вельветові) штани *pl.*

core [kɔ:] **1**. серцевина; середина; ядро; *fig.* суть *f*; **2**. вирізати серцевину з (P).

cork [kɔ:k] **1**. пробка, корок; **2**. (за)корковувати; **~-jacket** [dʒækit] рятувальний жилет; **~-screw** [skru:] штопор.

corn [kɔ:n] зерно; збіжжя *coll.*; *Am.* кукурудза, маїс; Me мозоль *m*.

corner ['kɔ:nə] **1**. кут; **2**. C скупка товару; **3**. *fig.* загнати в глухий кут; приперти до стінки; C скуповувати товар.

cornet ['kɔ:nit] Mu корнет, корнет-а-пістон.

cornice ['kɔ:nis] Ar. карниз.

coron|ation [kɔrə'neiʃən] коронація; **~et** ['kɔrənit] корона, діадема.

corpor|al ['kɔ:pərəl] **1**. □ тілесний; **2**. Ml капрал; **~ation** [kɔ:pə'reiʃən] корпорація; муніципалітет; *Am.* акціонерне товариство.

corpse [kɔ:ps] труп.

corpulen|ce, **~cy** ['kɔ:pjuləns, -si] дорідність *f*, огрядність *f*; **~t** [-lənt] □ огрядний, дорідний.

corral *Am.* [kɔ'ra:l] **1**. загін (для худоби); **2**. заганяти [загнати].

correct [kə'rekt] **1**. □ правильний, вірний, точний; **2**. *v/t.* виправляти [виправити], (від)коригувати; **~ion** [kə'rekʃən] виправлення, поправка; house of ~ виправний будинок.

correlate ['kɔrileit] встановлювати співвідношення.

correspond [kɔris'pɔnd] відповідати (with, to Д); узгоджуватися [-дитися] з (O); листуватися з (O); **~ence** [-əns] відповідність *f*; співвідношення; листування; **~ent** [-ənt] **1**. □ відповідний; **2**. кореспондент(ка).

corridor ['kɔridɔ:] коридор; **~-train** поїзд, вагони в якому сполучаються тамбурами.

corroborate [kə'rɔbəreit] підтримувати [-мати]; підтверджувати [-дити].

corro|de [kə'roud] роз'їдати [-їсти]; (за)іржавіти; **~sion** [kə'rouʒən] корозія; іржа; окислення; **~sive** [-siv] **1**. □ їдкий; **2**. їдка речовина.

corrugate ['kɔrugeit] зморщувати(ся) [-щити(ся)]; E робити рифленим, хвилястим; ~d iron рифлене залізо.

corrupt [kə'rʌpt] **1**. □ зіпсований; спотворений; розбещений; **2**. *v/t.* спотворювати [-рити]; розбещувати [розбестити]; підкуповувати [-пити]; *v/i.* (зі)псуватися; спотворюватися [-ритися]; **~ible** [kə'rʌptəbl] □ підкупний; **~ion** [-ʃən] пошкодження; спотворення; запроданство.

corsage [kɔ:'sa:ʒ] корсаж.

corset ['kɔ:sit] корсет.

co-signatory ['kou'signətəri] особа, яка підписала угоду спільно з іншими.

cosmetic [kɔz'metik] **1**. косметичний; **2**. косметика.

cosmopolit|an [kɔzmə'pɔlitən] космополітичний; **~e** [kɔz'mɔpəlait] **1**. космополіт(ка); **2**. космополітичний.

cost [kɔst] **1**. ціна, вартість *f*; first (*a.* prime) ~ фабрична собівартість *f*; **2**. [*irr.*] коштувати.

costl|iness ['kɔstlinis] дорожнеча; **~y** [li] дорогий, коштовний, цінний.

costume ['kɔstju:m] (національний або маскарадний) костюм.

cosy ['kouzi] **1**. □ затишний; **2**. стьобаний чохол (для чайника).

cot [kɔt] дитяче ліжко; Sh койка.

cottage ['kɔtidʒ] котедж; хата; будинок; *Am.* літня дача; ~ piano невелике піаніно *n indecl.*

cotton ['kɔtn] **1**. бавовна; C ситець *m*; нитка; **2**. бавовняний; **~wool** вата; **3**. F потоваришувати (to з O) *pf.*

couch [kautʃ] **1**. кушетка; лігво; **2**. *v/t.* викладати [викласти]; (с)формулювати; *v/i* лежати, зачаїтися *pf.* (про звірів).

cough [kɔ:f, kɔf] **1**. кашель *m*; **2**. кашляти [кашлянути].

could [kud] *pt. від* **can.**

council ['kaunsl] рада; **~(l)or** [-silə] член ради; радник.

counsel ['kaunsəl] **1**. обговорення, нарада; J адвокат; ~ for the prosecution обвинувач; **2**. давати пораду (Д); **~(l)or** [-ə] радник; *Am.* адвокат.

C

count[1] [kaunt] 1. раху́нок, підраху́нок; пі́дсумок; J статтяʹ в обвинува́льному а́кті; 2. *v/t.* (по)рахува́ти; підрахо́вувати [-хува́ти]; зарахо́вувати [-хува́ти]; *v/i.* рахува́тися; ма́ти зна́чення.
count[2] [~] граф (не англі́йський).
countenance ['kauntinəns] 1. обли́ччя; самовладання; підтри́мка; 2. підтри́мувати [-мати]; заохо́чувати [заохо́тити].
counter[1] ['kauntə] прила́вок; сто́йка; тахо́метр; лічи́льник; фі́шка.
counter[2] [~] 1. протиле́жний (to Д); зустрі́чний; 2.*adv.* навпаки́; 3. опира́тися (Д); (у бо́ксі) завда́(ва́)ти зустрі́чного уда́ру.
counteract [kauntə'rækt] протиді́яти (Д); нейтралізува́ти *(im)pf.*
counterbalance 1. ['kauntəbæləns] протива́га; 2. [kauntə'bæləns] урівнова́жувати [-жити]; бути противагою (Д).
counter-espionage ['kauntərespiə'na:ʒ] контрро́звідка.
counterfeit ['kauntəfit] 1.підро́блений; 2. підро́бка; 3. підробля́ти [-би́ти]; обма́нювати [-ну́ти].
countermand 1. ['kauntə'ma:nd] контрнака́з; 2. [kauntə'ma:nd] скасо́вувати [-сува́ти] (замо́влення, нака́з); відклика́ти [відкли́кати] (осо́бу, військо́ву части́ну).
counter-move ['kauntəmu:v] *fig.* за́хід у ві́дповідь *f.*
counterpane [-pein] укрива́ло; стьо́бана ко́вдра.
counterpart [-pa:t] ко́пія; двійни́к; ~s осо́би або ре́чі, які взає́мно допо́внюють одна́ о́дну.
counterpoise [-pɔiz] 1. протива́га; рівнова́га; 2. утри́мувати рівнова́гу; (*a. fig.*) урівнова́жувати [-жити].
countersign [-sain] 1. контрасигна́ція; Ml паро́ль *m*; 2. скрі́плювати [-пи́-ти] (пі́дписом).
countervail [-veil] протисто́яти (Д); урівнова́жувати [-жити].
countess ['kauntis] графи́ня.
counting-house ['kauntiŋhaus] конто́ра.
countless ['kauntlis] незліче́нний, незчисле́нний.
country ['kʌntri] 1. краї́на; місце́вість *f*; село́; 2. сільськи́й; **~man** [mən] селяни́н; земля́к; **~-side** [-'said] сільська́ місце́вість *f*; сільське́ насе́лення.
county ['kaunti] гра́фство; *Am.* о́круг.
coup [ku:] вда́лий хід, влу́чний уда́р.
couple ['kʌpl] 1. па́ра; згра́я; 2. з'є́днувати [-на́ти]; асоціюва́ти *(im)pf.*; E зчі́плювати [зчепи́ти]; **~r** [-ə] *rad.* при́стрій зв'язку́.
coupling ['kʌpliŋ] з'є́дна́ння, сполу́чення; E му́фта; зче́плення; *rad.* зв'язо́к.
coupon ['ku:pɔn] купо́н, тало́н.
courage ['kʌridʒ] му́жність *f*; сміли́вість *f*; хоро́брість *f*; відва́га; **~ous** [kə'reidʒəs] □ му́жні́й, сміли́вий, хоро́брий.
courier ['kurie] кур'є́р, на́рочний, послане́ць *m.*
course [kɔ:s] 1. на́прям, курс; хід; пере́біг; стра́ва; of ~ звича́йно, пе́вна річ; 2. *v/t.* гна́тися за (О); полюва́ти (з го́нчими) на (З) or за (О); *v/i.* бі́гати, (по)бі́гти.
court [kɔ:t] 1. двір (*a. fig.*); суд; pay (one's) ~ ходи́ти (to за О), догляда́ти (З); 2. домага́тися чиє́їсь прихи́льності; залиця́тися до (Р); **~eous** ['kə:tjəs] □ вві́чливий, гре́чний; **~esy** ['kə:tisi] вві́чливість *f*; гре́чність *f*; **~ier** ['kɔ:tjə] придво́рний; **~ly** [-li] вві́чливий; **~-martial** [ma:ʃl] Ml 1. військо́вий трибуна́л; 2. суди́ти військо́вим судо́м; **~ship** [-ʃip] залиця́ння; **~yard** двір; подві́р'я.
cousin ['kʌzn] двоюрі́дний брат; двоюрі́дна сестра́.
cove [kouv] (мале́нька) бу́хта; *fig.* схо́вок.
covenant ['kʌvinənt] 1. J уго́да; догові́р; запові́т, заві́т; 2. зго́джуватися [-дитися].
cover ['kʌvə] 1. кри́шка; обго́ртка; укрива́ло; палі́ту́рка; конве́рт; Ml укриття́; *fig.* покро́в, пелена́; E кожу́х; *mot.* покри́шка; 2. покри́(ва́)ти; прихо́вувати [прихова́ти]; **~ing** [-riŋ] покриття́; обши́вка; облицюва́ння.
covert ['kʌvət] 1. □ прихо́ваний, тає́мний; 2. схо́ванка для дичини́.
covet ['kʌvit] жада́ти (Р); **~ous** [-əs] □ жа́ді́бний, зaже́рливий, скупи́й.
cow[1] [kau] коро́ва.
cow[2] [~] заля́кувати [залякáти]; тероризува́ти *(im)pf.*
coward ['kauəd] 1. □ боягу́зливий; боязки́й, малоду́шний; 2. боягу́з(ка); **~ice** [-is] боягу́зтво; **~ly** [-li], боягу́зливий.
cowboy ['kaubɔi] пасту́х; *Am.* ковбо́й.
cower ['kauə] зіщу́люватися [-литися].
cowl [kaul] капюшо́н, ка́птур.
coxcomb ['kɔkskoum] B пі́вники, пі́внячий гре́бінь *m*; же́вжик.
coxswain ['kɔkswein, *mst* 'kɔksn] керма́нич, стернови́й.
coy [kɔi] □ сором'язли́вий, скро́мний.

C

crab [kræb] *zo.* краб; E лебі́дка, ко́рба; F буркоту́н.
crab-louse ['kræb laus] лобко́ва во́ша.
crack ['kræk] **1.** тріск; трі́щина; щіли́на; розко́лина; F уда́р; *Am.* уї́дливе заува́ження; *Am.* at ~ of day на світа́нку; **2.** F першокла́сний; **3.** *v/t.* розко́лювати [-ло́ти], коло́ти; ~ a joke пожартува́ти; *v/i.* учиня́ти тріск, шум; трі́скатися [-снути]; розко́люватися [-ло́тися]; лама́тися (про го́лос); **~ed** [krækt] трі́снутий; F ненорма́льний; **~er** ['krækə] хло́павка; *Am.* кре́кер, тонке́ пе́чиво; **~le** ['krækl] потрі́скування; тріск.
cradle ['kreidl] **1.** коли́ска; *fig.* поча́ток; дити́нство; **2.** заколи́сувати [-са́ти].
craft [kra:ft] спри́тність *f*; впра́вність *f*; ремесло́; судно́; **~sman** ['kra:ftsmən] ма́йстер; ремісни́к; **~y** ['kra:fti] □ спри́тний, впра́вний; хи́трий.
crag [kræg] ске́ля, бе́скид.
cram [kræm] вти́скувати [-снути]; перепо́внювати [-нити]; нап(и)ха́ти; F (за)зубри́ти.
cramp [kræmp] **1.** судо́ма, спазм; E затиска́ч, скоба́; **2.** виклика́ти судо́му у (Р); стри́мувати [-мати] (ро́звиток); зву́жувати [звузи́ти] (по́ле ді́ї).
cranberry ['krænbəri] журавли́на.
crane [krein] **1.** жураве́ль *m*; E підійо́мний кран; **2.** підніма́ти кра́ном; витя́гувати ши́ю.
crank [kræŋk] **1.** рукоя́тка, рукі́в'я́; при́мха, дива́цтво; дива́к; **2.** заво́дити рукоя́ткою (автомобі́ль і т. ін.); **~-shaft** [-ʃa:ft] E колі́нчастий вал; **~y** ['kræŋki] □ неспра́вний (механі́зм); примхли́вий; ексцентри́чний.
cranny ['kræni] щіли́на, трі́щина.
crape [kreip] креп; жало́ба.
crash [kræʃ] **1.** гу́ркіт, тріск; A, Rr ава́рія, катастро́фа; C крах; **2.** вали́тися, руйнува́тися з трі́ском; розби́(ва́)ти(ся); Av. зазна́(ва́)ти ава́рії.
crater ['kreitə] кра́тер; Ml воро́нка, ви́рва.
crave [kreiv] *v/t.* наполе́гливо проси́ти; *v/i.* па́лко бажа́ти, жада́ти (for P).
crawfish ['krɔ:fiʃ] рі́чковий рак.
crawl [krɔ:l] **1.** по́взання; плазува́ння; **2.** плазува́ти; по́взати, (по)повзти́.
crayon ['kreiən] кольоро́вий олі́ве́ць *m*; пасте́ль *f* (олі́ве́ць); пасте́льний малю́нок.
craz|e [kreiz] **1.** ма́нія; F мо́да, зага́льне захо́плення; be the ~ бу́ти у мо́ді; **2.** зво́дити з ро́зуму; позбува́тися ро́зуму; **~y** ['kreizi] □ божеві́льний; хитки́й.
creak [kri:k] **1.** скрип; **2.** скрипі́ти.
cream [kri:m] **1.** вершки́ *pl.*; крем; найкра́ще; **2.** збира́ти вершки́ з (Р); **~ery** ['kri:məri] маслоро́бня; моло́чний магази́н; **~y** ['kri:mi] □ вершко́вий; кре́мовий.
crease [kri:s] **1.** скла́дка; згин; **2.** зібга́ти; (зі)м'я́тися; загина́ти [-гну́ти]; роби́ти скла́дки.
creat|e [kri'eit] ство́рювати [-ри́ти]; (ви́)твори́ти; **~ion** [-'eiʃən] творі́ння, створі́ння; **~ive** [-tiv] тво́рчий; **~or** [-tə] творе́ць *m*; **~ure** ['kri:tʃə] творі́ння; створі́ння; істо́та.
creden|ce ['kri:dəns] ві́ра, дові́ра; **~tials** [kri'denʃəlz] *pl.* ві́рчі гра́моти *f/pl.*, докуме́нти *m/pl.*
credible ['kredəbl] □ гі́дний дові́ри; ймові́рний.
credit ['kredit] **1.** дові́ра; га́рна репута́ція; C креди́т; **2.** ві́рити, довіря́ти (Д); C кредитува́ти *(im)pf.*; ~ a p. with a th. припи́сувати кому́сь щось; **~able** ['kreditəbl] □ похва́льний; **~or** [-tə] кредито́р.
credulous ['kredjuləs] □ легкові́рний, дові́рливий.
creed [kri:d] віровче́ння; кре́до *n indecl.*
creek [kri:k] бу́хта; зато́ка; рука́в рі́ки́; *Am.* прито́ка; руча́й.
creep [kri:p] *[irr.]* по́взати, (по)повзти́; плести́ся, ви́тися (про росли́ни); скрада́тися; *fig.* ~ in втира́тися [вте́ртися] (в дові́р'я); **~er** ['kri:pə] витка́ росли́на.
crept [krept] *pt. і p.pt. від* **creep.**
crescent ['kresnt] **1.** нароста́ючий, росту́чий; ['kreznt] серпоподі́бний; **2.** півмі́сяць *m*, моло́дик.
crest [krest] гребіне́ць *m* (пі́вня); чубо́к (пта́ха); гре́бінь *m* (хви́лі, гори́, шоло́ма); **~-fallen** ['krestfɔ:lən] занепа́лий ду́хом; смутни́й.
crevasse [kri'væs] розко́лина (у льодовику́); *Am.* прори́в гре́блі.
crevice ['krevis] щіли́на, трі́щина, розко́лина.
crew¹ [kru:] брига́да, арті́ль *f*; Sh суднова́ кома́нда.
crew² [~] *pt. від* **crow.**
crib [krib] **1.** я́сла *pl.*, сті́йло, годі́вни́ця; дитя́че лі́жечко; *school.* шпарга́лка; **2.** замика́ти в тісне́ приміщення; F спи́сувати пота́й.
cricket ['krikit] *zo.* цвірку́н; кри́кет (гра); F not ~ не за пра́вилами, нече́сно.

crime [kraim] злочин.
crimina|l ['kriminəl] 1. злочинець *m*; 2. □ злочинний; кримінальний, карний; **~lity** [krimi'næliti] злочинність *f*; кримінальність *f*.
crimp [krimp] гофрувати *(im)pf*.
crimson ['krimzn] 1. багряний, малиновий; 2. (по)червоніти.
cringe [krindʒ] раболіпствувати, плазувати.
crinkle ['kriŋkl] 1. складка, зморшка; 2. (з)морщитися; зави(ва)тися; (зі)м'ятися.
cripple ['kripl] 1. каліка *m/f*, інвалід; 2. (по)калічити, (з)нівечити, спотворювати [-рити]; *fig.* паралізувати *(im)pf*.
crisp [krisp] 1. □ кучерявий; хрусткий; свіжий (про повітря); 2. зави(ва)тися; хрустіти [хруснути]; вкриватися брижами (про ріку і т.ін.).
criss-cross ['kriskrɔs] 1. *adv.* хрест-навхрест; навкіс; 2. перехрещувати [перехрестити].
criteri|on [krai'tiəriən], *pl.* **~a** [-riə] критерій, мірило.
criti|c ['kritik] критик; **~cal** ['kritikəl] □ критичний; розбірливий; **~cism** [-sizm], **~que** [kri'ti:k] критика; рецензія; **~cize** ['kritisaiz] (роз)критикувати; засуджувати [-дити].
croak [krouk] (за)каркати; кумкати [-кнути].
crochet ['krouʃei] 1. плетіння (гачком); 2. плести (гачком).
crock [krɔk] глечик; **~ery** ['krɔkəri] посуд.
crone [kroun] F стара; стара карга.
crony ['krouni] F нерозлучний приятель *m*.
crook [kruk] 1. ціпок; гак; поворот; загин; *sl.* брехун, шахрай; 2. згинати(ся) [зігнути(ся)]; викривляти(ся) [викривити(ся)]; **~ed** ['krukid] □ вигнутий; кривий; нечесний.
croon [kru:n] 1. монотонний спів; 2. наспівувати.
crop [krɔp] 1. врожай; збіжжя; пужална; воло; 2. засівати [засіяти]; збирати врожай; підстриг(а)ти; ~ **up** (раптово) з'являтися [-витися].
cross [krɔs, krɔ:s] 1. хрест; розп'яття; 2. □ поперечний; сердитий; 3. *v./t.* (о)хрестити; схрещувати [схрестити] (руки і т.ін.); переходити [перейти]; переїжджати [-їхати]; *fig.* протидіяти (Д); суперечити (Д); ~ o.s. (пере)хреститися; *v/i.* Po розминутися *pf.*; **~-bar** поперечка; **~-breed** помісь *f*; гібрид; **~-examination** перехресний допит; **~-eyed** □ косий, косоокий; **~ing** ['krɔsiŋ] перехрестя; переправа; переїзд, перехід; **~-road** поперечна дорога; **~roads** перехрестя; **~-section** поперечний переріз; **~wise** хрестоподібно, навхрест.

C

crotchet ['krɔtʃit] гачок; примха; Mu четвертна нота.
crouch [krautʃ] раболіпствувати; причаїтися *pf*.
crow [krəu] 1. ворона; спів півня; радісний крик (немовляти); 2. [*irr.*] (про)співати (про півня); радіти, тріумфувати; **~-bar** лом, важіль *m*.
crowd [kraud] 1. натовп; сила-силенна, безліч; штовханина, тіснява; F компанія; 2. збиратися у натовп, юрмитися; напхом набиватися.
crown [kraun] 1. вінець *m*, корона; *fig.* завершення; крона (дерева); маківка (голови); коронка (зуба); 2. увінчувати [-чати]; коронувати *(im)pf.*; *fig.* завершувати [-шити]; поставити коронку (на зуб).
cruci|al ['kru:ʃjəl] □ критичний; вирішальний; **~ble** [-sibl] тигель *m*; **~fixion** [kru:si'fikʃən] розп'яття; **~fy** ['kru:sifai] розпинати [розп'ясти].
crude [kru:d] □ сирий; необроблений; незрілий; грубий.
cruel ['kruəl] □ жорстокий; *fig.* нестерпний; **~ty** [-ti] жорстокість *f*.
cruet-stand ['kruitstænd] судок.
cruise [kru:z] Sh 1. морська подорож; 2. крейсувати; здійснювати рейси; **~r** ['kru:zə] Sh крейсер.
crumb [krʌm] 1. крихта; 2. (=**~le** ['krʌmbl]) (роз)кришити(ся).
crumple ['krʌmpl] (зі)м'яти(ся), (з)жужмити(ся), (зі)бгати(ся).
crunch [krʌntʃ] розжовувати [-жувати]; хрумтіти.
crusade [kru'seid] хрестовий похід; кампанія; **~r** [-ə] хрестоносець *m*.
crush [krʌʃ] 1. давка; штовханина; 2. *v/t.* (роз)давити; витискати [витиснути]; знищувати [-щити].
crust [krʌst] 1. кірка; кора; 2. вкри(ва)тися кіркою, корою; **~y** ['krʌsti] вкритий кіркою, корою.
crutch [krʌtʃ] милиця, костур.
cry [krai] 1. крик; зойк; плач; лемент; 2. (за)плакати; кричати; (с)крикнути; лементувати; ~ **for** вимагати [вимогти] (Р).
crypt [kript] склеп; **~ic** ['kriptik] таємничий; потаємний.
crystal ['kristl] кришталь *m*; кристал; *Am.* скло для годинника; **~line**

[-təlain] кришталéвий; ~lize [-təlaiz] кристалізувáти(ся) (*im*)*pf*.
cub [kʌb] 1. звіря́, маля́ (хи́жих твари́н); *Am*. новачóк; 2. (о)щени́тися.
cub|e [kju:b] Ма 1. куб; ~**root** кубі́чний кóрінь *m;* 2. піднóсити в куб; ~**ic(al)** ['kju:bik(əl)] □ кубі́чний.
cuckoo ['kuku:] зозу́ля.
cucumber ['kju:kəmbə] огірóк.
cud [kʌd] жу́йка; chew the ~ жувáти жу́йку.
cuddle [kʌdl] *v/t*. притискáти до сéбе; *v/i*. притискáтися [-ти́снутися] (оди́н до óдного).
cudgel ['kʌdʒəl] 1. ломáка, дубéць *m*; 2. лупцювáти, дубáсити (ломáкою, дубцéм).
cue [kju:] (білья́рдний) кий; нáтяк; *thea*. рéпліка.
cuff [kʌf] 1. манжéта, обшлáг; 2. (по)би́ти (рукóю), (від)лупцювáти.
culminate ['kʌlmineit] сягáти найви́щої тóчки, найви́щого сту́пеня.
culpable ['kʌlpəbl] □ ви́нний; злочи́нний.
culprit ['kʌlprit] злочи́нець *m*; винувáтець *m*.
cultivat|e ['kʌltiveit] обробля́ти [-би́ти]; культивувáти; ~**ion** [kʌlti'veiʃən] обробі́ток (землі́), розвéдення, культу́ра (species) (рősли́н); ~**or** ['kʌltiveitə] культивáтор (*Ac* знаря́ддя); землерóб.
cultural ['kʌltʃərəl] □ культу́рний.
culture ['kʌltʃə] культу́ра; розвéдення, обрóблювання (землі́), обробі́ток; ~**d** [-d] культу́рний; культивóваний.
cumber ['kʌmbə] утру́днювати [-нити]; перешкоджáти, заважáти [завáдити]; ~**some** [-səm], **cumbrous** ['kʌmbrəs] □ обтя́жливий; громіздки́й.
cumulative ['kju:mjulətiv] □ суку́пний, спі́льний; кумуляти́вний; накопи́чений, нагромáджений.
cunning ['kʌniŋ] 1. □ спри́тний; хи́трий; підсту́пний; *Am*. ви́шуканий; пікáнтний; чарівни́й; 2. спри́тність *f;* хи́трість *f*; підсту́пність *f*.
cup [kʌp] чáшка; чáра; ку́бок; ~**board** ['kʌbəd] шáфа.
cupidity [kju'piditi] жаді́бність *f;* скнáрість *f*.
cupola ['kju:pələ] ку́пол, бáня.
cur [kə:] дворня́жка (собáка).
curate ['kjuərit] помічни́к парафія́льного свящéника.
curb [kə:b] 1. мундшту́чна вуздéчка; вуздá (*a. fig.*); (*a.* ~-**stone**) узбі́ччя тротуáру; 2. загну́здувати [загнуздáти]; *fig*. прибóрк(ув)ати.
curd [kə:d] 1. сир; 2. (*mst* ~**le** ['kə:dl]) зсідáтися [зсі́стися] (про молокó); скипáтися [скипі́тися] (про кров).
cure [kjuə] 1. лікувáння; зáсіб; 2. (ви́)лікувáти, зці́лювати [-ли́ти]; заготовля́ти [-тóвити], консервувáти (*im*)*pf.*
curio ['kjuəriou] рі́дкісна антиквáрна річ; ~**sity** [kjuəri'ɔsiti] цікáвість *f*; рі́дкість *f;* ~**us** ['kjuəriəs] □ цікáвий; допи́тливий; ди́вний.
curl [kə:l] 1. ку́чер; зáвитóк; спірáль *f*; 2. ви́тися; клубочи́тися; ~**y** ['kə:li] □ кучеря́вий; в'юнки́й.
currant ['kʌrənt] сморóдина; (*a.* dried ~) кори́нка.
curren|cy ['kʌrənsi] C грóші *m*/*pl.*, валю́та; грошови́й óбіг; ~**t** [-ənt] 1. □ потóчний; ходя́чий; C що перебувáє в óбігу; 2. потí́к; течія́; перéбіг; спливáння; El струм.
curse [kə:s] 1. прокля́ття, лáйка; ли́хо; 2. проклинáти [проклясти́]; лáятися; ~**d** ['kə:sid] □ прокля́тий.
curt [kə:t] □ корóткий.
curtail [kə:'teil] укорóчувати [укороти́ти]; урі́з(ув)ати; *fig*. скорóчувати [скороти́ти].
curtain ['kə:tn] 1. занаві́ска; завíса; 2. заві́шувати [заві́сити].
curts(e)y ['kə:tsi] 1. реверáнс; уклі́н; 2. роби́ти реверáнс (to Д).
curv|ature ['kə:vətʃə] ви́кривлення; ~**e** [kə:v] 1. Ма кривá; ви́гин; кривизнá; 2. (зі)гну́ти(ся); вигинáти(ся) [ви́гнути(ся)].
cushion ['kuʃən] 1. поду́шка; борт (більярдного стóлу); 2. підкладáти поду́шку під (З).
custody ['kʌstədi] опі́кування, піклувáння; ув'я́знення.
custom ['kʌstəm] зви́чай; зви́чка; кліє́нту́ра; ~**s** *pl.* ми́то; ~**ary** [-əri] □ зви́чний; ~**er** [-ə] пості́йний покупéць *m*; кліє́нт(ка); ~-**house** ми́тниця; ~-**made** *Am*. ви́готовлений на замóвлення.
cut [kʌt] 1. рóзріз, порі́з; зáрубка; відрі́з (ткани́ни); крій (су́кні); (*mst* short ~) скорóчений шлях; 2. [*irr.*] *v/t*. рі́зати; розрізáти [розрі́зати]; (по)стри́гти; (від)шліфувáти; (с)коси́ти (траву́); прорі́затися [прорізáтися] (про зу́би); ~ short перер(и)вáти; ~ down скорóчувати [-оти́ти] (витрáти); ~out вирізáти [ви́різати]; (по)кроїти; вимикáти [ви́мкнути]; *fig*. витискáти [ви́тиснути]; be ~ out for бу́ти нáче ствóреним для (Р); ~ in втручáтися [втру́титися].
cute [kju:t] □ F хи́трий; *Am*. гáрний, принáдний.

den [den] лі́гвище; барлі́г; *sl.* кубло́.
denial [di'naiəl] запере́чення; спростува́ння; відмо́ва.
denominat|e [di'nɔmineit] наз(и)ва́ти; дава́ти ім'я́ (Д); **~ion** [dinɔmi'neiʃn] найменува́ння; на́зва; се́кта.
denote [di'nout] означа́ти [озна́чити]; познача́ти [позна́чити].
denounce [di'nauns] звинува́чувати [-ва́тити]; ганьби́ти; денонсува́ти (до́говір) *(im)pf.*
dens|e [dens] □ густи́й; щі́льний; *fig.* дурни́й, тупи́й; **~ity** ['densiti] густота́; щі́льність *f.*
dent [dent] **1.** вибо́їна, загли́блення; **2.** вда́влювати [-ви́ти].
dentist ['dentist] зубни́й лі́кар.
denunciat|ion [di'nʌnsi'eiʃən] доно́с; ви́каз, викриття́; обвинува́чення; **~or** [di'nʌnsieitə] обвинува́ч; доно́щик [-иця].
deny [di'nai] запере́чувати [-чити]; відмовля́тися [відмо́витися] від (Р); відмовля́ти [-вити] в (М).
depart [di'pa:t] *v/i.* іти́ [піти́]; ї́хати [пої́хати]; від'їжджа́ти [від'ї́хати]; виряджа́тися [ви́рядитися]; пода́(ва́)тися; відступа́ти [-ити] (from від Р); **~ment** [-mənt] ві́домство; департа́мент, га́лузь *f* (нау́ки); ві́дділ, відді́лення; ца́рина; *Am.* міністе́рство; State ~ міністе́рство закордо́нних справ; ~ store універма́г; **~ure** [di'pɑ:tʃə] відхі́д, від'ї́зд, відплиття́; ви́хід; відпра́влення; ви́рушення; відхи́лення.
depend [di'pend]: ~ (up)on зале́жати від (Р); F it ~s зважа́ючи на обста́вини; **~able** [-əbl] □ наді́йний; **~ant** [-ənt] підле́глий; утри́манець *m* (-нка); **~ence** [-əns] зале́жність *f;* дові́ра; **~ency** [-ənsi] зале́жність *f;* коло́нія; **~ent** [-ənt] □ (on) зале́жний (від Р); підпорядко́ваний *(a. gr.)*.
depict [di'pikt] змальо́вувати [-люва́ти]; *(a. fig.)* опи́сувати [-са́ти].
deplete [di'pli:t] спорожня́ти [-ни́ти]; вичéрпувати [ви́черпати].
deplor|able [di'plɔ:rəbl] □ жа́лісний; плаче́вний; **~e** [di'plɔ:] опла́к(ув)ати; жалкува́ти про (З), за (О).
deport [di'pɔ:t] висила́ти [ви́слати]; засила́ти [засла́ти]; ~ o.s. пово́дитися; **~ment** [-mənt] мане́ри *f/pl.*; вмі́ння пово́дитися.
depose [di'pouz] змі́щувати [змісти́ти]; усува́ти [усу́нути]; скида́ти [ски́нути] (з престо́лу); J сві́дчити під прися́гою.
deposit [di'pɔzit] **1.** відкла́дення; по́клад; С вклад (до ба́нку); депози́т; заста́ва; **2.** (по)кла́сти; депонува́ти *(im)pf.*; дава́ти о́сад; **~ion** [depə'ziʃən] пова́лення (з престо́лу); сві́дчення під прися́гою; **~or** [di'pɔzitə] вкла́дник (-иця).
depot 1. ['depou] Rr депо́ *n indecl.;* склад; сара́й; **2.** ['di:po] *Am.* Rr ста́нція.
deprave [di'preiv] розбе́щувати [розбе́стити]; роби́ти розпу́сним.
depreciate [di'pri:ʃieit] знеці́нювати [-ни́ти]; недооці́нювати [-ни́ти].
depress [di'pres] (при)гноби́ти; пригні́чувати [-гні́тити]; прини́жувати [прини́зити]; **~ed** [-t] *fig.* засму́чений; **~ion** [di'preʃən] зни́ження; запа́дина; смуток; С депре́сія.
deprive [di'praiv] позбавля́ти [позба́вити] (of P).
depth [depθ] глибина́.
deput|ation [depju'teiʃən] депута́ція, делега́ція; **~e** [di'pju:t] делегува́ти *(im)pf.;* **~y** ['depjuti] делега́т(ка); депута́т(ка); засту́пник (-иця).
derail [di'reil] Rr *v/i.* схо́дити з ре́йок; *v/t.* зчиня́ти ава́рію (по́їзда).
derange [di'reindʒ] розла́днувати [-на́ти] (думки́, пла́ни); зчиня́ти безла́ддя.
derelict ['derilikt] поки́нутий (корабе́ль, буди́нок), зане́дбаний; **~ion** [deri'likʃən] зане́дбаність *f,* занеха́яність *f.*
deri|de [di'raid] осмі́ювати [осмія́ти]; висмі́ювати [ви́сміяти]; **~sion** [di'riʒən] висмі́ювання; **~sive** [di'raisiv] □ насмі́шкуватий.
deriv|ation [deri'veiʃn] джерело́; похо́дження; **~e** [di'raiv] похо́дити [піти́]; діста(ва́)ти (ко́ристь) (from від Р); ма́ти ко́ристь (from від Р); встано́влювати похо́дження (Р).
derogat|e ['derəgeit] приме́ншувати [-шити]; прини́жувати [прини́зити] (from З); **~ion** [derə'geiʃən] приме́ншення, прини́ження.
derrick ['derik] Е де́рик-кран; М бурова́ ви́шка; Sh підйо́мна стріла́.
descend [di'send] спуска́тися [спусти́тися]; схо́дити [зійти́]; зни́жуватися [зни́зитися]; ~up(on) обру́шуватися [-шитися] на (З); похо́дити (from з Р); **~ant** [-ənt] наща́док.
descent [di'sent] спуск; зни́ження; схил; скат; похо́дження.
describe [dis'kraib] опи́сувати [-са́ти].
description [dis'kripʃən] о́пис; зобра́ження.

desert ['dezət] 1. пусте́льний; поки́нутий; 2. пусте́ля; 3. [di'zə:t] *v/t.* ки́дати [ки́нути]; покида́ти [поки́нути]; *v/i.* дезерти́рувати (*im*)*pf*; ~**er** [di'zə:tə] дезерти́р; ~**ion** [di'zə:ʃən] дезерти́рство; зали́шення.

deserv|e [di'zə:v] заслуго́вувати; ма́ти заслу́ги (of перед О); ~**ing** [-iŋ] □ що заслуго́вує, гі́дний, досто́йний (of Р).

design [di'zain] 1. за́дум; прое́кт; план; малю́нок; рису́нок; візеру́нок; на́мір; 2. признача́ти [призна́чити]; заду́м(ув)ати; склада́ти [скла́сти] план (Р); (на)малюва́ти.

designat|e ['dezigneit] визнача́ти [ви́значити]; познача́ти [позна́чити]; признача́ти [призна́чити]; ~**ion** [dezig'neiʃən] вказі́вка; призна́чення.

designer [di'zainə] констру́ктор; кресля́р; *fig.* інтрига́н.

desir|able [di'zaiərəbl] □ ба́жаний; ~**e** [di'zaiə] 1. бажа́ння; вимо́га; 2.(по)бажа́ти (Р); вимага́ти [ви́могти]; ~**ous** [-rəs] □ що бажа́є, жада́є (Р).

desist [di'zist] відмовля́тися [відмо́витися] (from від Р).

desk [desk] конто́рка; письмо́вий стіл.

desolat|e 1. ['desəleit] спусто́шувати [-шити]; розоря́ти [-и́ти]; 2. [-lit] □ спусто́шений; неща́сний; само́тній; ~**ion** [desə'leiʃən] спусто́шення; само́тність *f*.

despair [dis'pɛə] 1. ві́дчай; безнаді́я; 2. зневіря́тися [зневі́ритися]; втрача́ти [втра́тити] наді́ю (of на З); ~**ing** [-riŋ] □ що зневі́рюється, втрача́є наді́ю.

despatch *s.* dispatch.

desperat|e ['despərit] □ розпа́чливий; безнаді́йний; відчайду́шний; страше́нний; *adv.* несамови́то; нестя́мно; ~**ion** [despə'reiʃən] ві́дчай; безрозсу́дність *f*.

despise [dis'paiz] зневажа́ти.

despite [dis'pait] 1. злість *f*; in ~ of всу́переч (Д); незважа́ючи на (З); на зло (Д); 2. *prp.* (*a.* ~ of) незважа́ючи на (З).

despoil [dis'pɔil] (по)грабува́ти; позбавля́ти [позба́вити] (of Р).

despond [dis'pɔnd] сумува́ти; втрача́ти наді́ю; занепада́ти ду́хом; ~**ency** [-ənsi] сму́ток; зане́пад ду́ху; ~**ent** [-ənt] □ пригні́чений; смутни́й.

dessert [di'zə:t] десе́рт.

destin|ation [desti'neiʃən] призна́чення; мі́сце призна́чення; мета́ (по́дорожі); ~**e** ['destin] признача́ти [призна́чити]; визнача́ти [ви́значити]; ~**y** ['destini] до́ля, тала́н.

destitute ['destitju:t] □ нужде́нний; що потребу́є (Р); позба́влений (of Р).

destroy [dis'trɔi] зни́щувати [(з)ни́щити]; вини́щувати [ви́нищити].

destruct|ion [dis'trʌkʃən] руйнува́ння; ви́нищення; плюндрува́ння; ~**ive** [-tiv] □ руйні́вни́й; згу́бний; шкідли́вий.

detach [di'tætʃ] відокре́млювати [-мити]; відв'я́зувати [-за́ти]; роз'є́днувати [-на́ти]; Ml, Sh відряджа́ти [-ди́ти]; посила́ти [посла́ти]; ~**ed** [-t] окре́мий; безсторо́нній, неупере́джений; ~**ment** [-mənt] роз'є́днання; Ml відрядже́ння; Ml загі́н.

detail 1. ['di:teil] подро́биця, дета́ль *f*; Ml наря́д, кома́нда; 2. [di'teil] вхо́дити у подро́биці; Ml відкомандиро́вувати [-рува́ти].

detain [di'tein] затри́мувати [-мати]; трима́ти під ва́ртою.

detect [di'tect] виявля́ти [ви́явити]; El детектува́ти; ~**ion** [di'tekʃən] ви́явлення; El детектува́ння; ~**ive** [-tiv] 1. детекти́в, аге́нт розшукно́ї полі́ції; 2. розшукни́й, детекти́вний.

detention [di'tənʃən] затри́мання, утри́мання під аре́штом.

deter [di'tə:] відля́кувати [-ка́ти] (from від Р).

deteriorat|e [di'tiəriəreit] погі́ршувати(ся) [-шити(ся)]; (зі)псува́ти(ся); ~**ion** [ditiəriə'reiʃən] погі́ршення; псува́ння.

determin|ation [ditə:mi'neiʃən] ви́значення; встано́влення (меж, кордо́нів); калькуля́ція (цін); рішу́чість *f;* ~**e** [di'tə:min] *v/t.* встано́влювати [-ви́ти]; визнача́ти [ви́значити]; вирі́шувати [ви́рішити]; *v/i* зва́жуватися [-житися]; ~**ed** [-d] □ рішу́чий; тверди́й (хара́ктер).

detest [di'test] нена́видіти; відчува́ти відра́зу до (Р); ~**able** [-əbl] □ огидний; ~**ation** [di:tes'teiʃən] огида.

dethrone [di'θroun] скида́ти з престо́лу.

detonate ['di:touneit] детонува́ти; виса́джувати(ся) [ви́садити(ся)] (у пові́тря); підрива́ти(ся) [підірва́ти(ся)].

detour [di'tuə] кружни́й шлях; *Am.* об'ї́зд; make a ~ роби́ти гак.

detract [di'trækt] приме́ншувати [-шити]; прини́жувати [прини́зити]; ~**ion** [di'trækʃən] прини́ження (гі́дності); на́клеп.

detriment ['detrimənt] зби́ток, шко́да.

devaluate [di:'væljueit] знеці́нювати [-ни́ти].

devastat|e ['devəsteit] спусто́шувати

[-шити]; (з)ни́щити; ~**ion** [devə'steiʃən] спусто́шення.

develop [di'veləp] розви́(ва́)ти(ся); виклада́ти [ви́класти] (пробле́му); *phot.* проявля́ти [-ви́ти]; *Am.* виявля́ти [ви́явити]; ~**ment** [-mənt] ро́звиток; еволю́ція; зроста́ння; розши́рення; поді́я.

deviat|e ['di:vieit] відхиля́тися [-ли́тися]; ухиля́тися [-ли́тися]; ~**ion** [di:vi'eiʃən] відхи́лення; девіа́ція (ко́мпаса); *pol.* у́хил.

device [di'vais] при́стрій, ви́нахід; деві́з, емблéма; leave a p. to his own ~s полиша́ти люди́ну саму́ на се́бе.

devil [devl] 1. дия́вол, чорт, біс, ді́дько; 2. *v/i.* вико́нувати чорнову́ робо́ту для яко́гось літера́тора; ~**ish** [-iʃ] □ дия́вольський; пеке́льний; ~**(t)ry** [-(t)ri] чо́рна ма́гія; чортівня́.

devious ['di:vjəs] □ блука́ючий.

devise [di'vaiz] 1. J запові́т; 2. вига́дувати [ви́гадати]; винахо́дити [ви́найти]; J заповіда́ти [-вісти́] *(im)pf.*

devoid [di'vɔid] (of) позба́влений (P).

devot|e [di'vout] присвя́чувати [-вяти́ти] (З/Д); відда́(ва́)ти; ~**ed** [-id] □ ві́дданий; прихи́льний; ~**ion** [di'vouʃən] ві́дданість *f*; прихи́льність *f;* ~**s** *pl.* релігі́йні обря́ди *m/pl.*; моли́тви *f/pl.*

devour [di'vauə] пожира́ти [поже́рти].

devout [di'vaut] □ благочести́вий; побо́жний, набо́жний.

dew [dju:] 1. роса́; *poet.* сві́жість *f*; 2. зро́шувати [зроси́ти]; ~**y** [-i] □ вкри́тий росо́ю; воло́гий.

dexter|ity [deks'teriti] мото́рність *f*; спри́тність *f*; ~**ous** ['dekstərəs] □ спри́тний, мото́рний.

diabolic(al) [daiə'bɔlik(əl)] □ дия́вольський; *fig.* жорсто́кий, злий.

diagram ['daiəgræm] діагра́ма; схе́ма.

dial ['daiəl] 1. циферблáт; со́нячний годи́нник; *teleph.* диск; 2. *teleph.* набира́ти но́мер.

dialect ['daiəlekt] діале́кт; го́вір, гові́рка.

dialogue ['daiəlɔg] діало́г; розмо́ва.

diameter [dai'æmitə] діа́метр.

diamond ['daiəmənd] діама́нт; алма́з; брилья́нт; ромб; ~**s** *pl. cards*: бу́бни *f/pl.*

diaper ['daiəpə] пелю́шка.

diaphragm ['daiəfræm] діафра́гма *a. opt.; teleph.* мембра́на.

diary ['daiəri] щоде́нник.

dice [dais] 1. (*pl. від* **die** ²) ко́сті *f/pl.*; 2. гра́ти у ко́сті; ~-**box** скля́ночка для гра́льних косте́й.

dicker ['dikə] *Am.* торгува́тися че́рез дрібни́ці.

dictat|e 1. ['dikteit] при́пис; повелі́ння; *pol.* дикта́т; 2. [dik'teit] (про)диктува́ти *(a. fig.)*; припи́сувати [-са́ти]; ~**ion** [dik'teiʃən] дикто́вка, дикта́нт; приписа́ння; ~**orship** [dik'teitəʃip] диктату́ра.

diction ['dikʃən] ди́кція; ~**ary** [-ri] словни́к.

did [did] *pt.* від do.

die[1] [dai] умира́ти [уме́рти]; скона́ти *pf.*; F па́лко пра́гнути; ~ away, ~ down завмира́ти [завме́рти] (про звук); вщуха́ти [вщу́хнути] (про ві́тер); в'я́нути [зів'я́ти]; згаса́ти [зга́снути].

die[2] [~] (*pl.* dice) гра́льна кость *f;* (*pl.* dies [daiz]) E штамп; карбі́вка; lower ~ ма́триця.

diet ['daiət] 1. ї́жа, стіл; діе́та; 2. *v/t.* дотри́муватися діє́ти; *v/i.* бу́ти на діє́ті.

differ ['difə] різни́тися, розрізня́тися, відрізня́тися; не пого́джуватися [-дитися]; розхо́дитися [розійти́ся] (from з O, in у M); ~**ence** ['difrəns] різни́ця; відмі́нність *f*; розбі́жність *f;* ~**ent** ['difrənt] □ рі́зний; і́нший; іна́кший; ~**entiate** [difə'renʃieit] розрізня́ти(ся) [-ни́ти(ся)], відрізня́ти(ся) [-ни́ти-(ся)].

difficult ['difikəlt] □ важки́й; вимо́гливий; ~**y** тру́днощі *f/pl.* скру́та.

diffiden|ce ['difidəns] невпе́вненість *f*; сором'язли́вість *f*; ~**t** [-dənt] □ невпе́внений, сором'язли́вий.

diffus|e 1. [di'fju:z] *fig.* пош́ирювати [-рити]; розповсю́джувати [-дити]; 2. [di'fju:s] □ пош́ирений; розсі́яний (про сві́тло); ~**ion** [di'fju:ʒən] пош́ирення; розсі́ювання.

dig [dig] 1. [*irr.*] копа́тися; (ви́)копа́ти; ри́тися, (ви́)ри́ти; 2. F по́штовх, стуса́н.

digest 1. [di'dʒest] перетра́влювати [-ви́ти] (ї́жу); засво́ювати [засво́їти]; *v/i.* перетра́влюватися [-ви́тися]; засво́юватися [засво́їтися]; 2. ['daidʒest] на́рис; резюме́ *n. indecl.*; J зве́дення зако́нів; ~**ible** [di'dʒestəbl] □ легкотра́вний; *fig.* ле́гко засво́юваний; ~**ion** [-tʃən] тра́влення.

dignif|ied ['dignifaid] гі́дний, досто́йний; вели́чний; ~**y** [-fai] зво́дити у сан; *fig.* облагоро́джувати [-дити].

dignit|ary ['dignitəri] сано́вник; ~**y** [-ti] достоі́нство; сан.

digress [dai'gres] відступа́ти [-пи́ти]; відхиля́тися [-ли́тися] (від те́ми).

dike [daik] 1. да́мба; гре́бля; га́тка; 2. обко́пувати ро́вом; захища́ти да́мбою; осу́шувати кана́вами.

dilapidate [di'læpideit] занепадати; призводити да занепаду.
dilat|e [dai'leit] розширювати(ся) [-рити(ся)]; **~ory** ['dilətəri] □ повільний; запізнілий.
diligen|ce ['dilidʒəns] старанність *f*, запопадливість *f*; **~t** □ старанний, запопадливий.

D

dilute [dai'lju:t] розводити [розвести]; розбавляти [розбавити].
dim [dim] **1.** □ тьмяний (про світло); слабкий (зір); невиразний (спогад); **2.** (по)тьмяніти; (за)тьмарювати(ся) [-рити(ся)].
dime [daim] *Am.* монета у 10 центів (= 0,1 долара).
dimin|ish [di'miniʃ] зменшувати(ся) [-шити(ся)]; убувати [убути]; **~ution** [dimi'nju:ʃən] зменшення; убування; **~utive** [di'minjutiv] □ мініатюрний.
dimple ['dimpl] ямочка (на щоці).
din [din] шум; гуркіт.
dine [dain] (по)обідати; пригощати обідом; **~r** ['dainə] той, хто обідає; Rr *(part. Am.)* вагон-ресторан.
dingle ['diŋgl] глибока лощина; видолинок, виярок.
dingy ['dindʒi] □ брудний; тьмяний.
dining|-car ['dainiŋkɑ:] Rr вагон-ресторан; **~-room** [-rum] їдальня.
dinner ['dinə] обід; **~-party** [-pɑ:ti] гості на званому обіді.
dint [dint]: by ~ of за допомогою (P), через (З), шляхом (P).
dip [dip] **1.** *v/t.* занурювати [-рити]; умочувати [-чити]; *v/i.* занурюватися [-ритися]; салютувати (прапором) *(im)pf.*; спускатися [-ститися]; **2.** занурення; укіс; F кишеньковий злодій.
diploma [di'ploumə] диплом; свідоцтво; **~cy** [-si] дипломатія; **~t** s. **~tist**; **~tic(al)** [diplə'mætik(əl)] □ дипломатичний; **~tist** [di'ploumətist] дипломат.
dipper ['dipə] ківш; черпак.
dire ['daiə] □ жахливий.
direct [di'rekt] **1.** □ прямий; безпосередній; діаметральний; ясний; відкритий; ~ current El постійний струм; ~ train безпересадочний поїзд; **2.** *adv.* =**~ly** безпосередньо; прямо, негайно; **3.** керувати (О); управляти (О); скеровувати [-рувати]; показувати шлях (Д); **~ion** [di'rekʃən] керівництво; вказівка; інструкція; напрям; **~ion-finder** радіопеленгатор; **~ive** [di'rektiv] директивний; скеровуючий; **~ly** [-li] **1.** *adv.* прямо, безпосередньо; негайно; **2.** *cj.* як тільки.
director [di'rektə] керівник, директор; *films* режисер; board of ~s спостережна рада; **~ate** [-rit] дирекція; правління; директорство; **~y** [-ri] адресна (або телефонна) книга.
dirge [də:dʒ] похоронний спів, панахида.
dirigible ['diridʒəbl] дирижабль *m.*
dirt [də:t] багно; бруд; нечистоти *f/pl.*; **~-cheap** F дешевше грибів; **~y** ['də:ti] **1.** □ брудний; гидкий, підлий, непристойний; сльотавий(про погоду); **2.** забруднювати [-нити].
disability [disə'biliti] неспроможність *f*; безсилля *n.*
disable [dis'eibl] робити непридатним; (с)калічити; **~d** [-d] скалічений; ~ veteran інвалід війни.
disadvantage [disəd'vɑ:ntidʒ] невигода; шкода; незручність *f.*
disagree [disə'gri:] розходитися у поглядах; суперечити один одному; бути шкідливим (with P); **~able** [-əbl] □ неприємний; **~ment** [-mənt] розлад; розрада.
disappear [disə'piə] зникати [зникнути]; (с)ховатися; **~ance** [-rəns] зникнення.
disappoint [disə'pɔint] розчаровувати [-рувати]; зраджувати [-дити]; **~ment** розчарування.
disapprov|al [disə'pru:vəl] осуд, несхвалення; **~e** ['disə'pru:v] не схвалювати (З); несхвально (з осудом) ставитися (of до P).
disarm [dis'ɑ:m] *v/t.* обеззброювати [-роїти]; роззброювати [роззброїти]; *v/i.* роззброюватися; **~ament** [dis'ɑ:məmənt] роззброєння.
disarrange ['dise'reindʒ] розладнувати [розладнати]; зчиняти безлад.
disast|er [di'zɑ:stə] лихо; катастрофа; **~rous** [-rəs] □ злигодній, тяжкий; катастрофічний.
disband [dis'bænd] розпускати [-стити].
disbelieve ['disbi'li:v] не (по)вірити; не довіряти (Д).
disburse [dis'bə:s] розплачуватися [розплатитися].
disc [disk] *s.* disk.
discard [dis'kɑ:d] відкидати [відкинути]; відхиляти [-лити].
discern [di'sə:n] розрізняти [-нити]; розпізнавати [-нати]; розглєдіти *pf.*; відрізняти [-нити]; **~ing** [-iŋ] □ проникливий; **~ment** [-mənt] розпізнавання; проникливість *f.*
discharge [dis'tʃɑ:dʒ] **1.** *v/t.* розван-

та́жувати [-жити]; визволя́ти [ви́зволити]; звільня́ти [-ни́ти]; спла́чувати [-ти́ти] (борги́); вико́нувати [ви́конати] (обо́в'язки); *v/i.* розряджа́тися [-ди́тися]; гної́тися; **2.** розванта́ження; по́стріл; ви́зволення; звільнення; розря́д; викона́ння.

disciple [di'saipl] у́чень *m*, учени́ця; послідо́вник (-иця).

discipline ['disiplin] **1.** дисциплі́на, поря́док; **2.** дисципліну́вати *(im)pf.*

disclose [dis'klouz] виявля́ти [ви́явити]; ви́кри(ва́)ти; розкри́(ва́)ти.

discolo(u)r [dis'kʌlə] знеба́рвлювати(ся) [-вити(ся)].

discomfort [dis'kʌmfət] **1.** незру́чність *f*; неспо́кій; **2.** завдава́ти незру́чності (Д).

discompose [diskəm'pouz] засму́чувати [-ти́ти]; (с)хвилюва́ти, (с)триво́жити.

disconcert [diskən'sə:t] (з)бенте́жити.

disconnect ['diskə'nekt] роз'є́днувати [-на́ти] (*a.* El); розчі́плювати [-чепи́ти]; **~ed** [-id] □ незв'я́зний; ури́вчастий.

disconsolate [dis'kɔnsəlit] □ невті́шний.

discontent ['diskən'tent] незадово́лення *f*; невдово́лення; **~ed** [-id] □ незадово́лений; невдово́лений.

discontinue ['diskən'tinju:] перерива́ти [-рва́ти]; припиня́ти [-ни́ти].

discord ['diskɔ:d], **~ance** [dis'kɔ:dəns] розбі́жність *f*; ро́злад; Mu дисона́нс.

discount 1. ['diskaunt] C диско́нт, о́блік векселі́в; зни́жка; **2.** [dis'kaunt] C дисконтува́ти (*im*)*pf.*; облíко́вувати[-кува́ти] (ве́кселі); роби́ти зни́жку.

discourage [dis'kʌridʒ] збенте́жувати [-жити]; відбива́ти охо́ту (from до P); **~ment** [-mənt] збенте́женість *f*, знеохо́чення.

discourse [dis'kɔ:s] **1.** міркува́ння; промо́ва; бе́сіда, розмо́ва; **2.** ора́торствувати; вести́ розмо́ву.

discourte|ous [dis'kə:tjəs] □ неввíчливий, нече́мний; **~sy** [-tisi] неввíчливість *f*, нече́мність *f*.

discover [dis'kʌvə] роби́ти відкриття́ (P); виявля́ти [ви́явити], розкри́(ва́)ти; **~y** [-ri] відкриття́.

discredit [dis'kredit] **1.** дискредита́ція; **2.** дискредитува́ти *(im)pf.*; (з)ганьби́ти.

discreet [dis'kri:t] □ обере́жний; небалаку́чий.

discrepancy [dis'krepənsi] розбі́жність *f*; різни́ця; несхо́жість *f*.

discretion [dis'kreʃən] розва́жливість *f*; обере́жність *f*; ро́зсуд.

discriminat|e [dis'krimineit] виділя́ти [ви́ділити]; ста́витися по-рі́зному; вмі́ти розпізнава́ти, розрізня́ти; ~ against ста́вити у несприя́тливі умо́ви (З); **~ing** [-iŋ] □ що вмі́є розрізня́ти, розпізнава́ти; **~ion** [-'neiʃən] прони́кливість *f*; дискриміна́ція.

discuss [dis'kʌs] обговó́рювати [-ри́ти], дискутува́ти; **~ion** [-ʃən] обгово́рення, диску́сія; деба́ти *m/pl.*

disdain [dis'dein] **1.** (з)не́хтувати; зневажа́ти [зneва́жити]; **2.** прези́рство; знева́га.

disease [di'zi:s] хворо́ба; **~d** [-d] хво́рий.

disembark ['disim'bɑ:k] схо́дити на бе́рег (з судна́); вивантáжувати [ви́вантажити] (това́ри).

disengage ['disin'geidʒ] вивільня́ти(ся) [ви́вільнити(ся)]; відокре́млювати [-мити]; роз'є́днувати [-на́ти].

disentangle ['disin'tæŋgl] розплу́тувати(ся) [-тати(ся)]; *fig.* виплу́тувати(ся) [ви́плутати(ся)] (із скрутно́го стано́вища).

disfavo(u)r ['dis'feivə] **1.** неми́лість *f*; **2.** не схва́лювати [-ли́ти].

disfigure [dis'figə] спотво́рювати [-рити]; викривля́ти [ви́кривити].

disgorge [dis'gɔ:dʒ] виверга́ти [ви́вергнути] (ла́ву); вирига́ти [ви́ригнути] (ї́жу).

disgrace [dis'greis] **1.** неми́лість *f*; ганьба́, безче́стя; **2.** (з)ганьби́ти; позба́вити прихи́льності; **~ful** [-ful] □ соромі́цький, гане́бний.

disguise [dis'gaiz] **1.** маскува́ння; перевдяга́ння; ма́ска; **2.** (за)маскува́ти(ся); перевдяг(а́)ти́(ся); прихо́(ву)ва́ти.

disgust [dis'gʌst] **1.** відра́за; **2.** виклика́ти відра́зу; **~ing** [-iŋ] □ відра́зливий.

dish [diʃ] **1.** блю́до, тарі́лка, ми́ска; **~es** *pl.* по́суд; стра́ва; **2.** кла́сти на блю́до; (*mst.* ~ up) подава́ти на стіл.

dishearten [dis'hɑ:tn] засму́чувати.

dishevel(l)ed [di'ʃevəld] скуйо́вджений, розпа́тланий.

dishonest [dis'ɔnist] □ нече́сний; несумлі́нний; **~y** [-i] несумлі́нність *f*; обма́н.

dishono(u)r [dis'ɔnə] **1.** безче́стя, ганьба́; **2.** (з)безче́стити, (з)ганьби́ти; **~able** [-rəbl] □ безче́сний; ни́ций.

disillusion [disi'lu:ʒən] **1.** розчарува́ння; **2.** (*a.* **~ize** [-aiz]) розбива́ти ілю́зії; відкрива́ти пра́вду (Д).

disinclined ['disin'klaind] неприхи́льний.

disinfect ['disin'fekt] дезинфікува́ти (*im*)*pf.*; **~ant** [-ənt] дезинфіку́ючий за́сіб.

disintegrate [dis'intigreit] розпада́тися [розпа́стися]; (з)руйнува́тися.
disinterested [dis'intristid] □ безкори́сливий; неупере́джений.
disk [disk] диск.
dislike [dis'laik] **1.** не люби́ти; відчува́ти оги́ду (for до Р); **2.** нелюбо́в *f* (for до Р); антипа́тія.
dislocate ['dislokeit] виви́хувати [ви́вихнути]; пору́шувати [-шити]; розла́днувати [-на́ти].
dislodge [dis'lɔdʒ] змі́щувати [змісти́ти]; виганя́ти [ви́гнати].
disloyal [dis'lɔiəl] □ нелоя́льний; підсту́пний.
dismal ['dizməl] □ похму́рий; смутни́й; гнітю́чий.
dismantl|e [dis'mæntl] *Sh* розсна́щувати [-сти́ти]; *E* демонтува́ти (*im*)*pf.*; **~ing** [-iŋ] демонта́ж.
dismay [dis'mei] **1.** сму́ток; страх; **2.** *v/t.* бенте́жити, засму́чувати.
dismiss [dis'mis] *v/t.* відпуска́ти [-сти́ти]; звільня́ти [-ни́ти]; визволя́ти [ви́зволити]; *J* припиня́ти [-ни́ти] (спра́ву); відхиля́ти [-ли́ти] (по́зов); **~al** [-əl] ро́зпуск; звільнення; ви́зволення; *J* відхи́лення.
dismount ['dis'maunt] *v/t.* розніма́ти [розня́ти]; *E* розбира́ти [розібра́ти]; *v/i.* злiза́ти з коня́; спі́шуватися [-шитися].
disobedien|ce [disə'bi:djəns] непо́слух; непоко́ра; **~t** [-t] □ неслухня́ний; непокі́рливий.
disobey ['disə'bei] не слу́хатися; не підкоря́тися (*im*)*pf.* (Д).
disorder [dis'ɔ:də] **1.** безла́ддя; *Me* ро́злад; **~s** *pl.* заворушення *n/pl.*; **2.** дово́дити до безла́ддя; розла́днувати [-на́ти] (здоро́в'я); **~ly** [-li] безла́дний; неспокі́йний; розпу́сний.
disorganize [dis'ɔ:gənaiz] дезорганізува́ти (*im*)*pf.*, розла́днувати [-на́ти].
disown [dis'oun] не визнава́ти [ви́знати]; відмовля́тися [-мо́витися] від (Р).
dispassionate [dis'pæʃnit] □ неупере́джений; безпри́страсний.
dispatch [dis'pætʃ] **1.** відпра́влення; депе́ша; доне́сення; by ~ з кур'є́ром; **2.** пос(и)ла́ти; надсила́ти [наді́сла́ти].
dispel [dis'pel] розсі́ювати [розсі́яти]; розганя́ти [розігна́ти].
dispensa|ry [dis'pensəri] апте́ка; амбулато́рія; **~tion** [dispen'seiʃən] разда́ча; розпо́діл; велі́ння (до́лі); звільнення.
dispense [dis'pens] *v/t.* звільня́ти [-ни́ти]; готува́ти і розподіля́ти (лі́ки); чини́ти (правосу́ддя).
disperse [dis'pə:s] розганя́ти [розігна́ти]; розсі́ювати(ся) [-сі́яти(ся)]; розповсю́джувати [-дити].
dispirit [di'spirit] пригні́чувати [-ти́ти]; засму́чувати [-ти́ти].
displace [dis'pleis] змі́щувати [змісти́ти]; переставля́ти [-ста́вити]; переклада́ти [-кла́сти]; витісня́ти [ви́тиснути].
display [dis'plei] **1.** виставля́ти [ви́ставити] (у вітри́ні); проявля́ти [-ви́ти]; виставля́ти [ви́ставити] напока́з; **2.** ви́ставка; про́яв; *E* диспле́й.
displeas|e [dis'pli:z] не (с)подо́батися (Д); бу́ти не до смаку́ (Д); **~ed** [-d] □ незадово́лений; **~ure** [dis'pleʒə] невдово́лення, незадово́леність *f*.
dispos|al [dis'pouzəl] розташува́ння; розпоря́дження; застосува́ння, вжива́ння; прибира́ння (нечисто́т і т.ін.); **~e** [dis'pouz] *v/t.* розташо́вувати [-шува́ти]; схиля́ти [-ли́ти]; *v/i.* ~ of розпоряджа́тися [-ди́тися] (О); відкара́ск(ув)атися, збу́(ва́)тися (Р); **~ed** [-d] □ прихи́льний; настро́єний; **~ition** [dispə'ziʃən] розташува́ння; розпоря́дження; прихи́льність *f* до (Р), схи́льність *f* до (Р).
disproof ['dis'pru:f] спростува́ння.
disproportionate [disprə'pɔ:ʃənit] □ непропорці́йний, нерозмі́рний.
disprove ['dis'pru:v] спросто́вувати [-тува́ти].
dispute [dis'pju:t] **1.** запере́чувати [-чити]; (по)сперечáтися; **2.** ди́спут; деба́ти *m/pl.*; поле́міка.
disqualify [dis'kwɔlifai] дискваліфікува́ти (*im*)*pf.*; позбавля́ти пра́ва.
disregard ['disri'gɑ:d] **1.** знева́га, не́хтування; ігнорува́ння; **2.** ігнорува́ти (*im*)*pf.*; (з)не́хтувати, зневажа́ти [знева́жити] (З).
disreput|able [dis'repjutəbl] □ дискредиту́ючий; що ма́є пога́ну репута́цію; **~e** ['disri'pju:t] пога́на сла́ва.
disrespect ['disris'pekt] неповáга, знева́жли́вість *f*; **~ful** [-ful] □ знева́жливий.
dissatis|faction ['dissætis'fækʃən] невдово́лення; **~factory** [-təri] незадові́льний; **~fy** ['dis'sætisfai] не задовольня́ти [-ни́ти].
dissect [di'sekt] розсіка́ти [-кти́]; розтина́ти [розітну́ти] (труп).
dissemble [di'sembl] *v/t.* прихо́вувати [-ва́ти]; *v/i.* уда́(ва́)ти (з се́бе) (З); лицемі́рити.
dissen|sion [di'senʃən] розбі́жність *f*; ро́злад, чва́ри *f/pl.*; **~t** [-t] **1.** незго́да; **2.** розхо́дитися у по́глядах, дума́х.

dissimilar ['di'similə] □ несхо́жий; різнорі́дний.
dissimulation [disimju'leiʃən] симуля́ція; удава́ння, облу́да, лицемі́рство.
dissipat|e ['disipeit] розсі́ювати [розсі́яти]; (з)марнува́ти; розтра́чувати [-тити]; **~ion** [disi'peiʃən] розсі́ювання; марнува́ння; марнотра́тство; розгу́льний спо́сіб життя́.
dissoluble [di'sɔljubl] *Ch* розчи́нний; що мо́же бу́ти розі́рваний (про шлюб, уго́ду).
dissolut|e ['disəlu:t] □ розбе́щений; безпу́тний; непутя́щий; **~ion** [disə'lu:ʃən] розрива́ння (шлю́бу, догово́ру); ро́зпуск (парла́менту).
dissolve [di'zɔlv] *v/t.* розпуска́ти [-ти́ти] (парла́мент і т.ін.); розрива́ти [розірва́ти]; анулюва́ти *(im)pf.*; *v/i.* розчиня́тися [-ни́тися]; розклада́тися [розкла́стися].
dissonant ['disənənt] *Mu* нестро́йний, дисону́ючий.
dissuade [di'sweid] відра́джувати [відра́дити], відмовля́ти [відмо́вити] (from від P).
distan|ce ['distəns] **1.** ві́дстань *f*; далина́; про́міжок, пері́од (ча́су); at a ~ на пе́вній ві́дстані; **2.** залиша́ти дале́ко поза́ду се́бе; розташо́вувати на пе́вній ві́дстані; **~t** [-t] □ дале́кий; віддалений; стри́маний, холо́дний.
distaste ['dis'teist] оги́да, відра́за; **~ful** [-ful] □ оги́дний, неприє́мний (на смак, ви́гляд; to Д).
distemper [dis'tempə] неду́га; соба́ча чума́.
distend [dis'tend] надима́ти(ся).
distil [dis'til] сочи́тися, ка́пати; гна́ти (спирт і т.ін.); *Ch* переганя́ти [-на́ти]; дистилюва́ти *(im)pf.*; **~lery** [-əri] виноку́рня.
distinct [dis'tiŋkt] □ особли́вий, індивідуа́льний; вира́зний; пе́вний; **~ion** [dis'tiŋkʃən] розрі́знення; відзна́ка; розпізнава́льна особли́вість *f*; **~ive** [-tiv] □ відмі́тний, характе́рний, розпізнава́льний.
distinguish [dis'tiŋgwiʃ] розрізня́ти [-ни́ти]; роздивля́тися [-ви́тися]; вирізня́ти [ви́різнити]; **~ed** [-t] видатни́й, відо́мий.
distort [dis'tɔ:t] викривля́ти [ви́кривити]; спотво́рювати [-рити]; перекру́чувати [-ти́ти].
distract [dis'trækt] відволі́к(а́)ти́, розважа́ти [розва́жити]; **~ion** [dis'trækʃən] розва́га; відволіка́ння (ува́ги).
distress [dis'tres] **1.** го́ре; ли́хо; страждання; зли́дні *m/pl.*; **2.** завдава́ти го́ря, страджда́нь (Д); **~ed** [-t] злиде́нний; страждéнний.
distribut|e [dis'tribju:t] розподіля́ти [-ли́ти]; розда́(ва́)ти; розповсю́джувати [-дити]; **~ion** [distri'bju:ʃən] розпо́діл; разда́ча; розповсю́дження.
district ['distrikt] райо́н; о́круг; о́бласть *f*.
distrust [dis'trʌst] **1.** недові́ра; підо́зра; **2.** не довіря́ти (Д); **~ful** [-ful] □ недові́рливий; підозрі́лий; ~ (of o.s.) невпе́внений у собі́.
disturb [dis'tə:b] (по)турбува́ти; заважа́ти [зава́дити] (Д); пору́шувати [-шити]; **~ance** [-əns] пору́шення; триво́га, хвилюва́ння.
disunite ['disju:'nait] розділя́ти [-ли́ти]; роз'є́днувати(ся) [-на́ти(ся)].
disuse ['dis'ju:z] ви́лучити з ужи́тку.
ditch [ditʃ] кана́ва, рівча́к, рів.
ditto ['ditou] те ж, те са́ме; сті́льки ж.
dive [daiv] **1.** пірна́ти [-ну́ти]; зану́рюватися [-ритися]; ки́датися [ки́нутися] у во́ду; *A* піки́рувати; **2.** пірна́ння; зану́рювання; піки́рування; *Am.* кубло́; **~r** ['daivə] водола́з; нире́ць (*m, f*).
diverge [dai'və:dʒ] розхо́дитися [розійти́ся]; відхиля́тися [-ли́тися], ухиля́тися [-ли́тися]; **~nce** [-əns] розхо́дження; відхи́лення, ухи́лення; **~nt** [-ənt] □ що розхо́диться; що відхиля́ється.
divers|e [dai'və:s] □ рі́зний, різномані́тний; іна́кший; **~ion** [dai'və:ʃən] розва́га; **~ity** [-siti] різни́ця; різномані́тність *f*.
divert [dai'və:t] відво́дити убі́к (доро́гу і т.ін.); відверта́ти [-рну́ти] (ува́гу); розважа́ти [розва́жити].
divest [dai'vest] роздяг(а́)ти́; *fig.* позбавля́ти [позба́вити] (of P).
divid|e [di'vaid] *v/t.* (роз)діли́ти; розподіля́ти [-ли́ти]; *v/i.* (роз)діли́тися; розподіля́тися [-ли́тися]; *Ma* діли́тися без оста́чі; **~end** ['dividend] диві́денд; *Ma* ді́лене.
divine [di'vain] **1.** □ боже́ственний; ~ service богослужі́ння; **2.** відга́дувати [-да́ти].
diving ['daiviŋ] пірна́ння; *sport.* стрибки́ у во́ду.
divinity [di'viniti] богослі́в'я; божество́; боже́ственність *f*.
divis|ible [di'vizəbl] □ ді́лений; **~ion** [di'viʒən] по́діл, ді́лення; розпо́діл; перегоро́дка; *Ml* диві́зія; *Ma* ді́лення без оста́чі.
divorce [di'vɔ:s] **1.** розлу́чення; розри́в; **2.** розрива́ти шлюб; розлуча́тися [-чи́тися].

divulge [dai'vʌldʒ] розголо́шувати [-си́ти] (таємни́цю).

dizz|iness ['dizinis] запа́морочення (голови́); **~y** ['dizi] □ яки́й відчува́є запа́морочення; запа́морочливий.

do [du:] [*irr.*] (*s. a.* done) **1.** *v/t.* (з)роби́ти; вико́нувати [ви́конати]; влашто́вувати [-тува́ти]; (при)готува́ти; ~ London огляда́ти Ло́ндон; have done reading закі́нчити чита́ти; F ~ in обма́нювати [-ну́ти]; уби́(ва́)ти; ~ into перево́дити [-вести́]; ~over переробля́ти [-би́ти]; покри́(ва́)ти; обма́щувати [обмасти́ти]; ~ up загорта́ти [-рну́ти]; наво́дити [навести́] лад; приб(и)ра́ти; **2.** *v/i.* (з)роби́ти; (у)чини́ти, ді́яти; ~ so as to... влашто́вувати так, щоб ...; that will ~ до́сить, доста́тньо; how ~ you ~? добри́день!, як ся ма́єте?; ~ well встига́ти; до́бре вести́ спра́ву; ~ away with зни́щувати [-щити]; I could ~ with ... мені́ мі́г би ста́ти у приго́ді (Н); ~ without обхо́дитися [обійти́ся] без (Р); ~ be quick поспіша́йте!, шви́дше!; ~ you like London? - I ~ Вам подо́бається Ло́ндон? - Так.

docil|e ['dousail] слухня́ний; тяму́щий; **~ity** [dou'siliti] слухня́ність *f*; тяму́щість *f*.

dock[1] [dɔk] обру́бувати [-ба́ти] (хвоста́); ко́ротко стри́гти (воло́сся); *fig.* скоро́чувати [-ти́ти].

dock[2] [~] **1.** Sh док; J ла́ва підсу́дних; **2.** Sh ста́вити судно́ у док; вхо́дити до до́ку.

dockyard ['dɔkja:d] верф *f*.

doctor ['dɔktə] **1.** лі́кар; до́ктор (вче́ний сту́пінь); **2.** F лікува́ти.

doctrine ['dɔktrin] вче́ння, доктри́на.

document **1.** ['dɔkjumənt] докуме́нт; свідо́цтво; **2.** [-ment] підтве́рджувати докуме́нтами.

dodge [dɔdʒ] **1.** ви́верт, ви́крут, хи́трощі *f/pl.*; **2.** ухиля́тися [-ли́тися]; (с)хитрува́ти; уника́ти [уни́кнути] (Р).

doe [dou] са́мка (о́леня, за́йця, щура́, кроля́).

dog [dɔg] **1.** соба́ка, пес; **2.** ходи́ти по п'я́тах (Р); висте́жувати [ви́стежити].

dogged ['dɔgid] □ завзя́тий, упе́ртий, наполе́гливий.

dogma ['dɔgmə] до́гма; до́гмат; **~tic (al** □) [dɔg'mætik(əl)] догмати́чний; **~tism** ['dɔgmətizm] догмати́зм.

dog's-ear [dɔgziə] F заги́н (за́гнутий кут сторі́нки).

dog-tired ['dɔg'taiəd] сто́млений як соба́ка.

doings ['du:iŋz] ді́ї *f/pl.*, вчи́нки *m/pl.*

dole [doul] **1.** *Brt.* допомо́га (по безробі́ттю); **2.** видава́ти ску́по.

doleful ['doulful] □ скорбо́тний, сумни́й.

doll [dɔl] ля́лька.

dollar ['dɔlə] до́лар.

dolt [doult] ду́рень *m*, бо́вдур.

dolly ['dɔli] ля́лечка.

domain [də'mein] володі́ння; ма́єток; терито́рія; *fig.* га́лузь *f*, сфе́ра.

dome [doum] ба́ня, ку́пол; склепі́ння.

domestic [də'mestik] **1.** (**~al**) дома́шній; роди́нний; яки́й полюбля́є сиді́ти вдо́ма; **2.** ха́тня робітни́ця; слуга́ *m*; **~ate** [-tikeit] приверта́ти до роди́нного життя́; прируча́ти [-чи́ти] (твари́ну).

domicile ['dɔmisail] пості́йне мі́сце прожива́ння; **~d** [-d] осі́лий; яки́й прожива́є, ме́шкає.

domin|ant ['dɔminənt] пані́вни́й, доміну́ючий; **~ate** [-neit] панува́ти, перева́жа́ти; **~ation** [dɔmi'neiʃən] панува́ння, перева́жа́ння; **~eer** [dɔmi'niə] ді́яти деспоти́чно; владарюва́ти; **~eering** [-riŋ] □ деспоти́чний, вла́дний.

dominion [də'minjən] домініо́н; володі́ння.

don [dɔn] надяг(а́)ти́.

donat|e [dou'neit] *Am.* (по)же́ртвувати; **~ion** [-ʃən] поже́ртвування.

done [dʌn] **1.** *p.pt.* від do; **2.** гото́вий; сто́млений; обду́рений; well ~ до́бре зго́тований, просма́жений.

donkey ['dɔŋki] осе́л.

donor ['dounə] жертвода́вець(-виця); Me до́нор.

doom [du:m] **1.** до́ля, фа́тум; **2.** засу́джувати [-ди́ти]; прирі́ка́ти [приректи́] (to на З).

door [dɔ:] две́рі *f/pl.*; next ~ по́ряд; (with)in ~s усере́дині, в буди́нку; **~-handle** ру́чка двере́й; **~-keeper**, *Am.* **~man** швейца́р, ворота́р; **~way** вхід; о́твір двере́й.

dope [doup] **1.** нарко́тик; F дурма́н; **2.** дава́ти нарко́тики (Д).

dormant ['dɔmə:nt] *mst fig.* бездія́льний, спля́чий.

dormer(-window) ['dɔ:mə('windou)] дахове́ (слухове́) вікно́.

dormitory ['dɔ:mitəri] дортуа́р, спі́льна спа́льня; *Am.* гурто́житок.

dose [dous] **1.** до́за, прийо́м; **2.** дозува́ти (*im*)*pf.*; дава́ти до́зами.

dot [dɔt] **1.** кра́пка; кри́хітна річ; **2.** ста́вити крапки́ над (О); познача́ти пункти́ром.

dot|e [dout]: ~ (up)on коха́ти до

нестя́ми; ~**ing** ['dɔutiŋ] яки́й коха́є до нестя́ми.

double ['dʌbl] **1**. □ подві́йний; двоя́кий; двоєду́шний; **2**. двійни́к; подві́йна кі́лькість *f;* па́рна гра; *thea.* дублéр; **3**. *v/t.* подво́ювати [подво́їти]; склада́ти [скла́сти] удво́є; ~**d up** що скарлю́чився; *v/i.* подво́юватися [подво́їтися]; ~**-breasted** двобо́ртний (піджа́к); ~**-dealing** дворýшництво; ~**-edged** двого́стрий; ~**-entry** C подві́йна бухгалтéрія.

doubt [daut] **1**. засумніва́тися у (M); не довіря́ти (Д); підо́зрювати *v/i,* ма́ти су́мнів; **2**. су́мнів; no ~ без су́мніву; ~**ful** ['dautful] □ сумні́вний; ~**fulness** [-nis] сумні́вність *f*; ~**less** ['dautlis] безперéчно; ймові́рно.

douche [du:ʃ] **1**. душ; облива́ння; **2**. прийма́ти душ; облива́ти(ся) водо́ю.

dough [dou] ті́сто; ~**nut** ['dounʌt] по́нчик.

dove [dʌv] го́луб; *fig.* голýбчик (-бонька).

dowel ['dauel] E дю́бель *m*, штифт.

down[1] [daun] пух; па́горб; безлі́са височина́.

down[2] [~] **1**. *adv.* уни́з, унизý; ~ **to** аж до (P); F **be** ~ **upon** напада́ти [напа́сти] на (З); **2**. *prp.* уни́з по (M); уздо́вж (P); ~ **the river** уни́з ріко́ю; **3**. що спрямо́ваний дони́зу; ~ **platform** перо́н для поїзді́в, які́ йдуть із столи́ці (або вели́кого мі́ста); **4**. *v/t.* опуска́ти [опусти́ти]; зби́(ва́)ти (літа́к); (по)дола́ти; ~**cast** ['daunkɑ:st] пригні́чений; ~**fall** паді́ння; ~**hearted** занепа́лий ду́хом; ~**hill** уни́з; дони́зу; з гори́; ~**pour** зли́ва; ~**right 1**. *adv.* цілкови́то; пря́мо; **2**. *adj.* прями́й; відвéртий, щи́рий; ~**stairs** ['daun'stɛəz] уни́з, унизý; ~**stream** уни́з за течіє́ю; ~**town** *part. Am.* у ділову́ части́ну мі́ста, у діловí́й части́ні мі́ста; ~**ward(s)** [-wəd(z)] уни́з, дони́зу.

downy ['dauni] пухна́стий, м'яки́й на́че пух; *sl.* хи́трий.

dowry ['dauəri] по́саг.

doze [douz] **1**. дрімо́та; **2**. дріма́ти, "клюва́ти но́сом".

dozen ['dʌzn] дю́жина.

drab [dræb] жовта́во-сі́рий; одномані́тний.

draft [drɑ:ft] **1**. = **draught**; чек; су́ма, одéржана за чéком; Ml попо́внення, підкрі́плення; **2**. накида́ти [наки́нути].

drag [dræg] **1**. тяга́р; дра́га; борона́; **2**. *v/t.* (по)тягти́, (по)волочи́ти; чи́стити дно (рі́чки і т.ін.); *v/i.* (по)волочи́тися; ~ **on** тягти́ся (про час).

dragon ['drægən] драко́н; ~**-fly** ба́бка.

drain [drein] **1**. дрена́ж; каналіза́ція; водості́к; **2**. *v/t.* дренува́ти *(im)pf.*; вичéрпувати [ви́черпати]; осýшувати [осуши́ти]; ~**age** ['dreinidʒ] дрена́ж; стік; каналіза́ція.

drake [dreik] ка́чур.

drama|tic [drə'mætik] (~**ally**) драмати́чний; ~**tist** ['dræmətist] драматýрг; ~**tize** [-taiz] драматизува́ти *(im)pf.*

drank [dræŋk] *pt.* від **drink**.

drape [dreip] (за)драпірува́ти; розташо́вувати [-шува́ти] скла́дками; ~**ry** ['dreipəri] драпірува́ння; ткани́на.

drastic ['dræstik] (~**ally**) рішýчий, круто́й (за́хід).

draught [drɑ:ft] тя́га; про́тяг; ковто́к; чернéтка, на́черк; Sh водотонна́жність *f;* ~**s** *pl.* ша́шки *f/pl.*; *s.* **draft**; ~ **beer** пи́во у бо́чці; ~**-horse** ломови́к, ванта́жний кінь *m*; ~**sman** [-smən] кресля́р.

draw [drɔ:] **1**. [*irr.*] (на)малюва́ти; (по)тягти́; вирива́ти [ви́рвати]; черпа́ти (во́ду); приверта́ти [-ну́ти] (ува́гу); виво́дити [ви́вести] (ви́сновок); кінча́ти (гру) внічию́; ~ **near** наближа́тися [набли́зитися]; ~ **out** витяга́ти [ви́тягти]; ~ **up** склада́ти [скла́сти] (докумéнт); зупиня́тися [-ни́тися]; ~ **up(on)** C ви́ставити вéксель на (З); **2**. тя́га; жеребкува́ння; F головнé, основнé, окра́са (сезо́ну, вéчора і т.ін.); ~**back** ['drɔ:bæk] ва́да; зава́да; C поворо́тне ми́то; ~**er 1**. ['drɔ:ə] кресля́р; C траса́нт; **2**. [drɔ:] шухля́да; (a **pair of**) ~**s** *pl.* кальсо́ни, спі́дні *f/pl.*

drawing ['drɔ:iŋ] малю́нок; малюва́ння; крéслення; ~**-board** кресля́рська до́шка; ~**-room** віта́льня.

drawn [drɔ:n] *p.pt.* від **draw**.

dread [dred] **1**. боя́тися, страха́тися (P); **2**. (о)страх, побо́ювання; ~**ful** ['dredful] □ жахли́вий, страшни́й.

dream [dri:m] **1**. сон, сновиді́ння; мрі́я; ма́рення; **2**. [*a. irr.*] ба́чити уві сні; мрі́яти; ма́рити; уявля́ти [уяви́ти]; ~**er** ['dri:mə] мрі́йник (-иця); фантазéр(ка); ~**y** [-i] □ мрійли́вий.

dreary ['driəri] □ то́скний; нуди́й.

dredge [dredʒ] **1**. землечерпа́лка; дра́га; екскава́тор; **2**. драгува́ти *(im)pf.*; погли́блювати фарва́тер.

dregs [dregz] *pl.* о́сад; невели́кий за́лишок; подéнки *m/pl.*

drench [drentʃ] 1. промока́ння (під доще́м); 2. промока́ння до рубця́.
dress [dres] 1. о́дяг, убра́ння; *thea.* ~ **rehearsal** генера́льна репети́ція; 2. одяг(а́)ти́(ся); прикраша́ти(ся) [прикра́сити(ся)]; роби́ти за́чіску; Ml рівня́тися [ви́рівнятися]; вирі́внювати [ви́рівняти]; Me перев'я́зувати[-за́ти]; ~-**circle** *thea.* бельета́ж; ~**er** ['dresə] кухо́нна ша́фа; *Am.* туале́тний сто́лик.
dressing ['dresiŋ] перев'я́зувальний матеріа́л; перев'я́зка; *cook.* припра́ва, присма́ка; ~-**down** дога́на, прочуха́н; ~-**gown** хала́т; ~-**table** туале́тний сто́лик.
dress|maker [dresmeikə] кравчи́ня; ~-**parade** ви́ставка мод.
drew ['dru:] *pt.* від draw.
dribble ['dribl] ка́пати; пуска́ти сли́ну.
dried [draid] сухи́й; ви́схлий.
drift [drift] 1. дрейф; заме́т, кучугу́ра (сні́гу); нано́с (піску́); *fig.* пра́гнення; тенде́нція; 2. *v/t.* відно́сити [віднести́]; нано́сити [нанести́]; мести́ (сніг, про ві́тер); *v/i.* дрейфува́ти (*im*)*pf.*; ску́пчуватися (про ли́стя і т.ін.); *fig.* не ді́яти; бу́ти паси́вним; не чини́ти о́пору.
drill [dril] 1. све́рдел; коло́ворот; фізи́чна впра́ва; Ac борозна́; Ml стройове́ навча́ння; 2. (на)тренува́ти; Ml прово́дити стройове́ навча́ння.
drink [driŋk] 1. напі́й; 2. [*irr.*] (ви́)пити; пия́чити.
drip [drip] 1. ка́пання; 2. ка́пати.
drive [draiv] 1. ката́ння, їзда́; під'їзна́ але́я (до до́му); Ml уда́р, ата́ка; E переда́ча, при́вод; *fig.* ене́ргія, си́ла; 2. [*irr.*] *v/t.* (по)гна́ти; вби́(ва́)ти (цвях і т.ін.); вози́ти, (по)везти́ (в автомобі́лі, екіпа́жі і т. ін.); пра́вити (кі́ньми і т.ін.); управля́ти (маши́ною); *v/i.* ї́здити, (по)ї́хати; ката́тися; (по)мча́ти; ~ at мі́тити на (З).
drivel ['drivl] 1. розпуска́ти сли́ну; верзти́ дурни́ці; 2. нісені́тниця.
driven ['drivn] *p.pt.* від drive.
driver ['draivə] пого́нич; *mot.* шофе́р, водíй; Rr машині́ст; E веду́че ко́лесо.
drizzle ['drizl] 1. мря́ка, мжи́чка; 2. мрячи́ти, імжи́ти, мжи́чити.
drone [droun] 1. *zo.* тру́тень *m*; *fig.* ле́дар, неро́ба; 2. (за)дзижча́ти; (за)гуді́ти.
droop [dru:p] *v/t.* схиля́ти [-ли́ти] (го́лову); *v/i.* звиса́ти [зави́снути], (по)ни́кнути; в'я́нути [зів'я́ти] (про кві́ти).
drop [drɔp] 1. кра́пля; льодяни́к, ледене́ць *m*; паді́ння, зни́ження; *thea.* заві́са; 2. *v/t.* впуска́ти [-сти́ти]; скида́ти [ски́нути]; ки́дати [ки́нути] (зви́чку); ~ a p. a line черкону́ти кому́сь слівце́; *v/i.* ка́пати [ка́пнути]; спада́ти [спа́сти]; па́дати [впа́сти]; зни́жуватися [зни́зитися]; ~ in захо́дити [зайти́]; загляда́ти [загляну́ти], зазира́ти [-рну́ти].
drought [draut] посу́ха.
drove [drouv] 1. гурт, ста́до; 2. *pt.* від drive.
drown [draun] *v/t.* зато́плювати [-пи́ти]; *fig.* заглуша́ти [-ши́ти] (звук); *v/i.* (по)тону́ти = be ~ed; ~ o.s. (у)топи́тися.
drows|e [drauz] (за)дріма́ти; ~**y** ['drauzi] со́нний.
drudge [drʌdʒ] вико́нувати нудну́, важку́ робо́ту; "тягти́ ля́мку".
drug [drʌg] 1. лі́ки *pl.*, медикаме́нт; нарко́тик; 2. вжива́ти нарко́тики; дава́ти нарко́тики (Д); ~**gist** ['drʌgist] апте́кар.
drum [drʌm] 1. бараба́н; бараба́нний бій; *anat.* бараба́нна пере́тинка; 2. би́ти у бараба́н; бараба́нити.
drunk [drʌŋk] 1. *p.pt.* від drink; 2. п'я́ний; get ~ напива́тися п'я́ним; ~**ard** ['drʌŋkəd] п'яни́ця *m/f*; ~**en** ['drʌŋkən] п'я́ний.
dry [drai] 1. □ сухи́й, ви́схлий; F спра́глий; F антиалкого́льний; ~ **goods** *pl. Am.* мануфакту́ра; галанте́рея; 2. (ви́)суши́ти; (ви́)со́хнути; ~ **up** вису́шувати [ви́сушити]; висиха́ти [ви́сохнути]; пересиха́ти [-со́хнути]; ~-**clean** чи́стити хімі́чно; ~-**nurse** ня́ня.
dual ['dju:əl] □ двої́стий, подві́йний.
dubious ['dju:bjəs] □ сумні́вний, підозрі́лий.
duchess ['dʌtʃis] герцоги́ня.
duck [dʌk] 1. ка́чка; на́хил голови́; пірна́ння; F ду́шка; 2. пірна́ти [-ну́ти]; зану́рюватися [-ритися]; викру́чуватися [ви́крутитися].
duckling ['dʌkliŋ] каченя́.
dudgeon ['dʌdʒən] обра́за.
due [dju:] 1. нале́жний; зобов'я́заний; очі́куваний; in ~ time у сві́й час; it is his ~ йому́ це нале́жить; 2. *adv.* Sh то́чно, пря́мо (про стрі́лку ко́мпаса); 3. нале́жне; *mst* ~**s** *pl.* збір; пода́тки *m/pl.*; ми́то; чле́нський вне́сок.
duel ['dju:əl] 1. дуе́ль *f*; 2. би́тися на дуе́лі.
dug [dʌg] *pt.* і *p.pt.* від dig.
duke [dju:k] ге́рцог; ~**dom** ['dju:kdəm] ге́рцогство.

dull [dʌl] 1. □ тупи́й (*a. fig.*); нудни́й; C мля́вий; похму́рий (день); 2. притупля́ти(ся) [-пи́ти(ся)]; *fig.* роби́ти(ся) тупи́м, нудни́м; **~ness** [ˈdʌlnis] нудьга́; мля́вість *f;* ту́пість *f.*
duly [ˈdju:li] нале́жним чи́ном.
dumb [dʌm] □ німи́й; дурни́й.
dummy [ˈdʌmi] манеке́н, ля́лька; Ml маке́т; *fig.* фікти́вна осо́ба.
dump [dʌmp] 1. зва́лище; Ml пальови́й склад; 2. скида́ти [ски́нути]; накида́ти [наки́нути]; зва́лювати [-ли́ти] (сміття́); **~s** *pl.* пога́ний на́стрій; **~ing** C де́мпінг.
dun [dʌn] наполе́гливо вимага́ти спла́ти бо́ргу.
dunce [dʌns] тупи́ця *m/f.*
dune [dju:n] дю́на.
dung [dʌŋ] 1. гній; 2. угно́ювати.
dungeon [ˈdʌndʒən] підзе́мна в'язни́ця.
duplic|ate 1. [ˈdju:plikit] а) подві́йний; запасни́й; б) дублі́ка́т, ко́пія; 2. [-keit] зніма́ти, роби́ти ко́пію з (P); подво́ювати [подво́їти]; **~ity** [dju:ˈplisiti] двоєду́шність *f.*
dura|ble [ˈdjuərəbl] □ міцни́й; трівки́й; **~tion** [djuəˈreiʃən] трива́лість *f.*
duress(e) [djuəˈres] при́мус, прину́ка.
during [ˈdjuəriŋ] *prp.* про́тягом (P), під час (P).
dusk [dʌsk] су́тінки; **~y** [ˈdʌski] □ сутінко́вий; смагля́вий.
dust [dʌst] 1. пил; 2. (на)пили́ти; витира́ти пил; **~-bin** я́щик для сміття́; **~er** [ˈdʌstə] ганчі́рка для витира́ння пи́лу; **~y** [ˈdʌsti] □ пи́льний, порохня́вий.
Dutch [dʌtʃ] 1. голла́ндець *m* (-дка); 2. голла́ндський; the ~ голла́ндці *pl.*
duty [ˈdju:ti] обо́в'язок; чергува́ння; ми́то; off ~ ві́льний від чергува́ння; **~-free** *adv.* безми́тно.
dwarf [dwɔ:f] 1. ка́рлик; 2. заважа́ти ро́сту, зупиня́ти ро́звиток (P).
dwell [dwel] [*irr.*] жи́ти, перебува́ти, існува́ти; ~ **up(on)** затри́муватися [-матися] на (M); **~ing** [ˈdweliŋ] житло́, буди́нок.
dwelt [dwelt] *pt. i p.pt.* від dwell.
dwindle [ˈdwindl] зме́ншуватися [-шитися], скоро́чуватися [-ти́тися].
dye [dai] 1. ба́рва; барвни́к; заба́рвлення; *fig.* of the deepest ~ спра́вжній; 2. заба́рвлювати [-вити], (по)фарбува́ти.
dying [ˈdaiiŋ] (*s.* die[1]) 1. □ умира́ючий; передсме́ртний; 2. умира́ння.
dynam|ic [daiˈnæmik] динамі́чний; акти́вний; енергі́йний; **~ics** [-iks] *mst sg.* дина́міка; **~ite** [ˈdainəmait] 1. динамі́т; 2. підрива́ти динамі́том.

E

each [i:tʃ] ко́жен, ко́жний; ~ other оди́н о́дного.
eager [ˈi:gə] □ пра́гнучий; завзя́тий; енергі́йний; **~ness** [-nis] завзя́ття, за́пал.
eagle [i:gl] оре́л, орли́ця.
ear [iə] ву́хо; **~-drum** бараба́нна пере́тинка.
earl [ə:l] граф (англі́йський).
early [ˈə:li] 1. ра́нній; завча́сний; 2. *adv.* ра́но; заздалегі́дь; as ~ as уже́.
ear-mark [ˈiəmɑ:k] відзнача́ти [відзна́чити].
earn [ə:n] заробля́ти [-би́ти]; заслуго́вувати [заслужи́ти].
earnest [ˈə:nist] 1. □ серйо́зний; упе́внений; щи́рий; 2. серйо́зність *f.*
earnings [ˈə:niŋz] заробі́ток.
ear|-piece слу́хавка (у телефо́ні); **~-shot** ме́жі чу́тності.
earth [ə:θ] 1. земля́, земна́ ку́ля; земля́, ґрунт; 2. *v/t.* зари́(ва́)ти; закоп(ув)а́ти; El заземля́ти [-ли́ти]; **~en** [ˈə:θən] земляни́й; **~enware** [ˈə:θənwɛə] череп'я́ний по́суд; **~ing** [ˈə:θiŋ] El зазе́млення; **~ly** [ˈə:θli] земни́й; *fig.* су́єтний; **~quake** [-kweik] землетру́с; **~worm** черв'я́к.
ease [i:z] 1. спо́кій; ле́гкість *f;* неви́мушеність *f;* at ~ ві́льно, зру́чно; 2. поле́гшувати [-шити]; заспоко́ювати [-о́їти].
easel [ˈi:zl] мольбе́рт.
easiness [ˈi:zinis] *s.* ease 1.
east [i:st] 1. схід; 2. схі́дний; 3. *adv.* на схід (of від P).
Easter [ˈi:stə] Великдень, Па́сха.
easter|ly [ˈi:stəli], **~n** [i:stən] схі́дний.
eastward(s) [ˈi:stwəd(z)] на схід.
easy [ˈi:zi] легки́й; спокі́йний; неви́мушений; take it ~! не поспіша́й(те)!; спокі́йніше!; **~-chair** крі́сло; **~-going** *fig.* доброду́шний; безтурбо́тний.

eat [i:t] 1. [*irr.*] (з')ї́сти; роз'їда́ти [-ї́сти]; 2. [et] *pt.* від eat 1; **~ables** ['i:təblz] *pl.* їстівне́; **~en** ['i:tn] *p.pt.* від eat 1.
eaves [i:vz] *pl.* карни́з; стрі́ха; **~drop** підслухо́вувати [підслу́хати].
ebb [eb] 1. (*a.* **~-tide**) відпли́в; *fig.* змі́на на гі́рше; 2. відступа́ти [-пи́ти], спада́ти [спа́сти] (про во́ду); *fig.* сла́бшати.
ebony ['ebəni] чо́рне де́рево.
ebullition [ebə'liʃən] кипі́ння; скипа́ння.
eccentric [ik'sentrik] 1. Ma ексцентри́чний; 2. дива́к.
ecclesiastic [ikli:zi'æstik] 1. R, *mst* **~al** [-tikəl] □ духо́вний, церко́вний; 2. духо́вна осо́ба.
echo ['ekou] 1. луна́; 2. відлу́нювати.
eclipse [i'klips] 1. зате́мнення; 2. затьма́рювати [-рити]; затуля́ти [-ли́ти].
econom|ic(al □) [i:kə'nɔmik(əl)] економі́чний; еконо́мний, оща́дливий; **~ics** [-iks] *pl.* еконо́міка; наро́дне господа́рство; **~ist** [i:'kɔnəmist] економі́ст; **~ize** [-maiz] (з)еконо́мити; **~y** [-mi] господа́рство; еконо́мія; оща́дливість *f*.
ecsta|sy ['ekstəsi] екста́з; **~tic** [eks'tætik] (**~ally**) несамови́тий.
eddy ['edi] 1. вир, водове́рть *f*; 2. крути́тися у ви́рі.
edge [edʒ] 1. край; ле́зо; ві́стря *n*; кряж, гі́рський хребе́т; кра́йка (ткани́ни); обрі́з (кни́ги); be on ~ бу́ти на́че на го́лках; 2. обріза́ти краї́; облямо́вувати [-мува́ти]; наго́стрювати [-ри́ти]; **~ways, ~wise** [-weiz, -waiz] кра́єм, бо́ком.
edging ['edʒiŋ] край, облямі́вка, бордю́р.
edible ['edibl] їстівни́й.
edifice ['edifis] буди́нок.
edit ['edit] ви́да(ва́)ти; (від)редагува́ти; **~ion** [i'diʃən] вида́ння; **~or** ['editə] видаве́ць *m*; реда́ктор; **~orial** [edi'tɔ:riəl] 1. реда́кторський; редакці́йний; 2. передова́ стаття́, передови́ця; **~orship** ['editəʃip] реда́кторство.
educat|e ['edju:keit] дава́ти осві́ту (Д); ви́хо́(ву)вати; **~ion** [edju'keiʃən] осві́та; вихова́ння; Board of ~ міністе́рство осві́ти; **~ional** [-ʃnl] □ педагогі́чний; учбо́вий, навча́льний; **~or** ['edjukeitə] педаго́г.
eel [i:l] вуго́р.
efface [i'feis] стира́ти [сте́рти]; викре́слювати [ви́креслити]; *fig.* ~ o.s. стушо́вуватися [-шува́тися].
effect [i'fekt] 1. на́слідок; результа́т; E продукти́вність *f*; ді́я; **~s** *pl.* майно́; пожи́тки *m/pl.*; take ~, be of ~ набира́ти чи́нності; in ~ у ді́йсності; to the ~ тако́го змі́сту; 2. виробля́ти [ви́робити]; вико́нувати [ви́конати]; зді́йснювати [-ни́ти]; **~ive** [-iv] □ ефекти́вний, дійови́й; що ма́є си́лу; E кори́сний; ~ date да́та набра́ння чи́нності (P); **~ual** [-juəl] □ ді́йсний; J що ма́є си́лу (чи́нність *f*).
effeminate [i'feminit] □ поді́бний до жі́нки, женоподі́бний.
effervesce [efə'ves] (с)пі́нитися; виграва́ти, шумува́ти (про вино́).
effete [e'fi:t] ви́снажений; неплі́дний, неродю́чий.
efficacy ['efikəsi] ді́йсність *f*; діє́вість *f*; си́ла.
efficien|cy [i'fiʃənsi] ефекти́вність *f*; умі́лість *f*; **~t** [-ənt] □ умі́лий, кваліфіко́ваний; ефекти́вний.
efflorescence [eflɔ:'resns] ро́зквіт.
effluence ['efluəns] витіка́ння, закі́нчення; емана́ція.
effort ['efət] зуси́лля; дося́гнення.
effrontery [e'frʌntəri] безсоро́мність *f*.
effulgent [e'fʌldʒənt] □ осяйни́й; промени́стий.
effus|ion [i'fju:ʒən] ви́лив; *fig.* вия́влення, зві́рення; **~ive** [i'fju:siv] □ експанси́вний; неви́триманий.
egg[1] [eg] підбу́рювати [-рити] (*mst* ~ on).
egg[2] [~] яйце́; buttered, scrambled ~s *pl.* омле́т, яє́чня, пряже́ня; fried ~s *pl.* ока́та яє́чня.
egotism ['egoutizm] еготи́зм; зарозумі́лість *f*.
egress ['i:gres] ви́хід; ви́тік, ви́лив.
Egyptian [i'dʒipʃən] 1. єгиптя́нин (-нка); 2. єги́петський.
eight [eit] 1. ві́сім; 2. ві́сімка; **~een** ['ei'ti:n] вісімна́дцять; **~eenth** [-θ] вісімна́дцятий; **~h** [eitθ] 1. во́сьмий; 2. во́сьма части́на; **~ieth** ['eitiiθ] вісімдеся́тий; **~y** ['eiti] вісімдеся́т.
either ['aiðə] 1. *pron.* оди́н з двох; той або́ і́нший; і той, і той, обидва; 2. *cj.* ~ ... or ... або́ ... або́ ...; not (...) ~ тако́ж не.
ejaculate [i'dʒækjuleit] вигу́кувати [ви́гукнути]; виверга́ти [ви́вергнути].
eject [i'dʒekt] виганя́ти [ви́гнати]; виселя́ти [ви́селити]; виверга́ти [ви́вергнути]; випуска́ти [ви́пустити] (дим).
eke [i:k]: ~ out запо́внювати [-нити]; ~ out one's existence перебива́тися з хлі́ба на квас, животі́ти.
elaborat|e 1. [i'læbərit] □ складни́й; рете́льно ви́роблений; 2. [-reit] розробля́ти [-би́ти]; розви́(ва́)ти;

~eness [-ritnis], ~ion [ilæbə'reiʃən] розро́бка; ро́звиток; уто́чнення.
elapse [i'læps] прохо́дити [пройти́]; спливати [сплисти́] (що́до часу).
elastic [i'læstik] 1. [~**ally**] еласти́чний; пружни́й; 2. F рези́нка (тасьма́, шнур); ~**ity** [elæs'tisiti] еласти́чність *f*.
elate [i'leit] 1. □ що раді́є, тріумфу́є; 2. підніма́ти на́стрій (P).
elbow ['elbou] 1. лі́коть *m*; E колі́но; коси́нець *m*; at one's ~ під руко́ю, по́руч; 2. штовха́ти лі́ктями; ~ out виштóвхувати [ви́штовхати].
elder ['eldə] 1. ста́рший; 2. B бузина́; ~**ly** ['eldəli] лі́тній.
eldest ['eldist] (най)ста́рший.
elect [i'lekt] 1. обира́ти [обра́ти]; признача́ти [призна́чити]; 2. обра́ний; ~**ion** [i'lekʃən] ви́бори *m/pl*.; ~**or** [-tə] ви́борець *m*; ~**oral** [-tərəl] ви́борчий; ~**orate** [-tərit] континге́нт ви́борців.
electri|c [i'lektrik] електри́чний; ~ circuit електри́чний ланцю́г; ~**cal** [-trikəl] □ електри́чний; ~ engineering електроте́хніка; ~**cian** [ilek'triʃən] електромонте́р.
electri|city [ilek'trisiti] еле́ктрика; ~**fy** [i'lektrifai], ~**ze** [i'lektraiz] електрифікува́ти *(im)pf*.; (на)електризува́ти.
electro|cute [i'lektrəkju:t] стра́тити *pf*. на електри́чному стільці́.
electron [i'lektrɔn] електро́н; ~-**ray tube** опти́чний індика́тор настро́йки, "магі́чне о́ко".
electro|plate [i'lektroupleit] гальвані́зува́ти *(im)pf*.; ~**typy** гальванопла́стика.
elegan|ce ['eligəns] елега́нтність *f*, ви́тонченість *f*; ~**t** ['eligənt] □ елега́нтний, ви́шуканий, ви́тончений.
element ['elimənt] елеме́нт; стихі́я; ~**s** *pl*. заса́ди *f/pl*.; ~**al** [eli'mentl] □ основни́й; стихі́йний; ~**ary** [-təri] □ елемента́рний; elementaries *pl*. осно́ви *f/pl*. (будь-якої нау́ки).
elephant ['elifənt] слон.
elevat|e ['eliveit] підніма́ти [-ня́ти]; підви́щувати [-щити]; *fig*. підно́сити [-нести́]; ~**ion** [eli'veiʃən] підви́щення; височина́; висота́ (над рі́внем мо́ря); ~**or** ['eliveitə] E елева́тор, вантажопідйо́мник; *Am*. ліфт; A кермо́ висоти́.
eleven [i'levn] одина́дцять; ~**th** [-θ] 1. одина́дцятий; 2. одина́дцята части́на.
elf [elf] ельф; витівни́к, пусту́н.
elicit [i'lisit] добу́(ва́)ти; виклика́ти [ви́кликати].
eligible ['elidʒəbl] □ що мо́же бу́ти о́браний; прида́тний.
eliminat|e [i'limineit] усува́ти [усу́нути]; зни́щувати [-щити]; ~**ion** [ilimi'neiʃən] ви́ключення, ви́мкнення; зни́щення.
elk [elk] *zo*. лось *m*.
elm [elm] B в'яз, бе́рест.
elocution [elə'kju:ʃən] ора́торське мисте́цтво.
elope [i'loup] тіка́ти [втекти́] (з коха́ним).
eloquen|ce ['eləkwəns] красномо́вність *f*; ~**t** [-t] □ красномо́вний.
else [els] ще; крім; іна́кше; і́нший; or ~ бо; або́ ж; ~**where** ['els'wɛə] десь в і́ншому мі́сці.
elucidat|e [i'lu:sideit] роз'я́снювати [-ни́ти]; ~**ion** [ilu:si'deiʃən] роз'я́снення.
elude [i'lu:d] уника́ти [уни́кнути]; ухиля́тися [-ли́тися] від (P).
elus|ive [i'lu:siv] невло́вний, невлови́мий; ~**ory** [-səri] що вислиза́є, зника́є.
emaciate [i'meiʃieit] висна́жувати [ви́снажити]; вимо́рювати [ви́морити].
emanat|e ['eməneit] витіка́ти [ви́текти]; похо́дити (from від P); ~**ion** [emə'neiʃən] емана́ція; випромі́нювання.
emancipat|e [i'mænsipeit] звільни́ти від обме́жень; ~**ion** [imænsi'peiʃən] зві́льнення, ви́зволення.
embalm [im'bɑ:m] (на)бальзамува́ти.
embankment [im'bæŋkmənt] да́мба, на́сип; на́бережна.
embargo [em'bɑ:gou] ембáрго *n indecl*.; заборо́на.
embark [im'bɑ:k] (за)вантáжувати(ся) [-ити(ся)]; сіда́ти [сі́сти] (на корабе́ль); *fig*. ~ in, (up)on поч(ин)а́ти (З).
embarrass [im'bærəs] утру́днювати [-ни́ти]; (з)бенте́жити; заважа́ти [зава́дити]; ~**ing** [-iŋ] □ скрутни́й; незру́чний; обтя́жливий; ~**ment** [-mənt] утру́днення, скру́та; збенте́ження.
embassy ['embəsi] посо́льство.
embellish [im'beliʃ] прикраша́ти [прикра́сити].
embers ['embəz] *pl*. жари́нки, що же́вріють.
embezzle [im'bezl] розтра́чувати [-тити] (чужі́ гро́ші); ~**ment** [-mənt] розтра́та.
embitter [im'bitə] озлобля́ти [-би́ти].
emblem ['embləm] емблéма, си́мвол.
embody [im'bɔdi] вті́лювати [-лити]; усо́блювати [-бити]; включа́ти [-чи́ти] (до скла́ду).

E

embosom [im'buzəm] обійма́ти [обійня́ти], охо́плювати [-пи́ти]; ~ed with ото́чений (О).
emboss [im'bɔs] (ви́)карбува́ти; ліпи́ти релье́ф.
embrace [im'breis] 1. обі́йми *f/pl.*; 2. обійма́ти(ся) [обійня́ти(ся)]; прийма́ти [прийня́ти] (ві́ру і т.ін.); охо́плювати [-пи́ти].
embroider [im'brɔidə] ви́ши(ва́)ти; **~y** [-ri] вишива́ння, ви́шивка.
embroil [im'brɔil] заплу́т(ув)ати (спра́ви); вплу́т(ув)ати (у неприє́мності).
emerald ['emərald] смара́гд.
emerge [i'mə:dʒ] з'явля́тися [-ви́тися]; сплива́ти [сплисти́]; **~ncy** [-ənsi] непередба́чений ви́падок; *attr.* запасни́й, допомі́жний; ~ call *teleph.* терміно́вий ви́клик по телефо́ну; **~nt** [-ənt] непередба́чений; терміно́вий.
emigra|nt ['emigrənt] 1. емігра́нт, пересе́ленець *m*; 2. емігру́ючий; переселе́нський; **~te** [-greit] емігрува́ти *(im)pf.*; переселя́тися [-ли́тися]; **~tion** [emi'greiʃən] еміґра́ція, пересе́лення.
eminen|ce ['eminəns] висота́; висо́ке стано́вище; **&ce** високопреосвяще́нство; **~t** [-ənt] □ *fig.* видатни́й, надзвича́йний, чудо́вий; *adv.* надзвича́йно, напро́чуд, чудо́во.
emit [i'mit] ви́да(ва́)ти (звук), звуча́ти; випуска́ти [ви́пустити]; випромі́нювати [ви́промінити] (за́пах); виділя́ти [ви́ділити].
emoti|on [i'mouʃən] хвилюва́ння, збу́дження; емо́ція; **~onal** [-l] схвильо́ваний; хвилю́ючий (про му́зику і т.ін.).
emperor ['empərə] імпера́тор.
empha|sis ['emfəsis] вира́зність *f*; на́голос, акце́нт; **~size** [-saiz] підкре́слювати [-лити]; **~tic** [im'fætik] (**~ally**) вира́зний; підкре́слений; наполе́гливий.
empire ['empaiə] імпе́рія.
employ [im'plɔi] 1. вжи́(ва́)ти; застос(о́в)ува́ти; використо́вувати [-та́ти]; дава́ти робо́ту (Д); 2. in the ~ of на робо́ті у (Р), працю́ючий у (Р); **~ee** [emplɔi'i:] службо́вець *m* (-вка); робітни́к (-и́ця); **~er** [im'plɔiə] наймач, працеда́вець *m*; С замо́вник(-иця); **~ment** [-mənt] застосува́ння; робо́та, заня́ття; **&** Exchange бі́ржа пра́ці.
empower [im'pauə] уповнова́жувати [-жити].
empress ['empris] імператри́ця.
empt|iness ['emptinis] порожне́ча; **~y** [-ti] 1. □ поро́жній; F голо́дний; 2. спорожня́ти(ся) [-ни́ти(ся)], (с)порожні́ти.
emul|ate ['emjuleit] змага́тися з (О); **~ation** [emju'leiʃən] змага́ння.
enable [i'neibl] дава́ти можли́вість *f* *або́* пра́во (Д).
enact [i'nækt] припи́с(ув)а́ти; запрова́джувати [-дити]; ухва́лювати [-ли́ти]; *thea.* гра́ти роль *f*; ста́вити на сце́ні.
enamel [i'næml] 1. ема́ль *f*; 2. емалюва́ти *(im)pf.*; вкрива́ти ема́ллю.
enamo(u)red [i'næməd]: ~ of зако́ханий у (З).
encamp [in'kæmp] Ml розташо́вуватися та́бором.
enchain [in'tʃein] зак(о́в)ува́ти; прик(о́в)ува́ти.
enchant [in'tʃɑ:nt] зачар(о́в)ува́ти; **~ment** [-mənt] зачарува́ння; **~ress** [-ris] чарівни́ця.
encircle [in'sə:kl] ото́чувати [-чи́ти].
enclos|e [in'klouz] замика́ти [-мкну́ти]; відгоро́джувати [-ди́ти]; доклада́ти [докла́сти]; дод(ав)а́ти; **~ure** [-ʒə] відгоро́джене мі́сце; вклад, дода́ток, укла́дення.
encompass [in'kʌmpəs] обво́дити [обвести́], ото́чувати [-чи́ти].
encore [ɔŋ'kɔ:] *thea.* 1. біс!; 2. виклика́ти на "біс"; виклика́ти [ви́кликати].
encounter [in'kauntə] 1. зу́стріч; зі́ткнення; 2. зустрі́(ча́)ти(ся); наштóвхуватися [-ну́тися] на (З).
encourage [in'kʌridʒ] підбадьо́рювати [-рити]; заохо́чувати [-тити]; **~ment** [-mənt] підбадьо́рення; заохо́чення.
encroach [in'kroutʃ]: ~ (up)on удира́тися [уде́ртися], вторга́тися [вто́ргнутися] у (З); **~ment** [-mənt] вто́ргнення.
encumb|er [in'kʌmbə] обтя́жувати [-ити]; утру́днювати [-ни́ти]; захара́щувати [-астити]; перешкоджа́ти [-ко́дити] (Д); **~rance** [-brəns] тяга́р; кло́піт; *fig.* перешко́да.
encyclop(a)edia [ensaiklo'pi:djə] енциклопе́дія.
end [end] 1. кіне́ць *m*; закі́нчення; мета́; на́слідок, результа́т; no ~ of нескінче́нно, безмі́рно бага́то (Р); in the ~ вре́шті-ре́шт; on ~ сторч, ди́бки; безпере́рвно, по́спіль; 2. кінча́ти(ся) [-чи́ти(ся)].
endanger [in'deindʒə] наража́ти на небезпе́ку.
endear [in'diə] виклика́ти коха́ння; приму́шувати покоха́ти; **~ment** [mənt] ла́ска, ви́яв ні́жності.
endeavo(u)r [in'devə] 1. намага́тися,

докладáти [доклáсти] зуси́ль; 2. намагáння, прáгнення.
end|ing ['endiŋ] закíнчення; **~less** ['endlis] □ нескінчéнний.
endorse [in'dɔ:s] C індосувáти *(im)pf.*; схвáлювати [-ли́ти]; **~ment** [in'dɔ:smənt] C індосамéнт.
endow [in'dau] обдар(óв)увáти; наділя́ти [-ли́ти]; **~ment** [-mənt] надíлення.
endue [in'dju:] вб(и)рáти, одяг(á)ти́ у (З).
endur|ance [in'djuərəns] витривáлість *f*; три́вкість *f*; **~e** [in'djuə] витри́мувати [ви́тримати]; знóсити [знести́], терпíти.
enema ['enimə] клíзма.
enemy ['enimi] вóрог; непри́ятель *m*; проти́вник.
energ|etic [enə'dʒetik] (**~ally**) енергíйний; **~y** ['enədʒi] енéргія.
enervate ['enə:veit] знеси́лювати [-лити], ослабля́ти [ослáбити].
enfold [in'fould] обіймáти [обійня́ти]; охóплювати [-пи́ти].
enforce [in'fɔ:s] нав'я́з(ув)áти (upon Д); наполяг(á)ти́ на (М); доби́(вá)тися (Р) си́лою; поси́лювати [-лити]; **~ment** [-mənt] при́мус.
engage [in'geidʒ] *v/t.* наймáти [найня́ти]; замовля́ти [замóвити]; *fig.* привертáти [-ну́ти]; залучáти [-чи́ти]; заволодівáти [-дíти]; Ml увóдити [увести́]; be **~d** бу́ти зáйнятим; бу́ти зару́ченим; *v/i.* зобов'я́зуватися [зобов'язáтися]; займáтися [зайня́тися] (in О); Ml вступáти у бій; **~ment** [-mənt] зобов'я́зання; побáчення; запрóшення; зару́чини; Ml бій.
engaging [in'geidʒiŋ] □ чарівни́й.
engender [in'dʒendə] *fig.* порóджувати [-ди́ти].
engine ['endʒin] маши́на; E мотóр; Rr паровóз; **~-driver** машинíст.
engineer [endʒi'niə] 1. інженéр; мехáнік; машинíст; 2. спору́джувати [-ди́ти]; (с)проектувáти; **~ing** [-riŋ] тéхніка.
English ['iŋgliʃ] 1. англíйський; 2. англíйська мóва; the ~ англíйці *pl.*; **~man** [-mən] англíєць *m*; **~woman** [-wumən] англíйка.
engrav|e [in'greiv] (ви́)гравіювáти; *fig.* закарб(óв)увáти (у пáм'яті); **~er** [-ə] гравéр; **~ing** [-iŋ] гравіювáння; гравю́ра.
engross [in'grous] захóплювати [-пи́ти] (увáгу).
engulf [in'gʌlf] *fig.* поглинáти [погли́нути] (про безóдню).
enhance [in'hɑ:ns] підви́щувати [-щити]; поси́лювати [-лити].
enigma [i'nigmə] загáдка; **~tic(al** □**)** [enig'mætik(əl)] загадкóвий.
enjoin [in'dʒɔin] втовкмáчувати [-чити] (Д).
enjoy [in'dʒɔi] насолóджуватися [-ди́тися] (О); ~ o.s. мáти втíху, забавля́тися [забáвитися]; **~able** [-əbl] приéмний; **~ment** [-mənt] насолóда, задовóлення.
enlarge [in'lɑ:dʒ] збíльшувати(ся) [-шити(ся)]; розвóдитися, доклáдно говори́ти (on про З); **~ment** [-mənt] розши́рення; збíльшення.
enlighten [in'laitn] *fig.* осявáти [осяя́ти]; освíчувати [-ти́ти]; **~ment** [-mənt] освíта; освíченість *f*.
enlist [in'list] *v/t.* Ml вербувáти на військóву слу́жбу; **~ed man** Ml рядови́й.
enliven [in'laivn] оживля́ти [-ви́ти].
enmity ['enmiti] ворожнéча, непри́язнь *f*.
ennoble [i'noubl] облагорóджувати [-дити]; давáти дворя́нський ти́тул.
enorm|ity [i'nɔ:miti] страхíття, страхітли́вість *f*; **~ous** [-əs] □ величéзний; страхітли́вий.
enough [i'nʌf] достáтньо, дóсить, довóлі.
enquire [in'kwaiə] *s.* inquire.
enrage [in'reidʒ] (роз)дратувáти, розлю́чувати [-юти́ти].
enrapture [in'ræptʃə] захóплювати [-пи́ти], (за)чарувáти.
enrich [in'ritʃ] збагáчувати [-ти́ти].
enrol(l) [in'roul] *v/t.* (за)реєструвáти; Ml (за)вербувáти; *v/i.* вступáти на військóву слу́жбу; **~ment** [-mənt] реєстрáція; вербувáння.
ensign ['ensain] значóк, емблéма; прáпор, стяг, знамéно; *Am.* Sh молóдший лейтенáнт.
enslave [in'sleiv] понєвóлювати [-лити]; **~ment** [-mənt] поневóлення.
ensnare [in'snɛə] замáнювати [-ни́ти].
ensue [in'sju:] виплив́ати [ви́плисти]; вихóдити [ви́йти], виникáти [ви́никнути] (внáслідок).
entail [in'teil] спричиня́ти [-ни́ти] (З), виклиќати [ви́кликати] (З).
entangle [in'tæŋgl] заплу́т(ув)ати; **~ment** [-mənt] Ml (дротяне́) загорóдження.
enter ['entə] *v/t.* вступáти [-пи́ти] до (Р); запи́сувати [записáти]; C внóсити [внести́] (до книги); вхóдити [увійти́] у (З); проникáти [прони́кнути] до (Р); *v/i.* вхóдити [увійти́]; вступáти [-пи́ти]; ~(up)on J вступáти у володíння (О).
enterpris|e ['entəpraiz] підприéмство;

підприємливість *f*; **~ing** [-iŋ] □ підприємливий.

entertain [entə'tein] (по)частувати, пригощати [пригостити]; розважати [розважити]; **~ment** [-mənt] розвага; прийом (гостей).

enthrone [in'θroun] зводити на престол.

E

enthusias|m [in'θju:ziæzm] захват; ентузіазм; **~t** [-æst] ентузіаст(ка); **~tic** [inθju:zi'æstik] (**~ally**) захоплений; сповнений ентузіазму.

entice [in'tais] заманювати [-нити]; спокушати [-сити]; **~ment** [-mənt] спокуса, принада.

entire [in'taiə] □ цілий; суцільний; **~ly** [-li] цілком; цілковито; **~ty** [-ti] повнота; цілісність *f*; загальна сума.

entitle [in'taitl] озаглавлювати [-вити]; давати право (Д).

entity ['entiti] буття; суть *f*, сутність *f*.

entrails ['entreilz] *pl*. нутрощі *pl*.; надра *pl*. (землі).

entrance ['entrəns] вхід, в'їзд; вихід (актора на сцену); доступ.

entrap [in'træp] піймати у пастку; заплут(ув)ати.

entreat [in'tri:t] благати; **~y** [-i] благання.

entrench [in'trentʃ] Ml укріплювати, обкопуватися.

entrust [in'trʌst] доручати [-чити].

entry ['entri] вхід, вступ, в'їзд; *thea*. вихід (на сцену); J вступ у володіння; *sport*. заявка.

enumerate [i'nju:məreit] перерах(ов)увати.

enunciate [i'nʌnsieit] добре вимовляти; (с)формулювати.

envelop [in'veləp] закут(ув)ати; загортати [-нути]; Ml оточувати [-чити]; **~e** ['enviloup] конверт; оболонка.

envi|able ['enviəbl] □ завидний; **~ous** □ заздрісний.

environ [in'vaiərən] оточувати [-чити]; **~ment** [-mənt] навколишнє середовище; **~s** ['envirənz] *pl*. околиці *f/pl*.

envoy ['envɔi] *pol*. повноважний представник, посланник; посланець *m*.

envy ['envi] **1**. заздрість *f*; **2**. (по)заздрити (Д).

epic ['epik] **1**. епічна поема; **2**. епічний.

epicure ['epikjuə] епікуреєць *m*.

epidemic [epi'demik] S **1**. (**~ally**) епідемічний; **2**. епідемія.

epilogue ['epilɔg] епілог.

episcopa|cy [i'piskəpəsi] єпископальна система церковного управління; **~l** [-pəl] єпископський.

epist|le [i'pisl] послання; **~olary** [-tələri] епістолярний.

epitaph ['epitɑ:f] епітафія.

epitome [i'pitəmi] конспект; нарис.

epoch ['i:pɔk] епоха.

equable ['ekwəbl] □ рівномірний, рівний; *fig*. урівноважений.

equal ['i:kwəl] **1**. □ рівний; однаковий; **~to** *fig*. здатний на (З); **2**. рівнятися; дорівнювати; **~ity** [i'kwɔliti] рівність *f*; **~ization** [i:kwəlai'zeiʃən] зрівнювання; **~ize** [-aiz] зрівнювати [-няти].

equat|ion [i'kweiʃən] Ma рівняння; **~or** [-tə] екватор.

equestrian [i'kwestriən] **1**. кінний; **2**. вершник.

equilibrium [i:kwi'libriəm] рівновага.

equip [i'kwip] споряджати [-дити]; постачати [постачити]; **~ment** [-mənt] спорядження; обмундирування; обладнання.

equipoise ['ekwipɔiz] рівновага; противага.

equity ['ekwiti] справедливість *f*, безсторонність *f*.

equivalent [i'kwivələnt] **1**. еквівалент (to Д); **2**. рівноцінний; рівнозначний.

equivoca|l [i'kwivəkəl] □ двозначний; сумнівний; **~te** [i'kwivəkeit] говорити двозначно.

era ['iərə] ера; епоха.

eradicate [i'rædikeit] викорінювати [викоренити].

eras|e [i'reiz] стирати [стерти]; підчищати [підчистити]; **~er** [-ə] гумка; **~ure** [i'reiʒə] підчищення; витерте гумкою.

ere [εə] **1**. *cj*. перш ніж, швидше ніж; **2**. *prp*. до (Р), перед (О).

erect [i'rekt] **1**. □ прямий; піднятий; **2**. споруджувати [-дити], зводити [звести]; **~ion** [i'rekʃən] спорудження, будівля.

eremite ['erimait] пустельник, самітник.

ermine ['ə:min] *zo*. горностай.

erosion [i'rouʒən] ерозія; роз'їдання.

erotic [i'rɔtik] еротичний.

err [ə:] помилятися [-литися].

errand ['erənd] доручення; **~-boy** хлопчик на побігеньках.

errant ['erənt] □ мандруючий, мандрівний; блукаючий (про думки).

errat|ic [i'rætik] (**~ally**) нестійкий; **~um** [ə'rɑitəm], *pl*. **~a** [-tə] помилка (друкарська або на письмі).

erroneous [i'rounjəs] □ помилковий.

error ['erə] помилка; ~ excepted виключаючи помилки.

erudit|e ['erudait] □ вчений; **~ion** [eru'diʃən] ерудиція, вченість *f*.

eruption [i'rʌpʃən] ви́верження; Me висипа́ння, ви́сип (прищі́в).
escalator ['eskəleitə] ескала́тор.
escap|ade [eskə'peid] смілива ви́тівка; вте́ча (із в'язни́ці); ~**e** [is'keip] 1. *v/i.* тіка́ти (із в'язни́ці); (в)рятува́тися; *v/t.* уника́ти [уни́кнути] (небезпе́ки і т.ін.); ухиля́тися [-ли́тися] від (Р); 2. вте́ча; поряту́нок.
escort 1. ['eskɔ:t] еско́рт, конво́й; 2. [is'kɔ:t] конвоюва́ти, супрово́джувати.
escutcheon [is'kʌtʃən] щит герба́.
especial [is'peʃəl] особли́вий; спеціа́льний; ~**ly** [-i] особли́во.
espionage [espiə'nɑ:ʒ] шпіона́ж.
essay 1. ['esei] на́рис; спро́ба; твір; 2. [e'sei] піддава́ти випро́буванню; (с)про́бувати.
essen|ce ['esns] су́тність *f*; суть *f*; есе́нція; ~**tial** [i'senʃəl] 1. □ суттє́вий, важли́вий; 2. су́тність *f*.
establish [is'tæbliʃ] встано́влювати [-ви́ти]; засно́вувати [-снува́ти]; ~ o.s. поселя́тися [-ли́тися], обла́штовуватися [-тува́тися] (у М); ~**ed Church** держа́вна це́рква; ~**ment** [mənt] устано́ва; за́клад, господа́рство.
estate [is'teit] *pol.* стан; майно́; мае́ток; real ~ нерухо́мість *f*.
esteem [is'ti:m] 1. пова́га, шана; 2. поважа́ти, шанува́ти.
estimable ['estiməbl] гі́дний пова́ги.
estimat|e 1. [-meit] оці́нювати [-ни́ти]; 2. [-mit] кошто́рис, калькуля́ція; оці́нка; ~**ion** [esti'meiʃən] оці́нка; ду́мка.
estrange [is'treindʒ] відчу́жувати [-жи́ти].
etch [etʃ] гравіюва́ти тра́вленням.
etern|al [i'tə:nəl] □ ві́чний; незмі́нний; ~**ity** [-niti] ві́чність *f*.
ether ['i:θə] ефі́р; ~**eal** [i'θiəriəl] □ ефі́рний, легки́й; пові́тряний.
ethic|al ['eθikəl] □ ети́чний; ~**s** ['eθiks] е́тика.
etiquette [eti'ket] етике́т.
etymology [eti'mɔlədʒi] етимоло́гія.
eucharist ['ju:kərist] євхари́стія.
European [juərə'piən] 1. європе́єць *m* (-е́йка); 2. європе́йський.
evacuate [i'vækjueit] евакуюва́ти *(im)pf.*
evade [i'veid] уника́ти [уни́кнути] (Р); ухиля́тися [-ли́тися] від (Р); обхо́дити [обійти́] (зако́н і ін.).
evaluate [i'væljueit] оці́нювати [-ни́ти]; виража́ти в чи́слах.
evangelic, ~**al** □ [i:væn'dʒelik, -ikəl] євангелі́чний; єва́нгельський.
evaporat|e [i'væpəreit] випаро́вувати(ся) [ви́парувати(ся)]; ~**ion** [ivæpə'reiʃən] випаро́вування.
evasi|on [i'veiʒən] відхи́лення, ви́верт; ~**ve** [-siv] □ ухи́льний.
eve [i:v] переддéнь *m*; on the ~ of напередо́дні (Р).
even ['i:vən] 1. □ рі́вний, гла́дкий; рі́вний, одна́ковий; моното́нний; безсторо́нній; па́рний (про число́); 2. *adv.* рі́вно; са́ме; якра́з; на́віть; not ~ на́віть не; ~ though, ~ if хоча́ б, на́віть якщо́; 3. вирі́внювати [вирі́вняти]; згла́джувати [-дити]; ~-**handed** [-'hændid] безсторо́нній, неупере́джений.
evening ['i:vniŋ] ве́чір; вечі́рка; ~ dress вечі́рній туале́т, фрак.
evenness ['i:vənnis] рі́вність *f*; гла́дкість *f*; рівномі́рність *f*.
evensong ['i:vnsɔŋ] *eccl.* вече́рня.
event [i'vent] поді́я; *fig.* ви́хід; но́мер (у програ́мі); at all ~s у вся́кому ра́зі; in the ~ of у ра́зі (Р); ~**ful** [-ful] спо́внений поді́й.
eventual [i'ventjuəl] □ можли́вий; кінце́вий; ~**ly** вре́шті-решт; з ча́сом.
ever ['evə] завжди́; коли-не́будь, коли́сь; ~ so ду́же; як би не; as soon as ~ I can як ті́льки я змо́жу; for ~ наза́вжди́; yours ~ ваш ... (у кінці́ листа́); ~**green** вічнозеле́ний; ~**lasting** [evə'lɑ:stiŋ] □ тривки́й; пості́йний; ~**more** ['evə'mɔ:] наві́ки, наза́вжди́.
every ['evri] ко́жний; ~ now and then час від ча́су; ~ other day че́рез день; ~**body** всі *pl.*; ко́жний, уся́кий; ~**day** щодня́; ~**one** ко́жний, уся́кий; усі́ *pl.*; ~**thing** усе́; ~**where** скрізь, всю́ди.
evict [i'vikt] виселя́ти [ви́селити]; відсу́джувати [-ди́ти].
eviden|ce ['evidəns] 1. очеви́дність *f*; до́каз; J до́каз, сві́дчення; 2. бу́ти до́казом; ~**t** [-t] □ очеви́дний.
evil ['i:vl] 1. □ злий; згу́бний; пога́ний; лихи́й; the ~ One дия́вол; 2. зло; ли́хо; нещастя.
evince [i'vins] виявля́ти [ви́явити].
evoke [i'vouk] виклика́ти [ви́кликати] (спо́гади і т.ін.).
evolution [i:və'lu:ʃən] еволю́ція; ро́звиток; пересува́ння.
evolve [i'vɔlv] розви́(ва́)тися; еволюціонува́ти *(im)pf.*
ewe [ju:] вівця́.
exact [ig'zækt] 1. □ то́чний, акура́тний; 2. вимага́ти *(im)pf.* (Р); стяга́ти [-гти́]; ~**ing** [-iŋ] вимо́гливий, виба́гливий; ~**itude** [-titju:d], ~**ness** [-nis] то́чність *f*.

exaggerate [ig'zædʒəreit] перебі́льшувати [-шити].
exalt [ig'zɔ:lt] підно́сити [-нести́]; звели́чувати [-чити]; **~ation** [egzɔ:l'teiʃən] підне́сення; за́хват.
examin|ation [igzæmi'neiʃən] о́гляд; дослі́дження; експерти́за; і́спит; **~e** [ig'zæmin] огляда́ти [огля́нути]; дослі́джувати [-ди́ти]; (про)-екзаменува́ти.
example [ig'zɑ:mpl] при́клад; взіре́ць *m*; for ~ напри́клад.
exasperate [ig'zɑ:spəreit] допіка́ти до живо́го; поси́лювати [-лити].
excavate ['ekskəveit] вико́пувати [ви́копати].
exceed [ik'si:d] переви́щувати [-щити]; перехо́дити [перейти́] ме́жі (Р); **~ing** [-iŋ] □ величе́зний; надзвича́йний.
excel [ik'sel] *v/t.* переве́ршувати [-шити] (in, at З); *v/i.* вирізня́тися [ви́різнитися]; **~lence** ['eksələns] ви́щість *f*, перева́га; **~lency** [-i] превосходи́тельство; **~lent** ['eksələnt] □ прега́рний, пречудо́вий.
except [ik'sept] 1. виключа́ти [ви́ключити]; 2. *prp.* виключа́ючи (З); крім (Р); ~ for за ви́нятком (Р); **~ing** [-iŋ] *prp.* за ви́нятком (Р); **~ion** [ik'sepʃən] ви́няток; take ~ to запере́чувати [-чити] (З); **~ional** [-l] □ винятко́вий; **~ionally** [-əli] винятко́во.
excess [ik'ses] надли́шок; ексце́с; ~ fare допла́та, припла́та; ~ luggage бага́ж по́над но́рму; **~ive** [-iv] □ надмі́рний.
exchange [iks'tʃeindʒ] 1. обмі́нюватися [-ня́тися] (О); обмі́нювати [-ня́ти] (for на З); (по)міня́тися (О); 2. о́бмін; ро́змін; (*а.* ≗) бі́ржа; foreign ~ (*s. pl.*) інозе́мна валю́та; ~ office обмі́нна конто́ра.
exchequer [iks'tʃekə] держа́вна скарбни́ця, казначе́йство; скарбни́ця, казна́; Chancellor of the ≗ міні́стр фіна́нсів Великобрита́нії.
excit|able [ik'saitəbl] збу́дливий; **~e** [ik'sait] збу́джувати [-ди́ти], (с)хвилюва́ти; **~ement** [-mənt] збу́дження, хвилюва́ння.
exclaim [iks'kleim] виту́кувати [ви́гукнути].
exclamation [eksklə'meiʃən] ви́гук.
exclude [iks'klu:d] виключа́ти [ви́ключити].
exclusi|on [iks'klu:ʒən] ви́няток; **~ve** [-siv] □ винятко́вий; єди́ний; ~ of за ви́нятком (Р).
excommunicat|e [ekskə'mju:nikeit] відлуча́ти від це́ркви; **~ion** [ekskə'mju:ni'keiʃən] відлу́чення від це́ркви.
excrement ['ekskrimənt] екскреме́нти *m/pl.*; кал.
excrete [eks'kri:t] виділя́ти [ви́ділити]; виверга́ти [ви́вергнути].
excruciate [iks'kru:ʃieit] (з, за)му́чити; кра́яти; гри́зти.
exculpate ['ekskʌlpeit] виправдо́вувати [ви́правдати].
excursion [iks'kə:ʃən] екску́рсія.
excursive [eks'kə:siv] □ що відхиля́ється (від те́ми).
excus|able [iks'kju:zəbl] □ проще́нний, проба́чливий, проба́чний; **~e** 1. [iks'kju:z] вибача́ти [ви́бачити]; 2. [iks'kju:s] ви́бачення; ви́правдання; відмо́вка.
execra|ble ['eksikrəbl] □ огі́дний, бридки́й; **~te** ['eksikreit] відчува́ти огі́ду до (Р); проклина́ти [-ля́сти́].
execut|e ['eksikju:t] вико́нувати [ви́конати]; здійснювати [-ни́ти]; стра́чувати [-а́тити]; **~ion** [eksi'kju:ʃən] викона́ння; здійснен-ня; стра́та; **~ioner** [-ʃnə] кат; **~ive** [ig'zekjutiv] 1. □ викона́вчий; адміністрати́вний; ~ committee викона́вчий комі́те́т; 2. викона́вча вла́да; С адміністра́тор; **~or** [-tə] душоприка́зник.
exemplary [ig'zempləri] взірце́вий, зразко́вий.
exemplify [ig'zemplifai] поя́снювати на при́кладі; бу́ти взірце́м (Р).
exempt [ig'zempt] 1. звільня́ти [-ни́ти] (від військо́вої слу́жби і т.ін.); 2. зві́льнений, ві́льний (of від Р).
exercise ['eksəsaiz] 1. впра́ва; тренува́ння; моціо́н; take ~ роби́ти моціо́н 2. вправля́тися [впра́вити(ся)]; розви́вати [розви́нути]; (на)тренува́ти(ся); Ml навча́ти(ся) [-чи́ти(ся)].
exert [ig'zə:t] напру́жувати [-жити] (си́ли); справля́ти (вплив і т.ін.); ~ o.s. намага́тися *(im)pf.*; **~ion** [ig'zə:ʃən] напру́ження.
exhale [eks'heil] видиха́ти [ви́дихнути]; ви́пар(о́в)увати(ся).
exhaust [ig'zɔ:st] 1. висна́жувати [ви́снажити]; 2. Е вихлопна́ труба́; ви́хлоп, ви́пуск; **~ion** [-tʃən] ви́снаження; **~ive** [-iv] □ висна́жливий; виче́рпний.
exhibit [ig'zibit] 1. пока́зувати [-за́ти], виявля́ти [ви́явити]; виставля́ти [ви́ставити]; 2. експона́т; J речови́й до́каз; **~ion** [eksi'biʃən] про́яв, по́каз; ви́ставка; **~or** [ig'zibitə] експоне́нт.
exhilarate [ig'ziləreit] пожва́влювати [-вити]; розвеселя́ти [-ли́ти].

exhort [ig'zɔ:t] умовля́ти; напу́чувати.
exigen|ce, ~cy ['eksidʒəns(i)] го́стра, кра́йня потре́ба; кра́йність.
exile ['eksail] 1. вигна́ння, засла́ння; вигна́нець *m*; 2. виганя́ти [ви́гнати]; зас(и)ла́ти.
exist [ig'zist] існува́ти, жи́ти; **~ence** [-əns] існува́ння, життя́; in ~ = **~ent** [-ənt] існу́ючий.
exit ['eksit] ви́хід; *fig.* смерть *f*; *thea.* зали́шення сце́ни.
exodus ['eksədəs] ма́совий від'ї́зд; ви́хід євре́їв з Єги́пту.
exonerate [ig'zɔnəreit] *fig.* реабіліту́вати *(im)pf.*; зня́ти тяга́р (вини́ і т.ін.) з (P).
exorbitant [ig'zɔ:bitənt] □ надмі́рний.
exorci|se, ~ze ['eksɔ:saiz] виганя́ти [ви́гнати] (ду́хів, нечи́сту си́лу); звільня́ти [-ни́ти], визволя́ти [ви́зволити] (of від P).
exotic [eg'zɔtik] екзоти́чний.
expan|d [iks'pænd] розши́рювати(ся) [-рити(ся)], збі́льшуватися [-шити(ся)], розви́(ва́)тися; **~se** [iks'pæns], **~sion** [-ʃən] про́стір; про́тяг; експа́нсія; розши́рення; **~sive** [-siv] □ зда́тний розши́рюватися; просто́рий; *fig.* експанси́вний.
expatriate [eks'pætrieit] виганя́ти з батьківщи́ни.
expect [iks'pekt] чека́ти, очі́кувати (P, на 3); розрахо́вувати, сподіва́тися; F вважа́ти, гада́ти; **~ant** [-ənt] 1. що очі́кує; ~ mother вагі́тна жі́нка; 2. кандида́т; **~ation** [ekspek'teiʃən] очі́кування; розраху́нок; сподіва́ння.
expectorate [eks'pektəreit] відха́ркувати [-кнути]; плюва́ти [плю́нути].
expedi|ent [iks'pi:djənt] 1. прида́тний, доці́льний, відпові́дний; 2. підру́чний за́сіб; ви́верт; **~tion** [ekspi'diʃən] експеди́ція; шви́дкість *f*, по́спіх.
expel [iks'pel] виганя́ти [ви́гнати] з (P); виключа́ти [ви́ключити] з (P).
expen|d [iks'pend] витрача́ти [ви́тратити]; **~diture** [-itʃə] ви́трата; **~se** [iks'pens] ви́трата; **~s** *pl.* ви́трати *f/pl.*; **~sive** [-siv] □ дороги́й, кошто́вний.
experience [iks'piəriəns] 1. до́свід (життє́вий); пережива́ння; 2. зазна́(ва́)ти; відчу́(ва́)ти; пережи́(ва́)ти; **~d** [-t] досві́дчений.
experiment 1. [iks'perimənt] до́слід, експериме́нт; 2. [-'ment] ста́вити до́сліди; **~al** [eksperi'mentl] □ експеримента́льний; що ґрунту́ється на досл́ідженні; про́бний.
expert ['ekspə:t] 1. □ [*pred.* eks'pə:t] досві́дчений, впра́вний; 2. експе́рт, знаве́ць *m*, фахіве́ць *m*.
expir|ation [ekspai'reiʃən] видиха́ння; закі́нчення (те́рміну); **~e** [iks'paiə] видиха́ти [ви́дихнути]; умира́ти [уме́рти]; C закі́нчуватися [-чи́тися] (про те́рмін).
explain [iks'plein] поя́снювати [-ни́ти]; виправдо́вувати [ви́правдати] (поведі́нку).
explanat|ion [eksplə'neiʃən] пояснення; тлума́чення; **~ory** [iks'plænətəry] □ пояснювальний.
explicable ['eksplikəbl] поясне́нний.
explicit [iks'plisit] □ ясни́й, недвозна́чний.
explode [iks'ploud] вибуха́ти [ви́бухнути]; підрива́ти [підірва́ти].
exploit 1. ['eksplɔit] по́двиг; 2. [iks'plɔit] експлуатува́ти; M розробля́ти [-би́ти]; **~ation** [eksplɔi'teiʃən] експлуата́ція; M розро́бка.
explor|ation [eksplɔ:'reiʃən] дослі́дження; **~e** [iks'plɔ:] дослі́джувати [-ди́ти]; розві́д(ув)ати; **~er** [-rə] дослі́дник (-иця).
explosi|on [iks'plouʒən] ви́бух; спа́лах (гні́ву); **~ve** [-siv] 1. □ вибухо́вий; *fig.* запальни́й; 2. вибухо́ва речовина́.
exponent [eks'pounənt] тлума́ч; представни́к; зразо́к; Ма показни́к сте́пеня.
export 1. ['ekspɔ:t] е́кспорт, ви́везення; 2. [eks'pɔ:t] експортува́ти *(im)pf.*; виво́зити [ви́везти] (това́ри); **~ation** [ekspɔ:'teiʃən] ви́везення.
expos|e [iks'pouz] наража́ти [наразити] (на небезпе́ку і т.ін.); ки́дати напризволя́ще; виставля́ти [ви́ставити]; ви́кри(ва́)ти; *phot.* експонува́ти *(im)pf.*; **~ition** [ekspə'ziʃən] ви́ставка; ви́клад.
exposure [iks'pouʒə] піддава́ння; ви́ставлення; викриття́; *phot.* експози́ція, ви́тримка.
expound [iks'paund] виклада́ти [ви́класти]; роз'я́снювати [-ни́ти].
express [iks'pres] 1. □ ви́значений, пе́вний; спеціа́льний; терміно́вий; ~ company *Am.* тра́нспортна конто́ра; 2. кур'є́р, на́рочний; (*a.* ~ train) експре́с, кур'є́рський по́їзд; 3. *adv.* нега́йно; з на́рочним; 4. висло́влювати [ви́словити]; **~ion** [iks'preʃən] ви́раз, ви́слів; вира́зність *f*; **~ive** [iks'presiv] □ вира́зний; вираже́льний.
expropriate [eks'prouprieit] експропріюва́ти *(im)pf.*; позбавля́ти вла́сності.

E

expulsion [iks'pʌlʃən] вигна́ння; ви́ключення (зі шко́ли і т.ін.).
exquisite ['ekskwizit] 1. □ ви́шуканий, ви́тончений; чудо́вий; 2. фат, джигу́н.
extant [eks'tænt] збере́жений.
extempor|aneous [ekstempə'reinjəs] □ **~ary** [iks'tempərəri] непідгото́влений; **~e** [-pəri] *adv.* експро́мтом.
extend [iks'tend] *v/t.* протя́гувати [-гти́]; поши́рювати [-рити] (вплив); продо́вжувати [-жити] (строк); Ml осере́дитися це́пом; *v/i.* простяг(а́)ти́ся.
extensi|on [iks'tenʃən] витя́гування; розши́рення; поши́рення; про́тяг; продо́вження; University ≈ популя́рні ле́кції, організо́вані університе́том; **~ve** [-siv] □ просто́рий.
extent [iks'tent] ві́дстань *f*; ро́змір, сту́пінь *m.*; мі́ра; to the ~ of у ро́змірі (Р); to some ~ пе́вною мі́рою.
extenuate [eks'tenjueit] зме́ншувати [-шити] (прови́ну); намага́тися знайти́ ви́бачення; посла́блювати [-бити].
exterior [eks'tiəriə] 1. □ зо́внішній; 2. зо́внішність *f*.
exterminate [eks'tə:mineit] викорі́нювати [ви́коренити], зни́щувати [-щити].
external [eks'tə:nl] 1. □ зо́внішній; 2. **~s** *pl.* зо́внішність *f*; *fig.* зо́внішні обста́вини.
extinct [iks'tiŋkt] зга́слий; ви́мерлий; поту́хлий.
extinguish [iks'tiŋgwiʃ] (за)гаси́ти; спла́чувати [-ти́ти] (борг).
extirpate ['ekstə:peit] викорі́нювати [ви́коренити], вини́щувати [ви́нищити].
extol [iks'tɔl] звели́чувати [-чити].
extort [iks'tɔ:t] вимага́ти, здира́ти (гро́ші); . випи́тувати [ви́питати] (таємни́цю); **~ion** [-ʃən] зди́рство.
extra ['ekstrə] 1. додатко́вий; е́кстрений; 2. *adv.* особли́во; окре́мо; додатко́во; 3. припла́та; *Am.* е́кстрений ви́пуск газе́ти; **~s** *pl.* побі́чні ви́трати (прибу́тки, дохо́ди).
extract 1. ['ekstrækt] екстра́кт; ви́тяжка; 2. [iks'trækt] видаля́ти [ви́далити]; добу́(ва́)ти; вирива́ти [ви́рвати]; **~ion** [-kʃən] добува́ння; похо́дження (люди́ни).
extraordinary [iks'trɔ:dnri] надзвича́йний; дивови́жний, ди́вний.
extravagan|ce [iks'trævigəns] марнотра́тність *f*, безглу́здість, нісені́тність *f*; надмі́рність *f*; **~t** [-gənt] □ марнотра́тний; наві́жений, нісені́тний, смішни́й, безглу́здий.
extrem|e [iks'tri:m] 1. □ кра́йній; оста́нній; надзвича́йний; 2. кра́йність *f*; **~ity** [iks'tremiti] край; кра́йня потре́ба; кра́йній за́хід; **~ities** [-z] *pl.* кінці́вки *f/pl.*
extricate ['ekstrikeit] виво́дити [ви́вести] (із скрутно́го стано́вища).
exuberan|ce [ig'zju:bərəns] бага́тство, надли́шок; **~t** [-t] бага́тий; пи́шний; багатослі́вний, пишномо́вний.
exult [ig'zʌlt] раді́ти; тріумфува́ти.
eye [ai] 1. о́ко; по́гляд; ву́шко; with an ~ to з мето́ю (+ *inf.*); 2. диви́тися на (З); пи́льно розгляда́ти; **~ball** о́чне я́блуко; **~brow** брова́; ...**~d** [-aid] ...о́кий; **~-glass** лі́нза; (a pair of) **~es** *pl.* окуля́ри *m/pl.*; лорне́т; **~lash** ві́я; **~lid** пові́ка; **~sight** зір.

F

fable ['feibl] ба́йка.
fabric ['fæbrik] спору́да; структу́ра; ви́ріб; фабрика́т; ткани́на; **~ate** ['fæbrikeit] (*mst fig.*) вига́дувати [ви́гадати]; виробля́ти [ви́робити].
fabulous ['fæbjuləs] □ нечу́ваний; неправдоподі́бний.
face [feis] 1. обли́ччя, фізіоно́мія; грима́са; лицьови́й бік; фаса́д; on the ~ of it з пе́ршого по́гляду; 2. *v/t.* зустріча́ти смілі́во; диви́тися в обли́ччя (Д); стоя́ти обли́ччям до (Р); вихо́дити на (З) (про вікно́); Ar. обличко́вувати [-кува́ти]; (від)поліру́ва́-ти; *v/i.* **~-about** Ml поверта́тися круго́м.
facetious [fə'si:ʃəs] □ жартівли́вий.
facil|e ['fæsail] легки́й; ві́льний (про мо́ву і т.ін.); **~itate** [fə'siliteit] поле́гшувати [-шити]; **~ity** [fə'siliti] ле́гкість *f*, зда́тність *f*, пла́вність *f* (мо́ви); поле́гшення.
facing ['feisiŋ] E облицюва́ння; **~s** *pl.* оздо́блення мунди́ра.
fact [fækt] факт; спра́ва; я́вище; і́стина; ді́йсність *f*.
faction ['fækʃən] фра́кція; клі́ка.
factitious [fæk'tiʃəs] □ штучни́й.
factor ['fæktə] фа́ктор; аге́нт; C комісіоне́р; **~y** [-ri] фа́брика, заво́д.

faculty ['fækəlti] здібність *f*; *fig.* дар, хист; *univ.* факультет.
fad [fæd] F пристрасть *f*, коник, примха.
fade [feid] (зі)в'янути; поступово зникати.
fag [fæg] *v/i.* попрацювати; скніти (над О); *v/t.* стомлювати [стомити].
fail [feil] **1.** *v/i.* (о)слабнути; бракувати; зазнавати невдачі; провалюватися [-литися] (на іспиті); he ~ed to do йому не пощастило зробити (З); забу(ва)ти; *v/t.* зраджувати [-дити] (Р); покидати [покинути]; **2.** *su.*: without ~ напевне, неодмінно; **~ing** ['feiliŋ] недолік; слабість *f*; **~ure** ['feiljə] невдача, неуспіх; провал (на іспиті); банкрутство; невдаха *m/f*.
faint [feint] **1.** □ слабкий; несміливий (голос); тьмяний; **2.** слабшати; [ослабнути]; втрачати свідомість (with від Р); **3.** непритомність *f*; **~hearted** ['feint'ha:tid] малодушний.
fair[1] [fɛə] **1.** *adj.* чудовий, прекрасний, красивий, гарний; сприятливий; білявий; ясний; попутний; справедливий; **2.** *adv.* чесно; люб'язно; ясно, прямо; ~ copy чистовик; ~ play гра за правилами.
fair[2] [~] ярмарок.
fair|ly ['fɛəli] справедливо; достатньо; непогано; стерпно; **~ness** ['fɛənis] справедливість *f*; краса (*s.* fair[1]); **~way** Sh фарватер.
fairy ['fɛəri] фея; **~land** казкова країна; **~-tale** казка.
faith [feiθ] віра, довіра, довір'я; віра (релігія); **~ful** ['feiθful] □ вірний, відданий; правдивий; yours ~ly з пошаною Ваш; **~less** ['feiθlis] □ підступний, невіруючий.
fake [feik] *sl.* **1.** підробка, фальшивка; **2.** підробляти [-бити], (с)фальсифікувати.
falcon ['fɔ:lkən] сокіл.
fall [fɔ:l] **1.** падіння; занепад; обрив, урвище; натиск; *Am.* осінь *f*; (*mst* ~s *pl.*) водоспад; **2.** [*irr.*] падати [впасти]; спадати [спасти]; обвалюватися [-литися]; ~ back відступати [-пити]; ~ ill *or* sick занедужувати [-жати]; ~ out (по)сваритися; ~ short of не виправдати (сподівань); не досяг(а)т(и) (мети); ~ short не вистачати [вистачити], бракувати; ~ to братися [взятися] за (З).
fallacious [fə'leiʃəs] □ помилковий, хибний.
fallacy ['fæləsi] помилка, хиба.
fallen ['fɔ:lən] *p.pt.* від fall.
falling ['fɔ:liŋ] падіння; зниження; **~-sickness** епілепсія; **~-star** метеор, падаюча зірка.
fallow ['fælou] *adj.* зораний на пар.
false [fɔ:ls] □ хибний, помилковий; фальшивий; підступний; штучний (про зуби); **~hood** ['fɔ:lshud], **~ness** [-nis] неправда, брехня; фальшивість *f*; помилковість *f*.
falsi|fication [fɔ:lsifi'keiʃən] підробка; **~fy** ['fɔ:lsifai] підробляти [-бити] **~ty** [-ti] хибність *f*; зрадливість *f*.
falter ['fɔ:ltə] спотикатися [спіткнутися]; затинатися [затнутися]; *fig.* вагатися.
fame [feim] слава; поголос; **~d** [-d] відомий; славетний.
familiar [fə'miljə] **1.** □ близький, добре знайомий; звичайний **2.** близький друг; **~ity** [fə'mili'æriti] близькість *f*; фамільярність *f*; обізнаність *f*; **~ize** [fə'miljəraiz] ознайомлювати [-мити].
family ['fæmili] сім'я, родина; in the ~ way при надії (вагітна); ~ tree родовідне дерево.
fami|ne ['fæmin] голод; голодування; **~sh** голодувати; морити голодом.
famous ['feiməs] □ відомий; славетний.
fan [fæn] **1.** віяло; вентилятор; *sport* ~ болільник (-иця); прихильник (-иця); **2.** обмахувати [-хнути].
fanatic [fə'nætik] **1.** (*a.* **~al** □ [-ikəl]) фанатичний; **2.** фанатик (-ичка).
fanciful ['fænsiful] □ примхливий, вередливий, чудернацький.
fancy ['fænsi] **1.** фантазія, уява; примха; пристрасть *f*; схильність *f*; **2.** примхливий; фантастичний; орнаментальний; ~ ball костюмований бал; ~ goods *pl.* модні товари *m/pl.*; **3.** уявляти [-вити]; (по)любити; (за)хотіти; just ~! уявіть собі!
fang [fæŋ] ікло; отруйний зуб (змії).
fantas|tic [fæn'tæstik] (**~ally**) фантастичний; чудернацький; **~y** ['fæntəsi] фантазія, уява.
far [fa:] *adj.* далекий, віддалений; *adv.* далеко; значно; as ~ as до (Р); in so ~ as оскільки; ~ away далеко.
fare [fɛə] **1.** проїзні гроші *m/pl.*; пасажир; їстівні припаси *m/pl.*; **2.** бути, матися; харчуватися; **~well** ['fɛə'wel] **1.** прощавай(те)! **2.** прощання.
far-fetched ['fa:'fetʃt] *fig.* притягнутий за волосся.
farm [fa:m] **1.** ферма; **2.** обробляти землю; **~er** ['fa:mə] селянин, фермер; **~house** житловий будинок на фермі; **~ing** **1.** заняття сільським

F

господа́рством; 2. сільськогоспода́рський; ~**stead** ['fa:msted] сади́ба.
far-off ['fa:rɔf] дале́кий.
farthe|r ['fa:ðə] 1. *adv.* да́лі; 2. *adj.* відда́лений; ~**st** [-ðist] 1. *adj.* найда́льший; 2. *adv.* найда́лі.
fascinat|e ['fæsineit] полони́ти *(im)pf.*, (за)чарува́ти; ~**ion** [fæsi'neiʃən] чарі́вність *f.*
fashion ['fæʃn] 1. мо́да; стиль *m*; фасо́н, крій; спо́сіб, мане́ра; in ~ мо́дний; out of ~ немо́дний; 2. надава́ти фо́рми, ви́гляду (Д into P); ~**able** ['fæʃnəbl] □ мо́дний, фешене́бельний.

F

fast¹ [fa:st] міцни́й, тверди́й; швидки́й; легкова́жний.
fast² [~] 1. *eccl.* пост; 2. пости́ти(ся).
fasten ['fa:sn] *v/t.* прикрі́плювати [-пи́ти]; прив'я́зувати [-за́ти]; зави́нчувати [-нти́ти]; застіба́ти(ся) [застебну́ти(ся)]; *v/i.* замика́тися [замкну́тися]; ~ upon *fig.* ухопи́тися за (З); ~**er** [-ə] за́стібка; за́сувка.
fastidious [fæs'tidiəs] □ вередли́вий.
fat [fæt] 1. □ жи́рний; масни́й; гладки́й; 2. жир; са́ло; 3. відгодо́вувати [-дува́ти]; (роз)жирі́ти.
fatal ['feitl] □ фата́льний, немину́чий; смерте́льний; ~**ity** [fə'tæliti] прире́ченість *f*; фата́льність *f*; неща́стя; смерть *f* (вна́слідок неща́сного ви́падку).
fate [feit] до́ля, фа́тум.
father ['fa:ðə] ба́тько; ~**hood** ба́тьківство; ~-**in-law** ['fa:ðərinlɔ:] све́кор; тесть *m*; ~**less** [-lis] що залиши́вся без ба́тька; ~**ly** [-li] ба́тьківський.
fathom ['fæðəm] 1. Sh морськи́й са́жень *m* (=6 футам =182 сантиме́трам); 2. Sh виміря́ти глибину́ (P); *fig.* вника́ти [вни́кнути] у (З); (з)розумі́ти; ~**less** [-lis] невимі́рний, бездо́нний.
fatigue [fə'ti:g] 1. уто́ма; 2. уто́млювати [-ми́ти], знеси́лювати [-лити], висна́жувати [ви́снажити].
fat|ness ['fætnis] жи́рність *f*; ~**ten** ['fætn] відгод(о́в)ува́ти (на despite зарі́з); (роз)жирі́ти.
fatuous ['fætjuəs] □ дурни́й, пусти́й.
faucet ['fɔ:sit] *Am.* (водопровідний) кран.
fault [fɔ:lt] ва́да, га́ндж, дефе́кт; прови́на; find ~ with прискі́п(ув)атися до (P); be at ~ втра́тити слід; ~-**finder** приче́па *m/f*; ~**less** ['fɔ:ltlis] □ бездога́нний; ~**y** ['fɔ:lti] □ що ма́є ва́ду, дефе́ктний.
favo(u)r ['feivə] 1. прихи́льність *f*; схва́лення; по́слуга; your ~ C Ваш лист; 2. прихи́льно ста́витися до (P); виявля́ти ува́гу (Д); опікува́тися (O); ~**able** [-rəbl] □ сприя́тливий, слу́шний; ~**ite** ['feivərit] 1. улю́бленець(-ниця); фавори́т(ка); 2. улю́блений.
fawn [fɔ:n] 1. молоди́й о́лень *m*; кори́чневий ко́лір; 2. підли́з(ув)а́тися (upon до P).
fear [fiə] 1. страх, боя́знь *f*, о́страх; побо́ювання; 2. боя́тися (P); ~**ful** ['fiəful] □ страшни́й, жахли́вий; ~**less** ['fiəlis] □ безстра́шний.
feasible ['fi:zəbl] можли́вий, йmoвíрний; здійсне́нний.
feast [fi:st] 1. бенке́т, у́чта, святкува́ння; 2. *v/t.* пригоща́ти [пригости́ти], (по)частува́ти; ушан(о́в)ува́ти; *v/i.* бенкетува́ти.
feat [fi:t] по́двиг; трюк.
feather ['feðə] 1. перо́, пір'ї́на; пі́р'я; show the white ~ F прояви́ти боягу́зтво; in high ~ у чудо́вому на́строї, у гу́морі; 2. прикраша́ти пі́р'ям; ~-**brained**, ~-**headed** пусти́й, легкова́жний, дурнове́рхий; ~**ed** ['feðəd] перна́тий; ~**y** [-ri] опе́рений; пухна́стий.
feature ['fi:tʃə] 1. особли́вість *f*, власти́вість *f*; *Am.* газе́тна статтяˊ; ~**s** *pl.* ри́си обли́ччя; 2. зобра́жувати [зобра́зити]; пока́з(ув)а́ти (на екра́ні); виво́дити у головні́й ро́лі.
February ['februəri] лю́тий.
fecund ['fekənd] родю́чий; *fig.* плі́дний.
fed [fed] *pt.* і *p.pt.* від feed; I am ~ up with ... мені́ набри́д (ла, ло).
federa|l ['fedərəl] федера́льний; сою́зний; ~**tion** [fedə'reiʃən] федера́ція.
fee [fi:] 1. гонора́р; вне́сок; платня́; чайові́ *pl.*; 2. (за)плати́ти.
feeble ['fi:bl] □ слабки́й, кво́лий.
feed [fi:d] 1. харчува́ння, годува́ння; ї́жа; E пода́ча (матеріа́лу); 2. [*irr.*] *v/t.* (про)харчува́ти, (на)годува́ти; E постача́ти [поста́чити] (матеріа́лом); *v/i.* харчува́тися, годува́тися; па́стися; ~**ing-bottle** дитя́чий рiжо́к.
feel [fi:l] 1. [*irr.*] почува́тися *(im)pf.*; відчува́ти [-чу́ти]; ~ like doing бу́ти схи́льним зроби́ти; 2. відчуття́; чуття́; ~**er** ['fi:lə] щу́пальце; ~**ing** ['fi:liŋ] 1. □ чутте́вий; звору́шливий; 2. почуття́.
feet [fi:t] *pl.* від foot 1.
feign [fein] уда́(ва́)ти (з се́бе), прикида́тися [прики́нутися] (З); симулюва́ти *(im)pf.*

feint [feint] удава́ння, прикида́ння; мане́вр.
felicit|ate [fə'lisiteit] поздоровля́ти [поздоро́вити], (при)віта́ти; **~ous** [-təs] □ вда́лий; щасли́вий.
fell [fel] 1. *pt.* від fall; 2. (з)руба́ти.
felloe ['felou] о́бід (ко́леса).
fellow [~] това́риш, побрати́м; люди́на; the ~ of a glove па́рна рукави́чка; **~-countryman** співвітчи́зник; **~ship** [-ʃip] товари́ство.
felly ['feli] о́бід (ко́леса).
felon ['felɔn] J ка́рний злочи́нець *m*; **~y** ['feləni] ка́рний зло́чин.
felt¹ [felt] *pt.* і *p.pt.* від feel.
felt² [~] 1. повсть *f*, фетр; 2. збива́ти (or збива́тись у) повсть.
female ['fi:meil] 1. жіно́чий; 2. жі́нка.
feminine ['feminin] □ жіно́чий; жіно́чний.
fen [fen] багно́, трясови́на.
fence [fens] 1. огоро́жа, тин, парка́н; sit on the ~ вага́тися між двома́ думка́ми; займа́ти вичі́кувальну пози́цію; 2. *v/t.* огоро́джувати [-ди́ти]; захища́ти [захисти́ти]; *v/i.* фехтува́ти; прихо́вувати кра́дене.
fencing ['fensiŋ] 1. огоро́жа, тин, парка́н; фехтува́ння; 2. *attr.* фехтува́льний.
fender ['fendə] камі́нна решíтка; *mot. Am.* крило́.
ferment 1.['fə:ment] заква́ска, ферме́нт; Ch броді́ння; *fig.* збу́дження, хвилюва́ння; 2. [fə'ment] виклика́ти броді́ння; броди́ти; *fig.* хвилюва́тися; **~ation** [fə:men'teiʃən] броді́ння, фермента́ція.
fern [fə:n] B па́пороть *f*.
feroci|ous [fə'rouʃəs] □ жорсто́кий, лю́тий; **~ty** [fə'rɔsiti] жорсто́кість *f*, лю́тість *f*.
ferret ['ferit] 1. *zo.* тхір; 2. (по)ри́тися, (по)ша́рити; ~ out (по)ни́шпорити; розві́д(ув)ати.
ferry ['feri] 1. переві́з, перепра́ва; поро́м; 2. перево́зити [-везти́]; **~man** переві́зник.
fertil|e ['fə:tail] □ родю́чий; рясни́й; бага́тий (O); **~ity** [fə:'tiliti] родю́чість *f*; рясно́та; **~ize** ['fə:tilaiz] удо́брювати [удо́брити]; заплі́днювати [заплідни́ти]; **~izer** до́бриво.
ferven|cy ['fə:vənsi] за́пал, завзя́ття; **~t** [-t] □ запальни́й, палки́й.
fervour ['fə:və] жар; за́пал.
festal ['festl] □ святко́вий.
fester ['festə] гно́їтися.
festiv|al ['festəvəl] свя́то; фестива́ль *m*; **~e** ['festiv] □ святко́вий; **~ity** [fes'tiviti] святкува́ння; весе́лощі.
fetch [fetʃ] сходи́ти, з'ї́здити по (P); прино́сити [-нести́]; **~ing** F □ прива́бливий.
fetid ['fetid] □ смердю́чий.
fetter ['fetə] 1. *mst* **~s** *pl.* пу́та *n/pl.*; кайда́ни *m/pl.*; око́ви *f/pl.*; *fig.* у́зи *f/pl.*; 2. зако́вувати [-кува́ти].
feud [fju:d] ворожне́ча; феода́льний ма́єток; **~al** ['fju:dəl] □ феода́льний; **~alism** [-delizm] феодалі́зм.
fever ['fi:və] пропа́сниця, лихома́нка, жар; **~ish** [-riʃ] □ гарячко́вий, лихома́нковий.
few [fju:] ма́ло хто; ма́ло, небага́то; a ~ кі́лька, де́кілька.
fiancé(e) [fi'a:ŋsei] нарече́ний (-а).
fib [fib] 1. ви́гадка, брехня́; 2. прибрі́хувати [прибреха́ти].
fibr|e ['faibə] фі́бра, волокно́, ни́тка; **~ous** ['faibrəs] □ волокни́стий.
fickle ['fikl] непості́йний; **~ness** [-nis] непості́йність *f*.
fiction ['fikʃən] ви́гадка, ви́мисел; белетри́стика; **~al** [-l] □ ви́гаданий; белетристи́чний.
fictitious [fik'tiʃəs] □ ви́гаданий; фікти́вний.
fiddle ['fidl] F 1. скри́пка; 2. гра́ти на скри́пці; **~stick** смичо́к.
fidelity [fi:'deliti] ві́рність *f*, ві́дданість *f*; то́чність *f*.
fidget ['fidʒit] F 1. неспо́кій; 2. со́ватися, непоко́їтися, хвилюва́тися; непоко́їти, хвилюва́ти; **~y** метушли́вий, неспокі́йний, нерво́вий.
field [fi:ld] по́ле; луг, лука́; про́стір; hold the ~ утри́мувати пози́ції; **~-glass** польови́й біно́кль *m*; **~-officer** штаб-офіце́р; **~of vision** по́ле зо́ру; **~-sports** *pl.* спорт про́сто не́ба.
fiend [fi:nd] дия́вол; нечи́стий; **~ish** ['fi:ndiʃ] □ дия́вольський; жорсто́кий, лихи́й.
fierce [fiəs] □ лю́тий; си́льний; **~ness** ['fiəsnis] лю́тість *f*, жорсто́кість *f*.
fif|teen ['fif'ti:n] п'ятна́дцять; **~teenth** [-θ] п'ятна́дцятий; **~th** [fifθ] 1. п'я́тий; 2. п'я́та части́на; **~tieth** ['fiftiiθ] п'ятдеся́тий; **~ty** ['fifti] п'ятдеся́т.
fig [fig] 1. ви́нна я́года, інжи́р, фі́га, смо́ква; 2. F стан.
fight [fait] 1. бій; бі́йка; супере́чка; боротьба́; show ~ бу́ти гото́вим до боротьби́; 2. [*irr*] *v/t.* боро́тися про́ти (P); відсто́ювати [відсто́яти]; *v/i.* би́тися; боро́тися; змага́тися; воюва́ти; **~er** ['faitə] бо́єць *m*; A вини́щувач; **~ing** ['faitiŋ] бій; бі́йка; *attr.* бойови́й.
figurative ['figjurətiv] □ перено́сний, метафори́чний.
figure ['figə] 1. фігу́ра; зобра́ження; ци́фра; діагра́ма; F ціна́; 2. *v/t.*

F

зобража́увати [-рази́ти]; уявля́ти собі́; вирахо́вувати [ви́рахувати], обчи́слювати [-лити], розрах(о́в)у́вати; *v/i.* фігурува́ти.
filament ['filəmənt] Ee ни́тка розжа́рення; волокно́, волокни́на, волосо́к, волоси́н(к)а.
filbert ['filbət] B ліщи́на.
filch [filtʃ] (в)кра́сти, (по)тягти́ (from y P).
file[1] [fail] 1. E терпу́г; пи́лочка (для ні́гтів); 2. пиля́ти; підпи́лювати [-ля́ти].
file[2] [~] 1. реєстра́тор; підши́ті папе́ри *m/pl.*; картоте́ка; 2. реєструва́ти (докуме́нти) *(im)pf.*; підшива́ти до спра́ви.
filial ['filjəl] □ сині́вський, дочі́рній.
filibuster ['filibʌstə] флібусть́єр, піра́т.
fill [fil] 1. напо́внювати(ся) [-нити (ся)]; (за)пломбува́ти (зуб); задовольня́ти [-ни́ти]; *Am.* вико́нувати [ви́конати] (замо́влення); ~ in запо́внювати [-нити]; 2. доста́ток; си́тість *f.*
fillet ['filit] пов'я́зка (на го́лову); філе́ *n indecl.*
filling ['filiŋ] напо́внення; наванта́ження; (зубна́) пло́мба; фарш, на́чинка; *mot.* ~ station бензоколо́нка.
fillip ['filip] щи́голь *m*; стуса́н, штовха́н.
filly ['fili] молода́ коби́ла.
film [film] 1. плі́вка; фільм; ди́мка; ~ cartridge коту́шка з плі́вками; 2. прово́дити кінозйо́мку; екранізува́ти *(im)pf.*
filter ['filtə] 1. фільтр, циди́лка; 2. (про)фільтрува́ти, проці́джувати [-ди́ти].
filth [fi:lθ] бруд; ~**y** ['filθi] □ брудни́й.
fin [fin] плаве́ць *m* (ри́би); *sl.* рука́.
final ['fainl] 1. □ заключни́й; остато́чний; 2. *sport* фіна́л.
financ|e [fi'næns] 1. нау́ка про фіна́нси; ~**s** *pl.* фіна́нси *m/pl.*; 2. *v/t.* фінансува́ти *(im)pf.*; *v/i.* займа́тися фіна́нсовими опера́ціями; ~**ial** [fi'nænʃəl] □ фіна́нсовий; ~**ier** [-siə] фінанси́ст.
finch [fintʃ] *zo.* зя́блик.
find [faind] [*irr.*] 1. знахо́дити [знайти́]; вважа́ти *(im)pf*; набува́ти [набу́ти], заста́(ва́)ти; all found на всьо́му гото́вому; 2. зна́хідка; ~**ing** ['faindiŋ] J ви́рок; *pl.* ви́сновки.
fine[1] [fain] □ тонки́й, ви́тончений; чудо́вий, прега́рний; високопро́бний.
fine[2] [~] 1. штраф; in ~ загало́м, одно́ сло́во; вре́шті; 2. (о)штрафува́ти.
fineness ['fainnis] то́нкість *f*, ви́тонченість *f*; гострота́ (почутті́в).
finery ['fainəri] пи́шне вбрання́; прикра́са.
finger ['fiŋgə] 1. па́лець *m*; 2. торка́ти, перебира́ти па́льцями; ~-**language** мо́ва глухоні́ми́х; ~-**print** дактилоскопі́чний відби́ток.
finish ['finiʃ] 1. *v/t.* кінча́ти [кінчи́тити]; заве́ршувати [-шити]; оздо́блювати [-бити]; доїда́ти [доїсти], допи́(ва́)ти; *v/i.* кінча́тися [кінчи́тися]; 2. кіне́ць *m*; закі́нченість, заве́ршеність *f*; оздо́блення; *sport* фі́ніш.
finite ['fainait] □ обме́жений; що ма́є межу́.
fir [fə:] ялина, яли́ця; ~-**cone** ['fə:koun] яли́нова ши́шка.
fire ['faiə] 1. вого́нь *m*; be on ~ горі́ти; 2. *v/t.* запа́лювати [-ли́ти], підпа́лювати [-ли́ти]; (за)топи́ти (пі́чку); обпа́лювати [-ли́ти] (це́глу і т.ін.); *fig.* запа́лювати [-ли́ти]; *Am.* F звільня́ти [-ни́ти]; *v/i.* стріля́ти [ви́стрілити]; ~-**alarm** поже́жна триво́га; ~-**brigade** *Am.* ~-**department** поже́жна кома́нда; ~-**engine** ['faiər'endʒin] поже́жна маши́на; ~-**escape** ['faiəris'keip] поже́жна драби́на; ~-**extinguisher** ['faiəriks'tiŋgwiʃə] вогнега́сник; ~**man** поже́жник; кочега́р; ~**place** камі́н; ~**plug** поже́жний кран, гідра́нт; ~**proof** вогнетривки́й; ~-**side** мі́сце бі́ля камі́на; ~-**station** поже́жна ста́нція; ~**wood** дро́ва *n/pl.*; ~**works** *pl.* фейєрве́рк.
firing ['faiəriŋ] стрілянина́; опа́лення.
firm [fə:m] 1. □ міцни́й; цупки́й; тверди́й; стійки́й; наполе́гливий; 2. фі́рма; ~**ness** ['fə:mnis] тве́рдість *f.*
first [fə:st] 1. *adj.* пе́рший; ра́нній; видатни́й; ~ cost C собіва́ртість *f*; 2. *adv.* спе́ршу, спочáтку; ~ of all наса́мперед, перш за все; 3. поча́ток; the ~ пе́рше число́; from the ~ з са́мого поча́тку; ~-**born** пе́рвісток; ~-**class** першокла́сний; ~**ly** ['fə:stli] по-пе́рше; ~-**rate** першокла́сний.
fish [fiʃ] 1. ри́ба; F odd (*or* queer) ~ дива́к; 2. ву́дити ри́бу; виву́джувати [ви́вудити] (*a. fig.*); ~-**bone** ри́б'яча кі́стка.
fisher|man ['fiʃəmən] риба́лка; ~**y** [-ri] риба́льство; ри́бний про́мисел.
fishing ['fiʃiŋ] рибо́ло́вля; ~-**line** волосі́нь *f*, лі́ска; ~-**tackle** риба́льське прила́ддя.
fiss|ion ['fiʃən] S розще́плення; ~**ure** ['fiʃə] трі́щина, розко́лина.
fist [fist] кула́к; *co.* по́черк; ~**icuffs** ['fistikʌfs] *pl.* навкула́чки (би́тися).
fit[1] [fit] 1. прида́тний; здоро́вий, ду-

жий; гідний; 2. *v/t.* прилашт(ов)увати (to до Р); підходити [підійти] до (Р); пристос(ов)увати (for, to до Р); ~ out споряджати [-дити]; постачати [постачити]; ~up збирати [зібрати], (з)монтувати; *v/i.* годитися; пасувати; прилашт(ов)уватися; пристос(ов)уватися; 3. Е пригонка, припасування; посадка.

fit² [fit] Me припадок, приступ, напад, пароксизм; порив, поривання; by ~s and starts поривами, уривками; give a p. a ~ уражати [уразити] (З); обурювати [-рити] (З).

fit|ful ['fitful] □ судорожний, судомний, поривчастий; **~ness** [-nis] придатність *f*; **~ter** [-ə] механік, монтер; **~ting** [-iŋ] 1. □ придатний; 2. установка; складання, монтаж; примірка (сукні); **~s** *pl.* арматура.

five [faiv] 1. п'ять; 2. п'ятірка.

fix [fiks] 1. встановлювати [-вити]; укріплювати [-пити]; зупиняти [-нити] (погляд, увагу) (на М); *Am.* наводити лад, приводити в порядок; ~ o. s. улашт(ов)уватися; ~ up вирішувати [вирішити]; організувати *(im)pf.*; упорядковувати [-кувати]; залагоджувати [-дити]; влаштовувати [-тувати] *v/i.* (за)твердиути; зупинятися [-нитися] (on на М); 2. F дилема, скрутне становище; **~ed** [fikst] (*adv.* **~edly** ['fiksidli]) нерухомий; **~ture** ['fikstʃə] арматура; прилад, пристосування; встановлена величина; lighting ~ освітлювальний (прилад).

fizzle ['fizl] (за)шипіти.

flabby ['flæbi] □ млявий; *fig.* слабохарактерний.

flag [flæg] 1. прапор, стяг, знамено; плита; плитняк; 2. сигналізувати прапором; прикрашати прапорами; мостити плитами.

flagitious [flə'dʒiʃəs] □ злочинний, мерзотний, ганебний.

flagrant ['fleigrənt] □ скандальний; очевидний.

flag|staff [flægstʌf] флагшток; **~-stone** плита (для вимощування).

flair [flɛə] чуття, нюх.

flake [fleik] 1. шар; **~s** *pl.* пластівці *m/pl.*; 2. падати пластівцями; розшар(ов)уватися.

flame [fleim] 1. полум'я; вогонь *m*; *fig.* запал, пристрасть *f*; 2. палати; полум'яніти.

flank [flæŋk] 1. бік; схил (гори); Ml. фланг; 2. бути розташованим збоку, на фланзі (Р); ~ (on) межувати (з О), прилягати (до Р).

flannel [flænl] фланель *f*; **~s** [-z] *pl.* фланелеві штани *f/pl.*

flap [flæp] 1. змах, помах (крил); легкий удар, ляпанець; пола; довге вухо (собаки і т. ін.); 2. *v/t.* махати [-нути] (О); змахувати [-хнути] (крилами); шльопати [-пнути], легко ударяти; *v/i.* звисати; розвіюватися [розвіятися]; (за)майоріти.

flare [flɛə] 1. горіти яскравим полум'ям; розширюватися [-ритися] ~ up спалахувати [-хнути]; *fig.* вибухнути гнівом, скипіти *pf.*; 2. спалах; сигнальна ракета; спалахування.

flash [flæʃ] 1. показний, кричущий, позбавлений смаку; 2. спалах; *fig.* проблиск; in a ~ миттю; 3. бліскати [блиснути]; спалахувати [-хнути]; промайнути, пролетіти *pf.*; терміново передавати (по каналах зв'язку); **~-light** *phot.* спалах магнію; *Am.* кишеньковий електричний ліхтар; **~y** □ показний; позбавлений смаку.

flask [flɑ:sk] фляжка; флакон.

flat [flæt] 1. □ плаский, плескатий; рівний; нудний; С млявий (про ринок); Mu бемольний, мінорний; прямий; ~ price стандартна ціна; fall ~ не мати успіху; sing ~ детонувати; 2. площина; рівнина, низина; квартира; Mu бемоль *m*; **~-iron** праска; **~ness** ['flætnis] площина *f*; несмак; С млявість *f*; **~ten** ['flætn] робити(ся) пласким, рівним.

flatter ['flætə] (під)лестити (Д); **~er** [-rə] підлесник(-иця); **~y** [-ri] лестощі *f/pl.*

flavo(u)r ['fleivə] 1. приємний смак; аромат, пахощі *pl.*; *fig.* присмак; 2. присмачувати [-чити] (їжу); надавати запаху, смаку (Д); **~less** [-lis] несмачний, позбавлений смаку.

flaw [flɔ:] 1. тріщина, щілина; недолік; вада; порок; брак (товару); Sh шквал, порив вітру; 2. пошкоджувати [-дити]; (по)тріскатися; **~less** ['flɔ:lis] □ бездоганний.

flax [flæks] В льон.

flay [flei] здирати шкуру, лупити шкуру з (Р).

flea [fli:] блоха.

fled [fled] *pt.* і *p.pt.* від flee.

flee [fli:] [*irr.*] (у)тікати, рятуватися втечею.

fleec|e [fli:s] 1. руно; вовна; 2. (по) стригти (вівцю); *fig.* обдирати [обдерти]; **~y** ['fli:si] вкритий шерстю, вовною.

F

fleer [fliə] насміхатися [насміятися] (from з P).
fleet [fli:t] 1. □ швидкий; неглибокий; 2. флот.
flesh [fleʃ] 1. сире м'ясо; плоть *f*; м'якуш (плоду); *fig.* хіть *f*; 2. привчати смаком крові (собаку до полювання); **~ly** ['fleʃli] плотський, тілесний; **~y** [-i] м'ясистий; товстий.
flew [flu:] *pt.* від fly.
flexib|ility [fleksə'biliti] гнучкість *f*; **~le** ['fleksəbl] □ гнучкий; *fig.* піддатливий.
F
flicker ['flikə] 1. блимання; мерехтіння; 2. блимати; мерехтіти.
flier *s.* flyer льотчик.
flight [flait] політ, переліт; зграя (птахів); Ml, A ланка; втеча; ряд східців; **put to ~** (по)гнати; **~y** ['flaiti] □ легковажний, примхливий, вередливий.
flimsy]'flimzi] неміцний, тонкий.
flinch [flintʃ] ухилятися [-лятися] (from від P).
fling ['fliŋ] 1. кидок; життєрадісність *f*; веселощі *f/pl.*; **have one's ~** (по)веселитися; 2. [*irr.*] *v/i.* кидатися [кинутися]; *v/t.* кидати [кинути]; наповнювати [-нити] (ароматом); **~ open** розчахувати [-хнути], навстіж розчиняти [-нити] (вікно і т.ін.).
flint [flint] кремінь *m*.
flip [flip] 1. клацання; 2. клацати [-цнути].
flippan|cy ['flipənsi] легковажність *f*; **~t** □ легковажний.
flirt [flə:t] 1. кокетка; 2. фліртувати; кокетувати; **~ation** [flə:'teiʃən] флірт.
flit [flit] пурхати [-хнути]; шурхати [-хнути]; (таємно) переїжджати [переїхати].
float [flout] 1. поплавець *m*; буй; пором; пліт; плавальний пояс; ломовий віз; 2. *v/t.* затоплювати [-пити]; наводнювати [-нити]; Sh знімати з мілини; C пускати в хід (підприємство); *v/i.* плавати, (по)плисти (про предмет); триматися на воді.
flock [flɔk] 1. пушинка; віхтик; отара; зграя; 2. стікатися [стектися]; триматися разом.
flog [flɔg] (ви)сікти, (від)шмагати.
flood [flʌd] 1. (*a.* **~-tide**) приплив, підйом води; повінь *f*, розлив; 2. підніматися [-нятися] (про рівень ріки); виходити з берегів; затоплювати [-пити]; наводнювати [-нити]; **~-gate** шлюз.
floor [flɔ:] 1. підлога; поверх; Ac тік; **have the ~** *parl.* взяти слово; 2. настилати підлогу; валити на підлогу; *fig.* (з)бентежити; **~ing** ['flɔ:riŋ] настилання підлоги; підлога.
flop [flɔp] 1. гепатися [гепнутися]; плюхатися [-хнутися]; ляскати, бити (крилами); *Am.* зазнати фіаско; 2. ляскання; гепання.
florid ['flɔrid] □ квітчастий, барвистий (*a. fig.*).
florin ['flɔrin] флорин (монета).
florist ['flɔrist] торговець *m* квітами.
floss [flɔs] шовк-сирець *m*.
flounce¹ ['flauns] оборка, шлярка.
flounce² [~] кидатися [кинутися]; різко рухатися.
flounder¹ ['flaundə] *zo.* камбала.
flounder² [~] борсатися; (за)плутатися (у словах).
flour ['flauə] борошно.
flourish ['flʌriʃ] 1. розчерк; кучерявий вислів; Mu туш; 2. *v/i.* буяти; процвітати; розкошувати; *v/t.* розмахувати (O).
flout [flaut] насміхатися (from з P).
flow [flou] 1. течія, потік, струмінь *m*; приплив; достаток; плавність *f* (мови); 2. текти; струменіти; литися.
flower [flauə] 1. квітка; цвітіння; розквіт; 2. квітувати; **~y** [-ri] *fig.* кучерявий (стиль *m*).
flown [floun] *p.pt.* від fly.
flu [flu:] = influenza F грип.
fluctuat|e ['flʌktjueit] вагатися, коливатися; бути нестійким; **~ion** [flʌktju'eiʃən] вагання, коливання; нестійкість *f*.
flue [flu:] димар, димохід, комин; E жарова труба.
fluen|cy ['flu:ənsi] *fig.* плавність *f*, вільність *f* (мови); **~t** [-t] □ плавний, вільний; рідкий; плинний.
fluff [flʌf] пух, пушок; **~y** ['flʌfi] пухнастий.
fluid ['flu:id] 1. рідина; 2. рідкий; текучий.
flung [flʌŋ] *pt.* і *p.pt.* від fling.
flunk [flʌŋk] *Am.* F провалитися на іспиті.
flunk(e)y ['flʌŋki] ліврейний лакей.
flurry ['flʌri] хвилювання; метушня.
flush [flʌʃ] 1. несподіваний приплив; прилив крові; рум'янець; наплив (почуттів); 2. повний (по вінця); багатий (O; на 3); 3. *v/t.* затоплювати [-пити]; спускати воду у (M); *v/i.* текти; хлинути *pf.*; (по)червоніти.
fluster ['flʌstə] 1. метушня, хвилювання; 2. (с)хвилюватися; збуджувати(ся) [-дити(ся)].
flute [flu:t] 1. Mu флейта; виїмка (на колоні); 2. грати на флейті.

flutter ['flʌtə] 1. пу́рхання; тріпоті́ння, тремті́ння; 2.*v/i.* розма́хувати кри́лами; тріпоті́ти; пу́рхати [-хну́ти].
flux [flʌks] *fig.* пере́біг; плин; поті́к; Me патологі́чне витіка́ння.
fly [flai] 1. му́ха; 2. [*irr.*] літа́ти, (по)леті́ти; пролітáти [-леті́ти]; поспіша́ти [-ши́ти]; підніма́ти [підня́ти] (пра́пор); A управля́ти (літако́м); ~ at накида́тися [наки́нутися] (з ла́йкою) на (З); ~ into a passion скипі́ти *pf.*
flyer ['flaiə] льо́тчик.
fly-flap ['flaiflæp] хло́павка.
flying ['flajiŋ] літа́льний; льо́тний; летю́чий; ~ squad виїзна́ полі-це́йська кома́нда.
fly|-weight найле́гша вага́ (про боксе́ра); **~-wheel** махове́ ко́лесо.
foal [foul] 1. лоша́; осля́; 2. (о)жереби́тися.
foam [foum] 1. пі́на; ми́ло (на коні́); 2. (с)пі́нитися; зми́люватися [-ли-тися] (про коня́); **~y** ['foumi] що пі́ниться; зми́лений.
focus ['foukəs] 1. центр; *phys.*, Me фо́кус; 2. розмі́щувати, бу́ти у фо́кусі, зосере́джувати [-дити] (*a. fig.*).
fodder ['fɔdə] фура́ж, корм (худо́би).
foe [fou] во́рог.
fog [fɔg] 1. густи́й тума́н; імла́; заміша́ння; *phot.* вуа́ль *f*; 2. (за)тума́нити; *fig.* напуска́ти тума́ну; збенте́жувати [-жити]; **~gy** ['fɔgi] □ тума́нний.
foible ['fɔibl] *fig.* сла́бість *f.*
foil[1] [fɔil] фо́льга; фон, тло.
foil[2] [~] 1. заганя́ти у безви́хідь, у глухи́й кут *f*; розла́днувати пла́ни (Р); 2. рапі́ра.
fold[1] [fould] 1. (*mst* sheep-~) загі́н, коша́ра; *fig.* па́ства; 2. заганя́ти [загна́ти] (ове́ць).
fold[2] [~] 1. скла́дка, зги́н; 2. сту́лка (двере́й); E фальц; 3. *v/t.* склада́ти [скла́сти]; згина́ти [зігну́ти]; схре́щувати [схрести́ти] (ру́ки); **~er** ['fouldə] фальцюва́льник; *Am.* брошу́ра.
folding ['fouldiŋ] склада́ний; стулча́стий; відкидни́й; **~-camera** *phot.* склада́ний апара́т; **~-chair** склада́ний стіле́ць *m*; **~-door** (*s pl.*) двостулча́сті две́рі *f/pl.*; **~-screen** ши́рма.
foliage ['foulidʒ] ли́стя.
folk [fouk] наро́д, лю́ди *m/pl.*; **~lore** ['fouklɔ:] фолькло́р; **~-song** наро́дна пі́сня.
follow ['fɔlou] іти́ слі́дом; сте́жити, слідкува́ти за (О); (по)гна́тися за (О); займа́тися [займа́тися] (О); ~ suit наслі́дувати при́клад; **~er** ['fɔlouə] послідо́вник [-иця] наслі́дувач(ка); *pol.* попу́тник; прихи́льник; **~ing** ['fɔlouiŋ] насту́пний; попу́тний.
folly ['fɔli] дурни́ця, безглу́здя.
foment [fou'ment] кла́сти припа́рку (Д); підбу́рювати [-рити].
fond [fɔnd] □ лю́блячий, ні́жний; be ~ of люби́ти, коха́ти (З).
fond|le ['fɔndl] пе́стити *(im)pf.*, голу́бити; **~ness** [-nis] ні́жність *f*, коха́ння.
font [fɔnt] ку́піль *f*; джерело́.
food [fu:d] ї́жа; **~-stuffs** *pl.* ї́стівні проду́кти *m/pl.*; **~-value** пожи́вність *f.*
fool [fu:l] 1. ду́рень *m*; make a ~ of a p. обду́рювати [-ри́ти], поши́ти в ду́рні; 2. *v/t.* обма́нювати [-ну́ти]; ~ away втрача́ти [втра́тити] наго́ду; *v/i.* (по) дурі́ти; ~ about тиня́тися, ве́штатися.
fool|ery ['fu:ləri] ду́рощі; **~-hardy** ['fu:'ha:di] відчайду́шно хоро́брий; **~ish** ['fu:liʃ] □ дурни́й; **~ishness** [-nis] ду́рість *f*; **~-proof** нескладни́й, безпе́чний.
foot [fut] 1. (*pl.* feet) нога́, ступня́; фут (мі́ра); підва́лини *f/pl.*; on ~ пі́шки; в ходу́; 2. *v/t.* (*mst* ~ up) підрах(ов)ува́ти; ~ the bill заплати́ти по раху́нку; ~ it йти́ пі́шки; **~boy** паж; **~fall** хода́; звук кро́ків; **~-gear** F *coll.* взуття́; панчо́хи *f/pl.*; **~hold** *fig.* то́чка опо́ри.
footing ['futiŋ] опо́ра; підва́лина; пі́дсумок коло́нки цифр; lose one's ~ оступа́тися [-пи́тися].
foot|lights *pl. thea.* ра́мпа; **~man** ['futmən] лівре́йний лаке́й; **~-path** сте́жка; тротуа́р; **~print** слід; **~-sore** зі сте́ртими нога́ми; **~step** стопа́; слід; крок; **~stool** ослі́нчик для ніг; **~wear** *part. Am.* = ~-gear.
fop [fɔp] дже́нджик, джигу́н, франт, проно́за, хлющ.
for [fɔ:; fɔ:r; fɔ, fo; f] *prp. mst* для (Р); зара́ди (Р); за (З); у на́прямку (Р), до (Р); че́рез (З), внаслі́док (Р); про́тягом (Р); ~ three days про́тягом трьох днів; уже́ три дні; за́мість (Р); в о́бмін на (З); 2. *cj.* бо, оскі́льки, тому́ що.
forage ['fɔridʒ] 1. фура́ж; корм; 2. фуражува́ти.
foray ['fɔrei] набі́г, мароде́рство.
forbad(e) [fə'beid] *pt.* від forbid.
forbear[1] [fɔ:'bɛə] [*irr.*] бу́ти терпля́чим; утри́муватися [-матися] (from від Р).
forbear[2] ['fɔ:bɛə] пре́док, пра́щур; попере́дник.

forbid [fə'bid] [*irr.*] забороня́ти [-ни́ти]; **~den** [-n] *p.pt.* від forbid; **~ding** [-iŋ] □ відра́зливий; загро́зливий.

forbor|e [fɔ:'bɔ:] *pt.* від forbear[1]; **~ne** [-n] *p.pt.* від forbear[1].

force [fɔ:s] **1.** си́ла; наси́льство, при́мус; сенс, зна́чення; armed **~s** *pl.* збро́йні си́ли *f/pl.*; come in ~ набира́ти чи́нності; **2.** приму́шувати [-сити]; бра́ти си́лою; ~ open зла́мувати [-ма́ти], вила́мувати [ви́ламати]; **~d** [-t]; ~ loan примусо́вий займ; ~ landing ви́мушена поса́дка; ~ march форсо́ваний марш (похі́д); **~ful** □ си́льний, діє́вий.

forcible ['fɔ:səbl] □ наси́льний, ви́мушений; переко́нливий; ефекти́вний.

ford [fɔ:d] **1.** брід; **2.** перехо́дити убрі́д.

fore [fɔ:] **1.** *adv.* попе́ре́ду; **2.** *adj.* пере́дній; **~bode** [fɔ:'boud] провіща́ти; передчува́ти; **~boding** пога́не передві́стя; передчуття́; **~cast 1.** ['fɔ:ka:st] проро́цтво; **2.** [fɔ:'ka:st] [*irr.* (cast)] (на)пророкува́ти; **~father** пре́док; **~finger** вказівни́й па́лець; **~foot** пере́дня нога́; **~go** [fɔ:'gou] [*irr.* (go)] передува́ти; **~gone** [fɔ:'gɔn, *attr.* 'fɔ:gɔn]: ~ conclusion заздалегі́дь прийняте рі́шення; ~ **ground** пере́дній план; **~head** ['fɔrid] чоло́, лоб.

foreign ['fɔriŋ] інозе́мний, закордо́нний; the ≈ Office міністе́рство закордо́нних справ (у Ло́ндоні); ~ policy зо́внішня полі́тика; **~er** [-ə] інозе́мець (-мка)

fore|leg ['fɔleg] пере́дня нога́; **~lock** чуб; па́смо воло́сся; **~man** J старшина́ прися́жних; деся́тник; виконро́б; **~most** пере́дній; передови́й; **~noon** ра́нок; **~runner** провісник(-иця); **~see** [fɔ:'si:] [*irr.* (see)] передбача́ти; **~sight** ['fɔ:sait] передба́чення; передба́чливість *f.*

forest ['fɔrist] **1.** ліс; **2.** заса́джувати лі́сом.

forestall [fɔ:'stɔ:l] попереджа́ти [попере́дити]; запобіга́ти [-бі́гти].

forest|er ['fɔristə] лісни́к, лісни́чий; **~ry** [-tri] лісни́цтво; лісівни́цтво.

fore|taste ['fɔ:teist] **1.** передсма́к; **2.** смакува́ти напере́д; **~tell** [fɔ:'tel] [*irr.*(tell)] передчува́ти [-у́ти].

forfeit ['fɔ:fit] **1.** штраф; конфіска́ція; втра́та (пра́ва); фант; **2.** поплати́тися (О); втрача́ти [втра́тити] (пра́во).

forgave [fə'geiv] *pt.* від forgive.

forge[1] [fɔ:dʒ] (*mst* ~ ahead) наполе́гливо просува́тися упере́д.

forge[2] [~] **1.** ку́зня; **2.** кува́ти; підробля́ти [-би́ти]; **~ry** ['fɔ:dʒəri] підро́бка, підло́г.

forget [fə'get] [*irr.*] забу́(ва́)ти; **~ful** [-ful] □ забу́дькуватий; **~-me-not** [-minɔt] незабу́дка.

forgiv|e [fə'giv] [*irr.*] вибача́ти [ви́бачити]; **~en** [fə'givn] *p.pt.* від **~e**; **~eness** [-nis] ви́бачення, проще́ння; **~ing** □ всепроща́ючий, виба́чливий.

forgo [fɔ:'gou] [*irr.* (go)] утри́м(ув)атися від (Р); відмовля́тися [відмо́витися] від (Р).

forgot, **~ten** [fə'gɔt(n)] *pt.a.p.pt.* від forget.

fork [fɔ:k] виде́лка; ви́ла, гра́блі *n/pl.*; Mu камерто́н; роздорі́жжя.

forlorn [fə'lɔ:n] зане́дбаний, неща́сний.

form [fɔ:m] **1.** фо́рма; фігу́ра; бланк; *school* па́рта; клас; **2.** (с)формува́ти(ся); утво́рювати(ся) [-ри́ти(ся)]; Ml (ви́)шикува́ти(ся).

formal ['fɔ:məl] □ форма́льний; офіці́йний; **~ity** [fɔ:'mæliti] форма́льність *f.*

formation [fɔ:'meiʃən] утво́рення; формува́ння; Ml розташува́ння, стрій; систе́ма; будо́ва.

former ['fɔ:mə] коли́шній; попере́дній; **~ly** [-li] коли́сь, пе́рше, рані́ше.

formidable ['fɔ:midəbl] □ страшни́й; величе́зний; непереборний.

formula ['fɔ:mjulə] фо́рмула; Me реце́пт; **~te** [-leit] (с)формулюва́ти.

forsake [fə'seik] [*irr.*] залиша́ти [залиши́ти], покида́ти [поки́нути].

forswear [fɔ:'swɛə] [*irr.* (swear)] зріка́тися [зректи́ся] (Р); ~ o.s. пору́шувати кля́тву.

fort [fɔ:t] Ml форт.

forth [fɔ:θ] *adv.* упере́д, да́лі; нада́лі; **~coming** майбу́тній, прийде́шній; **~with** *adv.* нега́йно, за́раз же.

fortieth ['fɔ:tiiθ] сороко́вий; сороко́ва части́на.

forti|fication [fɔ:tifi'keiʃən] фортифіка́ція; укрі́плення; **~fy** ['fɔ:tifai] Ml укрі́плювати [-пи́ти]; спору́джувати укрі́плення (Р); *fig.* підкрі́плювати [-пи́ти] (фа́ктами); **~tude** [-tju:d] си́ла ду́ху.

fortnight ['fɔ:tnait] два ти́жні *m/pl.*

fortress ['fɔ:tris] форте́ця.

fortuitous [fɔ:'tjuitəs] □ випадко́вий.

fortunate ['fɔ:tʃnit] щасли́вий, вда́лий; **~ly** *adv.* на ща́стя.

fortune ['fɔ:tʃən] до́ля; бага́тство, доста́ток, майно́; **~teller** воро́жка.

forty ['fɔ:ti] со́рок.

forward ['fɔ:wəd] 1. *adj.* пере́дній, чі́льний; передови́й; розв'я́зний, зухва́лий; ра́нній; 2. *adv.* упере́д, да́лі; нада́лі; 3. *sport* напада́ючий, фо́рвард; 4. перес(и)ла́ти; перепрова́джувати [-дити].
forwarding-agent експеди́тор.
forwent [fɔ:'went] *pt.* від forego.
foster ['fɔstə] вихо́вувати [ви́ховати]; догляда́ти (діте́й, хво́рих); *fig.* почува́ти, відчува́ти, плека́ти (ду́мку); заохо́чувати [-хо́тити]; сприя́ти (Д).
fought [fɔ:t] *pt.* і *p.pt.* від fight.
foul [faul] 1. □ брудни́й, гидки́й; буре́мний (про пого́ду); гні́йни́й; зара́зний; безче́сний; run ~ of стика́тися [зіткну́тися] з (О); 2. *sport* гра про́ти пра́вил; 3. (за)брудни́ти(ся); нече́сно гра́ти.
found [faund] 1. *pt.* і *p.pt.* від find; 2. заклада́ти [закла́сти] (фунда́мент); засн(о́в)ува́ти; E пла́вити; відли́(ва́)ти.
foundation [faun'deiʃən] фунда́мент, осно́ва.
founder ['faundə] 1. засно́вник(-иця); 2. *v/i.* йти́ на дно.
foundry ['faundri] E лива́рня; литтяˊ.
fountain ['fauntin] джерело́; фонта́н; ~-**pen** авторучка, "ві́чне перо́".
four [fɔ:] 1. чоти́ри; 2. четві́рка; ~-**square** квадра́тний; *fig.* стійки́й; ~**teen** ['fɔ:'ti:n] чотирна́дцять; ~**teenth** [-θ] чотирна́дцятий; ~**th** [fɔ:θ] 1. четве́ртий; 2. чверть *f.*
fowl [faul] сві́йська пти́ця.
fox [fɔks] 1. лиси́ця; 2. (с)хитрува́ти; обду́рювати [-ри́ти]; ~**y** ['fɔksi] хи́трий.
fraction ['frækʃən] дріб; ча́стка.
fracture ['fræktʃə] 1. трі́щина, злам; Me перело́м; 2. (з)лама́ти (*a.* Me); роздробля́ти [-би́ти].
fragile ['frædʒail] крихки́й, ламки́й.
fragment ['frægmənt] ула́мок, оско́лок; ури́вок.
fragran|ce ['freigrəns] арома́т, па́хощі *pl.*; ~**t** [-t] □ арома́тний, духмя́ний, запашни́й.
frail [freil] □ тенді́тний, кво́лий, хворобли́вий; ~**ty** тенді́тність *f.*
frame [freim] 1. спору́да; зруб; кістя́к, фігу́ра, тілобудо́ва; ра́мка, ра́ма; ~ of mind на́стрій; 2. спору́джувати [-ди́ти]; ство́рювати [-ри́ти]; вставля́ти у ра́му; ~**work** E ра́ма; зруб, карка́с; *fig.* будо́ва.
franchise ['fræntʃaiz] J пра́во бра́ти у́часть у ви́борах; привіле́й.
frank [fræŋk] □ щи́рий, відве́ртий.
frankfurter ['fræŋkfətə] *Am.* соси́ска.
frankness ['fræŋknis] відве́ртість *f.*
frantic ['fræntik] (~**ally**) шале́ний.
fratern|al [frə'tə:nl] □ брате́рський; *adv.* по-брате́рському; ~**ity** [-niti] брате́рство; общи́на, грома́да; *Am. univ.* студе́нтська організа́ція.
fraud [frɔ:d] шахра́йство; ~**ulent** ['frɔ:djulənt] □ шахра́йський.
fray [frei] 1. бі́йка, су́тичка; 2. зно́шувати(ся) [зноси́ти(ся)].
freak [fri:k] при́мха; ви́брик; ви́родок.
freckle ['frekl] весня́нка, ластови́нка.
free [fri:] 1. □ *com.* ві́льний; незале́жний; неза́йнятий; безкошто́вний; he is ~ to він ві́льний (+ *inf.*); make ~ to *inf.* дозволя́ти собі́; set ~ випуска́ти на во́лю; 2. звільня́ти [-ни́ти]; визволя́ти [ви́зволити]; ~**booter** ['fri:bu:tə] піра́т; ~**dom** ['fri:dəm] свобо́да, во́ля; ~ of a city зва́ння поче́сного громадяни́на; ~**holder** землевла́сник; ~**mason** масо́н.
freez|e [fri:z] [*irr.*] *v/i.* замерза́ти [заме́рзнути]; застига́ти [засти́гнути]; ме́рзнути; *v/t.* заморо́жувати [-о́зити]; ~**er** ['fri:zə] моро́жениця; ~**ing** 1. □ льодови́й, льодяни́й; 2. заморо́жування; замерза́ння; ~ point то́чка замерза́ння.
freight [freit] 1. фрахт; ванта́ж; ва́ртість переве́зення; 2. (за)ванта́жити; (за)фрахтува́ти; ~ car *Am.* Rr това́рний ваго́н.
French [frentʃ] 1. францу́зький; take ~ leave піти́ не попроща́вшися; 2. францу́зька мо́ва the ~ францу́зи *pl.*; ~**man** ['frentʃmən] францу́з; ~**woman** ['frentʃwumən] францу́женка.
frenz|ied ['frenzid] розлюто́ваний; ~**y** [-zi] лють *f*, скаже́ність *f*, шале́нство *n.*
frequen|cy ['fri:kwənsi] частота́ (*a. phys.*); ча́сте повто́рення; ~**t** 1. [-t] □ ча́стий; 2. [fri'kwent] ча́сто відві́дувати.
fresh [freʃ] □ сві́жий; нови́й; чи́стий; *Am.* F зухва́лий; ~ water прі́сна вода́; ~**en** ['freʃn] освіжа́ти [-жи́ти]; (по)свіжі́ти; ~**et** ['freʃit] по́вінь *f*; *fig.* поті́к; ~**man** [-mən] *univ. sl.* першоку́рсник; ~**ness** сві́жість *f.*
fret [fret] 1. хвилюва́ння, роздратува́ння; Mu лад (у гіта́рі); 2. (за)непоко́їти(ся), (с)хвилюва́ти(ся); підто́чувати [-чи́ти]; роз'їда́ти [роз'ї́сти]; ~ted instrument стру́нний щипко́вий інструме́нт.
fretful ['fretful] □ дратівли́вий, примхли́вий.
friar ['fraiə] мона́х, черне́ць *m.*

friction ['frikʃən] тертя́ (*a. fig.*).
Friday ['fraidi] п'я́тниця.
friend [frend] при́ятель *m* (ка), това́риш-(ка), друг, по́друга; **~ly** [-li] дру́жній; **~ship** [-ʃip] дру́жба.
frigate ['frigit] Sh фрега́т.
fright [frait] переля́к; *fig.* опу́дало, страхо́висько; **~en** ['fraitn] (пере) ляка́ти; (з)ляка́ти; ~ed at or of зля́каний (O) **~ful** [-ful] □ страшни́й, жахли́вий.
frigid ['fridʒid] □ холо́дний.
frill [fril] обо́рка.
fringe [frindʒ] **1.** торочки́, бахрома́; чу́бчик; облямі́вка; **2.** оздо́блювати торочка́ми, бахромо́ю; облямо́вувати [-мува́ти].
frippery ['fripəri] мішура́ *f/pl.*; деше́ві прикра́си *f/pl.*
frisk [frisk] **1.** стрибо́к; **2.** пустува́ти; **~y** ['friski] □ жва́вий, грайли́вий.
fritter ['fritə] **1.** ола́дка; **2.** ~ away розтри́нькувати на дрібни́ці.
frivol|ity [fri'vɔliti] легкова́жність *f*, фриво́льність *f*; **~ous** ['frivələs] □ легкова́жний; дріб'язко́вий.
frizzle ['frizl] сма́жити(ся) з шипі́нням.
fro [frou]: to and ~ впере́д і наза́д; туди́ й сюди́.
frock [frɔk] жіно́ча або́ дитя́ча су́кня; ря́са; (*mst* **~-coat**) сюрту́к.
frog [frɔg] жа́ба.
frolic ['frɔlik] **1.** пу́стощі *pl.*, весе́лощі *pl.*; **2.**пустува́ти; **~some** [-səm] □ грайли́вий, жва́вий.
from [frɔm, frəm] *prp.* від (Р); з (Р); із (Р); по (М); defend ~ захища́ти від (Р).
front [frʌnt] **1.** фаса́д; пере́дній, чі́льний бік; Ml фронт; in ~ of пе́ред (О); спе́реду (Р); **2.** пере́дній; **3.** вихо́дити на (З) (про вікно́) (*a.* ~ on, towards); **~al** ['frʌntl] *anat.* ло́бний, лобови́й; Ar фаса́дний; фронта́льний; **~ier** ['frʌntjə] **1.** кордо́н; **2.** прикордо́нний; **~ispiece** ['frʌntispi:s] *typ.* фронтиспи́с; Ar фаса́д.
frost [frɔst] **1.** моро́з; **2.** приморо́зити (росли́ни); **~-bite** Me відморо́жене мі́сце; **~y** ['frɔsti] □ моро́зний; *fig.* льодови́й, крижани́й.
froth [frɔθ] **1.** пі́на; **2.** (с)пі́нити(ся), (за)шумува́ти; **~y** ['frɔθi] □ пі́нистий; *fig.* пусти́й, пусті́ слова́.
frown [fraun] **1.** похму́рий по́гляд; насу́плені бро́ви *f/pl.*; **2.** *v/i.* (на)хму́ри-тися; (на)су́питися.
frow|zy, ~sy ['frauzi] за́тхлий, заду́шний; неоха́йний.
froze [frouz] *pt.* від freeze; **~n** [-n] **1.** *p.pt.* від freeze; **2.** заме́рзлий; заморо́жений.
frugal ['fru:gəl] □ помі́рний, скро́мний.
fruit [fru:t] **1.** плід, фрукт; **2.** плодоно́сити; **~erer** ['fru:tərə] торго́вець *m* фру́ктами; **~ful** ['fru:tful] □ плі́дний, плодю́чий, родю́чий; **~less** [-lis] □ неплі́дний, безплі́дний.
frustrat|e [frʌst'reit] розстро́ювати [-о́їти], зрива́ти [зірва́ти] (пла́ни); роби́ти ма́рним; **~ion** [frʌs'treiʃən] розладна́ння (пла́нів), крах (наді́й).
fry [frai] **1.** сма́жене (ї́жа); **2.** (під) сма́жити(ся); **~ing-pan** ['fraiiŋpæn] сковорода́.
fudge [fʌdʒ] **1.** ви́гадка; пома́дка; **2.** роби́ти абия́к.
fuel ['fjuəl] **1.** па́ливо; **2.** *mot.* пальне́.
fugitive ['fju:dʒitiv] **1.** втіка́ч; бі́женець *m* (-нка); **2.** побі́жний; швидкоплинний.
fulfil(l) [ful'fil] вико́нувати [ви́конати]; здійснювати [-ни́ти]; **~ment** [-mənt] викона́ння, здійснення.
full [ful] **1.** □ *com.* по́вний; ці́лий; дорі́дний; of ~ age повнолі́тній; **2.** *adv.* цілко́м; спо́вна; са́ме; ду́же; **3.** повнота́; in ~ по́вністю; to the ~ по́вною мі́рою; **~-dress** пара́дна фо́рма; **~-fledged** опе́рений, розви́нутий.
ful(l)ness ['fulnis] повнота́, доста́ток.
fulminate ['fʌlmineit] бли́скати [-снути]; (за)гримі́ти; ~ against (роз)громи́ти (З).
fumble ['fʌmbl] нама́ц(ув)ати; (про)ми́мрити; верті́ти у рука́х.
fume [fju:m] **1.** па́ра, дим; випаро́вування; **2.** обку́рювати [-ри́ти]; ви́пар(о́в)уватися.
fumigate ['fju:migeit] обку́рювати [-ри́ти].
fun [fʌn] весе́лощі *f/pl.*; заба́ва; make ~ of висмі́ювати [ви́сміяти] (З).
function ['fʌŋkʃən] **1.** фу́нкція, призна́чення; **2.** функціонува́ти, ді́яти; **~ary** [-əri] посадо́ва осо́ба.
fund [fʌnd] **1.** запа́с; капіта́л, фонд; **~s** *pl.* держа́вні проце́нтні папе́ри *m/pl.*; **2.** консолідува́ти *(im)pf.*; фунди́рувати *(im)pf.*
fundament|al [fʌndə'mentl] □ основни́й, корі́нний, істо́тний; **~als** *pl.* осно́ви *f/pl.*, заса́ди *f/pl.*
funer|al ['fju:nərəl] **1.** по́хорон, похова́ння; **2.** похоро́нний, похова́льний; **~eal** [fju:'niəriəl] □ жало́бний; похму́рий.
fun-fair ['fʌnfɛə] я́рмарок.
funnel ['fʌnl] лі́йка; Sh .Rr димова́ труба́.

funny ['fʌni] □ смішни́й, потíшний; ди́вний.
fur [fə:] 1. ху́тро; шку́ра; ~**s** *pl.* ху́тра *n/pl.*, хутряні́ ви́роби *m/pl.*; 2. підбива́ти або оторо́чувати ху́тром.
furbish ['fə:biʃ] (від)полірува́ти; ~ **up** підно́влювати [-ви́ти].
furious ['fjuəriəs] □ розлюто́ваний, розлю́чений.
furl [fə:l] приб(и)ра́ти (вітри́ла); склада́ти [скла́сти] (парасо́льку).
furlough ['fə:lou] 1. відпу́стка; 2. звільня́ти у відпу́стку (*mst* про солда́тів).
furnace ['fə:nis] го́рно, піч; то́пка.
furnish ['fə:niʃ] постача́ти [поста́чити] (З); доставля́ти [доста́- вити]; умебльо́вувати [-люва́ти].
furniture ['fə:nitʃə] ме́блі *f/pl.* обстано́вка; обла́днання.
furrier ['fʌriə] хутрови́к.
furrow ['fʌrou] борозна́; ко́лія; жо́лоб; змо́ршка.
further ['fə:ðə] 1. да́лі; зати́м; крім то́го; 2. сприя́ти (Д); ~**ance** [-rəns] просува́ння (of P), сприя́ння (of Д); ~**more** [-mɔ:] *adv.* до то́го ж, крім то́го.
furthest ['fə:ðist] найда́льший.
furtive ['fə:tiv] □ прихо́ваний, тає́мний.
fury ['fjuəri] шал, лють *f.*
fuse [fju:z] 1. пла́вка; Ml запа́л; Ee плавки́й запобі́жник; 2. сплавля́ти(ся) [(с)пла́вити(ся)]; Ee (роз)пла́вити(ся); Ml вставля́ти запа́л у (З).
fusion ['fju:ʒən] пла́вка; *fig.* злиття́.
fuss [fʌs] F 1. метушня́; збу́джений стан; 2. (за)метуши́тися; (с)хвилюва́тися (**about** через З); набрида́ти з дрібни́цями (Д).
fusty ['fʌsti] за́тхлий, спе́ртий; *fig.* старомо́дний, застарі́лий.
futile ['fju:tail] ма́рний; пусти́й.
future ['fju:tʃə] 1. майбу́тній; 2. майбу́тнє, майбуття́; ~**s** *pl.* C това́ри, при́дбані заздалегі́дь.
fuzz [fʌz] 1. пух, пуши́нка; 2. вкри́(ва́)тися пу́хом; розліта́тися [розлеті́тися] (про пух).

G

G

gab [gæb] F базі́кання; **the gift of the** ~ до́бре підві́шений язи́к.
gabble ['gæbl] 1. бурмоті́ння, безла́дна мо́ва; 2. (про)бурмоті́ти; гелгота́ти [гелготі́ти].
gaberdine ['gæbədi:n] габарди́н.
gable ['geibl] Ar фронто́н, шпиль *m.*
gad [gæd]: ~ **about** ве́штатися, тиня́тися.
gad-fly ['gædflai] *zo.* гедзь *m.*
gag [gæg] 1. за́тичка, кляп; *parl.* припи́нення деба́тів; *Am.* до́теп; 2. затика́ти ро́та (Д); зму́сити замо́вкнути; *pol.* затиска́ти [зати́снути] (кри́тику і т.ін.).
gage [geidʒ] заста́ва; ви́клик.
gaiety ['geiəti] весе́лість *f.*
gaily ['geili] *adv.* від **gay** ве́село, яскра́во.
gain [gein] 1. прибу́ток; ви́граш; заробі́ток; при́ріст; 2. виграва́ти; оде́рж(ув)ати; ~**ful** ['geinful] □ прибутко́вий, ви́гідний.
gait [geit] хода́.
gaiter ['geitə] гама́ша, ге́тра, кра́га.
gale [geil] шторм, си́льний ві́тер.
gall [gɔ:l] 1. Me жовч; жо́вчність *f*; садно́; 2.(роз)дратува́ти; (за)непоко́їти.
gallant *mst* [gə'lænt] 1. □ гала́нтний; ува́жний; шанобли́вий; 2. ['gælənt] *adj.* □ хоро́брий, звитя́жний; *su.* кавале́р; ~**ry** ['gæləntri] хоро́брість *f*, гала́нтність *f.*
gallery ['gæləri] галере́я.
galley ['gæli] Sh галéра; ~-**proof** *typ.* гра́нка.
gallon ['gælən] гало́н (мі́ра рідки́х і сипки́х тіл; англ. =4,54 л; ам.=3,78 л).
gallop ['gæləp] 1. гало́п, чвал; 2. скака́ти чва́лом, гало́пом; пусти́ти учва́л, в гало́п.
gallows ['gælouz] *sg.* ши́бениця.
gamble ['gæmbl] 1. аза́ртна гра; ризико́вана спра́ва; 2. гра́ти в аза́ртні і́гри; спекулюва́ти (на бі́ржі); ~**r** [-ə] картя́р, граве́ць *m.*
gambol ['gæmbəl] 1. стрибо́к; 2. стриба́ти.
game [geim] 1. гра; па́ртія (гри); дичина́; ~**s** *pl.* змага́ння *n/pl.*, і́гри *f/pl.*; 2. F охо́че гото́вий (зроби́ти щось); 3. гра́ти на гро́ші; ~**ster** граве́ць *m*, картя́р.
gander ['gændə] гуса́к.
gang [gæŋ] 1. брига́да; арті́ль *f*; змі́на (робітникі́в); згра́я, ба́нда;

2. ~ up організóвувати бáнду; ~-**board** Sh трап.
gangway ['gæŋwei] прохíд між рядáми (крíсел і т.ін.); Sh трап.
gaol [dʒeil] в'язнúця; *s.* **jail.**
gap [gæp] пробíл; пролóм; *fig.* розбíжність *f* (у пóглядах).
gape [geip] позіхáти, широкó роззявля́ти рóта; витріщáтися; зяя́ти.
garb [gɑ:b] убрáння, шáти.
garbage ['gɑ:bidʒ] (кухóнні) пóкидьки *m/pl.*; смíття́ *n/pl.*.
garden ['gɑ:dn] 1. сад; горóд; 2. садівникувáти; городникувáти; ~**er** садівнúк; ~**ing** садівнúцтво.

G

gargle ['gɑ:gl] 1. полоскáти гóрло; 2. полоскáння *n/pl.* для гóрла.
garish ['gɛəriʃ] □ кричýщий (про вбрання́; бáрви); яскрáвий.
garland ['gɑ:lənd] гірля́нда, вінóк.
garlic ['gɑ:lik] B часнúк.
garment ['gɑ:mənt] предмéт óдягу; *fig.* покрóв; габá.
garnish ['gɑ:niʃ] 1. гарнíр; прикрáса; 2. гарнірувáти *(im)pf.*; прикрашáти.
garret ['gærət] мансáрда.
garrison ['gærisn] Ml 1. гарнізóн; 2. стáвити (полк і т.ін.) гарнізóном.
garrulous ['gæruləs] □ балакýчий.
garter ['gɑ:tə] підв'я́зка.
gas [gæs] 1. газ; F базíкання *n/pl.*; *Am.* F бензúн, пальнé; 2. випускáти гáзи; отрýювати гáзом; F базíкати; ~**eous** ['geizjəs] газоподíбний.
gash [gæʃ] 1. глибóка рáна, розрíз; 2. нанóсити глибóку рáну (Д).
gas|-lighter [gæslaitə] гáзова запальнúчка; ~-**mantle** [gæsmæntl] жаровá сíтка; ~**olene**, ~**oline** ['gæsoli:n] *mot.* газолíн; *Am.* бензúн.
gasp [gɑ:sp] задихáтися [-хнýтися]; хапáти повíтря.
gas|sed [gæst] отрýєний гáзом; ~-**stove** гáзова плитá; ~-**works** *pl.* гáзовий завóд.
gate [geit] брáма, ворóта *pl.*; хвíртка; ~**man** Rr стóрож; ~**way** брáма, ворóта *pl.* вхід; підворíття *n/pl.*.
gather ['gæðə] 1. *v/t.* збирáти [зірвáти], знімáти [зня́ти] (врожáй); (зі)рвáти (про квíти); *fig.* робúти вúсновок; ~ speed набирáти швúдкість; прискóрювати хід; *v/i.* збирáтися [зібрáтися]; 2. ~**s** *pl.* збóрки *f/pl.*; ~**ing** збирáння *n/pl.*; збóри; збігóвисько.
gaudy ['gɔ:di] □ яскрáвий, кричýщий, позбáвлений смакý.
gauge [geidʒ] 1. мíра; вимíрювальний прилад; масштáб; Rr ширинá кóлії; E шаблóн, лекáло; 2. вимíрювати [вúміряти]; градуювáти *(im)pf.*; вивіря́ти [вúвірити]; *fig.* оцíнювати [-нúти] (людúну).
gaunt [gɔ:nt] □ змарнíлий, вúснажений; похмýрий.
ga(u)ntlet ['gɔ:ntlit] 1. *hist.* пáнцерна рукавúця; рукавúця (шофéра, фехтувáльника і т.ін.); 2. run the ~ пройтú крізь стрій; піддавáтися різкíй крúтиці.
gauze [gɔ:z] газ (тканúна); мáрля.
gave [geiv] *pt.* від give.
gawk ['gɔ:k] F йóлоп, тéлепень *m*; ~**y** ['gɔ:ki] незгрáбний.
gay [gei] □ весéлий; яскрáвий, строкáтий.
gaze [geiz] 1. увáжний пóгляд; 2. пúльно дивúтися.
gazette [gə'zet] 1. офіцíйна газéта; 2. (о)публікувáти в офіцíйній газéті.
gear [giə] 1. механíзм; прилáддя *n/pl.*; E шестерня́; зубчáста передáча; *mot.* передáча; швúдкість *f*; in ~ ввíмкнений, дíючий; 2. привóдити у рух; вмикáти; ~**ing** E зубчáста передáча; привíд.
geese [gi:s] *pl.* від goose.
gem [dʒem] коштóвний кáмінь *m*; *fig.* скарб.
gender ['dʒendə] *gr.* рід.
general ['dʒenərəl] 1. □ загáльний; звичáйний; повсю́дний; головнúй; генерáльний; ~ election загáльні вúбори *m/pl.* 2. Ml генерáл; ~**ity** [dʒenə'ræliti] загáльність *f*; застосóвність до всьóго; бíльшість *f*; ~**ize** ['dʒenərəlaiz] узагáльнювати; ~**ly** [-li] взагалí; звичáйно.
generat|e ['dʒenəreit] порóджувати [-дúти]; вúкликáти; створювати [-рúти]; ~**ion** [dʒenə'reiʃən] поколíння; порóдження.
gener|osity [dʒenə'rɔsiti] великодýшність *f*; щéдрість *f*; ~**ous** ['dʒenərəs] □ великодýшний; щéдрий.
genial ['dʒi:niəl] □ тéплий, м'якúй (клíмат); дóбрий, сердéчний.
genius ['dʒi:njəs] гéній; дух; обдарóваність *f*; геніáльність *f*.
genteel [dʒen'ti:l] свíтський; елегáнтний.
gentle ['dʒentl] □ знáтний; м'якúй; лáгідний; тúхий; нíжний; сумúрний (про тварúн); легкúй (вíтер); ~**man** ['dʒentlmən] джентльмéн; пан; ~**manlike**, ~**manly** вúхований; ~**ness** ['dʒentlnis] м'я́кість *f*, добротá.
gentry ['dʒentri] дрібномаєтне дворя́нство.
genuine ['dʒenjuin] □ спрáвжній; щúрий; непідрóблений.

geography [dʒi'ɔgrəfi] геогра́фія.
geology [dʒi'ɔlədʒi] геоло́гія.
geometry [dʒi'ɔmitri] геоме́трія.
germ [dʒə:m] 1. мікро́б; за́родок; 2. *fig.* заро́джуватися [-ди́тися].
German[1] ['dʒə:mən] 1. німе́цький; ~ silver E нейзі́льбер; 2. ні́мець *m*, німке́ня; німе́цька мо́ва.
german[2] [~]: brother ~ рі́дний брат; **~e** [dʒə:'mein] доре́чний, слу́шний.
germinate ['dʒə:mineit] дава́ти па́ростки, пророста́ти [-сти́].
gesticulat|e [dʒes'tikjuleit] жестикулюва́ти; **~ion** [-'tikju'leiʃən] жестикуля́ція.
gesture ['dʒestʃə] жест; мі́міка.
get [get] [*irr.*] 1. *v/t.* дістава́ти; оде́ржувати; заробля́ти; добува́ти; приму́шувати; I have got я ма́ю; ~ one's hair cut (по)стри́гтися; ~ by heart вчи́ти напа́м'ять; 2. *v/i.* (з)роби́тися, става́ти; ~ ready (під)готува́тися; ~ about почина́ти ходи́ти (пі́сля хворо́би); ~ abroad пошир́юватися (про чутки́); ~ ahead просува́тися впере́д; ~ at добира́тися до (Р); ~ away тіка́ти, іти́ геть; вируша́ти; ~ in вхо́дити; ~ on with a p. ужива́тися з ки́мось; ~ out вихо́дити; ~ to hear (know, learn) дізнава́тися, пізнава́ти; ~ up встава́ти; **~-up** [get'ʌp] мане́ра одяга́тися; офо́рмлення; *Am.* підприє́мливість *f.*
ghastly ['gɑ:stli] жахли́вий; мертво́тно-бліди́й.
ghost [goust] прима́ра, при́вид; дух (*a. eccl.*); *fig.* тінь *f*, легки́й слід; **~like** ['goustlaik], **~ly** [-li] схо́жий на при́вид, прима́рний.
giant ['dʒaiənt] 1. ве́летень *m*, гіга́нт; 2. велете́нський, гіга́нтський.
gibber ['dʒibə] говори́ти невира́зно, нерозбі́рливо.
gibbet ['dʒibit] 1. ши́бениця; 2. ві́шати [пові́сити].
gibe [dʒaib] *v/t.* смія́тися з (Р); *v/i.* насміха́тися (at з Р).
gidd|iness ['gidinis] Ме запа́мороченн я; легкова́жність *f*; **~y** ['gidi] □ яки́й відчува́є запа́морочення; легкова́жний.
gift [gift] дар, подару́нок; зді́бність *f*; тала́нт (of до Р); **~ed** ['giftid] обдаро́ваний, зді́бний, таланови́тий.
gigantic [dʒai'gæntik] (~ally) гіга́нтський, величе́зний.
giggle ['gigl] 1. хихоті́ння *n/pl.*; 2. хихоті́ти [-ну́ти].
gild [gild] [*irr.*] (по)золоти́ти.
gill [gil] *zo.* зя́бра *n/pl.*.
gilt [gilt] 1. позоло́та; 2. позоло́чений.
gin [dʒin] джин (напі́й); E піді́мна лебі́дка.
ginger ['dʒindʒə] 1. імби́р; F підне́сення *n/pl.*; 2. F підстьо́бувати [-бну́ти], пожва́влювати [пожва́вити]; **~-bread** імби́рний пря́ник; **~ly** [-li] обере́жний, нерішу́чий.
Gipsy ['dʒipsi] ци́ган(-га́нка).
gird [gə:d] [*irr.*] підпере́зувати(ся) [-за́ти(ся)]; ото́чувати [-чи́ти].
girder ['gə:də] E ба́лка, ба́нтина, брус, опо́ра.
girdle ['gə:dl] 1. по́яс, підпере́зка; 2. підпере́зувати [-за́ти].
girl [gə:l] ді́вчинка; ді́вчина; **~hood** ['gə:lhud] діво́цтво; **~ish** □ діво́чий.
girt [gə:t] *pt.* і *p.pt.* від gird.
girth [gə:θ] обхва́т, ро́змір; попру́га.
gist [dʒist] суть *f*, су́тність *f.*
give [giv] [*irr.*] 1. *v/t.* да́(ва́)ти; (по)дарува́ти; завда́(ва́)ти; ~ birth to народи́ти; ~ away відда́(ва́)ти; F вика́зувати [ви́казати], зра́джувати [-дити]; ~ forth виділя́ти [ви́ділити], випуска́ти [ви́пустити] (за́пах); оголо́шувати [-оси́ти]; ~ in пода́(ва́)ти; ~ up відмовля́тися [відмо́витися] від (Р); 2. *v/i.* ~ (in) поступа́тися [-пи́тися]; ~ into, ~ (up)on вихо́дити на (З) (про ві́кна і т.ін.); ~ out кінча́тися [-чи́тися]; знеси́литися *pf.*; (зі)псува́тися; **~n** [givn] 1. *p.pt.* від give; 2. *fig.* да́ний; схи́льний (to до Р); ві́дданий (to Д).
glaci|al ['gleisjəl] □ льодовико́вий; крижани́й; щоледени́ть; **~er** гле́тчер, льодови́к.
glad [glæd] □ задово́лений; ра́дісний, весе́лий; I am ~ я ра́дий(-да); **~ly** охо́че, ра́дісно; **~den** ['glædn] обра́дувати.
glade [gleid] галя́вина, прога́лина, про́сіка.
gladness ['glædnis] ра́дість *f.*
glamo|rous ['glæmərəs] чарівни́й, прива́бливий; **~(u)r** ['glæmə] 1. чарі́вність *f*; 2. зачаро́вувати [-рува́ти].
glance [glɑ:ns] 1. швидки́й по́гляд; 2. ко́взати [-зну́ти] (*mst* ~ aside, off); ~ at ни́шком гля́нути на (З).
gland [glænd] за́лоза.
glare [glɛə] 1. сліпу́чо блища́ти; пи́льно диви́тися; 2. пи́льний або́ лю́тий по́гляд; сліпу́чий блиск.
glass [glɑ:s] 1. скло; скля́нка; ча́рка; дзе́ркало, люсте́рко; (a pair of) **~es** *pl.* окуля́ри *m/pl.*; 2. *attr.* скляни́й;

~-shade (скляни́й); ковпа́к; абажу́р; ~y ['glɑ:si] □ дзерка́льний; скляни́й, засти́глий (по́гляд).
glaz|e [gleiz] 1. поли́ва, глазу́р *f*; 2. глазурува́ти *(im)pf.*, глянсува́ти; (за)скли́ти; ~**ier** ['gleizjə] скля́р.
gleam [gli:m] 1. ві́дблиск; 2. слабке́ сві́тло; *fig.* про́блиск; 3. мерехті́ти, сла́бо світи́тися.
glean [gli:n] *v/t. fig.* рете́льно збира́ти (фа́кти, відо́мості); *v/i.* підбира́ти коло́сся *m/pl.* (пі́сля жнив).
glee [gli:] весе́лощі *f/pl.*, ра́дість *f*; ~ club клуб для хорово́го спі́ву.
glib [glib] □ гладе́нький; жва́вий (про мо́ву).
glid|e [glaid] 1. ко́взати, ли́нути; A (с)планерува́ти; 2. пла́вний рух; ~**er** ['glaidə] A пла́нер.
glimmer ['glimə] 1. мерехті́ння *n*, тьмя́не сві́тло; *min.* слюда́; 2. мерехті́ти, тьмя́но світи́ти.
glimpse [glimps] 1. побі́жний по́гляд; скороминý́ще вра́ження (of від P); 2. (по)ба́чити мигце́м.
glint [glint] 1. яскра́вий блиск; 2. яскра́во блища́ти; відбива́ти сві́тло.
glisten ['glisn], **glitter** ['glitə] блища́ти, ся́яти, ярі́ти.
gloat [glout]: ~ (up)on, over поїда́ти очи́ма (З).
globe [gloub] ку́ля; земна́ ку́ля; гло́бус.
gloom [glu:m], ~**iness** ['glu:minis] те́мрява, мо́рок; похму́рість *f*; ~**y** ['glu:mi] □ похму́рий.
glori|fy ['glɔ:rifai] (про)сла́вити; звели́чувати [-чити]; ~**ous** ['glɔ:riəs] □ прекра́сний, чудо́вий.
glory ['glɔ:ri] 1. сла́ва; 2. торжествува́ти; пиша́тися (in O).
gloss [glɔs] 1. зо́внішній блиск; гло́са; 2. наво́дити блиск на (З); ~ over прикраша́ти.
glossary ['glɔsəri] глоса́рій, словни́к (у кінці́ кни́ги).
glossy ['glɔsi] □ глянсува́тий, ло́щений.
glove [glʌv] рукави́чка.
glow [glou] 1. розжа́рюватися; пала́ти; тлі́ти; ся́яти; 2. спе́ка; розжа́рення; загра́ва; жар; рум'я́нець *m*; ~-**worm** світля́к, світлячо́к.
glue [glu:] 1. клей; 2. (с)клеї́ти.
glut [glʌt] пересичення *n*; затова́рювання *n* (ри́нку).
glutton ['glʌtn] ненаже́ра *m/f*; ~**ous** [-əs] □ ненаже́рливий; ~**y** [-i] обже́рливість *f*.
gnash [næʃ] (за)скрегота́ти (зуба́ми).
gnat [næt] кома́р.
gnaw [nɔ:] гри́зти.
gnome [noum] гном, ка́рлик.
go [gou] 1. [*irr.*] *com.* ходи́ти, йти [піти́]; прохо́дити [пройти́]; іти́ [піти́]; ї́здити, (по)ї́хати; (з)роби́тися; працюва́ти (про маши́ну, се́рце); let ~ пуска́ти [-сти́ти]; випуска́ти з рук; ~ shares діли́тися по́рівну; ~ to (or and) see захо́дити [зайти́] до (P), відві́д(ув)ати (З); ~ at накида́тися [наки́нутися] на (З); ~ between бу́ти посере́дником між (O); ~ by прохо́дити [пройти́]; керува́тися (O); ~ for і́ти по (З); ~ for a walk прогу́люватися; ~ in for an examination (про)екзаменува́тися; ~ on продо́вжувати [-жити], йти да́лі; ~ through with дово́дити до кінця́ (З); ~ without обхо́дитися [обійти́ся] без (P); 2. хода́, рух; F мо́да; ене́ргія; on the ~ на ходу́; на нога́х; it is no ~ нічо́го не вді́єш; in one ~ відра́зу; have a ~ at (с)про́бувати (З).
goad [goud] 1. спонука́ти; підбу́рювати [-рити]; 2. стрека́ло; *fig.* сти́мул, збу́дник.
goal [goul] мета́; мі́сце призна́чення; *sport.* воро́та *n/pl.*; гол; фі́ніш; ~**keeper** ворота́р.
goat [gout] козе́л, коза́.
gobble [gɔbl] ї́сти жаді́бно, шви́дко, P запиха́тися; ~**r** [-ə] ненаже́ра *m/f*; інди́к.
go-between ['goubitwi:n] посере́дник.
goblin ['gɔblin] гном, домови́к.
god [gɔd] бог (*eccl.* ≈ Бог); божество́; *fig.* і́дол, куми́р; ~**child** хреще́ник(-ниця); ~**dess** ['gɔdis] боги́ня; ~**father** хреще́ний ба́тько; ~**head** божество́; ~**less** [-lis] безбо́жний; ~**like** богоподі́бний; ~**liness** [-linis] побо́жність *f*, благоче́стя; ~**ly** [-li:] благочести́вий; ~**mother** хреще́на ма́ти.
goggle [gɔgl] 1. витріща́тися; 2. (a pair of) ~**s** *pl.* захисні́ окуля́ри *m/pl.*
going ['gouiŋ] 1. що іде́; ді́ючий; be ~ to inf. ма́ти на́мір, збира́тися (+inf.); 2. хода́; відхід; від'ї́зд.
gold [gould] 1. зо́лото; золоти́й; ~**en** ['gouldən] золоти́й; ~**finch** *zo.* щи́голь *m*; ~**smith** ювелі́р.
golf [gɔlf] 1. гольф; 2. гра́ти у гольф.
gondola ['gɔndələ] гондо́ла.
gone [gɔn] *p.pt.* від go; що пішо́в, поїхав; F безнаді́йний, пропа́щий; поме́рлий, покі́йний.
good [gud] 1. *com.* га́рний, до́брий, хоро́ший; прида́тний, кори́сний; C кредитоспромо́жний; ≈ Friday

eccl. Вели́ка (Страсна́) П'я́тниця; be ~ at бу́ти зда́тним (на З, до Р); 2. добро́, бла́го; ко́ристь *f*; ~s *pl.* това́р; that's no ~ це ма́рно, даре́мно; for ~ наза́вжди́; **~-by(e)** [gud'bai] 1. до поба́чення; на все до́бре; прощава́йте; 2. проща́ння; **~ly** ['gudli] милови́дний, прие́мний; чима́ли́й; **~-natured** доброду́шний; **~ness** [-nis] доброта́; *int.* го́споди!; **~will** добрози́чливість *f.*

goody ['gudi] цуке́рка.

goose [gu:s] *pl.* geese [gi:s] гуса́к, гу́ска; краве́цька пра́ска.

gooseberry ['gu:zbəri] а́ґрус.

goose|-flesh, *Am.* **~-pimples** *pl. fig.* гу́сяча шкі́ра, си́роти (від хо́лоду).

gore [gɔ:] 1. закипі́ла кров; заколо́ти рога́ми.

gorge [gɔ:dʒ] 1. па́ща, горля́нка; вузька́ уще́лина; пересі́чення; 2. (з)же́рти; ~ o.s. нажира́тися [наже́ртися].

gorgeous ['gɔ:dʒəs] □ пи́шний, розкі́шний.

gory ['gɔ:ri] □ закрива́влений; кровопролитний.

gospel ['gɔspəl] єва́нгеліє.

gossip ['gɔsip] 1. плітки́ *f/pl.*; пліт-ка́р(ка); 2. пліткува́ти.

got [gɔt] *pt.* і *p.pt.* від get.

Gothic ['gɔθik] готи́чний; *fig.* ва́рварський.

gouge [gaudʒ] 1. Е долото́, стаме́ска; 2. видо́вбувати [ви́довбати]; *Am.* F обду́рювати [-ри́ти].

gourd [guəd] В гарбу́з.

gout [gaut] Me пода́гра.

govern ['gʌvən] *v/t.* пра́вити, керува́ти (О); *v/i.* панува́ти; **~ess** [-is] гуверна́нтка; **~ment** [-mənt] у́ряд; управлі́ння; губе́рнія; *attr.* уря-до́вий; **~mental** [gʌvən'mentl] урядо́-вий; **~or** ['gʌvənə] прави́тель *m*; коменда́нт; губерна́тор; F ба́тько.

gown [gaun] 1. (жіно́чий) о́дяг; ма́нтія; 2. одяга́ти [-гти́].

grab [græb] F 1. схо́плювати [-пи́ти]; 2. зага́рбання, захва́т; Е автомати́чний ківш, черпа́к.

grace [greis] 1. гра́ція, згра́бність, ви́тонченість *f*; люб'я́зність *f*; ми́лість *f.* милосе́рдя *n*; Your ~ Ва́ша Ми́лість *f*; 2. *fig.* прикраша́ти [прикра́сити]; удосто́ювати [-о́їти]; **~ful** ['greisful] □ граці́йний, згра́бний; **~fulness** [-nis] граціо́зність *f*, згра́бність *f.*

gracious ['greiʃəs] □ побла́жливий; прихи́льний; ми́лостивий.

gradation [grə'deiʃən] града́ція; поступо́вий перехі́д.

grade [greid] 1. сту́пінь *m*; гра́дус; ранг; я́кість *f*; *Am.* клас (шко́ли); Rr укло́н; 2. (роз)сортува́ти; Е нівелюва́ти.

gradua|l ['grædjuəl] □ поступо́вий; послідо́вний; **~te** 1. [-eit] градую-ва́ти *(im)pf.*, нано́сити по́ділки; закі́нчувати університе́т; *Am.* закі́нчувати (будь-яки́й) навча́ль-ний за́клад; 2. [-it] *univ.* той, хто закінчи́в університе́т із вче́ним сту́пенем; **~tion** [grædju'eiʃən] градуюва́ння (посу́дини); *Am.* закі́нчення навча́льного за́кладу; *univ.* оде́ржання вче́ного сту́пеню.

graft [grɑ:ft] 1. Ас живе́ць *m*; при-ще́плення (росли́ни); *Am.* хаба́р; пі́дкуп; 2. Ас прище́плювати [-пи́ти] (росли́ну); Me пере-са́джувати ткани́ну; *Am.* дава́ти (бра́ти) хабарі́.

grain [grein] зерно́; хлі́бні зла́ки *m/pl.*; зерни́на; *fig.* схи́льність *f*; приро́да.

gramma|r ['græmə] грама́тика; **~school** сере́дня шко́ла; *Am.* ста́рші кла́си сере́дньої шко́ли; **~tical** [grə'mætikəl] □ граматичний.

gram(me) [græm] грам.

granary ['grænəri] жи́тниця; комо́ра.

grand [grænd] 1. □ вели́чний; грандіо́зний; вели́кий; 2. Mu (*a.* ~ piano) роя́ль *m*; **~child** ону́к(а); **~eur** ['grændʒə] грандіо́зність *f*, ве́лич *f.*

grandiose ['grændious] □ гран-діо́зний; претензі́йний.

grandparents [grændpεərənts] *pl.* діду́сь *m* і бабу́ся.

grange [greindʒ] фе́рма.

grant [grɑ:nt] 1. нада́(ва́)ти; допуска́ти [-сти́ти]; дарува́ти *(im)pf.*; 2. дар; субси́дія; да́рчий акт; take for ~ed вважа́ти дове́деним.

granul|ate ['grænjuleit] (по)дрібни́-ти; гранулюва́ти(ся) *(im)pf.*; **~e** ['grænju:l] зерни́на, зе́рнятко.

grape [greip] виногра́д; **~-fruit** В гре́йпфрут.

graph [græf] діагра́ма, гра́фік; **~ic(al** □) ['græfik(əl)] графі́чний, нао́ч-ний; ~ arts *pl.* образотво́рчі мисте́ц-тва *n/pl.*; **~ite** ['græfait] графі́т.

grapple ['græpl]: ~ with боро́тися з (О); *fig.* намага́тися подола́ти (тру́днощі).

grasp [grɑ:sp] 1. хапа́ти [схопи́ти] (by за З); затиска́ти [зати́снути] (у руці́); хапа́тися [схопи́тися] (at за З); (з)розумі́ти; 2. зда́тність сприйняття́; схо́плювання, міцне́ сти́снення, вла́да.

grass [grɑ:s] травá; пасовúще; send to ~ пускáти (худóбу) на пáшу; **~hopper** кóник; **~-widow** F солóм'яна вдовá; **~y** трав'янúстий; трав'янúй.
grate [greit] **1.** грáти *m/pl.;* E грóхот; **2.** (на)тéрти (тéрткою); (за) скреготíти (зубáми); ~ on *fig.* (роз)дратувáти (З).
grateful ['greitful] □ вдя́чний.
grater ['greitə] тéртка.
grati|fication [grætifi'keiʃən] винагорóда; задовóлення; **~fy** ['grætifai] задовольня́ти.
G
grating ['greitiŋ] **1.** □ скрипýчий, різкúй; **2.** грáти *m/pl.*, решíтка.
gratitude ['grætitju:d] вдя́чність *f.*
gratuit|ous [grə'tju(:)itəs] даровúй, безплáтний; **~y** [-i] грошовúй подарýнок; чайовí.
grave [greiv] **1.** □ серйóзний, вагóмий; поважнúй; тяжкúй; **2.** могúла; **3.** [*irr.*] *fig.*, закарбóвувати [-бувáти]; **~-digger** могúльник.
gravel ['grævəl] **1.** грáвій; Me кáмені (у сечовóму міхурí); **2.** посипáти грáвієм.
graveyard ['greivja:d] кладовúще, цвúнтар.
gravitation [grævi'teiʃən] тяжíння *n/pl.*; *fig.* пóтяг, прáгнення.
gravity ['græviti] серйóзність *f*, важлúвість *f*; тя́жкість *f*, скрýтність *f.*
gravy ['greivi] (м'яснá) підлúва.
grey [grei] сíрий.
graze [greiz] пáсти(ся); скýбати травý; зачіпáти [зачепúти].
grease [gri:s] **1.** сáло; мастúло, мастúльна речовинá; **2.** [gri:z] змáщувати [змастúти].
greasy ['gri:zi] □ сáльний, маснúй; слизькúй.
great [greit] □ *com.* велúкий; величéзний; F чудóвий; чарівнúй; ~ grandchild прáвнук(-учка); **~coat** ['greit'kout] пальтó; **~ly** ['greitli] дýже; **~ness** [-nis] вéлич, сúла.
greed [gri:d] жáдібність *f*, ненажéрливість *f*; **~y** ['gri:di] □ жáдібний, ненажéрливий (of, for до Р).
Greek [gri:k] **1.** грек, грекúня; **2.** грéцький.
green [gri:n] **1.** □ зелéний; незрíлий; *fig.* недосвíдчений; **2.** зелéний кóлір, зелéна фáрба; мóлодість *f*; галя́вина; **~s** *pl.* зéлень *f*, óвочі *m/pl.*; **~back** *Am.* банкнóта; **~grocer** продавéць óвочів; **~house** теплúця, оранжерéя; **~ish** ['gri:niʃ] зеленáвий; **~sickness** блідá нéміч *f.*
greet [gri:t] вітáти; вклоня́тися [-нúтися] (Д); **~ing** вітáння; привíт.
grenade [gri'neid] Ml гранáта.
grew [gru:] *pt.* від grow.
grey [grei] **1.** □ сíрий; сúвий; **2.** сíрий кóлір, сíра фáрба; **3.** робúти(ся) сíрим, сірíти; **~hound** хорт.
grid [grid] решíтка, грáти; сíтка.
grief [gri:f] гóре, смýток; come to ~ зазнáти невдáчі, потрáпити у бідý.
griev|ance ['gri:vəns] обрáза; скáрга; **~e** [gri:v] сумувáти; засмýчувати [-утúти]; **~ous** ['gri:vəs] □ тужлúвий, сумнúй.
grill [gril] **1.** гриль *m*, решíтка для смáження; смáжене на грúлі, решíтці (м'я́со і т.ін.); **2.** смáжити на грúлі, решíтці.
grim [grim] □ жорстóкий; похмýрий, лиховíсний.
grimace [gri'meis] **1.** гримáса, кривля́ння; **2.** робúти гримáси, кривля́тися.
grim|e [graim] бруд, сáжа (на шкíрі); **~y** ['graimi] □ бруднúй, замýрзаний.
grin [grin] **1.** пóсмішка; **2.** посміхáтися [-хнýтися].
grind [graind] [*irr.*] **1.** (з)молóти; розмéлювати [розмолóти]; розтирáти [розтéрти] (на пóрох); (на)гострúти; *fig.* зубрúти; **2.** розмéлювання; важкá, нуднá робóта; **~stone** гострúльний кáмінь *m*; жóрно.
grip [grip] **1.** схóплювання, затúснення, пóтиск; *fig.* лéщата *n/pl.*; **2.** схóплювати (*a. fig.*); заволодíти увáгою (Р).
gripe [graip] затискáння; зáтиск; рукоя́тка; **~s** *pl.* кóльки *f/pl.*
grisly ['grizli] жахлúвий.
gristle ['grisl] хрящ.
grit [grit] **1.** пісóк, грáвій; F твéрдість характéру, вúтримка; **~s** *pl.* вівся́на крупá; **2.** (за)скреготíти (О).
grizzly ['grizli] **1.** сíрий; з сивинóю; **2.** грíзлі *m indecl.*, північноамерикáнський сíрий ведмíдь *m.*
groan [groun] óхкати [óхнути]; (за)стогнáти.
grocer ['grousə] бакалíйник; **~ies** [-ris] *pl.* бакалíя; **~y** [-ri] бакалíйна крамнúця; торгíвля бакалíйними товáрами.
groggy ['grɔgi] нетвердúй на ногáх; хисткúй.
groin [grɔin] *anat.* пах.
groom [grum] **1.** грум, кóнюх; наречéний; **2.** доглядáти (коня́); пéстити; well-~ed вúпещений.
groove [gru:v] **1.** жолобóк, паз; *fig.* рутúна, звúчка, кóлія; **2.** робúти вúїмку на (М).

grope [group] іти́ навпо́мацки; нама́ц(ув)ати.
gross [grous] **1.** □ вели́кий; огря́дний; гру́бий; C валови́й, бру́тто; **2.** ма́са; грос; in the ~ о́птом, гурто́м.
grotto ['grɔtou] пече́ра, грот.
grouch [grautʃ] *Am.* F **1.** пога́ний на́стрій; **2.** бу́ти не в гу́морі; **~y** ['grautʃi] буркотли́вий.
ground[1] [graund] *pt.* і *p.pt.* від grind; ~ **glass** ма́тове скло.
ground[2] [~] **1.** *mst* земля́, грунт; діля́нка землі́; майда́нчик; підста́ва; дно; **~s** *pl.* сад, парк (бі́ля буди́нку); (ка́вова) гу́ща; on the ~(s) of на підста́ві (Р); stand one's ~ утри́мувати свої́ пози́ції, ви́явити тве́рдість *f*; **2.** кла́сти на зе́млю; обгрунто́вувати [-тува́ти]; заземля́ти [-ли́ти]; навча́ти основ предме́ту; **~-floor** ни́жній по́верх; **~less** [-lis] □ безпідста́вний, необгрунто́ваний; **~-staff** A нелітни́й склад; **~work** фунда́мент, підмурі́вок.
group [gru:p] **1.** гру́па; фра́кція; **2.** (з)групува́ти(ся); класифікува́ти *(im)pf.*
grove [grouv] гайо́к, дібро́вка.
grovel ['grɔvl] *mst fig.* по́взати, плазува́ти.
grow [grou] [*irr.*] *v/i.* рости́; вироста́ти [ви́рости]; (з)роби́тися; става́ти [ста́ти]; виро́щувати [ви́ростити] культивува́ти *(im)pf.*; **~er** ['grouə] садівни́к, плодово́д.
growl [graul] (за)гарча́ти; (за)бурча́ти.
grow|n [groun] *p.pt.* від grow; **~n-up** ['groun'ʌp] доро́слий; **~th** [grouθ] ріст.
grub [grʌb] **1.** личи́нка; гу́сінь *f*; **2.** ско́пувати [скопа́ти]; викорчо́вувати [викорчува́ти]; **~by** ['grʌbi] заму́рзаний, неоха́йний.
grudge [grʌdʒ] **1.** невдово́лення; за́здрість *f*; **2.** (по)за́здрити у (М); неохо́че дава́ти; (по)жалкува́ти.
gruff [grʌf] □ гру́бий.
grumble ['grʌmbl] (за)буркоті́ти; (по)ска́ржитися; (за)гуркоті́ти; **~r** [-ə] *fig.* буркоту́н(-у́ха).
grunt [grʌnt] ро́хкати [ро́хнути].
guarant|ee [gærən'ti:] **1.** поручи́тель(ка); гара́нтія; пору́чництво; **2.** гарантува́ти *(im)pf.*, руча́тися за (З); **~or** [gærən'tɔ] пору́чник; **~y** ['gærənti] гара́нтія.
guard [gɑ:d] **1.** ва́рта; Ml карау́л; Rr конду́ктор; *Am.* тюре́мник; **~s** *pl.* гва́рдія; be off ~ бу́ти недоста́тньо пи́льним; **2.** *v/t.* охороня́ти [-ни́ти]; вартува́ти; захища́ти [захисти́ти] (from від Р); *v/i.* (в)берегти́ся, остеріга́тися [остерегти́ся] (against Р); **~ian** ['gɑ:djən] охоро́нець *m*; J опіку́н; **~ianship** [-ʃip] охоро́на; J опіку́нство.
guess [ges] **1.** здо́гад, припу́щення; **2.** відга́дувати [-да́ти], здога́дуватися [-да́тися]; *Am.* вважа́ти.
guest [gest] гість *m*, го́стя.
guffaw [gʌ'fɔ:] ре́гіт.
guidance ['gaidəns] керівни́цтво, про́від.
guide [gaid] **1.** провідни́к, гід; E передава́льний ва́жіль m; Girl ~s *pl.* дівча́та-ска́ути; **2.** спрямо́вувати [-мува́ти]; керува́ти (О); **~-book** путівни́к; **~-post** дороговка́з.
guild [gild] цех, гі́льдія; **організа́ція.**
guile [gail] хи́трість *f*, підсту́пність *f*; **~ful** ['gailful] □ підсту́пний; **~less** [-lis] □ простоду́шний.
guilt [gilt] вина́, прови́нність *f*; **~less** ['giltlis] □ неви́нний; **~y** ['gilti] □ ви́нний, винува́тий.
guise [gaiz] зо́внішність *f*; ма́ска.
guitar [gi'tɑ:] Mu гіта́ра.
gulf [gʌlf] зато́ка; прі́рва.
gull [gʌl] **1.** ча́йка; ду́рень *m*; **2.** обду́рювати [-ри́ти]; ошу́кувати [-ка́ти].
gullet ['gʌlit] стравохі́д; пе́лька.
gulp [gʌlp] **1.** жа́дібно ковта́ти; **2.** ковто́к.
gum [gʌm] я́сна *n/pl.*; гу́мі *n indecl.*; каме́дь *f*; клей; **~s** *pl. Am.* кало́ші *f/pl.*; **2.** скле́ювати [-ї́ти]; гумува́ти *(im)pf.*
gun [gʌn] **1.** гарма́та; рушни́ця; *Am.* револьве́р; F big ~ *fig.* важли́ва персо́на, "цабе́"; **2.** *Am.* полюва́ти; **~boat** каноне́рка; **~man** *Am.* банди́т; **~ner** Ml, Sh ['gʌnə] артилери́ст, кулеме́тник; **~powder** по́рох; **~smith** зброя́р.
gurgle ['gə:gl] (за)дзюрча́ти, (за)бу́лькати.
gush [gʌʃ] **1.** поту́жний поті́к; зли́ва; *fig.* ви́лив; **2.** ри́нути, ли́нути; *fig.* вилива́ти почуття́; **~er** ['gʌʃə] *fig.* люди́на, яка́ вилива́є свої́ почуття́; *Am.* на́фтовий фонта́н.
gust [gʌst] пори́в (ві́тру).
gut [gʌt] ки́шка; **~s** *pl.* ну́трощі *n/pl.*; F си́ла во́лі.
gutter ['gʌtə] водосто́к; стічна́ кана́ва.
guy [gai] **1.** опу́дало; *Am.* F хло́пець *m*, мали́й; **2.** знуща́тися з (Р); висмі́ювати [ви́сміяти].
guzzle ['gʌzl] жа́дібно пи́ти; ї́сти з жа́дібністю.

G

gymnas|ium [dʒim'neizjəm] гімнастúчний зал; ~**tics** [dʒim'næstiks] *pl.* гімнáстика.

gyrate [dʒaiə'reit] обертáтися по кóлу, рýхатися по спірáлі.

gyroplane ['dʒaiəroplein] автожúр.

H

haberdashery ['hæbədæʃəri] галантерéя; *Am.* чоловíча білúзна.

habit ['hæbit] **1.** звúчка; будóва (тíла); властúвість *f*; **2.** одяг(á)тú; ~**able** ['hæbitəbl] придáтний для прожиттá; ~**ation** [hæbi'teiʃən] житлó.

habitual [hə'bitjuəl] □ звúчний, звичáйний.

hack [hæk] **1.** тесáти; (роз)рубáти; розбивáти на шматкú; **2.** нáйманий кінь *m*; мотúка.

hackneyed ['hæknid] *fig.* заялóжений, банáльний.

had [hæd] *pt.* і *p.pt.* від have.

hag [hæg] (*mst fig.* old ~) вíдьма.

haggard ['hægəd] □ вúснажений, змарнíлий.

haggle [hægl] (с)торгувáтися.

hail [heil] **1.** град; óклик; **2.** it ~s ідé град; *fig.* сúпатися грáдом; вітáти; ~ from похóдити з (Р); ~**stone** градúна.

hair [hɛə] волóсся; ~**breadth** мінімáльна вíдстань *f*; ~**-cut** стрúжка; ~**-do** зáчіска; ~**dresser** перукáр; ~**less** лúсий, безволóсий; ~**pin** шпúлька; ~**-raising** страшнúй; ~**splitting** скнáрість *f*, дріб'язкóвість *f*; ~**y** [-ri] волосáтий, волохáтий.

hale [heil] здорóвий, дýжий.

half [hɑ:f] **1.** половúна; ~ a crown півкрóни; by halves абúяк, сяктáк; go halves ділúти нáвпіл; **2.** напі́в ...; половúнний; **3.** мáйже; наполовúну; ~**-back** напівзахиснúк; ~**-breed** метúс; гібрúд; ~**-caste** людúна змíшаної рáси; ~**-hearted** □ байдýжий, млявúй; ~**-length** (*a.* ~ portrait) поясний портрéт; ~**penny** ['heipni] півпéні *n indecl.*; ~**-time** *sport* тайм, половúна гри; ~**-way** на півдорóзі; ~**-witted** недоýмкуватий.

halibut ['hælibət] пáлтус (рúба).

hall [hɔ:l] зáла; хол, вестибю́ль *m*; *Am.* коридóр; *univ.* гуртóжиток для студéнтів.

halloo [hə'lu:] атýкати; нацькóвувати [-кувáти].

hallow ['hælou] освячувати [освятúти]; ~**mas** [-mæs] *eccl.* день "усíх святúх".

halo ['heilou] *ast.* вінéць *m*; ореóл.

halt [hɔ:lt] **1.** привáл; зупúнка; **2.** зупинятú(ся) [-нúти(ся)]; робúти привáл; *mst fig.* вагáтися; затинáтися [затнýтися].

halter ['hɔ:ltə] пóвід, обрóть *f*, недóуздок.

halve [hɑ:v] **1.** ділúти нáвпіл; **2.** ~s [hɑ:vz] *pl.* від half.

ham [hæm] óкіст, шúнка.

hamburger ['hæmbə:gə] *Am.* (сíчена) котлéта.

hamlet ['hæmlit] сільцé.

hammer ['hæmə] **1.** молотóк, мóлот; Mu молотóчок; **2.** кувáти мóлотом; бúти молоткóм; (по)стýкати; викóвувати [вúковати].

hammock ['hæmək] гамáк.

hamper ['hæmpə] **1.** кóшіль з крúшкою; **2.** перешкоджáти [-кóдити], заважáти [завáдити] (Д).

hand [hænd] **1.** рукá; пóчерк; стрíлка (годúнника); робітнúк; at ~ під рукóю; a good (poor) ~ at (не)впрáвний у (М); ~ and glove у тіснóму зв'язкý; lend a ~ допомагáти [-могтú]; off ~ експрóмтом; on ~ C що є у прóдажу, у розпорядженні; on the one ~ з одногó бóку; on the other ~ з íншого бóку; ~-to-~ рукопáшний; come to ~ прихóдити [прийтú]; вихóдити [вúйти]; **2.** ~ down залишáти нащáдкам; ~ in вручáти [-чúти]; ~ over передá(вá)ти; ~**bag** дáмська сýмочка; ~**bill** реклáмний листóк; ~**-brake** E ручнé гальмó; ~**cuff** нарýчник; ~**ful** жмéня; F кáра, морóка; ~**-glass** ручнé люстéрко.

handicap ['hændikæp] **1.** завáда; *sport* гандикáп; **2.** стáвити у невúгідне станóвище.

handi|craft ['hændikrɑ:ft] ручнá робóта, ремеслó; ~**craftsman** ремісник, кустáр; ~**work** ручні вúроби, ручнá робóта.

handkerchief ['hæŋkətʃif] носовá хýсточка; косúнка.

handle [hændl] **1.** рýчка, рукоятка; **2.** тримáти в рукáх; торкáти абó бра́ти рука́ми; обхо́дитися [обійти́ся] з (O).

hand|made ручно́ї робо́ти; **~set** *Am.* телефо́нна тру́бка; **~shake** рукостиска́ння; **~some** ['hænsəm] □ га́рний; поря́дний; **~writing** по́черк; **~y** ['hændi] □ зручни́й; близьки́й.

hang [hæŋ] **1.** [*irr.*] *v/t.* (по)ві́шати; підві́шувати [підві́сити]; *v/i.* висі́ти; ~ about (*Am.* around) ве́штатися; ~ on чіпля́тися [причепи́тися] до (P); *fig.* упе́рто трима́тися (P); **2.** суть *f*, сенс.

hangar ['hæŋə] анга́р.

hangdog [hæŋdɔg] **1.** пі́дла люди́на, шибе́ник; **2.** присоро́млений, винува́тий (ви́гляд).

hanger ['hæŋə] ві́шалка (о́дягу); гачо́к, гак; **~-on** *fig.* підлабу́зник.

hanging ['hæŋiŋ] ві́шання; пові́шання (стра́та); **~s** [-s] *pl.* драпірува́ння.

hangman ['hæŋmən] кат.

hang-over [hæŋ'ouvə] F похмі́лля.

hap|hazard ['hæp'hæzəd] **1.** випадко́вість *f*; at ~ навманння́; **2.** випадко́вий; **~less** [-lis] □ нещасли́вий.

happen ['hæpən] трапля́тися [тра́питися], відбу́(ва́)тися; виявля́тися [ви́явитися]; he ~ed to be at home він випадко́во опини́вся вдо́ма; ~(up)on, *Am.* ~ in with випадко́во зустрі́ти; **~ing** ['hæpniŋ] ви́падок, поді́я.

happi|ly ['hæpili] щасли́во; наща́стя; **~ness** [-nis] ща́стя.

happy ['hæpi] □ *com.* щасли́вий; вда́лий.

harangue [hə'ræŋ] **1.** промо́ва; **2.** виголо́шувати промо́ву.

harass ['hærəs] (с)турбува́ти; (з)му́чити, (роз)дратува́ти.

harbo(u)r ['hɑ:bə] **1.** га́вань *f*, порт; **2.** ста́ти на я́кір; да́ти приту́лок (Д); *fig.* зата́ювати [зата́їти]; **~age** [-ridʒ] схо́вок, приту́лок.

hard [hɑ:d] **1.** *adj. com.* тверди́й, жорсткий; міцни́й; важки́й; тяжки́й; *Am.* спиртни́й; ~ cash готі́вка; ~ currency стійка́ валю́та; ~ of hearing глухува́тий; **2.** *adv.* тве́рдо; мі́цно; си́льно; сті́йко; упе́рто; наси́лу; ~ by бли́зько, по́ряд, ~ up у скрутно́му фіна́нсовому стано́вищі; **~-boiled** зва́рений кру́то; байду́жий, нечу́лий; *Am.* холоднокро́вний; **~en** ['hɑ:dn] (за)тверднути; роби́ти(ся) тверди́м; *fig.* (за)гартува́ти(ся); **~-headed** практи́чний, твере́зий; **~-hearted** □ нечу́лий; **~iness** витрива́лість *f*; **~ly** ['hɑ:dli] наси́лу; ле́две; навря́д; **~ness** [-nis] тве́рдість *f* і т.ін.; **~ship** [-ʃip] неста́тки *m/pl.*, зли́годні *m/pl.*; **~ware** залі́зний това́р; **~y** ['hɑ:di] □ смі́ли́вий, відва́жний; витрива́лий.

hare [hɛə] за́єць *m*; **~-brained** легкова́жний.

hark [hɑ:k] прислуха́тися [прислу́хатися] (to до P); ~! чу́єш!

harlot ['hɑ:lət] пові́я.

harm [hɑ:m] **1.** шко́да; обра́за; **2.** (за) шко́дити (Д); **~ful** ['hɑ:mful] □ шкідли́вий, згу́бний; **~less** [-lis] □ нешкідли́вий, безневи́нний.

harmon|ic [hɑ:'mɔnik] (**~ally**, **~ious** □ [hɑ:'mounjəs]) гармоні́йний, зла́годжений; **~ize** ['hɑ:mənaiz] *v/t.* гармонізува́ти, *(im)pf.*; приводи́ти до гармо́нії; *v/i.* гармоні́юва́ти; **~y** [-ni] гармо́нія, сугло́сся; співзву́чність *f*.

harness ['hɑ:nis] **1.** у́пряж *f*, збру́я; **2.** запряг(а́)ти́.

harp [hɑ:p] **1.** а́рфа; **2.** гра́ти на а́рфі; ~(up)on заве́сти воли́нку про (З).

harpoon [hɑ:'pu:n] гарпу́н, остро́га *m/pl.*

harrow ['hærou] Ac **1.** борона́; **2.** (за)боронува́ти; *fig.* (з)му́чити, (роз)кра́яти.

harry ['hæri] розоря́ти [-ри́ти], спусто́шувати [-шити].

harsh [hɑ:ʃ] □ різки́й; жорстки́й; суво́рий; терпки́й.

hart [hɑ:t] *zo.* о́лень *m*.

harvest ['hɑ:vist] **1.** жнива́ *pl.*, збира́ння врожа́ю; урожа́й; **2.** збира́ти врожа́й, жнивува́ти.

has [hæz] **3.** *p. sg. pres.* від have.

hash [hæʃ] **1.** сі́чене м'я́со; *fig.* плутани́на; **2.** (по)сікти́, (по)кри́шити (про м'я́со).

hast|e [heist] поспі́шність *f*, кваплі́вість *f*; make ~ (по)спіши́ти; **~en** ['heisn] (по)ква́пити(ся); **~y** ['heisti] □ поспі́шний, кваплі́вий; запальни́й; необа́чний.

hat [hæt] капелю́х.

hatch [hætʃ] **1.** ви́водок; Sh, A люк; **2.** виси́джувати [ви́сидіти] (курча́т і т. ін.); вилу́плюватися з яйця́.

hatchet ['hætʃit] соки́рка, топіре́ць *m*.

hatchway ['hætʃwei] Sh люк.

hat|e [heit] **1.** нена́висть *f*, **2.** нена́видіти; **~eful** ['heitful] □ ненависни́й; **~red** ['heitrid] нена́висть *f*.

haught|iness ['hɔ:tinis] гордови́тість *f*, пи́ха; **~y** [-ti] □ гордови́тий, пиха́тий.

haul [hɔ:l] **1.** переве́зення; тя́га; **2.** (по)тягти́; переве́зити [-ве́зти].

haunch [hɔ:ntʃ] стегнó; зáдня ногá.
haunt [hɔ:nt] 1. з'являтися [-витися] у (М) (про прúвид, примáру); чáсто відвíдувати (мíсце); 2. улюблене мíсце; кублó; ~ed house будúнок із прúвидом.
have [hæv] 1. [*irr.*] *v/t.* мáти; I ~ to do я мáю зробúти; ~ one's hair cut стрúгтися; he will ~ it that ... він наполягáє на тóму, щоб (+inf.); I had better go менí б крáще піти́; I had rather go я вважáв би за крáще піти́; ~ about one мáти при собí; 2. *v/aux.* допоміжнé дієслóво для утвóрення перфéктної фóрми: I ~ come я прийшóв.

H

haven ['heivn] гáвань *f*; притýлок.
havoc ['hævək] спустóшення.
hawk [hɔ:k] 1. я́струб; 2. торгувáти, рознóсячи товáри.
hawthorn ['hɔ:θɔ:n] В глід.
hay [hei] сíно; ~ fever сіннá гаря́чка; ~**cock**, ~**stack** копнá сíна; ~**loft** сінни́к.
hazard ['hæzəd] 1. шанс; ри́зик; 2. ризикувáти [-кнýти]; ~**ous** ['hæzədəs] □ ризикóваний.
haze [heiz] 1. легки́й тумáн, серпáнок, імлá; 2. *Am.* зле жартувáти з (Р).
hazel ['heizl] 1. В ліщи́на, горíшина; 2. кáрий (кóлір); ~-**nut** лісови́й горíх.
hasy ['heizi] □ тумáнний; *fig.* невирáзний.
he [hi:] 1. *pron. pers.* він; ~ who ... той, хто ...; 2. ~-... пéред нáзвою твари́ни означáє самця́.
head [hed] 1. *com.* головá; главá; начáльник; вождь *m*; узголíв'я; лицеви́й бік (монéти); come to a ~ кри́за (про хворóбу); *fig.* досягáти крити́чної стáдії; 2. головни́й; 3. *v/t.* очóлювати; ~ off відхиля́ти [-ли́ти]; *v/i.* (по)прямувáти; ~ for тримáти курс на (З); ~**ache** ['hedeik] головни́й біль *m*; ~-**dress** головни́й убíр; зáчіска; ~**ing** [-iŋ] заголóвок; ~**land** мис; ~**light** Rr головни́й ліхтáр; *mot.* фáра; ~-**line** заголóвок; ~**long** *adj.* необáчливий; *adv.* необáчливо; стрімголóв; ~ master дирéктор шкóли; ~-**phone** навýшник; ~**quarters** *pl.* Ml штаб-кварти́ра; ~**strong** свавíльний, упéртий; ~**waters** *pl.* ви́токи *m/pl.*; ~**way**: make ~ роби́ти ýспіхи; ~**y** ['hedi] □ стрíмки́й; п'янки́й.
heal [hi:l] вилікóвувати [вилікувáти]; зцíляти [-ли́ти]; (а. ~up) загóюватися [загóїтися].
health [helθ] здорóв'я; ~**ful** ['helθful] □ цілю́щий; ~-**resort** курóрт; ~**y** ['helθi] □ здорóвий; кори́сний.
heap [hi:p] 1. кýпа; 2. нагромáджувати [-дити]; навантáжувати [-жити]; скýпчувати [-чити], накопи́чувати [-чити] (*a.* ~ up).
hear [hiə] [*irr.*] (по)чýти; (по)слýхати; ~**d** [hə:d] *pt.* і *p. pt.* від hear; ~**er** ['hiərə] слухáч(ка); ~**ing** [-iŋ] чýтка; J слýхання, рóзгляд спрáви; ~**say** ['hiəsei] чýтка, пóголос.
hearse [hə:s] катафáлк.
heart [hɑ:t] *com.* сéрце; мýжність *f*; суть *f*; серцеви́на; ~**s** *pl.* чи́рва (кáрточна масть); *fig.* сéрце, душá; by ~ напáм'ять; out of ~ засмýчено; lay to ~ брáти бли́зько до сéрця; lose ~ втрачáти мýжність *f*; take ~ зібрáтися з дýхом; ~**ache** ['hɑ:teik] душéвний біль *m*; ~-**break** вели́кий смýток; ~-**broken** уби́тий гóрем; ~**burn** печія́; ~**en** ['hɑ:tən] підбадьóрювати [-рити]; ~**felt** щи́рий, щиросéрдий.
hearth [hɑ:θ] вóгнище (*a. fig.*).
heart|less ['hɑ:tlis] □ безсердéчний; ~-**rending** несамови́тий, жахли́вий; ~**y** ['hɑ:ti] □ дрýжній, сердéчний; здорóвий.
heat [hi:t] 1. *com.* спéка; жар; зáпал; *sport* забíг, запли́в, заї́зд; 2. нагрí(вá)ти(ся); пали́ти; (роз)гаряча́ти; ~**er** ['hi:tə] E нагрівáч; калори́фер, радіáтор.
heath [hi:θ] В вéрес; місцéвість *f*, порóсла вéресом.
heathen ['hi:ðən] 1. язи́чник, погáнин; 2. язи́чницький, погáнський.
heating ['hi:tiŋ] нагрівáння; опáлення; розжáрювання.
heave [hi:v] 1. підйóм; хвилювáння (мóря); 2. [*irr.*] *v/t.* піднімáти [-ня́ти]; (по)тягти́ (я́кір); *v/i.* здимáтися; напрýжуватися [-жи́тися].
heaven ['hevn] нéбо, небесá *n/pl.*; ~**ly** [-li] небéсний.
heaviness ['hevinis] вагá; тягáр; інéртність *f*; депрéсія.
heavy ['hevi] □ *com.* важки́й; рясни́й, багáтий (урожáй); си́льний (вíтер); бурхли́вий (про мóре); похмýрий; незгрáбний; El ~ current струм висóкої напрýги; ~-**weight** *sport* важкоатлéт.
heckle ['hekl] переривáти зауважéннями (орáтора).
hectic ['hektik] Me сухóтний; гарячкóвий, збýджений.
hedge [hedʒ] 1. огорóжа; 2. *v/t.* огорóджувати [-ди́ти]; обмéжувати [-жити]; *fig.* отóчувати [-чити] (with O); *v/i.* ухиля́тися від прямóї вíдповіді; ~**hog** *zo.* їжáк.

heed [hi:d] **1.** ува́га, обере́жність *f*; take no ~ of не зверта́ти ува́ги на (З); **2.** зверта́ти ува́гу на (З); **~less** [-lis] □ недба́лий; необа́чний.

heel [hi:l] **1.** п'я́тка; підбо́р; *Am. sl.* хам, підло́тник; head over ~s, ~s over head шкеребе́рть *adv.*; down at ~ *fig.* неоха́йний; **2.** прибива́ти підбо́р до (Р); іти́ по п'я́тах за (О).

heifer ['hefə] тели́ця.

height [hait] висота́; височина́; узви́шшя; верх; **~en** ['haitn] підви́щувати [-щити]; поси́лювати [-лити].

heinous ['heinəs] □ оги́дний, бридки́й.

heir [εə] спадкоє́мець *m*; ~ apparent зако́нний спадкоє́мець; **~ess** ['εəris] спадкоє́миця; **~loom** [-lu:m] спа́дщина, спа́док.

held [held] *pt.* і *p.pt.* від hold.

helicopter ['helikɔptə] вертолі́т.

hell [hel] пе́кло; *attr.* пеке́льний; raise ~ сканда́лити, бешкетува́ти; **~ish** ['heliʃ] □ пеке́льний.

hello ['hʌ'lou, hə'lou] алло́!; приві́т!; здоро́в!

helm [helm] Sh, *fig.* кермо́, стерно́; стернове́ ко́лесо, штурва́л.

helmet ['helmit] шоло́м.

helmsman ['helmzmən] Sh стернови́й; керма́нич.

help [help] **1.** *com.* допомо́га; порятýнок; mother's ~ бо́нна; **2.** *v/t.* допомага́ти [-огти́] (Д); пригоща́ти [-ости́ти] (to О); ~ o.s. не церемо́нитися, бра́ти (за столо́м); I could not ~ laughing я не міг не сміятися; *v/i.* допомага́ти [-огти́]; годи́тися; **~er** ['helpə] помічни́к (-и́ця); **~ful** ['helpful] □ кори́сний; **~ing** ['helpiŋ] по́рція; **~less** ['helplis] □ безпора́дний, безпо́мічний; **~lessness** [-nis] безпора́дність *f*; **~mate** ['helpmeit], **~meet** [-mi:t] помічни́к(-и́ця); това́риш, по́друга; подру́жжя *f/m*.

helve [helv] ру́чка, руко́ятка, держа́к.

hem [hem] **1.** рубе́ць *m*, кра́йка; **2.** підру́блювати [-би́ти]; ~ in ото́чувати [-чи́ти], обме́жувати [-жити].

hemisphere ['hemisfiə] півку́ля.

hemlock ['hemlɔk] В боли́голов.

hemp [hemp] коно́плі *f/pl.*, пря́диво.

hemstitch ['hemstitʃ] ажу́рна стро́чка.

hen [hen] ку́рка.

hence [hens] зві́дси; о́тже; a year ~ че́рез рік; **~forth** ['hens'fɔ:θ], **~forward** ['hens'fɔ:wəd] відтепе́р, відни́ні.

hen-pecked [henpekt] що знахо́диться під каблуко́м у дружи́ни.

her [hə:, hə] її́; їй.

herald ['herəld] **1.** ві́сник; **2.** провіща́ти [-істи́ти], оголо́шувати [-оси́ти]; ~ in вво́дити [ввести́].

herb [hə:b] (цілю́ще) зі́лля; (пря́на) рosли́на; **~ivorous** [hə:'bivərəs] травоі́дний.

herd [hə:d] **1.** ста́до, череда́, гурт; *fig.* на́товп; **2.** *v/t.* пасти (худо́бу); *v/i.* (*a.* ~ together) ходи́ти чередо́ю; (з')юрми́тися; **~sman** ['hə:dzmən] пасту́х, чередни́к.

here [hiə] тут; сюди́; ось; ~'s to you! за ва́ше здоро́в'я.

here|after [hiər'ɑ:ftə] **1.** у майбу́тньому; **2.** майбу́тнє; ~ by цим; при цьо́му; таки́м чи́ном.

heredit|ary [hi'reditəri] спадко́вий; **~y** [-ti] спадко́вість *f*.

here|in ['hiər'in] у цьо́му; тут; до цьо́го; ~ of цього́, про це; зві́дси, з цього́.

heresy ['herisi] е́ресь *f*.

heretic ['heritik] єрети́к(-и́чка).

here|tofore ['hiətu'fɔ:] рані́ше, до́сі; **~upon** слідо́м за цим, пі́сля цього́; вна́слідок цього́; **~with** цим, до цього́.

heritage ['heritidʒ] спа́дщина, спа́док.

hermit ['hə:mit] пусте́льник, самі́тник.

hero ['hiərou] геро́й; **~ic** [-'rouik] (**~ally**) герої́чний, геро́йський, звитя́жний; **~ine** ['herouin] герої́ня; **~ism** [-izm] героі́зм.

heron ['herən] *zo.* ча́пля.

herring ['heriŋ] оселе́дець *m*.

hers [hə:z] *pron. pos.* її́.

herself [hə:'self] сама́; себе́, -ся, -сь.

hesitat|e ['heziteit] (за)вага́тися; затина́тися [затну́тися]; **~ion** [hezi'teiʃən] вага́ння; запи́нка.

hew [hju:] [*irr.*] руба́ти; розру́бувати [розруба́ти]; проклада́ти [-а́сти] (шлях); ви́сік(а́)ти.

hey [hei] гей!

heyday ['heidei] *fig.* зені́т, ро́зквіт.

hicc|up ['hikʌp], *a.* **~ough** **1.** ги́кавка; **2.** гика́ти [ги́кнути].

hid [hid], **hidden** ['hidn] *pt.* і *p.pt.* від hide.

hide [haid] [*irr.*] (с)хова́ти(ся); перехо́(ву)ва́ти(ся); **~-and-seek** гра у схо́ванки.

hidebound ['heidbaund] *fig.* вузьки́й, обме́жений.

hideous ['hidiəs] □ оги́дний, жахли́вий.

hiding-place ['haidiŋpleis] схо́вище, схо́ванка, схо́вок.

high [hai] **1.** *adj.* □ *com.* висо́кий;

H

підвищений; піднесений; потужний; вищий, верховний; дорогий (про ціну); з душком (м'ясо); with a ~ hand свавільно; ~ spirits *pl.* піднесений настрій; ~ life вищий світ; ~ light основний момент; ~ words гнівні слова *n/pl.*; 2. *adv.* високо; потужно; **~-bred** породистий; **~-brow** *Am. sl.* претензійний інтелігент; **~-class** першокласний; **~-day** свято; **~-grade** високопроцентний; високосортний; **~-handed** свавільний; владний; **~lands** *pl.* гірська країна; **~ly** ['haili] дуже, вельми; speak ~ of позитивно відгукуватися про (З); **~-minded** піднесений; благородний; **~ness** ['hainis] піднесеність *f*; *fig.* високість *f*; **~-power:** ~ station потужна електростанція; **~-road** шосе *n indecl.*, головний шлях; **~-strung** дуже чутливий; **~way** велика дорога, шосе; *fig.* прямий шлях; **~wayman** розбійник.

hike [haik] F 1. пішохідна екскурсія; 2. подорожувати пішки; **~r** ['haikə] піший мандрівник; мандрівник (-иця).

hilarious [hi'lɛəriəs] □ (шумно) веселий.

hill [hil] пагорб; **~-billy** *Am.* людина з глушини; **~ock** ['hilək] горбок, пригірок; **~y** [-i] пагористий.

hilt [hilt] руків'я (шаблі і т.ін.).

him [him] *pron. pers.* (непрямий відмінок від he) його, йому; **~self** [him'self] сам; себе, -ся, -сь.

hind [haind] 1. лань *f*; 2. ~ leg задня нога; **~er** 1. ['haində] *adj.* задній; 2. ['hində] *v/t.* заважати [завадити], перешкоджати [перешкодити] (Д); **~most** крайній, останній.

hindrance ['hindrəns] завада, перешкода.

hinge [hindʒ] 1. петля; гак; шарнір; *fig.* стрижень *m*, суть *f*; 2. ~ upon *fig.* залежати від (Р).

hint [hint] 1. натяк; 2. натякати [-кнути] (at на З).

hip [hip] стегно; В ягода шипшини.

hippopotamus [hipə'pɔtəməs] гіпопотам.

hire ['haiə] 1. найом, прокат; 2. наймати [найняти]; ~ out здавати внаймй, давати напрокат.

his [hiz] *pron. poss.* його, свій.

hiss [his] *v/i.* (про)шипіти; *v/t.* освистувати [-тати].

histor|ian [his'tɔ:riən] історик; **~ic** (**al** □) [his'tɔrik, -rikəl] історичний; **~y** ['histəri] історія.

hit [hit] 1. удар, поштовх; попадання (у ціль); *thea.*, Mu успіх, бойовик; 2. [*irr.*] ударяти [ударити]; уражати [уразити]; попадати [попасти] (у ціль); *Am.* F прибу(ва)ти до (Р); ~ a p. a blow завдавати удару (Д); F ~ it off with порозумітися з (О); ~ (up)on знаходити [знайти] (З); нападати [напасти] на (З).

hitch [hitʃ] 1. поштовх, ривок; Sh петля, вузол; *fig.* перешкода; 2. підштовхувати [-хнути]; причіплювати(ся) [-чепити(ся)]; зачіплювати(ся) [-пити(ся)]; **~-hike** *Am.* F *mot.* подорожувати автостопом.

hither ['hiðə] *lit.* сюди; **~to** [-'tu:] *lit.* досі.

hive [haiv] 1. вулик; бджолиний рій; *fig.* людський мурашник; 2. ~ up запасати [-сти]; жити разом.

hoard [hɔ:d] 1. запас, склад; 2. накопичувати [-чити]; запасати [-сти] (З); приховувати [-вати].

hoarfrost ['hɔ:'frɔst] іній.

hoarse [hɔ:s] □ хрипкий, захриплий.

hoary ['hɔ:ri] сивий; вкритий інеєм.

hoax [houks] 1. обман, ошуканство, містифікація; 2. жартувати з (Р); містифікувати *(im)pf.*

hobble ['hɔbl] 1. шкультигаюча хода; 2. *v/i.* шкультигати; *v/t.* (с)триножити (коня).

hobby ['hɔbi] *fig.* пристрасть *f*, улюблена справа.

hobgoblin ['hɔbgɔblin] домовик.

hobo ['houbou] *Am.* F бурлака *m*, *contp.* мандрьоха *m*.

hod [hɔd] лоток (для цегли); корито (для вапна).

hoe [hou] Ac 1. мотика, сапа; 2. мотижити, сапати.

hog [hɔg] 1. свиня (*a. fig.*); кабан; 2. вигинати спину; коротко підстригати (гриву); **~gish** ['hɔgiʃ] □ свинський; зажерливий.

hoist [hɔist] 1. лебідка; ліфт; 2. піднімати [-няти].

hold [hould] 1. володіння; захоплення; влада; вплив; Sh трюм; catch (*or* get, lay, take) ~ of охоплювати [-пити] (З); keep ~ of утримувати [-мати] (З); 2. [*irr.*] *v/t.* тримати; витримувати [витримати]; зупиняти [-нити]; проводити [-вести] (збори і т.ін.); (за)полонити (увагу); займати [зайняти]; вміщувати [вмістити]; ~ one's own відстоювати свою позицію; ~ the line! *teleph.* не вішайте трубку; ~ over відкладати [-асти]; ~ up підтримувати [-мати]; затримувати [-мати]; зупинити з метою пограбування; 3. *v/i.*

зупиня́тися [-ни́тися]; утри́муватися (про пого́ду); ~ forth розво́дитися, просторі́кувати; ~ good (or true) ма́ти си́лу; ~ off трима́тися пода́лі; ~ on трима́тися за (З); ~ to дотри́муватися (Р); ~ up трима́тися пря́мо; ~er ['houldə] аренда́р; вла́сник; ~ing [-iŋ] ділянка землі́; сади́ба; має́ток; ~-over *Am.* пережи́ток; ~-up *Am.* налі́т, пограбува́ння.

hole [houl] діра́, о́твір; я́ма; кора́; F *fig.* скрутне́ стано́вище; pick ~s in знахо́дити недо́ліки у (М).

holiday ['hɔlədi] свя́то; день відпочи́нку; відпу́стка; ~s *pl.* кані́кули *f/pl.*

hollow ['hɔlou] **1.** □ поро́жній, порожни́стий; запа́лий; **2.** порожне́ча; порожни́на; дупло́; ви́ярок; **3.** видо́вбувати [ви́довбати].

holly ['hɔli] B гостроли́ст; па́дуб.

holster ['houlstə] кобура́.

holi ['houli] святи́й; свяще́нний; ~ water свята́ вода́; ≗ Week страсни́й ти́ждень *m*.

homage ['hɔmidʒ] пова́га, поша́на; do (*or* pay, render) ~ віддава́ти ша́ну (to Д), вшано́вувати (З).

home [houm] **1.** дім, жи́тло; батькі́вщина; at ~ удо́ма; **2.** *adj.* дома́шній; вну́трішній; ≗ Office, *Am.* ≗ Department міністе́рство вну́трішніх справ; ≗ Secretary мі́ністр вну́трішніх справ; **3.** *adv.* додо́му; hit (*or* strike) ~ потра́пити у ціль *f*; **~-felt** звору́шливий, серде́чний; **~less** ['houmlis] бездо́мний; безприту́льний; **~like** за́тишний; **~ly** [-li] *fig.* прости́й, звича́йний; дома́шній; нега́рний; **~-made** дома́шнього ви́готовлення; **~sickness** нудьга́ за батькі́вщиною; **~stead** буди́нок з ділянкою землі́; сади́ба; **~ward(s)** [-wəd(s)] додо́му.

homicide ['hɔmisaid] вби́вство; вби́вця *m/f*.

homogeneous [hɔmo'dʒi:niəs] □ однорі́дний.

hone [houn] **1.** брусо́к, гостри́льний ка́мінь *m*; **2.** (на)гостри́ти.

honest ['ɔnist] □ че́сний; **~y** [-i] че́сність *f*.

honey ['hʌni] мед; my ~! се́рденько, ду́шко; **~comb** [-koum] со́ти *m/pl.*; **~ed** ['hʌnid] медо́вий; **~ moon** медо́вий мі́сяць *m*.

honorary ['ɔnərəri] поче́сний.

hono(u)r ['ɔnə] **1.** честь *f*; че́сність *f*; поша́на; шано́ба; Your ≗ ва́ша честь *f*; **2.** (в)шанува́ти; ушано́вувати [-нува́ти]; C плати́ти у строк (за ве́кселем); **~able** ['ɔnərəbl] □ поче́сний; пова́жний; шано́вний; благоро́дний; шляхе́тний.

hood [hud] **1.** відло́га, ка́птур; *mot.* капо́т *m*; **2.** накрива́ти ка́птуром.

hoodwink ['hudwiŋk] обду́рювати [-ри́ти].

hoof [hu:f] копи́то.

hook [hu:k] **1.** гак, гачо́к; баго́р; серп; by ~ or by crook пра́вдами і непра́вдами, так або́ іна́кше; **2.** зачіпля́ти [зачепи́ти]; застіба́ти(ся) [застебну́тися].

hoop [hu:p] **1.** о́бруч; E обо́йма, бу́гель *m*; кільце́; **2.** набива́ти о́бручі на (З); скрі́плювати о́бручем.

hooping-cough ['hu:piŋkɔf] ко́клюш.

hoot [hu:t] **1.** крик (сови́); ги́кання; **2.** *v/i.* (за)улюлю́кати; (за)ги́кати; *mot.* (за)гуді́ти; *v/t.* осви́стувати [-ті́ти].

hop [hɔp] **1.** B хміль *m*; стрибо́к; *sl.* танцюва́льний ве́чір; **2.** збира́ти хміль; стриба́ти на одні́й нозі́.

hope [houp] **1.** наді́я, сподіва́ння; **2.** сподіва́тися (for на З); ~ in поклада́тися [покла́стися] на (З); **~ful** ['houpful] □ яки́й (що) подає́ наді́ї; що сподіва́ється; **~less** [-lis] □ безнаді́йний.

horde [hɔ:d] орда́; вата́га, згра́я.

horizon [hə'raizn] горизо́нт, о́брій; *fig.* світо́гляд.

horn [hɔ:n] ріг; *mot.* гудо́к; Mu рі́жок; ~ of plenty ріг доста́тку.

hornet ['hɔ:nit] *zo.* ше́ршень *m*.

horny ['hɔ:ni] □ мозоля́стий.

horr|ible ['hɔrəbl] □ страшни́й, жахли́вий; **~id** ['hɔrid] □ жахли́вий; оги́дний; **~ify** ['hɔrifai] жаха́ти [жахну́ти]; шокува́ти; **~or** ['hɔrə] ; жах; оги́да.

horse [hɔ:s] кінь *m*; ко́зли *pl.*; take ~ сі́сти на коня́; **~back**: on ~ ве́рхи; **~hair** кі́нський во́лос; **~-laugh** F гру́бий, гучни́й ре́гіт; **~man** [-mən] ве́ршник; **~power** кі́нська си́ла; **~-radish** B хрін; **~shoe** підко́ва.

horticulture ['hɔ:tikʌltʃə] садівни́цтво.

hose [houz] C *coll.* панчо́хи *f/pl.* (як на́зва това́ру); шланг.

hosiery ['houʒəri] C панчі́шні ви́роби *m/pl.*, трикота́ж.

hospitable ['hɔspitəbl] □ гости́нний.

hospital ['hɔspitl] ліка́рня, го́спіталь *m*; **~ity** [hɔspi'tæliti] гости́нність *f*.

host [houst] госпо́дар; вла́сник готе́лю; *fig.* си́ла, бе́зліч *f*; ~s of heaven *eccl.* а́нгели, си́ли небе́сні.

hostage ['hɔstidʒ] зало́жник(-иця).

hostel ['hɔstəl] гурто́житок; турба́за.

hostess ['houstis] господа́рка (*s.* host).

hostil|e ['hɔstail] воро́жий; **~ity** [hɔs'tiliti] воро́жість *f*; воро́жий акт.
hot [hɔt] гаря́чий; жарки́й; палки́й; ~ dogs гаря́чі соси́ски *f/pl.*; **~bed** парни́к; *fig.* во́гнище.
hotchpotch ['hɔtʃpɔtʃ] овоче́вий суп; *fig.* вся́ка всячина.
hotel [ho(u)'tel] готе́ль *m.*
hot-headed ['hɔt'hedid] необа́чний; **~-house** оранжере́я, тепли́ця; **~spur** запальна́ люди́на.
hound [haund] **1.** гонча́к; *fig.* негі́дник, підло́тник; **2.** цькува́ти соба́ками.
hour ['auə] годи́на; час; **~ly** ['auəli] щогоди́нний.
house 1. [haus] *com.* дім; буди́нок; буді́вля; *parl.* пала́та; *univ.* коле́дж; **2.** [hauz] *v/t.* оселя́ти [-ли́ти]; поміща́ти [помісти́ти]; дава́ти приту́лок (Д); *v/i.* сели́тися; жи́ти; **~breaker** зло́мник, грими́ло *m*; **~-check** *Am.* о́бшук; **~hold** дома́шнє господа́рство; домоча́дці *m/pl.*; **~holder** глава́ сім'ї́; **~keeper** еконо́мка; **~keeping** дома́шнє господа́рство, домове́дення; **~-warming** новосі́лля; **~wife** господа́рка; **~wifery** ['hauswifəri] дома́шнє (ха́тнє) господа́рство; домове́дення.
housing ['hauziŋ] постача́ння житло́м; житлове́ будівни́цтво.
hove [houv] *pt.* і *p.pt.* від heave.
hovel ['hɔvəl] наві́с; хи́жка, халу́па.
hover ['hɔvə] ширя́ти (про пта́ха); *fig.* вага́тися, не нава́жуватися.
how [hau] як?, яки́м чи́ном?; ~ about ...? як спра́ви з (О)?; **~ever** [hau'evə] **1.** *adv.* як би не; **2.** *cj.* одна́к, проте́.
howl [haul] **1.** виття́, завива́ння; **2.** (за)ви́ти; **~er** ['haulə] *sl.* хи́ба, гру́ба по́милка.
hub [hʌb] ма́точина (ко́леса), вту́лка; *fig.* центр ува́ги.
hubbub ['hʌbʌb] га́мір, шум, га́лас.
huckster ['hʌkstə] торго́вець *m* дрі́б'язком; бари́шник, гендля́р.
huddle ['hʌdl] **1.** зва́лювати у ку́пу; уклада́ти абия́к; згорну́тися ка-ла́чиком; ~ on одяга́ти по́хапцем; **2.** ку́па; метушня́, штовхани́на.
hue [hju:] відті́нок; ~ and cry пого́ня з кри́ками, га́ласом.
huff [hʌf] **1.** роздратува́ння; **2.** *v/t.* зачіпа́ти; заля́кувати [-ка́ти]; *v/i.* обража́тися [обра́зитися].
hug [hʌg] **1.** обі́йми *f/pl.*; **2.** обійма́ти [-йня́ти]; *fig.* бу́ти прихи́льним до (Р).
huge [hju:dʒ] □ величе́зний, гіга́нтський; **~ness** ['hju:dʒnis] величе́зність *f.*
hulk [hʌlk] *fig.* вели́ка, незгра́бна люди́на.
hull [hʌl] **1.** В лушпи́ння, шкаралу́па; ко́рпус (корабля́); **2.** (об)лу́щити.
hum [hʌm] (за)дзижча́ти; наспі́вувати; F make things ~ вно́сити пожва́влення у робо́ту.
human ['hju:mən] **1.** □ людськи́й; **~ly** по-лю́дськи; **2.** F люди́на; **~e** [hju:'mein] □ гума́нний, лю́дяний; **~itarian** [hjumæni'tɛəriən] філантро́п; **2.** гуманіта́рний; гума́нний; **~ity** [hju'mæniti] лю́дство; гума́нність *f*; **~kind** ['hju:mən'kaind] людськи́й рід.
humble ['hʌmbl] **1.** □ скро́мний; покі́рливий; **2.** прини́жувати [-и́зити]; упоко́рювати [-рити].
humble-bee ['hʌmblbi:] джміль *m.*
humbleness ['hʌmblnis] скро́мність *f*; покі́рливість *f.*
humbug ['hʌmbʌg] нісені́тниця; хвалько́.
humdrum ['hʌmdrʌm] бана́льний; нудни́й.
humid ['hju:mid] во́гкий, воло́гий; **~ity** [hju'miditi] во́гкість *f*, воло́га.
humiliat|e [hju'milieit] прини́жувати [-и́зити]; **~ion** [hjumili'eiʃən] прини́ження.
humility [hju'militi] поко́ра; покі́рливість *f.*
humming ['hʌmiŋ] F могу́тній; поту́жний; **~-bird** *zo.* колі́брі *m/f indecl.*
humorous ['hju:mərəs] □ гумористи́чний; комі́чний.
humo(u)r ['hju:mə] **1.** гу́мор; жартівли́вість *f*; на́стрій; out of ~ не в гу́морі (на́строї); **2.** потура́ти (Д); пристосо́вуватися [-сува́тися] до (Р).
hump [hʌmp] **1.** горб; **2.** (з)го́рбити(ся).
hunch [hʌntʃ] **1.** горб *m*; *Am.* підо́зра; скиба; **2.** (з)го́рбити(ся) (*a.* ~ out, up); **~back** горба́нь *m.*
hundred ['hʌndrəd] сто; со́тня; **~th** [-θ] со́тий; со́та части́на; **~weight** це́нтнер.
hung [hʌŋ] *pt.* і *p.pt.* від hang.
Hungarian [hʌŋ'gɛəriən] **1.** уго́рець *m*, уго́рка *f*; **2.** уго́рський.
hunger ['hʌngə] **1.** го́лод; *fig.* жадо́ба (Р); **2.** *v/i.* голодува́ти; бу́ти голо́дним; *fig.* жада́ти (for P).
hungry ['hʌŋgri] □ голо́дний.
hunk [hʌŋk] товсти́й шмато́к, ку́сень *m.*
hunt [hʌnt] **1.** полюва́ння; по́шуки *m/pl.* (for P); **2.** полюва́ти на (З) *or* за (О); цькува́ти; ~ out *or* up

відшу́кувати [-ка́ти]; ~ for *fig.* полюва́ти за (О), шука́ти (Р or З); **~er** ['hʌntə] мисли́вець *m*; мисли́вський кінь *m*; **~ing-ground** райо́н полюва́ння.
hurdle ['hə:dl] перепо́на, бар'є́р; **~-race** перего́ни з перепо́нами; бар'є́рний біг.
hurl [hə:l] 1. си́льний кидо́к; 2. ки́дати [ки́нути], жбурля́ти [-рну́ти].
hurricane ['hʌrikən] урага́н.
hurried ['hʌrid] □ кваплѝвий.
hurry ['hʌri] 1. квапли́вість *f*, поспі́шність *f*; 2. *v/t.* (по)ква́пити; поспі́шно надсила́ти; *v/i.* (по)спіши́ти (*a.* ~ up).
hurt [hə:t] 1. пошко́дження; 2. [*irr.*] (*a. fig.*) завдава́ти бо́лю; пошко́джувати [-дити]; болі́ти (про части́ну ті́ла).
husband ['hʌzbənd] 1. чолові́к, подру́жжя; 2. (з)еконо́мити, еконо́мно витрача́ти.
hush [hʌʃ] 1. ти́ша, мовча́ння; 2. тихі́ше!; 3. встано́влювати ти́шу; ~ up замо́вчувати [-ча́ти]; *v/i.* заспоко́юватися [-о́їтися]; затиха́ти [зати́хнути].
husk [hʌsk] 1. В лушпи́ння; 2. (об)лу́щити; **~y** ['hʌski] □ си́плий, захри́плий (го́лос); *Am.* висо́кий на зріст.
hustle ['hʌsl] 1. *v/t.* штовха́ти [-хну́ти]; (по)ква́пити; спону́кувати [-ка́ти]; *v/i.* штовха́тися [-хну́тися]; (по)ква́питися; *part. Am.* шви́дко ді́яти; 2. штовхани́на; *Am.* F енергі́йна дія́льність *f*; ~ and bustle штовхани́на і га́мір.
hut [hʌt] хи́жа, халу́па; бара́к.
hutch [hʌtʃ] клі́тка (для кролі́в і т.ін.).
hybrid ['haibrid] S гібри́д, по́місь *f*; **~ize** ['haibridaiz] схре́щувати [схрести́ти] (росли́ни, твари́н).
hydro ...['haidro...] S водо ...; **~chloric** [-'klɔrik]: ~ acid соляна́ кислота́; **~gen** ['haidridʒən] Ch во́день *m*; **~pathy** [hai'drɔpəθi] водолікува́ння; **~phobia** ['haidrə'foubjə] водобоя́знь *f*; **~plane** ['haidroplein] гідропла́н.
hygiene ['haidʒi:n] гігіє́на.
hymn [him] 1. церко́вний гімн; 2. співа́ти гі́мни.
hyphen ['haifən] 1. дефі́с, ри́ска; 2. писа́ти че́рез дефі́с, ри́ску.
hypnotize ['hipnətaiz] (за)гіпнотизува́ти.
hypo|chondriac [haipo'kɔndriæk] іпохо́ндрик; **~crisy** [hi'pɔkrəsi] лицемі́рство; **~crite** ['hipokrit] лицемі́р; **~critical** [hipo'kritikəl] □ лицемі́рний; **~thesis** [hai'pɔθisis] гіпо́теза, припу́щення.
hyster|ical [his'terikəl] □ істери́чний; **~ics** [his'teriks] *pl.* істе́рика.

I

I [ai] *pers. pron.* я.
ice [ais] 1. лід, кри́га; моро́зиво; 2. заморо́жувати [-о́зити]; вкрива́ти льо́дом, кри́гою; глазурува́ти *(im)pf.*; **~-age** льодовико́вий пері́од; **~bound** зате́ртий кри́гою; **~-box**, **~-chest** холоди́льник, льо́довня; **~-cream** моро́зиво.
icicle ['aisikl] (крижана́) буру́лька.
icing ['aisiŋ] цукро́ва глазу́р *f*; А обледені́ння.
icy ['aisi] □ крижани́й, льодяни́й.
idea [ai'diə] іде́я; поня́ття, уя́влення; ду́мка; **~l** [-l] 1. □ ідеа́льний; уя́вний; 2. ідеа́л.
identi|cal [ai'dentikəl] □ тото́жний; одна́ковий; **~fication** [ai'dentifi'keiʃən] ототожнювання; встано́влення осо́би; **~fy** [-fai] ототожнювати [-нити]; встано́влювати осо́бу (тото́жність *f*) (Р); **~ty** [-ti] тото́жність *f*; ~ card посві́дчення осо́би.
idiom ['idiəm] ідіо́ма, го́вір.
idiot ['idiət] ідіо́т(ка); **~ic** [idi'ɔtik] (-ally) ідіо́тський.
idle ['aidl] 1. □ неза́йнятий; безробі́тний; ліни́вий; бездія́льний; ма́рний; Е бездія́льний; холости́й; ~ hours *pl.* час дозві́лля; 2. *v/t.* марнува́ти (час) без ді́ла (*mst* ~ away); *v/i.* ліни́тися, ледарюва́ти; **~ness** [-nis] ле́дарство, неро́бство; **~r** [-ə] неро́ба *m/f*, ле́дар(ка).
idol ['aidl] і́дол; *fig.* кумир; **~atry** [ai'dɔlətri] ідолопоклонство; обо́жнювання; **~ize** ['aidəlaiz] обо́жнювати.

idyl(l) ['aidil] іди́лія.
if [if] *cj.* якщо́; як би́; (=whether) чи: ~ he knows чи зна́є він.
ignit|e [ig'nait] запа́лювати [-ли́ти]; загоря́тися [-рі́тися]; запа́люватися [-ли́тися]; **~ion** [ig'niʃən]; *mot.* запа́лення; запа́л; *attr.* запа́льний.
ignoble [ig'noubl] □ низьки́й, гане́бний.
ignor|ance ['ignerəns] неві́гластво; неві́дання; **~ant** [-rənt] неосві́чений; нетяму́щий; **~e** [ig'nɔ:] ігнорува́ти *(im)pf.*; J відхиля́ти [-ли́ти].
ill [il] 1. *adj.* хво́рий, неду́жий; лихи́й; 2. *adv.* навря́д; ке́псько; 3. зло, шко́да.
ill|-advised нерозсу́дливий; **~-bred** неви́хований.
illegal [i'li:gəl] □ незако́нний.
illegible [i'ledʒəbl] □ нерозбі́рливий.
illegitimate [ili'dʒitimit] □ незако́нний; незаконнонаро́джений.
ill|-favo(u)red нега́рний; неприє́мний; **~-humo(u)red** не в гу́морі; в ке́пському на́строї.
illiberal ['i'libərəl] □ обме́жений (про по́гляди); скупи́й.
illicit [i'lisit] □ заборо́нений (зако́ном).
illiterate [i'litərit] □ 1. неписьме́нний; 2. неосві́чена люди́на; не́ук.
ill|-mannered ['il'mænəd] неви́хований, гру́бий; **~-natured** ['il'neitʃəd] □ лихо́ї вда́чі, злости́вий.
illness ['ilnis] хворо́ба.
ill|-timed ['il'taimd] невча́сний, неслу́шний; **~-treat** пога́но пово́дитися з (О).
illumin|ate [i'lju:mineit] осві́тлювати [-ти́ти], осява́ти [ося́яти]; висві́тлювати [ви́світлити]; пролива́ти сві́тло на (З); **~ating** [-neitiŋ] що осві́тлює, осві́тлювальний; **~ation** [ilju:mi'neiʃən] осві́тлення; ілюміна́ція.
illus|ion [i'lu:ʒən] ілю́зія, обма́н почутті́в; **~ive** [-siv], □ **~ory** [-səri] □ ома́нливий, ілюзо́рний.
illustrat|e ['iləstreit] ілюструва́ти *(im)pf.*; поя́снювати [-ни́ти]; **~ion** [iləs'treiʃən] ілюстра́ція; **~ive** ['iləstreitiv] □ ілюстрати́вний.
illustrious [i'lʌstriəs] □ славе́тний.
ill-will ['il'wil] недобрози́чливість *f.*
image ['imidʒ] о́браз; зобра́ження; відобра́ження; подо́ба.
imagin|able [i'mædʒinəbl] □ уя́влюваний; **~ary** [-nəri] уя́вний; **~ation** [imædʒi'neiʃən] уя́ва, фанта́зія; **~ative** [i'mædʒinətiv] □ обдаро́ваний уя́вою; **~e** [i'mædʒin] уявля́ти [уяви́ти].
imbecile ['imbisi:l] 1. □ недоу́мкуватий; 2. ду́рень *m.*
imbibe [im'baib] убира́ти [увібра́ти], вдиха́ти [-хну́ти]; *fig.* засво́ювати [засво́їти] (іде́ї).
imbue [im'bju:] наси́чувати [-си́тити], всо́тувати [-та́ти]; (по)фарбува́ти; *fig.* наповня́ти [напо́внити].
imita|te ['imiteit] насл́ідувати (Д); передра́жнювати [-ни́ти]; підробля́ти [-би́ти]; **~tion** [imi'teiʃən] насл́ідування; підро́бка, сурога́т; *attr.* підро́бний; шту́чний.
immaculate [i'mækjulit] □ бездога́нний; незаплямо́ваний (*a. fig.*).
immaterial [imə'tiəriəl] □ неісто́тний, неважли́вий; нематеріа́льний.
immature [imə'tjuə] незрі́лий; недорозви́нений.
immediate [i'mi:djət] □ безпосере́дній; найбли́жчий; невідкла́дний; **~ly** [-li] *adv.* безпосере́дньо; нега́йно.
immense [i'mens] □ величе́зний.
immerse [i'mə:s] зану́рювати [-у́рити]; *fig.* ~ o.s. in зану́рюватися [-уритися] у (З).
immigra|nt ['imigrənt] іммігра́нт(ка); **~te** [-greit] іммігрува́ти *(im)pf.*; **~tion** імміграція.
imminent ['iminənt] □ що загро́жує, нависа́є.
immobile [i'moubail] нерухо́мий.
immoderate [i'mɔdərit] непомі́рний, надмі́рний.
immodest [i'mɔdist] нескро́мний.
immoral [i'mɔrəl] амора́льний.
immortal [i'mɔ:tl] невмиру́щий, безсме́ртний.
immovable [i'muvəbl] □ нерухо́мий; непохи́тний.
immune [i'mju:n] несприйня́тливий (from до Р); іму́нний; **~ity** [-iti] звільнення (від платежу́); Ме імуніте́т, несприйня́тливість *f* (from до Р); *pol.* імуніте́т.
imp [imp] бісеня́; пусту́нчик (пусту́нка).
impair [im'pɛə] ослабля́ти [осла́бити]; пошко́джувати [-дити].
impart [im'pɑ:t] нада́(ва́)ти; переда́(ва́)ти (нови́ни і т.ін.).
impartial [im'pɑ:ʃəl] □ безсторо́нній, неупере́джений; **~ity** [im'pɑ:ʃi'æliti] безсторо́нність *f.*
impassable [im'pɑ:səbl] □ непрохі́дний, непроїжджий.
impassioned [im'pæʃənd] палки́й.
impassive [im'pæsiv] □ спокі́йний, безтурбо́тний.

impatien|ce [im'peiʃəns] нетерпі́ння; **~t** [-t] □ нетерпля́чий.
impeach [im'pi:tʃ] га́нити, засу́джувати, ки́дати тінь на (З).
impeccable [im'pekəbl] □ бездога́нний, непогрі́шний.
impede [im'pi:d] ста́(ва́)ти на перешко́ді (Д), (за)ва́дити (Д).
impediment [im'pedimənt] перешко́да; затри́мка.
impel [im'pel] примýшувати [-ýсити].
impend [im'pend] нависа́ти [нави́снути]; насува́тися [насу́нутися].
impenetrable [im'penitrəbl] □ непрохі́дний; непрони́кний; *fig.* незбагне́нний.
imperative [im'perətiv] □ вла́дний; вкрай необхі́дний.
imperceptible [impə'septəbl] □ непомі́тний.
imperfect [im'pə:fikt] непо́вний; недоскона́лий, дефе́ктний.
imperial [im'piəriəl] □ імпе́рський; імпера́торський; держа́вний.
imperil [im'peril] наража́ти на небезпе́ку.
imperious [im'piəriəs] □ вла́дний; насті́йний; гордови́тий.
impermeable [im'pə:miəbl] непрони́кний.
impersonal [im'pə:snl] □ безособо́вий.
impersonate [im'pə:səneit] уосо́блювати [-бити]; вико́нувати роль *f* (Р).
impertinen|ce [im'pə:tinəns] зарозумі́лість *f*, зухва́лість *f*; **~t** [-nənt] □ зарозумі́лий, зухва́лий.
impervious [im'pə:viəs] □ непрони́кний, непрохідни́й; глухи́й (to до Р).
impetu|ous [im'petjuəs] □ стрімки́й; **~s** ['impitəs] руші́йна си́ла.
impiety [im'paiəti] неві́ра; неповага.
impinge [im'pindʒ] *v/i.* ударя́тися [уда́ритися] (on об З); замі́ря́тися [замі́ритися] (on на З).
impious ['impiəs] □ нечести́вий.
implacable [im'pleikəbl] □ невблага́нний; непримире́нний.
implant [im'plɑ:nt] наса́джувати [-ди́ти]; вселя́ти [-ли́ти].
implement ['implimənt] **1.** інструме́нт; знаря́ддя; прила́ддя; **2.** вико́нувати [ви́конати].
implicat|e ['implikeit] утя́гувати [-гти́], вплу́т(ув)ати; мі́стити у собі; **~ion** [impli'keiʃən] втя́гнення; ви́сновок.
implicit [im'plisit] □ беззастере́жний; що ма́ється на увазі.
implore [im'plɔ:] (в)блага́ти.
imply [im'plai] ма́ти на ува́зі; натяка́ти [-кну́ти] на (З); зна́чити.
impolite [impə'lait] □ нече́мний, неввічливий.
impolitic [im'pɔlitik] □ недоці́льний.
import 1. ['impɔ:t] уві́з, і́мпорт; **~s** *pl.* това́ри, які́ вво́зяться; **2.** [im'pɔ:t] уво́зити [увезти́]; імпортува́ти *(im)pf.*; ма́ти зна́чення; **~ance** [im'pɔ:təns] значу́щість *f*, важли́вість *f*; **~ant** [-tənt] □ важли́вий; значу́щий; **~ation** [impɔ:'teiʃən] уві́з, і́мпорт.
importun|ate [im'pɔ:tjunit] □ надоку́чливий; **~e** [im'pɔ:tju:n] докуча́ти (Д), набрида́ти [набри́днути] (Д).
impos|e [im'pouz] *v/t.* нав'я́зувати [-за́ти]; обклада́ти [обкла́сти]; *v/i.* ~ upon справля́ти вра́ження (на З); імпонува́ти (Д); **~ition** [impə'ziʃən] наклада́ння; обкладання.
impossib|ility [im'pɔsə'biliti] неможли́вість *f*, неймові́рність *f*; **~le** [im'pɔsəbl] □ неможли́вий; неймові́рний.
impost|or [im'pɔstə] обма́нщик; самозва́нець *m*; **~ure** [im'pɔstʃə] обма́н, ома́на, шахраюва́ння.
impoten|ce ['impətəns] безси́лля, сла́бість *f*. **~t** [-tənt] безси́лий, слабки́й.
impoverish [im'pɔvəriʃ] дово́дити до зли́днів; збі́днювати [-ни́ти].
impracticable [im'præktikəbl] □ нездійсне́нний.
impregnate ['impræɡneit] заплі́днювати [-ни́ти]; *Ch* наси́чувати [наси́тити], просо́чувати [-чи́ти].
impress 1. ['impres] відби́ток; **2.** [im'pres] (на)друкува́ти, відбива́ти [відби́ти]; переко́нувати [переконати] (on З); спра́вити вра́ження на (З); **~ion** [im'preʃən] вра́ження; *typ.* відби́ток; друкува́ння; I am under the ~ that у ме́не вра́ження, що ...; **~ive** [im'presiv] □ що справля́є вра́ження, вража́ючий.
imprint 1. [im'print] залиша́ти [-ши́ти] відби́ток; **2.** ['imprint] відби́ток; *typ.* вихідні́ да́ні *m/pl.*
imprison [im'prizn] ув'я́знювати [-ни́ти]; **~ment** [-mənt] ув'я́знення.
improbable [im'prɔbəbl] □ неймові́рний, неправдоподі́бний.
improper [im'prɔpə] □ недоре́чний; непристо́йний; неві́рний.
improve [im'pru:v] *v/t.* полі́пшувати [-шити]; удоскона́лювати [-лити]; підви́щувати ці́нність (Р); *v/i.* полі́пшуватися [-шитися]; удоскона́люватися [-литися]; ~ upon полі́пшувати [-шити] (З); **~ment** [-mənt] удоскона́лення; покра́щення.

improvise ['imprəvaiz] імпровізува́ти *(im)pf*.
imprudent [im'pru:dənt] □ нерозва́жливий, нерозсу́дливий; необере́жний.
impuden|ce ['impjudens] безсоро́мність *f*; наха́бство; ~**t** [-dənt] □ наха́бний; безсоро́мний.
impuls|e ['impʌls], ~**ion** [im'pʌlʃən] по́штовх; пори́в; El збу́дження.
impunity [im'pju:niti] безка́рність *f*; with ~ безка́рно.
impure [im'pjuə] □ нечи́стий; з до́мішкою.
imput|ation [impju'teiʃən] звинува́чення; ~**e** [im'pju:t] (по)ста́вити за провину; припи́сувати [-са́ти] (Д/З).
in [in] **1**. *prp. com*. у, в, у́ві (М or З); на (Д); до, бі́ля, ко́ло (Р); при (З); ~ number в кі́лькості (Р), число́м в (З); ~ itself саме́ по собі́; ~ 1949 у 1949-му (у ти́сяча дев'ятсо́т со́рок дев'я́тому) ро́ці; cry out ~ alarm закрича́ти від переля́ку; ~ the street на ву́лиці; ~ my opinion на мою́ ду́мку, по-мо́єму; ~ English англі́йською (мо́вою), a novel ~ English рома́н англі́йською мо́вою; ~ tens по де́сять; ~ the circumstanses за да́них умо́в; a coat ~ velvet оксами́тове пальто́ (*or* із оксами́ту); ~ this manner та́ким чи́ном; ~ a word одни́м сло́вом; ~ crossing the road перехо́дячи ву́лицю; be ~ power бу́ти при вла́ді; be engaged ~ reading займа́тися чита́нням; **2**. *adv*. всере́дині; всере́дину; be ~ for: а) бу́ти прире́ченим на (щось неприє́мне); в) I am ~ for an examina-tion у ме́не має відбу́тися екза́мен; F be ~ with бу́ти в до́брих стосу́нках з (О).
inability [inə'biliti] нездатність *f*.
inaccessible [inæk'sesəbl] □ непристу́пний, недосту́пний.
inaccurate [in'ækjurit] □ нето́чний, неоха́йний.
inactiv|e [in'æktiv] □ бездія́льний; неді́ючий; ~**ity** [inæk'tiviti] бездія́льність *f*; іне́ртність *f*.
inadequate [in'ædikwit] □ нерозмі́рний; недоста́тній.
inadmissible [inəd'misəbl] недопусти́мий, неприйня́тний.
inadvertent [inəd'və:tənt] □ неува́жний; ненавми́сний.
inalienable [in'eiliənəbl] □ невід'є́мний.
inane [i'nein] □ безглу́здий; поро́жній.
inanimate [in'ænimit] □ неживи́й, бездушний.
inapproachable [inə'proutʃəbl] недося́жний, непристу́пний.
inappropriate [-priit] □ недоре́чний, невідпові́дний.
inapt [in'æpt] □ незда́тний; неприда́тний.
inarticulate [inɑ:'tikjulit] □ нерозбі́рливий, невира́зний.
inasmuch [inəz'mʌtʃ]: ~ as *adv*. ослі́льки; зважа́ючи на те, що.
inattentive [inə'tentiv] □ неува́жний.
inaugura|te [i'nɔ:gjureit] відкри́(ва́)ти (ви́ставку і т.ін.); признача́ти [-на́чити] на поса́ду; ~**tion** [inɔgju'reiʃən] вступ на поса́ду; (урочи́сте) відкриття́.
inborn [in'bɔ:n] приро́джений, приро́дний.
incalculable [in'kælkjuləbl] □ незчисле́нний; ненаді́йний (про людину).
incandescent [inkæn'desnt] розжа́рений; жарови́й.
incapa|ble [in'keipəbl] □ незда́тний (of до Р or на З); ~**citate** [inkə'pæsiteit] роби́ти незда́тним, неприда́тним.
incarnate [in'kɑ:nit] вті́лений; усо́блений.
incautious [in'kɔ:ʃəs] □ необере́жний; необа́чний.
incendiary [in'sendjəri] **1**. палі́й; *fig*. підбу́рювач; **2**. запа́лювальний (*a*. Ml); *fig*. що підбу́рює.
incense[1] ['insens] ла́дан, фіміа́м.
incense[2] [in'sens] (роз)се́рдити; розлю́чувати [-люти́ти].
incentive [in'sentiv] спонука́льний моти́в, спону́ка.
incessant [in'sesnt] □ безпере́рвний.
incest ['insest] кровозмі́шення.
inch [intʃ] дюйм (=2,54 см); *fig*. п'ядь *f*; by ~es пома́лу.
inciden|ce ['insidəns] сфе́ра ді́ї; ~**t** [-t] **1**. ви́падок, випадко́вість *f*; поді́я; **2**. випадко́вий; притама́нний (to Д); ~**tal** [insi'dentl] □ випадко́вий; побі́чний, другоря́дний; притама́нний (Д); ~**ly** випадко́во; між і́ншим.
incinerate [in'sinəreit] спа́лювати [-ли́ти]; спопеля́ти [-ли́ти].
incis|e [in'saiz] надрі́зувати [-зати]; (з)роби́ти надрі́з на (М); ~**ion** [in'siʒən] ро́зріз, надрі́з, насі́чка; ~**ive** [in'saisiv] □ рі́жучий, го́стрий.
incite [in'sait] підбу́рювати [-рити]; спону́кувати [спонука́ти]; ~**ment** [-mənt] підбу́рювання; спонука́ння, сти́мул.
inclement [in'klemənt] суво́рий, холо́дний.

inclin|ation [inkli'neiʃən] на́хил; укі́с; відхи́лення; схи́льність *f*; прихи́льність *f*; ~**e** [in'klain] **1**. *v/i*. схиля́тися [-ли́тися]; ~ to *fig*. бу́ти схи́льним до (Р); *v/t*. схиля́ти [-ли́ти] (*a. fig*.); прихиля́ти [-ли́ти]; **2**. на́хил, схи́льність *f*.

inclose [in'klouz] *s*. enclose.

inclu|de [in'klu:d] поміща́ти [-істи́ти], місти́ти (в собі́); включа́ти [-чи́ти]; ~**sive** [-siv] □ що включа́є в се́бе, мі́стить у собі́.

incoheren|ce [inko'hiərəns] незв'я́зність *f*; непослідо́вність *f*; ~**t** [-t] □ незв'я́зний, непослідо́вний.

income ['inkəm] прибу́ток.

incommode [inkə'moud] (по)турбува́ти.

incomparable [in'kɔmpərəbl] □ незрівня́нний.

incompatible [inkəm'pætəbl] □ несумі́сний.

incompetent [in'kɔmpitənt] □ незна́ючий; невмі́лий; J неправозда́тний.

incomplete [inkəm'pli:t] □ непо́вний; незакі́нчений.

incomprehensible [in'kɔmpri'hensəbl] □ незрозумі́лий, незбагне́нний.

inconceivable [inkən'si:vəbl] □ неймові́рний.

incongruous [in'kɔŋgruəs] □ недоре́чний, безглу́здий; несумі́сний.

inconsequent(ial) [in'kɔnsikwənt, -'kwenʃəl] □ непослідо́вний.

inconsidera|ble [inkən'sidərəbl] □ незначни́й, неважли́вий; ~**te** [-rit] □ необа́чний; необмірко́ваний; нева́жний (до і́нших).

inconsisten|cy [inkən'sistənsi] несумі́сність *f*; ~**t** [-tənt] □ несумі́сний.

inconstant [in'kɔnstənt] □ неста́лий, нестійки́й.

incontinent [in'kɔntinənt] □ нестри́маний, неви́триманий.

inconvenien|ce [inkən'vi:njəns] **1**. незру́чність *f*; занепоко́єння; **2**. (по)турбува́ти; ~**t** [-njənt] □ незру́чний, скрутни́й.

incorporat|e **1**. [in'kɔ:pəreit] об'є́днувати(ся) [-на́ти(ся)]; включа́ти [-чи́ти] (**into** до Р); **2**. [-rit] з'є́днаний, поє́днаний; ~**ed** [-reitid] зареєстро́ваний (про товари́ство); ~**ion** [in'kɔ:pə'reiʃən] об'є́днання; реєстра́ція

incorrect [inkə'rekt] □ непра́вильний, неві́рний; неспра́вний.

incorrigible [in'kɔridʒəbl] □ непопра́вний.

increase **1**. [in'kri:s] збі́льшувати(ся) [-шити(ся)]; підси́лювати(ся) [-лити(ся)]; **2**. ['inkri:s] зроста́ння; збі́льшування; при́ріст.

incredible [in'kredəbl] □ неймові́рний.

incredul|ity [inkri'dju:liti] недові́рливість *f*; ~**ous** [in'kredjuləs] □ недові́рливий, скепти́чний.

incriminate [in'krimineit] J інкримінува́ти *(im)pf*., звинува́чувати у зло́чині.

incrustation [inkrʌs'teiʃən] кора́, кі́рка; Е на́кип.

incub|ate ['inkjubeit] виво́дити [ви́вести] (курча́т); ~**ator** [-beitə] інкуба́тор.

inculcate ['inkʌlkeit] впрова́джувати [-дити]; вселя́ти [-ли́ти] (**upon** Д).

incumbent [in'kʌmbənt] покла́дений; дору́чений.

incur [in'kə:] підпада́ти [-па́сти] (Д); наробити (*pf* боргі́в).

incurable [in'kjuərəbl] **1**. невиліко́вний; **2**. що страджда́є на невиліко́вну хворо́бу.

incurious [in'kjuəriəs] □ неціка́вий; неува́жний.

incursion [in'kə:ʃən] вто́ргнення.

indebted [in'detid] в боргу́: *fig*. зобов'я́заний.

indecen|cy [in'di:snsi] непристо́йність *f*; ~**t** [-snt] □ непристо́йний.

indecisi|on [indi'siʒən] нерішу́чість *f*; вага́ння *n*; ~**ve** [-saisiv] □ нерішу́чий; що не вирі́шує.

indecorous [in'dekərəs] □ некоре́ктний; непристо́йний.

indeed [in'di:d] наспра́вді; та невже́!

indefensible [indi'fensəbl] □ неприда́тний для оборо́ни; *fig*. неслу́шний, непереко́нливий.

indefinite [in'definit] □ неви́значений; необме́жений.

indelible [in'delibl] □ незгла́димий; незабу́тній; незми́вний.

indelicate [in'delikit] □ неделіка́тний, нескро́мний.

indemni|fy [in'demnifai] відшкодо́вувати зби́тки (Р); убезпе́чити *pf*.; компенсува́ти *(im)pf*.; ~**ty** [-ti] гара́нтія від зби́тків; відшкодува́ння, компенса́ція.

indent [in'dent] **1**. зазу́блювати [-би́ти]; вирі́зувати [ви́різати]; ста́вити ви́могу; С замовля́ти това́ри; **2**. ви́мога; С замо́влення на това́ри; о́рдер; ~**ation** [inden'teiʃən] зубе́ць *m*; ви́різка; ~**ure** [in'dentʃə] **1**. докуме́нт, контра́кт, догові́р; **2**. зобов'я́зувати до́говором.

independen|ce [indi'pendəns] незале́жність *f*, самості́йність *f*; ~**t** [-t] незале́жний, самості́йний.

indescribable [indis'kraiəbl] □ що важко описа́ти; неска́занний.

indestructible [-'strʌktəbl] □ незруйнóвний.
indeterminate [indi'tə:minit] □ неви́значений; нея́сний.
index ['indeks] **1**. íндекс, покáжчик; вказівни́й пáлець *m*; **2**. занóсити до íндексу.
India ['indjə] Індія; ~ **rubber** каучýк, гýма; ~**n** [-n] **1**. індíйський; індіáнський; ~ **corn** маїс, кукурýдза; індíєць *m*, індіáнка; (**Red** ~) індіáнець *m*, індіáнка.
indicat|e ['indikeit] покáз(ув)áти; нaкáз(ув)áти; ~**ion** [indi'keiʃən] вказíвка.
indict [in'dait] пред'являти обвинувáчення (**for** у М); ~**ment** [-mənt] обвинувáльний акт.
indifferen|ce [in'difrəns] байдýжість *f*; ~**t** [-t] □ байдýжий, безсторóнній; незначни́й.
indigenous [in'didʒinəs] місцéвий, тубíльний.
indigent ['indidʒənt] □ нуждéнний.
indigest|ible [indi'dʒestəbl] □ нестрáвний; ~**ion** [-tʃən] рóзлад шлýнку.
indign|ant [in'dignənt] □ обýрений; ~**ation** [indig'neiʃən] обýрення; ~**ity** [in'digniti] зневáга, обрáза.
indirect [indi'rekt] □ непрями́й; обхідни́й, ухи́льний.
indiscre|et [indis'kri:t] □ нескрóмний; нерозсýдливий; балакýчий; ~**tion** [-'kreʃən] нескрóмність *f*, нерозсýдливість *f*, балакýчість *f*.
indiscriminate [indis'kriminit] □ нерозбíрливий.
indispensable [indis'pensəbl] □ необхíдний, обов'язкóвий.
indispos|ed [indis'pouzd] нездорóвий; ~**ition** ['indispə'ziʃən] нездýжання, нездорóв'я; неприхи́льність *f* (**to** до Д).
indistinct [indis'tiŋkt] □ нея́сний; невирáзний.
indite [in'dait] вислóвлювати [ви́словити]; (с)твори́ти.
individual [indi'vidjuəl] **1**. □ особи́стий, індивідуáльний; характéрний; окрéмий; **2**. індивíдуум; особи́стість *f*; ~**ity** [-vidju'æliti] індивідуáльність *f*.
indivisible [indi'vizəbl] неподíльний.
indolen|ce ['indoləns] нерóбство; мля́вість *f*; ~**t** [-t] бездія́льний, мля́вий.
indomitable [in'dɔmitəbl] □ упéртий, неприбóрканий.
indoor ['indɔ:] внýтрішній; кімнáтний; ~**s** ['in'dɔ:z] в буди́нку, усерéдині буди́нку.
indorse [in'dɔ:s] *s*. endorse.
induce [in'dju:s] спонукáти *(im)pf*.; виклика́ти [ви́кликати]; ~**ment** [-mənt] спонýка.
induct [in'dʌkt] впровáджувати [-дити]; признача́ти на посáду; ~**ion** [in'dʌkʃən] вступ, впровáдження, ввéдення.
indulge [in'dʌldʒ] *v/t*. приноси́ти задовóлення (Д **with** О); бáлувати; попускáти (Д); *v/i*. ~ **in a th**. захóплюватися [-пи́тися] (О); підд(ав)áтися (Д); ~**nce** [-əns] поблáжливість; потурáння; ~**nt** [-ənt] □ поблáжливий; потурáючий.
industri|al [in'dʌstriəl] □ промислóвий; виробни́чий; ~**alist** [-ist] промислóвець *m*; ~**ous** [in'dʌstriəs] □ працелю́бний, ретéльний, старáнний.
industry ['indəstri] промислóвість *f*, індýстрія; ретéльність *f*.
inebriate 1. [i'ni:briit] п'я́ний; сп'янíлий; **2**. [-eit] сп'яня́ти [-ни́ти].
ineffable [in'efəbl] □ невимóвний.
ineffect|ive [ini'fektiv], ~**ual** [-tjuəl] □ безрезультáтний; недíйсний.
inefficient [ini'fiʃənt] □ нездáтний, невмíлий; непродукти́вний.
inelegant [in'eligənt] грубувáтий, позбáвлений смакý.
inept [i'nept] □ недорéчний, непридáтний, непідхóжий; безглýздий.
inequality [ini'kwɔliti] нерíвність *f*; неоднáковість *f*.
inequitable [in'ekwitəbl] упередженний.
inert [i'nə:t] □ інéртний, мля́вий; ~**ia** [i'nə:ʃiə], ~**ness** [i'nə:tnis] інéрція; мля́вість *f*.
inestimable [in'estiməbl] □ неоцінéнний.
inevitable [in'evitəbl] □ немину́чий.
inexact [inig'zækt] □ нетóчний.
inexhaustible [inig'zɔ:stəbl] □ неви́черпний, невтóмний.
inexorable [in'eksərəbl] □ невблагáнний, безжáльний.
inexpedient [iniks'pi:diənt] □ недоцíльний.
inexpensive [iniks'pensiv] □ недороги́й, дешéвий.
inexperience [iniks'piəriəns] недосвíдченість *f*; ~**d** [-t] недосвíдчений.
inexpert [ineks'pə:t] □ недосвíдчений; невпрáвний; невмíлий.
inexplicable [in'eksplikəbl] □ непояснéнний, незрозумíлий.
inexpressi|ble [iniks'presəbl] □ невимóвний, несказáнний; ~**ve** [-iv] □ невирáзний.
inextinguishable [iniks'tiŋgwiʃəbl] □ невгаси́мий.

inextricable [in'ekstrikəbl] □ заплу́таний, безви́хідний.
infallible [in'fæləbl] □ безпомилко́вий, непогрі́шний.
infam|ous ['infəməs] □ ганébний, безчéсний; **~y** [-mi] безчéстя, ганьбá; ни́зкість *f*, підлóта.
infan|cy ['infənsi] дити́нство; **~t** [-t] немовля́.
infanti|le ['infəntail], **~ne** [-tain] дитя́чий, інфанти́льний.
infantry ['infəntri] Ml піхóта, інфантéрія.
infatuate [in'fætjueit] закрути́ти гóлову (Д); звáблювати [звáбити].
infect [in'fekt] заражáти [зарази́ти]; **~ion** [in'fekʃən] інфéкція, зарáза; зарáзливість *f*; **~ious** [-ʃəs] □, **~ive** [-tiv] інфекці́йний; зарáзний, зарáзливий.
infer [in'fə:] роби́ти ви́сновок; мáти на увáзі; **~ence** ['infərəns] ви́сновок, закі́нчення; те, що мáється на увáзі.
inferior [in'fiəriə] **1.** ни́жчий (за чи́ном); гі́рший, неповноці́нний; **2.** підлéглий; **~ity** [in'fiəri'ɔriti] ни́жча я́кість (станóвище, достóїнство); неповноці́нність *f*.
infernal [in'fə:nl] □ пекéльний.
infertile [in'fə:tail] неродю́чий.
infest [in'fest] *fig.* напóвнювати [-нити]; be ~ed with киші́ти (О).
infidelity [infi'deliti] неві́р'я; неві́рність *f* (to Д).
infiltrate ['infiltreit] *v/t.* пропускáти крізь фі́льтр; *v/i.* проникáти [прони́кнути]; просóчуватися [-чи́тися].
infinit|e ['infinit] □ нескінчéнний, безмéжний; **~y** [in'finiti] нескінчéнність *f*, безмéжність f.
infirm [in'fə:m] □ нéмічний; слабові́льний; **~ary** [-əri] лікáрня; **~ity** [-iti] нéміч *f*; недóлік.
inflam|e [in'fleim] запáлювати(ся) [-ли́ти(ся)]; **~ed** [-d] запáлений.
inflamma|ble [in'flæməbl] □ займи́стий; вогненебезпéчний; **~tion** [inflə'meiʃən] займáння; Me запáлення; **~tory** [in'flæmətəri] палі́йський; запальни́й.
inflat|e [in'fleit] надý(вá)ти (гáзом, пові́трям); C роздý(вá)ти; **~ion** [-ʃən] надимáння; *fig.* бундю́чність *f*; інфля́ція.
inflexi|ble [in'fleksəbl] □ негнучки́й; *fig.* непохи́тний, невблагáнний; **~on** [-ʃən] ви́гин; модуля́ція.
inflict [in'flikt] накладáти [наклáсти]; завдá(вá)ти (рáну і т.ін.), спричиня́ти [-ни́ти] (біль); **~ion** [in'flikʃn] накладáння.
influen|ce ['influəns] **1.** вплив; **2.** впливáти [впли́нути] на (З) *im/pf.*; **~tial** [influ'enʃəl] □ впливóвий.
influx ['inflʌks] мі́сце впадáння (притóки); *fig.* припли́в, напли́в.
inform [in'fɔ:m] *v/t.* інформувáти *im/pf.*, повідомля́ти [повідóмити] (of про З); *v/i.* донóсити [-нести́] (against a p. на В); **~al** [-l] □ неофіці́йний, неви́мушений; **~ality** [infɔ:'mæliti] неви́конання формáльностей; відсýтність церемóній; **~ation** [infə'meiʃn] інформáція, відóмості *f/pl.*; дóвідка; повідóмлення; **~ative** [in'fɔ:mətiv] інформаці́йний.
infrequent [in'fri:kwənt] □ рі́дкісний.
infringe [in'frindʒ] порýшувати [-шити] (*a.*~ upon).
infuriate [in'fjuərieit] розлютувáти [-ти́ти].
infuse [in'fju:z] Me ули́(вá)ти; *fig.* вселя́ти [-ли́ти]; настóювати [-оя́ти] (зі́лля).
ingen|ious [in'dʒi:njəs] □ винахі́дливий; **~uity** [indʒi'njuiti] винахі́дливість *f*; **~uous** [in'dʒenjuəs] □ щиросéрдий; щи́рий, нелукáвий.
ingot ['iŋgət] зли́вок, бру́сóк (метáлу).
ingratitude [in'grætitju:d] невдя́чність *f*.
ingredient [in'gri:diənt] складовá части́на, інгредіéнт.
inhabit [in'hæbit] мéшкати, жи́ти в (M); **~ant** [-itənt] жи́тель(ка *f*) *m*, мéшканець(-нка *f*) *m*.
inhal|ation [inhə'leiʃn] вдихáння; Me інгаля́ція; **~e** [in'heil] вдихáти [-хнýти].
inherent [in'hiərənt] □ притамáнний; природжений.
inherit [in'herit] успадкóвувати [-кувáти]; **~ance** [-itəns] спáдщина; *biol.* спадкóвість *f*.
inhibit [in'hibit] перешкоджáти [-óдити] (Д); *biol.* загальм(óв)увáти; **~ion** [inhi'biʃn] стри́мування, *biol.* гальмувáння.
inhospitable [in'hɔspitəbl] □ негости́нний.
inhuman [in'hju:mən] □ нелю́дяний, нелю́дський.
inimitable [i'nimitəbl] незрівня́нний, неповтóрний.
iniquity [i'nikwiti] несправедли́вість *f*, беззакóння.
initia|l [i'niʃəl] **1.** □ початкóвий, перві́сний; **2.** початкóва лі́тера; **~s** *pl.* ініціáли *m/pl.*; **~te** [-iit] **1.** прийня́тий (до товари́ства), втаємни́чений; **2.** [-ieit] увóдити [увести́]; посв'я-

чувати [-ти́ти]; покла́сти поча́ток (Д); **~tive** [i'niʃiətiv] ініціати́ва, починання; **~tor** [-ieitə] ініціа́тор.
inject [in'dʒekt] упо́рскувати [упо́рснути].
injunction [in'dʒʌŋkʃən] нака́з, ви́рок су́ду.
injur|e ['indʒə] (по)шко́дити, пошко́джувати [-дити]; пора́нити *im/pf.*; **~ious** [in'dʒuəriəs] □ шкідли́вий; обра́зливий; **~y** ['indʒəri] обра́за; пошко́дження; ра́на.
injustice [in'dʒʌstis] несправедли́вість *f.*
ink [iŋk] **1.** чорни́ло; (*mst* printer's ~) друка́рська фа́рба; **2.** мі́тити чорни́лом; саджа́ти пля́ми.
inkling ['iŋkliŋ] на́тяк (of на З); підо́зра.
ink|pot ['iŋkpɔt] чорни́льниця; **~stand** пись-мо́ве прила́ддя; **~y** ['iŋki] чорни́льний.
inland ['inlənd] **1.** вну́трішня терито́рія краї́ни; **2.** вну́трішній; **3.** [in'lænd] всере́дину, всере́дині (краї́ни).
inlay [in'lei] **1.** [*irr.* (lay)] вклада́ти [вкла́сти]; вистила́ти [ви́стелити]; укрива́ти моза́їкою; **2.** ['in'lei] моза́їка, інкруста́ція.
inlet ['inlet] вузьки́й зали́в, бу́хта; вхідни́й о́твір.
inmate ['inmeit] співме́шканець (-нка *f*) *m* (по кімна́ті).
inmost ['inmoust] найглибший, потає́мний.
inn [in] готе́ль *m.*
innate ['in'neit] □ приро́дний, приро́джений.
inner ['inə] вну́трішній; **~most** [-moust] *s.* inmost.
innings ['iniŋz] че́рга пода́чі м'яча́.
innkeeper ['inki:pə] вла́сник готе́лю.
innocen|ce ['inosns] J неви́нність *f*; цнотли́вість *f*; простота́; **~t** [-snt] **1.** □ неви́нний; **2.** проста́к, наї́вна люди́на.
innocuous [i'nɔkjuəs] □ нешкідли́вий, некри́вдний.
innovation [ino'veiʃn] нововве́дення; нова́торство.
innuendo [inju'endou] непрями́й на́тяк, інсинуа́ція.
innumerable [in'ju:mərəbl] □ незчисле́нний, незліче́нний.
inoculate [i'nɔkjuleit] роби́ти ще́плення (Д); прище́плювати [-щепи́ти]; *fig.* переко́нувати [-на́ти].
inoffensive [inə'fensiv] безневи́нний, нешкідли́вий.
inoperative [in'ɔpərətiv] бездія́льний; неді́ючий.
inopportune [in'ɔpətju:n] □ несвоєча́сний, недоре́чний, непідхо́жий.
inordinate [i'nɔdinit] □ непомірко́ваний, надмі́рний, нестри́маний.
inquest ['inkwest] J слі́дство, дізна́ння; coroner's ~ судо́вий о́гляд тру́пу.
inquir|e [in'kwaiə] дізна́(ва́)тися; наво́дити до́відки (about, after, for про З; of від Р); ~ into дослі́джувати [-ди́ти]; **~ing** [-riŋ] □ допи́тливий; **~y** [-ri] до́відка; розслі́дування, слі́дство.
inquisit|ion [inkwi'ziʃn] розслі́дування; **~ive** [in'kwizitiv] □ допи́тливий, ціка́вий.
inroad ['inroud] набі́г, на́пад, наше́стя; *fig.* посяга́ння.
insan|e [in'sein] □ душевнохво́рий; божеві́льний; **~ity** [in'sæniti] божеві́лля.
insatia|ble [in'seiʃjəbl] □, **~te** [-ʃiit] ненаже́рливий, жа́дібний.
inscribe [in'skraib] впи́сувати [-са́ти]; надпи́сувати [-са́ти] (in, on З/О or З на М); присвя́чувати [-яти́ти] (кни́гу).
inscription [in'skripʃən] на́дпис; присвя́та (кни́ги).
inscrutable [ins'kru:təbl] □ незбагне́нний, загадко́вий.
insect ['insekt] кома́ха; **~icide** [in'sektisaid] за́сіб для зни́щення кома́х.
insecure [insi'kjuə] □ ненаді́йний; небезпе́чний.
insens|ate [in'senseit] нечутли́вий; безтя́мний; **~ible** [-əbl] □ неприто́мний; непомі́тний; **~itive** [-itiv] нечутли́вий.
inseparable [in'sepərəbl] □ нерозлу́чний; невідді́льний, невід'є́мний.
insert 1. [in'sə:t] встромля́ти [-ми́ти]; поміща́ти [помісти́ти] (в газе́ті); **2.** ['insə:t] вста́вка, вкла́диш; **~ion** [in'sə:ʃən] вста́вка; оголо́шення.
inside [in'said] **1.** вну́трішній бік; вну́трішність *f*; ви́ворі́т; **2.** *adj.* вну́трішній; **3.** *adv.* всере́дину, всере́дині; **4.** *prp.* всере́дині (Р).
insidious [in'sidiəs] □ хи́трий, підсту́пний.
insight ['insait] прони́кливість *f*; інтуї́ція.
insignia [in'signiə] *pl.* відзна́ки; значки́ *m/pl.*
insignificant [insig'nifikənt] незначни́й.
insincere [insin'siə] нещи́рий, неправди́вий.
insinuat|e [in'sinjueit] інсинуюва́ти *(im)pf.*; натяка́ти [-кну́ти] на (З); ~ o.s. *fig.* закрада́тися [-ра́стися];

~ion [in'sinju'eiʃn] інсинуáція; вкрáдливість *f.*

insipid [in'sipid] позбáвлений смакý, прíсний.

insist [in'sist] ~ (up)on; наполягáти [-лягтú] на (M), ствéрджувати [-дити] (З); **~ence** [-əns] наполéгливість *f*; **~ent** [-ənt] □ наполéгливий.

insolent ['insələnt] □ нахáбний.

insoluble [in'sɔljubl] нерозчúнний; нерозв'язний.

insolvent [in'sɔlvənt] неспромóжний боржнúк.

inspect [in'spekt] оглядáти [оглянути]; інспектувáти; **~ion** [in'spekʃn] óгляд; інспéкція.

inspir|ation [inspə'reiʃn] вдихáння; натхнéння; піднéсення; **~e** [in'spaiə] вдихáти [-хнýти]; *fig.* надихáти [-хнýти].

install [in'stɔ:l] устанóвлювати [-вúти]; признáчати на посáду; Е (з)монтувáти; **~ation** [instɔ:'leiʃn] устанóвка, прúстрій.

instalment [in'stɔ:lmənt] чергóвий внéсок (при купíвлі на вúплат); окрéмий вúпуск (кнúги).

instance ['instəns] вúпадок; прúклад; вимóга; J інстáнція; for ~ напрúклад.

instant ['instənt] □ 1. негáйний, невідклáдний; on the 10th ~ 10-го потóчного мíсяця; мить *f*; миттéвість *f*, момéнт; **~aneous** [instən'teinjəs] □ миттéвий; **~ly** ['instəntli] негáйно, відрáзу.

instead [in'sted] зáмість; ~ of зáмість (P).

instep ['instep] підйóм (ногú).

instigat|e ['instigeit] спонукáти [-кнýти]; підбýрювати [-рити]; **~or** [-ə] підбýрювач(ка).

instil(l) [in'stil] вливáти по краплині; *fig.* перекóнувати [-конáти].

instinct ['instiŋkt] інстúнкт; **~ive** [in'stiŋktiv] □ інстинктúвний.

institut|e ['institju:t] 1. наукóвий зáклад, інститýт; 2. заснóвувати [-нувáти]; встанóвлювати [-вúти]; **~ion** [insti'tju:ʃn] устанóвлення; установа, зáклад.

instruct [in'strʌkt] навчáти [-чúти]; інструктувáти *(im)pf.*; **~ion** [in'strʌkʃn] навчáння; прúпис; інстрýкція; **~ive** [-tiv] □ повчáльний; **~or** [-tə] керівнúк; інстрýктор; викладáч.

instrument ['instrumənt] інструмéнт; знаряддя (*a. fig.*); прúлад, апарáт; J докумéнт; **~al** [instru'mentl] □ що прáвить зáсобом; інструментáльний; **~ality** [-men'tæliti] зáсіб, спóсіб.

insubordinate [insə'bɔ:dnit] що не підкоряється дисциплíні.

insufferable [in'sʌfərəbl] □ незнóсний, нестéрпний.

insufficient [insə'fiʃənt] недостáтній.

insula|r ['insjulə] □ островнúй; *fig.* відлюдний; **~te** [-leit] Ее ізолювáти *(im)pf.*; **~tion** [insju'leiʃn] Ее ізоляція.

insult 1. ['insʌlt] обрáза; 2. [in'sʌlt] ображáти [-рáзити].

insur|ance [in'ʃuərəns] страхувáння; *attr.* страховúй; **~e** [in'ʃuə] (за)страхувáти(ся).

insurgent [in'sə:dʒənt] 1. бунтівнúй; 2. повстáнець *m*; бунтівнúк.

insurmountable [insə'mauntabl] непереборний.

insurrection [insə'rekʃn] повстáння; зáколот.

intact [in'tækt] нетóрканий; неушкóджений.

intangible [in'tændʒəbl] □ невідчýтний (на дóтик); невловúмий (*fig.*).

integ|ral ['intigrəl] □ невід'ємний, цíлий; цілíсний; **~rate** [-greit] об'єднувати [-нáти]; інтегрувáти *(im)pf.*; **~rity** [in'tegriti] чéсність *f*; цíлісність *f*.

intellect ['intilekt] рóзум, глузд; **~ual** [inti'lektjuəl] 1. □ інтелектуáльний, розумóвий; 2. інтелігéнт(ка); **~s** *pl.* інтелігéнція.

intelligence [in'telidʒəns] рóзум, глузд, інтелéкт; Intelligence Service розвíдувальна слýжба, рóзвідка.

intellig|ent [in'telidʒənt] □ розýмний; кмітлúвий; **~ible** [-dʒəbl] □ зрозумíлий.

intemperance [in'tempərəns] надмíрність *f*, непомíркованість *f*; нестрúманість *f*; прúстрасть *f* до спиртнúх напóїв.

intend [in'tend] мáти нáмір; мáти на увáзі; ~ for признаçáти [-нáчити] для (P).

intense [in'tens] □ сúльний; інтенсúвний, напрýжений.

intensify [in'tensifai] посúлювати(ся) [-лити(ся)]; інтенсифікувáти *(im)pf.*

intensity [in'tensiti] інтенсúвність *f*; сúла; яскрáвість *f* (фáрби).

intent [in'tent] 1. □ прáгнучий, схúльний (on до P); увáжний, пúльний; 2. нáмір, метá, ціль *f*; to all ~s and purposes влáсне кáжучи; у всіх віднóшеннях; **~ion** [in'tenʃn] нáмір; **~ional** [-l] □ що мáє нáмір, навмúсний.

inter [in'tə:] (по)ховáти.
inter... ['intə] *pref.* між ...; пéре ...; взаéмо ...
interact [intər'ækt] впливáти один на óдного, взаємодíяти.
intercede [intə'si:d] клопотáти.
intercept [-'sept] перехóплювати [-пи́ти]; перер(и)вáти; заступáти [-пи́ти] шлях (Д); **~ion** [-pʃn] перехóплення; перетинáння.
intercess|ion [intə'seʃən] клопотáння, застýпництво; **~or** [-sə] застýпник.
interchange 1. [intə'tʃeindʒ] *v/t.* чергувáти; обмíнювати(ся) [-ня́ти(ся)] (О); *v/i.* чергувáтися; 2. ['intə'tʃeindʒ] óбмін; чергувáння, змíна.
intercourse ['intəkɔ:s] спілкувáння, зв'язóк; стосýнки *m/pl.*; віднóсини *f/pl.*; знóсини *f/pl.*
interdict 1. [intə'dikt] забороня́ти [-ни́ти]; позбáвити прáва користувáння; 2. ['intədikt], **~ion** [intə'dikʃn] заборóна.
interest ['intrist] 1. *com.* цікáвість *f*; зацікáвленість *f* (in у М); ви́года; процéнти *m/pl.* (на капітáл); 2. *com.* цікáвити; зацікáвлювати [-вити]; **~ing** [-iŋ] □ цікáвий.
interfere [intə'fiə] втручáтися [втрýтитися]; перешкоджáти [-кóдити], набридáти [-ри́днути] (with Д); **~nce** [-rəns] втручáння; перешкóда.
interim ['intərim] 1. прóміжок чáсу; 2. тимчасóвий, промíжний.
interior [in'tiəriə] 1. □ внýтрішній; 2. внýтрішність *f*; внýтрішні óбласті краї́ни; *pol.* внýтрішні спрáви *f/pl.*
interjection [intə'dʒekʃn] ви́гук.
interlace [intə'leis] переплітáтися [-плести́ся].
interlock [intə'lɔk] зчíплювати(ся) [зчепи́ти(ся)].
interlocut|ion [intəlo'kju:ʃn] бéсіда, діалóг; **~or** [intə'lɔkjutə] співбéсíдник, співрозмóвник.
interlope [intə'loup] втручáтися [втрýтитися]; **~r** [-ə] яки́й втручáється в чужí спрáви.
interlude ['intəlu:d] антрáкт; промíжний епізóд.
intermeddle [intə'medl] втручáтися [втрути́тися] (with, in в З); лíзти в чужí спрáви.
intermedia|ry [-'mi:djəri] 1. = intermediate; посерéдницький; 2. посерéдник; **~te** [-'mi:djət] □ промíжний; серéдній.
interment [in'tə:mənt] похóвáння.
interminable [in'tə:minəbl] □ нескінчéнний.
intermingle [intə'miŋgl] змíшувати(ся) [-шáти(ся)]; спілкувáтися.
intermission [intə'miʃn] перéрва, пáуза.
intermit [intə'mit] перер(и)вáти(ся); **~tent** [-ənt] □ перери́вчастий; перемежóваний.
intermix [intə'miks] перемíшувати(ся) [-шáти(ся)].
intern [in'tə:n] інтернувáти *(im)pf.*
internal [in'tə:nl] □ внýтрішній.
international [intə'næʃnl] □ міжнарóдний, інтернаціонáльний; ~ law міжнарóдне прáво.
interpolate [in'tə:poleit] інтерполювáти *(im)pf.*
interpose [intə'pouz] *v/t.* встромля́ти [-ми́ти], ввóдити [ввести́]; *v/i.* ставáти [стáти] (between між О); втручáтися [втрути́тися] (в З).
interpret [in'tə:prit] поя́снювати [-ни́ти], розтлумáчувати [-чити]; перекладáти [-лáсти] (ýсно); **~ation** [-'eiʃn] тлумáчення, інтерпретáція, поя́снення; **~er** [-ə] перекладáч(ка).
interrogat|e [in'terogeit] допи́тувати [-тáти]; запи́тувати [-тáти]; **~ion** [-'geiʃn] дóпит; запитáння; **~ive** [inte'rɔgətiv] □ запитáльний.
interrupt [intə'rʌpt] перер(и)вáти; **~ion** [-'rʌpʃn] перéрва.
intersect [intə'sekt] перехрéщувати(ся) [-хрести́ти(ся)]; схрéщувати(ся) [схрести́ти(ся)]; **~ion** [-kʃən] перехрéстя.
intersperse [intə'spə:s] розкидáти [розки́дати], розсипáти [-си́пати]; усíювати [усíяти].
intertwine [intə'twain] сплітáти(ся) [сплéсти(ся)].
interval ['intəvəl] прóміжок, вíдстань *f*, інтервáл; пáуза, перéрва.
interven|e [intə'vi:n] втручáтися [втрýтитися]; вступáтися [-пи́тися]; **~tion** [-'venʃən] інтервéнція; втручáння.
interview ['intəvju:] 1. побáчення, зýстріч; інтерв'ю *n. indecl.*; 2. інтерв'ювáти *(im)pf.*; мáти бéсіду з (О).
intestine [in'testin] 1. внýтрішній; 2. ки́шка; **~s** *pl.* кишки́ *f/pl.*; кишéчник.
intima|cy ['intiməsi] інти́мність *f*, бли́зкість *f*; **~te** 1. [-meit] повідóмлювати [-мити]; натякáти [-кнýти] на (З); 2. [-mit] а) □ інти́мний, особи́стий; близьки́й; в) близьки́й друг; **~tion** [inti'meiʃn] повідóмлення, нáтяк.
intimidate [in'timideit] (з)лякáти; залякувати [-кáти].
into ['intu, intə] *prp.* в, у, уві (З).
intolera|ble [in'tɔlərəbl] □ нестéрпний; **~nt** [-rənt] □ нетерпи́мий, неприпусти́мий.

intonation [intou'neiʃn] інтонáція.
intoxica|nt [in'tɔksikənt] оп'яня́ючий (нáпій); **~te** [-keit] сп'яня́ти [-ни́ти]; **~tion** [['keiʃn] сп'яні́ння.
intractable [in'træktəbl] □ непіддáтливий.
intrepid [in'trepid] безстрáшний, відвáжний.
intricate ['intrikit] □ важки́й, складни́й, скрутни́й.
intrigue [in'tri:g] **1.** інтри́га, любóвний зв'зóк; **2.** інтригувáти; (за)інтригувáти, (за)цікáвити; **~r** [-ə] інтригáн(ка).
intrinsic(al □**)** [in'trinsik, -sikəl] вну́трішній, власти́вий; істóтний.
introduc|e [intrə'dju:s] ввóдити [ввести́]; представля́ти [-áвити]; **~tion** [-'dʌkʃn] вве́дення; представлення; Mu інтроду́кція; **~tory** [-'dʌktəri] вступни́й, вставни́й.
intru|de [in'tru:d] вторгáтися [втóргнутися], нав'я́зуватися [-зáтися]; **~der** [-ə] пронóза *m/f*; непрóханий гість *m*; **~sion** [-ʒən] втóргнення; поя́ва без запрóшення; **~sive** [-siv] □ нав'я́зливий, насти́рливий.
intrust [in'trʌst] *s.* entrust.
intuition [intju'iʃn] інтуї́ція.
inundate ['inʌndeit] затóплювати [-пи́ти], наводня́ти [-дни́ти].
inure [i'njuə] привчáти [-чи́ти] (to до P).
invade [in'veid] вторгáтися [втóргнутися]; *fig.* оволодівáти [-ді́ти] (O); **~r** [-ə] загáрбник, інтерве́нт.
invalid 1. [in'vælid] неді́йсний, що не мáє закóнної си́ли; **2.** ['invəli:d] a) непрацездáтний; b) інвалі́д; **~ate** [in'vælideit] позбавля́ти закóнної си́ли, роби́ти неді́йсним.
invaluable [in'væljuəbl] □ неоціни́мий.
invariable [in'vɛəriəbl] □ незмі́нний; незмі́нюваний.
invasion [in'veiʒən] втóргнення, нáпад; J посягáння; Me інвáзія.
inveigh [in'vei]: ~ against (з)ганьби́ти, (об)ля́яти (З).
invent [in'vent] винахóдити [ви́найти]; вигáдувати [ви́гадати]; **~ion** [in'venʃn] ви́нахід; винахі́дливість *f*; **~ive** [-tiv] □ винахі́дливий; **~or** [-tə] винахі́дник; **~ory** ['invəntri] **1.** óпис, інвентáр; *Am.* переóблік товáру, інвентаризáція; **2.** складáти óпис (P); внóсити до інвентаря́.
inverse ['invə:s] □ переве́рнутий, зворóтний.
invert [in'və:t] перевертáти [-рну́ти], переставля́ти [-áвити].
invest [in'vest] вкладáти [вклáсти] (капітáл); *fig.* втíлювати у (З), виявля́ти (O), надавáти (P); Ml обклáсти, оточи́ти *pf.* (фортéцю).
investigat|e [in'vestigeit] розслі́дувати *(im)pf.*; розві́дувати [-дати] (З про P); дослі́джувати [-ди́ти]; **~ion** [investi'geiʃn] J слі́дство; дослі́дження; **~or** [in'vestigeitə] дослі́дник; J слі́дчий.
invest|ment [in'vestmənt] уклáдення грóшей, інвестувáння; вклад; **~or** [-ə] вклáдник.
inveterate [in'vetərit] запе́клий; F запе́клий; задáвнений.
invidious [in'vidiəs] □ що виклика́є ворóже почуття́; ненáвисний; образли́вий.
invigorate [in'vigəreit] давáти си́ли (Д); надихáти [-хну́ти].
invincible [in'vinsəbl] □ непереможний.
inviola|ble [in'vaiələbl] □ непору́шний; недотóрканий; **~te** [-lit] неоскве́рнений.
invisible [in'vizəbl] невиди́мий, незри́мий.
invit|ation [invi'teiʃn] запрóшення; **~e** [in'vait] запрóшувати [-оси́ти].
invoice ['invɔis] C накладнá, факту́ра.
invoke [in'vouk] виклика́ти [ви́кликати] (ду́ха); (за)волáти про (З); заклика́ти [закли́кати].
involuntary [in'vɔləntəri] □ мимові́льний; несвідóмий.
involve [in'vɔlv] місти́ти в собі́; утя́гувати [-гти́], залучáти [-чи́ти]; уплу́тувати [-тати].
invulnerable [in'vʌlnərəbl] □ невразли́вий.
inward ['inwəd] **1.** вну́трішній; розумóвий; **2.** *adv.* (*mst* **~s** [-z] усере́дину, до сере́дини; вну́трішньо; **3.** **~s** *pl.* ну́трощі *f/pl.*
inwrought ['in'rɔ:t] увіткáний (про візеру́нок); *fig.* ті́сно пов'я́заний (with з O).
iodine ['aiədi:n] йод.
IOU ['aiou'ju:] (=I owe you) боргова́ розпи́ска.
irascible [i'ræsibl] □ дратівли́вий; Me подрáзнювальний.
irate [ai'reit] гні́вний.
iridescent [iri'desnt] рáйдужний, мінли́вий, перели́вчастий.
iris ['aiəris] *anat.* рáйдужна оболóнка (óка); B і́рис, пі́вники *m/pl.*.
Irish ['airiʃ] **1.** ірлáндський; **2.** the ~ ірлáндці *m/pl.*
irksome ['ə:ksəm] стóмливий, утóмлюючий, нудни́й.
iron ['aiən] **1.** залі́зо; (*mst* flat-~) прáска; **~s** *pl.* окóви *f/pl.*, кайдáни

m/pl.; 2. залі́зний; 3. (ви́)прасува́ти; **~clad** 1. укри́тий броне́ю, броньо́ваний; 2. броненосець *m*; **~-hearted** *fig.* жорстокосе́рдий.
ironic(al □) [aiə'rɔnik(əl)] іроні́чний.
iron|ing ['aiəniŋ] 1. прасува́ння; ре́чі для прасува́ння; 2. прасува́льний; **~mongery** залі́зний това́р; **~-mould** іржа́ва пля́ма; **~works** *mst sg.* чавуноливарний *або́* залізоплави́льний заво́д.
irony ['aiərəni] іро́нія.
irradiate [i'reidieit] осява́ти [ося́яти]; Ме опромі́нювати [-нити]; *phys.* випромі́нювати; *fig.* пошйрювати [-рити] (знання́ і т.ін.); пролива́ти сві́тло на (З).
irrational [i'ræʃnl] нерозу́мний; Ма ірраціона́льний.
irreconcilable [i'rekənsailəbl] □ непримире́нний; несумі́сний.
irrecoverable [[iri'kʌvərəbl] □ непопра́вний, безповоротни́й.
irredeemable [iri'di:məbl] □ неповоротни́й; безви́хідний; що не підлягає ви́купу.
irrefutable [i'refjutəbl] □ неспросто́вний.
irregular [i'regjulə] □ непра́вильний (*a. gr.*); безла́дний; нерегуля́рний.
irrelevant [i'relivənt] □ недоре́чний; не до ді́ла.
irreligious [iri'lidʒəs] □ нерелігі́йний; неві́руючий.
irremediable [iri'mi:diəbl] □ непопра́вний; невиліко́вний.
irreparable [i'repərəbl] □ непопра́вний.
irreproachable [iri'proutʃəbl] □ бездога́нний.
irresistible [iri'zistəbl] □ неперевéршений; непере́бо́рний (про бажа́ння і т.ін.).
irresolute [i'rezəlu:t] □ нерішу́чий.
irrespective [iris'pektiv] □ безвідно́сний (of до Р); незале́жний (of від Р).
irresponsible [iris'pɔnsəbl] □ безвідповіда́льний; несамови́тий J неосу́дний.
irreverent [i'revərənt] □ непошти́вий.
irrevocable [i'revəkəbl] □ безповоро́тний.
irrigate ['irigeit] зро́шувати [зроси́ти].
irrita|ble ['iritəbl] □ дратівли́вий; подра́зливий, хворобли́во чутли́вий; **~nt** [-tənt] подра́знювальний за́сіб; **~te** [-teit] (роз)дратува́ти; подра́знювати [-ни́ти]; **~tion** [iri'teiʃən] роздратува́ння; подра́знення.
irruption [i'rʌpʃn] набі́г, наше́стя.
is [iz] 3. *p. sg. pres.* від be.
island ['ailənd] о́стрів; **~er** [-ə] острів'я́нин (-я́нка).
isle [ail] о́стрів; **~t** ['ailit] острівéць *m*.
isolat|e ['aisəleit] ізолюва́ти *(im)pf.*; відокре́млювати [-мити]; **~ion** ['aisə'leiʃən] ізолюва́ння.
issue ['isju:] 1. витіка́ння, ви́лив; ви́хід; пото́мство; спі́рне пита́ння; ви́пуск, видання́; кіне́ць, результа́т; ~ in law розбі́жність *f* що́до пра́вильності застосува́ння зако́ну; be at ~ бу́ти в розбі́жності; бу́ти предме́том супере́чки; point at ~ предме́т обгово́рення; 2. *v/i.* вихо́дити [ви́йти] (from з Р); виплива́ти [ви́плисти] (from з Р); виника́ти [ви́никнути] (from від Р); *v/t.* випуска́ти [ви́пустити], видава́ти [ви́дати].
isthmus ['isməs] переши́йок.
it [it] *pron. pers.* він, вона́, воно́; це, оце́.
Italian [i'tæljən] 1. італі́йський; 2. італі́єць *m*, італі́йка *f*; 3. італі́йська мо́ва.
italics [i'tæliks] *typ.* курси́в.
itch [itʃ] 1. Ме коро́ста; свербі́ж; 2. чу́хатися, свербі́ти; be ~ing to *inf.* пала́ти бажа́нням (+inf.).
item ['aitəm] 1. пункт, пара́граф; пита́ння (на поря́дку); но́мер (програ́ми); 2. *adv.* тако́ж, теж; **~ize** ['aitəmaiz] *part. Am.* перерахо́вувати по пу́нктах.
iterate ['itəreit] повто́рювати [-ри́ти].
itinerary [i'tinərəri, ai't-] маршру́т, шлях; путівни́к.
its [its] *pron. poss.* від it його́, її́, свій.
itself [it'self] (сам *m*, сама́ *f*) саме́ *n*; себе́, -ся, -сь; собі́; in ~ саме́ по собі́; by ~ саме́ собо́ю; окре́мо.
ivory ['aivəri] слоно́ва кі́стка.
ivy ['aivi] В плющ.

J

jab [dʒæb] F 1. штовха́ти [-хну́ти]; штурха́ти [-хну́ти]; штрика́ти [-кну́ти]; 2. по́штовх; стуса́н; штурха́н; (ко́лючий) уда́р.
jabber ['dʒæbə] базі́кати, торохті́ти.
jack [dʒæk] 1. хло́пець *m*; вале́т (ка́рта); Е домкра́т; Sh матро́с; пра́пор, гюйс; 2. підніма́ти

домкра́том; *Am. sl.* підви́щувати [-щити] (ці́ни); **~ass** осе́л; бо́вдур, ду́рень *m*.
jacket ['dʒækit] жаке́т; ку́ртка; Е чохо́л, кожу́х.
jack|-knife скла́даний ніж; **~-of-all-trades** на всі ру́ки ма́йстер.
jade [dʒeid] шка́па; *contp*. шльо́ндра, хво́йда.
jag [dʒæg] зубе́ць *m*; зазу́блина; дірá; проріха; **~ged** ['dʒægid], **~gy** [-i] зубча́стий; зазу́блений.
jail [dʒeil] в'язни́ця; ув'я́знення; **~er** ['dʒeilə] тюре́мник.
jam[1] [dʒæm] джем, варе́ння.
jam[2] [~] **1.** зати́снення, стиска́ння; Е перебі́й; traffic ~ зато́р у ву́личному ру́сі; *Am.* be in a ~ бу́ти у скрутно́му стано́вищі; **2.** затиска́ти [зати́снути]; защемля́ти [-ми́ти]; набива́ти уще́рть; захара́щувати [-асти́ти]; глуши́ти (радіопереда́чі).
jangle ['dʒæŋgl] видава́ти прони́зливі зву́ки; незлаго́джено звуча́ти.
janitor ['dʒænitə] швейца́р; дві́рник.
January ['dʒænjuəri] сі́чень *m*.
Japanese [dʒæpə'ni:z] **1.** япо́нський; **2.** япо́нець *m*, япо́нка *f*; the ~ *pl* япо́нці *pl*.
jar [dʒɑ:] **1.** глек; ба́нка; сва́рка; неприє́мний, різки́й звук; деренча́ння; **2.** (за)деренча́ти; (по)коро́бити; дісгармоніюва́ти.
jaundice ['dʒɔ:ndis] Ме жовтяни́ця; жовту́ха; жо́вчність *f*; *fig.* за́здрість *f*; **~d** [-t] жовтяни́чний; *fig.* за́здрісний.
jaunt ['dʒɔ:nt] **1.** по́дорож, прогу́лянка для розва́ги; **2.** здійснювати по́дорож, прогу́лянку для розва́ги; **~y** ['dʒɔ:nti] □ весе́лий, жва́вий.
javelin ['dʒævlin] спис, ра́тище.
jaw [dʒɔ:] щеле́па; **~s** *pl.* рот; па́ща; Е *pl.* леща́та *pl.* ; **~-bone** ще́лепна кі́стка.
jealous ['dʒeləs] □ ревни́вий, за́здрісний; **~y** [-i] ре́вноші *f/pl.*; за́здрість *f*.
jeep [dʒi:p] *Am.* Ml джип.
jeer [dʒiə] **1.** насмі́шка, глузува́ння; **2.** насміха́тися [-ія́тися], (по)глузува́ти з (P).
jejune [dʒi'dʒu:n] □ прі́сний; пусти́й, неціка́вий.
jelly ['dʒeli] **1.** желе́ *n indecl.*; холоде́ць *m*; **2.** застига́ти [засти́гнути]; **~-fish** меду́за.
jeopardize ['dʒepədaiz] наража́ти на небезпе́ку.
jerk [dʒə:k] **1.** риво́к; по́штовх; посми́кування (м'я́за); **2.** рі́зко штовха́ти або́ сми́кати; ру́хатися по́штовхами; **~y** ['dʒə:ki] □ ури́вистий; **~ily** *adv*. ривка́ми.
jersey ['dʒə:zi] фуфа́йка; пле́тений жаке́т.
jest [dʒest] **1.** жарт; насмі́шка; **2.** (по)жартува́ти; насміха́тися; **~er** ['dʒestə] жартівни́к (-и́ця); бла́зень *m*.
jet ['dʒet] **1.** стру́мінь *m* (води́, га́зу і т.ін.); Е жикле́р, форсу́нка; *attr.* реакти́вний; **2.** би́ти стру́менем; випуска́ти стру́менем.
jetty ['dʒeti] Sh при́стань *f*; мол, да́мба.
Jew [dʒu:] євре́й; *attr.* євре́йський.
jewel ['dʒu:əl] кошто́вний ка́мінь *m*; **~(l)er** [-ə] ювелі́р; **~(le)ry** [-ri] кошто́вності *f/pl.*
Jew|ess ['dʒu:is] євре́йка; **~ish** [-iʃ] євре́йський.
jib [dʒib] Sh клі́вер.
jiffy ['dʒifi] F мить *f*, митте́вість *f*.
jig-saw ['dʒigsɔ:] *Am.* маши́нна ножі́вка; ~ puzzle склада́на карти́нка-зага́дка.
jilt [dʒilt] **1.** коке́тка, обма́нщиця; **2.** прина́дити і обману́ти (про жі́нку).
jingle ['dʒiŋgl] **1.** дзвін, дзе́ньків; **2.** (за)дзвені́ти, дзе́нькати [-кнути].
job [dʒɔb] **1.** робо́та, пра́ця; спра́ва; завда́ння; by the ~ відря́дно, поуро́чно; ~ lot ре́чі, при́дбані де́шево о́птом; ~ work відря́дна робо́та; **2.** *v/t.* бра́ти (дава́ти) у найм; *v/i.* працюва́ти відря́дно, поштý чно; бу́ти ма́клером; **~ber** ['dʒɔbə] яки́й ро́бить випадко́ву робо́ту; відря́дник; ма́клер; спекуля́нт.
jockey ['dʒɔki] **1.** жоке́й; **2.** обду́рювати [-ри́ти]; ошу́кувати [-ка́ти].
jocose [dʒə'kous] жартівли́вий, пусто́тливий.
jocular ['dʒɔkjulə] жартівли́вий, гумористи́чний.
jocund ['dʒɔkənd] □ весе́лий, жва́вий; прие́мний.
jog [dʒɔg] **1.** по́штовх; труська́ їзда́; пові́льна хода́; **2.** *v/t.* штовха́ти [-хну́ти]; *v/i.* (*mst* ~ along) ї́хати підстри́буючи, трясти́ся.
join [dʒɔin] **1.** *v/t.* з'є́днувати [-на́ти], прие́днувати [-на́ти]; прие́днуватися [-на́тися] до (P); увійти́ до компа́нії (P); вступи́ти у чле́ни (P); ~ battle вступа́ти у бій; ~ hands об'є́днуватися [-на́тися]; бра́тися за ру́ки; *v/i.* з'є́днуватися [-на́тися]; об'є́днуватися [-на́тися]; ~ in with прие́днуватися [-на́тися] до (P); ~ up вступа́ти до

а́рмії; **2.** з'є́днання; то́чка (лі́нія, площина́) з'є́днання.
joiner ['dʒɔinə] сто́ляр; **~y** [-ri] столя́рство, столя́рництво.
joint [dʒɔint] **1.** мі́сце з'є́днання; *anat.* сугло́б; В ву́зол; шмато́к м'я́са для сма́ження; **put out of ~** вивихувати [ви́вихнути]; **2** □. з'є́днаний; спі́льний; **~ heir** співспадкоє́мець *m*; **3.** з'є́днувати [-на́ти]; розчлено́вувати [-нува́ти]; **~-stock** акціоне́рний капіта́л; **~ company** акціоне́рне товари́ство.
jok|e [dʒouk] **1.** жарт, до́теп; **2.** *v/i.* (по)жартува́ти; *v/t.* піддра́жнювати [-ни́ти]; **~er** ['dʒoukə] жартівни́к (-и́ця); **~y** [-ki] □ жартли́вий, жартівли́вий.
jolly ['dʒɔli] весе́лий, ра́дісний; F га́рний, чарівни́й.

J

jolt [dʒoult] **1.** труси́ти [-сну́ти], стру́шувати [-уси́ти]; **2.** по́штовх, трясі́ння.
jostle ['dʒɔsl] **1.** штовха́ти(ся) [-хну́ти(ся)]; (по)тісни́ти(ся); **2.** штурха́н; штовхани́на, да́вка.
jot [dʒɔt] **1.** мізе́рна кі́лькість *f*, йо́та; **2. ~ down** шви́дко наки́дати, ко́ротко записа́ти.
journal ['dʒə:nl] щоде́нник; журна́л; *parl.* протоко́л засі́дання; E ши́йка (ва́ла), ца́пора; **~ism** ['dʒə:nlizm] журналі́стика.
journey ['dʒə:ni] **1.** пої́здка, по́дорож; **2.** подоро́жувати; **~man** підма́йстер; на́ймит.
jovial ['dʒouviəl] весе́лий, товари́ський.
joy [dʒɔi] ра́дість *f*, задово́лення; **~ful** ['dʒɔiful] □ ра́дісний, весе́лий; **~less** [-lis] □ безра́дісний; **~ous** [-əs] □ ра́дісний, весе́лий.
jubil|ant ['dʒu:bilənt] раді́ючий, тріумфу́ючий; **~ate** [-leit] раді́ти, тріумфува́ти; **~ee** ['dʒu:bili:] ювіле́й.
judge [dʒʌdʒ] **1.** суддя́; арбі́тр; знаве́ць *m*, ціни́тель *m*; цінува́льник; **2.** *v/i.* суди́ти; бу́ти арбі́тром; *v/t.* суди́ти про (З); оці́нювати [-ни́ти]; осу́джувати [-ди́ти], гу́дити.
judg(e)ment ['dʒʌdʒmənt] ви́рок, рі́шення су́ду; су́дження; розсу́дливість *f*; ду́мка, по́гляд.
judicature ['dʒu:dikətʃə] судо́ва корпора́ція; судочи́нство; викона́ння правосу́ддя.
judicial [dʒu:'diʃəl] □ судо́вий; розсу́дливий.
judicious [dʒu:'diʃəs] □ розва́жливий, помірко́ваний, розсу́дливий; **~ness** [-nis] розсу́дливість *f*.
jug [dʒʌg] глек; F в'язни́ця, тюрма́.
juggle ['dʒʌgl] **1.** фо́кус, трюк; **2.** жонглюва́ти; обма́нювати [-ну́ти]; **~r** [-ə] жонгле́р; фо́кусник(-иця).
juic|e [dʒu:s] сік; **~y** 'dʒu:si] □ сокови́тий; F колори́тний; ціка́вий.
July [dʒu'lai] ли́пень *m*.
jumble ['dʒʌmbl] **1.** плутани́на, безла́ддя; **2.** штовха́тися; змі́шувати(ся) [-ша́ти(ся)]; ру́хатися безла́дно; **~-sale** про́даж вся́ких збі́рних рече́й з благоді́йною мето́ю.
jump [dʒʌmp] **1.** стрибо́к; здрига́ння (від переля́ку); **2.** *v/i.* стриба́ти [-бну́ти]; плига́ти [пли́гнути]; **~ at** охо́че прийня́ти (пропози́цію, подару́нок); ухо́плюватися [-пи́тися] за (З); **~ to conclusions** роби́ти поспі́шні ви́сновки; *v/t.* перестри́бувати [-бну́ти]; **~er** ['dʒʌmpə] стрибу́н; скаку́н; дже́мпер; **~y** [-pi] нерво́вий, яки́й ле́гко здрига́ється.
junct|ion ['dʒʌŋkʃn] з'є́днання; Rr залізни́чий ву́зол; **~ure** [-ktʃə] з'є́днання; збіг обста́вин; стан справ; (крити́чний) моме́нт; **at this ~ of things** за тако́го ста́ну справ.
June [dʒu:n] че́рвень *m*.
jungle ['dʒʌŋgl] джу́нглі *f/pl.*; ха́щі *f/pl.*
junior ['dʒu:njə] моло́дший; моло́дший (**to** від Р).
junk [dʒʌŋk] джо́нка; *Am.* мо́тлох (*a. sl.*), по́кидьки *m/pl.*
juris|diction [dʒuəris'dikʃn] викона́ння правосу́ддя; юрисди́кція; **~prudence** ['dʒuərispru:dəns] юриспруде́нція, законода́вство.
juror ['dʒuərə] J прися́жний; член журі́.
jury ['dʒuəri] J прися́жні *m/pl.*; журі́ *n indecl.*; **~man** прися́жний; член журі́.
just [dʒʌst] **1.** □ *adj.* справедли́вий; пра́ведний; ві́рний, то́чний; **2.** *adv.* то́чно, якра́з, са́ме; ті́льки-но; пря́мо; **~ now** за́раз, у цю хвили́ну; ті́льки-но, що́йно.
justice ['dʒʌstis] справедли́вість *f*; правосу́ддя; суддя́ *m*; **court of ~** суд.
justification [dʒʌstifi'keiʃn] ви́правдання; реабіліта́ція.
justify ['dʒʌstifai] виправдо́вувати [ви́правдати], вибача́ти [ви́бачити].
justly ['dʒʌstli] справедли́во.
justness ['dʒʌstnis] справедли́вість *f*.
jut [dʒʌt] (*a.* **~ out**) виступа́ти; випина́тися [ви́пнутися].
juvenile ['dʒu:vinail] **1.** ю́ний, юна́цький; **2.** юна́к, пі́дліток.

K

kangaroo [kæŋgə'ru:] кенгуру́ *m/f. indecl.*
keel [ki:l] **1.** кіль *m*; **2.** ~ over перевертáти(ся) [-рну́ти(ся)], перекидáтися [перекúнутися].
keen [ki:n] □ гóстрий; різкúй; проникливий; ду́жий; be ~ on ду́же любúти (З); пáлко захóплюватися (О); ~**ness** ['ki:nnis] гостротá; прони́кливість *f*.
keep [ki:p] **1.** утри́мання; спожи́вок; прожи́ток; for ~s F *part. Am.* назáвжди́; **2.** [*irr.*] *v/t. com.* тримáти; зберігáти [-регти́]; утри́мувати; вести́ (кни́ги і т.ін.); дотри́мувати [-мати] (слóва і т.ін.); ~ company with підтри́мувати знайóмство з (О); ~ waiting приму́шувати чекáти; ~ away не підпускáти (from до Р); ~ a th. from a p. утри́мувати щось від (Р); ~ in не випускáти; залишáти (школярá) пíсля урóків; ~ on не знімáти (капелю́х і т.ін.); ~ up підтри́мувати [-мати]; **3.** *v/i.* тримáтися; утри́муватися [-матися] (from від Р); залишáтися [-шитися]; не псувáтися (про ї́жу); F, *Am.* жи́ти, існувáти; ~ doing продóвжувати роби́ти; ~ away тримáтися на вíдстані; ~ from утри́муватися [-матися] від (Р); ~ off тримáтися на вíдстані від (Р); ~ on (talking) продóвжувати (говори́ти); ~ to притри́муватися (Р); ~ up тримáтися бадьóро; ~ up with тримáтися нарíвні з (О), йти́ в нóгу з (О).
keep|er ['ki:pə] доглядáч, охорóнець *m*; стóрож; ~**ing** ['ki:piŋ] зберігáння; утри́мання; be in (out of) ~ with...(не) узгóджуватися з (О); ~**sake** ['ki:pseik] подару́нок на згáдку.
keg [keg] бари́ло.
kennel ['kenl] бу́да.
kept [kept] *pt.*i *p.pt.* від keep.
kerb(stone) ['kə:b(stoun)] край тротуáру; бордю́рний кáмінь *m*.
kerchief ['kə:tʃif] ху́стка (на гóлову); косинка.
kernel ['kə:nl] зерни́на, зéрнятко; ядрó; *fig.* суть *f*.
kettle ['ketl] чáйник (для кип'ятíння); казáн; ~**drum** Mu литáвра; F звáний вечíрній чай.
key [ki:] **1.** ключ; код; E клин; шпóнка; клáвіш(а); Mu ключ, тонáльність *f; fig.* тон; **2.** замикáти [замкну́ти] (на ключ); Mu настрóювати [-óїти]; ~ up *fig.* додавáти рішу́чості (Д); be ~ed up *Am.* бу́ти у напру́женому стáні; ~**board** клавіату́ра; ~**hole** замкóва щіли́на; ~-**note** тонáльність *f; fig.* основнá ду́мка; ~**stone** Ar ключови́й кáмінь *m*.
kick [kik] **1.** удáр (ногóю, копи́том); стусáн; F си́ла óпору; **2.** *v/t.* ударя́ти [удáрити] (ногóю); брикáти [-кну́ти]; ~ out *Am. sl.* викидáти [ви́кинути], виганя́ти [ви́гнати]; *v/i.* брикáтися [брикну́тися], хвицáтися [хви́цнутися]; чини́ти опíр; ~**er** ['kikə] брикли́вий кінь *m*; футболíст.
kid [kid] **1.** козеня́; лáйка (шкíра); F дити́на; **2.** *sl.* піддрáжнювати [-азни́ти].
kidnap ['kidnæp] викрадáти [ви́красти] (людéй); ~**(p)er** [-ə] викрадáч-здúрник.
kidney ['kidni] *anat.* ни́рка; F. тип, харáктер.
kill [kil] уби́(вá)ти; заби́(вá)ти (худóбу); *fig.* занапащáти; *parl.* провáлювати [-ли́ти] (законопроéкт і т.ін.); ~ off знищувати [-щити]; ~ time гáяти час; ~**er** ['kilə] уби́вця *m/f*.
kiln [kiln] випáлювальна піч.
kin [kin] роди́на, сім'я́; рідня́.
kind [kaind] **1.** □ дóбрий, сердéчний, люб'я́зний; **2.** сорт, різнóвид; рід; pay in ~ плати́ти нату́рою; ~-**hearted** м'якосéрдий, дóбрий.
kindle ['kindl] запáлювати(ся) [-ли́ти(ся)].
kindling ['kindliŋ] розпáлювання.
kind|ly ['kaindli] дóбрий; ~**ness** [-nis] добротá; дóбрий вчи́нок.
kindred ['kindrid] **1.** роди́нний; **2.** крéвність *f*.
king [kiŋ] корóль *m*; ~**dom** ['kiŋdəm] королíвство; B, *zo.* (росли́нний, твари́нний) світ; ~**like** [-laik], ~**ly** [-li] королíвський; вели́чний.
kink [kiŋk] ви́гин; петля́; ву́зол; *fig.* дивáцтво, химéра.
kin|ship ['kinʃip] спорíднення; ~**sman** ['kinzmən] рóдич.
kiss [kis] **1.** (по)цілу́нок; **2.** (по)цілувáти(ся).
kit [kit] дíжка; рáнець *m*; Ml особи́сте обмундирувáння; ~-**bag** Ml

речови́й мішо́к; E набі́р інструме́нтів.
kitchen ['kitʃin] ку́хня.
kite [kait] (паперо́вий) змій.
kitten ['kitn] кошеня́.
knack [næk] вда́лий прийо́м; впра́вність *f*, умі́лість *f*.
knapsack ['næpsek] ра́нець *m*, рюкза́к.
knave [neiv] шахра́й; вале́т (ка́рта).
knead [ni:d] (за)міси́ти; (з)міша́ти.
knee [ni:] колі́но; **~-cap** *anat.* колі́нна ча́шечка; **~l** [ni:l] [*irr.*] става́ти на колі́на; стоя́ти на колі́нах (to перед O).
knell [nel] похоро́нний дзвін.
knelt [nelt] *pt.* і *p.pt.* від kneel.
knew [nju:] *pt.* і *p.pt.* від know.
knick-knack ['niknæk] дрібни́чка.
knife [naif] 1. (*pl.* knives) ніж; 2. рі́зати, коло́ти ноже́м.
knight [nait] 1. ли́цар *m*; *chess* кінь *m*; 2. зво́дити у ли́царі; **~-errant** мандрівни́й ли́цар; **~hood** ['naithud] ли́царство; **~ly** [-li] ли́царський.
knit [nit] [*irr.*] (з)в'яза́ти; зв'я́зувати [-за́ти]; зроста́тися [зрости́ся]; ~ the brows су́пити бро́ви; **~ting** ['nitiŋ] 1. в'яза́ння, плеті́ння; 2. в'яза́льний.
knives [naivz] *pl.* від knife.
knob [nɔb] ши́шка; набалда́шник; ру́чка; кно́пка; голо́вка.
knock [nɔk] 1. уда́р, сту́кіт; 2. ударя́ти(ся) [уда́рити(ся)]; (по)сту́кати(ся); F ~ about ве́штатися; ~ down збива́ти з ніг; E розбира́ти [розібра́ти]; be ~ed down потрапля́ти під автомобі́ль *m* (і т.ін.); ~ off work припиня́ти робо́ту; ~ off стру́шувати [струси́ти], зма́хувати [-хну́ти]; ~ out вибива́ти [ви́бити], витрі́пувати [ви́тріпати]; *sport.* нокаутува́ти (*im*)*pf.*; **~-kneed** з ви́вернутими усере́дину колі́нами; *fig.* слабки́й; **~-out** нока́ут (*a.* ~ blow).
knoll [noul] па́горб.
knot [nɔt] 1. ву́зол; сою́з, у́зи *f/pl.*; 2. зав'я́зувати ву́зол (або́ вузло́м); сплу́тувати [сплу́тати]; **~ty** ['nɔti] вузлува́тий; сучкува́тий; *fig.* скрутни́й.
know [nou] [*irr.*] зна́ти; бу́ти знайо́мим з (O); пізна́(ва́)ти; (з)умі́ти; ~ French говори́ти францу́зькою; come to ~ дізна́(ва́)тися; **~ing** ['nouiŋ] □ спри́тний, метки́й; прони́кливий; **~ledge** ['nɔlidʒ] знання́; to my ~ за мо́їми відо́мостями; **~n** [noun] *p.pt.* від know; come to be ~ зроби́тися відо́мим; make ~ оголо́шувати [-си́ти].
knuckle ['nʌkl] 1. сугло́б па́льця; ~ down, ~ under поступа́тися [-пи́тися]; (с)кори́тися.

L

label ['leibl] 1. ярли́к, етике́тка; 2. накле́ювати ярли́к на (З); *fig.* відно́сити до катего́рії (as P).
laboratory [lə'bɔrətəri] лаборато́рія; ~ assistant ліборато́рний(-на) асисте́нт(ка).
laborious [lə'bɔ:riəs] □ стара́нний; важки́й.
labo(u)r ['leibə] 1. пра́ця; робо́та; родові́ (пологóві) поту́ги *f/pl.*; hard ~ примусо́ва пра́ця; ♣ Exchange бі́ржа пра́ці; 2. робо́чий; трудови́й; 3. *v/i.* працюва́ти; доклада́ти зуси́ль; *v/t.* виробля́ти [ви́робити]; ~ **creation** нада́ння робо́ти; **~ed** ви́мучений; тяжки́й; **~er** [-rə] робо́чий.
lace [leis] 1. мере́живо; шнуро́к; 2. (за)шнурува́ти; облямо́вувати [-мува́ти] (мере́живом і т.п.); хло́скати [-снути], (ви́)сікти́ (*a.*~ into *a p.*).
lacerate ['læsəreit] розрива́ти [розірва́ти], роздира́ти [розде́рти].
lack [læk] 1. неста́ток, нужда́; відсу́тність (P); 2. відчува́ти неста́чу в (M); потре́бувати (З) he ~s money у нього бракує гро́шей; be ~ing не вистача́ти [ви́стачити], бракува́ти: water is ~ing браку́є води́; **~-lustre** тьмя́ний.
lacquer ['lækə] 1. лак, політу́ра; 2. (від)лакува́ти.
lad [læd] хло́пець *m*, па́рубок.
ladder ['lædə] драби́на; Sh трап.
laden ['leidn] наванта́жений; *fig.* обтя́жений.
lading ['leidiŋ] наванта́жування; вanта́ж, фрахт.
ladle ['leidl] 1. ківш; черпа́к; ополо́ник; 2. вичерпувати [ви́черпати]; насипа́ти [наси́пати] (суп) (*a.* ~ out).
lady ['leidi] да́ма; ле́ді *f. indecl.* (ти́тул);

~like що має манéри лéді; ~-love кохáна; ~ship [-ʃip]: your ~ вáша ми́лість *f*.
lag [læg] **1.** запíзнюватися; відстá(вá)ти (*a.* ~ behind); **2.** запíзнення; відставáння.
laggard ['lægəd] повíльна, млявá людúна.
lagoon [lə'gu:n] лагýна.
laid [leid] *pt.* і *p.pt.* від lay; **~-up** лежáчий (хвóрий).
lain [lein] *p.pt.* від lie².
lair [lɛə] лíгвище, барлíг.
laity ['leiti] миряни *pl.*; профáни *m/pl.*
lake [leik] óзеро.
lamb [læm] **1.** ягня́; **2.** ягни́тися.
lambent ['læmbənt] що виграє́, коливáється (про пóлум'я).
lambkin ['læmkin] ягня́тко.
lame [leim] **1.** □ кульгáвий; *fig.* неперекóнливий; **2.** (по)калíчити, (по)нíвечити.
lament [lə'ment] **1.** стóгін, тýга, лéмент; **2.** стогнáти; оплáк(ув)ати; (по)жалíтися; (за)лементувáти; **~able** ['læməntəbl] жалюгíдний; сумни́й; **~ation** [læmən'teiʃn] жáлість *f*, плач.
lamp [læmp] лáмпа; ліхтáр ; *fig.* свíточ, світи́ло.
lampoon [læm'pu:n] **1.** памфлéт, пáсквіль *m*; **2.** писáти пáсквіль на (З).
lamp-post ['læmppoust] ліхтáрний стовп.
lamp-shade [læmpʃeid] абажýр.
lance [lɑ:ns] **1.** спис; піка; **2.** прострóмлювати пíкою; розтинáти ланцéтом; **~-corporal** *Brit.* Ml єфрéйтор.
land [lænd] **1.** земля́, сýша, суходíл; краї́на; **~s** *pl.* маєтки; ~ register поземéльна кни́га; **2.** Sh висáджуватися [ви́садитися]; витягáти на бéрег; Sh приставáти до бéрега, причáлювати [причáлити]; A приземля́тися [-ли́тися]; **~ed** ['lændid] земéльний; ~ holder влáсник земéльної ділянки.
landing ['lændiŋ] ви́садка; A приземлення, посáдка; ~ ground посáдочна площáдка; ~ **stage** при́стань *f*.
land|lady хазя́йка, влáсниця (мебльóваних кімнáт); помíщиця; **~lord** помíщик; госпóдар (кварти́ри), хазя́їн (готéлю); **~mark** межóвий знак, вíха; орієнти́р; **~owner** землевлáсник; **~scape** ['lænskeip] ландшáфт, пейзáж; **~slide** зсув *m*; *pol.* різкá змíна (у розпóділі голосíв помíж пáртіями).
lane [lein] стéжка, стежи́на; провýлок.
language ['læŋgwidʒ] мóва; strong ~ міцнí ви́рази *m/pl*, лáйка.
languid ['læŋgwid] □ томли́вий квóлий.
languish ['læŋgwiʃ] (за)чáхнути; тужи́ти, нуди́тися.
languor ['læŋgə] апати́чність *f*; нудьгá; млóсність *f*.
lank ['læŋk] □ висóкий та стрункий, худорля́вий; прямé (волóсся); **~y** ['læŋki] □ довготелéсий.
lantern ['læntən] ліхтáр *m*; **~-slide** діапозити́в.
lap [læp] **1.** полá; колíна *n/pl.*; *fig.* лóно; E наклáдка; перекриття́; *sport.* кóло; **2.** перекри́(вá)ти; хлебтáти; спрáгло пи́ти; плескáтися.
lapel [lə'pel] вилóга (пальтó і т.ін.).
lapse [læps] плин (чáсу); пóми́лка, опи́ска; (морáльний) занéпад; **2.** пáдати [впáсти] (морáльно); взя́тися за старé; втрачáти си́лу (про прáво).
larceny ['lɑ:sni] J кpадíжка.
lard [lɑ:d] **1.** свиня́че сáло; **2.** (на)шпигувáти; **~er** ['lɑ:də] комóра.
large [lɑ:dʒ] □ вели́кий, крýпний; рясни́й; щéдрий; **at** ~ на вóлі; широкó, детáльно; доклáдно; **~ly** ['lɑ:dʒli] значнóю мíрою; ря́сно, щéдро; на ширóку нóгу, у ширóкому масштáбі; **~ness** [-nis] вели́кий рóзмір; широтá (пóглядів).
lark [lɑ:k] жáйворонок; *fig.* жарт, ви́тівка, забáва.
larva ['lɑ:və] *zo.* личи́нка.
larynx ['læ:riŋks] гортáнь *f*.
lascivious [lə'siviəs] □ хти́вий, похíтливий.
lash [læʃ] **1.** батíг; бич; рéмінь *m* (части́на батогá); удáр (батогóм і т.ін.); вíя; **2.** шмагáти [-гнýти]; прив'я́зувати [-зáти]; *fig* (по)картáти.
lass, ~ie [læs, 'læsi] дíвчина, дíвчинка.
lassitude ['læsitju:d] втóма.
last¹ [la:st] **1.** *adj.* остáнній; минýлий; крáйній; ~ but one передостáнній; ~ night, учóра ввечері; **2.** кінéць *m*; at ~ нарéшті; **3.** *adv.* в остáнній раз; після усíх; у кінцí.
last² [~] продóвжуватися [-житися]; тривáти; вистачáти [ви́стачити]; зберігáтися [-регти́ся].
last³ [~] колóдка.
lasting ['lɑ:stiŋ] □ тривáлий, постíйний; міцни́й.
lastly ['lɑ:stli] нарéшті.
latch [lætʃ] **1.** клямка, зáсувка;

американський замок; 2. замикати [замкнути].
late [leit] пізній; запізнілий; недавній; померлий, покійний; *adv.* пізно; at (the) ~st не пізніше; of ~ останнім часом; be ~ спізнюватися [-нитися]; **~ly** ['leitli] недавно; останнім часом.
latent ['leitənt] □ прихований; S латентний.
lateral ['lætərəl] □ бічний; побічний, вторинний.
lath [lɑ:θ] 1. дранка; планка; 2. прибивати планки до (Р).
lathe [leið] токарний верстат.
lather ['lɑ:ðə] 1. мильна піна; 2. *v/t.* намилювати [-лити]; *v/i.* милитися, намилюватися [-литися]; змилюватися [-литися] (про коня).
Latin ['lætin] 1. латинська мова; 2. латинський.
latitude ['lætitju:d] *geogr.*, *ast.* широта; *fig.* свобода дій.
latter ['lætə] недавній; останній; **~ly** [-li] недавно; до кінця.
lattice ['lætis] ґрати (*a.* ~-work).
laud [lɔ:d] 1. хвала; 2. (по)хвалити; **~able** ['lɔ:dəbl]; □ похвальний.
laugh [lɑ:f] 1. сміх; 2. сміятись; ~ at a p. висміювати [висміяти] (З), сміятися з (Р); **~able** ['lɑ:fəbl] □ смішний; **~ter** ['lɑ:ftə] сміх.
launch [lɔ:ntʃ] 1. баркас; моторний човен; 2. запускати [-стити]; спускати [-стити] (судно на воду); *fig.* пускати в хід.
laund|ress ['lɔ:ndris] прачка, праля; **~ry** [-ri] пральня; білизна для прання.
laurel ['lɔrəl] B лавр.
lavatory ['lævətəri] убиральня.
lavender ['lævində] B лаванда.
lavish ['læviʃ] 1. □ щедрий, марнотратний; 2. розтринькувати [-кати].
law [lɔ:] закон; правило; J право; J юриспруденція; go to ~ почати судовий процес; lay down the ~ задавати [задати] тон; **~-abiding** J що дотримується закону; **~-court** суд; **~ful** ['lɔ:ful] □ законний; **~less** ['lɔ:lis] □ беззаконний.
lawn [lɔ:n] лужок, галявинка, газон; батист (тканина).
law|suit ['lɔ:sju:it] судовий процес; **~yer** ['lɔ:jə] юрист; адвокат.
lax [læks] □ в'ялий; млявий; недбалий; неохайний; **~active** ['læksətiv] проносне.
lay[1] [lei] 1. *pt.* від lie[2]; 2. світський, мирський (не духовний).
lay[2] [~] 1. положення, направлення; 2. [*irr.*] *v/t.* класти [покласти]; покладати [-класти]; заспокоювати [-оїти]; накри(ва)ти (на стіл); ~ before a p. пред'являти [-вити] (Д); ~ in stocks запасатися [запастися] (of O); ~ low перекидати [кинути]; ~ open викладати [викласти]; відкри(ва)ти; ~ out викладати [викласти]; розби(ва)ти (садок, парк і т.ін.); ~ up нагромаджувати [-дити]; прикути до ліжка; ~ with обкладати [обкласти] (О); *v/i.* (з)нестися (про птицю); побитися об заклад (*a.* ~ a wager).
layer ['leiə] шар, верства, пласт, нашарування.
layman ['leimən] мирянин; аматор.
lay-off ['lei'ɔ:f] припинення виробництва; **~-out** план; розбивка.
lazy ['leizi] □ лінивий, ледачий.
lead[1] [led] свинець *m*; Sh лот; грузило; *typ.* шпони *m/f pl.*
lead[2] [li:d] 1. керівництво; ініціатива; *sport.* лідерство; *thea.* головна роль *f*; Ee увідний дріт; 2. [*irr.*] *v/t* водити, (по)вести; приводити [-вести]; схиляти [-лити] (to до Р); керувати (О); ходити [піти] з (P *pl.*) (про карточну гру); ~ on спокушати [-усити]; *v/t.* вести; бути першим, покласти початок.
leaden ['ledn] свинцевий (*a fig.*).
leader ['li:də] керівник(-иця); вождь *m;* передова стаття, передовиця.
leading ['li:diŋ] 1. керівний; провідний; передовий; видатний; 2. керівництво; ведення.
leaf [li:f] (*pl.*: leaves) лист; аркуш (паперу); B *pl.* листя); **~let** ['li:flit] листівка; **~y** ['li:fi] вкритий листям.
league [li:g] 1. ліга, союз, спілка; 2. вступати до союзу, спілки; об'єднувати(ся) [-нати(ся)].
leak [li:k] 1. теча; витік; 2. давати течу, пропускати воду; ~ out просочуватися [-читися]; *fig.* виявлятися [виявитися]; **~age** ['li:kidʒ] просочування; *fig.* виявлення (таємниці і т.ін.); **~y** ['li:ki] з течею.
lean [li:n] 1. [*irr.*] притуляти(ся) [-лити(ся)] (against до Р); спиратися [спертися] (on на З) (*a. fig.*); нахиляти(ся) [-лити(ся)]; 2. худий.
leant [lent] *pt.* і *p.pt.* від lean.
leap [li:p] 1. стрибок; 2. [*a.irr.*] стрибати [-бнути]; **~t** [lept] *pt.* і *p.pt.* від leap; ~ -year високосний рік.
learn [lə:n] [*a. irr.*] вивчати [вивчити], (на)вчитися (P); ~ from дізна(ва)-

тися від P; ~ed ['lə:nid] □ учéний; ~ing ['lə:niŋ] учéння; ерудиція; ~t [lə:nt] *pt.* і *p.pt.* від learn.
lease [li:s] 1. орéнда; наймáння; 2. здавáти внаймú, в орéнду; брати внаймú, в орéнду.
least [li:st] *adj.* наймéнший; *adv.* наймéнше, мéнш за все, в наймéншому стýпені; at (the) ~ принáймні.
leather ['leðə] 1. шкíра; рéмінь *m*; 2. (*a.* ~n) шкіряний.
leave [li:v] 1. дозвіл; відпýстка; 2. [*irr.*] *v/t.* залишáти [-шити]; покидáти [покúнути]; надавáти [надáти]; *Am.* дозволяти [-óлити]; ~ off кидáти [кúнути] (щось робити]; *v/i.* íхати [поíхати]; іти [піти].
leaves [li:vz] *pl.* від leaf.
leavings ['li:viŋz] залишки *m/pl.*; пóкидьки *m/pl.*
lecture ['lektʃə] 1. дóповідь *f*; лéкція; наставляння; 2. *v/i.* читáти лéкції; *v/t.* вичитувати [вичитати]; ~r [-rə] допо-відач(ка); лéктор; *univ.* викладáч.
led [led] *pt.* і *p.pt.* від lead.
ledge [ledʒ] вúступ, устýп; риф.
ledger ['ledʒə] C гросбýх, головнá кнúга.
leech [li:tʃ] *zo.* п'явка.
leer [liə] 1. пóгляд скóса; 2. дивитися скóса (at на З).
leeway ['li:wei] Sh дрейф; *fig.* make up for ~ надолýжувати.
left[1] [left] *pt.* і *p. pt.* від leave; be ~ залишáтися [-шитися].
left[2] [~] 1. лíвий; 2. лíвий бік; **~-hander** лівшá *m/f.*
leg [leg] ногá (від стегнá до ступні); нíжка (стóлу і т.ін.); штанúна, холóша.
legacy ['legəsi] спáдщина, спáдок.
legal ['li:gəl] □ закóнний, легáльний; правовий; ~ize [-aiz] узакóнювати [-нити], легалізувáти (*im*)*pf.*
legation [li'geiʃn] дипломатична мíсія.
legend ['ledʒənd] легéнда; нáпис; ~ary [-əri] легендáрний.
leggings ['legiŋz] гамáші *f/pl.*, крáги *f/pl.*
legible ['ledʒəbl] □ розбíрливий, вирáзний.
legionary ['li:dʒənəri] легіонéр.
legislat|ion [ledʒis'leiʃn] законодáвство; ~ive ['legʒisleitiv] законодáвчий; ~or законодáвець *m.*
legitima|cy [li'dʒitiməsi] закóнність *f*; ~te 1. [-meit] узакóнювати [-нити]; 2. [-mit] закóнний.
leisure ['leʒə] дозвілля; at your ~ колú вам зрýчно; ~ly не поспішáючи, спокíйно.
lemon ['lemən] лимóн; ~ade [lemə'neid] лимонáд.
lend [lend] [*irr.*] позичáти [позичити]; дáти в пóзику, *fig.* д(ав)áти, надá(вá)ти.
length [leŋð] довжинá; вíдстань *f*; тривáлість *f*; відрíз (тканини); at ~ доклáдно; go all ~s іти (піти) на все; ~en ['leŋθən] подóвжувати(ся) [-жити(ся)]; ~wise [waiz] у довжинý; уздóвж; ~y [-i] розтягнутий; багатослíвний.
lenient ['li:niənt] □ м'який; поблáжливий.
lens [lenz] лíнза.
lent[1] [lent] *pt.* і *p.pt.* від lend.
Lent[2] [~] великий піст.
less [les] 1. (*comp.* від little) мéнший; 2. *adv.* мéнше, менш; 3. *prp.* без (P).
lessen ['lesn] *v/t.* змéншувати [-шити]; недооцíнювати [-нити]; *v/i.* змéншуватися [-шитися].
lesser ['lesə] мéнший.
lesson ['lesn] урóк; *fig.* give a ~ to a p. провчити (З) *pf.*; пересторóга.
lest [lest] щоб не; як би не.
let [let] [*irr.*] залишáти [-шити]; здавáти внаймú; дозволяти [-óлити] (Д); пускáти [пустити]; ~ alone лишáти в спóкої; *adv.* не кáжучи вже про... (З); ~ down опускáти [-стити]; *fig.* підвóдити [-вести]; ~ go випускáти з рук; вúкинути з головú (дýмку); ~ into відкрити таємницю; посвящáти [-ятити] (кого в що); ~ off стріляти [вúстрілити] з (P); *fig.* вúпалити (жарт); ~ out випускáти [вúпустити]; ~ up *Am.* (по)слáбшати, (о)слáбнути.
lethargy ['leθədʒi] летаргíя; апатичність *f.*
letter ['letə] 1. бýква; лíтера; лист; ~s *pl.* літератýра; учéність *f; attr.* письмóвий; to the ~ буквáльно; 2. позначáти; робити нáпис на (О); ~-case гаманéць *m*, портмонé *n indecl.*; ~-cover конвéрт; ~ed [-d] начи-таний, освíчений; ~-file пáпка (тéка); ~ing [-tiŋ] нáпис; тиснення; ~press текст у книзі (на відмíну від ілюстрáцій).
lettuce ['letis] салат.
level ['levl] 1. горизонтáльний; рíвний; однáковий, рівномíрний; my ~ best все, що змóжу; 2. рíвень *m*; ватерпáс, нівелíр; *fig.* масштáб; ~ of the sea рíвень мóря; on the ~ *Am.* чéсно, правдиво; 3. *v/t.*

вирі́внювати [ви́рівняти]; (з)рівня́ти; загла́джувати [-дити]; зрі́внювати [-ня́ти] (з землéю); ~ up підви́щувати зрі внюючи; *v/i.* ~ at прицілюватися [-литися] у (З); ~-**headed** врівнова́жений.

lever ['li:və] ва́жіль *m*, вага́; ~**age** [-ridʒ] підйо́мна си́ла.

levity ['leviti] легкова́жність, пустотли́вість *f*.

levy ['levi] **1**. справля́ння, збира́ння (пода́тків); Ml набі́р (ре́крутів); **2**. справля́ти (пода́ток); Ml набира́ти [набра́ти].

lewd [lju:d] □ хти́вий, похі́тли́вий.

liability [laiə'biliti] відповіда́льність *f* (*a*. J); зобов'я́зання; забо́ргованість *f*; *fig*. схи́льність *f*; на́хил; liabilities *pl*. зобов'я́зання *n/pl*.; C борги́ *m/pl*.

laible ['laiəbl] □ відповіда́льний за (З); зобов'я́заний; схи́льний; be ~ to приве́рнутий до (Р).

liar ['laiə] брехýн, брехýха.

libel ['laibəl] **1**. на́клеп; **2**. зво́дити [звести́] на́клеп на (З).

liberal ['libərəl] **1**. □ щéдрий, бага́тий; *pol*. ліберáльний; **2**. ліберáл(ка); ~**ity** [libə'ræliti] щéдрість *f*; ліберáльність *f*.

liberat|e ['libəreit] звільня́ти [-нити]; ~**ion** [libə'reiʃn] зві́льнення; ~**or** ['libəreitə] визволи́тель *m*.

libertine ['libətain] розпу́сник; вільноду́мець *m*.

liberty [-ti] во́ля; свобо́да; безцеремо́нність *f*; be at ~ бу́ти ві́льним.

librar|ian [lai'brɛəriən] бібліотéкар; ~**y** ['laibrəri] бібліотéка.

lice [lais] *pl*. від louse.

licen|ce, *Am*. ~**se** ['laisəns] **1**. до́звіл, C ліцéнзія; ві́льність *f*; driving ~ права́ водія́ *n/pl*.; **2**. дозволя́ти [дозво́лити]; дава́ти пра́во, патéнт на (З).

licentious [lai'senʃəs] □ розбéщений, розпу́тний.

lick [lik] **1**. обли́зування; **2**. лиза́ти [лизну́ти]; обли́зувати [-за́ти]; F би́ти [поби́ти], (від)лупцюва́ти; ~ the dust бу́ти пова́леним на зéмлю; бу́ти вби́тим; ~ into shape упорядко́вувати [-кува́ти].

lid [lid] кри́шка; ві́ко.

lie[1] [lai] **1**. непра́вда; обма́н; give the ~ викрива́ти брехню́; **2**. .

lie[2] [~] **1**. поло́ження; напра́влення; **2**. (*irr*.) лежа́ти; знахо́дитися; місти́тися; ~ by лежа́ти без ужи́тку; ~ down ляга́ти [лягти́]; ~ in wait for очі́кувати (З).

lien ['liən] J пра́во накла́дення аре́шту на майно́ боржника́.

lieu [lju:]: in ~ of за́мість (Р).

lieutenant [lef'tenənt, Sh and *Am*. lut-] лейтена́нт; ~-**commander** капіта́н-лейтена́нт.

life [laif] життя́; спо́сіб життя́; біогра́фія; жва́вість *f*; for ~ дові́чний; на все життя́; ~ sentence дові́чне ув'я́знення; ~-**assurance** страхува́ння життя́; ~-**boat** ряту-ва́льний чо́вен; ~-**guard** лейб-гва́рдія; ~**less** □ бездиха́нний, безжи́вний; ~-**like** як живи́й; ~**long** дові́чний; ~-**preserver** рятува́льний по́яс; па́лиця, нали́та свинце́м; ~**time** все життя́ , ці́ле життя́.

lift [lift] **1**. ліфт; підйо́мна маши́на; *phiz*., A підйо́мна си́ла; *fig*. підви́щення; give a p.a ~ підво́зити [-везти́] кого́сь; **2**. *v/t*. підніма́ти [-ня́ти]; підно́сити [-нести́]; *sl*. (в)кра́сти; *v/i*. підніма́тися [-ня́тися]; підійма́тися [-йня́тися].

light[1] [lait] **1**. сві́тло, осві́тлення; вого́нь *m*; *fig*. свети́ло; аспéкт; will you give me a ~ дозво́льте прикури́ти; put a ~ to запа́лювати [-ли́ти]; **2**. сві́тлий, я́сний; **3**. (*a*. *irr*.) *v/t* запа́лювати [-ли́ти] осві́тлювати [-ти́ти]; *v/i*. (*mst* ~ up) загоря́тися [-рі́тися]; осві́тлюватися [-ти́тися].

light[2] [~] **1**. *adj*. □ легки́й, легкова́жний; незначни́й; пусти́й, легкоду́мний; ~ currrent Ee струм слабко́ї напру́ги; make ~ of ста́витися несерйо́зно до (Р); **2**. ~ on несподі́вано наштовхну́тися на (З), випадко́во натра́пити на (З).

lighten ['laitn] осві́тлювати [-ти́ти]; (по)світлі́ти; бли́скати [-снути] (про бли́скавку); роби́ти(ся) легши́м.

lighter ['laitə] запальни́чка; запа́л; Sh ліхта́р

light|-headed ['lait'heidid] легкова́жний; в ма́ренні -**hearted** □ безтурбо́тний; весе́лий; ~**house** мая́к.

lighting ['laitiŋ] осві́тлення.

light|-minded ['lait'maindid] легкова́жний; ~**ness** ле́гкість *f*.

lightning [-niŋ] бли́скавка; ~-**conductor**, ~-**rod** громовідві́д.

light-weight ['laitweit] *sport*. легко́ї ваги́.

like [laik] **1**. схо́жий, поді́бний; рі́вний; such ~ поді́бний до то́го, таки́й; F feel ~ хоті́ти (+ inf.); what is he ~? що він за люди́на? **2**. де́що поді́бне; ~**s** *pl*. на́хили *m/pl*. по́тяг;

his ~ подібні йому; 3. любити; (за)хотіти; how do you ~ London? як вам подобається Лондон? I should ~ to know я хотів би знати.
like|lihood ['laiklihud] імовірність *f*; **~ly** ['laikli] імовірний; підходящий; he is ~ to die він, мабуть, помре.
like|n ['laikən] уподібнювати [-нити]; порівнювати [-няти]; **~ness** ['laiknis] схожість, подоба; **~wise** [-waiz] теж, також; подібно.
liking ['laikiŋ] прихильність *f* (for до Р).
lilac ['lailək] 1. бузок; 2. ліловий; бузковий.
lily ['lili] лілія, лілея; ~ of the valley конвалія.
limb [lim] член, кінцівка; гілка.
limber ['limbə] гнучкий, м'який.
lime [laim] вапно; B лимета (різновид лимона); **~-light** світло рампи; *fig.* центр загальної уваги.
limit ['limit] межа, границя; off ~s вхід заборонено (напис); be ~ed to обмежуватися [-житися] (О); **~ation** [limi'teiʃn] обмеження; J граничний строк; **~ed** ['limitid]: ~(liability) company товариство з обмеженою відповідальністю; **~less** ['limitlis] □ безмежний.
limp [limp] 1. (за)кульгати; 2. накульгування, кульгавість *f*; 3. м'який, нетвердий; слабкий.
limpid ['limpid] прозорий.
line [lain] 1. лінія *tel*; Rr колія; рядок; риса, штрих; шнурок; волосінь *f* (вудочки); спеціальність *f*, заняття; Ml розгорнутий стрій; Ml рубіж; **~s** *pl.* вірші; ~ of conduct спосіб дії; hard ~s *pl.* невдача; in ~ with у згоді з (О); stand in ~ *Am.* стояти в черзі; 2. *v/t.* розлініювати; ставити на підкладку; ~ out накидати [накинути]; простягатися уздовж (Р); *v/i.* ~ up вишиковуватися [вишикуватися].
linea|ge ['liniidʒ] родовід, походження; **~ment** [-ment] риси (обличчя); обриси (гір); **~r** ['liniə] лінійний.
linen ['linin] 1. полотно; *coll.* білизна; 2. полотняний.
liner ['lainə] пасажирський пароплав або літак.
linger ['liŋgə] загаятися, (за)баритися; ~ over затримуватися [-матися] на (О).
lingerie ['læ:ŋʒəri:] C дамська білизна.
lining ['lainiŋ] підкладка; E футеровка, облицювання.
link [liŋk] ланка; зв'язок; з'єднання; *fig.* узи *f/pl.*; 2. з'єднувати [-нати]; змикати [зімкнути]; примикати [примкнути].
linseed ['linsi:d] лляне сім'я *n*; ~ oil лляна олія.
lion ['laiən] лев; **~ess** [-is] левиця.
lip [lip] губа; край; F зухвалі балачки; **~-stick** губна помада.
liquefy ['likwifai] перетворювати(ся) на рідину.
liquid ['likwid] 1. рідкий; прозорий; C що можна легко реалізувати; 2. рідина.
liquidat|e ['likwideit] ліквідувати *im(pf.)*; виплачувати [виплатити] (борг); **~ion** [likwi'deiʃn] ліквідація; виплачування боргу.
liquor ['likə] рідина; (*a* strong ~) спиртний напій.
lisp [lisp] 1. шепелявість *f*; белькотіння; 2. шепелявити, сюсюкати.
list [list] 1. список, реєстр, перелік; крен (судна); 2. вносити до списку; складати список (Р); (на)кренитися.
listen ['lisn] (по)слухати; прислухатися [прислухатися] (to до Р); ~ in підслуховувати [підслухати] (to З); слухати радіо, **~er**, **~er - in** [-ə'rin] слухач(ка).
listless ['listlis] апатичний.
lit [lit] *pt.* і *p.pt.* від light[1].
literal ['litərəl] □ буквальний, дослівний.
litera|ry ['litərəri] □ літературний; **~ture** ['litəritʃə] література.
lithe [laið] гнучкий.
lithography [li'θɔgrəfi] літографія.
litigation [liti'geiʃn] позов; суперечка.
litter ['litə] 1. носилки *f/pl.*, ноші *f/pl.*; підстилка (для худоби); виводок (приплід); безладдя; 2. підстилати [підіслати] (солому і т.ін.); (о)щенитися, (о)поросится і т.ін.; розкидати безладно.
little ['litl] 1. *adj.* маленький, невеликий; короткий (про час); a ~ one малюк; 2. *adv.* небагато, мало; 3. дрібниця, дріб'язок; a ~ небагато; ~ by ~ мало-помалу, поволі; not a ~ чимало.
live 1. [liv] *com.* жити; існувати; ~ to see дожи(ва)ти до (Р); ~ down згладжувати [-дити]; ~ out пережи(ва)ти; ~ up to a standard жити згідно вимог; 2. [laiv] живий; життєвий; такий, що горить; Ml бойовий, діючий (снаряд); El під напругою; **~lihood** ['laivlihud] засоби до прожиття; **~liness** [-nis] жвавість *f*; пожвавлення; **~ly** ['laivli] живий; жвавий, пожвавлений.
liver ['livə] печінка.

livery ['livəri] ліврéя.
live|s [laivz] *pl.* від life; **~-stock** ['laivstok] живи́й реманéнт.
livid ['livid] мертóвно блíдий.
living ['liviŋ] **1.** □ живи́й; існýючий, живýчий; **2.** кóшти на прожиття́; життя́, спóсіб життя́; **~-room** житловá кімнáта.
lizard ['lizəd] я́щірка.
load [loud] **1.** вантáж; тягáр, вагá; заря́д; **2.** (на)вантáжити; обтя́жувати [-жити]; заряджáти [-ди́ти] (про збрóю); *fig.* обтя́жувати [-жити]; **~ing** ['loudiŋ] навантáження; вантáж; заря́дка.
loaf [louf] **1.** (*pl.* loaves) хліб, хліби́на; **2.** байдикувáти; вéштатися, тиня́тися без ді́ла.
loafer ['loufə] нерóба; бродя́га *m.*
loam [loum] жи́рна гли́на; родю́ча земля́.
loan [loun] **1.** пóзика; on ~ у пóзику; **2.** позичáти; дава́ти в пóзику.
loath [louθ] □ несхи́льний; **~e** [louð] відчувáти відрáзу до (Р); **~some** ['louðsəm] □ оги́дний.
loaves [louvz] *pl.* від loaf **1.**
lobby ['lɔbi] **1.** передпóкій; *parl.* кулуáри *m/pl.*; *thea.* фойé *n indecl.*; **2.** *part. Am. parl.* намагáтися впли́нути на члéнів конгрéсу.
lobe [loub] B *anat.* чáстка, дóля; мóчка (вýха).
lobster ['lɔbstə] омáр.
local ['loukəl] **1.** □ місцéвий; ~ government місцéве самоврядувáння; **2.** місцéві відóмості; (*a.* ~ train) примíський пóїзд; **~ity** [lou'kæliti] місцéвість *f*; райóн; окóлиця; **~ize** ['loukəlaiz] локалізувáти (*im*)*pf.*; обмéжувати розповсю́дження (Р).
locat|e [lou'keit] *v/t.* визначáти мíсце; розташóвувати у пéвному мíсці; признача́ти мíсце для (Р); *Am.* відмічáти межý (Р); be ~d бути́ розташóваним; *v/i.* осел я́тися [-ли́тися]; **~ion** [-ʃən] розмíщення; ви́значення мíсця; *Am.* місцеперебувáння.
lock [lɔk] **1.** замóк; запóр; затóр; шлюз; кýчер; жмут; **2.** *v/i.* замикáти [замкнýти]; E (за)гальмувáти; ~ in зачиня́ти [-ни́ти]; ~ up вклáсти капітáл в папéри, які́ вáжко реалізувáти; *v/i.* замикáтися [замкнýтися]; зачиня́тися [-ни́тися].
lock|er ['lɔkə] шáфка, якá замикáється; **~et** ['lɔkit] медальйóн; **~-out** локáут; **~smith** слю́сар; **~-up** час закри́ття (шкіл, крамни́ць і т.ін.); арештáнтська кáмера.
locomative ['loukəmoutiv] **1.** що рýхає(ться); **2.** (абó ~ engine) локомоти́в, паровóз, тепловóз, електровóз.
locust ['loukəst] саранá.
lodestar ['loudstɑ:] провіднá зíрка.
lodg|e [lɔdʒ] **1.** сторóжка; (*mst* мисли́вський) буди́ночок; (масóнська) лóжа; **2.** *v/t.* дáти примíщення (Д); депонувáти (*im*)*pf.* (грóші); подá(вá)ти (скáргу); *v/i.* квартирувáти; застря́(вá)ти (про кýлю і т.ін.); **~er** ['lɔdʒə] мéшканець *m*, мéшканка; **~ing** ['lɔdʒiŋ] житлó; **~s** *pl.* квартúра; кімнáта (якá наймáється).
loft [lɔft] гори́ще; галерéя; **~y** ['lɔfti] □ бундю́чний; вели́чний, пихáтий.
log [lɔg] колóда; дереви́на; Sh лаг; **~-cabin** рýблена хáта; **~gerhead** ['lɔgəhed]: be at ~s посвари́тися (with з О), бýти в свáрці.
logic ['lɔdʒik] лóгіка; **~al** ['lɔdʒikəl] □ логíчний.
loin [lɔin] філéйна части́на; **~s** *pl.* пóперек.
loiter ['lɔitə] тиня́тися без ді́ла; бари́тися.
loll [lɔl] сиді́ти, розвали́вшись; стоя́ти, спéршись (у ліни́вій пóзі).
lone|liness ['lounlinis] самóтність; **~ly** [-li] □, **~some** [-səm] □ самóтній.
long[1] [lɔŋ] **1.** дóвгий тéрмін, дóвгий час; before ~ незабáром; for ~ надóвго; **2.** *adj.* дóвгий; тривáлий; пові́льний; in the ~ run врéшті-решт; be ~ бари́тися; довгó тривáти; **3.** *adv.* дóвго; ~ ago давнó; so ~! бувáй!; ~er дóвше; бíльше.
long[2] [~] пáлко бажáти, жадáти (for Р), тужи́ти (по Д).
long|-distance *attr.* далéкий; *sport.* на дóвгі дистáнції; **~evity** [lɔn'dʒeviti] довговíчність *f.*
longing ['lɔŋiŋ] **1.** □ що тýжить; **2.** си́льне бажáння, прáгнення (до Р), тýга (за О).
longitude ['lɔnʒitju:d] *geogr.* довготá.
long|shoreman ['lɔŋʃɔ:mən] портóвий вантáжник; **~-sighted** далекозóрий; **~-suffering** **1.** багатостраждáльний; довготерпели́вий; **2.** довготерпíння; **~-term** довгострокóвий; **~-winded** □ яки́й мóже дóвго бíгти, не засáпуючись; велемóвний.
look [luk] **1.** пóгляд; ви́раз (очéй, обли́ччя); ви́гляд, зóвнішність *f* (*a.*~**s** *pl.*); have a ~ at a th. подиви́тись на (З); ознайóмлюватися [-митись] з (О). **2.** *v/i.* (по)диви́тись (at на З); мáти ви́гляд; ~ for шукáти (З or Р); ~ forward to передчувáти [-чýти] (З); рáдісно очíкувати (Р);

~ into досліджувати (*im*)*pf*.; ~ out! бережись!, дивись!; ~ (up) on *fig*. дивитись як на (З), вважати за (З); *v/t*. ~ disdain дивитись із зневагою; ~ over не помічати [помітити]; переглядати [-янути]; ~ up (по)шукати (у словнику і т.ін.); відвідувати [-дати].

looker-on ['lukər'ɔn] глядач(ка); спостерігач(ка).

looking-glass ['lukiŋglɑs] дзеркало, люстро.

look-out ['luk'aut] вид (на море і т.ін.); види *m/pl*.; шанси *m/pl*.; that is my ~ це моя справа.

loom [lu:m] **1**. ткацький верстат; **2**. маячити, невиразно вимальовуватись.

loop [lu:p] **1**. (А мертва) петля; **2**. виконувати (А мертву) петлю; закріплювати петлею; ~ hole лазівка (*a. fig*.); *fig*. викрут; Ml бійниця, амбразура.

loose [lu:s] **1**. □ *com*. вільний; невизначений; просторий; що вештається, тиняється; розбещений (про мораль); незв'язаний; сипкий, пухкий; **2**. звільняти [-нити]; розв'язувати [-зати]; **~n** ['lu:sn] ослабляти(ся) [ослабити(ся)]; розв'язувати [-зати]; розпушувати [-шити]; розхитувати [-тати].

loot [lu:t] **1**. (по)грабувати; **2**. здобич, награбоване майно.

lop [lɔp] обрубувати [- бати] (гілля); **~-sided** кривобокий; нахилений.

loquacious [lo'kweiʃəs] балакучий.

lord [lɔ:d] пан, добродій; лорд; володар; ♀ Господь *m*; my ~ [mi'lɔ:d] мілорд (звернення); the ♀'s Prayer Отче наш (молитва); the ♀'s Supper тайна вечеря; **~ly** ['lɔ:dli] гордовитий; **~ship** ['lɔ:dʃip]: your ~ ваша світлість *f*.

lorry ['lɔri] Rr вантажний автомобіль *m*; вагон-платформа; підвода; хура; віз.

lose [lu:z] [*irr*.] *v/t*. втрачати [втратити]; (за)губити; програ(ва)ти; ~ o.s. заблукати *pf*.; *v/i*. (за)губити; програ(ва)ти(ся); відста(ва)ти (про годинник).

loss [lɔs] втрата; збиток; шкода; програш; at a ~ у скрутному стані.

lost [lɔst] *pt*. і *p.pt*. від lose; be ~ пропадати [пропасти]; (за)гинути; *fig*. розгубитися *pf*.

lot [lɔt] жереб; С речі, що продаються партією з аукціону; доля; частка; *Am*. ділянка землі; безліч, сила; draw ~s кидати жереб; fall to a p.'s ~ випасти на чиюсь долю.

lotion ['louʃən] рідкий косметичний засіб, рідкий крем.

lottery ['lɔtəri] лотерея.

loud [laud] □ гучний, голосний; шумний; крикливий; *fig*. кричущий (про фарби).

lounge [laundʒ] **1**. розсістися; стояти, спираючись; **2**. марнування часу; диван; *thea*. фойє *n indecl*.

lour ['lauə] дивитись похмуро; насупитися.

lous|e [laus] (*pl*. : lice) воша; **~y** вошивий; *fig*. паршивий.

lout [laut] незграбна, неотесана людина.

lovable ['lʌvəbl] □ привабливий, милий.

love [lʌv] **1**. любов *f*; закоханість *f*; кохання *f*; предмет кохання; give (or send) one's ~ to a p. передавати, посилати вітання (Д); in ~ with закоханий у (З); make ~ to доглядати (З); **2**. кохати, любити; ~ to do робити із задоволенням; **~-affair** любовна інтрига; **~ly** ['lʌvli] прекрасний, чудовий; **~r** ['lʌvə] коханець *m*; коханий; любитель(ка *f*) *m*, аматор(ка).

loving ['lʌviŋ] □ люблячий.

low[1] [lou] низький, невисокий; *fig*. слабкий; тихий (про голос); низький, непристойний; **~est bid** найнижча ціна, запропонована на аукціоні.

low[2] [~] **1**. мукання; **2**. (за)мукати.

lower[1] ['louə] **1**. *comp*. від low[1]; нижчий; нижній; **2**. *v/t*. спускати [-стити] (човен, вітрило); опускати [-стити] (очі); знижувати [-изити]; *v/i*. знижуватися [-изитися] (про ціни, звук і т.ін.); зменшуватися [-шитися].

lower[2] ['lauə] г. lour.

low|land низинна місцевість *f*, низина; **~liness** ['loulinis] скромність *f*; **~ly** скромний; **~-necked** з низьким вирізом; **~-spirited** пригнічений, сумний.

loyal ['lɔiəl] □ вірний, лояльний; **~ty** [-ti] вірність *f*, лояльність *f*.

lozenge ['lɔzindʒ] таблетка; ромб.

lubber ['lʌbə] вайло *m*, тюхтій.

lubric|ant ['lu:brikənt] змащування; **~ate** [-keit] змащувати [змастити] (машину); **~ation** [lu:bri'keiʃn] мастіння, змащування.

lucid ['lu:sid] □ ясний; прозорий.

luck [lʌk] удача, щастя; good ~ щасливий випадок, удача; bad ~, hard ~, ill~ невдача; **~ily** ['lʌkili] на щастя; **~y** ['lʌki] □ щасливий, вдалий; удачливий.

L

lucr|ative ['lu:krətiv] □ прибу́тковий, вигі́дний; **~e** ['lu:kə] бари́ш, прибу́ток *f.*
ludicrous ['lu:dikrəs] □ недола́дний, смішни́й.
lug [lʌg] (по)тягти́, (по)волочи́ти.
luggage ['lʌgidʒ] бага́ж; ~ office Rr ка́мера схо́ву.
lugubrious [lu:'gju:briəs] □ похму́рий.
lukewarm ['lu:kwɔ:m] теплува́тий; *fig.* байду́жий.
lull [lʌl] **1.** заколи́сувати [-са́ти]; присипля́ти [-спа́ти]; **2.** тимчасо́ве зати́шшя; тимчасо́ве заспоко́єння.
lullaby ['lʌləbai] колиско́ва (пі́сня).
lumber ['lʌmbə] непотрі́бні громіздкі́ ре́чі *f/pl.*; *Am.* пиломатеріа́ли *m/pl.*; **~man** *Am.* лісопромисло́вець *m*; лісору́б.
lumin|ary ['lu:minəri] світи́ло; **~ous** [-əs] □ що сві́титься, сві́тлий; *fig.* що пролива́є сві́тло.
lump [lʌmp] **1.** бри́ла, гру́дка; *fig.* коло́да; гру́дка (цу́кру і т.ін.); in the ~ о́птом, гурто́м; ~ sum зага́льна су́ма; **2.** *v/t.* бра́ти огу́льно, змі́шувати доку́пи; *v/i.* згорну́тися в гру́дки; **~ish** ['lʌmpiʃ] незга́рбний, тупоу́мний; **~y** ['lʌmpsi] □ грудкува́тий.
lunatic ['lu:nətik] **1.** божеві́льний, безу́мний; **2.** психі́чно хво́рий; ~ asylum психіатри́чна ліка́рня.
lunch(eon) ['lʌntʃ(ən)] **1.** дру́гий сніда́нок; **2.** (по)сні́дати.
lung [lʌŋ] леге́ня *f*; (a pair of) **~s** *pl.* леге́ні *f/pl.*
lunge [lʌndʒ] **1.** ви́пад, уда́р (рапі́рою, шпа́гою); **2.** завдава́ти уда́ру (at Д).
lurch [lə:tʃ] **1.** накреня́тися [-ни́тися]; іти́ хита́ючись; **2.** leave a.p. in the ~ залиши́ти кого́сь в біді́, у тяжко́му стано́вищі.
lure [ljuə] **1.** прина́да; *fig.* споку́са; **2.** прина́джувати [-дити]; *fig.* спокуша́ти [-уси́ти].
lurid ['ljuərid] похму́рий.
lurk [lə:k] хова́тися у за́сідці; чаї́тися.
luscious ['lʌʃəs] □ симпатичний; нудо́тний.
lustr|e ['lʌstə] гля́нець, гля́нс; лю́стра; **~ous** ['lʌstrəs] □ глянсува́тий.
lute¹ [lu:t, lju:t] Mu лю́тня.
lute² [~] **1.** зама́зка, масти́ка; **2.** зама́зувати зама́зкою.
Lutheran ['lu:θərən] лютера́нський.
luxur|iant [lʌg'zjuəriənt] □ пи́шний; **~ious** [-riəs] □ розкі́шний, пи́шний, бучни́й; **~y** ['lʌkʃəri] ро́зкіш *f*; предме́т ро́зкоші.
lye [lai] луг.
lying ['laiŋ] **1.** *p.pr.* від lie¹ і lie²; **2.** *adj.* брехли́вий, неправди́вий; що лежи́ть; **~-in** [-'in] ро́ди, поло́ги *m/pl.*; ~ hospital поло́говий буди́нок.
lymph [limf] лі́мфа.
lynch [lintʃ] розправля́тися самосу́дом з (О); **~-law** ['lintʃlɔ:] самосу́д; зако́н Лі́нча.
lynx [links] *zo.* рись *f.*
lyric ['lirik], **~al** [-ikəl] □ ліри́чний; **~s** *pl.* лі́рика.

M

macaroni [mækə'rouni] макаро́ни *f/pl.*
macaroon [mækə'ru:n] мигдале́ве пе́чиво.
machin|ation [mæki'neiʃən] махіна́ція, інтри́га; **~s** *pl.* пі́дступи *m/pl.*; **~e** [mə'ʃi:n] **1.** маши́на, механі́зм; *attr.* маши́нний; ~ fitter слю́сар-монта́жник; **2.** піддава́ти маши́нній обро́бці; **~e-made** ви́готовлений механі́чним спо́собом; **~ery** [-əri] маши́нне обладна́ння; **~ist** [-ist] меха́нік; машині́ст.
mackerel ['mækrəl] *zo.* макре́ль *f.*
mackintosh ['mækintɔʃ] макінто́ш, плащ.
mad [mæd] □ божеві́льний, причи́нний; скаже́ний; *fig.* ди́кий; *Am.* розлюто́ваний; go ~ збожеволі́ти; drive ~ зво́дити [зве́сти] з ро́зуму.
madam ['mædəm] мада́м *f indecl.* па́ні, добро́дійка.
mad|cap 1. урви́голова *m/f*; **2.** навіже́ний; **~den** ['mædn] розлютува́ти, звести́ [зво́дити] з ро́зуму.
made [meid] *pt.* і *p.pt.* від make.
made-up ['meid'ʌp] причепу́рений; гото́вий (про о́дяг); ~ of що склада́ється з (Р).
mad|house ['mædhaus] божеві́льня; **~man** божеві́льний; **~ness** ['mædnis] божеві́лля.
magazine [mægə'zi:n] склад боєпри-

M

па́сів; журна́л, часо́пис; E, Ml магази́н.
maggot ['mægət] личи́нка.
magic ['mædʒik] **1.** (*a.* **~al** ['mædʒikəl] □) чарівни́й; **2.** чаклу́нство, чарува́ння; **~ian** [mə'dʒiʃən] чаклу́н.
magistra|cy ['mædʒistrəsi] поса́да судді́; магістра́т; **~te** [-trit] мирови́й суддя́ *m*.
magnanimous [mæg'næniməs] □ великоду́шний.
magnet ['mægnit] магні́т; **~ic** [mæg'netik] (~ally) магні́тний; магнети́чний.
magni|ficence [mæg'nifisns] пишно́та; **~ficent** [-snt] пи́шний, розкі́шний; **~fy** ['mægnifai] збі́льшувати [-ши-ти]; **~tude** ['mægnitju:d] величина́; ро́зміри *m/pl*; важли́вість *f*.
mahogany [mə'hɔgəni] черво́не де́рево.
maid [meid] ді́вчина, діви́ця; покоі́вка, служни́ця; old ~ стара́ ді́вка; ~ of honour фре́йлина; *Am.* дру́жка.
maiden ['meidn] **1.** ді́вчина, діви́ця; **2.** незамі́жня; *fig.* неза́йманий; *fig.* пе́рший; ~ name діво́че пpi̇́звище; **~head**, **~hood** діво́цтво, дівува́ння; неза́йманість *f*; **~ly** [-li] діво́чий.
mail[1] [meil] кольчу́га.
mail[2] [~] **1.** по́шта; *attr.* пошто́вий; **2.** *Am.* здава́ти на по́шту; відсила́ти по́штою; ~ **bag** пошто́ва су́мка; **~man** *Am.* листоно́ша, пошта́р.
maim [meim] (с)калі́чити, (по)ні́вечити.
main [mein] **1.** головна́ части́на; **~s** *pl.* Ee магістра́ль *f*; Ee мере́жа поту́жного стру́му; in the ~ в основно́му; **2.** головни́й, основни́й; **~land** ['meinlənd] матери́к; **~ly** ['meinli] головни́м чи́ном; здебі́льшого; **~spring** *fig.* головна́ руші́йна си́ла; **~stay** *fig.* головна́ підтри́мка, опо́ра.
maintain [men'tein] підтри́мувати [-мати]; стве́рджувати [-дити]; зберіга́ти [-регти́].
maintenance ['meintinəns] утри́мання, ко́шти до прожиття́; підтри́мка; зберіга́ння.
maize [meiz] B маі́с, кукуру́дза.
majest|ic [mə'dʒestik] (~ally) вели́чний; **~y** ['mædʒisti] вели́чність *f*; вели́ччя.
major ['meidʒə] **1.** ста́рший, бі́льший; Mu мажо́рний; ~ key мажо́р; повнолі́тній; **2.** майо́р; *Am. univ.* головни́й предме́т; **~-general** генера́л-майо́р; **~ity** [mæ'dʒɔriti] повтолі́ття; більші́сть *f*; чин майо́ра.
make [meik] **1.** [*irr.*] *v/t. com.* (з)роби́ти, виробля́ти [ви́робити]; (при)готува́ти; склада́ти [скла́сти]; уклада́ти [-ла́сти] (мир і т.ін.); примушувати [-у́сити]; ~ good виправля́ти [ви́правити]; дотри́м(ув)ати (сло́ва); do you ~ one of us? ви з на́ми? ~ a port вхо́дити до по́рту, га́вані; ~ sure of пересві́дчуватися [-читися] у (M); ~ way да́ти доро́гу (for Д); ~ into перетво́рювати [-ри́ти], переробля́ти [-би́ти] у (З); ~ out розбира́ти [розібра́ти]; випи́сувати [ви́писати]; ~ over переда́(ва́)ти; ~ up склада́ти [скла́сти]; зала́годжувати [-дити] (про супере́чку); (за)гримува́ти; надолу́жувати [-жити] (час); = ~ up for (*v/i.*); ~ up one's mind зва́жуватися [-житися]; **2.** *v/i.* (по)прямува́ти (for до P); ~ away with збу́(ва́)тися (P); ~ off виї́жджа́ти [ви́їхати]; піти́; ~ up for відшкодо́вувати [-дува́ти]; **3.** тип, моде́ль *f*; ви́ріб; ма́рка (фі́рми); **~-believe** удава́ння; при́від; **~-shift** замі́на; підру́чний засі́б; **~-up** склад; грим, косме́тика.
maladjustment ['mæləd'dʒʌstmənt] пога́не припасува́ння або пристосува́ння.
maladministration ['mælədminis'treiʃən] пога́не керува́ння, управлі́ння.
malady ['mælədi] хворо́ба.
malcontent ['mælkəntent] невдово́лений.
male [meil] **1.** чолові́чий; **2.** чолові́к; саме́ць *m*.
malediction [mæli'dikʃən] прокля́ття.
malefactor ['mælifæktə] лиході́й.
malevolen|ce [mə'levələns] зловті́ха; недобрози́чливість *f*; **~t** [-lənt] □ зловті́шний; злора́дий, зловті́шний; недобрози́чливий.
malice ['mælis] злість *f*.
malicious [mə'liʃəs] □ злости́вий; **~ness** [-nis] злі́сність *f*, злобли́вість *f*.
malign [mæ'lain] **1.** □ згу́бний, шкідли́вий; **2.** зво́дити [звести́] на́клеп на (З); лихосло́вити; **~ant** [mə'lignənt] □ шкідли́вий; зло́бний, злі́сний; Me злоя́кісний; **~ity** [-niti] злобли́вість *f*; згу́бність *f*; Me злоя́кісність *f*.
malleable ['mæliəbl] ковки́й; *fig.* підда́тливий.
mallet ['mælit] дерев'я́ний молото́к, кия́нка; стука́чка; кала́тало.
malnutrition ['mælnju:'triʃən] недоста́тнє харчува́ння.

M

malodorous ['mæ'loudərəs] □ смердю́чий; смо́рідний.
malt [mɔ:lt] со́лод; F пи́во.
maltreat [mæl'tri:t] пога́но пово́дитись з (О).
mammal ['mæməl] ссаве́ць (твари́на).
mammoth ['mæməθ] 1. величе́зний; 2. ма́монт.
man [mæn] 1. (*pl.* men) люди́на; чолові́к; лю́дство; слуга́ *m*; фігу́ра (гри); 2. Ml, Sh укомплекто́вувати особо́вим скла́дом; ~o.s. мужа́тися, кріпи́тися.
manage ['mænidʒ] *v/t.* керува́ти (О), ві́дати (О); бу́ти на чолі́ (Р); справля́тися [спра́витися] з (О); обхо́дитися [обійти́сь] (with О, without без Р); ~ to (+inf.) (з)умі́ти...; **~able** [-əbl] □ слухня́ний, сми́рний; згі́дливий; **~ment** [-mənt] керува́ння, заві́дування; С ме́неджмент; умі́ння спра́витися; **~r** [-ə] заві́дуючий; дире́ктор; С ме́неджер; **~ress** [-əres] заві́дуюча.
managing ['mænidʒiŋ] керу́ючий; ділови́й.
mandat|e ['mændeit] манда́т; нака́з; **~ory** ['mændətəri] манда́тний; вла́дний.
mane [mein] гри́ва; *fig.* па́тли *f/pl.*
manful ['mænful] □ му́жній.
mange [meindʒ] *vet.* коро́ста.
manger ['meindʒə] я́сла *n/pl.*; годівни́чка.
mangle ['mæŋgl] 1. кача́лка (для біли́зни); 2. (ви́)кача́ти (біли́зну); *fig.* перекру́чувати [-ути́ти].
mangy ['meindʒi] 1. коро́стяний; парши́вий; 2. Ме коро́стявий.
manhood ['mænhud] змужні́лість *f*; му́жність *f*.
mania ['meiniə] ма́нія; **~c** ['meiniæk] 1. маня́к [-я́чка]; 2. причи́нний.
manicure ['mænikjuə] 1. манікю́р; 2. роби́ти манікю́р (Д).
manifest ['mænifest] 1. □ очеви́дний, я́вний; 2. Sh деклара́ція суднові́ого вантажу́; 3. *v/t.* виявля́ти [ви́явити]; оприлю́днювати [-нити] *pf*; проявля́ти [-ви́ти]; **~ation** ['mænifes'teiʃən] ви́явлення; маніфеста́ція; **~o** [-'festou] маніфе́ст.
manifold ['mænifould] □ 1. різномані́тний, різнорі́дний; 2. розмно́жувати [-жити] (докуме́нти).
manipulat|e [mə'nipjuleit] маніпулюва́ти; **~ion** [mənipju'leiʃən] маніпуля́ція; підтасо́вка.
man|kind [mæn'kaind] 1. лю́дство; 2. ['mænkaind] чолові́чий рід; **~ly** [-li] му́жній.
manner ['mænə] спо́сіб, ме́тод; мане́ра; спо́сіб дій; **~s** *pl.* умі́ння пово́дитися; мане́ри *f/pl.*; звича́ї *m/pl.*; in a ~ пе́вною мі́рою; **~ed** [-d] вига́дливий; **~ly** [-li] вві́чливий.
manoeuvre [mə'nu:və] 1. мане́вр; 2. прово́дити мане́ври; маневрува́ти.
man-of-war ['mænəv'wɔ:] військо́вий корабе́ль *m*.
manor ['mænə] мае́ток.
mansion ['mænʃən] вели́кий помі́щицький буди́нок.
manslaughter ['mænslɔ:tə] ненавми́сне вби́вство.
mantel ['mæntl] облицюва́ння камі́на; **~piece, ~shelf** поли́ця камі́на.
mantle ['mæntl] 1. ма́нтія; *fig.* покро́в; 2. *v/t.* обку́т(ув)ати; покри́(ва́)ти; *v/i.* (по)червоні́ти.
manual ['mænjuəl] 1. ручни́й; 2. посі́бник (кни́га), підру́чник, довідни́к.
manufactory [mænju'fæktəri] фа́брика.
manufactur|e [mænju'fæktʃə] 1. виробни́цтво; ви́ріб; 2. виробля́ти [ви́робити]; (с)фабрикува́ти; **~er** [-rə] фабрика́нт; промисло́вець *m*; **~ing** [-riŋ] виробни́цтво, ви́роблення; *attr.* фабри́чний, промисло́вий.
manure [mən'juə] 1. до́бриво; 2. удо́брювати [-рити].
many ['meni] 1. бага́то хто, бага́то які́; числе́нні; бага́то; ~ a і́нший; 2. бе́зліч *f*, числе́нність *f*; a good ~ неабияка кі́лькість *f*; a great ~ величе́зна кі́лькість *f*.
map [mæp] 1. ка́рта; 2. нано́сити на ка́рту; ~ out (с)планува́ти.
mar [mɑ:] перекру́чувати [-рути́ти]; (зі)псува́ти.
marble [mɑ:bl] 1. ма́рмур; 2. розмальо́вувати під ма́рмур.
March¹ [mɑ:tʃ] бе́резень.
march² [~] 1. Ml марш; похі́д; *fig.* ро́звиток (поді́й); 2. марширува́ти; *fig.* йти́ впере́д (*a.* ~ on).
marchioness ['mɑ:ʃənis] маркі́за (ти́тул).
mare [mɛə] коби́ла; ~'s nest ілю́зія, ома́на.
margin ['mɑ:dʒin] край; береги́ *m/pl.* (сторі́нки); узлі́сся; **~al** [-l] □ що знахо́диться на краю́; ~ note нота́тка на берега́х сторі́нки.
marine [mə'ri:n] 1. морськи́й; 2. солда́т морсько́ї піхо́ти; *paint.* морськи́й вид (карти́на); **~r** ['mærinə] моря́к; матро́с.
marital [mə'raitl] □ подру́жній.
maritime ['mæritaim] примо́рський; морськи́й.

mark[1] [mɑ:k] ма́рка (грошова́ одини́ця).
mark[2] [~] 1. мі́тка, знак; бал, відмі́тка (оці́нка знань); фабри́чна ма́рка; мішéнь *f*; нóрма; a man of ~ видатна́ люди́на; up to the ~ *fig.* на нале́жній висоті́; 2. *v/t.* відзнача́ти [-на́чити]; ста́вити розці́нку на това́р; ста́вити пóзначку у (М); ~ off відділя́ти [-ли́ти]; ~ out розставля́ти вказівні́ зна́ки на (М); ~ time Ml карбува́ти крок на мі́сці; ~**ed** [mɑ:kt] □ відзна́чений, помі́тний.
market ['mɑ:kit] 1. ри́нок, база́р; С збут; in the ~ у прóдажу; 2. приво́зити на база́р (для прóдажу); купува́ти на база́рі; прода́(ва́)ти; go ~ing ходи́ти на ри́нок; ~**able** [əbl] □ ходови́й.
marksman ['mɑ:ksmən] влу́чний стріле́ць *m*.
marmalade ['mɑ:məleid] апельси́нове варе́ння; мармела́д.
maroon ['məru:n] виса́джувати на безлю́дному óстрові.
marquee [mɑ:'ki:] шатрó, наме́т.
marquis ['mɑ:kwis] марκі́з.
marriage ['mæridʒ] шлюб; весі́лля; civil ~ циві́льний шлюб; ~**able** [-əbl] що дося́г(ла́) шлю́бного ві́ку; ~-**lines** *pl.* свідóцтво про шлюб.
married ['mærid] одру́жений; замі́жня; ~ couple подру́жжя *pl.*
marrow ['mærou] кістко́вий мо́зок; *fig.* су́тність *f*; ~**y** [-i] кістково-мозкови́й *fig.* міцни́й.
marry ['mæri] *v/t.* жени́ти; видава́ти за́між; *eccl.* одру́жувати; одру́жуватися з (О); ви́йти за́між за (З); *v/i.* одру́жуватися; ви́йти за́між.
marsh ['mɑ:ʃ] болóто, багнó.
marshal ['mɑ:ʃəl] 1. ма́ршал; церемонійме́йстер; *Am.* нача́льник полі́ції; 2. вишик(óв)у́вати (військá і т.ін.); урочи́сто вести́.
marshy ['mɑ:ʃi] болоти́стий; болóтяний.
mart [mɑ:t] ри́нок; аукціóнний зал.
marten ['mɑ:tin] *zo.* куни́ця.
martial ['mɑ:ʃl] □ військóвий, воéнний; войовни́чий; ~ law військóвий стан.
martyr ['mɑ:tə] 1. му́ченик (-иця); 2. (за)катува́ти.
marvel ['mɑ:vel] 1. ди́во, чу́до; 2. (з)дивува́тися; ~**lous** ['mɑ:vələs] □ чудóвий, дивови́жний.
mascot ['mæskət] талісма́н.
masculine ['mɑ:skjulin] чоловíчий; му́жній.
mash [mæʃ] 1. мішани́на; су́сло; 2. розмина́ти [розім'я́ти]; розда́влювати [-ви́ти]; ~ed potatoes *pl.* картопля́не пюре́ *n indecl.*
mask [mɑ:sk] 1. ма́ска; 2. (за)маскува́ти; прихó(ву)ва́ти; ~**ed** [-t]: ~ ball маскара́д.
mason ['meisn] каменя́р; масóн; ~**ry** [-ri] кам'яна́ (або цегляна́) кла́дка; масóнство.
masquerade [mæskə'reid] 1. маскара́д; 2. *fig.* прикида́тися [-ки́нутися].
mass [mæs] 1. ма́са; *eccl.* ме́са; ~ meeting масові́ збóри *m/pl.*; 2. збира́тись на́товпом; збира́ти(сь) доку́пи; Ml масува́ти *(im)pf.*
massacre ['mæsəkə] 1. різани́на, биття́; вирі́зувати [ви́різати] (людéй).
massage ['mæsɑ:ʒ] 1. маса́ж; 2. масажува́ти.
massive ['mæsiv] маси́вний; вели́кий.
mast [mɑ:st] Sh щóгла.
master ['mɑ:stə] 1. господар; пан; капіта́н (су́дна); вчи́тель *m*; ма́йстер; *univ.* глава́ коле́джу; ≗ of Arts магі́стр мисте́цтв; 2. (по)дола́ти; справля́тися [спра́витися] з (О); оволоді́(ва́)ти (О); володі́ти (мóвою); 3. *attr.* майсте́рний; веду́чий; ~-**builder** будіве́льник; ~**ful** ['mɑ:stəful] □ вла́дний; майсте́рний; ~-**key** відми́чка; ~**ly** [-li] майсте́рний; ~**piece** шеде́вр; ~**ship** [-ʃip] майсте́рність *f*; поса́да вчи́теля; ~**y** ['mɑ:stəri] панува́ння; вла́да; майсте́рність *f*.
masticate ['mæstikeit] (з)жува́ти.
mastiff ['mæstif] англі́йський дог.
mat [mæt] 1. цинóвка, рогóжа; 2. *fig.* (с)плу́тати.
match[1] [mætʃ] сірни́к; Ml гні́т.
match[2] [~] 1. рі́вня *m/f*; матч; змага́ння; ви́гідний шлюб, па́ртія; be a ~ for бу́ти рі́внею (Д); 2. *v/t.* (з)рівня́тися з (О); підбира́ти до па́ри; well ~ed couple га́рна па́ра; *v/i.* відповіда́ти; сполуча́тися; to ~ що підхóдить (по кóльору, тону і т.ін.); ~**less** ['mætʃlis] □ незрівня́нний, чудóвий.
mate [meit] 1. това́риш; коха́нець *m* (-нка *f*); чолові́к, дружи́на; саме́ць *m* (са́мка); Sh помічни́к капіта́на; 2. одру́жуватися [-жи́тися].
material [mə'tiəriəl] 1. □ матеріа́льний; істóтний; 2. матеріа́л (*a. fig.*); мате́рія; речовина́.
matern|al [mə'tə:nl] □ матери́нський; ~**ity** [-niti] матери́нство; (*mst* ~ hospital) полóговий буди́нок.
mathematic|ian [mæθimə'tiʃən] матема́тик; ~**s** [-mæ'tiks] (*mst sq.*) матема́тика.

M

matriculate [mə'trikjuleit] прийня́ти *або* бу́ти при́йнятим до університе́ту.

matrimon|ial [mætri'mounjəl] □ шлю́бний; подру́жній; **~y** ['mætriməni] подру́жнє життя́, шлюб.

matrix ['meitriks] ма́триця.

matron ['meitrən] замі́жня жі́нка; еконо́мка; сестра́-хазя́йка (у лікарні).

matter ['mætə] **1.** речовина́; матеріа́л; предме́т; спра́ва; при́від; what's the ~? що ста́лося? у чо́му спра́ва?; no ~ who ... все одно́, хто ...; ~ of course звича́йна спра́ва; for that ~ стосо́вно цього́; ~ of fact факт; **2.** ма́ти зна́чення; it does not ~ ні́чого; **~-of-fact** факти́чний; ділови́й.

mattress ['mætris] матра́ц, сінни́к.

matur|e [mə'tjuə] **1.** □ зрі́лий; ви́триманий; C що підляга́є спла́ті; **2.** дозрі́(ва́)ти; цілко́м розвива́тися; C наступа́ти [-пи́ти] (про те́рмін); **~ity** [-riti] зрі́лість *f*; C те́рмін платежу́ за ве́кселем.

maudlin ['mɔ:dlin] □ плакси́вий.

maul ['mɔ:l] роздира́ти [розде́рти]; *fig.* жорсто́ко критикува́ти.

mawkish ['mɔ:kiʃ] □ сентимента́льний; неприє́мний на смак.

maxim ['mæksim] афори́зм; при́нцип; **~um** [-siməm] **1.** ма́ксимум; найви́щий сту́пінь *m*; **2.** максима́льний.

May[1] [mei] тра́вень.

may[2] [~] [*irr.*] (мода́льне дієсло́во без інфініти́ву і дієприкме́тників) (з)могти́; ма́ти до́звіл.

maybe ['meibi:] *Am.* можли́во.

May-day ['meidei] свя́то Першотра́вня.

mayor [mɛə] мер.

maz|e [meiz] лабіри́нт; *fig.* плутани́на; be ~d *або́* in a ~ бу́ти розгу́бленим; **~y** ['meizi] □ заплу́таний.

me [mi:, mi] непрями́й відмі́нок від I; мені́, мене́; F я.

meadow ['medou] лука́, луг.

meagre ['mi:gə] худи́й, худю́щий; убо́гий, мізе́рний.

meal [mi:l] ї́жа (снда́нок, обі́д, вече́ря); бо́рошно.

mean[1] [mi:n] □ пі́длий, ни́цдий; скна́рий.

mean[2] [~] **1.** сере́дній; in the ~ time тим ча́сом; **2.** сере́дина; **~s.** *pl.* ста́тки *m/pl.*, бага́тство; (*a.sg.*) за́сіб; спо́сіб; by all ~s за вся́ку ціну́; звича́йно; by no ~s ніскі́льки; аж ні́як не ...; by ~s of за допомо́гою (P).

mean[3] [~] [*irr.*] ма́ти на́мір; ма́ти на ува́зі; припуска́ти; признача́ти [-зна́чити]; зна́чити; ~ well (ill) ма́ти до́брі (пога́ні) на́міри.

meaning ['mi:niŋ] **1.** □ значу́щий; **2.** зна́чення; сенс; **~less** [-lis] безглу́здий.

meant [ment] *pt.* і *p.pt.* від mean.

mean|time, ~while тим ча́сом.

measles ['mi:zlz] *pl.* Me кір.

measure ['meʒə] **1.** мі́ра; мі́рка; захі́д; масшта́б; Mu такт; ~ of capacity мі́ра об'є́му; beyond ~ непомі́рно; in a great ~ вели́кою мі́рою; made to ~ зро́блений за мі́ркою; **2.** змі́рювати [ви́міряти]; зніма́ти мі́рку з (P); **~less** [-lis] □ незмі́рний; **~ment** [-mənt] ро́змір; ви́мір.

meat [mi:t] м'я́со; *fig.* зміст; **~y** ['mi:ti] м'ясистий; *fig.* змісто́вний.

mechanic [mi'kænik] меха́нік; ремісни́к; **~al** [-nikəl] □ маши́нний; механі́чний; машина́льний; **~ian** [mekə'niʃən] меха́нік; **~s** (*mst sg.*) меха́ніка.

mechanize ['mekənaiz] механізува́ти *(im)pf.*; Ml моторизува́ти *(im)pf.*

medal [medl] меда́ль *f.*

meddle [medl] (with, in) втруча́тися [втру́титися] у (З); **~some** [-səm] □ набри́дливий.

media|l ['mi:diəl] □, **~n** [-ən] сере́дні́й; сере́динний.

mediat|e ['mi:dieit] бу́ти посере́дником; **~ion** [mi:di'eiʃən] посере́дництво; **~or** ['mi:dieitə] посере́дник.

medical ['medikəl] □ меди́чний; лі́карський; ~ certificate лікарня́ний листо́к; меди́чне свідо́цтво; ~ man лі́кар, ме́дик.

medicin|al [me'disinl] □ ліка́рський; цілю́щий; **~e** ['med(i)sin] медици́на; лі́ки *pl.*

medi(a)eval [medi'i:vəl] □ середньові́чний.

mediocre ['mi:dioukə] посере́дній.

meditat|e ['mediteit] *v/i.* (об)міркува́ти; *v/t.* обду́м(ув)ати (З); **~ion** [medi'teiʃən] міркува́ння; спогляда́ння; **~ive** ['mediteitiv] □ спогляда́льний.

Mediterranean [meditə'reinjən] (або́ ~ Sea) Середзе́мне мо́ре.

medium ['mi:diəm] **1.** сере́дина; за́сіб, спо́сіб; ме́діум (у спіри́тів); аге́нт; **2.** сере́дній; помі́рний.

medley ['medli] су́міш *f*; попурі́ (*n indecl.*).

meek [mi:k] [*irr.*] □ ла́гідний, м'яки́й; **~ness** ['miknis] ла́гідність *f*, м'я́кість *f*.

meet [mi:t] [*irr.*] *v/t.* зустрі́(ча́)ти;

(по)знайо́митися з (О); задовольня́ти [-ни́ти] (вимо́ги і т.ін.); опла́чувати [оплати́ти] (борги́); go to ~ a p. іти́ назу́стріч (Д); *v/i.* (по)знайо́митися; схо́дитися [зійти́ся], збира́тися [зібра́тися]; ~ with ви́проб(о́в)увати (З), підпада́ти [-па́сти] (З); ~**ing** ['mi:tiŋ] засі́дання; зу́стріч; мі́тинг, збо́ри *m/pl.*

melancholy ['melənkəli] **1.** сму́ток; сум; **2.** пригні́чений; смутни́й.

mellow ['melou] **1.** □ спі́лий; прие́мний на смак; **2.** зм'я́кшувати(ся) [-шитися]; дозрі́(ва́)ти.

melo|dious [mi'loudjes] □ мелоді́йний; ~**dy** ['melədi] мело́дія.

melon ['melən] В ди́ня.

melt [melt] (роз)та́нути; (роз)пла́вити(ся); *fig.* (по)м'я́кшати(ся).

member ['membə] член (*a. parl.*); ~**ship** [-ʃip] чле́нство.

membrane ['membrein] плі́ва, плі́вка, оболо́нка; пере́тинка; Е мембра́на.

memento [me'mentou] нага́дування.

memoir ['memwɑ:] меморіа́льна стаття́; ~s *pl.* мемуа́ри *m/pl.*

memorable ['memərəbl] □ незабу́тній.

memorandum [memə'rændəm] нота́тка; *pol.* мемора́ндум.

memorial [mi'mɔ:riəl] **1.** па́м'ятник; ~s *pl.* хро́ніка; **2.** меморіа́льний.

memorize ['meməraiz] *part. Am.* вчи́ти напа́м'ять.

memory ['meməri] па́м'ять *f*; спо́гад.

men [men] (*pl.* від man) лю́ди *f/pl.*; чолові́ки *m/pl.*

menace ['menəs] **1.** загро́жувати *(im)pf.*; (при)гро́зити (Д; with О); **2.** загро́за; небезпе́ка.

mend [mend] **1.** *v/t.* виправля́ти [ви́правити]; (по)ла́годити; ~ one's ways виправля́тися [ви́правитися]; *v/i.* полі́пшуватися [-шитися]; поправля́тися [попра́витися]; **2.** ла́годження; on the ~ на попра́вку (про здоро́в'я).

mendacious [men'deiʃəs] брехли́вий.

mendicant ['mendikənt] убо́гий; жебра́к.

menial ['mi:niəl] *contp.* **1.** □ раболі́пний, холо́пський; **2.** слуга́ *m*, лаке́й.

mental [mentl] □ розумо́вий; психі́чний; ~ arithmetic рахува́ти у ду́мці; ~**ity** [men'tæliti] зда́тність ми́слення; склад ро́зуму.

mention ['menʃən] **1.** зга́дування; **2.** зга́дувати [-да́ти] (З); don't ~ it! будь ла́ска! не ва́рто подя́ки!

mercantile ['mə:kəntail] торго́вий, комерці́йний.

mercenary ['mə:sinəri] **1.** □ корисливий; на́йманий; **2.** на́йманець *m.*

mercer ['mə:sə] торго́вець *m* шо́вком і оксами́том.

merchandise ['mə:tʃəndaiz] това́р (-и *pl.*).

merchant ['mə:tʃənt] торго́вець *m*, купе́ць *m*; ~ law торго́ве пра́во; ~ man [-mən] торго́ве су́дно.

merci|ful ['mə:siful] □ милосе́рдий; ~**less** [-lis] □ немилосе́рдий.

mercury ['mə:kjuri] ртуть *f.*

mercy ['mə:si] милосе́рдя; жаль *m*; проще́ння; be at a p.'s ~ зале́жати від ко́гось.

mere [miə] □ про́сти́й; суці́льний; ~**ly** ті́льки, про́сто.

meretricious [meri'triʃəs] □ показни́й; мішу́рний; розпу́сний.

merge [mə:dʒ] зли́(ва́)ти(ся) (in з О); ~**r** ['mə:dʒə] злиття́, об'є́дна́ння.

meridian [mə'ridiən] **1.** полуде́нний; *fig.* ви́щий; **2.** пі́вдень, по́лудень *m*; *georg.* меридіа́н; *fig.* найви́ща то́чка; ро́зквіт.

merit ['merit] **1.** заслу́га; досто́їнство; make a ~ of a th. ста́вити собі в заслу́гу; **2.** заслуго́вувати [-ужи́ти]; ~**orious** [meri'tɔ:riəs] □ гі́дний нагоро́ди; похва́льний.

mermeid ['mə:meid] руса́лка, ная́да.

merriment ['merimənt] весе́лість *f.*

merry ['meri] □ весе́лий, ра́дісний; make ~ весели́тись; ~**-go-round** карусе́ль *f*; ~**making** весе́лощі; святкува́ння.

mesh [meʃ] **1.** петля́; ~ (es *pl.*) сі́ті *f/pl.*; Е be in ~ зчі́плюватися [зчепи́тися]; **2.** *fig.* потра́пити у тене́та; обплу́тувати.

mess[1] [mes] **1.** безла́ддя, плутани́на; неприє́мність *f*; розгардія́ш; make a ~ of a th. прова́лювати спра́ву; **2.** *v/t.* дово́дити до безла́ддя; *v/i.* F ~ about працюва́ти абия́к.

mess[2] [~] Ml спі́льне харчува́ння; ї́дальня.

message ['mesidʒ] повідо́млення; посла́ння; дору́чення.

messenger ['mesindʒə] поси́льний; передві́сник.

met [met] *pt.* і *p.pt.* від meet.

metal ['metl] **1.** мета́л; ще́бінь *m*; **2.** мости́ти ще́бенем; ~**lic** [mi'tælik] (~ally) метале́вий; ~**lurgy** ['metələ:dʒi] металу́ргія.

meteor ['mi:tjə] метео́р; ~**ology** [mi:tjə'rɔlədʒi] метеороло́гія.

meter ['mi:tə] лічи́льник; вимі́рювач.

method ['meθəd] ме́тод, спо́сіб; систе́ма, поря́док; ~**ic**, *mst* ~**ical** □ [mi'θɔdik, -dikəl] системати́чний; методи́чний.

M

meticulous [mi'tikjuləs] □ скрупульо́зний, доскі́пливий.
metre ['mi:tə] метр.
metric ['metrik] (~ally) метри́чний; ~ system метри́чна систе́ма.
metropoli|s [mi'trɔpəlis] столи́ця; метропо́лія; **~tan** [metrə'pɔlitən] столи́чний.
mettle [metl] темпера́мент; за́пал.
Mexican ['meksikən] 1. мексика́нський; 2. мексика́нець *m* (-нка).
miauw [mi'au] (за)ня́вкати.
mice [mais] *pl.* ми́ші *f/pl.*
Michaelmas ['miklməs] Миха́йлів день *m* (29 ве́ресня).
micro... ['maikro] мі́кро...
micro|phone ['maikrəfoun] мікрофо́н; **~scope** мікроско́п.
mid [mid] сере́дній; середи́нний; ~ air: in ~ ви́со́ко у пові́трі; **~day** 1. по́лудень *m*; 2. полудне́вий.
middle [midl] 1. сере́дина; 2. сере́дній; ≗ Ages *pl.* сере́дні віки́ *m/pl.*, середньові́ччя; **~-aged** сере́днього ві́ку; **~-class** сере́дня буржуазі́я; **~ man** посере́дник; **~-sized** сере́дніх ро́змірів; **~-weight** сере́дня вага́ (про бокс); (боксе́р) сере́дньої ваги́.
middling ['midliŋ] посере́дній.
middy ['midi] F = **midshipman.**
midge [midʒ] мо́шка; **~t** ['midʒit] ка́рлик; *attr.* мініатю́рний.
mid|land ['midlənd] центра́льна части́на краї́ни; **~most** центра́льний; **~night** пі́вніч *f* (про час); **~riff** ['midrif] *anat.* діафра́гма; **~ship** мі́дель *m*; **~shipman** корабе́льний гардемари́н; **~st** [midst] сере́дина; середо́вище; in the ~ of се́ред (Р); in our ~ у на́шому середо́вищі; **~summer** сере́дина лі́та; **~way** на півдоро́зі; **~wife** акуше́рка; **~wifery** ['midwifəri] акуше́рство; **~winter** сере́дина зими́.
mien [mi:n] мі́на (ви́раз обли́ччя).
might [mait] 1. мі́ць *f*; могу́тність *f*; with ~ and main щоси́ли; 2. *pt.* і *p.pt.* від may; **~y** ['maiti] могу́тній; величе́зний.
migrat|e [mai'greit] мігрува́ти; **~ion** [-ʃən] мігра́ція; перелі́т; **~ory** ['maigrətəri] кочови́й; перелі́тний.
mild [maild] □ м'яки́й; ла́гідний; неміцни́й, слабки́й (про напі́й, тютю́н і т.ін.).
mildew ['mildju] B мільдью́ *n indecl.*; плі́снява, цві́ль *f*.
mildness ['maildnis] м'я́кість *f*; ла́гідність *f*; помі́рність *f*.
mile [mail] ми́ля (=1609,33 м).
mil(e)age ['mailidʒ] ві́дстань у ми́лях.
milit|ary ['militəri] 1. □ вое́нний; військо́вий; ≗ Government військо́вий у́ряд; 2. військо́ві; військо́ва вла́да; **~ia** [mi'liʃə] мілі́ція; ополче́ння.
milk [milk] 1. молоко́; powdered ~ моло́чний порошо́к; whole ~ незби́ране молоко́; 2. (ви́)доїти; **~maid** доя́рка; **~man** моло́чник; **~sop** безхара́ктерна люди́на, "квач"; **~y** ['milki] моло́чний; ≗ Way Чума́цький шлях.
mill[1] [mil] 1. млин; фа́брика, заво́д; 2. змоло́ти; E (від)фрезерува́ти *(im)pf.*
mill[2] [~] *Am.* (=1/10 cent) міль (1/1000 ча́стка до́лара).
millepede ['milipi:d] *zo.* багатоні́жка.
miller ['milə] міро́шник; E фре́зерний верста́т; фрезерува́льник.
millet ['milit] B про́со.
milliner ['milinə] моди́стка; **~y** [-ri] кра́мни́ця жіно́чих капелю́шків.
million ['miljən] мільйо́н; **~aire** [miljə'nɛə] мільйоне́р; **~th** ['miljənθ] 1. мільйо́нний; 2. мільйо́нна ча́стка.
millpond ['milpond] млино́вий став; **~stone** млино́ве жо́рно.
milt [milt] *zo.* молочко́.
mimic ['mimik] 1. наслі́дувальний; 2. іміта́тор; 3. пародіюва́ти *(im)pf.*; наслі́дувати (З); **~ry** [-ri] наслі́дування; *zo.* мімікрі́я.
mince [mins] 1. *v/t.* (по)руба́ти (м'я́со); he does nor ~ matters він гово́рить пря́мо (без на́тяків); *v/i.* говори́ти мані́рно; 2. сі́чене м'я́со (*mst.* ~d meat); **~meat** на́чинка з родзи́нок, я́блук і т.ін.; **~-pie** пирі́г (*s.* mincemeat).
mincing-machine м'ясору́бка.
mind [maind] 1. ро́зум; ду́мка; на́мір; охо́та; пам'я́ть *f*; to my ~ на мою́ ду́мку; out of one's ~ не тя́мити себе́; change one's ~ переду́м(ув)ати; bear in ~ пам'ята́ти, не забу́(ва́)ти; have a ~ to ма́ти бажа́ння (+inf.); have a th. on one's ~ триво́житися про ко́гось (щось); make up one's ~ нава́жуватися [-житися]; 2. пам'ята́ти; (по)турбува́тися про (З); остеріга́тися [-регти́ся] (Р); never ~! дарма́!; I don't ~ (it) я нічо́го не ма́ю про́ти; would you ~ taking off your hat? бу́дьте ласка́ві зня́ти капелю́ха; **~ful** ['maindful] □ (of) ува́жний (до Р); турбо́тливий.
mine[1] [main] *pred.* мі́й *m*, моя́ *f*, моє́ *n*, мої́ *pl.*; 2. мої́ (рі́дні), моя́ сім'я́.

mine² [~] 1. рудни́к, копа́льня, ру́дня, ша́хта; *fig.* джерело́; Ml мі́на; 2. добу́(ва́)ти; ри́ти; прово́дити гірни́чі робо́ти; *fig.* виса́джувати [ви́садити]; **~r** ['mainə] гірни́к, шахта́р.
mineral ['minərəl] 1. мінера́л; **~s** *pl.* мінера́льні во́ди *f/pl.*; 2. мінера́льний.
mingle ['miŋgl] змі́шувати(ся) [-ша́ти(ся)].
miniature ['minjətʃə] 1. мініатю́ра; 2. мініатю́рний.
minim|ize ['minimaiz] дово́дити до мі́німуму; *fig.* зме́ншувати [-шити]; **~um** [-iməm] 1. мі́німум; 2. мініма́льний.
mining ['mainiŋ] гірни́ча промисло́вість *f.*
minister ['ministə] 1. міні́стр; посланник; свяще́ник; 2. *v/i.* пра́вити богослужі́ння; (по)служи́ти.
ministry ['ministri] служі́ння; міністе́рство.
mink [miŋk] *zo.* но́рка.
minor ['mainə] 1. моло́дший; ме́нший; другоря́дний; Mu міно́рний; A ~ ля міно́р; 2. неповнолі́тній; *Am. univ.* другоря́дний предме́т; **~ity** [mai'nɔriti] неповнолі́ття; ме́ншість *f.*
minstrel ['minstrəl] менестре́ль *m*; **~s** *pl.* викона́вці негритя́нських пісе́нь.
mint [mint] B м'я́та; моне́та; моне́тний двір; *fig.* "золоте́ дно"; a ~ of money вели́ка су́ма; 2. (ви́)карбува́ти.
minuet ['minju'et] мену́ет.
minus ['mainəs] 1. *prp.* без (P), мі́нус; 2. *adj.* негати́вний.
minute 1. [mai'nju:t] □ мілки́й; незна́чний; докла́дний, дета́льний; 2. ['minit] хвили́на; моме́нт; **~s** *pl.* протоко́л; **~ness** [mai'nju:tnis] дещи́ця; то́чність *f.*
mirac|le ['mirəkl] чу́до, ди́во; **~ulous** [mi'rækjuləs] □ ди́вний, чудо́вий.
mirage ['mira:ʒ] міра́ж.
mire ['maiə] 1. трясовина́; багно́; 2. в'я́знути у трясовині́.
mirror ['mirə] 1. дзе́ркало; 2. віддзерка́лювати [-лити].
mirth [mə:θ] весе́лощі *f/pl.*, ра́дість *f*; **~ful** ['mə:θful] □ весе́лий, ра́дісний; **~less** [-lis] □ безра́дісний.
miry ['maiəri] багни́стий.
mis... [mis] *pref.* означа́є непра́вильність або́ неста́чу, напри́клад: missadvise да́ти непра́вильну пора́ду.
misadventure ['misəd'ventʃə] неща́стя; неща́сний ви́падок.
misanthrop|e ['mizənθroup], **~ist** [mi'zænθropist] мізантро́п, людиноненави́сник.
misapply ['misə'plai] зловжива́ти (O); непра́вильно використо́вувати.
misapprehend ['misæpri'hend] розумі́ти помилко́во.
misbehave ['misbi'heiv] пога́но пово́дитись.
misbelief ['misbi'li:f] помилко́ва ду́мка; е́ресь *f.*
miscalculate ['mis'kælkjuleit] помиля́тися у розраху́нках; непра́вильно розрахо́вувати.
miscarr|iage ['mis'kæridʒ] невда́ча; недоставля́ння за адре́сою; або́рт, ви́кидень *m*; ~ of justice судо́ва по́милка; **~y** [-ri] зазна́ти невда́чі; зроби́ти ви́кидень *m.*
miscellaneous [misi'leinjəs] □ змі́шаний; різнобі́чний.
mischief ['mistʃif] пустува́ння; ви́тівки *f/pl*; шко́да; зло.
mischievous ['mistʃivəs] □ шкодли́вий; пусто́тливий.
misconceive ['miskən'si:v] непра́вильно розумі́ти.
misconduct 1. ['mis'kɔndəkt] нега́рна поведі́нка; пога́не управлі́ння; 2. [-kən'dʌkt] пога́но управля́ти (O); ~ o.s. пога́но себе́ пово́дити.
misconstrue ['miskən'stru:] непра́вильно тлума́чити.
miscreant ['miskriənt] негі́дник, лиході́й.
misdeed ['mis'di:d] лиході́йство.
misdemeano(u)r ['misdi'mi:nə] C ка́рана судо́м прови́на.
misdirect ['misdi'rekt] неві́рно спрямува́ти; непра́вильно адресува́ти.
miser ['maizə] скупі́й, скна́ра *m/f.*
miserable ['mizərəbl] □ жалюгі́дний, неща́сний; убо́гий, мізе́рний.
miserly ['maizəli] скупи́й.
misery ['mizəri] знего́да, неща́стя, стражда́ння; зли́дні *pl.*
misfortune [mis'fɔ:tʃən] невда́ча, неща́стя.
misgiving [mis'giviŋ] побо́ювання, передчуття́ пога́ного.
misguide [mis'gaid] вво́дити в ома́ну; непра́вильно скеро́вувати.
mishap ['mishæp] невда́ча.
misinform ['misin'fɔ:m] неві́рно інформува́ти.
misinterpret ['misin'tə:prit] неві́рно тлума́чити.
mislay [mis'lei] [*irr.* (lay)] покла́сти не на мі́сце.
mislead [mis'li:d] [*irr.* (lead)] вво́дити в ома́ну.
mismanage ['mis'mænidʒ] пога́но управля́ти (O), (зі)псува́ти.

misplace ['mis'pleis] покла́сти не на мі́сце; *p.pt.* **~d** *fig.* недоре́чний.
misprint ['mis'print] **1.** непра́вильно друкува́ти; зроби́ти друка́рську по́ми́лку; **2.** по́ми́лка (друка́рська).
misread ['mis'ri:d] [*irr.* (read)] чита́ти непра́вильно; непра́вильно тлума́чити.
misrepresent ['misrepri'zent] зобра́жувати у фальши́вому сві́тлі.
miss¹ [mis] міс, па́нна, паня́нка.
miss² [~] **1.** про́мах; відсу́тність *f*; втра́та; **2.** *v/t.* пропуска́ти [-сти́ти]; спі́знюватись [-ни́тись] на (З); недогля́нути, не помі́тити; не заста́ти вдо́ма; відчува́ти відсу́тність (кого-не́будь); *v/i* схи́бити; не влуча́ти у ціль.
missile ['misail] мета́льний снаря́д; раке́та.
missing ['misiŋ] відсу́тній, недоста́тній; Ml що пропа́в без ві́сті; be ~ бу́ти відсу́тнім.
mission ['miʃən] мі́сія, делега́ція; покли́кання; дору́чення; *eccl.* місіоне́рська ді́яльність *f*; **~ary** ['miʃnəri] місіоне́р.
mis-spell ['mis'spel] [*a.irr.* (spell)] орфографі́чно непра́вильно писа́ти.
mist [mist] тума́н, імла́; серпа́нок; ди́мка.
mistake [mis'teik] **1.** [*irr.* (take)] помиля́тися [-ли́тися]; непра́вильно розумі́ти; прийма́ти [прийня́ти] (for за З); be **~n** помиля́тися [-ли́тися]; **2.** по́ми́лка; хи́бна ду́мка; **~n** [ən] □ помилко́вий, непра́вильно зрозумі́лий; недоре́чний.
mister ['mistə] мі́стер, пан (ста́виться пе́ред прі́звищем).
mistletoe ['misltou] В омела́.
mistress ['mistris] господи́ня; вчи́телька; майстри́ня; коха́нка; скоро́чено: Mrs. ['misiz] мі́сіс, па́ні (ста́виться пе́ред прі́звищем памі́жньої жі́нки).
mistrust ['mis'trʌst] **1.** не довіря́ти (Д); **2.** недові́ра; **~ful** [-ful] □ недові́рливий.
misty ['misti] □ тума́нний; нея́сний.
misunderstand ['misʌndə'stænd] [*irr.* (stand)] непра́вильно розумі́ти; **~ing** [-iŋ] непорозумі́ння; сва́рка.
misuse **1.** ['mis'ju:z] зловжива́ти [зловжи́ти] (О); пога́но пово́дитись з (О); **2.** [-'ju:s] зловжива́ння.
mite [mait] *zo.* кліщ; ле́пта; маля́тко.
mitigate ['mitigeit] пом'я́кшувати [-шити]; зме́ншувати [-шити].
mitre ['maitə] ми́тра.
mitten ['mitn] рукави́ця.
mix [miks] змі́шувати(ся) [-ша́ти(ся)]; пе-ремі́шувати [-ша́ти]; бува́ти (у товари́стві); **~ed** переміі́шаний, (з)мі́шаний; різнорі́дний; ~ up переплу́т(ув)ати; be **~ed** up with бу́ти замі́шаним у (М); **~ture** ['mikstʃə] су́міш *f*.
moan [moun] **1.** сто́гін; **2.** (за)стогна́ти.
moat [mout] кріпосни́й рів.
mob [mɔb] **1.** на́товп; чернь *f*; **2.** з'юрми́ти(ся); напада́ти юрбо́ю на (З).
mobil|e ['moubail] рухли́вий; Ml мобі́льний; рухо́мий; **~ization** [moubilai'zeiʃən] Ml мобіліза́ція; **~ize** ['moubilaiz] Ml мобілізува́ти *(im)pf.*
moccasin ['mɔkəsin] мокаси́н (взуття́ інді́йців).
mock [mɔk] **1.** насмі́шка; **2.** підро́блений; уя́вний; **3.** *v/t.* осмі́ювати [осмія́ти]; *v/i.* ~ at насміха́тися [насмія́тися] з (Р); **~ery** [-ri] насмі́шка.
mode [moud] ме́тод, спо́сіб; звича́й; фо́рма; мо́да.
model [mɔdl] **1.** моде́ль *f*; манеке́н; нату́рник(-иця); *fig.* при́клад, взіре́ць *m*; *attr.* зразко́вий, взірце́вий; **2.** моделюва́ти *(im)pf.*; (ви́)ліпи́ти; оформля́ти [офо́рмити].
moderat|e **1.** ['mɔdərit] □ помі́рний; стри́маний; ви́триманий; **2.** ['mɔdəreit] стри́мувати [-ма́ти]; пом'я́кшувати(ся) [-шити(ся)]; **~ion** [mɔdə'reiʃən] помі́рність *f*; утри́мання.
modern ['mɔdən] суча́сний; **~ize** [-aiz] модернізува́ти *(im)pl.*
modest ['mɔdist] □ скро́мний; добропристо́йний; **~y** [-i] скро́мність *f*.
modi|fication [mɔdifi'keiʃən] видозмі́на; модифіка́ція; **~fy** ['mɔdifai] видозмі́нювати [-ни́ти]; пом'я́кшувати [-шити].
modulate ['mɔdjuleit] модулюва́ти.
moist [mɔist] воло́гий; **~en** ['mɔisn] зво́ложувати(ся) [-жити(ся)]; **~ure** ['mɔistʃə] воло́гість *f*; воло́га.
molar ['moulə] ку́тній зуб.
molasses [mə'læsiz] меля́са, чо́рна па́тока.
mole [moul] *zo.* кріт; ро́димка; да́мба, мол.
molecule ['mɔlikju:l] моле́кула.
molest [mo'lest] чіпля́тися [причепи́тися] до (Р).
mollify ['mɔlifai] заспоко́ювати [-о́їти]; пом'я́кшувати [-шити].
mollycoddle ['mɔlikɔdl] **1.** песту́н(ка); **2.** розні́жувати [-жити].
molten ['moultən] розпла́влений; ли́тий.

moment ['moumənt] момéнт, мить; = ~**um**; ~**ary** [-əri] □ моментáльний; короткочáсний; ~**ous** [mou'mentəs] □ важлúвий; ~**um** [-təm] рушíйна сúла; *phys.* момéнт.
monarch ['mɔnək] монáрх; -**y** [mɔnəki] монáрхія.
monastery ['mɔnəstri] монастúр.
Monday ['mʌndi] понедíлок.
monetary ['mʌnitəri] монéтний; валю́тний; грошовúй.
money ['mʌni] грóші *m/pl.*; ready ~ готíвка; ~-**box** скарбнúчка; ~-**changer** мінянйло *m*; ~-**order** поштóвий грошовúй перéказ.
mongrel ['mʌŋgrəl] **1.** *biol.* метúс; помíсь *f*; дворня́жка; **2.** нечистокрóвний.
monitor ['mɔnitə] настáвник; монітóр.
monk [mʌnk] чернéць *m.*
monkey ['mʌŋki] **1.** мáвпа; копрóва бáба; **2.** F (по)дурíти; ~ with возúтися з (О); ~-**wrench** E розсувнúй гáйковий ключ.
monkish ['mʌŋkiʃ] чернéчий.
mono|cle ['mɔnɔkl] монóкль *m*; ~**gamy** [mɔ'nɔgəmi] одношлю́бність *f*; ~**logue** [-lɔg] монолóг; ~**polist** [mə'nɔpəlist] монополíст; ~**polize** [-laiz] монополізувáти *(im)pf.*; *fig.* привлáснювати (З); ~**poly** [-li] монопóлія (Р); ~**tonous** [mə'nɔtənəs] □ монотóнний; однозву́чний; ~**tony** [-təni] монотóнність *f*.
monsoon [mɔn'su:n] мусóн.
monster ['mɔnstə] чудóвисько; вúродок; *fig.* недóлюдок; *attr.* велетéнський.
monstro|sity [mɔns'trɔsiti] потвóрність *f*; жахлúвість *f*; ~**us** ['mɔnstrəs] □ потвóрний; страхітлúвий.
month [mʌnθ] мíсяць *m*; ~**ly** ['mʌnθli] **1.** (що)мíсячний; **2.** щомíсячний журнáл.
monument ['mɔnjumənt] пáм'ятник; ~**al** [mɔnju'mentl] □ монументáльний.
mood [mu:d] нáстрій.
moody [mu:di] □ вередлúвий; похму́рий, сумнúй, сумовúтий; не в гу́морі.
moon [mu:n] **1.** мíсяць *m*; **2.** F мрíяти; ~**light** мíсячне свíтло; ~**lit** залúтий мíсячним свíтлом; ~**struck** лунатúчний.
Moor[1] [muə] мароккáнець *m* (-нка); мавр(ітáнка).
moor[2] [~] торфянúста місцéвість *f*, порóсла вéресом.
moor[3] [~] Sh причáлювати [-лити]; ~**ings** ['muəriŋz] *pl.* Sh швартóви *m/pl.*
moot [mu:t]: ~point спíрне питáння.
mop [mɔp] **1.** швáбра; **2.** чúстити швáброю.
mope [moup] нудúтися.
moral ['mɔrəl] **1.** □ морáльний; **2.** морáль *f*, напу́чення; ~**s** *pl.* звúчаї *m/pl.*; ~**e** [mɔ'rɑ:l] *part.* Ml морáльний стан; ~**ity** [mə'ræliti] морáль *f*, éтика; ~**ize** ['mɔrəlaiz] моралізувáти.
morass [mɔ'ræs] багнó, трясовинá.
morbit ['mɔ:bid] □ хвороблúвий.
more [mɔ:] бíльше; ще, іщé; once ~ ще раз; so much the ~ тим бíльше; no ~ більш не ...; ~**over** [mɔ:'rouvə] крім тóго, до тóго ж.
moribund ['mɔribʌnd] умирáючий, конáючий.
morning ['mɔ:niŋ] рáнок; tomorrow ~ зáвтра врáнці; ~**coat** візúтка.
morose [mə'rous] □ похму́рий.
morphia ['mɔ:fiə], **morphine** ['mɔ:fi:n] мóрфій.
morsel ['mɔ:səl] шматóчок.
mortal ['mɔ:tl] **1.** □ смéртний; смертéльний; **2.** смéртний, людúна; ~**ity** [mɔ:'tæliti] смертéльність *f*; смéртність *f*.
mortar ['mɔ:tə] сту́пка; рóзчин вапнá; Ml мортúра, мінометé.
mortgage ['mɔ:gidʒ] **1.** застáва; іпотéка, заставнá; **2.** закладáти [заклáсти]; ~**e** [mɔ:gə'dʒi:] кредитóр по заставнíй.
mortgag|er, ~or ['mɔ:gədʒə] боржнúк по заставнíй.
morti|fication [mɔ:tifi'keiʃən] умертвíння (плóті); принúження; ~**fy** ['mɔ:tifai] умертвля́ти [-вúти] (плоть); засму́чувати [-утúти], принúжувати [-úзити].
morti|ce, -se ['mɔ:tis] E гніздó шипá.
mortuary ['mɔ:tjuəri] мертвéцька, морг.
mosaic [mə'zeik] мозáїка.
moss [mɔs] мох; ~**y** моховúтий.
most [moust] **1.** *adj.* □ найбíльший; **2.** *adv.* більш за все; ~ beautiful найкрáщий; **3.** найбíльша кíлькість *f*; бíльша частúна; at (the) ~ щонайбíльше; ~**ly** ['moustli] здебíльшого; переважно; головнúм чúном.
moth [mɔθ] міль *f*; метéлик; ~-**eaten** потóчений мíллю.
mother ['mʌðə] **1.** мáти; **2.** стáвитися по-материнському до (Р); ~-**hood** ['mʌðəhud] материнство; ~-**in-law** [-rinlɔ:] тéща; свекру́ха; ~**ly** [-li] материнський; ~-**of-pearl** [-rev'pə:l] перламу́тровий; ~-**tongue** рíдна мóва.
motif [mou'ti:f] мотúв.

M

motion ['mouʃən] **1.** рух; хід; *parl.* пропозиція; **2.** *v/t.* показувати жестом; *v/i.* кивати [кивнути] (to на 3); **~less** [-lis] нерухомий; **~-picture** *Am.* кіно ...; **~s** *pl.* фільм; кіно *n indecl.*
motive ['moutiv] **1.** рушійний; руховий; **2.** привід, мотив; **3.** (с)понукати; мотивувати *(im)pf.*; **~less** безпричинний.
motley ['mɔtli] різнокольоровий, строкатий
motor ['moutə] **1.** двигун; мотор; = **~-car**; **2.** моторний; авто..., автомобільний; ~ mechanic, ~ fitter авторемонтний механік; **3.** їхати (або везти) на автомобілі; ~ bicycle мотоцикл; ~ bus автобус; **~-car** автомобіль *m*; F машина; **~-cycle** мотоцикл; **~ing** ['moutəriŋ] автомобільна справа; автомобільний спорт; **~ist** [-rist] автомобіліст(ка); ~ lorry, *Am.* ~ truck вантажний автомобіль *m*, грузовик.
mottled ['mɔtld] крапчастий.
mould [mould] **1.** садова земля; грунт; пліснява; форма (ливарна); шаблон; склад, характер; **2.** відливати у форму; *fig.* (с)формувати.
moulder ['mouldə] розсипатися [розсипатися].
moulding ['mouldiŋ] Ar. карниз.
mouldy ['mouldi] заплісенявілий.
moult [moult] *zo.* (по)линяти.
mound [maund] насип; горб; курган.
mount [maunt] **1.** гора; кінь *m* під сідлом; **2.** *v/i.* сходити [зійти]; підніматися [піднятися]; сідати на коня; *v/t.* установлювати [-вити] (радіо і т.ін.), (з)монтувати; уставляти в раму (в оправу).
mountain ['mauntin] **1.** гора; **2.** гірський, нагірний; **~eer** [maunti'niə] альпініст(ка); **~ous** ['mauntinəs] гористий.
mourn [mɔ:n] горювати; оплакувати; **~er** ['mɔ:nə] скорботний; **~ful** ['mɔ:nful] □ траурний; **~ing** ['mɔ:niŋ] жалоба; плач; *attr.* траур.
mouse [maus] (*pl.* mice) миша.
m(o)ustache [məs'tɑ:ʃ] вуса *m/pl.*
mouth [mauθ], *pl.* **~s** [-z] рот, вуста *n/pl.*; гирло (ріки); вхід (у гавань); **~-organ** губна гармонія; **~piece** мундштук; *fig.* рупор.
move [mu:v] **1.** *v/t. com.* рухати [рушити]; пересувати [-унути]; торкати [-кнути]; вносити [внести] (пропозицію); *v/i.* рухатися [рушити]; переїжджати [переїхати]; розви(ва)тися (про події); іти [піти] (про справи); *fig.* обертатися (у товаристві і т.ін.); ~ for a th. (за)пропонувати що-небудь; ~ in в'їжджати [в'їхати]; ~ on рухатися вперед; **2.** рух; переїзд; хід (у грі); *fig.* крок; on the ~ на ходу; make a ~ встати з-за столу; починати що-небудь; **~ment** ['mu:vmənt] рух; Mu темп, ритм; Mu частина (симфонії і т.ін.); E хід (машини).
movies ['mu:viz] *s. pl.* кіно *n indecl.*
moving ['mu:viŋ] □ що рухається; ~ staircase ескалатор.
mow [mou] [*irr.*] (с)косити; **~n** [-n] *p.pt.* від mow.
Mr. ['mistə] *s.* mister.
Mrs. ['misiz] *s.* mistress.
much [mʌtʃ] *adj.* багато; *adv.* багато, дуже; I thought as ~ я так і думав; make ~ of високо цінувати (3); I am not ~ of a dancer я погано танцюю.
muck [mʌk] гній; *fig.* погань.
mucus ['mju:kəs] слиз.
mud [mʌd] бруд; **~dle** [mʌdl] **1.** *v/t.* заплут(ув)ати; (с)плутати (*a.* ~ up, together); F п'янити; *v/i.* халтурити; діяти без плану; **2.** плутанина, безладдя; **~dy** ['mʌdi] брудний; **~-guard** крило.
muff [mʌf] муфта; **~etee** [mʌfi'ti:] напульсник.
muffin ['mʌfin] здобна булка.
muffle ['mʌfl] глушити, заглушати [-шити] (голос і т.ін.); закут(ув)ати; **~r** [-ə] кашне *n indecl.*; *mot.* глушник.
mug [mʌg] кухоль.
muggy ['mʌgi] задушливий, вологий.
mulatto [mju'lætou] мулат(ка).
mulberry ['mʌlbəri] шовковиця.
mule [mju:l] мул; уперта людина; **~teer** [mju:li'tiə] погонич мулів.
mull[1] [mʌl] муслін.
mull[2] [~] *Am.*: ~ over обдум(ув)ати; (роз)міркувати.
mulled [mʌld] : ~ wine глінтвейн.
multi|farious [mʌlti'fεəriəs] □ різноманітний; **~form** ['mʌltifɔ:m] різноманітний; **~ple** ['mʌltipl] **1.** Ma кратний; **2.** Ma кратне число; багаторазовий; різноманітний; **~plication** [mʌltipli'keiʃən] множення; збільшення; ~ table таблиця множення; **~plicity** ['plisiti] численність *f*; різноманітність *f*; **~ply** ['mʌltiplai] збільшувати(ся) [-шити(ся)]; Ma (по)множити; **~tude** [-tju:d] сила; безліч; натовп; **~tudinous** [mʌlti'tju:dinəs] багаточисельний.

mum [mʌm] ти́хше!; цить!
mumble [mʌmbl] (про)бурмоті́ти; че́рез си́лу жува́ти.
mummery ['mʌməri] пантомі́ма, маскара́д; *contp.* "видо́висько".
mumm|ify ['mʌmifai] муміфікува́ти; *(im)pf.*; **~y** ['mʌmi] му́мія.
mumps [mʌmps] Sq Me свинка.
mundane ['mʌndein] □ мирськи́й, світськи́й.
municipal [mju'nisipəl] □ муніципа́льний; **~ity** [-nisi'pæliti] муніципаліте́т.
munificen|ce [mju:'nifisns] ще́дрість *f*; **~t** [-t] ще́дрий.
murder ['mə:də] **1.** уби́вство; **2.** уби́(ва́)ти; *fig.* прова́лювати [-ли́ти] (постано́ву і т.ін.); **~er** [-rə] уби́вця; **~oss** [-ris] жі́нка-уби́вця; **~ous** [-rəs] уби́вчий.
murky ['mə:ki] те́мний; похму́рий.
murmur ['mə:mə] **1.** дзю́ркіт; шу́рхіт (ли́стя); гу́ркіт; **2.** (за)дзюркоті́ти; ре́мствувати.
murrain ['mʌrin] чума́ (рога́тої худо́би).
musc|le [mʌsl] му́скул, м'яз; **~ular** ['mʌskjulə] мускули́стий, м'язи́стий; му́скульний.
Muse[1] [mju:z] му́за.
muse[2] [~] заду́м(ув)атися (on над O).
museum [mju:'ziəm] музе́й.
mushroom ['mʌʃrum] **1.** гриб; **2.** розплю́щувати(ся) [-щити(ся)]; *Am.* ~ up рости́ мов гриби́.
music ['mju:zik] му́зика; музи́чний твір; но́ти *f/pl.*; set to ~ покла́сти на му́зику; **~al** ['mju:zikal] □ музи́чний; мелоді́йний; **~ box** кати́ринка; **~-hall** мю́зик-хол, естра́дний теа́тр; **~ian** [mju:'ziʃən] музи́ка *m/f*; **~-stand** пюпі́тр для нот; **~-stool** стіле́ць для роя́ля.
musketry ['mʌskitri] рушни́чний воло́нь *m*; стріле́цька підгото́вка.
muslin ['mʌzlin] муслі́н (ткани́на).
mussel [mʌsl] мі́дія.
must [mʌst]: **1.** I ~ я пови́нен (+inf.); I ~ not мені́ не мо́жна; **2.** виногра́дне су́сло; плі́снява.
mustache [məs'tɑʃ] *Am.* ву́са *m/pl.*
mustard ['mʌstəd] гірчи́ця.
muster ['mʌstə] **1.** о́гляд; Ml збір; **2.** перевіря́ти [-ві́рити].
musty ['mʌsti] за́тхлий.
muta|ble ['mju:təbl] мінли́вий; неста́лий; **~tion** [mju:'teiʃən] змі́на, пере́мі́на.
mute [mju:t] **1.** □ німи́й; **2.** німи́й; стати́ст; **3.** надіва́ти сурди́нку (З).
mutilat|e ['mju:tileit] (по)калі́чити; **~ion** [-eiʃən] калі́цтво.
mutin|eer [mju:ti'niə] бунтівни́к; **~ous** ['mju:tinəs] □ бунтівни́й; **~y** [-ni] **1.** за́колот, бунт; **2.** підніма́ти за́колот.
mutter ['mʌtə] **1.** бурмоті́ння; бурча́ння; **2.** (про)бурмоті́ти; (за)бурча́ти.
mutton [mʌtn] бара́нина; leg of ~ бара́няча ні́жка; ~ chop бара́няча котле́та.
mutual ['mju:tjuəl] □ обопі́льний, взає́мний; зага́льний.
muzzle ['mʌzl] **1.** мо́рда, ри́ло; ду́ло, же́рло; намо́рдник; **2.** надіва́ти намо́рдник (Д); *fig.* приму́сити мовча́ти.
my [mai, *a.* mi] *pron. pass.* мій *m*; моя́ *f*; моє́ *n*; мої́ *pl.*
myrtle [mə:tl] В мирт.
myself [mai'self, mi-] *pron. refl.* **1.** себе́, мене́ самого́; -ся, -сь; **2.** (для підси́лення) сам.
myster|ious ['mis'tiəriəs] □ таємни́чий; **~y** [-ri] таємни́ця; та́їнство.
mysti|c ['mistik] (*a.* **~al** [-ikəl] □) місти́чний; **~fy** [-tifai] містифікува́ти *(im)pf.*; спантели́чувати [-чити].
myth [miθ] міф; міфі́чна осо́ба.

N

nab [næb] *sl.* схопи́ти на мі́сці зло́чину.
nacre ['neikə] перламу́тр.
nag [næg] F **1.** шка́па; **2.** прискі́п(ув)атися до (Р).
nail [neil] **1.** *anat.* ні́готь *m*; цвях; **2.** заби́(ва́)ти цвя́хами, прицвях(о́в)у́вати, приби́(ва́)ти; *fig.* прик(о́в)ува́ти.
naïve [nai'i:v, nɑ:'iv] □, **naive** [neiv] □ наї́вний; простакува́тий.
naked ['neikid] □ го́лий, наги́й; я́вний; **~ness** [-nis] голи́зна, нагота́; ого́леність *f*.
name [neim] **1.** ім'я́ *n*; прі́звище; на́зва; of (F by) the ~ of під ім'я́м (Р), на ім'я́ (Н); in the ~ of в ім'я́ (Р); від і́мені (Р); call a p. ~s [об]ла́яти (З); **2.** [на]з(и)ва́ти; да́ти ім'я́ (Д) **~less** ['neimlis] □ безі́ме́нний;

~**ly** [-li] са́ме; ~-**plate** до́щечка з прі́звищем; ~**sake** тезко́ *m/f*.
nap [næp] 1. ворс; ле́гкий сон; 2. [за]дріма́ти.
nape [neip] поти́лиця.
napkin ['næpkin] серве́тка; підгу́зок.
narcotic [nɑ:'kɔtik] 1.(~ally) нарко-ти́чний; 2. нарко́тик.
narrat|e [næ'reit] розповіда́ти [вісти́]; ~**ion** [-ʃen] ро́зповідь *f*; ~**ive** ['nærətiv] 1. □ оповідни́й; 2. ро́зповідь *f*, оповіда́ння.
narrow ['nærou] 1.□ вузьки́й; тісни́й; обме́жений (про інтеле́кт); 2. ~**s** *pl.* прото́ка; 3. зву́жувати(ся) [зву́-зити(ся)]; зме́ншувати(ся) [-ши-ти(ся)]; обме́жувати [-жити]; ~-**chested** вузькогру́дий; ~-**minded** □ обме́жений, вузьки́й; недале́кий; ~**ness** [-nis] ву́зькість *f*.
nasal ['neizəl] □ носови́й; гугня́вий.
nasty ['nɑ:sti] □ огидний; непри-є́мний; брудни́й; злі́сний.
natal ['neitl]: ~ day день наро́дження.
nation ['neiʃən] на́ція.
national ['næʃnl] 1.□ націона́льний, наро́дний; держа́вний; 2. співвіт-чи́зник; пі́дданий; ~**ity** [næʃə'næliti] націона́льність *f*; пі́дданство; ~**ize** ['næʃnəlaiz] націоналізува́ти *(im)pf*.; натуралізува́ти *(im)pf*.
native ['neitiv] 1.□ рі́дний; тубі́льний; ~ language рі́дна мо́ва.
natural ['nætʃrəl] □ приро́дний, натура́льний; ~ sciences при-родни́чі нау́ки *f/pl*.; ~**ist** [-ist] натуралі́ст (у мисте́цтві); дослі́дник приро́ди, природо-зна́вець *m*; ~**ize** [-aiz] нату-ралізува́ти *(im)pf*.; ~**ness** [-nis] приро́дність *f*.
nature ['neitʃə] приро́да; хара́ктер.
naught [nɔ:t] ніщо́; нуль *m*; set at ~ зневажа́ти [знева́жити] (З); ~**y** ['nɔ:ti] □ несслухня́ний, вередли́вий.
nause|a ['nɔ:sjə] нудо́та; оги́да, від-ра́за; ~**ate** [eit] *v/t.* нуди́ти; it ~s me мене від цього ну́ди́ть; виклика́ти відра́зу (оги́ду) (Р); be ~d відчува́ти нудо́ту; ~**ous** [-əs] □ нудо́тний.
nautical ['nɔ:tikəl] морськи́й; морепла́вний.
naval ['neivəl] (військо́во-)морськи́й.
nave [neiv] ма́точина ко́леса; вту́лка; Ar неф (це́ркви).
navel ['neivəl] пуп, пупо́к.
naviga|ble ['nævigəbl] □ судно-пла́вний; ~**te** [-geit] *v/i.* пра́вити (су́дном, літако́м); пла́вати (на су́дні); літа́ти (літако́м); *v/t.* керу-ва́ти (кораблє́м і т.ін.); пла́вати (О); ~**tion** [nævi'geiʃn] морепла́в-ство; навіга́ція; ~**tor** ['nævigeitə] морепла́вець *m*; шту́рман.
navy ['neivi] військо́вий флот.
nay [nei] ні; на́віть; бі́льше того́.
near [niə] 1. *adj.* близьки́й; бли́жній; скупи́й; ~ at hand під руко́ю; ~-**silk** шту́чний шо́вк; 2. *adv.* по́ряд, бли́зько, недале́ко; ма́йже; 3. *prp.* бі́ля (Р), ко́ло (Р), край (Р); 4. наближа́тися [набли́зитися] до (Р); ~**by** ['niə'bai] бі́ля; ~**ly** ['niəli] ма́йже; ~**ness** [-nis] бли́зькість *f*.
neat [ni:t] □ чи́стий, оха́йний; струнки́й; майсте́рний; сти́слий; ~**ness** ['ni:tnis] оха́йність *f* і т.ін.
nebulous ['nebjuləs] □ хма́рний; тума́нний.
necess|ary ['nesisəri] 1. □ необхі́дний, потрі́бний; 2. необхі́дне; ~**itate** [ni'sesiteit] роби́ти необхі́дним; ~**ity** [-ti] необхі́дність *f*, потре́ба.
neck [nek] ши́я; ши́йка (пля́шки і т.ін.); ви́кот (о́дягу); ~ of land переши́йок; ~ and ~ голова́ в го́лову; ~**band** ко́мір (соро́чки); ~**erchief** ['nekətʃif] ши́йна ху́стка; ~**lace** [-lis] нами́сто; ~**tie** крава́тка.
née [nei] уро́джена.
need [ni:d] 1. потре́ба; неста́ток; нужда́; be in ~ of ма́ти потре́бу у (Д); 2. бідува́ти; потребува́ти (Р); I ~ it мені́ це потрі́бно; ~**ful** ['ni:dful] □ потрі́бний.
needle ['ni:dl] го́лка; спи́ця (в'яза́льна).
needless ['ni:dlis] □ непотрі́бний.
needlewoman ['nidlvumən] шва́чка.
needy ['ni:di] □ злиде́нний; що біду́є.
nefarious [ni'fɛəriəs] гане́бний; безче́сний.
negat|ion [ni'geiʃn] запере́чення; ~**ive** ['negətiv] 1. □ негати́вний; 2. запере́чення; *phot.* негати́в; 3. запере́чувати.
neglect [ni'glekt] 1. не́хтування; недба́лість *f*; 2. зневажа́ти [зне-ва́жити] (З); ~**ful** [-ful] □ недба́лий.
negligen|ce ['neglidʒəns] недба́лість *f*; ~**t** [-t] □ недба́лий.
negotia|te [ni'gouʃiet] прова́дити пе-регово́ри; домовля́тися [домо́-витися] про (З); F [по]дола́ти; ~**tion** [nigouʃi'eiʃn] перегово́ри *m/pl*. подола́ння (тру́днощів); ~**tor** [ni'gouʃieitə] осо́ба, яка́ веде́ перегово́ри.
negr|ess ['ni:gris] негритя́нка; ~**o** ['ni:grou], *pl.* ~**es** [-z] негр.
neigh [nei] 1. іржа́ння; 2. [за]іржа́ти.
neighbo(u)r ['neibə] сусі́д(ка); ~**hood** [-hud] сусі́дство; ~**ing** [-riŋ] сусі́д-ський, сумі́жний.

neither ['neiðə] **1.** ні той, ні інший; **2.** *adv.* також ні; ~ ... nor ... ні ..., ні...
nephew ['nevju:] племінник, небіж.
nerve [nə:v] **1.** нерв; мужність *f*; холоднокровність *f*; нахабство *f*; **2.** додавати сили (хоробрості) (Д); **~less** ['nə:vlis] □ безсилий, млявий.
nervous ['nə:vəs] □ нервовий; нервозний; сильний; **~ness** [-nis] нервовість *f*; нервозність *f*; енергія.
nest [nest] **1.** гніздо (*a. fig.*); **2.** вити гніздо; **~le** [nesl] *v/i.* зручно влаштуватися; притискатися [притиснутися] (to, on, against до Р); *v/t.* притискати [притиснути] (голову).
net[1] [net] **1.** сітка; **2.** розставляти сіті, ставити тенета ; спіймати або накрити тенетами.
net[2] [~] **1.** нетто *adj. indecl.*, чиста (вага), чистий (дохід); **2.** давати (або одержувати) чистий прибуток.
nettle [netl] **1.** В кропива; **2.** жалити кропивою; *fig.* уражати [уразити].
network ['netwə:k] сітка *f*; мережа (залізниць, радіостанцій і т.ін.).
neuter ['nju:tə] **1.** *gr.* середній, В. безстатевий; **2.** середній рід; кастрована тварина.
neutral ['nju:trəl] **1.** □ нейтральний; середній, невизначений; **2.** нейтральна держава; громадянин нейтральної держави; **~ity** [nju'træliti] нейтралітет; **~ize** ['nju:trəlaiz] нейтралізувати *(im)pf.*
never ['nevə] ніколи; зовсім ні; **~more** ніколи більше; **~theless** [nevəðə'les] проте, а проте, втім, однак; незважаючи на те.
new [nju:] новий; молодий (про овочі); свіжий; **~-comer** новоприбулий; **~ly** ['nju:li] заново, знову, недавно.
news [nju:z] новини *f/pl.*; вісті *f/pl.*; **~-agent** газетяр; **~-boy** рознощик (продавець *m*) газет; **~-monger** пліткар (ка); **~paper** газета; **~print** газетний папір; **~-reel** кіножурнал; **~stall**, *Am.* **~-stand** газетний кіоск.
New Year Новий рік; ~'s Eve переддень Нового року.
next [nekst] **1.** *adj.* наступний; найближчий; ~ door to *fig.* ледве; мало не; майже; ~ to біля (Р); слідом за (О); **2.** *adv.* потім, після; наступного разу.
nibble [nibl] *v/t.* обгриз(а)ти; обскубувати [-бати] (*a. v/i.* ~at) *v/i.* ~ at *fig.* присік(ув)атися до (Р).
nice [nais] □ приємний, милий, гарний; гарненький; витончений; вередливий; **~ty** ['naisiti] точність *f*; розбірливість *f*; *pl.* тонкощі *f/pl*, деталі *f/pl.*
niche [nitʃ] ніша.
nick [nik] **1.** зарубка; in the ~ of time саме вчасно; **2.** зробити зарубку у (М); встигати [встигнути] вчасно на (З).
nickel [nikl] **1.** *min.* нікель *m*; *Am.* монета у 5 центів; **2.** [від]нікелювати.
nickname ['nikneim] **1.** прізвисько; **2.** да(ва)ти прізвисько (Д).
niece [ni:s] племінниця, небога.
niggard ['nigəd] скупердяй; **~ly** [-li] скупий, скнарий.
night [nait] ніч *f*, вечір; by ~, at ~ уночі, увечері; **~-club** нічний клуб; **~fall** сутінки *f/pl.*; **~-dress**, **-gown** (жіноча) нічна сорочка; **~ingale** ['naitiŋgeil] соловей; **~ly** ['naitli] нічний; *adv.* уночі; щоночі; **~mare** страхіття; **~-shirt** нічна сорочка.
nil [nil] *particul. sport* нуль *m*; нічого.
nimble [nimbl] □ моторний, меткий; жвавий.
nimbus ['nimbəs] сяйво, ореол.
nine [nain] дев'ять; **~pins** *pl.* кеглі *f/pl.*; **~teen** ['nain'ti:n] дев'ятнадцять; **~ty** ['nainti] дев'яносто.
ninny ['nini] F бевзь *m.*
ninth [nainθ] **1.** дев'ятий; **2.** дев'ята частина; **~ly** ['nainθli] по-дев'яте.
nip [nip] **1.** щипок; укус; сильний мороз; **2.** щипати [щипнути]; прищикувати [прищикнути]; побити морозом; ~ in the bud знищити у зародку.
nipper ['nipə] клешня; (a pair of) ~s *pl.* щипці *m/pl.*
nipple [nipl] сосок; *zo.* дійка.
nitre ['naitə] Ch селітра.
nitrogen ['naitridʒən] азот.
no [nou] **1.** *adj.* ніякий; in ~ time блискавично; ~ one ніхто; **2.** *adv.* ні; **3.** заперечення.
nobility [nou'biliti] дворянство; шляхетність *f.*
noble ['noubl] **1.** □ шляхетний, благородний, знатний, вельможний; **2.** = **~man** титулована особа, дворянин; **~ness** ['noublnis] шляхетність *f*, благородство.
nobody ['noubədi] ніхто.
nocturnal [nɔk'tə:nl] нічний.
nod [nɔd] **1.** кивати головою; дрімати, куняти, "клювати носом"; кивок головою.
node [noud] В вузол; Ме стовщення, наріст.
noise [nɔiz] **1.** гомін, гамір; гуркіт; **2.** ~ abroad розголошувати [-осити]; **~less** ['nɔizlis] □ безшумний.
noisome ['nɔisəm] шкідливий; нездоровий; смердючий.

N

noisy ['nɔizi] □ гучни́й, голосни́й, шу́мний; шумли́вий; *fig.* кричу́щий (про ба́рви).

nomin|al ['nɔminl] □ номіна́льний; іменни́й; ~ value номіна́льна ціна́; **~ate** ['nɔmineit] признача́ти [призна́чити]; виставля́ти [-ви́ставити] (кандида́та); **~ation** [nɔmi'neiʃn] виставля́ння (кандида́та); призна́чення.

non [nɔn] *prf.* не... ; без... .

nonage ['nounidʒ] неповноліття.

non-alcoholic [nɔn'ælkəhɔlik] безалкого́льний.

nonce [nɔns]: for the ~ лише́ у цьо́му ви́падку (ра́зі).

non-commissioned ['nɔnkə'miʃənd]: ~ officer сержа́нт, унте́р-офіце́р.

non-committal [nɔnkə'mitəl] ухи́льний.

non-conductor [nɔnkən'dʌktə] Ee непровідни́к.

nonconformist ['nɔnkən'fɔ:mist] люди́на, яка́ не підкоря́ється зага́льним пра́вилам.

nondescript ['nɔndiskript] неви́значений; що ва́жко (неможли́во) ви́значити.

none [nʌn] **1.** нічо́, ніхто́; жо́ден, жо́дний; нія́кий; **2.** ніскі́льки, зо́всім ні ...; ~ the less про́те, а про́те, втім, одна́к.

nonentity [nɔ'nentiti] небуття́; нікче́мна люди́на; фікція.

non-existence [nɔnig'zistəns] небуття́ *n.*

non-party ['nɔn'pɑ:ti] безпарті́йний.

non-performance [nɔnpə'fɔməns] невикона́ння n.

nonplus [-'plʌs] **1.** збенте́ження, зніякові́ння; **2.** ви́кликати заміша́ння, бенте́жити.

non-resident [nɔn'residənt] що не прожива́є у цій місце́вості.

nonsens|e ['nɔnsəns] дурни́ця, нісені́тниця, безглу́здя; **~ical** [nɔn'sensikəl] □ безглу́здий.

non-skid ['nɔn'skid] при́стрій про́ти буксува́ння коле́с.

non-stop [nɔn'stɔp] безупи́нний; A безпоса́дочний, безпоса́дковий.

non-union [nɔn'ju:njən] що не є чле́ном профспі́лки.

noodle ['nu:dl]: **~s** *pl.* ло́кшина, лапша́.

nook [nuk] за́ти́шне місте́чко; за́куток.

noon [nu:n] по́лудень *m* (*a.* ~ day, ~ tide, ~ time).

noose [nu:s] **1.** петля́, за́шморг; арка́н; **2.** лови́ти арка́ном; ві́шати [пові́сити].

nor [nɔ:] та́ко́ж не; ні.

norm [nɔ:m] но́рма; станда́рт, зразо́к; **~al** ['nɔ:məl] □ норма́льний; **~alize** [-aiz] нормува́ти *(im)pf.*; нормалізува́ти *(im)pf.*

north [nɔ:θ] **1.** пі́вніч *f*; **2.** півні́чний; **3.** *adv.* ~ of на пі́вніч від (Р); **~-east** **1.** півні́чний схід; **2.** півні́чно-схі́дний (*a.* **~-eastern** [-ən]); **~erly** ['nɔ:ðəli], **~ern** ['nɔ:ðən] півні́чний; **~ward(s)** ['nɔ:θwəd(z)] *adv.* на пі́вніч; **~-west** **1.** півні́чний за́хід; Sh норд-ве́ст; **2.** півні́чно-за́хідний (*a.* ~-western [-ən]).

nose [nouz] **1.** ніс; но́сик (ча́йника і т.ін.); чуття́; ніс (човна́ і т.ін.); **2.** *v/t.* [по]ню́хати; розню́х(ув)ати; **~-dive** A пікірува́ння; **~gay** буке́т кві́тів.

nostril ['nɔstril] ні́здря.

nosy ['nouzi] F ціка́вий; допи́тливий.

not [nɔt] не.

notable ['noutəbl] **1.** □ визначни́й; **2.** видатна́ люди́на.

notary ['noutəri] нота́ріус (*a.* ~ **public**).

notation [nou'teiʃn] за́пис; нота́ція.

notch [nɔtʃ] **1.** за́рубка; за́зубень *m*, щерби́на; **2.** зазу́брювати [-ри́ти]; зару́бувати [-а́ти].

note [nout] **1.** по́значка; за́пис; при́мітка; боргова́ розпи́ска; (дипломати́чна) но́та; Mu но́та; репута́ція; ува́га; **2.** поміча́ти [помі́тити]; зга́дувати [-да́ти]; (*a.* ~ **down**) роби́ти нота́тки, [за]нотува́ти; відзнача́ти [відзна́чити]; **~book** записни́к; **~d** ['noutid] до́бре відо́мий; **~-worthy** визначни́й.

nothing ['nʌθiŋ] нічо́, ні́чо́го; for ~ даре́мно, ма́рно; bring (come) to ~ зво́дити [звести́] нані́вець.

notice ['noutis] **1.** ува́га; сповіщення, повідо́млення; попере́дження; at short ~ без попере́дження; give ~ попереджа́ти про звільнення (або́ про ви́хід); сповіща́ти [сповісти́ти]; **2.** поміча́ти [помі́тити]; зверта́ти ува́гу на (З); **~able** ['noutisəbl] □ гі́дний ува́ги; помі́тний.

noti|fication [noutifi'keiʃn] повідо́млення, спові́щення; оголо́шення; **~fy** ['noutifai] сповіща́ти [сповісти́ти]; повідомля́ти [повідо́мити].

notion ['nouʃn] поня́ття, уя́влення; **~s** *pl. Am.* галантере́я.

notorious [nou'tɔ:riəs] □ пресло́ву́тий, горезві́сний.

notwithstanding [nɔtwiθ'stændiŋ] незважа́ючи на (З), всу́переч (Д).

nought [nɔ:t] нічо́; Ma нуль *m.*

nourish ['nʌriʃ] харчува́ти (*a. fig.*);

(на-, по)годувáти; *fig.* (ви)плекáти (надíю і т. ін.); ~**ing** [iŋ] поживний; ~**ment** [mənt] харчувáння, живлення; їжа (*a. fig.*).

novel ['nɔvəl] 1. новий; незвичáйний; 2. ромáн; ~**ist** [-ist] романíст (áвтор); ~**ty** ['nɔvəlti] новинка; новинá.

November [no'vembə] листопáд.

novice ['nɔvis] початкýючий; новачóк; *eccl.* послýшник(-иця).

now [nau] 1. тепéр, зáраз; негáйно; just ~ тíльки що; ~ and again (абó then) час від чáсу; 2. *cj.* коли, якщó.

nowadays ['nauədeiz] у наш час.

nowhere ['nouwɛə] нідé, нікýди.

noxious ['nɔkʃəs] □ шкідливий.

nozzle [nɔzl] нóсик (чáйника і т. ін.); E сопло́.

nucle|ar ['nju:kliə] ядерний; ~ pile ядерний реáктор; ~**us** [-s] ядрó.

nude [nju:d] гóлий; *paint.* огóлене тíло.

nudge [nʌdʒ] F 1. підштовхувати лíктем; 2. легкий пóштовх лíктем.

nuisance [nju:sns] неприéмність *f*; досáда; прикрість *f*; *fig.* набридлива (надокýчлива) людина.

null [nʌl] невирáзний; недíйсний; ~ and void що втрáтив закóнну силу (про дóговір); ~**ify** ['nʌlifai] анулювáти *(im)pf.*, скасóвувати [-сувáти]; ~**ity** [-ti] нікчéмність *f*; нікчема *m/f* (про людину); C недієвість *f*.

numb [nʌm] 1. занімíлий, заціпенíлий; закляклий; 2. викликáти онімíння (абó задубíння) (P).

number ['nʌmbə] 1. числó; нóмер; 2. [за]нумерувáти; нарахóвувати; ~**less** [-lis] незлічéнний.

numera|l ['nju:mərə] 1. числíвник; цифра; 2. числовий; цифровий; ~**tion** [nju:mə'reiʃn] обчислення, нумерáція.

numerical [nju:'mərikəl] □ числовий, цифровий.

numerous ['nju:mərəs] □ числéнний.

nun [nʌn] черниця, монáхиня; *zo.* блакитна синиця.

nunnery ['nʌnəri] жінóчий монастир.

nuptial ['nʌpʃəl] 1. шлюбний, весíльний; 2. ~**s** [-z] *pl.* весíлля.

nurse [nə:s] 1. годувáльниця (*mst* wet-~); няня (*a.* ~-**maid**); доглядáльниця, сидíлка (у лікáрні); медична сестрá; at ~ під опікуванням (дóглядом) няні; 2. годувáти грýддю; няньчити, глядíти; доглядáти (З); ~**ry** ['nə:stri] дитяча (кімнáта); Ac розсáдник, садóва шкíлка; ~-**school** дитячий садóк.

nurs(e)ling ['nə:sliŋ] вихованець *m* (-ка).

nurture ['nə:tʃə] 1. харчувáння; виховáння; 2. харчувáти; вихóвувати [виховати].

nut [nʌt] горíх; E гáйка; ~**s** *pl.* дрібнé вугíлля; ~**cracker** щипці для горíхів; лускýнчик; ~**meg** ['nʌtmeg] мускáтний горíх.

nutri|tion [nju:'triʃn] харчувáння; їжа; ~**tious** [-ʃəs], ~**tive** ['nju:tritiv] □ поживний.

nut|shell ['nʌtʃəl] горíхова шкаралýпа; in a ~ стисло, двомá словáми; ~**ty** ['nʌti] що мáє смак горíху; ошáтний; чепурний.

nymph [nimf] нíмфа.

O

oaf [ouf] дýрник; незгрáбна людина.

oak [ouk] дуб.

oar [ɔ:] 1. веслó; 2. *poet.* веслувáти; ~**sman** ['ɔ:zmən] весляр.

oasis [ou'eisis] оáзис.

oat [out] овéс (*mst* ~s *pl.*).

oath [ouθ] клятва; Ml C присяга; лáйка.

oatmeal ['outmi:l] вівсянка (крупá).

obdurate ['əbdjurit] □ заскнíлий.

obedien|ce [o'bi:djəns] пóслух, слухняність *f*, покíрність *f*; ~**t** [-t] □ слухняний, покíрливий.

obeisance [o'beisəns] низький уклíн, реверáнс; ушанувáння; do ~ вислóвлювати повáгу.

obesity [ou'bi:siti] глáдкість *f*; огрядність *f*.

obey [o'bei] (с)корятися (Д); (по)слýхатися (Р).

obituary [o'bitjuəri] некролóг; спúсок померлих.

object 1. ['ɔbdʒikt] предмéт, річ *f*; об'єкт; *fig.* ціль *f*, нáмір; 2. [əb'dʒekt] не любити, не схвáлювати (Р); заперéчувати [-чити] (to супрóти Р).

objection [əb'dʒekʃn] заперéчення; ~**able** [-əbl] □ небáжаний; неприéмний.

objective [ɔb'dʒektiv] **1.** □ об'єкти́вний; цільови́й; **2.** Ml об'є́кт, ціль *f.*
object-lens ['ɔbdʒektlens] *opt.* лінза об'єкти́ва.
obligat|ion [ɔbli'geiʃn] зобов'я́зання; обо́в'язок; **~ory** [ɔ'bligətəri] □ обов'язко́вий
oblig|e [ə'blaidʒ] зобов'я́зувати [-за́ти]; приму́шувати [-у́сити]; ~ a p. роби́ти по́слугу кому́сь; much ~d ду́же вдя́чний (-на); **~ing** [-iŋ] □ послу́жливий, люб'язний.
oblique [o'bli:k] ко́сий; обхідни́й; *gr.* непрями́й.
obliterate [o'blitəreit] згла́джувати(ся) [-дити(ся)]; викре́слювати [ви́креслити].
oblivi|on [o'bliviən] забуття́; **~ous** [-əs] □ забу́тливий.
obnoxious [əb'nɔkʃəs] □ неприє́мний, проти́вний, нестéрпний.
obscene [ɔb'si:n] □ непристо́йний.
obscur|e [əb'skjuə] **1.** те́мний; похму́рий; нея́сний; невідо́мий; незрозумі́лий; **2.** зате́мнювати [-ни́ти]; **~ity** [-riti] те́мрява, мо́рок і т. ін.
obsequies ['ɔbsikwiz] *pl.* похова́ння.
obsequious [əb'si:kwiəs] □ догі́дливий; уле́сливий, раболі́пний, запобі́гливий.
observ|able [əb'zə:vəbl] □ помі́тний; **~ance** [vəns] дотри́мання (зако́ну, обря́ду і т. ін.); обря́д; **~ant** [-vənt] □ спостере́жливий; **~ation** [ɔbzə'veiʃn] спостере́ження; спостере́жливість *f*; заува́ження; **~atory** [əb'zə:vətri] обсерватóрія; **~e** [əb'zə:v] *v/t.* спостеріга́ти; *fig.* (при)пильнува́ти; поміча́ти [помі́тити] (З); *v/i.* поміча́ти [помі́тити].
obsess [əb'ses] заволоді́ва́ти [-і́ти] (О); **~ed by,** *a.* with одержи́мий (О); переслі́дуваний.
obsolete ['ɔbsoli:t, -səl-] застарі́лий, стари́й.
obstacle ['ɔbstəkl] перешко́да.
obstinate ['ɔbstinit] □ упе́ртий.
obstruct [əb'strʌkt] (за)ва́дити (Д), утрудня́ти [-ни́ти]; загоро́джувати [-ди́ти]; **~ion** [əb'strʌkʃn] перешко́да, зава́да; загоро́дження; обстру́кція; **~ive** [-tiv] обструкційний; що заважа́є.
obtain [əb'tein] *v/t.* добу́(ва́)ти, діста́(ва́)ти; *v/i.* бу́ти у звича́ю; **~able** [-əbl] С оде́ржуваний; дося́жний.
obtru|de [əb'tru:d] нав'я́зувати(ся) [-за́ти(ся)] (on Д); **~sive** [-siv] нав'я́зливий; насти́рливий.
obtuse [əb'tju:s] □ тупи́й (*a. fig.*).
obviate ['ɔbvieit] уника́ти [уни́кнути] (Р).
obvious ['ɔbviəs] □ очеви́дний, ясни́й.
occasion [ə'keiʒən] **1.** ви́падок; можли́вість *f;* при́від; причи́на; F поді́я; on the ~ of з наго́ди (Р); у зв'язку з (О); **2.** заподі́ювати [-і́яти]; да́ти при́від до (Р); **~al** [-ʒnl] □ випадко́вий; рі́дкісний.
Occident ['ɔksidənt] За́хід, краї́ни За́ходу; **≗al** [ɔksi'dentl] за́хідний.
occult [ɔ'kʌlt] □ оку́льтний, тає́мний.
occup|ant ['ɔkjupənt] жи́тель(ка *f*) *m*; вла́сник (-иця); **~ation** [ɔkju'peiʃn] заволоді́ння, захо́плення; Ml окупа́ція; заня́ття, профе́сія; **~y** ['ɔkjupai] займа́ти [зайня́ти]; заволоді́ва́ти [-ді́ти] (О); окупува́ти (*im*)*pf*.
occur [ə'kə:] трапля́тися [тра́питися]; зустріча́тися [-і́тися]; ~ to a p. спада́ти на ду́мку; **~rence** [ə'kʌrəns] поді́я, ви́падок.
ocean ['ouʃən] океа́н.
o'clok [ə'klɔk]: five ~ п'ята годи́на.
ocul|ar ['ɔkjulə] □ о́чний; **~ist** ['ɔkjulist] окулі́ст.
odd [ɔd] □ непа́рний; за́йвий; розрі́знений; чудни́й, ди́вний; **~ity** ['ɔditi] чудакува́тість *f*; **~s** [ɔdz] *pl.* нері́вність *f*; розбі́жність *f*; різни́ця; перева́га; гандика́п; ша́нси *m/pl.*; be at ~ with не ла́дити з (О); ~ and ends за́лишки *m/pl.*; те і се.
odious ['oudiəs] нена́висний; оги́дний.
odo(u)r ['oudə] арома́т, па́хощі; ду́х.
of [ov; *mst* əv, v] *prp.* об, у, на (З); з, із (Р); від (Р); вка́зує на причи́ну, нале́жність, об'є́кт ді́ї, я́кість, джерело́; think ~ a th. ду́мати про (З); ~ charity че́рез милосе́рдя; die ~ поме́рти від (Р); cheat ~ обрахува́ти на (З); the battle ~ Quebec би́тва під Квебе́ком; proud ~ пиша́тися (О); the roof ~ the house дах буди́нку.
off [ɔ:f, ɔf] **1.** *adv.* геть; far ~ дале́ко; найчасті́ше перекладається верба́льними пре́фіксами: go ~ іти́ [піти́]; switch ~ виключа́ти [ви́ключити]; take ~ зніма́ти [зня́ти]; ~ and on час від ча́су; be well (badly) ~ бу́ти замо́жним (бі́дним), бу́ти у до́брому (пога́ному) ста́ні; **2.** *prp.* з (Р), із (Р) (висло́влює прибира́ння предме́та з пове́рхні); від (Р) (пока́зує на відстань); **3.** *adj.* ві́льний від слу́жби (робо́ти); да́льній, відда́лений; бічни́й; пра́вий (про бік).

offal ['ɔfəl] по́кидьки *m/pl.*; па́дло; ~s *pl.* по́трух.
offen|ce *Am.* ~se [ə'fens] прови́на; обра́за, кри́вда; на́ступ.
offend [ə'fend] *v/t.* обража́ти [обра́зити]; *v/i.* пору́шувати [-шити] (against З) ~**er** кри́вдник; правопору́шник (-иця); first ~ злочи́нець *m*, суди́мий впе́рше.
offensive [ə'fensiv] **1.** обра́зливий, кри́вдний; агреси́вний, наступа́льний; проти́вний; **2.** на́ступ.
offer ['ɔfə] **1.** пропози́ція; **2.** *v/t.* (за)пропонува́ти; прино́сити у же́ртву; *v/i.* виявля́ти гото́вність (+ inf.); намага́тися; з'явля́тися [з'яви́тися]; ~**ing** [-riŋ] же́ртва; пропози́ція.
off-hand ['ɔ:f'hænd] *adv.* безцеремо́нно; без підготовки.
office ['ɔfis] слу́жба, поса́да; конто́ра, канцеля́рія; *eccl.* богослужі́ння; ⚘ мініс́терство; ~**r** ['ɔfisə] посадо́ва осо́ба, чино́вник [-иця]; Ml офіце́р.
official [ə'fiʃəl] **1.** □ офіці́йний; службо́вий; ~ channel службо́вий поря́док; ~ hours *pl.* службо́вий час; **2.** службо́ва особа, службо́вець *m*; чино́вник.
officiate [ə'fiʃieit] вико́нувати обо́в'язки (as Р).
officious [ə'fiʃəs] □ насти́рливий, надоку́чливий; офіціо́зний.
off|set ['ɔ:fset] відшкод(о́в)у́вати; ~**shoot** В па́гін, па́росток, пагі́ння; ~**spring** наща́док.
often ['ɔ:fn; *a.* 'ɔ:ftən] ча́сто, бага́то разі́в.
ogle [ougl] **1.** бі́сики пуска́ти (Д); **2.** зако́ханий по́гляд.
ogre ['ougə] людоже́р.
oil [ɔil] **1.** олі́я; на́фта; **2.** зма́щувати [змасти́ти]; *fig.* підма́зувати [-зати]; ~**cloth** клейо́нка; ~**skin** дощови́к; ~**y** ['ɔili] □ олі́їстий; олі́йний; *fig.* еле́йний.
ointment ['ɔintmənt] мазь *f.*
O.K., okay ['ou'kei] F **1.** *pred.* все гара́зд, до́бре; **2.** *int.* так!, гара́зд!, згода!
old [ould] *com.* стари́й; (in times) of ~ за стари́х часі́в; ~ age ста́рість *f*; ~-**fashioned** ['ould'fæʃənd] старомо́дний; ~**ish** ['ouldiʃ] старува́тий, підста́ркуватий.
olfactory [ɔl'fæktəri] *anat.* нюхови́й.
olive ['ɔliv] В масли́на, оли́ва; оли́вковий ко́лір.
ominous ['ɔminəs] □ злові́сний, лихові́сний.
omission [o'miʃn] упу́щення, недо́лік; про́пуск.
omit [o'mit] пропуска́ти [-сти́ти], випуска́ти [ви́пустити].
omnipoten|ce [ɔm'nipotəns] всемогу́тність *f*; ~**t** [-tənt] □ всемогу́тній.
on [ɔn] **1.** *prp. mst* на (М or З); ~the wall на стіні́; march ~ London марш на Ло́ндон; ~ good authority з достові́рного джерела́; ~ the 1st of April пе́ршого кві́тня; ~ his arrival пі́сля прибуття́; talk ~ a subject говори́ти на те́му; ~ this model за цим зразко́м; ~ hearing it почу́вши це; **2.** *adv.* да́лі; упере́д; keep one's hat ~ залиша́тись у капелю́сі; have a coat ~ бу́ти у пальті; and so ~ і так да́лі (і т. д.); be ~ бу́ти пу́щеним у хід, вклю́ченим (і т. ін.).
once [wʌns] **1.** *adv.* раз; коли́сь, одно́го ра́зу; at ~ за́раз же; ~ for all раз назавжди́; ~ in a while зрі́дка; this ~ цьо́го ра́зу; **2.** *cj.* як ті́льки.
one [wʌn] **1.** оди́н; єди́ний; яки́йсь; ~ day одного́ ра́зу; ~ never knows ніко́ли не зна́єш; **2.** (число́) оди́н; одини́ця; the little ~s малюки́ *m/pl.*; ~ another оди́н о́дного; at ~ заразо́м, відра́зу; ~ by ~ оди́н за о́дним; I for ~ я із свого́ бо́ку.
onerous ['ɔnərəs] □ обтя́жливий.
one|self [wʌn'self] *pron. refl.* -ся, -сь, (само́го) себе́; ~-**sided** □ однобі́чний; ~-**way:** ~ street ву́лиця з односторо́ннім ру́хом.
onion ['ʌnjən] цибу́ля, цибули́на.
onlooker ['ɔnlukə] глядач(ка); спостеріга́ч(ка).
only ['ounli] **1.** *adj.* єди́ний; **2.** *adv.* єди́но; ті́льки; ви́ключно; ~ yesterday ті́льки вчо́ра; **3.** *cj.* але́; ~ that... коли́ б не те, що...
onset ['ɔnset], **onslaught** [-slɔ:t] ата́ка, на́тиск, на́пад.
onward ['ɔnwəd] **1.** *adj.* що просува́ється упере́д; **2.** *adv.* упере́д; спе́реду.
ooze [u:z] **1.** мул, багови́ння; **2.** просо́чуватися [-чи́тися]; ~ away убу́(ва́)ти.
opaque [ou'peik] □ непрозо́рий.
open ['oupən] **1.** □ *com.* відкри́тий; відве́ртий; я́вний; ~ to досту́пний (Д); in the ~ air на відкри́тому пові́трі; **2.** bring into the ~ виявля́ти [ви́явити]; **3.** *v/t.* відкри́(ва́)ти; поч(ин)а́ти; *v/i.* відкри́(ва́)тися; поч(ин)а́тися; ~ into відчинятися [-ни́тися] у (З) (про две́рі); ~ on to вихо́дити на *or* у (З); ~-**handed** ще́дрий; ~**ing** ['oupniŋ] о́твір; поча́ток; відкриття́; ~-**minded** *fig.* неупере́джений.
opera ['ɔpərə] о́пера; ~-**glass** (es *pl.*) біно́кль *m.*

O

operat|e [ˈɔpəreit] *v/t.* управля́ти (О); *part. Am.* приво́дити в рух; *v/i.* оперува́ти *(im)pf.*; роби́ти вплив; працюва́ти; ді́яти; **~ion** [ɔpəˈreiʃn] ді́я; Me, Ml, С опера́ція; проце́с; be in ~ бути в ді́ї; **~ive** **1.** [ˈɔpəreitiv] □ ді́ючий; ді́йсний; операти́вний (*a.* Me); **2.** [ˈɔpərativ] (фабри́чний) робо́чий; **~or** [ˈɔpəreitə] опера́тор; телеграфі́ст(ка).

opinion [əˈpinjən] ду́мка; по́гляд; in my ~ по-мо́єму.

opponent [əˈpounənt] опоне́нт, проти́вник.

opportun|e [ˈɔpətjuːn] □ сприя́тливий; підхо́жий; своєча́сний; **~ity** [ɔpəˈtjuːniti] наго́да, можли́вість *f.*

oppos|e [əˈpouz] протиставля́ти [-та́вити]; (у)чини́ти о́пір (Д); **~ed** [-d] протипоста́влений; be ~ to бу́ти про́ти (Р); **~ite** [ˈɔpəzit] **1.** □ протиле́жний; **2.** *prp., adv.* напро́ти, про́ти (Р); **3.** протиле́жність *f*; **~ition** [ɔpəˈziʃn] о́пір; опози́ція; контра́ст.

oppress [əˈpres] гноби́ти [пригно́бити]; утиска́ти; **~ion** [-ʃn] у́тиск, гно́блення; пригно́бленість *f;* **~ive** [-siv] □ гніто́чий; пригно́блюючий; заду́шливий.

optic [ˈɔptik] о́чний, зорови́й; **~al** [-tikəl] □ опти́чний; **~ian** [ɔpˈtiʃn] о́птик.

O

option [ˈɔpʃn] ви́бір, пра́во ви́бору; ~ right перева́жне пра́во купі́влі; **~al** [ˈɔpʃnl] □ необов'язко́вий, факультати́вний.

opulence [ˈɔpjuləns] бага́тство.

or [ɔː] або́; ~ else іна́кше; або́ ж.

oracular [ɔˈrækjulə] □ проро́чий.

oral [ˈɔːrəl] □ у́сний; слове́сний.

orange [ˈɔrindʒ] **1.** апельси́н, пома-ра́нча; ора́нжевий (жовтогаря́чий) ко́лір; **2.** ора́нжевий.

orat|ion [oˈreiʃn] мо́ва; **~or** [ˈɔrətə] ора́тор; **~ory** [-ri] красномо́вність *f*; капли́ця.

orb [ɔːb] ку́ля; орбі́та; *fig.* небе́сне світи́ло; держа́ва.

orchard [ˈɔːtʃəd] фрукто́вий сад.

orchestra [ˈɔːkistrə] Mu орке́стр.

ordain [ɔːˈdein] посвя́чувати в духо́вний сан; припи́сувати [-са́ти].

ordeal [ɔːˈdiːl] *fig.* випро́бування.

order [ˈɔːdə] **1.** поря́док; відзна́ка; нака́з; С замо́влення; ранг; Ml стрій; take (holy) ~s прийма́ти духо́вний сан; in ~ to щоб; in ~ that з тим, щоб; make to ~ робити на замо́влення; *parl.* standing ~s *pl.* пра́вила процеду́ри; **2.** нака́зувати [-за́ти]; признача́ти [-на́чити]; С замовля́ти [замо́вити]; **~ly** [-li] **1.** акура́тний; спокі́йний; регуля́рний; **2.** Ml вістови́й; ордина́рець *m.*

ordinance [ˈɔːdinəns] ука́з, декре́т.

ordinary [ˈɔːdnri] □ звича́йний; пересі́чний.

ordnance [ˈɔːdnəns] Ml, Sh артилері́йські гарма́ти *f/pl.*; артилері́йське і техні́чне постача́ння.

ordure [ˈɔːdjuə] гній; по́кидьки *m/pl.*; бруд.

ore [ˈɔː] руда́.

organ [ˈɔːgən] о́рган; го́лос; Mu орга́н; **~grinder** катери́нщик; **~ic** [ɔːˈgænik] (**~ally**) органі́чний; **~ization** [ɔːgənaiˈzeiʃn] організа́ція; **~ize** [ˈɔːgənaiz] організо́вувати *(im)pf.*; **~izer** [-ə] організа́тор.

orgy [ˈɔːdʒi] о́ргія.

orient [ˈɔːrient] **1.** схід; Схід, краї́ни *f/pl.* Схо́ду; **2.** орієнтува́ти *(im)pf.*; **~al** [ɔːriˈentl] **1.** □ схі́дний, азіа́тський; **2.** жи́тель Схо́ду; **~ate** [ˈɔːrienteit] орієнтува́ти *(im)pf.*

orifice [ˈɔrifis] о́твір; М, Ме у́стя.

origin [ˈɔridʒin] джерело́; похо́дження; поча́ток.

original [əˈridʒənl] **1.** □ перві́сний; оригіна́льний; спра́вжній; **2.** оригіна́л, первотві́р; дива́к; **~ity** [əridʒiˈnæliti] оригіна́льність *f.*

originat|e [əˈridʒineit] *v/t.* започатко́вувати [-кува́ти] (З), поро́джувати [-ди́ти]; *v/i.* похо́дити [піти́] (from від Р); **~or** [-ə] творе́ць *m*; ініціа́тор.

ornament **1.** [ˈɔːəmənt] прикра́са, орна́мент; *fig.* краса́; **2.** [-ment] прикраша́ти [-ра́сити]; **~al** [ɔːnəˈmentl] □ декорати́вний.

ornate [ɔːˈneit] □ прикра́шений; витіюва́тий (стиль).

orphan [ˈɔːʃən] **1.** сирота́ *m/f.;* **2.** осироті́лий (*a.* **~ed**); **~age** [-idʒ], **~-asylum** приту́лок для сирі́т.

orthodox [ˈɔːθədɔks] □ правові́рний; *eccl.* правосла́вний.

oscillate [ˈɔsileit] вібрува́ти; *fig.* колива́тися.

ossify [ˈɔsifai] [о]костені́ти.

ostensible [ɔsˈtensəbl] □ очеви́дний.

ostentatio|n [ɔstənˈteiʃn] хва́стощі; ви́ставлення напока́з; **~us** [-ʃəs] □ показни́й.

ostler [ˈɔslə] ко́нюх.

ostrich [ˈɔstritʃ] *zo.* стра́ус.

other [ˈʌðə] і́нший; іна́кший; the ~ day дня́ми; the ~ morning нещода́вно вра́нці; every ~ day че́рез день; **~wise** [-waiz] іна́кше; або́ ж.

otter [ˈɔtə] *zo.* ви́дра.

ought [ɔːt]: I ~ to мені́ ва́рто було́ б;

you ~ to have done it вам слід було́ це зроби́ти.
ounce [auns] у́нція (= 28,3 г).
our ['auə] *pron. poss.* **~s** ['auəz] *pron. poss. pred.* наш, на́ша, на́ше; на́ші *pl.*; **~selves** [auə'selvz] *pron.* 1. *refl.* себе́, -ся, -сь; 2. (для підси́лення) (ми) самі́.
oust [aust] виганя́ти [ви́гнати]; витісня́ти [ви́тіснити].
out [aut] 1. *adv.* назо́вні; геть; до кінця́; take ~ виймáти [ви́йняти]; be ~ with бу́ти в сва́рці з (О); ~ and ~ доскона́ло; way ~ ви́хід; 2. *parl.* the ~s *pl.* опози́ція; 3. С ~ size ро́змір бі́льший від норма́льного; 4. *prp.* ~ of: із (Р); по́за (О); з-за, із-за (Р).
out... [~] пере...; ви...; роз...; про...; за...; з...; **~balance** ['aut'bæləns] перева́жувати [-жити]; **~bid** ['bid] [*irr.* (bid)] перебива́ти ціну́; **~-break** ['autbreik] ви́бух; спа́лах (гні́ву); (рапто́вий) поча́ток (війни́, епіде́мії і т. ін.); **~building** ['autbildiŋ] надві́рна спору́да; **~burst** [-'bə:st], ви́бух, спа́лах; **~cast** [-kɑ:st] 1. вигна́нець (-нниця); па́рія *m/f.*; 2. ви́гнаний; **~come** [-'kʌm] результа́т; **~cry** [-krai] ви́гук; проте́ст; **~do** [aut'du:] [*irr.* (do)] переве́ршувати [-шити]; **~door** ['autdo:] *adj.* (що знахо́диться) по́за буди́нком або́ на відкри́тому пові́трі; зо́внішній; **~doors** ['aut'dɔ:z] *adv.* на відкри́тому пові́трі, по́за буди́нком.
outer ['autə] зо́внішній, навко́лишній; **~most** ['autəmoust] кра́йній.
out|fit [-fit] споря́дження; обмундирува́ння; обла́днання; **~going** [-gouiŋ] 1. що відхо́дить, відправля́ється; вихідни́й (про папе́ри, листи́ і т. ін.); 2. **~s** *pl.* ви́трати *f/pl.*; **~grow** [aut'grou] [*irr.* (grow)] ви́рост(а́т)и з (о́дягу і т.ін.); **~-house** [-hɑus] надві́рна спору́да; флі́гель *m.*
outing ['autiŋ] (замі́ська) прогу́лянка.
out|last [aut'lɑ:st] продо́вжуватися до́вше, ніж...; пережи́(ва́)ти; **~law** ['autlɔ:] 1. люди́на по́за зако́ном; 2. оголо́шувати по́за зако́ном; **~lay** [-lei] ви́трати *f/pl.*; **~let** [-let] випускни́й о́твір; ви́хід; **~line** [-lain] 1. (*a. pl.*) о́брис, ко́нтур; 2. малюва́ти ко́нтур (Р); роби́ти на́черк (Р); **~live** [aut'liv] пережи́(ва́)ти; **~look** ['autluk] вид, перспекти́ва; то́чка зо́ру, по́гляд; **~lying** [-laiŋ] відда́лений; **~number** [aut'nʌmbə] переви́щувати чисе́льністю; **~-post** [-poust] аванпо́ст; **~pouring** [-pɔ:riŋ] *mst pl.* зві́рення (почутті́в); **~put** [-put] ви́пуск; продукти́вність *f*; проду́кція.
outrage ['autreidʒ] 1. гру́бе пору́шення (on P); 2. гру́бо пору́шувати (зако́н); **~ous** [aut'reidʒəs] □ шале́ний; обу́рливий.
out|right ['aut'rait] відкри́то; відра́зу; цілко́м; **~run** [aut'rʌn] [*irr.* (run)] переганя́ти [-гна́ти], випереджа́ти [ви́передити]; *fig.* перейти́ межу́ (Р); **~set** ['autset] поча́ток; відпра́влення; **~shine** [aut'ʃain] [*irr.* (shine)] затьма́рювати [-рити]; **~side** ['aut'said] зо́внішній бік; зо́внішня пове́рхня; зо́внішність *f*; кра́йність *f*; at the ~ в кра́йньому ра́зі; 2. зо́внішній, зве́рхній; кра́йній; 3. *adv.* назо́вні; зо́вні; на (відкри́тому) пові́трі; 4. *prp.* по́за (О); **~side** ['aut'saidə] сторо́нній (сторо́ння люди́на); **~skirts** ['autskə:ts] *pl.* око́лиця; **~spoken** [aut'spoukən] □ відве́ртий; **~standing** ['autstændiŋ] що виступає; *fig.* видатни́й; несплá́чений (раху́нок); **~stretch** [aut'stretʃ] протяг(а́)ти́; **~strip** [-'strip] випереджа́ти [ви́передити]; переве́ршувати [-шити].
outward ['autwəd] 1. зо́внішній, зве́рхній; 2. *adv.* (*mst* ~s [-z]) назо́вні; за ме́жі.
outweigh [aut'wei] переве́ршувати ваго́ю; *fig.* перева́жувати [-жити].
oven ['ʌvn] (хлі́бна) піч *f*; духо́вка.
over ['ouvə] 1. *adv.* найчасті́ше перекладáється пре́фіксами дієслі́в: пере..., ви..., про...; зно́ву; на дода́ток; зана́дто; ~ and above крім то́го; (all) ~ again знов, ще раз; ~ against напро́ти; ~ and ~ (again) раз у раз; read ~ перечи́тувати [-та́ти]; 2. *prp.* над (О); по (Д); за (З); по́над (З); зверх (Р); че́рез (З); про (М); all ~ the town по всьо́му мі́сту.
over... ['ouvə] *pref.* як пре́фікс означає: над...; по́над...; пере...; надмі́рно; **~act** ['ouver'ækt] перегрaва́ти [-гра́ти] (роль); **~all** ['ouvərɔ:l] спецо́дяг; **~awe** [ouvər'ɔ:] трима́ти в благогові́йному стра́ху; **~balance** [ouvə'bæləns] втрача́ти рівнова́гу; перева́жувати [-жити]; **~bearing** [-'bɛəriŋ] □ вла́дний; **~board** ['ouvəbɔ:d] Sh за борт, за бо́ртом; **~cast** ['ouvə'kɑ:st] похму́рий; **~-charge** [ouvə'tʃɑ:dʒ] 1. на́дто висо́ка ціна́; 2. перевантáжувати [-жити]; пра́вити

O

надто висóку ціну з (Р) (for за З); **~coat** [-kout] пальтó; **~come** [-'kʌm] [*irr.* (come)] перебóрювати [-рóти]; перемагáти [-могти́]; **~crowd** [ouvə'kraud] перепóвнювати [-нити] (зал і т. ін.); **~do** [-'du:] [*irr.* (do)] пересмáжувати [-жити] (м'я́со і т. ін.); роби́ти занáдто старáнно, перебі́льшувати; **~draw** ['ouvə'drɔ:] [*irr.* (draw)] C перевищувати [-щити] (кредит); **~dress** [-'dres] одягáтися нáдто розкі́шно; **~due** [-'dju:] прострóчений; **~eat** [ouvər'i:t] [*irr.* (eat)]: ~ o.s. об'їдáтися [об'ї́стися]; **~flow 1.** [ouvə'flou] [*irr.* (flow)] *v/t.* затóплювати [-пи́ти];; *v/i.* перели́(вá)тися; **2.** ['ouvəflou] пóвінь; розли́в; **~grow** ['ouvə'grou] [*irr.* (grow)] заглу́шувати [-ши́ти] (про росли́ни); рости́ занáдто шви́дко; **~hang 1.** ['ouvə'hæŋ] [*irr.* (hang)] *v/i.* нависáти [нави́снути]; **2.** ['ouvəhæŋ] звис; ви́ступ; **~haul** [ouvə'hɔ:l] (від)ремонтувáти; **~-head 1.** ['ouvə'hed] *adv.* над головóю, звéрху; **2.** ['ouvəhed] *adj.* вéрхній; C накладни́й; **3. ~s** *pl.* C накладні́ витрáти *f/pl.*; **~hear** [ouvə'hiə] [*irr.* (hear)] підслухóвувати [підслу́хати]; ненарóком чу́ти; **~lap** [ouvə'læp] *v/t.* частківо покривáти; *v/i.* захóдити один за і́нший; **~lay** [ouvə'lei] [*irr.* (lay)] E покри́(вá)ти; **~load** [ouvəloud] перевантáжувати [-жити]; **~look** [ouvə'luk] оглядáти [огля́нути]; переглядáти [-гля́нути]; **~master** [ouvə'mɑ:stə] підкоря́ти собі́; **~much** ['ouvəmʌtʃ] надмі́рно; **~pay** [-'pei] [*irr.* (pay)] переплáчувати [-ти́ти]; **~power** [ouvə'pauə] переси́лювати [-лити]; **~reach** [ouvə'ri:tʃ] перехитрувáти *pf.*; ~ o.s. узя́ти на сéбе занáдто багáто, нáдто напру́жувати си́ли; **~ride** [-'raid] [*irr.* (ride)] переї́хати конéм; *fig.* (з)нéхтувати; **~run** [-'rʌn] [*irr.* (run)] переливáтися чéрез край; **~sea** ['ouvə'si:] **1.** замóрський; закордóнний; **2** .(*a.* ~seas) за мóрем, за мóре; **~see** [-'si:] [*irr.* (see)] наглядáти за (О); **~seer** ['ouvəsiə] наглядáч(ка); **~shadow** [ouvə'ʃædou] ки́дати тінь (підóзру) на (З); засму́чувати [засмути́ти]; **~sight** [-sait] нагóгляд; **~sleep** ['ouvəsli:p] [*irr.* (sleep)] прос(и)пáти; **~spread** [ouvə'spred] [*irr.* (spread)] покри́(вá)ти; **~state** ['ouvə'steit] перебі́льшувати [-шити]; **~-strain** [-'strein] **1.** перевтóма; **2.** перевтóмлювати [-ми́ти]; **~take** [ouvə'teik] [*irr.* (take)] доганя́ти [догнáти]; захопи́ти зненáцька; **~tax** ['ouvə'tæks] обтя́жувати надмі́рним подáтком; *fig.* нáдто напру́жувати (си́ли і т. ін.); **~throw 1.** [ouvə'θrou] [*irr.* (throw)] (з)вали́ти; перевертáти [-рну́ти]; **2.** ['ouvəθrou] повáлення; ски́нення; **~time** ['ouvətaim] **1.** понадурóчні годи́ни *f/pl.*; **2.** *adv.* понадурóчно.

overture ['ouvətjuə] Mu увертю́ра; почáток (переговóрів і т. ін.); формáльна пропози́ція.

over|turn [ouvə'tə:n] перекидáти [-ки́нути]; **~weening** [ouvə'winiŋ] зарозумі́лий; **~whelm** [ouvə'welm] приду́шувати [-ши́ти]; переси́лювати [-лити]; **~work** [-wə:k] **1.** перевантáження; перевтóма; **2.**[*irr.* (work)] перевтóмлювати(ся) [-ми́ти(ся)]; **~wrought** ['ouvə'rɔ:t] перевтóмлений; збу́джений (про нéрви).

owe [ouv] бу́ти ви́нним (Д/З); бу́ти зобов'я́заним (Д/О).

owing ['ouiŋ] заборгóваний; несплáчений; ~ to *prp.* дя́куючи (Д).

owl [aul] совá.

own [oun] **1.** свій, влáсний; рі́дний; **2.** my ~ моя́ влáсність *f*; a house of one's ~ влáсний буди́нок; hold one's ~ зберігáти свої́ пози́ції; **3.** володі́ти (О); ви́зна(вá)ти (З); признá(вá)тися у (М).

owner ['ounə] влáсник (-иця); **~ship** [-ʃip] влáсність *f*, прáво влáсності.

ox [ɔks], *pl.* **oxen** віл, бик.

oxid|e ['ɔksaid] Ch оки́с; окси́д; **~ize** ['ɔksidaiz] оки́слювати(ся) [-ли́ти(ся)].

oxygen ['ɔksidʒən] Ch ки́сень *m.*

oyster ['ɔistə] у́стриця.

P

pace [peis] **1.** крок; ходá, хід; темп; **2.** *v/t.* вимі́рювати крóками; *v/i.* (за)крокувáти.

pacific [pə'sifik] (~ally) миролю́бний; **~** Ocean Ти́хий океáн; **~-ation** ['pæsifi'keiʃn] умиротвóрення; утихоми́рення.

pacify ['pæsifai] умиротворя́ти [-ри́ти]; утихоми́рювати [-рити].

pack [pæk] **1.** пáчка; в'юк; в'я́зка;

кýпа; стос; колóда (карт); зграя (собáк); 2. *v/t.* (often ~ up) (у)пакувáти; запóвнювати [-нити], наби́(вá)ти, (*a.* ~ off) випровáджувати [ви́провадити]; E ущíльнювати [-ни́ти]; *v/i.* упак(óв)увáтися; (often ~ up) укладáтися [уклáстися]; **~age** ['pækidʒ] пáка; тюк; мíсце (багажý); **~er** ['pækə] пакувáльник [-иця]; **~et** ['pækit] пакéт; поштóвий пароплáв; **~thread** мотýзка.

pact [pækt] пакт, дóговíр.

pad [pæd] 1. м'якá проклáдка; блокнóт; 2. підби́(вá)ти, наби́(вá)ти (вáтою і т. п.); **~ding** ['pædiŋ] набивáльний матеріáл; *fig.* просторíкування.

paddle [pædl] 1. весло́; гребóк; Sh лóпать *f* (гребнóго кóлеса); 2. веслувáти; плисти́ на байдáрці; **~-wheel** гребнé кóлесо.

paddock ['pædək] ви́гін, загíн.

padlock ['pædlɔk] вися́чий замóк.

pagan ['peigən] 1. язи́чник, погáнин; 2. язи́чницький, погáнський.

page [peidʒ] 1. паж; сторíнка; 2. нумерувáти сторінки́ (P).

pageant ['pædʒənt] пи́шне (істори́чне) видóвище; карнавáльна процéсія.

paid [peid] *pt.* і *p. pt.* від pay.

pail [peil] відрó, цéбер.

pain [pein] 1. біль *m*; страждáння; покарáння; **~s** *pl.* (*often sg.*) старáння; on ~ of під стрáхом (P); be in ~ зазнавáти біль; take ~s (по)старáтися; 2. завдавáти бóлю (Д); **~ful** ['peinful] □ хворобли́вий; бóлісний; **~less** [-lis] □ безбóлісний; **~staking** ['peinzteikiŋ] запопáдливий, старáнний.

paint [peint] 1. фáрба; рум'я́на *pl.*; 2. (по)фарбувáти; (на)рум'я́нити(ся); **~-brush** кисть *f*; **~er** ['peintə] худóжник; мáляр; **~ing** ['peintiŋ] живóпис; карти́на; **~ress** [-tris] худóжниця.

pair [pɛə] 1. пáра; подрýжжя; a ~ of scissors нóжиці *f/pl.*; 2. (с)парувáти(ся).

pal [pæl] *sl.* при́ятель(ка *f*) *m*.

palace ['pælis] палáц.

palatable ['pælətəbl] смачни́й.

palate [-it] піднебíння; смак.

pale[1] [peil] 1. □ блідий; тьмя́ний; ~ ale свíтле пи́во; 2. (з)блíднути.

pale[2] [~] кіл; *fig.* мéжі *f/pl.*

paleness ['peilnis] блíдість *f*.

pall [pɔ:l] огортáти покрóвом.

pallet ['pælit] сінни́к.

palliat|e ['pælieit] полéгшувати [-шити] (хворóбу); *fig.* покри́(вá)ти; **~ive** ['pælietiv] паліати́вний; пом'я́кшуючий.

pall|id ['pælid] □ блідий; **~idness** [-nis], **~or** [-lə] блíдість *f*.

palm [pɑ:m] 1. долóня; B пáльма; 2. торкáти, глáдити долóнею; ховáти в руцí; ~ off on a p. підсóвувати [підсýнути] (Д); **~tree** пáльмове дéрево.

palpable ['pælpəbl] □ відчýтний; *fig.* очеви́дний, я́вний.

palpitat|e ['pælpiteit] тріпотíти; калатáтися (про сéрце); **~ion** [-ʃn] серцеби́ття.

palsy ['pɔ:lsi] 1. парáліч; *fig.* слáбість *f*; 2. паралізувáти *(im)pf.*

palter ['pɔ:ltə] (з)лукáвити; (с)хитрувáти.

paltry ['pɔ:ltri] дріб'язкóвий, нікчéмний.

pamper ['pæmpə] розпéщувати [розпéстити]; рознíжувати [-жити].

pamphlet ['pæmflit] брошýра.

pan [pæn] кастрýля; сковородá.

pan... [~] *pref.* пан...; загально...

panacea [pænə'siə] панацéя, універсáльний зáсіб.

pancake ['pænkeik] олáдка; млинéць *m*.

pandemonium [pændi'mounjəm] S *fig.* спрáвжнє пéкло.

pander ['pændə] 1. потурáти (to Д); звідникувáти; 2. звíдник (-иця).

pane [pein] (вікóнне) скло, ши́бка.

panegyric [pæni'dʒirik] панегíрик, похвалá.

panel [pænl] 1. Ar. панéль *f*; фільóнка; J спи́сок прися́жних засідáтелів; обшивáти панéлями (стíни).

pang [pæŋ] раптóвий гóстрий біль *m*; **~s** *pl. fig.* мýки (сумлíння).

panic ['pænik] 1. панíчний; 2. пáніка.

pansy ['pænzi] B братки́ *m/pl.*

pant [pænt] задихáтися [-хнýтися]; вáжко ди́хати; пáлко бажáти (for, after P).

panties ['pæntiz] *Am.* F (a pair of ~) (жінóчі) панталóни *m/pl.*

pantry ['pæntri] комóра; буфéтна (для пóсуду).

pants [pents] *pl. Am. абó* P (a pair of ~) спíдні *pl.*; штани́ *pl.*

pap [pæp] кáшка (для дітéй).

papal ['peipəl] □ пáпський.

paper ['peipə] 1. папíр; газéта; шпалéри *f/pl.*; наукóва дóповідь *f*; докумéнт; 2. обклéювати шпалéрами; **~-bag** мішéчок; **~-clip**, **~-fastener** скрíпка, **~-hanger** оббивáльник; **~-weight** прес-пап'є́ *n indecl.*

pappy ['pæpi] кашкоподíбний.

par [pɑ:] рíвність *f*; C номінáльна вáртість *f*; at ~ альпáрі; be on a ~ with бýти нарíвні, на óдному рíвні з (O).

parable ['pærəbl] при́тча.

P

parachut|e ['pærəʃu:t] парашу́т; **~ist** [-ist] парашути́ст.

parade [pə'reid] **1.** виставля́ння напока́з; Ml пара́д; Ml плац, (=**~-ground**) пла́ц-пара́д; мі́сце для гуля́ння; make a ~ of виставля́ти напока́з; **2.** виставля́ти напока́з; Ml ви́шик(о́в)уватися на пара́д.

paradise ['pærədais] рай.

paragon [-gən] зразо́к (доскона́лості, цноти́).

paragraph ['pærəgrɑ:f] абза́ц; пара́граф; газе́тний до́пис.

parallel ['pærəlel] **1.** парале́льний; **2.** парале́ль *f* (*a. fig.*); *geogr.* парале́ль *f*; without ~ незрівня́нний; **3.** бу́ти парале́льним з (О), прохо́дити рівнобі́жно (Д); порі́внювати [-ня́ти].

paraly|se ['pærəleiz] паралізува́ти *(im)pf.*; **~sis** [pɛ'relisis] Me пара́ліч.

paramount ['pærəmaunt] верхо́вний, ви́щий, першоря́дний.

parapet ['pærəpit] Ml бру́ствер; пору́ччя *n/pl.*, парапе́т.

paraphernalia [pærəfə'neiljə] pl. прила́ддя *n/pl.*

parasite ['pærəsait] парази́т (*a. fig.*); *fig.* дармо́ї́д(ка).

parasol [pærə'sɔl] парасо́лька (від со́нця).

paratroops ['pærətru:ps] *pl.* Ml парашу́тно-деса́нтні війська́ *n/pl.*

parboil ['pɑ:bɔil] злє́гка прова́рювати.

parcel [pa:sl] **1.** паке́т; поси́лка; **2.** (*mst* ~ out) діли́ти на діля́нки; виділя́ти [ви́ділити].

parch [pɑ:tʃ] вису́шувати [ви́сушити]; (об)па́лити (про со́нце).

parchment [-mənt] перга́мент.

pardon [pɑ:dn] **1.** ви́бачення; J поми́лування; **2.** проща́ти [прости́ти]; поми́лувати *pf.*; **~able** [-əbl] □ проще́нний, прости́мий.

pare [pɛə] (по)чи́стити (о́вочі і т. ін.); обрiза́ти [обрі́зати]; *fig.* урі́з(ув)ати.

parent ['pɛərənt] роди́тель *m* (-ка); *fig.* джерело́; **~s** *pl.* батьки́ *m/pl.*; **~age** [-idʒ] похо́дження *n*; **~al** [pə'rentl] □ ба́тьківський.

parenthe|sis [pə'renθisis], *pl.* **~ses** [-si:z] вставне́ сло́во, вставне́ ре́чення; *pl. typ.* (кру́глі) дужки́ *f/pl.*

paring ['pɛəriŋ] шкі́рка, шкаралу́па, лушпа́йка; **~s** *pl.* обрі́зки *m/pl.*; лушпи́ння *n/pl.*

parish ['pæriʃ] **1.** церко́вний прихо́д, пара́фія; парафія́ни *pl.*; (*a.* civil ~) циві́льний о́круг; **2.** парафія́льний.

parity ['pæriti] рі́вність *f*; рівноці́нність *f.*

park [pɑ:k] **1.** парк; *mot.* стоя́нка; **2.** *mot.* ста́вити на стоя́нку; **~ing** ['pɑ:kiŋ] *mot.* стоя́нка; *attr.* стоя́нковий.

parlance ['pɑ:ləns] мане́ра висло́влювання, мо́ва.

parley [pɑ:li] **1.** перегово́ри *m/pl.*; **2.** вести́ перегово́ри.

parlament ['pɑ:ləmənt] парла́мент; **~ary** [-'mentəri] парламента́рний, парла́ментський.

parlo(u)r ['pɑ:lə] прийма́льна; жила́ кімна́та; віта́льня; *Am.* зал, ателье́ *n indecl.*; **~-maid** покоі́вка.

parochial [pə'roukjəl] □ парафія́льний; *fig.* місце́вий; вузьки́й, обме́жений.

parole [pə'roul] Ml паро́ль *m*; сло́во че́сті.

parquet ['pɑ:kei] парке́т; *thea.* пе́рші ряди́ парте́ру.

parrot ['pærət] **1.** папу́га; **2.** повто́рювати як папу́га.

parry ['pæri] відби́(ва́)ти, (від)пари́рувати (уда́р).

parsimonious [pɑ:si'mounjəs] □ ощадливий, еконо́мний; скна́рий.

parsley ['pɑ:sli] B петру́шка.

parson [pɑ:sn] парафія́льний свяще́ник, па́стор.

part [pɑ:t] **1.** части́на, ча́стка; у́часть *f*; *thea. a. fig.* роль *f*; місце́вість *f*; Mu па́ртія; a man of ~s зді́бна люди́на; take in good (bad) ~ до́бре (пога́но) сприйма́ти (слова́ і т. п.); for my (own) ~ з мого́ бо́ку; in ~ частко́во; on the ~ of з бо́ку (Р); **2.** *adv.* частко́во, поча́сти; **3.** *v/t.* розділя́ти [-ли́ти]; ~ the hair роби́ти про́діл; *v/i.* розлуча́тися [-чи́тися], розста́(ва́)тися (with, from з О).

partake [pɑ:'teik] [*irr.* (take)] бра́ти у́часть *f*, розділя́ти [-ли́ти].

partial ['pɑ:ʃəl] □ частко́вий; небезсторо́нній; небайду́жий (to до Р); **~ity** [pɑ:ʃi'æliti] при́страсть *f*; схи́льність *f.*

particip|ant [pɑ:'tisipənt] уча́сник (-иця); **~ate** [-peit] бра́ти у́часть (in у М); **~ation** [-'peiʃn] у́часть *f.*

particle ['pɑ:tikl] ча́стка; кри́хта.

particular [pə'tikjulə] **1.** особли́вий; незвича́йний; прива́тний; розбі́рливий; **2.** подро́биця; дета́ль *f*; in ~ особли́во; **~ity** [pətikju'læriti] особли́вість *f*; рете́льність *f*; **~ly** [pə'tikjuləli] особли́во; назвича́йно.

parting ['pɑ:tiŋ] **1.** розлу́ка; про́діл; ~ of the ways *part. fig.* роздорі́жжя; **2.** проща́льний.

partisan [pɑ:ti'zæn] **1.** прибі́чник (-иця); Ml партиза́н; **2.** партиза́нський.

P

partition [pɑ:'tiʃn] 1. ро́зділ; перегоро́дка; 2. ~ off відділяти перегоро́дкою.
partly ['pɑ:tli] частко́во, поча́сти.
partner ['pɑ:tnə] 1. уча́сник (-иця); С компаньйо́н(ка); партне́р(ка); 2. парува́ти; роби́ти партне́ром; бу́ти партне́ром; **~ship** [-ʃip] у́часть *f*; С товари́ство, компа́нія.
part-owner ['pɑ:t'ounə] співвла́сник.
part-time ['pɑ:t'taim] непо́вна за́йнятість *f*; *attr.* не цілко́м за́йнятий; ~ worker робітни́к, яки́й за́йнятий непо́вний робо́чий день.
party ['pɑ:ti] па́ртія; загі́н; уча́сник (to у М); компа́нія; вечі́рка; ~ line *parl.* парті́йні директи́ви *f/pl.*; ~ ticket *Am.* парті́йна програ́ма.
pass ['pɑ:s] 1. прохі́д; перева́л; па́спорт; пере́пустка; безкошто́вний квито́к; *univ.* посере́днє склада́ння і́спитів; 2. *v/i.* прохо́дити [пройти́]; припиня́тися [-ни́тися]; помира́ти [поме́рти]; відбу́(ва́)тися, трапля́тися [тра́питися]; перехо́дити [перейти́] (from ... to ... з (Р) ... у (З)...); бу́ти в о́бігу; *cards* (с)пасува́ти; come to ~ ста́(ва́)тися; ~ as, for вважа́тися (О), сла́витися (О); ~ away зника́ти [зни́кнути]; помира́ти [поме́рти]; ~ by прохо́дити повз (М); ~ into перехо́дити [перейти́] в (З); ~ off прохо́дити [пройти́] (про біль і т. ін.); ~ on іти́ да́лі; ~ out вихо́дити [ви́йти]; 3. *v/t.* прохо́дити [пройти́]; проїжджа́ти [проі́хати]; мина́ти [-ну́ти]; склада́ти [скла́сти] (і́спити); обганя́ти [обігна́ти]; випереджа́ти [ви́передити]; переправля́ти(ся) [-а́вити(ся)] через (З); (*a.* ~ on) перед(ав)а́ти; вино́сити [ви́нести] (ви́рок); прово́дити [провести́] (час); прийма́ти [прийня́ти] (зако́н); **~able** ['pɑ:səbl] □ прохідни́й; ходя́чий (про гро́ші); посере́дній, сте́рпний.
passage ['pæsidʒ] прохі́д; пере́біг (ча́су); переї́зд, перепра́ва; коридо́р; ури́вок (з книги).
passenger ['pæsindʒə] пасажи́р; сідо́к; **~-train** пасажи́рський по́їзд.
passer-by ['pɑ:sə'bai] перехо́жий.
passion ['pæʃn] при́страсть *f*; гнів; ♀ *eccl.* хре́сні му́ки *f/pl.*; ♀ Week стра́сни́й ти́ждень; **~ate** [-it] □ при́страсний.
passive ['pæsiv] □ паси́вний; покі́рний.
passport ['pɑ:spɔ:t] па́спорт.
password [pɑ:swə:d] Ml паро́ль *m*.
past [pɑ:st] 1. *adj.* мину́лий; що мину́в; for some time ~ оста́ннім ча́сом; 2. *adv.* ми́мо; 3. *prp.* за (О); пі́сля (Р); повз (З); зверх (Р); half ~ two пів на тре́тю; ~ endurance несте́рпний; ~ hope безнаді́йний; 4. мину́ле.
paste [peist] 1. ті́сто; па́ста; клей; 2. клеї́ти, прикле́ювати [-еї́ти]; **~board** карто́н; *attr.* карто́нний.
pastel ['pæstl] пасте́ль *f*.
pasteurize ['pæstəraiz] пастеризува́ти *(im)pf.*
pastime ['pɑ:staim] прие́мне прово́дження ча́су.
pastor ['pɑ:stə] па́стор; па́стир; **~al** [-rəl] пастора́льний; пасту́шачий.
pastry ['peistri] ті́стечко, пе́чиво; **~-cook** конди́тер.
pasture ['pɑ:stʃə] 1. пасови́сько; ви́гін; 2. па́сти(ся).
pat [pæt] 1. поплі́скування; кружа́льце (ма́сла); 2. поплі́ск(ув)ати; 3. до ре́чі; вча́сно.
patch [pætʃ] 1. ла́тка; кла́птик землі́; шмато́к; кла́поть *m*; 2. (за)лата́ти, (по)ла́годити.
pate [peit] F голова́, макі́тра.
patent ['peitənt] 1. я́вний; відкри́тий; патенто́ваний; ~ fastener кно́пка (за́стібка); ~ leather лако́вана шкі́ра; 2. (*a.* letters ~ *pl.*) пате́нт; дипло́м; 3. (за)патентува́ти; **~ee** [peitən'ti:] вла́сник пате́нту.
patern|al [pə'tə:nl] □ ба́тьківський; **~ity** [-niti] батькі́вство.
path [pɑ:θ], *pl.* **~s** [pɑ:ðz] сте́жка, дорі́жка.
pathetic [pə'θetik] (~ally) патети́чний, звору́шливий.
patien|ce ['peiʃəns] терпі́ння; наполе́гливість *f*; **~t** [-t] 1. терпля́чий; 2. паціє́нт(ка).
patrimony ['pætriməni] родови́й мае́ток, ба́тьківщина.
patrol [pə'troul] Ml 1. патру́ль *m*; дозо́р; 2. патрулюва́ти.
patron ['peitrən] патро́н; покрови́тель *m*; кліє́нт; **~age** ['pætrənidʒ] засту́пництво; кліє́нту́ра; **~ize** [-naiz] опі́куватися; побла́жливо ста́витись до (Р); пості́йно купува́ти у (Р).
patter ['pætə] говори́ти скоромо́вкою; (про)ми́мрити; порощи́ти (про дощ); тупоті́ти, дріботі́ти.
pattern ['pætən] 1. зразо́к; моде́ль *f*; візеру́нок; 2. роби́ти за зразко́м (on P).
paunch [pɔ:ntʃ] черевце́, пу́зо.
pauper ['pɔ:pə] убо́гий; **~ize** [-raiz] дово́дити до зубожі́ння.
pause [pɔ:z] 1. па́уза, пере́рва, зупи́нка; 2. роби́ти па́узу.

P

pave [peiv] намóщувати [намости́ти]; *fig.* прокладáти [-лáсти] (шлях); **~-ment** ['peivmənt] тротуáр, панéль *f*, брукíвка.

paw [pɔ:] 1. лáпа; F рукá; 2. торкáтися лáпою; би́ти копи́том.

pawn [pɔ:n] 1. застáва, заклáд; *chess* пішáк; in, at ~ у застáві; 2. заставля́ти [застáвити]; **~brocker** лихвáр; **~shop** ломбáрд, пози́чкóва кáса.

pay [pei] 1. сплáта, ви́плата; зарплáта, жáлування; 2. [*irr.*] *v/t.* (за)плати́ти; оплáчувати [оплати́ти]; винагорóджувати [ви́нагородити]; (з)роби́ти візи́т; ~ attention to звертáти увáгу на (З); ~ down плати́ти готíвкою; *v/i.* окупáтися [-пи́тися] (*a. fig.*); ~ for (ви́-, за)плати́ти за (З), оплáчувати [-ти́ти] (В); **~able** ['peiəbl] що підлягáє ви́платі; **~-day** день ви́плати жáлування; **~ing** ['peiiŋ] ви́гідний; **~master** скарбни́к, каси́р; **~ment** [-mənt] ви́плата, плáтíж; **~roll** платíжна вíдомість *f*.

pea [pi:] B горóх; горошúна; **~s** *pl.* горóх; *attr.* горóховий.

peace [pi:s] мир; спóкій; **~able** ['pi:səbl] □ миролю́бний, ми́рний; **~ful** [-ful] □ ми́рний, спокíйний; **~maker** миротвóрець *m*.

peach [pi:tʃ] пéрсик; пéрсикове дéрево.

pea|cock ['pi:kɔk] пави́ч; **~hen** [-hen] пáва.

peak [pi:k] верши́на (гори́); козирóк (кéпки); *attr.* максимáльний; ви́щий.

peal [pi:l] 1. дзвíн; гýркіт (грóму); ~ of laughter ви́бух смíху; 2. (про)лунáти; гримíти; дзвони́ти в усí дзвóни.

peanut ['pi:nʌt] земляни́й горíх.

pear [pɛə] B грýша; грушéве дéрево.

pearl [pə:l] *coll.* пéрли *pl.*; перли́на *a. fig.*; *attr.* перли́нний, перлóвий; **~y** ['pə:li] як пéрли.

peasant ['pezənt] 1. селяни́н; 2. селя́нський; **~ry** [-ri] селя́нство.

peat [pi:t] торф.

pebble ['pebl] голя́к, гáлька.

peck [pek] 1. пек, мíра сипки́х тіл (=9,087 лíтра); *fig.* числéнність *f*; 2. клювáти [клю́нути].

peculate ['pekjuleit] (незакóнно) розтрáчувати [-áтити].

peculiar [pi'kju:ljə] □ своєрíдний; особли́вий; ди́вний; **~ity** [pikju:li'æriti] особли́вість *f*; чýдність *f*.

pecuniary [pi'kju:njəri] грошови́й.

pedagogue ['pedəgɔg] педагóг, учи́тель(ка *f*) *m*.

pedal [pedl] 1. педáль *f*; 2. ножни́й; 3. ї́хати велосипéдом; працювáти педáлями.

peddle [pedl] торгувáти, рознóсячи товáри.

pedest|al ['pedistl] п'єдестáл (*a. fig.*); **~rian** [pi'destriən] 1. пішохíд; 2. пішохíдний.

pedigree ['pedigri:] родовíд.

pedlar ['pedlə] рознóщик, коробéйник.

peek [pi:k] *Am.* 1. ~ in зазирáти [-рну́ти]; 2. побíжний пóгляд.

peel [pi:l] 1. кíрка, шкíрка, лушпáйка; 2. (*a.* ~ off) *v/t.* знімáти шкури́нку, лушпи́ння, кíрку з (Р); (по)чи́стити (фрýкти, óвочі); *v/i.* (об)лупи́тися, злýщитися, схóдити [зійти́] (про шкíру).

peep [pi:p] 1. пóгляд крадькомá; 2. позирáти крадькомá; *fig.* виявля́тися [ви́явитися]; (про)пищáти; **~-hole** вíчко (вікóнечко).

peer [piə] 1. (з)рівня́тися з (О); ~ at вдивля́тися [-ви́тися] у (З); 2. рíвня *m/f*; пер; **~less** ['piəlis] □ незрівня́нний.

peevish ['pi:viʃ] буркотли́вий.

peg [pəg] 1. кілóк; вíшалка; Mu кілóчок; прищíпка для біли́зни; *fig.* take a p. down a ~ збивáти пи́ху з когó-нéбудь; 2. прикрíплювати кілкóм; відмічáти кілóчками; ~ away, along F впéрто працювáти; **~-top** дзи́га (íграшка).

pellet ['pelit] кýлька; пілю́ля; дроби́нка.

pell-mell ['pel'mel] уперéміш.

pelt [pelt] 1. шкíра; шкýра; 2. *v/t.* обстрíлювати [-ля́ти]; закидáти [заки́нути]; *v/i.* порощи́ти (про дощ і т. п.).

pen [pen] 1. перó; загíн; 2. (на)писáти; [*irr.*] заганя́ти у загíн.

penal [pi:nl] □ кáрний; карáльний; ~ servitude кáторжні робóти *f/pl.*; **~ize** ['pi:nəlaiz] (по)карáти; **~ty** ['penlti] покарáння; C, *sport.* штраф; *attr.* штрафни́й.

penance ['penəns] епіти́мія.

pence [pens] *pl.* від penny.

pencil [pensl] 1. олівéць *m*; пéнзель *m* (живопи́сця); 2. (на)малювáти; писáти олівцéм; (на)крéслити.

pendant ['pendənt] кулóн, брелóк.

pending ['pendiŋ] 1. J що чекáє на рíшення; 2. *prp.* прóтягом (Р); (аж) до (Р).

pendulum ['pendjuləm] мáятник.

penetra|ble ['penitrəbl] □ проникни́й; **~te** [-treit] проникáти [-ни́кнути] у (З); розчýлювати [-ли́ти]; про-

[захисти́ти] (в суді́); приво́дити у ви́правдання; ~er ['pli:də] J захисни́к; ~ing ['pli:diŋ] J за́хист.
pleasant [pleznt] □ прие́мний; ~ry [-ri] жарт.
please [pli:z] (с)подо́батися (Д); догоджа́ти [-ди́ти] (Д); if you ~ з ва́шого до́зволу; будьте ласка́ві! ~ come in захо́дьте будь ла́ска!; be ~d with бу́ти задоволе́ним (О); ~d [pli:zd] задово́лений.
pleasing ['pli:ziŋ] □ прие́мний.
pleasure ['pleʒə] задово́лення, насоло́да; *attr.* розважа́льний; at ~ за бажа́нням.
pleat [pli:t] 1. скла́дка; 2. роби́ти скла́дки на (М).
pledge [pledʒ] 1. заста́ва; обі́тниця, обіця́нка; 2. закла́да́ти [-ла́сти]; (по)ручи́тися (О); he ~d himself він зв'яза́в себе́ обіця́нкою.
plenary ['pli:nəri] по́вний, плена́рний.
plenipotentiary [plenipə'tenʃəri] повнова́жний представни́к.
plentiful ['plentiful] □ ще́дрий.
plenty ['plenti] 1. доста́ток; вели́ка кі́лькість *f*; на́длишок; ~ of бага́то (Р); 2. F надзвича́йно; цілко́м.
pliable ['plaiəbl] □ гнучки́й; *fig.* підда́тливий, м'яки́й.
pliancy ['plaiənsi] гну́чкість *f*.
pliers ['pleiəz] *pl.* плоскогу́бці *m/pl.*
plight [plait] 1. зв'я́зувати обіця́нкою; заручи́ти *pf.*; 2. (пога́не) стано́вище.
plod [plɔd] (*a.* ~ along, on) тяга́тися, (по)тягти́ся; корпі́ти (at над О).
plot [plɔt] 1. діля́нка землі́, діля́нка; змо́ва; план; фа́була, сюже́т; 2. *v/i.* готува́ти змо́ву; (за) інтригува́ти; *v/t.* нано́сити [нанести́] (на ка́рту); *b.s.* замишля́ти [зами́слити].
plough, *Am.a.* **plow** [plau] 1. плуг; 2. (з)ора́ти; *fig.* (з)борозни́ти; ~**share** лемі́ш.
pluck [plʌk] 1. сми́кання; F смілі́вість *f*, му́жність *f*; те́льбухи *m/pl.*; 2. зрива́ти [зірва́ти] (кві́тку); обску́бувати [-ба́ти] (пти́цю); ~ at сми́кати [смикну́ти] (З); хапа́ти(ся) [схопи́ти(ся)] за (З); ~ up courage зібра́тися з ду́хом; ~y ['plʌki] смілі́вий, відва́жний.
plug [plʌg] 1. вту́лка; за́тичка; Ee ште́псель *m*; ~ socket ште́псельна розе́тка; 2. *v/t.* затика́ти [заткну́ти]; (за)пломбува́ти (зуб).
plum [plʌm] сли́ва.
plumage ['plu:midʒ] опе́рення.
plumb [plʌm] 1. вертика́льний; прямови́сний; 2. висо́к; лот; 3. *v/t.* ста́вити по виску́; вимі́рювати ло́том; проника́ти угли́б (Р); *v/i.* працюва́ти водопрові́дником; ~er ['plʌmə] водопрові́дник; ~ing [iŋ] водопрові́д(на спра́ва).
plume [plu:m] 1. перо́; плюма́ж; 2. прикраша́ти прюма́жем; ~ o.s. on чва́нитися (О).
plummet ['plʌmit] свинце́вий висо́к; грузи́ло.
plump [plʌmp] 1. *adj.* пухки́й, по́вний; F □ рішу́чий; 2. (по)товсті́шати; ге́пати(ся) [ге́пнути(ся)]; 3. важке́ паді́ння; 4. F *adv.* пря́мо, без на́тяків.
plunder ['plʌndə] 1. грабу́нок; награбо́вані ре́чі *f/pl.*; 2. (по)грабува́ти.
plunge [plʌndʒ] 1. пірна́ти [-ну́ти]; зану́рювати(ся) [-рити(ся)]; 2. порина́ння; зану́рення; take the ~ роби́ти рішу́чий крок.
plurality [pluə'ræliti] бе́зліч *f*; бі́льшість *f*; множи́нність *f*.
plush [plʌʃ] плюш, плис.
ply [plai] 1. верства́; скла́дка; о́біг; three-~ тришаро́вий; 2. *v/t.* засипа́ти [заси́пати], закида́ти [заки́нути] (пита́ннями); *v/i.* курсува́ти; ~-wood фане́ра.
pneumatic [nju:'mætik] 1. (~ally) пневмати́чний; ~ post пневмати́чна по́шта; 2. пневмати́чна ши́на.
pneumonia [nju:'mounjə] Me запа́лення леге́нів, пневмоні́я.
poach [poutʃ] займа́тися браконье́рством; ~ed egg яйце-пашо́т.
poacher ['poutʃə] браконье́р.
pocket ['pɔkit] 1. кише́ня; A пові́тряна я́ма; 2. кла́сти до кише́ні; привла́снювати [-нити]; (за)глуши́ти (почуття́); ковта́ти [проковтну́ти] (обра́зу); 3. кишенько́вий.
pod [pɔd] B стручо́к; лушпи́ння *pl.*
poem ['pouim] пое́ма; вірш.
poet ['pouit] пое́т; ~ess [-is] поете́са; ~ic(al □) [pou'etik, -tikəl] поети́чний; ~ics [-tiks] *pl.* пое́тика; ~ry ['pouitri] пое́зія.
poignan|cy ['pɔi(g)nənsi] гострота́; ~t [-t] го́стрий; *fig.* несте́рпний.
point [pɔint] 1. кра́пка; пункт, мі́сце; суть спра́ви; очко́; по́ділка (шкали́); ві́стря; го́стрий кіне́ць *m*; Rr стрі́лка; ~ of view то́чка зо́ру; the ~ is that спра́ва в то́му, що ...; make a ~ of ger. поста́вити собі́ за завда́ння (+inf.); in ~ of у відно́шенні (Р); off the ~ недоре́чний; be on the ~ of ger. збира́тися [зібра́тися] (+inf.); win on ~s виграва́ти по пу́нктах; to the ~ доре́чний; 2. *v/t.* ~ one's finger пока́зувати па́льцем (at на З);

P

загóстрювати [-ри́ти]; (*often* ~ out) покáзувати [-зáти]; ~ at спрямóвувати [спрямувáти] (зброю) на (Р); *v/i.* ~ at покáзувати [-зáти] на (З); ~ to бути спрямóваним на (З); **~ed** ['pɔintid] □ шпичáстий; гóстрий; *fig.* уї́дливий; **~er** ['pɔintə] покáжчик; укáзка; пóйнтер; **~less** [-lis] плаский; безглу́здий.

poise [pɔiz] **1.** рівновáга; постáва; **2.** *v/t.* врівновáжувати [-жити]; тримáти (гóлову і т.п.); *v/i.* перебувáти у рівновáзі; ширя́ти.

poison ['pɔizn] **1.** отру́та; **2.** (о)труї́ти; **~ous** [-əs] (*fig. a.*) отру́йний.

poke [pouk] **1.** пóштовх, стусáн; **2.** *v/t.* тиця́ти [тицьну́ти]; штовхáти [-хну́ти]; пхáти [пхну́ти]; мішáти коцюбóю; ~ fun at (по)кепкувáти з (Р); *v/i.* су́нути нóса (into у З); шукáти навпóмацки (for З or Р).

poker ['poukə] коцюбá.

poky ['pouki] тісни́й; убóгий.

polar ['poulə] поля́рний; ~ bear бі́лий ведмі́дь *m.*

pole [poul] пóлюс; жерди́на; ти́чка; кіл; ≗ поля́к, пóлька; **~cat** *zo.* тхір.

polemic [po'lemik] (*a.* **~al** [-mikəl] □) полемі́чний.

pole-star Поля́рна зі́рка; *fig.* провіднá зоря́.

police [pə'li:s] **1.** полі́ція; **2.** підтри́мувати поря́док у (М); **~-man** поліцéйський; **~-station** поліцéйська дільни́ця.

P

policy ['pɔlisi] полі́тика; лі́нія поведі́нки; страхови́й пóліс.

Polish[1] ['pouliʃ] пóльський.

polish[2] ['pɔliʃ] **1.** полірóвка; *fig.* лиск; **2.** (від)полірувáти; *fig.* витóнчувати [ви́тончити].

polite [pə'lait] □ ввíчливий, грéчний; **~ness** [-nis] ввíчливість *f.*

politic ['pɔlitik] □ політи́чний; розвáжливий; **~al** [pə'litikəl] □ політи́чний; держáвний; **~ian** [pɔli'tiʃn] полі́тик; **~s** ['pɔlitiks] *pl.* полі́тика.

poll [poul] **1.** голосувáння; підраху́нок голосі́в; спи́сок ви́борців; **2.** *v/t.* здобу́(вá)ти (голоси́); *v/i.* (про)голосувáти; ~ book спи́сок ви́борців.

pollen ['pɔlin] В пилóк.

poll-tax ['pɔltæks] поду́шний подáток.

pollute [pə'lu:t] забру́днювати [-ни́ти]; (с)погáнити.

polyp(e) ['pɔlip] *zo.*, **~us** [-lipəs] Ме полі́п.

pommel ['pʌml] **1.** голóвка (ефéса шпáги); лукá (сідлá); **2.** (по)би́ти; (від)лупцювáти.

pomp [pɔmp] пóмпа; пи́шність *f.*

pompous ['pɔmpəs] □ пихáтий.

pond [pɔnd] стáв.

ponder ['pɔndə] *v/t.* обду́м(ув)ати; *v/i.* заду́м(ув)атися; **~able** [-rəbl] вагóмий; **~ous** [-rəs] □ *fig.* незгрáбний.

pontiff ['pɔntif] первосвящéник.

pontoon [pɔn'tu:n] Ml понтóн; **~-bridge** понтóнний міст.

pony ['pouni] пóні *m indecl.* (кóник).

poodle [pu:dl] пу́дель *m.*

pool [pu:l] **1.** калю́жа; басéйн; вир; *cards* пу́лька; С пул; **2.** С об'є́днувати у спі́льний фонд; складáтися [склáстися] (with з О).

poop [pu:p] Sh кормá.

poor [puə] □ бі́дний, незамóжний; нещáсний; **~-house** богаді́льня; **~-law** закóн про бі́дних; **~ly** ['puəli] *adj.* неду́жий; **~ness** ['puənis] бі́дність *f.*

pop [pɔp] **1.** ля́скання; F шипу́чий напі́й; **2.** *v/t.* (за)су́нути; бáхкати [бáхнути] (про кóрок)]; (по)лу́скати(ся) (про каштáни і т.п.); ~ in рáптом з'яви́тися.

popcorn ['pɔpkɔ:n] *Am.* розжáрені зéрна кукуру́дзи.

pope [poup] (ри́мський) пáпа *m.*

poplar ['pɔplə] В топóля.

poppy ['pɔpi] В мак.

popula|ce ['pɔpjuləs] простóлюд; **~r** [-lə] □ нарóдний; популя́рний; **~rity** [-'læriti] популя́рність *f.*

populat|e ['pɔpjuleit] населя́ти [-ли́ти]; **~ion** [pɔpju'leiʃn] насéлення.

populous ['pɔpjuləs] □ багатолю́дний.

porcelain ['pɔ:slin] порцеля́на.

porch [pɔ:tʃ] під'ї́зд; пóртик; *Am.* верáнда.

pore [pɔ:] **1.** пóра; **2.** зану́рюватися [-ритися] (over у З).

pork [pɔ:k] свини́на.

porous ['pɔrəs] □ пóристий.

porridge ['pɔridʒ] вівся́на кáша.

port [pɔ:t] **1.** гáвань *f*, порт; Sh лі́вий борт; портвéйн; **2.** Sh брáти лі́воруч.

portable ['pɔ:təbl] портати́вний.

portal [pɔ:tl] портáл; тáмбур (дверéй).

portend [pɔ:'tend] провіщáти.

portent ['pɔ:tent] прові́сник, знамéння (погáного); ди́во; **~ous** [pɔ:'tentəs] □ злові́сний; знамéнний.

porter ['pɔ:tə] воротáр, швейцáр; носі́й; пóртер (пиво).

portion ['pɔ:ʃən] **1.** части́на, часткá; пóрція; *fig.* дóля, талáн; **2.** діли́ти (на чáстини); наділя́ти [-ли́ти].

potly ['pɔ:tli] огря́дний; імпозáнтний.

portmanteau [pɔ:t'mæntou] валі́за.

portrait ['pɔ:trit] портрéт.

portray [pɔ:'trei] малювáти портрет з

(P); зобража́ти [-рази́ти]; ~al [-əl] малюва́ння портре́та; зобра́ження; описа́ння.

pose [pouz] 1. по́за; 2. позува́ти; ставити у по́зу; (по)ста́вити (пита́ння); ~ as видава́ти себе́ за (З).

position [pə'ziʃn] мі́сце; поло́ження; позиція; стан; то́чка зо́ру.

positive ['pɔzitiv] 1. □ позити́вний; впе́внений; самовпе́внений; абсолю́тний; 2. *gr.* звича́йний сту́пінь *m*; *phot.* позитив.

possess [pə'zes] володі́ти (О); *fig.* оволоді(ва́)ти (О); be ~ed бу́ти одержи́мим; ~ o.s. of заволоді́(ва́)ти (О); **~ion** [-ʃən] володі́ння; вла́сність; *fig.* одержи́мість *f*; **~or** [-sə] вла́сник.

possib|ility [pɔsə'biliti] можли́вість *f*; **~le** ['pɔsəbl] □ можли́вий; **~ly** [-i] можли́во; if I ~ can якщо́ я ма́тиму можли́вість *f*.

post [poust] 1. по́шта; сто́вп; поса́да; пост; *Am.* ~ exchange гарнізо́нний магази́н; 2. *v/t.* відправля́ти по́штою; розкле́ювати [-е́їти] афі́ші; розставля́ти [-а́вити]; well ~ed до́бре обі́знаний; *v/i.* поспіша́ти [-ши́ти].

postage ['poustidʒ] поштові ви́трати; ~stamp пошто́ва ма́рка.

postal ['poustəl] □ пошто́вий; ~ order грошови́й пошто́вий пере́каз.

post-card листі́вка.

poster ['poustə] афі́ша, плака́т.

posterior [pɔs'tiəriə] 1. □ насту́пний; за́дній; 2. зад.

posterity [pɔs'teriti] пото́мство.

post-free ['poust'fri:] без пошто́вої опла́ти.

post-haste ['poust'heist] поспі́шно.

posthumous ['pɔstjuməs] □ посме́ртний; наро́джений пі́сля сме́рті ба́тька.

post|man пошта́р; **~mark** 1. пошто́вий ште́мпель *m*; 2. (про)штемпелюва́ти; **~master** поштме́йстер.

post-mortem ['poust'mɔ:tem] 1. посме́ртний; 2. ро́зтин тру́па.

post|(-)office по́шта, пошто́ва конто́ра; ~ box абонеме́нтна пошто́ва скри́нька; **~-paid** франко́ваний.

postpone [poust'poun] відстро́чувати [-чити]; відклада́ти [-ла́сти]; **~ment** [-mənt] відстро́чка.

postscript ['poustskript] постскри́птум.

postulate 1. ['postjulit] постула́т; 2. [-leit] ста́вити умо́вою; постулюва́ти *(im)pf.*; вимага́ти *(im)pf.*

posture ['pɔstʃə] 1. по́за; поло́ження; 2. позува́ти; ста́вити у по́зу.

post-war ['poust'wɔ:] пово́єнний.

posy ['pouzi] буке́т кві́тів.

pot [pɔt] 1. го́рщик; казано́к; 2. кла́сти або́ саджа́ти у го́рщик; заготовля́ти [-тува́ти] на запа́с.

potation [pou'teiʃn] питво́, напі́й; (*part.* ~s *pl.*) пия́тика.

potato [pə'teitou] картопли́на; ~es *pl.* карто́пля.

pot-belly че́рево; черева́нь *m*.

poten|cy ['poutənsi] си́ла, могу́тність *f*; **~t** [-tənt] □ могу́тній; міцни́й; **~tial** [pə'tenʃl] 1. потенці́йний, можли́вий; 2. потенціа́л.

pother ['pɔðə] метушня́; га́мір.

pot|-herb ['pɔthəb] пря́на росли́на; **~house** шинок.

potion ['pouʃən] Me мі́кстура; зі́лля.

potter [pɔtə] гонча́р; **~y** [-ri] гли́няні ви́роби *m/pl.*; гонча́рня.

pouch [pautʃ] 1. су́мка (*a. biol.*); торби́нка; 2. кла́сти в торбу; привла́снювати [-нити].

poultry ['poultri] дома́шня пти́ця.

pounce [pauns] 1. стрибо́к, на́скок; 2. накида́тися [наки́нутися] ([up] on на З).

pound [paund] 1. фунт; загі́н; ~ (sterling) фунт сте́рлінгів (скор. £ = 20 шиллингі́в); 2. (по)товкти́; ті́пати(ся); ~ at бомбардува́ти.

pour [pɔ:] *v/t.* лити; ~ out нали́(ва́)ти; (по)си́пати, насипа́ти [наси́пати]; *v/i.* ли́тися; (по)си́патися.

pout [paut] 1. наду́ті гу́би *f/pl.*; 2. *v/t.* наду́(ва́)ти гу́би; *v/i.* (на)бундю́читися.

poverty ['pɔvəti] бі́дність *f*.

powder ['paudə] 1. порошо́к; пу́дра; по́рох; (с)товкти́; (на)пу́дрити(ся); посипа́ти [поси́пати]; **~-box** пу́дрениця.

power ['pauə] си́ла; могу́тність *f*; *pol.* держа́ва; вла́да; J повнова́ження; Ma сте́пінь *m*; **~-current** струм висо́кої напру́ги; **~ful** [-ful] □ могу́тній; си́льний; **~less** [-lis] безси́лий; **~-plant** силова́ устано́вка; **~-station** електроста́нція.

pow-wow ['pau'wau] зна́хар (у інді́йців); *Am.* гомінкі́ збо́ри.

practica|ble ['præktikəbl] □ здійсне́нний; прохідни́й (про доро́гу); **~l** [-kəl] □ практи́чний; факти́чний; ~ joke (гру́бий) жарт, ви́тівка.

practice ['præktis] пра́ктика; впра́ва, тренува́ння; зви́чка; зви́чай; put into ~ здійснювати [-ни́ти].

practise [~] *v/t.* застос(о́в)у́вати; займа́тися [зайня́тися] (О); вправля́тися у (М); практикува́ти; *v/i.* вправля́тися; ~ (up) on зловжи́(ва́)ти (О); **~d** досві́дчений.

P

practitioner [præk'tiʃnə] практику́ючий лі́кар.
praise [preiz] **1.** хвала́; **2.** (по)хвали́ти.
praiseworthy ['preizwə:ði] гі́дний похвали́.
prance [prɑ:ns] става́ти ди́бки; басува́ти.
prank [præŋk] ви́тівка, жарт.
prate [preit] **1.** марнослі́в'я; **2.** басі́кати, теревéнити.
pray [prei] (по)моли́тися; (по)проси́ти; ~! про́шу вас!
prayer [prɛə] моли́тва; проха́ння; Lord's ~ «Отче наш» (моли́тва); **~-book** молитвосло́в; **~ful** [-ful] □ богомі́льний.
pre... [pri:, pri] до...; пе́ред... .
preach [pri:tʃ] пропові́дувати; **~er** ['pri:tʃə] пропові́дник.
preamble [pri:'æmbl] преа́мбула; вступ.
precarious [pri'kɛəriəs] ненаді́йний.
precaution [pri'kɔ:ʃn] обере́жність *f*.
precede [pri'si:d] передува́ти (Д); **~nce, ~ncy** [-əns(i)] пе́ршість *f*; перева́жне зна́чення; **~nt** ['presidənt] прецеде́нт.
precept ['pri:sept] настано́ва; за́повідь *f*; **~or** [pri'septə] наста́вник.
precinct ['pri:siŋkt] межа́; (поліце́йська) дільни́ця; (ви́борчий) о́круг; **~s** *pl.* око́лиці *f/pl.*
precious ['preʃəs] **1.** □ кошто́вний; *2.* F *adv.* ду́же; ~! здо́рово!
P **precipi|ce** ['presipis] безо́дня; **~tate** **1.** [pri'sipiteit] (по)вали́ти; (по)ква́пити; Ch оса́джувати [-ди́ти]; **2.** [-tit] a) □ необа́чний; стрімки́й; b) Ch о́сад; **~tation** [prisipi'teiʃn] пова́лення; стрі́мкість; о́пади *m/pl.*; Ch; оса́дження; **~tous** [pri'sipitəs] □ крути́й; прямови́сний.
precis|e [pri'sais] □ то́чний; **~ion** [-'siʒən] то́чність *f*.
preclude [pri'klu:d] виключа́ти заздалегі́дь; запобі́г(а́)ти (М); перешкоджа́ти [-ко́дити] (Д).
precocious [pri'kouʃəs] □ передча́сно розви́нутий.
preconceive ['pri:kən'si:v] уявля́ти собі́ заздалегі́дь; **~d** упере́джений.
preconception ['pri:kən'sepʃən] упере́джена ду́мка, упере́дження.
precursor [pri'kə:sə] предте́ча *m/f.*; попере́дник (-иця).
predatory ['predətəri] хи́жий.
predecessor ['pri:disesə] попере́дник (-иця).
predestin|ate [pri:'destineit] визнача́ти [ви́значити] (напере́д); **~ed** [-tind] обумо́влений.
predicament [pri'dikəmənt] скру́та.
predicate ['predikit] предика́т.
predict [pri'dikt] (на)пророкува́ти; **~ion** [-kʃən] пророкува́ння.
predilection [pri:di'lekʃn] схи́льність *f*; при́страсть *f* (for до Р).
predispos|e ['pri:dis'pouz] приверта́ти [-рну́ти].
predomina|nce [pri'dɔminəns] панува́ння, перева́жання; **~nt** [-nənt] □ перева́жний; домі́ну́ючий; **~te** [-neit] панува́ти, перева́жа́ти (over над О).
pre-eminent [pri:'eminənt] □ видатни́й.
pre-emption [pri:'empʃn] (*a.* right of ~) перева́жне пра́во на купі́влю.
prefabricate ['pri:'fæbrikeit] виготовля́ти заздалегі́дь (части́ни стandáртного буди́нку і т.п.).
preface ['prefis] **1.** передмо́ва; **2.** пода́(ва́)ти (Д with З); дава́ти передмо́ву.
prefect ['pri:fekt] префе́кт.
prefer [pri'fə:] відда́(ва́)ти перева́гу; підви́щувати [-щити] (в поса́ді); пода́(ва́)ти (проха́ння); висува́ти [ви́сунути] (вимо́ги); **~able** ['prefərəbl] □ найкра́щий; **~ence** [-rəns] перева́га; **~ential** [prefə'renʃəl] □ перева́жний; пі́льговий.
prefix ['pri:fiks] пре́фікс.
pregnan|cy ['pregnənsi] вагі́тність *f*; бага́тство (уя́ви і т.п.); **~t** [-nənt] □ вагі́тна; *fig.* бага́тий.
prejud|ge ['pri:'dʒʌdʒ] осу́джувати, не ви́слухавши; **~ice** ['predʒudis] **1.** забобо́ни *m/pl.*; упере́дження; **2.** виклика́ти [ви́кликати] упере́дження (про́ти Р); завдава́ти шко́ди (Д); **~icial** [predʒu'diʃəl] згу́бний.
prelate ['prelit] прела́т.
preliminar|y [pri'liminəri] **1.** □ попере́дній; вступни́й; **2.** підгото́вчий за́хід.
prelude ['prelju:d] Mu прелю́дія.
prematur|e [premə'tjuə] передча́сний.
premeditation [primedi'teiʃn] навми́сність *f*.
premier ['premjə] **1.** пе́рший; **2.** прем'єр-міні́стр.
premises ['premisiz] *pl.* примі́щення; буди́нок (з прибудо́вами).
premium ['pri:mjəm] нагоро́да, пре́мія; C лаж; страхова́ пре́мія; at a ~ ви́ще номіна́льної ва́ртості; у вели́кому по́питі.
premonit|ion [pri:mo'niʃn] передчуття́; попере́дження.
preoccup|ied [pri'ɔkjupaid] стурбо́ваний; **~y** [-pai] полони́ти ува́гу (Р); займа́ти рані́ше (за ко́гось).
preparat|ion [prepə'reiʃn] при-

готува́ння; підгото́вка; **~ory** [pri:'pærətəri] □ попере́дній; підгото́вчий.

prepare [pri'pɛə] *v/t.* підгото́влювати [-тува́ти]; (при)готува́ти; *v/i.* (при)готува́тися; підготовля́тися [-тува́тися] (for до Р); **~d** [-d] □ підгото́влений; гото́вий.

prepondera|nce [pri'pɔndərəns] перева́жа́ння; **~nt** [-rənt] □ пере-ва́жний; **~te** [-reit] ма́ти перева́гу; ~ over переве́ршувати [-шити] (З).

prepossess [pri:pə'zes] привертáти до се́бе; **~ing** [iŋ] □ прива́бливий.

preposterous [pri'pɔstərəs] недола́дний, безглу́здий, абсу́рдний.

prerequisite ['pri:'rekwizit] передумо́ва.

presage ['presidʒ] **1.** передві́стя; передчуття́; **2.** (*a.* [pri'seidʒ]) провіща́ти, віщува́ти; передчува́ти.

prescribe [pris'kraib] припи́сувати [-са́ти]; Me пропи́сувати [-са́ти].

prescription [pris'kripʃən] при́пис; Me реце́пт.

presence [prezns] прису́тність *f*; ~ of mind незвору́шність, прису́тність ду́ху.

present[1] [preznt] **1.** □ прису́тній; тепе́рішній, ни́нішній; да́ний; **2.** тепе́рішній час; пода́рунок; at ~ в да́ний час; for the ~ цього́ ра́зу.

present[2] [pri'zent] представля́ти [-а́вити]; підно́сити [-нести́]; под(ав)а́ти (проха́ння); (по)ста́вити п'є́су; обдар(о́в)ува́ти; под(ав)а́ти.

presentation [prezen'teiʃn] предста́влення; підно́шення; пода́ча.

presentiment [pri'zentimənt] передчуття́.

presently ['prezntli] незаба́ром; за́раз.

preservati|on [prezə'veiʃn] збере́ження; запобіга́ння *f*; **~ve** [pri'zə:vətiv] **1.** запобі́жний; **2.** запобі́жний за́сіб.

preserve [pri'zə:v] **1.** зберіга́ти [-регти́]; запобі́г(а́)ти; заготовля́ти про запас (о́вочі і т.п.); **2.** (*mst pl.*) консе́рви *f/pl.* (*a. opt.*); варе́ння; запові́дник.

preside [pri'zaid] головува́ти (over на М).

presiden|cy ['presidənsi] президе́нтство; головува́ння; **~t** [-dənt] президе́нт; голова *m/f.*

press [pres] **1.** друк, пре́са; товчія́; E прес; **2.** *v/t.* ти́снути; души́ти; нати́скувати [-снути]; нав'я́зувати [-за́ти] (on Д); *Am.* (ви́)прасува́ти; be ~ed for time поспіша́ти; *v/i.* ти́снути (on на З); ~ for наполяга́ти [-гти́] на (М); ~ on поспіша́ти [-ши́ти]; ~ (up) on насіда́ти [насі́сти] на (З); **~ing** ['presiŋ] □ невідкла́дний; **~ure** ['preʃə] ти́ск (*a. fig.*); сти́снення.

presum|able [pri'zju:məbl] □ здога́дний; **~e** [pri'zju:m] *v/t.* припуска́ти [-сти́ти]; *v/i.* уважа́ти; насмі́люватися [-литися]; ~ (up) on зловжива́ти (О); хизува́тися (О).

presumpt|ion [pri'zʌmpʃn] самовпе́вненість *f*; припу́щення; **~ive** [-tiv] □ передба́чуваний; **~uous** [-tjuəs] □ самовпе́внений.

presuppos|e [pri:sə'pouz] припуска́ти [-сти́ти]; **~ition** ['pri:sʌpə'ziʃn] припу́щення.

pretence [pri'tens] прете́нзія, вимага́ння; удава́ння; при́від.

pretend [pri'tend] прикида́тися [-ки́нутися]; симулюва́ти (*im*)*pf.*; претендува́ти (to на З).

pretension [pri'tenʃn] прете́нзія, домага́ння (to на З).

pretentious [pri:tenʃəs] претензі́йний.

pretext ['pri:tekst] при́від, відмо́вка.

pretty ['priti] **1.** □ гарне́нький; прие́мний; **2.** *adv.* до́сить, го́ді.

prevail [pri'veil] перемага́ти [-могти́] (over З); ма́ти перева́гу (over над О *or* се́ред Р); ~ (up) on a p. to do переконáти кого́-не́будь що-не́будь зроби́ти; **~ing** [iŋ] □ перева́жний.

prevalent ['prevələnt] □ перева́жний; широко розповсю́джений.

prevaricat|e [pri'værikeit] ухиля́тися від прямо́ї ві́дповіді, уника́ти [уни́кнути].

P

prevent [pri'vent] запобі́г(á)ти; заважа́ти [зава́дити] (Д); попереджа́ти [-е́дити]; **~ion** [pri'venʃn] попере́дження; запобіга́ння; **~ive** [-tiv] **1.** □ попере́джувальний; профілакти́чний; **2.** Me профілакти́чний за́сіб.

pre|view ['pri:vju:] попере́дній пере́гляд (фі́льму, мод і т.п.).

previous ['pri:vjəs] □ попере́дній; передча́сний; ~ to до (Р); **~ly** коли́сь, рані́ше.

pre-war ['pri:wɔ:] довое́нний.

prey [prei] **1.** здо́бич; же́ртва; beast (bird) of ~ хи́жий звір (хижа́к), хи́жий птах; **2.** ~ (up) on: (по)грабува́ти; шматува́ти; підго́стрювати [-ри́ти].

price [prais] **1.** ціна́; **2.** оці́нювати [-ни́ти]; признача́ти ціну́ (Д); **~less** ['praislis] неоціне́нний, безці́нний.

prick [prik] **1.** проко́л; уко́л; колю́чка; **2.** *v/t.* коло́ти [кольну́ти]; ~ up one's ears насторожи́ти ву́ха; *v/i.* коло́тися; **~le** [prikl] колю́чка; шпи́чка; **~ly** ['prikli] колю́чий.

pride [praid] 1. гóрдість *f*; take ~ in пишáтися (О); 2. ~ o.s. гордúтися ([up] on Т).
priest [pri:st] свящéник.
prim [prim] □ бундю́чний; натя́гнутий, вúмушений.
prima|cy ['praiməsi] пéршість *f*; **~ry** [-ri] □ первíсний; основнúй; початкóвий; первúнний.
prime [praim] 1. □ головнúй; первíсний; первúнний; основнúй; найкрáщий; ~ cost С собівáртість *f*; ≗ Minister прем'éр-мінíстр; 2. *fig.* рóзквіт; 3. *v/t.* давáти інформáцію; навчáти готóвим вíдповідям.
primer ['primə] буквáр; початкóвий підру́чник.
primeval [prai'mi:vəl] пéрвíсний.
primitive ['primitiv] □ пéрвíсний; примітúвний, основнúй.
primrose ['primrouz] В прúмула.
prince [prins] принц; князь *m*; **~ss** [prin'ses] принцéса; княгúня; княжнá.
principal ['prinsəpəl] 1.□ головнúй, основнúй; 2. принципáл, главá; рéктор університéту; дирéктор шкóли; основнúй капітáл.
principle ['prinsəpl] прúнцип; прáвило; причúна; джерелó; on ~ з прúнципу.
print [print] 1. *typ.* дру́к; вíдтиск; шрифт; слід; відбúток; штамп; гравю́ра; друкóваний твір; С набивнá тканúна; out of ~ розпрóданий (про друкóване); 2. (на)друкувáти; *phot.* (з)робити відбúток; *fig.* відбú(вá)ти (on на М); **~er** ['printə] друкáр, прúнтер.
printing ['printiŋ] друкувáння; друкóване видáння; *attr.* друкáрський; **~-ink** друкáрська фáрба; **~-office** друкáрня.
prior ['praiə] 1. що переду́є (to Д); 2. *adv.* ~ to до (Р); 3. *eccl.* настоя́тель *m*; **~ity** [prai'ɔriti] пріоритéт; черговíсть *f*.
prism [prizm] прúзма.
prison ['prizn] в'язнúця; **~er** [-ə] ув'я́знений; полонéний.
privacy ['praivəsi] самотá; зберігáння в таємнúці.
private ['praivit] 1. □ привáтний; особúстий; усамíтнений; конфіденцíйний; 2. Ml рядовúй; in ~ конфіденцíйно.
privation [prai'veiʃn] нестáтки, злúдні.
privilege ['privilidʒ] 1. привілéй; 2. надавáти привілéй (Д).
privy ['privi]: ~ to втаємнúчений у (З); ≗ Council таéмна рáда; ≗ Councillor член таéмної рáди; ≗ Seal малá держáвна печáтка.

prize [praiz] 1. прéмія, приз; Sh приз, трофéй; вúграш; 2. відзнáчений прéмією; 3. вúсоко цінувáти; злáмувати [-мáти]; **~-fighter** боксéр-професіонáл.
probab|ility [prɔbə'biliti] вірогíдність *f*; **~le** ['prɔbəbl] □ вірогíдний.
probation [prə'beiʃn] випрóбування, іспитóвий строк; J умóвне звíльнення.
probe [proub] Me 1. зонд; 2. зондувáти.
probity ['proubiti] чéсність *f*.
problem ['prɔbləm] проблéма; Ma задáча; **~atic(al** □**)** [prɔbli'mætik, -tikəl] проблематúчний.
procedure [prə'si:dʒə] процеду́ра; спóсіб дій.
proceed [prə'si:d] ушáти дáлі; підступáти [-пúти] (to до Р); (у)чинúти; продóвжувати [-жити] (with З); ~ from вихóдити [вúйти] (від Р); **~ing** [-iŋ] вчúнок; **~s** *pl.* J судочúнство; протокóли *m/pl.*, прáці *f/pl.*; **~s** ['prousi:dz] дохóд; прибу́ток; вúручка, вúручена су́ма.
process 1. ['prouses] процес; рух, плин; хід; спóсіб; in ~ на ходу́; in ~ of construction що буду́ється; 2. [prə'ses] притягáти до су́ду; E обробля́ти [-бúти]; **~ion** [-ʃn] процéсія.
proclaim [prə'kleim] проголóшувати [-лосúти]; оголóшувати [-лосúти] (вíйну́ і т.п.).
proclamation [prɔklə'meiʃn] відóзва; оголóшення; прокламáція.
proclivity [prə'kliviti] схúльність *f*.
procurat|ion [prɔkjuə'reiʃn] повновáження, дору́чення; **~or** ['prɔkjuəreitə] повíрений.
procure [prə'kjuə] *v/t.* дíст(ав)áти; *v/i.* займáтися звíдництвом.
prod [prɔd] 1. штовхáн, стусáн; 2. тúкати [ткну́ти]; штовхáти [-хну́ти]; *fig.* підбу́рювати [-рити].
prodigal ['prɔdigəl] 1. марнотрáтний; ~ son блу́дний син; 2. марнотрáт(ка).
prodig|ious [prə'didʒes] □ дúвний; величéзний; **~y** ['prɔdidʒi] дúво.
produc|e 1. [prə'dju:s] пред'явля́ти [-вúти]; под(ав)áти; виробля́ти [вúробити]; (по)стáвити (фільм і т.п.); вид(ав)áти; 2. ['prɔdju:s] проду́кція; проду́кт; **~er** [prə'dju:sə] виробнúк; режисéр.
product ['prɔdəkt] проду́кт; вúріб; **~ion** [prə'dʌkʃn] виробнúцтво; проду́кція; постанóвка; (худóжній) твір; **~ive** [prə'dʌktiv] □ продук-

ти́вний; плі́дний; ~iveness [-nis], ~ivity [prɔdʌk'tiviti] продукти́вність *f.*
profan|e [prə'fein] **1.** □ мирськи́й, сві́тський; блюзні́рський; **2.** опога́нювати [-нити]; профанува́ти *(im)pf.*; **~ity** [prə'fæniti] блюзні́рство.
profess [prə'fes] сповіда́ти (ві́ру); відкри́то визн(ав)а́ти; заявля́ти [-ви́ти]; претендува́ти на (З); *univ.* виклада́ти; **~ion** [prə:feʃn] профе́сія; зая́ва; віросповіда́ння; **~ional** [-l] **1.** □ професі́йний; **2.** фахіве́ць *m*, професіона́л (*a sport.*); **~or** [-sə] профе́сор.
proffer ['prɔfə] **1.** (за)пропонува́ти; **2.** пропози́ція.
proficien|cy [prə'fiʃənsi] досві́дченість *f*; умі́ння; **~t** [-ʃənt] **1.** □ умі́лий; майсте́рний; **2.** ма́йстер, знаве́ць *m.*
profile ['proufi:l] про́філь *m.*
profit ['prɔfit] **1.** прибу́ток; ви́года, ко́ристь *f*; **2.** *v/t.* прино́сити ко́ристь *f* (Д); *v/i.* ~ by (с)користа́тися (О); ма́ти ко́ристь з (Р); **~able** ['prɔfitəbl] □ прибутко́вий; ви́гідний; кори́сний; **~eer** [prɔfi'tiə] **1.** спекуля́нт; **2.** спекулюва́ти; **~-sharing** у́часть *f* у прибу́тку.
profligate ['prɔfligit] **1.** □ розпу́сний; **2.** розпу́сник.
profound [prə'faund] □ глибо́кий; грунто́вний; прони́кливий.
profundity [prɔ'fʌnditi] глибина́.
profus|e [prə'fju:s] □ бага́тий, ще́дрий; **~ion** [prə'fju:ʒən] доста́ток.
progen|itor [prou'dʒenitə] прароди́тель *m*, засно́вник ро́ду; **~y** ['prɔdʒini] пото́мство.
program, ~me ['prougræm] програ́ма.
progress 1. ['prougres] прогре́с; просува́ння; у́спіхи *m/pl.*; be in ~ розвива́тися; вести́ся; **2.** [prə'gres] просува́тися упере́д; роби́ти у́спіхи; **~ion** [prə'greʃn] ру́х упере́д; Ма прогре́сія; **~ive** [-siv] **1.** □ передови́й, прогреси́вний; прогресу́ючий; **2.** *pol.* член прогреси́вної па́ртії.
prohibit [prə'hibit] забороня́ти [-ни́ти]; перешкоджа́ти [-ко́дити] (Д); **~ion** [proui'biʃn] заборо́на; **~ive** [prə'hibitiv] □ заборо́нений.
project 1. ['prɔdʒekt] прое́кт; план; **2.** [prə'dʒekt] *v/t.* кида́ти [ки́нути]; (с-, за)проектува́ти; *v/i.* обду́мувати план; випина́тися [ви́пнутися]; **~ile** [prə'dʒektail] Ml снаря́д; **~ion** [prə'dʒekʃən] мета́ння; проектува́ння; прое́кт; ви́ступ; прое́кція; **~or** [-tə] С проектува́льник; *opt.* проже́ктор; чарівни́й ліхта́р.
proletarian [proule'tɛəriən] **1.** пролета́р; **2.** пролета́рський.
prolific [prə'lifik] (~ally) плі́дний, родю́чий; плодови́тий.
prolix ['prouliks] □ багатослі́вний.
prologue ['proulɔg] проло́г.
prolong [prə'lɔŋ] продо́вжувати [-жити].
promenade [prɔmi'nɑ:d] **1.** прогу́лянка; мі́сце для прогу́лянки; **2.** прогу́люватися [-ля́тися].
prominent ['prɔminənt] □ висту́паючий; рельє́фний; *fig.* видатни́й.
promiscuous [prə'miskjuəs] □ різнорі́дний; змі́шаний; нерозбі́рливий.
promis|e ['prɔmis] **1.** обіця́нка; **2.** обіця́ти *(im)pf.*, *pf. a.* (по-); **~ing** [-iŋ] □ *fig.* що подає́ наді́ю; **~sory** [-əri] що мі́стить в собі́ обіця́нку; ~ note С боргове́ зобов'я́зання.
promontory ['prɔməntri] мис.
promot|e [prə'mout] сприя́ти *(im)pf.*, *pf. a.* (по-) (Д); допомага́ти [-могти́] (Д); висува́ти [ви́сунути]; просува́ти [просу́нути]; підви́щити в поса́ді; Ml присво́їти зва́ння (Р); **~ion** [prə'mouʃn] підви́щення (в чи́ні і т.п.); просува́ння.
prompt [prɔmpt] **1.** □ швидки́й; мото́рний; **2.** спонука́ти; вселя́ти [-ли́ти]; підка́зувати [-за́ти] (Д); суфлі́рувати (Д); **~er** ['prɔmptə] суфле́р; **~ness** ['prɔmptnis] пру́дкість *f*; мото́рність *f.*
promulgate ['prɔməlgeit] проголо́шувати [-си́ти].
prone [proun] □ (яки́й лежи́ть) долі́лиць; розпросте́ртий; ~ to схи́льний до (Р).
prong [prɔŋ] зубе́ць *m* (виде́лки); шпе́ник.
pronounce [prə'nauns] промовля́ти [промо́вити], вимовля́ти [ви́мовити]; оголо́шувати [-сити].
pronunciation [prənʌnsi'eiʃn] вимо́ва.
proof [pru:f] **1.** до́каз; про́ба, випро́бування; *typ.* коректу́ра, про́бний відби́ток; **2.** непрони́кний; непристу́пний; **~-reader** коре́ктор.
prop [prɔp] опо́ра; пі́дпірка.
propaga|te ['prɔpəgeit] розмно́жувати(ся) [-жити(ся)]; розповсю́джувати(ся) [-дити(ся)]; **~tion** [prɔpə'geiʃn] розмно́ження; розповсю́дження.
propel [prə'pel] просува́ти впере́д; **~ler** [-ə] пропе́лер, пові́тряний гвинт; гребни́й гвинт.
propensity [prə'pensiti] схи́льність *f.*
proper ['prɔpə] □ власти́вий, притама́нний; підхо́жий; пра́вильний; вла́сний; присто́йний; **~ty** [-ti] майно́, вла́сність *f*; власти́вість *f.*

P

prophe|cy ['prɔfisi] проро́цтво; ~**sy** [-sai] (на)пророкува́ти.
prophet ['prɔfit] проро́к.
propi|tiate [prə'piʃieit] улеска́влювати [-вити]; ~**tious** [prə'piʃəs] □ ласка́вий, добрози́чливий; сприя́тливий.
proportion [prə'pɔ:ʃn] **1**. пропо́рція; розмі́рність *f*; части́на; ~**s** *pl.* ро́зміри *m/pl.*; **2**. розміря́ти [-рити]; ~**al** [-l] □ пропорці́йний.
propos|al [prə'pouzəl] пропози́ція; план; ~**e** [prə'pouz] *v/t.* (за)пропонува́ти; ~ to o.s. ста́вити собі́ за мету́; *v/i.* роби́ти пропози́цію (шлю́бну); ма́ти на́мір, припуска́ти; ~**ition** [prɔpə'ziʃn] пропози́ція.
propound [prə'paund] пропонува́ти на обгово́рення.
propriet|ary [prə'praiətəri] вла́сницький; прива́тний; *pharm.* патен- то́ваний; ~**or** [-tə] вла́сник (-иця); ~**y** [-ti] доре́чність *f*, присто́йність *f*; the **proprieties** *pl.* зви́чай, пра́вила присто́йності.
propulsion [prə'pʌlʃn] E при́вод; рух упере́д.
pro-rate [prou'reit] розподіля́ти пропорці́йно.
prosaic [prou'zeiik] (~**ally**) *fig.* прозаї́чний.
proscribe [pros'kraib] оголо́шувати по́за зако́ном; забороня́ти [-ни́ти].
prose [prouz] **1**. про́за; **2**. прозаї́чний (*a. fig.*).
prosecut|e ['prɔsikju:t] прово́дити [-ве́сти], (по)вести́; пересліі́дувати судови́м поря́дком; ~**ion** [prɔsi'kju:ʃn] судове́ пересліі́дування; ~**or** ['prɔsikju:tə] J обвинува́ч; public ~ прокуро́р.
prospect 1. ['prɔspekt] перспекти́ва, вид, краєви́д; С га́даний покупе́ць *m* (кліє́нт і т. ін.); **2**. [prəs'pekt] M розві́д(ув)ати (for З); ~**ive** [prəs'pektiv] □ майбу́тній, споді́ваний; ~**us** [-təs] проспе́кт.
prosper ['prɔspə] *v/t.* сприя́ти (Д); *v/t.* процвіта́ти; досяга́ти вели́ких у́спіхів; ~**ity** [prɔs'periti] процвіта́ння; добро́бут; *fig.* ро́зквіт; ~**ous** ['prɔspərəs] □ сприя́тливий; замо́жний; процвіта́ючий.
prostitute ['prɔstitju:t] **1**. проститу́тка, пові́я; **2**. проституюва́ти *(im)pf.*; (з)безче́стити.
prostrat|e 1. ['prɔstreit] просте́ртий; пова́лений; знеси́лений; **2**. [prɔs'treit] скида́ти, вали́ти; прини́жувати [прини́зити]; висна́жувати [ви́снажити]; ~ o.s. па́дати ниць; ~**ion** [-ʃn] розпросте́рте поло́ження; ви́снаження.
prosy ['prouzi] □ *fig.* прозаї́чний; бана́льний.
protect [prə'tekt] захища́ти [захисти́ти]; убезпе́чувати (from Д); ~**ion** [prə'tekʃn] за́хист; ~**ive** [-tiv] захисни́й; запобі́жний; ~ duty протекці́йне ми́то; ~**or** [-tə] захисни́к; ~**orate** [-tərit] протектора́т.
protest 1. ['proutest] проте́ст; опротестува́ння (ве́кселя); **2**. [prə'test] (за)протестува́ти; опротесто́вувати [-тува́ти] (ве́ксель).
Protestant ['prɔtistənt] **1**. протеста́нт (ка); **2**. протеста́нтський.
protestation [proutes'teiʃn] урочи́ста зая́ва.
protocol ['proutəkɔl] протоко́л.
prototype ['proutətaip] прототи́п.
protract [prə'trækt] тягти́ (З or з О); продо́вжувати [-жити].
protru|de [prə'tru:d] виступа́ти назо́вні, стирча́ти; ~**sion** [-ʒən] ви́ступ.
protuberance [prə'tju:bərəns] опу́клість *f*; опу́хлість *f*.
proud [praud] □ го́рдий (of O).
prove [pru:v] *v/t.* дово́дити [дове́сти]; засві́дчувати [-чити]; випробо́вувати [-бувати]; *v/i.* виявля́тися [ви́явитися].
provender ['prɔvində] корм; харчі́ *m/pl.*
proverb ['prɔvəb] прислі́в'я.
provide [prə'vaid] *v/t.* заготовля́ти [-то́вити]; постача́ти [поста́чити]; забезпе́чувати [-чити]; J ста́вити умо́вою; *v/i.* запаса́тися [-сти́ся]; ~**d** (that) за умо́ви (що).
providen|ce ['prɔvidəns] провиді́ння; передба́чливість *f*; ~**t** [-dənt] □ передба́чливий; ~**tial** [prɔvi'denʃəl] □ провіденціа́льний.
provider [prə'vaidə] постача́льник (-иця).
provin|ce ['prɔvins] о́бласть *f*; прові́нція; *fig.* сфе́ра дія́льності; ~**cial** [prə'vinʃəl] **1**. провінці́йний; **2**. провінціа́л(ка).
provision [prə'viʒən] постача́ння; забезпе́чення; J поло́ження (уго́ди і т. ін.); ~**s** *pl.* прові́зія; ~**al** [-l] □ попере́дній; тимчасо́вий.
proviso [prə'vaizou] умо́ва.
provocat|ion [prɔvə'keiʃn] ви́клик; провока́ція; роздратува́ння; ~**ive** [prə'vɔkətiv] визивни́й, зухва́лий (про поведі́нку і т. ін.); провокаці́йний.
provoke [prə'vouk] (с)провокува́ти; збу́джувати [-ди́ти]; виклика́ти [ви́кликати]; (роз)се́рдити.

provost 1. ['prɔvest] ре́ктор; дека́н; 2. [prə'vou] Ml офіце́р військо́вої полі́ції.
prow [prau] Sh ніс (су́дна).
prowess ['prauis] до́блесть *f*, звитяга.
prowl [praul] скрада́тися; тиня́тися.
proximity [prɔk'simiti] бли́зькість *f*.
proxy ['prɔksi] засту́пник; повнова́ження; переда́ча го́лосу; дору́чення *f*.
prude [pru:d] делiка́тна, сором'язли́ва жі́нка.
pruden|ce ['pru:dəns] здоро́вий глузд; передба́чливість *f*; обере́жність *f*; **~t** [-t] □ розсу́дливий, розва́жливий; обере́жний.
prud|ery ['pru:dəri] надмі́рна сором'я́зливість *f*; **~ish** [-diʃ] □ надмі́ру сором'я́зливий.
prune [pru:n] 1. чорносли́в; 2. Ac підріза́ти [підрі́зати], обріза́ти [обрі́зати]; *fig*. скоро́чувати [-оти́ти].
prurient ['pruəriənt] □ хти́вий.
pry [prai] 1. підгляда́ти [-я́нути]; ~ into устромля́ти но́са у (З); *Am*. ~ open розкрива́ти [-ри́ти], зла́мувати [-ма́ти]; ~ up підніма́ти [-ня́ти]; 2. ва́жіль *m*.
psalm [sa:m] псало́м.
pseudonym ['(p)sju:dənim] псевдоні́м.
psychiatrist [sai'kaiətrist] психіа́тр.
psychic ['saikik], **~al** [-kikəl] □ психі́чний.
psycholog|ical [saikə'lɔdʒikəl] □ психологі́чний; **~ist** [sai'kɔlədʒist] психо́лог; **~y** [-dʒi] психоло́гія.
pub [pʌb] F шино́к, каба́к, корчма́.
puberty ['pju:bəti] стате́ва зрі́лість *f*.
public ['pʌblik] 1. □ публі́чний, грома́дський; держа́вний; комуна́льний; ~ house шино́к; ~ law міжнаро́дне пра́во; ~ spirit дух соліда́рності, патріоти́зму; 2. пу́бліка; грома́дськість *f*; **~an** ['pʌblikən] шинка́р; **~ation** [pʌbli'keiʃn] опублікува́ння; видання́; monthly ~ щомі́сячник; **~ity** [pʌ'blisiti] гла́сність *f*; рекла́ма.
publish ['pʌbliʃ] опублікува́ти; вида(ва́)ти; (о)публіко́вувати; оголо́шувати [-оси́ти]; ~ing house видавни́цтво; **~er** [-ə] видаве́ць *m*; **~s** *pl*. видавни́цтво.
pucker ['pʌkə] 1. (з)мо́рщити(ся); 2. змо́ршка.
pudding ['pudiŋ] пу́динг; black ~ кров'яна́ ковбаса́.
puddle ['pʌdl] калю́жа.
puerile ['pjuərail] □ дитя́чий.
puff [pʌf] 1. по́дув (ві́тру); клуб (ди́му); пушо́к; 2. над(у́в)а́ти; випина́ти [ви́пнути]; вихваля́ти [ви́хвалити], перебі́льшено рекламува́ти; ~ed eyes набря́клі о́чі *n/pl*.; *v/i*. ві́яти пори́вами; пи́хкати; ~ away at попи́хкувати (О); ~ out надима́тися; **~-paste** листко́ве ті́сто; **~y** ['pʌfi] задиханий, захе́каний; набря́клий; оду́тлий.
pug [pʌg], **~-dog** мопс.
pugnacious [pʌg'neiʃəs] забія́куватий.
pug-nosed ['pʌgnouzd] кирпа́тий.
puke [pju:k] блюво́та.
pull [pul] 1. тя́га; ру́чка (дзво́ника і т. ін.); затя́жка (ди́мом); 2. (по)тягти́; тяга́ти, (по)тягну́ти; виску́бувати [ви́скубнути]; сми́кати [-кнути]; ~ down зно́сити [зне́сти] (будо́ву і т. ін.); ~ out Rr відхо́дити (від ста́нції); Me ~ through вихо́джувати [ви́ходити]; оду́жувати [-жати]; ~ o.s. together взя́ти себе́ в ру́ки; ~ up підтя́гувати [-гти́]; оса́джувати [-ди́ти] (коня́); зупиня́ти(ся) [-ни́тися].
pulley ['puli] E блок; коловоро́т; ремі́нний шків.
pulp [pʌlp] м'я́куш пло́ду; пу́льпа (зу́ба); E паперо́ва ма́са.
pulpit ['pulpit] ка́федра (пропові́дника).
pulpy ['pʌlpi] □ м'яки́й; м'яси́стий.
puls|ate [pʌl'seit] пульсува́ти; би́тися; **~e** [pʌls] пульс.
pulverize ['pʌlvəraiz] *v/t*. розпи́лювати [-ли́ти]; подрі́бнювати в порошо́к; *v/i*. розпиля́тися [-ли́тися].
pumice ['pʌmis] пе́мза.
pump [pʌmp] 1. насо́с; легка́ ба́льна ту́фля; 2. кача́ти [качну́ти] (насо́сом); ~ up нака́чувати [-ча́ти].
pumpkin ['pʌmpkin] B гарбу́з.
pun [pʌn] 1. каламбу́р; 2. каламбу́рити.
Punch[1] [pʌntʃ] *thea*. полішине́ль.
punch[2] [~] 1. E ке́рнер, пробі́йник; компо́стер; уда́р кулако́м; 2. проби́(ва́)ти (о́твори); (від)штампува́ти; би́ти кулако́м.
punctilious [pʌŋk'tiliəs] педанти́чний; скрупульо́зний.
punctual ['pʌŋktjuəl] □ пунктуа́льний; **~ity** [pʌŋktju'æliti] пунктуа́льність *f*.
punctuat|e ['pʌŋktjueit] ста́вити розді́лові зна́ки; *fig*. чергува́ти (З); **~ion** [pʌŋktju'eiʃn] пунктуа́ція.
puncture ['pʌŋktʃə] 1. проко́л; Ee пробі́й; 2. проко́лювати; отри́мувати проко́л.
pungen|cy ['pʌndʒənsi] гострота́, ї́дкість *f*; **~t** [-t] го́стрий, їдки́й.
punish ['pʌniʃ] (по)кара́ти; **~able** [-əbl] □ ка́раний; **~ment** [-mənt] покара́ння.
puny ['pju:ni] □ кри́хітний; кво́лий.

P

pupil [pju:pl] *anat.* зіни́ця; у́чень *m*, учени́ця.
puppet ['pʌpit] маріоне́тка (*a. fig.*); **~show** ляльќовий теа́тр.
puppy ['pʌpi] цуценя́; *fig.* молокосо́с; фатферт.
purchase ['pə:tʃəs] **1.** поку́пка, за́купка; придба́ння; E механі́зм для підйо́му вантажі́в (ва́жіль, лебі́дка і т. ін.); *fig.* то́чка опо́ри; **2.** купува́ти [купи́ти]; придба́ти; **~r** [-ə] покупе́ць *m*, покупни́ця *f*.
pure [pjuə] □ *com.* чи́стий; бездога́нний; без до́мішок; **~-bred** ['pjuəbred] *Am.* чистокро́вний.
purgat|ive ['pə:gətiv] проносне́; **~ory** [-t(ə)ri] чисти́лище.
purge [pə:dʒ] **1.** Me проносне́; *pol.* чи́стка; **2.** очища́ти [очи́стити]; *pol.* прово́дити чи́стку у (M).
purify ['pjuərifai] очища́ти [очи́стити].
purity ['pjuəriti] чистота́; непоро́чність *f*.
purl [pə:l] дзюрча́ти.
purlieus ['pə:lju:z] *pl.* око́лиці *f/pl.*, місце́вість *f*.
purloin [pə:'lɔin] (в)кра́сти, (по)цу́пити.
purple [pə:pl] **1.** пурпу́рний; багря́ний; **2.** пу́рпур; **3.** turn ~ (по)багрові́ти.
purport ['pə:pət] зміст, сенс.
purpose ['pə:pəs] **1.** на́мір, мета́; за́мір; on ~ навми́сне; to the ~ до ре́чі; to no ~ даре́мно; **2.** ма́ти за мету́; ма́ти на́мір; **~ful** [-ful] □ навми́сний; цілеспрямо́ваний; **~less** [-lis] □ безці́льний; **~ly** [-li] навми́сно.
purr [pə:] (за)муркоті́ти.
purse [pə:s] **1.** гамане́ць *m*; грошови́й приз; public ~ казна́, скарбни́ця; **2.** підбира́ти, стуля́ти (гу́би); зарму́жувати [-жити] (о́чі).
pursuan|ce [pə'sju(:)əns]: in ~ of у відпові́дності з (O); **~t** [-ənt]: ~ to відпові́дно до (P), згі́дно (P).
pursu|e [pə'sju:] переслі́дувати (З); займа́тися [зайня́тися] (O); продо́вжувати [-жити]; **~er** [-ə] переслі́дувач(ка); **~it** [pə'sju:t] пого́ня, гони́тва; *mst* **~s** *pl.* заня́ття.
purvey [pə:'vei] постача́ти (харчі́); забезпе́чувати (O); **~or** [-ə] постача́льник.
pus [pʌs] S гній.
push [puʃ] **1.** по́штовх; уда́р; тиск; на́тиск; зуси́лля; **2.** штовха́ти [-хну́ти]; натиска́ти [нати́снути] на (З); просува́ти(ся) [-су́нутися] (*a.* ~ on); утиска́ти [ути́снути]; (по)ква́пити; ~ one's way протовхуватися [-хну́тися]; **~-button** Ee кно́пка (дзво́ника і т. ін.).
pussillanimous [pju:si'lænimas] □ легкоду́хий, малоду́шний.
puss(y) ['pus(i)] ки́ця, кі́шечка.
put [put] [*irr.*] **1.** (по)кла́сти; (по)ста́вити; саджа́ти [посади́ти]; поста́вити (запита́ння, завда́ння і т. ін.); (в)су́нути; ~ across успі́шно прово́дити (за́хід); перево́зити [-ве́зти]; ~ back ста́вити на мі́сце (наза́д); ~ by відклада́ти [відкла́сти] (гро́ші); ~ down приду́шувати [-ши́ти] (повста́ння); запи́сувати [-са́ти]; приму́шувати замо́вкнути; припи́сувати [-са́ти] (to Д); ~ forth виявля́ти [ви́явити]; пуска́ти [пусти́ти] (па́ростки); пуска́ти в о́біг; ~ in вставля́ти [вста́вити]; всува́ти, устромля́ти [-ми́ти]; ~ off зніма́ти [зня́ти] (о́дяг); відкара́скуватися [-ка́тися] від (P with O); відшто́вхувати [-хну́ти]; відклада́ти [-ла́сти]; ~ on надяг(а́)ти́ (су́кню і т.ін.); *fig.* приб(и)ра́ти (ви́гляду); додава́ти [дода́ти]; ~ out виклада́ти [ви́класти]; простяг(а́)ти́; виганя́ти [ви́гнати]; (по)гаси́ти (вого́нь m); ~ through *teleph.* з'є́днувати [-на́ти] (to з O); ~ to додава́ти [дода́ти]; ~ to death стра́чувати [стра́тити]; ~ to the rack катува́ти; ~ up (по)будува́ти, зво́дити [зве́сти] (буди́нок); (по)ста́вити (п'є́су); дава́ти приту́лок (Д); **2.** *v/i.*: ~ off, ~ to sea іти́ в мо́ре; ~ in Sh захо́дити у порт; ~ up at зупиня́тися [-ни́тися] у (M); ~ up with (по)мири́тися з (O).
putrefy ['pju:trifai] (з)гни́ти.
putrid ['pju:trid] □ гнили́й; смердю́чий; **~ity** [pju:'triditi] гниль *f*.
putty ['pʌti] **1.** (віко́нна) зама́зка; **2.** зашпаро́вувати (ві́кна).
puzzle [pʌzl] **1.** спантели́чення; скру́та; зага́дка; головоло́мка; **2.** *v/t.* спантели́чувати [-чити]; заганя́ти у безви́хідь; ~ out розплу́тувати [-тати]; *v/i.* би́тися (over над O); **~-headed** ['pʌzl'hedid] нетяму́щий, дурноголо́вий; сумбу́рний.
pygm|ean [pig'mi:ən] ка́рликовий; **~y** ['pigmi] ка́рлик, пігме́й.
pyjamas [pə'dʒɑ:məz] *pl.* піжа́ма.
pyramid ['pirəmid] пірамі́да; **~al** [pi'ræmidl] □ пірамі́да́льний.
pyre ['paiə] похова́льне во́гнище.
pyrotechnic [pairo'teknik] піротехні́чний; ~ display фейерве́рк.
Pythagorean [pai'θægə'ri:ən] піфагорі́йський.
pyx [piks] *eccl.* дарохрани́льниця.

Q

quack [kwæk] 1. зна́хар(ка); шарлата́н; кря́кання (качо́к); 2. шарлата́нський; 3. кря́кати [-кнути]; **~ery** ['kwækəri] шарлата́нство.
quadrangle [kwɔ'dræŋgl] чотирику́тник; шкі́льне́ подві́р'я.
quadrennial [kwɔ'dreniəl] □ чотирирі́чний; що відбува́ється раз на чоти́ри ро́ки.
quadru|ped ['kwɔdruped] чотирино́га твари́на; **~ple** ['kwɔdrupl] □ збі́льшений уче́тверо; четверни́й.
quagmire ['kwægmaie] трясовина́, боло́то.
quail [kweil] (за)тремті́ти; (з)ляка́тися.
quaint [kweint] □ ди́вний, незвича́йний.
quake [kweik] (за)труси́тися; (за)тремті́ти; здригну́тися *pf.*
Quaker ['kweikə] ква́кер.
quali|fication [kwɔlifi'keiʃn] кваліфіка́ція; власти́вість *f*; обме́ження; **~fy** ['kwɔlifai] *v/t.* кваліфікува́ти *(im)pf.*; обме́жувати [-жити]; пом'я́кшувати [-шити]; наз(и)ва́ти (as O); *v/i.* (під)готува́тися (for до P); **~ty** [-ti] я́кість *f*; власти́вість *f*; досто́їнство.
qualm [kwɔ:m, kwɑ:m] нудо́та; су́мнів; на́пад легкоду́хості.
quantity ['kwɔntiti] кі́лькість *f*; Ma величина́; бе́зліч.
quarantine ['kwɔrənti:n] 1. каранти́н; 2. піддава́ти каранти́нові.
quarrel ['kwɔrəl] 1. сва́рка; 2. (по)свари́тися; **~some** [-səm] □ сварли́вий; прич́епливий.
quarry ['kwɔri] 1. каменя́рня; здо́бич (на полюва́нні); 2. (з)добува́ти [здобу́ти] (камі́ння); *fig.* (по)ри́тися.
quart ['kwɔ:t] ква́рта (= 1,14 лі́тра).
quarter ['kwɔ:tə] 1. чверть *f*, чверть годи́ни; кварта́л; мі́сце, край; поща́да; **~s** *pl.* кварти́ра; Ml каза́рми *f/pl.*; *fig.* джере́ла *n/pl.*; from all ~s з усі́х бокі́в; 2. діли́ти на чоти́ри части́ни; Ml розквартиро́вувати [-рува́ти]; четвертува́ти *(im)pf.*; **~-day** день, який почина́є квар-та́л ро́ку; **~-deck** шка́нці *m/pl.*; **~ly** [-li] 1. кварта́льний; 2. журна́л, який вихо́дить щокварта́льно; **~master** Ml квартирме́йстер.
quartet(te) [kwɔ:'tet] Mu кварте́т.
quash [kwɔʃ] J анулюва́ти *(im)pf.*
quaver ['kweivə] 1. тремті́ння; Mu трель *f*; 2. вібрува́ти; гово́рити тремтя́чим го́лосом.
quay [ki:] на́бережна.
queasy ['kwi:zi] □ слабки́й (шлу́нок); нудо́тний.
queen [kwi:n] короле́ва; *chess* ферзь *m*; **~like**, **~ly** ['kwi:nli] що ли́чить короле́ві; ца́рственний.
queer [kwiə] ди́вний, ексцентри́чний.
quench [kwentʃ] утамо́вувати [-мува́ти] (спра́гу); (по)гаси́ти; охоло́джувати [-дити].
querulous ['kweruləs] □ буркітли́вий.
query ['kwiəri] 1. запита́ння; 2. запи́тувати [-та́ти]; піддава́ти су́мніву.
quest [kwest] 1. по́шуки *m/pl.*; 2. відшу́кувати [-ка́ти], розшу́кувати [-ка́ти].
question ['kwestʃən] 1. пита́ння; су́мнів; пробле́ма; beyond (all) ~ по́за вся́ким су́мнівом; in ~ (осо́ба, пита́ння) про яке йде́ться; call in ~ піддава́ти су́мніву; that is out of the ~ про це не мо́же бу́ти і мо́ви; 2. розпи́тувати [-та́ти]; ста́вити пита́ння (Д); допи́тувати [-та́ти]; піддава́ти су́мніву; **~able** [-əbl] □ сумні́вний; **~naire** [kwestiə'nɛə, kwestʃə'nɛə] анке́та.
queue [kju:] 1. че́рга, "хвіст"; коса́ (воло́сся); 2. заплі́тати у ко́су; (*mst* ~ up) стоя́ти у че́рзі.
quibble [kwibl] 1. гра слів, каламбу́р; ви́верт; 2. кепкува́ти, кпи́ти; ухиля́тися [-ли́тися].
quick [kwik] 1. □ жва́вий; швидки́й; спри́тний; го́стрий (слух і т. ін.) 2. чутли́ве мі́сце; to the ~ *fig.* за живе́; до сами́х кісто́к; out to the ~ зачі́пати за живе́; **~en** ['kwikən] *v/t.* приско́рювати [-рити]; пожва́влювати [-вити]; *v/i.* приско́рюватися [-ритися]; пожва́влюватися [-витися]; **~ness** ['kwiknis] шви́дкість *f*, пру́дкість *f*, жва́вість *f*, кмітли́вість *f*; **~sand** пливу́н, сипу́чі піски́ *m/pl.*; **~silver** ртуть *f*; **~-witted** кмітли́вий.
quiescen|ce [kwai'esns] спо́кій; непору́шність *f*; **~t** [-t] непору́шний; *fig.* спокі́йний.
quiet ['kwaiət] 1. □ спокі́йний, ти́хий;

безшу́мний; сумирний; 2. спо́кій; ти́ша; 3. заспоко́ювати(ся) [-о́їти(ся)]; ~**ness** [-nis], ~**ude** [-ju:d] ти́ша; спо́кій.
quill [kwil] пташи́не перо́; сто́вбур пера́; *fig.* перо́ (для писа́ння); го́лка (їжака́ і т. ін.); ~**ing** ['kwiliŋ] 1. рюш (на су́кні).
quilt [kwilt] 1. стьо́бана ко́вдра; 2. (ви́)стьоба́ти.
quince [kwins] B айва́.
quinine [kwi'ni:n, *Am.* 'kwainain] *pharm.* хіні́н.
quintuple ['kwintjupl] п'ятиразо́вий.
quip [kwip] саркасти́чне зауваження; ущи́пливість *f.*
quirk [kwə:k] = quibble, quip; химе́ра; ро́зчерк пера́; завито́к (малю́нка).
quit [kwit] 1. покида́ти [поки́нути]; залиша́ти [зали́шити]; give notice to ~ заявля́ти про звільнення (з робо́ти); 2. ві́льний, що зди́хався (of від P).
quite [kwait] цілко́м, зо́всім, спо́вна; до́сить, дово́лі ~ a hero спра́вжній геро́й; ~ (so)!, ~ that! так!, цілко́м ві́рно!
quittance ['kwitəns] квита́нція.
quiver ['kwivə] (за)тремті́ти; (за)трепета́ти.
quiz [kwiz] 1. жарт; містифіка́ція; насмі́шка; *part. Am.* опи́тування, переві́рка знань; 2. (по)жартува́ти з (P); *part. Am.* опи́тувати [-та́ти].
quorum ['kwɔ:rəm] *parl.* кво́рум.
quota ['kwoutə] ча́стка, кво́та.
quotation [kwou'teiʃn] цита́та; цитува́ння; C котирува́ння, курс.
quote [kwout] (про)цитува́ти; C коти́рувати *(im)pf.*; дава́ти розці́нку на (З).

R

rabbi ['ræbai] ра́бин.
rabbit ['ræbit] кро́лик.
rabble [ræbl] на́брід; на́товп.
rabid ['ræbid] шале́ний, лю́тий, скаже́ний.
rabies ['reibii:z] сказ, шал, лють *f.*
race [reis] 1. ра́са; рід; поро́да; змага́ння у шви́дкості; біг; перего́ни *m/pl.*; (*mst* ~**s** *pl.*) ска́чки *f/pl.*; го́ни *m/pl.*; 2. (по)мча́ти; змага́тися у шви́дкості; бра́ти у́часть у перего́нах і т.ін.; ~-**course** despite дорі́жка; трек; ~**r** ['reisə] у́часник перего́нів, ска́чок і т.ін.
racial ['reiʃəl] ра́совий.
rack [ræk] 1. ві́шалка; підста́вка; поли́ця; сто́йка; годівни́ця; Rr luggage ~ сі́тка для рече́й; 2. кла́сти у сі́тку або́ на поли́цю; катува́ти; ~ one's brains лама́ти собі́ го́лову; go to ~ and ruin (за)ги́нути; розоря́тися [-ри́тися].
racket ['rækit] те́нісна раке́тка; га́мір; *Am.* шанта́ж; ~**eer** [ræki'tiə] *Am.* зди́рник.
racy ['reisi] □ характе́рний; міцни́й; піка́нтний; колори́тний.
radar ['reidə:] рада́р; ~ set радіолока́тор.
radian|ce ['reidiəns] ся́яння, ся́йво; ~**t** [-t] □ промени́стий; осяйни́й.
radiat|e ['reidieit] випромі́нювати [ви́промінити]; ~**ion** [reidi'eiʃn] випромі́нювання; ~**or** ['reidieitə] випромі́нювач; Ar, *mot.* радіа́тор.
radical ['rædikəl] 1. □ основни́й, корінни́й; фундамента́льний; радика́льний; 2. *pol.* радика́л.
radio ['reidiou] 1. ра́діо *n indecl.*; ~ drama, ~ play радіопостано́вка; ~ set радіоприйма́ч; 2. передава́ти по ра́діо; ~**graph** [-gra:f] 1. рентге́нівський зні́мок; 2. роби́ти рентге́нівський зні́мок з (P); ~**scopy** [reidi'ɔskəpi] дослі́дження рентге́нівськими про́менями; ~-**telegram** радіо(теле)грама.
radish ['rædiʃ] ре́дька; (red) ~ реди́ска.
raffle [ræfl] 1. *v/t.* розі́грувати у лотере́ю; *v/i.* бра́ти у́часть у лотереї; 2. лотере́я.
raft [ra:ft] 1. пліт; поро́м; 2. сплавля́ти [спла́вити] (ліс); ~**er** ['ra:ftə] E кро́ква.
rag [ræg] ганчі́рка; ~**s** *pl.* ганчі́р'я; лахмі́ття.
ragamuffin ['rægəmʌfin] обі́дранець *m*; ву́личний хло́пчик.
rage [reidʒ] 1. лють *f*, гнів; зага́льне захо́плення; предме́т захо́плення; it is all the ~ це оста́нній крик мо́ди; 2. (о)скажені́ти; бушува́ти.
ragged ['rægid] □ нері́вний; дра́ний, зно́шений.
raid [reid] 1. налі́т; набі́г; обла́ва; 2. роби́ти налі́т, набі́г на (З); удира́тися до (P).
rail [reil] 1. по́ручні *m/pl.*; огоро́жа;

Rr ре́йка; попере́чка; (main) ~ Sh по́ручень *m*; run off the ~s зійти́ з ре́йок; 2. ї́хати залізни́цею; (ви́)ла́яти (at, against З).
railing ['reiliŋ] огоро́жа; по́ручні *m/pl.*
raillery ['reiləri] добродушна насмі́шка, кепкува́ння.
railroad ['reilroud] *part. Am.*, **railway** [reilwei] залізни́ця.
rain [rein] 1. дощ; 2. іти́ (про дощ), дощи́ти; *fig.* (по)си́патися; **~bow** ра́йдуга, весе́лка; **~coat** *Am.* дощови́к, непромока́льне пальто́; **~fall** кі́лькість *f* о́падів; **~-proof** непромока́льний; **~y** ['reini] □ дощови́й.
raise [reiz] (*often* ~ up) підніма́ти [-ня́ти]; зво́дити [зве́сти] (пам'ятник і т.ін.); здійма́ти [здійня́ти]; вихо́вувати [ви́ховати]; виклика́ти [ви́кликати] (сміх, гнів і т.ін.); збу́джувати [збуди́ти] (почуття́); добу́(ва́)ти (гро́ші).
reisin [reizn] ізю́минка; *pl.* ізю́м, родзи́нки *f/pl.*
rake [reik] 1. гра́блі *f/pl.*; коцюба́; гульві́са *m*; розпу́сник; 2. *v/t.* згріба́ти [згребти́]; розгріба́ти [-ребти́]; *fig.* ~ for рете́льно шука́ти (З *or* Р).
rally ['ræli] 1. зно́ву збира́ти(ся); опано́вувати себе́; 2. *Am.* ма́совий мі́тинг; об'є́днання; з'їзд.
ram [ræm] 1. бара́н; тара́н; 2.(про)тара́нити; заби́(ва́)ти.
rambl|e ['ræmbl] 1. прогу́лянка (без мети́); 2. тиня́тися без ці́лі; гово́рити безла́дно; **~er** [-ə] гультя́й; повзу́ча росли́на; **~ing** [-iŋ] бродя́чий, мандрі́вний; безла́дний; розки́даний; повзу́чий.
ramify ['ræmifai] розгалу́жуватися [-у́зитися].
ramp [ræmp] схил; **~ant** ['ræmpənt] що стої́ть на за́дніх ла́пах (про геральди́чну твари́ну); *fig.* неприбо́рканий.
rampart ['ræmpa:t] вал.
ramshackle ['ræmʃækl] ве́тхий.
ran [ræn] *pt.* від run.
ranch [ræntʃ] *Am.* скота́рська фе́рма.
rancid ['rænsid] □ згі́рклий.
ranco(u)r ['ræŋkə] злість *f*, зачає́на ворожне́ча.
random ['rændəm] 1. at ~ наздога́д, навмання́; 2. зро́блений (о́браний і т.ін.) наздога́д; випадко́вий.
rang [ræŋ] *pt.* від ring.
range [reindʒ] 1. ряд; лі́нія (буди́нків); па́смо (гір); о́бласть *f* поши́рення (росли́н і т.ін.); межа́, амплі́ту́да; діапазо́н (го́лосу); Ml да́льність *f* ді́ї; стрі́льбище; 2. *v/t* вишико́вувати у ряд; ста́вити у поря́дку; класифікува́ти (*im*)*pf.*; Sh пла́вати, (по)плисти́ вздовж (Р); *v/i.* вишико́вуватися у ряд; простяга́тися.
rank [ræŋk] 1. ряд; Ml шере́нга; зва́ння́, чин; катего́рія; ~ and file рядови́й склад; fig. людська́ ма́са; 2. *v/t.* шикува́ти у шере́нгу; ста́вити у ряд; класифікува́ти (*im*)*pf.*; *v/i.* шикува́тися у шере́нгу, рівня́тися; 3. бу́йний (про росли́нність); згі́рклий (про олі́ю); оги́дний, мерзе́нний.
rankle [ræŋkl] *fig.* му́чити. гри́зти (про обра́зу і т.ін.); ~ in му́чити, терза́ти (З).
ransack ['rænsæk] (по)ри́тися у (М); (по)грабува́ти.
ransom ['rænsəm] 1. ви́куп; 2. викупо́вувати [ви́купити].
rant [rænt] 1. деклама́ція; пи́шномо́вність; 2. гово́рити пишномо́вно; (про)декламува́ти; шу́мно весели́тися.
rap [ræp] 1. легки́й уда́р; сту́кіт (у две́рі і т.ін.); *fig.* not a ~ й гроша́ нема́є; 2. ударя́ти [уда́рити]; (по)сту́кати.
rapaci|ous [rə'peiʃəs] □ жаді́бний; хи́жий; **~ty** [rə'pæsiti] жаді́бність *f*; хи́жість *f*.
rape [reip] 1. ви́кредення; згвалтува́ння; 2. викрада́ти [ви́красти]; (з)гвалтува́ти.
rapid ['ræpid] 1. □ швидки́й; крути́й; 2. **~s** *pl.* поро́ги *m/pl.*, стромови́ни *f/pl.*; **~ity** [rə'piditi] шви́дкість *f*.
rapt [ræpt] захо́плений; підне́сений; **~ure** ['ræptʃə] за́хват, екста́з; go into ~s прихо́дити у за́хват.
rare [rɛə] □ рідки́й; *phys.* розрі́джений.
rarefy ['rɛərifai] розрі́джувати(ся) [-ди́ти(ся)].
rarity ['rɛəriti] рі́дкість *f*, рарите́т.
rascal ['ra:skəl] шахра́й; **~ity** [ra:s'kæliti] шахра́йство; **~ly** ['ra:skəli] шахра́йський.
rash[1] [ræʃ] □ стрімки́й; необа́чний; необду́маний.
rash[2] [~] ви́сип.
rasp [ra:sp] 1. ра́шпіль *m*; скре́гіт; 2. підпи́лювати ра́шпілем; зіскріба́ти [-ребти́]; (роз)дратува́ти.
raspberry ['ra:zbəri] мали́на.
rat [ræt] щур, пацю́к; *sl.* зра́дник; smell a ~ відчува́ти недо́бре.
rate [reit] 1. но́рма; ста́вка; пропо́рція; сту́пінь *m*; місце́вий пода́ток; розря́д; шви́дкість *f*, at any ~ у вся́кому ра́зі; ~ of exchange

R

(валю́тний) курс; 2. оці́нювати [-ни́ти]; розці́нювати [-ни́ти]; (ви́)ла́яти; ~ among вважа́тися се́ред (Р).
rather ['ra:ðə] шви́дше; перева́жно; вірні́ше; до́сить; I had ~... я волі́в би...
ratify ['rætifai] ратифікува́ти (*im*)*pf*.; стве́рджувати [-дити].
rating ['reitiŋ] оці́нка; су́ма пода́тку; ранг; клас.
ratio ['reiʃiou] S відно́шення.
ration ['ræʃən] 1. раціо́н; пайо́к; 2. постача́ти харча́ми; нормува́ти ви́дачу (Р).
rational ['ræʃnl] □ раціона́льний; розу́мний; **~ity** [ræʃ'næliti] раціона́льність *f*; розу́мність *f*; **~ize** ['ræʃnəlaiz] раціоналізува́ти (*im*)*pf*.
ratten [rætn] саботува́ти (*im*)*pf*.
rattle [rætl] 1. трі́ск; деренча́ння; трі́скачка; *fig*. торохті́й(ка); бря́зкальце; 2. (про)тріскоті́ти; (за)деренча́ти; (за)гримі́ти (О); торохті́ти, говори́ти, не вмовка́ючи; ~ off відбараба́нити *pf*.; **~snake** гриму́ча змія́; **~trap** *fig*. стари́й екіпа́ж, автомобі́ль і т.ін.
rattling ['rætliŋ] *fig*. швидки́й; чудо́вий.
raucous ['rɔkəs] □ хрипки́й.
ravage ['rævidʒ] 1. спусто́шення; 2. спусто́шувати [-шити]; (з)руйнува́ти.
rave [reiv] ма́рити (*a*. *fig*.); говори́ти безла́дно; шалені́ти.
ravel [rævl] *v/t*. заплу́т(ув)ати; розплу́т(ув)ати; *v/i*. заплу́т(ув)атися; (*a*. ~ out) розповза́тися по швах.
R **raven** [reivn] во́рон.
raven|ing ['rævniŋ], **~ous** [-əs] ненаже́рливий; хи́жий.
ravine [rə'vi:n] яр.
ravish ['ræviʃ] прпиво́дити у за́хват; (з)гвалтува́ти; викрада́ти [ви́красти]; **~ment** [-mənt] ви́крадення; за́хват; зґвалтува́ння.
raw [rɔ:] □ сири́й; необро́блений; недосві́дчений; обі́драний; **~-boned** худи́й, кощáвий.
ray [rei] про́мінь *m*; *fig*. про́блиск; Me ~ treatment опромі́нення.
raze [reiz] руйнува́ти до підва́лин; зно́сити [зне́сти] (буди́нок і т.ін.); викре́слювати [ви́креслити].
razor ['reizə] бри́тва; **~-blade** ле́зо безпе́чної бри́тви.
re... [ri:] *pref*. (надає́ сло́ву зна́чення:) зно́ву, на́ново, ще раз, наза́д.
reach [ri:tʃ] 1. межа́ craftsmen досяжності; ко́ло розумі́ння, світо́гляд; межа́ впли́ву; beyond ~ по́за턴 досяжні́стю; within easy ~ поблизу́; під руко́ю; 2. *v/t*. досяга́ти [-гти́] (Р); доїжджа́ти [доі́хати], дохо́дити [ді́йти́] до (Р); простяг(а́)ти́ся до (Р); простяг(а́)ти́; діста́(ва́)ти до (Р); *v/i*. простяга́ти ру́ку (for за О).
react [ri'ækt] реагува́ти; ~ upon each other взаємоді́яти; протиді́яти (against Д).
reaction [ri'ækʃn] реа́кція; **~ary** [-ʃənəri] 1. реакці́йний; 2. реакціоне́р(ка).
read 1. [ri:d] [*irr*.] (про)чита́ти; вивча́ти [ви́вчити]; (ви)тлума́чити; пока́зувати [-за́ти] (про при́лад); провіща́ти [-істи́ти]; ~ to a p. чита́ти кому́сь вго́лос; 2. [red] *pt*. і *p.pt*. від read 1.; *adj*. начи́таний; **~able** ['ri:dəbl] □ ціка́вий; чітки́й; **~er** ['ri:də] чита́ч(ка); чите́ць *m*; ле́ктор; хрестома́тія.
readi|ly ['redili] *adv*. охо́че; шви́дко; ле́гко; **~ness** [-nis] гото́вність *f*; підгото́вленість *f*.
reading ['ri:di:ŋ] чита́ння; ле́кція; тлума́чення; розумі́ння; *parl*. чита́ння (законопрое́кту).
readjust ['ri:ə'dʒʌst] зно́ву приво́дити у поря́док; переробля́ти [-би́ти]; **~ment** [-mənt] приве́дення у поря́док; перерo̕бка.
ready ['redi] □ гото́вий; схи́льний; C готі́вка; make (*or* get) ~ (при)готува́ти(ся); **~-made** гото́вий (про о́дяг).
reagent [ri'eidʒənt] Ch реакти́в.
real [riəl] □ ді́йсний; реа́льний; спра́вжній; ~ estate нерухо́мість *f*; **~ity** [ri'æliti] ді́йсність *f*; **~ization** [riəlai'zeiʃn] розумі́ння, усвідо́млення; зді́йснення; C реаліза́ція; **~ize** ['riəlaiz] уявля́ти собі́; зді́йснювати [-ни́ти]; усвідо́млювати [-мити]; реалізува́ти (*im*)*pf*.
realm [relm] короліі́вство; ца́рство; сфе́ра.
realty ['riəlti] нерухо́ме майно́.
reap [ri:p] (з)жа́ти (жи́то і т.ін.); *fig*. пож(ин)а́ти; **~er** ['ri:pə] жнець *m*, жни́ця *f*.
reappear ['ri:ə'piə] з'являтися зно́ву.
rear [riə] 1. *v/t*. вихо́вувати [ви́ховати]; виро́щувати [ви́ростити]; *v/i*. става́ти ди́бки́; 2. за́дній бік; Ml тил; at the ~ of, in (the) ~ of поза́ду (Р); 3. за́дній; ти́льний; Ml тилови́й; **~-admiral** Sh контр-адміра́л; **~-guard** Ml ар'єрга́рд.
re-arm ['ri:a:m] переозбро́ювати(ся) [-о́їти(ся)].
reason [ri:zn] 1. ро́зум; глузд; підста́ва; причи́на; by ~ of з причи́ни (Р); for this ~ тому́; it

stands to ~ that... зрозуміло, що..., очевидно, що ...; **2.** *v/i.* (роз)міркувати; (з)робити висновок; резюмувати *(im)pf.*; *v/t.* ~ out продумати до кінця; ~ out of доводити помилковість чогось; **~able** ['ri:znəbl] □ розсудливий; помірний; недорогий.

reassure ['ri:ə'ʃuə] знову запевняти; заспокоювати [-оїти].

rebate ['ri:beit] C знижка; поступка.

rebel 1. [rebl] бунтівник(-иця); повстанець *m*; **2.** [~] (*a.* **~lious** [ri'beljəs]) бунтівний; **3.** [ri'bel] повставати; (з)бунтувати(ся); **~lion** [ri'beljən] бунт; повстання; заколот.

rebirth ['ri'bə:θ] відродження.

rebound [ri'baund] **1.** відскакувати [-кочити]; **2.** рикошет; відскок.

rebuff [ri'bʌf] **1.** відсіч; різка відмова; **2.** давати відсіч (Д).

rebuild ['ri:'bild] [*irr.* (build)] відновлювати [-вити], відбудовувати [-дувати].

rebuke [ri'bju:k] **1.** докір; догана; **2.** докоряти [-рити]; робити догану (Д).

rebut [ri'bʌt] давати відсіч (Д).

recall [ri'kɔ:l] **1.** відкликання (депутата, посла і т.ін.); C скасування; **2.** відкликати [-ликати]; закликати назад; скасовувати [-сувати]; нагадувати [-дати]; згадувати [-дати] (З); C брати (або вимагати) назад (капітал); скасовувати [-сувати].

recapitulate [ri:kə'pitjuleit] резюмувати *(im)pf.*

recast ['ri:ka:st] [*irr.* (cast)] надавати нової форми (Д); E відливати наново.

recede [ri'si:d] відступати [-пити]; віддалятися [-литися].

receipt [ri'si:t] **1.** розписка, квитанція; отримання; рецепт (кулінарний); **~s** *pl.* прихід; **2.** розписуватися [-сатися] на (M).

receiv|able [ri'si:vəbl] C несплачений (рахунок); **~e** [ri'si:v] одержувати [-жати]; приймати [-йняти]; сприймати [-йняти]; **~ed** [-d] загальновизнаний; **~er** [-ə] одержувач(ка); *teleph.* телефонна трубка; J судовий виконавець *m*.

recent [ri:snt] □ нещодавній; свіжий; новий; **~ly** [-li] нещодавно.

receptacle [ri'septəkl] вмістище.

reception [ri'sepʃn] одержання; прийом; прийняття.

receptiv [ri'septiv] □ сприйнятливий до (P).

recess [ri'ses] канікули *f/pl.*; перерва; ніша; відлюдне місце; **~es** *pl. fig.* тайники *m/pl.*; **~ion** [-ʃn] віддалення; поглиблення; C спад.

recipe ['resipi] рецепт.

recipient [ri'sipiənt] одержувач(ка).

reciproc|al [ri'siprəkəl] взаємний; обопільний; еквівалентний; **~ate** [-keit] E рухати(ся) назад і вперед; обмінюватися [-нятися] (послугами і т.ін.); **~ity** [resi'prɔsiti] взаємність *f*.

recit|al [ri'saitl] читання, декламація; оповідання; Mu концерт (соліста); **~ation** [resi'teiʃn] декламація; **~e** [ri'sait] (про)декламувати; розповідати [-істи].

reckless ['reklis] □ безрозсудний; необачний; безтурботний.

reckon ['rekən] *v/t.* обчислювати [-лити]; відносити [-нести] (among до P); вважати за (З); *v/i.* припускати [-стити]; ~ (up)on *fig.* розраховувати на (З); **~ing** [-iŋ] підрахунок; рахунок; розплата.

reclaim [ri'kleim] виправляти [-виправити]; піднімати [-няти] (цілину).

recline [ri'klain] відкидати(ся) [відкинутися]; напівлежати.

recluse [ri'klu:s] самітник(-иця).

recogni|tion [rekəg'niʃn] розпізнавання; пізнавання; визнання (P); **~ze** ['rekəgnaiz] пізна(ва)ти; визна(ва)ти.

recoil [ri'kɔil] **1.** відскок; Ml відбій, відкат; **2.** відскакувати [-кочити]; відкочуватися [-отитися].

recollect [rekə'lekt] згадувати [згадати] (З); **~ion** [rekə'lekʃn] згадка, пам'ять *f* (of про З).

recommend [rekə'mend] рекомендувати *(im)pf.*; **~ation** [rekəmen'deiʃn] рекомендація. R

recompense ['rekəmpəns] **1.** винагорода; компенсація; **2.** винагороджувати [винагородити]; відплачувати [-атити], віддячувати [-чити] (Д).

reconcil|e ['rekənsail] примиряти [-рити] (to з O); залагоджувати [-дити]; **~e o.s.** примирятися [-ритися]; **~iation** ['rekənsili'eiʃn] примирення.

recondition ['ri:kən'diʃn] (від)ремонтувати; переобладнати.

reconn|aissance [ri'kɔnisəns] Ml розвідка; **~oitre** [rekə'nɔitə] проводити розвідку; розвід(ув)ати.

reconsider ['ri:kən'sidə] переглядати [-янути].

reconstitute ['ri:kɔnstitju:t] відновлювати [-вити].

reconstruct ['ri:kəns'trʌkt] відновлювати [-вити]; перебудовувати

[-дувáти]; **~ion** [-s'trʌkʃn] реконстру́кція; віднóвлення.
reconvert ['ri:kən'və:t] перебудóвувати на ми́рний спóсіб.
record **1**. ['rekɔ:d] зáпис; *sport* рекóрд; J протокóл (засíдання і т.ін.); place on ~ запи́сувати [-сáти]; грамофóнна платíвка; магнітофóнна стрíчка; репутáція; ꝝ Office держáвний архíв; off the ~ *Am.* неофіцíйно; on ~ зареєстрóваний; **2**. [ri'kɔ:d] запи́сувати [-сáти]; (за)реєструвáти; **~er** [ri'kɔ:də] реєстрáтор; реєстру́ючий при́лад.
recount [ri'kaunt] викладáти [ви́класти] (детáльно).
recoup [ri'ku:p] компенсувáти (*im*)*pf.*, відшкодóвувати [-дувáти] (Д for З).
recourse [ri'kɔ:s] звертáння по допомóгу; прату́лок; have ~ to звертáтися по допомóгу (Р).
recover [ri'kʌvə] *v/t.* одéржувати назáд; повертáти (собí); надолу́жувати [-жити] (час); *v/i.* поправля́тися [попрáвитися] (*a.* ~ o.s.); **~y** [-ri] віднóвлення; оду́жання; відшкодувáння; J стя́гнення.
recreat|e ['rekrieit] *v/t.* освіжáти [-жи́ти]; розважáти [розвáжити]; *v/i.* освіжáтися [-жи́тися] (*a.* ~o.s.); розважáтися [розвáжитися]; **~ion** [rekri'eiʃn] відпочи́нок; розвáга.
recrimination [rikrimi'neiʃn] взаємне (абó зустрíчне) звинувáчення.
recruit [ri'kru:t] **1**. рéкрут; новобрáнець *m*; *fig.* новачóк; **2**. (у)комплектувáти; (за)вербувáти (новобрáнців).
rectangle ['rektæŋgl] прямоку́тник.
recti|fy ['rektifai] виправля́ти [ви́правити]; вивіря́ти [ви́вірити]; Ee випрямля́ти [ви́прямити]; **~tude** ['rektitju:d] прямотá, чéсність *f*.
rector ['rektə] рéктор; пáстор; свящéник; **~y** [-ri] буди́нок свящéника.
recumbent [ri'kʌmbənt] □ лежáчий.
recuperate [ri'kju:pəreit] віднóвлювати си́ли; оду́жувати [-жати].
recur [ri'kə:] повертáтися [-рну́тися] (to до Р); спадáти знóву на ду́мку; відбувáтися знóву; **~rence** [ri'kʌrəns] повтóрення; **~rent** [-rənt] □ що повтóрюється; періоди́чний; Me поворóтний.
red [red] **1**. червóний; ~ heat червóне розжáрення; ꝝ herring *fig.* відвéрнення увáги; ~ tape канцеля́рщина; **2**. червóний кóлір; **~s** *pl.* (*part. pol.*) червóні *pl.*
red|breast ['redbrest] вільшáнка; **~den** [redn] (по)червонíти; **~dish** ['rediʃ] червоня́стий.
redeem [ri'di:m] (с)поку́тувати; викупóвувати [ви́купити]; (в)рятувáти; **~er** [-ə] рятівни́к.
redemption [ri'dempʃn] поку́та; ви́куп; поряту́нок.
red-handed ['red'hændid]: take a p. ~ спіймáти когóсь на мíсці злóчину.
red-hot ['red'hɔt] розжáрений до червóного; *fig.* розлютóваний; гаря́чий.
red-letter ['red'letə] : ~ day святкóвий день *m*.
redness ['rednis] почервонíння.
redolent ['redolənt] запашни́й.
redouble [ri'dʌbl] подвóювати(ся) [-óїти(ся)].
redount [ri'daunt]: ~ to сприя́ти (Д), допомагáти [-могти́] (Д).
redress [ri'dres] **1**. ви́правлення; J відшкодувáння; **2**. виправля́ти [ви́правити]; відшкодóвувати [-дувáти]; злáджувати [злáдити] (прови́ну).
reduc|e [ri'dju:s] зни́жувати [-зни́зити]; довóдити [довéсти] (to до Р); змéншувати [-шити]; скорóчувати [-оти́ти]; урíзувати [-зати]; ~ to writing викла- дáти письмóво; **~tion** [ri'dʌkʃn] зни́ження (цін), зни́жка; змéншення; скорóчення; змéншена кóпія.
redundant [ri'dʌndənt] □ надмíрний.
reed [ri:d] очерéт; (цукрóва) трости́на; сопíлка.
reef [ri:f] риф, підвóдна скéля.
reek [ri:k] **1**. смóрід, зáтхлий зáпах; дим; пáра; **2**. *v/i.* дими́тися; пахну́ти (of O); випускáти пáру.
reel [ri:l] **1**. коту́шка; бобíна; барабáн, кóрба; **2**. *v/i.* (за)крути́тися; хитáтися [хитну́тися]; *v/t.* (на)мотáти; ~ off розмóтувати [-тáти]; *fig.* відтарабáнити *pf.*; ~ up намóтувати на коту́шку.
re-elect [ri:i'lekt] переоб(и)рáти.
re-enter ['ri:'entə] вхóдити знóву до (Р).
re-establish ['ri:istæbliʃ] віднóвлювати [-ви́ти].
refection [ri'fekʃn] заку́ска.
refer [ri'fə:]: ~ to *v/t.* припи́сувати [-сáти] (Д); віднóсити [-нéсти] до (Р); направля́ти [-áвити] до (Р); передавáти на рóзгляд (Д); *v/i.* пос(и)лáтися на (З); стосувáтися (Р); **~ee** [refə'ri] *sport* суддя́ *m*; **~ence** ['refrəns] дóвідка; посилáння; рекомендáція; згáдка; віднóшення; осóба, яка далá рекомендáцію; in ~ to стосóвно (Р); ~ book довідни́к; ~ library довідкóва бібліотéка; make ~ to пос(и)лáтися на (З).

referendum [refə'rendəm] рефере́ндум.
refill ['ri:fil] напо́внювати зно́ву; попо́внювати(ся) [-нити(ся)].
refine [ri'fain] E очи́ща́ти [очи́стити]; рафінува́ти (*im*)*pf*.; роби́ти(ся) ви́тонченішим; ~ (up)on удоскона́лювати [-лити]; **~ment** [-mənt] очи́щення; рафінува́ння; оздо́блення; удоскона́лення; ви́тонченість *f*; **~ry** [-əri] E очисни́й заво́д.
reflect [ri'flekt] *v/t*. відби́(ва́)ти; *v/i*. ~ (up)on: ки́дати тінь на (З); (роз)міркува́ти про (З); відбива́тися [-би́тися] на (М); **~ion** [ri'flekʃn] відби́ток, відобра́ження; ві́дсвіт; міркува́ння; *fig*. тінь *f*; рефле́ксія.
reflex ['ri:fleks] 1. відби́ток, відобра́ження; ві́дсвіт, ві́дблиск; рефле́кс; 2. рефлекто́рний.
reforest ['ri:fɔrist] зно́ву заса́джувати лі́сом.
reform [ri'fɔ:m] 1. рефо́рма; покра́щення; 2. покра́щувати(ся) [-щити(ся)]; реформува́ти (*im*)*pf*.; виправля́ти(ся); **~ation** [refə'meiʃn] перетво́рення; ви́правлення (мора́льне); *eccl*. ♀ Реформа́ція; **~atory** [ri'fɔ:mətəri] виправни́й за́клад; **~er** [-mə] реформа́тор.
refract|ion [ri'frækʃn] рефра́кція, зало́млення; **~ory** [-təri] □ упе́ртий; непокі́рний; E вогнетривки́й.
refrain [ri'frein] 1. *v/t*. стри́мувати [-мати]; *v/i*. утри́муватися [-матися] (from від Р); 2. при́спів, рефре́н.
refresh [ri'freʃ] освіжа́ти [-жити]; підкрі́плювати(ся) [-пи́ти(ся)]; відно́влювати [-ви́ти]; **~ment** [-mənt] підмо́га; заку́ска.
refrigerat|e [ri:'fridʒəreit] заморо́жувати [-о́зити]; охоло́джувати(ся) [-ди́ти(ся)]; **~ion** [rifridʒə'reiʃn] заморо́жування; охоло́дження.
refuel [ri:'fjuəl] *mot*. заправля́тися пальни́м.
refuge ['refju:dʒ] схо́вище; **~e** [refju'dʒi:] бі́женець *m*, бі́женка *f*.
refulgent [ri'fʌldʒənt] осяйни́й.
refund [ri'fʌnd] відшкодо́вувати витра́ти (Д); поверта́ти [-рну́ти] (ко́шти).
refusal [re'fju:zəl] відмо́ва.
refuse 1. [ri'fju:z] *v/t*. відмовля́тися [відмо́витися] від (Р); відмовля́ти [відмо́вити] у (М); запере́чувати [-чити]; *v/i*. відмовля́тися [відмо́витися]; (за)норови́тися (про коня́); 2. ['refju:s] E брак; по́кидьки *m/pl*.; смittя́.
refute [ri'fju:t] спросто́вувати [-тува́ти].
regain [ri'gein] оде́ржувати наза́д; зно́ву досяга́ти.
regal ['ri:gəl] □ королі́вський; ца́рський; вели́чний.
regale [ri'geil] *v/t*. пригоща́ти [-ости́ти]; *v/i*. бенкетува́ти; пригоща́тися [-ости́тися] (on O).
regard [ri'ga:d] 1. по́гляд; ува́га; пова́га; with ~ to стосо́вно (Р); kind ~s щи́рі віта́ння; 2. (по)диви́тися на (З); розгляда́ти (as як); (по)рахува́тися з (О); (по)ста́витися до (Р); as ~s... стосо́вно (Р); **~ing** [-iŋ] відно́сно (Р); **~less** [-lis] *adv*. ~ of не зверта́ючи ува́ги на (З); не раху́ючися з (О).
regenegate 1. [ri'dʒenəreit] переро́джувати(ся) [-ди́ти(ся)]; відро́джуватися [-ди́тися]; E регенерува́ти; 2. [-rit] відро́джений.
regent ['ri:dʒənt] ре́гент.
regiment ['redʒimənt] 1. полк; 2. формува́ти полк(и́) з (Р); організува́ти (*im*)*pf*.; **~als** [redʒi'mentlz] *pl*. полкова́ фо́рма.
region ['ri:dʒən] о́бласть *f*; райо́н; **~al** [-l] □ обласни́й; місце́вий.
register ['redʒistə] 1. журна́л (за́писів); ре́єстр; офіці́йний спи́сок; Mu регі́стр; E за́слінка; 2. реєструва́ти(ся) (*im*)*pf*., *pf*. *a*. (за-); зано́сити до спи́ску; Po надсила́ти рекомендо́ваним.
registr|ar [redʒis'tra:] реєстра́тор; службо́вець *m* за́гсу; **~ation** [redʒis'treiʃn] реєстра́ція; **~y** ['redʒistri] реєстрату́ра; реєстра́ція; реєстраці́йний за́пис; ре́єстр.
regret [ri'gret] 1. жаль *m*; каяття́; 2. (по)жалкува́ти; шкодува́ти за (О); горюва́ти про (З); ка́ятися у (М); **~ful** [-ful] □ співчутли́вий; **~table** [-əbl] □ сумни́й; при́крий.
regular ['regjulə] □ пра́вильний; регуля́рний (*a*. Ml); форма́льний; **~ity** [regju'læriti] регуля́рність *f*.
regulat|e ['regjuleit] (у)регулюва́ти, упорядк(о́в)ува́ти; E (від)регулюва́ти; **~ion** [regju'leiʃn] 1. регулюва́ння; при́пис; **~s** *pl*. стату́т; 2. *attr*. встано́влений.
rehears|al [ri'hə:səl] *thea*., Mu репети́ція; **~e** [ri'hə:s] *thea*. (про)репети́рувати.
reign [rein] 1. царюва́ння; *fig*. вла́да; 2. царюва́ти; панува́ти.
reimburse [ri:im'bə:s] поверта́ти [-рну́ти]; відшкодо́вувати ви́трати (Д).
rein [rein] 1. ві́жка; 2. пра́вити (кі́ньми); стри́мувати [-ма́ти].
reinforce [ri:in'fɔ:s] підкрі́плювати [-пи́ти]; поси́лювати [-лити]; **~ment** [-mənt] підкрі́плення.

R

reinstate [ˈriːinˈsteit] поно́влювати [-ви́ти] (у права́х і т.ін.).
reinsure [ˈriːinˈʃuə] перестрахо́вувати [-хува́ти].
reiterate [riːˈitəreit] повто́рювати [-ри́ти] (*mst* бага́то разі́в).
reject [riˈdʒekt] відкида́ти [відки́нути]; відмовля́тися [-о́витися] від (Р); відхиля́ти [-ли́ти]; **~ion** [riˈdʒekʃn] відхи́лення; відмо́ва.
rejoic|e [riˈdʒɔis] *v/t.* (по)ра́дувати; *v/i.* (з)раді́ти (at, in Д); **~ing** [-iŋ] (*a.* **~s** *pl.*) весе́лощі *f/pl.*; святкува́ння.
re-join **1.** [ˈriːˈdʒɔin] возз'є́днуватися [-на́тися] з (О); зно́ву прилуча́тися до (Р); **2.** [riˈdʒɔin] запере́чувати [-чити].
rejuvenate [riˈdʒuːvineit] омоло́джувати(ся) [-ди́тися].
relapse [riˈlæps] **1.** рециди́в (J, Me); **2.** зно́ву вдава́тися (до є́ресі і т.ін.); зно́ву занеду́жувати.
relate [riˈleit] *v/t.* розповіда́ти [-істи́]; приво́дити у зв'язо́к; *v/i.* (по)ста́витися; **~d** [-id] спорі́днений (to з О).
relation [riˈleiʃn] стосу́нок; зв'язо́к; спорі́дненість *f*; ро́дич(ка); in ~ to по відно́шенню до (Р), стосо́вно (Р); **~ship** [-ʃip] спорі́дненість *f*.
relative [ˈrelətiv] **1.** □ відно́сний; порівня́льний; умо́вний; **2.** ро́дич(ка).
relax [riˈlæks] зме́ншувати напру́ження (Р); розслабля́ти(ся) [розсла́бити(ся)]; роби́ти(ся) менш суво́рим; **~ation** [riːlækˈseiʃn] посла́блення; пом'я́кшення; відпочи́нок; розва́га.
relay [riˈlei] **1.** змі́на; *sport* естафе́та; *attr.* естафе́тний; **2.** *rad.* транслюва́ти (*im*)*pf.*
release [riˈliːs] **1.** зві́льнення; ви́зволення; порятуно́к; ви́пуск (фі́льму у прока́т і т.ін.); **2.** звільня́ти [-ни́ти]; визволя́ти [ви́зволити]; (по)рятува́ти; випуска́ти [ви́пустити]; відпуска́ти [-сти́ти]; проща́ти [прости́ти] (борг).
relegate [ˈreligeit] відсила́ти [відісла́ти]; направля́ти [напра́вити] (to до Р); висила́ти [ви́слати].
relent [riˈlent] пом'я́кшуватися [-ши́тися]; **~less** [-lis] □ безжа́льний.
relevant [ˈrelivənt] доре́чний.
reliab|ility [rilaiəˈbiliti] наді́йність *f*; мі́цність *f*; **~le** [riˈlaiəbl] □ наді́йний; пе́вний.
reliance [riˈlaiəns] дові́ра; впе́вненість *f*.
relic [ˈrelik] пережи́ток; релі́квія; релі́кт; **~s** *pl.* оста́нки *m/pl.*
relief [riˈliːf] поле́гшення; допомо́га; підмо́га; підкрі́плення; змі́на (*a.* Ml); Ml зняття́ обло́ги; релье́ф; ~ works *pl.* грома́дські робо́ти для безробі́тних.
relieve [riˈliːv] поле́гшувати [-шити]; визволя́ти [ви́зволити]; надава́ти допомо́гу (Д); вируча́ти [ви́ручити]; Ml зня́ти обло́гу з (Р); зміня́ти [-ни́ти].
religion [riˈlidʒən] релі́гія.
religious [riˈlidʒəs] □ релігі́йний; побо́жний; сумлі́нний; *eccl.* черне́чий.
relinquish [riˈliŋkwiʃ] облиша́ти [обли́шити] (наді́ю і т.ін.); ки́дати [ки́нути] (зви́чку).
relish [ˈreliʃ] **1.** смак; при́смак; припра́ва; **2.** насоло́джуватися [-ди́тися] (О); одержувати задово́лення від (Р); надава́ти смаку́ (Д).
reluctan|ce [riˈlʌktəns] небажа́ння; неприхи́льність *f*; **~t** [-t] □ що чи́нить о́пір; неохо́чий.
rely [riˈlai]: ~ (up)on поклада́тися [покла́стися] на (З), сподіва́тися на (З).
remain [riˈmein] залиша́тися [-ши́тися]; **~der** [-də] за́лишок.
remark [riˈmaːk] **1.** заува́ження; нота́тка; **2.** поміча́ти [-і́тити]; висло́влюватися [ви́словитися] (on про З); **~able** [riˈmaːkəbl] □ визначни́й, чудо́вий.
remedy [ˈremidi] **1.** за́сіб, лі́ки *pl.*; за́хід (for про́ти Р); **2.** виправля́ти [ви́правити]; виліко́вувати [ви́лікувати].
rememb|er [riˈmembə] пам'ята́ти; зга́дувати [-да́ти]; ~ me to... переда́й(те) віта́ння (Д); **~rance** [-brəns] зга́дка; па́м'ять *f*; сувені́р; **~s** *pl.* віта́ння.
remind [riˈmaind] нага́дувати [-да́ти] (Д; of про З); **~er** [-ə] нага́дування.
reminiscence [remiˈnisns] зга́дка.
remiss [riˈmis] □ недбайли́вий; неува́жний; мля́вий; **~ion** [riˈmiʃn] проще́ння; відпу́щення (гріхі́в); зві́льнення від спла́ти; зме́ншення.
remit [riˈmit] відпуска́ти [-сти́ти] (гріхи́); перес(и)ла́ти (това́ри); зме́ншувати(ся) [-шити(ся)]; **~tance** [-əns] грошови́й пе́реказ.
remnant [ˈremnənt] за́лишок; пережи́ток.
remodel [ˈriːˈmɔdl] перебудо́вувати [-дува́ти].
remonstra|nce [riˈmɔnstrəns] проте́ст; умовля́ння; **~te** [-treit] протестува́ти; умовля́ти.

R

remorse [ri'mɔ:s] докори сумління; каяття; **~less** [-lis] □ безжальний.
remote [ri'mout] □ віддалений; далекий; відлюдний; **~ness** [-nis] віддаленість *f.*
remov|al [ri'mu:vəl] переїзд; усунення; зміщення; ~ van фургон для перевезення меблів; **~e** [ri'mu:v] *v/t.* усувати [усунути]; виносити [винести]; пересувати [-унути]; зміщувати [змістити]; *v/i.* переїжджати [-їхати]; **~er** [-ə] перевізник меблів.
remunerat|e [ri'mju:nəreit] винагороджувати [винагородити]; оплачувати [-атити]; **~ive** [ri'mju:nərətiv] □ добре оплачуваний, вигідний.
renascence [ri'næsns] відродження; відновлення.
rend [rend] [*irr.*] розривати(ся) [розірватися]; роздирати(ся) [роздертися].
render ['rendə] відда(ва)ти; нада(ва)ти; уявляти [уявити]; зображувати [-азити]; (за)платити (О for за З); Mu виконувати [виконати]; перекладати [-ласти] (на іншу мову); розтоплювати [-пити] (сало).
renew [ri'nju:] відновляти [-вити]; **~al** [-əl] відновлення.
renounce [ri'nauns] відмовлятися [відмовитися] від (Р); зрікатися [зректися] (Р).
renovate ['renoveit] відновлювати [-вити]; освіжати [-жити].
renown [ri'naun] *rhet.* славнозвісність *f*; **~ed** [-d] *rhet.* славнозвісний.
rent¹ [rent] 1. *pt.* і *p.pt.* від rend; 2. дірка, розпірка.
rent² [~] 1. орендна плата; квартирна плата; рента; 2. наймати [найняти] або зда(ва)ти (будинок і т.ін.); **~al** [rentl] орендна плата.
renunciation [rinʌnsi'eiʃn] зречення; відмова (of від Р).
repair¹ [ri'pɛə] 1. лагодження, ремонт; in (good) ~ у справному стані; 2. (по)лагодити, (від)ремонтувати; поправляти [поправити].
repair² [~]: ~ to вирушати [вирушити] до (Р).
reparation [repə'reiʃn] відшкодування; виправлення; *pol.* make ~s *pl.* сплачувати репарації.
repartee [repa:'ti] винахідливість *f*, спритність *f*; дотепна відповідь *f*.
repast [ri'pa:st] трапеза.
repay [ri'pei] [*irr.* (pay)] відплачувати [-атити]; віддавати борг (Д); повертати [-рнути] (гроші); відшкодовувати [-дувати]; **~ment** [-mənt] повернення (грошей); відшкодування.
repeal [ri'pi:l] 1. анулювання; 2. анулювати (*im*)*pf.*; скасовувати [-сувати].
repeat [ri'pi:t] 1. повторювати(ся) [-рити(ся)]; говорити напам'ять; 2. Mu повторення; знак повторення; C повторне замовлення.
repel [ri'pel] відштовхувати [-хнути]; Ml відби(ва)ти; відкидати [-инути].
repent [ri'pent] розкаюватися [-аятися] (of у М); **~ance** [-əns] каяття; **~ant** [-ənt] що кається.
repetition [repi'tiʃn] повторення; повторення напам'ять.
replace [ri:'pleis] ставити, класти назад; заміняти [-нити] заміщати [замістити] (когось); **~ment** [-mənt] заміщення.
replenish [ri'pleniʃ] поповнювати [-нити]; **~ment** [-mənt] поповнення (*a.* Ml).
replete [ri'pli:t] наповнений; насичений.
replica ['replikə] точна копія.
reply [ri'plai] 1. відповідь *f* (to на З); 2. відповідати [-істи]; заперечувати [-чити].
report [ri'pɔ:t] 1. звіт; повідомлення; донесення; доповідь *f*; поголос; свідчення; звук (вибуху і т.ін.); 2. повідомляти [-мити] (З, про З); доносити [донести] про (З); доповідати [-істи]; рапортувати (*im*)*pf.* про (З); **~er** [-ə] доповідач(ка); репортер(ка F).
repos|e [ri'pouz] 1. відпочинок; спокій; 2. *v/t.* давати відпочинок (Д); *v/i.* відпочивати [-чити] (*a.* ~ o.s.); покоїтися; грунтуватися на (М); **~itory** [ri'pɔzitəri] склад; сховище.
reprehend [repri'hend] виносити догану (Д).
represent [repri'zent] представляти [-авити]; репрезентувати; зображувати [-азити]; *thea.* виконувати роль (Р); **~ation** [-zən'teiʃn] зображення; представництво; *thea.* вистава; **~ative** [repri'zentətiv] □ 1. характерний; показовий; що представляє (of З); *parl.* парламентарний, представницький; 2. представник(-иця); House of ≈s *pl.* *Am. parl.* палата представників.
repress [ri'pres] придушувати; **~ion** [ri'preʃn] придушення, репресія.
reprimand ['reprima:nd] 1. догана; 2. виносити догану (Д), вичитувати (Р), дорікати (Д).

R

reprisal [ri'praizəl] репреса́лія.
reproach [ri'proutʃ] **1.** до́кір; **2.** докоря́ти [-ри́ти].
reprobate ['reprobeit] розпу́сник; підло́тник, негі́дник.
reproduc|e [ri:prə'dju:s] відтво́рювати [-ри́ти]; розмно́жуватися [-житися]; **~tion** [-'dʌkʃn] відтво́рення; розмно́ження; репроду́кція.
reproof [ri'pru:f] дога́на.
reprove [ri'pru:v] вино́сити дога́ну (Д).
reptile ['reptail] *zo.* плазу́н.
republic [ri'pʌblik] респу́бліка; **~an** [-likən] **1.** республіка́нський; **2.** республіка́нець *m.*
repudiate [ri'pju:deit] зріка́тися [зректи́ся] (Р); відкида́ти [відки́нути].
repugnan|ce [ri'pʌgnəns] оги́да; неприхи́льність *f;* протирі́ччя; **~t** [-nənt] □ оги́дний, відра́зливий.
repuls|e [ri'pʌls] **1.** відмо́ва; ві́дсіч; **2.** Ml відбива́ти [відби́ти]; відшто́вхувати [-хну́ти]; **~ive** [-iv] □ оги́дний, мерзе́нний.
reput|able ['repjutəbl] □ пова́жний; **~ation** [repju:'teiʃn] репута́ція; **~e** [ri'pju:t] зага́льна ду́мка; репута́ція; **~ed** [ri'pju:tid] відо́мий; передба́чуваний; be ~ed (to be...) ма́ти сла́ву (Р).
request [ri'kwest] **1.** вимо́га; проха́ння; C по́пит; in (great) ~ у (вели́кому) по́питі, зая́вка; **2.** (по)проха́ти (З про З).
require [ri'kwaiə] потребува́ти (Р); вимага́ти (Р); **~d** [-d] потрі́бний; обов'язко́вий; необхі́дний; **~ment** [-mənt] вимо́га; потре́ба.
requisite ['rekwizit] **1.** необхі́дний; **2.** **~s** *pl.* все необхі́дне, потрі́бне; **~ion** [rekwi'ziʃn] **1.** офіці́йний при́пис; вимо́га; Ml реквізи́ція; **2.** роби́ти зая́вку на (З); Ml реквізува́ти (*im*)*pf.*
requital [ri'kwaitl] винагоро́да; відця́ка; по́мста.
requite [ri'kwait] відця́чувати [-чити] (Д for за З); винагоро́джувати [ви́нагородити]; (по)мсти́тися за (З).
rescind [ri'sind] анулюва́ти (*im*)*pf.*
rescission [ri'siʒən] анулюва́ння, скасува́ння.
rescue ['reskju:] **1.** ви́зволення; поряту́нок; J незако́нне зві́льнення; **2.** звільня́ти [-ни́ти]; (в)рятува́ти; J незако́нно звільня́ти.
research [ri'sə:tʃ] дослі́дження; S ро́звідка.
resembl|ance [ri'zembləns] схо́жість *f* (to з О); **~e** [ri'zembl] бу́ти поді́бним до (Р), ма́ти схо́жість з (О).
resent [ri'zent] обража́тися [обра́зитися] за (З); **~ful** [-ful] □ обра́жений; злопа́м'ятний; **~ment** [-mənt] обу́рення; почуття́ обра́зи.
reservation [rezə'veiʃn] застере́ження; прихо́вування; *Am.* резерва́ція; запові́дник; резервува́ння; попере́днє замо́влення.
reserve [ri'zə:v] **1.** запа́с; C резе́рвний фонд; Ml резе́рв; стри́маність *f*; пота́йність *f*; **2.** зберіга́ти [-регти́]; приберіга́ти [-регти́]; відклада́ти [-ла́сти]; резервува́ти (*im*)*pf.*; залиша́ти за собо́ю; **~d** [-d] □ пота́йни́й; замо́влений рані́ше.
reside [ri'zaid] ме́шкати; ~ in бу́ти притама́нним (Д); **~nce** ['rezidəns] мі́сце прожива́ння; резиде́нція; **~nt** [-dənt] **1.** що ме́шкає, прожива́є; **2.** пості́йний ме́шканець *m*; резиде́нт.
residu|al [ri'zidjuəl] залишко́вий; **~e** ['rezidju:] за́лишок; о́сад.
resign [ri'zain] *v/t.* відмовля́тися [-о́витися] (від поса́ди, пра́ва); залиша́ти [зали́шити] (наді́ю); склада́ти [скла́сти] (обо́в'язки); поступа́тися [-пи́тися] (права́ми); ~ o.s. to скоря́тися [-ри́тися] (Д); *v/i.* іти́ у відста́вку; **~ation** [rezig'neiʃn] відста́вка; відмо́влення від поса́ди; **~ed** [ri'zaind] □ покі́рний, покі́рливий.
resilien|ce [ri'ziliəns] пру́жність *f*, еласти́чність *f*; **~t** [-t] пружни́й, еласти́чний.
resin ['rezin] **1.** смола́; **2.** (про)смоли́ти.
resist [ri'zist] чини́ти о́пір, опира́тися; протистоя́ти (Д); **~ance** [-əns] о́пір; **~ant** [-ent] що чи́нить о́пір; сті́йкий.
resolut|e ['rezəlu:t] □ рішу́чий; **~ion** [rezə'lu:ʃn] резолю́ція; рішу́чість *f.*
resolve [ri'zɔlv] **1.** *v/t.* розчиня́ти [-ни́ти]; *fig.* вирі́шувати [ви́рішити]; дозволя́ти [-о́лити]; розв'я́зувати [-за́ти]; *v/i.* зва́жуватися [-житися]; ~ (up)on нава́жуватися [-житися] на (З); **2.** ви́рішення; розв'яза́ння; **~d** [-d] □ спо́внений рішу́чості.
resonant ['reznənt] □ лунки́й; резоню́ючий.
resort [ri'zɔ:t] **1.** приту́лок; куро́рт; summer ~ да́чна місце́вість *f*; **2.** ~ to: удава́тися [уда́тися] до (Р); ча́сто відві́дувати (З).
resound [ri'zaund] (про)звуча́ти; оголо́шувати(-ся); відби́(ва́)ти (звук).
resourse [ri'sɔ:s] ресу́рс; за́сіб; можли́вість *f*; винахі́дливість *f*; **~ful** [-ful] □ винахі́дливий.

respect [ri'spekt] **1**. пова́га; поша́на; ста́влення; **~s** *pl.* віта́ння, укло́н; **2**. *v/t.* поважа́ти, шанува́ти; **~able** [-əbl] □ шано́вний, пова́жний, стате́чний; *part.* С солі́дний значни́й; **~ful** [-ful] □ шанобли́вий; **~ing** [-iŋ] стосо́вно (Р); **~ive** [-iv] □ відпові́дний; we went to our ~ places ми пішли́ по місцях; **~ively** [-ivli] або́; відпові́дно.

respirat|ion [respə'reiʃn] ди́хання; вдих та ви́дих; **~or** ['respəreitə] респіра́тор; протига́з.

respire [ris'paiə] ди́хати; перево́дити по́дих.

respite ['respait] переди́шка; відстро́чка.

respond [ris'pɔnd] відповіда́ти [-істи́]; ~ to реагува́ти на (З); відгу́куватися [-кну́тися] на (З).

response [ris'pɔns] ві́дповідь *f*; *fig.* відгук.

responsi|bility [rispɔnsə'biliti] відповіда́льність *f*; **~ble** [ris'pɔnsəbl] відповіда́льний (to перед О).

rest [rest] **1**. відпочи́нок; спо́кій; ло́же; опо́ра; **2**. *v/i.* відпочи́(ва́)ти; (по)ле́жа́ти; спира́тися [спе́ртися] (on на З); *fig.* ~ (up)on грунтува́тися на (М); *v/t.* дава́ти відпочи́нок (Д).

restaurant ['restrɔːŋ] рестора́н.

restitution [resti'tjuːʃn] пове́рнення (про майно́); відно́влення; відшкодува́ння зби́тків.

restive ['restiv] □ норови́стий (про коня́); упе́ртий.

restless ['restlis] непосидю́чий; неспокі́йний, невгамо́вний; **~ness** [-nis] непосидю́чість *f*; невгамо́вність *f*.

restorat|ion [resto'reiʃn] реставра́ція; відно́влення; **~ive** [ris'tɔrətiv] змі́цнювальний, тонізу́ючий.

restore [ris'tɔː] відно́влювати [-ви́ти]; поверта́ти [-рну́ти]; *paint.* реставрува́ти *(im)pf.*; ~ to health виліко́вувати [ви́лікувати].

restrain [ris'trein] стри́мувати [-мати]; затри́мувати [-мати]; приду́шувати [-шити] (почуття́); **~t** [-t] стри́маність *f*; обме́ження; прибо́ркання.

restrict [ris'trikt] обме́жувати [-жити]; **~ion** [ris'trikʃn] обме́ження.

result [ri'zʌlt] **1**. результа́т; на́слідок; **2**. виплива́ти [ви́плисти] (from з Р); ~ in призво́дити [-вести́] до (Р).

resum|e [ri'zjuːm] поно́влювати [-ви́ти]; оде́ржувати наза́д; резюмува́ти *(im)pf.*; **~ption** [ri'zʌmpʃn] поно́влення; продо́вження.

resurrection [rezə'rekʃn] воскресі́ння; відро́дження (звичаю і т.ін.).

resuscitate [ri'sʌsiteit] воскреша́ти [-еси́ти]; оживля́ти [-ви́ти].

retail **1**. ['riːteil] роздрібни́й про́даж; by ~ у ро́здріб; *attr.* роздрібни́й; **2**. [riː'teil] продава́ти(ся) у ро́здріб; **~er** [-ə] торго́вець *m* у ро́здріб.

retain [ri'tein] утри́мувати [-мати]; зберіга́ти [-регти́].

retaliat|e [ri'tælieit] відця́чувати [-чити] (тим сами́м); **~ion** [ritæli'eiʃn] відця́ка.

retard [ri'taːd] затри́мувати [-мати]; упові́льнювати [-нити]; спі́знюватися [-ни́тися].

retention [ri'tenʃn] стри́мання; збере́ження.

reticent ['retisənt] стри́маний; мовчазни́й.

retinue ['retinjuː] по́чет.

retir|e [ri'taiə] *v/t.* звільня́ти у відста́вку; вилуча́ти з о́бігу; *v/i.* вихо́дити у відста́вку; відхо́дити [відійти́]; усамі́тнюватися [-ни́тися]; **~ed** [-d] □ усамі́тнений; у відста́вці; ~ pay пе́нсія; **~ement** [-mənt] відста́вка; усамі́тнення; **~ing** [-riŋ] скро́мний; сором'язли́вий.

retort [ri'tɔt] **1**. різка́ (або́ доте́пна) ві́дповідь *f*; Ch рето́рта; **2**. відпари́рувати *pf* (ко́лкість *f*); запере́чувати [-чити].

retouch ['riːtʌtʃ] роби́ти ви́правлення у (М); *phot.* ретушува́ти *(im)pf.*

retrace [ri'treis] простéжувати до джерела́, до поча́тку; ~ one's steps поверта́тися по своі́х слiда́х (*a. fig.*).

retract [ri'trækt] зріка́тися [зректи́ся] (Р); бра́ти наза́д (слова́ і т.ін.); втя́гувати [-гти́].

retreat [ri'triːt] **1**. ві́дступ (*part.* Ml); усамі́тнення; приту́лок; Ml ві́дбій; Ml вечі́рня зоря́; **2**. іти́ [піти́]; (*part.* Ml) відступа́ти [-пи́ти].

retrench [ri'trentʃ] урі́з(ув)ати, скоро́чувати [-ти́ти] (витра́ти).

retrieve [ri'triːv] (зно́ву) знахо́дити [знайти́]; відно́влювати [-ви́ти].

retro... ['retro(u), 'riːtro(u)] зворо́тно...; **~active** [retrou'æktiv] що ма́є зворо́тну си́лу; **~grade** ['retrougreid] **1**. ретрогра́дний; реакці́йний; **2**. регресува́ти; **~gression** [retrou'greʃn] регре́с, зане́пад; **~spect** ['retrouspekt] по́гляд на мину́ле; **~spective** [retrou'spektiv] □ ретроспекти́вний; що ма́є зворо́тну си́лу.

R

return [ri'tən] 1. повéрнення; C óбіг; прибýток; віддáча; результáт вúборів; *attr.* зворóтний (квитóк і т.ін.); many happy ~s of the day вітáю з днем нарóдження; in ~ в óбмін (for на З); у вíдповідь; by ~ (of post) із зворóтною пóштою; ~ ticket зворóтний квитóк; 2. *v/i.* повертáтися [-рнýтися]; *v/t.* повертáти [-рнýти]; відплáчувати [-ати́ти]; принóсити [-нéсти] (прибýток); відсилáти назáд; відповідáти [-вісти]; *parl.* об(и)рáти.

reunion ['ri:'ju:njən] збóри; возз'єднання.

revalorization [ri:vælərai'zeiʃn] ревалоризáція.

reveal [ri'vi:l] виявля́ти [вúявити]; відкривáти [-ри́ти]; **~ing** [-iŋ] що виявля́є; показóвий.

revel [revl] 1. бенкетувáти; упи́(вá)тися (in О); 2. гуля́нка, вечíрка.

revelation [revi'leiʃn] відкриття́; вúявлення; прозрíння.

revel|(l)er ['revlə] гульвíса *m*; **~ry** [-ri] гуля́нка, гульня́, пия́тика.

revenge [ri'vendʒ] 1. пóмста; ревáнш; 2. (по)мсти́ти(ся); **~ful** [-ful] □ мсти́вий.

revenue ['revinju:] (річни́й) прибýток; *pl.* прибуткóві статтí *f/pl.*; ~ board, ~ office департáмент держáвних подáтків і збóрів.

reverberate [re'və:bəreit] відбивáти(ся) [відби́ти(ся)].

revere [ri'viə] поважáти, шанувáти; **~nce** ['revərəns] 1. пошáна; 2. шанувáти; благоговíти перед (О); **~nd** [-d] 1. шанóвний; 2. *eccl.* преподóбний.

reverent(ial) ['revərənt, revə'renʃəl] шанобли́вий; побóжний.

reverie ['revəri] мрíї *f/pl.*; мрійли́вість *f*.

revers|al [ri'və:səl] перемíна; зворóтний хід; змíна; відмíна; **~e** [ri'və:s] 1. зворóтний бік; перемíна; протилéжне; **~s** *pl.* мінли́вості *f/pl.*; 2. □ зворóтний; протилéжний; 3. повертáти назáд; E давáти зворóтний хід; J скасóвувати [-сувáти]; **~ion** [ri'və:ʃn] повéрнення; *biol.* атавíзм.

revert [ri'və:t] повертáтися [-рнýтися] (у попере́дній стан абó до питáння).

review [ri'vju:] 1. óгляд; перевíрка; J пéрегляд; рецéнзія; 2. переглядáти [-я́нути]; писáти рецéнзію на (З); оглядáти [-я́нути] (З); Ml, Sh провóдити óгляд (Р).

revile [ri'vail] (с)кри́вдити, ображáти [-áзити].

revis|e [ri'vaiz] переглядáти [-я́нути]; виправля́ти [вúправити]; **~ion** [ri'viʒn] пéрегляд; ревíзія; вúправлене видáння.

reviv|al [ri'vaivəl] відрóдження; пожвáвлення; **~e** [ri'vaiv] оприто́мнювати; привóдити до пáм'яті; оживля́ти [-ви́ти]; оживáти [ожи́ти].

revocation [revə'keiʃn] скасувáння, анулювáння (закóну і т.ін.).

revoke [ri'vouk] *v/t.* скасóвувати (закóн і т.ін.); брáти назáд (обіця́нку).

revolt [ri'voult] 1. повстáння; зáколот; 2. *v/i.* повстá(вá)ти; *fig.* відпадáти [-áсти] (from від Р); *v/t. fig.* відштóвхувати [-хнýти].

revolution [revə'lu:ʃn] коловé обертáння; E óберт; *pol.* революція; **~ary** [-æri] 1. революцíйний; 2. революціонéр(ка); **~ize** [-aiz] революціонувáти *(im)pf.*

revolv|e [ri'vɔlv] *v/i.* обертáтися; періоди́чно повертáтися; *v/t.* обертáти [-рнýти]; обмірковувати [-кувáти]; **~ing** [-iŋ] що обертáється; обертóвий; поворóтний.

revulsion [ri'vʌlʃən] раптóва змíна (почуттíв і т.ін.).

reward [ri'wɔ:d] 1. нагорóда; винагорóда; 2. нагорóджувати [-ди́ти]; винагорóджувати [вúнагородити].

rewrite ['ri:'rait] [*irr.* (write)] переписувати [-сáти].

rhapsody ['ræpsədi] рапсóдія.

rheumatism ['ru:mətizm] ревмати́зм.

rhubarb ['ru:ba:b] B рéвінь *m*.

rhyme [raim] 1. ри́ма; (римóваний) вірш; without ~ or reason без смúслу; 2. римувáти(ся) (with, to з О).

rhythm [riðm] ритм; **~ic(al)** [-mik(əl)] ритмíчний.

rib [rib] 1. ребрó; 2. E змíцнювати рéбрами.

ribald ['ribəld] грýбий, непристóйний.

ribbon ['ribən] стрíчка; **~s** *pl.* клáпті *m/pl.*

rice [rais] рис.

rich [ritʃ] □ багáтий (in на З; О); розкíшний; плодю́чий (грунт); жи́рний (про ї́жу); пóвний (тон); густи́й (про кóлір, бáрви); ~ milk незби́ране молокó; **~es** ['ritʃiz] *pl.* багáтство; скарби́ *m/pl.*

rick [rik] Ac стіг, ожерéд, скúрта.

ricket|s ['rikits] рахíт; **~y** [-i] рахіти́чний; хиткúй.

rid [rid] [*irr.*] визволя́ти [ви́зволити], увільня́ти [-ни́ти] (of від Р); get ~ of позбу́(ва́)тися від (Р), позбавля́тися [-а́витися] (Р), збу́(ва́)тися (Р).
ridden [ridn] **1.** *p.pt.* від ride; **2.** (у складни́х слова́х) охо́плений (стра́хом і т.ін.), під вла́дою (чого́сь).
riddle [ridl] **1.** за́гадка; ре́шето; **2.** зреше́чувати [-ети́ти].
ride [raid] **1.** їзда́ ве́рхи; ката́ння; прогу́лянка; **2.** [*irr.*] *v/i* ї́здити, (по)ї́хати (коне́м, автомобі́лем і т.ін.); ката́тися ве́рхи; *v/t.* ї́здити, (по)ї́хати на (М); ката́ти (на спині́); **~r** ['raidə] ве́ршник; наї́зник(-иця) (у ци́рку).
ridge [ridʒ] гі́рський кря́ж, хребе́т; Ar гре́бінь *m*; Ac гря́дка.
ridicul|e ['ridikju:l] **1.** по́сміх, глум; **2.** висмі́ювати [ви́сміяти]; **~ous** [ri'dikjuləs] □ недола́дний, смішни́й.
riding ['raidiŋ] їзда́ ве́рхи; *attr.* верхови́й.
rife [raif] □ : ~ with бага́тий (О, на З).
riff-raff ['rifræf] по́кидьки (суспі́льства) *m/pl.*
rifle [raifl] **1.** гвинті́вка; **2.** (по)гра-бува́ти; **~man** Ml стріле́ць *m*.
rift [rift] трі́щина, розко́лина.
rig [rig] **1.** Sh осна́щення; F убрання́; **2.** осна́щувати [-асти́ти]; F наряджа́ти [-ди́ти]; **~ging** ['rigiŋ] Sh такела́ж, сна́сті *f/pl.*
right [rait] **1.** □ пра́вильний, ві́рний; пра́вий; be ~ бу́ти пра́вим, ма́ти ра́цію; put ~ приво́дити до ла́ду; **2.** *adv.* пря́мо; пра́вильно; справедли́во; са́ме; ~ away відра́зу; ~ on пря́мо впере́д; **3.** пра́во; справедли́вість *f*; the **~s** *pl.* (of a story) спра́вжні фа́кти *m/pl.*; by ~ of на підста́ві (Р); on (*or* to) the ~ право́руч; **4.** приво́дити до ла́ду; випрямля́ти(ся) [ви́прямити(ся)]; **~eous** ['raitʃəs] □ пра́ведний; **~ful** ['raitful] □ справедли́вий; зако́нний.
rigid ['ridʒid] □ негнучки́й, жорстки́й; *fig.* суво́рий, невблага́нний; **~ity** [ri'dʒiditi] жо́рсткість *f*; невблага́нність *f*.
rigo(u)r ['rigə] суво́рість *f*.
rigorous ['rigərəs] □ суво́рий.
rim [rim] о́бід; обідо́к; край; опра́ва (окуля́рів).
rime [raim] і́ній; па́морозь *f*; = rhyme.
rind [raind] кі́рка; шкі́рка, кора́.
ring [riŋ] **1.** кільце́; ко́ло; круг; дзвін (дзво́нів); дзвіно́к; дзво́ник; C, *sport* ринг; **2.** наділа́ти кільце́ на (З); (*mst* ~ in, round, about) ото́чувати [-чи́ти]; [*irr.*] (за)звуча́ти; ~ the bell (по)дзвони́ти (бі́ля двере́й); дзвони́ти у дзвін; ~ a p. up зателефонува́ти комусь; **~leader** призві́дець *m*, заводі́й; **~let** ['riŋlit] кільце́, каблу́чка, обру́чка, персте́ник; ку́чер, ло́кон.
rink [riŋk] като́к, ко́взанка.
rinse [rins] (ви́)полоска́ти.
riot ['raiət] **1.** бунт; бу́йство; розгу́л; run ~ бешкетува́ти; **2.** бра́ти у́часть у бу́нті; вдава́тися у розгу́л; **~er** [-ə] бунтівни́к; **~ous** [-əs] □ бу́йний, розгу́льний.
rip [rip] (роз)поро́ти(ся).
ripe [raip] □ зрі́лий (*a. fig.*); сти́глий; гото́вий; **~n** [raipn] достига́ти; **~ness** ['raipnis] сти́глість *f*; зрі́лість *f*.
ripple [ripl] **1.** бри́жі (на воді́); дзюрча́ння; **2.** вкрива́ти(ся) бри́жами; дзюрча́ти.
rise [raiz] **1.** підви́щення; схід; підйо́м; ви́хід (на пове́рхню); височі́нь *f;* похо́дження; take (one's) ~ похо́дити; **2.** [*irr.*] підніма́тися [-ня́тися]; схо́дити [зійти́]; підво́дитись [-вести́сь]; повста́(ва́)ти; почина́тися [поча́тися]; ~ to бу́ти в змо́зі спра́витися з (О); **~n** [rizn] *p.pt.* від rise.
rising ['raiziŋ] устава́ння; підви́щення; повста́ння; схід.
risk [risk] **1.** ри́зик; run a (*or* the) ~ ризикува́ти [-кну́ти]; **2.** відва́жуватися [-житися] на (З); ризикува́ти [-кну́ти] (О); **~y** ['riski] □ ризико́ваний.
rit|e [rait] обря́д, церемо́нія; **~ual** ['ritjuəl] **1.** ритуа́льний; **2.** ритуа́л.
rival ['raivəl] **1.** супе́рник(-иця); C конкуре́нт; **2.** що супе́рничає; **3.** супе́рничати з (О); **~ry** [-ri] супе́рництво; змага́ння.
rive [raiv] [*irr.*] розко́лювати(ся) [-ло́тися].
river ['rivə] ріка́; струмо́к; (*a. fig.*); **~side** бе́рег ріки́; *attr.* прибере́жний.
rivet ['rivit] **1.** за́клепка; **2.** закле́пувати [-па́ти]; *fig.* прико́вувати [-кува́ти] (З до Р).
rivulet ['rivjulit] руча́й; рі́чечка.
road [roud] доро́га; шлях; путь *f*; *mst* **~s** *pl.* Sh рейд (*a.* ~stead); **~ster** ['roudstə] доро́жний велосипе́д; ро́дстер (двомі́сний відкри́тий автомобі́ль *m*); **~way** бруківка.
roam [roum] ника́ти; блука́ти; мандрува́ти.
roar [rɔ:] **1.** (за)реві́ти; (за)гуркоті́ти; ~ with laughter регота́ти на все го́рло; **2.** реві́ння; гу́ркіт; гучни́й ре́гіт.
roast [roust] **1.** (за)сма́жити(ся);

R

2. смáжений; ~ meat печéня, смаженúна.
rob [rɔb] (по)грабувáти; *fig.* позбавля́ти [позбáвити] (of P); **~ber** ['rɔbə] грабíжник; **~bery** [-ri] грабýнок.
robe [roub] мáнтія (суддí); ря́са; халáт.
robust [ro'bʌst] □ міцнúй, дýжий.
rock [rɔk] 1. скéля; бéскид; гірськá порóда; ~ crystal гірськúй криштáль *m*; 2. гойдáти(ся) [гойднýти(ся)]; (за)колисáти.
rocket ['rɔkit] ракéта; *attr.* ракéтний; **~-powered** з ракéтним двигунóм.
rocking-chair ['rɔkiŋtʃɛə] крíсло-гóйдалка.
rocky ['rɔki] кам'янúстий; скеля́стий.
rod [rɔd] жезл; прут (*a.* E); рíзка; вýдочка; E шток; стрúжень *m*; род (міра довжинú, блúзько 5 мéтрів).
rode [roud] *pt.* від ride.
rodent ['roudənt] гризýн.
rodeo [rou'deiou] *Am.* загíн для тáврування худóби; змагáння ковбóїв.
roe [rou] козýля; ікрá; soft ~ молочкó.
rogu|e [roug] шахрáй; **~ish** ['rougiʃ] шахраювáтий, шахрáйський.
roister ['rɔistə] безчúнствувати.
role [roul] *thea.* роль *f (a. fig.).*
roll [roul] 1. згóрток (тканúни і т.ін.); сувíй; рулóн; котýшка; реéстр, спúсок; гýркіт, перéкіт (грóму); бýлочка; 2. *v/t.* катáти, (по)котúти; обертáти; розкáчувати [-атáти] (тíсто); прокáтувати [-тáти] (метáл); ~ up згортáти [-рнýти]; скáчувати [-чáти]; *v/i.* катáтися, (по)котúтися; валя́тися (in у M); (про грім) гуркотíти; Sh мáти бокову́ хитавúцю; **~-call** Ml перéклик; **~er** ['roulə] рóлик; вал; **~skate** ковзáн на рóликах.
rollick ['rɔlik] гýчно веселúтися.
rolling ['rouliŋ] прокáтний; пáгористий; ~ mill E прокáтний стан.
Roman ['roumən] 1. рúмський; 2. рúмлянин(-янка); *typ.* прямúй свíтлий шрифт.
romance [rə'mæns] 1. Mu ромáнс; ромáн; 2. *fig.* прикрашáти дíйсність; 3. ♀ ромáнський; **~r** [-ə] романíст (áвтор).
romantic [ro'mæntik] (~ally) романтúчний; **~ism** [-tisizm] романтúзм, ромáнтика; **~ist** [-tisist] ромáнтик.
romp [rɔmp] 1. вовтýження; шибáйголова *m/f;* 2. вовтýзитися, галаслúво грáти.
röntgenogram [rɔnt'genəgræm] рентгеногрáма.
rood [ru:d] чверть áкра = 0,1 гектáра; розп'я́ття.
roof [ru:f] 1. дах; ~ of the mouth піднебíння; 2. крúти, покривáти (будúнок); **~ing** ['ru:fiŋ] 1. покрівéльний матеріáл; 2. покрíвля; ~ felt покрівéльний толь *m.*
rook [ruk] 1. грак, гáйворон; *chess* турá; *fig.* шахрáй; 2. обмáнювати [-нýти].
room [ru:m] 1. кімнáта; мíсце; примíщення; прóстір; **~s** *pl.* квартúра; кімнáти *f/pl.;* 2. *Am.* жúти квартирáнтом (-ткою); **~er** ['rumə] квартирáнт(ка), пожилéць *m*, пожилúця *f;* **~mate** сусíд(ка) по кімнáті (квартúрі); **~y** ['rumi] □ простóрий.
roost [ru:st] 1. сíдало; 2. сідáти на сíдало; *fig.* улаштóвуватися на ніч; **~er** ['ru:stə] пíвень *m.*
root [ru:t] кóрінь *m*; strike ~ пускáти корíння; укорíнюватися [-нúтися]; ~ out виривáти з корíнням (*a. fig.*); вишýкувати [вúшукати] (*a.* ~ up); **~ed** ['ru:tid] укорíнений.
rope [roup] 1. канáт; мотýзка; трос; нúтка (пéрлів і т.ін.); F come to the end of one's ~ дійтú до крáю; know the **~s** *pl.* знáти усí ходú й вúходи; 2. зав'я́зувати мотýзкою; прив'я́зувати канáтом; (*mst* ~ off) отóчувати канáтом.
rosary ['rouzəri] *eccl.* чóтки *f/pl.*
rose [rouz] 1. троя́нда; сúто (в поливáльниці); рожéвий кóлір; 2. *pt.* від rise.
rosin ['rɔzin] каніфóль *f.*
rostrum ['rɔstrəm] кáфедра; трибýна.
rosy ['rouzi] □ рожéвий; рум'я́ний; *fig.* рáйдужний.
rot [rɔt] 1. гниття́; гниль *f*; 2. *v/t.* (з)гноїти; *v/i.* згнивáти, (з)гнúти.
rota|ry ['routəri] обертóвий; ротацíйний; **~te** [rou'teit] обертáти(ся); чергувáти(ся); **~tion** [rou'teiʃn] обертáння; чергувáння; **~tory** [rou'teitəri]: *s.* rotary; Ee багатофáзний.
rote [rout] : by ~ *fig.* механíчно.
rotten [rɔtn] □ гнилúй; зіпсóваний; F бридкúй.
rouge [ru:ʒ] 1. рум'я́на *n/pl.*; 2. (на)рум'я́нити(ся).
rough [rʌf] 1. □ грýбий; шерши́вий; коструба́тий; кошлáтий; бурхлúвий; неделікáтний; ~ and ready зрóблений абия́к, пóспіхом; грубувáтий; 2. бешкéтник; 3. ~ it лéдве перебивáтися; **~cast** 1. E штукатýрення нáкидом; 2. нáчорно

R

розро́блений; **3.** E штукату́рити на́кидом; **~en** ['rʌfən] роби́ти(ся) гру́бим, шереха́тим; **~ness** ['rʌfnis] шереха́тість *f*; гру́бість *f*; **~shod**: ride ~ over обхо́дитися гру́бо, суво́ро з (O).

round [raund] **1.** □ кру́глий; кругови́й; прями́й, щи́рий; ~ trip *Am.* пої́здка ту́ди і наза́д; **2.** *adv.* круго́м, навкруги́; наза́д; (*often* ~ about) круго́м та навко́ло; all the year ~ ці́лий рік; **3.** *prp.* довкру́г, навко́ло (P); за (O *or* З); по (Д); **4.** ко́ло; круг; цикл; тур (у та́нці); *sport* раунд; обхі́д; об'ї́зд; 100 ~s Ml сто набо́їв; **5.** *v/t.* закругля́ти [-ли́ти]; обгина́ти [обігну́ти]; ~ up ото́чувати [-чи́ти]; *v/i.* закругля́тися [-ли́тися]; **~about** ['raundəbaut] **1.** кружни́й; **2.** обхідни́й шлях, маніве́ць *m*; карусе́ль *f*; **~ish** ['raundiʃ] кругля́стий; **~-up** обла́ва.

rous|e [rauz] *v/t.* (роз)буди́ти; збу́джувати [-ди́ти]; надиха́ти [-хну́ти]; ~ o.s. розігна́ти лі́нощі; *v/i.* прокида́тися [прокинутися]; **~ing** ['rauziŋ] збу́джуючий; бурхли́вий.

rout [raut] **1.** розгро́м; уте́ча; put to ~ розгроми́ти вщент; приму́сити тіка́ти; **2.** = put to ~; ри́ти ри́лом.

route [ru:t, Ml raut] шлях; Ml маршру́т.

routine [ru:'ti:n] **1.** заве́дений поря́док; рути́на; **2.** рути́нний.

rove [rouv] блука́ти; ника́ти, тиня́тися.

row[1] [rou] **1.** ряд; прогу́лянка у човні́; **2.** веслува́ти; пра́вити (човно́м).

row[2] [rou] F **1.** га́лас; гвалт; бі́йка; сва́рка; **2.** дава́ти прочуха́на (Д).

row-boat ['roubout] веслови́й чо́вен.

rower ['rouə] весля́р(ка).

royal ['rɔiəl] □ королі́вський; чудо́вий; **~ty** [-ti] член королі́вської роди́ни; королі́вська вла́да; **~s** *pl.* а́вторський гонора́р.

rub [rʌb] **1.** тертя́; розтира́ння; *fig.* перешко́да; **2.** *v/t.* те́рти; протира́ти [-те́рти]; натира́ти [-те́рти]; ~ out витира́ти [ви́терти]; ~ up (від)поліру́вати; освіжа́ти [-жити] (у па́м'яті); *v/i* те́ртися (against о З); *fig.* ~ along, on пробі́(ва́)тися наси́лу.

rubber ['rʌbə] каучу́к; гу́ма; гу́мка; *cards* ро́бер; **~s** *pl.* *Am.* калó́ші *f/pl.; attr.* гу́мовий.

rubbish ['rʌbiʃ] сміття́; мо́тлох; *fig.* нісені́тниці *f/pl*, дурни́ці *f/pl.*

rubble [rʌbl] ще́бінь *m*; Ar бут.

ruby ['ru:bi] рубі́н; рубі́новий ко́лір.

rudder ['rudə] Sh кермо́; A кермо́ поворо́ту.

rudd|iness ['rʌdinis] почервоні́ння; рум'я́нець *m*; **~y** ['rʌdi] яскра́во-черво́ний; рум'я́ний.

rude [ru:d] □ неоте́саний; гру́бий; брута́льний; *fig.* міцни́й (про здоро́в'я).

rudiment ['ru:diment] *biol.* рудиме́нт, зача́ток; **~s** *pl.* поча́тки *m/pl.*

rueful ['ru:ful] □ смутни́й, тужли́вий.

ruff [rʌf] бри́жі *f/pl.; zo.* йорж.

ruffian ['rʌfjən] грубія́н; хулiга́н.

ruffle [rʌfl] **1.** манже́тка; рюш; метушня́; бри́жі *f/pl.*; **2.** (роз)куйо́вдити (воло́сся); бри́жити (во́ду); *fig.* пору́шувати спо́кій (P), (с)турбува́ти.

rug [rʌg] плед; ки́лим; **~ged** ['rʌgid] □ нері́вний; шорстки́й; суво́рий; різки́й; пересі́чений.

ruin ['ruin] **1.** заги́бель *f*; розо́рення; крах (наді́й і т. ін.); *mst* **~s** *pl.* руї́ни *f/pl.*; **2.** (по)губи́ти; розоря́ти [-ри́ти]; (з)бесче́стити; **~ous** ['ruinəs] □ руйніви́й; згу́бний.

rul|e [ru:l] **1.** пра́вило; стату́т; правлі́ння; вла́да; ліні́йка; as a ~ звича́йно; **2.** *v/t.* керува́ти (O); постановля́ти [-ви́ти]; (на)лінію-ва́ти; (роз)графи́ти; ~ out виключа́ти [ви́ключити]; *v/i.* панува́ти; **~er** ['ru:lə] прави́тель *m* (ка); ліні́йка.

rum [rʌm] ром; *Am.* спиртни́й напі́й.

Rumanian [ru(:)'meinjən] **1.** руму́нський; **2.** руму́н(ка).

rumble ['rʌmbl] **1.** гу́ркіт; гуркоті́ння; (*Am.* **~-seat**) відкидне́ сиді́ння; **2.** (за)гуркоті́ти; (за)грими́ти (про грім).

rumina|nt ['ru:minənt] жу́йна твари́на; **~te** [-neit] ремига́ти; *fig.* обмірко́вувати [-кува́ти].

rummage ['rʌmidʒ] **1.** розпро́даж дрібни́ць (з благоді́йною мето́ю); **2.** *v/t.* витя́гувати [ви́тягти]; перерива́ти [-рва́ти]; *v/i.* ри́тися.

rumour ['ru:mə] **1.** чу́тка; по́голос; **2.** it is ~ed... хо́дять чутки́...

rump [rʌmp] огу́зок.

rumple [rʌmpl] (зі)м'я́ти; (с)куйо́вдити (воло́сся, пір'я і т.ін.).

run [rʌn] **1.** [*irr.*] *v/i.* *com.* бі́гати, (по)бі́гти; (по)текти́; розплива́тися [-и́стися] (про фа́рби і т.ін.); оберта́тися, працюва́ти (про маши́ну); гласи́ти; ~ across a p. наштóвхуватися [-хну́тися] на (З); ~ away тіка́ти [втекти́]; поне́сти *pf.* (про коня́); ~ down збіга́ти [збі́гти]; зупиня́тися [-ни́тися] (про годин-

R

ник і т.ін.); вичéрпуватися [ви́черпатися]; ~ dry висихáти [ви́сохнути]; ~ for *parl.* виставля́ти свою́ кандидату́ру на (З); ~ into впадáти [впáсти] у (З); дохóдити [дійти́] до (Р); зустрічáти [-ітú]; ~ on тривáти, продóвжуватися [-житися]; говóрити без упи́ну; ~ out, short кінчáтися [-чи́тися]; ~ through прочитáти побíжно; розтри́нькувати [-кáти]; ~ to досягáти [-гти́] (су́ми); ~ up to дохóдити [дійти́] до (Р); **2.** *v/t.* пробíг(á)ти (вíдстань *f*); нали́(вá)ти (вóду); вéсти (спрáви); виганя́ти у пóле (худóбу); устромля́ти [-ми́ти]; керувáти (контóрою і т.ін.); провóдити [-вести́] (О, over по Д); ~ the blockade прорвáти блокáду; ~ down задавлювáти [задави́ти]; *fig.* говóрити погáно про (З); прини́жувати [-и́зити]; перевтóмлювати [-ми́ти]; ~ over переїжджáти [-ї́хати]; прочитáти побíжно; ~ up наганя́ти (ціни); звóдити [звéсти] (буди́нок); ~ **up** a bill at (за)боргувáти (Д); **3.** біг; пробíг; хід, робóта, дíя (маши́ни); плин; перéбіг (чáсу); ряд; поїздка, прогу́лянка; С пóпит; керувáння; *Am.* ручáй, потíк; загін; пасови́ще; дóзвіл користувáтися (of О); the common ~ звичáйні лю́ди *f/pl.*; *thea.* have a ~ of 20 nights ітú двáдцять вечорíв пóспіль (про п'єсу); in the long ~ з чáсом; врéшті-решт.

run|about ['rʌnəbaut] легки́й автомобíль *m*; **~away** утікáч; дезерти́р.

rung [1] [rʌŋ] *p.pt.* від ring.

rung [2] [~] схóдинка.

run|let ['rʌnlit], **~nel** ['rʌnl] струмóчок; канáва, рів, рівчáк.

runner ['rʌnə] бігу́н; полозóк (у санéй); пáгін (росли́на); **~-up** [-rʌp] що посíв дру́ге мíсце (у змагáнні).

running ['rʌniŋ] **1.** що біжи́ть; бігови́й; потóчний; two days ~ два дні пóспіль; ~ fire Ml швидки́й вогóнь *m*; ~ hand вíльний пóчерк; **2.** біг; бігани́на; бігá *m/pl.*; дíя; **~-board** піднíжка.

runway ['rʌnwei] А злíтно-посáдочна сму́га.

rupture ['rʌptʃə] **1.** перелóм; розри́в; Ме гри́жа; **2.** розривáти [розірвáти] (*a. fig.*); прор(и)вáти.

rural ['ruərəl] □ сíльський.

rush [rʌʃ] **1.** В очерéт, коми́ш; нáтиск; С напли́в (покупців); ~ hours *pl.* годи́ни пік; Ml перебíжка; **2.** *v/i.* мчáти; кидáтися [ки́нутися]; ганя́ти; ~ into кидáтися необду́мано у (З); ~ into print нáдто поспíшно виступáти у прéсі; *v/t.* мчáти; (по)вести́; (по)квáпити; *fig.* Ml брáти навáльною атáкою.

russet ['rʌsit] червóно-кори́чневий.

Russia ['rʌʃə] Росíя; **~n** [-n] **1.** росíйський; **2.** росія́нин(ка); росíйська мóва.

rust [rʌst] **1.** іржá; **2.** (за)іржáвіти.

rustic ['rʌstik] **1.** (~ally) сíльський; прости́й; гру́бий; **2.** сíльський жи́тель *m*.

rustle [rʌsl] **1.** зашелестíти; **2.** шéлест, шарудíння.

rust|less ['rʌstlis] нержавíючий; **~y** ['rʌsti] іржáвий, заіржáвлений; порудíлий.

rut [rʌt] кóлія (*a. fig.*); Е фальц, жóлоб; *zo.* тíчка.

ruthless ['ru:θlis] □ безжáльний.

rutted ['rʌtid], **rutty** ['rʌti] зри́тий кóліями.

rye [rai] В жи́то.

S

sabotage ['sæbotɑ:ʒ] **1.** саботáж; **2.** саботувáти (З) (*a.* ~ on a *th.*) *(im)pf.*

sabre ['seibə] шáбля, шáшка.

sack [sæk] **1.** грабу́нок; мішóк, лáнтух; сак (пальтó); **2.** клáсти, зсипáти в мішóк; (по)грабувáти; F звільня́ти [звільни́ти] (З); **~cloth**, **~ing** ['sækiŋ] ряднó, рядни́на, мішкови́на.

sacrament ['sækrəmənt] *eccl.* таїнство, причáстя.

sacred ['seikrid] □ святи́й; свящéнний; Mu духóвний.

sacrifice ['sækrifais] **1.** жéртва; жертвоприношення; at a ~ С собі на зби́ток; **2.** (по)жéртвувати.

sacrileg|e ['sækrilidʒ] святотáтство, блюзнíрство; **~ious** [sækri'lidʒəs] □ святотáтський, блюзнíрський.

sad ['sæd] □ сумни́й; при́крий; тьмя́ний.

sadden [sædn] (за)сумувáти.

saddle [sædl] **1.** сідло́; **2.** (о)сідла́ти; *fig.* зва́лювати [-ли́ти] (upon на З); обтя́жувати [-жити]; **~r** ли́мар.
sadism ['sɑ:dizm] сади́зм.
sadness ['sædnis] сум, сму́ток.
safe [seif] **1.** □ неушко́джений; наді́йний; безпе́чний; (перебува́ти) у безпе́ці; **2.** сейф, вогнетривка́ ша́фа; ша́фа для прові́зії; **~-conduct** охоро́нне свідо́цтво; **~guard 1.** охоро́на; пересторо́га; за́хист; **2.** охороня́ти [-ни́ти]; захища́ти [захисти́ти].
safety ['seifti] **1.** безпе́ка; наді́йність *f*; **2.** безпе́чний; **~-pin** англі́йська шпи́лька; **~-razor** безпе́чна бри́тва.
saffron ['sæfrən] шафра́н.
sag [sæg] осіда́ти [осі́сти]; прогина́тися [-гну́тися]; обвиса́ти [-и́снути]; Sh відхиля́тися від ку́рсу.
sagacious [sə'geiʃəs] прони́кливий, прозі́рливий; **~ty** [sə'gæsiti] прони́кливість *f*, прозі́рливість *f*.
sage [seidʒ] **1.** □ му́дрий; розу́мний; **2.** мудре́ць *m*; В шавлі́я.
said [sed] *pt.* і *p.pt.* від say.
sail [seil] **1.** вітри́ло; пла́вання під вітри́лами; вітри́льне су́дно, вітри́льник; **2.** *v/i.* йти́ під вітри́лами; пла́вати, (по)плисти́; відплива́ти [-исти́]; (по)ли́нути (про хма́ри); *v/t.* керува́ти (су́дном); пла́вати по (Д); **~-boat** *Am.* вітри́льний чо́вен; **~or** ['seilə] матро́с, моря́к; be a (good) bad ~ (не) хворі́ти на морську́ хворо́бу; **~-plane** пла́нер.
saint ['seint] **1.** святи́й; **2.** канонізува́ти, приєдна́ти до святи́х; **~ly** ['seintli] *adj.* святи́й.
sake [seik]: for the ~ of (за)ра́ди (Р); for my ~ (за)ра́ди ме́не.
sal(e)able ['seiləbl] ходови́й (това́р).
salad ['sæləd] сала́т.
salary ['sæləri] **1.** платня́; **2.** випла́чувати платню́ (Д).
sale [seil] про́даж; розпро́даж; аукціо́н; be for ~, be on ~ продава́тися.
sales|man продаве́ць *m*; *Am.* комівоя́жер; **~woman** продавщи́ця.
salient ['seiljənt] ви́пнутий; що видає́ться, виступа́є; опу́клий.
saline ['seilain] соляни́й; соло́ний.
saliva [sə'laivə] S сли́на.
sallow ['sælou] хворобли́вий, жовта́вий (про ко́лір обли́ччя).
sally ['sæli] **1.** Ml ви́лазка; ре́пліка, до́теп; **2.** Ml роби́ти ви́лазку; ~ forth, ~ out вируша́ти.
salmon ['sæmən] сьо́мга; лосо́сь *m*.
saloon [sə'lu:n] зал; сало́н (на пароплаві); сало́н-ваго́н; *Am.* шино́к, бар, пивна́.
salt [sɔ:lt] **1.** сіль *f*; *fig.* доте́пність *f*; old ~ бува́лий моря́к; **2.** соло́ний; пеку́чий; їдки́й; **3.** (по)соли́ти; засо́лювати [-ли́ти]; **~-cellar** соло́нка; **~petre** ['sɔ:ltpitə] селі́тра; **~y** ['sɔ:lti] соло́ний.
salubrious [sə'lu:briəs] □, **solutary** ['sæljutəri] □ благотво́рний; цілю́щий; кори́сний для здоро́в'я.
salut|ation [sælju'teiʃn] привіта́ння; **~e** [sə'lu:t] **1.** віта́ння; Ml салю́т; Ml відда́ння че́сті; **2.** віта́ти; Ml салютува́ти *(im)pf.* (Д); Ml віддава́ти честь (Д).
salvage ['sælvidʒ] **1.** поряту́нок (майна́ або́ су́дна); врято́ване майно́; підйо́м (затону́лих су́ден); **2.** (в)рятува́ти (майно́ від вогню́, су́дно на мо́рі і т.ін.).
salvation [sæl'veiʃn] рятува́ння, спасі́ння; ≗ Army А́рмія поряту́нку.
salve¹ [sælv] = salvage.
salve² [sɑ:v] **1.** за́сіб для заспоко́єння; **2.** заспоко́ювати [-о́їти] (сумлі́ння); розв'я́зувати [-за́ти] (тру́днощі).
salvo ['sælvou] (гарма́тний) залп; *fig.* ви́бух о́плесків.
same [seim]: the ~ той са́мий; та са́ма; те са́ме; it is all the ~ to me мені́ одна́ково.
sample [sɑ:mpl] **1.** про́ба; зразо́к, взіре́ць *m*; **2.** (с)про́бувати; відбира́ти зразки́ (Р).
sanct|ify ['sæŋktifai] освя́чувати [-яти́ти]; **~imonious** [sæŋkti'mounjəs] □ святе́нницький; **~ion** ['sæŋkʃn] **1.** са́нкція; тве́рдження; примусо́вий за́хід; **2.** санкціонува́ти *(im)pf.*; стве́рджувати [-дити]; **~ity** [-titi] свя́тість *f*; **~uary** [-tjuəri] святи́лище; приту́лок.
sand [sænd] **1.** пісо́к; **~s** *pl.* піща́ний пляж; обмі́лина; піски́ *m/pl.* (пусте́лі); **2.** посипа́ти піско́м.
sandal [sændl] санда́лія.
sandwich ['sændwidʒ, -witʃ] **1.** бутербро́д, са́ндвіч; **2.** багатошаро́вий.
sandy ['sændi] піща́ний; пісо́чний; пісо́чного ко́льору.
sane [sein] норма́льний; здоро́вий; розсу́дливий.
sang [sæŋ] *pt.* від sing.
sanguin|ary ['sæŋgwinəri] □ крива́вий; кровожéрливий; **~e** [-gwin] сангвіні́чний; оптимісти́чний.
sanitary ['sænitəri] □ саніта́рний; гігієні́чний.
sanit|ation [sæni'teiʃn] оздоро́влення; полі́пшення саніта́рних умо́в;

санітарія; ~**y** ['sæniti] здоро́вий глузд.
sank [sæŋk] *pt.* від sink,
sap [sæp] **1**. сік (росли́н); *fig.* життє́ві си́ли *f/pl.;* Ml са́па; **2**. висна́жувати [ви́снажити]; підко́пувати [-па́ти]; ~**less** ['sæplis] ви́снажений; хирля́вий; ~**ling** ['sæpliŋ] молоде́ де́ревце.
sapphire [sæfaiə] *тіп.* сапфір.
sappy ['sæpi] сокови́тий; *fig.* си́льний.
sarcasm ['sɑ:kæzm] сарка́зм.
sardine [sɑ:'di:n] сарди́н(к)а.
sardonic [sɑ:'dɔnik] (~**ally**) сардонічний.
sash [sæʃ] по́яс, пас, па́сок.
sash-window [sæʃ'windou] підйо́мне вікно́.
sat [sæt] *pt.* і *p.pt.* від sit.
satchel ['sætʃəl] (шкільни́й) ра́нець *т.*
sate [seit] наси́чувати [-и́тити]; переси́чувати [-и́тити].
sateen [sæ'ti:n] сатин.
satellite ['sætəlait] сателі́т (*a. astr.)*, поплі́чник, прибі́чник; *astr.* супу́тник.
satiate ['seiʃieit] переси́чувати [-и́тити]; наси́чувати [-и́тити].
satin ['sætin] атла́с, єдва́б.
satir|e ['sætaiə] сати́ра; ~**ist** ['sætərist] сати́рик; ~**ize** [-raiz] висмі́ювати [ви́сміяти].
satisfaction [sætis'fækʃn] задово́лення; ~**actory** [-ktəri] задові́льний; ~**y** ['sætisfai] задовольня́ти [-ни́ти]; утамо́вувати [-мува́ти] (го́лод, ціка́вість *f і т. ін.*); вико́нувати [ви́конати] (зобов'я́зання); переко́нувати [-на́ти].
saturate ['sætʃəreit] Ch наси́чувати [-и́тити]; просо́чувати [-чи́ти].
Saturday ['sætədi] субо́та.
S **sauce** [sɔ:s] **1**. со́ус; *fig.* припра́ва; F зухва́лість *f*, **2**. приправля́ти со́усом; F (на)грубія́нити (Д); ~**pan** кастру́ля; ~**r** [sɔ:sə] блю́дце.
saucy ['sɔ:si] ? F зухва́лий.
saunter ['sɔ:ntə] **1**. прогу́люватися; фланірувати; ве́штатися; **2**. прогу́лянка.
sausage ['sɔsidʒ] соси́ска, ковбаса́.
savage [sævidʒ] **1**. ди́кий; жорсто́кий; лю́тий; **2**. дику́н(ка); *fig.* ва́рвар(ка); ~**ry** [-ri] ди́кість *f*, жорсто́кість *f.*
save [seiv] (в)рятува́ти; увільня́ти [-ни́ти] (from від Р); зберіга́ти [-регти́]; відклада́ти [-а́сти].
saving ['seiviŋ] а **1**. рятівни́й; оща́дний; **2**. поряту́нок; ~**s** *pl.* заоща́дження *n/pl.*
savings-bank ['seiviŋz'bænk] оща́дна ка́са.
saviour [seivjə] рятівни́к; ~ Спаси́тель *m.*
savo(u)r ['seivə] **1**. смак; *fig.* піка́нтність *f*, при́смак; **2**. F смакува́ти; ~**of** відго́нити (О); па́хнути (О); ~**y** [-ri] ? смачни́й; піка́нтний.
saw [sɔ:] **1**. *pt.* від see; **2**. прислі́в'я; пи́лка; 3. [*irr.*] пиля́ти; ~**dust** ти́рса; ~**-mill** лісопи́льний заво́д, тарта́к; ~**n** [sɔ:n] *p.pt.* від saw.
Saxon ['sæksn] **1**. саксо́нський; **2**. саксо́нець *m*, саксо́нка *f.*
say [sei] **1**. [*irr.*] (с)каза́ти, говори́ти [сказа́ти]; ~ grace чита́ти моли́тву (пе́ред ї́жею); that is to ~ то́бто; you don't ~ so! невже́!; I ~! послу́хай(те)! he is said to be ... ка́жуть, що він ...; **2**. мо́ва; сло́во; it is my ~ now че́рга каза́ти за мно́ю; ~**ing** ['seiiŋ] прислі́в'я.
scab [skæb] струп; коро́ста; *sl.* штрейкбре́хер.
scabbard ['skæbəd] пі́хви *f/pl.*
scabrous ['skeibrəs] непристо́йний; сороміітний.
scaffold ['skæfəld] Ar риштува́ння; підмо́стки *n/pl;* пла́ха, ешафо́т; ~**ing** [-iŋ] Ar риштува́ння.
scald [skɔ:ld] **1**. о́пік (окро́пом); **2**. обшпа́рювати [-рити]; обва́рювати [-ри́ти].
scale[1] [skeil] **1**. лу́сочка (*coll.:* луска́); ви́нний ка́мінь *m*; на́кип, ока́лина; (a pair of) ~**s** *pl.* ва́ги *f/pl.;* **2**. зіско́блювати луску́ з (Р); Е зніма́ти ока́лину з (Р); лу́щитися; чи́стити від ви́нного ка́меня; зва́жувати [-жити].
scale[2] [~] **1**. схо́ди; масшта́б; ро́змір; шкала́; Mu га́ма; **2**. підніма́тися [-ня́тися] (схо́дами і *т. ін.*); ~ up збі́льшувати по масшта́бу; ~ down зме́ншувати по масшта́бу.
scallop ['skɔləp] **1**. *zo.* гребіне́ць *т* (молю́ск); ~**s** *pl.* фесто́ни *m/pl.*; **2**. прикраша́ти фесто́нами.
scalp [skælp] **1**. скальп; **2**. (о)скальпува́ти.
scally ['skeili] луска́тий; вкри́тий на́кипом.
scamp ['skæmp] **1**. неро́ба, ле́дар; **2**. працюва́ти абия́к; ~**er** [-a] **1**. бі́гти стрімголо́в; тіка́ти; **2**. поспі́шна втеча; гало́п, чвал; *fig.* швидке́ чита́ння.
scandal ['skændl] сканда́л; ганьба́; пліткй *f/pl.*; ~**ize** ['skændəlaizj сканда́лізува́ти *(im)pf.*; ~**ous** [-ləs] *n* сканді́льний; наклепни́цький.
scanner ['skænə] сканер

scant, **~y** [skænt, 'skænti] убóгий, мізéрний; обмéжений.
scapegoat ['skeipgout] козéл відпýщення.
scapergrace ['skeipgreis] гульвíса *m*, шалапýт.
scar [skɑ:] **1.** шрам; рубéць *m*; **2.** *v/t.* вкривáти рубцями; *v/i* (за)рубцювáтися.
scarc|e [skεəs] недостáтній; мізéрний; рíдкісний; **~ely** ['skεəsli] навряд; лишé, тíльки-но; **~ity** [-siti] недóлік; дорожнéча.
scare [skεə] **1.** (на-, з)лякáти; відлякувати [-кáти] (*a.* ~ away); **2.** пáніка; **~crow** страхопýд, опýдало (*a. fig.*).
scarf [skɑ:f] шарф; шаль *f*; кравáтка.
scarlet ['skɑ:lit] **1.** ясно-червóний кóлір; яскрáво-червóний; **~fever** Me скарлатúна.
scarred [skɑ:d] рубцювáтий.
scathing ['skeiðiŋ] їдкий; різкий; *fig.* нищíвний.
scatter ['skætə] розкидáти [розкидати]; розсипáтися [розсипатися]; розсíювати(ся) [-íяти(ся)].
scavenger ['skævindʒə] сміттяр.
scenario [si'nɑ:riou] сценáрій.
scene [si:n] сцéна; мíсце дії; декорáція; **~s** *pl.* кулíси *f/pl.*; лаштýнки *m/pl.*; **~ry** ['si:nəri] декорáції *f/pl.*; пейзáж.
scent [sent] **1.** аромáт, пáхощі; парфýми *m/pl.*; *hunt.* чуття, нюх; **2.** учýти; (на)пахтити; **~less** ['sentlis] без аромáту, зáпаху.
sceptic ['skeptik] скéптик; **~al** [-tikəl] □ скептичний.
scept|er, ~re ['septə] скíпетр.
schedule ['ʃedju:l, *Am.* 'skedju:l] **1.** таблиця; грáфік, план; *Am.* рóзклад поїздíв; **2.** складáти рóзклад (P); призначáти [признáчити], намічáти [намíтити], накрéслювати [-лити].
scheme [ski:m] **1.** схéма; план; проéкт; **2.** *v/t.* (за)проектувáти; *v/i.* інтригувáти.
schism ['sizm] схизма, розкóл.
scholar ['skɔlə] вчéний; ýчень *m*, учениця; **~ly** [-li] *adj.* вчéний; **~ship** [-ʃip] учéність *f*, ерудиція; *univ.* стипéндія.
scholastic [skə'læstik] (~ally) схоластичний; шкільний.
school [sku:l] **1.** шкóла; клас (приміщення); at ~ у шкóлі; primary ~ початкóва шкóла; secondary ~ серéдня шкóла; **2.** дисциплінувáти *(im)pf.*; (ви́)шкóлити; **~boy** школяр; **~fellow** шкільний товáриш; **~girl** школярка; **~ing** ['sku:liŋ] навчáння у шкóлі; **~master** учитель *m*; **~mate** *s.* schoolfellow; **~mistress** учителька; **~room** клáсна кімнáта.
science ['saiəns] наýка; природничі наýки *f/pl.*
scientific [saiən'tifik] (~ally) наукóвий; умíлий.
scientist ['saiəntist] учéний; природознáвець *m*.
scintillate ['sintileit] блискати [блиснути]; блимати [блимнути].
scion ['saiən] пáгін, пáросток (рослини); нащáдок.
scissors ['sizəz] *pl.* (a pair of ~) нóжиці *f/pl.*
scoff [skɔf] **1.** насмíшка; **2.** (по)глузувáти (at з P).
scold [skould] **1.** сварлива жíнка; **2.** (ви́)лáяти.
scon(e) [skɔn, skoun] корж, перéпічка.
scoop [sku:p] **1.** совóк; черпáк; ківш; заглиблення; сенсацíйна новина (якóїсь однієї газéти); **2.** зачéрпувати [-пнýти].
scooter ['sku:tə] *mot.* моторóлер; Sh скýтер; самокáт (íграшка).
scope [skoup] світóгляд; рóзмах; охóплення; прóстір.
scorch [skɔ:tʃ] *v/t.* обпáлювати [-лити]; *v/i.* палити; F шалéно мчáти.
score [skɔ:] **1.** зáрубка; пóзначка; рахýнок (у грі); два десятки; Mu партитýра; **~s** *pl.* бéзліч; run up ~s *pl.* робити борги; on the ~ of з причини (P); what's the ~? який рахýнок? (у грі); **2.** позначáти [-нáчити]; зарахóвувати [-хувáти]; виграá(вá)ти; заби́(вá)ти гол; оркеструвáти *(im)pf.*; *Am.* (ви́)лáяти.
scorn [skɔ:n] **1.** презирство, зневáга; **2.** зневажáти [-áжити]; **~ful** ['skɔ:nful] □ зневáжливий.
Scotch [skɔtʃ] **1.** шотлáндський; **2.** шотлáндський діалéкт; the ~ шотлáндці *m/pl.*; **~man** ['skɔtʃmən] шотлáндець *m*.
scot-free ['skɔt'fri:] неушкóджений; непокáраний.
scoundrel ['skaundrəl] негíдник, підлóтник.
scour ['skauə] *v/t.* (по)чистити; відчищáти [-чистити]; (ви)мити; зми́(вá)ти; ганяти, гасáти по (Д); *v/i.* нишпорити (*a.* ~ about).
scourge [skə:dʒ] **1.** батíг, бич; лихо; **2.** бичувáти; (по)карáти.
scout [skaut] **1.** розвíдник (*a.* A); Boy

S

~s *pl.* бойскáути *m/pl.*; ~ party Ml розвíдувальний загíн; 2. провóдити рóзвідку; відкидáти з призúрством.
scowl [skaul] 1. похмýрий вúгляд; 2. (на)хмýритися.
scrabble ['skræbl] шкря́бати; видирáтися [вúдертися]; згрібáти [згребтú].
scramble ['skræmbl] 1. видирáтися [вúдертися]; (по)бúтися (for за З); ~**d** eggs *pl.* я́єчня-бовтáнка; 2. боротьбá, бíйка; видирáння.
scrap [skræp] 1. клáптик; шматóчок; шматúнка; вúрізка (з газéти); Е брухт; утильсировинá; ~s *pl.* зáлишки; недóїдки *m/pl.*; 2. віддавáти на злам; викидáти [вúкинути]; ~-**book** альбóм для газéтних вúрізок.
scrap|e [skreip] 1. скоблíння; подря́пина; утрýднення; 2. скребтú(ся); (зі)скоблúти; зіскрібáти [-ребтú] (*mst* ~ off): відчищáти [відчúстити]; зачіпáти [зачепúти]; чóвгати ·[-гнути] (O); (по)скупúтися; ~**er** ['skreipə] скобá для чúщення взуття́.
scrap|-heap звáлище пóкидьків (*абó* брýхту); ~-**iron** залíзний лом.
scratch [skrætʃ] 1. подря́пина; *sport* лíнія стáрту; 2. випадкóвий; різношéрстий; *sport* без гандикáпу; 3. (по)дря́пати; (по)чýхати; ~ out викрéслювати [вúкреслити].
scrawl [skrɔ:l] 1. карлю́чки *f/pl.*; 2. писáти карлю́чками.
scream [skri:m] 1. зойк; вéреск; 2. верещáти; ~y [-i] верескли́вий; кричýщий (про бáрви).
screech [skri:tʃ] (за)верещáти, (за)вищáти.
screen [skri:n] 1. шúрма; екрáн; щит; перегорóдка; тин; Ar тáмбур; грóхот, рéшето; Ml прикриття́; the ~ кінó *n indecl.*; 2. прикрú(вá)ти; затуля́ти [-лúти]; *opt.* покáзувати на екрáні; просíювати [-íяти].
screw [skru:] 1. гáйка; гвинт; = screw-propeller; 2. пригвúнчувати [-нтúти] (*mst* ~ on); скрíплювати гвинтáми; *fig.* пригнóблювати [-бити]; ~ up (з)мóрщити (облúччя); ~**driver** вúкрутка; ~-**propeller** гребнúй гвин.
scribble ['skribl] 1. карлю́чки *f/pl.*; 2. (на)дря́пати.
scrimp [skrimp] *v/t.* урíз(ув)ати; *v/i.* (по)скупúтися.
scrip [skrip] С квитáнція про передплáту на áкції.
script [skript] рукопúсний шрифт; *film* сценáрій.
Scripture ['skriptʃə] Свящéнне Письмó.
scroll [skroul] сувíй (пергáменту); спúсок; Ar зáвиток (прикрáса).
scrub [skrʌb] 1. кущ; ~s *pl.* чагарнúк, кущí *m/pl.*; пóросль *f*; 2. шкребтú; чúстити щíткою.
scrubby ['skrʌbi] низькорóслий; мúршавий.
scrup|le ['skru:pl] 1. сýмніви *m/pl.*, вагáння; 2. (по)сорóмитися; ~**ulous** ['skru:pjuləs] □ скрупульóзний; сумлíнний.
scrutin|ize ['skru:tinaiz] розглядáти [-я́нути]; ретéльно перевіря́ти; ~y ['skru:tini] допúтливий пóгляд; тóчна перевíрка.
scud [skʌd] 1. гнáні вíтром хмáри *f/pl.*; стрімкúй біг; 2. (по)мчáти; (по)лúнути.
scuff [skʌf] волочúти нóги.
scuffle ['skʌfl] 1. бíйка; 2. (по)бúтися.
scullery ['skʌləri] примíщення при кýхні для миття́ пóсуду.
sculptor ['skʌlptə] скýльптор, різьбя́р.
sculpture ['skʌlptʃə] 1. скульптýра; 2. (ви)ліпúти, (ви)різьбúти, висікáти [вúсікти], вили(вá)ти; (з)робúти (скульптýру).
scum [skʌm] пíна; нáкип; *fig.* пóкидьки *m/pl*, нáволоч *f*.
scurf [skə:f] лупá.
scurrilous ['skʌriləs] грýбий, непристóйний.
scurry ['skʌri] швúдко бíгати; снувáти, шáстати.
scurvy ['skə:vi] Me цингá.
scuttle ['skʌtl] 1. відéрце для вугíлля; 2. тікáти [втектú]; дезертúрувати *(im)pf.*
scythe [saið] Ac косá.
sea [si:] мóре; *attr.* морськúй; be at ~ *fig.* не знáти, що робúти; бýти розгýбленим; ~**board** бéрег мóря; ~**faring** ['si:fɛəriŋ] мореплáвство; ~**going** далéкого плáвання (про сýдно).
seal [si:l] 1. *zo.* тюлéнь *m*; печáтка; плóмба; тавpó; 2. запечáт(ув)ати; скрíплювати печáткою; опечáт(ув)ати; E герметúчно закупóрювати [закýпорити]; замáщувати [-астúти]; ~ (with lead) (за)пломбувáти.
sea-level ['si:'levl] рíвень *m* мóря.
sealing-wax сургýч.
seam [si:m] 1. шов (*a.* E); рубéць *m*; *geol.* прóшарок; 2. зшú(вá)ти; (по)борознúти.
seaman ['si:mən] моря́к; матрóс.
seamstress ['semstris] швáчка.

sea-plane гідроплáн.
sear [siə] висýшувати [вúсушити]; опáлювати [-лúти]; Me припікáти [-пектú]; *fig.* притупля́ти [-пúти].
search [sə:tʃ] **1.** пóшуки *m/pl.*; óбшук; рóзшук; in ~ of у пóшуках (Р); **2.** *v/t.* обшýкувати [-кáти]; зондувáти (рáну); пронúзувати [-зáти]; *v/i.* розшýкувати [-кáти] (for З); ~ into проникáти [проникнути] у (З); **~ing** [-iŋ] ретéльний; допúтливий; **~-light** прожéктор; **~-warrant** докумéнт на прáво обшуку.
sea|-shore морськúй бéрег; **~sick** якúй хворíє на морськý хворóбу; **~side** узберéжжя; узмóр'я; *attr.* примóрський; ~ place, ~ resort морськúй курóрт.
season ['si:zn] **1.** порá рóку; перíод; сезóн; out of ~ невчáсно; with the compliments of the ~ з найкрáщими побажáннями до свя́та; **2.** *v/t.* приправля́ти [-рáвити] (ї́жу); витрúмувати [вúтримати] (винó, ліс і т.ін.); (за)гартувáти (to прóти Р); **~able** [-əbl] □ своєчáсний; по сезóну; **~al** ['si:zənl] □ сезóнний; **~ing** ['si:zniŋ] припрáва; **~-ticket** сезóнний квитóк.
seat [si:t] **1.** сидíння; стілéць *m*; лáва; мíсце (у теáтрі і т.ін.); посáдка (на коні); садúба; підстáвка; **2.** усáджувати [-дúти]; постачáти стільця́ми; вмíщувати [вмістúти]; **~ed** сидя́чий; be ~ed сидíти, сідáти [сíсти].
sea|-urchin морськúй їжáк; **~ward** ['si:wəd] *adj.* спрямóваний до мóря; *adv.* (*a.* ~s) до мóря; **~weed** морські вóдорості *f/pl.*; **~worthy** придáтний для мореплáвства.
secede [si'si:d] відкóлюватися [-лóтися], відпадáти [відпáсти] (від союзу і т.ін.).
secession [si'seʃn] розкóл; відпадáння; *hist.* вúхід із союзу; **~ist** [-ist] відстýпник.
seclu|de [si'klu:d] усамíтнювати [-нúти]; **~sion** [si'klu:ʒn] усамíтнення.
second ['sekənd] **1.** □ дрýгий; вторúнний; що поступáється (Д); on ~ thoughts дóбре розміркувáвши; **2.** секýнда; помічнúк; секундáнт; **~s** *pl.* C товáр дрýгого сóрту; **3.** підтрúмувати [-мáти]; підкрíплювати [-пúти]; **~ary** [-əri] □ вторúнний; другоря́дний; побíчний; **~-hand** ужúваний, нóшений; з дрýгих рук; **~ly** [-li] подрýге; **~-rate** другосóртний; другорозря́дний.
secre|cy ['si:krisi] потáйність *f*; секрéтність *f*; **~t** ['sikrit] **1.** □ таéмний, секрéтний; потайнúй; **2.** таємнúця, секрéт; in ~ секрéтно, пóтай; be in the ~ бýти втаємнúченим у секрéт.
secretary ['sekrətri] секретáр(ка); мініcтр.
secret|e [si'kri:t] (за)ховáти; виділя́ти [вúділити]; **~ion** [-ʃn] секрéція, вúділення; **~ive** [-iv] потайнúй.
section ['sekʃn] перéтин; перéріз; рóзріз; відрíзок; Me рóзтин, сéкція; вíдділ; рóзділ (книги); Ml віддíлення.
secular ['sekjulə] □ мирськúй, світськúй; віковúй.
secur|e [si'kjuə] **1.** □ безпéчний; надíйний; упéвнений; **2.** закрíплювати [-пúти]; забезпéчувати [-чúти]; убезпéчувати [-чúти]; дістá(вá)ти; **~ity** [-riti] безпéка; надíйність *f*; забезпéчення; застáва; **~ities** *pl.* цíнні папéри *m/pl.*
sedate [si'deit] □ статéчний; урівновáжений.
sedative ['sedətiv] *mst* Me заспокíйливий зáсіб.
sedentary ['sedntəri] □ сидя́чий.
sediment ['sediment] óсад, осáдок.
sedition [si'diʃn] зáклик до бýнту.
seditious [si'diʃəs] □ бунтáрський.
seduc|e [si'dju:s] спокушáти [-усúти]; **~tion** [si'dʌkʃn] спокýса; **~tive** [-tiv] □ спокýсливий.
sedulous ['sedjuləs] □ старáнний.
see [si:] [*irr.*] *v/i.* (по)бáчити; I ~ я розумíю; ~ about a th. (по)турбувáтися про (З); ~ through a p. бáчити нáскрізь когóсь; ~ to догляда́ти [-я́нути] (З); *v/t.* (по)бáчити; (по)дивúтися (фільм і т.ін.); помічáти [-íтити]; (з)розумíти; відвíдувати [-дати]; ~ a p. home проводжáти когóсь додóму; ~ off провóдити [-вестú]; ~ a th. through довóдити [-вестú] щось до кінця́; ~ a p. through допомагáти [-могтú] (Д); live to ~ доживáти до (Р).
seed [si:d] **1.** насінúна; сíм'я; зернó; *coll.* насíння; засíв; зéрнятко (я́блука і т.ін.); потóмство; go to ~ пітú у насíння; *fig.* опускáтися [-стúтися]; **2.** *v/t.* засівáти [-íяти]; (по)сíяти; *v/i.* пітú у насíння; **~ling** ['si:dliŋ] Ac сíянка; **~s** *pl.* розсáда; **~y** ['si:di] пóвний насíння; пошáрпаний, знóшений; F нездорóвий.
seek [si:k] [*irr.*] *mst fig.* (по)шукáти (Р); (с)прóбувати *pf.*; намагáтися; ~ after добивáтися (Р).
seem [si:m] здá(вá)тися; **~ing** ['si:miŋ]

S

□ уда́ваний; уя́вний; ~**ly** [-li] підхо́жий; нале́жний; присто́йний.
seen [si:n] *p. pt.* від see.
seep [si:p] просо́чуватися [-чи́тися]; протіка́ти [-текти́].
seer ['si(:)ə] прови́дець *m*.
seesaw ['si:'sɔ:] **1**. го́йдалка; гойда́ння на до́шці; **2**. гойда́тися на до́шці.
seethe [si:ð] кипі́ти, вирува́ти.
segment ['segmənt] сегме́нт, відрі́зок; ча́стка, ча́сточка.
segregate ['segrigeit] відокре́млювати [-мити].
seiz|e [si:z] хапа́ти [схопи́ти]; захо́плювати [-пити]; ухопи́тися за (З) *pf.* (*a. fig.*); конфіскува́ти *(im)pf.*; *fig.* охо́плювати [-пи́ти] (про почуття́); ~**ure** ['si:ʒə] конфіска́ція; захо́плення; Me апоплекси́чний уда́р, припа́док.
seldom ['seldəm] *adv.* зрі́дка.
select [si'lekt] **1**. відбира́ти [відібра́ти]; доб(и)ра́ти; **2**. добі́рний; о́браний; ~**ion** ['si'lekʃn] ви́бір; підбі́р; відбі́р.
self [self] **1**. *pron.* сам; себе́; C або́; F = myself etc. я сам і т.д.; *2. adj.* однобарвний; **3**. *su.* (*pl.* selves, selvz) осо́ба; ~-**centred** егоцентри́чний; ~-**command** самовлада́ння; ~-**conceit** зарозумі́лість *f*; ~-**conceited** бундю́чний; ~-**concsious** сором'я́зливий; ~-**contained** самості́йний; *fig.* за́мкнутий; ~-**control** самовлада́ння; ~-**defence**: in ~ при самоза́хисті; ~-**denial** самозре́чення; ~-**evident** очеви́дний; ~**interest** користолю́бство; ~**ish** ['selfiʃ] □ егоцентри́чний; ~-**possession** самовлада́ння; ~-**reliant** самовпе́внений; ~-**seeking** користолю́бний; ~**willed** сваві́льний.
sell [sel] [*irr.*] прода́(ва́)ти; торгува́ти; ~ off, ~ out C розпро́давати [-да́ти]; ~**er** ['selə] продаве́ць m, продавщи́ця; good ~ C ходови́й това́р.
semblance ['sembləns]подо́ба; зо́внішність *f*; ви́гляд.
semi ... ['semi...] пів..., напі́в...; ~-**final** півфіна́л.
seminary ['seminəri] духо́вна семіна́рія; *fig.* розса́дник.
sempstress ['sempstris] шва́чка.
senate ['senit] сена́т; *univ.* ра́да.
senator ['senətə] сена́тор.
send [send] [*irr.*] пос(и)ла́ти; надсила́ти [надісла́ти]; ~ for пос(и)ла́ти по (З); ~ forth випуска́ти [ви́пустити]; видава́ти [ви́дати]; ~ up виклика́ти підви́щення (P); ~ word повідомля́ти [-о́мити].
senile ['si:nail] старе́чий; ~**ity** [si'niliti] ста́рість *f*, старе́зність *f*.
senior ['si:njə] **1**. ста́рший; ~ partner C глава́ фі́рми; **2**. лі́тня люди́на; ста́рший; he is my ~ by a year він ста́рший від ме́не на рік; ~**ity** [si:ni'ɔriti] старшинство́.
sensation [sen'seiʃn] відчуття́; почуття́; сенса́ція; ~**al** [-ʃnl] □ сенсаці́йний; сенсуа́льний.
sense [sens] **1**. почуття́; відчуття́; сенс; зна́чення; in (out of) one's ~s *pl.* (не) при своє́му ро́зумі; bring one to his ~s *pl.* приво́дити кого́сь до па́м'яті; make ~ ма́ти сенс; бу́ти зрозумі́лим; **2**. відчува́ти, почува́ти.
senseless ['senslis] □ нечутли́вий; позба́влений се́нсу; беззмісто́вний; ~**ness** [-nis] нечутли́вість *f* і т.ін.
sensibility [sensi'biliti] чутли́вість *f*; то́чність *f* (при́ладу).
sensible ['sensəbl] □ розсу́дливий; здоро́вого розу́му; відчу́тний; помі́тний; be ~ of усвідо́млювати (З).
sensitiv|e ['sensitiv] □ чутли́вий (to до P); ~**ity** [-'tiviti] чутли́вість *f* (to до P).
sensual ['sensjuəl] □ чутте́вий.
sensuous ['sensjuəs] □ чутте́вий; естети́чний.
sent [sent] *pt.* і *p.pt.* від send.
sentence ['sentəns] **1**. J ви́рок; *gr.* ре́чення; serve one's ~ відбува́ти ка́ру; **2**. прису́джувати.
sententious [sen'tenʃəs] повча́льний; сентенці́йний.
sentient ['senʃənt] чутли́вий, що відчуває.
sentiment ['sentimənt] почуття́; на́стрій; ду́мка; *s.* ~**ality**; ~**al** [senti'mentl] сентимента́льний; ~**ality** [sentimen'tæliti] сентимента́льність *f*.
sentinel ['sentinl], **sentry** ['sentri] Ml вартови́й; карау́льний.
separa|ble ['sepərəbl] □ відді́льний; ~**te 1**. ['seprit] □ окре́мий, особли́вий; сепара́тний; **2**. ['sepəreit] відокре́млювати(ся) [-мити(ся)]; розлуча́ти(ся) [-чи́ти(ся)]; розхо́дитися [розійти́ся]; ~**tion** ['sepə'reiʃn] відокре́млення; розлу́чення; роз'є́днання.
September [sep'tembə] ве́ресень *m*.
sepul|chre ['sepəlkə] *rhet.* гробни́ця; ~**ture** ['sepəltʃə] похова́ння.
sequel ['si:kwel] продо́вження; на́слідок.
sequen|ce ['si:kwəns] послідо́вність *f*; ~**t** [-kwənt] насту́пний.
sequestrate [si'kwestreit] J секвеструва́ти *(im)pf.*; конфіскува́ти *(im)pf.*

S

serenade [seri'neid] **1.** Mu серена́да; **2.** співа́ти серена́ду (Д).

seren|e [si'ri:n] □ безхма́рний (*a. fig.*); ясни́й; безтурбо́тний; Your ≈ Highness ва́ша сві́тлість *f*; **~ity** ['si'reniti] **1.** безтурбо́тність *f*; безхма́рність *f*; **2.** ≈ сві́тлість *f*.

serf [sə:f] кріпа́к; раб.

sergeant ['sɑ:dʒənt] Ml сержа́нт.

serial ['siəriəl] **1.** □ сері́йний; послідо́вний; **2.** рома́н *або́* фільм у кілько́х части́нах, серіа́л.

series ['siəri:z] *pl.* се́рія; ряд.

serious ['siəriəs] □ серйо́зний; be ~ серйо́зно говори́ти; **~ness** [-nis] серйо́зність *f*.

sermon ['sə:mən] про́повідь *f*.

serpent ['sə:pənt] змія́; **~ine** [-ain] зви́вистий; змієви́дний.

servant ['sə:vənt] слуга́ *m/f*; служни́к; служни́ця; на́ймичка.

serve [sə:v] **1.** *v/t.* слугува́ти (Д); подава́ти (обі́д, м'яч у те́нісі і т.ін.); обслуго́вувати; вруча́ти (on Д); відбува́ти (строк і т.ін.); задовольня́ти; (it) ~s him right так йому́ і тре́ба; ~ out видава́ти, роздава́ти; *v/i.* служи́ти (*a.* Ml) (as О); ~ at table прислуго́вувати за столо́м; **2.** *tennis*: пода́ча.

service ['sə:vis] **1.** слу́жба; обслуго́вування; по́слуга; (*a.* divine ~) богослужі́ння; повідо́млення; *tennis*: пода́ча (м'яча́); the ~s *pl.* Ml а́рмія, флот і військо́ва авіа́ція; be at a p.'s ~ бу́ти до чиї́хось по́слуг; **2.** *Am.* E (від)ремонтува́ти; **~able** ['sə:visəbl] □ кори́сний; міцни́й.

servil|e ['sə:vail] □ ра́бський; раболі́пний; холо́пський; **~ity** [sə:'viliti] ра́бство; раболе́пство.

servitude ['sə:vitju:d] ра́бство; penal ~ ка́торга.

session ['seʃn] се́сія; засі́дання.

set [set] **1.** [*irr.*] *v/t.* (по)ста́вити; (по)кла́сти; поміща́ти [-істи́ти]; розмі́щувати [-істи́ти]; саджа́ти [посади́ти] (кво́чку на я́йця); зад(ав)а́ти (уро́ки і т.ін.); вставля́ти у ра́му (карти́ну і т.ін.); Me вправля́ти [впра́вити] (ру́ку, но́гу); ~ a p. laughing (роз)сміши́ти когó́сь; ~ sail вируша́ти [ви́рушити] у пла́вання; ~ one's teeth зці́плювати зу́би; ~ aside відклада́ти [-ла́сти]; ~ store by ви́соко цінува́ти (З); вважа́ти важли́вим (З); ~ forth виклада́ти [ви́класти]; ~ off відті́нювати [-ни́ти]; ~ up засно́вувати [-нува́ти]; улашто́вувати [-тува́ти]; **2.** *v/i.* *ast.* захо́дити [зайти́], сіда́ти [сі́сти]; застига́ти [-и́гнути]; ~ about a th. бра́тися [взя́тися] за щось; ~ forth вируша́ти [ви́рушити]; ~ (up)on поч(ин)а́ти (З); ~ out вируша́ти [ви́рушити]; ~ to вступа́ти у бій; бра́тися [взя́тися] до (робо́ти, ї́жі); ~ up for видава́ти се́бе за (З); **3.** нерухо́мий; устано́влений; засти́глий (по́гляд); тверди́й; ~ (up)on пори́нутий у (З); ~ with опра́влений у (З); hard ~ що те́рпить нужду́; ~ speech підгото́влена промо́ва; **4.** набі́р; компле́кт; прибо́р; се́рія; ряд; систе́ма; гарніту́р; серві́з (обі́дній і т.ін.); (ра́діо)прийма́ч; ко́ло (суспі́льства); *tennis*: сет; крій (су́кні); *thea.* обстано́вка.

set|-back ['set'bæk] невда́ча; **~-down** ві́дсіч; **~-off** контра́ст; прикра́са.

setting ['setiŋ] опра́ва (камі́ння); декора́ції та костю́ми; *fig.* ото́чення; за́хід (со́нця); Mu му́зика на слова́.

settle ['setl] *v/t.* встано́влювати [-ви́ти]; влашто́вувати [-ва́ти] приво́дити до ла́ду; заспоко́ювати [-о́їти]; вирі́шувати [ви́рішити] (пита́ння); зала́годжувати [-дити]; заселя́ти [-ли́ти]; спла́чувати [-ати́ти] (раху́нок); улашто́вувати [-тува́ти] (спра́ви); *v/i.* (*oft.* ~ down) поселя́тися [-ли́тися]; поміща́тися [-істи́тися]; сіда́ти [сі́сти]; става́ти [ста́ти]; улашто́вуватися [-тува́тися]; уса́джуватися [всі́стися]; прийма́ти рі́шення; відсто́юватися [-оя́тися]; осіда́ти [осі́сти]; устано́влюватися [-ви́тися] (про пого́ду); **~d** ['setld] пості́йний; стійки́й; **~ment** ['setlmənt] рі́шення; урегулюва́ння; посе́лення; J да́рчий за́пис; **~r** ['setlə] поселе́нець *m*.

set-to (кула́чний) бій; су́тичка.

seven ['sevn] сім; **~teen(th)** ['ti:n(θ)] сімна́дцять (-тий); **~th** ['sevnθ] **1.** □ сьо́мий; **2.** сьо́ма части́на; **~tieth** ['sevntiiθ] сімдеся́тий; **~ty** ['sevnti] сімдеся́т.

sever ['sevə] роз'є́днувати [-на́ти]; розлуча́ти [-чи́ти]; (по)рва́ти(ся).

several ['sevrəl] кі́лька (Р); □ окре́мий; **~ly** окре́мо; на́різно.

severance ['sevərəns] розри́в; відокре́млення.

sever|e [si'viə] □ суво́рий; різки́й; си́льний; жорсто́кий; їдки́й; вели́кий (зби́ток); **~ity** [si'veriti] суво́рість *f*, жорсто́кість *f*.

sew [sou] [*irr.*] (з)ши́ти.

sewer ['sjuə] стічна́ труба́; **~age** ['sjuəridʒ] каналіза́ція.

S

sew|ing ['souiŋ] шиття́; *attr.* шва́цький; ~**n** [soun] *p.pt.* від sew.
sex [seks] стать *f.*
sexton ['sekstən] церко́вний сто́рож, паламар; могильник.
sexual ['seksjuəl] □ стате́вий; сексуа́льний.
shabby ['ʃæbi] □ поте́ртий; жалюгі́дний; ми́ршавий; пі́длий.
shack [ʃæk] *Am.* хати́на, халу́па.
shackle ['ʃækl] **1.** ~**s** *pl.* кайда́ни *m/pl.*; око́ви *f/pl.*; пу́та *n/pl.*; **2.** зако́вувати у кайда́ни.
shade [ʃeid] **1.** тінь *f*; відті́нок; абажу́р; нюа́нс; ті́ні *f/pl.* (у живо́пису); **2.** зати́нювати [-нити]; затьма́рювати [-рити]; (за)штрихува́ти; Mu нюансува́ти *(im)pf.*; ~ off непомі́тно перехо́дити (into у З).
shadow ['ʃædou] **1.** тінь *f*; прима́ра, при́вид; **2.** осіня́ти [-ни́ти]; (*mst* ~ forth) виклада́ти тума́нно; слідкува́ти тає́мно за (О); ~**y** [-i] тіни́стий; прима́рний; невира́зний.
shady ['ʃeidi] тіни́стий; F те́мний, сумні́вний; тіньови́й.
shaft [ʃɑ:ft] держа́к; рукоя́тка; голо́бля; *fig.* стріла́ (*a.* В); E вал.
shaggy ['ʃægi] кошла́тий; волоха́тий.
shake [ʃeik] **1.** [*irr.*] *v/t.* труси́ти (З or О); трусну́ти (О) *pf.*; стру́шувати [-усну́ти]; потряс(а́)ти́; стряс(а́)ти́; ~ hands поти́снути ру́ки оди́н о́дному, пору́чкатися; *v/i.* (за)труси́тися; (за)тремті́ти (with, at від Р); Mu пуска́ти трель *f*; ~-**hands** *pl.* рукостиска́ння; ~**n** ['ʃeikən] **1.** *p.pt.* від shake; **2.** *adj.* зворушений, вра́жений.
shaky ['ʃeiki] □ нетверди́й (на нога́х); тремтя́чий; хитки́й.
shall [ʃæl] [*irr.*] *v/aux.* допомі́жне́ дієсло́во, яке́ утво́рює майбу́тній час (1-а осо́ба однини́ і множини́): I shall do я бу́ду роби́ти, я зроблю́.
shallow ['ʃælou] **1.** мілки́й; *fig.* поверхо́вий; **2.** відмі́лина.
sham [ʃæm] **1.** уда́ваний; підро́бний; **2.** удава́ння; підро́бка; симуля́нт(ка); **3.** *v/t.* симулюва́ти *(im)pf.*; *v/i.* прикида́тися [прики́нутися].
shamble ['ʃæmbl] тягти́ но́ги; ~**s** [-z] бі́йня.
shame [ʃeim] **1.** со́ром; ганьба́; for ~! со́ромно!; put to ~ (при)соро́мити; **2.** (при)соро́мити; (з)ганьби́ти; ~**faced** ['ʃeimfeist] □ сором'язли́вий; ~**ful** ['ʃeimful] □ стидки́й; гане́бний; ~**less** ['ʃeimlis] □ безсоро́мний.
shampoo [ʃæm'pu:] **1.** шампу́нь *m*; миття́ голови́; **2.** ми́ти шампу́нем.
shamrock ['ʃæmrɔk] В трили́сник.
shank [ʃæŋk] гомі́лка; ствол.
shanty ['ʃænti] халу́пка, хи́жка.
shape [ʃeip] **1.** фо́рма; о́браз; о́брис; **2.** *v/t.* ство́рювати [-ри́ти]; надава́ти фо́рми, ви́гляду (Д); *v/i.* (с)формува́тися; ~**less** ['ʃeiplis] безфо́рмний; ~**ly** [-li] га́рної стату́ри; прие́мної фо́рми.
share [ʃɛə] **1.** ча́стка, части́на; у́часть *f*; а́кція; лемі́ш; go ~**s** *pl.* діли́тися по́рівну; **2.** *v/t.* (по)діли́тися (О); *v/i.* бра́ти у́часть (in у М); ~**holder** С пайови́к(-и́чка).
shark [ʃɑ:k] аку́ла; *fig.* шахра́й.
sharp [ʃɑ:p] **1.** □ *com.* го́стрий (*a. fig.*); *fig.* вира́зний; крути́й; їдки́й; ки́слий; різки́й; прони́зливий; ущи́пливий; F продувни́й; **2.** *adv.* кру́то; то́чно; look ~! ху́тко!; **3.** Mu діє́з; ~**en** ['ʃɑ:pən] (на)гостри́ти; заго́стрювати [-ри́ти]; ~**er** ['ʃɑ:pə] шу́лер; ~**ness** ['ʃa:pnis] гострота́; рі́зкість *f* (і т.ін.); ~-**sighted** зірки́й; ~-**witted** доте́пний.
shatter ['ʃætə] розбива́ти вщент; (з)руйнува́ти (наді́ї); розла́днувати (не́рви, здоро́в'я).
shave [ʃeiv] **1.** [*irr.*] (по)голи́ти(ся); (ви́)струга́ти (до́шку і т.ін.); ма́ло не зачепи́ти (З); **2.**голі́ння; have a ~ (по)голи́тися; have a close ~ ле́две уни́кнути небезпе́ки; ~**n** ['ʃeivn] пого́лений.
shaving ['ʃeiviŋ] **1.** голі́ння; ~**s** *pl.* стру́жки *f/pl.*
shawl [ʃɔ:l] шаль *f*; вели́ка ху́стка (на пле́чі).
she [ʃi:] **1.** вона́; **2.** жі́нка; she-... са́мка (твари́ни); ~-wolf вовчи́ця.
sheaf [ʃi:f] сніп; в'я́занка; жмут.
shear [ʃiə] **1.** [*irr.*] (по)стри́гти (ві́вці); *fig.* обдира́ти як ли́пку; **2.** ~**s** *pl.* (вели́кі) но́жиці *f/pl.*
sheath [ʃi:θ] пі́хви *f/pl.*; ~**e** [ʃi:ð] вклада́ти у пі́хви; Е обши́(ва́)ти.
sheaves [ʃi:vz] *pl.* від sheaf.
shed[1] [ʃed] [*irr.*] втрача́ти [втра́тити] (воло́сся, зу́би); проли́(ва́)ти сльо́зи, кров); скида́ти [ски́нути] (о́дяг, шкі́ру).
shed[2] [~] наві́с, сара́й; анга́р.
sheen [ʃi:n] блиск; ві́дблиск, по́лиск.
sheep [ʃi:p] вівця́; ~-**dog** вівча́рка; ~-**fold** коша́ра; ~**ish** ['ʃi:piʃ] □ дурнува́тий; несміли́вий; ~**skin** ове́ча шку́ра, овчи́на, бараня́ча шкі́ра.
sheer [ʃiə] я́вний; неприхо́ваний; цілкови́тий; *Am.* прозо́рий (про ткани́ну); прямови́сний.
sheet [ʃit] простира́дло; а́ркуш (папе́ру); широ́ка сму́га; С

таблиця; ~ iron листове залізо; ~ lightning блискавиця.

shelf [ʃelf] полиця; уступ; риф; on the ~ *fig.* зданий до архіву.

shell [ʃel] 1. шкаралупа; раковина; черепашка, мушля; Ml снаряд; гільза; 2. знімати шкаралупу з (Р); (об)лущити; обстрілювати [-ляти]; **~-fish** молюск; **~-proof** броньований.

shelter ['ʃeltə] 1. притулок, захисток; сховище (*a.* Ml); 2. *v/t.* давати притулок (Д); *v/i.* (*a.* take ~) переховуватися [-ватися]; знайти притулок.

shelve [ʃelv] ставити на полицю; *fig.* відкладати на безрік; звільняти [-нити].

shelves [ʃəlvz] *pl.* від shelf.

shepherd ['ʃepəd] 1. чабан; пастир; 2. пасти; спрямовувати [-мувати].

sherbet ['ʃɜ:bət] шербет.

shield [ʃi:ld] 1. щит; захист; 2. затуляти [-лити] (from від Р).

shift [ʃift] 1. зміна (*a.* на заводі і т.ін.); переміна; зрушення; виверт; make ~ прихитрятися [-ритися]; задовольнятися [-нитися] (with О); 2. *v/t.* (по)міняти; переміщувати [-істити]; *v/i.* вивертатися [вивернутися]; переміщатися [-іститися]; ~ for o.s. обходитися без допомоги; **~less** ['ʃiftlis] □ безпомічний, безпорадний; **~y** ['ʃifti] □ *fig.* винахідливий, спритний.

shilling ['ʃiliŋ] шилінг.

shin [ʃin] 1. (*або* ~-bone) гомілка; 2. ~ up видиратися [видертися].

shine [ʃain] 1. сяяння, сяйво; світло; блиск; лиск; 2. [*irr.*] сяяти; світити; блищати; (від)полірувати; (по)чистити (взуття); *fig.* вражати, славитися.

shingle ['ʃiŋgl] галька; покрівельна дранка; *Am.* вивіска; **~s** *pl.* Me оперізуючий лишай.

shiny ['ʃaini] □ сонячний; лискучий; блискучий.

ship [ʃip] 1. судно, корабель *m*; 2. вантажити на судно; перевозити [-везти]; робити посадку, вантажити (Р на судно); **~board**: Sh on ~ на кораблі; **~ment** ['ʃipmənt] вантаження; вантаж; **~-owner** власник судна; **~ping** ['ʃipiŋ] вантаження; торговий флот, суда *n/pl.*; судноплавство; *attr.* судноплавний; **~wreck** 1. корабельна аварія; 2. зазнати аварії корабля; **~wrecked** що зазнав аварії судна; **~yard** верф.

shire ['ʃaiə, ... ʃiə] графство.

shirk [ʃɜ:k] ухилятися [-литися] від (Р); **~er** ['ʃɜ:kə] що ухиляється.

shirt [ʃɜ:t] чоловіча сорочка; (*a.* ~-blouse) блуза.

shiver ['ʃivə] 1. тремтіння, дрож; 2. (за)тремтіти; здригатися [-гнутися]; **~y** [-ri] тремтячий.

shoal [ʃoul] 1. мілководдя; мілина; табун, косяк (риби); 2. мілкий; 3. (об)міліти.

shock [ʃɔk] 1. удар, поштовх; потрясіння; копа, копиця; Me шок; 2. *fig.* приголомшувати [-шити]; шокувати; **~ing** ['ʃɔkiŋ] □ приголомшуючий; скандальний; жахливий.

shod [ʃɔd] *pt.* і *p.pt.* від shoe.

shoddy ['ʃɔdi] 1. волокно з вовняних ганчірок; *fig.* мотлох; 2. підроблений; паскудний.

shoe [ʃu:] 1. туфля; черевик; підкова; 2. [*irr.*] взувати [взути]; підковувати [-кувати]; **~black** чистильник взуття; **~black-ing** вакса; **~horn** ріжок (для взуття); **~-lace**, *Am.* **~-string** шнурок для черевиків; **~maker** швець *m*; **~polish** *s.* shoeblacking.

shone [ʃɔn] *pt.* і *p.pt.* від shine.

shook [ʃuk] *pt.* від shake.

shoot [ʃu:t] 1. стрілянина; B паросток, пагін; 2. [*irr.*] *v/t.* стріляти; застрелити *pf.*; розстрілювати [-ляти]; знімати [зняти] (фільм); *v/i.* стріляти [вистрелити]; смикати (про біль); (*a.* ~ along, past) проноситися [-нестися]; промайнути *pf.*; промчати *pf.*; B рости (швидко); ~ ahead ринути вперед; **~er** ['ʃu:tə] стрілець *m*.

shooting ['ʃu:tiŋ] стрілянина; полювання; ~ star падаюча зірка.

shop [ʃɔp] 1. лавка, крамниця, магазин; майстерня; talk ~ говорити у товаристві про свою професію; 2. робити покупки (*mst* go ~ping); **~keeper** крамар(ка); **~man** крамар; продавець *m*; **~-steward** цеховий староста *m*; **~-window** вітрина.

shore [ʃɔ:] 1. берег; узмор'я, узбережжя; on ~ на берег, на березі; підпірка; 2. ~ up підпирати [-перти].

shorn [ʃɔ:n] *p.pt.* від shear.

short [ʃɔ:t] короткий; невисокий (зріст); недостатній; неповний; уривчастий, сухий (про відповідь); пісочний (про печиво); in ~ коротко, стисло; come (*or* fall) ~ of мати нестачу у (М); не досяг(а)ти (Р); не виправдовувати [виправдати] (сподівань); cut ~ перер(и)ва-

S

ти; fall (*or* run) ~ виснажуватися [виснажитися], вичерпуватися [вичерпатися]; stop ~ of не доїжджати [-їхати], не доходити [дійти] до (Р); **~age** ['ʃɔ:tidʒ] нестача; **~coming** недолік; вада; **~cut** скорочення дороги; **~-dated** С ко-роткотерміновий; **~en** ['ʃɔ:tn] *v/t.* скорочувати [-отити]; укорочувати [-отити]; *v/i.* скорочуватися [-отитися]; укорочуватися [-отитися]; **~ening** [-niŋ] жир для тіста; **~hand** стенографія; **~ly** ['ʃɔ:tli] *adv.* незабаром, невдовзі; коротко; **~ness** [-nis] короткість *f*; стислість *f*; **~-sighted** короткозорий; **~-term** короткотерміновий; **~-winded** що хворіє на задишку.

shot [ʃɔt] **1.** *pt.* і *p.pt.* від shoot; **2.** постріл; ядро (гармати); дріб, шріт; дробинка, шротинка (*mst* small ~); стрілець *m*; *sport* ядро (для штовхання); удар; *phot.* знімок; Ме ін'єкція; have a ~ зробити спробу; F not by a long ~ зовсім не; **~-gun** дробовик.

should [ʃud, ʃəd] *pt.* від shall.

shoulder ['ʃouldə] **1.** плече; уступ, виступ; **2.** брати на плечі; *fig.* брати на себе; Ml брати на плече (рушницю); **~-blade** *anat.* лопатка.

shout [ʃaut] **1.** крик; вигук; **2.** (за)-кричати [крикнути]; (на)кричати (at на З).

shove [ʃʌv] **1.** поштовх; **2.** штовхати [-хнути]; пхати [пхнути].

shovel ['ʃʌvl] **1.** лопата, совок; **2.** копати [копнути]; згрібати лопатою.

show [ʃou] **1.** [*irr.*] *v/t.* показувати [-зати]; виставляти [виставити]; виявляти [виявити]; доводити [-вести]; ~ in вводити [ввести]; ~ up викривати [викрити]; *v/i.* показуватися [-затися]; виявлятися [виявитися]; ~ off напускати туману; **2.** видовище; виставка; видимість *f*; показування; **~-case** вітрина.

shower ['ʃauə] **1.** злива; душ; **2.** литися зливою; зрошувати [-осити]; полй(ва)ти; *fig.* осипати [осипати]; **~y** ['ʃauəri] дощовий.

show|n [ʃoun] *p.pt.* від show; **~-room** виставочний зал; **~-window** *Am.* вітрина; **~y** ['ʃoui] □ розкішний; ефектний.

shrank [ʃræŋk] *pt.* від shrink.

shred [ʃred] **1.** клаптик, шматинка; шматок; **2.** [*irr.*] різати, рвати на клапті; F (по)шматувати, (по)-кряяти.

shrew [ʃru:] сварлива жінка.

shrewd [ʃru:d] проникливий; хитрий.

shriek [ʃri:k] **1.** вереск, лемент; **2.** (за)лементувати.

shrill [ʃril] **1.** □ пронизливий; **2.** (за)верещати; (за)вищати.

shrimp [ʃrimp] *zo.* креветка; *fig.* (стара) печериця.

shrine [ʃrain] рака; святиня.

shrink [ʃriŋk] [*irr.*] скорочуватися [-отитися]; усихати [усохнути]; збігатися [збігтися] (про тканину, вовну); (на)страхатися (from, at Р); **~age** ['ʃriŋkidʒ] скорочення; усадка, усушка.

shrivel ['ʃrivl] зморщувати(ся) [-щити(ся)]; зіщулюватися [-литися].

shroud [ʃraud] **1.** саван; *fig.* покров; **2.** загортати у саван; огортати [-рнути] (*a. fig.*).

shrub [ʃrʌb] кущ; **~s** *pl.* чагарник.

shrug [ʃrʌg] **1.** стенати (плечима); **2.** стенання (плечима).

shrunk [ʃrʌŋk] *pt.* і *p.pt.* від shrink (*a.* ~en).

shudder ['ʃʌdə] **1.** здригатися [-гнутися]; **2.** дрож, здригання.

shuffle ['ʃʌfl] **1.** човгати [-гнути] (під час ходи); тягти (ноги); (с)тасувати (карти); крутити (лукавити); ~ off звалити з себе (відповідальність); **2.** човгання; тасування (карт); виверт.

shun [ʃʌn] уникати [уникнути] (Р); остерігатися [-регтися] (Р).

shunt [ʃʌnt] **1.** Rr маневрувати; Ее шунтувати; *fig.* відкладати [-ласти]; **2.** Rr стрілка; переведення на запасну колію; Ее шунт.

shut [ʃʌt] [*irr.*] **1.** закри(ва)ти(ся), зачиняти(ся) [-нити(ся)]; ~ down припиняти роботу; ~ up! замовкни! **2.** закритий, зачинений; **~ter** ['ʃʌtə] віконниця; *phot.* затвор.

shuttle ['ʃʌtl] Е човник; ~ train приміський поїзд.

shy [ʃai] **1.** ляклйвий; сором'язливий; **2.** (з)лякатися (at Р).

shyness ['ʃainis] сором'язливість *f*.

Siberian [sai'biəriən] **1.** сибірський; **2.** сибіряк(ячка).

sick [sik] **1.** хворий (of на З);. який відчуває нудоту; стомлений (of від Р); be ~ for сумувати за (О); **~en** ['sikn] *v/i.* захворювати [-ріти]; (за)чахнути; ~ at відчувати огиду до Р; *v/t.* робити хворим; викликати нудоту у (Р); **~fund** лікарняна каса.

sickle ['sikl] серп.

sick|-leave ['sikli:v] відпустка через хворобу; **~ly** ['sikli] хворобливий; нудотний; нездоровий (клімат); **~ness** [-nis] хвороба; нудота.

side [said] 1. *com.* сторона́; бік; край; ~ by ~ бік у бік; take ~ with прилуча́тися до ко́гось, бу́ти на чиє́мусь бо́ці (Р); 2. *attr.* бічни́й; побі́чний; 3. ~ with ста́ти на бік (Р); ~**board** буфе́т; ~-**car** *mot.* коля́ска мотоци́кла; ~-**light** бічни́й ліхта́р; ~**long** *adv.* на́вкіс; *adj.* ко́сий; бічни́й; ~-**path** тротуа́р; ~-**stroke** пла́вання на бо́ці; ~**track** 1. Rr запасна́ ко́лія; 2. переводи́ти (по́їзд) на запасну́ ко́лію; ~**walk** *Am.* тротуа́р; ~**ward(s)** ['saidwədz], ~**ways** убі́к; на́вкіс; бо́ком.

siding ['saidiŋ] Rr ві́тка.

sidle ['saidl] підхо́дити (або́ ходи́ти) бочко́м.

siege [si:dʒ] обло́га; lay ~ to обклада́ти, обложи́ти.

sieve [si:v] си́то.

sift [sift] просіва́ти [-і́яти]; *fig.* (про)аналізува́ти.

sigh [sai] 1. зітха́ння; 2. зітха́ти [-хну́ти].

sight [sait] 1. зір; ви́гляд; по́гляд; видо́вище; приці́л; ~**s** *pl.* визначні́ місця́ *n/pl.*; па́м'ятки *f/pl.*; catch ~ of поба́чити *pf.*, помі́тити *pf.*; lose ~ of упуска́ти з оче́й; 2. поба́чити *pf.*; ви́дивитися *pf.*; приці́люватися [-литися] (at у З); ~**ly** ['saitli] га́рний; прие́мний на ви́гляд; ~-**seeing** ['saitsi:iŋ] о́гляд визначни́х місць.

sign [sain] 1. знак; озна́ка; симпто́м; ви́віска; in ~ of на знак (Р); 2. *v/i.* подава́ти знак (Д); *v/t.* підпи́сувати [-са́ти].

signal ['signl] 1. сигна́л; 2. □ визначни́й, видатни́й; 3. (про)сигналізува́ти; ~**ize** ['signəlaiz] відзнача́ти [-на́чити].

signat|ory ['signətəri] 1. що підписа́в; 2. сторона́, яка́ підписа́ла (уго́ду); ~ powers *pl.* держа́ви-уча́сниці (догово́ру); ~**ure** ['signitʃə] пі́дпис.

sign|board ви́віска; ~**er** ['sainə] осо́ба, яка́ підписа́ла яки́йсь докуме́нт.

signet ['signit] печа́тка.

signific|ance [sig'nifikəns] зна́чення; ~**ant** [-kənt] □ значни́й, значу́щий; характе́рний (of для Р); ~**ation** [signifi'keiʃn] зна́чення; сенс.

signify ['signifai] зна́чити, означа́ти; вика́зувати [ви́казати].

signpost вказівни́й стовп.

silence ['sailəns] 1. мовча́ння; безмо́вність *f*; ти́ша; ~! мовча́ти!; 2. зму́сити мовча́ти; заглуша́ти [-ши́ти]; ~**r** [-ə] глуши́тель *m*, глушни́к.

silent ['sailənt] □ безмо́вний; мовчазни́й; безшу́мний.

silk [silk] 1. шовк; 2. шовко́вий; ~**en** ['silkən] □ шовкови́стий; ~**worm** шовкопря́д; ~**y** ['silki] шовкови́стий.

sill [sil] підвіко́ння; порі́г.

silly ['sili] □ дурни́й, дурнува́тий.

silt [silt] 1. мул; 2. заму́лювати(ся) (*mst* ~ up).

silver ['silvə] 1. срі́бло; 2. срі́бний; 3. (по)сріби́ти; ~**y** [-ri] сріблястий.

similar ['similə] □ схо́жий (з О, на З); поді́бний; ~**ity** [simi'læriti] схо́жість *f*; поді́бність *f*.

simile ['simili] порівня́ння (як ритори́чна фігу́ра).

similitude [si'militju:d] поді́бність *f*; по-до́ба; о́браз; схо́жість *f*.

simmer ['simə] пові́льно кипі́ти (або́ кип'яти́ти).

simper ['simpə] 1. мані́рна по́смішка; 2. мані́рно посміха́тися.

simple ['simpl] □ прости́й; нескладни́й; простоду́шний; ~-**hearted** наї́вний; ~**ton** [-tən] проста́к.

simpli|city [sim'plisiti] простота́; простоду́шність *f*; ~**fy** ['simplifai] спро́щувати [-прости́ти].

simply ['simpli] про́сто; нескла́дно.

simulate ['simjuleit] симулюва́ти *(im)pf.*; прикида́тися [прики́нутися].

simultaneous [siməl'teinjəs] □ одноча́сний.

sin [sin] 1. гріх; 2. гріши́ти, согріша́ти [-ши́ти]; ~**ful** [-ful] □ грі́шний; ~**less** [-lis] безгрі́шний; ~**ner** [-ə] грі́шник(-иця).

since [sins] 1. *prp.* з (Р); 2. *adv.* відто́ді, з то́го ча́су; ... тому́; 3. *cj.* відтоді́; з тих пір як; оскі́льки.

sincer|e [sin'siə] □ щи́рий; ~**ity** [sin'seriti] щи́рість *f*.

sinew ['sinju:] сухожи́лля; *fig. mst* ~**s** *pl.* фізи́чна си́ла; ~**y** [-jui] м'язи́стий; ду́жий.

sing [siŋ] [*irr.*] (за)співа́ти; оспі́вувати [-іва́ти]; ~**ing bird** співо́чий птах; ~**er** [-ə] співа́к(-а́чка).

singe [sindʒ] опаля́ти [-ли́ти].

single ['siŋgl] 1. □ єди́ний; (по)одино́кий; само́тній; неодру́жений (-на); ~ entry проста́ бухгалте́рія; in ~ file оди́н за о́дним, ни́зкою; 2. одино́чна гра (у те́нісі); 3. ~ out відбира́ти [відібра́ти]; ~-**breasted** однобо́ртний (пі́джак); ~**handed** самості́йно, без сторо́нньої допомо́ги; ~**t** ['siŋglit] нати́льна фуфа́йка; ~-**track** одноколі́йний.

singular ['siŋgjulə] незвича́йний; ди́вний; єди́ний; ~**ity** [siŋgju'læriti] незвича́йність *f*.

sinister ['sinistə] злові́сний.

S

sink [siŋk] 1. [*irr.*] *v/i.* опуска́тися [-сти́тися]; (за-, по)тону́ти; зану́рюватися [-ритися]; *v/t.* затопля́ти [-пи́ти]; (ви́)ри́ти (коло́дязь); проклада́ти [-ла́сти] (тру́би); поміща́ти неви́гідно (капіта́л); замо́вчувати [-ча́ти] (фа́кти); 2. ра́ковина (водогі́нна); **~ing** Me рапто́ва сла́бість *f*; ~ fund амортизаці́йний фонд.
sinuous ['sinjuəs] □ зви́вистий.
sip [sip] 1. мале́нький ковто́к; 2. пи́ти мале́нькими ковтка́ми.
sir [sə:] пан, добро́дій (зверта́ння); ♙ сер (ти́тул).
siren ['saiərin] сире́на.
sirloin ['sə:lɔin] філе́й, поля́двиця.
sister ['sistə] сестра́; **~hood** [-hud] сестри́нська о́бщина; **~-in-law** [-rinlɔ:] неві́стка; зови́ця; своя́чка; **~ly** [-li] сестри́нський.
sit [sit] [*irr.*] *v/i.* сиді́ти; засіда́ти; *fig.* бу́ти прихи́льним; ~ down сіда́ти [сі́сти]; *v/t.* саджа́ти [посади́ти] (на я́йця).
site [sait] місцеполо́ження, мі́сце розташува́ння; ділянка (для будівни́цтва).
sitting ['sitiŋ] засі́дання; **~-room** віта́льня.
situat|ed ['sitjueitid] розташо́ваний; **~ion** [sitju'eiʃn] розташува́ння; ситуа́ція; поса́да.
six [siks] 1. шість; 2. ші́стка; **~teen** ['siks'ti:n] шістна́дцять; **~teenth** [-θ] шістна́дцятий; **~th** [siksθ] 1. шо́стий; 2. шо́ста части́на; **~tieth** ['sikstiiθ] шістдеся́тий; **~ty** ['siksti] шістдеся́т.
size [saiz] 1. ро́змір; форма́т; но́мер (взуття́ і т.ін.); 2. сортува́ти за ро́змірами; ~ up визнача́ти ро́змір (P); ... **~d** [-d] ... ро́зміру.
siz(e)able ['saizəbl] чима́лого ро́зміру.
sizzle ['sizl] (за)шипі́ти.
skat|e ['skeit] 1. ковза́н; (=roller-~) ро́ликовий ковза́н; 2. ката́тися на ковзана́х; **~er** ['skeitə] ковзаня́р(ка).
skein [skein] мото́к пря́жі.
skeleton ['skelitn] скеле́т, кістя́к; карка́с; *attr.* Ml недокомплекто́ваний (полк і т.ін.); ~ key відми́чка.
sketch [sketʃ] 1. ескі́з, на́рис, на́черк; 2. роби́ти на́черк (P); малюва́ти ескі́зи.
ski [ʃi:, *Am.* ski:] 1. (*pl.* ~ *or* ~s) ли́жа; 2. ходи́ти на ли́жах.
skid [skid] 1. гальмова́ коло́дка; буксува́ння; A хвостови́й кости́ль *m*; 2. *v/t.* (за)гальмува́ти; *v/i.* буксува́ти.
skilful ['skilful] □ умі́лий, впра́вний.
skill [skil] майсте́рність *f*, умі́ння; **~ed** [-d] кваліфіко́ваний; умі́лий.
skim [skim] 1. зніма́ти [зня́ти] (на́кип, вершки́ і т.ін.); (по)мча́ти по (M), (по)ли́нути по (M); прогляда́ти [-я́нути]; ~ over шви́дко прочи́тувати; 2. ~ **milk** зби́ране молоко́.
skimp [skimp] убо́го постача́ти; урі́з(ув)ати; (по)скупи́тися (in на З); **~y** ['skimpi] □ убо́гий; вузьки́й.
skin [skin] 1. шкі́ра; шку́ра; шкі́рочка; оболо́нка; шкори́нка; 2. *v/t.* здира́ти шкі́ру, ко́ру, шкори́нку з (P); ~ off F зніма́ти [зня́ти] (рукави́чки, панчо́хи і т.ін.); *v/i.* заго́юватися [-о́їтися] (про ра́ну) (*a.* ~ over); **~-deep** поверхне́вий; **~flint** скна́ра *m*; **~ny** ['skini] худю́щий.
skip [skip] 1. стрибо́к, M бадді́я; 2. *v/i.* (по)стриба́ти; *fig.* перестри́бувати [-бну́ти] (from з P), to на (З); *v/t.* пропуска́ти [-сти́ти] (сторі́нку і т.ін.).
skipper ['skipə] шкі́пер, капіта́н.
skirmish ['skə:miʃ] 1. Ml перестрі́лка; су́тичка; 2. перестрі́люватися.
skirt [skə:t] 1. спідни́ця; пола́; край, око́лиця; 2. облямо́вувати [-мува́ти]; оторо́чувати [-чити]; іти́ вздовж кра́ю (P); бу́ти розташо́ваним на око́лиці (P).
skit [skit] сати́ра, паро́дія; **~tish** ['skitiʃ] □ грайли́вий, коке́тливий.
skittle ['skitl] ке́гля; play (at) **~s** *pl.* гра́ти у ке́глі; **~-alley** кегельба́н.
skulk [skʌlk] перехо́вуватися; хова́тися; скрада́тися; **~er** ['skʌlkə] що перехо́вується; прогу́льник.
skull [skʌl] че́реп.
sky [skai] не́бо (*eccl.*: небеса́); **~lark** 1. жа́йворонок; 2. утну́ти шту́ку; **~light** ве́рхнє сві́тло; сві́тлий люк; **~line** о́брій, горизо́нт; о́брис (на фо́ні не́ба); **~-scraper** хмарочо́с; **~ward(s)** ['skaiwəd(z)] до не́ба.
slab [slæb] плита́; пласти́на.
slack [slæk] 1. недба́йливий; розхля́баний; слабки́й; пові́льний; ненатя́гнений (про про́від і т.ін.); (*a.* C) мля́вий; 2. Sh слабке́ мі́сце (кана́ту); C засті́й; **~s** *pl.* широ́кі (робо́чі) штани́ *f/pl.*; 3. = **~en** ; = slake; **~en** ['slækn] посла́блювати [-бити]; сла́бшати [осла́бнути]; упові́льнювати [-нити]; ледарюва́ти.
slag [slæg] шлак, ока́лина.
slain [slein] *p.pt.* від slay.
slake [sleik] утам(о́в)ува́ти (спра́гу); гаси́ти (вапно́).
slam [slæm] 1. ля́скання; (у ка́рточній грі) шлем; 2. ля́скати [ля́снути] (O); зачиня́ти(ся) [-ни́тися].

slander ['slɑːndə] 1. на́клеп; 2. зво́дити [зве́сти] на́клеп; **~ous** [-rəs] □ накле́пницький.
slang [slæŋ] сленг; жарго́н.
slant [slɑːnt] 1. схил, ухи́л; *Am.* то́чка зо́ру; 2. *v/t.* кла́сти ко́со; спрямо́вувати на́вкіс; *v/i.* лежа́ти ко́со; **~ing** ['slɑːntiŋ] *adj.* □ ко́сий; **~wise** [-waiz] *adv.* ко́со.
slap [slæp] 1. ля́панець *m*; ~ in the face ля́пас, поли́чник; 2. ля́скати [ля́снути].
slash [slæʃ] 1. уда́р наві́дліг; ро́зріз; ви́рубка; 2. руба́ти [рубону́ти] (ша́блею); (по)ра́нити (ноже́м); (від)бато́жити.
slate [sleit] 1. сла́нець *m*, ши́фер; гри́фельна до́шка; 2. кри́ти ши́фером; **~-pencil** гри́фель *m*.
slattern [slætən] нечупа́ра.
slaughter ['slɔːtə] 1. забі́й (худо́би); різа́нина, кровопролиття; 2. (за)рі́зати (худо́бу); **~-house** бо́йня.
Slav [slɑːv] 1. слов'яни́н(-я́нка); 2. слов'я́нський.
slave [sleiv] 1. раб(и́ня); *attr.* ра́бський; 2. працюва́ти як катор́жанин.
slaver ['slævə] 1. сли́на; 2. (за)сли́нити; пуска́ти сли́ну.
slav|ery ['sleivəri] ра́бство; **~ish** [-viʃ] □ ра́бський.
slay [slei] [*irr.*] уби́(ва́)ти.
sled [sled], **~ge**[1] [sledʒ] са́ни *pl.*; санча́та *pl.*, гринджоля́та *pl.*
sledge[2] [~] кова́льський мо́лот.
sleek [sliːk] 1. □ гла́дкий, прили́заний; пе́щений; 2. пригла́джувати [-дити]; **~ness** ['sliːknis] гла́дкість *f*.
sleep [sliːp] 1. [*irr.*] *v/i.* спа́ти; ~ (up)on відкла́сти до за́втра; *v/t.* дава́ти (кому́сь) нічлі́г; ~ away прос(и)па́ти; 2. сон; **~er** [ə] спля́чий; Rr шпа́ла; F спа́льний ваго́н; **~ing** [-iŋ]: ~ partner компаньйо́н, яки́й не бере́ акти́вної у́часті у спра́вах; **~ing-car(riage)** Rr спа́льний ваго́н; **~less** [-lis] □ безсо́нний; **~-walker** снови́да; **~y** [-i] □ со́нний, за́спаний.
sleet [sliːt] 1. дощ із сні́гом *або́* гра́дом; 2. it ~s іде́ дощ із сні́гом; **~y** ['sliːti] сльота́вий.
sleeve [sliːv] рука́в; E му́фта; вту́лка.
sleigh [slei] са́ни *pl.*; санча́та *pl.*
sleight [slait] (*mst* ~ of hand) спри́тність *f* (рук); штука́рство.
slender ['slendə] □ стру́нкий; то́нкий; мізе́рний.
slept [slept] *pt.* і *p.pt.* від sleep.
sleuth [sluːθ] соба́ка-шука́ч; *fig.* шпик, детекти́в.
slew [sluː] *pt.* від slay.
slice [slais] 1. ски́бка; то́нки́й шар; части́на; 2. рі́зати ски́бками.
slick [slik] F гла́дкий; *Am.* хи́трий; **~er** ['slikə] *Am.* пройди́світ, зло́дій.
slid [slid] *pt.* і *p.pt.* від slide.
slide [slaid] 1. [*irr.*] ко́взати [-зну́ти]; ката́тися по льоду́; всо́вувати [засу́нути], всува́ти [всу́нути] (into у З); let things ~ ста́витися до всього́ ба́йдуже; 2. ко́взання; льодова́ гора́ *або́* дорі́жка; зсув; похи́ла площина́; E ковзна́ части́на; діапозити́в; **~-rule** логарифмі́чналіні́йка.
slight [slait] 1. □ то́нки́й, крихки́й; незначни́й; слабки́й; 2. знева́га; не́хтування; 3. (з)не́хтувати (O); третирува́ти.
slim|e [slaim] слиз; мул; **~y** ['slaimi] слизьки́й, грузьки́й.
sling [sliŋ] 1. (рушни́чний) ре́мінь *m*; рога́тка; пра́ща; Me пов'я́зка; 2. [*irr.*] шпурля́ти [шпурну́ти]; ві́шати через плече́; підві́шувати [-і́сити].
slink [sliŋk] [*irr.*] скрада́тися.
slip [slip] 1. [*irr.*] *v/i.* ко́взати [-зну́ти]; послизну́тися *pf.*; вислиза́ти [ви́слизнути] (*a.* ~ away); буксува́ти (про коле́са); помиля́тися [-ли́тися]; *v/t.* сова́ти [су́нути]; спуска́ти [-сти́ти] (соба́ку); випуска́ти [ви́пустити] (стрілу́); ~ a p.'s memory випада́ти з па́м'яті (P); ~ on (off) надяг(а́)ти́ (скида́ти [ски́нути]); 2. ко́взання; сму́га; про́мах; по́ми́лка; друка́рська по́милка; опи́ска; комбіна́ція (білизна); Sh е́лінг, ста́пель *m*; на́волочка; give a p. the ~ вислиза́ти [ви́слизнути] від (P); **~per** ['slipə] кімна́тна ту́фля *f*, **~s** *pl.* панто́флі *f/pl.*, ка́пці *m/pl.*; **~pery** ['slipəri] □ слизьки́й; ненаді́йний; **~shod** ['slipʃɔd] неоха́йний; **~t** [slipt] *pt.* і *p.pt.* від slip.
slit [slit] 1. ро́зріз; щіли́на; 2. [*irr.*] розрі́за́ти вздо́вж.
sliver ['slivə] трі́ска, скі́пка.
slogan [slougən] га́сло, деві́з.
sloop [sluːp] Sh шлюп.
slop [slɔp] 1. калю́жа; **~s** *pl.* рідка́ ї́жа; **~s** *pl.* помиї *m/pl.*; 2. пролива́ти; розплю́скувати(ся) [-сну́ти(ся)].
slope [sloup] 1. на́хил, схил; 2. хили́тися; ма́ти на́хил.
sloppy ['slɔpi] □ мо́крий (про шлях); рідки́й (про ї́жу); неоха́йний.
slot [slɔt] щіли́на; паз.
sloth [slouθ] лі́нощі *f/pl.*; *zo.* ліни́вець *m*.

S

slot-machine ['slɔtməʃi:n] автома́т (для про́дажу цигаро́к і т.ін.).
slouch [slautʃ] **1.** (з)суту́литися; незгра́бно трима́тися; звиса́ти [зви́снути]; **2.** суту́лість *f*; ~ hat м'яки́й капелю́х.
slough[1] [slau] багно́; драговина́.
slough[2] [slʌf] ски́нута шкі́ра (гадю́ки).
sloven ['slʌvn] нечупа́ра *m/f*; **~ly** [-li] нечупа́рний.
slow [slou] **1.** □ пові́льний; заба́рливий; тупи́й; мля́вий; be ~ відста́(ва́)ти (про годи́нник); **2.** (*a.* ~ down, up, off) упові́льнювати(ся) [-нити(ся)]; **~coach** тугоду́м; відста́ла люди́на; **~-worm** *zo.* медяни́ця, вереті́льниця.
sludge [slʌdʒ] відсті́й; твань *f*.
slug [slʌg] **1.** слима́к; *Am.* F жето́н для телефо́нних автома́тів; **2.** *Am.* F (від)духопе́лити.
slugg|ard ['slʌgəd] ле́дар, неро́ба *m/f*; **~ish** ['slʌgiʃ] □ пові́льний, мля́вий.
sluice [slu:s] **1.** шлюз; **2.** відво́дити шлю́зом; шлюзува́ти *(im)pf.*; обли́(ва́)ти (over З).
slum [slʌm] *mst* ~s *pl.* не́трі *pl.*
slumber ['slʌmbə] **1.** (*a.* ~s *pl.*) сон; **2.** дріма́ти; спа́ти.
slump [slʌmp] **1.** рі́зке паді́ння (цін, по́питу); **2.** рі́зко па́дати; ва́жко опуска́тися (на стіле́ць і т.ін.).
slung [slʌng] *pt.* і *p.pt.* від sling.
slunk [slʌŋk] *pt.* і *p.pt.* від slink.
slur [slə:] **1.** злиття́ (зву́ків); *fig.* пля́ма (на репута́ції); Mu лі́га; **2.** *v/t.* злий(ва́)ти (слова́); ~ over зама́з(ув)ати; Mu гра́ти лега́то.
slush [slʌʃ] сльота́; та́лий сніг.
sly [slai] □ хи́трий; лука́вий; on the ~ по́тай.
smack [smæk] **1.** (при́)смак; за́пах; цмо́кання; дзвінки́й поцілу́нок; *fig.* відті́нок; **2.** відгу́куватися [-кну́тися] (of O); па́хнути (of O); ма́ти при́смак (of O); цмо́кати [-кнути] (губа́ми); ля́скати [-снути] (O); ля́пати [-пнути].
small [smɔl] *com.* мале́нький, невели́кий; незначни́й; дрібни́й; ~ change дрі́б'язок; ~ fry дрібна́ рибчи́нка; дрібно́та; дрі́б'язок; ~ of the back *anat.* по́перек, кри́жі *m/pl.*; **~-arms** *pl.* ручна́ вогнепа́льна збро́я; **~ish** ['smɔ:liʃ] до́сить мале́нький; **~pox** *pl.* Me ві́спа; **~-talk** легка́, беззмісто́вна розмо́ва.
smart [smɑ:t] **1.** □ різки́й, си́льний (уда́р); householder суво́рий (про покара́ння); спри́тний; доте́пний; чепурни́й, чепури́стий; **2.** біль *m*; **3.** болі́ти (про части́ну ті́ла); стражда́ти; **~-money** компенса́ція за калі́цтво; відступні́ гро́ші *m/pl.*; **~ness** [-nis] чепу́рність *f*; елега́нтність *f*; спри́тність *f*.
smash [smæʃ] **1.** *v/t.* (по)трощи́ти (*a. fig.*); розби́(ва́)ти вщент; *v/i.* розбива́тися; ззіштó вхуватися [-хну́тися] (into з O); C (з)банкрутува́ти; **2.** розбива́ння вщент; зі́ткнення (поїзді́в і т.ін.); **~-up** катастро́фа; банкру́тство.
smattering ['smætəriŋ] поверхо́ве знання́.
smear [smiə] **1.** пля́ма; мазо́к; **2.** (на)ма́зати, вима́зувати [ви́мазати].
smell [smel] **1.** за́пах; нюх; **2.** [*irr.*] чу́ти (но́сом) (З); (*a.* ~ at) відчува́ти (З); ~ of па́хнути (O).
smelt[1] [smelt] *pt.* і *p.pt.* від smell.
smelt[2] [~] виплавля́ти [ви́плавити] (мета́л).
smile [smail] **1.** у́смішка, по́смішка; **2.** усміха́тися [-хну́тися], посміха́тися [-хну́тися].
smirch [smə:tʃ] *rhet.* (за)плямува́ти.
smirk [smə:k] усміха́тися (самовдово́лено).
smite [smait] [*irr.*] уража́ти [ура́зити]; ударя́ти [уда́рити]; розби́(ва́)ти (во́рога); (з)руйнува́ти.
smith [smiθ] кова́ль *m*.
smithereens ['smiðə'ri:nz] *pl.* ска́лки *f/pl.*; дру́зки *f/pl.*; черепки́ *m/pl.*; (in)to ~ ущéнт, на дру́зки.
smithy ['smiði] ку́зня.
smitten ['smi:tn] **1.** *p.pt.* від smite; **2.** вра́жений (with O); зачаро́ваний (with O).
smock [smɔk] **1.** прикраша́ти обо́рками; **2.** **~-frock** робо́чий хала́т.
smoke [smouk] **1.** дим; have a ~ покури́ти *pf.*; **2.** пали́ти; (на)дими́ти; (за)дими́тися; вику́рювати [ви́курити] (*a.* ~ out); **~-dried** ко́пчений; **~r** ['smoukə] куре́ць *m*; Rr F ваго́н для курці́в; відді́лення для курці́в; **~-stack** Rr, Sh димова́ труба́.
smocking ['smoukiŋ] куре́ць *m*; кури́льний (про кімна́ту); **~-compartment** відді́лення для курці́в.
smoky ['smouki] ди́мний, закóпчений.
smooth [smu:ð] **1.** □ гла́дкий; *fig.* пла́вний; спокі́йний; скра́дливий, уле́сливий; **2.** пригла́джувати [-дити]; розгла́джувати [-дити]; *fig.* (*a.* ~ over) зм'я́кшувати [-шити], зма́щувати [-асти́ти]; **~ness** ['smu:ðnis] гла́дкість *f* і т.ін.
smote [smout] *pt.* від smite.
smother ['smʌðə] (за)души́ти.
smoulder ['smouldə] тлі́ти, же́врiти.

smudge [smʌdʒ] 1. (за)брудни́ти(ся); 2. брудна́ пля́ма.
smug [smʌg] самовдово́лений.
smuggle ['smʌgl] займа́тися контраба́ндою; протя́гувати контраба́ндою; ~**r** [-ə] контрабанди́ст(ка).
smut [smʌt] 1. са́жа, ву́гільний пил; брудна́ пля́ма; непристо́йності *f/pl.*; В зола́, са́жка; 2. (за)брудни́ти.
smutty ['smʌti] □ брудни́й.
snack [snæk] легка́ заку́ска; ~-**bar** заку́сочна.
snaffle ['snæfl] тре́нзель *m*.
snag [snæg] корч; сучо́к; облáманий зуб; *fig.* перепо́на.
snail [sneil] *zo.* слима́к.
snake [sneik] *zo.* змія́.
snap [snæp] 1. тріск, кла́цання; за́стібка; хрустке́ пе́чиво; дитя́ча ка́рточна гра; *fig.* енергі́йність *f*; cold ~ раптóве похолода́ння; 2. *v/i.* (з)лама́тися; кла́цати [-цну́ти]; ухо́плюватися [-пи́тися] (at за З); огриза́тися [-зну́тися] (at на З); (по)рва́тися; хапа́ти [-пну́ти] (at З); *v/t.* защіпа́ти [-щепну́ти]; *phot.* роби́ти момента́льний зні́мок (Р); ~ out відрі́зати *pf.*; ~ up підхо́плювати [-пи́ти]; ~**fastener** кно́пка (за́стібка); ~**pish** ['snæpiʃ] □ дратівли́вий; ~**py** ['snæpi] F енергі́йний; жва́вий; ~**shot** *phot.* момента́льний зні́мок.
snare [snɛə] 1. сильце́; *fig.* па́стка; 2. спійма́ти у па́стку.
snarl [snɑ:l] 1. гарча́ння; 2. (про)гарча́ти; *fig.* огриза́тися [-зну́тися].
snatch [snætʃ] 1.риво́к; хапа́ння; ури́вок; шмато́чок; 2. хапа́ти [схопи́ти]; ~ at хапа́тися [схопи́тися] за (З); ~ up підхо́плювати [-пи́ти].
sneak [sni:k] 1. *v/i.* скрада́тися; *v/t.* F (по)цу́пити, вкра́сти; 2. боягу́з; доно́щик(-иця); ~**ers** ['sni:kəz] *pl.* те́нісні ту́флі *f/pl.*; ка́пці *m/pl.*
sneer [sniə] 1. у́смішка; насмі́шка; 2. насмішкува́то посміха́тися; (по)глузува́ти (at з Р).
sneeze [sni:z] 1. чха́ння; 2. чха́ти.
snicker [snikə] ти́хо іржа́ти; хихоті́ти [-тну́ти].
sniff [snif] пи́рхати [-хнути] (на знак знева́ги); (за)сопі́ти; (по)ню́хати.
snigger ['sni:gə] приду́шений смішо́к.
snip [snip] 1. обрі́зок; надрі́з; 2. рі́зати но́жицями.
snipe [snaip] стріля́ти з укриття́.
snippy ['snipi] F брута́льний; пиха́тий.
snivel ['snivl] (за)пхи́кати; F розпуска́ти ню́ні.
snob [snɔb] сноб; ~**bery** ['snɔbəri] снобі́зм.
snoop [snu:p] *Am.* 1. су́нути но́са у чужі́ спра́ви; 2. проно́за *m/f.*
snooze [snu:z] F 1. легки́й, коро́ткий сон; 2. (по-, за)дріма́ти.
snore [snɔ:] (за)хропти́.
snort [snɔ:t] пи́рхати [-хну́ти]; (за)хропти́ (про коня́).
snout [snaut] ри́ло; мо́рда.
snow [snou] 1. сніг; 2. it ~s іде́ сніг; be ~ed under бу́ти зане́сеним сні́гом; ~-**drift** сніго́вий заме́т; ~**y** ['snoui] □ сніговий; білосні́жний.
snub [snʌb] 1. *fig.* оса́джувати [-ди́ти]; 2. дога́на; ~-**nosed** кирпа́тий.
snuff [snʌf] 1. ню́хальний тютю́н; 2. зніма́ти нага́р (зі сві́чки); (*a.* take ~) ню́хати тютю́н; ~**le** ['snʌfl] гугня́вити, гово́рити у ніс.
snug [snʌg] □ затишни́й; доста́тній; ~**gle** [snʌgl] пригорта́ти(ся) [-рну́тися] (to до Р).
so [sou] так; о́тже; таки́м чи́ном; I hope ~ я сподіва́юсь; are you tired? ~ I am ви стоми́лися? - так; you are tired, ~ am I ви стоми́лися і я тако́ж; ~ far до́сі.
soak [souk] *v/t.* (на)мочи́ти; усо́т(ув)ати; *v/i.* промока́ти; прося́ка́ти [-якну́ти]; просо́чуватися [-чи́тися].
soap [soup] 1. ми́ло; soft ~ рідке́ ми́ло; 2. нами́лювати [-лити]; ~-**box** ми́льниця; імпровізо́вана трибу́на; ~**y** ['soupi] □ ми́льний.
soar [sɔ:] ви́соко літа́ти; ширя́ти; А (с)планерува́ти.
sob [sɔb] 1. рида́ння; 2. (за)рида́ти, розрида́тися *pf.*
sober ['soubə] 1. □ твере́зий; помірко́ваний; 2. витвере́жувати [ви́тверезити]; ~**ness** [-nis] твере́зість *f.*
sobriety ['sou'braiəti] твере́зість *f.*
so-called ['soukɔ:ld] так зва́ний.
sociable ['souʃəbl] 1. □ товари́ський; дру́жній; 2. *Am.* вечі́рка.
social ['souʃəl] 1. □ суспі́льний; соціа́льний; сві́тський; ~ service соціа́льний за́клад; 2. вечі́рка; ~**ize** [-aiz] соціалізува́ти *(im)pf.*
society [sə'saiəti] суспі́льство; грома́да; компа́нія (торго́ва); товари́ство; грома́дськість *f*; об'є́днання.
sociology [sousi'ɔlədʒi] соціоло́гія.
sock [sɔk] шкарпе́тка; у́стілка.
socket ['sɔkit] запа́дина (о́чна); заглиблення; Ee патро́н (електри́чної ла́мпочки); E му́фта.
soda ['soudə] со́да; со́дова вода́; ~ fountain сифо́н.

sodden ['sɔdn] змо́клий, промо́клий.
soft [sɔft] □ *com.* м'яки́й; ні́жний; ти́хий; нея́скра́вий; ла́гідний; зні́жений; приду́ркуватий; ~ drink *Am.* F безалкого́льний напі́й; **~en** ['sɔfn] пом'я́кшувати(ся) [-шитися].
soggy ['sɔgi] во́гкий; прося́кнутий водо́ю.
soil [sɔil] **1.** грунт, земля́; багню́ка; пля́ма; **2.** (за)бру́днити(ся).
sojourn ['sɔdʒə:n, 'sʌdʒə:n] **1.** перебува́ння; **2.** (тимчасо́во) прожива́ти.
solace ['sɔləs] **1.** уті́ха, розра́да; **2.** утіша́ти [уті́шити], розра́джувати [-дити].
sold [sould] *pt.* і *p.pt.* від sell.
solder ['sɔ(l)də] **1.** спа́йка; **2.** пая́ти, запа́ювати [-аяти].
soldier ['souldʒə] солда́т; **~like, ~ly** [-li] військо́вий; войовни́чий; **~y** [-ri] солда́ти *m/pl.*
sole[1] [soul] □ єди́ний; ви́ключний.
sole[2] [~] **1.** підо́шва; підме́тка; **2.** ста́вити підме́тку на (З).
solemn ['sɔləm] □ урочи́стий; важли́вий; **~ity** [sə'lemniti] урочи́стість *f*; **~ize** ['sɔləmnaiz] (від)святкува́ти; урочи́сто відзнача́ти.
solicit [sə'lisit] (по)клопота́тися; випро́шувати [ви́просити]; чіпля́тися [причепи́тися] (до чолові́ка на ву́лиці); **~ation** [səlisi'teiʃn] клопота́ння; наполе́гливе проха́ння; **~or** [sə'lisitə] J стря́пчий; пові́рений; *Am.* аге́нт фі́рми; **~ous** [-əs] □ дбайли́вий; ~ of пра́гнучий (P); **~ude** [-ju:d] дбайли́вість *f*, турбо́та *f.*
solid ['sɔlid] **1.** □ тверди́й; міцни́й; суці́льний; маси́вний; Ма просторо́вий, кубі́чний; *fig.* солі́дний; наді́йний; односта́йний; згурто́ваний; щі́льний; a ~ hour ці́ла годи́на; ~ tire маси́вна ши́на; **2.** тверде́ ті́ло; **~arity** [sɔli'dæriti] соліда́рність *f*; **~ify** [sə'lidifai] (за)тве́рднути; роби́ти тверди́м; **~ity** [-ti] тве́рдість *f*; мі́цність *f*.
soliloquy [sə'liləkwi] моноло́г; розмо́ва з сами́м собо́ю.
solit|ary ['sɔlitəri] □ само́тній; усамі́тнений; окре́мий; **~ude** [-tju:d] само́тність *f*; відлю́дне мі́сце.
solo ['soulou] со́ло *n indecl.*; A одино́чний полі́т; **~ist** ['soulouist] соліст(ка)
solu|ble ['sɔljubl] розчи́нний; розв'язни́й; **~tion** [sə'lju:ʃn] розчи́нення; рі́шення; E ро́зчин; гу́мовий клей.
solv|e [solv] вирі́шувати [ви́рішити]; розв'я́зувати [-за́ти]; **~ent** [-vənt] **1.** розчиня́ючий; C платоспромо́жний; **2.** розчи́нник.
somb|er, ~re ['sɔmbə] □ похму́рий.
some [sʌm, səm] яки́йсь; де́який; будь-яки́й; кі́лька; де́які; бли́зько (P); ~ 20 miles миль два́дцять; in ~ degree, to ~ extent до пе́вної мі́ри; **~body** ['sʌmbədi] де́хто; хтось; бу́дь-хто; **~how** [-hau] я́кось; бу́дь-як; ~ or other так чи іна́кше; **~one** [-wʌn] *s.* somebody.
somer|sault ['sʌməsɔ:lt], **~set** [-set] перекида́ння; turn ~s *pl.* перекида́тися; turn a ~ переки́нутися *pf.*
some|thing ['sʌmθiŋ] щось; бу́дь-що; де́що; ~ like прибли́зно; щось на зразо́к (P); **~time** [-taim] **1.** коли́сь; де́коли; **2.** коли́шній; давні́ший; **~times** і́ноді; **~what** [wɔt] зле́гка, тро́хи; до де́якої мі́ри; **~where** [-wɛə] десь, куди́сь; бу́дь-де, будь-куди́.
son [sʌn] син *m.*
song [sɔŋ] пі́сня; рома́нс; F for a mere ~ за бе́зцінь; **~-bird** співо́чий птах; **~ster** ['sɔŋstə] співа́к; співо́чий птах.
son-in-law ['sʌŋinlɔ:] зять *m.*
sonorous [sə'nɔ:rəs] □ зву́чний.
soon [su:n] ско́ро, невдо́взі, незаба́ром; шви́дко; ра́но; охо́че; as (*or* so) ~ as як ті́льки; **~er** ['su:nə] шви́дше, скорі́ше; no ~ ... than лише́ ..., як; no ~ said than done ска́зано - зро́блено.
soot [su:t] **1.** са́жа; кі́птява; **2.** вкрива́ти са́жею.
sooth|e [su:ð] заспоко́ювати [-о́їти]; утіша́ти [-шити]; **~sayer** ['su:θseiə] віщу́н(ка).
sooty ['su:ti] □ закі́пчений; чо́рний як са́жа.
sop [sɔp] **1.** умо́чений (у підли́ву і т. ін.) шмато́к хлі́ба і т.ін.; *fig.* хаба́р; **2.** умоча́ти [-чи́ти]; намо́чувати [-чи́ти].
sophist|icate [so'fistikeit] спотво́рювати [-рити] перекру́чувати [-утити]; підробля́ти [-бити]; позбавля́ти наї́вності; **~icated** [-id] перекру́чений, спотво́рений; позба́влений наї́вності; досві́дчений; **~ry** ['sɔfistri] софі́стика.
soporific [soupə'rifik] заспокі́йливий, сноді́йний за́сіб.
sorcer|er ['sɔ:sərə] чарівни́к; **~ess** [-ris] чарівни́ця; ві́дьма; **~y** [-ri] ча́ри; чаклу́нство.
sordid ['sɔ:did] □ брудни́й; убо́гий.
sore [sɔ:] **1.** □ чутли́вий; хворобли́вий; хво́рий, запа́лений; скри́вджений; ~ throat біль у го́рлі; **2.** боля́чка; ви́разка.

S

sorrel ['sɔ:rəl] 1. гніди́й; 2. гніди́й кінь *m*.
sorrow ['sɔrou] 1. го́ре, сму́ток; 2. горюва́ти, сумува́ти; ~**ful** [-ful] □ смутни́й, скорбо́тний.
sorry ['sɔri] □ по́вний жа́лю; (I am) (so) ~! мені́ ду́же шко́да! ви́нен!; I am ~ for you мені́ вас шко́да.
sort [sɔ:t] 1. рід, сорт; people of all ~s *pl*. найрізноманітні́ші лю́ди *f/pl*.; ~ of F на́чебто; be out of ~s *pl*. бу́ти не в гу́морі; пога́но почува́тися; 2. сортува́ти; ~ out розсорто́вувати [-тува́ти].
sot [sɔt] гірки́й п'яни́ця *m*.
sough [sau] 1. ше́лест; 2. (за)шелесті́ти.
sought [sɔ:t] *pt*. і *p.pt*. від seek.
soul [soul] душа́.
sound [saund] 1. □ здоро́вий, ду́жий, міцни́й; норма́льний; C платоспромо́жний; J зако́нний; 2. звук, шум; дзвін; зонд; прото́ка; пла́вальний міху́р (у ри́би); 3. звуча́ти (*a*. *fig*.); (про)луна́ти; зондува́ти (*a*. *fig*.); виміря́ти глибину́ (P); вислухо́вувати [ви́слухати] (хворого); ~**ing** ['saundiŋ] Sh вимі́рювання глибини́ ло́том; зондува́ння; ~**less** [-lis] □ беззву́чний; ~**ness** [-nis] здоро́в'я і т.ін.; ~-**proof** звуконепрони́кний.
soup [su:p] суп.
sour ['sauə] 1. □ ки́слий; *fig*. похму́рий; дратівли́вий; 2. *v/t*. (за)ква́сити; *fig*. озлобля́ти [-би́ти]; *v/i*. закиса́ти [заки́снути]; прокиса́ти [проки́снути].
source [sɔ:s] ви́ток; джерело́ (*a*. *fig*.).
sour|ish ['sauəriʃ] □ кислува́тий; ~**ness** [-nis] кислота́; *fig*. гірко́та́; дратівли́вість *f*.
souse [saus] (за)соли́ти; (за)маринува́ти; облива́ти [-и́ти].
south [sauθ] 1. пі́вдень *m*; 2. півде́нний; ~-**east** 1. півде́нний схід; 2. півде́нно-схі́дний (*a*. ~-eastern).
souther|ly ['sʌðəli], ~**n** ['sʌðən] півде́нний; ~**ner** [-ə] жи́тель(ка) пі́вдня; *Am*. жи́тель(ка) півде́нних шта́тів.
southernmost ['sʌðənmoust] найпівде́нніший.
southward, ~**ly** ['sauθwəd, -li], ~**s** [-dz] *adv*. на пі́вдень, до пі́вдня.
south|-west 1. півде́нний за́хід; 2. півде́нно-за́хідний (*a*. ~-westerly, ~-western); ~-**wester** півде́нно-за́хідний ві́тер; Sh зюйдве́стка.
souvenir ['su:vəniə] сувені́р.
sovereign ['sɔvrin] 1. □ верхо́вний; сувере́нний; прега́рний; 2. мона́рх; сове́рен (моне́та в оди́н фунт сте́рлінгів); ~**ty** [-ti] верхо́вна вла́да; суверені́те́т.
soviet ['souviet] 1. ра́да; 2. радя́нський.
sow[1] [sau] *zo*. свиня́, свинома́тка; E чу́шка, вили́ванець *m*.
sow[2] [sou] [*irr*.] (по)сі́яти; засіва́ти [-і́яти]; ~**n** [soun] *p.pt*. від sow².
spa [spɑ:] куро́рт (з мінера́льними во́дами); цілю́щі во́ди *f/pl*.
space [speis] 1. про́стір; мі́сце; про́міжок; строк, те́рмін; *attr*. космі́чний; 2. *typ*. набира́ти у розря́дку.
spacious ['speiʃəs] □ просто́рий; вели́кий; широ́кий; місткий.
spade [speid] лопа́та; ~**s** *pl*. вино́, пі́ки *f/pl*. (ка́рточна масть *f*).
span [spæn] 1. прогі́н (мо́сту); коро́тка ві́дстань (тако́ж у ча́сі); *Am*. па́ра ко́ней (волі́в і т.ін.); 2. будува́ти міст че́рез (З); виміря́ти [ви́міряти].
spangle ['spæŋgl] 1. бли́скітка, лелі́тка; 2. прикраша́ти бли́скітками; *fig*. усі́ювати [-і́яти].
Spaniard ['spænjəd] іспа́нець *m*, іспа́нка.
Spanish ['spæniʃ] іспа́нський.
spank [spæŋk] F 1. (від)шльо́пати, ля́скати [-снути]; 2. шльопане́ць *m*; ~**ing** ['spæŋkiŋ] свіжий (ві́тер).
spar [spɑ:] 1. Sh ранго́утне де́рево; A лонжеро́н; 2. боксува́ти (у тренува́нні); *fig*. (по)сперечатися.
spare [spɛə] 1. □ запасни́й; за́йвий, ві́льний; убо́гий; худорля́вий; скро́мний; ~ time ві́льний час; 2. E запасна́ части́на; 3. (по)щади́ти; (по)жалі́ти; (з)берегти́; приділя́ти [-ли́ти] (час); звільня́ти [-ни́ти] від (P).
sparing ['spɛəriŋ] □ помі́рний; оща́дливий; мізе́рний.
spark [spɑ:k] 1. і́скра; чепуру́н; 2. (за)іскри́тися; ~**ing-plug** *mot*. запа́льна сві́чка.
sparkle ['spɑ:kl] 1. і́скра; бли́скання; 2. (за)іскри́тися, (за)бли́скати; sparkling wine шипу́че вино́.
sparrow ['spærou] горобе́ць *m*.
sparse [spɑ:s] □ рі́дкий, неча́стий; розки́даний.
spasm [spæzm] спа́зм(а), судо́ма; ~**odic(al** □) [spæz'mɔdik(əl)] судо́мний.
spat [spæt] 1. ге́тра; 2. *pt*. і *p.pt*. від spit.
spatter ['spætə] бри́зкати [-знути]; розпле́скувати [-ка́ти].

S

spawn [spɔ:n] 1. ікра́; *fig. contp.* порі́ддя; 2. мета́ти ікру́, нерести́тися; *contp.* (роз)плоди́тися.
speak [spi:k] [*irr.*] *v/i.* гово́рити; (по)говори́ти (with, to з О); розмовля́ти; ~ out, ~ up висло́влюватися [ви́словитися]; гово́рити го́лосно; *v/t.* висло́влювати [ви́словити]; (с)каза́ти (пра́вду і т.ін.); **~er** ['spi:kə] ора́тор, промо́вець *m*; *parl.* спі́кер (голова́ пала́ти); **~ing-trumpet** ру́пор.
spear [spiə] 1. спис; дро́тик; о́сті *f/pl.*; 2. простро́млювати спи́сом; би́ти о́стями (ри́бу).
special ['speʃəl] 1. □ спеціа́льний; особли́вий; е́кстрений; 2. спеціа́льний кореспонде́нт; е́кстрений по́ї́зд; **~ist** спеціалі́ст; **~ity** [speʃi'æliti] особли́вість *f*; спеціа́льність *f*; **~ize** ['speʃəlaiz] спеціалізува́ти(ся) *(im)pf.* (у, по М); **~ty** ['speʃəlti] *s.* speciality.
specie ['spi:ʃi:] дзвінка́ моне́та; **~s** ['spi:ʃi:z] вид; різно́вид.
speci|fic [spi'sifik] (~ally) характе́рний; особли́вий; ви́значений; **~fy** [-fai] специфікува́ти *(im)pf.*; то́чно визнача́ти; **~men** ['spesimin] зразо́к; взіре́ць *m*; екземпля́р.
specious ['spi:ʃəs] □ присто́йний; показни́й.
speck [spek] 1. пля́мка; ця́точка; 2. (за)плямува́ти; **~le** ['spekl] 1. ця́точка; пля́мка; 2. (по)цяткува́ти; (за)плямува́ти.
spectacle ['spektəkl] видо́вище; **~s** *pl.* окуля́ри *m/pl.*
spectacular [spek'tækjulə] □ ефе́ктний, імпоза́нтний.
spectator [spek'teitə] глядач(ка).
spect|er ['spektə] при́вид, прима́ра; **~ral** ['spektrəl] □ прима́рний; **~re** *s.* ~er.
speculat|e ['spekjuleit] розмірк(о́в)ува́ти; C спекулюва́ти (in O); **~ion** [spekju'leiʃn] міркува́ння; припу́щення; C спекуля́ція; **~ive** ['spekjulətiv] □ умогля́дний; спекуляти́вний; **~or** [-leitə] C спекуля́нт.
sped [sped] *pt.* і *p.pt.* від speed.
speech [spi:tʃ] промо́ва; гові́рка; **~less** ['spi:tʃlis] □ мовчазни́й, безмо́вний.
speed [spi:d] 1. шви́дкість *f*, пру́дкість *f*; *mot.* хід *m*, шви́дкість *f*; good ~! на все до́бре, всього́ найкра́щого!; 2. [*irr.*] *v/i.* (по)спіши́ти; іти́ поспі́шно; досяга́ти у́спіхів (у заня́ттях); *v/t.* ~ up приско́рювати [-рити]; **~-limit** допусти́ма шви́дкість *f* (їзди́); **~ometer** [spi:'dɔmitə] *mot.* спідо́метр; **~y** ['spi:di] □ швидки́й.
spell [spel] 1. (коро́ткий) пері́од; про́міжок ча́су; робо́чий час; ча́ри *f/pl.*; чарі́вність *f*; 2. [*a. irr.*] писа́ти, чита́ти по лі́терах; писа́ти пра́вильно; означа́ти [озна́чити]; **~bound** *fig.* зачаро́ваний; **~er** ['spelə] *part. Am.* буква́р; **~ing** [-iŋ] право́пис; **~ing-book** буква́р.
spelt [spelt] *pt.* і *p.pt.* від spell.
spend [spend] [*irr.*] витрача́ти [ви́тратити] (гро́ші); прово́дити [провести́] (час); висна́жувати [ви́снажити]; **~thrift** ['spendθrift] марнотра́т(ка).
spent [spent] 1. *pt.* і *p.pt.* від spend; 2. *adj.* ви́снажений.
sperm [spə:m] спе́рма; кашало́т.
spher|e [sfiə] ку́ля; земна́ ку́ля; небе́сна сфе́ра; гло́бус; *fig.* сфе́ра; ко́ло, по́ле дія́льності; середо́вище; **~ical** ['sferikəl] □ сфери́чний.
spice [spais] 1. спе́ція, пря́нощі *f/pl.*; *fig.* сіль *f*; при́смак; 2. присма́чувати [-чи́ти].
spick and span ['spikən'spæn] оша́тний, чепурни́й.
spicy ['spaisi] □ пря́ний, піка́нтний.
spider ['spaidə] *zo.* паву́к.
spigot ['spigət] *Am.* кран (бо́чки).
spike [spaik] 1. ві́стря; шип; цвях (на підо́шві); B ко́лос; 2. прибива́ти цвя́хами; обладна́ти шипа́ми; простромлювати [-ми́ти].
spill [spil] 1. [*irr.*] *v/t.* проли́(ва́)ти; розсипа́ти [-си́пати]; F вива́лювати [ви́валити] (ве́ршника); *v/i.* розли́(ва́)тися; F паді́ння.
spilt [spilt] *pt.* і *p.pt.* від spill.
spin [spin] 1. [*irr.*] (с)пря́сти; зсу́кувати [-ка́ти] (кана́т і т.п.); крути́тися; (за)крути́ти(ся); ~ a yarn плести́ нісені́тниці; ~ along (по)ката́тися, (по)коти́тися; 2. кружля́ння; швидка́ їзда́.
spinach ['spinidʒ] B шпина́т.
spinal ['spainl] спинни́й; ~ column спинни́й хребе́т; ~ cord, ~ marrow спинни́й мо́зок.
spindle ['spindl] верете́но.
spine [spain] *anat.* спинни́й хребе́т, хребе́тний стовп; колю́чка.
spinning|-mill пряди́льна фа́брика; **~-wheel** пря́дка.
spinster ['spinstə] стара́ ді́вка; J незамі́жня (жі́нка).
spiny ['spaini] колю́чий.
spiral ['spaiərəl] 1. □ спіра́льний; ~ staircase кру́чені схо́ди; 2. спіра́ль *f*.
spire ['spaiə] шпиль *m*; шпиля́стий верх.
spirit ['spirit] 1. *com.* дух; при́вид, прима́ра; сенс; натхне́ння; спирт;

~s *pl.* (high піднéсений, low пригнíчений) нáстрій; спиртні напóї *m/pl.;* 2. ~ away, off таємно викрадáти; ~ed [-id] □ живи́й; сміли́вий; енергíйний; ~less [-lis] □ в'я́лий; несміли́вий; мля́вий.
spiritual ['spiritjuəl] □ духóвний; одухотвóрений; релігíйний; ~ism [-izm] спіритуалíзм, спіріти́зм.
spirituous ['spiritjuəs] спиртни́й, алкогóльний.
spirt [spə:t] *s.* spurt.
spit [spit] 1. рожéн; сли́на; плювóк; *fig.* подíбність; 2. [*irr.*] плювáти [плю́нути]; тріщáти (про вогóнь); сичáти (про кíшку); мжи́чити.
spite [spait] 1. злíсть *f*; in ~ of незважáючи на (З); 2. досаждáти [досади́ти]; ~ful ['spaitful] злóбний.
spitfire ['spitfaiə] запальнá люди́на.
spittle ['spitl] сли́на; плювóк.
spittoon [spi'tu:n] плювáльниця.
splash [splæʃ] 1. бри́зки *f/pl.* (*mst* ~es *pl.*); плéскіт; 2. бри́зкати [-знути]; плескáти(ся) [-сну́ти(ся)].
splayfoot ['spleifut] клишонóгий.
spleen [spli:n] *anat.* селезíнка; хандрá.
splend|id ['splendid] □ блиску́чий; чудóвий, розкíшний; ~o(u)r [-də] блиск; рóзкіш; пишнóта.
splice [splais] Sh сплітáти [-лести́] (канáти); зрóщувати [зрости́ти] (кінцí дóщок).
splint [splint] 1. Me лубóк; 2. накладáти лубóк на (З); ~er ['splintə] 1. скáлка; скíпка; скáбка; 2. розщéплювати(ся) [-пи́ти(ся)].
split [split] 1. трíщина; щіли́на; *fig.* розкóл; 2. розщéплений; розкóлотий; 3. [*irr.*] *v/t.* розкóлювати [-лóти]; розщéплювати [-пи́ти]; ~ hairs удавáтися в тóнкощі; ~ one's sides with laughing надривáтися зі смíху; *v/i.* розкóлюватися [-лóтися]; лóпати [лóпнути]; ~ting ['splitiŋ] жахли́вий (головни́й біль); оглу́шливий.
splutter ['splʌtə] *s.* sputter.
spoil [spɔil] 1. (*a.* ~s *pl.*) награбóване добрó, здóбич; *pol. part. Am.* ~s system розпóділ держáвних посáд за пóслуги; 2. (зі)псувáти; (з)губи́ти; (зі)псувáтися (про ї́жу); розпéщувати [-пéстити] (дити́ну).
spoke [spouk] 1. *pt.* від speak; 2. спи́ця (кóлеса); схóдинка, щабли́на; ~n ['spoukən] *p.pt.* від speak; ~sman ['spouksmən] представни́к.
sponge [spʌndʒ] 1. гу́бка; 2. *v/t.* витирáти абó ми́ти гу́бкою; ~ up усóтувати гу́бкою; *v/i.* жи́ти за чужи́й кошт; ~-cake біскві́т; ~r ['spʌndʒə] нахлíбник(-иця).
spongy ['spʌndʒi] гу́бчастий.
sponsor ['spɔnsə] 1. спóнсор; застýпник(-иця); пору́чник(-иця); хрещéний бáтько, хрещéна мáти; *Am.* абонéнт радіореклáми; 2. ручáтися [поручи́тися] за (З); бу́ти хрещéним бáтьком (хрещéною мáтір'ю) у (Р).
spontane|ity [spɔntə'ni:iti] безпосерéдність *f*; мимовíльність *f*, спонтáнність *f*; ~ous [spɔn'teinjəs] □ безпосерéдній; неви́мушений; мимовíльний; спонтáнний.
spook [spu:k] при́вид.
spool [spu:l] 1. шпу́лька; 2. намóтувати на шпу́льку.
spoon [spu:n] 1. лóжка; 2. чéрпати лóжкою; ~ful ['spu:nful] лóжка (мíра).
sport [spɔ:t] 1. спорт; ~s *pl.* спорти́вні íгри *f/pl.*; *attr.* спорти́вний; *fig.* íграшка; розвáга, забáва; *sl.* молодéць *m*; 2. *v/i.* грáти, весели́тися, пустувáти; *v/t.* F (по)франти́ти (О); ~ive ['spɔ:tiv] □ грайли́вий; весéлий; ~sman ['spɔ:tsmən] спортсмéн.
spot [spɔt] 1. *com.* пля́ма; ця́точка; мíсце; on the ~ на мíсці; відрáзу, негáйно; 2. ная́вний; що підлягáє негáйній сплáті; 3. (за)плямувáти; Ml виявля́ти [ви́явити]; F розпізнá(вá)ти; ~less ['spɔtlis] □ бездогáнний; незаплямóваний; ~light прожéктор; *fig.* центр увáги; ~ty ['spɔti] пля́мистий; крапчáстий; прищувáтий.
spouse [spauz] подру́жжя *m/f.*
spout [spaunt] 1. стру́мінь *m*; нóсик *m* (чáйника і т.ін.); водостíчна трубá *f*; 2. випускáти стру́менем (З); би́ти стру́менем; F орáторствувати.
sprain [sprein] 1. розтя́гнення (зв'я́зок); 2. розтя́гувати [-гти́]; ви́вихнути *pf.*
sprang [spræŋ] *pt.* від spring.
sprawl [sprɔ:l] розтягáти(ся); розвáлюватися [-ли́тися] (у крíслі); В бу́йно розростáтися.
spray [sprei] 1. водяни́й пил; бри́зки *f/pl.*; пульверизáтор, розпи́лювач (*a.* ~er); 2. розпи́лювати [-ля́ти]; обри́зк(ув)ати.
spread [spred] 1. [*irr.*] *v/t.* (*a.* ~ out) розстилáти [-стели́ти]; розповсю́джувати [-ди́ти]; намáз(ув)ати (О); ~ the table накри́(вá)ти на стіл; *v/i.* простяг(á)ти́ся; розпо-

всю́джуватися [-дитися]; **2.** *pt.* і *p.pt.* від spread 1.; **3.** розповсю́дження; про́тяг.

spree [spri:] весе́лощі *f/pl.*; пустотли́вість, ви́тівка; гульня́.

sprig [sprig] гі́лочка, па́гін; *fig.* нащадок; E шти́фтик; цвя́шок.

sprightly ['spaitli] жва́вий, весе́лий.

spring [spriŋ] **1.** стрибо́к; джерело́; (*a.* ~ time) весна́; E пружи́на, ресо́ра; *fig.* моти́в; **2.** [*irr.*] *v/t.* підрива́ти [підірва́ти]; споло́хувати [-хати] (дичину́); ~ a leak Sh дава́ти те́чу (про корабе́ль); ~ a th. (up)on a p. несподі́вано повідо́мити (З/Д); *v/i.* стриба́ти [-бну́ти]; схо́плюватися [-пи́тися]; B з'явля́тися [-ви́тися] (про бруньки́); ~ up вини́ка́ти [ви́никнути]; **~-board** трамплі́н; **~tide** весна́; ~ tide сизигі́йний припли́в; **~y** ['spriŋi] пружни́й.

sprinkl|e ['spriŋkl] бри́зкати [-знути]; (о)кро-пи́ти; **~ing** [-iŋ] легки́й дощ; a ~ небага́то, тро́хи.

sprint [sprint] *sport.* **1.** спринт (біг на коро́тку диста́нцію); **2.** бі́гати на шви́дкість *f.*

sprite [sprait] ельф.

sprout [spraut] **1.** пуска́ти па́ростки; схо́дити [зійти́] (про насі́ння); відро́щувати [-ости́ти]; **2.** B па́росток, па́гін.

spruce[1] [spru:s] □ оша́тний; чепури́стий.

spruce[2] [~] B яли́на.

sprung [sprʌŋ] *pt.* і *p.pt.* від spring.

spry [sprai] *part. Am.* жва́вий; кмітли́вий; спри́тний.

spun [spʌn] *pt.* і *p.pt.* від spin.

spur [spə:] **1.** шпо́ра, остро́га; *fig.* спону́ка; act on the ~ of the moment ді́яти під хвили́нним впли́вом; **2.** приостро́жувати [-жити], пришпо́рювати [-рити]; спону́ка́ти.

spurious ['spuəriəs] □ підро́бний, підро́блений, фальши́вий.

spurn [spə:n] відкида́ти з прези́рством; відшто́вхувати [-хну́ти] (ного́ю).

spurt [spə:t] **1.** наддава́ти ходи́; би́ти стру́менем; викида́ти [ви́кинути] (по́лум'я); **2.** стру́мінь *m*; пори́в ві́тру; риво́к; *sport* спурт *m*:

sputter ['spʌtə] **1.** бри́зки *f/pl.*; шипі́ння, сича́ння, шкварча́ння; **2.** (за)шипі́ти, (за)шкварча́ти (про вого́нь); бри́зкати слино́ю; гово́рити безла́дно.

spy [spai] **1.** шпигу́н(ка); тає́мний аге́нт; **2.** шпигува́ти, сте́жити (on за О); **~-glass** підзо́рна труба́.

squabble ['skwɔbl] **1.** сва́рка; **2.** (по)свари́тися.

squad [skwɔd] брига́да; загі́н; Ml відді́лення; гру́па, кома́нда; **~ron** ['skwɔdrən] Ml ескадро́н; A ескадри́лья; Sh еска́дра.

squalid ['skwɔlid] □ убо́гий, злиде́нний.

squall [slwɔ:l] **1.** шквал; зойк; ле́мент; **2.** (за)лементува́ти.

squander ['skwɔndə] (про)марнува́ти; розтри́нькувати [-кати].

square [skwεə] **1.** □ квадра́тний; прямоку́тний; пра́вильний; рі́вний; то́чний; прями́й, че́сний; недвозна́чний; ~ measure квадра́тна мі́ра; 2 feet ~ 2 фу́ти у квадра́ті; **2.** квадра́т; прямоку́тник; пло́ща; майда́н; **3.** *v*/t. роби́ти прямоку́тним; спла́чувати [-ати́ти] (раху́нок); узго́джувати [-дити]; *v/i.* узго́джуватися [-дитися]; схо́дитися [зійти́ся]; **~-toes** F педа́нт.

squash [skwɔʃ] **1.** фрукто́вий напі́й; розча́влена ма́са; F товкотне́ча; **2.** розча́влювати [-ви́ти].

squat [skwɔt] **1.** призе́мкуватий; **2.** сиді́ти навпо́чіпки; **~ter** ['skwɔ:tə] *Am.* яки́й осели́вся само́чи́нно у неза́йнятому буди́нку, на неза́йнятій землі́.

squawk [skwɔ:k] **1.** прони́зливий крик (пта́ха); **2.** прони́зливо крича́ти.

squeak [skwi:k] (про)пища́ти; *sl.* доно́сити [-нести́].

squeal [skwi:l] (за)вища́ти; *s.* squeak.

squeamish ['skwi:miʃ] □ вимо́гливий; ура́зливий; вередли́вий, виба́гливий; бридли́вий.

squeeze [skwi:z] **1.** стиска́ти [сти́снути]; витиска́ти [ви́тиснути]; *fig.* вимага́ти (from у Р); **2.** сти́снення; по́тиск; тиск; товчія́; **~r** [skwi:zə] соковижима́лка.

squelch [skweltʃ] F хлю́пати; розча́влювати ного́ю; *fig.* приду́шувати [-ши́ти].

squint [skwint] коси́ти (очи́ма); (при)мру́житися.

squire ['skwaiə] **1.** сквайр (ти́тул); **2.** супрово́джувати (да́му).

squirm [skwə:m] F зви́(ва́)тися, (с)ко́рчитися.

squirrel ['skwirəl], *Am.* 'skwə:rəl] бі́лка.

squirt [skwə:t] **1.** стру́мінь *m*; шприц; F ви́скочка *m/f*; **2.** пуска́ти стру́мінь (P); би́ти стру́менем.

stab [stæb] **1.** уда́р (чи́мось го́стрим); **2.** *v/t.* зако́лювати [-ло́ти]; *v/i.* завдава́ти уда́ру (at Д).

stabili|ty [stə'biliti] стíйкість *f*; мíцність *f*; **~ze** ['stæbilaiz] стабілізувáти *(im)pf*.
stable¹ ['steibl] □ стійки́й; стáлий.
stable² [~] 1. стáйня, хлів; 2. стáвити у стáйню (або́ у хлів).
stack [stæk] 1. стіг; штáбель *m*; трубá (пароплáва); кýпа; 2. складáти у стіг і т.ін.; нагромáджувати [-дити].
stadium ['steidiəm] *sport* стадіо́н; Me стáдія.
staff [stɑ:f] 1. пáлиця, по́сох; патери́ця; жезл; держáк; Ml штаб; *attr.* штабни́й; Mu но́тна ліні́йка; службо́вий персонáл; 2. постачáти персонáлом.
stag [stæg] о́лень-самéць *m*.
stage [steidʒ] 1. підмо́стки *m/pl.*; сцéна; естрáда; стáдія; перегíн; етáп; 2. (по)стáвити (п'є́су), інсценувáти *(im)pf.*; **~-coach** диліжáнс; **~-manager** режисéр.
stagger ['stægə] 1. *v/i.* (по)хитáтися [(по)хитнýтися]; *v/t.* хитáти [хитнýти], потряс(á)ти́; уражáти [урáзити]; 2. хитáння.
stagna|nt ['stægnənt] □ стоя́чий (про вóду); *fig.* зашкарýблий, закля́клий; **~te** [-neit] застóюватися [-оя́тися]; (за)шкарýбнути, (за)кля́кнути.
staid [steid] □ статéчний, урівновáжений.
stain [stein] 1. пля́ма; E протрáва; 2. (за)брудни́ти; (за)плямувáти; E протравля́ти [-ви́ти] (дéрево); (по)фарбувáти; **~ed glass** кольоро́ве скло; **~less** ['steinlis] незаплямо́ваний; нержаві́ючий (про сталь); *fig.* бездогáнний.
stair [stɛə] схо́динка; **~s** *pl.* схо́ди *pl.*; **~case**, *Am.* **~way** схо́ди; сходови́й марш.
stake [steik] 1. кіл, кіло́к; стáвка, заклáд; ~s *pl.* приз; be at ~ бýти постáвленим на кáрту (*a. fig.*); 2. підпирáти (*або́* огоро́джувати) кілкáми; стáвити на кáрту; ~ out, off позначáти ві́хами.
stale [steil] □ несві́жий; що види́хався; задýшливий; заяло́жений.
stalk [stɔ:k] 1. стебло́, черешо́к; *hunt.* підкрадáння; 2. *v/i.* повáжно, гордови́то виступáти; *v/t.* підкрадáтися [-рáстися] до (Р).
stall [stɔ:l] 1. стíйло; прилáвок; кіо́ск, рундучо́к; *thea.* мíсце у партéрі; 2. стáвити у стíйло; застрявáти [-я́нути] (у снігý і т.ін.); A втрачáти шви́дкість.
stallion ['stæljən] жеребéць *m*.
stalwart ['stɔ:lwət] ро́слий, дýжий; стійки́й.
stamina ['stæminə] витривáлість *f*.
stammer ['stæmə] 1. заїкáтися [-кнýтися]; затинáтися [затнýтися]; 2. заїкáння.
stamp [stæmp] 1. штамп, штéмпель *m*; печáтка; тавро́, клеймо́; (поштóва, гéрбова) мáрка; тýпання; 2. (від)штампувáти; (за)штемпелювáти; (за)таврувáти; тýпати ного́ю.
stampede [stæm'pi:d] 1. пані́чна втéча; 2. пані́чно тікáти.
stanch [stɑ:ntʃ] 1. зупиня́ти кровотéчу з (Р); 2. ві́рний, лоя́льний.
stand [stænd] 1. [*irr.*] *v/i. com.* стоя́ти; постоя́ти *pf.*; просто́ювати [-оя́ти]; зупиня́тися [-ни́тися]; тримáтися; усто́яти *pf.*; ~ against (в)чини́ти о́пір (Д); ~ aside (від)сторони́тися; ~ back відступáти [-пи́ти]; ~ by бýти присýтнім; *fig.* бýти напоготóві; підтри́мувати [-мати] (З); ~ for бýти кандидáтом (Р); стоя́ти за (З); знáчити; ~ off відсувáтися [-ýнутися] від (Р); ~ out вирізня́тися [ви́різнитися] (against на М); ~ over залишáтися неви́рішеним; ~ to тримáтися (Р); ~ up встá(вá)ти, піднімáтися [-ня́тися]; ~ up for захищáти [захисти́ти]; 2. *v/t.* (по)стáвити; витри́мувати [ви́тримати]; вино́сити [ви́нести]; F пригощáти [-ости́ти] (О); 3. зупи́нка; о́пір; то́чка зо́ру; кіо́ск; пози́ція; мíсце; підстáвка; трибýна; make a ~ against чини́ти о́пір (Д).
standard ['stændəd] 1. прáпор, стяг, знамéно, штандáрт; но́рма, стандáрт; взірéць *m*; рíвень *m*; 2. стандáртний; взірцéвий; **~ize** [-aiz] нормувáти *(im)pf*.
stand-by ['stænd'bai] опо́ра.
standing ['stændiŋ] 1. □ що стої́ть; стоя́чий; пості́йний; ~ orders *pl* статýт; *parl.* прáвила процедýри; 2. стоя́ння; поло́ження; тривáлість *f*; **~-room** стоя́че мíсце (для пасажи́рів, глядачі́в).
stand|-offish [stænd'ɔfiʃ] стри́маний; **~point** то́чка зо́ру; **~still** бездія́льність *f*; мéртва то́чка; **~-up**: ~ collar стоя́чий комірéць *m*.
stank [stæŋk] *pt.* від stink.
stanza ['stænzə] строфá, станс.
staple ['steipl] 1. головни́й продýкт; головнá тéма; 2. основни́й.
star [stɑ:] 1. зíрка (*a. fig.*); *fig.* до́ля; ~s and stripes *pl. Am.* націонáльний прáпор США; 2. прикрашáти зір-

S

ками; грати головну роль; надавати головну роль (Д).
starboard ['stɑ:bəd] Sh 1. правий борт; 2. класти кермо праворуч.
starch [stɑ:tʃ] 1. крохмаль *m*; *fig.* бундючність *f*; церемонність *f*; 2. (на)крохмалити.
stare [stɛə] 1. пильний погляд; 2. дивитися пильно; витріщати очі (at на З).
stark [stɑ:k] закляклий; цілковитий; *adv.* цілком.
star|ry ['stɑ:ri] зоряний; як зірки; ~-**spangled** [-'spæŋgld] усіяний зірками; ~ banner *Am.* національний прапор США.
start [stɑ:t] 1. відправлення; здригання; A зліт; *sport* старт; початок; *fig.* перевага; get the ~ of a p. одержати перевагу перед кимось; 2. *v/i.* здригатися [-гнутися]; схоплюватися [-питися]; вирушати в дорогу; *sport* стартувати *(im)pf.*; поч(ин)атися; A злітати [злетіти]; *v/t.* пускати [-стити] (у хід); *sport* давати старт (Д); *fig.* поч(ин)ати; засновувати [-нувати]; сполох(ув)ати; спонукати [-кнути] (a p. doing когось робити); ~**er** ['stɑ:tə] *mot. sport* стартер; *fig.* ініціатор.
startl|e [stɑ:tl] уражати [уразити]; здригатися [-гнутися]; ~**ing** ['stɑ:tliŋ] вражаючий.
starv|ation [stɑ:'veiʃn] голод; голодування; ~**e** [stɑ:v] голодувати; умирати з голоду; морити голодом; ~ for *fig.* жадати (Р).
state [steit] 1. стан, становище; положення; держава (*pol. a.* ♀); штат; *attr.* державний; in ~ з помпою; 2. заявляти [-вити]; констатувати *(im)pf.*; (с)формулювати; викладати [викласти]; ~**ly** величний, величавий; ~**ment** твердження; заява; офіційний звіт; C ~ of account витяг (або виписка) з рахунку; ~-**room** парадна зала; Sh окрема каюта (на пароплаві); ~**sman** ['steitsmən] державний (*Am. a.* політичний) діяч.
static ['stætik] статичний; стаціонарний.
station ['steiʃn] 1. місце, пост; станція; вокзал; зупинка; Sh військово-морська база; 2. (по)ставити, поміщати [помістити]; Ml розташовувати [-шувати]; ~**ary** ['steiʃnəri] ◻ нерухомий; стаціонарний; ~**ery** [~] канцелярське приладдя; ~-**master** Rr начальник станції.
statistics [stə'tistiks] статистика.
statu|ary ['stætjuəri] скульптурний; ~**e** [ju:] статуя.
stature ['stætʃə] зріст, стан, статура.
status ['steitəs] становище, стан; статус.
statute ['stætju:t] статут; закон; законодавчий акт.
staunch [stɔ:ntʃ] *s.* stanch.
stave [steiv] 1. клепка (бондарна); щабель *m*; строфа; 2. [*irr.*] (*mst* ~ in) проламувати [-ломити], розби(ва)ти (бочку і т.ін.); ~ off відвертати [-рнути] (З), запобіг(а)ти (Д).
stay [stei] 1. Sh штаг; опора, підтримка; зупинка; перебування; ~**s** *pl.* корсет; 2. *v/t.* підтримувати [-мати]; затримувати [-мати]; *v/i.* залишатися [-шитися]; зупинятися [-нитися], жити (at у М); *sport* виявляти витривалість; ~**er** ['steiə] витривала людина; *sport* стаєр; ~ race велосипедна гонка за лідером.
stead [sted]: in ~ of замість (Р); ~**fast** ['stedfəst] стійкий, непорушний.
steady ['stedi] 1. ◻ стійкий; сталий, усталений; твердий; рівномірний; статечний; 2. робити(ся) стійким; приходити у рівновагу.
steal [sti:l] [*irr.*] *v/t.* (ви)красти; *v/i.* скрадатися [кра́стися], прокрадатися [-растися].
stealth [stelθ]: by ~ крадькома, потай; ~**y** ['stelθi] ◻ таємний; безшумний.
steam [sti:m] 1. пара; випаровування; 2. *attr.* паровий; 3. *v/i.* випускати пару; плавати, (по)плисти (про пароплав); *v/t.* варити на парі; парити; випаровувати [випарувати]; ~**er** ['sti:mə] Sh пароплав; ~**y** ['sti:mi] ◻ пароподібний; насичений парами.
steel [sti:l] 1. сталь *f*; 2. сталевий (*a.* ~y); *fig.* жорстокий; 3. покривати сталлю; *fig.* (за)гартувати.
steep [sti:p] 1. крутий; F неймовірний; 2. занурювати [-рити] (у рідину); просочувати [-чити]; *fig.* занурюватися [-ритися] (in у З).
steeple ['sti:pl] шпиль *m*; дзвіниця; ~-**chase** скачки з перешкодами.
steer[1] [stiə] кастрований бичок, віл.
steer[2] [~] правити (автомобілем, судном); вести (автомобіль, судно); керувати (О); ~**age** ['stiəridʒ] Sh кермування (корабля); стерновий пристрій; середня палуба; ~**sman** [stiəzmən] стерновий.
stem [stem] 1. стовбур; стебло; *gr.* основа; Sh ніс; 2. затримувати [-мати]; чинити опір (Д), опиратися.

S

stench [stentʃ] смóрід.
stencil ['stensl] трафарéт.
stenographer [ste'nɔgrəfə] стенографі́ст(ка).
step¹ [step] **1.** крок; ходá; схóдинка; підні́жка; *fig.* зáхід; вчи́нок; tread in the ~s of *fig.* іти́ по стопáх (P), наслі́дувати (P); ~s *pl.* драби́на; **2.** *v/i.* крокувáти; ступáти [-пнýти]; ходи́ти, (п)іти́; ~ out бадьóро крокувáти; *v/t.* виміря́ти крóками (*a.* ~ out); ~ up просувáти [-ýнути].
step² [~]: **~daughter** пáсербиця, пáдчерка; **~father** вітчи́м; **~mother** мáчуха; **~son** пáсинок, пáсерб.
steppe [step] степ.
stepping-stone *fig.* ['stepiŋ'stoun] трамплі́н.
steril|e ['sterail] безплі́дний, неплі́дний; стери́льний; **~ity** [ste'riliti] безплі́дність *f*, неплі́дність *f*; стери́льність *f*; **~ize** ['sterilaiz] стерилізувáти *(im)pf.*
sterling ['stə:liŋ] повновáгий; повноці́нний; C стéрлінговий.
stern [stə:n] **1.** □ сувóрий; невблагáнний; **2.** Sh кормá; **~ness** ['stə:nnis] сувóрість *f*; **~-post** Sh ахтерштéвень *m.*
stevedore ['sti:vidɔ:] Sh вантáжник.
stew [stju:] **1.** (с)тушкувáти(ся); **2.** тушкóване м'я́со; F хвилювáння.
steward ['stjuəd] еконóм; управля́ючий, керýючий; Sh, A стюáрд, бортпровідни́к; розпоря́дник; **~ess** ['stjuədis] Sh, A стюардéса, бортпровідни́ця.
stick [stik] **1.** пáлиця; трости́на; ціпóк; прут; **2.** [*irr.*] *v/i.* приклéюватися [-éїтися], прилипáти [-пнути]; застрявáти [-я́ти]; зав'язáти [-я́знути]; стирчáти (вдóма і т.ін.); ~ to дотри́муватися [-матися] (P); ~ at noting не зупиня́тися ні пéред чим; ~ out, ~ up стирчáти; стоя́ти сторчакá; *v/t.* вкóлювати [-лóти]; устромля́ти [-ми́ти]; приклéювати [-éїти]; розклéювати [-éїти]; F (ви́)терпі́ти.
sticky ['stiki] □ ли́пкий, клейки́й.
stiff [stif] □ жорстки́й, негнучки́й; туги́й; важки́й; закостені́лий; си́луваний, ви́мушений; ~ **en** [stifn] роби́ти(ся) жорстки́м і т.ін.; (за)костені́ти; **~necked** ['stif'nekt] упéртий.
stifle ['staifl] (за)души́ти; задихáтися [-хнýтися].
stigma ['stigmə] *eccl.* стигмáт; *fig.* пля́ма, таврó; **~tize** ['taiz] (за)таврувáти.
still [stil] **1.** *adj.* ти́хий; нерухóмий; **2.** *adv.* ще, все ще; **3.** *cj.* все ж, однáк; **4.** заспокóювати [-óїти]; 5. дистиля́тор; **~-born** мертвонарóджений; **~-life** натюрмóрт; **~ness** ['stilnis] ти́ша.
stilt [stilt] ходýля; **~ed** ['stiltid] ходýльний, пишномóвний.
stimul|ant ['stimjulənt] **1.** Me збýджуючий зáсіб; **2.** Me стимулю́ючий, збýджуючий; **~ate** ['leit] збýджувати [-дити]; заохóчувати [-óтити]; **~ation** [stimju'leiʃn] збýдження; заохóчення; **~us** ['stimjuləs] сти́мул.
sting [stiŋ] **1.** жáло; укýс (комáхи); гóстрий біль *m*; *fig.* ущи́пливість; **2.** [*irr.*] (в)жали́ти; уражáти [урáзити]; **~iness** ['stindʒinis] скнáрість *f*; **~y** ['stindʒi] скнáрий, скупи́й.
stink [stiŋk] **1.** смóрід; **2.** [*irr.*] смерді́ти, тхнýти.
stint [stint] **1.** обмéження; межá; **2.** урі́з(ув)ати; обмéжувати [-жити]; [по]скупи́тися на (З).
stipend ['staipend] платня́, оклáд (*mst* свящéника).
stipulat|e ['stipjuleit] стáвити умóвою; обумóвлювати [-вити]; **~ion** [stipju'leiʃn] умóва; клáузула, зумóвлювання.
stir [stə:] **1.** воруші́ння; метушня́, суєтá; рух; *fig.* пожвáвлення; **2.** воруши́ти(ся) [ворухнýти(ся)]; [роз]колоти́ти (чай і. п.); [с]хвилювáти; ~ up збýджувати [-ди́ти]; розмі́шувати [-шáти].
stirrup ['stirəp] стременó.
stitch [stitʃ] **1.** стібóк (про шиття́); петля́ (про плеті́ння); Me шов; **2.** [з]ши́(вá)ти, проши́(вá)ти.
stock [stɔk] **1.** ствол; опóра; рýчка; лóже (гвинті́вки); інвентáр; запáс; C сировинá; live ~ живи́й інвентáр; худóба; C основни́й капітáл; фóнди *m/pl.*; *Am.* áкція; **~s** *pl.* держáвний борг; **~s** *pl.* Sh стáпель *m*; C take ~ of роби́ти переóблік (P); *fig.* крити́чно оці́нювати; **2.** що є у запáсі (або напоготóві); заялóжений, шаблóнний; **3.** облáднувати (господáрство); постачáти [постáчити]; C мáти на склáді.
stockade [stɔ'keid] частокі́л.
stock|-breeder ['stɔkbri:də] твари́нник; **~-broker** брокéр, біржови́й мáклер; ~ exchange фóндова бі́ржа; **~holder** *Am.* акціонéр.
stockinet [stɔki'net] трикотáж.
stocking ['stɔkiŋ] панчóха.
stock|-jobber ['stɔkdʒɔbə] біржови́й спекуля́нт, мáклер; **~-taking** переóблік товáру; переві́рка

S

ремане́нту; *fig.* о́гляд на́слідків; **~y** ['stɔki] креме́зний.
stoic ['stouik] **1.** сто́їк; **2.** сто́їчний.
stoker ['stoukə] кочега́р; опа́лювач.
stole [stoul] *pt.* від steal; **~n** ['stoulən] *p.pt.* від steal.
stolid ['stɔlid] □ флегмати́чний; байду́жий; тупи́й.
stomach ['stʌmək] **1.** шлу́нок; живі́т; *fig.* жага́ (for до P); **2.** перева́рювати [-ри́ти] (*a. fig.*); *fig.* зно́сити [знести́].
stone [stoun] **1.** ка́мінь *m*; кі́сточка (пло́ду); **2.** кам'яни́й; **3.** обличко́вувати камі́нням; закида́ти камі́нням; вийма́ти кі́сточки з (P); **~-blind** зо́всім сліпи́й; **~ware** гонча́рні ви́роби *m/pl.*
stony ['stouni] кам'яни́й; кам'яни́стий; *fig.* кам'яни́й.
stood [stud] *pt.* і *p.pt.* від stand.
stool [stu:l] табуре́т; Me ви́порожнення; **~-pigeon** *Am.* провока́тор.
stoop [stu:p] **1.** *v/i.* нахиля́тися [-ли́тися], нагина́тися [нагну́тися]; [з]суту́литися; прини́жуватися [-ни́зитися] (to до P); ста́витися побла́жливо, потура́ти *(im)pf.*; *v/t.* (з)суту́лити; **2.** суту́лість *f*; *Am* вера́нда.
stop [stɔp] **1.** *v/t.* затика́ти [заткну́ти] (*a.* ~ up); затуля́ти [ли́ти]; [за]пломбува́ти (зуб); перепиня́ти [-ни́ти]; утри́мувати [-мати]; припиня́ти [-ни́ти]; зупиня́ти [-ни́ти]; ~ it! облиш́!; *v/i.* переста́(ва́)ти; зупиня́тися [-ни́тися]; припиня́тися [-ни́тися]; кінча́тися [-чи́тися]; **2.** зупи́нка; па́уза; затри́мка; E сто́пор; упо́р; Mu кла́пан; Mu лад (стру́нного інструме́нта); Mu педа́ль *f* (орга́ну); *gr.* (*a.* full ~) кра́пка; **~-gap** за́тичка; підру́чний за́сіб; **~page** ['stɔpidʒ] затри́мка, зупи́нка; припи́нення робо́ти; E засмі́чення; **~per** ['stɔpə] про́бка; **~ping** ['stɔpiŋ] (зубна́) пло́мба.
storage ['stɔ:ridʒ] зберіга́ння; склад.
store [stɔ:] **1.** запа́с; склад; комо́ра; *fig.* доста́ток; *Am.* крамни́ця; **~s** *pl.* припа́си; універма́г; in ~ напогото́ві; про запа́с; **2.** постача́ти [поста́чити]; запаса́ти [-сти́]; зберіга́ти на скла́ді; **~house** склад; *fig.* скарбни́ця; **~-keeper** комірни́к; *Am.* крама́р.
stor(e)y ['stɔ:ri] по́верх.
stork [stɔ:k] леле́ка *m/f.*
storm [stɔ:m] **1.** бу́ря; Sh. *a.* шторм; Ml штурм; **2.** вирува́ти, лютува́ти (*a. fig.*); it ~s бу́ря бушу́є; Ml штурмува́ти; **~y** □ бурхли́вий; штормови́й; шале́ний.
story ['stɔ:ri] оповіда́ння; по́вість *f*; *thea.* фа́була; F брехня́.
stout [staut] **1.** □ міцни́й, цупки́й; гладки́й; відва́жний; **2.** міцне́ пи́во.
stove [stouv] піч *f*, гру́ба; (кухо́нна) плита́.
stow [stou] уклада́ти [укла́сти] (про вантаж і т. п.); ~ away Sh безквитко́вий пасажи́р, "за́єць".
straddle ['strædl] розставля́ти [-а́вити] (но́ги); ходити, розставля́ючи но́ги; стоя́ти, розста́вивши но́ги; сиді́ти ве́рхи на (M).
straggl|e ['strægl] відст(ав)а́ти; іти́ вро́збрід; бу́ти розки́даним; **~ing** [iŋ] розки́даний [про хати́ і т. п.]; безла́дний.
straight [streit] **1.** *adj.* прями́й; пра́вильний; че́сний; *Am.* нерозве́дений; put ~ приво́дити у поря́док; **2.** *adv.* пря́мо; зра́зу; **~en** ['streitn] випрямля́ти(ся) [ви́прямити(ся)]; ~ out приво́дити у поря́док; **~forward** ['fɔ:wəd] □ че́сний, прями́й; відве́ртий.
strain [strein] **1.** поро́да; пле́м'я; E деформа́ція; напру́га; розтя́гування (*a.* Me); Mu *mst* **~s** *pl.* на́спів, мело́дія; по́тяг (of до P); **2.** *v/t.* натя́гувати [-гну́ти]; (*a.* E) напру́жувати [-жити]; проці́джувати [-ди́ти]; перевто́млювати [-ми́ти]; E деформува́ти *(im)pf.*, згина́ти [зігну́ти]; Me розтя́гувати [-гну́ти]; *v/i.* напру́жуватися [-житися]; тягти́ся (after за O); тягти́ з усієї си́ли (at З); (по)стара́тися; **~er** ['streinə] друшля́к; си́то; фільтр.
strait [streit] прото́ка; **~s** *pl.* скрутне́ стано́вище; ~ waistcoat гаміва́ сорочка; **~ened** ['streitnd] утру́днений, скрутни́й.
strand [strænd] **1.** бе́рег (морськи́й); па́смо; **2.** сі́сти на мілину́; be ~ed *fig.* бу́ти без ко́штів.
strange [streindʒ] □ чужи́й; сторо́нній; незвича́йний; **~r** ['streindʒə] чужозе́мець (-мка *f*) *m*; чужа́ (люди́на); сторо́ння (люди́на).
strangle ['stræŋgl] (за)души́ти.
strap [stræp] **1.** ре́мінь *m*; ля́мка; штри́пка; E кріпи́льна пла́нка; **2.** стя́гувати ре́менем; шмага́ти ре́менем.
stratagem ['strætidʒəm] стратаге́ма, (військо́ва) хи́трість.
strateg|ic [strə'ti:dʒik] (~ally) стратегі́чний; **~y** ['strætidʒi] страте́гія.
strat|um ['streitəm], *pl.* **~a** [-tə] *geol.* шар; верства́ (суспі́льства).

straw [strɔ:] **1.** соло́ма; соломи́нка; **2.** соло́м'яний; ~ vote *Am.* неофіці́йне про́бне голосува́ння; ~**berry** полуни́ця; (*a.* wild ~) суни́ця.

stray [strei] **1.** збива́тися зі шляху́; [за]блука́ти; відби́(ва́)тися (from від P); блука́ти; **2.** (*a.* ~ed) що заблука́в; бездо́мний; випадко́вий; **3.** тварина, яка відби́лася; безпри-ту́льний.

streak [stri:k] **1.** про́шарок; сму́жка; *fig.* ри́са; **2.** прово́дити сму́ги на (M).

stream [stri:m] **1.** поті́к; струмо́к; стру́мінь *m*; **2.** *v/i.* (по)текти́; струмені́ти; розвіва́тися; ~**er** ['stri:mə] ви́мпел; до́вга стрі́чка; транспара́нт; стовп (півні́чного ся́йва); *typ.* вели́кий газе́тний заголо́вок.

street [stri:t] ву́лиця; *attr.* ву́личний; ~**car** *Am.* трамва́й.

strength [streŋθ] си́ла; мі́цність *f* (матеріа́лу); on the ~ of вна́слідок (P); ~**en** ['streŋθən] *v/t.* підси́лювати [-лити]; змі́цнювати [-ни́ти]; *v/i.* підси́люватися [-ли́тися].

strenuous ['strenjuəs] □ си́льний; енергі́йний; напру́жений.

stres [stres] **1.** тиск; напру́га; на́голос; **2.** підкре́слювати [-лити]; ста́вити на́голос на (M).

stretch [stretʃ] **1.** *v/t.* натя́гувати [-гну́ти]; розтя́гувати [-гну́ти]; розкида́ти [-ки́нути]; протяг(а́)ти́ (*mst.* ~ out); *fig.* перебі́льшувати [-шити]; *v/i.* тягти́ся; розтя́гуватися [-гну́тися]; **2.** розтяга́ння; напру́ження; про́тяг; натя́жка; перебі́льшення; про́стір; про́міжок ча́су; ~**er** ['stretʃə] носи́лки, но́ші *pl.*

strew [stru:] [*irr.*] посипа́ти [поси́пати]; розкида́ти [-ки́дати].

stricken ['strikən] *p.pt.* від strike.

strict [strikt] то́чний; суво́рий; ~**ness** ['striktnis] то́чність *f*; суво́рість *f*.

stridden ['stridn] *p.pt.* від stride.

stride [straid] **1.** [*irr.*] крокува́ти (*im.*)*pf.*; ~ over переступа́ти [-пи́ти]; **2.** вели́кий крок.

strident ['straidnt] □ рипли́вий, скрипу́чий.

strike [straik] **1.** страйк; be on ~ страйкува́ти. **2.** [*irr.*] *v/t.* ударя́ти [уда́рити]; креса́ти [ви́кресати] (вого́нь); карбува́ти [ви́карбувати]; спуска́ти [-сти́ти] (пра́пор); ура-жа́ти [ура́зити]; знахо́дити [знайти́]; підво́дити [підвести́] (бала́нс); уклада́ти [укла́сти] (уго́ду); ста́-(ва́)ти (в по́зу); нано́сити [нанести́] (уда́р); ~ up зав'я́зувати [-за́ти] (знайо́мство); *v/i.* (про)би́ти (про годи́нник); (за)страйкува́ти; Sh сі́сти на мілину́; ~ home *fig.* влучи́ти у ці́ль; ~**r** ['straikə] страйкар(ка).

striking ['straikiŋ] □ разю́чий; видатни́й; дивови́жний; уда́рний.

string [striŋ] **1.** моту́зка; шво́рка; тятива́ (лу́ка); Mu струна́; (ни́зка (нами́ста); ~**s** *pl.* Mu стру́нні інструме́нти *m/pl.*; pull the ~s бути закулі́сним керівнико́м; **2.** [*irr.*] натя́гувати [-гти́] стру́ни на (З); напру́жувати [-жити]; *Am.* зав'я́зувати [-за́ти]; [на]низа́ти; *Am. sl.* води́ти за но́са; ~-**band** стру́нний оркестр.

stringent ['strindʒənt] суво́рий; то́чний; обов'язко́вий; обме́жений (у ко́штах).

strip [strip] **1.** здира́ти [зде́рти] (*a.* ~ off); обдира́ти [обде́рти]; роздяга́тися [-гну́тися]; *fig.* позбавля́ти [-ба́вити] (of P); (по)грабува́ти; E розбира́ти [розібра́ти] (на части́ни); Sh роззбро́ювати [-о́їти] (су́дно); **2.** сму́га; стрі́чка.

stripe [straip] сму́га; Ml на́шивка.

strive [straiv] [*irr.*] [по]стара́тися; пра́гнути (for до P); ~**n** [-n] *p.pt.* від strive.

strode [stroud] *pt.* від stride.

stroke [strouk] **1.** уда́р (*a.* Me); по́мах; штрих, ри́са; E хід (по́ршня); ~ of luck уда́ча; **2.** [по]гла́дити; приголу́бити *pf.*

stroll [stroul] **1.** прогу́люватися [-ля́тися]; **2.** прогу́лянка.

strong [strɔŋ] □ *com.* си́льний; міцни́й; го́стрий; тверди́й; ~**hold** форте́ця; *fig.* оплі́т; ~-**willed** рішу́чий; упе́ртий.

strop [strɔp] **1.** ре́мінь для пра́вки бритв; **2.** пра́вити (бри́тву).

strove [strouv] *pt.* від strive.

struck [strʌk] *pt.* і *p.pt.* від strike.

structure ['strʌktʃə] структу́ра, стрій; улаштува́ння; Ar буді́вля, спору́да.

struggle ['strʌgl] **1.** боро́тися; всіля́ко намага́тися; би́тися (with над O); ~ through пробива́тися з трудо́м; **2.** боротьба́.

strung [strʌŋ] *pt.* і *p.pt.* від string.

strut [strʌt] **1.** *v/i.* ходи́ти пі́внем; *v/t.* E підпира́ти [-пе́рти]; **2.** пова́жна хода́; E підпі́рка.

stub [stʌb] **1.** пень *m*; недо́палок; недо́гризок; **2.** ви́корч(о́в)увати; ударя́тися [уда́ритися] (ного́ю) (againt об З).

stubble ['stʌbl] стерня́.

stubborn ['stʌbən] □ упе́ртий; непідда́тливий; завзя́тий.

S

stuck [stʌk] *pt.* і *p.pt.* від stick; ~-**up** F зарозумілий.
stud [stʌd] **1.** цвях (для оздоблювання); запонка; кінний завод; **2.** обби(ва)ти (цвяхами); засівати [-іяти] (with O); ~-**horse** племінний жеребець *m*.
student ['stju:dənt] студент(ка).
studied ['stʌdid] обміркований; навмисний; вишуканий, удаваний.
studio ['stju:diou] студія; ательє *n indecl.*; майстерня.
studious ['stju:djəs] □ ретельний, старанний, ревний.
study ['stʌdi] **1.** вивчення; наукове заняття; наука; задумливість *f*; кабінет; *paint.* ескіз, етюд; **2.** навчатися (P); вивчати [вивчити]; досліджувати [-дити].
stuff [stʌf] **1.** матеріал; речовина; матерія; F погань *f*; дурниця; **2.** *v/t.* наби(ва)ти; заби(ва)ти; начиняти [-нити]; засовувати [засунути]; *v/t.* об'їдатися [-їстися]; ~**ing** ['stʌfiŋ] набивка (подушки і т. ін.); начинка; ~**y** ['stʌfi] □ важкий, задушливий.
stultify ['stʌltifai] виставляти у кумедному вигляді; зводити нанівець.
stumble ['stʌmbl] **1.** спотикання; запинка; **2.** спотикатися [спіткнутися]; затинатися [затнутися]; ~ upon наштовхуватися [-хнутися] на (З).
stump [stʌmp] **1.** пень *m*; оцупок; недопалок; **2.** *v/t.* F ставити у безвихідь; ~ the country агітувати по країні; *v/i.* важко ступати; ~**y** ['stʌmpi] □ приземкуватий.
stun [stʌn] оглушати [-шити] (*a. fig.*); *fig.* приголомшувати [-шити].
stung [stʌŋ] *pt.* і *p.pt.* від sting.
stunk [stʌŋk] *pt.* і *p.pt.* від stink.
stunning ['stʌniŋ] F карколомний.
stunt[1] [stʌnt] *Am.* F трюк; A фігура вищого пілотажу.
stunt[2] [~] затримувати ріст (P); ~**ed** ['stʌntid] чахлий.
stup|efy ['stju:pifai] (з)дивувати; уражати [уразити]; ~**endous** [stju:'pendəs] □ дивовижний; ~**id** ['stju:pid] □ дурний, тупий; ~**idity** [stju'piditi] дурість *f*; ~**or** ['stju:pə] заціпеніння.
sturdy ['stə:di] сильний, міцний; дужий.
stutter ['stʌtə] заїкатися [-кнутися]; затинатися [затнутися].
sty [stai] свинарник; ячмінь *m* (на оці).
style [stail] **1.** стиль *m*; склад; мода; фасон; титул; **2.** титулувати *(im)pf.*

stylish ['stailiʃ] □ модний; елегантний; ~**ness** [-nis] елегантність *f*.
suave [sweiv] чемний, м'який.
sub... [sʌb] *mst* під...; суб... .
subdivision ['sʌbdi'viʒən] підрозділ.
subdue [səb'dju:] підкоряти [-рити]; приборк(ув)ати.
subject ['sʌbdʒikt] **1.** підлеглий; підпорядкований; *fig.* ~ to що підлягає (Д); **2.** *adv.* ~ to за умови (P); **3.** підданий; предмет; сюжет; (*a.* ~ matter) тема; **4.** [səb'dʒekt] підпорядковувати [-кувати]; *fig.* подд(ав)ати; ~**ion** [səb'dʒəkʃn] підкорення; підпорядкування.
subjugate ['sʌbdʒugeit] поневолювати [-лити].
sublease ['sʌb'li:s], **sublet** ['sʌb'let] [*irr.* (let)] здати на правах суборенди.
sublime [sə'blaim] □ піднесений.
submachine ['sʌbmə'ʃi:n]: ~ gun автомат.
submarine ['sʌbməri:n] **1.** підводний; **2.** Sh підводний човен.
submerge [sʌb'mə:dʒ] занурювати(ся) [-рити(ся)]; затоплювати [-пити].
submiss|ion [səb'miʃən] підкорення; покірність *f*; подання (документа і т.ін.); ~**ive** [səb'misiv] □ покірний.
submit [səb'mit] підкоряти(ся) [-рити(ся)] (Д); под(ав)ати (на розгляд).
subordinate **1.** [sə'bɔ:dnit] підлеглий; *gr.* підрядний; **2.** [~] підлеглий (гла *f*) *m*; **3.** [sə'bɔ:dineit] підподпорядк(ов)увати.
suborn [sʌ'bɔ:n] підкуповувати [-пати].
subscribe [səb'skraib] *v/t.* підписувати [-сати]; [по]жертвувати; *v/i.* приєднуватися [-натися] (to до P); підписуватися [-сатися] (to на З); абонуватися (to на З); ~**r** [-ə] передплатник (-иця *f*) *m*; абонент(ка).
subscription [səb'skripʃən] передплата (на журнал або на позику); абонемент.
subsequent ['sʌbsikwənt] □ подальший; ~**ly** згодом.
subservient [sʌb'sə:vient] раболіпний; що сприяє (to Д).
subsid|e [səb'said] спадати [спасти] (про температуру); убувати [убути] (про воду); ущухати [ущухнути]; ~**iary** [səb'sidjəri] **1.** □ допоміжний; **2.** філія; ~**ize** ['sʌbsidaiz] субсидувати *(im)pf.*; ~**y** [-di] субсидія.
subsist [səb'sist] існувати; жити (on, by O); ~**ence** [-əns] існування; засоби існування.

substance ['sʌbstəns] су́тність *f*; суть *f*; зміст; речовина́; майно́.
substantial [səb'sætnʃəl] □ істо́тний, важли́вий; мі́цний; речови́нний; спромо́жний; спожи́вний.
substantiate [səb'stænʃieit] дово́дити правди́вість (P); підтве́рджувати [-дити].
substitut|e ['sʌbstitju:t] **1.** заміню́вати [-нити]; заміща́ти [-істи́ти] (for З); 2. заступник (-ця *f*) *m*; змі́на; сурога́т; **~ion** [sʌbsti'tju:ʃn] змі́на; замі́щення.
subterfuge ['sʌbtəfju:dʒ] відло́вка, ви́прут.
subterranean [sʌbtə'reinjən] □ підзе́мний.
subtle ['sʌtl] □ тонки́й; невідчу́тний; ви́тончений; **~ty** [-ti] ви́тонченість *f*; невло́вність *f*.
subtract [səb'trækt] Ма відніма́ти [-ня́ти].
suburb ['sʌbə:b] передмі́стя; **~an** [sə'bə:bən] примі́ський.
subver|sion [sʌb'və:ʃən] ски́нення; **~sive** [-siv] *fig.* підривни́й; руйнівни́й; **~t** [sʌb'və:t] скида́ти [ски́нути]; [з]руйнува́ти.
subway ['sʌbwei] туне́ль *m*; *Am.* метро́(політе́н) *n indecl.*
succeed [sək'si:d] піти́ слі́дом (P); бу́ти спадкоє́мцем (P); досяга́ти мети́, у́спіхів.
success [sək'ses] у́спіх; уда́ча; **~ful** [sək'sasful] □ успі́шний; вда́лий; уда́чливий; **~ion** [-'seʃən] послідо́вність *f*; непере́рвний ряд; спадкоє́мність *f*; in ~ оди́н за о́дним; підря́д; **~ive** [-'sesiv] □ пода́льший; послідо́вний; **~or** [-'sesə] спадкоє́мець (-миця *f*) *m*.
succo(u)r ['sʌkə] **1.** допомо́га; **2.** прихо́дити на допомо́гу (Д).
succulent ['sʌkjulənt] сокови́тий.
succumb [sə'kʌm] поступа́тися [-пи́-тися] (to D); не витри́мувати [ви́тримати] (to P); бу́ти перемо́женим.
such [sʌtʃ] таки́й; ~a man така́ люди́на; ~ as таки́й, як ...; як напри́клад.
suck [sʌk] **1.** смокта́ти; висмо́ктувати [ви́смоктати] (*a.* ~ out); усмо́ктувати [-та́ти] (*a.* ~in); 2. смокта́ння; **~er** ['sʌkə] сисуне́ць; B, *zo.* присо́сок; *Am.* проста́к; **~le** ['sʌkl] годува́ти гру́ддю; **~ling** ['sʌkliŋ] грудна́ дити́на; сису́н(е́ць).
suction ['sʌkʃn] **1.** усо́сування; **2.** *attr.* усмо́ктувальний.
sudden ['sʌdn] □ рапто́вий; all of a ~ рапто́во, зненá́цька.
suds [sʌdz] *pl.* ми́льна вода́.
sue [sju:] *v/t.* переслі́дувати судо́м; ~ out виклопо́тувати, ви́клопотати; *v/i.* подава́ти по́зов (for на P).
suede ['sweid] за́мша.
suet [sjuit] нутряне́ са́ло.
suffer ['sʌfə] *v/i.* (по)страждáти (from від P or O); *v/t.* зазна́(ва́)ти; зно́сити [знести́]; **~ance** [-rəns] потура́ння; **~er** [-rə] стра́дник (-иця); **~ing** [-riŋ] страждá́ння *n*.
suffice [sə'fais] вистача́ти [ви́стачити], бу́ти доста́тнім.
sufficien|cy [sə'fiʃənsi] доста́тність *f*; доста́ток; **~t** [-ənt] □ доста́тній.
suffocate ['sʌfəkeit] души́ти, уду́шувати; задиха́тися [-хну́тися].
suffrage ['sʌfridʒ] ви́борче пра́во.
suffuse [sə'fjuz] зали́(ва́)ти (слі́зьми); покри́(ва́)ти (фа́рбою).
sugar ['ʃugə] **1.** цу́кор; **2.** цукро́вий; **~y** [-ri] цукро́вий (*a. fig.*); *fig.* нудо́тний, соло́дкий.
suggest [sə'dʒest] виклика́ти [ви́кликати] (ду́мку); підка́зувати [-за́ти]; нашто́вхувати на ду́мку про (З); (за)пропонува́ти; **~ion** [-ʃən] підка́зування; пора́да; пропози́ція; на́тяк; **~ive** [-iv] □ що нашто́вхує на ро́здуми; споку́сливий; двозна́чний.
suicide ['sjuisaid] самовби́вця *m/f*; самогу́бство.
suit [sju:t] **1.** проха́ння; набі́р; (*a.* ~ of clothes) костю́м; (картко́ва) масть *f*; J по́зов; **2.** *v/t.* пристосо́вувати [-сува́ти] (to, with до P); відповіда́ти (Д); задовольня́ти [ни́ти]; бу́ти (будь-кому́) до лиця́ (*a.* with a p.); влашто́вувати [-тува́ти]; підхо́дити [підійти́] (Д); **~ed** підхо́жий; *v/i.* годи́тися; **~able** ['sju:təbl] □ підхо́жий; відпові́дний; **~-case** валі́за; **~e** [swi:t] по́чет; набі́р; Mu. сюї́та; (або́ ~ of rooms) анфіла́да кімна́т; гарніту́р (ме́блів); **~or** ['sju:tə] залиця́льник; J позива́ч; проха́ч(ка *f*) *m*.
sulk [sʌlk] 1. (на)ду́тися; бу́ти не в гу́морі; 2. **~s** [-s] *pl.* пага́ний на́стрій; **~y** ['sʌlki] □ наду́тий, похму́рий.
sullen ['sʌlən] похму́рий; серди́тий.
sully ['sʌli] *mst fig.* (за)плямува́ти.
sulphur ['sʌlfə] Ch сі́рка; **~ic** [sʌl'fjuərik] сірча́ний.
sultriness ['sʌltrinis] заду́ха, спе́ка.
sultry ['sʌltri] □ заду́шливий, спеко́тний.
sum [sʌm] **1.** су́ма; пі́дсумок; *fig.* зміст; су́тність *f*; **~s** *pl.* арифме́тика; **2.** (*a.* ~up) Ма дода́(ва́)ти; *fig.* підвести́ пі́дсумок.

summar|ize ['sʌməraiz] підсум(о́в)ува́ти; (з)резюмува́ти; **~y** [-ri] **1.** коро́ткий; скоро́чений; J дисциплінáрний; **2.** (коро́ткий) ви́клад, резюме́ *n indecl.*

summer ['sʌmə] лі́то; **~(l)y** [-ri, -li] лі́тній.

summit ['sʌmit] верши́на (*a. fig.*); межá, верх.

summon ['sʌmən] склика́ти [скли́кати] (збо́ри і т.ін.); J виклика́ти [ви́кликати] (до су́ду); приз(и)ва́ти; **~s** [-z] ви́клик (до су́ду); судо́ва пові́стка; Ml пропози́ція зда́тися.

sumptuos ['sʌmptjuəs] розкі́шний; пи́шний.

sun [sʌn] **1.** со́нце; **2.** со́нячний; **3.** грі́ти(ся) на со́нці; **~burn** ['sʌnbə:n] засмáга.

Sunday ['sʌndi] неді́ля.

sun|-dial со́нячний годи́нник; **~-down** *Am.* за́хід.

sundries ['sʌndriz] *pl.* уся́ка вся́чина; C рі́зні витра́ти *f/pl.*

sung [sʌŋ] *p. pt.* від sing.

sun-glasses *pl.* те́мні окуля́ри *m/pl.*

sunk [sʌŋk] *p. pt.* від sink.

sunken [sʌŋkən] *fig.* запа́лий.

sun|ny ['sʌni] □ со́нячний; **~rise** схід со́нця; **~set** за́хід (со́нця); **~shade** парасо́ль(ка) від со́нця; **~shine** со́нячне сві́тло; in the ~ на со́нці; **~stroke** Me со́нячний уда́р; **~up** [sʌnʌp] *Am.* схід со́нця.

sup [sʌp] (по)вече́ряти.

super ... ['sju:pə] *pref.*: пере..., пре...; зверх...; над...; супер...; **~abundant** [sju:pərə'bʌndənt] □ бага́тий; **~annuate** [sju:pə'rænjueit] переводи́ти на пе́нсію; fig. здава́ти в архі́в; **~d** старе́зний; застарі́лий.

superb [sju'pə:b] розкі́шний, прекра́сний.

super|charger ['sju:pətʃɑ:dʒə] E нагніта́ч; **~cilious** [sju:pə'siliəs] □ зарозумі́лий; **~ficial** [sju:pəfiʃəl] □ поверхне́вий; **~fine** ['sju:pə'fɑin] надмі́рно ви́тончений; ви́щого гату́нку; **~fluity** бага́тство, на́длишок; надмі́рність *f*; **~fluous** [sju'pə:fluəs] □ надмі́рний; **~heat** [sju:pə'hi:t] E перегрі́(ва́)ти; **~intend** [sju:prin'tend] наглядáти за (O); заві́дувати (O); **~intendent** [-ənt] нагляда́ч; заві́дуючий; кербу́д (керу́ючий буди́нком).

superior [sju'piəriə] **1.** □ ви́щий; ста́рший (по чи́ну); кра́щий; прекра́сний; що переве́ршує (to З); **2.** ста́рший, нача́льник; *eccl.* настоя́тель *m*, (*mst* lady ~) ігу́меня *f*; **~ity** [sjupiɔri'ɔriti] ви́щість *f*.

super|lative [sju'pə:lətiv] **1.** □ найви́щий; найбі́льший; **2.** найви́щий сту́пінь *m*; **~numerary** [sju:pə'nju:mərəri] **1.** понадшта́тний; **2.** понадшта́тний працівни́к; *thea.* стати́ст; **~scription** [sju:pə'skripʃən] на́пис; **~sede** [-si:d] заміня́ти [-ни́ти]; витісня́ти [ви́тіснити]; *fig.* обганя́ти [обігна́ти]; **~stition** [-'stiʃən] забобо́н; **~stitious** [-'stiʃəs] забобо́нний; **~vene** ['sju:pə'vi:n] дода́(ва́)тися; несподі́вано виника́ти; **~vise** ['sju:pəvaiz] нагляда́ти за (O); **~vision** [sju:pə'viʒən] на́гляд; **~visor** ['sju:pəvaizə] нагляда́ч.

supper ['sʌpə] вече́ря; the (Lord's) ♣ та́йна вече́ря.

supplant [sə'plɑ:nt] витісня́ти [ви́тіснити] (З).

supple ['sʌpl] гнучки́й; підда́тливий.

supplement **1.** ['sʌplimənt] допо́внення; дода́ток; **2.** [-'ment] допо́внювати [-нити]; **~al** [sʌpli'mentl] □, **~ary** [-təri] додатко́вий.

suppliant ['sʌpliənt] проха́ч(ка).

supplicat|e ['sʌplikeit] блага́ти (for про М); **~ion** [sʌpli'keiʃən] блага́ння; проха́ння.

supplier [sə'plaiə] постача́льник (ниця).

supply [sə'plɑi] **1.** постача́ти [поста́чити] (with O); постача́ти [поста́чити]; доставля́ти [-ста́вити]; відшколо́вувати [-дува́ти]; замі́щувати [-істи́ти]; **2.** постача́ння; запа́с; тимчасо́вий засту́пник; *pl.* продово́льство; припа́с; C пропонува́ння; *mst pl. parl.* асигнува́ння *n/pl.* (стве́рджені парла́ментом).

support [sə'pɔ:t] **1.** підтри́мка; опо́ра; **2.** підпира́ти [-пе́рти]; підтри́м(ув)ати; утри́м(ув)ати (роди́ну і т. ін.).

suppose [sə'pouz] припуска́ти [-сти́ти]; вважа́ти; F ~ we do so? а якщо ми це зро́бимо?.

supposed [sə'pouzd] передба́чуваний; **~ly** [-zidli] здо́гадно; ні́бито.

supposition [sʌpə'ziʃən] припу́щення.

suppress [sə'pres] приду́шувати [-ши́ти]; забороня́ти [-нити] (газе́ту); стри́м(ув)ати (сміх, гнів і т. п.); **~ion** [sə'preʃən] приду́шення і т. д.

suppurate ['sʌpjuəreit] гнóїтися.

suprem|acy [sju'preməsi] перева́га; верхо́вна вла́да; **~e** [sju'pri:m] □ верхо́вний; ви́щий; кра́йній.

surcharge [sə:'tʃɑ:dʒ] **1.** перевантáжувати [-жити]; **2.** ['sə:tʃa:dʒ] перевантáження; перепла́та, доплáта (за лист і т. ін.); штраф, пеня́.

sure [ʃuə] □ *com.* вíрний; впéвнений; безпéчний; надíйний; to be ~! *Am.* ~! безумóвно, звичáйно; **~ly** [ʹʃuəli] безсумнíвно; напéвне; **~ty** [-ti] порýка; поручи́тель *m*.

surf [sə:f] прибíй.

surface [ʹsə:fis] **1.** повéрхня; **2.** поверхнéвий.

surfeit [ʹsə:fit] **1.** надмíрність; переси́чення; **2.** переси́чувати(ся) [-и́тити(ся)]; переїдáти [переї́сти] (on P).

surge [sə:dʒ] **1.** хви́ля; **2.** здіймáтися (про хви́лі); *fig.* (з)хвилювáтися.

surg|eon [ʹsə:dʒen] хірýрг; **~ery** [ʹsə:dʒəri] хірургíя; хірургíйний кабінéт.

surgical [ʹsə:dikəl] □ хірургíйний.

surly [sə:li] □ похмýрий; грýбий.

surmise [ʹsə:maiz] **1.** припýщення, здóгадка; **2.** [sə:ʹmaiz] припускáти [-сти́ти].

surmount [sə:ʹmaunt] (по)долáти, перебóрювати [-рóти].

surname [ʹsə:neim] прíзвище; прíзвисько.

surpass [sə:ʹpɑs] переганя́ти [-гнáти]; перевéршувати [-шити]; **~ing** [-ін] чудóвий.

surplus [ʹsə:pləs] **1.** надли́шок; зáлишок; **2.** зáйвий; додаткóвий.

surprise [səʹpraiz] **1.** здивувáння; несподíванка, сюрпри́з; *attr.* несподíваний; Ml раптóвий; **2.** зди-в(óв)увáти; захóплювати зненáцька.

surrender [səʹrendə] **1.** здáча; капітуля́ція; **2.** *v/t.* здá(вá)ти; відмовля́тися [відмóвитися] від (P); *v/i.* здá(вá)тися (*a.* ~ o. s.).

surround [səʹraund] отóчувати [-чи́ти]; **~ing** [-iŋ] що отóчує; **~ings** [-iŋz] *pl.* óколиці *f/pl.*

surtax [ʹsə:tæks] додаткóвий подáток.

survey [sə:ʹvei] **1.** оглядáти [огля́нути]; *surv.* межувáти; **2.** [ʹsə:vei] пóгляд; *fig.* обстéження; *surv.* межувáння; *attr.* оглядóвий; **~or** [sə:ʹveiə] землемíр; *Am.* інспéктор.

surviv|al [səʹvaivəl] виживáння; пережи́ток; **~e** [səʹvaiv] *v/t.* пережи́(вá)ти; виживáти пíсля (P); *v/i.* залишáтися живи́м; вижи́(вá)ти; **~or** [-ə] яки́й лиши́вся живи́м.

susceptible [səʹseptəbl] □ сприйня́тливий (to до P); урáзливий; be ~ of припускáти [-сти́ти] (З).

suspect [səsʹpekt] **1.** підóзрювати; запідóзрювати [-рити] (of у M); (за)сумнівáтися в (достемéнності і т. ін.); вважáти; **2.** підозрíлий; підóзрюваний.

suspend [səsʹpend] вíшати [повíсити]; припиня́ти [-ни́ти]; відкладáти [-лáсти]; тимчасóво припиня́ти; **~ed** підвісни́й; **~ers** [-əz] *pl. Am.* піжтя́жки *f/pl.*; підв'я́зки *f/pl.*

suspens|e [səsʹpens] напрýжена увáга; стан невідóмості; be in ~ бýти неви́рішеним; **~ion** [səsʹpenʃən] підвíшування; припи́нення; тимчасóва відстáвка; **~bridge** вися́чий міст.

suspici|on [səsʹpiʃən] підóзра; **~ous** [-əs] □ підозрíлий.

sustain [səsʹtein] підпирáти [підпéрти]; підтри́м(ув)ати; підтвéрджувати [-дити]; витри́мувати [ви́тримати]; винóсити [ви́нести]; зазнá(вá)ти.

sustenance [ʹsʌstinəns] ї́жа; зáсоби до існувáння.

svelte [svelt] струнки́й.

swab [swɔb] **1.** швáбра; Me мазóк; **2.** (*a.* ~down) ми́ти швáброю.

swaddle [ʹswɔdl] спови́(вá)ти; swaddling clothes *pl.* пелюшки́ *f/pl.*

swagger [ʹswægə] величáтися; хизувáтися; (по)хвали́тися.

swallow [ʹswɔlou] **1.** *zo.* лáстівка; ковтóк; **2.** ковтáти; прокóвтувати [-тнýти].

swam [swæm] *pt.* від swim.

swamp [swɔmp] **1.** болóто; драговинá; **2.** затóплювати [-пи́ти], зали́(вá)ти; **~y** [ʹswɔmpi] болоти́стий.

swan [swɔn] лéбідь *m* (*poet. a. f*).

swap [swɔp] F **1.** обмíнювати(ся) [-ня́ти(ся)]; (по)міня́ти; **2.** óбмін.

sward [swɔ:d] газóн, дéрен.

swarm [swɔ:m] **1.** рій (бджіл); табýн (птиць); нáтовп; **2.** роїтися (про бджіл); кишíти (with O).

swarthy [ʹswɔ:ði] смагля́вий.

swash [swɔʃ] плескáти [плеснýти]; плескáтися.

swath [swɔ:θ] Ac прокíс.

swathe [sweið] (за)бинтувáти; закýт(ув)ати.

sway [swei] **1.** коливáння; качáння; вплив; **2.** гойдáти(ся) [гойднýти(ся)]; коливáтися [-внýтися]; мáти вплив на (З); владувáти над (О).

swear [swεə] [*irr.*] (по)кля́стися (by O); примýшувати покля́стися (to у M); *b. s.* (ви́)лáятися.

sweat [swet] **1.** піт; потíння; **2.** [*irr.*] *v/i.* (с)пітнíти; викóнувати важкý

S

робо́ту; *v/t.* приму́шувати поті́ти; експлуатува́ти; виділя́ти [ви́ділити] (воло́гу); **~y** ['sweti] спітні́лий.

Swede [swi:d] шве́д(ка).

Swedish ['swi:diʃ] шве́дський.

sweep [swi:p] **1.** [*irr.*] мести́, підміта́ти [-мести́]; (по)чи́стити; проно́ситися [-нести́ся] (*a.* ~ past, along); *fig.* зва́блювати [-бити] (*a.* ~ along); Ml обстрі́лювати [-ля́ти]; **2.** підміта́ння; ро́змах; по́мах; сажотру́с; make a clean ~ (of) позбу́(ва́)тися (P); **~er** ['swi:pə] мітля́р; **~ing** ['swi:piŋ] □ стрімки́й; широ́кий, розло́жистий; огу́льний; **~ings** [-z] *pl.* смі́ття́.

sweet [swi:t] **1.** □ соло́дкий; сві́жий; запашни́й; ми́лий; have s ~ tooth бу́ти солоді́йкою; **2.** цуке́рка; **~s** *pl.* со́лодощі *f/pl.*, ла́сощі *f/pl.*; **~en** ['swi:tn] підсоло́джувати [-оди́ти]; **~heart** улю́блений, коха́на; **~ish** ['swi:tiʃ] солодкува́тий; **~meat** цуке́рка; **~ness** ['swi:tnis] соло́дкість *f.*

swell [swel] **1.** [*irr.*] *v/i.* опу́х(а́)ти; розду́(ва́)тися; набрякáти [-ря́кнути]; нароста́ти [нарости́] (про звук); *v/t.* розду́(ва́)ти; збі́льшувати [-шити]; **2.** F чепурни́й; шика́рний; розкі́шний; **3.** опу́клість *f*; пухли́на; Sh ме́ртва хви́ля; F чепуру́н; сві́тська люди́на; **~ing** ['sweliŋ] о́пух.

swelter ['sweltə] знемага́ти від спеко́ти.

swept [swept] *pt.* і *p. pt.* від sweep.

swerve [swə:v] **1.** відхиля́тися від прямо́го шляху́; (ра́птом) зверта́ти вбік; **2.** відхи́лення *f.*

swift [swift] □ швидки́й, прудки́й; **~ness** ['swiftnis] пру́дкість *f.*

S

swill [swil] **1.** поми́ї *m/pl.*; пі́йло; **2.** прополі́скувати [-лоска́ти]; (ви́)хлебта́ти.

swim [swim] **1.** [*irr.*] пла́вати, [по]пливти́; переплив(а́)ти́; my head ~s у ме́не голова́ па́морочиться; 2. пла́вання; be in the ~ бу́ти в ку́рсі спра́ви.

swindle ['swindl] **1.** обма́нювати [-ну́ти], одду́рювати [-ри́ти]; обма́н, оду́рювання.

swine [swɑin] (*sg. mst fig.*) свиня́; сви́ні *f/pl.*

swing [swiŋ] **1.** [*irr.*] гойда́тися [-дну́тися]; (по)колива́ти(ся); розма́хувати (рука́ми); дри́гати (нога́ми); висі́ти; бу́ти пові́шеним; **2.** гойда́ння, колива́ння; розма́х; по́мах; ритм; го́йдалка; in full ~ у по́вному ро́зпалі; **~-door** две́рі, які відчиня́ються у будь-яки́й бік.

swinish ['swɑiniʃ] □ сви́нський.

swipe [swaip] **1.** ударя́ти з плеча́; **2.** удар наві́дмах.

swirl [swə:l] **1.** кружля́ти у водокру́ті; клубочи́ти; **2.** водокру́т; круті́ння; ви́хор.

Swiss [swis] **1.** швейца́рський; **2.** швейца́рець (-рка *f*) *m*; the ~ *pl.* швейца́рці *m/pl.*

switch [switʃ] **1.** рі́зка; Rr стрі́лка; Ee вимика́ч; фальши́ва коса́; **2.** хльо́скати [-снути]; Rr маневрува́ти; Ee перемика́ти [-мкну́ти] (often ~ over) (*a. fig.*); *fig.* переміня́ти на́прямок (P); ~ on Ee вмика́ти [увімкну́ти]; ~ off вимика́ти [ви́мкнути]; **~-board** Ee комута́тор.

swollen ['swoulən] **p. pt.** від swell.

swoon [swu:n] **1.** неприто́мність *f*; **2.** знеприто́мніти.

swoop [swu:p] **1.** (*a.* ~ down), ки́датися [ки́нутися] униз (на здо́бич і т. ін.); наліта́ти [налеті́ти] (on на З); **2.** налі́т, несподі́ваний на́пад.

sword [sɔ:d] шпа́га; меч.

swordsman [sɔdzmən] фехтува́льник.

swore [swɔ:] *pt.* від swear.

sworn [swɔ:n] *p. pt.* від swear.

swum [swʌm] *p. pt.* від swim.

swung [swʌŋ] *pt.* і *p. pt.* від swing.

sycophant ['sikofənt] підле́сник.

syllable ['siləbl] склад.

symbol ['simbəl] си́мвол, емблéма; знак; **~ig** (**~al** □) [sim'bɔlik, -əl] символі́чний; **~ism** ['simbəlizm] символі́зм.

symmetr|ical [si'metrikəl] □ симетри́чний; **~y** ['simitri] симе́трія.

sympath|etic [simpə'θetik] (**~ally**) співчутли́вий; симпати́чний; ~ strike страйк соліда́рності; **~ize** ['simpəθaiz] (по)співчува́ти (with Д); симпатизува́ти (with Д); **~y** [-θi] співчуття́ (with до P); симпа́тія (for до P).

symphony ['simfəni] симфо́нія.

symptom ['simptəm] симпто́м.

synchron|ize ['siŋkrənaiz] *v/i.* співпада́ти за ча́сом; *v/t.* синхронізува́ти *(im)pf.*; устано́влювати одноча́сність (поді́й); звіря́ти [зві́рити] (годи́нники); **~ous** [-nəs] □ синхро́нний.

syndicate **1.** ['sindikit] синдика́т; **2.** [-keit] синдикува́ти *(im)pf.*

synonym ['sinənim] сино́нім; **~ous** [si'nɔniməs] синоні́мічний.

synopsis [si'nɔpsis] консп́ект; сино́псис.

synthe|sis ['sinθisis] си́нтез; **~tic** (**al** □) [sin"θetik, -tikəl] синтети́чний.

syringe ['sirindʒ] **1.** шприц; **2.** спринцовáти.
syrup ['sirəp] сирóп; пáтока.
system ['sistim] систéма; **~atic** [sistə'mætik] (**~ally**) систематѝчний.

T

tab [tæb] вíшалка; петéлька; Ml петлѝця (на кóмірі).
table ['teibl] **1.** стíл; товарѝство за столóм; плитá; дóщечка; таблѝця; тáбель *m*; ~ of contents змíст; **2.** клáсти на стíл; представля́ти [-áвити] (пропозѝцію і т. ін.); **~-cloth** скатертѝна; **~-spoon** столóва лóжка.
tablet ['tæblit] дóщечка; блокнóт; таблéтка; шматóк (мѝла і т. ін.).
taboo [tə'bu:] **1.** табý *n indecl.*; заборóнення, заборóна; **2.** піддавáти табý; забороня́ти [-нѝти]; **3.** заборóнений.
tabulate ['tæbjuleit] розмíщувати у вѝгляді таблѝць.
tacit ['tæsit] □ мовчазнѝй (про згóду і т. ін.); що мáється на увáзі; **~urn** ['tæsitə:n] □ мовчазнѝй, неговіркѝй.
tack [tæk] **1.** цвяшóк з велѝкою голóвкою; кнóпка (канцеля́рська); стібóк; Sh галс; *fig.* політѝчна лíнія; **2.** *v/t.* прикріплювати цвяшкáми або кнóпками; метáти [зметáти]; приéднувати [-нáти], дод(ав)áти (to, on до P); *v/i.* Sh повертáти на íнший галс; *fig.* змíнювати політѝчний курс.
tackle ['tækl] **1.** прилáддя *n/pl.*; снасть *f*; E, Sh тáлі *m/pl.*; **2.** енергíйно брáтися за (З); бѝтися над (О).
tact [tækt] такт, тактóвність *f*; **~ful** ['tæktful] □ тактóвний.
tactics ['tæktiks] тáктика.
tactless ['tæktlis] □ нетактóвний.
taffeta ['tæfitə] тафтá.
tag [tæg] **1.** ярличóк, етикéтка; вýшко (чóбота); *fig.* заялóжена фрáза; **2.** прикріплювати ярлѝк, вýшко до (P).
tail [teil] **1.** хвіст; косá (волóсся); полá, фáлда; зворóтний бік (монéти); **2.** *v/t.* приробля́ти хвіст; відтинáти хвіст (цуценя́т); вистéжувати [вѝстежити]; *v/i.* тягтѝся дóвгою верéвчкою; ~ off відст(ав)áти; **~-coat** фрак; ~ light *mot.*, Rr зáдній ліхтáр; A хвостовѝй вогóнь *m*.
tailor ['teilə] **1.** кравéць *m*; **2.** кравцювáти; зшѝ(вá)ти; **~-made** зшѝтий на замóвлення.
taint [teint] **1.** порóк; ганéбна пля́ма; зарáза; зіпсóваність *f*; **2.** заплямувáти; (зі)псувáти(ся); Me заражáтися [заразѝтися].
take [teik] **1.** [*irr.*] *v/t.* брáти [взя́ти]; приймáти [-йня́ти]; (з')íсти, (вѝ)пѝти; займáти [зайня́ти] (мíсце); *phot.* знімáти [зня́ти]; заб(и)рáти (час); I ~ it that я дýмаю, що...; ~ the air вихóдити на повíтря; A відлітáти [-летíти]; ~ fire загоря́тися [-рíтися]; ~ in hand брáтися [взя́тися] за (З), поч(ин)áти; ~ pity on зглянутися *pf.* на (P); ~ place трапля́тися [трáпитися], відбý(вá)тися; ~ rest відпочѝ(вá)ти; ~ a seat сідáти [сíсти]; ~ a view вислóвлювати свою тóчку зóру; ~ a walk [по]гуля́ти, прогýлюватися [-ля́тися]; ~ down знімáти [зня́ти]; запѝсувати [-сáти]; ~ for вважáти *(im.)pf.* за (З); ~ from брáти [взя́ти] у (P); віднімáти [-ня́ти] у (P) or від (P); ~ in обмáнювати [-нýти]; приймáти [-йня́ти] (гóстя); отрѝм(ув)áти (газéту і т. ін.); ~ off знімáти [зня́ти] (óдяг); ~ out виймáти [вѝйняти]; ~ to pieces розбирáти [розібрáти] (на частѝни); ~ up брáтися [взя́тися] за (З); займáти [зайня́ти] заб(и)рáти (мíсце, час); **2.** *v/i.* впливáти [вплѝнути]; мáти ýспіх; ~ after скидáтися на (З); ~ off змéншуватися [-шитися]; A злітáти [злетíти]; відірвáтися від землí; ~ over приймáти посáду (from від P); ~ to захóплюватися [-пѝтися] (О); причепѝтися до (P) *pf.*; that won't ~ with me цим менé не вíзьмеш; **3.** улóв (рѝби); (театрáльний) збір; **~s** *pl.* баришí *m/pl.*; **~n** ['teikən] *p.pt.* від take; be ~ ill захвóрювати [-рíти]; **~-off** ['tei'kɔf] карикатýра; наслíдування; A зліт.
taking ['teikiŋ] **1.** □ привáбливий; зарáзний; **2.** **~s** [-z] *pl.* J баришí *m/pl.*
tale [teil] оповідáння, пóвість *f*; вѝгадка; плíтка.

T

talent ['tælənt] талáнт; **~ed** [-id] талановúтий.
talk [tɔ:k] 1. розмóва; бéсіда; чýтка; 2. (по)говорúти; розмовлятú; (по)гомонíти; (на)пліткувáти; **~ative** ['tɔ:kətiv] балакýчий; **~er** ['tɔ:kə] балакýн(-ýха); співбесíдник (-иця).
tall [tɔ:l] висóкий; F неймовíрний; ~ order надмíрна вимóга; ~ story *Am.* F небилúця, вúгадка.
tallow ['tælou] тóплене сáло (для свічóк).
tally ['tæli] 1. бúрка; кóпія, дублікáт; розпізнавáльний ярлúк; 2. відзначáти [-нáчити]; підрах(óв)увáти; відповідáти (with Д).
tame [teim] 1. □ ручнúй, прирýчений; покíрний; пасúвний; нуднúй; 2. приручáти [-чúти]; упокóрювати [-рити].
tamper ['tæmpə]: ~ with втручáтися [втрýтитися] у (З); невмíло возúтися з (О); підробляти [-бúти] (З); намагáтися підкупúти (В).
tan [tæn] 1. загáр; корá, товчéна дубóва корá; 2. рудувáто-корúчневий; 3. вичинятú [вúчинити] (шкíру); загорятú.
tang [tæŋ] різкúй прúсмак; налíт.
tangent ['tændʒənt] Ма тáнгенс; go (*a.* fly) off at a ~ раптóво відхилятися (від тéми і т. ін.).
tangible ['tændʒəbl] □ відчýтний.
tangle ['tæŋgl] 1. плутанúна, безлáддя; 2. заплýт(ув)ати(ся).
tank [tæŋk] 1. цистéрна; бак; Ml танк, *attr.* тáнковий; 2. наливáти в бак.
tankard ['tænkəd] висóкий кýхоль *m*.
tannery ['tænəri] шкірянúй завóд.
tantalize ['tæntəlaiz] замýчувати [-чити], вимýчувати [вúмучити].
tantrum ['tæntrəm] F спáлах лю́ті *абó* роздратувáння.
tap[1] [tæp] 1. втýлка, кран; F ґатýнок, сорт, мáрка (напóю); 2. уставлятú кран в дíжку; робúти прокóл (для випускáння рідинú) у (хвóрого); робúти надрíз (на дéреві для одéржання сóку); випрóшувати грóші у (Р).
tap[2] [~] 1. (по)стýкати; ляскати [-снути]; 2. легкúй стýкіт; шльопанéць; **~-dance** чечíтка.
tape [teip] тасьмá; *sport* фíнішна стрíчка; телеграфна стрíчка; red ~ бюрократúзм, канцелярщина; **~-measure** ['teipmeʒə] рулéтка.
taper ['teipə] 1. тонкá восковá свíчка; 2. *adj.* що звýжується; конíчний; 3. *v/i.* вýжчати, звýжуватися; *v/t.* загóстрювати [-рúти].
tape-recorder ['teiprikɔ:də] магнітофóн.
tapestry ['tæpistri] гобелéн.
tapeworm ['teipwəm] Ме солітéр.
tap-room ['tæprum] пивнá, бар.
tar [tɑ:] 1. дьóготь *m*, смолá; 2. обмáзувати дьóгтем; (об)смóлити.
tardy ['tɑ:di] □ забáрливий; запізнíлий, пíзній.
tare[1] [tɛə] тáра; знúжка на тáру.
tare[2] [~] В посівнá вúка.
target ['tɑ:git] ціль *f*; мішéнь *f* (*a. fig.*); ~ practice стрільбá по мішéнях.
tariff ['tærif] тариф.
tarnish ['tɑ:niʃ] 1. *v/t.* позбавлятú лúску (метáл); *fig.* (з)ганьбúти; *v/i.* (по)тьмянíти (про метáл); 2. тьмяність *f*; *fig.* плями.
tarry[1] ['tæri] барúтися; ~ for чекáти (на З or Р), очíкувати (Р).
tarry[2] ['tɑ:ri] вúмащений дьóгтем.
tart ['tɑ:t] 1. солóдка ватрýшка; 2. кúслий, терпкúй, їдкúй; *fig.* різкúй, колю́чий.
task [tɑ:sk] 1. задáча, урóк; take to ~ заклuкáти до вíдповіді; вичúтувати [вúчитати]; 2. давáти завдáння; обтяжувати [-жити], перевантáжувати [-жити].
tassel ['tæsl] кúтиця (прикрáса).
taste [teist] 1. смак; схúльність *f* (for до Р); прóба; 2. (по)куштувáти, (с)куштувáти; *fig.* випрóб(óв)увати; ~ sweet бýти солóдким на смак; **~ful** ['teistful] □ (зрóблений) із смáком; **~less** [-lis] □ позбáвлений смакý.
tasty ['teisti] □ F смачнúй; приéмний.
tatter ['tætə] 1. знóшувати(ся) в лахмíття; рвáти(ся) на шматкú; 2. **~s** *pl.* лахмíття *n/pl.*; клáпті *m/pl.*
tattle ['tætl] 1. балаканúна; 2. (по)балáкати; (по)пліткувáти.
tattoo [tə'tu:] Ml сигнáл вечíрньої зорí; татуювáння; 2. татуювáти *(im)pf.*
taught [tɔ:t] *pt.* і *p.pt.* від teach.
taunt [tɔ:nt] 1. насмíшка, "шпúлька"; 2. казáти ущúпливі словá (Д); глузувáти.
taut [tɔ:t] Sh тýго натягнений; цілкóм спрáвний (про корабéль).
tavern ['tævən] тавéрна.
tawdry ['tɔ:dri] □ мішýрний; позбáвлений смакý.
tawny ['tɔ:ni] рудувáто-корúчневий.
tax [tæks] 1. подáток (on на З); *fig.* напрýження; тягáр; випрóбування; 2. обкладáти подáтком; J таксувáти *(im)pf.*; визначáти рóзмір (вúтрат, штрáфу і т. ін); надмíрно на-

прýжувати (сúли); піддавáти випрóбуванню; ~ a p. with a th. звинувáчувати [-áтити] будь-когó у будь-чóму; ~ation [tæk'seiʃn] оподаткувáння; стя́гнення подáтків; J таксáція.
taxi ['tæksi] **1.** = ~-cab таксí *n indecl.*; **2.** їхати в таксí; A рулúти.
taxpayer [tækspeiə] плáтник подáтків.
tea [ti:] чай.
teach [ti:tʃ] [*irr.*] (на)вчúти, навчáти [-чúти]; викладáти; ~**able** ['ti:tʃəbl] □ здíбний до навчáння; тямýщий; ~**er** ['ti:tʃə] вчúтель(ка *f*) *m*; викладáч(ка).
team [ti:m] зáпряг (кóней і т. ін.); *sport.* комáнда; бригáда, артíль *f* (робітникíв); ~**ster** ['ti:mstə] візнúк; ~-**work** спíльна робóта; узгóджена робóта.
teapot ['ti:pɔt] чáйник (для завáрки).
tear¹ [tɛə] **1.** [*irr.*] дірá, розпíрка; **2.** (по)рвáти(ся); розривáти(ся) [розірвáти(ся)]; *fig.* роздирáти(ся); (по)мчáти.
tear² [tiə] сльозá (*pl.* сльóзи).
tearful ['tiəful] □ слізлúвий; пóвний сліз (про óчі).
tease [ti:z] **1.** задирáка *m/f;* любúтель дражнúти; **2.** F чіплятися до (P); дражнúти; присíкуватися до (P).
teat [ti:t] сосóк.
technic|al ['teknikəl] □ технíчний; ~**ality** [tekni'kæliti] технíчний бік спрáви; технíчна детáль *f*; ~**ian** [tek'niʃn] тéхнік.
technique [tek'ni:k] тéхніка.
technology [tek'nɔlədʒi] технолóгія; технíчні наýки *f/pl.*
tedious ['ti:diəs] □ нуднúй, стóмливий.
tedium ['ti:diəm] нудьгá.
tee [ti:] мішéнь *f* (у грі); мíтка для м'ячá (у гóльфі).
teem [ti:m] рясніти, кишíти (with O).
teens [ti:nz] *pl.* вік від тринáдцяти до дев'ятнáдцяти рóків.
teeth [ti:θ] *pl.* від tooth; ~**e** [ti:ð]: the child is teething у дитúни рíжуться зýби.
teetotal(l)er [ti:'toutlə] непитýщий.
telegram ['teligræm] телегрáма.
telegraph ['teligrɑ:f] **1.** телегрáф; **2.** телеграфувáти *(im)pf.*; **3.** *attr.* телегрáфний; ~**ic** [teli'græfik] телегрáфний; ~**ically** (передáти) по телегрáфу; ~**y** [ti'legrəfi] телеграфíя.
telephon|e ['telifoun] **1.** телефóн; **2.** телефонувáти *(im)pf.*; ~**ic** [teli'fɔnik] (~ally) телефóнний; ~**y** [ti'lefəni] телефонíя; телефонувáння.
telephoto ['teli'foutou] *phot.* телефотогрáфія.
telescope ['teliskoup] **1.** телескóп; **2.** складáти(ся) [склáсти(ся)] подíбно до телескóпа; врізáтися одúн в óдного (про вагóни під час авáрії).
televis|ion ['teli'viʒən] телебáчення; ~**or** [-vaizə] телевíзор.
tell [tel] [*irr.*] *v/t.* говорúти [сказáти]; розповідáти [-вістú]; запевня́ти [запéвнити]; відрізня́ти [-нúти]; ~ a p. to do a th. велíти комý-нéбудь щó-нéбудь робúти; ~ off F (вú)лáяти, (вú)шпéтити; *v/i.* відбú(вá)тися; виділя́тися [вúділитися]; розповідáти [-вістú] (about про M); ~**er** ['telə] оповíдач; касúр (в бáнку); ~**ing** ['teliŋ] □ промóвистий, багатознáчний; ~**tale** ['telteil] пліткáр(ка); базíка *m/f*; донóщик (-иця); E попереджувальний сигнáльний прúстрій.
temper ['tempə] **1.** стрúм(ув)ати; зм'я́кшувати [-шити]; E відпускáти [-стúти]; (за)гартувáти (*a. fig.*); **2.** харáктер; нáстрій; роздратувáння, гнів; E вíдпуск (метáлу); ~**ament** [-rəmənt] темперáмент; ~ **amental** [tempərə'mentl] темперáментний; ~**ance** ['tempərəns] помірковáність *f*; ~**ate** [-rit] □ помірковáний, стрúманий; ~**ature** ['tempritʃə] температýра.
tempest ['tempist] бýря; ~**uous** [tem'pestjuəs] □ бурхлúвий, бýйний; шалéний.
temple ['templ] храм; *anat.* скрóня.
tempor|al ['tempərəl] □ тимчасóвий; мирськúй, світськúй; ~**ary** [-rəri] □ тимчасóвий; ~**ize** [-raiz] намагáтися вúграти час; пристосóвуватися до обстáвин.
tempt [tempt] випробóвувати [вúпробувати], спокушáти [-усúти]; звáблювати [-бити], привáблювати [-бити]; ~**ation** [temp'teiʃn] спокýса, звáба; ~**ing** [-tiŋ] □ спокýсливий, привáбливий.
ten [ten] **1.** дéсять; **2.** деся́ток.
tenable ['tenəbl] міцнúй; Ml обороноспромóжний.
tanaci|ous [ti'neiʃəe] □ упéртий; настúрливий; чіпкúй; в'язкúй; ~**ty** [ti'næsiti]; настúрливість *f*, чíпкість *f*; стíйкість *f*; упéртість *f*.
tenant ['tenənt] наймáч(ка); орендáр, жúтель(ка *f*) *m*.
tend [tend] *v/i.* мáти схúльність *f* (to до P); хилúтися; (по)прямувáти; *v/t.* (по)турбувáтися про (З); ходúти за (О); доглядáти [-я́нути] (З); E

обслуг(ов)увати; ~**ance** ['tendəns] доглядання (of за О); догляд (of за О); ~**ency** [-si] тенденція; схильність *f*.
tender ['tendə] **1**. □ *com.* ніжний; м'який, слабий (про здоров'я); чутливий; ласкавий; чуйний; **2**. (офіційна) пропозиція; заявка (*part.* С); Rr тендер; Sh посильне судно; плавуча база; legal ~ законний платіжний засіб; **3**. (за)пропонувати; под(ав)ати (документи); F складати (подяку), просити (пробачення); ~**foot** F новачок; ~**ness** [-nis] ніжність f.
tendon ['tendən] *anat.* сухожилля.
tendril ['tendril] В вусик.
tenement ['tenimənt] квартира, яку наймають; ~ house багатоквартирний будинок.
tenor ['tenə] Mu тенор; плин, напрям; звичай; загальний зміст (промови і т. ін.).
tens|e [tens] **1**. *gr.* час; **2**. □ натягнутий; збуджений; напружений; ~**ion** ['tenʃn] напруга (*a.* Ee); натягнення; *pol.* напруженість *f*; натягнутість *f*.
tent[1] [tent] **1**. намет, тент; **2**. розташовувати у наметах; жити у наметах.
tent[2] [~] **1**. тампон **2**. вставляти тампон у (3).
tentacle ['tentəkl] *zo.* щупальце.
tentative ['tentətiv] □ пробний; експериментальний; ~**ly** як дослід.
tenth [tenθ] **1**. десятий; **2**. десята частина.
tenure ['tenjuə] володіння; перебування (на посаді); термін володіння.
tepid ['tepid] □ теплуватий.
term [tə:m] **1**. межа; строк; семестр; термін; Ма член; J сесія; день сплати оренди і т. ін.; ~**s** *pl.* умови; be on good (bad) ~s бути у добрих (поганих) стосунках; come to ~s дійти згоди ; **2**. висловлювати [висловити]; наз(и)вати; наймен(ов)увати.
termina|l ['tə:minl] **1**. □ заключний; кінцевий; семестровий ; **2**. кінцевий пункт; кінцевий склад; іспит у кінці семестру; Ee затискач; *Am.* Rr кінцева станція; ~**te** [-neit] кінчатися [-читися]; ~**tion** [tə:mi'neiʃn] закінчення; кінець *m*.
terminus ['tə:minəs] Rr кінцева станція.
terrace ['terəs] тераса; насип; ряд будинків; ~**d** [-t] розташований терасами.
terrestrial [ti'restriəl] □ земний; *zo.* сухопутний.
terrible ['terəbl] жахливий, страшний.
terri|fic [tə'rifik] (~ally) жахаючий; F розкішний; ~**fy** ['terifai] *v/t.* жахати [-хнути].
territor|ial [teri'tɔ:riəl] **1**. □ територіальний; земельний; ≈ Army, Force територіальна армія; **2**. Ml солдат територіальної армії; ~**y** ['teritəri] територія; область *f*; сфера.
terror ['terə] жах; терор; ~**ize** [-raiz] тероризувати *(im)pf*.
terse [tə:s] стислий, виразний (стиль).
test [test] **1**. випробування; критерій; проба; аналіз; Ch реактив; *attr.* випробуваний; пробний; **2**. піддавати випробуванню, перевірці, Ch дії реактиву.
testify ['testifai] давати свідчення, свідчити (to на користь Р, against проти Р, on про 3).
testimon|ial [testi'mounjəl] атестат; рекомендаційний лист; ~**y** ['testiməni] усне свідчення; письмове свідчення.
test-tube ['tes(t)tjub] Ch пробірка.
testy ['testi] □ запальний, дратівливий.
tether ['teðə] **1**. прив'язь *f* (тварини); come to the end of one's ~ дійти до краю; **2**. прив'язувати [-зати] (тварину).
text [tekst] текст; тема (проповіді); ~**book** підручник, посібник.
textile ['tekstail] **1**. текстильний; **2**. ~**s** *pl.* текстильні вироби *m/pl.*; тканина, текстиль.
texture ['tekstʃə] тканина; якість тканини; структура (шкіри і т.ін.).
than [ðæn, ðən] ніж; від, за, як.
thank [θæŋk] **1**. (по)дякувати (3); ~ you дякую вам; **2**. ~**s** *pl.* спасибі!; ~s to дякуючи (Д); ~**ful** ['θæŋkful] □ вдячний; ~**less** [-lis] □ невдячний; ~**sgiving** [θæŋksgiviŋ] подячний молебень *m*.
that [ðæt, ðət] **1**. *pron.* той, та, те; ті *pl.* (*a* цей і т. д.); який і т. д.; **2**. *cj.* що; щоб.
thatch [θætʃ] **1**. солом'яна або очеретяна покрівля; **2**. вкривати соломою або очеретом.
thaw [θɔ:] **1**. відлига; танення; **2**. *v/i.* (роз)танути; відтавати [відтанути]; *v/t.* розтоплювати [-пити] (сніг і т. ін.).
the [ði:; перед голосним ði; перед приголосними ðə] **1**. означений член, артикль; **2**. *adv.* ~ ... ~ ... чим ..., тим ....

викі́нчувати [ви́кінчити], поправля́ти [попра́вити] (кількома́ штриха́ми); ~ at Sh захо́дити [зайти́] у порт; ~**ing** ['tʌtʃiŋ] зворушливий; ~**stone** пробірний ка́мінь *m*, брусо́к; *fig.* про́бний ка́мінь *m*; ~**y** ['tʌtʃi] □ ура́зливий; на́дто чутли́вий.

tough [tʌf] **1**. жорстки́й; в'язки́й; пружни́й; витрива́лий; важки́й; **2**. *Am.* хуліга́н; ~**en** ['tʌfn] роби́ти(ся) жорстки́м, щі́льним і т. ін.; ~**ness** ['tʌfnis] жо́рсткість *f* і т. ін.

tour [tuə] **1**. по́дорож; турне́ *n indecl.*; тур, об'ї́зд; **2**. зді́йснювати турне́ або́ по́дорож по (М); подорожува́ти (through по М); ~**ist** ['tuərist] тури́ст (ка); ~ agency бюро́ по́дорожей.

tournament ['tuənəmənt] турні́р.

tousle ['tauzl] скуйо́вджувати [-дити], розкуйо́вджувати [-дити].

tow [tou] Sh **1**. букси́рний кана́т, трос; букси́рування; take in ~ бра́ти на букси́р; **2**. букси́рувати; тягти́ (ба́ржу) на ли́нві.

towards [tə'wɔ:dz, tɔ:dz] *prp.* (вка́зує на на́прямок до предме́та, відно́шення до ко́гось) у на́прямку до (Р); до (Р), по відно́шенню до (Р); для (Р).

towel ['tauel] рушни́к.

tower ['tauə] **1**. ба́шта; ве́жа; ви́шка; *fig.* опо́ра; **2**. височі́ти (above, over над О) (*a. fig.*).

town [taun] **1**. мі́сто; **2**. *attr.* міськи́й; ~ council міська́ ра́да; ~ hall ра́туша; ~**sfolk** ['taunzfouk], ~**speople** [-pi:pl] городя́ни *m/pl.*, ме́шканці мі́ста; ~**sman** ['taunzmən] городя́нин; співгромадя́нин, земля́к.

toxi|c(al □**)** ['tɔksik(əl)] отру́йний; ~**n** ['tɔksin] токси́н.

toy [tɔi] **1**. і́грашка; заба́ва; дрібни́чка; **2**. *attr.* іграшко́вий; **3**. гра́тися; забавля́тися; фліртува́ти; ~ book дитя́ча кни́га з малю́нками.

trace [treis] **1**. слід; ри́са; посторо́нок; **2**. (на)кре́слити; висте́жувати [ви́стежити] (З); просте́жувати [-жити] (З); (с)калькува́ти (*a. fig.*).

tracing ['treisiŋ] кре́слення на ка́льці.

track [træk] **1**. слід; путіве́ць *m*; сте́жка; бігова́ despite дорі́жка; Rr ко́лія, ре́йковий шлях; **2**. слідкува́ти за (О); просте́жувати [-жити] (З); ~ down, ~ out висте́жувати [ви́стежити] (З).

tract [trækt] тракта́т; брошу́ра; о́бшир, сму́га (землі́, води́).

tractable ['træktəbl] зго́дливий; що піддає́ться обро́бці.

tract|ion ['trækʃən] тя́га; волочі́ння; ~-**engine** ['trækʃənen(d)ʒiŋ] тяга́ч; ~**or** ['træktə] E тра́ктор.

trade [treid] **1**. профе́сія, фах; ремесло́; торгі́вля; **2**. торгува́ти (in O; with з O); обмі́нювати [-ня́ти] (for на З); ~ on використо́вувати [ви́користати]; ~ mark ['treidma:k] фабри́чна ма́рка; ~ price опто́ва ціна́; ~**r** ['treidə] торго́вець *m*; торго́ве су́дно; ~**sman** ['treidzmən] торго́вець *m*, крама́р; ремісни́к; ~(**s**)-**union** ['treid(z)'ju:njən] профспі́лка; ~-**wind** ['treidwind] Sh паса́тний ві́тер.

tradition [trə'diʃn] тради́ція; пере́каз, леге́нда; стари́й зви́чай; ~**al** □ традиці́йний.

traffic [træfik] **1**. рух (доро́жній, залізни́чний і т.ін.); торгі́вля; ~ jam зато́р доро́жнього ру́ху; **2**. торгува́ти.

traged|ian [trə'dʒi:djən] а́втор траге́дії; тра́гік; ~**y** ['trædʒidi] траге́дія.

tragic(al □**)** ['trædʒik(əl)] трагі́чний.

trail [treil] **1**. слід; сте́жка; В слабки́й па́гін; **2**. *v/t.* тягáти, (по)тягти́, (по)волокти́; іти́ по слі́ду (Р); *v/i.* тяга́тися, (по)тягти́ся, (по)волочи́тися; В (по)стели́тися, звиса́ти [-снути]; ~**er** ['treilə] *mot.* при́чіп.

train [trein] **1**. по́їзд; шлейф (су́кні); ланцю́г, ни́зка; хвіст (коме́ти, павича́); по́чет, на́товп (шанува́льників); by ~ по́їздом; **2**. вихо́вувати [ви́ховати]; привча́ти [-чити]; (на)тренува́ти(ся); Ml навча́ти [-чити]; (ви́)муштрува́ти; (ви́)дресирува́ти.

trait [treit] ри́са (обли́ччя, хара́ктеру).

traitor ['treitə] зра́дник, запро́данець *m*.

tram [træm] *s.* ~-car, ~**way**; ~-**car** ['træmka:] ваго́н трамва́я.

tramp [træmp] **1**. бродя́га *m*, бурла́ка *m*; (до́вга) по́дорож пі́шки; звук важки́х кро́ків; **2**. ва́жко ступа́ти; пле́нтатися, чвала́ти; F ту́пати; бурлакува́ти, бродя́жити; ~**le** ['træmpl] топта́ти; ва́жко ступа́ти; пригно́блювати [-бити], ути́скувати [-снути] (З); ~ down зато́птувати [-та́ти].

tramway ['træmwei] трамва́й.

trance [tra:ns] Me транс; екста́з.

tranquil ['træŋkwil] □ спокі́йний; ~**lity** [træŋ'kwiliti] спо́кій; ~**lize** ['træŋkwilaiz] заспоко́ювати(ся) [-о́їтися].

transact [træn'zækt] прово́дити [ве́сти] (спра́ву), зді́йснювати [-ни́ти]; ~**ion** [-'zækʃn] спра́ва, уго́да; ве́дення, викона́ння (спра́ви); ~**s** *pl.* пра́ці *f/pl.*, протоко́ли *m/pl.* (науко́вого товари́ства).

T

transatlantic ['trænzət'læntik] трансатланти́чний.
transcend [træn'send] переступа́ти ме́жі (Р); переве́ршувати [-рши́ти], переви́щувати [-щити].
transcribe [træns'kraib] перепи́сувати [-са́ти]; *gr.* Mu транскрибува́ти *(im)pf.*
transcript ['trænskript] ко́пія; **~ion** [træn'skripʃn] перепи́сування; ко́пія; *gr.* Mu транскри́пція.
transfer 1. [træns'fə:] *v/t.* перено́сити [-не́сти], переміщувати [-істи́ти]; перед(ав)а́ти; перево́дити [-вести́] (в і́нше мі́сто, на і́ншу робо́ту); *v/i. Am.* пересіда́ти [-і́сти]; **2.** ['trænsfə:] перене́сення; переда́ча; трансфе́рт; переве́дення; *Am.* переса́дка; **~able** [træns'fə:rəbl] на́даний з пра́вом переда́чі; що припуска́є переда́чу.
transfigure [træns'figə] видозмі́нювати [-ни́ти]; перетво́рювати [-ри́ти].
transfix [trænsfi:ks] простромля́ти [-ми́ти]; проко́лювати [-ло́ти]; **~ed** *fig.* прику́тий до мі́сця.
transform [trænsfɔ:m] перетво́рювати [-ри́ти]; **~ation** [-fə'meiʃən] перетво́рення; Ee трансформа́ція.
transfuse [træns'fju:z] перели́(ва́)ти; Me роби́ти перелива́ння (кро́ві); *fig.* перед(ав)а́ти (свій ентузіа́зм і т.ін.).
transgress [træns'gres] *v/t.* переступа́ти [-пи́ти], пору́шувати [-ши́ти] (зако́н і т.ін.); *v/i.* (со)гріши́ти; **~ion** [-'greʃn] прови́на; пору́шення (зако́ну і т.ін.); **~or** [-'gresə] (право)пору́шник(-иця); грі́шник(-иця).
transient ['trænziənt] **1.** *s.* transitory; **2.** *Am.* проїжджи́й(-джа).

T

transition [træn'siʒn] перехі́д; перехідни́й пері́од.
transitory ['trænsitəri] □ скороминущий, швидкопли́нний, короткоча́сний.
translat|e [trɑ:ns'leit] переклада́ти [-а́сти] (from з Р, into на З); *fig.* перемі́щувати [-істи́ти]; **~ion** [trɑ:ns'leiʃn] пере́клад.
translucent [trænz'lu:snt] що просві́чує; напівпрозо́рий.
transmigration [trænzm(a)i'greiʃn] пересе́лення.
transmission [trænz'miʃn] переда́ча (*a.* E) пересилка; E трансмі́сія; трансля́ція; *opt.* пропуска́ння.
transmit [trænz'mit] відправля́ти [-а́вити]; пос(и)ла́ти; надсила́ти [надісла́ти]; перед(ав)а́ти (*a. radio*); *opt.* пропуска́ти [-сти́ти]; **~ter** [-ə] передава́ч (*a. radio*); *tel.* мікрофо́н.
transmute [trænz'mju:t] перетво́рювати [-ри́ти].
transparent [træns'pɛərənt] □ прозо́рий.
transpire [træns'paiə] випаро́вуватися [ви́паруватися]; просо́чуватися [-чи́тися]; *fig.* виявля́тися [ви́явитися].
transplant [træns'plɑ:nt] переса́джувати [-ди́ти]; *fig.* переселя́ти [-ли́ти].
transport 1. [træns'pɔ:t] перево́зити [-ве́зти]; перемі́щувати [-істи́ти]; *fig.* захо́плювати [-пи́ти]; **2.** ['trænspɔ:t] тра́нспорт; переве́зення; тра́нспортний(-ні) за́сіб (-соби *m/pl.*); be in ~s нетя́митись (of від Р); **~ation** [trænspɔ:'teiʃn] переве́зення.
transpose [træns'pouz] перемі́щувати [-істи́ти]; переставля́ти [-а́вити] (слова́ і т.ін.); Mu транспонува́ти *(im)pf.*
transverse ['trænzvə:s] □ попере́чний.
trap [træp] **1.** па́стка, западня́; капка́н; **2.** розставля́ти па́стки; лови́ти у па́стку; *fig.* зама́нювати у па́стку; **~-door** ['træp'dɔ:] люк; опускні́ две́рі *pl.*
trapeze [trə'pi:z] трапе́ція.
trapper ['træpə] мисли́вець *m*, яки́й ста́вить капка́ни.
trappings ['træpiŋz] *pl.* кі́нська (пара́дна) збру́я; пара́дний мунди́р.
traps [træps] *pl.* F особи́сті ре́чі *f/pl.*; бага́ж.
trash [træʃ] мо́тлох; по́кидьки *m/pl.*; *fig.* по́гань *f*; макулату́ра (про кни́гу); дурни́ці *f/pl.*; **~y** ['træʃi] □ пога́ний, паску́дний.
travel ['trævl] **1.** *v/i.* подорожува́ти; ї́здити, (по)ї́хати; пересува́тися [-у́нутися]; поши́рюватися [-ри́тися] (про сві́тло, звук); *v/t.* об'їжджа́ти [-ї́хати]; проїжджа́ти [-ї́хати]; **2.** по́дорож; E хід; пересува́ння, рух; **~(l)er** [-ə] мандрівни́к(-ни́ця).
traverse ['trævə:s] **1.** перетина́ти [-тну́ти]; прохо́дити [пройти́] (З); **2.** попере́чка; Ar, Ml тра́верс.
travesty ['trævisti] **1.** паро́дія; ви́кривлення; **2.** пародіюва́ти; викривля́ти [ви́кривити].
trawler ['trɔ:lə] тра́льщик.
tray [trei] підно́с, та́ця; лото́к.
treacher|ous ['tretʃərəs] □ зра́дницький, підсту́пний; ненаді́йний; **~y** [-ri] зра́да *f*, підсту́пність *f*.

treacle ['tri:kl] пáтока.
tread [tred] **1.** [*irr.*] ступáти; ~ down затóптувати [-тáти]; **2.** ходá; схóдинка; *mot.* протéктор; **~le** ['tredl] педáль *f* (велосипéда); піднíжка (швáцької машúни).
treason ['tri:zn] зрáда; **~able** [-əbl] □ зрáдницький.
treasure ['treʒə] **1.** скарб; **2.** зберігáти; вúсоко цінувáти; **~r** [-rə] скарбнúк.
treasury ['treʒəri] казначéйство; скарбнúця.
treat [tri:t] **1.** *v/t.* обробляти [-бúти]; Me лікувáти; пригощáти [-остúти] (to O); звертáтися [-рнýтися] з (O); обхóдитися [обійтúся] з (O); *v/i.* ~ of мáти предмéтом, обговóрювати [-рúти] (З); ~ with вестú переговóри з (O); **2.** задовóлення, насолóда; частувáння, пригощáння; **~ise** ['tri:tiz] трактáт; **~ment** ['tri:tmənt] обрóбка (O); лікувáння; обхóдження (of з O); **~y** ['tri:ti] дóговір.
treble ['trebl] **1.** □ потрíйний; **2.** потрíйна кíлькість *f*; Mu дúскант; **3.** потрóювати(ся) [-óїтися].
tree [tri:] дéрево; родовíдне дéрево; (шéвський) копúл.
trefoil ['trefoil] трилúсник, конюшúна.
trellis ['trelis] **1.** грáти *pl.*; Ac шпалéра; **2.** обнóсити грáтами; саджáти (рослúни) шпалéрою.
tremble ['trembl] (за)тремтíти, (за)трусúтися (with від P).
tremendous [tri'mendəs] □ страшнúй, жахлúвий; F величéзний.
tremor ['tremə] тремтíння.
tremulous ['tremjuləs] □ тремтячий; тріпотлúвий, боязкúй.
trench [tren(t)ʃ] **1.** канáва, рівчáк; Ml траншéя, окóп; **2.** рúти ровú, траншéї і т. ін; скóпувати [скопáти]; ~ (up)on зазіхáти [-хнýти] на (З); **~ant** ['tren(t)ʃənt] □ різкúй, гóстрий.
trend [trend] **1.** нáпрямок (*a. fig.*); *fig.* тендéнція; спрямóваність *f*; **2.** відхилятися [-лúтися] (to до P) (про кордóн і т. ін.); мáти тендéнцію (towards до P).
trespass ['trespəs] **1.** порýшувати межý (on P); провинúтися; зловжú(вá)ти (on O); **2.** порýшення меж; зловживáння (up)on O); **~er** [-ə] порýшник меж; правопорýшник.
tress [tres] кýчер; косá.
trestle ['tresl] кóзла *pl.*; підстáвка.
trial ['traiəl] випрóбування; дóслід, прóба; J судóвий рóзгляд; суд; on ~ на вúпробуванні, на вúпробування; під суд.м; give a.p. a ~ наймáти когo-нéбудь на випрóбувальний строк; ~ ... *attr.* прóбний, випробнúй.
triang|le ['traiæŋgl] трикýтник; **~ular** [trai'æŋgjulə] □ трикýтний.
tribe [traib] плéм'я *n*; *contp.* компáнія.
tribun|al [trai'bju:nl] суд; трибунáл; **~e** ['tribju:n] трибýна; трибýн.
tribut|ary ['tribjutəri] **1.** □ що плáтить данинý; *fig.* підлéглий; що сприяє; **2.** дáнник(-иця); *geogr.* притóка; **~e** ['tribju:t] данинá; піднóшення.
trice [trais]: in a ~ миттéво, вмить.
trick [trik] **1.** штýка, вúтівка; фóкус, трюк; вúверт; спрúтність *f*; **2.** обмáнювати [-нýти]; обдýрювати [-рúти]; майстéрно прикрашáти; **~ery** ['trikəri] шахрáйство; кáверза.
trickle ['trikl] текти цíвкою; сочúтися.
trick|ster ['trikstə] обмáнщик; **~y** ['triki] □ хúтрий; мудрóваний, склáдний, важкúй.
tricycle ['traisikl] триколíсний велосипéд.
trifl|e ['traifl] **1.** дрібнúця; дрíб'язок; a ~ *fig.* трóшки; **2.** *v/i.* (по)жартувáти; займáтися дрібнúцями; *v/t.* ~ away мáрно витрачáти; **~ing** ['traifliŋ] дріб'язкóвий, незначнúй.
trig [trig] **1.** охáйний; чепурнúй; **2.** причепýрювати [-рúти]; (за)гальмувáти.
trigger ['trigə] Ml спусковúй гачóк; E собáчка, зáщіпка.
trill [tril] **1.** трель *f*; **2.** вивóдити трéлі.
trim [trim] **1.** □ ошáтний; привéдений до ладý; **2.** убрáння; порядок; стан готóвності; Sh (прáвильне) розмíщення вантажý; **3.** привóдити до ладý; (~ up) підрізáти [підрíзати], підстриг(á)ти; оздóблювати [-бити] (сýкню); Sh врівновáжувати [-жити] (сýдно); **~ming** ['trimiŋ] *mst* **~s** *pl.* оздóба (на сýкні); припрáва, гарнíр.
trinket ['triŋkit] дрібнúчка; брелóк; **~s** *pl. contp.* витребéньки *f/pl.*
trip [trip] **1.** пóдорож; поїздка; екскýрсія; спотикáння; *fig.* обмóвка, пóмилка; **2.** *v/t.* ітú лéгко і швúдко; спотикáтися [спіткнýтися]; обмовлятися [обмóвитися]; *v/t.* робúти піднíжку (Д).
tripartite ['tr(a)i'pa:tait] потрíйний; що складáється з трьóх частúн.
tripe [traip] *cook.* рубéць *m.*
triple ['tripl] потрíйний; потрóєний; **~ts** ['triplits] *pl.* трійня *sg.*
tripper ['tripə] F екскурсáнт(ка).
trite [trait] □ банáльний, заялóжений.

T

triturate ['tritjəreit] розтирáти на порошóк.
triumph ['traiəmf] 1. тріýмф; урочи́стість *f*; 2. святкувáти перемóгу, тріýмф; торжествувáти, брáти верх (over над О); **~al** [trai'ʌmfəl] тріумфáльний; **~ant** [-fənt] □ переможний; торжествýючий.
trivial ['triviəl] □ повсякдéнний; мілки́й, пусти́й; тривіáльний.
trod [trɔd] *pt.* від tread; **~den** ['trɔdn] *p.pt.* від tread.
troll [troul] наспíвувати.
troll(e)y ['trɔli] вагонéтка; Rr дрези́на; *Am.* трамвáй.
trollop ['trɔləp] *contp.* нечупáра *m/f.*; повíя.
trombone [trɔm'boun] Mu тромбóн.
troop [tru:p] 1. нáтовп; загíн; Ml кавалерíйський абó тáнковий взвод; *Am.* ескадрóн; 2. рýхатися абó збирáтися юрбóю; ~ away, ~ off віддаля́тися [-ли́тися]; **~er** ['tru:pə] (рядови́й) кавалери́ст; рядови́й танкíст; **~s** *pl.* військá *n/pl.*
trophy ['troufi] трофéй, здóбич.
tropic ['trɔpik] трóпік; **~s** *pl.* трóпіки *m/pl.* (зóна); **~(al** □) [~, -pikəl] тропíчний.
trot [trɔt] 1. рись (коня́); швидкá ходá (люди́ни); 2. бíгати ри́ссю; пускáти ри́ссю; (по)спіши́ти.
trouble ['trʌbl] 1. неспóкій; хвилювáння; клóпоти *m/pl.*; утрýд- нення *n/pl.*; гóре, бідá; take ~ натрýджуватися [натруди́тися]; 2. (по)турбувáти(ся); don't ~! не турбýйтесь!; **~some** [-səm] важки́й; що завдає клóпотів.
trough [trɔf] кори́то, годівни́ця; діжá; жóлоб.
trounce [trauns] F (по)би́ти, (від)шмагáти.
troupe [tru:p] *thea.* трýпа.
trousers ['trauzez] *pl.* штани́ *pl.*, брю́ки *pl.*
trout [traut] форéль *f.*
trowel ['trauəl] кéльма.
truant ['tru:ənt] 1. лéдар; прогýльник; ýчень, яки́й прогуля́в урóки; 2. ледáчий; бездія́льний.
truce [tru:s] переми́р'я.
truck [trʌk] 1. вагонéтка; візóк; *Am.* грузови́к; Rr (відкри́та) товáрна платфóрма; мíна; товарооóбмін; 2. перевóзити вантáжними маши́нами; вести́ мінову́ торгíвлю; обмíнювати [обміня́ти]; ~ farmer *Am.* горóдник.
truckle [trʌkl] раболíпствувати, плазувáти.
truculent ['trʌkjulənt] лю́тий; брутáльний.
trudge [trʌdʒ] плéнтатися, чвалáти; тягти́ся, волочи́тися.
true [tru:] вíрний; прáвильний; спрáвжній; it is ~ прáвда; come ~ збувáтися; ~ to nature тóчно таки́й, як у натýрі.
truism ['tru:izm] трюї́зм.
truly ['tru:li] правди́во; лоя́льно; спрáвді; тóчно; yours ~ вíданий (-на) вам.
trump [trʌmp] 1. кóзир; 2. козиря́ти [-рнýти]; би́ти кóзирем; ~ up ви́гáдувати [ви́гадати]; **~ery** ['trʌmpəri] мішурá; пóгань *f.*
trumpet ['trʌmpit] 1. сурмá; 2. (за-, про)сурми́ти; *fig.* сповіщáти [-іcти́ти].
truncheon ['trʌn(t)ʃən] R (мáршальський) жезл; киййóк (поліцéйського).
trundle ['trʌndl] катáти(ся), (по)коти́ти(ся).
trunk [trʌŋk] стóвбур (дéрева); тýлуб; хóбот (слонá); дорóжня скри́ня; **~-call** *teleph.* ви́клик по міжмíськóму телефóну; ~ line Rr магістрáль *f*; *teleph.* міжміськá лíнія.
truss [trʌs] 1. в'я́зка; вели́кий жмут; Me бандáж; Ar кроквянá фéрма; 2. ув'я́зувати в жмути́; скрýчувати рýки (Д); Ar зв'я́зувати [-зáти]; укрíплювати [-пи́ти].
trust [trʌst] 1. довíра; вíра; відповідáльне станóвище; C креди́т; трест; on ~ у креди́т; на вíру; 2. *v/t.* довіря́ти, (по)вíрити (Д); звіря́ти [звíрити], довіря́ти [довíрити] (Д with З); *v/i.* покладáтися [поклáстися] (in, to на З); сподівáтися (in, to на З); **~ee** [trʌs'ti:] J опікýн; попечи́тель; **~ful** ['trʌstful] □, **~ing** ['trʌstiŋ] □ довíрливий; **~worthy** [-wə:ði] що заслугóвує на довíру.
truth [tru:θ] прáвда; íстина; **~ful** ['tru:θful] □ правди́вий; вíрний.
try [trai] 1. випробóвувати [ви́пробувати]; (с)прóбувати;(по)старáтися; стóмлювати [-ми́ти]; J суди́ти; ~ on приміря́ти [примíряти] (на сéбе); 2. спрóба; **~ing** ['traiiŋ] □ важки́й, тяжки́й; дратýючий.
tub [tʌb] дíжка; цéбер; бáлія; F вáнна.
tube [tju:b] трубá, трýбка; F метрó *n indecl.* (у Лóндоні).
tuber ['tju:bə] B бýльба; **~culous** [tju:'bə:kjuləs] Me туберкульóзний.
tubular ['tju:bjulə] □ трубчáстий, циліндри́чний.
tuck [tʌk] 1. склáдка, збóрка (на сýкні); 2. роби́ти склáдки; підбирáти під сéбе; (за)ховáти; ~ up

підгорта́ти (подо́л); засу́кувати [-ка́ти] (рука́ва).
Tuesday ['tju:zdi] вівто́рок.
tuft [tʌft] жму́тик (трави́); чубо́к; борі́дка клинце́м.
tug [tʌg] 1. риво́к; гуж; Sh букси́р; 2. тягти́ з зуси́ллям; сми́кати [сми́кнути] (з усіє́ї си́ли); Sh букси́рува́ти.
tuition [tju'iʃn] навча́ння.
tulip ['tju:lip] тюльпа́н.
tumble ['tʌmbl] 1. *v/i.* па́дати [впа́сти] (спіткну́вшись); перекида́тися [-и́нутися]; мета́тися (в лі́жку); *v/t.* приво́дити до безла́ддя, (зі)м'я́ти; 2. паді́ння, бе́зладдя; **~-down** [-daun] напівзруйно́ваний; **~r** [-ə] акроба́т; ке́лих, (висо́ка) склянка.
tumid ['tju:mid] □ розпу́хлий; *fig.* бундю́чний.
tumo(u)r ['tju:mə] пухли́на.
tumult ['tju:mʌlt] шум, га́лас; бу́йство; душе́вне збу́дження; **~uous** [tju'mʌltjuəs] галасли́вий, бу́йний; збу́джений.
tun [tʌn] вели́ка бо́чка.
tuna ['tju:nə] туне́ць *m.*
tune [tju:n] 1. мело́дія, моти́в; тон; лад; звук; in ~ настро́єний (роя́ль); в тон; out of ~ розстро́єний (роя́ль); не в тон; 2. настро́ювати [-о́їти] (інструме́нт); ~ in radio настро́ювати радіоприйма́ч (to на З); **~ful** ['tju:nful] □ мелоді́йний, гармоні́йний; **~less** ['tju:nlis] □ немелоді́йний.
tunnel ['tʌnl] 1. туне́ль *m*; M што́льня; 2. проклада́ти туне́ль крізь (З).
turbid ['tə:bid] му́тний; тума́нний.
turbulent ['tə:bjulənt] бурхли́вий; бу́йний, непокі́рний.
tureen [tə'ri:n, tju'ri:n] су́пниця.
turf [tə:f] 1. де́рен; торф; кі́нний спорт, ска́чки *f/pl.*; 2. вистила́ти де́рном; **~y** ['tə:fi] укри́тий де́реном, дерни́стий; торф'яни́й.
turgid ['tə:dʒid] □ опу́хлий; *fig.* бундю́чний.
Turk [tə:k] ту́рок, турча́нка.
turkey ['təki] інди́к, інди́чка.
Turkish ['tə:kiʃ] 1. туре́цький; 2. туре́цька мо́ва.
turmoil ['tə:mɔil] га́лас, метушня́; безла́ддя.
turn [tə:n] 1. *v/t.* оберта́ти, верті́ти; поверта́ти [-рну́ти]; точи́ти (на тока́рному верста́ті); перетво́рювати [-ри́ти]; направля́ти [напра́вити]; ~ a corner заверта́ти за ріг; ~ down відкида́ти [відки́нути] (пропози́цію); загина́ти [загну́ти]; ~ off закри́(ва́)ти (кран); вимика́ти [ви́мкнути]; ~ on відкри́(ва́)ти (кран); вмика́ти [увімкну́ти]; звільня́ти [-ни́ти]; випуска́ти [ви́пустити] (ви́роби); ~ over перекида́ти [-и́нути]; *fig.* переда́(ва́)ти (дору́чення і т. ін.); ~ up підніма́ти угору; 2. *v/i.* оберта́тися, крути́тися; поверта́тися [-рну́тися]; (з)роби́тися, ста́(ва́)ти; перетво́рюватися [-ри́тися]; ~ about оберта́тися [оберну́тися]; Ml поверта́тися кругом; ~ in захо́дити мимохі́дь; F ляга́ти спа́ти; ~ out опиня́тися [-ни́тися]; ~ to бра́тися [узя́тися] за (З); зверта́тися [-рну́тися] до (Р); ~ up з'явля́тися [-ви́тися]; трапля́тися [тра́питися]; ~ upon оберта́тися [оберну́тися] проти (Р); 3. *su.* о́берт; поворо́т; ви́гин; змі́на; че́рга; по́слуга; (мо́вний) зворо́т; F переля́к; at every ~ на ко́жному кро́ці, пості́йно; by або́ in ~s по че́рзі; it is my ~ моя́ че́рга; take ~s роби́ти по че́рзі; does it serve your ~? це вам підхо́дить?, це вас влашто́вує? **~coat** ['tə:nkout] перебі́жчик, хамелео́н *fig.*; **~er** ['tə:nə] то́кар; **~ery** [-ri] тока́рне ремесло́; тока́рні ви́роби *m/pl.*
turning ['tə:niŋ] поворо́т (ву́лиці і т. ін.); оберта́ння; тока́рне ремесло́; **~-point** ['təniŋpɔint] *fig.* поворо́тний пункт; перело́м.
turnip ['tə:nip] B рі́па.
turn|key ['tə:nki] тюре́мник; **~-out** ['tə:n'aut] C ви́пуск проду́кції; **~-over** ['tə:nouvə] C о́біг; **~pike** ['tə:npaik] шлагба́ум; **~stile** ['tə:nstail] турніке́т.
turpentine ['tə:pəntain] скипида́р.
turpitude ['tə:pitju:d] ганьба́; ни́цість *f.*
turret ['tʌrit] ба́шточка; A туре́ль *f*; Ml, Sh гарма́тна ба́шта.
turtle ['tə:tl] *zo.* черепа́ха.
tusk [tʌsk] і́кло (слона́, моржа́).
tussle ['tʌsl] 1. боротьба́, бі́йка; 2. (впе́рто) боро́тися; (по)би́тися.
tussock ['tʌsək] купина́.
tutelage ['tju:tilidʒ] опіку́нство; опі́ка.
tutor ['tju:tə] 1. дома́шній вчи́тель *m*; репети́тор; J опіку́н; 2. навча́ти [-чи́ти]; напу́чувати [-ути́ти].
tuxedo [tʌk'si:dou] *Am.* смо́кінг.
twaddle ['twɔdl] 1. пусті́ бала́чки *f/pl.*; 2. бази́кати.
twang [twæŋ] 1. звук натя́гненої струни́; (*mst* nasal ~) гугня́ва вимо́ва; 2. дзвені́ти (про струну́); гугня́вити.
tweak [twi:k] щипа́ти [щипну́ти].
tweezers ['twi:zəz] *pl.* пінце́т.
twelfth [twelfθ] двана́дцятий.
twelve [twelv] двана́дцять.

T

twent|ieth ['twentiiθ] двадця́тий; ~**y** ['twenti] два́дцять.
twice [twais] дві́чі; удві́чі.
twiddle ['twidl] верті́ти (в рука́х); ба́витися (O); *fig.* байдикува́ти.
twig [twig] гі́лочка, прут.
twilight ['twailait] су́тінки *m/pl.*
twin [twin] **1.** близню́к; двійни́к; па́рна річ; **2.** подві́йний; па́рний.
twine [twain] **1.** моту́зка, шпага́т, шнуро́к; **2.** зви́(ва́)ти; сплі́та́ти [сплести́]; обви́(ва́)ти(ся).
twinge [twin(d)ʒ] при́ступ бо́лю.
twinkle ['twiŋkl] **1.** мерехті́ння; мигті́ння, бли́мання; **2.** (за)мерехті́ти; (за)бли́скати; морга́ти [-гну́ти].
twirl [twə:l] **1.** круті́ння; оберта́ння; **2.** верті́ти; закру́чувати [закрути́ти].
twist [twist] **1.** круті́ння; скру́чування; зсу́кування; ви́гин; поворо́т; ви́вих; **2.** (с)крути́ти; (з)сука́ти; зви́(ва́)ти(ся); сплі́та́ти(ся) [сплести́(ся)].
twit [twit]: ~ a p. with a th. докоря́ти [-ри́ти] будь-кому́ (O).
twitch [twitʃ] **1.** посми́кування, судо́ма; **2.** сми́кати(ся) [-кну́ти(ся)].
twitter ['twitə] **1.** ще́бет; **2.** (за)щебета́ти; цвірі́нькати [-кнути]; be in a ~ тремті́ти.
two [tu:] **1.** два, дві; дво́є; па́ра; in ~ надво́є, на́впіл; **2.** дві́йка; ~ in ~s попа́рно; ~**fold** ['tju:fould] **1.** подві́йний; **2.** *adv.* удві́чі; ~**pence** ['tʌpəns] два пе́нси; ~**-storied** двоповерхо́вий; ~**-way** двобі́чний, двосторо́нній; ~ plug подві́йний ште́псель *m.*
tyke [taik] дворня́жка; жва́ва дити́на.
type [taip] тип; типо́вий представни́к; *typ.* лі́тера; шрифт; true to ~ типо́вий; set in ~ *typ.* набира́ти; ~**write** [*irr.* (write)] друкува́ти на маши́нці; ~**writer** друка́рська маши́нка.
typhoid ['taifɔid] *Me* (*a.* ~ fever) черевни́й тиф.
typhoon [tai'fu:n] тайфу́н.
typhus ['taifəs] висипни́й тиф.
typi|cal ['tipikəl] □ типо́вий; ~**fy** [-fai] бу́ти типо́вим при́кладом для (P); ~**st** ['taipist] друка́рка; shorthand ~ стенографі́ст(ка).
tyrann|ic(al □) [t(a)i'rænik, -ikəl] тирані́чний; ~**ize** ['tirənaiz] тира́нити; ~**y** [-ni] тирані́я, деспоти́зм.
tyrant ['taiərənt] тира́н, де́спот.
tyre ['taiə] ши́на (ко́леса).
tyro ['taiərou] новачо́к.

U

ubiquitous [ju:'bikwitəs] □ всюдису́щий, повсю́дний.
udder ['ʌdə] ви́м'я.
ugly ['ʌgli] □ потво́рний; бридки́й; огі́дний.
ulcer ['ʌlsə] *S* ви́разка; ~**ate** [-reit] укри́(ва́)ти(ся) ви́разками; ~**ous** [-rəs] укри́тий ви́разками; виразко́вий.
ulterior [ʌl'tiəriə] □ бі́льш відда́лений; *fig.* пода́льший, прихо́ваний (моти́в і т. ін.).
ultimate ['ʌltimit] □ оста́нній; кінце́вий; максима́льний; ~**ly** [-li] вре́шті-ре́шт, зре́штою.
ultimo ['ʌltimou] *adv.* мину́лого мі́сяця.
ultra[1] ['ʌltrə] кра́йній.
ultra[2]... [~...] *pref.* над..., ультра-...
umbel ['ʌmbəl] *B* зо́нтик.
umbrage ['ʌmbridʒ] обра́за; *poet.* тінь *f*, покро́в.
umbrella [ʌm'brelə] парасо́лька.
umpire ['ʌmpaiə] **1.** посере́дник; трете́йський судді́я *m*; *sport* судді́я *m*; **2.** бу́ти (трете́йським) судде́ю; бу́ти посере́дником.
un... [ʌn...] *pref.* (надає негати́вного чи протиле́жного зна́чення) не..., без...
unable ['ʌn'eibl] незда́тний, неспромо́жний; be ~ не бу́ти в змо́зі, не (з)могти́.
unaccountable ['ʌnə'kauntəbl] □ непоясне́нний; безвідповіда́льний.
unaccustomed ['ʌnə'kʌstəmd] незви́клий; незви́чний.
unacquainted [-'kweintid]: ~ with незнайо́мий з (O); не зна́ючий (P).
unadvised ['ʌnəd'vaizd] □ нерозсу́дливий; необду́маний, нерозва́жливий, необа́чний.
unaffected ['ʌnə'fektid] □ невда́ваний, щи́рий; нето́рканий (by O).
unaided ['ʌn'eidid] позба́влений допомо́ги; без сторо́нньої допомо́ги.
unalterable [ʌn'ɔ:ltərəbl] □ незмі́нний.
unanim|ity [ju:nə:'nimiti] одностайні́сть *f*; ~**ous** [ju:'næniməs] □ односта́йний, одноголо́сний.

unanswerable [ʌn'ɑːnsərəbl] □ неспросто́вний.
unapproachable [ʌnə'proutʃəbl] □ непристу́пний, недосту́пний, недося́жний.
unapt [ʌ'næpt] □ непідхо́жий; не зді́бний, невмі́лий, незда́тний.
unasked ['ʌn'ɑːskt] непро́ханий.
unassisted ['ʌnə'sistid] без допомо́ги.
unassuming ['ʌnə'sjuːmiŋ] скро́мний, невиба́гливий.
unattractive ['ʌnə'træktiv] □ неприва́бливий, неприва́бний, неприна́дний.
unauthorized ['ʌn'ɔːθəraizd] недозво́лений; неправомо́чний.
unavail|able ['ʌnə'veiləbl] яко́го нема́є в ная́вності ~**ing** [-liŋ] ма́рний.
unavoidable [ʌnə'vɔidəbl] □ немину́чий.
unaware ['ʌnə'wɛə] який не зна́є, не підо́зрює (of P); be ~ of нічого́ не зна́ти про (З); не поміча́ти [-і́тити] (P); ~**s** [-z] несподівано, знена́цька; ненавми́сно.
unbacked ['ʌn'bækt] *fig.* що не ма́є підтри́мки.
unbalanced ['ʌn'bælənst] неврівнова́жений.
unbearable [ʌn'bɛərəbl] □ нестéрпний.
unbecoming ['ʌnbi'kʌmiŋ] □ непідходя́щий, непідхо́жий, неприда́тний; не до лиця́; непристо́йний.
unbelie|f ['ʌnbi'liːf] неві́ра, зневі́ра; ~**vable** ['ʌnbi'liːvəbl] □ неймові́рний; ~**ving** [-iŋ] □ неві́руючий.
unbend ['ʌn'bend] [*irr.* (bend)] випрямля́ти(ся) [ви́прямити(ся)]; става́ти неви́мушеним; ~**ing** [-iŋ] □ негнучки́й; *fig.* непохи́тний.
unbias(s)ed ['ʌn'baiəst] □ безсторо́нній, неупере́джений.
unbind ['ʌn'baind] [*irr.* (bind)] розв'я́зувати [-за́ти] *fig.* звільня́ти [-ни́ти].
unblushing [ʌn'blʌʃiŋ] безсоро́мний.
unbosom [ʌn'buzəm] довіря́ти [-і́рити] (таємни́цю); ~ o. s. вилива́ти ду́шу.
unbounded [ʌn'baundid] □ необме́жений; безме́жний.
unbroken [ʌn'broukn] нерозби́тий; не поби́тий (реко́рд); безпере́рвний.
unbutton ['ʌn'bʌtn] розстіба́ти [-тебну́ти].
uncalled ['ʌn'kɔːld]: ~-**for** непро́ханий; недоре́чний.
uncanny [ʌn'kæːni] □ мо́торошний, надприро́дний.
uncared ['ʌn'kɛəd]: ~-**for** заки́нутий, зане́дбаний.
unceasing [ʌn'siːsiŋ] □ безупи́нний, безпере́рвний.
unceremonious ['ʌnseri'mounjəs] □ безцеремо́нний.
uncertain [ʌn'səːtn] □ невпе́внений; неви́значений; невідо́мий; ~**ty** [-ti] невпе́вненість *f*; невідомість *f*; неви́значеність *f*.
unchang|eable ['ʌn'tʃeindʒəbl] □, ~**ing** [-iŋ] незмі́нний, незмі́нюваний.
uncharitable ['ʌn'tʃæritəbl] □ немилосе́рдий, немилосе́рдний.
unchecked ['ʌn'tʃekt] безперешко́дний; неперевí́рений.
uncivil ['ʌn'sivl] □ неввічливий; ~**ized** ['ʌn'sivilaizd] нецивілізо́ваний.
uncle ['ʌŋkl] дя́дько *m*.
unclean ['ʌn'kliːn] □ брудни́й, нечи́стий.
unclose ['ʌn'klouz] відчиня́ти(ся); [-ни́ти(ся)]; відкри́(ва́)ти(ся).
uncomfortable [ʌn'kʌmfətəbl] □ незру́чний, неза́тишний.
uncommon [ʌn'kɔmən] □ незви́чний, рі́дкісний; незвича́йний; надзвича́йний.
uncommunicative ['ʌnkə'mjuːnikeitiv] нетовари́ський; неговірки́й; мовчазни́й.
uncomplaining ['ʌnkəm'pleiniŋ] □ безмо́вний, покі́рливий.
uncompromising [ʌn'kɔmprəmaiziŋ] □ безкомпромі́сний.
unconcern ['ʌnkən'səːn] безтурбо́тність *f*, байду́жість *f*; ~**ed** [-d] □ безтурбо́тний, байду́жий.
unconditional ['ʌnkən'diʃənl] □ безумо́вний, беззастере́жний.
unconquerable ['ʌn'kɔŋkərəbl] □ непереможний.
unconscionable [ʌn'kɔnʃnəbl] □ безсо́вісний.
unconscious ['ʌn'kɔnʃəs] □ несвідо́мий; що втра́тив свідо́мість, неприто́мний; be ~ of не усвідо́млювати [-мити] (P); ~**ness** [-nis] неприто́мність *f*.
unconstitutional ['ʌnkɔnsti'tjuːʃənl] □ що супере́читить конститу́ції.
uncontrollable [ʌnkən'trouləbl] □ нестри́мний, невгамо́вний; що не піддає́ться контро́лю.
unconventional ['ʌnkən'venʃənl] □ що не дотри́мується умо́вностей; нешабло́нний, нетрадиці́йний.
uncork ['ʌn'kɔːk] відкорк(о́в)ува́ти.
uncount|able ['ʌn'kauntəbl] незліче́нний; ~**ed** [-tid] незчисле́нний.
uncouple ['ʌn'kʌpl] розче́плювати [-пити].
uncouth [ʌn'kuːθ] незгра́бний; гру́бий, неоте́саний.
uncover ['ʌn'kʌvə] відкри́(ва́)ти (об-

U

ли́ччя і т. ін.); зніма́ти кри́шку з (Р); зніма́ти [зня́ти] головни́й убі́р.
unct|ion ['ʌŋkʃn] пома́зання, мазь *f*; **~uous** ['ʌnktjuəs] □ масляни́стий, масни́й; *fig.* еле́йний.
uncult|ivated ['ʌn'kʌltiveitid] необро́блений, некульту́рний.
undamaged ['ʌn'dæmidʒd] непошко́джений.
undaunted ['ʌn'dɔ:ntid] безстра́шний.
undeceive ['ʌndi'si:v] виво́дити з ома́ни, виявля́ти і́стину.
undecided ['ʌndi'saidid] □ неви́рішений; нерішу́чий.
undefined ['ʌndi'faind] □ неви́значений.
undeniable [ʌndi'naiəbl] □ незапере́чний; безсумні́вний.
under ['ʌndə] **1**. *adv.* ни́жче; унизу́; уни́з; **2**. *prp.* під (З, О); ни́жче (Р); ме́нше (Р); при (М); **3**. *pref.* ни́жче..., під..., недо...; **4**. ни́жній; ни́жчий; **~bid** ['ʌndə'bid] [*irr.* (bid)] пропонува́ти ни́жчу ціну́ ніж (Н); **~brush** [-brʌʃ] пі́длісок; **~-carriage** [-kæridʒ] шасі́ *n indecl.*; **~clothing** [-klouðiŋ] спі́дня білизна; **~cut** [-kʌt] збива́ти ці́ни; підріза́ти [підрі́зати]; **~done** [-'dʌn] недосма́жений; **~-estimate** [-r'estimeit] недооці́нювати [-ни́ти]; **~fed** [-'fed] ви́снажений від недоїда́ння; **~go** [-'gou] ви́проб(о́в)увати; підляга́ти [-лягти́] (Д); **~graduate** [-'grædjuit] студе́нт(ка) оста́ннього ку́рсу; **~ground** ['ʌndəgraund] **1**. підзе́мний; підпі́льний; **2**. метро́(політе́н) *n indecl.*; підпі́лля; **~hand** [-hænd] **1**. тає́мний, залаштунко́вий; **2**. *adv.* тає́мно, "поза́ спино́ю"; **~lie** [ʌndə'lai] [*irr.* (lie)] лежа́ти в осно́ві (Р); **~line** [-'lain] підкре́слювати [-лити]; **~ling** [-liŋ] підле́глий; **~mine** [-'main] (за)мінува́ти *(im)pf.*; підко́пувати [-па́ти] (*a. fig.*); *fig.* підрива́ти [підірва́ти]; **~most** [-moust] найни́жчий; **~neath** [ʌndə'ni:θ] **1**. *prp.* під (О/З); **2**. *adv.* вниз, унизу́; **~privileged** [-'privilidʒd] позба́влений привіле́їв; **~rate** [ʌndə'reit] недооці́нювати [-ни́ти]; **~-secretary** ['ʌndə'sekrətəri] засту́пник міні́стра (в Англії та США); **~sell** [-'sel] [*irr.* (sell)] C продава́ти деше́вше, ніж і́нші; **~signed** [-'saind] нижчепідпи́саний; **~stand** [-'stænd] [*irr.* (stand)] *com.* розумі́ти [зрозумі́ти]; ма́ти на ува́зі (by O); make o. s. understood умі́ти порозумі́тися; an understood thing ви́рішена спра́ва; **~standable** [-əbl] зрозумі́лий; **~standing** [-iŋ] розумі́ння, пого́дження; взаєморозумі́ння; **~state** [ʌndə'steit] приме́ншувати [-шити]; **~stood** [ʌndə'stud] *pt.* і *p.pt.* від understand; **~take** [ʌndə'teik] [*irr.* (take)] розпоч(ин)а́ти; бра́ти на се́бе; зобов'я́зуватися [-за́тися]; **~taker** **1**. [ʌndə'teikə] підприє́мець *m*; **2**. ['ʌndə'teikə] вла́сник похоро́нного бюро́; **~taking** **1**. [-'teikiŋ] підприє́мство; зобов'я́зання; **2**. ['ʌndəteikiŋ] похоро́нне бюро́; **~tone** [-toun]: in an ~ упівго́лоса; **~value** [-'vælju:] недооці́нювати [-ни́ти]; **~wear** [-wɛə] спі́дня біли́зна; **~wood** [-wud] пі́дліс́ок; **~write** [-rait] [*irr.* (write)] підпи́сувати по́ліс морсько́го страхува́ння, прийма́ти на страхува́ння **~writer** [-raitə] морськи́й страхови́к.
undeserved ['ʌndi'zə:vd] □ незаслу́жений.
undesirable ['ʌndi'zaiərəbl] □ неба́жаний; незру́чний; непідхо́жий, неприда́тний.
undisciplined ['ʌn'disiplind] недисциплін́ований.
undisguised ['ʌndis'gaizd] □ незамаско́ваний; відкри́тий, я́вний.
undo ['ʌn'du:], [ʌn'du:] [*irr.* (do)] зни́щувати [(з)ни́щити]; розв'я́зувати [-за́ти]; розстіба́ти [розстебну́ти]; розрива́ти [розірва́ти] (догові́р і т. ін.); **~ing** [-iŋ] ни́щення, заги́бель *f*; розв'язування, розстіба́ння і т. ін.
undoubted [ʌn'dautid] □ безсумні́вний, безпере́чний.
undreamt [ʌn'dremt]: **~-of** неймові́рний, несподі́ваний.
undress ['ʌn'dres] **1**. ха́тнє вбра́ння; **2**. роздяга́ти(ся) [-гти́(ся)]; **~ed** ['ʌn'drest] невдя́гнений, невбра́ний; неви́чинений (про шкі́ру).
undue ['ʌn'dju:] □ непідхо́жий; надмі́рний; неналежний; непростро́чений (про ве́ксель).
undulat|e ['ʌndjuleit] бу́ти хвиля́стим; хвилеподі́бним; **~ion** ['ʌndju'leiʃn] хвилеподі́бний рух; нері́вність пове́рхні.
unearth ['ʌn'ə:θ] вирива́ти із землі́; *fig.* розко́пувати [-па́ти]; **~ly** [ʌn'ə:θli] неземни́й, ди́вний; ди́кий.
uneas|iness [ʌn'i:zinis] неспо́кій; триво́га; ску́тий (про рух і т. ін.).
uneducated ['ʌn'edjukeitid] неосві́чений; неви́хований.
unemotional ['ʌni'mouʃənl] □ паси́вний; безпри́страсний; сухи́й *fig.*
unemploy|ed ['ʌnim'plɔid] безробі́тний; неза́йнятий; **~ment** [-'plɔimənt] безробі́ття.
unending [ʌn'endiŋ] □ нескінче́нний.
unendurable ['ʌnin'djuərəbl] нестерпний.

U

unengaged ['ʌnin'geidʒd] незáйнятий; вíльний.
unequal ['ʌn'i:kwəl] □ нерíвний; **~led** [-d] неперевéршений.
unerring ['ʌn'ə:riŋ] □ непогрішúмий; вíрний, безпомилкóвий.
unessential ['ʌni'senʃəl] □ неістóтний (to для P).
uneven ['ʌn'i:vn] □ нерíвний; шорсткúй, шерехáтий (*a. fig.*).
uneventful ['ʌni'ventful] □ без особлúвих подíй.
unexampled [ʌnig'zɑ:mpld] безпрúкладний, якúй не мáє прецедéнтів.
unexpected ['ʌniks'pektid] □ несподíваний.
unfailing [ʌn'feiliŋ] □ незмíнний, невичéрпний.
unfair ['ʌn'fɛə] □ несправедлúвий, нечéсний (про спортсмéна, гру і т. ін.).
unfaithful ['ʌn'feiθful] □ невíрний, підстýпний, віролóмний; нетóчний.
unfamiliar ['ʌnfə'miljə] незнайóмий; незвúчний.
unfasten ['ʌn'fɑ:sn] відкрíплювати [-пúти]; розстібáти [розстебнýти]; **~ed** [-d] розстéбнутий; неприкрíплений.
unfavo(u)rable ['ʌn'feivərəbl] □ несприя́тливий; невúгідний.
unfeeling [ʌn'fi:liŋ] □ бездýшний, нечýлий.
unfinished ['ʌn'finiʃt] незакíнчений.
unfit ['ʌn'fit] **1.** □ непридáтний; непідхóжий; **2.** [ʌn'fit] робúти непридáтний.
unfix ['ʌn'fiks] відкрíплювати [-пúти]; робúти нестійкúм.
unfledged ['ʌn'fledʒd] неопéрений (*a. fig.*).
unflinching [ʌn'flintiŋ] □ неухúльний.
unfold [ʌn'fould] розгортáти(ся) [-рнýтися]; відкрú(вá)ти (таємнúцю і т. ін.).
unforced ['ʌn'fɔ:st] невúмушений.
unforgettable ['ʌnfə'getəbl] □ незабýтній.
unfortunate [ʌn'fɔ:tʃnit] **1.** нещáсний, нещаслúвий; невдáлий; невдáтний; **2.** безталáнний, невдáха; **~ly** [-li] на нещáстя; на жаль.
unfounded ['ʌn'faundid] □ необгрунтóваний; безпідстáвний.
unfriendly ['ʌn'frendli] недружелюбний, непрúязний; непривíтний.
unfurl [ʌn'fə:l] розгортáти [-нýти].
unfurnished ['ʌn'fə:niʃt] немебльóваний.
ungainly [ʌn'geinli] нескладний, недолáдний, незгрáбнийй.
ungenerous ['ʌn'dʒenərəs] □ не великодýшний; не щéдрий.
ungentle ['ʌn'dentl] □ неделікáтний, нечéмний.
ungodly [ʌn'gɔdli] □ безбóжний.
ungovern|able [ʌn'gʌvənəbl] □ неприбóркний; розпýщений, розбéщений.
ungraceful ['ʌn'greisful] □ невúтончений, неграціóзний.
ungracious ['ʌn'greiʃəs] □ немúлостивий.
ungrateful [ʌn'greitful] □ невдя́чний.
unguarded ['ʌn'gɑ:did] □ якúй не охороня́ється; необерéжний; незахúщений.
unguent ['ʌŋgwənt] мазь *f.*
unhampered ['ʌn'hæmpəd] безперешкóдний.
unhandsome [ʌn'hænsəm] □ негáрний.
unhandy [ʌn'hændi] □ незрýчний; невпрáвний.
unhappy [ʌn'hæpi] □ нещаслúвий, нещáсний.
unharmed ['ʌn'hɑ:md] щаслúвий; неушкóджений.
unhealthy [ʌn'helθi] недýжий; хворoблúвий; шкідлúвий.
unheard-of [ʌn'hə:dɔv] нечýваний.
unhesitating [ʌn'heziteitiŋ] □ рішучúй; що не вагáється.
unholy [ʌn'houli] безбóжний; дия́вольський.
unhonoured ['ʌn'ɔnəd] нешанóваний; несплáчений.
unhope|d-for [ʌn'houpt'fɔ:] несподíваний; **~ful** [-ful] що не подає надíї; безнадíйний.
unhurt ['ʌn'hə:t] неушкóджений, цíлий.
uniform ['ju:nifɔ:m] **1.** □ одноманíтний; одноріднний; **2.** фóрма, мундúр; **3.** робúти одноманíтним; обмундирóвувати [-ровáти]; **~ity** [ju:ni'fɔ:miti] однáковість *f*, одноманíтність *f.*
unify ['ju:nifai] об'єднувати [-нáти]; уніфікувáти *(im)pf.*
unilateral ['ju:ni'lætərəl] однобíчний.
unimaginable [ʌni'mædʒinəbl] □ неймовíрний.
unimportant ['ʌnim'pɔ:tənt] □ неважлúвий.
uninformed ['ʌnin'fɔ:md] незнáючий, нетямýщий, необíзнаний.
uninhabit|able ['ʌnin'hæbitəbl] непридáтний для життя́; **~ed** [-tid] нежилúй; ненасéлений.
uninjured ['ʌn'indʒəd] неушкóджений.
unintelligible ['ʌnin'telidʒebl] □ незрозумíлий.
unintentional ['ʌnin'tenʃnl] □ ненавмúсний.

uninteresting ['ʌn'intristiŋ] □ нецікáвий.
uninterrupted ['ʌnintə'rʌptid] □ безперéрвний.
union ['ju:njən] об'éднання; з'éднання (*a.* E); союз, спíлка; федерáція; профспíлка;; ⚓ Jack британський націонеáльний прáпор; ~**ist** [-ist] член профспíлки.
unique [ju:'ni:k] єдиний в своєму рóді; незрівняний.
unison ['ju:nizn] Mu унісóн; *fig.* злáгода.
unit ['ju:nit] Ml частина, підрóзділ; Ma одиниця; E агрегáт; ~**e** ['ju:'nait] з'éднувáти(ся) [-нáти(ся)]; об'éднувати(ся) [-нáти(ся)]; ~**y** ['ju:niti] єднáння; éдність.
univers|al [juni'və:sl] □ загáльний; всесвíтній; універсáльний; ~**ality** [ju:nivə:'sæliti] універсáльність *f*; ~**e** ['ju:nivə:s] світ; всéсвіт; ~**ity** [juni'və:siti] університéт.
unjust ['ʌn'dʒʌst] □ несправедливий; ~**ified** [ʌn'dʒʌstifaid] невиправданий.
unkempt ['ʌn'kempt] нечéсаний, неохáйний.
unkind [ʌn'kaind] □ недóбрий.
unknown ['ʌn'noun] **1.** невідóмий; ~ to me *adv.* пóтай від мéне; **2.** незнайóмець (-мка).
unlace ['ʌn'leis] розшнурóвувати [-увáти].
unlawful ['ʌn'lɔ:ful] □ незакóнний.
unlearn ['ʌn'lə:n] розýчуватися [-йтися].
unless [ən'les, ʌn'ləs] якщó не.
unlike ['ʌn'laik] **1.** несхóжий на (З), з (О); **2.** *prp.* на відмíну від (Р); ~**ly** [ʌn'laikli] неправдоподíбний; неймовíрний.
unlimited [ʌn'limitid] безмéжний; необмéжений.
unload ['ʌn'loud] вивантáжувати [вивантажити]; розвантáжувати [-áжити]; Ml розряджáти [-дити].
unlock ['ʌn'lɔk] відмикáти [відівмкнýти]; ~**ed** [-t] незамкнений.
unlooked-for [ʌn'lukt'fɔ:] несподíваний; непередбáчений.
unlovely ['ʌn'lʌvli] негáрний; непривáбливий.
unlucky [ʌn'lʌki] □ невдáлий; нещасливий.
unman ['ʌn'mæn] позбавляти мýжності.
unmanageable [ʌn'mænidʒəbl] □ що вáжко піддається контрóлю; непокíрний.
unmarried ['ʌn'mærid] неодрýжений; незамíжня.
unmask ['ʌn'mɑ:sk] знімáти мáску з (P); *fig.* викривáти [викрити].
unmatched ['ʌn'mætʃt] незрівняанний, чудóвий.
unmeaning [ʌn'mi:niŋ] □ безглýздий.
unmeasured [ʌn'meʒəd] невимірний; безмíрний; невимірений.
unmeet ['ʌn'mi:t] що не підхóдить, що не відповідáє.
unmentionable ['ʌn'menʃnəbl] невимóвний; непристóйний.
unmerited ['ʌn'meritid] незаслýжений.
unmindful [ʌn'maindful] □ забýдькуватий; неувáжний (of до P).
unmistakable ['ʌnmis'teikəbl] □ безсумнíвний; який що лéгко впізнáти.
unmitigated [ʌn'mitigeitid] непом'якшений; *fig.* абсолютний.
unmounted ['ʌn'mauntid] пíший; неопрáвлений (про коштóвне камíння); не змонтóваний.
unmoved ['ʌn'mu:vd] нетóрканий.
unnamed ['ʌn'neimd] безімéнний; незгáданий.
unnatural [ʌn'nætʃrəl] □ неприрóдний; протиприрóдний.
unnecessary [ʌn'nesisəri] непотрíбний, зáйвий.
unnerve ['ʌn'nə:v] позбавляти сили дýху.
unnoticed ['ʌn'noutist] непомíчений.
unobjectionable ['ʌnəb'dʒekʃʌəbl] □ бездогáнний.
unobserved ['ʌnəb'zə:vd] □ непомíчений.
unobtainable ['ʌnəb'teinəbl]: ~ thing що не мóжна дістáти чи отримати; недостýпний.
unoccupied ['ʌn'ɔkjupaid] незайнятий.
unoffending ['ʌnə'fendiŋ] необрáзливий; безневинний.
unofficial ['ʌnə'fiʃəl] □ неофіцíйний.
unopposed ['ʌnə'pouzd] що не зустрічáє óпору.
unostentatios ['ʌnɔstən'teiʃəs] □ скрóмний, не показний.
unpack ['ʌn'pæk] розпакóвувати [-кувáти].
unpaid ['ʌn'peid] несплáчений; неоплáчений.
unparalleled [ʌn'pærəleld] незрівнянний; беззприклáдний.
unpeople ['ʌn'pi:pl] обезлюдити *pf.*
unpleasant [ʌn'pleznt] □ неприéмний; ~**ness** [-nis] неприéмність *f*.
unpolished ['ʌn'pɔliʃt] невідполірóваний; *fig.* неотéсаний.
unpolluted ['ʌnpə'lu:tid] незаплямóваний; непорóчний.
unpopular ['ʌn'pɔpjlə] □ непопу-

U

ля́рний; що не виклика́є симпа́тії, любо́ві.
unpracti|cal ['ʌn'præktikəl] □ непракти́чний; **~sed** [-tist] недосві́дчений; незастосо́ваний.
unprecedented [ʌn'presidəntid] □ безпрецеде́нтний; безпри́кладний.
unprejudiced [ʌn'predʒudist] □ неупере́джений; безсторо́нній.
unprepared ['ʌnpri'pɛəd] □ непідгото́влений; без підгото́вки.
unpreten|ding ['ʌnpri'tendiŋ] □, **~tious** [-ʃəs] □ скро́мний; без прете́нзій.
unprincipled ['ʌn'prinsəpld] безпринци́пний; амора́льний.
unprofitable [ʌn'prɔfitəbl] неви́гідний; нерента́бельний.
unproved ['ʌn'pru:vd] недове́дений.
unprovided ['ʌnprə'vaidid] не забезпе́чений; (with O); **~-for** непередба́чений.
unprovoked ['ʌnprə'voukt] □ нічи́м не ви́кликаний.
unqualified ['ʌn'kwɔlifaid] □ некваліфіко́ваний; беззастере́жний.
unquestionable [ʌn'kwestʃənəbl] □ безсумні́вний, безпере́чний, незапере́чний.
unravel [ʌn'rævəl] розплу́т(ув)ати; розга́дувати [-да́ти].
unready ['ʌn'redi] □ негото́вий.
unreal ['ʌn'riəl] □ несправжній; нереа́льний.
unreasonable [ʌn'ri:znəbl] □ нерозсу́дливий; безрозсу́дний; надмі́рний.
unrecognizable ['ʌn'rekəgnaizebl] □ невпізна́нний.
unredeemed ['ʌnri'di:md] □ неви́конаний (про обіця́нку); неви́куплений (про заста́ву); несплаче́ний (борг).
unrefined ['ʌnri'faind] неочи́щений.
unreflecting ['ʌnri'flektiŋ] □ легкова́жний; безду́мний; нерозсу́дливий.
unregarded ['ʌnri'gɑ:did] не взя́тий до ува́ги.
unrelenting [ʌnri'lentiŋ] безжа́льний.
unreliable ['ʌnri'laibl] ненаді́йний.
unrelieved ['ʌnri:'li:vd] □ неполе́гшений; що не діста́в допомо́ги.
unremitting [ʌnri'mitiŋ] □ безпере́рвний, неосла́бний.
unreserved ['ʌnri'zə:vd] □ відве́ртий; нестри́маний; беззастере́жний.
unresisting ['ʌnri'zistiŋ] □ що не чи́нить о́пору.
unrest ['ʌn'rest] турбо́та; хвилюва́ння; неспо́кій.
unrestrained ['ʌnris'treind] □ нестри́маний; неприбо́рканий, невгамо́вний.
unrestricted ['ʌnris'triktid] □ необме́жений.
unriddle [ʌn'ridl] розга́дувати [-да́ти].
unrighteous [ʌn'raitʃəs] □ непра́ведний; несправедли́вий.
unripe ['ʌn'raip] незрі́лий; неспі́лий, нести́глий.
unrival(l)ed [ʌn'raivəld] непереве́ршений; що не ма́є собі́ рі́вного.
unroll ['ʌn'roul] розгорта́ти [-ну́ти].
unruffled ['ʌn'rʌfld] рі́вний, гладе́нький (про мо́ре і т. ін.); незвору́шний.
unruly [ʌn'ruli] непокі́рний.
unsafe ['ʌn'seif] □ ненаді́йний; небезпе́чний.
unsal(e)able ['ʌn'seiləbl] неходови́й (това́р); непрода́жний.
unsanitary ['ʌn'sænitəri] негігієні́чний; антисаніта́рний.
unsatisfactory ['ʌnsætis'fæktəri] □ незадові́льний.
unsav(o)ury ['ʌn'seivəri] □ несмачни́й; неприва́бливий.
unsay ['ʌn'sei] [*irr.* (say)] бра́ти наза́д (ска́зане).
unscathed ['ʌn'skeiðd] неушко́джений.
unschooled ['ʌn'sku:ld] нена́вчений; недисципліно́ваний.
unscrew ['ʌn'skru:] відгви́нчувати(ся) [-ти́ти(ся)].
unscrupulous [ʌn'skru:pjuləs] □ безпринци́пний; безсо́вісний; нерозбі́рливий (у за́собах).
unsearchable [ʌn'sə:tʃəbl] □ незбагне́нний; непоясне́нний.
unseasonable [ʌn'si:znəbl] □ невча́сний.
unseemly [ʌn'si:mli] неподо́бний; непристо́йний.
unseen ['ʌn'si:n] неви́димий; неба́чений.
unselfish ['ʌn'selfiʃ] □ безкори́сливий.
unsettle ['ʌn'setl] призвести́ до безла́ддя; розла́днувати [розладна́ти]; **~d** [-d] невлаштов́аний; невстано́влений; неви́рішений; несплаче́ний (раху́нок).
unshaken ['ʌn'ʃeikən] непохи́тний, стійки́й.
unshaven ['ʌn'ʃeivn] него́лений.
unship ['ʌn'ʃip] вивантáжувати (з су́дна).
unshrink|able ['ʌn'ʃriŋkəbl] що не збіга́ється, не сіда́є під час пра́ння (про мате́рію); **~ing** [-iŋ] □ непохи́тний, безстра́шний.
unsightly [ʌn'saitli] неприва́бливий, неприна́дний.

U

unskil|ful ['ʌn'skilful] □ невмі́лий; невпра́вний; **~led** ['ʌn'skild] некваліфіко́ваний.
unsoci|able [ʌn'souʃəbl] некомпані́йський, нетовари́ський; відлю́дний.
unsolder ['ʌn'sɔldə] розпа́ювати [-пая́ти].
unsolicited ['ʌnsə'lisitid] непро́ханий; незатре́буваний.
unsophisticated ['ʌnsə'fistikeitid] прости́й, нешту́чний, приро́дний; простоду́шний, наї́вний.
unsound ['ʌn'saund] □ нездоро́вий; зіпсо́ваний; необгрунто́ваний.
unsparing [ʌn'spɛəriŋ] □ нещадний; ще́дрий.
unspeakable [ʌn'spi:kəbl] □ невимо́вний.
unspent ['ʌn'spent] неви́трачений; невто́млений.
unstable ['ʌn'steibl] □ нетверди́й, нестійки́й, нестабі́льний; *phys.*, Ch нестійки́й.
unsteady ['ʌn'stedi] □ *s. unstable* хиткий; непості́йний.
unstring ['ʌn'striŋ] [*irr.* (string)] зніма́ти стру́ни з (Р); розпуска́ти [-ти́ти] (нами́сто і т. ін.); розхи́тувати [-хита́ти] (не́рви).
unstudied ['ʌn'stʌdid] приро́дний, неви́мушений.
unsubstantial ['ʌnsəb'stænʃəl] □ нереа́льний; несутте́вий.
unsuccessful ['ʌnsək'sesful] □ невда́лий; ма́рний, неуспі́шний; невда́чливий, нещасли́вий, бездала́нний.
unsuitable ['ʌn'sju:təbl] □ непідхо́жий, невідпові́дний, неприда́тний.
unsurpassable ['ʌnsə'pɑ:səbl] □ переве́ршений.
unsuspect|ed ['ʌnsəs'pektid] непідо́зрюваний; несподі́ваний; **~ing** [-iŋ] що не підо́зрює (of про З).
unsuspicious ['ʌnsəs'piʃəs] □ який не підо́зрює; яки́й (що) не викликає підо́зри.
unswerving [ʌn'swə:viŋ] □ неухи́льний.
untangle ['ʌn'tæŋgl] розплу́т(ув)ати.
untarnished ['ʌn'tɑ:niʃt] незаплямо́ваний.
unthink|able ['ʌn'θiŋkəbl] неймові́рний, надзвича́йний; немислимий; **~ing** [-iŋ] □ необа́чний, нерозва́жливий.
unthought ['ʌn'θɔ:t] (або́ **~-of**) несподі́ваний.
untidy [ʌn'taidi] □ неоха́йний; неакура́тний; непри́браний.
untie ['ʌn'tai] розв'я́зувати [-за́ти].
until [ən'til, ʌn'til] **1.** *prp.* до (Р); **2.** *cj.* (до́ти) по́ки ... (не) ...
untimely [ʌn'taimli] несвоєча́сний.
untiring [ʌn'taiəriŋ] невто́мний.
untold ['ʌn'tould] нерозка́заний; незліче́нний, незчисле́нний.
untouched ['ʌn'tʌtʃt] нето́рканий (*a. fig.*); *phot.* неретушо́ваний.
untried ['ʌn'traid] неви́пробуваний; I недопи́таний.
untroubled ['ʌn'trʌbld] безперешко́дний; непору́шений.
untrue ['ʌn'tru:] □ непра́вильний; неві́рний.
untrustworthy ['ʌn'trʌstwə:ði] □ що не заслуго́вує дові́ри.
unus|ed 1. ['ʌn'ju:zd] невжи́ваний; що не був у користува́нні; неви́користаний; **2.** ['ʌn'ju:st] незви́клий (to до Р); **~ual** [ʌn'ju:ʒuəl] □ незвича́йний; незви́чний.
unutterable [ʌn'ʌtərəbl] □ невимо́вний, несказа́нний.
unvarnished ['ʌn'vɑ:niʃt] *fig.* неприкра́шений.
unvarying [ʌn'vɛəriiŋ] □ незмі́нюваний; незмі́нний.
unveil [ʌn'veil] зніма́ти покрива́ло з (Р); відкри́(ва́)ти (па́м'ятник, таємни́цю).
unwanted ['ʌn'wɔntid] неба́жаний; непотрі́бний.
unwarrant|able [ʌn'wɔrəntəbl] □ неприпусти́мий; **~ed** [-tid] нічи́м не ви́правданий; негаранто́ваний.
unwary [ʌn'wɛəri] □ необміркова́ний; необере́жний.
unwholesome ['ʌn'houlsəm] неду́жий; некори́стний.
unwieldy [ʌn'wildi] □ незгра́бний; громіздки́й.
unwilling ['ʌn'wiliŋ] □ несхи́льний; неприхи́льний.
unwise ['ʌn'waiz] □ нерозу́мний.
unwitting [ʌn'witiŋ] □ мимові́льний; ненавми́сний.
unworkable [ʌn'wə:kəbl] непристо́совний; неприда́тний для робо́ти.
unworthy [ʌn'wə:ði] □ недосто́йний, негі́дний.
unwrap ['ʌn'ræp] розгорта́ти(ся) [-ну́ти(ся)].
unyielding [ʌn'ji:ldiŋ] □ непідда́тливий; непосту́пливий.
up [ʌp] **1.** *adv.* угóру, нагóру; угорі́, нагорі́; ви́ще; *fig.* be ~ to mark бу́ти на нале́жній висоті́; be ~ against a task стоя́ти пе́ред завда́нням; ~ to аж до (Р); it is ~ to me (to do) мені́ дово́диться (роби́ти); what's ~? *sl.* що тра́пилося?, у чо́му спра́ва?; **2.**

prp. вверх, угóру по (M); у нáпрямку до (P); уздовж ~ the river угóру рíчкою; **3.** *adj*. ~train пóїзд, що прямýє до мíсця; **4.** *su*. the ~s and down *fig*. мінлúвість дóлі; **5.** *vb*. F піднімáти [-няти]; підвúщувати [-вúщити]; устá(вá)ти.

up|braid [ʌp'breid] (вú)лáяти; (по)картáти; **~bringing** ['ʌpbriŋiŋ] вихованння; **~heaval** [ʌp'hi:v] переворóт; **~hill** ['ʌp'hil] що йде угóру; *fig*. важкúй; **~hold** [ʌp'hould] [*irr*. (hold)] підтрúм(ув)ати; притрúмуватися (пóгляду); **~holster** [ʌp'houlstə] оббú(вá)ти (мéблі); (за)драпірувáти (кімнáту); **~holsterer** [-rə] оббивáльник; драпірувáльник; **~holstery** [-ri] ремеслó драпірувáльника абó оббивáльника.

up|keep ['ʌpki:p] утрúмання; вáртість утрúмання; **~land** ['ʌplənd] нагíрна краї́на; **~lift 1.** ['ʌplift] (духóвний) підйóм; **2.** [ʌp'lift] піднімáти [-няти], здіймáти [-няти].

upon [ə'pɔn] *s*. on.

upper ['ʌpə] вéрхній; вúщий; **~most** [-moust] найвúщий.

up|raise [ʌp'reiz] піднóсити [-нестú]; **~right** ['ʌp'rait] **1.** □ прямúй; вертикáльний; *adv*. *a*. сторч, стíйла; **2.** стóйка; (*a*. ~piano) піанíно *n indecl*.; **~rising** [ʌp'raiziŋ] повстáння.

uproar ['ʌprɔ:] шум, гáлас, гáмір, хвилювáння; **~ious** [ʌp'rɔ:riəs] □ шýмний, галаслúвий.

up|root [ʌp'ru:t] викорíнювати; вúр(и)вати з корíнням; **~set** [ʌp'set] [*irr*. (set)] перекидáти(ся) [-кúнути(ся)]; розлáднувати [-нáти]; вивóдити із рівновáги; **~shot** ['ʌpʃɔt] розв'язка; закíнчення, результáт; **~side** ['ʌpsaid] *adv*.: ~ down догорú дном; **~stairs** ['ʌp'stɛəz] угóру (схóдами), нагорí; **~start** ['ʌpsta:t] вúскочка *m/f*.; **~sream** ['ʌp'stri:m] угóру по тéчії; **~turn** [ʌp'tə:n] перекидáти [-кúнути]; **~ward(s)** ['ʌpwəd(z)] нагóру; угóру.

urban ['ə:bən] міськúй; **~e** [ə:'bein] □ ввíчливий; вúшуканий.

urchin ['ə:tʃin] шúбеник; хлопчúсько *m*.

urge [ə:dʒ] **1.** спонукáти *(im)pf*.; підганяти [підігнáти] (*often* ~ on); **2.** прáгнення, пóштовх *fig*.; **~ncy** ['ə:ndʒənsi] настíйність *f*; термінóвість *f*; наполéгливість *f*; **~nt** ['ə:dʒənt] □ термінóвий; настíйний; наполéгливий.

urin|al ['juərinl] пісуáр; **~ate** [-rineit] (по)мочúтися; **~e** [-rin] сéча.

us [ʌs; əs] *pron*. *pers*. (непрямúй відмíнок від we) нас, нам, нáми.

usage ['ju:zidʒ] вживáння, застосувáння, використáння; звúчай.

usance ['ju:zəns] C: bill at ~ вéксель на якúй встанóвлено торговéльним звúчаєм.

use 1. [ju:s] використáння; застосувáння; користувáння; кóристь; звúчка; (of) no ~ мáрний; **2.** [ju:z] ужú(вá)ти; користувáтися (O); скористáтися (O) *pf*.; вúкористати *(im)pf*.; звертáтися [звернýтися] з (O); обхóдитися [обійтúся] з (O); I **~d** [ju:s(t)] to do я, бувáло, чáсто робúв; **~d** ['ju:st] ~to звúклий до (P); **~ful** ['ju:sful] □ корúсний; придáтний; **~less** ['ju:slis] □ непотрíбний; непридáтний; негодящий.

usher ['ʌʃə] **1.** капельдúнер; швейцáр; прúстав (у судí); **2.** провóдити [провéсти] (на мíсце); увóдити [увéсти].

usurer ['ju:ʒərə] лихвáр.

usurp [ju:'zə:p] узурпувáти *(im)pf*.; **~er** [ju:zə:pə] узурпáтор.

usury ['ju:ʒuri] лихвáрство.

utensil [ju:'tenst] (*mst pl*. *~s*) пóсуд *n*; начúння; прилáддя.

utility [ju:'tiliti] корúсність, вúгідність *f*; public ~ комунáльне підприéмство; *pl*. підприéмства громáдського користувáння; комунáльні пóслугі *f/pl*.

utiliz|ation [ju:tilai'zeiʃən] використáння; утилізáція; **~e** ['ju:tilaiz] вúкористати *(im)pf*., утилізувáти *(im)pf*.

utmost ['ʌtmoust] крáйній, гранúчний.

utter ['ʌtə] **1.** □ *fig*. пóвний; крáйній; абсолю́тний; **2.** вид(ав)áти (звýки); вислóвлювати; **~ance** [-rəns] вúслів; вимóва; вислóвлювання; **~most** [-moust] крáйній, гранúчний.

U

V

vacan|cy ['veikənsi] порожне́ча; вака́нсія; ві́льне мі́сце; прога́лина; неува́жність *f*; **~t** ['veikənt] □ ві́льний; вака́нтний; пусти́й, поро́жній; неува́жний (по́гляд і т. ін.)

vacat|e [və'keit, *Am.* 'veikeit] звільня́ти [-ни́ти] (поме́шкання і т. ін.); залиша́ти [-ши́ти] (поса́ду); скасо́вувати [скасува́ти]; **~ion** [və'keiʃn, *Am.* vei'keiʃn] зали́шення; кані́кули *pl.*; відпу́стка.

vaccin|ate ['væksineit] *Me* при-ще́плювати [-пи́ти]; **~ation** [væksi'neiʃn] *Me* ще́плення; **~e** ['væksi:n] *Me* вакци́на.

vacillate ['væsileit] вага́тися.

vacuum ['vækjuəm] *phys.* ва́куум; порожне́ча; **~cleaner** ['vækjuəm'kli:nə] пилосо́с; **~flask** ['vækjuəm'flɑ:sk], ~ bottle те́рмос.

vagabond ['vægəbənd] **1.** бродя́га *m*; **2.** бродя́жити.

vagrant ['veigrənt] **1.** бродя́га *m*; гультя́й, неро́ба, гультіпа́ка; **2.** мандрівни́й; бродя́чий.

vague [veig] неви́значений; невира́зний; нея́сни́й, тьмя́ний.

vain [vein] □ ма́рний, даре́мний; пусти́й, поро́жній, су́єтний; пиха́тий, in ~ ма́рно, даре́мно; **~glorious** [vein'glɔ:riəs] пиха́тий, марнославний; хвалькува́тий.

valediction [væli'dikʃn] проща́ння; проща́льна промо́ва.

valet ['vælit] **1.** камерди́нер; **2.** служи́ти камерди́нером.

valiant ['væljənt] □ *rhet.* хоро́брий, до́блесний, звитя́жний.

valid ['vælid] J ді́йсний; що ма́є си́лу; ваго́мий; обгрунто́ваний; **~ity** [və'liditi] ді́йсність *f* і т. ін.

valley ['væli] доли́на.

valo(u)r ['vælə] *rhet.* до́блесть *f*, звитя́га.

valuable ['væljuəbl] **1.** □ ці́нний; **2.** ~s *pl.* ці́нності, кошто́вності *f/pl.*

valuation [vælju'eiʃn] оці́нка (майна́).

value ['vælju:] **1.** ці́нність *f*, ціна́; C ва́ртість *f*; C валю́та, зна́чення; **2.** оці́нювати [-ни́ти] (З); (о)ціни́ти (З); дорожи́ти (О); **~less** ['væljulis] нічо́го не ва́ртий.

valve ['vælv] E кла́пан, ве́нтиль *m*; *radio* електро́нна ла́мпа.

van [væn] фурго́н; Rr бага́жний *або* това́рний ваго́н; Ml аванга́рд.

vane [vein] флю́гер; крило́ (вітряка́); ло́пать *f* (гвинта́); лопа́тка (турбі́ни).

vanguard ['vængɑ:d] Ml аванга́рд.

vanish ['væniʃ] зника́ти [зни́кнути].

vanity ['væniti] су́єтність *f*; марносла́вство; **~bag** ['vænitibæg] да́мська су́мочка.

vanquish ['væŋkwiʃ] перемага́ти [-могти́].

vantage ['vɑ:ntidʒ] перева́га.

vapid ['væpid] □ несмачни́й; прі́сний; *fig.* нудни́й.

vapor|ize ['veipəraiz] випаро́вувати(ся) [ви́парувати(ся)]; **~ous** [-rəs] пароподі́бний; (*mst fig.*) тума́нний.

vapo(u)r ['veipə] **1.** па́ра; тума́н; *fig.* химе́ра, фанта́зія; **2.** вихваля́тися.

varia|ble ['vɛəriəbl] □ непості́йний; мінли́вий; змі́нний; **~nce** [-riəns] незго́да; сва́рка; be at ~ розхо́дитися у по́глядах; супере́чити; **~nt** [-riənt] **1.** і́нший; рі́зний; **2.** варіа́нт; **~tion** [vɛəri'eiʃn] змі́на; відхи́лення; Mu варіа́ція.

varie|d ['vɛərid] □ *s.* various; **~gate** ['vɛərigeit] роби́ти строка́тим; урізномані́тнювати; **~ty** [və'raiəti] розма́їтість, різномані́тність; багатобі́чність *f*; різно́вид *m*; ряд, си́ла, бе́зліч; ~ show вар'єте́ *n indecl.*

various ['vɛəriəs] рі́зний; різномані́тний.

varnish ['vɑ:niʃ] **1.** лак; олі́фа; лакува́ння (*a. fig.*); *fig.* прикра́са; **2.** (по)лакува́ти; надава́ти бли́ску (Д); *fig.* прикраша́ти [-ра́сити] (ва́ди).

vary ['vɛəri] змі́нювати(ся) [зміни́ти(ся)]; відрізня́тися; розхо́дитися [розі́йтися] у по́глядах; урізномані́тнювати [-нити].

vase [vʌ:z] ва́за.

vast [vɑ:st] □ просто́рий, величе́зний.

vat [væt] чан; ді́жка, це́бер.

vault [vɔ:lt] **1.** склеп; склепі́ння; підва́л, по́гріб, льох; *sport* стрибо́к (з жерди́ною); **2.** зво́дити склепі́ння над (О); перестри́бувати [-бну́ти].

vaunt [vɔ:nt] (по)хва́статися, (по)хвали́тися (of O).

veal [vi:l] теля́тина; *attr.* теля́чий.

veer [viə] змі́нювати на́прям (про ві́тер); *fig.* змі́нювати по́гляди і т. ін.

vegeta|ble ['vedʒitəbl] **1.** о́воч; **~s** *pl.* горо́дина; о́вочі *m/pl.*; **2.** росли́нний, овоче́вий; **~rain** [vedʒi'tɛəriən]

1. вегетаріа́нець (-нка *f*) *m*; 2. вегетаріа́нський; ~te ['vedʒiteit] *fig.* животі́ти, ни́діти.
vehemen|ce ['vi:iməns] си́ла; стрі́мкість *f*; при́страсність *f*; ~t [-t] стрімки́й; при́страсний, жагу́чий.
vehicle ['vi:ikl] екіпа́ж, візо́к (і будь-яки́й і́нший тра́нспортний за́сіб або́ за́сіб пересува́ння); *fig.* за́сіб висло́влювання (думо́к); перено́сник (зара́зи і т. ін.).
veil [veil] 1. покрива́ло; вуа́ль; *fig.* заві́са, запо́на; 2. запина́ти покрива́лом, вуа́ллю; *fig.* (за-маскува́ти.
vein [vein] ве́на; жи́ла (*a.* M); *fig.* жи́лка; на́стрій.
velocity [vi'lɔsiti] шви́дкість *f*.
velvet ['velvit] оксами́т; *attr.* оксами́товий; ~y [-i] оксами́товий (*fig.*); бархати́стий.
venal ['vi:nl] прода́жний; підку́пний.
vend [vend] прода́(ва́)ти; ~er, ~or ['vendə] продаве́ць *m*, крама́р.
veneer [və'niə] 1. фане́ра; 2. обкле́ювати фане́рою; *fig.* надава́ти (Д) зо́внішнього бли́ску.
venera|ble ['venərəbl] □ пова́жний; ~te [-reit] благогові́ти пе́ред (О); ~tion [venə'reiʃn] благогові́ння, святобли́вість *f*, шанува́ння.
venereal [vi'niəriəl] венери́чний.
Venetian [vi'ni:ʃn] венеціа́нський; ~ blind жалюзі́ *n indecl.*
vengeance ['vendʒəns] по́мста.
venison [ven(i)zn] олени́на.
venom ['venəm] (*part.* змії́на) отрута (*a. fig.*); ~ous [-əs] □ отру́йний (*a. fig.*).
vent [vent] 1. о́твір; відду́шина; give ~ to ви́ли(ва́)ти (З),; 2. *fig.* ви́ли(ва́)ти (З), дава́ти ви́хід (Д).
ventilat|e ['ventileit] провітрювати [-рити]; (про)вентилюва́ти; *fig.* обгово́рювати [-ри́ти]; з'ясо́вувати [з'ясува́ти] (пита́ння); ~ion [venti'leiʃn] провітрювання; вентиля́ція; *fig.* з'ясо́вування, обгово́рення (пита́ння).
venture ['ventʃə] 1. ризико́вана спра́ва; спекуля́ція; at a ~ наздога́д, навманя́; 2. ризикува́ти [-кну́ти] (О); нава́жувати(ся) [-жити(ся)] на (З) (a. ~ upon); ~some [-sam] □, venturous [-rəs] □ смілі́вий; ризико́ваний.
veracious [və'reiʃəs] правди́вий.
verb|al ['və:bəl] □ слове́сний; у́сний; *gr.* дієслі́вний; ~iage ['və:biidʒ] багатослі́в'я; ~ose [və:'bous] □ багатослі́вний.
verdant ['və:dənt] що зелені́є, зеле́ний.
verdict ['və:dikt] J верди́кт; ви́рок (прися́жних) (*a. fig.*).
verdigris ['və:digris] мідя́нка (фа́рба).
verdure ['və:dʒə] зе́лень *f*.
verge [və:dʒ] 1. край; бордю́р (навко́ло клу́мби); *fig.* межа́, грань *f*; on the ~ of на ме́жі (P); 2. хили́тися (to до P); наближа́тися [-ли́зитися] (to до P); ~ (up)on межува́ти з (O).
veri|fy ['verifai] переві́ря́ти [-ві́рити]; підтве́рджувати [-дити]; ~table ['veritəbl] □ спра́вжній, і́стинний.
vermin ['və:min] *coll.* шкідники́ *m/pl.*; парази́ти *m/pl.*; ~ous ['və:minəs] що ки́ши́ть парази́тами.
vernacular [və'nækjulə] 1. □ наро́дний (про ви́раз); рі́дний (про мо́ву); місце́вий (про діале́кт); 2. наро́дна мо́ва; місце́вий діале́кт; жарго́н.
versatile ['və:sətail] □ різносторо́нній, різнобі́чний; рухли́вий.
verse [və:s] вірш; ві́рші *m/pl.*; пое́зія; строфа́; ~d [və:st] досві́дчений; тяму́щий.
versify ['və:sifai] *v/t.* переклада́ти на ві́рші; *v/i.* писа́ти ві́рші.
version ['və:ʃn] варіа́нт; ве́рсія; пере́клад.
vertebral ['və:tibrəl] хребе́тний.
vertical ['və:tikəl] □ вертика́льний; прямови́сний.
vertig|inous [və:'tidʒinəs] □ запа́морочливий.
verve [vɛəv] жва́вість *f*, яскра́вість *f*, си́ла (зобра́ження); ро́змах.
very ['veri] 1. *adv.* ду́же; the ~ best найкра́ще; 2. *adj.* спра́вжній; су́щий; на́й-; са́мий (як підси́лення); the ~ same той са́мий; the ~ thing са́ме те, що потрі́бно; the ~ thought вже сама́ ду́мка; сама́ ду́мка; the ~ stones на́віть камі́ння; the veriest rascal страше́нний негі́дник.
vesicle ['vesikl] пля́шечка.
vessel ['vesl] посу́дина; су́дно, корабе́ль *m*.
vest [vest] 1. жиле́т; натíльна фуфа́йка; вста́вка (у су́кні); 2. *v/t.* покрива́ти [-кри́ти]; наділя́ти [-ді́лити] (with O); *v/i.* перехо́дити у володі́ння (in P).
vestibule ['vestibju:l] вестибю́ль *m*.
vestige ['vestidʒ] слід.
vestment ['vestment] о́дяг, вбрання́, ша́ти; *eccl.* облаче́ння, ри́за.
vestry ['vestri] *eccl.* ри́зниця; ~man [-mən] член парафія́льного управлі́ння.
veteran ['vetərən] 1. ветера́н; бува́лий солда́т; 2. *attr.* стари́й, досві́дчений.

V

veterinary ['vetərinəri] **1.** ветеринáр (*mst* ~ surgeon); **2.** ветеринáрний.
veto ['vi:tou] **1.** вéто *n indecl.*; наклaдáти вéто на (З).
vex [veks] надокучáти [-кýчити], (роз)дратувáти; **~ation** [vek'seiʃn] досáда, неприéмність *f*; прúкрість *f*; **~atious** [-ʃəs] досáдний, прúкрий.
via ['vaiə] чéрез (З) (на листáх і т. ін.).
vial ['vaiəl] плящечка.
viands ['vaiəndz] *pl.* харчí, стрáва, їствó.
vibrat|e [vai'breit] (по)коливáтися; вібрувáти; **~ion** [-ʃn] вібрáція.
vice [vais] вáда, хúба; недóлік; Е лещáта *n/pl.*; **2.** *pref.* віце...; **~roy** ['vaisroi] віце-корóль *m*.
vice versa ['vaisi'və:sə] навпакú.
vicinity [v(a)i'sinity] окóлиця; блúзькість *f*.
vicious ['viʃəs] □ порóчний; злий.
vicissitude [v(a)i'sisitju:d]: *mst* **~s** *pl.* злúгодні *m/pl.*; мінлúвості *f/pl.*
victim ['viktim] жéртва; **~ize** [-timaiz] робúти своéю жéртвою; (за)мýчити.
victor ['viktə] перемóжець *m*; **~ious** [vik'tɔ:riəs] □ перемóжний; **~y** ['viktəri] перемóга.
victual ['vitl] **1.** *v/i.* запасáтися провíзією; *v/t.* постачáти провíзією; **2.** *mst.* **~s** *pl.* продовóльство, провíзія; **~ler** ['vitlə] постачáльник продовóльства.
video ['vidiou] *adj.* телевізíйний.
vie [vai] супéрничати.
view [vju:] **1.** вид (of на З); пóле зóру, світóгляд; пóгляд; óгляд; нáмір; in ~ of зважáючи на (Р); on ~ (вúставлений) для óгляду; with a ~ to or of +ger. з нáміром (+inf.); have in ~ мáти на увáзі; 2. оглядáти [оглянути]; роздивлятися [-вúтися]; (по)дивúтися на (З); **~point** тóчка зóру.
vigil|ance ['vidʒiləns] пúльність *f*; **~ant** [-lənt] □ пúльний.
vigo|rous ['vigərəs] □ дýжий, енергíйний; **~(u)r** ['vigə] сúла, енéргія.
vile [vail] □ мерзéнний, низькúй.
vilify ['vilifai] (з)ганьбúти, обмовляти [-óвити].
village ['vilidʒ] селó *n*; *attr.* сільськúй; **~r** [-ə] селянин, селянка.
villain ['vilən] злóдій, негíдник; **~ous** [-əs] лиходíйський, пíдлий; **~y** [-i] лиходíйство *n*, пíдлість *f*.
vim [vim] F енéргія, сúла.
vindic|ate ['vindikeit] відстóювати [-тояти] (прáво і т. ін.); реабілітувáти *(im)pf.*; виправдóвувати [вúправдати]; **~tive** [vin'diktiv] □ мстúвий.
vine [vain] виногрáдна лозá; **~gar** ['vinigə] óцет; ~ growing виногрáдарство; **~yard** ['vinjəd] виногрáдник.
vintage ['vintidʒ] збір виногрáду; винó (зі збóру пéвного рóку).
violat|e ['vaiəleit] порýшувати [-шити] (клятву, закóн і т. ін.); (з)гвалтувáти; **~ion** [vaiə'leiʃn] порýшення; згвалтувáння.
violen|ce ['vaiələns] несамовúтість *f*, насúльство; **~t** [-t] □ несамовúтий; лютий; насúльний.
violet ['vaiəlit] фіáлка; фіолéтовий, фіáлковий кóлір.
violin [vaiə'lin] Mu скрúпка.
viper ['vaipə] гадюка.
virago [vi'rɑ:gou] сварлúва жíнка.
virgin ['və:dʒin] **1.** незáймана дíвчина; *poet. a. eccl.* дíва; **2.** □ незáйманий, непорóчний (*a.* ~al); **~ity** [və:'dʒiniti] незáйманість f, непорóчність *f*.
viril|e ['virail] змужнíлий, мýжній; **~ity** [vi'riliti] мужність *f*; змужнíлість *f*.
virtu ['və:tu:] розумíння тóнкощів мистéцтва; article of ~ мистéцька рíдкість *f*; **~al** ['və:tjuəl] □ фактúчний; **~e** ['və:tju:] доброчéсність *f*, чеснóта; достóїнство; in ~ of за допомóгою (Р); через (З); **~ous** ['və:tjuəs] □ доброчéсний; цнотлúвий.
virulent ['vir(j)ulənt] вірулéнтна (отрýта); небезпéчний (про хворóбу); *fig.* злóбний.
visa ['vi:zə] *s.* vise.
viscount ['vaikaunt] вікóнт.
viscous ['viskəs] □ в'язкúй, тягýчий (про рідинý).
vise ['vi:zei] **1.** вíза; **2.** візувáти *(im)pf.*, *pf. a.* [за-].
visible ['vizəbl] □ вúдимий; вúдний; *fig.* явний, очевúдний; *pred.* is he ~? чи приймáє він.
vision ['viʒn] зір; вúгляд; видíння; *fig.* пронúкливість *f*; **~ary** ['viʒənəri] **1.** примáрний; фантас-тúчний; мрійлúвий; **2.** провúдець (-диця *f*) *m*; мрíйник(-ниця).
visit ['vizit] **1.** *v/t.* відвíд(ув)ати; оглядáти [-янути]; *fig.* осягáти [-гтú]; *v/i.* робúти візúти; гостювáти; **2.** відвíдини, візúт; **~ation** [vizi'teiʃn] офіцíйне відвíдання; *fig.* вúпробування; кáра; **~or** ['vizitə] відвíдувач(ка); гість *m* (гóстя *f*); інспéктор.
vista ['vistə] перспектúва; вид.
visual ['vizjuəl] □ зоровúй; наóчний; оптúчний; **~ize** [-aiz] наóчно уявúти собí, бáчити у дýмці.

vital ['vaitl] □ життєвий; насущний, суттєвий; жвавий (стиль); ~**s**, ~ parts *pl.* життєво важливі органи *m/pl.*; ~**ity** [vai'tæliti] життєздатність *f*; життєвість *f*, живучість *f*; ~**ize** ['vaitəlaiz] оживляти [-вити].
vitamin|e ['vaitəmin] вітамін.
vitiate ['viʃieit] (зі)псувати; робити недійсним.
vivaci|ous [v(a)iveiʃəs] □ жвавий, пожвавлений; ~**ty** [-'væsiti] жвавість *f*, пожвавленість *f*.
vivid ['vivid] □ *fig.* живий, яскравий.
vivify ['vivifai] оживляти [-вити].
vixen ['viksn] лисиця (самка).
vocabulary [və'kæbjuləri] словник, список слів; запас слів.
vocal ['voukəl] □ голосовий; що звучить; Mu вокальний.
vocation [vou'keiʃn] покликання; професія; ~**al** [-l] □ професійний.
vociferate [vou'sifəreit] голосно кричати, горлати.
vogue [voug] мода; популярність *f*.
voice [vɔis] 1. голос; give ~ to виражати [виразити] (З); висловлювати [висловити].
void [vɔid] 1. порожній; позбавлений (of P); недійсний; 2. порожнеча, вакуум; 3. Me спорожняти [-нити]; робити недійсним.
volatile ['vɔlətail] Ch леткий (*a. fig.*); *fig.* мінливий.
volcano [vɔl'keinou] (*pl.*: volcanoes) вулкан.
volition [vou'liʃn] вольовий акт, хотіння; воля.
volley ['vɔli] 1. залп; *fig.* злива (докорів і т. ін.); 2. стріляти залпами; сипатися градом; *fig.* скрикувати [-кнути].
voltage ['voultidʒ] Ee напруга.
voluble ['vɔljubl] балакучий, велемовний.
volum|e ['vɔljum] том; об'єм; ємність *f*; місткість *f*; *fig.* сила, повнота (звуку і т. ін.); ~**inous** [və'lju:minəs] □ об'ємистий; багатотомний; великий, численний.
volunt|ary ['vɔləntəri] □ добровільний; добровольчий; ~**eer** [vɔlən'tiə] 1. доброволець *m*; 2. *v/i.* визиватися [визватися] (for на З); йти добровольцем; *v/t.* (за)пропонувати (свою допомогу і т. ін.).
voluptu|ary [və'lʌptjuəri] сластолюбець *m*; ~**ous** [-s] любострасний; ласолюбний.
vomit ['vɔmit] 1. блювання; 2. (ви)блювати; he ~s він блює; *fig.* виверráти [вивергнути].
voraci|ous [və'reiʃəs] □ ненажерливий, жадібний; ~**ty** [vɔ'ræsiti] ненажерливість *m*.
vortex ['vɔ:teks] *mst fig.* вир; *mst fig.* вихор.
vote [vout] 1. голосування; балотування; (виборчий) голос; право голосу; вотум; рішення; cast a ~ віддавати голос (for за З; against проти Р); *v/t.* (про)голосувати; ~**r** ['voutə] виборець(-рниця *f*) *m*.
voting ['voutiŋ] виборчий.
vouch [vautʃ]: ~ for ручатися [поручитися] за (З); ~**er** ['vautʃə] розписка; виправдальний документ *m*; поручитель *m*; ~**safe** [vautʃ'seif] удостоювати [-стоїти] (З/О).
vow [vau] 1. обітниця, клятва; 2. *v/t.* (по)клястися у (М).
vowel ['vauəl] голосний (звук).
voyage [vɔidʒ] 1. подорож (морем); 2. подорожувати (морем).
vulgar ['vʌlgə] □ грубий, вульгарний; брутальний; широко розповсюджений; ~ tongue народна мова; ~**ize** [-raiz] опошляти [опошлити]; вульгаризувати *(im)pf.*
vulnerable ['vʌlnərəbl] □ *fig.* уразливий.
vulture ['vʌltʃə] *zo.* стерв'ятник; *fig.* хижак.

W

wad [wɔd] 1. віхтик вати, вовни і т. п.; клейтух; 2. набивати або підбивати ватою; забивати клейтухом; ~**ding** ['wɔdiŋ] набивка, підбивка.
waddle ['wɔdl] ходити перевальцем.
wade [weid] *v/t.* переходити убрід; *v/i.* проб(и)ратися (through О).
wafer ['weifə] облатка; вафля.
waft [wɑ:ft] 1. подув (вітру); струмінь *m* (запаху); 2. носити(ся), (по)нести(ся) (повітрям).
wag [wæg] 1. жартівник; 2. махати [махнути] (О), виляти [вильнути] (О); ~one's finger кивати пальцем.
wage [weidʒ] 1. вести (війну); 2. *mst* ~**s** ['weidʒiz] *pl.* заробітна плата.

waggish ['wægiʃ] □ пусто́тливий, заба́вний, куме́дний.
waggle [wægl] F пома́хувати (O); похи́тувати(ся).
wag(g)on ['wægən] віз, візо́к; F дитя́ча коля́ска; Rr *Brit.* ваго́н-платфо́рма; **~er** [-ə] візни́к.
waif [weif] безприту́льний; бездо́мна люди́на; поки́нута річ.
wail [weil] **1.** зо́йк, ле́мент; виття́ (ві́тру); голосі́ння; **2.** (за)вола́ти; ви́ти; голоси́ти, ламентува́ти.
waist [weist] та́лія; Sh шкафу́т; **~coat** ['weiskout, 'weskət] жиле́т.
wait [weit] *v/i.* чека́ти (for на З or P), очі́кувати (for P), почека́ти *pf.* (for на З); (*mst* ~ at table) прислу́жувати [-жи́ти] (бі́ля сто́лу); ~ (up)on прислу́жувати (Д); ~ and see займа́ти вичі́кувальну пози́цію; *v/t.* вичі́кувати [зачека́ти] (на З); ~ dinner зачека́ти з обі́дом (for З); **~er** ['weitə] офіціа́нт.
waiting ['weitiŋ] чека́ння; ~ **room** прийма́льна; Rr зал чека́ння.
waitress ['weitris] офіціа́нтка.
waive [weiv] відмовля́тися [-мо́витися] від (пра́ва і т. ін.); **~r** ['weivə] I відмо́ва (від пра́ва, вимо́ги).
wake [weik] **1.** Sh кільва́тер; **2.** [*irr.*] *v/i.* не спа́ти; (*mst* ~ up) прокида́тися [проки́нутися]; пробу́джуватися [-буди́тися]; *v/t.* (роз)буди́ти; збу́джувати [збуди́ти] (бажа́ння і т. п.); **~ful** ['weikful] □ безсо́нний; пи́льний; **~n** ['weikən] *s.* wake 2.
wale [weil] сму́га, рубе́ць.
walk [wɔ:k] **1.** *v/i.* ходи́ти, йти [піти́] (пі́шки); (по)гуля́ти; з'явля́тися [-ви́тися] (про при́вид); *v/t.* прогу́лювати (коня і т. ін.); обхо́дити [обійти́]; **2.** хода́; прогу́лянка пі́шки; стежи́на, але́я; ~ of life суспі́льне стано́вище; профе́сія.
walking ['wɔ:kiŋ] **1.** хода́; **2.** що гуля́є; ходя́чий; ~ **tour** пішохі́дна екску́рсія; **~stick** трости́на, ціпо́к.
walk-out ['wɔ:k'aut] *Am.* страйк; **~-over** легка́ перемо́га.
W **wall** [wɔ:l] **1.** стіна́; сті́нка (посу́дини); **2.** обводи́ти стіно́ю; ~ up закла́дати [закла́сти], замуро́вувати [мурува́ти], забива́ти [заби́ти] (две́рі і т. ін.).
wallet ['wɔlit] гамане́ць *m*, бума́жник.
wallflower B ланфіо́ль *f*; *fig.* ді́вина яка зали́шилася без кавале́ра (на балу́).
wallop ['wɔləp] F (по)би́ти, (від)лупцюва́ти.
wallow ['wɔlou] валя́тися, бо́рсатися.
wall|-paper ['wɔ:lpeipə] шпале́ри *f/pl.*; **~socket** El ште́псельна розе́тка.
walnut [-nət] B воло́цький горі́х.
walrus ['wɔ:lrəs] *zo.* морж.
waltz [wɔ:ls] **1.** вальс; **2.** вальсува́ти.
wan [wɔn] □ блі́дий; ви́снажений; тьмя́ний.
wand [wɔnd] (чарівна́) па́личка.
wander ['wɔ:ndə] броди́ти; блука́ти (тако́ж про по́гляди, думки́ і т. ін.).
wane [wein] **1.** убува́ння (мі́сяця); **2.** зме́ншуватися [-шитися]; убу́(ва́)ти, бу́ти ще́рбним (про мі́сяць); наближа́тися до кінця́.
wangle ['wæŋgl] *sl.* ухитря́тися получи́ти.
want [wɔnt] **1.** неста́ча (of P or у З); потре́ба; нужда́; **2.** *v/i.* be ~ing: he is ~ing inpatience йому́ браку́є терпі́ння; ~for ма́ти потре́бу в (М); *v/t.* (за)бажа́ти (P *a.* З); потребува́ти (З); he ~s energy йому́ браку́є ене́ргії; what do you ~? що вам потрі́бно?; ~ed (в оголо́шеннях) потрі́бно, I розшу́кується.
wanton ['wɔntən] □ **1.** жва́вий; дові́льний; бу́йний (проріст); хти́вий; розпу́сний; **2.** гра́тися, пустува́ти.
war [wɔ:] **1.** війна́; *fig.* боротьба́; make ~ ве́сти війну́ ([up]on з O); **2.** *attr.* військо́вий; **3.** воюва́ти.
warble ['wɔ:bl] виво́дити тре́лі; (за)співа́ти (про птиць).
ward [wɔ:d] яки́м (чим) опі́куються; райо́н (мі́ста); (лікарня́на) пала́та; (в'язни́чна) ка́мера; ~s *pl.* борі́дка (ключа́); **2.** ~ (off) відбива́ти [відби́ти], відверта́ти [відверну́ти] (уда́р); **~er** ['wɔ:də] тюре́мник; **~robe** ['wɔ:droub] гардеро́б; ~trunk валі́за-ша́фа.
ware [wɛə] (в складни́х слова́х) по́суд; ~s *pl.* това́р(и *pl.*), крам.
warehouse **1.** ['wɛəhaus] това́рний склад; пакга́уз; **2.** [-hauz] поміща́ти в склад; зберіга́ти на скла́ді.
warfare ['wɔ:fɛə] війна́, ве́дення війни́.
wariness ['wɛərinis] обере́жність *f.*
warlike ['wɔ:laik] войовни́чий.
warm [wɔ:m] **1.** □ те́плий (*a fig.*); *fig.* гаря́чий; **2.** зігріва́ння; (на-, зі) грі́ти, (на-, зі)грі(ва́)ти(ся) (*a* ~up); **~th** [-θ] тепло́; теплота́ (*a. fig.*).
warn [wɔ:n] попере́джати [-ре́дити] (of, against про З); застеріга́ти [-регти́] (of, against від P); **~ing** ['wɔ:niŋ] попере́дження; застере́ження.
warp [wɔ:p] (по)жоло́бити(ся) (про

де́рево); *fig.* перекру́чувати [-ути́ти] (по́гляди і т. ін.).
warrant ['wɔrənt] **1.** правомо́чність *f*; пору́ка; J дору́чення; ~ of arrest нака́з про аре́шт; **2.** виправдо́вувати [ви́правдати]; руча́тися [поручи́тися] за (З); С гаранту-ва́ти *(im)pf.*; **~y** [-i] гара́нтія; пору́ка.
warrior ['wɔriə] *poet.* бо́єць *m*, во́їн.
wart [wɔ:t] борода́вка; на́ріст (на сто́вбурі де́рева).
wary ['wεəri] □ обере́жний.
was [wɔz, wəz] *pt.* від be.
wash [wɔʃ] **1.** *v/t* (ви́)ми́ти; обми́(ва́)ти; проми́(ва́)ти; (ви́)пра́ти; *v/i.* (ви́)ми́тися; пра́тися (про ткани́ну); хлю́патися; **2.** миття́; прання́; біли́зна (для прання́); прибі́й; поми́ї *m/pl.*; *pharm.* примо́чка; **~able** ['wɔʃəbl] що (до́бре) пере́ться; **~-basin** ['wɔʃbeisn] таз; умива́льна ра́ковина; **~cloth** ['wɔʃklɔ:θ] ґанчі́рочка для миття́; **~er** ['wɔʃə] ми́йник(-иця); промива́льник; пра́льна маши́на; Е ша́йба, прокла́дка; **~(er)woman** ['wɔʃə'wumən] 'пра́ля; **~ing** ['wɔʃiŋ] **1.** миття́; прання́; біли́зна (для прання́); **2.** пра́льний; що пере́ться; **~y** ['wɔʃi] рідки́й; водяни́стий.
wasp [wɔsp] оса́.
wastage ['weistidʒ] зно́шування; втра́ти че́рез ви́тік, усу́шку і т.ін.
waste [weist] **1.** пусте́ля; втра́та; надмі́рна ви́трата; по́кидьки *m/pl.*; Е відхо́ди *m/pl.*; уга́р; lay ~ спусто́шувати [-шити]; **2.** пусте́льний; необро́блений; спусто́шений; **3.** *v/t.* (з)марнува́ти (гро́ші і т. ін.); (про)га́яти (час); спусто́шувати [-шити]; висна́жувати [ви́снажити] (органі́зм); *v/i* висна́жуватися [ви́снажитися]; **~ful** ['weistful] □ марнотра́тний; **~-paper, ~-basket** ко́шик для ви́користаних папе́рів.
watch [wɔtʃ] **1.** ва́рта; сто́рож; Sh ва́хта; (кишенько́вий чи нару́чний) годи́нник; **2.** *v/i.* (по)вартува́ти (over З); стоя́ти на ва́рті; пильнува́ти; ~ for вичі́кувати (Р); *v/t* (по)стерегти́; спостеріга́ти; сте́жити за (О); **~-dog** сторожови́й пес; **~ful** ['wɔtʃful] □ пи́льний; **~maker** ['wɔtʃmeikə] годинника́р; **~man** [-mən] (нічни́й) сто́рож; **~word** [-wəd] паро́ль *m*; га́сло.
water ['wɔ:tə] **1.** вода́; **~s** *pl.* во́ди; *f/pl.*; **drink the ~s** пи́ти цілю́щі во́ди; *attr.* водяни́й; во́дний; водо...; **2.** *v/t.* зро́шувати [зроси́ти]; напува́ти [напої́ти] (худо́бу); поли́(ва́)ти; (*a.* ~ down) розво́дити водо́ю; *fig.* на́дто пом'я́кшувати; *v/i.* сльози́тися; ходи́ти на водопі́й; набира́ти во́ду (про кора́бе́ль); **~fall** водоспа́д; **~-gauge** ['wɔ:təgeidʒ] водомі́р.
watering ['wɔ:təriŋ]: **~-can, ~-pot** полива́льниця; ~ place водопі́й; во́ди *f/pl.*; куро́рт з мінера́льними во́дами; морський куро́рт.
water|-level [wɔ:təlevl] рі́вень води́; Е ватерпа́с; **~man** ['wɔ:təmən] човня́р, переві́зник; **~proof** [wɔ:təpru:f] **1.** непромока́льний **2.** непромока́льний плащ; **3.** надава́ти водонепроникності (Д); **~shed** вододі́л; басе́йн ріки́; **~-side** бе́рег; *attr.* розташо́ваний на бе́резі; **~tight** водонепрони́кний; *fig.* що витри́мує кри́тику; **~-way** водяни́й шлях; фарва́тер; **~works** *pl.*, *a. sg.* водопрові́дна ста́нція; **~y** ['wɔ:təri] водяни́стий (*a. fig.*).
wattle ['wɔtl] **1.** пліт; **2.** (с)плести́; будува́ти з пло́ту.
wave [weiv] **1.** хвиля; знак (руко́ю); зави́вка (за́чіски); **2.** *v/t.* (по)маха́ти, роби́ти знак (О); зави́(ва́)ти (воло́сся); ~ a p. away роби́ти знак кому́сь, щоб він відійшо́в; ~ aside *fig.* відма́хуватися [-хну́тися] від (Р); *v/i.* майорі́ти (про прапори́); хвилюва́тися (про ни́ву); хита́тися (про гі́лку); ви́тися (про воло́сся); **~-length** довжина́ хви́лі.
waver ['weivə] (по)колива́тися; (за)тремті́ти (про по́лум'я); похитну́тися (про ві́йсько).
wavy ['weivi] хвиля́стий.
wax[1] [wæks] **1.** віск; сургу́ч; вушна́ сі́рка; *attr.* воскови́й; **2.** (на)вощи́ти.
wax[2] [~] [*irr.*] збі́льшуватися (про мі́сяць).
wax|en ['wæksən] (*mst fig.*) воскови́й; *fig.* м'яки́й як віск; **~y** ['wæksi] □ воскови́й; схо́жий на віск.
way [wei] *mst* шлях, путь *f*; бік, на́прям; ме́тод; за́сіб; зви́чай, зви́чка; о́бласть *f*, сфе́ра; стан; відно́шення; (*a.* ~s *pl.*) спо́сіб (життя́), на́прям (думо́к); ~ in, out вхід, ви́хід; this ~ сюди́; by the ~ до ре́чі, між і́ншим; по доро́зі; by ~ of зара́ди (Р); в я́кості (Р); on the ~ в доро́зі, по доро́зі; out of the ~ що знахо́диться о́сторонь; незви́чний; незвича́йний; under ~ Sh на ходу́ (*a. fig.*); **give ~ поступа́тися** [-пи́тися] (Д); have one's ~ добива́тися сво́го; наполяга́ти на своє́му; lead the ~ очо́лювати; пока́-

зувати при́клад; ~-**bill** накладна́; спи́сок пасажи́рів; ~**farer** ['weifɛərə] подоро́жній; ~**lay** [wei'lei] [*irr.* (lay)] підстеріга́ти [-стерегти́]; ~-**side** 1. узбі́ччя; 2. придоро́жній; ~**ward** ['weiwəd] □ норовли́вий; примхли́вий.
we [wi:, wi] *pron. pers.* ми.
weak [wi:k] □ слабки́й; ~**en** ['wi:kən] *v/t.* ослабля́ти [ослаби́ти]; *v/i.* (о)сла́бнути; ~**ly** [-li] кво́лий; *adv.* сла́бо; ~-**minded** ['wi:k'maindid] недоу́мкува́тий; ~**ness** [-nis] сла́бкість *f.*
weal [1] [wi:l] добро́бут, добро́, бла́го.
weal [2] [~] *s.* wale.
wealth [welθ] бага́тство; доста́ток; ~**y** ['welθi] □ бага́тий.
wean [wi:n] відлуча́ти від груде́й; віду́чувати [-чи́ти] (from, of від P).
weapon ['wepən] збро́я; *fig.* за́сіб (самооборо́ни).
wear [wɛə] 1. [*irr.*] *v/t.* носи́ти (о́дяг); (*a.* ~ away, down, off) стира́ти [сте́рти]; зно́шувати [зноси́ти]; *fig.* висна́жувати [ви́снажити] (*mst.* ~ out); *v/t.* носи́тися (про о́дяг); ~ on пові́льно сплива́ти (про час); 1. носі́ння, но́шення (о́дягу); о́дяг; (*a.* ~ and tear, *part* E) спрацюва́ння; спрацьо́вування; be the ~ бу́ти в мо́ді.
wear|iness ['wiərinis] уто́ма; сто́мленість *f*; ~**isome** [-səm] □ уто́мливий; ~**y** ['wiəri] 1. □ вто́млений; уто́мливий; 2. сто́млювати(ся) [-ми́ти(ся)].
weasel ['wi:zl] *zo.* ла́сиця.
weather ['weðə] 1. пого́да; 2. *v/t.* виві́трювати [ви́вітрити]; витри́мувати [ви́тримати] (бу́рю) (*a. fig.*); піддава́ти атмосфе́рному впли́ву; *v/i.* виві́трюватися [ви́вітритися]; підпада́ти під атмосфе́рний вплив; ~-**beaten,** ~-**worn** обві́трений; загарто́ваний (про люди́ну); пошко́джений бу́рями.
weav|e [wi:v] [*irr*] (зі)тка́ти; (с)плести́; *fig.* склада́ти [скла́сти], вига́дувати [ви́гадати]; ~**er** ['wi:və] ткач, тка́ля.
W **web** [web] ткани́на; павути́на; пере́тинка (у ка́чки, кажана́ і. т. ін.); ~**bing** ['webiŋ] тка́на тасьма́.
wed [wed] відда́(ва́)ти за́між; одру́жувати [одружи́ти]; ~**ding** ['wediŋ] 1. весі́лля; 2. весі́льний.
wedge [wedʒ] 1. клин; 2. закрі́плювати кли́ном; розко́лювати за допомо́гою кли́на; (*a.* ~ in) укли́нювати(ся) [укли́нити(ся)]; ~ o.s. in утиска́тися [ути́снутися].
wedlok ['wedlɔk] шлюб.
Wednesday ['wenzdi] середа́ (день).
wee [wi:] кри́хітний, мале́нький.
weed [wi:d] 1. бур'я́н; 2. (ви́)поло́ти; ~**s** [-z] *pl.* жало́ба (удови́); ~**y** ['wi:di] бур'яни́стий; F *fig.* довготеле́сий, худю́щий.
week [wi:k] ти́ждень *m*; by the ~ потижне́во; this day ~ ти́ждень то́му; че́рез ти́ждень *m*; ~**day** бу́день *m*; ~-**end** час відпочи́нку від субо́ти до понеді́лка; ~**ly** ['wi:kli] 1. щотижне́вий; тижне́вий; 2. щотижне́вик.
weep [wi:p] [*irr.*] (за)пла́кати; укрива́тися краплина́ми; ~**ing** ['wi:piŋ] плаку́чий (про вербу́, бере́зу).
weigh [wei] *v/t.* зва́жувати [-жити] (*a. fig.*); ~ anchor підніма́ти я́кір; ~ed down обтя́жений; *v/i.* ва́жити; зва́жуватися [-житися]; *fig.* ма́ти вагу́, зна́чення; ~ (up)on тяжі́ти над (O).
weight [weit] 1. вага́; тяга́р; ги́ря; *sport* шта́нга; тяга́р; впли́в; 2. обтя́жувати [-жити]; ~**y** ['weiti] □ тяжки́й; *fig.* пова́жний; вагó́мий.
weird [wiəd] таємни́чий; фата́льний; F ди́вний; незрозумі́лий.
welcome ['welkəm] 1. привіта́ння; you are ~ to inf. я охо́че дозволя́ю вам (+inf.); (you are) ~ нема́ за що! ~ ! ласка́во про́симо!; 2. ба́жаний; прие́мний; 3. віта́ти (*a. fig.*); ра́до прийма́ти.
weld [weld] E зва́рювати(ся) [-ри́ти(ся)].
welfare ['welfɛə] добро́бут; ~ work робо́та по полі́пшенню по́буту насе́лення.
well[1] [wel] 1. коло́дязь *m*, джерело́; *fig.* сходова́ клі́тка; E свердлови́на; 2. ри́нути *pf.*; би́ти джерело́м.
well[2] [~] 1. до́бре; ~ off замо́жний; I am not ~ я незду́жаю; 2. *int.* оце́ так! *or* ну, ...; ~-**being** добро́бут, благополу́ччя; ~-**bred** ви́хований; гре́чний; ~-**favoured** приваб́ливий; ~-**mannered** з га́рними мане́рами; ~-**timed** вча́сний; ~-**to-do** [-tə'du:] замо́жний; ~-**worn** зно́шений; *fig.* заяло́жений, уте́ртий.
Welsh [welʃ] 1. уе́льський, валлі́йський; валлі́йська мо́ва; the ~ валлі́йці *m/pl.*
welt [welt] рант (на взутті́); сму́га (від уда́ру батого́м і. т. ін.).
welter ['weltə] 1. метушня́, плутани́на; 2. валя́тися, бо́рсатися.
wench [wentʃ] ді́вка, (селя́нська) ді́вчина.
went [went] *pt.* від go.
wept [wept] *pt.* і *p.pt.* від weap.
were [wə:, wə] *pt.pl.* від be.

west [west] **1**. зáхід; **2**. зáхідний; **3**. *adv*. на зáхід; ~ of на зáхід від (P); **~erly** ['westəli], **~ern** ['westən] зáхідний; **~ward(s)** ['westwəd(z)] на зáхід.

wet [wet] **1**. негóда, мокротá; **2**. мóкрий; вóгкий; дощовий; **3**. [*irr*.] (на)мочúти, намóчувати; зволóжувати [-жити].

wether ['weðə] кастрóваний барáн.

wet-nurse ['wetnə:s] годувáльниця.

whale [weil] кит; **~bone** ['weilboun] китóвий вус; **~r** [weilə] китобíйне сýдно, китобíй; китолóв.

whaling ['weiliŋ] полювáння на китíв.

wharf [wɔ:f] (товáрна) прúстань *f*; нáбережна.

what [wɔt] **1**. що? скíльки...?; те, що; що; ~ about...? що чýти про...?; ну, як...; for? навíщо?; ~ a blessing! як чудóво!; **3**. ~ with... внáслідок (P); чéрез (З); **~(so)ever** [wɔt(sou)'evə] якúй би не; що б не; there is no doubt whatever немá жóдного сýмніву.

wheat [wi:t] пшенúця.

wheel [wi:l] **1**. кóлесо; гончáрний круг; *mot*. кермó; **2**. (по)котúти (візóк і т. ін.); їхати на велосипéді; випúсувати кóла; повертáти(ся) [-рнýти(ся)]; Ml захóдити флáнгом; Ml right ~! лíве плечé вперéд - руш!; **~barrow** тáчка; **~-chair** крíсло на колéсах (для інвалíда); **~ed** [wi:ld] колíсний; на колéсах.

wheeze [wi:z] дúхати с прúсвистом.

when [wen] **1**. колú?; **2**. *conj*. колú, в той час як, як тíльки; тодí як.

whence [wens] звíдки.

when(so)ever [wen(sou)'evə] щорáзу; колú б не.

where [wεə] де; кудú; from ~ звíдки; **~about(s)** **1**. ['wεərə'baut(s)] де сáме? біля якóго мíсця? **2**. ['wεərəbaut(s)] місцезнахóдження; **~as** [wεər'æz] тодí як; оскíльки; **~by** [wεə'bai] за допомóгою чóго, чéрез що; **~fore** ['wεəfɔ:] чомý?; **~in** [wεər'in] у чóму; **~of** [wεər'ɔv] із якóго; про якúй; про що; **~upon** [wεərə'pɔn] пíсля чóго; **~ver** [wεər'evə] де б не, кудú б не; **~withal** [-wi'ðɔ:l] необхíдні зáсоби *m/pl*..

whet [wet] (на)гострúти (на бруску́).

whether ['weðe] ... чи; ~ or no так чи інáкше; принаймні.

whetstone ['wetstoun] точúльний кáмінь *m*.

whey [wei] сирóватка.

which [witʃ] **1**. котрúй?; якúй?; **2**. якúй; що; **~ever** [-'evə] якúй завгóдно, якúй би не...

whiff [wif] **1**. пóдув, стрýмінь *m* (повíтря); дúмок; затя́жка (під час палíння); **2**. пускáти хмáрки (дúму); попúхувати (O).

while [wail] **1**. час, прóміжок чáсу; for a ~ на час; F **worth**~ вáртий вú-траченої прáці; **2**. ~ away провóдити [-вестú] (час); **3**. (*a*. whilst [wailst]) пóки, в той час як; тодí як.

whim [wim] прúмха, вередувáння.

whimper ['wimpə] (за)пхúкати.

whim|sical ['wimzikəl] □ примхлúвий, вигáдливий; **~sy** ['wimzi] прúмха, вúтівка.

whine [wain] (за)скúглити; (за)скавчáти.

whip [wip] **1**. *v/t*. хльостáти [хльóснути]; (від)шмагáти; збú(вá)ти (вершкú, яйця і т. ін.); *pol*. ~ in сликáти [склúкати]; ~ up розворýшувати [-шúти]; *fig*. підстьóбувати [-бнýти]; *v/i*. шáстати [шáснути]; тріпотíти (про вітрúло); **2**. батíг (*a*. riding-~) канчýк; кýчер; *parl*. організáтор пáртії.

whippet *zo*. ['wipit] гóнчий пес.

whipping ['wipiŋ] підстьóбування (батогóм); прочухáнка; **~-top** дзúга.

whirl [wə:l] **1**. вихровúй рух; вúхор; кружля́ння; **2**. крутúти(ся); **~pool** вир; **~wind** вúхор.

whisk [wisk] **1**. мітéлка; вíничок; **2**. *v/t*. збú(вá)ти (вершкú і т. ін.); змáхувати [-хнýти]; помáхувати (хвостóм); *v/i*. (про)шмигнýти; **~ers** ['wiskəz] *pl*. *zo*. вýса (кíшки і т. ін.) *m/pl*.; бакенбáрди *m/pl*.

whisper ['wispə] **1**. шéпіт; **2**. шепотíти [шепнýти].

whistle ['wisl] **1**. свист; свистóк; **2**. свистáти, свистíти [свúснути].

white [wait] **1**. *com*. бíлий; блідúй; F чéсний, правдúвий; безневúнний; чúстий; ~ heat бíлий жар; ~ lie невúнна брехня́; **2**. бíлий кóлір; білизнá; білóк (óка, яйця́); білúло; **~n** ['waitn] (по)білúти; (по)білíти; **~ness** ['waitnis] білизнá; **~wash** **1**. побíлка; **2**. (по)білúти; *fig*. обіля́ти [-лúти].

whither *lit*. ['wiðə] кудú.

whitish ['waitiʃ] біля́стий; біля́вий; білувáтий.

Whitsun ['witsn] *eccl*. Трíйця.

whittle ['witl] стругáти *абó* загóстрювати ножéм; *fig* ~ away звестú нанівéць.

whiz(z) [wiz] свистíти (про кýлі і т. ін.).

who [hu:] *pron*. **1**. хто?; **2**. якúй; хто; той, хто; *pl*.: ті, хто.

W

whoever [hu:'evə] *pron.* хто б не...; який би не...
whole [houl] 1. □ цілий, весь; неушкоджений; ~ milk незбиране молоко; 2. ціле; все; підсумок; (up)on the ~ в цілому; загалом; ~-**hearted** □ щирий, від усього серця; ~**sale** 1. (*mst* ~ trade) оптова торгівля; 2. оптовий; *fig.* у значних розмірах; ~ dealer оптовий торговець *m*; 3. оптом; ~**some** ['houlsəm] □ корисний, здоровий.
wholly ['houli] *adv.* цілком, цілковито.
whom [hu:m] *pron.* (знахідний відмінок від who) кого і т. ін.; якого і т. ін.
whoop [hu:p] 1. гикання; 2. гикати [гикнути]; ~**ing-cough** ['hu:piŋkɔf] Me коклюш.
whose [hu:z] (родовий відмінок від who) чий *m*; чия *f*; чиє *n*; чиї *pl.*; *rel. pron. mst*: якого, якої: ~ father батько якого...
why [wai] 1. чому?; від чого?; навіщо?; 2. адже..., адже ж...; що ж...
wick [wik] гніт.
wicked ['wikid] □ злий, злісний; аморальний; ~**ness** [-nis] злісність *f*; аморальність *f*.
wicker ['wikə] лоза; ~ basket плетений кошик; ~ chair плетений стілець
wicket ['wikit] хвіртка; ворітця *n/pl.* (у крикеті).
wide [waid] *a.* □ *and adv.* широкий; просторий; далекий; широко; далеко; (of від P); ~ awake пильний; обачний; 3 feet ~ три фути завширшки; ~**n** ['waidn] розширювати(ся) [-ритися)]; ~**spread** широко розповсюджений.
widow ['widou] вдова; *attr.* удовиний; ~**er** [-ə] вдівець *m*.
width [widθ] ширина, широта.
wield [wi:ld] *lit.* володіти (O); мати в руках.
wife [waif] дружина, жінка; ~**ly** ['waifli] властивий дружині.
wig [wig] перука.
wild [waild] 1. □ дикий; бурхливий; буйний; run ~ рости без догляду; talk ~ казати не думаючи; 2. ~, ~s [-z] дика місцевість *f*; нетрі *f/pl.*; ~ cat *zo.* дика кішка; *fig.* несумлінна ризикована справа; *attr.* ризикований; нелегальний; ~**erness** ['wildənis] пустеля, дика місцевість *f*; ~-**fire**: like ~ зі швидкістю блискавки.
wile [wail] *mst* ~s *pl.* хитрощі *f/pl.*; виверт.
wil(l)ful ['wilful] □ упертий; свавільний; навмисний.
will [wil] 1. воля; сила волі; бажання; заповіт; with a ~ енергійно; 2. [*irr.*] *v/aux.*: he ~ come він прийде; he ~ do it він це зробить; він хоче це зробити; він звичайно це робить; 3. заповідати *(im)pf.*; (по)бажати, (за)хотіти; ~ o. s. примушувати [-мусити] себе.
willing ['wiliŋ] □ охоче готовий (to на 3 or +inf.); ~**ness** [-nis] готовність *f*.
will-o'-the-wisp ['wiləðəwisp] блукаючий вогник.
willow ['wilou] B верба.
wily ['waili] хитрий, підступний.
win [win] [*irr.*] *v/t.* вигра(ва)ти; отрим(ув)ати (перемогу); здобувати [здобути]; (to do) схиляти [-лити] (до дії); ~ a p. over схилити будь-кого на свій бік; *v/i.* вигра(ва)ти; отрим(ув)ати, здобу(ва)ти перемогу.
wince [wins] здригатися [-гнутися].
winch [wintʃ] коловорот; лебідка, корба.
wind[1] [wind, *poet.* waind] 1. вітер; подув; Me гази *m/pl.*; Mu духові інструменти *m/pl.*; 2. примушувати захекатися; давати перевести подих; (по)чути.
wind[2] [waind] [*irr.*] *v/t.* намотувати [-тати]; обмотувати [-тати]; обви(ва)ти; ~ up заводити [завести] (годинник); C ліквідувати *(im)pf.*; закінчувати [-чити] (справу; дебати і т. ін.); *v/i.* намотуватися [-татися]; обви(ва)тися.
wind|-bag ['windbæg] *sl.* балакун, базікало *m*; ~**fall** бурелом, вітролом; *fig.* несподіване щастя.
winding ['waindiŋ] 1. вигин; звивина; намотування; El обмотка; 2. звивистий, спіральний; ~ stairs *pl.* кручені сходи; ~-**sheet** саван.
wind-instrument ['windinstrumənt] Mu духовий інтрумент.
windlass ['windləs] Sh брашпиль *m*; E коловорот.
windmill [-mill] вітряк.
window ['windou] вікно; вітрина; ~-**dressing** декорування вітрини; *fig.* показ у кращому вигляді.
wind|pipe ['windpaip] *anat.* трахея; ~-**screen** *mot.* вітрове скло.
windy ['windi] □ вітряний; *fig.* несерйозний; балакучий.
wine [wain] вино; ~**press** давильний прес.
wing [wiŋ] 1. крило; *co.* рука; A, Ml авіаполк, *Am* авіабригада; Ml фланг; Ar флігель *m*; *thea.* ~s *pl.* лаштунки *m/pl.*; take ~ полетіти

pf.; on the ~ на льотý; 2. *fig.* окриля́ти [-ли́ти]; прискóрювати [-рити]; (по)летíти.
wink [wiŋk] 1. клíпання; мить; F not get a ~ of sleep не змикáючи очéй; 2. моргáти [-гнýти]; клíпати [-пнути] ~ at підмóргувати [-гнýти] (Д); диви́тися крізь пáльці на (З).
win|ner ['winə] перемóжець (перемóжиця *f*) *m*; призéр; **~ning** ['winiŋ] 1. що виграé; що перемагáє; *fig.* привáбливий (*a.* ~ some [-səm]); 2. ~s *pl.* ви́граш.
wint|er ['wintə] 1. зимá; *attr.* зимóвий; 2. провóдити зи́му (пере-, про)зимувáти; **~ry** ['wintri] зимóвий, холóдний; *fig.* неприві́тний.
wipe [waip] витирáти [ви́терти]; утирáти [утéрти]; ~ out *fig.* зми́(вá)ти (ганьбý); (з)ни́щити.
wire ['waiə] 1. прóвід; дріт; F телегрáма; 2. монтувáти дрóти на (М); телеграфувáти *(im)pf.*; скрíплювати абó скрýчувати дрóтом; **~-drawn** ['waiə'drɔ:n] тонки́й; казуїсти́чний; **~less** ['waiəlis] 1. □ бездротóвий; *attr.* рáдіо...; 2. рáдіо *n/indecl.*; on the ~ по рáдіо; ~ (message) радіогрáма; ~ (telegraphy) бездротóвий телеграф; радіотелегрáфія; ~ operator ради́ст; ~ pirate радіозáєць *m*; ~ (set) радіоприймáч; 2. передавáти по рáдіо; **~-netting** дротянá сíтка.
wiry ['waiəri] дротяни́й; *fig.* жи́лавий; витривáлий.
wisdom ['wizdəm] мýдрість *f*; ~ tooth зуб мýдрості.
wise [waiz] 1. мýдрий; розсýдливий; **~crack** *Am.* влýчне абó саркасти́чне зауважéння; 2. лад, спóсіб.
wish [wiʃ] 1. бажáння; побажáння; 2. (по)бажáти (Р) (*a.* ~ for); ~ well (ill) (не)прихи́льно стáвитися (до Р); **~ful** ['wilful] □ яки́й бажáє, прáгне; тужли́вий.
wisp [wisp] вíхоть *m* (солóми, сíна і т. ін.).
wistful ['wistful] □ задýмливий, тужли́вий.
wit [wit] 1. дотéпність *n*, рóзум (*a.* ~s *pl.*); дотéпник; be at one's ~s end бýти у глухóму кутí; 2. to ~ тóбто, а сáме.
witch [witʃ] чаклýнка, вíдьма; *fig.* чародíйка; **~craft** ['witʃkrɑ:ft] чаклýнство.
with [wið] з (О), із (О); від (Р); бíля, кóло (Р); при (М); ~ a knife ножéм; ~ a pen перóм і т. ін.
withdraw [wið'drɔ:] [*irr.* (draw)] *v/t.* відсми́кувати [-микнýти]; брáти назáд; вилучáти [ви́лучити] (кни́гу із прóдажу, грóші із óбігу); *v/i.* віддаля́тися [-ли́тися]; ретирувáтися *(im)pf.*; Ml відхóдити (відійти́); **~al** [-əl] відсми́кування; ви́лучення; віддáлення; Ml відхíд.
wither ['wiðə] *v/i.* (за)в'я́нути; (з)бля́кнути; *v/t.* висýшувати [ви́сушити].
with|hold [wið'hould] [*irr.* (hold)] утри́м(ув)ати(ся); відмовля́тися [-мóвити] у (М); прихóвувати [-вáти] (from від Р); **~in** [-'in] 1. *lit. adv.* всерéдині; 2. *prp.* в (М) в мéжах (Р); всерéдині (Р); ~ doors у дóмі; ~ call в мéжах чýтності; **~out** 1. *lit. adv.* пóза, зóвні; 2. *prp.* без (Р); пóза (О); **~stand** [-'stænd] [irr. (stand)] протистоя́ти (Д).
witness ['witnis] 1. свíдок *m/f*; очеви́дець(-диця); bear ~ свíдчити (to), of про З); in ~ of на дóказ (Р); 2. свідчити про (З); засвíдчити (З) *pf.*; бýти свíдком (Р); засвíдчувати [-чити] (пíдпис і т. ін.).
wit|ticism ['witisizm] дóтеп, жарт; **~ty** ['witi] □ дотéпний.
wives [waivs] *pl.* від wife.
wizard ['wizəd] чарівни́к, маг.
wizen(ed) ['wizn(d)] ви́с(о)хлий; змóрщений.
wobble ['wɔbl] хитáтися [хитнýтися]; шкультигáти [-гнýти].
woe [wou] гóре, скорбóта; ~ is me! гóре менí!; **~begone** ['woubigɔn] пригнíчений гóрем; похмýрий; **~ful** ['wouful] □ скорбóтний; гірки́й, жалюгíдний.
woke [wouk] *pt.* від wake; **~n** ['woukən] *p.pt.* від wake.
wolf [wulf] 1. вовк; 2. жáдібно пожирáти; **~ish** ['wulfiʃ] вóвчий; хи́жий.
wolves [wulvz] *pl.* від wolf 1.
woman ['wumən] 1. жíнка; 2. жінóчий; ~ doctor жíнка-лíкар; ~ student студéнтка; **~hood** [-hud] жінóча стать *f*; жінóчність *f*; **~ish** [-iʃ] □ жінкоподíбний; **~kind** [-'kaind] *coll.* жінки́ *f/pl.*; **~like** [-laik] жінкоподíбний; **~ly** [-li] жінóчний.
womb [wu:m] *anat.* мáтка; утрóба (мáтері); *fig.* лóно.
women ['wimin] *pl.* від woman; **~folk** [-fouk] жінóцтво, жінки́ *f/pl.*.
won [wʌn] *pt.* і *p.pt.* від win.
wonder ['wʌndə] 1. здивувáння, пóдив; чýдо; чудасíя, дивови́жа; 2. (з)дивувáтися (at Д); I ~ (менí) цікáво знáти; **~ful** [-ful] □ дивови́жний, чудóвий.

W

won't [wount] не бу́ду і т. ін.; не хо́чу і т.ін.

wont [~] **1**. be ~ ма́ти звичку; **2**. зви́чка; ~**ed** зви́чний.

woo [wu:] залиця́тися до (Р); (по)сва́татись до (Р).

wood [wud] ліс; де́рево; лісоматеріа́л; дро́ва *n/pl.*; *attr.* лісови́й; дерев'я́ний; дров'яни́й; Mu дерев'я́ні духові́ інструме́нти *m/pl.*; ~**cut** дереворит; ~-**cutter** дровору́б; граве́р по де́реву; ~**ed** ['wudid] лісистий; ~**en** [wudn] дерев'я́ний; *fig.* неживи́й; ~**man** [-mən] лісни́к ; лісору́б; ~**pecker** ['pekə] дя́тел; ~-**winds** [-winds] дерев'я́ні духові́ інструме́нти *m/pl.*; ~**work** дерев'я́ні ви́роби *m/pl.*; дерев'я́ні части́ни *f/pl.* (буді́влі); ~**y** ['wudi] лісистий; *fig.* дерев'я-ни́стий.

wool [wul] во́вна; *attr.* во́вняний; ~-**gathering** ['wulgæðəriŋ] неува́жніс *f*; мрійли́вість *f;* ~(**l**)**en** ['wulin] **1**. во́вняний; **2**. во́вняна ткани́на; ~**ly** ['wuli] **1**. вкри́тий ше́рстю; шерсти́стий; си́плий; **2**. woolies *pl.* во́вняні ре́чі *f/pl.*

word [wə:d] **1**. *mst* сло́во; розмо́ва; зві́стка; повідо́млення; Ml паро́ль *m*; ~**s** *pl.* Mu слова́ (пі́сні) *n/pl.*; *fig.* го́стра розмо́ва; **2**. вислО́влювати; формулюва́ти *(im)pf.*, *pf.a.* (с-); ~**ing** [wə:diŋ] формулюва́ння; ~-**splitting** софі́стика, тонка́ слове́сна від-мі́нність.

wordy ['wə:di] □ багатослі́вний; слове́сний.

wore [wɔ:] *pt.* від wear 1.

work [wə:k] **1**. робо́та; пра́ця; спра́ва; заня́ття; твір; *attr.* пра́це...; робо́чий; ~**s** *pl.* механі́зм; будіве́льні робо́ти *f/pl.*; заво́д; майсте́рні *f/pl.*; be in (out of) ~ ма́ти робо́ту (бу́ти безробі́тним); set to ~ бра́тися до пра́ці; ~s council виробни́ча ра́да; **2**. *v/i.* працюва́ти; займа́тися [-ня́тися]; ді́яти; *v/t.* [*irr.*] обробля́ти [-би́ти]; оздо́б-лювати [-бити]; [*regular vb.*] розробля́ти [-би́ти] (ру́дню і т.ін.); приво́дити в ді́ю; ~ one's way проби́(ва́)тися; ~ off відробля́ти [-би́ти]; (по)збу́(ва́)тися (Р); С розпродава́ти [-да́ти]; ~ out вирі́шувати [ви́рішити] (пита́ння); розробля́ти [-би́ти] план [*a. irr.*]; ~ up опоряджа́ти [-ди́ти]; розбу́рх(ув)ати; підбу́рювати [-рити] на (З).

work|able ['wə:kəbl] □ застосо́вний; здійсне́нний; прида́тний для пра́ці; ~**aday** ['wə:kədei] будє́нний; ~**day** бу́день *m*; ~**er** ['wə:kə] робо́чий *m*; робітни́к(-иця); ~-**house** робі́тний дім; *Am.* виправни́й буди́нок; ~**ing** ['wə:kiŋ] **1**. робо́та, ді́я; розро́бка; обро́бка; ді́ючий, працю́ючий; робо́чий.

workman ['wə:kmən] робо́чий; робітни́к; ~**like** [laik] впра́вний; ~**ship** майсте́рність *f* (реміснико́); оздо́блення (робо́ти).

work|shop ['wə:kʃɔp] майсте́рня; цех; ~**woman** робітни́ця *f*.

world [wə:ld] *com.* світ; *attr.* світови́й, всесві́тній; *fig.* a ~ of бе́зліч, ку́па (Р); bring (come) into the ~ наро́джувати(ся) [-ди́ти(ся)]; champion of the ~ чемпіо́н сві́ту.

worldly ['wə:ldli] мирськи́й; сві́тський; ~-**wise** ['wə:ldli'waiz] досві́дчений, бува́лий.

world-power [wə:ld'pauə] світова́ держа́ва.

worm [wə:m] **1**. черв'я́к, хроба́к; Me глист; **2**. виві́дувати [ви́відати], випи́тувати [ви́питати] (out of у Р); ~ o.s. *fig.* украда́тися [укра́стися] (into у З); ~-**eaten** пото́чений хробака́ми; *fig.* застарі́лий.

worn [wɔ:n] *p.pt.* від wear 1; ~-**out** ['wɔ:n'aut] зно́шений; *fig.* зму́чений.

worry ['wʌri] **1**. неспо́кій; триво́га; турбо́та; **2**. турбува́ти(ся); набри-да́ти [-ри́днути] (Д); чіпля́тися [причепи́тися] до (Р); (за)му́чити.

worse [wə:s] гі́рший; *adv.* гі́рше; сильні́ше; from bad to ~ все гі́рше і гі́рше; ~**n** ['wə:sn] погі́ршу-вати(ся) [-шити(ся)].

worship ['wə:ʃip] **1**. культ; поклоні́н-ня; шанува́ння; богослужі́ння; **2**. поклоня́тися (Д); шанува́ти; обо́жнювати; ~**per** [-ə] шанува́ль-ник(-иця); прихи́льник(-иця).

worst [wə:st] **1**. (са́мий) гі́рший; найгі́рший; *adv.* гі́рше за все; **2**. бра́ти го́ру над (О); перемага́ти [-могти́].

worsted ['wustid] **1**. *attr.* камво́льний; **2**. га́рус; камво́льна пря́жа.

worth [wə:θ] **1**. ва́ртий; що заслу-го́вує; be ~ заслуго́вувати, ко́шту-вати; **2**. ціна́; ва́ртість *f*; ці́нність *f*; ~**less** ['wə:θlis] □ ні́чого не ва́ртий; ~-**while** ['wə:θwail] F ва́ртий; be ~ ма́ти сенс; be not ~ не бу́ти ва́ртим пра́ці; ~**y** ['wə:ði] □ гі́дний (of P); що заслуго́вує (of З).

would [wud] (*pt.* від will) *v/aux.*: he ~ do it він зроби́в би це; він звича́йно роби́в це; ~-**be** ['wudbi] уя́вний; так зва́ний; самозва́ний.

wound¹ [wu:nd] **1**. ра́на; пора́нення; **2**. пора́нити *(im)pf.*; *fig.* зачіпа́ти [зачепи́ти].
wound² [waund] *pt.* і *p.pt.* від wind.
wove ['wouv] *pt.* від weave; ~**n** ['wouvn] *p.pt.* від weave.
wrangle ['ræŋgl] **1**. супере́чки *f/pl.*; **2**. сперечáтися.
wrap [ræp] **1**. *v/t.* (ча́сто ~ up) загорта́ти [-рну́ти]; обгорта́ти [-рну́ти] (папе́ром); заку́т(ув)ати; обку́т(ув)ати (*a. fig.*); be ~ped up in бу́ти зану́реним у (З); *v/i.* ~ up заку́т(ув)атися; **2**. обгóртка; шаль *f*; плед; ~**per** ['ræpə] обгóртка; хала́т; капóт; бандерóль *f*; суперобкла́динка (кни́ги); ~**ping** ['ræpiŋ] упакóвка; обгóртка.
wrath [rɔ:θ] лють *f*, гнів *f*.
wreath [ri:θ], *pl.* ~**s** [ri:ðz] віно́к; гірля́нда; *fig.* кільце́ (ди́му); ~**e** [ri:ð] [*irr.*] *v/t.* зви́(ва́)ти; сплíта́ти [сплéсти]; *v/i.* обви́(ва́)тися; клубочи́тися.
wreck [rek] **1**. Sh. ула́мок су́дна; заги́бель *f*; ава́рія; руї́на (про люди́ну); **2**. (з)руйнува́ти; (по)топи́ти (су́дно); be ~ed зазна́ти ава́рії; *fig.* (з)руйнува́тися (про пла́ни); ~**age** ['rekidʒ] ула́мки *m/pl.* (су́дна і т. ін. пíсля ава́рії); заги́бель *f*; крах; ~**er** ['rekə] грабíжник розби́тих су́ден; робóчий аварі́йної кома́нди *або* ремóнтної брига́ди.
wrench [rentʃ] **1**. сми́кання; скру́чування; ви́вих; *fig.* ту́га, біль *f*; перекру́чення; гайкови́й ключ; **2**. вивертáти [ви́вернути]; вивíхувати [ви́вихнути]; *fig.* перекру́чувати [-ути́ти] (факт, і́стину); ~ open зла́мувати [-ма́ти].
wrest [rest] вирива́ти [ви́рвати] (from у Р) (*a. fig.*); тлума́чити на свою́ кóристь *f*; ~**le** ['resl] *mst sport* борóтися; ~**ling** [-liŋ] боротьба́.
wretch [retʃ] негі́дник; нещáсний.
wretched ['retʃid] □ нещáсний; жалюгí́дний.
wriggle ['rigl] зви́(ва́)тися (про хробака́ і т. ін.); ~ out of ухиля́тися [-ли́тися] від (Р).
wright [rait]: ship ~ суднобудівни́к; cart ~ каре́тник; play ~ драмату́рг.
wring [riŋ] [*irr.*] скру́чувати [-ути́ти]; лама́ти (ру́ки); (*a.* ~ out) викру́чувати [ви́крутити] (біли́зну і т. ін.); вимага́ти (from у Р).
wrinkle ['riŋkl] **1**. змóршка; **2**. (з)мóрщити(ся).
wrist [rist] зап'я́сток; ~ watch ручни́й годи́нник.
writ [rit] J розпоря́дження, пові́стка; Holy ~ Святе́ письмó.
write [rait] [*irr.*] (на)писа́ти; ~ up докла́дно опи́сувати; допи́сувати [-са́ти]; вихваля́ти у пре́сі; ~**r** ['raitə] письме́нник(-иця); письмоводи́тель *m*, ділово́д.
writing ['raitiŋ] **1**. писа́ння; (літерату́рний)твір, твір; (*a.* hand~) пóчерк; докуме́нт; in ~ письмо́во; **2**. письмóвий; писа́льний; ~-**case** несесе́р для письмóвого прила́ддя; ~-**paper** поштóвий (*or* писа́льний) папі́р.
written ['ritn] **1**. *p.pt.* від write; **2**. письмóвий.
wrong [rɔŋ] **1**. □ непра́вильний, помилкóвий; не той (, яки́й потрі́бен); be ~ бу́ти непра́вим; go ~ відхиля́тися від ві́рного шляху́; не вихо́дити [ви́йти], зрива́тися [зірва́тися] (про спра́ву); *adv.* неві́рно, не так; **2**. неправота́; неві́рність; обра́за; несправедли́вість *f*; зло *n*; **3**. пово́дитися несправедли́во з (О); заподí́ювати зле (Д); обража́ти [обра́зити]; ~-**doer** злóдій(ка); ~**ful** ['rɔŋful] □ незакóнний (вчи́нок); несправедли́вий.
wrote [rout] *pt.* від write.
wrought [rɔ:t] *pt.* і *p.pt.* від work 2 [*irr.*]: ~ goods готóві ви́роби *m/pl.*; ~ iron E зва́рювальна сталь *f*.
wrung [rʌŋ] *pt.* і *p.pt.* від wring.
wry [rai] □ криви́й, перекóшений; спотвóрений.

X

X-ray ['eks'rei] ~**s** *pl.* **1**. рентге́нівські прóмені *m/pl.*; **2**. просві́тлювати рентге́нівськими прóменями; **3**. рентге́нівський.
xylophone ['zailɔfoun] Mu ксилофóн.

Y

yacht [jɔt] Sh **1.** я́хта; **2.** плисти́ на я́хті; **~ing** ['jɔtiŋ] я́хтовий спорт.
Yankee ['jæŋki] F америка́нець *m*, я́нкі *m indecl.*
yap [jæp] **1.** дзя́вкати [-кнути]; *Am. sl.* базі́кати.
yard [jɑ:d] ярд (бли́зько 91 см.); двір; лісови́й склад; **~stick** вимі́рювальна ліні́йка довжино́ю в 1 ярд; *fig.* мі́рка, "арши́н".
yarn [jɑ:n] **1.** пря́жа; F *fig.* ро́зповідь *f*; (фантасти́чна) приго́да; **2.** F розповіда́ти казки́, небили́ці.
yawn [jɔ:n] **1.** позіха́ння; **2.** позіха́ти [-хну́ти]; *fig.* зяя́ти.
year [jə:; jiə] рік (*pl.* ро́ки́, літа́ *n/pl.*); **~ly** щорі́чний.
yearn [jə:n] томи́тися, тужи́ти (for, after по M).
yeast [ji:st] дрі́жджі *pl.*
yell [jel] **1.** прони́зливий крик; **2.** прони́зливо крича́ти, [за]вола́ти.
yellow ['jelou] **1.** жо́втий; F боягу́зливий; ~ press жо́вта пре́са, бульва́рна пре́са; **2.** [по]жовті́ти; [за]жовті́ти; **~ed** пожовті́лий; **~ish** ['jelouiʃ] жовта́вий.
yelp [jelp] га́вкіт, вища́ння; **2.** вища́ти [ви́скнути], [за]га́вкати.
yes [jes] **1.** так; **2.** зго́да.
yesterday ['jestədi] учо́ра.
yet [jet] **1.** *adv.* ще, все ще; вже; до́сі; на́віть; проте́; as ~ по́ки, до́сі; not ~ ще не; **2.** *cj.* одна́к, все ж, незважа́ючи на це.
yield [ji:ld] **1.** *v/t.* прино́сити [-нести́] (плоди́, врожа́й, прибу́ток і т. ін.); зда́(ва́)ти; *v/i.* поступа́тися [-пи́тися] (to Д); підда́(ва́)тися; зд(ав)а́тися; **2.** врожа́й; C ви́хід, прибу́ток; **~ing** ['ji:ldiŋ] □ *fig.* посту́пливий.
yoke [jouk] **1.** ярмо́ (*a. fig.*); па́ра запря́жених волі́в; коро́мисло; *fig.* ярмо́; **2.** впряга́ти в ярмо́; *fig.* спа́рювати [-рити]; підхо́дити одне о́дному.
yonder ['jɔndə] *lit.* **1.** ось той, ось та і т. ін.; **2.** *adv.* ось там.
you [ju:, ju] *pron. pers.* ти, ви; те́бе, вас; тобі́, вам (ча́сто to ~) і т. ін.
young [jʌŋ] **1.** □ молоди́й, ю́ний; **2.** the ~ мо́лодь *f*; *zo.* ді́ти *f/pl;* звіря́тка *n/pl.*; with ~ поро́сна, ті́льна і т. ін.; **~ster** ['jʌŋstə] F хло́пець *m*, юна́к.
your [jɔ:, juə] *pron. poss.* твій *m*, твоя́ *f*; твоє́ *n*, твої́ *pl.*; ваш *m*, ва́ша *f*; ва́ше *n*; ва́ші *pl.*; **~s** [jɔ:z, juəz] *pron. poss. absolute form* твій *m*, твоя́ *f* і т. ін.; **~self** [jɔ:'self], *pl.* **~selves** [-'selvz] сам *m*, сама́ *f*, само́ *n*, самі́ *pl.*; се́бе, -ся.
youth [ju:θ] *coll.* мо́лодь *f*; юна́к; мо́лодість *f*; **~ful** ['ju:θful] □ юна́цький; моложа́вий.
yule [ju:l] *lit.* святки́ *n/pl.*

Z

zeal [zi:l] запопа́дливість *f*; стара́нність *f*; **~ot** ['zelət] фанати́чний прихи́льник; **~ous** ['zeləs] □ завзя́тий, стара́нний, ре́вний.
zenith ['zeniθ] зені́т (*a. fig.*).
zero ['ziərou] нуль *m*; нульова́ то́чка.
zest [zest] **1.** піка́нтність *f*, жи́вчик; F насоло́да, жар; **2.** надава́ти піка́нтності (Д), роби́ти піка́нтним.
zigzag ['zigzæg] зигза́г.
zinc [ziŋk] **1.** цинк; **2.** оцинко́вувати [-кува́ти].
zip [zip] свист (ку́лі); F ене́ргія **~-fastener** = **~per** ['zipə] (за́стібка-) бли́скавка.
zone [zoun] зо́на (*a. pol.*); по́яс; райо́н.
zoolog|ical [zouə'lɔdʒikəl] □ зоологі́чний; **~y** [zou'ɔlədʒi] зооло́гія.

СЛОВНИК

УКРАЇНСЬКО-АНГЛІЙСЬКИЙ

DICTIONARY

UKRAINIAN-ENGLISH

УКРАЇНСЬКИЙ АЛФАВІТ
UKRAINIAN ALPHABET

А а
Б б
В в
Г г
Ґ ґ
Д д
Е е
Є є
Ж ж
З з
И и
І і
Ї ї
Й й
К к
Л л
М м
Н н
О о
П п
Р р
С с
Т т
У у
Ф ф
Х х
Ц ц
Ч ч
Ш ш
Щ щ
ь
Ю ю
Я я

Б

бажа́|ння *n* wish, desire; за ~нням at, by (as) request(ed); **~ти** <по-> wish, desire.
ба́за *f* base, basis, foundation.
база́р *m* market, bazaar; F revel, row; **~ний** market ...; *fig.* vulgar, cheap.
ба́зис *m* basis.
базі́ка *m/f*, **~ло** *n* chatterbox, babbler; **~ння** *n* F chatter, twaddle, gossip.
байда́рка *f* [*g/pl.*:-рок] canoe.
ба́йдики: ~ би́ти F idle, dawdle, fool (away).
байдикува́ти idle, loaf.
байду́ж|ий indifferent; **~ість** *f* (до P) indifference (to, toward).
ба́йк|а **1.** *f* baize; **2.** *f* [*g/pl.*:-йо́к] fable; **~овий** baize ...; **∸р** *m* fabulist, fabler.
Байка́л *m* (*Lake*) Baikal.
бак *m* Sh forecastle; container, receptacle; tank; boiler.
бакал|і́йний: ~і́йна крамни́ця *f*, ~і́йна ла́вка *f* grocery, grocer's store (*Brt.* shop); ~і́йні това́ри *m/pl.*=і́я; **~і́йник** *m* grocer; **~і́я** *f* groceries *pl.*
ба́к|ен *m* beacon; **~енба́рди** *f/pl.*, **~и** *m/pl.* F whiskers.
баклажа́н *m* egg-plant.
бактеріо́лог *m* bacteriologist; **~і́чний** bacteriological; **∸ія** bacteriology.
бакте́рія *f* bacterium.
бал **1.** *m* [на -у́; *pl.e.*] ball (at на M); **2.** *m* grade, mark; point.
балага́н *m* booth, show.
бала́да *f* ballad.
балак|анина *f* (idle) talk, chatter; **∸ати** talk; **~у́чий** talkative, loquacious, garrulous.
балала́йка *f* [*g/pl.*: балала́йок] balalaika.
баламу́т *m* disturber, mischiefmaker; **~ити** <з-> trouble, stir up.
бала́нс *m* balance (*a.* C); торго́вий ~ balance of trade; **~овий** balance ...; **~ува́ти** balance.
бала́ст *m* ballast.
бала́чк|а *f* F talk; **~и́** *pl.* rumour, talk; розво́дити ~и́ talk idly.
балда́ *m/f* blockhead, dolt.
балдахі́н *m* canopy.
бале|ри́на *f* (female) ballet dancer; **∸т** ballet.
балісти́чний ballistic.
ба́лія *f* tub.
ба́лка **1.** *f* [*g/pl.*:-лок] beam; **2.** *∸f* gorge, ravine; gully.
балка́нський Balkan ...
балко́н *m* balcony.
бало́н *m* balloon.
балотув|а́ння *n* vote, poll; **~а́ти** ballot; **-ся** stand (for); be a candidate (for).
балті́йський Baltic ...
ба́лув|аний F spoilt; **~ати** (*a.* **-ся**) be naughty; trifle; <роз-> spoil, coddle.
балюстра́да *f* balustrade.
баляндра́с|ник F *m* joker; ~и пра́вити F joke, crack jokes.
бальза́м *m* balm; **~ува́ти** <на-> embalm.
ба́льн|ий ball ... ; ~і та́нці ball-room dances.
бамбу́к *m* bamboo.
бана́льн|ий banal, trite; **~ість** *f* banality.
бана́н *m* banana.
ба́нд|а *f* gang; **~и́т** *m* bandit; gangster (*a. fig.*); **~ити́зм** *m* gangsterism; **~и́тський** gangsters'.
банда́ж *m* bandage; truss.
бандеро́ль *f* (postal) wrapper.
банду́р|а *f* bandore; **~и́ст** *m* bandore player.
банк *m* bank; **∸івський** bank ...; **~і́р** *m* banker.
ба́нка *f* [*g/pl.*:-нок] jar; can, *Brt.* tin; Me cupping-glass.
банкно́т *m*, **~а** *f* bank note.
банкру́т *m* bankrupt; **~ство** *n* bankruptcy; **~ува́ти** <з-> go bankrupt.
бант *m* bow.
ба́ня **1.** *f* bath house; **2.** *f* cupola, dome.
ба́нщ|ик *m*, **~иця** *f* attendant (at bath).
бар *m* saloon, (snack) bar.
бараба́н *m* drum; **~ити** <про-> (beat the) drum; **~ний:** ~ний бій *m* beat of the drum; ~на пере́тинка *f* eardrum; **~щик** *m* drummer.
бара́к *m* barracks, hut.
бара́н *m* ram; wether; **~ина** *f* mutton; **~ячий** wether ...; скрути́ти в ~ячий pir bully, intimidate.
барахло́ *n* junk, *Brt.* lumber.
барбари́с *m* barberry.
ба́рв|а *f* colour; dye; **~и́стий** flowery, florid; colourful; **~ни́к** *m* dye-stuff.
барві́нок *m* periwinkle.
барелье́ф *m* bas-relief.
Ба́ренцове: ~ мо́ре *n* Barents Sea.
бар'є́р *m* barrier.
ба́ржа *f* barge.
барика́да *f* barricade.
бари́л|о *n* barrel; **~ьце** *n* keg, small barrel.
бари́|тися linger, be slow; не ~ся! be quick!
барито́н *m* baritone.
бари́ш *m* profit, gain(s); **~ник** *m* forestaller; horsedealer; **~ництво** *n* forestallment; **~ува́ти** buy up, practise usury.
ба́рій *m* barium.
ба́рка Sh *f* [*g/pl.*:-рок] bark , barque; **∸с** Sh *m* launch.

Б

барлі́г *m* bear's lair; den.
барс *m* panther.
бас Mu *m* [*pl.e.*] bass.
басе́йн *m* basin; region; ~ для пла́вання swimming-pool.
баск *m* Basque.
баскетбо́л *m* basket-ball; **~ьний** basket-ball ...; **~і́ст** *m*, **~і́стка** *f* basket-ball player.
басо́н *m* galloon, lace.
ба́ста that will do; no more of this!
бастіо́н *m* bastion.
батальйо́н *m* battalion; **~ний:** battalion...; ~ний (команди́р) battalion commander.
батаре́|йка *f* [*g/pl.*:-ре́йок] flashlight (*Brt.* torch, pocket lamp); **~я** El, Ml *f* [*g/pl.*:-ре́й] battery.
бати́ст *m* cambric; **~овий** of cambric.
баті́г *m* whip; *fig.* scourge.
бато́н *m* long loaf.
батра́к *m* day-labo(u)rer, farm-hand.
батьк|и́ *m/pl.* parents; **~івський** parental; **~івщи́на** *f* native land, home(land) (in на M).
ба́тько *m* father.
ба́тюшка P *m* [*g/pl.*:-шок] priest.
ба́х|кати <**~нути**> pop (*cork*).
бахрома́ *f* fringe.
баци́ла *f* bacillus.
бач P look, there's; you see; ти ~! fancy that!
ба́чити <по-> see; ~ уві сні dream (of 3); **-ся** see each other, meet.
башли́к *m* (kind of) hood.
ба́шт|а Ml turret; cupola; **~овий** tower ...; ~овий кран tower crane.
башта́н *m* melon-field; **~ник** *m* melon grower; **~ництво** *n* melon-growing.
бая́н *m* (kind of) accordion.
бга́ти <зі-> crumple; **-ся** crumple; get crumpled.
бджільни́ц|тво *n* bee-keeping, apiculture; **~ький** bee-keeping ...
бджол|а́ *f* bee; **~и́ний** bee ...; ~и́ний мед pure honey; **~я́р** *m* bee-master.
бегемо́т *m* hippopotamus.
бе́жевий beige.
без without; ~ ви́нятку without exception; ~ п'яти́ шо́ста (годи́на) five minutes to six.
безалкого́льний nonalcoholic.
безапеляці́йний unappealable; peremptory.
безба́рвний colo(u)rless.
безбере́жний shoreless, boundless.
безбі́дний well off.
безбіле́тний: ~ пасажи́р *m* stowaway.
безбо́жн|ий atheistic, godless, impious; **~ик** *m*, **~иця** *f* atheist; **~ість** *f* atheism, ungodliness.
безбо́лісний painless.
безборо́дий beardless.
безви́їзний permanent.
безви́нний innocent.
безви́хід|ний 1. continual; 2. desperate, hopeless; **~ь** *f* desperate situation; зайти́ в ~ь be at a dead-lock.
безвідповіда́льний irresponsible.
безвідсотко́вий without charge for interest.
безві́льний lacking willpower, weak-willed.
безві́р'я *n* unbelief.
безві́с|ний unknown; **~ть** *f* obscurity.
безві́тря *n*, **~ний** calm.
безвла́ддя *n* anarchy.
безво́дний arid.
безволо́сий hairless, bald.
безглу́зд|ий senseless, absurd; foolish; **~я** *n* nonsense, folly.
безголо́вий headless; *fig.* stupid; forgetful.
безголо́сий voiceless; having no voice (*singer*).
безгомі́нн|ий silent; **~я** *n* silence.
безгосподáрн|ий thriftless; **~ість** *f* mismanagement.
безготівко́вий: ~ розраху́нок *m* C cashless settlement.
безгра́мот|ний illiterate; **~ність** *f* illiteracy, ignorance.
безгроші́в'я *n* want of money.
безгу́чний soundless; silent; mute.
безда́рний untalented, dull; bungling.
безді́тний childless.
бездія́льн|ий inactive; **~ість** *f* inactivity.
бездога́нний irreproachable, unobjectionable.
бездо́глядний uncared of.
бездоказо́в|ий baseless, groundless; **~е** обвинува́чення unfounded accusation.
бездо́мний homeless.
бездо́нний bottomless; *fig.* unfathomable.
бездорі́жжя *n* impassability of roads.
бездохо́дний unprofitable.
бездрото́вий wireless.
безду́шн|ий soulless, heartless; **~ість** *f* heartlessness.
безжа́лісний ruthless.
безжи́вний lifeless; *fig.* dull.
безжу́рний care-free; light-hearted.
беззаві́тний unselfish; unreserved.
беззако́н|ний illegal; lawless; **~ність** *f* illegality; **~ня** *n* lawlessness.
беззапере́чний absolute, unquestioning, implicit.
беззастере́жний unconditional.
бezза́хисний defenceless; unprotected.
беззбро́йний unarmed; defenceless.
беззві́тний uncontrolled.
беззву́чний soundless; noiseless.
безземе́льний landless.

беззмі́нний permanent.
беззмісто́вний empty, insipid, dull.
беззо́ряний starless.
беззу́бий toothless.
безіме́нний anonymous; ~ (підмізи́нний) па́лець *m* ring finger.
безка́рний unpunished, with impunity.
безко́лірний colourless.
безконе́чн|ий endless, infinite; unlimited, boundless; eternal; ~о мали́й Ма infinitsimal; ~**ість** *f* infinity; до ~ості endlessly.
безкори́слив|ий disinterested; ~**ість** *f* unselfishness.
безкра́їй boundless.
безкр|і́в'я *n* an(a)emia; ~**о́вний** an(a)emic; bloodless.
безла́д|дя *n* disorder, mess; *pl.* troubles; ~**ний** disorderly, incoherent.
бе́зліч a great number, multitude.
безлю́дний deserted, uninhabited.
безме́жний boundless, unlimited, infinite.
безми́тний duty-free.
безмі́рний immeasurable; immense.
безмо́зкий F brainless, stupid.
безнаді́йний hopeless.
безнаста́нний unceasing; indefatigable.
безневи́нний guiltless, innocent.
безо́дня *f* abyss; *fig.* F lots (of).
безопла́тний gratuitous; without compensation.
безособо́вий impersonal.
безпа́м'ят|ний forgetful; unconscious; ~**ність** *f* forgetfulness; ~**тя** *n* unconsciousness, swoon.
безпарті́йний *pol.* independent; non-party (man).
безпе́|ка safety; security; Ра́да ~**ки** Security Council.
безперебі́йний uninterrupted, smooth.
безпереmі́нний invariable; unalterable.
безпере́рвний uninterrupted, continual.
безпереса́дочний through ...
безпере́чний indisputable; doubtless, certain.
безперешко́дний unhampered, unhindered.
безпе́чн|ий careless; ~**ість** *f* carelessness.
безпідста́вний unfounded, groundless.
безпла́тн|ий free (of charge), gratuitous; ~**о** gratis.
безплі́дн|ий sterile; fruitless, vain; ~**ість** *f* sterility.
безповітря́ний void of air.
безповоро́тний unalterable, irrevocable.
безпомилко́вий faultless.
безпора́дн|ий helpless; ~**ість** *f* helplessness.
безпоро́чний blameless, irreproachable.
безпоса́дочний: ~ переліт nonstop flight.
безпосере́дн|ій 1. direct, immediate; 2. spontaneous; ingenuous; ~**ість** *f* spontaneity, ingenuousness; ~**ьо** directly.
безпра́вний deprived of civil rights.
безприбутко́вий unprofitable.
безпри́кладний unprecedented, unparalleled.
безпринци́пний unprincipled, unscrupulous.
безпри́страсн|ий dispassionate, composed; ~**ість** *f* dispassionateness.
безприту́льний *m* waif, stray; homeless, uncared-for.
безпричи́нний groundless; unfounded.
безпробу́дн|ий (*of sleep*) deep, heavy; ~**о** without waking.
безпро́грашн|ий sure; ~**а** лотере́я all-prize lottery.
безпросві́тний pitch-dark; *fig.* hopeless.
безпроси́пний deep (*of sleep*); unrestrained.
безпу́тний dissolute.
безра́дісний desolate; joyless.
безрезульта́тний futile, vain.
безробі́т|ний unemployed; ~**тя** *n* unemployment.
безрозсу́дний thoughtless, reckless, rash.
безрука́вка *f* [*g/pl.*:-вок] sleeveless jacket, waistcoat.
безру́кий armless; one-armed; *fig.* awkward, clumsy.
безсерде́чний heartless, unfeeling, callous.
безси́л|ий weak, powerless, impotent; ~**ля** *n* debility; impotence.
безсла́вний infamouse, disgraceful, inglorious.
безслі́дний without leaving a trace, entire.
безслове́сний speechless, dumb; taciturn.
безсме́рт|ний immortal; ~**я** *n* immortality.
безсо́вісний unscrupulous.
безсо́нн|ий sleepless; ~**я** *n* insomnia, sleeplessness.
безсоро́мн|ий shameless, impudent; indecent; ~**ість** *f* impudence, insolence.
безсторо́нн|ій impartial, unprejudiced, unbias(s)ed; ~**ість** *f* impartiality.
безстра́шн|ий fearless, intrepid; ~**ість** *f* fearlessness.
безстроко́вий termless, not limited in time.
безсумні́вн|ий undoubted; evident, manifest; ~**о** undoubtedly.

Б

безтала́нний 1. untalented; 2. ill-fated.
безтолко́в|ий muddle-headed, stupid; confused; **~щина** *f* F confusion, muddle.
безтре́петний intrepid, undaunted.
безтурбо́тний careless; carefree.
безуга́вний incessant, uninterrupted.
безумо́вн|ий absolute, unconditional; **~о** certainly, surely.
безупи́нний continuous; nonstop ...
безуспі́шний unsuccesful.
безуті́шний disconsolate, inconsolable.
безфо́рмний shapeless, formless.
безхара́ктерний weak-willed, spineless.
безхи́трий artless, naïve, ingenuous, unsophisticated.
безхма́рний cloudless; serene.
безхребе́тний invertebrate.
безцеремо́нний unceremonious, bold, inconsiderate.
безці́льний aimless.
бе́зцінь: за ~ F for a song *or* a trifling sum.
безче́с|ний dishonest; dishono(u)rable; **~тити** <з-> disgrace; **~тя** *n* dishono(u)r, disgrace.
безчи́нств|о *n* excess, outrage; **~увати** behave outrageously.
безшлю́бн|ий unmarried; **~ість** *f* celibacy.
безшу́мний noiseless, quiet.
бейсбо́л *m* baseball.
бека́с *m* snipe.
белетри́стика *f* fiction.
бе́льбас *m* simpletion, booby.
бельгі́|єць *m* [-гі́йця], **~йка** *f* [*g/pl.*: -гі́йок], **~йський** Belgian; **'≗я** Belgium.
бельета́ж *m thea.* dress circle; second (*Brt.* first) floor.
белькота́ти babble.
бемо́ль Mu *m* flat.
бенефі́с *m* benefit (-night).
бензи́н *m* benzine; gasoline, *Brt.* petrol.
бензо|ба́к *m* gasoline *or* petrol tank; **~коло́нка** (*a.* ~запра́вна коло́нка) *f* [*g/pl.*:-нок] filing station; **∸л** *m* benzol.
бенке́т *m* banquet, feast; **~ува́ти** banquet, feast; carouse.
бенте́жити <з-> worry, trouble; perplex; **-ся** be (get) upset; be uneasy, be worried.
бенуа́р *m thea.* parterre box.
бе́рег *m* [на - зі; *pl.*:-ги́, *etc.e.*] bank, shore, coast; land; ви́йти з ~і́в overflow the banks; приста́ти до ~а land; **~ови́й** coast(al), shore ...; ~ове́ пароплáвство *n* coasting.
берегти́ [бережу́, береже́ш] 1. <по-> guard, watch (over); 2. <по-, з-> spare, save, take care of; 3. <з-> [збере́жений] keep; preserve; **-ся** take care (of *o.s.*); бережи́сь! take care!, look out!, attention!
бере́з|а *f* birch, **~овий** birch(en).
бе́рез|ень *m* March; **~не́вий** march ...
бере́йтор *m* horse-breaker.
бере́т *m* cap, beret.
бе́ркут *m* golden eagle.
Бе́рінгов|а ~а прото́ка *f* Bering Strait; ~е мо́ре *n* Bering Sea.
бе́сід|а *f* conversation, talk; **∸ка** *f* [*g/pl.*:-док] arbo(u)r, summer-house; **∸увати** converse.
бе́ски́д *m* rock; cliff.
бе́стія *f* brute, beast; artfull dodger.
бето́н *m* concrete; **~увати** <за-> concrete; **~ний** concrete.
беши́ха *f* Me erysipelas.
бе́шкет *m* row, scandal; **∸ник** *m* trouble-maker; **~ува́ти** make (kick) up a row.
би, *short* **б**, *is used to render subjunctive and conditional patterns:* a) *with the preterite, e.g.* я сказа́в ~, коли́ б я знав I would say it if I knew it; (*similary: should, could, may, might*); b) *with the infinitive, e.g.*: йому́ б усе́ зна́ти he would like to know everything; не вам ~ говори́ти you had better be quiet.
бик *m* е. 1. bull; 2. abutment.
били́на *m* blade (of grass).
би́льц|е *n* back (of bed, chair); arm (of armchair); **~я** *pl.* railing *sg.*; banisters *pl.*
бинт *m* bandage; **~ува́ти** <за-> bandage, dress.
би́тва *f* battle.
би́ти [б'ю, б'єш, бий!; би́тий] 1. <по-> beat; churn (*butter*); 2. <про-> [проби́в, -би́ла, проби́ло] strike (*clock*); 3. <роз-> [розіб'ю́, розіб'є́ш] break, smash; 4. <у-> shoot, kill; trump (*card*); 5. *no pl.* spout; ~ в о́чі strike the eye; ~ триво́гу sound the alarm (bell); **-ся** fight; beat (*heart*); drudge; toil; -ся голово́ю об стіну́ dash against the rock; -ся об закла́д bet; він б'є́ться як ри́ба об лід he exerts himself in vain.
бито́к *m* [-тка́] (mince)meat ball.
биття́ *n* beat, throb.
біб *m* bean; haricot.
біблі́йний Biblical; Bible ...
бібліографі́|чний bibliographic(al); **'~я** *f* bibliography.
бібліоте́|ка f library; **~кар** *m* librarian; **~чний** library ...
Бі́блія *f* Bible.
бів(у)а́к *m* bivouac; стоя́ти ~ом *or* на ~ах bivouac.

біг *m* [на бігу́] run(ning); бар'є́рний ~ hurdle race; естафе́тний ~ relay race; на ~у́ while running; *s.* бігóм.
бігани́на F *f* running about, bustle.
бі́гати <по-> run (around); F shun (*a.*p. від P); *fig.* run after (*a.*p. за O); ~ навви́передки F race, vie in a run.
біг|ови́й race ...; **~óм** in full career.
бі́гти [біжу́, біжи́ш, біжа́ть; біжи́!] <по-> (be) run (~ning, *etc.*); flee; avoid, shun (*a.*p. від P); ~ без па́м'яті (без тя́ми, не тя́млячи себе́) F run for one's life *or* head over heels.
бігу́н *m* runner; trotter.
бід|а́ *f* [*pl.*: бі́ди] misfortune; disaster, mischief; що за ~а́? what does it matter? не ~а́ it doesn't matter; у тóму й ~а́ there's the trouble; на ~у́ F unluckily; **~́катися** complain (of), moan (about); **~не́нький** poor, pitiable; **~ний** poor; poor man; **~́ність** *f* poverty; **~ні́ти** <з-> grow (become) poor; **~нóта** *f* the poor *coll.*; **~ня́к** *m* poor man; **~ола́ха** F, **~ола́шка** *m/f* poor fellow, wretch; **~ува́ти** live in (great) poverty, be destitute.
бідóн *m* can.
бі́жен|ець *m* [-нця], **~ка** *f* [*g/pl.*:-нок] refugee.
бізóн *m* bison.
бій *m* [бóю, в бою́; *pl.* бої́, боїв, *etc.e.*] battle, combat, fight; бра́ти (взя́ти) з бóєм *or* з бóю take by assault (storm); рукопа́шний ~ close fight; ~ годи́нника the striking of a clock.
бійни́ця *f* loophole, embrasure.
бі́йка *f* scuffle, fight.
бік *m* [на бóці; *pl.*: боки́ *etc.e.*] side; на́~, бóком sideways; ~ у ~ side by side; під бóком F close by.
біле́т *m* card; bill; ticket.
біли́зна *f* linen; спі́дня ~ underwear.
білизна́ *f* whiteness.
бі́л|ий white; light, fair; secular; **~ий** світ *m* (wide) world; **~і** вірші́ *m/pl.* blank verse; се́ред **~ого** дня in broad day-light.
біли́ло *n* ceruse.
біли́ти [білю́, бі́лиш; бі́лений] **1.** <ви́-> bleach; **2.** <на-> paint (white); **3.** <по-> whitewash.
білі́ти <по-> grow or turn white; *im/pf.* (*a.* **-ся**) appear *or* show white.
бі́лка *f* [*g/pl.*:-лок] squirrel.
білоборóдий white-bearded.
біло|ви́к *m*, **~ви́й**: ~ приміи́рник (екземпля́р) *m* fair copy; **~ гварді́єць** *m* [-йця] White Guard (*member of troops fighting against the Red Guards and the Red Army in the Civil War (1918-1920)*); **~голóвий** white-headed; **~жарови́й** white hot; **~́к** *m* [-ка́] albumen; white (*of egg or eye*); **~крі́в'я** *n* leukemia; **~ру́с** *m*, **~ру́ска** *f* [*g/pl.*: -сок] Byelorussian, White Russian; **~ру́сія** *f* Byelorussia, White Russia; **~ру́ський** Byelorussian; **~ру́чка** *m/f* F shirker; **~сні́жний** snow-white; **~шве́йка** *f* [*g/pl.*: -йок] seamstress.
білу́га *f* sturgeon.
більярд *m* billiards.
бі́ля by, near, beside.
біля́вий white-haired, blond.
біля́стий whitish.
біль *m* pain, ache; гóстрий ~ pang.
більйóн *m* billion, *Brt.* milliard.
більм|ó Me *n* [*pl.*: бі́льма, бі́льмів] wall-eye; *pl.* goggle-eyes; ви́лупити **~а** F stare; він у ме́не як **~ó** на óці he is an eyesore to me.
бі́льше more; ~всьóго (над усе́) more of all; above all; якомóга ~ as much as possible; ~ не no more *or* longer.
бі́льш|ий bigger, greater; **~ість** *f* majority; most; **~-менш** more or less.
більшови́|к *m* **~чка** *f* [*g/pl.*:-чок] Bolshevik; **~зм** *m* Bolshevism; **~цький** Bolshevist(ic).
бінóкль *m* binocular(s); glass; театра́льний ~ opera glasses; польови́й ~ field glass.
біóграф *m* biographer; **~і́чний** biographic(al); **~́ія** *f* biography.
біóлог *m* biologist; **~і́чний** biological; **~́ія** *f* biology.
біохі́мія *f* biochemistry.
біпла́н *m* biplane.
бір *m* pine wood *or* forest.
бі́ржа *f* (stock) exchange; ~ пра́ці labor registry office, *Brt.* labour exchange.
біржо|ви́к *m e.* stockbroker; **~ви́й**: ~ви́й ма́клер = ~ви́к.
Бі́рм|а *f* Burma; **~а́нець** *m* [-нця], **~а́нка** *f* [*g/pl.*:-нок], **~а́нський** Burmese.
бірюза́ *f* turquoise.
біс 1. *m* demon; **2.** encore!
бісеня́ *n* [-ня́ти; *pl.*бісеня́та] imp.
бі́сер *m coll.* (glass) beads *pl.*
біси́ти F enrage, madden; **~-ся** (fly into a) rage; romp.
бісквí́т *m* sponge cake.
біснува́ти|й possessed, demonic; **-ся** rage, rave.
біфште́кс *m* (beef)steak.
благови́д(н)ий attractive, comely, sightly.
благогові́|йний devout, reverent, respectful; **~ння** *n* awe (of),

reverence, respect (for) (пéред О); ~ти (пéред О) worship, venerate.

благодáт|ний blessed; **~ь** blessing.
благодíйн|ий beneficent, charitable; **~ість** *f* benefit.
благонадíйний reliable, trustworthy.
благополýч|ний happy; safe; **~чя** *n* well-being, prosperity, happiness.
благослов|íння benediction, blessing; **~ля́ти** <~и́ти> bless.
благотвóрний wholesome, salutary.
благочести́вий pious.
блажéн|ний blissful; **~ство** *n* bliss; **~ствувати** enjoy felicity.
блаки́т|ний azure; (sky)blue, light blue; **~ь** *f* azure.
бланк *m* form; letterhead.
блат P *m* profitable connections; по ~́у on the quiet, illicitly, through good connections; **~ни́й** P trickster, rogue; **~нá мóва** *f* thieves' slang, cant.
блеф *m* bluff.
близню́к *m* twin, twin brother; **~и́** *pl.* twins.
близьк|и́й [*comp.*: бли́жче] (до Р) near, close; **~і** *pl.* folk(s), one's family, relatives; **~о від** (Р) close to, not far from.
бли́зькість *f* nearness, proximity; intimacy.
бли́м|ати <~нути> twinkle; glimmer.
блиск *m* luster, shine, brilliance, glitter, splendo(u)r; **~́ати** <бли́снути> flash.
бли́ск|ітка *f* [*g/pl.*:-ток] spangle; **~ýчий** brilliant.
бли́снути *s.* **бли́скати.**
блищ|áти *once* <бли́снути> shine, glitter; flash; не все те зóлото, що ~и́ть all is not gold that glitters.
блід|и́й pale; **~́ість** *f* pallor, paleness.
блíднути <з-> turn pale.
блід|оли́ций with a pale face; **~увáтий** palish.
блок *m* **1.** bloc, coalition; **2.** pulley.
блок|áда *f* blockade; **~увáти** (*im*)*pf.* blockade, block up.
блокнóт *m* notebook.
блонди́н *m* blond; **~ка** *f* [*g/pl.*:-нок] blonde.
блохá *f* [*nom/pl. st.*: блóхи] flea.
блуд *m* licentiousness; **~и́ти** P **1.** roam, wander; **2.** [-жý, ~́диш] debauch; **~ли́вий** F, **~́ний** wanton; **~́ний син** *m* prodigal son.
блýз|а *f* blouse, smock; **~ка** *f* [*g/pl.*: -ок] (ladies') blouse.
блукá|ти <про-> roam, wander; **~ючий вóгник** *m* will-o'-the-wisp; **~юча ни́рка** *f* floating kidney.
блюв|áння *n*, **~óта** *f* vomit(ing); **~вáти** F vomit, spew; **~óтний** emetic (*a. n, su.*).
блю́дечко *n* [*g/pl.*:-чок] saucer.
блю́дце *n* [*g/pl.*:-дець] saucer; jam plate.
бля́к|лий faded, withered; **~нути** <з-> fade, wither.
бля́ха *f* metal plate, badge.
бляшáний tin(-plate)...
бо because, for; as.
боá [*indecl.*] **1.** *m zo.* boa; **2.** *n* boa (*wrap*).
бобéр *m* [-брá] beaver (*fur*).
бобíна *f* bobbin, spool, reel.
бобóв|ий: ~і росли́ни *f/pl.* legumes.
бобслéй *m* bobsleigh.
бóвдур *m* dolt, blockhead.
бóвтáти <з-> shake up; stir.
Бог *m* [*voc.*: Бóже; *from g/pl.e.*] God; god, idol; ~ (йогó) знáє F God knows; Бóже (мій)! oh God!; good gracious!; дай Бóже God grant; I (let's) hope (so); рáди ~́а for God's (goodness') sake; борони́ (борóнь, крий) Бóже God forbid!
богати́р *m* hero; athlete.
Богéм|ія *f* Bohemia; **ºський** Bohemian.
боги́ня *f* goddess.
боговідстýпник *m* atheist.
богомáтір (мáтір Бóжа) *f* the Blessed Virgin.
богом|óлець *m* [-льця] **~óлка** *f* [*g/pl.*:-лок] devotee; pilgrim; **~íлля** *n* prayer; pilgrimage.
богорóдиця *f* the Blessed Virgin, Our Lady.
богосл|íв'я *n* theology, divinity; **~óв** *m* theologian; **~óвський** theological.
богослужíння *n* divine service.
богохý|льник *m* blasphemer; **~лити** (хули́ти Бóга) blaspheme; **~льний** blasphemous; **~льство** *n* blasphemy.
бодáй: ~ на хвили́ну even for a minute; ~ не казáти it would be better not to say it.
боєздáтний effective.
боє|припáси *m/pl.* ammunition.
боéць *m* [бійця́] soldier, fighter.
бóже *s.* Бог; **~́ственний** divine; **~ствó** *n* deity, divinity; **~ський** F godlike, divine.
божевíл|ьний *m* [-ного] madman, lunatic; madcap; **~ля** madness, folly.
божевóліти <з-> go mad.
божестви́ти adore, deify.
бóжий God's, divine.
божи́тися [*e.* -жýсь, -жи́шся], <по-> swear.
бойкóт *m* boycott; **~увáти** boycott.
бóйня *f* [*g/pl.*: бóєнь] slaughter-house; massacre, slaughter.
бойови́й battle ..., fighting, war ..., military; live (*shell, etc.*); pugnacious,

militant; ~ хло́пець *m* dashing fellow; ~ поря́док *m* battle array.
бойови́к *m e.* hit, draw.
бокови́й lateral.
бокс *m* boxing; **~е́р** boxer; **~ува́ти** box.
болга́р|ин *m* [*pl.*:-и, -р] Bulgarian; **²ія** *f* Bulgaria; **²ка** *f* [*g/pl.*:-рок], **~ський** Bulgarian.
болі́льник *m* F fan.
бо́лісний painful.
бол|і́ти ache, hurt; у ме́не **~и́ть** голова́ I have a headache; що у вас **~и́ть**? what do you complain of?
болот|и́стий boggy, swampy; **²ний** bog ..., swamp ...; **²о** *n* bog, swamp.
болт *m e.* bolt.
бо́ляче painful(ly); P very; мені́ ~ it hurts me; очa̋м ~ my eyes smart.
бо́мб|а *f* bomb; **~ардува́льник** *m* bomber; **~ардува́ння** *n* [*g/pl.*: -ва́нь] bombardment, bombing; **~ардува́ти** bomb, shell; bombard (*a. fig.*); **~и́ти** [*e.*; -лю́, -би́ш; (роз-)бо́мблений] <роз-> bomb.
бомбо|во́з *m* = бомбардува́льник; **~схо́вище** *n* air-raid shelter.
бонбоньє́рка *f* [*g/pl.*:-рок] bonbonniere, box for candies.
бо́ндар *m* cooper.
бор *m* Ch boron.
борг *m* debt; взя́ти у ~ borrow; да́ти у ~ lend; бу́ти в ~у́ indebted (to), owe.
бордо́ *n* [*indecl.*] claret.
бордю́р *m* border, trimming.
боре́ць *m* [-рця́] fighter; wrestler.
боржни́к *m* debtor.
борі́дка *f* [*g/pl.*:-док] small beard.
борода́ *f* [*ac./sg.*: бо́роду; *pl.*: бо́роди, борі́д, бо́родам] beard.
боро́давка *f* [*g/pl.*:-вок] wart.
борода́|тий bearded; **~нь** *m* bearded man.
борозн|а́ *f* furrow; **~и́ти** furrow, make furrows (in).
борон|а́ *f* [*ac/sg.*: бо́рону; *pl.*: бо́рони, борі́н, бо́ронам] harrow; **~ува́ти** <за-> harrow.
борони́ти defend, guard, stand up (for); **-ся** defend oneself.
боро́тися fight, struggle (for за 3); wrestle.
боротьба́ *f* struggle, fight; wrestling (*sport*).
бо́рошно *n* meal; flour.
бо́рсатися F flounce, flounder.
борсу́к *m* badger.
борт *m* [на -ту́; *nom/pl.*:-ти́] board; на ~у́ су́дна on board a ship; ки́нути за ~ throw overboard; люди́на за ~то́м! man overboard!; **~ови́й** board ...
борщ *m* borsch(t) (*kind of vegetable soup*).
бо́с|ий barefooted; на ~у но́гу with no stockings/socks on; **~о́ніж** barefoot; **~оно́гий** barefooted.
Босфо́р *m* Bosporus.
橋ся́к *m* tramp, vagabond.
бота́ні|к *m* botanist; **~ка** *f* botany; **²чний** botanic(al).
бо́ти *m/pl.* overshoes.
ботфо́рти *m/pl.* jackboots.
бо́цман *m* boatswain.
бо́чка *f* [*g/pl.*:-чок] barrel, cask.
бочко́м sideway(s), sidewise.
боягу́з *m* coward.
бояз|ки́й shy, timid; **²кість** *f* shyness, timidity; **²нь** *f* fear, dread.
боя́рин *m* [*pl.*:-ри, -р], **~я** *f* boyar(d) (*member of old nobility in Russia*).
боя́тися [бою́ся, бої́шся; бі́йся, бі́йтесь!] <по-> be afraid (of P), fear; бою́сь сказа́ти I don't know exactly, I'm not quite sure.
бра́вий brave, courageous.
бразі́л|ець *m* [-льця] Brazilian; **²ія** *f* Brazil; **~ійка** *f* [*g/pl.*:-ійок], **~ський** Brazilian.
брак 1. *m* (*no pl.*) defective articles, spoilage; **2.** *m* lack; absence; за ~ом ча́су for lack of time.
бракува́ти 1. <за-> scrap, reject; **2.** lack; be missing; мені́ ~у́є I lack.
брасле́т *m* bracelet.
брат *m* [*pl.*: брати́, -ті́в, -та́м] brother; (*address*:) old boy!; ваш ~ F of your kind; наш ~ F (such as) we.
бра́ти [беру́, -ре́ш; брав, -ла́, -ло́], <взя́ти> [візьму́, -меш; узя́в, -ла́, -ло́; узя́тий] take; ~ напрока́т hire; ~ при́клад (з Р) take (a p.) for a model; ~ го́ру над (Т) be victorious over, conquer; ~ на пору́ки be (-come) bail (for 3); ~ сло́во take (have) the floor; ~ (з Р) сло́во make promise; ~ (свої́ слова́) наза́д withdraw (one's words); ~ себе́ в ру́ки *fig.* collect o.s., pull o.s. together; ~ на се́бе assume; ~ за пра́вило make it a rule; **-ся** [бра́вся, -лася, -ло́ся], <узяти́ся> [узя́вся, -ла́ся, -ло́ся, узяли́ся] (за 3) undertake; set about; take hold of seize; ~ за ру́ки join hands; ~ до робо́ти set to work (on); ~ за ро́зум become reasonable; звідки це бере́ться? where does that come from?; звідки в ньо́го гро́ші беру́ться? wherever does he get his money from?
бра́т|ній [*adv.*: (по-)бра́тньому] brotherly, fraternal; **~е́рство** *n* brotherhood, fraternity.
братовби́в|ство *n*, **~ця** *m/f* fratricide.

брезéнт *m* tarpaulin; **~овий** tarpaulin...

брéнькати [-каю, -каєш] <за-, про-> clink, jingle; strum.

брести́ <по-> drag, lag; grope.

брех|áти [брешý, брéшеш, брéшуть; брехáв, -ла, -ло] 1. <з-> lie; tell a p. (Д. перед О) a lie; 2. <на-> (на З) defame; **~ли́вий** [*sh.*] false, lying; mendacious; **~ли́вість** *f* mendacity; **~ня́** *f* lie, falsehood; **~ýн** *m* [*e.*], **~ýха** *f* liar.

бригáд|а *f* brigade (*a.* Ml), team, group of workers; **~и́р** *m* brigadier; foreman.

бри́джі *pl.* [*gen.*:-жів] breeches.

бри́жі *m/pl.* ripples.

бри́з|кати *once* <~нути> splash, spatter, sprinkle; **~ки** *f/pl.* splash, spray.

брик|áти *once* <-нýти> (*a.* **-ся**) kick.

бри́ла *f* lump, clod; block.

бриль *m* straw hat.

бри́нза *f* brynza (*sheep's milk cheese*).

брині́ти ring; hum; buzz.

бри́тва *f* razor; безпéчна ~ safety razor.

бри́ти <по-> shave; **~й** (clean-) shaven; **~ся** shave (o.s.); have a shave.

бритáн|ець *m* [-нця] Briton, Britisher; **≗ія** *f* Britain; **~ський** British; **≗ська** Імпéрія *f* British Empire; **≗ські** острови́ *m/pl.* British Isles.

брід *m* ford.

бров|á *f* eyebrow; хмýрити **~и** frown.

броди́ти 1. wander; 2. (*impers.*) ferment.

броді́ння *n* fermentation; *fig.* agitation, unrest.

бром *m* bromine.

броне|нóсець *m* [-сця] battle-ship; **~поїзд** *m* armo(u)red train; **~тáнковий:** ~тáнкові части́ни *f/pl.* armo(u)red troops.

брóнз|а *f* bronze; **~овий** bronzy, bronze...

брóнх|и *m/pl.* bronchi *pl.* (*sg.* ~ bronchus); **~íт** *m* bronchitis.

бронювáти 1. armo(u)r; 2. <за-> reserve; book.

броня́ *f* armo(u)r.

брóшка *f* [*g/pl.*:-шок] brooch.

брость *f* bud.

бруд *m* dirt; filth (*a. fig.*); **~ни́й** dirty (*a. fig.*); muddy; miry; **~ни́ти** <за-> dirty; soil; **-ся** <за-> get dirty.

брýква *f* turnip.

брус *m* [*pl.*: бруси́, брусíв, брусáм] (square) beam; bar; *pl. a.* паралéльні **~и́** (*gymnastics*) parallel bars; **~кóвий** bar ...

брусни́ц|я *f* red bilberry; **~і** *pl.* red bilberries.

брусóк *m* [-скá] 1. bar; 2. (*a.* точи́льний ~) whetstone.

брýтто [*indecl.*] gross (weight).

брухт *m* scrap (metal).

брюнéт *m* brunet; **~ка** *f* [*g/pl.*:-ток] brunette.

Брюссéль *m* Brussels; **≗ський: ≗ська** капýста *f* Brussels sprouts.

бря́зк|ати *once* <бря́знути> clank; jingle; ~ збрóєю rattle the sabre; **~іт** *m* clank; jingle.

бýблик *m* (round) cracknel.

бýбна *f* (*cards*) diamonds.

бубня́віти swell.

бýбон *m* [-бна; *g/pl.*: бýбнів] tambourine.

бувáлий experienced; wordly-wise.

бувá|ти 1. be; врáнці вонá зáвжди ~є вдóма she is always at home in the morning; 2. happen, occur; такóго зі мнóю нікóли не ~лó such things never happened to me before; він, ~ло, чáсто туди́ ходи́в he would (*or* used to) go there; 3. <по-> (у Р) be (at), visit, stay (with).

бугáй *m* bull.

Будапéшт *m* Budapest.

будéн|ний everyday; humdrum; **'~ь** *m* week-day; work-day.

буди́льник *m* alarm-clock.

буди́нок *m* house, building.

буди́ти 1. <роз-> (a)wake, waken; 2. <про-> [пробýджений] *fig.* (a)rouse.

будівéльн|ий building...; **~ик** *m* builder.

буді́вля *f* building, construction.

будівни́|к *m* builder; **~цтво** *n* building, construction.

бýдка *f* [*g/pl.*:-док] booth, box.

бýдні *pl.* week-days; work-days; *fig.* everyday life.

будóва *f* building; construction (site).

будувáти <з-> build, construct; **-ся** be build; be under construction.

будя́к *m* thistle.

будь|-дé anywhere, any place you like; **~-коли́** any time; **~-куди́** anywhere, to any place; **~-хтó** anybody, anyone; **~-щó** anything; **~-я́к** anyhow; **~-яки́й** any.

бýєр *m* ice-boat.

бузинá *f* elder.

бузкóвий lilac.

бузóк *m* lilac.

буй *m* buoy.

бýйвол *m* buffalo.

бýйний violent, impetuous, vehement; exuberant.

бýйств|о *n* mischief, rage, outrage, violence; **~увати** behave outrageously, rage.

бук *m* beech.

бу́кв|а *f* letter; **~а́льний** literal, verbal; **~а́р** *m* ABC book, school primer; **~оїд** *m* pedant.
буке́т *m* bunch of flowers, nosegay, bouquet.
букіні́ст *m* second-hand bookseller.
бу́ковий beechen, beech ...
букси́р *m* tug(boat); tow; взя́ти на ~ take in tow; **~ний** tug ...; **~ува́ти** tow, tug.
булава́ *f* hist mace.
була́ний dun (*horse*).
була́т *m* Damascus steel; **~ний** steel...; damask ...
бу́лка *f* [*g/pl.*:-лок] small loaf; roll.
було́ (*s.* бу́ти) already: я вже заплати́в ~ гро́ші ... I had already paid the money, (but) ...
бу́лоч|ка *f* [*g/pl.*:-чок] roll; bun; **~на** *f* bakery; **~ник** *m* baker.
бу́льба *f* tuber; **~шка** bubble.
бульва́р *m* boulevard, avenue; **~ний** boulevard ...; ~ний рома́н *m* dime novel, *Brt.* penny dreadful; ~на пре́са *f* gutter press.
бульдо́г *m* bulldog.
бульдо́зер *m* bulldozer.
бульйо́н *m* broth, bouillon.
бу́лькати gurgle; splutter, bubble.
бундю́ч|итися swagger, be puffed up; **~ний** pompous.
бунт *m* revolt, mutiny, insurrection, uprising; **~івни́к** *m* mutineer, rebel; **~ува́ти** rebel, revolt.
бур *m* drill; auger.
бура́ *f* Ch borax.
бура́н *m* snowstorm, blizzard.
бурда́ F *f* wash, wish-wash.
бурдю́к *m* wineskin.
бureві́сник *m* (stormy) petrel.
буржуа́ *m* [*indecl.*] bourgeois; **~зі́я** *f* bourgeoisie; **~зний** bourgeois ...
бу́р|ий brown, fulvous; ~е вугі́лля *n* brown coal, lignite.
бурі́ння *n* drilling, boring.
бу́рка *f* [*g/pl.*:-рок] felt, cloak.
буркот|а́ти, ~і́ти grumble, snarl; **~ли́вий** grumbling; **~у́н** grumbler.
бурла́к(а) *m* landless peasant; *fig.* solitary man, (old) bachelor.
бурмі́стр *m* (*hist.*) steward; mayor.
бурмоті́ти <про-> murmur, mutter.
буру́н *m* e. surf.
бурхли́вий stormy, storm ...; violent, boisterous.
буршти́н *s.* янта́р.
бу́ря *f* storm, tempest.
буря́к *m* beet, beetroot; цукро́вий ~ sugar-beet.
бур'я́н *m* weed; wild grass (*steppe*).
бу́ряний stormy, tempestuous.
бутафо́рія *f thea.* properties *pl.*
бу́тель *m* large bottle; carboy.
бутербро́д *m* sandwich.
бу́ти (*3rd p. sg. pr.*: є, *cf.*; *3rd p.pl.*; *ft.*: бу́ду, -деш; бу́дь(те)!; бу́дучи; був, -á, -ó; не був, -ó -ли́) be; (*cf.* бу́де, бува́ти, було́); ~(Д) ... will (inevitably) be *or* happen; мені́ було́ (бу́де) ... (ро́ки or ро́ків) I was (I'll be) ... (years old); як (же) ~? What is to be done?; так і ~! I don't care; хай бу́де по-ва́шому have it your own way! будь ла́ска ... be so kind as..., would you please ...
буто́н *m* bud.
бу́тси *f/pl.* football boots.
бу́фер *m* buffer.
буфе́т *m* sideboard; bar, lunchroom, refreshment room; **~ник** *m* barkeeper; **~ниця** *f* barmaid.
буфо́н *m* buffoon.
бух F bounce!, plump!
буха́не́ць *m* loaf.
буха́нка *f* [*g/pl.*:-нок] loaf.
Бухара́ *f* Bokhara.
Бухаре́ст *m* Bucharest.
бухга́лтер *m* bookkeeper; **~ія** *f* bookkeeping; **~ський** bookkeeper(s)...; bookkeeping ...
бу́хта *f* **1.** bay; **2.** coil.
бу́цати <бу́цнути> butt.
бу́ч|а *f*: зби́ти ~у raise hell.
бучни́й magnificent; noisy.
бушла́т *m* (sailor's) jacket.
бушпри́т *m* bowsprit.
бушува́ти [бушу́ю, -у́єш] roar, rage, storm.
бюва́р *m* writing case.
бюдже́т *m* **~ний** budget.
бюлете́нь *m* bulletin; bailot, *Brt.* voting paper; medical certificate.
бюро́ *n* [*indecl.*] bureau; довідко́ве ~ inquiry office; information; ~ по́дорожей travel bureau, *Brt.* tourist(s') office.
бюрокра́т *m* bureaucrat; **~и́зм** *m* red tape; **~и́чний** bureaucratic; **~ія** *f* bureaucracy.
бюст *m* bust; **~га́льтер** *m* bra(ssiere).
бязь *f* cheap cotton.

Б

В

в *a* **у** 1. (*direction*) to, into; for; у вікно́ out of (in through) the window; поїхати в Лондон leave for London; 2. (*time*) in, on, within; в се́реду on wednesday; в січні in January; 3. (*comparison*) в п'ять разів більше five times as much; у десять разів менше ten times less; (*place*) in, at; в Англії in England; в інституті at the institute.
ва́бити <при-> attract, lure; fascinate.
Вавіло́н *m* Babylon.
ваг|а́ *f* weight; питома ~ a specific gravity; центр ~и centre of gravity.
вага́|ння *n* vacillation, hesitation; **~р** *m* weigher; **~тися** hesitate.
ваґі́тн|а pregnant; **~ість** *f* pregnancy.
ваговий weight...; balance -...
ваговитий heavy, ponderous.
ваго́мий weighty.
ваго́н *m* car(riage, *Brt.*); **~-ресторан** *m* dining car; **~е́тка** *f* [*g/pl.*:-ток] lorry, trolley, truck; **~овожа́тий** *m* streetcar (*Brt.* tram) driver.
ва́да *f* defect, shortcoming.
ва́ди|ти injure, harm; не ~ло б прочита́ти цю книжку it is (well) worth reading this book.
ва́жити <з-> weigh;; *fig.* be of importance (to); **-ся** <з-> weigh o.s.
ва́жіль *m* lever.
важ|ки́й heavy; difficult, hard; laborious; serious (*wound, etc.*); (*a.* J) severe, grave; grievous, sad, oppressive, painful; close (*air*); мені ~ко I'm feel sad.
важкоатле́т *m* heavyweight.
важли́в|ий important, significant; **~о** it is important.
ва́за *f* vase, bowl.
вазелі́н *m* vaseline.
вазо́н *m* flower-pot.
вака́н|сія *f* vacancy; **~тний** vacant.
ва́кса *f* (shoe) polish, blacking.
вакци́на *f* vaccine.
вал *m* [на - у́; *pl. e.*] 1. rampart; bank; wall; 2. billow; E shaft, axle.
валеріа́|на *f*, **~новий**: ~нові краплі *f/pl.* valerian.
вале́т *m* (*cards*) knave.
ва́лик *m* 1. E roller; 2. bolster.
вали́ти [валю́, ва́лиш], <по-, з-> throw down; overturn; **-ся** fall down, tumble down.
валі́за *f* valise; suitcase.
валови́й gross, total.
валу́н *m* boulder.
валю́т|а *f* (foreign) currency; золота ~ a gold standart; **~ний** currency..., exchange...; ~ний курс *m* rate of exchange.
ва́лянок *m* [-нка] felt boots.
валя́тися wallow, loll; lie about (in disorder).
ва́льдшнеп *m* woodcock.
вальс *m* waltz; **~ува́ти** <про-> waltz.
вальцюва́ти E roll.
вам *s.* **ви**.
ва́ми *s.* **ви**.
вані́ль *f* vanilla.
ва́нн|а *f* tub; bath; со́нячна ~ a sun bath; приймати ~у take a bath; ~а кімната *f* bath (room).
вантáж *m* load, freight; Sh cargo; **~ити** <на-, по-, за-> load, embark; **~ний** freight; ~ний автомобіль *m* lorry; truck; ~не судно *n* cargo ship, freighter; **~ник** *m* loader, freight, handler; stevedore.
вапн|о́ *n* lime; **~як** *m* limestone.
вар *m* pitch.
ва́рвар *m* barbarian; **~ство** *n* barbarity; **~ський** barbarous.
ва́рен|ий boiled; **~ик** *m* varenik *m* (pieces of paste enclosing curd *or* fruit); **~ня** *n* jam.
вар'єте *n* [*indecl.*] vaudeville, *Brt.* variety (*show S theater, -tre*).
вари́ти [варю́, вариш, варений], <з-> cook, boil (*v/i.* **-ся**); brew.
варіа́нт *m* variant, version.
варіюва́ти vary.
ва́рт|а <караул> *f* guard; стояти на ~і be on guard, (*stand*) sentinel.
ва́рт|ий deserving, worthy; **~ість** *f* cost; *econ.* value; ~істю (в) to the value (of); **~о** *impers.*: це ~о прочита́ти it is worth reading; це нічого не ~о it is worthless.
вартови́й guard..., watch..., sentry (*post*); on duty; orderly; *su.* sentry, sentinel; watchman.
вартува́ти guard, watch; be on duty.
Варша́ва *f* Warsaw.
варя́г *m* Varangian.
вас *s.* **ви**.
васа́л *m* vassal.
ва́т|а *f* absorbent cotton, *Brt.* cotton wool; wadding; на ~і wadded.
вата́га *f* gang, band, troop.
ватажо́к *m* guide; leader.
ватер|лі́нія *f* water line; **~па́с** *m* level.

ва́тний cotton (-wool)...; wadded.
ватру́шка *f* [*g*/*pl*.: -шок] curd *or* jam patty.
ва́фля *f* [*g*/*pl*.: -фель] waffle, wafer.
ва́хт|а Sh *f* watch; стояти на ~і keep watch; **~овий** sailor on duty; **~éр** *m* guard, watchman.
ваш <~а, ~е, ~і> your; yours; по-~ому in your opinion (*or* language); (хай бу́де) по-~ому (have it) your own way, (just) as you like; як на ~у думку? What do you think?; *cf* наш.
Вашингто́н *m* Washington.
вб... *s*. **у(уб...)**; *e.g.* **вбира́ти, вбрання́;** *s*. **убира́ти, убрання́.**
вв... *s*. **у(ув...)**; *e.g.* **ввечері, ввозити** *s*. **увечері, увозити**. (*except* **в(вв...)**).
вважа́|ти <~ю; ~єш> think, believe; consider; guess.
ввижа́тися seem (*to hear, etc.*); appear; look.
вві́члив|ість *f* politeness; **~ий** polite.
вг... *s*. **у(уг...)**; *e.g.* **вгава́ти, вга́дувати** *s*. **угавати, угадувати.**
вд... *s*. **у(уд...)**; *e.g.* **вда́рити, вдава́ти** *s*. **уда́рити, удава́ти** (*except* **в(вд...)**).
вда́лий successful; good.
вдив|ля́тися <~и́тися> (в 3) peer, look narrowly (at).
вдих|а́ти <~ну́ти> inhale.
вду|ва́ти <~ти> blow in.
вду́м|ливий thoughtful; **~уватися,** <~атися> (в 3) ponder (over) reflect ([up] on), dive (into).
вдя́ч|ний grateful, thankfull (to a p. for s. th. Д за 3); **~ ність** *f* gratitude; thanks.
ведм|е́диця *f* she-bear; *astr.* **~е́диця Bear**; **~ежа́** *m* bear cub; **~е́жий** bear('s, -skin); bad (*service*); **~ідь** *m* bear (F *a. fig.*).
вегета|ріа́нець *m* [-нця] vegetarian; **~ти́вний** vegetative.
веду́чий leading; basic.
ве́жа *f* [*g*/*pl*.: -веж] tower.
ве́жка *f* [*g*/*pl*.: -жок] turret.
вез|ти́ <по-> drive (be driving, *etc.*), transport; pull; йому (не) ~е́ F he is (un)lucky.
ве́ксель *m* [*pl*.: -лі] bill of exchange, promissory note.
ве́летень *m* giant.
вели́к|день *m* Easter; **~о́дній** Easter...
вели́к|ий big, large, great; ~а рога́та худо́ба *f*/*pl*. cattle; ~а лі́тера *f* capital letter.
Велико|брита́нія *f* Great Britain; **~душний** magnanimous, generous; **~ду́шність** *f* magnanimity; **~рос** *m* **~ру́ський** (Great) Russian.
велича́|вий sublime, lofty; **~ти** praise, glorify; style.
вели́ч|ина́ *f* [*pl. st.*: -чи́ни] size; quantity; celebrity; **~ний** majestic, grand; stately; **~ність** grandeur.
велі́ти order, tell (*p.s.* th. Д).
вело|го́нки *f*/*pl*. [gen.: -нок] cycle race; **~дро́м** *m* cycling ground.
велосипе́д *m* bicycle; їздити на ~і cycle; **~и́ст** *m* cyclist; **~ний** (bi)cycle..., cycling...
ве́льми very, extremely.
вельмишано́вний highly respected; dear (*polite address*).
вельмо́жа *m* magnate.
ве́на *f* 1. *anat.* vein; 2. ~ Vienna.
венери́чний venereal.
Венесуе́ла *f* Venezuela.
венеці|а́нський Venetian; **~я** *f* Venice.
ве́нзель *m* monogram.
вентил|юва́ти <про-> ventilate, air; **~я́тор** *m* ventilator, fan.
верба́ *f* willow.
верблю́|д *m* camel; **~жий**: ~жа ше́рсть *f* camel's hair.
ве́рбн|ий: ~а неділя *f* Palm Sunday.
вербува́|льник enlister; hirer; **~ння** *n* enlistment; hire; **~ти** <за-, на-> enlist, recruite; engage, hire.
веред|ли́вий capricious; fastidious; **~ува́ти** be capricious; be hard to please, be fastidious.
ве́рес *m* heather.
ве́ресень *m* September.
верете́но *n* [*pl. st.*: -те́на] spindle.
верещ́ати [е.; -щу, -щиш] squeal, shriek.
верзти́ talk nonsense; ~ нісені́тницю talk nonsense (rot).
верміше́ль *f coll.* vermicelli.
ве́рсія *f* version.
верста́ *f* [*pl. st.*: ве́рсти] verst (= 3500 ft.); **~т** *m* machinetool; тока́рний ~т lathe; **~ти** <з-> [зве́рстаний] *typ.* make up.
верств|а́ *f* 1. layer; 2. *geol., a fig.* stratum (*pl.* -ta); 3. class широ́кі ~и́ насе́лення wide sections of the population.
ве́рстка *f* imposition; page-proofs *pl.*
вер|та́ти <~ну́ти> return, give back; (*money*) repay; **-ся** return; go back; come back.
вертика́льний vertical.
верті́ти [верчу́, ве́ртиш] turn (round), twirl; spin; **-ся** turn (round), revolve; -ся на думці run in one's head; -ся на язиці be on the tip of one's tongue.
верт|ки́й fidgety, restless; **~олі́т** *m* helicopter.
верф *f* shipyard, dockyard.
верх *m* 1. top, upper part; 2. right side (*fabric, clothes*); *fig.* 3. summit, apex,

pink; 2. upper hand; брати ~ (над) gain/get the upper hand; ~**и́** *pl.* 1. heads, leaders;... у...а́х summit ...; 2. Mu high notes; 3. surface; surerficial; ∠**и** on horseback; їздити ∠и ride (on horseback).

B

верхі́вка *f* [*g/pl.*: -вок] top, crest; the highest ranks.

верхів'я *n* upper (course).

верхове́нство *n* priority, hegemony.

верхо́в|ний supreme, high; ~на влада *f* supreme power; ~ний суд *m* supreme court.

верши́на *f* peak, summit.

верши́ти [вершу́, ве́ршиш] <за-, з-> 1. (re)solve, decide; 2. direct; 3. accomplish.

вершк|и́ *pl.* [*gen.*: -ків] cream *sg.* (*a. fig.* = elite); ~**ови́й** creamy; (*ice*) cream.

ве́ршни|к *m* horseman; ~**ця** *f* horsewomen.

вершо́к *m* [-шка́] vershok (O, = 4,45 *cm.* = 1,75 in.).

весе́лий merry, gay; ~ на́стрій high spirits *pl.*

весели́ти <з-, роз-> amuse, divert; -ся enjoy *o.s.*

весе́лка *f* rainbow.

ве́село merrily, gaily.

весе́лощі *pl.* merriment; merrymaking; fun.

веселу́н *m* merry fellow.

весі́лля *n*, ~**ьний** wedding.

весло́ *n* [*pl.*: ве́сла, -сел] oar.

весн|а́ *f* [*pl.*: ве́сни, ве́сен] spring; ~**я́нка** *f* [*g/pl.*: -я́нок] freckle.

весня́ний spring...

Вест-Індія West-Indies.

вести́ <по-> 1. (be) lead(ing, *etc.*), conduct, guide; 2. carry on; 3. keep; 4. drive; ~ боротьбу (з) carry on a struggle (against); **-ся** be conducted *or* carried on; так уже в нас ведеться that's a custom among us.

вестибю́ль *m* entrance hall.

ве́сь *m*, вся *f*, все *n*, *pl.*: всі 1. *adj.* all, the whole; full; 2. *su. n* all over; everything, *pl. a.* everybody; кра́ще за все (всіх) best of all, the best; у всьо́му сві́ті all over the world; на все до́бре! good luck! 3. все *adv.* always, all the time; only, just; все (ще) ні not yet; все бі́льше (і бі́льше) more and more.

ветерина́р *m*, ~**ний**: ~ний лі́кар *m* veterinarian.

ве́то *n* [*indecl.*] veto; накласти ~ veto.

вече́ря *f* supper; ~**ти** supper, take/have supper.

ве́ч|ір *m* [*pl.*: -чори́ *etc. e.*] evening; літературний ~ір literary soiree; ~**і́рка** *f* evening party; ~**і́рній** evening...; ~**ора́ми** in the evening, every evening.

ве́штатися loaf, roam, idle about.

вж... *s.* **у(уж...)**; *e.g.*: **вже, вживати** *s.* **уже, уживати.**

вз..., *s.* **у(уз...)**; *e.g.* **вздо́вж, взя́ти** *s.* **уздовж, узя́ти** (*except* **в(вз...)**)

взагалі generally, in general; at all.

взає́м|ини *pl.* mutual relation; ~**ний** mutual, reciprocal; ~**ність** *f* mutuality, reciprocity.

взаємо|ді́я *n* interaction; cooperation; ~**ді́яти** interact; cooperate; ~**допомо́га** *f* mutual aid; ~**розумі́ння** *n* mutual understanding.

взво́д *m* platoon.

взіре́ць *m* standard, model, example; бра́ти за ~ imitate, follow the example; specimen, sample.

взу|ва́ти <∠ти> put (-ся one's) shoes on; F shoe; ~**ття́** *pl.* footwear, shoes *pl.*

взяття́ *n* seizure, capture.

ви you (polite form *a.* ∠); ~ з ним you and he; у вас (був)... you have (had) ...

вибач|а́ти <∠ити> excuse, pardon, ~(те) (мені) exuse me!; (I am) sorry; **-ся** apologize, beg pardon.

ви́бачення *n* excuse, apology; проси́ти у когось ~ beg s. b's pardon.

ви́бачитися *s.* вибача́тися.

вибив|а́ти <~ти> [ви́б'ю, -б'єш, *etc.*, *cf.* би́ти] 1. beat *or* knock out; break; smash; drive out; hollow out; 2. stamp, coin; **-ся** break out or forth; -ся з сил be(come) exhausted, fatigued; -ся з колії come off the beaten track.

виб|ира́ти <∠рати> choose, pick out; elect; take out; find; **-ся** get out; move (out).

вибіг|а́ти <'~ти> 1. run out; 2. boil over.

ви́б|ій *m* ~**о́їна** *f* rut, groove, hole.

ви́бір *m* choice, selection; на ~ at p.'s discretion; random (*test*).

ви́блиск *m* reflection, gleam; ∠**увати** sparkle, twinkle, glitter.

вибор|и *pl.* election; загальні ~и generel election; додаткові ~и by-election; ~**ець** *m* voter, elector; *pl. a.* electorate, constituency; ~**чий** electoral; election..., ~ча дільниця *f* electoral district, polling place; ~че право *n* franchise.

ви́бран|ий select(ed); ~і тво́ри selected works.

ви́брик *m* trick; prank.
вибри́кувати gambol, frisk (about).
вибу|ва́ти <´~ти> [-буду, -будеш] leave, withdraw, drop out.
вибуд|о́вувати <´~увати> *s.* будувати.
ви́бух *m* explosion; detonation; *fig.* outburst; ~ гніву burst of anger; **~а́ти** <~нути> burst, blow up; explode; **~о́вий** explosive; ~ова хвиля blast (wave).
вива́л|ювати <´~ити> discharge, throw out; P stream; **-ся** fall out, stream out.
ви́вантаж|ення *n* unloading; disembarkation; **~увати** <~ити> unload; discharge; disembark.
вива́р|ювати <'~ити> extract; boil down.
вивер|та́ти <'~нути> **1.** uproot; **2.** turn inside out; **-ся** twist out, wrench *o.s.* free; *fig.* evade; **-ся** зі скрутного становища wriggle (get) out of a difficulty.
ви́вих *m* dislocation; **´~нути** dislocate, sprain (one's... собі 3).
виві́д|увати <´~ати> find out, (try to) elicit.
ви́віз *m* export(s).
вивіль|ня́ти <´~нити> free.
вивіска *f* [*g/pl.*: -сок] sign (board).
виві́тр|ювати <'~ити> (remove by) air(ing); **-ся** weather.
виві́|шувати <'~сити> hang out, put up, post up.
вив|о́дити <'~ести> **1.** take out; lead out; turn out; withdraw; **2.** remove; **3.** grow, raise; **4.** hatch; ~о́дити з терпіння когось exhaust s.b.'s patience; ~о́дити з ладу put out of action; **-ся** decrease (in number); disappear; hatch.
вив|о́зити <´~езти> remove, get *or* take *or* bring out; export.
ви́воріт *m* the wrong side.
вивч|а́ти <´~ити> study; learn; familiarize o. s. with, master; scrutinize; **´~итися** become (get) educated; **´~ення** *n* study; investigation.
ви́гадка *f* invention;; falsehood.
вига́дливий ornate, flowery; fanciful.
вига́д|увати **1.** <'~ати> invent; make up; **2.** gain; save.
виг|аня́ти <´~нати> turn or drive out; expel *or* fire.
вигви́н|чувати <´~тити> unscrew.
ви́гин *m* bend, curve; **~а́ти** <ви́гнути> arch, curve.
ви́гідний profitable; advantageous.
вигін *m* pasture (land).
ви́гляд *m* look(s), appearance, air; зо́внішній ~ appearance; у нього поганий ~ he does not look well; йому на ~ 20 he looks about 20; під ~ом чогось under the pretext (guise) of s.th.
вигля|да́ти[1] <´~нути> look out; peep out; **2.** look; ~ молодим look young.
вигна́н|ня *n* banishment, exile; **~ець** *m* exile.
ви́гнути *s.* вигина́ти.
ви́года *f* advantage; gain, profit.
виго́да *f* comfort; convenience; квартира з усіма ~ми flat with all modern conveniences (accomoddations).
вигод|о́вувати <'~увати> bring up; rear, raise.
виголо́|шувати <'~сити> deliver; ~ промо́ву deliver a speech.
вигор|я́ти <´~іти> **1.** burn down; **2.** fade; **3.** F click, come off.
виготов|ля́ти <´~ити> make, manufacture, produce.
вигра|ва́ти **1.** <´~ти> win (from у P), gain, benefit; **2.** play; *fig.* sparkle.
ви́граш *m* win (ning[s]), gain(s); prize, profit; **~ний** advantageous, profitable; lottery...
вигрі|ва́ти <'~ти> warm; ~ся warm *o.s.*
ви́гук *m* exclamation, (out-)cry; *ling.* interjection; **~у́кувати** <´~нути> exclaim, ejaculate; cry out.
вид **1.** *m* face; view; бу́ти на ~у́ be conspicuous; для ´~у F for form's sake; **2.** *m* kind, sort, form; (*biol.*) species.
вида|ва́ти <'~ти> **1.** give (out), pay (out); distribute; **2.** draw or issue; **3.** betray; **4.** extradite; ~ва́ти себе за (3) [make] pass (*o.s.* off) for; ~ва́ти заміж за (3) give (*a girl*) in marriage to; **-ся** <ви́датися> seem; look; happen; protrude, jut out.
видав|е́ць *m* publisher; editor (*of material*); **~ни́цтво** *n* publishing house, publishers *pl.*.
вида́ння *n* publication; edition; issue.
вида́в|лювати <´~ити> press *or* squeeze out.
видатни́й outstanding, distinguished.
ви́дача *f* **1.** distribution; delivery; payment; **2.** issue; grant; **3.** betrayal; **4.** extradition.
виде́лка *f* fork.
ви́дим|ий visible; obvious; ~а річ it is obvious; **~ість** *f* visibility; ~ість дружби semblance of friendship.
вид|ира́ти <´~ерти> pull out, tear out; **-ся** (на 3) climb (up).
видих|а́ти <´~нути> exhale, brethe out; **-ся** **1.** lose its fragrance (smell); **2.** *fig.* be used up; exhaust *o.s.*
виділ|ення *n* separation, detachment, discharge, secretion; **~я́ти** <´~ити> **1.** separate, detach; **2.** mark (out);

emphasize; 3. Ju allot; satisfy (*coheirs*); 4. Me secrete; 5. Ch evolve; **-ся** stand out (for) come forth; rise above; excel.

В

ви́дний 1. visible; 2. eminent, prominent; F stately, portly.
виднíтися appear, be seen, be visible.
ви́дно 1. *impers.* one can see; *fig.* it is clear; ~ село the village is in sight; його давно не ~ I *or* we haven't seen him for a long time; 2. evidently, óbviously.
видо́вб|увати <~ати> hollow out.
видо́вище *n* sight; spectacle, show.
видозмíн|ювати modify, alter, change; **~а** *f* variation; variety.
видошука́ч *m* (view) finder.
ви́дра *f* otter.
видря́п|увати <'~ати> scratch out; **-ся** climb (up), clamber (up).
ви́дуж|ання *a.* **виду́жування** recovery, convalescence; **~увати** <~ати> get better; recover.
виду́м|увати <'~ати> *s.* вига́дувати[1].
вижи|ва́ти <~ти> survive; go through; stay; F oust; ~ти з розуму be in one's dotage.
виж|има́ти <~ати> *sport.* lift.
ви́зволення *n* liberation, release.
визволи́тель *m* liberator.
визвол|я́ти <'~ити> liberate, release, set free; ~ся make *o.s.* free, get free.
ви́звольн|ий liberation...; liberating; ~ий рух liberation movement; ~а мі́сія liberating mission.
визир|а́ти <'~нути> look out.
визи́скувати *m* exploiter.
визн|ава́ти <'~ати> recognize; admit, own, acknowledge; треба ви́знати, що... it must be admitted that...
визна́ння *n* recognition; acknowledgement; здобу́ти ~ win the recognition (of).
визнач|а́ти <'~ити> fix, determine; locate; define.
ви́значений fixed, determined.
ви́значення *n* determination; definition.
визначни́й notable, important, prominent.
визу́бр|ювати <~ити> F cram, learn by rote.
виїжджа́ти <ви́їхати> [виїду, виїдеш; виїжджай(те)! (з P) 1. leave, depart; 2. drive *or* ride out, on(to); 3. (re) move (from); 4. (begin to) visit (*social affairs, etc.*)
ви́їзд *m* departure; drive; ride; exit; gateway; visit.
ви́їмка *f* [*g/pl.* -мок] excavation; hollow.
ви́їхати *s.* виїжджа́ти.
вий|ма́ти <~няти> take or draw out, produce.
ви́ка Ac *f* vetch.
вика́з|увати <~ати> 1. express; say; tell; 2. manifest, display; 3. betray; give away.
вики|да́ти <~нути> throw out *or* away, discard; ~да́ти з голови put out of one's mind; ~день Me miscarriage, abortion.
ви́клад *m* account; exposition; короткий (стислий) '~д summary; **~да́ти** <~сти> 1. take or lay out, spread; set forth; 2. border; 3. brick *or* mason; 4. teach.
ви́клик *m* call; summons;; invitation; chalenge; 3 ~ом defiantly; **~а́ти** <~ати> 1. call, send (for); summon(s); ~а́ти по телефо́ну call up on the phone; ~а́ти лі́каря send for the doctor; 2. challenge; 3. evoke, cause, rouse; ~а́ти підозру до себе draw suspicion upon oneself.
вик|о́вувати <~увати> forge; *fig.* mo(u)ld.
вико́л|ювати <~оти> prick out, cut out.
викона́в|ець *m* doer, executor; (*thea.*) performer; **~чий** executive.
викона́ння *n* fulfilment; execution, realization; (*thea.*) performance.
вико́н|увати <'~ати> fulfil; carry out, execute.
вико́п|увати <'~ати> dig out *or* up.
використо́вувати <ви́користати> use, make use (of); utilize.
викор|íнювати <'~енити> root out; eradicate; exterminate.
викорч|о́вувати <'~увати> root up *or* out.
вико́|чувати <~тити> roll out; wheel out.
вик|о́шувати <~осити> mow down.
вик|рада́ти <~расти> steal.
викр|е́слювати <~еслити> strike out, obliterate.
викрива́льний accusatory.
викри|ва́ти <'~ти> expose, reveal, unmask.
ви́кривлення *n* bend, twist; ~ хребта́ spinal curvature; *fig.* distortion.
викриття́ *n* exposure, disclosure, unmasking.
ви́кр|ійка *f* [*g/pl.* -ойок] pattern; **~о́ювати** <~оїти> cut out; F hunt (up), spare.
викрута́си F *m/pl.* flourishes, scrolls; dodges, subterfuges.
ви́крутка *f* screwdriver.
ви́куп *m* redemption; ransom; **~ати** *s.* купа́ти; **~о́вувати** <~ити> redeem; ransom.

вику́р|ювати <~ити> smoke out; *fig.* get rid (of).
ви́л|а *pl.* pitchfork; **~ка** *f* El plug.
вил|а́зити <~іза́ти, ~ізти> climb or get out; fall out (*hair*).
вила́м|увати <~ати> break out.
ви́летіти *s.* виліта́ти.
вили|ва́ти <~ти> **1**. pour out; empty; **2**. *fig.* pour out, give vent (to); ~вати гнів give vent one's anger. **3**. cast, found; **-ся 1**. run out; flow out; **2**. *fig.* find expression (in); **~тий**: ~тий ба́тько the very image (picture) of one's father.
вилиц|юва́тий high-cheekboned; **~я** *f* checkbone.
вилікóвний curable.
вилік|óвувати <~увати> cure; **-ся** get cured.
вилі́п|лювати <~ити> model.
ви́літ *m* A start, taking off; flight; **~а́ти** <~ви́летіти> fly out; A start, take off (for до Р); rush out or up; fall out; slip (a p.'s memory ви́летіти з голови́).
вилóв|лювати <~ити> fish out *or* up; catch.
ви́лога *f* lapel; cuff.
вилуча́ти <ви́лучити> withdraw; separate.
виля́ти <за->, *once* <вильнути> wag (хвостом one's tail); *fig.* prevaricate, shuffle.
вимага́ти (Р) demand; require; claim; cite, summon; call.
вима́з|увати <'~ати> smear; soil, dirty; **-ся** get dirty; (be) smear *o.s.*
вимал|ьóвуватися <~юватися> be visible; stand out (against).
вима́н|ювати <'~ити> **1**. coax (s. th. out of s. b.); **2**. entice, lure out, lure away.
вим|ерза́ти <~ерзти> be destroyed (killed) by frost.
вими|ва́ти <'~ти> wash (out, up); ~ти голову (Д) F bawl out, blow up.
вим|ика́ти <~кнути> switch *or* turn off; stop; **~ика́ч** *m* switch.
вим|ира́ти <~ерти> die out; become extinct; become desolate.
вимі́н|ювати <'~яти> exchange (for на З).
ви́мір *m* measurement; Ma dimension; **~ний** measurable; **~ювальний** measuring.
вимі́р|ювати *a.* **~я́ти** <'~яти> measure; survey; sound.
вим|іта́ти <~ести> sweep.
ви́мов|а *f* pronunciation; **~ляти** <'~ити> pronounce; say; utter.
вимóг|а *f* demand; requirement; claim; order; **~ливий** exacting; particular; pretentious.
вимóїна *f* excavation, gully, ravine.
вимок|а́ти <'~нути> wet through, get wet.
вимóл|ювати <'~ити> get *or* obtain by entreaties.
вимóч|увати <'~ити> drench, soak *or* wet.
вимó|щувати <'~стити> pave.
ви́мпел *m* pennant, pennon.
ви́мушений (en)forced.
ви́м'я *n* udder.
вин|а́ *f* fault, guilt; звалювати ~у на когось shift the blame on s.b.; з ~и когось through s.b.'s fault.
винагорóд|а *f* reward, recompense; pay; remuneration; **~жувати** <'~ити> reward, recompense.
ви́найти *s.* винахóдити.
ви́нахід *m* invention; **~ливий** inventive; resourceful; **~ливість** *f* inventi- veness; resourcefulness; **~ник** *m* inventor.
винахóдити <ви́найти> invent.
ви́нен *s.* винний[1].
виник|а́ти <'~нути> arise, originate, emerge; **'~нення** *n* rise, origin.
вини́щувальн|ий destructive; A fighter ...; ~а авіа́ція fighter aviation.
вини́щ|увати <'~ити> destroy; exterminate.
вини́щувач *m* A fighter.
ви́нний 1. <ви́нен> guilty; я винен it is my fault; він не винен it is no his fault; **2**.: він мені винен п'ять карбóванців he owes me five roubles; **3**. wine...; winy; ~ ка́мінь tartar.
винó *n* wine.
виногра́д *m* **1**. vine; **2**. *coll.* grapes *pl.*; збирання ~у vitage; **~ар** *m* vinegrower; **~арство** *n* vinegrowing; **~ний** (of) grape(s); **~ник** *m* vineyard.
вино|рóбство *n* winemaking.
вин|óсити <~ести> **1**. carry or take out (away), remove; transfer; **2**. endure, bear; **3**. acquire; **4**. submit; express (*gratitude*); **~осити** *s.* винóшувати; **~оска** *f* [*g/pl.*: -сок] marginal note; foot note.
винóшувати <ви́носити> **1**. wear out; **2**. evolve, bring forth; **3**. train; **4**. nurse.
винува́т|ець *m* culprit; *fig.* cause; **~ий** guilty (of в М).
винятковий exclusive; exeptional.
ви́нят|ок *m* exception; без ~ку without exception; як ~ок as an exeption, by way of exception.
виóр|ювати <'~ати> plough, till.
ви́пад *m* **1**. *sport.* thrust; **2**. attack; **~а́ти** <ви́пасти> **1**. fall or drop (out); slip out; **2**. fall (to Д, *a.* на долю to a p.'s share *or* lot), devolve on; **3**. lunge.
випадкóв|ий 1. accidental, casual, chance (by ~óво); ~а зу́стріч chance

meeting; 2. unexpected; ∸ість chance, fortuity.
вúпад|ок *m* 1. case; occurrence, event, incident, (*a.* нещáсний ~ок) accident; 2. occasion, chance; opportunity; 3. case (circumstances); на ~ок in case (of); в крáйньому ~ку at the worst; на/про всякий ~ок to make sure; to be on the save side.
випáл|ювати <'~ити> burn out, down *or* in; brand.
вúпари *pl.* fumes; vapour.
випарóвува|ння *n* evaporation; **~ти(ся)** evaporate, exhale.
вúпас *m* pasture.
вúпасти *s.* випадáти.
випе|реджáти <'~редити> outstrip (*a. fig.* = outdo, surpass).
вúпещений well-groomed.
випи|вáти <'~ти> [-п'ю, -п'єш; *cf* пúти] drink (up); F booze; '~ти (зайве) F overdrink o.s.; '~ти чашку чаю have a cup of tea.
вип|инáти <∸нути> F bulge, protrude.
вúпис|ка *f* [*g/pl.*: -сок] 1. writing out, copying; 2. extract; C statement (of account з рахунку); 3. order, subscription; 4. discharge; notice of departure; **∸увати** <'~ати> 1. write out (*or* down); copy; 2. order, subscribe; 3. discharge, dismiss; **-ся** register one's departure; -ся з лікарні leave hospital.
випúт|увати <'~ати> pump, elicit.
вип|ікати <∸екти> 1. bake; 2. burn out.
вúплав|ка *f* smelting; **~ляти** <'~ити> smelt.
вúпла|кати weep (one's eyes очі) out; F obtain by weeping; **~та** *f* payment; **'~чувати** <'~тити> pay (out *or* off).
вúплекати cherish, foster.
виплúвá|ти <вúплисти *a.* вúпливти> 1. swim out; emerge; ~ти на поверхню come to the surface; *fig.* come to light; 2. follow; звідси ~є, що it follows that...
виплúг|увати <'~нути> jump out.
вúплисти *s.* випливáти.
виплýт|увати <'~ати> disentangle, extricate; **-ся** extricate *o.s.*
випл|ьóвувати *once* <∸юнути> spit out.
виповз|áти <'~ти> creep or crawl out.
випол|іскувати <'~оскати> rinse; gargle.
випóл|ювати <'~оти> weed (out).
вúпорожнення *n* Me stool.
вúправд|ання *n* justification; excuse; F acquital; **∸ний** (документ) *m* voucher; justificatory; of "not guilty"; **~óвувати** <'~ати> justify; excuse; J acquit.
вúправ|ка *f* carriage (*of a soldier*); **~лення** *n* correction; **~ляти** <'~ити> set right *or* straight; correct; -ся 1. correct *o.s.* 2. improve, reform.
випрасóвувати <вúпрасувати> iron, press.
вúпрати wash.
випроб|óвувати *a.* ∸увати <'~увати> try, test.
випрóбування *n* test, trial.
випромíнюва|ння *n* radiation; **~ти** (e)radiate, emit.
випрóст|увати <'~ати> straighten; **-ся** straighten up; -ся на пóвний зріст draw *o.s.* up.
випрó|шувати <'~сити> ask, solicit, wheedle.
випря|гáти <'~гти> unharness; **~мляти** <'~мити> straighten; unbend; **-ся** erect *o.s.*
вúпуск *m* letting out; omission; E output; C issue; publication; instal(l)ment; (age) class of graduates; **~áти** <вúпустити> let out (*or* go); J release; E produce; issue, publish; omit, leave out; graduate; **~ник** *m* graduate; **~ний** graduate..., graduation..., final, leaving.
вúпустити *s.* випускáти.
вир *m* whirlpool, vortex.
вира|жáти <'~зити> express, convey; ~жáти невдоволення show displeasure; **-ся** be expressed; ∸з expression.
вúразка *f* ulcer; plague; wound.
вирáзн|ий 1. expressive; 2. distinct; clear; **~о** expressively; distinctly; clearly.
вирах|óвувати <'~увати> calculate, compute; deduct.
вúрвати *s.* виривáти[1].
виривáти 1. <вúрвати> pull out, tear out; snatch out; ~ з корíнням uproot; *fig.* root out; 2. <вúрити> dig out, dig up.
вирин|áти <'~ути> 1. emerge, come up to the surface; 2. *fig.* turn up.
вúрити *s.* виривати[2].
вирíвн|ювати <'~яти> level; E plane; smooth (*a. fig.*); **-ся** straighten; Ml dress; develop, grow up.
вúріз *m* cut.
вúріз|ка *f* [*g/pl.*: -зок] clipping, cutting (out); **∸увати** <'~ати> 1. cut out, clip; 2. carve; engrave.
вирій *m* hot countries (*where birds fly for winter*).
виріш|áльний decisive; ~ гóлос deciding vote; **∸ення** *n* decision, solution; **∸увати**, <'~ити> 1. decide; 2. settle, solve; це не ∸ує спрáви it does not settle the question.
вúроб|іток *m* production; output;

~ля́ти <'~ити> manufacture; produce; elaborate, work out; develop; earn, make; **~ни́цтво** *n* pro-duction, manufacture; **~ни́чий** pro- duction...; manufacturing; works ...; industrial.
ви́род|ження *n* degeneration; **~жуватися** <'~итися> degenerate; **∸ок** *m* degenerate; monster.
ви́рок *m* sentence; винóсити ~ sentence, condemn.
виро|ста́ти <'~сти> 1. grow (up); increase; develop into; 2. emerge, appear; **~щувати** <'~стити> grow; breed; bring up; *fig.* train.
виру́б|увати <'~ати> 1. cut down *or* fell; 2. cut out *or* carve.
вирува́ти rage; seethe.
виру́ч|а́ти <'~ити> 1. help, rescue, relieve; redeem; 2. C gain; **~ка** *f* rescue, relief; C gains, proceeds.
вируш|а́ти <'~ити> start; set out (on a journey в дорóгу); move.
виряд|жа́ти <'~ити> dress up; equip, fit out; see off.
ви́ряджений F dressed up.
виса́д|жувати <'~ити> 1. land, disembark, put ashore; drop, set down; 2. plant out, transplant; 3.: ~ в повітря blow up; **-ся** get out, off; **~ка** *f* [*g/pl.*: -док] disembarkation, landing.
висв|е́рдлювати <∸ердлити> bore, drill.
ви́с|елення *n* expulsion, eviction; transfer; **~еля́ти** <∸елити> expel, evict; transfer, move; **~и́джувати** <~идіти> sit (out), stay; hatch.
вис|ила́ти <∸лати> [ви́шлю, -леш] send forward; send out, away; banish; **∸илка** *f* dispatch; exile; **~ипа́ти** <∸ипати> pour out *or* in, on; swarm forth, out; **-ся** pour out, spill out; **~иплятися** <∸патися> sleep one's fill (*or* enough), have a good night's rest; **~ипни́й** Me: ~ипни́й тиф typhus, spotted fever.
вис|иха́ти <∸ох(ну)ти> dry up, wither; *fig.* waste away.
висі|ва́ти *a.* <∸ювати; '~яти> sow.
ви́сівки *pl.* siftings; bran.
висік|а́ти <'~ти> 1. hew, carwe; strike; 2. flog; whip.
ви́сіти hang; ~на волосині hang by a thread.
виск|а́кувати <∸очити> 1. jump out; spring out; 2. jump on; junp into.
виска́л|ювати <'~ити>: ~ювати зу́би show (bare) one's teeth.
виск|ó6лювати <∸облити> scrub clean; erase.
ви́скочка *m/f* [*g/pl.* -чок] F upstart, parvenu.
вислиз|а́ти <'~нути> slip out, slip off, slip away; steal away.
ви́сл|ів *m* expression; **~óвлювати** <∸овити> express, tell, give; **-ся** express o.s.; express one's opinion, thoughts, *etc.* (about про 3); declare o.s. (for за 3; against проти Р).
висл|у́жувати <∸ужити> F serve; obtain by *or* for service; **-ся** advance, rise; insinuate o.s.
висл|у́хувати , **~ухóвувати** <∸ухати> listen (to), hear out; Me sound, auscultate.
висми́к|увати <'~нути> pull out.
висм|і́ювати <'~іяти> deride, ridicule.
висмóк|тувати <'~тати> suck out.
ви́снажен|ий exhausted; worn out; **~ня** *n* exhaustion.
висна́ж|ливий exhausting; gruelling; **~увати** <'~ити> exhaust, wear out.
ви́сновок *m* conclusion, inference; зробити ~ draw a conclusion, conclude, infer.
ви́снути F <по-> hang; be suspended.
висóвувати *s.* висува́ти.
висóк *m* E Ar plumb, plummet.
висóк|ий high; tall (*a.* ~ий на зріст); *fig.* lofty; **'~о** high.
висококваліфікóваний highly skilled.
високóсний: ~ рік *m* leap year.
високошанóвний *s.* вельмишановний.
високоя́кісний (of) high quality.
висота́ *f* [*pl.* -сóти] height; (Ma, *astr.*, *geogr.*) altitude; hill; level; pitch.
височ|ина́ *f* 1. height; 2. hill; summit; **~і́ти** (над) 1. rise (above), tower (above); 2. *fig.* surpass (above).
виспі́вувати sing; warble.
ви́став|ка *f* [*g/pl.*: -вок] exhibition, show; **~ля́ти** <'~ити> 1. put (take) out, put forward; 2. exhibit, display, expose; (re)present (o.s. себе); 3. mark, provide (*with date, no*); ~ля́ти напокáз show off; **∸очний** (of the) exhibition, show...
вистач|а́ти <'~ити> suffice, be sufficient (enough).
вист|е́жувати <∸ежити> track down.
вистри́б|увати <'~нути> 1. jump out, leap out; 2. jump (on), jump up (on).
вистр|і́лювати <∸ілити> *s.* стріля́ти.
вист|у́кувати <∸укати> strike, tap; Me percuss.
ви́ступ *m* 1. projection; ledge, jut; prominence; 2. *pol.* speech; statement; 3. *thea.* performance; 4. Ml march, departure; **~а́ти** <∸ити> 1. step forth, forward; come *or* stand out; appear; 2. set out, march off; 3. speak (sing, play) in public; ~а́ти з промóвою deliver a speech (take the floor).
вис|ува́ти, ~óвувати <'~унути> 1. pull out, move out; ~ува́ти шухля́ду open a drawer; 2. *fig.*

advance, put forward; nominate; promote; **-ся** 1. show o.s.; move (forward); lean out; 2. *fig.* be distinguished; rise.
вис|у́шувати <∠ушити> dry (up); drain, *fig.* exhaust.
вися́чий hanging; suspension...; ~замок *m* padlock.
ви́твір *m* creation, work.
ви́тер|піти endure, bear; F не ~пів couldn't help.
ви́ти[1] <за-> howl; wail, moan; 2. <з-> twine, twist.
вит|ира́ти <∠ерти> dry, wipe (o.s. -ся) wear out.
ви́тися 1. climb, twine; 2. writhe; 3. curl; 4. wind.
ви́тівка *f* trick, prank; escapade.
вит|іка́ти <∠екти> flow out; *fig.* follow, result.
вит|існя́ти <∠існити> force out, push out; oust, expel.
вит|і́сувати <∠есати> hew out, cut out.
ви́ткати weave.
ви́товкти trample down.
вито́к *m* [-тка́] coil.
ви́тончений refined, subtle, exquisite.
вит|о́плювати 1. <∠опити> heat; 2. <∠опити> melt; clarify.
ви́точений well-turned.
ви́тра|та *f, pl.* **-и** expenditure (for на 3 *pl.*) expense(s); C *a.* debit; consumption; sale; **~ча́ти** <∠тити> spend, expend; *pl. a.* use up.
витрива|лий enduring, sturdy, hardy, tough;; **~лість** *f* endurance.
витри́м|увати <'~ати> stand, bear, endure; pass (*exam.*); observe (*size etc.*); '~ати характер be firm; **'~аний** self-restrained; consistent; mature; '~ка *f* [*g/pl.*: -мок] 1. self-control, 2. extract, quotation; 3. *phot.* exposure.
витрішкува́тий F goggle-eyed.
витріща́ти <ви́тріщити>: ~ о́чі stare (at на 3; with *surprise* від Р); **-ся** Р stare *or* gape.
витр|у́шувати <∠усити> shake out.
виття́ *n* how(ing), wail(ing).
ви́тяг *m* extract; except.
витяг|а́ти <'~ти> draw, pull or stretch (out); extract; *fig.* extort, force out; ~а́ти (всі) жи́ли з когось wear s.b. out.
ви́тязь *m* hero.
вихваля́ти praise, (be) laud, eulogize; **- ся** boast of (about); brag of (about).
ви́хід *m* 1. exit; way out (*a.fig.*); outlet; 2. departure;; withdrawal, retirement; 3. appearence, publication; *thea.* entrance (*on the stage*), performance; 4. yield, output; да́ти ~ почуттям give vent to one's feelings.
вихідн|и́й 1.: ~ий день day off, rest-day; 2.: ~а́ то́чка starting-point; ~а́ позиція Ml initial position.
ви́хлоп *m* exhaust; **~ни́й** exhaust...
вихлю́п|увати <'~нути> splash out, throw out.
вихова́н|ець *m*, **~ка** *f* foster child; pupil; **~ий** well-bred; погано ~ий ill-bred; badly brought up; **~ість** (good) breeding; **~ня** *n* education, upbringing.
вихов|а́тель *m*, **~а́телька** *f* teacher, tutor, educator; ∠увати <~ати> bring up; educate.
вих|о́джувати <∠одити> F 1. rear, bring up; nurse, restore to health; 2. go (all) over, through.
вихо́дити <ви́йти> [ви́йду, -деш; ви́йшов, -шлаб, вийшовши] 1. go or come out, leave; get out, off, withdraw, retire; 2. appear, be published *or* issued; 3. come off; turn out, result; happen, arise, originate; 4. spend, use up, run out of; ~ з берегі́в overflow the banks; ~ у відста́вку retire, resign; ~ з мо́ди go out of fashion; ~ з ужи́тку go out of use; ~ за́між marry; ~в лю́ди make one's way in life; ~ з ладу fall out, be out of action; вікно́ вихо́дить на ву́лицю the window faces the street; з цьо́го ніч́ого не ви́йде nothing will come of it.
вихо́п|лювати <'~ити> snatch out; get out; take out; draw.
ви́хор 1. *m* whirlwind; *fig.* vortex; 2. *m* tuft; forelock.
вицві|та́ти <'~сти> fade, wither.
вича́в|лювати <'~ити> squeeze out, press out.
ви́черпний exhaustive.
виче́рп|увати <'~ати> scoop out; bail out; *fig.* exhaust; **-ся** be exhausted.
ви́чесати *s.* вичі́сувати.
вичи́н|ювати <'~ити> (*leather*) dress, curry.
вичи|ща́ти <'~стити> clean; brush; polish.
вич|і́сувати <∠есати> comb out.
вишив|а́ний embroidered; **~а́нка** *f* [*g/pl.*: -нок] embroidered shirt (blouse); **~а́ти** <ви́шити> embroider; ~ка embroidery.
вишик|о́вувати <'~увати> dráw up; line up; form up; **-ся** draw up; line up; form up.
ви́шка *f* [g/pl.: -шок] tower; бурова ~ derrick; на́фтова ~ oil-derrick.
вишкір|я́ти <'~ити>: ~я́ти зуби grin; show one's teeth.
вишкр|іба́ти <∠ебти> [*cf* шкребти] scrub clean; scratch out.

вишн|е́вий cherry...; **-́я** *f* [*g/pl.*: -шень] cherry.
вишт|о́вхувати <-́овхнути> push out.
ви́шуканий exquisite, subtle, refined.
вишу́к|увати <'~ати> look for, try to find out; find out.
вища́|ння *n* scream, shriek; yelp; **~ти** <-щу, -шчиш> shriek; yelp; whine.
вищир|я́ти <'~ити> *s.* вишкіря́ти.
виявл|я́ти <'~ити> disclose, show, reveal; discover, detect; **-ся** appear, show; come to light; be found, discovered.
вібр|а́ція *f* vibration; **~ува́ти** vibrate.
вівся́н|ий oat...; **~а** крупа́ oatmeal.
вівся́нка *f* oatmeal.
вівта́р *m* altar.
вівторок *m* Tuesday.
вів|ця́ *f.* ове́чка; **~ча́рка** *f* sheep dog; **~ча́рство** *n* sheep breeding.
від (P) from; of; off; against; for, with; in; on behalf.
відбав|ля́ти <-́ити> take away *or* off; diminish.
відби|ва́ти <-́ти> break off; beat off, beat back; repulse; repel; strike (*or* Kick)off; snatch away (from від P); win over; reflect; **-ся** ward off (від P); get lost, drop behind; break off; F get rid.
відбира́ти <відібра́ти> take away; choose, pick out; йому́ відібра́ло мо́ву he has lost the use of his tongue.
відби́ток *m* imprint, mark; ~ па́льця finger-print; reflection.
відбіг|а́ти <-́ти> run off.
відбі́й *m* Ml retreat; recoil, kick; від них нема́є відбо́ю there is no getting rid of them.
відбі́р *m* selection; choice.
ві́дблиск *m* reflection, gleam.
відбу|ва́ти <-́ти> serve; **~ва́ти** військо́ву пови́нність serve as a soldier, serve in the army; **~ва́ти** ка́ру serve one's sentence; **-ся** <відбу́тися> happen; take place; occur; escape (with), get off (with); ~ жа́ртами turn off with a joke.
відбудо́в|а *f* re-establishment, restoration; reconstruction; **~ний**, **~чий** restoration...
відбуд|о́вувати <~ува́ти> re-establish, restore, rehabilitate.
відва́|га *f* courage, bravery; **~жний** courageous, brave, fearless.
відва́л|ювати <~и́ти> heave off.
відвантаж|увати <~ити> dispatch; Sh ship.
відва́р *m* broth; decoction.
відвер|та́ти <~ну́ти> turn aside; avert; unscrene, turn off; divert, distract; **-ся** <~ну́тися> turn away (from); *fig.* avert one's face (eyes).
відве́рт|ий frank; outspoken; downright; **~ість** *f* frankness; direct manner; **~о** frankly, candidly.
відві́дання *n* visit, call; attendance.
відві́д|ини *pl.* visit; call; **~ування** *n s.* відві́дання; **~увати** <~ати> visit, call on; attend; **~увач** *m*, **~увачка** *f* visitor; guest.
відв|о́дити <~е́сти> lead, take; ~ вбік take aside; ~ військá withdraw the troops; ~ о́чі look aside.
відв|о́зити <~езти́> take, carry, drive (away, off); F steal, kidnap.
відв|олікáти <~оліктú> divert, distract; abstract.
відволо́ж|уватися, <~итися> dampen.
відв'я́з|увати <~áти> untie; untether; **~ся** come untied; get loose.
відгáд|увати <~áти> guess.
відгалу́ження *n* offshoot; branch.
відганя́ти <відігнáти> drive away (off); fight back; distill off.
відгинáти <відігну́ти> turn back; unbend.
відгоді́вля *f* fattening.
відгод|о́вувати <~ува́ти> fatten.
ві́дгомін *m* echo (*a. fig.*).
відго́нити taste (of); smell (of); *fig.* savour (of), smack (of).
відгоро́д|жувати <~и́ти> fence off; partition off.
відгор|та́ти <~ну́ти> move aside; rake away (off).
відгу́к|уватися <~ну́тися> answer, respond (to); *fig.* comment (on).
віддава́ти <відда́ти> give back, return; give.
відда́вна long since.
віддалі́к 1. from far away, from afar; 2. in the distance, far off; aloof.
відда́лен|ий remote, distant; **~ня** *n* 1. distance; 2. removal; *fig.* estrangement.
ві́ддал|ь *f* distance.
ві́ддан|ий devoted; loyal, faithful; **~ість** *f* devotion; loyalty, faithfulness.
відда́ти(ся) *s.* віддава́ти(ся).
відд|ира́ти <~е́рти> tear off (away).
відди́хатися recover one's breath.
ві́дділ *m* department; office; section; part; **-́ення** *n* separation; secretion; department, division; branch (office); Ml squad; compartment; (police) station; **~я́ти** <~и́ти> separate (*v/i.* **-ся** from від P; come off); secrete.
відд́яч|увати <~ити> 1. repay; return s.b.'s kindness; 2. requite.
від'є́мн|ий Ma negative; **~ик** *m* Ma subtrahend.
відж|ива́ти <~и́ти> (have) live(d, had)

(one's time or day); become obsolete, die out.
відзнач|а́ти <~́ити> mark; note; celebrate; honour (with); **-ся 1.** differ (from); **2.** be notable (for); **3.** distinguish *o.s.*
відібра́ти *s.* відбира́ти.
відігна́ти *s.* відганя́ти.
відігну́ти *s.* відгина́ти.
відігр|ава́ти <~а́ти>: ~ роль play a part.
відійти́ *s.* відхо́дити.
відімкну́ти *s.* відмика́ти.
відіпхну́ти *s.* відпиха́ти.
відірва́ти *s.* відрива́ти.
віді́сла́ти *s.* відсила́ти.
від'ї|жджа́ти <~́хати> **1.** go away, depart, leave (for); **2.** go off, drive off.
від'ї́зд *m* departure, leaving.
відкара́скатися get rid (of).
відк|ида́ти(ся) <~и́нути(ся)> throw off *or* away; Ml throw back; reject.
відкидн|и́й folding; ~е́ сиді́ння folding seat.
відкл|ада́ти <~а́сти> put (lay) aside; lay by; put off, postpone; J suspend.
відкл|ика́ти <~и́кати> call (take) aside; recall.
відко́ли (*adv.*) since when; (*cf.*) (éver) since.
відко́п|увати <~а́ти> dig up; F unearth.
відко́|чувати <~ти́ти> roll away; roll aside; ~чувати рука́ва turn back the sleeves.
відкр|ива́ти(ся) <~и́ти(ся)> open; discover; reveal, disclose; inaugurate; unveil; ~ива́ти засі́дання open a sitting; ~ свої́ ка́рти show one's hand.
відкри́т|ий open; frank; undisguised; вийти у ~е море put to sea; під ~им небом in the open (air), out-of-doors.
відкриття́ *n* opening; inanguration, unveiling; discovery.
відку́|шувати <~си́ти> bite off.
відла́|мувати <~ма́ти> break off.
відли́га *f* thaw.
відлі́т *m* flying away; take off.
відл|іта́ти <~еті́ти> fly (away).
відлю́дний lonely, solitary; unsociable.
відмеж|о́вуватися <~ува́тися> dissociate *o.s.* (from).
відми|ва́ти <~́ти> wash (off).
відмика́ти <відімкну́ти> unlock, unbolt.
відм|ира́ти <~е́рти> die off; *fig.* disappear, die out.
відми́чка *f* picklock.
відмі́н|а *f* difference; на ~у від unlike, in contrast to; abolition; *gr.* declension.
відмі́нн|ий different (from від P) ~́ість *f* difference.
відмі́н|ок *m gr.* case; **~ювання** *n gr.* (*nouns*) declension; (*verbs*) conjugation; **~ювати,** <провідмі-ня́ти> *gr.* (**-ся** *impf.* be) conjugate(d) (*verb*), (*noun*) decline.
відмін|я́ти <~и́ти> abolish; abrogate; countermand.
відмі́тний distinctive.
відмі|ча́ти <~́тити> mark; note.
відмо́ва *f* refusal, rejection.
відмов|ля́ти <~́ити> refuse, deny; answer, reply; dissuade (from); **-ся** refuse, decline, repudiate; give up; fail, refuse to obey.
відни́ні henceforth, henceforward.
відн|іма́ти <~я́ти> **1.** take away; bereave (of); **2.** Ma subtract.
відно́в|лення *n* renewal; resumption; **~лювати** <~и́ти> renew; resume; restore; rebuild.
відно́сини *pl.*, relations.
відн|о́сити <~е́сти> take (to); (*ві́тром, тече́єю*) carry away; (*до розря́ду, гру́пи*) refer (to), attribute (to).
відносн|и́й relative; ~ість *f* relativity; теорія відно́сності (theory of) relativity.
відобр|ажа́ти <~а́зити> reflect.
відобра́ження *n* reflection.
відо́зва *f* appeal; proclamation.
відокр|е́млювати <~е́мити> separate (from).
ві́дома: з/без ~ кого́сь with/without the knowledge of smb.; дово́дити до ~ кого́сь bring to smb.'s notice, notify smb.; взя́ти до ~ take notice (of 3).
відо́мий 1. known; **2.** well-known, famous.
відо́мо it is known; йому́ ~, що he knows that, he is aware that.
відо́мості *pl.* news *sg.*; information.
ві́домство (goverment) department.
відп|ада́ти <~а́сти> fall off; fall away.
відпи́с|увати <~а́ти> answer (a letter); write back.
відпиха́ти <віді́пхну́ти> push away; kick.
відпла́|та *f* repayment, *fig.* retribution, requital; **~чувати** <~ти́ти> repay; requite; ~ти́ти кому́сь тіє́ю са́мою моне́тою pay *s.b.* in his own coin.
відпли́в *m* ebb, ebb-tide, low-tide (*a. fig.*).
відпли|ва́ти <~сти́> sail; swim off.
відповз|а́ти <~ти́> crawl away.
відпові|да́ти, <~́сти́> **1.** answer, reply; **2.** *impf.* answer (for), be responsible (for); **3.** (*impf*) correspond (to);

conform (to), agree, comply (with); ~áти признáченню answer the purpose.
відповíдн|ий corresponding; respective; suitable; conformable (to до P) ~им чúном accordingly; ~ість *f* conformity, accordance; у ~ості з in accordance/conformity with; ~о 1. *adv*. accordingly, correspondingly; 2. *prp*. ~о до according to, in accordance with.
вíдповідь *f* answer, reply.
відпоч|ивáти <~úти> rest, have a rest; take a holiday.
відпочúн|ок *m* rest; holiday; recreation; будúнок ~ку holiday home; день ~ку day off, rest day.
відпр|авлятú <~áвити> send, forward; ~авлятú пóштою post, mail.
відпрáвник *m* sender.
відпрó|шуватися <~сúтися> ask for leave.
відпус|кáти <~тúти> let go; release; set free; slacken; turn loose; supply; (*moustache, beard*) grow.
відпускнúк *m* man of holiday; Ml serviceman on leave.
відпýст|ка *f* leave, holiday; *Am*. vacation; у ~ці on leave.
відпýщéння *n*: ~гріхíв absolution.
відрáд|жувати <~ити> dissuáde.
відрáдний pleasant, comforting.
відрáз|а *f* aversion, disgust; ~ливий repulsive, disgusting.
відрáзу at once.
відрах|óвувати <~увáти> count off; deduct, keep back.
відрахувáння *n* deduction; assignment.
відрахувáти *s*. відрахóвувати.
відрекомендувáти introduce, present; -ся introduce *o.s.*
відректúся *s*. відрікáтися.
відрúв *m* tearing off; *fig*. alienation, isolation.
відривáти <відірвáти> tear off; disturb/ interrupt.
відрíз *m* length (of stuff); ~на костюм suit length.
відрізн|ятú <~úти> distinguish; discern; ~ятú однé від óдного tell one from the other; ~ся differ (from); be distinguisned (by); be notable (for).
відрíзок *m* piece; ~ чáсу period of time; ~ шляху section of road; Ma segment .
відрíз|увати <~ати> cut off; snip off; carve; *fig*. snap out, cut short.
відрікáтися <відректúся> renounce; repudiate; ~ від престóлу abdicate.
відрó *n* [*pl*.: відра, -дер, -драм] bucket, pail; ~ для смíття garbage can, *Brt*. dust-bin.
відрóд|ження *n* revival; regeneration ; епоха ~ *hist* Renaissance; ~жувати <~úти> revive, regenerate.
відрýб|увати <~áти> cut off, chop off; *fig*. snap out.
відряд|жáти <~úти> send on an official journey (trip).
відрядження *n* missioin, business trip.
відрядн|ий piece (*work*); by the fob; fob...; ~ик *m* piece-worker.
відсвяткувáти celebrate.
відсилáти <відіслáти> send off; send back; post, mail.
відсипáти <відсúпати> pour out.
відсíв *m* sifting out; *fig*. elimination.
вíдсіч *f* rebuff, repulse.
відск|áкувати <~óчити> jump aside (away); rebourd, recoil; come off; break off.
відсóвувати *s*. відсувáти.
відсóток *m* per cent.
відставáння *n* lag, lagging behind.
відст|авáти <~áти> come off; F leave (let) alone; fall behind; *fig*. be behind; (*clock*) be slow.
відстáвк|а *f* resignation; dismissal; піти у ~у retire.
відстань *f* distance (at на M).
відстó|юватися <~ятися> settle.
вíдступ *m* retreat; deviatioin; digressioin.
відступ|áти <~úти> step back; Ml retreat; fall back; deviate; digress; -ся give up, renounce.
відсу|вáти <~нути> move aside (away); *fig*. put off; -ся move aside (away).
відсýтні|й absent; absentee (*su*); ~сть *f* absence; lack (of); через ~сть чáсу for lack of time.
відт|авáти <~áнути> thaw out.
відтáк then, afterwards.
відтвóр|ення *n* reproduction; ~ювати <~úти> reproduce; ~ювати в пáм'яті recall to mind.
відтепéр henceforth, henceforward; from now on.
відт|инáти <~ятú> cut off, chop off.
відт|ілá, ~іль from there.
відтíнок *m* shade, tinge; hue; tint; *fig*. nuance, shade.
відтóді since then.
відтяг|áти <~тú> drag (pull) aside (away); Ml draw off; *fig*. distract (from); divert (from); defer, delay.
відхúл *m s*. відхилення.
відхúлення *n* deflexion; deviation.
відхил|ятú <~úти> deflect; turn aside; decline.
відхíд *m* setting off; (*train*) departure; (*ship*) sailing; Ml withdrawal; breaking away.

В

відхо́ди *pl.* waste (material).
відхо́дити <відійти́> move away (off), go away; (*train*) leave, depart; (*ship*) sail; Ml withdraw, draw off; fall back; *fig.* break away (from); digress (from).
відцві|та́ти <~сти́> fade; shed its blossom.
відцентро́вий centrifugal.
відцура́тися renounce, repudiate.
ві́дчай *m* despair; впада́ти у ~ give way to despair; **~ду́шний** reckless, desperate.
відча́л|ювати <~ити> push off, move off.
відчин|я́ти <~и́ти> open.
відч|і́плювати <~епи́ти> unhook; uncoupol; **-ся** get loose; come uncoupled; F leave s.b. alone.
відчу|ва́ти <~ти> feel; sense, have a sensatioin (of).
відчу́тний perceptible, tangible, palpable; appreciable.
відчуття́ *n* feeling, sensation.
відшкод|о́вувати <~ува́ти> make up (for), compensate (for); repay; **~о́вувати збитки** recover losses; **~ува́ня** *n* compensation; recompense; indemnity; **~ува́ння збиткі́в** J damages.
відшто́вх|увати <~ну́ти> push away; kick; *fig.* alienate; repel; **-ся** push off.
відшу́к|увати <~а́ти> find; look for.
ві́дьма *f* witch, hag.
ві́жки *f/pl.* reins.
віз *m* [на во́зі; *pl.e.*] cart (load).
ві́з|а *f* visa; нада́ти ~у grant a visa; оде́ржати ~у get a visa; **~ува́ти** visa.
візант|і́єць *m* [-ійця] **~і́йка** *f* [*g/pl.*: -ійок], **~і́йський** Byzantine; **~і́я** Byzantium.
візи́т *m* visit, cal; **~ний**: ~на картка *f* calling card.
візни́к *m* carter, cabman.
війн|а́ *f* war (at на M); warfare; іти на ~у́ take the field; дру́га світова́ ~а́ World War 2.
війсь|к|а́ *pl.* troops, forces; сухопу́тні ~а́ land forces; наймані ~а́ mercenary army; mercenaries; регулярні ~а́ troops; **~о** *n* army.
військо́в|ий 1. military; 2. military man, soldier; ~ий корабе́ль *m* man-of-war, warship; ~а слу́жба military service; ~а фо́рма service uniform; ~а части́на army unit.
військо́во|-морськи́й: **~-морськи́й** флот *m* navy; **~-повітряний**: ~-пові́тряні си́ли air force; **~полоне́ний** prisoner of war; **~-польови́й**: ~-польови́й суд *m* court-martial; **~службо́вець** military man, service man, soldier.
вік *m* age; lifetime; на моєму ~у́ in my day (lifetime); дожива́ти ~у spend the rest of one's day; на наш ~ ви́стачить it will last our time; на ~и ві́чні for ever (and ever).
вікно́ *n* window.
вікови́й secular.
віко́ниця *f* [*g/pl.*: -иць] shutter.
віл *m* ox, bullock; працювати як ~ work like a horse.
ві́льн|ий free, easy, unrestricted; Ml ~o! at ease!
віддльноду́мець *m* [-мця] freethinker.
ві́льха *f* alder (-tree).
він he; it.
вінегре́т *m* vinaigrette (salad).
віне́ць *m* [-нця] wreath, gerland; crown; halo.
ві́ник *m* broom, besom.
віно́к *m* [-нка] wreath, garland.
вінча́|льний wedding...; **~ння** *n* wedding (ceremony); **~ти** 1. wreathe, crown; 2. <об-, по-> marry; **-ся** get married (in church).
віньє́тка *f* [*g/pl.*: -ток] vignette.
віолонче́ль *f* (violon)cello.
ві́ра *f* faith, belief, trust (in в 3); religion.
вíра́ж *m* 1. [e.] bend, curve; 2. *phot.* toning solution.
ві́рити <по-> believe (in в3); believe, trust; ~ на́ слово take on trust; **-ся**: (мені́) не ві́риться one (I) can hardly believe (it).
вірмен|и́н *m* [*pl.*: -мени, -мен], **~ка** *f* [*g/pl.*: -нок], **~ський** Armenian.
Вірме́нія *f* Armenia.
ві́рний 1. faithful, true; loyal; 2. right, correct; accurate, exact; 3. safe, sure, reliable; 4. inevitable, certain.
ві́рн|ість *f* 1. faith (-fulness), fidelity, loyalty; 2. correctness, accuracy; **~о** *adv.* 1. and 2. *s.* ві́рний 1, 2.
віровідсту́пник *m* apostate.
віроло́м|ний perfidious, treacherous; **~ство** *n* perfidy, treachery.
віросповіда́ння *n* creed.
віротерпи́мість *f* toleration.
вірту́оз *m* virtuoso.
ві́рува|ння *n* faith, belief; **~ти** believe (in в 3).
ві́руючий pious; *su.* believer.
вірш *m* poem, verse; rhyme; **~о́ваний** written in verse; poetical.
ві́сім eight; **~деся́т** eighty; **~деся́тий** eightieth; ~деся́ті роки́ the eighties; **~на́дцятий** eighteenth; **~на́дцять** eighteen; **~сот** eight hundred.
віск *m* wax.
ві́скі *n* [*indecl.*] whisk(e)y.
віско́за *f* viscose.
Ві́сла *f* Vestula.

ві́смут *m* bismuth.
ві́сник *m* messenger; buletin.
ві́спа *n* smallpox; вітряна́ ~ chickenpox.
ві́стка *f* news, a piece of news; information .
вістови́й Ml *m* orderly.
вісь *f* axis; E axle.
віта́льн|ий welcoming; ~а телегра́ма telegram of congratulation.
віта́льня *f* drawing-room.
віта́мін *m* vitamin.
віта́ння *n* greeting; salute; congratulation.
віта́ти <при-> greet; salute (*a.* Ml); congratulate (on); welcome; **-ся** greet.
ві́тер *m* wind; зустрічний ~ contrary *or* head wind; попутний ~fair wind; кидати слова на ~ waste words; у нього в голові ~ he is giddy-brained.
вітере́ць *m* [-рця] light wind, breeze.
вітри́ло *n* sail.
вітри́на *f* shopwindow; showcase.
вітря́к *m* windmill.
ві́трян|ий windy; ~á ві́спа *f* chicken pox.
вітчи́зн|а *f* motherland, homeland; mother (native) country; **~я́ний** native, home...
вітчи́м *m* stepfather.
ві́ха *f* landmark; Sh spar buoy.
ві́хола *f* snow-storm, blizzard.
ві́хоть *m* wisp.
віце-... (*in compds.*) vice-...
ві́чко *n* 1. peep-hole, spy-hole; 2. eye; 3. cell.
віч-на́-віч in private, confidentially.
ві́чн|ий eternal, everlasting; perpetual; ~ість *f* eternity; я не бачив його (цілу) ~ість I haven't seen him for ages.
ві́ша|лка *f* [*g*/*pl.*: -лок] hanger, tab; peg, rack; **~ти** <пові́сити> hang (up); **-ся** hang *o.s.*
вія *f* eyelash.
ві́я|лка *f* [*g*/*pl.*: -лок] winnowing machine; **~ння** *n* waft; Ag winnowing; *fig.* trend; influence; **~ти** <по-> blow, breathe; spread; <про-> winnow.
ві́яло *n* [*pl.*: -ла] fan.
в'ідá́тися <в'ї́стися> bite (into); (*smoke*) eat (into).
в'ї́дливий captious, carping; (*smell, atc.*) acrid, pungent.
в'ї́жджа́ти <в'ї́хати> [в'ї́ду, в'ї́деш; в'їжджа́й(те)!] enter, ride or drive in(to); move in(to).
в'ї́зд *m* entrance, entry; ascent; дозвіл на ~ entry permit.
в'ї́стися *s.* в'їда́тися.
в'ї́хати *s.* в'їжджа́ти.
вк... *s.* у(ук...); *e.g.* **вкрива́ти, вкру́чувати** *s.* **укрива́ти, укручувати**; (*execpt* **в** (**вк**...).
вказі́вк|а *f* indication; instructions *pl.*; дава́ти ~и give instructioins.
вказівни́й indicating, indicatory; ~ займе́нник *gr.* demonstrative pronoun; ~ палець forefinger.
вка́з|увати <~а́ти> show, indicate; point out; give instructions.
вкла́д *m* deposit; investment; **~ення** *n* 1.: лист із ~енням letter encosure; 2. investment; **~ка** *f* [*g*/*pl.*: -док] insert; **~ник** *m* depositor.
включ|а́ти <~ити> [-чу́, -чиш; -чений] include; insert; **-ся** (~и́тися) join (in), be included (in); **~ення** *n* inclusion; insertion; **~но** included.
вл... *s.* **у(ул...)**; *e.g.* **влаштува́ти, вла́зити** *s.* **улаштува́ти, ула́зити** (*except* **в** (**вл**...).
вла́д|а *f* power, authority; rule; державна ~a state power/authority; **~ний** inperious, arthoritative.
вла́сн|ий own; proper; personal; dead (*weight*); **~ик** *m* owner, propietor; **~ик** землі́ landowner; holder; **~ицький** proprietary; owner's; of ownership (*after noun*); **~ість** *f* property; ownership.
власти́в|ий peculiar (to Д); (p.'s Д) usual; **~ість** *f* [-вості] property, quality, F kind.
влю́бливий amorous.
вм... *s.* у(ум...); *e.g.* **віміща́ти** *s.* **уміщати** (*except* **в**(**вм**...).
вмика́|ти El switch *or* turn on; ~ч *m* switch.
вмира́ти <вме́рти> die.
вміст *m* contents *pl.*
вн... *s.* у(ун...); *e.g.* **вниз, вночі** *s.* **униз , уночі** (*except* **в**(**вн**...).
вна́слідок (P) in consequence of, owing to; ~ цього consequently.
вне́с|ення *n* entry; **~ти́** *s.* **вно́сити**.
вне́сок *m* payment, fee; чле́нський ~ membership dues.
вник|а́ти, <~нути> (у З) penetrate (into), fathom.
внічию́: зігра́ти ~ draw (game).
вно́сити <внести́> [внесу́, внесе́ш, вніс, внéсла] cary *or* bring in; pay in; enter; include; ~ попра́вки insert amendments; ~ пропозицію bring forward a motion, move a proposal.
вну́трішні|й inner, inside, internal, interior; inland...; home...; **~сть** *f* interior.
вовк *m* wolf; дивитися ~ом F scowl.
во́вна *f* wool.
во́вчий wolfish; wolf('s)...

B

во́гк|ий humid, moist; damp; **~ість** *f* humidity, moisture; dampness.
вогне́вий fire...
вогнега́сник fire-extinguisher.
вогне́нний fiery, igneouis.
вогнетри́вк|ий fireproof; ~а́ це́гла fire-brick.
во́гнище *n* camp-fire; bonfire.
housing
вого́нь *m* fire (*a. fig.*); light; боя́тися як вогню́ fear like death; з вогню́ та в по́лум'я out of the frying-pan into the fire; пройти ~ і во́ду go through fire and water.
вод|а́ *f* [*ac/sg.*: во́ду; *pl.*: во́ди, вод, водам] water; на ~і́ і на су́ші by sea and by land; товкти́ ~у в сту́пі beat the air; лови́ти ри́бу в каламу́тній ~і́ fish in troubled waters; ви́йти сухи́м з ~и́ come off clear; (схо́жі) як дві кра́плі ~и as like as two peas; бага́то ~и́ утекло́ (з того́ ча́су) much water has flown under the bridge (since then).
водеві́ль *m* musical comedy.
во́д|ень *m* hydrogen; **~не́вий**: ~не́ва бо́мба *f* hydrogen bomb.
води́ти 1. lead, conduct, guide; **2**. drive; **3**. move (O); **4**. breed; ~ за ніс make a fool (of); ~ компа́нію з ки́мось keep company with s.b.; ~ очи́ма let one's eyes rove; **-ся 1**. associate (with); keep company (with); **2.**: тут во́диться ри́ба fish is found here; **3.**: так у нас во́диться it is our custom, it is the custom here; як во́диться as usual.
воді́й *m* driver.
во́дн|ий water; ~ий спорт aquatics, ~ий шлях waterway; ~е по́ло water polo.
водо|во́з *m* water carter; **~гра́й** *m* fountain; **~ді́л** *m* divide, *Brt.* watershed; **~́йма, ~́ймище** *n* reservoir, storage lake; **~ка́чка** *f* waterworks; **~ла́з** *m* diver; **~лікува́ння** *n* hydropathy, water cure; **~па́д** *m* waterfall; **~пі́й** *m* watering place; watering (*of animals*); **~про́від** *m* water pipe; **~рі́сть** *f* alga, seaweed; **~сті́к** *m* drain (age), drainpipe; **~сті́чний:** ~сті́чна труба́ *f* gutter; **~схо́вище** *n* reservoir.
водян|и́й water...; **~и́стий** watery; **~́ка** *f* Me dropsy.
воєніз|а́ція *f* militarization; **~ува́ти** militarize.
воєнача́льник *m* commander.
воє́нн|ий war; military; ~а промисло́вість war industry; ~ий комуні́зм *hist.* war communism.
возз'є́дн|ання *n* reunion, reunification; **~уватися** <~а́тися> reunite.
вози́ти drive, transport; **-ся** P (з O) busy *o.s.* (with), mess (around with); dawdle; fidget; romp, frolic.
воі́стину truly, really.
во́їн *m* soldier, warrior.
вокза́л *m* railroad (*Brt.* railway) station, depot).
Во́лга *f* Volga.
волейбо́л *m* volleyball.
воло́г|а *f* moisture; **~ий** moist, humid, damp; **~ість** *f* humidity, dampness.
воло́д|а́р *m* **1**. lord, master, ruler; sovereign; **2**. *s.* власник; **~арюва́ти** rule, sway; **~і́ння** *n* possession, ownership; **~і́ти** <за-, о-> (O) own, possess; ~і́ти інозе́мною мо́вою speak/know a foreign language; ~іти собо́ю control *o.s.*.
волокн|и́стий fibrous; **~о́** *n* [*pl.*-о́кна, -о́кон] fiber, *Brt.* fibre.
волокти́ drag, trail; **-ся** drag *o.s.*
волонте́р *m* volunteer.
волос *m* hair; **~а́тий** hairy; **~и́на** *f* hair; El filament; бу́ти на ~и́ні від сме́рті F be on the verge (within a hair's breadth *or* ace) of death; висі́ти (*or* трима́тися) на ~и́ні hang by *or* on a thread.
воло́сся *n coll.* hair; ~ стає́ ди́бом one's hair stands on end.
во́лость *f hist* district.
воло́ський: ~ горі́х walnut.
волоха́тий hairy; shaggy.
волоцю́га *m* tramp, vagabond, vagrant.
волочи́ти drag, trail; **~ся 1.** drag *o.s.*, trail; **2**. P roam, wander.
воло́шка *f* cornflower.
волхв *m* magician, wizard.
во́л|я *f* **1**. will; си́ла ~і will power; **2**. liberty, freedom; з вла́сної ~і of one's own (free) will; відпуска́ти на ~ю set free; да́ти ~ю give free rein.
воля́чий ox...
вольт *m* volt.
вольфра́м *m* wolframite.
вона́ she; it.
вони́ they.
воно́ it.
воркота́ти *a.* воркоті́ти coo.
во́рог *m* enemy; O devil.
ворогува́ти be at enmity (with з O).
воро́ж|ий enemy's; hostile; inimical; **~и́ти** <по-> tell fortunes; (by cards на картах); **~ість** hostility, animosity; **~і́ння** *n* fortune-telling; **~ка** *f* [*g/pl.*: -жок] fortuneteller; **~не́ча** enmity, hostility.
во́рон *m* raven; **~а** *f* crow; бі́ла ~а rara avis.
воро́нка *f* [*g/pl.* -нок] crater.
воро́та *pl.* game.
ворота́р *m* goal-keeper.

воротт́я *n* return.
ворухну́тися *pf.* stir.
воруши́ти [-шу́, ∸иш], once <ворухну́ти>, <по∸> stair, move (*v/i.* **-ся**); (*impf*) turn (*hay*).
восени́ in autumn.
воскре|са́ти <∸снути> raise from the dead, come back to life; *fig.* revive; **~ша́ти** <~си́ти> raise from the dead; resuscitate; revive.
во́сьм|ий eighth; **~ику́тний** octagonal; **~у́шка** *f* eighth of lb.; octavo.
во́тум *m* vote; ~ дові́р'я vote of confidence.
во́тчина *f* patrimony (*estate*).
во́ша *f* louse.
воши́вий lousy.
вощи́ти <на-> wax.
воюва́ти wage *or* carry on war, be at war.
воя́к *m* warrior, soldier.
вп... *s.* **у(уп...)**; *e.g.* **впе́внений, впізнава́ти** *s.* **упе́внений, упізнава́ти** (*except* **в(вп...)**).
впа|да́ти <∸сти> (в З) fall (flow, run) in (to); sink in, become hollow (sunken).
впи́с|увати <~а́ти> enter, insert.
вплести́ *s.* впліта́ти.
впли|в *m* influence, impact; **~ва́ти** <∸нути> influence; have an influence; **~во́вий** influential.
вплі́та́ти <вплести́> interwine (with); plait (into).
вплу́т|увати <~ати> entangle, involve (in в З); **-ся** become entangled.
вправ|ля́ти <∸ити> **1**. fit (in), fix (in); **2**. Me ~ ля́ти **ви́вих** set a bone.
впри́ту́л (до Р) (quite) close(ly) by, (right) up to.
впрова́|дження *n* introduction; **~джувати**, <~дити> inculcate; introduce; **-ся** take root.
впус|к *m* admission; **~ка́ти** <~ти́ти> let in, admit.
вр... *s.* **у(ур...)**; *e.g.* **врятува́ти, вранці** *s.* **урятува́ти, уранці** (*except* **в(вр...)**.
вра́ження *n* impression.
вразли́вий sensitive, susceptible.
вре́шті at last.
врива́тися <увірва́тися> burst (into); rush in (to).
врі́з|увати <~ати> (в З) cut in (to); lay *or* put in (to); **-ся** run in (to); project into; impress (on).
вро́да *f* appearance; beauty.
вродли́вий beautiful.
врожа́й *m* harvest, crop; **~ний**: ~ний рік good year for the crops.
вро́збрід separately, scatteringly.
вро́здріб at retail; продава́ти ~ sell (by) retail.
вро́зріз: іти́ ~ be contrery (to з О).
врост|а́ти <~и́> grow in (to); settle *or* subside.
вруч|а́ти <~и́ти> hard over; entrust.
вс... *s.* **у(ус...)**; *e.g.* **всиха́ти, всмо́ктувати** *s.* **усиха́ти, усмо́ктувати** (*except* **в(вс...)**).
вса́д|жувати <~и́ти> thrust *or* drive in (to), hit.
все everything; ~ одно́ all the same; на ~ до́бре good-bye.
всебі́чний thorough, detailed, all-round.
всел|я́ти <~и́ти> **1**. lodge (in); install (in); **2**. *fig.*: ~я́ти наді́ю give hope; **-ся** settle (in), move (in (to)).
всемогу́тній omnipotent; almighty.
всенаро́дн|ий national, nation-wide; **~о** in public.
всерйо́з F in earnest, seriously.
всесві́т *m* universe, world; **~ній** universal, world.
всеси́льний omnipotent, almighty.
все́-таки nevertheless, (but) still.
всеукраї́нський All-Ukrainian.
всип|а́ти <∸ати> pour or put (into в З); P thrash (а р. Д).
всі all; everybody, everyone.
всіля́к|ий of all kinds *or* sorts; **~о** in every way.
вслуха́тися <вслу́хатися> (в З) listen attentively (to).
вста|ва́ти <∸ти> [вста́ну, вста́неш] stand up; get up, rise (from з Р); arise; **∸вка** *f* [*g/pl.*: -вок] setting in, insertion, insert; **~вля́ти** <∸вити> set *or* put in, insert; **~вни́й** (to be) put in; ~вні́ зу́би false teeth.
вступ *m* entry, entrance; accession; beginning; introduction.
вступ|а́ти <~и́ти> (в З) enter, join; set one's foot, step (into); begin, enter *or* come into, assume; ~и́ти до па́ртії join the party; ~и́ти у володі́ння J assume possession; ~и́ти у свої́ права́ come into one's own; **~ни́й** introductory; opening; entrance...; **~ни́к** *m* entering person.
всу|ва́ти <∸нути> put, slip (into в З).
всу́переч contrary; spite of, despite; ~ фактам notwithstanding the facts.
всю́ди everywheve, all over.
вся́к|ий **1**. any, every; у ~ому ра́зі at any rate, in any case; **2**. all kinds *or* sorts of; 3. everybody, anybody, everyone, enyone.
вт... *s.* **у(ут...)**; *e.g.* **втіка́ти, вто́млюватися** *s.* **утіка́ти, уто́млюватися** (*except* **в(вт...)**).
вті́л|ення *n* incarnation, embodiment; **~ювати** <~ити> incarnate, embody; ~ мрії в життя́ make a dream come true; ~ в собі́ be the incarnation (embodiment) (of).

втім by the way; however.
втóма *m* fatigue, exhaustion.
втор|гáтися <-гнутися> (в 3) invade, intrude, penetrate; -гнення *n* invasion, incursion.
втори́нний second, secondary.
втрáта *f* loss; waste.
втра|чáти <-тити> lose; ~чáти свідóмість lose consciousness, become unconscious; be bereaved (of).
втручá|ння *n* interference; intervention; Me operation; ~тися interfere; intervene; meddle (with у 3).
втýлка *f* [*g/pl.*: -лок] plug.
втý|плювати <~пити> fix (one's eyes on пóгляд у 3).
вуáль *f* veil.
вугíл|ля *n* coal; charcoal; ~ьний coal...
вугле|вóдень *m* hydrocarbon; ~**ки́слий**: carbonat; ~ки́слий газ carbon dioxide; ~**кислотá** *f* carbonic acid; ~**кóп** *m* (coal-) miner.
вуглець *m* carbon.
вуди́ла *pl.* bit.
вýд|ити fish; ~**ка** *f*, ~**лище** *n* fishing-rod, rod.
вуж *m* grass-snake.
вуз *m* (ви́щий учбóвий зáклад) university, college.
вуздéчка *f* bridle.
вузлувáтий knotty.
вýзол *m* (*a. fig.*) knot; залізни́чний ~ railway junction.
вузьк|ий [*comp.*: вýжчий] narrow (*a. fig.*); tight; ~é мíсце bottleneck; weak point; ~**околíйний** narrow-gauge.
вýлик *m* hive.
вýлиця *f* street.
вулкáн *m* volcano; ~**íчний** volcanic.
вульгáрний vulgar.
вундеркíнд *m* infant prodigy.
вус *m* moustache; whisker.
вýх|о *n* ear; пропускáти повз ~а turn a deaf ear (to).
вхід *m* entrance; плáта за~ entrance *or* admission fee.
вхідни́й entrance..., admission...
вхóдити <увійти́> [увійдý, -дéш; увійшóв, -шлá, -шлó] enter, go, come *or* get in(to); go in(to), have room *or* hold; penetrate into; be included in; ~ в довíр'я gain a p.'s confidence (favo(u)r); ~ в мóду/у вжи́ток come into fashion/into use; ~ в станóвище appreciate a p.'s. positioin; ~ до складу (P) form part (of), belong (to).
вхопи́ти catch, grip; -ся seize, snatch.
вціл|я́ти <-ити> hit.
вчáдіти be poisoned by fumes.
вчáсн|ий timely, opportune; ~о in *or* time, timely.
вчéний *m* scientist.
вчепи́тися hold on (to), cling (to).
вчи́нок *m* actioin, deed.
вчин|я́ти <~и́ти> act, do; (*crime*) commit.
вчи́тель *m*, ~**ка** *f* teacher.
вчи́ти 1. teach; 2. learn, study; -ся learn.
в'юк *m* pack, bale, load.
в'юн *m* loach.
в'юнки́й nimble, quick.
в'ючн|ий: -а твари́на beast of burden.
в'яз *m* elm.
в'язáти <з-> 1. tie, bind (together); 2. knit; (*гачком*) crochet; -ся match, agree, be in keeping; F make sense.
в'я́заний knitted.
в'я́зень *m* prisoner.
в'я́зка *m* [*g/pl.*: -ок] fag(g)ot; truss.
в'язки́й viscous; swampy.
в'язни́ця *f* prison.
в'я́знути stick.
в'я́лий withered, faded; slack, languid; lifeless.
в'я́нути <за-> fade, wither.

Г

га 1. F eh?; 2. *abbr.*: гектáр.
Гаáга *f* The Hague.
Гавáна *f* Havana.
гáвань *f* harbo(u)r.
гáвк|ання *n*, -іт F *m* bark(ing), yelp; -ати, <за-> bark.
гáга *f zo.* eider.
гад *m zo.* reptile (*a. fig.*).
гадáти 1. think; believe; *Am.* guess; 2. *s.* ворожи́ти.
гáдк|а *f* thought, idea; я й ~и не мав I did not mean that for a moment; it never crossed my mind.
гадю́ка *f zo.* viper (*a.*, P, *fig.*), adder.
газ *m* 1. gas; світи́льний ~ coal gas; дáти ~у *mot.* step on the gas; на пóвному ~у at full speed (throttle); *pl.* Me flatulences; 2. gauze.
газéль *f* gazelle.
газéт|а *f* newspaper; ~**ний** news...; ~ний кíоск *m* news-stand, *Brt.* news stall; ~**я́р** *m* newsman, newsboy.

газо́ван|ий aerated; ~а вода́ aerated water; soda-water.

га́зов|ий 1. gas...; ~а плита́ *f* gas-stove; ~ий лічильник *m* gas meter; 2. gauze...

газо́н *m* lawn.

газоп|одібний gaseous; **~ро́від** *m* gas pipe line.

гай *m* [-ю] grove.

га́йворон *m* rook.

га́йда F come on!

га́йка *f* [*g*/*pl*.:-йок] nut.

гайнува́ти waste.

гак *m* hook; F detour.

галантер|е́йний: ~е́йна крамни́ця *f* notion store, *Brt.* haberdashery; ~е́йні това́ри *m*/*pl*. = **~е́я** *f* notions *pl.*, dry goods *pl.*, *Brt.* fancy goods *pl.*

гала́нтн|ий gallant; **~ість** *f* galantry.

га́лас *m* noise, hubbub, uproar; **~ли́вий** noisy; **~uва́ти** make a noise (hubbub).

галере́я *f* gallery; карти́нна ~ picture gallery.

галіфе́ *n indecl.* Ml breeches.

га́лка *f* jackdaw.

гало́п *m* gallop; **~ом** at a gallop; мча́ти ~ом gallop.

га́лузь *f* branch.

галу́н *m* 1. galloon, braid; 2. Ch alum; **~о́вий** aluminous.

галу́шка *f* galushka (small boiled) dumpling.

галюцина́ція *f* hallucination.

галя́вина *f* forest meadow, glade.

гальвані|зува́ти galvanize; **~чний** galvanic.

га́лька *f* pebble.

гальм|о́ *n* brake; *fig.* hindrace; **~ува́ти** <загальмува́ти> brake, apply the brakes (to); slow down; *fig.* retard.

гам hubbub, uproar.

га́ма *f* Mu scale; range.

гама́к *m* hammock.

гамане́ць *m* purse, wallet.

га́мір *m* hubbub, uproar; noise; **~ли́вий** noisy; uproarious.

гамува́ти <в-> subdue; quiet.

гангре́на *f* Me gangrene.

гандбо́л *m* handball.

гане́бн|ий disgraceful, shameful.

га́нити disparage, decry; F run down; curse, abuse.

ганте́лі *f*/*pl.* dumbbells.

ганчі́р|ка *f* rag; floor-cloth; duster; **~'я** *coll.* rags *pl.*

ганьба́ *f* shame, disgrace, infamy.

ганьби́ти <з-> disgrace, dishonour; blame (for).

ганя́ти 1. *s.* гна́ти; 2. run (to and fro); ~ся *s.* гна́тися.

гапли́к *m* hook.

гар *m* (*s. th.*) burnt, char.

гара́ж *m* garage.

гара́зд all right, very well; well; усе́ ~ all is well.

гарант|і́йний guarantee; ~і́йний лист letter of guarantee; **~ія** *f* guarantee, warrant; **~ува́ти** = ~ія.

гарбу́з *m* pumpkin.

гардеро́б *m* 1. wardrobe; 2. cloak-room; **~ник** *m*, **~ниця** *f* cloak-room attendant.

гарди́на *m* curtain.

гарка́в|ий burring; burred; **~ити** burr; **~ість** *f* burr.

га́рк|ати, <~нути> F bawl; snap (at).

гарма́та *f* gun, cannon.

гармоні́|йний 1. harmonious, concordant; 2. harmonic; **~ст** *m* accordionist; harmonist; **~юва́ти** harmonize, be in harmony (with з O).

гармо́нія *f* 1. harmony; *fig.* concord; 2. (*kind of*) accordion; губна́ ~ mouth organ, harmonica.

гарн|е́нький pretty; **~е́нько** F properly; **~ий** 1. good; fine, nice; 2. beautiful, lovely, pretty; good-looking; handsome; **~і́шати** grow prettier.

гарнізо́н *m* garrison.

гарні́р *m* garnish.

гарніту́р *m* set; ме́блевий ~ suit of furniture.

гарпу́н *m*, **~ити** harpoon.

гарт *m*, hardening, tempering; temper; *fig.* training; **~ува́ти** harden, temper; *fig.* steel.

гарча́ти grow, snarl.

гарцюва́ти prance.

гаряч|е́ hotly, with heat; *fig.* fervently, eagerly, passionately; **~ий** hot (*a. fig.*); fiery, hot-tempered; ardent, passionate; violent; warm (*scent*); cordial; hard; busy; ~а голова́ hothead; потра́пити під ~у ру́ку run into a squall; **~и́тися** get (become) excited; **~ка** *f* Me fever; *fig.* rush; поро́ти ~ку do things in a rush.

гас *m*, **~о́вий** kerosene.

гаса́ти rush about.

гаси́ти <по-, за-> extinguish, put *or* blow out; slake.

га́сло *n* 1. slogan; watchword; 2. signal.

га́снути <по-> go out, die away; *fig.* fade, wither.

гастрол|е́р *m* guest actor *or* artist; *fig.* bird of passage; **~ь** *f* starring (performance); **~юва́ти** tour, give performance(s) on a tour.

гастроно́м *m* 1. gastronome(r); gourmet; 2. *a.* = гастрономі́чний магази́н *m* delicatessen, (dainty) food store *or* shop; **~і́чний** gastronomic(al); **~і́я** *f* gastronomy; dainties, delicacies *pl.*

гауптва́хта *f* guardhouse.
гачкува́тий hooked.
гачо́к *m* hook; catch; спійма́тися на гачо́к swallow the bait.
га́яти: ~ час lose (waste) time.
гвард|ієць *m* guardsman; **~і́йський** Guards; ~і́йська диві́зія Guards division, division of Guards; **~ія** *f* Guards *pl.*
гвинт *m* screw; **~́ик** *m* small screw; **~і́вка** *f* [*g/pl.*:-вок] rifle; **~ови́й** screw...; spiral; ~ові схо́ди spiral (winding) stairs.
гвозди́ка *f* carnation, pink; (*space*) clove.
гей! F heigh!
гекта́р *m* hectare.
гектолі́тр *m* hectoliter.
гелі|й *m* helium; **~ко́пте́р** *m* *s.* вертолі́т; **~отерапі́я** *f* heliotherapy.
ген 1. ~ там there, over there; аж ~ за пі́вніч far into the night; **2.** *m biol.* gene.
генеало́гія *f* genealogy.
генера́л *m* general; ~-майор *m* major general; **~ьний** general; ~ьна репети́ція *f* dress rehearsal.
генера́тор *m* generator.
гене́тика *f* genetics.
гені|а́льний of genius; ingenious; '**~й** *m* genius.
гео́граф *m* geographer; **~і́чний** geographic(al); **~ія** *f* geography.
гео́лог *m* geologist; **~і́чний** geological; **~ія** *f* geology; **~орозві́дувальний** (geological) prospecting.
геометри́чний geometric(al).
геоме́трія *f* geometry.
гера́нь *f* geranium.
герб *m* (coat of) arms; emblem; держа́вний ~ State Emblem; National Emblem; **~а́рій** *m* herbarium; **~́овий** stamp(ed).
гермети́чний hermetic.
геро|ї́зм *m* heroism; valour; **~ї́ня** *f* heroine; **~ї́чний** heroic; **~́й** *m* hero; **~йство** *n* heroism; **~йський** heroic.
геста́по *n* gestapo.
ге́три *f/pl.* gaiters.
геть 1. away, off; забира́тися ~ take away (off); **2.** *s.* ген[1]; **3.** ~ зві́дси! get out! ру́ки ~! hands off!
ге́тьман *m* (*hist.*) hetman.
гидли́|вий fastidious; squeamish; **~вість** *f* squeamishness, disgust.
ги́кавка *f* hiccough, hiccup.
гика́ти hiccough, hiccup.
ги́нути <за-> perish.
гирли́га *f* shepherd's crook.
ги́рло *n* mouth (of a river).
ги́ря *f* weight.
ги́чка *f* tops *pl.*
Гібралта́р *m* Gibraltar.
гібри́д *m* hybrid.
гіга́нт *m* giant; **~ський** gigantic, huge.
гігіє́н|а *f* hygiene; **~і́чний** hygienic.
гід *m* guide.
гі́дн|ий worthy (*a.* of P); well-deserved; ~ий ува́ги noteworthy; бу́ти ~им чого́сь be worthy of s.th.; deserve, merit; **~ість** *f* dignity; почуття́ вла́сної ~ості self-respect.
гідравлі́чний hydraulic.
гідро|електроста́нція *f* hydroelectric power station; **~літа́к** *m* seaplane, hydro(aero)plane; **~турбі́на** *f* water-turbine, hydroturbine.
гіє́на *f* hyena.
гі́л|ка *f* [*g/pl.*:-лок] branch; **~ля** *coll.* branches; **~ля́стий** branchy.
гі́льза *f* (cartridge) case; shell.
Гімала́ї *m/pl.* The Himalayas.
гімн *m* hymn; anthem.
гімназ|и́ст *m* pupil *of* **~́ія** *f* gymnasium (*pl.*-siums, -sia); high school.
гімна́ст *m*, **~ка** *f* gymnast; **~ика** *f* gymnastics; **~и́чний** gymnastic.
гімнасте́рка *f* [*g/pl.*:-рок] blouse, *Brt.* tunic.
гіпе́рбол|а *f* hyperbole; Ma hyperbola; **~і́чний** hyperbolic, exaggerated.
гіпертоні́я *f* hypertension.
гіпно́|з *m* hypnosis; **~тизува́ти** <за-> hypnotize.
гіпо́теза *f* hypothesis.
гіпопота́м *m* hippopotamus.
гіпс *m min.* gypsum; plaster of Paris; **~́овий** gypsum..., plaster...
гірки́й bitter (*a. fig.*); ~ п'яниця hopeless drunkard.
гірля́нда *f* garland, festoon.
гірни́|к *m* miner; **~чий** mining; ~ча спра́ва *f* mining.
гірничо|заводськи́й, ~промисло́вий mining, metallurgical.
гірськ|и́й mountain...; mountainous; ~а́ краї́на highlands *pl.*
гірчи́ти taste bitter, have a bitter taste.
гірчи́|ця *f* mustard; **~чник** *m* mustard plaster.
гі́рший worse, <най-> worst; *cf.* кра́щий.
гість *m* guest, visitor.
гіта́ра *f* guitar.
глава́ 1. *m* head; chief; ~ у́ряду head of the government; **2.** *f* chapter (*in books*).
гла́дити <по-> **1.** smooth out; **2.** stroke.
гла́дкий smooth; (*hair*) straight.
гладки́й fat, plump, stout.
гла́дшати <по-> grow stout; get fat.
глазу́р *f*, **~ува́ти** glaze.
гла́нди *pl.* tonsils.

глевки́й underbaked.
глек *m*, *a*. гле́чик jug.
гле́тчер *m* glacier.
глиб|ина́ *f* depth; remoteness (*past*); *fig*. profundity; *thea*. background; ~**о́кий** deep; *fig*. profound; ~**о́ко** deeply; *fig*. profoundly; ~**окоду́мний** thoughtful, sagacious.
глибочі́нь *f s*. глибина́.
гли́бш|ати become (get) deeper, deepen; *fig*. be intensified; ~**е** deeper.
гли́н|а *f* loam; clay; бі́ла ~а kaolin; ~**истий** loamy; clayey; ~**озе́м** *m min*. alumina; ~**яний** earthen; loamy.
глист *m* (intestinal) worm, helminth.
гли́ця *f* (pine) needles *pl*.
глід *m* hawthorn.
гліцери́н *m* glycerin(e).
гло́бус *m* globe.
глузд *m* **1**. mind, intellect; з ~у з'ї́хати go out of one's head (mind); **2**. sense, mother wit.
глуз|ли́вий derisive, mocking; ~**ува́ти** mock (at), taunt, make fool (of).
глум *m* sneer, taunt; mockery; ~**и́тися** sneer, mock, scoff (at над О).
глух|а́р *m* capercailie, wood grouse; ~**и́й** deaf (*a. fig*.; до Д to; *cf*. сліпи́й); dull, vague; desolate, wild; out-of-the way; tight, solid, blind; late; the dead of; *gr*. voiceless; ~́**нути** grow deaf; die away; stall; ~́**о** softly, indistinctly; ~**онімий** deaf-mute; ~**ота́** *f* deafness.
глуш|ина́ *f* remote place; remote woodlands *pl*.; backwoods *pl*.; ~**и́ти** **1**. stun; **2**. muffle; **3**. choke; **4**. ~и́ти мото́р throttle down the engine; ~**ник** E *m* muffler.
гляда́ч *m* spectator, onlooker, looker-on.
гляді́ти **1**. look; **2**. take (good) care (of); **3**. look after; гляди́ ж (мені́)! look out! take care!; гляди́ ж не роби́ цього́ take care not to do it.
гля́нець *m* polish; luster.
гля́нути *once* (на З) (have a) look, glance (at).
гна́ти [жену́, жене́ш; гна́ний; гнав, -а, -о] <по-> **1**. (be) drive (-ving, *etc*.); F send; float; **2**. distil; **3**. pursue, chase; (*a*. -ся за О); *fig*. strive for; **4**. speed along.
гни|ли́й rotten, putrid; wet; ~**ль** *f* rottenness; ~**ття́** *n* putrefaction.
гнів *m* anger; ~́**атися** <роз-> be(come) angry (with на З); ~**и́ти** anger, make angry; ~́**ний** angry.
гніди́й sorrel, chestnut (*horse*).
гнізд|и́тися nest; ~**о́** *n* [*pl*. гні́зда, *etc*. *st*.] nest, aerie; ви́ти ~о build a nest; E seat; socket.
гній *m* **1**. Me pus; **2**. manure, dung; ~́**ний** purulent; ~**ни́к** *m* gathering, abscess.
гніт *m* weight, press; oppression.
гніт|и́ти **1**. press; **2**. oppress, depress; ~**ю́чий** oppressive; depressing.
гноби́т|ель *m* opprressor; ~**и** oppress.
гної́ти rot, let rot; decay; **-ся** suppurate; fester.
гну́ти <зі-> bend, curve; bow; F drive (at до Р); *fig*. bully.
гнучк|и́й supple, pliant, flexible; ~**ість** *f* flexibility.
гові́|ння *n* fast; ~**ти** fast.
го́вір *m* **1**. sound of talking (voices); **2**. *s*. гові́рка.
гові́рка *f* dialect, patois.
говірки́й talkative.
говори́ти speak, talk; tell.
говору́н *m* F great talker, chatterbox.
годи́н|а *f* **1**. (60 minutes) hour п'ята ~а it is five (o'clock); котра́ ~а? what is the time? what time is it? о котрі́й ~і? (at) what time?, when? **2**. time, hour, moment; лиха́ ~а hard times *pl*.; з ~и на ~у every moment, щогоди́ни hourly; **3**. fine weather.
годи́нник *m* clock, watch, со́нячний ~ sun-dial; пісковий ~ sand-glass; ~**а́р** watch-maker; ~**о́вий** clock..., watch..., ~о́ва стрі́лка hour-hand; за ~о́вою стрі́лкою clockwise; про́ти ~о́вої стрі́лки counter-clockwise.
годи́тися <з-> be of use (for для Р, на З), do, fit; come in handy; це нікуди не ~ that won't do at all.
го́ді (it's) enough!, that'll do!
год|і́вля *f* feeding; suckling, nursing; ~**о́ванець** *m*, ~**о́ванка** *f* adopted child, foster-child; ~**ува́льник** *m* bread-winner; ~**ува́льниця** *f* wet-nurse, foster-mother.
годува́ти **1**. feed; **2**. suckle, nurse; **3**. keep.
го́їти <за-> heal; **-ся** heal; close.
го́йда|лка *f* swing; ~́**ння** rocking; swing(-ing); ~́**ти** sway, rock, swing; dandle.
гол *m* goal; заби́ти ~ score a goal.
го́лений clean-shaven; shaved, shaven.
го́лий nacked, nude; bare (*a. fig*.); poor, miserable.
голи́ти [голю, голиш; голіть!; голячи́; голив; голений], <ви́-, по-> shave; **-ся** get shaved, (have a) shave.
голі́ння *n* shaving; приладдя для ~ *n* shaving things.
го́лк|а *f* needle; сиді́ти як на ~а́х be on tenter-hooks.
голла́нд|ець *m* [-дця] Dutchman; ⁲**ія** Holland; ~**ка** *f* [*g/pl*.:-док] Dutchwoman; ~**ський** Dutch.

Г

голóбля *f* shaft.
голов|á [*pl.*: гóлови, голíв, -áм] **1.** *f* head; **2.** *m* head, chief, chairman; свíтла ~а lucid mind; у мéне ~а йде óбертом my head is in a whirl; ви́кинути з ~и put out of one's head; брáтися (хапáтися) за ~у clutch at one's head, grasp one's head; мáти ~у на плечáх be able to think for oneself; на свою ~у to one's own misfortune.
головéшка *f* fire-brand.
голóвка *f* [-вок] small head; head (pin, nail, *etc.*); bulb, clove (*onion, garlic*).
головн|и́й chief, main, principal, central; head...; ... in chief; ~á вýлиця main street; ~е рéчення *gr.* principal clause; ~е мíсто *n* capital; ~им чи́ном mainly, in the main.
головнокомáнду|вач *a.* **~ючий** commander-in-chief; Верхóвний ~вач<~ючий> Commander in Chief; Supreme Commander.
голово|рíз F *m* daredevil; cutthroat, thug; **~тя́п** F *m* booby, bungler.
гóлод *m* **1.** hunger; starvation; **2.** famine; **~́ний** hungry; starv(el)ing; **~óвка** *f* [*g/pl.*:-вок] starvation; famine; hunger-strike; **~увáти** starve; go hungry.
голодрáнець *m* F ragamuffin; (*cf.* обíдранець).
гóлос *m* [*pl.*: -си́, *etc. e.*] voice; vote; право ~у suffrage; на весь (повний) ~ at the top of one's voice; в оди́н ~ unanimously; ~и́ за і прóти the yeas (ayes) and noes; **~и́ти** wail, lament; **~лíвний** unfounded, groundless, proofless; **~ни́й 1.** loud; **2.** *gr.* vowel; **~но** loud, loudly; **~ови́й** vocal; ~ові зв'язки vocal chords; **~увáння** *n* voting, poll(ing) **~увáти** <про-> vote.
гóлуб *m* pigeon; dove; **~и́й** light-blue, sky-blue; **~́ити** <при> fondle, caress; **~́ка** *f* female pigeon, dove; **~ни́к** *m* dove-cot(e), pigeon-loft; **~цí** *pl., cook.* stuffed cabbage-rolls; **~'я́тник** *m* pigeon-fancier, pigeon-flyer.
голякá F naked, nude.
гомеопáтія *f* homeopathy.
гомілкó|вий: ~ва кістка *f* shinbone.
гóмін *m* hum (of voices); noise; **~ли́вий** talkative.
гомонíти 1. speak (talk) in an undertone (in a low voice); **2.** make a noise.
гондóла *f* gondola.
гони́тв|а *f* pursuit; chase; у ~і за щáстям in pursuit of happiness (luck).
гóнка *f s.* гонитва; ~ озброєнь armaments (arms) race.
Гонкóнг *m* Hong Kong.
гóнор *m* arrogance; з ~ом arrogant; **~áр** *m* fee.
гóночний racing.
гончáк (*dog.*) hound.
гончáр *m* potter; **~ний** potter's; ~ні ви́роби earthenware, pottery.
гопáк *m* hopak (*Ukrainian folk dance*).
гор|á *f* [*pl.*: гóри, гір, гóрам] mountain; heap, pile, hill; на ~́у uphill; під ~́у downhill; ~á з плечéй впáла (звали́лася) F a load's been (*or* was) taken off my mind; золоті ~́и обіця́ти promise a fortune; не за ~áми not far off.
горб *m* hump, hunch; **~áнь** *m* hunchback; **~áстий** uneven, hilly; **~áтий** hunched, humped; hunchback; ~áтий ніс aquiline nose.
гóрбити <з-> bend; ~ спи́ну hunch one's back; **-ся** stoop.
гóрд|ий proud; F haughty, arrogant; **~и́тися** be(come) proud (of O); **~́ість** *f* pride; **~ови́тий** proud, haughty; **~́ощі** *pl.* pride; haughtiness.
гóр|е *n* grief, distress; trouble; misfortune, disaster; з ~́я out of grief; ~́е мені з тобóю what a trouble you are; йому і ~́я мáло what does he care! **~езвíсний** notorious.
гóрець *m* mountaineer.
горизóнт *m* horizon; **~áльний** horizontal.
гори́стий mountainous; hilly.
гори́ще *n* [*st.*] garret, attic, loft.
горíлий burnt.
горілиць on one's back; лежáти ~ lie supine.
горíлка 1. *f* gorilka (kind of whisky); **2.** *f* burner; газова ~ gas-burner.
горí|ння *n* burning; **~ти** <з-> burn (*a. fig.*), be on fire; glow; gleam; ~ти бажáнням burn with desire; справа гори́ть (у рукáх у P) F the matter is top urgent (makes good progress).
горíх *m* nut; земляни́й ~ (*apdxic*) peanut; лісови́й ~ hazel-nut; **~ови́й** walnut.
горíшній upper.
горлáти P bawl, yell.
гóрлиця *f zo.* turtle-dove.
гóрло *n* throat; gullet; **~ви́на** *f* neck.
горнýтися, <при-> cling, nestle.
гороб|éць *m* [-ця] sparrow; **~и́ний** <~'я́чий> sparrow('s)...
горобúна *f* mountain ash.
горóд *m* kitchen-garden, vegetable garden; **~ина** *f* vegetables, garden-stuff.
городи́ти fence in, enclose (with a fence); F ~ небили́ці (дурни́ці) talk (a lot of) nonsense.

городя́н|ин *m* [*pl*.: -дяни, -дян] townsman; *pl*. townspeople; **∸ка** *f* townswoman.
горо́|х *m* pea (*plant*); *coll*, peas (seeds) *pl*.; **~ховий** pea(s)...; pea green; **~шйна** *f* pea; **~шок** *m* 1.: зеле́ний горо́шок green peas *pl*.; 2. spots *pl*.
горта́|нний guttural; **∸нь** *f* larynx.
горта́ти <пере-> leaf, thumb (through).
го́рщик *s*. горщо́к.
горщо́к *m* pot.
го́спіталь *m* Ml hospital.
госпо́дар *m* [*pl*. -рі] master, owner; boss, principal; landlord; host; innkeeper; manager; farmer; **∸ка** *f* [*g/pl*.: -рок] mistress; landlady; hostess; housewife; **∸ство** *n* economy; household; farm; **∸ський** economic(al); thrifty; **~юва́ти** keep house; manage (at will); make o.s. at home; boss the show; do as one likes.
господи́ня *s*. господа́рка.
гости́нець *m* present, gift.
гости́нн|ий hospitable; **~ість** *f* hospitality.
го́стр|ий sharp; pointed; acute, keen; pungent, strong; critical; **~и́ти** sharpen; grind; **~озо́рий** sharp-sighted, **~окінце́вий** pointed; **~та́** *f* sharpness; (*почуттів, зору, слуху*) keenness.
гостюва́ти stay (with); be on a visit.
го́стя *f* guest, visitor.
готе́ль *m* hotel; inn.
готи́чний Gotic.
готі́вк|а *f* stock; cash, ready money; плати́ти ~ою play in cash.
готова́льня *f* (case of) drawing utensils *pl*.
гото́в|ий ready (for до P *or inf*.), on the point of; finished; willing; ready-made (*clothes*); **~ність** *f* readiness; willingness; **~о** ready!
готува́ти 1. <при-> prepare (*o.s. or* get ready for **-ся** до P); 2. <під-> prepare, train; 3. <за-> store up; lay in (*stock*).
гра *f* play; (*sport*.) game; (*thea*.) acting, performance; Mu playing.
граб *m* hornbeam.
грабі́ж *m* robbery; plunder; **~ник** *m* robber; **~ницький** rapacious, predatory.
граблі́ *pl*. [*gen*.: -бе́ль] rake.
грабува́ти <по-> rob; plunder.
грав|е́р *m* engraver; **~е́ць** *m* player; gambler; **∸ій** *m* gravel; **~іюва́ти** engrave; etch; **~ю́ра** *f* engraving, print; etching.
град hail; *fig*. volley; іде ~ it is hailing.
гра́дус *m* degree (of в 3); під **∸ом** F tipsy; **~ник** *m* thermometer.
грайли́вий playful, sportive; equivocal, immodest.
грак *m* rook.
грам *m* gram (me).
грама́т|ика *f* grammar; **~и́чний** grammatical.
грамза́пис *m* recording.
гра́мот|а *f* reading and writing; document; patent; diploma; ві́рча **~а** credentials; це для ме́не китайська **~а** F it's Greek to me; **~ний** literate; **~ність** *f* literacy; competence, skilfulness.
грамофо́н *m* gramophone.
грана́т m pomegranate; *min*. garnet; **~а** *f* shell; grenade.
грандіо́зний grand, grandiose, imposing; mighty.
грани́чн|ий maximum; **~на** шви́дкість maximum (top) speed.
грані́т *m* granite; **~ний** granite.
гра́нка *f* [*g/pl*.: -нок] *typ*. galley (proof).
гран|ь *f* 1. border, brink, verge, на **∸і** сме́рті on the verge of death; 2. side, edge; facet.
гра́ти play (sport, cards, chess, *etc*., в 3; Mu на M); gamble; (*storm, etc*.) rage; (*a. wine, etc*.) sparkle; *thea. a. act*.
гра́тися [*st*.: -юсь, -єшся] frolic, frisk, gambol, sport, romp.
граф *m* earl (*Brt*.); count.
графа́ *f* column.
графи́н *n* decanter, carafe.
граф|и́ня *f* countess; **∸ство** *n* county, shire.
граф|и́ти rule (*make lines*); draw columns; **∸ік** *m* 1. chart, graph; 2. schedule; 3. *m* pencil artist, black-and-white artist; **∸іка** *f* drawing, black-and-white art; **~і́т** *m* plumbago, graphite; lead; **~і́чний** graphic.
грац|іо́зний graceful; **∸я** *f* gracefulness, grace.
греб|е́ць *m* oarsman, rower; **~іне́ць** *m* (small) comb; comb; **~і́нка** *f* comb; **∸інь** *f* comb; ridge; crest; **∸ля** *f* dam; **~ни́й**: ~ни́й спорт rowing, boating; **~ти́** row; pull; scull; rake.
гре́бувати (O) scorn, despise, disdain; не ~ нічи́м stop at nothing.
гре|к *m* Greek; **∸ція** *f* Greece; **∸цький** Greek; **~цький** горі́х *m* walnut; **~ча́нка** *f* [*g/pl*.: -нок] Greek.
греч|а́ний buckwheat...; **~ка** *f* buckwheat.
гриб *m* mushroom; **~о́к** *m* fungus.
гри́ва *f* mane.
гри́веник *m* F ten-kopeck coin.
гри́жа *f* hernia, rupture.
гри́з|ти <роз-> gnaw; crack (*nuts*) *fig*.

nag, torture, torment; **-ся** fight; *fig.* squabble; **~у́н** *m* rodent.

грим *m thea.* make-up.

грима́с|а *f* grimace; робити ~и make (pull) faces, grimace.

гри́м|ати <~нути> bang; shout (at); **~і́ти** <про-, за-> thunder, peal (*a. voice, bell, etc.*) rattle, clank, tinkle (*sword, chains, keys*); clatter (dishes); *fig.* ring; be famous (for, as); **~ува́ти** <за-> make up; **-ся** make *o.s.* up; **~у́чий** rattling; Ch oxyhydrogen; fulminating; ~у́ча змія́ *f* rattlesnake.

гримоті́ти F rattle.

грип *m* grippe, influenza.

гри́фель *m* slate pencil.

грі́зний menacing; formidable.

грі́лка *f* [*g/pl.*: -лок] hot-water bottle; електрична ~ heating pad.

грім *m* thunder; як ~ з (я́сного) не́ба like a bolt from the blue.

грі́нка *f* toast.

грі́ти warm, heat; give warmth (heat); keep warm; **-ся** warm *o.s.*; ~ся на со́нці bask in the sun.

гріх *m* sin; fault; є такий ~ F well, I own it; як на ~ F unfortunately.

гріш|и́ти sin (*a.* against проти P); **∸ний** sinful; guilty, culpable; **∸ник** *m*, **∸ниця** *f* sinner.

гроз|а́ *f* thunderstorm; *fig.* storm; terror; **~ови́й** storm.

грома́да *f* community.

громад|яни́н *m* [*pl.*: громадя́ни, -ян], **~я́нка** *f* citizen; **~я́нство** *n* citizenship; **~я́нський** civil (*a.* war); civic (*a.* right); да́ти (оде́ржати) пра́во ~я́нства (be) accept(ed) (in public); ~я́нський шлю́б civil marriage.

громи́ти <роз-> raid, break up, smash up, destroy, wreck; defeat.

громіздки́й cumbersome, bulky, unwieldy.

громови́й thunder..., thunderous.

громовідві́д *m* lightning-conductor.

гро́но *n* bunch (grapes); cluster.

гросме́йстер *m* grandmaster.

грот *m* grotto.

гро́ші *pl.*[*gen.*: гроше́й] money; ні за я́кі ~ not for (all the money in the world.

грошов|и́й money..., monetary, pecuniary; currency...; ~ий знак currency note; ~а допомо́га financial aid.

гру́ба *f* stove.

гру́б|ий coarse; rough; rude; gross (*error, etc.*); **~и́ти** <на-> say rude things; **~ість** *f* **~ощі** *pl.* rudeness.

гру́день *m* December.

гру́д|и *pl.* [*gen.* груде́й; в, на -дях] chest; breast; bosom; ста́ти (стоя́ти) ~дьми́ (за 3) defend bravely; **~(н)и́нка** *f* brisket; bacon.

грузи́н *m*, **~ка** *f* [*g/pl.*: -нок] Georgian; **~ський;** Georgian.

Гру́зія *f* Georgia (Caucasus).

грузьки́й miry; swampy.

грунт|о́вний detailed; solid, thorough; **~ува́тися** be based (on).

гру́п|а *f* group; cluster; ~ кро́ві blood group; **~ува́ти** <з-> group; **-ся** group; -ся навколо когось a group round s. b.

гру́ша *f* pear (*a.* tree).

грюк *m* knocking; bang, slam; **~ати,** <∸нути> bang, slam (*doors*); **~іт** *m* bang, slam.

гря́дка *f* (vegetable) bed.

грядý́щий future, coming; на сон ~ for a nightcap.

грязе|захисни́й: ~захисне крило́ *n* fender, mudguard; **~ліка́рня** *f* mud bath.

гря́зі *pl.* (curative) mud.

губ|а́ *f* lip; копи́лити ∸у pout (one's lips).

губерн|а́тор *m* governor; **∸ія** *f* (*hist.*) province.

губи́ти <за-> **1.** lose; **2.** ruin, destroy; **-ся** be lost; disappear; fade; губи́тися в здога́дках be lost in conjecture, be at a loss.

гу́б|ка *f* [*g/pl.*: -бок] sponge; **~ни́й** labial; lip; ~на́ пома́да lipstick.

гувер|на́нтка *f* [*g/pl.*: -ток] governess; **~не́р** *m* tutor.

гугня́вити snuffle, twang.

гу́дити disparage decry; run down F; *a. s.* чорни́ти.

гуд|і́ти *a.* <густи́> hum; buzz; drone; honk; whistle; **~о́к** *m* honk; hoot, signal; horn; siren.

гук|а́ти <~ну́ти> call; cry, shout.

гуля́|ння *n* walk(ing); revel(ry), open-air merrymaking, (popular) festival; **~ти** <по-> go for a walk; F enjoy *o.s.* make merry.

гульві́са *m* F reveller, rake.

гультя́й *m s.* гульвіса.

гу́м|а *f* rubber; **∸овий** rubber...; **~ка** *f* [*g/pl.*: -мок] eraser, (india) rubber; elastic.

гуман|і́зм *m* humanism; **~і́ст** *m* humanist; **~іта́рний** humanistic, humane; ~та́рні нау́ки the humanities; **∸ний** humane; **∸ність** *f* humanity.

гу́мор *m* humo(u)r; **~исти́чний** humorous; comic.

гу́ркіт *m* roll, peal.

гуркот|а́ти <~іти> rumble.

гурт *m* group; crowd; herd, drove (*cattle*); ~**о́м** F wholesale.
гуртува́ти <з-> unite, rally.
гуса́к *m* gander, goose.
гу́сениця *f zo.* caterpillar; E track, caterpillar track.
гусеня́ *n* gosling [-z].
гу́си *pl.* geese.
гу́сінь *f/pl. s.* гу́сениця [E].
гу́ска *f* goose.
густи́ *s.* гуді́ти.
густ|и́й thick, dense; deep, rich (*colo(u)r, sound*); ~**і́шати** get (grow) thicker; ∸**о** thickly, densely; ~**ота́** *f* thickness, density.
гуцу́л *m* Hutsul (*highlander of Carpathian region*); ~**ка** *f* Hutsul woman.
гучни́й loud, sonorous.
гучномо́вець *m* loud speaker.
гу́ща *f* grounds *pl.*; sediment; ∸**вина** *f* thicket; в ~вині in the heart (thick) depths of the forest.

Ґ Д

Ґ

ґа́ва *f* crow; booby, gaper; ґав лови́ти stand and gape.
ґа́зда *m s.* господа́р.
ґа́ндж *m* vice; defect; disease.
ґа́нок *m* the steps *pl.*; porch.
ґату́нок *m* sort; quality.
ґвалт *m* F hubbub, row; зчиня́ти ~ raise a hullaballoo (uproar).
ґвалтувати <з-> violate, force; rape.
ґе́гати cackle.
ґедзь *m* gadfly.
ґелгот|а́ти <~і́ти> cackle.
ґи́гнути F croak, peg out, kick the bucket.
ґирли́га *f* stick.
ґлей *m* clay.
ґніт *m* wick; fuse.
ґо́ґель-мо́ґель *m* gogol-mogol (*beaten up egg and sugar*).
ґрасува́ти trample down.
ґра́ти *pl.* bars; посади́ти за ~ put behind bars.
ґра́тча́ст|ий lattice...; latticed; ~а констру́кція *f* lattice work.
Ґренла́ндія *f* Greenland.
ґре́чний civil, courteous; considerate.
ґринджо́ли *pl.* sledge.
ґру́нт *m* soil; ground (*a. paint.*); ~**овий** ground...; unpaved; ~ова́ доро́га unmetalled road.
ґу́дзик *m* button.
ґу́ля *f* [*g/pl.*: -ль] bump, lump.

Д

дава́льний: ~відмі́нок *gr* dative (case).
да|ва́ти <∸ти> [дам, даси́, да́сть, дамо́, дасте́, даду́ть] give; let; bestow; take (*oath*), pledge; make (*way*); ~**вай**(те)! come on!; *with vb.* (*a.* ∸й[те]) let us (me); ~ва́ти зна́ти кому́сь let s.b. know; ~ва́ти ра́ду manage, cope (with); **-ся** let o.s. (*be caught, cheated* в 3); F не ~ в ру́ки dodge; це йому́ ле́гко дає́ться it comes easy (naturally) to him.
дави́ти 1. press; lie heavy; weigh down (on); squeeze; **2.** oppress; suppress; **-ся** <по-> be choked (by); choke with; ~ від ка́шлю choke with coughing; подави́тися кісткою get a bone in one's throat.
дав|ни́м-давно́ F (a) very long, (time) ago, ages ago; ~**нина́** *f* antiquity; the past, old times *pl.*; ∸**ній** past; old, ancient; з ∸ніх-даве́н since olden days; ∸**ність** *f* remoteness; antiquity; десятилітньої ∸ності of ten years' standing; ~**но́** long ago; for a long time, long since.
дале́к|ий far, distant (from від P); long (way); *fig.* wide (of); strange (to); F smart, clever; ~ий ро́дич distant relative; ~**о** far (off, away); a long way (to до P); (Д) ~о до (P) F can't match with; ~о не F by no means; ~о за (3) long after; (*age*) well over.
далеко|бі́йний long-range; ~**гля́дний** far-seeing, far-sighted; ~**гля́дність** *f* foresight; ~**зо́рий** long sight, far-sightedness; ~**схі́дний** Far Eastern.
далечі́нь distance.
да́лі farther; further (more); then, next; (чита́йте) ~! go on (reading).
да́льший further; subsequent; next.
да́м|а *f* lady; partner (dance); queen (card); ~**ба** *f* dam, dike; ~**ка** *f* [*g/pl.*: -мок] king (draughts).

да́н|ий given; present, this; у ~ому ра́зі in the present instance; **~и́на** *f* tribute; homage; **~і** *pl.* data, facts; information.
Да́нія *f* Denmark.
данти́ст *m* dentist.
дар *m* gift (*a. fig.*); power (of); ~ сло́ва power of speech; **~е́мний** vain; unwarranted, unfounded, unnecessary; **~е́мно** in vain; without reason; **~мá** *s.* даремно; **~моїд** sponger; drone.
Д
да́ром *adv.* gratis, for nothing; in vain; free; of charge; діста́тися ~ cost nothing; це тобі ~ не про́йде you will pay for that.
дару|ва́ти <по-> give (a p. s. th. Д/З), present (with); F forgive, pardon; **∸нок** *m* gift, present.
да́рч|ий donative; ~ий лист, ~а гра́мота deed, settlement.
да́т|а *f* date; поста́вити ~у date.
да́ти(ся) *s.* дава́ти(ся).
да́тськ|ий Danish; ~а мо́ва Danish, the Danish language.
датча́н|ин *m*, ~ка *f* Dane.
дах *m* roof.
да́ч|а *f* country house, house in the country; **~ний** country..., suburban; garden (city селище); **~ник** *m*, ~ниця *f* summer resident.
дбайли́вий thorough; careful.
дба́ти <по-> (про З) care (for), take care of, look after; worry, be anxious (about).
два two.
двадця́т|ий twentieth; йому ~ий рік he is in his twentieth year; ~і роки́ the twenties.
два́дцять twenty; ~ оди́н twenty-one; ~ пе́рший twenty-first.
дванá́дцят|ий twelfth; **~ь** twelve.
двéр|і *pl.* door; **~ни́й** door...; **∸ці** *a.* **~ця́та** *pl. dim of* ~і.
двигу́н *m* motor, engine.
двíйка *f* [*g/pl.*: -йок] two; "poor" (*mark*).
двійни́к *m* double, twin.
двíйня *a.* двійня́та *pl.* twins.
двір 1. *m* yard, courtyard; homestead; моне́тний ~ mint. **2.** *m* (*king's*) court; при дворі at court.
двірни́к *m* **1.** yard-keeper, caretaker; janitor (*Am.*); **2.** windscreen wiper.
двірце́вий palace...; ~ переворо́т palace revolution.
двíсті two hundred.
двíчі twice.
дво|бíй *m* duel; **~бо́ртний** double-breasted; **~вла́ддя** *n* diarchy; **~голо́вий** double-headed; **~го́рбий**: ~горбий верблюд *m* Bactrian camel; ~денний two-day...
двóє two (*in a group, together*); нас було ~ we (there) were two (of us).
двозна́чний 1. ambiguous, equivocal; **2.**: ~е число́ two-digit number.
двої́тися <роз-> split apart; fork; bifurcate; у мене в оча́х двоїться I am seeing double.
дво|кра́пка *f* colon; **~кра́тний** twofold; ~кра́тний чемпіо́н *m* twice champeon; **~ли́кий**, **~ли́чний** two-faced, double-faced; **~мо́вний** bilingual; **~мо́вність** *f* bilingualism; **~поверхо́вий** two-storey...; **~ру́шник** *m* double-dealer; **~рушництво** *n* double-dealing.
дворян|и́н *m* [*pl.*: -яни, -ян] noblemar; **∸ка** *f* [*g/pl.*: -нок] noblewoman; **∸ство** *n* nobility; **~ський** noble.
двосторо́нній double; double-sided (*fabric*); ~ до́говір *m* bipartite (bilateral) agreement.
двохсо́тий two-hundredth.
двохсот|лíття *n* *a.* **~рíччя** *n* bicentenary.
двочле́н *m* Ma binomial.
двоюрідн|ий: ~ий брат *m*, ~а сестра́ *f* cousin.
де where; ~б не було wherever, ~ вже йому зрозуміти! how can he understand!
деба́т|и *pl.* debate; **~ува́ти** debate.
дебе́лий F robust, sturdy.
де́бет C *m* debit.
дебіто́р *m* debtor.
дебю́т *m* debut; opening.
девальва́ція *f* devaluation.
деві́з *m* motto.
дев'я|но́стий ninetieth; ~но́сті роки́ the nineties; **~но́сто** ninety; **∸тий** ninth; **∸тка** *f* nine; **~тна́дцятий** nineteenth; **∸тсо́т** nine hundred; **∸ть** nine.
дегенера́т *m* degenerate.
деград|а́ція *f* degradation; **~ува́ти** become degraded.
дегуста́|тор *m* taster; **~ція** *f* tasting.
деда́лі 1. further, farther; **2.** more and more; ~ кра́ще better and better; ~ **ме́нший** less and less.
де-де 1. here and there; **2.** just a little.
дезерти́р *m* deserter; **~ство** *n* desertion; **~увати** desert.
дезинф|е́кція *f* disinfection; **~ікува́ти** disinfect.
дезинформ|а́ція *f* misinformation; **~ува́ти** misinform.
дезорганіза́ція *f* disorganisation.
дезорієнт|а́ція *f* disorientation; **~ува́ти** disorient, confuse.
дека́н *m* dean.
де́кілька several, some; a few.

деклам|áція recitation; ~**увáти** recite.
декларáція *m* declaration.
деко|ратúвний decorative; ~**рáтор** *m* decorator; ~**рáція** *f* set, stage set.
декрéт decree.
делегá|т *m* delegate; ~**ція** *f* delegation.
делікат|éс *m* dainty, delicacy; ~**ний** delicate, ticklish, tactful; ~**ність** *f* delicacy, tact.
дéльта *f* (рíчки) delta.
дельфíн *m* dolphin.
демагóг *m* demagogue; ~**ія** *f* demagogy; ~**огíчний** demagogic(al).
демаркацíйн|ий (of) demarcation; ~а лíнія *f* line of demarcation.
демілітаризáція *f* demilitarization.
демісезóнн|ий: ~е пальтó overcoat.
демобіліз|ація *f* demobilization; ~**óваний** demobilized; ex-serviceman; ~**увáти** demobilize.
демокрáт *m* democrat; ~**úчний** democratic; ~**ія** *f* democracy.
демонстр|áнт *m* demonstrator; marcher; ~**атúвний** demonstrative, ostentatious; ~**áція** *f* demonstration; display, show.
демонтáж *m* dismantling.
де-нéбудь somewhere; anywhere; ще ~ somewhere else.
де-не-де here and there.
дéнн|ий day...; ~а змíна day shift; ~е свíтло *n* daylight.
день *m* day; ~ нарóдження birthday; робóчий ~ working day; добрий ~! good afternoon!; серед (бíлого) дня in broad daylight; того дня (on) that day.
департáмент *m* department.
депéша *f* dispatch, wire (less).
депó *n* depot; пожéжне ~ fire-station.
депозúт C deposit.
депутáт *m* deputy, delegate; member of the Supreme Soviet.
дерев|инá *f* wood; timber; ~**нúй** wood...; ~**о** *n* tree; wood; ~**оообрóбний**: ~ообрóбна промислóвість *f* timber industry; ~**яний** wooden (*a. fig.*).
дéрен *m* turf.
держáв|а *f* state; ~**ний** state...; national; J public; high (*treason*); ~ний переворóт *m* coup d'etat; ~ний ýстрій *m* political system, regime.
дерзá|ння *n* daring, enterprise; ~**ти** dare.
дéрти <з-> tear; strip; *fig.* charge exorbitant prices (for); F scratch; у мене дерé в горлі I have a dry throat; ~**ся** 1. tear; 2. clamber (up); 3. force (shoulder) one's way through.
десáнт *m* landing; troops *pl.* landed (авіа... airborne.)
десéрт *m* dessert; ~**ний** dessert...
дéспот *m* despot; ~**úзм** despotism; ~**úчний** despotic.
десят|идéнний ten days'; ~**ий** tenth; ~**икрáтний** tenfold; ~**ирíччя** *n* decade; ten years *pl.*; tenth anniversary; ~**ка** *f* [*g/pl.* -ток] ten; ~**кóвий** Ма decimal; ~кóвий дріб decimal (fraction); ~**ник** *m* foreman; ~**ок** *m* ten; йому вже п'ятий ~ок he is past forty, he is in his forties; ~**ь** ten.
детáль *f* detail; E part; ~**ний** detailed, elaborate; ~**но** in detail.
дефéкт defect; ~**úвний** defective.
дефіцит *m* deficit; shortage; ~**ний** unprofitable; scarce.
дéхто (Р декого) some(body).
дешéв|ий cheap (*a. fig.*); low (price); ~**о** cheap; ~**шати** <по-> become cheaper, fall in price.
дéщо 1. something; 2. slightly, somewhat, a little.
дéякий some; any; ~ час for some time; до деякої міри to a certain extent.
джаз *m* jazz; (orchestra) jazz band.
джгут *m* strap.
джем *m* jam.
джерелó *n* spring, source.
джмíль *m* [*e.*] bumblebee.
джýнглі *f/pl.* [*gen.*: -лів] jungle.
дзвен|íти <за-, про-> ring, jingle, clink; у мéне дзвенить у вýхах my ears ring.
дзвін 1. *m* bell; 2. sound of bells; ringing (*metal*); jingling (*coins, etc.*); ~**úця** *f* belfry, bell tower; ~**кúй** ringing, clear; *gr.* voiced; ~**óк** *m* bell; (sound) ring; телефóнний ~ telephone call.
дзвонúти <по-> ring (*v/t* в 3), chime, peal; (Д) telephone, call up.
дзéркал|о *n* looking glass, mirror; ~**ьний** mirror...; *fig.* smooth; unruffled.
дзúга *f* humming top; F fidgety p.
дзижчá|ння *n*, ~**ти** buzz, hum.
дзюр|кіт *m* murmur, babbling; ~**чáти** murmur, babble.
дзьоб *m* beak, bill.
дзьóбáти [-баю, -баєш] = дзюбáти [-баю, -баєш], *once* <дзьóбнýти, дзюбнýти> peck, pick.
дúбом (*stand*) on end (*hair*).
див. *abbr.*: дивúсь see, v(ide).
дивá|к *m* eccentric, crank, strange person; ~**цтво** eccentricity; funny ways *pl.*
дивáн *m* sofa.
диверс|áнт *m* saboteur; ~**íйний**: ~íйний акт act of sabotage; ~**ія** *f* sabotage; Ml diversion.

диви́тися, <по-> look (at на 3; after за О), gaze; (re)view, see, watch; examine, inspect; mind (*v/t.* на 3); look out; ди́влячись де/коли it depends where/when.

диві́зія *f* division.

ди́вн|ий 1. strange, curious, odd; queer, F funny; **2**. fine; marvellous, wonderful; ніч́ого ~ого no wonder; **~о 1**. strangely; **2**. *impers.* it is strange/curious/odd.

ди́во *n* wonder, marvel; на ~ to everyone's surprise, marvellously; **~ви́жний** odd, bizarrl; wonderful, striking.

дивува́ти <з-> astonish, amaze, surprise; **-ся** wonder (at); be surprised (astonished, amazed) (at).

ди́зель *m* E Diesel engine, diesel.

дизентері́я Me dysentery.

ди́к|ий wild, savage (*a. fig.*); odd, bizarre; shy, unsociable; drab; **~ість** *f* wildness; savagery.

дикт|а́нт *m* dictation; **~а́тор** *m* dictator; **~а́торський** dictatorial; **~ату́ра** *f* dictatorship; **~ор** *m* announcer, broadcaster; **~ува́ти** <про-> dictate.

дику́н *m* savage (*a. fig.*); F shy person.

ди́кція *f* enunciation, diction.

дилета́нт *m* dilettante; amateur; **~ський** amateurish.

дим *m* smoke; **~а́р** *m* chimney; **~и́ти** *a.* **~і́ти** smoke; **-ся** smoke; steam; **~́ний** smoky; **~овий** smoke...

дина́мі|ка *f* dynamics *pl.*; **~́т** *m* dynamite; **~́чний** dynamic.

дина́стія *f* dynasty.

ди́ня *f* melon.

дипло́м diploma; degree; **~а́т** diplomat; **~и́чний** diplomatic; **~ія** *f* diplomacy.

директи́в|а *f* directive; **~ний** directive.

дире́к|тор *m* manager, director; (*school*) principal, *Brt.* headmaster; **~ція** *f* management; directorate.

дириг|е́нт *m* conductor; choir-master; **~ентський** conductor...; **~ува́ти** conduct.

дирижа́бль *m* airship.

дисерта́ція *f* dissertation, thesis.

диск *m* disk, disc; **~редитува́ти** bring discredit (on), discredit; **~риміна́ція** *f* discrimination; **~римінува́ти** discriminate (against); **~у́сія** *f* discussion, debate; **~утува́ти** discuss, debate.

дисп|а́нсер *m* dispensary; **~е́тчер** *m* controller; dispatcher; **~́ут** *m* disputation, dibate.

дистанці́|йний remote; **~йне** управлі́ння *n* remote control; **~́я** *f* distance; Ml range; зійти́ з ~ї fall out of the race.

дистил|юва́ти distil; **~я́ція** *f* distillation; **~ьо́ваний** distilled.

дисциплі́н|а *f* discipline; **~о́ваний** disciplined.

дит|буди́нок *m* (дитя́чий буди́нок) children's home; **~и́на** *f* child; infant, baby; **~и́нство** *n* childhood; **~садо́к** (дитя́чий садо́к) kindergarten, nursery school; **~я́** *n s.* дити́на; **~чий** children's, child's.

диференці|а́л *m*, **~а́льний** Ma, E differential; **~ація** *f* differentiation; **~юва́ти** differentiate.

дифіра́мб *m* dithyramb.

дифтер|и́т *m*, **~ія** *f* diphteria.

ди́хальн|ий respiratory; ~е горло *n* windpipe.

ди́ха|ння *n* breathing, respiration; **~ти** breathe; respire; важко ~ти breathe hard; ~ти сві́жим пові́трям take the air; ле́две ~ти or ~ти на ла́дан F have one foot in the grave.

дичаві́ти <з-> run wild; become (grow) wild; *fig.* become (grow) unsociable.

дичина́ *f* (*coll.*) game.

ди́чка *f* wilding.

ди́шель *m* [*gen.* -шля] pole.

дия́вол *m* devil; **~ський** devilish.

діа́|гноз *m* diagnosis; поста́вити ~гноз give a diagnosis; **~гона́ль** *f* diagonal; **~гона́льний** diagonal; **~гра́ма** *f* diagram, chart, graph; **~ле́кт** *m* dialect; **~ле́ктика** *f* dialectics; **~ло́г** *m* dialogue; **~ма́нт** *m* diamond, brilliant; **~метр** *m* diameter; **~пазо́н** *m* range; scope; **~позити́в** *m* slide; **~фра́гма** *f* diaphragm.

дібро́ва *f* (oak)wood, forest.

діва́ти <ді́ти> put; place; leave, mislay; куди́ ~ *a.* what to do with, how to spend; ні́де пра́вди ді́ти there is no concealing the fact (that); **-ся** go, get; де ді́лася кни́жка? where on earth is the book; ні́де ді́тися there is no getting away from it.

діво́ч|ий girl's; girlish; ~е прі́звище maiden name.

ді́вчин|а *f* girl; lass, lassie; **~ка** *f* (little) girl.

дід *m* **1**. grandfather; **2**. old man; ~ Моро́з *m* Jack Frost; Santa Claus, Father Christmas; **~у́сь** *m* grandfather; grandad, grandpa.

діє́вість *f* efficacy; effectiveness.

дієприкме́тник *m gr.* participle; **~о́вий** participial; ~о́вий зворо́т *m* participial construction.

дієприслі́вник *m gr.* adverbial participle.

дієсл|івний verbal; **~о́во** *n* verb.

діє́т|а *f* diet; бу́ти на ~і be on a diet; **~и́чний** dietic, dietary.

діждáти(ся) *s.* дожидáти(ся).
ді́жка *f* [*g/pl.*: -жóк] tub, vat.
дізнавáтися <дізнáтися> learn; get to know; find out, ascertain.
дізнáння *m* J inquest.
діймáти <дійня́ти> pester.
ді́йн|ий: ~а корóва milking cow; milch cow (*a. fig.*).
дійня́ти *s.* діймáти.
дійов|ий effective; efficient; active; ~á осóба *thea.* character.
ді́йсн|ий real, actual; valid; ~ий член Акадéмії наук (full) Member of the Academy of Sciences; ~ий спóсіб *gr.* indicative mood; **~ість** *f* reality; **~о** really, actually.
дійти́ *s.* дохóдити.
ділення *n* division (*a.* Ma).
діли́ти <по-> divide; ~ навпі́л divide in half; **~ся** divide (into); Ma divide by; be divisible by; ~ся врáженнями compare notes.
ді́л|о *n* F affair; work, business; до ~а to the point; на ~і in practice; **~ови́й** business...; business-like; ~вá люди́на business man; **~я́нка** *f* lot, plot; area; *fig.* field, department; **~ьни́к** *m* Ma divisor; **~ьни́ця** *f* district, division; precinct *Am.*
дім *m* house; home; family; household; вийти з дóму leave the house, go out.
дір|á *f*, **∸ка** *f* [*g/pl.*: -рок] hole; **~я́вий** having a hole *or* full of holes; (*clothes, shoes*) tattered; F bad (*memory*); ~я́ва головá F forgetful person.
діставáти <дістáти> take (out, *etc.*); get; procure; ([go] P) touch; reach (to); F (P) suffice, have enough; **-ся** (P) fall to a p.'s share; ~ся додóму get home.
дітвора *f coll.* F = ді́ти.
ді́ти *pl.* [-éй, -ям, -тьми́, -ях] children; F kids.
ді́ти(ся) *s.* дівáти(ся).
ді́я *f* action; activity; activities *pl.*; operation, functioning; *thea.* act; **∸льний** active; **∸льність** *f* activities *pl.*, work; **~ти** act; operate; work; function; have effect (on на 3); get (*on one's nerves*); **~ч** *m* figure; representative; держáвний ~ч *m* statesman; наукóвий ~ч scientist.
для (P) for, to; because of; ~ тóго, щоб (in order) to, that ... may; ~ чóго? wherefore?
дно *n* bottom; золоте ~ *fig.* gold mine; ви́пити до дна drain, empty; догори́ дном upside-down; topsy-turvy.
днювá|льний Ml orderly; P. on duty; **~ти** spend the day; have a day of rest.
до 1. (P) *place*: to, as far as, up (or down) to; *time*: till, until, to; before; *degree*: to, up (or even) to; *age*: under; quantity: up to; about; ~ того (ж) moreover, besides; **2.** Mu do, C.
добá *f* [*gen.* доби́; *g/pl.*: діб] **1.** 24 hours, day (and night); ці́ла ~ round the clock; **2.** epoch, age.
добав|ля́ти <∸вити> add.
доб|ивáти <~и́ти> [-б'ю, -б'єш; -бий(те)!-би́тий] beat completely or utterly, smash; kill, finish; **-ся** (P) (try to) get, obtain or reach; strive for; find out (about).
доб|ирáти <~рáти> **1.** finish gathering; **2.** choose, select; **-ся** <добрáтися> reach, get (to).
добігáти <добі́гти> run up (to).
добі́р *m* selection; природний ~ natural selection.
добі́рний select(ed), choice; picked.
дóблес|ний valiant, brave; **~ть** *f* valo(u)r.
добов|и́й day's, daily, 24 hours; *pl. su.* [-і́, -и́х] daily allowance.
добрáтися *s.* добирáтися.
дóбре F properly; well; *mark*: good, all right!, O.K.!, good!; мені́ ~ I am well off; ~ вам (+*inf.*) it is very well for you to...
добри́вечір good evening!
дóбриво *n* fertilizer; manure.
добри́день good afternoon!
дóбрий good; kind; ~ знайóмий close acquaintance; ~ вéчір! good evening; ~ день good afternoon!
добрó *n* good; F property; **~м** F kindly, amicably; бажáти комусь добрá wish s.b. well; це до добрá не доведé nothing good will come of it; **~бут** *m* well-being, prosperity; **~ві́льний** voluntary; **~вільно** voluntarily; **~вóлець** *m* volunteer; **~дій** *m* gentleman; sir; шанóвний добрóдію! Dear Sir!; **~дійка** *f* lady; Madam; **~дійник** *m* benefactor; **~дійниця** *f* beneficent; **~звичáйний** well-mannered; modest; **~зи́чливий** well-meaning, benevolent; friendly; **~сердéчний** F kind-hearted; **~сусідський** neighbourly; **~тá** *f* kindness, goodness; **~я́кісний** good-quality...; of good quality.
добу|вáти <∸ти> manage to get; obtain, gain; M extract, mine; *hunt.* bag.
дóбуток *m* Ma product.
довбáти <ви-, про-> hollow (out); peck (*bird*); chisel.
довго|ві́чний long-lived; perennial; durable; **~ждáний** long-awaited, long-expected; **~лі́тній** long;

Д

longstanding; of several years; ~лі́ття *n* longevity; ~строко́вий long-term, ~терпели́вий long-suffering.
довезти́ *s.* дово́зити.
дове́рху (up) to the top.
дове́рш|ений perfect; **~увати** <доверши́ти> complete, accomplish.
дове́сти *s.* дово́дити.
Д
довжин|а *f* length; у ~у lengthwise.
дови́бори *pl.* by-election.
дові́датися *s.* дові́дуватися.
до́від|ка *f* [*g/pl.*: -док] inquiry (make наво́дити); information, reference; certificate; **~ко́вий** reference...; (of) information; inquiry; ~ко́ве бюро́ information bureau; inquiry office; **~ник** *m* reference book; (*railway*) guide; (*telephone*) directory.
дові́дуватися <дові́датися> learn; find out; inquire (about).
дові́ку for ever; (*у запереч. реченнях*) never.
дові́льний arbitrary; free; unfounded.
дові́р|а *f* confidence, trust (in до Р); **~ений** confidential; deputed; proxy, agent; **~ити(ся)** *s.* ~я́ти(ся); **~ливий** trusting, trustful; confiding; **~'я** *n* confidence, trust; виявляти ~'я, комусь put confidence in s. b.; **~я́ти** <~ити> trust (a p. Д); confide *or* entrust (*s. th* to З/Д); entrust (a p. with Д/З); **-ся** (Д) *a.* trust, rely (on).
дові́чний life...; for life; eternal.
дово́дити <довести́> 1. (до Р) see (a p. to); lead ([up] to); bring (to); 2. prove; argue; 3. (*accomplish*) bring; довести воду до кипі́ння bring water to the boil; 4.: ~ когось до ро́зпачу drive s.b. to despair.
довоє́нний prewar.
дово́зити <довезти́> (до Р) take or bring ([right up] to).
до́вшати lengthen, become (grow) longer.
дога́д|ка surmise, conjecture, guess, **~ливий** quick-witted; **~уватися** <~а́тися> guess; surmise.
доганя́ти <догна́ти> overtake, catch up (with).
догі́дливий obsequious.
до́гляд *m* 1. care; attendance; ~ за ді́тьми care of the children; залишити когось без ~у leave s.b. without attendance; 2. F supervision, surveillance;~ **а́ти** <догля́нути> keep an eye (on); look (after), take care (of).
догляда́ч *m* supervisor; inspector; (*post*) master.
догля́нути *s.* догляда́ти.
до́гма *f*, **~т** *m* dogma.
догна́ти *s.* доганя́ти.
до́гов|ір *m* agreement; J contract; **~о́рювати** <договори́ти> finish (speaking), speak.
догод|жа́ти <~и́ти> [-годжу́, -го́диш] (Д) please.
догори́ up (ward[s]); ~ дном (*or* ногами) up-side down.
догор|я́ти <~і́ти> burn out, burn down.
додава́|ння *n* addition; **~ти** <дода́ти> add; increase.
дода́ток 1. addition; 2. supplement; appendix (*pl.* -ices); 3. *gr.* object; на ~ in addition.
дода́ти *s.* додава́ти.
доде́рж|увати(ся), <~ати(ся)> keep; observe; ~ (свого́) сло́ва keep one's word.
додиви́тися *s.* додивля́тися.
додивля́тися <додиви́тися> 1. look attentively (at); watch closely; 2. stay to the end (of); sit out; look through to the end.
додо́лу to the ground; down; downwards.
додо́му home.
доду́м|уватися <~атися> (до Р) find, reach *or* hit upon (s. th., by thinking).
дожи|ва́ти <~ти> *im pf.* live one's last years, *etc.*; (до Р) *pf.* live (till *or* up to); (live to) see; come to; дожи́ти до ста́рості live to an old age.
дожида́ти(ся) <дiжда́ти(ся)> wait (for).
до́за *f* dose.
до́зв|іл *m* 1. permission; з ва́шого ~олу with your permission; 2. permit; licence (for на З); ~іл на в'ї́зд (в краї́ну) entry vira/permit; ~іл на ви́їзд (з країни) exit viza/permit; **~і́лля** *n* leizure; на ~і́ллі at leisure; **~о́лений** permissible; permitted, legal; **~оля́ти**, <~о́лити> allow, permit, make it possible (for), enable; ~оля́ти собі́ venture, take the liberty (of) ~о́льте мені́ пройти́ allow me to pass.
дозо́р *m*, **~ний** patrol.
дозр|іва́ти <~і́ти> ripen; mature (*a. fig.*); **~і́лий** ripe; mature (*a. fig.*).
доістори́чний prehistoric.
доїда́ти <дої́сти> eat up.
доїжджа́ти <до́їхати> (до Р) reach; не доїжджаючи short of.
до́їсти *s.* доїда́ти.
дої́ти <по-> milk.
дої́ти(ся) <по-> (give) milk.
до́їхати *s.* доїжджа́ти.
док *m* Sh dock.
до́каз *m* proof, evidence; argument; речові́ ~и J material evidence.

до́кер docker.
до́ки 1. how long...?; **2**. till, until.
док|ида́ти <~и́нути> (go) throw (as far as); не доки́нути not to throw far enough.
до́к|ір *m* reproach; **~о́ри** *pl.* сумлі́ння remorse; **~і́рливий** reproachful.
докл|ада́ти <~а́сти> add, attach; ~ада́ти зусиль do all one can.
докла́дний detailed; circumstantial.
докла́сти *s.* доклада́ти.
докóнаний: ~ вид *gr.* perfective aspect.
докона́ти F finish; це його докона́ло that finished him.
докóп|уватися <~а́тися> dig down (to); *fig.* try to find out; find out; worm out.
докорі́нний fundamental, radical.
докоря́ти (за) reproach (for).
до́ктор *m* **1**. F *s.* лі́кар; **2**. doctor.
доктри́на *f* doctrine.
докуме́нт *m* document.
докуч|а́ти bother, pester; **~́ливий** tiresome, importunate; ~́лива люди́на *f* bore.
до́лар *m* dollar.
дола́ти <по-> overcome, defeat; overpower; F exhaust; master.
долеті́ти *s.* доліта́ти.
доли|ва́ти <~́ти> [доллю, доллєш; *cf* ли́ти] fill (up), add.
доли́на *f* valley.
доли́ти *s.* долива́ти.
дол|іта́ти <~еті́ти> **1**. fly (to, as far as); reach; **2**. (*sound*) reach (one's ears), be heard.
доло́|ня *f* [*g/pl.*: ~́нь] palm; як на ~́ні (lie) spread before the eyes; плеска́ти (би́ти) в ~́ні clap (one's hands).
долото́ *n* chisel.
до́л|я *f* lot, fate; випада́ти на ~ю комусь fall to *s.b.'s* lot.
до́ма at home; він ~? is he in? is he at home? **~шній** home..., house (hold) - ...; private; domestic.
домага́тися <домогти́ся> try (strive) to get; succeed in doing *s.th.*
дома́ш|ній home..., house..., ~ня адре́са home address.
доменн|ий: ~а піч *f s.* до́мна.
до́мисел *m* conjecture, invention.
домі́вка *f* home.
домініо́н *m* (*Brt.*) dominion.
доміно́ *n* dominoes *pl.*
домінува́ти predominate, prevail.
до́міш|ка *f* admixture; **~́увати** <~а́ти> mix, add.
домкра́т *m* (lifting) jack.
до́мна *f* [*g/pl.*: -мен] blast-furnace.
домове́дення *n* housekeeping.
домови́на *f* coffin.
домо|вла́сник *m* house owner; **~господа́рка** *f* house wife.
домов|ля́тися <~итися> (про 3) agree (upon), arrange; ми ~илися зустрі́тися о п'ятій we arranget to meet at five.
домогти́ся *s.* домага́тися.
Дон *m* [на -ну́] Don; **~бас** (= Донецький басейн *m* Donets Basin.).
доне́сення *n* report; dispatch.
дони́зу down, downward(s).
доно́|с *m* denunciation, information (against на 3) **~сити 1.** <донести́> carry *or* bring ([up] to); report (*s.th.*, about, on на 3); **2.** *pf.* wear out; *a.* **-ся** (до Р) waft (to), reach, (re-) sound; **~щик** *m* informer.
доп|ива́ти <~и́ти> [-п'ю, -п'єш; *cf.* пити] drink up.
до́пит *m* interrogation, examination; перехре́сний ~ cross-examination; **~а́ти(ся)** *s.* <~́увати(ся)>; **~ливий** curious, keen, searching; **~ливість** *f* love of knowliedge; **~увати** <~а́ти> interrogate, examine; **~ся** find out, inquire (into).
допі́зна till late at night.
доп|іка́ти <~екти́> bake to a turn; *fig.* pester; wear out.
допла́|та *f* additional payment; **~ти́ти** *s.* допла́чувати; **~тний**: ~тний лист *m* unstamped letter; **~чувати** <~ти́ти> pay in addition.
допли|ва́ти <~сти́> swim to (as far as); float to (as far as); sail to (as far as); reach; come to the shore.
допові|да́ти <~́сти> report (on про 3); announce (a p. про 3); **~да́ч** *m*, **~да́чка** *f* speaker, lecturer; **~дни́й**: ~дна записка *f* report, memorandum.
допо́вн|ення *n* addition; supplement; **~ювати** <~ити> supplement; add.
допомі́жни́й auxiliary.
допомо́га *f* help; assistance, aid; меди́чна ~ medical aid.
допомогти́ *s.* допомага́ти.
до́пус|к access, admittance; **~ка́ти** <~ти́ти> admit (*a.* of), concede; allow; tolerate; suppose; make (mistake); **~ти́мий** admissible, permissible.
дора́дчий advisory, consultative.
доре́чн|ий opportune; appropriate; pertinent; to the point *predic.*; **~́о** to the point.
дорі́внювати be equal (to).
дорі́дний portly, corpulent.
дорі́к|а́ти <~нути> reproach, blame (Д).
дороб|ля́ти <~и́ти> finish, put the

finishing touch (to); **∸ок** *m* work, creation.

доро́|га *f* **1**. road, way (*a. fig.*); шосе́йна ~га *f* highway; край ~ги by the roadside; **2**. passage; trip; jorney; стоя́ти на ~зі be in the way; stand in s.b.'s. path; втоми́тися з ~ги be tired from the journey; дава́ти ~гу make way (for).

Д

доро|ги́й dear (*a. fig.*); expensive; **∸го** dear; *fig.* dearly; ~го заплати́ти pay dear (for); **~жи́ти** value, prize, treasure; ~жи́ти ко́жною хвили́ною treasure every minute; **~жне́ча** *f* dearness, high price(s); **∸жній** road...; of the road; **∸жчати** rise in price.

доро́слий grown-up, adult.

доруч|а́ти <~и́ти> charge (with), commission (with); entrust (with).

дору́чення *n* mission, commission, assignment; errand.

доса́да *m* vexation; annoyance.

до́свід *m* experience; **∸чений** experienced.

досві́дчений versed (in); experienced; expert.

до́сить 1. rather, fairly; **2**. enough; sufficiently.

до́сі up to now; till this moment.

доскона́л|ий perfect; **~ість** *f* perfection; **~о** perfectly.

дослі́вн|ий literal, verbal; **~о** literally.

до́слід *m* experiment; **∸ження** *n* research; investigation; exploration; examination; **∸жувати** <~и́ти> research; investigate; study; explore; **~ний** research; experimental; **∸ник** *m* researcher, research worker; investigator; explorer; **∸ницький** research.

доста́в|ити <~ля́ти> deliver; **~ка** *f* delivery; carriage.

доста́т|ній sufficient; **~ок** *m* prosperity; (good) fortune; F sufficiency.

дост|ига́ти <~и́гнути> ripen; be ripe.

дости́глий ripe.

достові́рн|ий authentic, reliable; trustworthy; з ~их джере́л from reliable sources.

дострокóвий preschedule.

до́ступ *m* access; **~ний** accessible (*a. fig.*); approachable, affable; comprehensible; susceptible; moderate (*price*).

досхочу́ F plenty of; to one's heart's content; їсти (пи́ти) ~ eat (drink) one's fill.

досяг|а́ти <~ти́> (P) reach, arrive at, attain; **∸нення** *n* attainment; achievement.

craя́жний attainable.

дот *m* Ml pillbox.

до́теп *m* witticism; joke; quip, sally; **~е́р** till the present day; **∸ний** witty, sharp; **∸ність** *f* wit.

до́ти: ~ поки till, until.

до́тик touch; sense of touch.

дотика́тися (до) touch.

дoти́чна Ma *f* tangent.

дотла́ utterly, completely; згорі́ти ~ be burned to the ground.

доторк|а́тися *a.* дото́ркуватися (до P) touch; **~ну́тися** give a touch (to).

дотри́мання *n* observance; maintenance.

дотри́м|увати, <~ати> observe; ~ сло́ва keep one's word; **-ся** adhere (to), follow, stick (to); ~ пра́вого/лі́вого бо́ку keep to the right/left.

дохі́дливий understandable, easily understood.

до́хл|ий <з-> dead; **~я́тина** *f* carrion.

дохо́д *m* income, revenue; proceeds *pl*; **~ити** <дійти> (до P) go *or* come (to), arrive (at), reach: *hist.* come down to; у ме́не ру́ки не дохо́дять до цьо́го I have no time for that.

доце́нт *m* lecturer, instructor.

доці́льний expedient.

доча́сний premature.

дочека́тися wait (till).

до́чиста (quite) clean; F completely.

дочи́т|увати <~а́ти> finish (book, etc.) *or* read up to (до P).

до́чка *f* [*g/pl.* -чок] daughter.

до́шка *f* board, plank (*a.* класна ~) blackboard; plate; грифельна ~ slate.

дошкі́льн|ий preschool; **~ик** *m*, **~ниця** *f* child under school age.

дошкул|я́ти <∸ити> pester, annoy; sting, prick; **∸ьний** caustic, biting; penetrating, piercing.

дошу́к|уватися <~а́тися> (P) (try to) find (out).

дощ *m* rain; іде ~ it rains, it is raining; ~ переста́в the rain has stopped; **~е́нту** completely; розби́ти ~е́нту rout, utterly defeat; **~ови́й** rain(y); ~ови́й черв'як *m* earthworm; ~ова́ пого́да *f* rainy weather; **~ови́к** *m* F raincoat, waterproof.

дощ|а́ний of boards, plank...; **∸ечка** *f* *dim. of* до́шка.

доще́нту completely, utterly; to the ground.

доя́рка *f* [*g/pl.*: -рок] milkmaid.

драби́на *f* ladder.

драгли́стий boggy, swampy.

драговина́ *f* bog, quagmire.

дражни́ти 1. tease, banter; nickname; **2**. <роз-> excite.

драко́н *m* dragon.

дра́ма *f* drama; **~ти́чний** dramatic; **~тург** *m* playwright; dramatist; **~тургі́я** *f* dramatic art; *coll.* plays *pl.*
драп|ірува́ти <за-> drape; **~овий** (of thick) cloth (драп).
драт|івли́вий irritable, touchy; **~ува́ти** <роздратува́ти> irritate.
дре́вній 1. *s.* старода́вній; 2. F aged, very old.
дрейф *m* drift; drifting; **~ува́ти** drift.
дресир|о́ваний trained; performing; **~ува́льник** *m*, **~ува́льниця** *f* animal-trainer; **~ува́ти** train.
дрижа́ти tremble, shiver; shake, quiver; ~ від хо́лоду shake (shiver) with cold.
дріб *m coll.* (small) shot; (*drum*) roll; Ma fraction; decimal.
дрібн|и́й [-на; -о; *comp.*: -іше] small, little; petty; fine, shallow; ~и́й дощ *m* drizzly; **~ість** *f a. coll.* **~о́та** shallowness.
дрібни|ця *f* **~чка** *f* [*g/pl.*: -чок] trifle, (k)nick-(k)nack.
дрібн|і́ти <по-> **~и́ти** become (make) small(er).
дріботі́ти F trip, mince.
дрі́жджі *pl.* yeast *sg.*
дрізд *m* [*gen.* дрозда́] thrush; чорний ~ blackbird.
дрім|а́ти <за-> doze off, slumber; **~о́та** *f* drowsiness; slumber, doze.
дріт *m* wire.
дроби́ти [-блю́, -биш, -блений], <роз-> break to pieces, crush; dismember, divide *or* split up.
дро́в|а *pl.* (fire) wood; **~оруб** *m Brt.* woodcutter; lumberman.
друг *m* [*pl.*: дру́зі, -зів, -зям] friend.
дру́гий second; upper; на ~ день the next day.
другоку́рсник *m* sophomore.
другоря́дний secondary, minor.
дру́ж|ба *f* friendship; **~и́на** *f* 1. wife; 2. squad, group; 3. *hist.* body-guard; **~и́ти** be friends; be on friendly terms (with з О); **~ний** harmonious, friendly; **~ній** friendly, amicable, **~но** in a friendly way (manner); (*simultaneously*) in unison (all) together.
друка́р|ка *f* [*g/pl.*: -рок] (girl) typist; **~ня** *f* printing plant or office; **~ський** printing (*press*); printer's (ink фа́рба *f*).
друкува́ти <на-> print; type; publish; **-ся** have one's works published.
дрюк *a.* дрючо́к *m* cudgel.
дуб *m* oak; **~и́льний** tan...; **~и́льня** *f* tannery; **~ле́р** *m thea.* understudy, double; (*cosmonaut*) back-up man; **~ліка́т** *m* duplicate, replica; **~люва́ти** duplicate; *thea.* understudy; (*film*) dub; **~о́вий** oak(en); *fig.* dull.
дуг|а́ *f* arc (*a.* El); (shaft) bow (*harness*); **~ови́й**: ~ова́ ла́мпа *f* arc light.
ду́дк|а *f* [*g/pl.*: -док] pipe; танцюва́ти під чиюсь ~у dance to s.b.'s. tune.
дуель *f* duel.
дует *m* duet.
ду́же *a.* ве́льми very, (very) much.
ду́жий strong.
ду́жк|а *f gr., typ.* bracket, parenthesis; в ~а́х in brackets, in parenthesis.
ду́ло *n* muzzle; barrel (gun).
ду́ля *f fig.* fico.
ду́ма *f* 1. *s.* ду́мка; 2. *(literary)* elegy, ballad; 3. *(hist.)* council, duma.
ду́м|ати <по-> think (about, of про З); reflect, meditate (on над О); (+*inf.*) intend, be going to; care (for про З); **~ка** *f* thougt; idea; intention; view; грома́дська ~ка public opinion; на мою ~ку in my view (opinion).
Дуна́й *m* Danuble.
дупло́ *n* hollow (tree).
ду́рень *m* fool, blockhead.
дури́ти <об-> deceive; cheat; let down.
ду́рість *f* 1. stupidity, foolishness; 2. foolish (silly) thing.
дурний stupid, silly; foolish.
дурни́ця *f* F 1. trifle; ~! never mind that!; 2. foolish (silly) thing.
ду́т|и blow; **~ий** blown (glass); *fig.* inflated; false; **-ся** <на-> swell; F sulk, be angry with (на З).
дух *m* spirit; mind; courage; ghost; па́дати ~ом lose heart, become down-hearted; підно́сити ~ raise morale.
духівни́цтво *n coll* clergy.
духови́й Mu wind (*instrument*); ~ орке́стр *m* brassband.
духо́вка *f* oven.
духо́вний spiritual; mental; ecclesiastical, clerical, religious, sacred.
духмя́ний fragant; sweet *(peas)*.
духота́ sweltering heat; sultriness, sultry air.
душ *m* shower (bath); douche.
душ|а́ *f* soul; mind; disposition; temper(-ament); feeling, emotion; person; *hist.* serf; на ~у насе́лення per head of the population; припада́ти до ~і́ suit one's taste; у глибині́ ~і́ in one's heart of hearts.
души́ти <за-> 1. strangle, choke (*a. fig.*); 2. strangle, crush, suppress; ~ свобо́ду strangle freedom; ~ в обі́ймах hug.
дьо́готь tar.
дю́жина *f* dozen.
дюйм *m* inch.

дюралюмі́ній *m* duralumin.
дя́дько *m* uncle.
дя|к ~чок *m* [-чка] clerk and chanter, sexton.
дя́кувати <по-> thank (*a p. for s.th.*); дякую вам thank you.
дя́тел *m* woodpecker.

E

E

евакуа|ція *f* evacuation; **~ю́вати(ся)** evacuate.
еволюц|і́йний evolution(ary); **~іонува́ти** evolve; **∸ія** *f* evolution.
егоі́|зм *m* ego(t)ism, selfishness; **~ст** *m*, **~стка** *f* [*g/pl.*: -ток] egoist; **~сти́чний** selfish; self-loving.
ей! halloo! hullo! hey! look here!
еква́тор *m* equator; **~іа́льний** equatorial.
еквівале́нт *m*, **~ний** equivalent; **~ність** *f* equivalency.
екза́мен *m* examination (in... на M); **~а́тор** *m* examiner; **~ува́ти**, <про-> examine; **-ся** be examined (by y P), have one's examination (with); *p.pr.p.* examinee
екземпля́р *m* specimen; copy.
екзоти́чний exotic.
екіп|а́ж *m* **1.** carriage; **2.** Sh, A crew; **~іро́вка** *f* equipment; **~іру́вати** fit out, equip.
еконо́м|ити, <з-> save; economize; **~іка** *f* economy; economics; **~і́чний** economic; **~ія** *f* economy; saving (of P, в M); **~ний** economical, thrifty.
екра́н *n* screen.
екскава́тор *m* dredge(r *Brt.*); excavator.
екскурс|а́нт *m* excurcionist; **∸ія** *f* excursion, outing, trip; **~ово́д** *m* guide.
експеди́|тор *m* forwarding agent(s); **~ційний** forwarding...; expedition...; **~ція** *f* dispatch (office); forwarding agency; expedition; рятува́льна ~ція rescue party.
експер|имента́льний experimental; **∸т** *m* expert (in по Д); **~ти́за** *f* examination; (expert) opinion.
експлуат|а́тор *m* exploiter; **~а́ція** *f* exploitation; E operation; **~ува́ти** exploit; sweat; E operate, run.
експон|а́т *m* exhibit; **~ува́ти** exhibit; *phot.* expose.
е́кспорт *m*, **~ний** export...; **~ува́ти** export.
експро́мт *m* impromptu; **~ом** *a.* extempore.
екс|та́з *m* ecstasy; **~тра́кт** *m* extract; **∸трений** special; extra; urgent; **~центри́чний** eccentric.
еласти́чн|ий elastic; **~ість** *f* elasticity.
еляга́нтн|ий elegant, stylish, smart; **~ість** *f* elegance.
еле́ктр|ик *m* electrician; **~ика** *f* electricity; **~ифікува́ти** electrify; **~и́чний** electric(al); **~ово́з** *m* electric locomotive; **~о́д** *m* electrode; **~омере́жа** *f* electrical transmission network; **~омонте́р** *s.* ~ик; **~о́н** *m* electron; **~оста́нція** *f* (electric) power station; **~оте́хнік** *m* electrical engineer; **~оте́хніка** *f* electrical engineering.
елеме́нт *m* element; **~а́рний** elementary.
ема́л|евий, **~юва́ти**, **~ь** *f* enamel.
емблема *f* emblem.
емігр|а́нт *m*, **~а́нтка** *f* [*g/pl.*: -ток], **~а́нтський** emigrant; emigre; **~ува́ти** emigrate.
емоці|́йний, **~она́льний** emotional; **~йність** *f* emotionality; **~я** *f* emotion.
емпіри́зм *m* empiricism.
енерге́т|ик *m* power engineer; **~ика** *f* *phys.* energetics; power engineering; **~и́чний** power...
енергі́|йний energetic, vigorous; **~йно** energetically, vigorously; **~я** *f* energy; power.
ентузіа́зм *m* enthusiasm.
енциклопе́д|ія *f* (*a.* **~и́чний** словни́к *m*) encyclop(a)edia.
епі|гра́ма *f* epigram; **~демі́чний**, **~демія** *f* epidemic; **~зо́д** *m* episode; **~ле́псія** *f* epilepsy; **~ло́г** *m* epilogue; **∸тет** *m* epithet.
е́по|с *m* epic (poem), epos; **∸ха** *f* epoch, era; period (in в З); age; **~ха́льний** epochal, epoch-making.
еротичний erotic.
ес|е́нція *f* essence; **~ка́дра** *f* Sh, **~кадри́лья** *f* A, **~кадро́н** *m* Ml squadron; **~кала́тор** *m* escalator; **~кі́з** *m* sketch; **~кімо́с** *m* Eskimo; **~кортува́ти** escort; **~мі́нець** *m* [-нця] Sh destroyer; **~тафе́та** *f* relay race; **~тети́чний** aesthetic(al).

есто́н|ець *m* [-нця], **~ка** *f* [*g/pl.*: -нок], **~ський** Estonian.
естра́д|а *f* platform; variety; ~ний конце́рт variety show.
етаже́рка *f* [*g/pl.*: -рок] whatnot; bookshelf, bookstand.
ета́п *m* stage.
е́тика *f* ethics (*a. pl.*).
етике́тка *f* [*g/pl.*: -ток] label.
етимоло́гія *f* etymology.
ети́чний ethic(al).
етн|і́чний ethnic; **~огра́фія** *f* ethnography.
етю́д *m* study, etude; sketch.
ефект|и́вний efficacious; **~и́вність** *f* efficacy; **~ний** effective, spectacular; showy.
ефе́с *m* (sword) hilt.
ефі́р *m* ether; **~ний** ethereal (*a. fig.*).
ех ah!
ешафо́т *m* scaffold.
ешело́н *m* echelon; troop train.

Є

є *cf* бу́ти; am, is, are; there is (are); у мене ~... I have...; так і ~ indeed!
Єва́нгеліє *n* Gospel.
євре́й *m* Jew; **~ка** *f* [*g/pl.*: -йок] Juwess; **~ський** Juwish.
Євро́п|а *f* Europe; **≗еєць** *m*, **≗ейка** *f* [*g/pl.*: -йок] **~е́йський** European.
є́гер *m* hunter; Ml chasseur.
Єги́п|ет *m* Egypt; **≗етський** Egyptian; **≗тя́нин** *m* [pl.: -тяни, -тян], **≗тя́нка** *f* [*g/pl.*: -тя́нок] Egyptian.
єди́н|ий **1.** only, single, sole; ~а дити́на *f* the only shild; **2.** united; indivisible; ~ий фронт прихи́льників ми́ру united front of supporters of peace.
єдино|бо́рство *n* (single) combat, duel; **~вла́ддя** *n* autocracy; **~нача́льність** *n* one-man management; undivided authority.
єдна́льний **1.** connecting, uniting; **2.** *gr.* copulative.
єдна́|ння *n* unity; **~ти(ся)**, з'єдна́ти(ся) unite.
є́дність *f* unity; ~ дій unity of action.
єзуї́т *m* jesuit (*a. fig.*).
єле́й *m* (holy) oil; *fig.* unction; **~ний** unctuous.
є́мн|ий capacious; **~ість** *f* capacity.
Єнісе́й *m* Jenisei (*Siber. river*).
єно́т *m* rac(c)oon.
єпі́скоп *m* bishop.
є́ресь *f* heresy.
єрети́|к *m* heretic; **~чний** heretical.
єство́ *n* nature.
єфре́йтор *m* private first class, *Brt.* lance-corporal.
єхи́дний malicious, sarcastic.

Ж

ж *s.* же; якщо ж if, however; або ж or, perhaps; це ж зовсім інша річ (but) that's quite different.
жа́ба *f zo.* frog, toad.
жаг|а́ *f* thirst; ~а до знань thirst for knowledge; *fig.* longing (for); **~у́чий** ardent, fervent.
жада́|ний longed-for, welcome; ~ний гість welcome guest; darling, dearest; **~ти** wish; long (for).
жа́дібн|ий greedy (of, for до P); **~ість** *f* greed(iness).
жа́йворонок *m* [-нка] (sky) lark.
жаке́т *m* jacket.
жали́ти(ся) sting; bite.
жа́лібн|ий mournful; sad, sorrowful; plaintive; **~о** mournfully, sadly, sorrowfully.
жалісли́в|ий pitiful, compassionate; sympathetic; **~о** pitiously.
жа́л|ість *f s.* жаль; **~і́ти** <по-> **1.** pity; be sorry (for); **2.** spare; F grudge; -ся complain (of).
жалкува́ти <по-> pity (за О); regret; be sorry (for).
жа́ло *n* sting (*a. fig.*).
жало́б|а *f* mourning; **~ний** mourning...; mournful.
жа́лощі *pl.* grief, sorrow; pity, compassion, regret (for) condolence.
жалюгі́дний pitiful, pitiable; miserable.
жаль *m* [~лю; *pl.*: -лі́, -лі́в] **1.** pity, sorrow, grief; regret (of): compassion; на ~ unfortunately; на превели́кий

~ to my high regret; 2. *impers.* it is a pity; який ~! what a pity!

жандáрм *m* gendarme.

жанр *m* genre.

жар *m* ardour; Me fever; embers *pl.*; чужúми рукáми ~ загрібáти make a cat's paw of other people.

жаргóн *m* jargon, slang.

жáр|ений fried; roast; **~ити(ся)** fry; roast; ~итися на сóнці F roast in the sun.

жарúна *f* ember.

жаркúй hot; *fig.* ardent.

жáрко hotly; *impers.* it is hot; мені ~ I am hot.

жаро|знúжуючий febrifugal; ~знúжуючі лíки febrifuge; **~стійкúй, ~тривкúй** heat-resistant, heat-proof.

жарт *m* [*g/pl.*: -ів] joke, jest (in у З); fun (for у З); trick (*play*: on з Р); F trifle; без ~ів joking apart; are you in earnest?; не на ~ serious(ly); (Д) не до ~ів be in no laughing mood; **~івлúвий** jocular, playful; **~івнúй** jocose, sportive, comic; laughing (*matter*); **~івнúк** *m* [*e.*] joker, wag; **~омá** 1. jokingly; in jest, for fun; 2. easily; **~увáти**, <по-> joke, jest; make fun (of); quip.

жасмíн *m* fasmine.

жáт|и reap; cut, crop; **~ка** *f* harvester.

жах *m* terror, horror; **~áтися** be horrified, be appalled; **~лúвий** terrible, horrible; awful; **~лúво** terribly, horribly.

жвáв|ий animated, vivacious; lively; active; brisk; quick; nimble; mobile; sportive; **~ість** *f* animation; liveliness; activity; **~о** quickly; briskly.

ждáти wait (for З); expect, await; час не жде time presses; вона жде не дíждеться she is on tenterhooks.

же, ж 1. and; but; as for; я лишаюсь, він же їде I shall stay here and he will go; 2. *cf* адже; це ж вонá why, it's she; коли ж ви будете готові? arer't you ever going to be ready; той же, такий же the same; там же in the same place.

жебрá|к *m* beggar; **~кувáти** beg; **~цтво** *n* begging; **~цький** beggarly; **~чка** *f* beggar woman.

жéвріти smoulder; glow.

жезл *m* rod.

желатúн *m* gelatine.

желé *n* [*indecl.*] jelly (*a. fish, meat*).

жердúна *f* pole.

жéреб *m* lot (*a. fig.* = destiny); кидáти (тягтú) ~ cast (draw) lots; ~ кúнуто the die is cast.

жереб|éць *m* stallion; **~чик** *m* foal, colt.

жерлó *n* crater; aperture, mouth, muzzle (*gun, etc.*).

жéрст|ь *f* tin; **~янúй** tin...; **~ýник** *m* tinman, tinsmith.

жéртв|а *f* sacrifice; victim; **~увати** <по-> (О) sacrifice (v/t.; o.s. собóю); endow.

жéрти <з-> devour.

жест *m* gesture; **~икулювáти** gesticulate; **~икуля́ція** *f* gesticulation.

жетóн *m* counter; medal; token.

живúй living, alive; ~ і здорóвий safe and sound; ні ~ ні мертвий more dead than alive.

живú|льний vivifying; crisp (*air*); **~ти** vivify, animate; **~тися** feed (on).

живíт *m* belly; P stomach; у нього болúть ~ he has a stomach-ache.

жúвлення *n* nourishment; E feeding.

жúвність *f coll.* living creatures *pl.*

живó|пис *m* painting; **~пúсець** *m* painter; **~пúсний** picturesque.

живоплíт *m* hedge.

животрепéтний living (*fish*); *fig.* burning.

живýчий hardy, tough; enduring.

живцéм alive.

жúла *f* F sinew, tendon, vein; **~вий** sinewy.

жилéт *m* waistcoat, vest.

жúлка *f* vein; *fig.* flair; B fibre.

жир *m* fat; grease; риб'ячий ~ cod-liver oil; **~íти** grow fat; **~ний** fat; (of) grease, greasy; **~овúй** fatty.

жúтель *m*, **~ка** *f* inhabitant, resident.

жúти [живý, -вéш; жив, -ла, -лó] live; dwell; як живéте? how are you (getting on)?; жили собі... once upon a time there were... (*in fairy tales*); **-ся**: йому дóбре живéться he is well off.

жúтло *n* dwelling; home; **~вúй** housting.

жúтниця *f* granary.

жúтній rye...

жúто *n*, **~á** *pl.* rye.

життє|вий vital; ~вий рівень *m* living standart; **~здáтний** viable; of great vitality; **~пис** *m* biography; **~рáдісний** cheerful, buoyant.

життя́ *n* life; practice; спосіб ~ way of life; не на ~, а на смерть of life and death.

жíнка *f* woman.

жінóчий female; womanlike, womanly; feminine; woman's.

жмéня *f* handful.

жмýрити: ~óчі (*a.* ~ся) screw up one's eyes; blink.

жмут *m* tuft.

жнець *m*, **жнúця** *f* reaper.

жнивá *pl.* harvest; crop.

жóвкнути <по-> turn yellow.
жóвт|ень *m* October; **~нéвий** october.
жовтéць *m* buttercup.
жóвт|ий yellow; **~íти** show yellow; turn yellow; **~увáтий** yellowish.
жовтóк *m* yolk.
жовторóтий yellow-beaked; *fig.* callow.
жовч *f* bile, gall (*a. fig.*); grief; **~́ний** gall...; bilious (*a. fig.*).
жóд|ен, ~ний no, not any, none.
жóлоб *m* gutter.
жóлудь *m* acorn.
жонгл|éр *m* juggler; **~ювáти** juggle.
жоржúна *f* dahlia.
жóрно *n* millstone.
жорсткúй hard; rough, rude, coarse, harsh (*a. fig.*); tough; stiff, rigit, severe, rigorous; ~ вагóн (ordinary) passenger car, *Brt.* second-class carriage.
жорстóк|ий terrible, dreadful; fierce, grim; rigorous, violent; **~ість** *f* cruelty; severity.
жрець *m* (*pagan*) priest (*a. fig.*).
жувáти [жую, жуєш] chew; ruminate (*animal*).
жýй|ка *f* rumination; cud; жувáти ~ку ruminate; chew the cud; **~ний**: ~на тварúна *f* ruminant (animal).
жук *m* beetle; bug *Am.*
жýпел *m* bugaboo, bugbear.
журавéль *m* *zo.* crane; (*well*) well-sweep.
журавлúна <клюква> *f* cranberry, -ries *pl.*
жур|бá *f* grief, sadness, sorrow; **~лúвий** sad, sorrowful, mournful; **~́ний** sad, melancholy; **~úтися** <за-> be sad, be grieved.
журнáл *m* magazine, journal; diary.
журналíст *m* journalist; pressman; **~ика** *f* journalism.
журча|ння *n*, **~ти** purl, ripple, babble.
журí *n* [*indecl.*] jury (*prizes*).

З

з із, зі from; out of; with; of; since; about; він приїхав з Лóндона he came from London; вúйняти з кишéні take out of one's pocket; почнéмо з вас let us begin with you; однúн з моїх друзів one of my friends; зрóблений з дéрева made of wood; з тих пір since that time; з кіломéтр about a kilometre; з тиждень about a week.
за 1. (З): (*direction*) behind; over, across, beyond; out of; (*distance*) at; (*time*) after; over, past; before (*a.* ~... до Р); (with) in, for, during; (*object*[*ive*], *favo*[*u*]*r*, *reason*, *value*, *substitute*) for; ~ те, що because; ~ що? what for?, why?; 2. (О): (*position*) behind; across, beyond; at, over; after (*time and place*); because of; with.
заарештó|вувати <~увáти> arrest.
забáв|а f amusement; **~ляти** amuse; **-ся** amuse o. s.; **~ний** amusing, funny.
забажáти wish; want.
забалотувáти black-ball.
забáрвл|ення *n* dyeing; colours *pl.*; **~ювати** paint, colour; dye.
забарúтися stay too long.
забаст|óвка *f* strike; **~увáти** до on strike.
забезпéчен|ий secured; provided; well-to-do; **~ість** *f* (adequate) provision; prosperity; **~ня** *n* securing; security (on під З), guarantee; maintenance; (*social*) security.
забезпéч|увати <~ити> provide (for; with О); secure, guarantee; protect.
заби|вáти <~́ти> [-б'ю, б'єш; cf бúти] drive in; nail up; stop up, choke (up); block (up); F outdo, beat; (*fountain*) spont forth; sound (*alarm*); **~рáти** <забрáти> [*cf* брáти] take; **-ся** F clear out.
забúти *s.* забивáти.
забíг *m* (*sport*) heat; **~áти** <~ти> run in (to), get; run off, away; F drop in (on до Д); забігáти наперéд forestall.
заблукáти lose one's way, go astray.
забобóн *m* prejudice; superstition; **~ний** superstitious.
заборг|óваність *f* debts *pl.*, indebtedness; **~увáти** run into debt; owe.
заборóн|а *f* prohibition; ban; ~а ядерної зброї prohibition (banning) of nuclear weapons; **~ений** forbidden, prohibited, banned; **~яти** <~úти> forbid, prohibit, ban.
забракувáти reject.
забрати *s.* забирáти.
забр|úзкувати <~úзкати> splash, sprinkle.
забрýдн|ення *n* soiling; pollution; infection; **~ювати** <~úти> soil(ed), pollute(d) (*water, etc.*), infect(ed) (air).
забувáти <забýти> 1. forget; ~ обрáзу

З

forgive an injury; 2. leave (behind); я забув у вас кни́жку I left my book at your place.

забуд|óвувати <~увáти> build on; build up, encumber.

забу́дьк|о *m* F absent-minded person; **~уватий** forgetful, absentminded.

забуття́ *n* forgetfulness; semi-consciousness; unconsciousness.

завáд|а *f* hindrance; obstacle; стояти на ~і hinder.

заважá|ти hinder; be in s.b.'s way; не ~й! leave me alone.

завáл *m* drift; obstruction, abatis; **~ювати** <~и́ти> fill or heap (up); cover; block, obstruct, close; F overburden (with work, *etc.*); **-ся** fall; sink; collapse.

завант|áжувати <~áжити> (O) load; charge; F busy, assign work to; be occupied (*or* taken) by work (*time*).

завáр|ювати <~и́ти> boil (*a.* down), make (tea); scald; P *fig.* concoct.

завб|ачáти <~áчити> foresee; forecast.

завбíльшки as large (big) as.

заввишки as high (tall) as.

завда|вáти <~áти> cause; ~ шкóди do harm (injury) (to); **∸ння** *n* task; assignment; (com)mission (*a.* Ml.); домашнє ~ homework; **∸ток** *m* advance, deposit; earnest money.

завдóвжки as long as.

завдяки́ (Д) thanks *or* owing to.

завезти́ *s.* завóзити.

заверш|áльний final, concluding; **~ення** *n* consummation, completion; **~увати** <~и́ти> complete, acomplish; **-ся** <~и́тися> be near completion; end (with).

завер|тáти <~нýти> turn (in, up, down, about).

завжди́ always; як ~ as usual; as ever.

завзя́т|ий ardent, enthusiastic; persistent; **~тя** *n* ardour, enthusiasm; persistency.

зав|ивáти 1. <~и́ти> (*hair*) wave, curl; **-ся** wave, curl; 2. <~и́ти> howl.

зави́вка *f* hair-waving.

завíдува|ти manage, be the head (of); **~ч** *a.* завíдуючий *m* manager, chief, head.

завірю́ха *f* snow-storm, blizzard.

завíса 1. *f* curtain (*a. thea.*); димовá ~ smoke-screen; 2. (*on the door etc.*) hing.

завíсити *s.* завíшувати.

завíт legacy; precept, maxim; vow; *Bibl.* (Ветхий Old, Новий New ~ Testament.).

завітáти visit, drop in.

завí|шувати <~сити> cover; curtain off.

завм|ирáти <~éрти> stand still; завмéрти на мíсці stop short (dead).

завóд works, factory, plant; машинобудівни́й ~ engineering works (plant).

зав|óдити <~éсти> take, bring, lead; put; establish set up, found (*business, etc.*); form, contract (*habit, friendship, etc*); get, procure, acquire (*things*); start (*a. motor*), begin (*talk, dispute, etc.*); a. to keep (*animals*); wind up (*watch, etc.*).

завóзити <завезти́> take, bring, drive; leave, F deliver.

завойóв|ник *m* conqueror; **~ницький** conqueror...; **~увати** <завоювáти> conquer.

завол|ікáти <~окти́> cover, overcast; get cloudy.

заволод|івáти <~íти> (O) take possession *or* hold of, seize.

заворýшення *n* unrest; riot, disturbances *pl.*

завоювá|ння *n* conquest; achievements, gains; **~ти** *s.* завойóвувати.

завсíдник *m* habitue.

зáвтра tomorrow; **~шній** the next day's, tomorrow's.

завýлок *m* alleyway, (*Brt.*) (narrow) lane; nook.

завчáсн|ий preliminary; timely; **~о** in (due) time, beforehand.

завч|áти ó~и́ти> learn; memorize.

завши́ршки as wide as; два мéтри ~ two metres wide.

зав'язáти *s.* зав'я́зувати.

зáв'язка *f* string, lace.

зав'я́зка *f (literat.)* plot.

зав'язувати <зав'язáти> tie (up); knot; ~ кравáтку knot a (neck) tie; **~ся** begin, set in.

зав'я́нути wither.

загадáти *s.* загáдувати.

зáгад|ка *f* riddle; *fig.* enigma; mystery; **~кóвий** enigmatic; mysterious; **~увати** <~áти> 1.: ~зáгáдку set a riddle; 2. think (of).

загáльн|ий universal, general; common.

загалóм on the whole; in general.

загальмувáти brake, put on the brakes.

загально|вжи́ваний current, common, widespread; **~відóмий** well-known; **~достýпний** popular; *s. a.* доступний; **~освíтній** of general education; -і предмéти general subjects.

заг|аня́ти <~нати> [*cf* гнáти] drive (in, of); exhaust, fatigue.

загáр *m* sunburn, tan.

зага́рб|ання *n* seizure; capture; **~ник** *m* occupant, invader; **~ницький** predatory, rapacious; **~увати** <~ати> capture; seize.
загарто́в|аний tempered; hardened; seasoned; **~аність** *f* hardering, tempering; **~увати** <~ува́ти> temper; *fig.* harden; **-ся** be tempered (hardened).
зага́|та *f* weir, dam; **~чувати** <~ти́ти> dam up.
загви́н|чувати <~ти́ти> screw up, tighten up.
заги́б|ель *f* death; ruin, destruction; **~лий** lost; perished; ruined.
заги́н *m* bend; dog-ear (page); **~а́ти** <загну́ти> turn up; bend; **-ся** turn up; turn down.
заги́нути perish, be killed, die.
заѓін 1. *m* detachment; detached force; передови́й ~ advanced detachment; **2.** *m* (cattle) enclosure; (sheeps) sheep-fold.
загл|а́джувати <~а́дити> smooth; press, iron; *fig.* make up (*or* amends) for, expiate.
загли́б|лення *n* deepening; hollow, cavity; absorption; **~лювати** <~ити> make deeper; deepen; **-ся** go deep; sink; *fig.* become absorbed (in).
загл|уха́ти <~у́хнути> stall; (*sound*) die away.
заглуш|а́ти <~и́ти> muffle, drown; suppress; still.
загл|яда́ти <~я́нути> look in, peep in; ~ в словни́к consult a dictionary.
загн|ива́ти <~и́ти> rot, decay.
загну́зд|увати <~а́ти> bridle.
загово́р|ювати <~и́ти> begin to speak; ~ювати зу́би fool s.b. with smooth talk.
заго́їти(ся) *s.* заго́ювати(ся).
заголо́вок *m* title, heading; head-line.
загорди́тися become proud; get a swelled head (over).
загорі́ти *s.* загоря́ти.
загорі́тися *s.* загоря́тися.
загорну́ти *s.* загорта́ти.
за́горо|да *f* enclosure; **~дження** *n* barrier, barrage; дротяне́ ~ wire entanglement; **~джувати** <~оди́ти> enclose, shut in; block (up), bar (way); **~жа** *f* fence.
загор|та́ти <~ну́ти> wrap up; **-ся** wrap o.s. up (in).
загорі́лий sunburnt.
загор|я́ти <~і́ти> become sunburnt.
загор|я́тися <~і́тися> catch fire; *fig.* burn (with).
загостр|ений pointed; **~ювати** <~и́ти> sharpen; *fig.* stress, emphasize.
загот|іве́льний: ~іве́льний пункт purveying centre; **~і́вля** *f* laying in, stocking up; **~овля́ти** <~о́вити> prepare in advance; lay in, store up.
заго́ювати(ся) <заго́їтися> heal (up); close, skin (over).
загра́ва *f* glow.
заграва́ти F (з O) flirt, coquet (with), make advances (to); ingratiate o.s. (with).
загра́ти begin to play; strike up.
загр|иза́ти <~и́зти> bite to death.
заг|ріба́ти <~ребти́> rake up; *fig.* rake in.
загро́б|ний beyond the grave.
загро́|жувати threaten, menace; йому ніщо не ~жує he is in no danger; **~за** *f* threat; menace; поста́вити під ~зу endanger.
загрубі́лий callous, coarse.
загс *m* (*abbr.*: ві́дділ за́пису а́ктів громадя́нського ста́ну) registrar's (registry) office.
загуби́ти lose; **-ся** get lost.
зад *m* **1.** back; rear; **2.** seat; backside.
зад|ава́ти <~а́ти>: урок set a hometask.
задави́ти crush; run over, knock down.
зада́рма free of charge, gratis; F for nothing.
зада́ти *s.* задава́ти.
зада́ч|а *f* Ma problem; sum; **~ник** *m* (book of) problems.
задві́рки *pl.* [*gen.*: -рок] backyards.
зад|ира́ти <~е́рти> lift *or* pull (up); stretch; ~ира́ти но́са turn up one's nose; put on airs.
задиха́тися 1. <зади́хатися> pant; be out of breath; **2.** <задихну́тися> choke, suffocate.
зади́шка *f* lack of breath, short wind.
за́дній back, hind(er)
задо́б|рювати <~ри́ти> cajole; coax.
задо́вго long before.
задові́льний satisfactory.
задово́лення *n* satisfaction; contentment; pleasure.
задоволь|ня́ти <~ни́ти> satisfy; meet, answer.
задріма́ти doze off.
задува́ти *a.* задима́ти <заду́ти> blow out; F begin to blow; *impf.* blow in.
за́дум *m* plan, intention; scheme, conception; **~ливий** thoughtful, pensive; **~ува́ти** <заду́мати> plan, conceive; **-ся** ponder (over); become thoughtful.
заду́|ха *f* stuffiness; **~ши́ти** strangle; *fig.* suppress; **~шливий** stuffy.
за́єць *m* hare.
зажада́ти wish; demand.
зажури́тися become (grow) sad.

З

заздалегі́дь in good time.
за́здр|ий, ~існий envious; **~ість** *f*, **~ощі** *pl.* envy; **~ити** envy.
зазе́м|лення *n*, **~лювати** ground, *Brt.* earth.
зазир|а́ти <~ну́ти> look in, peep in.
зазна|ва́ти 1. experience, feel; 2. suffer; undergo; ~ пора́зки suffer a defeat.
зазн|ава́тися <~а́тися> give oneself airs, have a swelled head; **~а́йство** *n* conceit.
зазнач|а́ти <~а́чити> indicate; point out; notice; mention; **~ений** mentioned.
заіржа́ти *s.* іржа́ти.

заїждж|а́ти <заї́хати> call on (*on the way*), drive, go *or* come (to [see, *etc.*] go P or into в З); pick up, fetch (за О); get; **~ий** visitant.
заї́здити F (*horse*) overdrive.
заї́к|а *m/f* stammerer, stutterer; **~а́ння** *n* stutter; stammer; **~а́тися** once <~ну́тися> stutter; stammer.
заї́хати *s.* заїжджа́ти.
за́йв|ий superfluous; odd, excessive, over..., sur...; spare; extra; needless, unnecessary; *su.* outsider; **~е** *n* undue (things, *etc.*), (*a.* a glass) too much; ще [один] раз, ~ раз *m* once again; (Д) не ~им буде, не ~во +*inf.* (*p.*) had better.
займа́ти <зайня́ти> occupy; engaged; hold.
займа́тися <зайня́тися> 1. catch fire; 2.: займа́ється на світ day is breaking.
займе́нник *n* pronoun.
за́йнятий busy; engaged; Ml occupied.
зайня́тися *s.* займа́тися.
зайти́ *s.* захо́дити.
зайти́ся *s.* захо́дитися.
закабал|я́ти <~и́ти> enslave.
закавка́зький Transcaucasian.
закарлю́чка *f* flourish; trick, ruse; hitch.
зака́шлятися have a fit of coughing.
заква́|ска *f* ferment; leaver; **~шувати** <~сити> sour.
закида́ти 1. <заки́дати> throw (at), bespatter (with); *fig.* shower (upon); 2. <заки́нути> throw (far away); neglect.
закип|а́ти <~і́ти> begin to boil; *cf* кипі́ти; **~'яти́ти** boil.
зак|иса́ти <~и́снути> turn sour.
закінч|ений finished, complete; **~ення** *n* termination; graduation; end; *gr.* ending; **~увати** <-ити> finish, end; complete.
за́клад *m* establishment, institution; навчальний ~ educational institution.
закла́д *m* pledge (*a. fig.*); pawn; mortgaging; віддава́ти в ~ pawn; битися <по-> об ~ bet.
закл|ада́ти <~а́сти> put (*a.* in *etc.*), lay (*a.* out [garden], the foundation [stone] of found), place; F mislay; heap, pile (with T); wall up; pawn, pledge; *impers.* F obstruct (*hearing, nose*), press (*breast*).
за́кл|е́пка *f*, **~е́пувати** <~па́ти> rivet.
закл|е́ювати <~е́їти> glue up, stick up; seal.
за́клик *m* appeal, call; **~а́ти** <~ати> call; ~и́кати до поря́дку call to order.
заклопо́таний preoccupied; anxious, worried.
закля́клий frozen, iced.
закля́тий: ~ во́рог sworn (mortal) enemy.
зако́вувати <закува́ти> chain, fetter; ~ в кайда́ни put into irons.
заколи́с|увати <~а́ти> lull, rock (to sleep).
за́колот *m* muting, rebellion.
зако́л|ювати <~о́ти> kill, slaughter; stab; pin (up); в ме́не ~о́ло в бо́ці I have a stitch in the side.
зако́н *m* law; rule; ~ бо́жий (God's) Law; religion (*form. school subject*); оголоси́ти поза ~ом outlaw; **~ний** legal, legitimate; lawful; на ~ній підста́ві on legal grounds; **~ність** *f* legality, lawfulness; **~но** legally, lawfully.
законода́в|ець *m* legislator; **~ство** *n* legislation; **~чий** legislative.
закономі́рн|ий natural, regular; **~ість** *f* conformity with a law.
законопрое́кт *m* bill.
зако́п|увати <~а́ти> bury: fill up.
закордо́нний foreign; abroad.
закоренí́лий deep-rooted, inveterate, ingrained.
зако́х|аний enamo(u)red; *su.* lover; **~аність** *f* amorousness; **~уватися** <~а́тися> fall in love (with у З).
зако́|чувати <~ти́ти> roll (into, under, *etc.*, в, під З); turn up (eyes); **-ся** roll; set (*sun etc.*); *fig.* end.
закр|ива́ти <~и́ти> shut, close; cover, hide; close down; **~итий** closed; **~иття́** *n* closing.
закрі́йни|к *m*, **~ця** *f* cutter.
закрі́пл|ення *n* fastenning; strengthening; securing; (за О) assignment; **~ювати** <закріпи́ти> fasten, fix; (за О) attach (to); secure; reserve (for).
закру́гл|ення *n* rounding (off), curve; **~ювати** <~и́ти> make round; round (off); **-ся** become round; *fig.* be shortened.

закру́|чувати <~ти́ти> turn (round, off, up); twist.
закулі́сний (lying *or* passing) behind the scenes; secret.
закуп|о́вувати <~и́ти> purchase; buy a stock (of).
закупо́р|ювати <~ити> cork (up), (*cask*) bung (up); **~ка** *f* corking; Me embolism.
заку́р|ювати <~и́ти> light (*cigar, etc.*), begin to smoke; F (blacken with) smoke; ~рюй(те)! have a cigar(ette)!
заку́ск|а *f* [*g/pl.*: -сок] snack, lunch; hors d'oeuvres; на ~у a. for the last bit.
заку́т|увати <~ати> wrap up, muffle; **-ся** wrap o.s. up, muffle o. s. up.
заку́|шувати <~си́ти> have a snack, have a bite.
зал *m*, **~а** *f* hall; room; ~ чека́ння waiting-room.
зал|а́зити <~і́зти> climb (up); get (into), climb (into).
залата́ти patch up.
заледені́лий icy; numb.
зале́ж|аний stale, spoiled (by long storage); ~ това́р *m* drug; **~ати** depend (on від P); **~ність** *f* dependence; **~но**: ~но від обста́вин depending on circumstances.
залеті́ти *s.* заліта́ти.
зал|ива́ти <~и́ти> (O) flood, overflow; pour (all) over, cover; fill; extinguish; **-ся** break into *or* shed (*tears* сльоза́ми), burst out (laughing сміхом); trill, warble, roll, quaver; **~ивни́й** floodable, flooded; jellied.
залицяя́|льник *m* boy-friend; love-maker; **~ння** *n* love-making, courting; **~тися** court, make love.
залиш|а́ти <~и́ти> leave; give up; drop, stop; let (*alone*); abandon; keep, retain, reserve (to o. s.); **~ок** *m* remainder; remnant; *pl.* remains; traces, vestiges; *cf.* лиша́ти.
залі́зни|й iron...; **~ця** f railway, railroad *Am*; **~чний** railway..., railroad... *Am*; **~чник** *m* railwayman; railroadman *Am*.
залі́зо *n* iron.
залі́зти *s.* зала́зити.
залік|о́вувати <~ува́ти> heal.
залі́п|лювати <~и́ти> stop, close; glue *or* paste up; stick over.
зал|іта́ти <~еті́ти> fly in (to), up, far off, beyond; come, get.
за́лоза *f* gland.
залп *m* volley.
залуч|а́ти <~и́ти> draw, enlist.
заляга́|ння *n geol.* deposit(ion); **~ти** <залягти́> lie (down); hide; *fig.* root.
залягти́ *s.* залягати.
заля́к|увати <~а́ти> intimidate.
зама́з|ка *f* putty; **~увати** <~ати> smear, soil; paint over; putty.
зама́нливий tempting, alluring.
зама́н|ювати <~и́ти> lure, decoy, entice.
замаск|о́ваний disguised, camouflaged; **~ува́ти** mask, disguise, camouflage.
зама́х|уватися <~ну́тися> make as if to strike; encroach [on (upon)].
замерза́|ння *n* freezing; точка ~ння freezing point; **~ти** <заме́рзнути> freeze, congeal; be frozen (over); freeze to death.
заме́рзнути *s.* замерзати.
заме́т *m* snowdrift; **~і́ль** *f* snow-storm.
замика́|ння *n*: коро́тке ~ння E short sircuit; **~ти** <замкну́ти> (en)close; lock (up); **-ся** isolate o.s.; -ся в собі become unsociable.
зам|ина́ти <~'я́ти> hush up, smother.
зами́рення *n* conciliation; reconciliation.
зами́сл|ений thoughtful; lost in thought; **~юватися** <~итися> become thoughtful, grow pensive; ponder (over).
зам|ишля́ти <~и́слити> plan, conceive.
за́між: видати кого́сь ~ за ко́гось give s.b. in marriage to s.b.; вийти ~ marry.
замі́н|а *f* substitution, replacement; **~ний** replaceable; **~ник** *m* substitute; **~я́ти** <~и́ти> replace (with), substitute (for); take the place (of).
за́мість instead of; in place of; as.
зам|іта́ти <~ести́> sweep (up); drift, cover; block up (*roads*); wipe out (*tracks*).
замі́тка *f* [*g/pl.*: -ток] note; paragraph, notice.
замі́ша́ння *n* confusion.
замі́|шувати <~си́ти> mix; ~шувати тісто knead dough.
замі|ща́ти <~сти́ти> substitute (for), replace (with), take the place (of); act (for); **~ще́ння** *n* substitution; replacement; deputizing.
за́мкнений *a.* замкнутий locked up; *fig.* reserved, unsociable.
замовк|а́ти <~нути> become silent, stop (speaking, *etc.*); cease, break off; die away *or* off.
замо́в|лення *n* order; **~ник** *m*, **~ниця** *f* customer; **~ля́ти** <~ити> order; ~ити квиток book a ticket; ~ити сло́во за когось put in a word for *s. b.*
замо́вч|увати <~а́ти> conceal, keep secret; ignore; keep silent (about).
замоги́льний sepulchral (*voice*).
замо́жн|ий prosperous; **~ість** *f* prosperity.
за́мок *m* castle.

З

замо́к *m* lock; padlock.
замордува́ти torture to death.
замори́ти *s.* замо́рювати.
замор|о́жувати <~о́зити> freeze, congeal; '~**озок** *m*, '~**озки** *pl.* (light morning *or* night) frost.
замо́рський (from) oversea; foreign.
замо́р|ювати <~и́ти> starve, uderfeed; overwork; замори́ти черв'яка stay the pangs of hunger.
замо́ч|увати <~и́ти> wet; steep, soak.
замрі́ятися be lost in dreams.
заму́рзаний F dirty.
замур|о́вувати <~ува́ти> brick up.
заму́ч|увати <~ити> torture (to death); fatigue, exhaust.
З **за́мш|а** *f* suede, chamois; ~**евий** suede..., chamois (-leather)...
зана́дто too, too much; це [вже] ~ F that beats everything; that's too much!
занапа|ща́ти <~сти́ти> ruin, destroy.
зане́дб|аний neglected; ~**увати** <~а́ти> neglect.
занед|у́жувати <~у́жати> be taken ill, fall ill.
зане́пад *m* [-ду] decay, decadence; ~ ду́ху dejection.
занепа́дниц|тво *n* decadence; ~**ький** decadent.
занепоко́єний alarmed, disturbed.
за́ново anew, afresh; all over again.
зан|о́сити <~ести́> bring; carry; note down, enter, register; ~о́сити щось у протоко́л enter s.th. in the minutes; ~о́ситити щось у спи́сок put s.th. down on the list; доро́гу занесло́ сні́гом the road is blocked with snow.
занудьгува́ти be bored.
зану́р|ювати <~ити> dip [in (to)]; plunge [in (to)].
заня́ття *n* **1.** occupation, work, business; **2.** studies *pl.*
заодно́ conjointly; together,in concert (with); ми з ним ~ we understand each other.
заокеа́нський transoceanic; transatlantic.
заохо́ч|ення *n* encouragement; ~**увальний** encouraging; ~**увати** <заохо́тити> encourage, stimulate.
зао́чн|ий in a p.'s absence; behind one's back; зао́чне навча́ння *n* instruction by correspondence; ~**ик** *m* student of correspondence school, college, etc.
заоща́дж|ення saving; economy; *pl.* economies; ~**увати,** <заоща́дити> save (up).
заоща́дити *s.* заоща́джувати.
запад|а́ти <запа́сти> become sunken; *fig.* мені запало в голову it was engraved on my memory; ′~**ина** *f* hollow; depression; cavity.
запак|о́вувати <~ува́ти> pack (up); wrap up.
за́пал *m* ardour, vigour, zeal; в ~і in the heat (of).
запа́л *m* M, Ml fuse; touchhole.
запа́л|ення *n* inflammation; ~ легенів pneumonia; ~**ий** sunken, hollow; ~**ювальний** used for kindling; incendiary; ~**ювати** <~и́ти> light, kindle (*a. fig.*); (*match a.*) strike; turn on (light); **-ся** catch fire; *fig.* be inspired; ~**ьни́й 1.** *s.* запа́лювальний; **2.** ardent, fervent; impetuous; **3.** Me inflamatory.
запа́мороч|ення *n* dizziness, giddiness; ~**ливий** dizzy, giddy; ~**увати**: ~ (Д) го́лову turn a p.'s head.
запам'ят|о́вувати <~а́ти> remember, keep in mind; memorize; **-ся** (Д) remember, stick to one's memory.
запанібра́та F: бути ~ з кимось be on equal terms with s.b.; be free-and-easy with s.b.
запа́с *m* stock (*a. fig., of words, etc.* = =store, fund), supply, (*a.* Ml) reserve; ~**а́ти** <~ти́> store, stock up; **-ся** store, build up reserves (of); provide o.s. (with O); ~**ливи́й** thrifty, provident; ~**ни́й** spare; reserve; ~ний ви́хід emergency exit; ~ний граве́ць reserve; ~ні части́ни spare parts.
за́пах *m* smell, odo(u)r, scent.
запашни́й fragrant; aromatic.
запе́вн|ення *n* assertion, assurance; ~**я́ти** <запе́внити> assure (of); convince; persuade.
запе́клий desperate; fierce, frantic; ~ во́рог mortal enemy.
запекти́ *s.* запіка́ти.
запере́ч|ення *n* objection; rejoinder; ~**увати** <~ити> object, raise an objection; (я) не ~ую I don't mind.
запеч|а́тувати <~а́тати> seal (up); close, glue up.
запи|ва́ти <′~ти> [cf пи́ти] wash down (with O), drink *or* take after, thereupon; *pf.* F take to drink.
запи́л|ення *n* (*botany*) pollination; ~**ювати** <~и́ти> pollinate.
запира́тися lock o.s. up; *fig.* deny.
за́пис *m* entry; enrol(l)ment; registration; record(-ing); subscription; ′~**ка** *f* note, slip; (brief) letter; memorandum; reminiscences; transactions; доповідна ′~ка report; послати ′~ку send a word; ′~**увати** <~а́ти> write down, note (down); record (*a. on tape, etc.*); enter, enrol(l), register, matriculate; subscribe (to; for в, на З), book;

make an appointment (with a doctor до лі́каря).

зáпит *m* inquire; **~áння** *n* question; **∸ливий** inquiring, questioning; **∸увати** <~áти> ask.

зап|ихáти <~хáти> *once* ~хну́ти push in; cram, stuff.

запідóзр|ювати <~ити> suspect (of в М).

запі́зн|ення *n* delay; **~юватися** <-и́тися> be late (for на З, до Р), arrive late; miss (*train* на З).

запікá|нка *f* baked pudding; spiced brandy; **~ти** <запекти́> bake (in); **-ся** clot, coagulate (*blood*); crack (*lips*).

заплáка|ний tearful, in tears, tear-stained; **~ти** begin to cry.

заплив|áти <~ти́> *a.* заплисти́ swim (far), get (by swimming); sail in; float in.

заплі́дн|ення *n* fertilization; **~ювати** <~ити> fertilize, fecundate.

заплі́сняві|лий mouldy; **~ти** grow mouldy.

запл|ітáти <~ести́> plait, braid; ~ітáти кóсу plait one's hair; **-ся** F: ~ітáються нóги totter, stagger; ~ітáється язик slur, mumble.

заплу́т|аний tangled; *fig.* intricate, involved; **~увати** <~ати> tangle; *fig.* middle up, confuse; ~ати спрáву confuse the issue; **-ся** <~ся> get into tangle; *fig.* become confused; F get mixed up.

запл|ющувати <~ющити> close, shut.

заплямувáти spot; stain (*a. fig.*).

запобіг|áти <∸ти> **1.** avert, prevent, ward off; **2.** make up (to).

заповз|áти <~ти́> creep (in).

запові|дáти <∸сти> leave in one's will, bequeath (to).

запові́дни|й forbidden, reserved; protected; ~ний ліс *m* protected forest, forest reserve; **~к** *m* reserve; nursery.

зáповідь *f* *Bibl.* commandment.

запові́т *m* will; testament.

запóвн|ювати <нити> fill (up); (*form*) fill out (*Brt.* in).

запод|і́ювати <~і́яти> cause; ~і́яти комусь шкóду cause s.b. damage; do harm to s.b.

запозич|áти <∸ити> adopt, borrow; **∸ення** *n* adoption, borrowing; loan word (*a.* ∸ене слóво).

зáпонка *f* [*g/pl.*: -нок] cuff link; collar button (*Brt.* stud).

запопáдлив|ий diligent, assiduous; **~ість** *f* zeal; eagerness.

запорóш|увати <~ити> **1.** cover with dust; **2.** get s.th. in one's eye; **3.** powder with snow.

запору́ка *f* guarantee, pledge, warrant.

запот|івáти <~і́ти> become damp; (*glass*) mist over.

заправи́ти(ся) *s.* заправля́тися.

заправ|ка *f* [*g/pl.*: -вок] refuelling, seasoning, condiment; **~ля́ти** <заправити> put tuck (in); (О) dress, season (*meals* with); get ready; tank, refuel (*car, plane*); **-ся** refuel.

заприбуткувáти *pf.* enter, book.

запровáд|жувати <~ити> introduce; institute; ~жувати в життя put into practice.

запропонувáти offer, suggest; move, propose.

запрóш|ення *n* invitation; **~увати** <запроси́ти> invite, ask; call.

запряг|áти <~ти> put (to), harness (horse[s] *a. fig.*); **-ся** F: -ся до робóти get down to work.

запря́жка *f* team.

зáпуск *m* start.

запус|кáти <~ти́ти> **1.** neglect; disregard; let grow (*beard*); leave untilled (*land*); **2.** E start; set going; fly (*kite*); F (*a.* О/в З) fling, hurl (s. th. at); put, slip, thrust, drive (into).

запу́щений deserted, desolate; neglected, uncared-for, unkempt.

зап'яс|тя *n,* **~ток** *m* wrist.

зарáди for the sake (of); for; ~ чого? what for? він це зробить he will do it for her.

зара|жáти <~зи́ти> [-ражу́, -рáзиш; -рáжений] infect (*a. fig.*); **-ся** be infected (with); catch; зарази́тися гри́пом catch the flu; **∸ження** *n* infection; ~ крóві blood poisoning.

зáраз now, at present; presently; (*a.* ~ же) immediateli; at once; just (now).

зарáз F at one stroke; at one sitting.

зарáз|а *f* infection; contagion; **~ливий, ~ний** infectious; contgious; **~и́ти(ся)** *s.* заражáти(ся).

зарах|óвувати <~увáти> **1.** enter; ~овувати до штáту take on the staff; **2.** reckon, (ac)count; credit.

зареєструвáти register; **-ся** register o.s.

зарекомендувáти: ~ себе добре (погано) make a good (bad) showing.

заректи́ся *s.* зарікáтися.

заржаві́ти rust, become rusty.

зар|ивáти <~и́ти> bury; **-ся** bury o.s. (in); **-ся** <~вáтися> F go too far, overdo things.

зарис|óвка *f* sketch; **~óвувати** <~увáти> sketch.

зарі́в|нювати <~ня́ти> level.

зарі́зати kill; slaughter.

зарі́к *m* vow, pledge, promise.

зарікáтися <заректи́ся> forswear, abjure.

за́робіт|ний: ~на пла́та *f* wages *pl.*; salary; pay; **~ок** *m* earnings.
зароб|ля́ти <~и́ти> ern; ~ляти собі на життя́ earn one's living.
заро́д|жуватися <~и́тися> originate; у нього ~и́лася ду́мка he conceived the idea.
за́род|ко́вий embryonic; rudimentary; **~ок** *m* embryo; germ; у ~ку in embrio.
зарозумі́л|ий arrogant, haughty; **~ість** *f* self-conceit.
зарони́ти [-роню́, -ро́ниш] *pf* rouse; infuse; F drop, cast; **-ся** impress (on в P).
зарос|та́ти <~ти́> **1.** be overgrown (with); ~ти́ бур'яна́ми be choked with weeds; **2.** F heal.

за́рості *pl.* growth, overgrowth; thicket.
зарпла́та *f s.* за́робітна пла́та.
зарубі́жний foreign.
за́руб|ка *f* [*g/pl.*: -бок] incision, notch; **~́увати** <~а́ти> kill, cut down; notch, cut in; ~а́й собі на но́сі mark it well; bear that in mind.
заруч|а́тися <~и́тися> (O) secure.
заря́д *m* charge; *fig.* fund, supply, store; **~жа́ти** <~и́ти> M, *phot.* load; charhe; *fig.* inspire, imbue; **~ка** *f* charging; *sport*: gymnastics; (morning) exercises *pl.*
заса́д|а <засідка> **1.** *f* ambush; потра́пити в ~у ambushed; сиді́ти в ~і lie in ambush; **2.** *f*, (*pl.* ~и) principles *pl.*; grounds *pl.*; на рівних ~ах on an equal footing; **~жувати** <~и́ти> plant; F confine.
засві́дчувати witness, testify; certify; attest.
за́світла before nightfall.
засві́|чувати <~ти́ти> light; ~ти́ти сві́тло *n* turn on the light.
засво́|єння *n* learning, mastering; acquiring; **~ювати** <~їти> learn, master; assimilate (*a. fig.*).
засекр|е́чувати <~е́тити> restrict, make secret.
засе́л|ення *n* settling; **~я́ти** <~и́ти> settle; populated.
зас|и́джуватися <~и́дітися> stay late.
зас|ила́ти <~ла́ти> send; exile.
засипа́ти <заси́пати> (O) fill up; cover, drift; *fig.* heap, ply, overwhelm; F pour, strew.
зас|иха́ти <~о́хнути> dry, get dry; wither.
за́с|іб *m* **1.** means *pl.*; ~оби пересува́ння *n* conveyance *sg.*; means of conveyance; всіма́ ~обами by every means; ~оби існува́ння *n* means of subsistence; **2.** remedy; Ch agent; техні́чні ~оби mechanical facilities *pl.*
засі́в *m* sowing; **~а́ти** <засі́яти> sow.
засі́да|ння *n* session (J, *parl.*); meeting; conference; **~тель** *m* assessor; **~ти** **1.** be in session; sit; meet; **2.** <засі́сти> [-ся́ду, -деш; -сів] stick.
за́сідка *s.* заса́да[1].
засі́яти *s.* засіва́ти.
засклити glaze, put glass (in).
за́ско́к *m* F fancy, whim.
засла́нець *m* exile, deportee.
за́сланий **1.** exiled, deported; **2.** covered.
засла́ння *n* exile, deportation.
засла́ти **1.** *s.* засила́ти; **2.** *s.* застеля́ти.
за́слінка *f* [*g/pl.*: -нок] (*stove, etc.*) door, screen, trap.
засліп|лювати <~и́ти> blind, dazzle (*a. fig.*).
засло|ня́ти <~ни́ти> shield, screen; *fig.* overshadow.
заслу́г|а *f* merit, desert; він оде́ржав по заслу́зі (it) served him right.
заслу|го́вувати <~жи́ти> deserve; merit; **~́жений** merited, (well-) deserved, just; meritorious, worthy; hono(u)red.
заслу́хати hear; **-ся** listen (to) with delight.
засма́г|а *f* sunburn, tan; **~лий** sunburnt, tanned, brown; **~нути** get sunburnt.
засмі́|чувати <~ти́ти> litter, foul.
засмія́тися laugh, begin to laugh.
засмо́к|тувати <~та́ти> suck in; engulf, swallow up.
засмутити(ся) *s.* засмучувати(ся).
засму́ч|ений sad, sorrowful, melancholy; **~увати** <засмути́ти> distress, grieve; **-ся** <засмути́тися> be sad, be grieved.
засні́жений snowed up, covered with deep snow.
засн|о́вник *m* founder; **~о́вувати** <~ува́ти> found, set up.
засну́ти *s.* засипа́ти.
зас|о́вувати <~у́нути> thrust; push in.
засо́л|ювати <~и́ти> salt; corn.
засоро́мити shame; **~ся** be ashamed.
засо́хнути *s.* засиха́ти.
за́спаний sleepy.
заспі́в|увати <~а́ти> start singing, strike up; *impf.*: lead (*chorus*); **~увач** *m* choir-leader.
заспок|і́йливий soothing, calming; **~о́єння** *n* soothing, calming; peace, relief; **~о́ювати** <~о́їти> soothe, calm down; reassure; **-ся** calm o.s., calm down; settle down; F be sastisfied.
заста́ва **1.** *f* pledge; pawning; mortgaging; **2.** *f hist.* (toll) gate, turnpike; Ml frontier post; outpost.
заст|ава́ти <~а́ти> find, catch; не ~а́ти вдо́ма not find at home.

застар|іва́ти <~íти> become obsolete; **~ілий** obsolete, out-of-date.

зас|теля́ти <~тели́ти; ~тила́ти; ~ла́ти> cover; spread; (*mist*) veil; (*tear*) dim; cloud.

застер|éження *n* **1.** warning, caution; **2.** reservation, proviso; **~іга́ти** <~егти́> **1.** warn, caution; **2.** specify, mention.

заст|ига́ти <~и́гнути> thicken, congeal; *cook.* jelly.

заст|іба́ти <~ебну́ти> fasten, do up; button up; hook up; **~íбка** *f* fastener.

засті́й *m* standstill, deadlock; stagnation; **~ний** stagnant.

застос|óвувати <~ува́ти> apply; use.

застрахува́ти insure.

застр|éлювати <~éлити> shoot; **-ся** shoot o.s.; **~íльник** *m* Ml skirmisher; *fig.* initiator.

засту́пник *m* deputy, assistant; ~ нача́льника deputy chief; protector; defender.

за́сув *m* bolt.

засу́д|жувати <~и́ти> convict; condemn (to); sentence (to).

засу́|ха *f* drought; **~хостíйкий** drought-resistant.

засу́ш|ливий droughty, dry; **~увати** <~и́ти> dry (up); F make arid.

затаї́ти *s.* зата́ювати.

затам|óвувати <~ува́ти> (*breath*) hold; (*feeling*) suppress, hide.

зата́ювати <затаї́ти> conceal, hide; **-ся** hide.

затвéрд|ження *n* confirmation; **~жувати** <~дити> confirm; **~íти** harden; solidify.

затвóр *m* Ml bolt; breech-block; *photo.* shutter.

затé but; on the other hand.

затéмнення *n* Ml blackout; darkening; (*astronom.*) eclipse; ~ сóнця solar eclipse; ~ мíсяця lunar eclipse.

затéмн|ювати <~я́ти; ~и́ти> darken, overshadow (*a. fig.*) obscure; Ml black out.

затéрти *s.* затира́ти.

затика́ти <заткну́ти> stop (up), (корком) cork (up); F tuck, slip.

затира́ти <затéрти> wipe *or* blot out; jam, block (up); F wear out; efface, stunt.

затиск|а́ч *m* E clamp; **~у́вати** <зати́снути> squeeze; grip, hold tight; F suppress, hamper.

затиснути *s.* затискувати

затих|а́ти <~нути> grow quiet, quiten down; die away.

за́тичка *f* plug.

за́тишний quiet, comfortable, cosy; ~ кутóчок secluded spot.

за́тишок *m* sheltered spot.

зати́шшя *n* calm; lull.

заті|ва́ти <~я́ти> F undertake, start; ~я́ти гру start a game; ~я́ти бíйку engage in a brawl.

зат|іка́ти <~екти́> leak, trickle.

затíнок *m* shade.

затíн|ювати *a.* **~я́ти** <~и́ти> (over) shade.

заткну́ти *s.* затика́ти.

затова́р|ювати <~ити> C stock too much (of); **~ювання** *n* overstock; glut.

затóка *f* gulf, bay.

затопи́ти *s.* затóплювати[1,2].

затóплення *n* flooding.

затóп|лювати **1.** <~и́ти> (*stove etc.*) make the fire; light; **2.** <~ити> flood, sink.

затóп|тувати <~та́ти> trample, tread (down).

затр|а́чувати <~а́тити> expend, spend (on).

затри́мка *f* delay; setbeck.

затр|и́мувати <~и́мати> detain, delay; *fig.* hold up; **-ся** be delayed, be kept; linger.

затул|я́ти <~и́ти> shield, screen; shut, close.

затум|а́нювати <~а́нити> mist, fog, dim; **-ся** be veiled in mist; у неї очі затума́нились her eyes grew dim.

затуп|ля́ти <~и́ти> blunt; **-ся** get blunt.

затух|а́ти <~нути> go out; (*sound*) subside, fade out.

затуш|óвувати <~ува́ти> shade.

за́тхлий musty, fusty.

затяг|а́ти <~ти́> tighten, draw tight; gird, lace, enclose, press; draw in, *etc.*; involve; cover; *impers.*: sink; close, skin (over); protract, delay.

затя́тий persistent, stubborn.

затьма́рен|ий dim, misty; **~ня** *n* dizziness.

затьм|а́рювати <~а́рити> darken; cloud; **-ся** be darkened.

затьми́ти darken; *fig.* eclipse.

заува́ж|ення *n* remark, observation; *pl.* criticism; reproof, rebuke; **~увати** <заува́жити> remark, observe; reprove (s.b.).

захар|а́щувати <~а́стити> block (up), (en)cumber, crowd; overload.

за́хват *m* enthusiasm; delight.

захва́т *m* seizure, capture.

захвóр|ювання *n* disease, illness; **~ювати** <~íти> fall sick on ill (of O), be taken ill with; ache.

захисн|и́й protective; safety; **~и́к** *m* defenden; protector; J advocate (*a.*

fig.); counsel[(l)or] for the defense; *sport*: back.
за́хист *m* defense (*Brt.* -nce), protection, cover; maintenance.
захи|ща́ти <~сти́ти> (від Р) defend (from, against); protect (from); vindicate, advocate, (*a. thesis*) maintain, support.
захі́д 1. *m* west; ≈ the West, Occident; на ~ west (wards); **2.** *m* sunset; **3.** *m* measure, action, step; вжити всіх за́ходів take all measures.
за́хідний west, western.
захлин|а́тися <~у́тися> choke, stifle (with О, від Р); *fig.* be beside o.s.; Ml, E break down, stop.
З
захо́в|аний hidden, concealed; ~ана теплота́ *phys.* latent; **~увати,** <~а́ти> hide, conceal; keep back; **-ся** *pf.* hide (oneself); keep under cover.
захо́дити <зайти> go *or* come in *or* to (see, *etc.*), call *or* drop in (on, at до Р, в З) pick up, fetch (за О); Sh call *or* touch at, enter, get, advance; pass, draw out; Ml outflank; turn, disappear, approach, go behind (за З); *ast.* set; мова зайшла́ про (З) (we, *etc.*) began (came) to (*or* had a) talk (about).
захо́д|итися 1. <~и́тися> begin, set about (+ *gerund*); tackle; **2.** <зайти́ся>: ~ сміхом (пла́чем) burst out crying (laughing).
захоло́нути get cold.
захопи́ти(ся) *s.* захо́плювати(ся).
захо́плений enthusiastic; fervent; inspired; admiring; ~ по́гляд rapturous glance.
захо́пленн|я 1. *n* delight, rapture; я в ~і I am delighted (with від Р); **2.** *n* seizure, capture.
захо́плювати <захопи́ти> **1.** take, seize; grasp, get hold (of); **2.** bring; **3.** seize, capture; ~ владу seize power; ~ ініціати́ву capture the initiative; **4.** engross; **-ся** <-ся> **1.** admire; be delighted (with); **2.** be carried away; be keen on; ~ живописом have a passion for painting.
захо́плюючий absorbing, thrilling.
захри́п|лий hoarse; **~нути** grow (become) hoarse.
заціка́в|ити *s.* <~лювати> ~interest (in); draw s.b.'s. attention; **-ся** become interested (in); take an interest (in); **~лений** interested; ~лені сто́рони the parties concerned; **~леність** *f* interest; **~лення** *f s.* заціка́вленість.
заціпені́|лий benumbed; stupefied; **~ння** *n* numbness.
зачаро́в|аний charmed, fascinated; **~увати** <зачарува́ти> charm, fascinate; bewitch, cast a spell (upon); ~ане ко́ло *n* vicious circle.
зачарува́ти *s.* зачаро́вувати.
зача́ття *n* conception.
зачека́|ти wait (for); **~йте!** wait a moment!
заче́рп|увати <~ну́ти> scoop, dip.
зачерстві́лий hardened.
зачин|я́ти(ся) <~и́ти(ся)> shut, close.
зачи́т|увати <~а́ти> read out; F read a book to tatters; **-ся** be(come) absorbed (in О); read (too) long.
зач|іпа́ти <~епи́ти> touch; catch (on); **-ся** get caught; catch (on); **≈іпка** *f* F pretext.
зач|і́сувати <~еса́ти> comb.
зашарі́тися flush, redden.
заш|ива́ти <~и́ти> sew up; mend.
зашиф|ро́вувати <~рува́ти> cipher, codify.
зашкару́блий hardened, coarse.
зашнур|о́вувати <~ува́ти> lace up.
зашпи́л|ювати <~и́ти> fasten with a pin; pin up.
защем|ля́ти <~и́ти> pinch, squeeze.
зая́в|а *f* declaration, statement; application; **~ля́ти** <~и́ти> (*a.* про З) declare, announce, state; claim, present; enter, lodge; notify, inform; show, manifest.
заяло́жений dirty; greasy; *fig.* stale, trite, hackneyed.
за́ячий hare's; F cowardly; заяча губа́ *f* harelip.
збав|ля́ти <≈ити> F reduce.
збага́|чувати <~ти́ти> enrich.
збанкрутува́ти go bankrupt.
збезче́стити *pf.* dishono(u)r.
збенте́ж|ений agitated; alarmed; embarrassed; **~ення** *n* agitation; alarm; embarrassment, confusion; **~увати,** <~ити> agitate; alarm; make uneasy; (**-ся** be [come]) embarrassed, confuse(d), perplex(ed).
зберегти́ *s.* зберіга́ти.
збере́ження *n* preservation, conservation; charge (*give* into, *take*... of на З).
зберіга́ти <зберегти́> keep; preserve; retain; maintain (*peace*); reserve (to o.s. за собо́ю); save up; (*God*) forbid!; ~ си́лу (*law*) remain in force; ~ щось у па́м'яті fix smth. in one's memory; **-ся** be preserved; keep (safe, *etc.*); remain.
зби|ва́ти <≈ти> [зіб'ю́, -б'єш; зби́тий] knock down (*or* off); overthrow (*a.* з ніг); shoot down; whip (*cream*), beat up (*eggs*), churn (*butter*); mix; lead (astray з доро́ги; **-ся** lose one's way); (**-ся** be [come]) confuse(d) *or*

puzzle(d) (з пантели́ку); *refl. a.* run o.s. off (one's legs з ніг); flock.
зби́раний skim (*milk*).
збира́ння *n* collection, gathering, harvest, levy, tax, duty.
збира́ти <зібра́ти> [зберу́, -ре́ш, збере́; зібра́в, -ла, -ло; -ний] gather, collect; put together, pack; pick up; prepare; E assemble; ~ я́годи pick berries; ~ врожа́й harvest, take in the harvest; **-ся** gather, assemble; prepare, make o.s. *or* be ready to start (*or* set out *or* go; on a journey в дорогу); be going, intend, collect (*one's thoughts* з О); braced up (з си́лами).
збира́ч *m* gatherer, collector.
зби́ток *m* [-тка] loss, damage; disadvantage (*be* at в М).
збіг *m* coincidence; combination; ~ обста́вин combination of events; concurrence of circumstances.
збіг|а́ти <ˊ-ти> run down; **ˊ-ати** *pf.* run (for за О, по З); **-ся,** (по-, на-, пона-) come running; shrink (fabric).
збі́льш|ення *n* increased; enlargment; **~увальний** *opt.* magnifying; **~увати (-ся)** <~ити(ся)> increase; enlarge; magnify.
збір *m* **1.** *a.* збира́ння; **2.** yield; валови́й ~ зерна́ gross grain yield; **3.** gathering, meeting.
збі́рка *f* collection; anthology.
збі́рн|ий *gr.* collective; assembly...; rallying; ~ий пункт asssembly point; ~ий буди́нок prefabricated house; ~а кома́нда combined team.
збі́рник *m* collection.
збли́|жувати, <~зити> bring *or* draw together: **-ся** become friends (with з О); **~ження** *n a. pol.* rapprochement; approach(es).
збли́зька from near.
зблі́днути grow pale.
збо́вт|увати <~та́ти> shake (up).
збожево́літи go mad; *fig.* be crazy (about); be mad (about).
збо́ку sideways; next to it.
збо́ри *pl.* meeting (at in на М), assembly.
збо́рище *n* concourse, crowd.
збро|йови́й arms...; **ˊ-я** *f* weapon(s), arm(s); (*cold*) steel.
збру́я *f* harness.
збу|ва́ти, <ˊ-ти> [ˊ-ду, ˊ-деш; збув, -ла́, -ло́] sell, market; get rid of (*a.* з рук); fall; **-ся** come true.
збу́д|жений exited; **~ження** *n* exitement; **~жувати** exite, stirup; arouse; incite, raise; **~ник** *m* exiter.
збуд|о́ваний built, constructed; **~ува́ти** build, construct.
збунтува́тися revolt, rise in revolt.
збут *m* C sale; ри́нок ~у market.
зва́да *f* strife, contention, conflict.
зваж|а́ти <ˊ-ити> take into consideration/account; bear in mind; ~а́ючи на те, що taking into consideration that...; **~увати** <ˊ-ити> weigh; **-ся** weigh o.s.
зва́л|ище *n* dump; **~ювати,** <и́ти> knock down; throw down; dump; overthrow; shift (off) (to на З); **-ся** fall down; collapse; ~ як сніг на го́лову come like a bolt from the blue.
зва́ний invited; ~ обі́д (ве́чір) *m* denner (evening) party.
звання́ *n* rank; title; class; standing.
звари́ти 1. boil; make, cook; **2.** *s.* зва́рювати.
зва́р|ка *f* welding; **~ник** *m* welder; **~ювання** *n*, **~ювальний** welding; **~ювати,** <~и́ти> weld; **-ся** weld, be welded.
зве́ден|ий summary; combined; ~ий орке́стр combined orchestra; step...; ~і брати́ step-brothers; ~і се́стри step-sisters; **~ня** *n* summary; report, communique; *typ.* revise.
звезти́ *s.* зво́зити.
звели́ч|увати <~а́ти> exalt, praise, glorify.
звелі́ти tell, order.
зве́рнення *n* appeal (to); address (to).
звер|та́ти <~нути> turn (off з Р); ~ з доро́ги *f* turn off the road; **-ся** appeal (to), address (to); ~ся за пора́дою ask advice.
зве́рху 1. on top; **2.** from above.
звести́ *s.* зво́дити.
зве́чора 1. in the evening; overnight; **2.** since evening.
зви́ви|на *f* bend; **~сти́й** winding.
звива́ти <зви́ти> twine, twist; зви́ти гніздо build a nest; **-ся** coil, roll up.
звик|а́ти <ˊ-нути> get used (to), get accustomed (to).
зви́клий accustomed (to), used (to).
звинува́|чення *n* accusation (of), charge (of); **~чувати** <~тити> accuse (of); charge (with).
звиса́ти hang down, droop, dangle; trail; sag; slouch.
зви́сока haughtily; from above.
звити *s.* звива́ти.
зви́ч|а́й *m* custom; F habit; **~а́йний** usual, ordinary, customary; habitual; **~ка** *f* habit; custom; **~ний** habitual; usual, customary.
звича́йно of course.
звихну́ти F *pf.* sprain; **-ся** go mad.
звід *m* J code.
звíдки where from? wherefrom; P why; **~-не́будь** (from) somewhere *or* anywhere.

зві́дси from here; hence.
зві́дти from there.
звідусі́ль from everywhere, from all parts.
зві́льн|ення *n* dismissal (from з P); **~я́ти** <**~и́ти**> dismiss (from з P); (від P) dispense (with), spare.
звір *m* (wild) animal, beast; *fig.* brute; **~и́нець** *m* menagerie; **~и́ний** *s.* звірячий.
зві́рити *s.* звіря́ти.
звіроло́в *m* trapper.
звіря́ти <зві́рити> collate (with); compare; collate.
звіря́чий <звіри́ний> beast...; animal...; *fig.* ferocious, brutal; brutish.
зві́сити *s.* зві́шувати.
зві́стка *f* news.
звіт *m* account (of про З), report (on); return; **∸ний** of account; **∸ність** *f* accounting; F accounts *pl.*; **~ува́ти** give *or* render an account (to перед О).
звітр|юватися <~итися> volatilize; F disappear, vanish.
звітува́ти report
зві́шувати <зві́сити> let down; hang down; dangle; **-ся** lean over; hang over.
зво́дити <звести́> lead, take (down); bring (together); close (*vault*); reduce (to до P); square (*accounts*); contract; remove; drive (mad з ро́зуму; ~ нанівéць bring to naught/nothing; **-ся** <-сь> (до P) come *or* amount (to), result (in); turn (into на З).
зво́зити, <звезти́> bring together; take (bring) down.
зволіка́ння *n* delay.
зволіка́ти delay, linger, be slow *or* tardy, hesitate.
зволо́ж|увати <~ити> wet, dampen.
зворо́т *m* back, reverse; (*вислів*) expression, construction; мовний ~ turn of speech; **~ний** back; opposite; reverse; *gr.* reflexive.
звору́ш|ений touched, moved; **~ення** *n* emotion; **~ено** touchingly; movingly; **~ливий** touching, moving; **~увати** <~ити> touch, move; зворуши́ти когось до сліз move s.b. to tears; **-ся** be touched (moved).
звýж|ення *n* **1.** narrowing, contraction; constriction; **~увати**, <звýзити> contract, narrow; **-ся** taper, narrow, get narrow.
звук *m* sound; tone; tune; **~ови́й** sound...; talking (picture); **~оза́пис** *m* (sound-)recording; **~онаслі́дування** *n* onomatopoeia; **~ооператор** *m* sound-producer.
звуча́|ння *n* sounding; **~ти** <про-> (re)sound; ring; clang.
звýчний sonorous, clear; resonant.
зв'яз|а́ти(ся) *s.* зв'я́зувати(ся); **∸ка** *f* [*g/pl.*: -зок] bunch; bundle; *anat.* ligament; (vocal) cord; *gr.* copula; **~кі́вець** *m* signalman; communications engineer; **∸ний** coherent; **~о́к** *m* [у зв'язкý] tie, bond; connection (*Brt.* connexion); relation; contact; liaison; Ml signal (*service, etc.*); communication; post(al system); **∸увати** <~а́ти> tie (together), bind; connect, join; unite; associate; *teleph.* put through, connect; **-ся** get into touch, contact; associate (with з О).
зга́дк|а *f* memory, recollection; подарува́ти на ~у give as a keepsake.
зга́д|увати <~а́ти> (З) remember, recall.
згайнува́ти: ~ час waste time.
зганя́ти, <зігна́ти> drive away; drive together.
зганьби́ти disgrace, dishonour.
згаса́ння *n* going out, dying (away).
згас|а́ти <∸нути> die (*or* fade) out, away, expire, become extinct.
зґвалтува́ти violate, force; rape.
згви́н|чувати, <~ти́ти> [*e.*: -нчý, -нти́ш; згви́нчений] screw together, fasten with screws.
згин *m*, **~а́ти**, <зігнýти> bend, curve, fold; *v/i.* **-ся.**
зги́нути be lost, perish; disappear.
зга́дн|ий: **1.** бути ~им agree (to); **2.** in keeping (with); **~о** з according to; in accordance with.
згла́дж|увати, <~ити> smooth; **-ся** be smoothed (out).
згля́нутися (на З) have *or* take pity (on), pity.
згнива́ти *s.* гни́ти.
зго́вір *m* conspiracy; plot; бýти в зго́ворі be in collusion (with); **∸ливий** compliant; amenable; pliable; tractable.
згово́р|юватися, <~и́тися> arrange (with).
зго́д|а *f* consent (to на З; with з P) assent; agreement (by за О); дійти́ ~и come to an agreement; harmony, concord; accordance.
зго́ден: я з ва́ми ~ I agree with you; ~! agreed!
зго́д|жуватися, <~и́тися> agree (with з О; to на З); consent (to), assent; F admit.
згоди́тися be of use; be useful (to), come in useful/handy (to).
зго́дний *s.* згоден.
зго́дом (some time) later, after.
зго́рда proudly; haughtily.
згори́ from above; from the top.

згорта́ти, <~ну́ти> roll (up); fold (up); pile; ~ сніг з да́ху throw the snow off the roof; ~ виробни́цтво curtail production; ~ та́бір break up a camp; furl (*umbrella*); **-ся** roll (up); (*snake*) coil up; ~ в коло́ну Ml break into column.

зго́рток *m* bundle, packet; roll, scroll.

згор|я́ння *n* combustion; **~я́ти,** <~і́ти> burn (down); ~і́ти від со́рому burn with shame.

згра́я *f* [*g/pl.*: зграй] flight, flock (*of birds*); shoal. school (*of fish*); pack, troop (*of dogs, wolves*).

згребти́ *s.* згріба́ти.

згріба́ти, <згребти́> rake up; showel (down), gather up.

згу́бний disastrous, fatal; pernicioous.

згурт|о́вувати(ся), <~ува́ти(ся)> unite; rally.

згу́сток *m* clot; **~ща́ти,** <~сти́ти> condense; **-ся** thicken; condense; ~ фа́рби *fig.* exaggerate; **~щений** thicken; condensed; ∸щене молоко́ *n* condensed milk.

зда|ва́ти, <∸ти> deliver, hand in (*or* over); surrender; yeild; check, register; rent, let (out), lease; deal (*cards*); return (*change*); **-ся 1.** surrender (to), yield (to); give in, give (oneself) up; ~є́ться ... ... for rent (*Brt.* to let); **2.** seem, appear; look; мені́ ~є́ться, що... it seems to me that.

зда́в|лювати, <~и́ти> squeeze.

зда́вна long since; since olden days.

зда́лек|а, ~у from a distance; from afar; приї́хати ~у come from far away.

здає́ться *s.* здава́тися[2]; він, ~, має ра́цію he seems to be right.

зда́тися *s.* здава́тися[1].

зда́тн|ий fit (for), suitable (for); capable (of *a.* на З); ні до чо́го не ~ий worthless; good for nothing; **~ість** *f* ability, suitability, fitness.

зда́ча *f* surrender; delivery; deal; change; letting (out); check, register.

здебі́льшого for the greater/most part; mainly, mostly.

зде́рти *s.* здира́ти.

здеше́в|лювати <~ити> [-влю, -ви́ш; здеше́влений] cheap.

здзвони́тися F *pf.* (з O) phone.

здиво́ваний astonished surprised, amazed.

здивува́|ння *n* astonishment, surprise; **~ти** astonish, surprise, amaze; **-ся** be astonished, be surprised.

здира́ти, <зде́рти> strip off; flay (*a. fig.*); ~ ко́ру з де́рева bark a tree; ~ шкі́ру з твари́ни flay (skin) an animal.

здиха́ти <здо́хнути> die off, perish.

здичаві́лий (run)wild.

зді́бний able, capable, talented, clever (at); **~ість** *f* ability, aptitude, faculty; *pl.* **~ості** ability *sg.*, aptitude *sg.*; ~ості до мов language ability, talent for languages.

здій|ма́ти <~ня́ти> lift, raise; **-ся** rise; arise.

здійсн|е́нний practicable, feasible; **∸ення** *n* realization; **∸ювати** <~и́ти> realize; carry out; accomplish, fulfil; **-ся** be carried out; be realized; come true.

здо́б|а *f* fancy bread; **~ний** rich; ~на бу́лка *f* bun; ~не ті́сто *n* fancy/short pastry.

здо́бич *f* plunder, loot; *fig.* prey.

здобу|ва́ти, <∸ти> get, win.

здобу́ток *m* achievement; fruit(s) *pl.*

здога́д|уватися <~а́тися> guess, conjecture; **~ка** *f* conjecture, guess-(work).

здоро́вий healthy (*a. su*), sound (*a. fig.*); wholesome, salubrious; P strong; in good health; здоров! hallo! бувай(те) здоров(і)! good-bye!

здорови́ло F *m* від (stupid) fellow, spindlelegs.

здоро́в'я *n* health; як ва́ше ~? how are you?

здо́хнути *s.* здиха́ти.

здриг|а́ння *n*, **~а́тися,** <~ну́тися> shudder.

здружи́тися make friends (with), become intimate (with).

зду|ва́ти, <∸ти> [зідму́, зідме́ш] blow off (*or* away).

зду́ш|увати <~и́ти> squeeze; constrict.

зеле́н|ий green (*a. fig.*), verdant; **~ий** театр open-air stage; **~і́ти** <за-, по-> grow, turn *or* be green; show green.

зе́лень *f* verdure, green; potherbs, greens *pl.*

зе́льтерська *f* Seltzer.

земе́льний land...; landed.

земле|вла́сник *m* landowner; **~вла́сницький** landowner's; **~володі́ння** *n* ownership of land; **~впорядкува́ння** *n* system of land use; **~ко́п** *m* digger; *Brt.* navvy; **~користува́ння** *n* land use; **~мі́р** *m* land surveyor; **~ро́б** *m* farmer, cultivator; **~ро́бство** *n* agriculture; **~ро́бський** agricultural; **~тру́с** *m* earthquake; **~черпа́лка** *f* dredge(r).

землі́стий earthy; ~ ко́лір обли́ччя sallow complexion.

земля́ *f* earth (*as planet* ∸я); land; ground, soil; **~к** *m* (fellow) countryman; **~ни́й** earthen; mud...; land...;

ashy; ~ний горíх peanut; ~на грýша (jeurusalem) artichoke.
земн|и́й earthly; *fig.* earthy; ~а кýля the globe.
земновóдний amphibian.
земснаря́д *m* (suction) dredger.
зенíт *m ast.* (*a. fig.*) zenith; **~ний** Ml anty-aircraft...; **~ка** *f* Ml F anty-aircraft gun.
зерни́на *f* grain, seed.
зернó *n* grain (*a. coll.*), corn, (*a. fig.*) seed; **~ви́й** grain...; ~ві культýри grain-crops; **~схóвище** *n* granary.
з'єдн|ання joining, connection; union; junction; joint; Ml formation; ~увальний connecting; **~увати**, <~áти> join (together), couple, link; connect; unite; put through (*teleph.*); **-ся** join, connect; unite; get through, make contact.

з-за from, from behind; ~ мóря from beyond the sea, from oversas; встáти ~ стóлу rise from the table.
ззáду behind, at the back; from behind.
ззóвні from outside.
зигзáг *m* zigzag.
зимá *f* winter; всю зи́му the whole winter; на зи́му for the winter.
зим|íвля *f* wintering; **~íвник** *m* winterer; **~óвий** winter...; **~остійкий** winter-hardy; **~увáти** <за-, пере-> spend the winter; hibernate.
зи́чити wish.
зі *s.* з.
зібрáти(ся) *s.* збирáти(ся).
зів'я́|лий withered; **~нути** wither, fade; *fig.* lose its bloom.
зігнáти *s.* зганя́ти.
зігнýти *s.* згинáти.
зігрáти Mu, *sport.* play; *(theatre)* act, per-form; ~ роль play/take the part (of).
зігр|івáти <~íти> warm, heat.
зізна|вáтися, <~́тися> (у М) confess, avow oneself, own; ~́ння *n* confession (of у М).
зійти́ go down, come down, descend; *s. a.* схóдити; **-ся** meet; *s. a.* сходитися.
зíлля *n coll.* herbs *pl.*
зімкнýти *s.* змикáти.
зіни́ц|я *f* pupil, apple of the eye; берегти́ як ~ю óка guard like the apple of one's eye.
зіпсóваний spoilt; tainted; broken.
зіпсувáти spoil, ruin; **-ся** get spoiled, spoil; get out of order.
зіпхнýти *s.* спихáти.
зір *m* (eye) sight; пóле зóру sight, range of vision, eyeshot; *fig.* horizon.
зірвáти *s.* зривáти[1].
зірви́голова *m/f* F daredevil.
зíрка *f* [*pl.* зірки́, *etc. st.*] star (*a. fig.*); морська ~ *zo.* starfish.
зірни́ця *f* **1.** morning star; **2.** summer lighting.
зіскáкувати <зіскóчити> jump *or* spring (off, down).
зіскóвз|увати, <~нýти> slide (down, off); slip (off).
зіскóчити *s.* зіскáкувати.
зістáв|лення *n* collation, comparison **~ля́ти**, <~́ити> collate, compare.
зіткáти weave.
зíткнення *n* collision (*trains*); clash (*interests*).
зіткнýтися *s.* стикáтися.
зітнýти(ся) *s.* стинáти(ся).
зітхá|ння *n* sigh; **~ти** breathe, sigh.
з'їдáти <з'ї́сти> eat; eat up.
з'їжджáти, <з'ї́хати> [з'ї́ду, -деш] go, drive (*or* slide) down; ~ з дорóги *f* get off the road; ~ з гори́ go downhill; **-ся** come together, assemble, gather; meet.
з'ї́зд *m* congress (at на М); arrival; **~ити** go; make a trip; (за О) tetch; (до Р) visit.
з'ї́сти *s.* з'їдáти.
з'ї́хати(ся) *s.* з'їжджáти(ся).
зйóмка *f* [*g/pl.*: -мок] (*topographical*) survey, shooting (*film*).
злáгода *f* agreement; accord, harmony.
злáгоджен|ий co-ordinated; concordant; harmonious; **~і** дíї concerted action *sg.*; **~ість** *f* co-ordination; concordance; **~о** in co-ordination, in concord.
злáзити, <злíзти> come/climb/get down; dismount; F get off; F come off, peel.
злак *m* herb; grass; хлíбні ~и *pl.* cereals.
зла|м *m* **1.** breaking; break-up; на ~м for pulling down, for scrap; **2.** *fig.* change; turning point.
злáм|увати, <~áти> **1.** break; **2.** *pf.* infringe, break.
злéгка slightly; gently.
зледащíти grow lazy.
злетíти *s.* злітáти.
зли́ва *f* [-ви] downpour.
зли|вáти, <~́ти> [зіллю́, зіллє́ш; *cf.* ли́ти] pour (off, out, together); fuse, merge, amalgamate; **-ся** flow toge-ther; blend, merge; *fig.* amalgamate, merge.
зли́вок *m* ingot.
злигóдні *pl.* calamities; misadventures.
злидéнн|ий poverty-stricken, destitute; wretched; **~ість** *f* destitution, (extreme) poverty.
злидáр *m* beggar.
зли́дн|і *pl.* poverty *sg.*; жити в ~ях live in poverty.

злúз|увати <~áти> lick off.

злип|áтися, <~́нутися> stick together; close; у ньóго очі ~áються (від снý) he can hardly keep his eyes open.

злиттá *n* confluence; fusion, amalgamation; blending.

злíва at/from/on/to the left.

злíзти *s.* злáзити.

злíп|лювати, <~úти> stick together -**ся** stick; *a. s.* ліпúти.

злíпок *m* [-пка] mould, cast.

зліт *m* A take-off; *fig.* rise, upswing; flight; rally, meeting (at на M).

злітáти, <злетíти> fly up; take wing; take off; fly away; fly down; fall down; -**ся** fly together; F gather, flock in.

зло *n* evil.

злóб|а *f* spite; rage; ~а дня topic of the day; ~ливий, ~ний malicious.

злободéнний topical, burning.

зловживá|ння abuse; over-indulgence (in); ~**ти** <зловжúти> abuse; over-indulge.

зловúти catch; ~ на слóві take s.b. at his word.

зловíсний ominous, sinister.

зловмúсни|й ill-intentioned, malicious.

зловтíш|ний spiteful.

злóдій *m* thief; ~**ка** *f* [*g/pl.*: -йок] (female) thief; ~**ство** *n* stealing, thieving; ~**ський** thieves', criminal.

злом *m* breaking in; ~́**щик** *m* burglar.

злопáм'ятний rancorous.

злослóвити talk scandal.

злóчин *m* crime; на місці ~у red-handed; ~**ець** *m* criminal, delinquent; ~**ний** criminal; ~**ність** *f* criminality, criminal nature.

злощáсний ill-starred, ill-fated.

злоякісний Me malignant.

злýщ|увати <~щити> husk, peel; -**ся** peel.

злюка *m/f* F spitfire.

злягтú fall ill.

зляякан|ий frightened, scared; ~**о** in fright.

злякáти frighten, scare; -**ся** be frightened; take fright (of).

змагá|ння *n* competition; contest; emulation; (*a. sport*) match; ~**тися** (з O) compete (with); emulate, vie, contend.

змáзування *n* greasing, oiling, lubrication.

змáз|увати <~ати> grease, smear; oil, lubricate; F blur.

змáлку from (one's) childhood.

змал|ьóвувати <~ювáти> copy; portray; depict; describe.

змáн|ювати <~úти> lure, entice.

змарні|лий haggard, hollow-cheeked; ~**ти** lood haggard; become hollow-cheeked.

змастúти *s.* змáщувати .

змах stroke, sweep; movement; flap; ~́**увати**, <~нýти> **1.** wave; strike (with); make strokes (with); flap (*wings*); **2.** brush off (*or* aside).

змá|щувати, <~стúти> *s.* змáзувати.

змéнш|ення *n* decrease, reduction; ~**увати** <~ити> [-шу, -шиш; змéншений] reduce, diminish, decrease (-**ся**).

змéрз|лий cold, chilly, frozen; ~**нути** get (be) frozen.

змертвíлий numb; dead.

змести *s.* змітáти.

зми|вáти, <~́ти> wash off (*or* away).

змикáти <зімкнýти> close; не ~ очéй not sleep a wink; зімкнýти рядú Ml, *sport.* close the ranks; -**ся 1.** join, close up; **2.** *fig.* rally, unite.

змúлуватися have pity (compassion) (on).

змíн|а *f* changing, change; shift (in у З); Ml relief; replace; supersession; young/rising generation, successors *pl.*; прийтú на ~у *s.* ~úтися; ~**ний** changeable, variable; ~на величинá Ma variable quantity; ~ний струм El alternating current; ~**ювати**, <~úти> [-юю, -юєш; -ений] change; replace; (-**ся** be) supersede(d; o.a.), Ml relieve(d), replace(d; by O), substitute(d; for).

змíряти <змíряти> measure.

зміст *m* contents *pl.*; substance, content; ~**óвний** profound, serious; pithy, substantial.

змітáти <зместú> sweep off (away) *a.fig.*

змíцн|ювати <~úти> strengthen; Ml fortify; -**ся** become stronger; be strengthened; Ml fortify one's posititons.

змíш|аний mixed; ~**ування** *n* mixture; confusion; ~**увати**, <~áти> mix (up), mingle, muddle, blend (*v/i.* -**ся**; get *or* be [come]) confuse(d);

змíщення *n* displacement.

змí|щувати, <~стúти> [-щую, -щуєш; -щений] displace, shift, dislocate.

змія *f* snake, serpent.

змóва *f* plot, conspiracy.

змóвитися *s.* змовлáтися.

змовк|áти, <~́нути> grow/become silent; cease; stop (*sound*).

змовлáтися <змóвитися> plot, conspire; arrange.

змóвник *m* conspirator.

змóвч|увати <~áти> give no answer, hold one's peace.

змок|áти <~́нути> become wet; be wet through.

змоло́ти grind.
змолоти́ти thresh.
змо́рений tired, weary; won-out.
змори́ти(ся) *s.* змо́рюватися.
змо́ршк|а *f* wrinkle; crease; **~ува́тий** wrinkled; lined.
змо́р|ювати <~и́ти> tire, weary; **-ся** tire o.s.; get tired.
змо́т|увати, <~а́ти> reel on *or* off, wind.
змо́ч|увати, <~и́ти> moisten.
змужні́л|ий mature, grown-up; **~ість** *f* maturity.
зму́сити *s.* зму́шувати.
зму́ч|ений worn-out, exhausted; **~увати** <~ити> wear out; **~ува-тися** <~итися> be worn out; be tortured.
зму́ш|ений forced; ~ена посадка A forced (emergency) landing; **~увати** <зму́сити> force, compel.
зм'я́кш|увати, <~и́ти> [-шу́, -ши́ш; -шений] soften (*v/i.* **-ся**); mitigate.
знаве́ць *m* expert (in); connoisseur.
зна́д|а *f* temptation; **~ли́вий** attracting; tempting.
знадво́ру from the outside.
зна́д|жувати <~ити> tempt, entice.
знадоби́тися be necessary, be needed; be of use.
знайо́м|ий familiar, acquainted (with з O); known; **~ити** <по-> introduce (to); make acquainted (with); **-ся** (з O) P.: meet, make the acquaintance of, (*a. th.*) become acquainted with; *th.*: familiarize o.s. with, go into; **~ство** *n* acquaintance (-ces *pl.*).
знайти́ *s.* знахо́дити.
знак sign, mark, token; symbol; omen; badge; signal; розділові ~и *pl.* punctuation marks.
знаме́нник *m* Ma denominator.
знаменува́ти mark, signify.
знання́ *n* (*a. pl.*) knowlegde; зі ~м спра́ви with skill *or* competence.
знаря́ддя *n* (*a. pl.*) tool, instrument (*a. fig.*); ~ виробни́цтва *pl.* instruments of production.
зна́ти know; be aware (of); be acquainted (with); ~, що до чо́го know what's what; хто його> знає! who knows?
зна́тний distinguished, outstanding; noble.
знахабні́|лий insolent, impudent; **~ти** become insolent.
зна́хід|ка [*g/pl.*: -док] find; F discovery; бюро́ ~ок lost-property office.
знахо́дити <знайти́> find; discover; **-ся** be found; be discoverd.
зна́чення *n* meaning, sense; significance; ма́ти велике ~ be of great importance.
зна́чити mean, signify; **-ся** be registered (as).
значн|и́й considerable; important, significant; **~о** much, considerably, to a great extent.
значо́к *m* badge.
знеба́рв|лювати <~ити> dis-colour, bleach.
знева́га *f* contempt, disrespect.
знев|ажа́ти <~а́жити> scorn, despise; neglect.
зневі́ра *f* disillusionment, disappointment.
зневір|я́тися <~итися> (of в M), despond.
знедо́лений miserable, unfortunate, wretched.
знем|ага́ти <~огти́> be exhausted, bread down; ~ага́ти від уто́ми be fain with fatigue.
знемо́|га *f* exhaustion, prostration; **~жений** exhausted, tired out, worn-out.
знена́ви|діти conceive a hatred (for); **~сть** *f* hatred; hate.
знена́цька suddenly, all of a sudden.
знеприто́мніти faint, lose consciousness.
знеси́л|ений exhausted, wornout; **~ювати** <~ити> weaken, enfeeble; **-ся** grow weak; be exhansed.
знести́ *s.* зно́сити
зне́хтуваний outcast.
зне́хтувати neglect, ignore.
знеці́н|ення *n* depreciation; **~ювати(ся)** <~и́ти(ся)> depreciate.
знешко́д|жувати <~ити> neutralize; render harmless.
зни́ж|ений reduced; **~ення** *n* lowering; reduction, decrease; fall; landing; ~ення цін reduction in prices; **~увати,** <~зити> bring down, lower; reduce, decrease; cut (down); **-ся** **1.** fall, sink; be reduced; **2.** go/come down, descend; A land.
зни́зу from below.
зни́з|увати <~а́ти>: ~ плечи́ма shrug one's shoulders.
зник|а́ти <~нути> disappear, vanish.
зни́кнення *n* disappearance.
зни́щ|ення *n* annihilation; **~увати** <~ити> annihilate; destroy; abolish, annul.
зніма́ння *n* taking down; raising; dismissal.
зніма́ти, <зня́ти> [зніму́, -ме́ш; зняв, -ла́, -ло́; зня́тий] take (off, away *or* down); remove; reap, gather (in), pick; (take a) photograph (of); rent; raise (*siege*); strike (*camp*); make (*copy*,

К

кабалá *f* serfdom, bondage.
кабáн *m* (*a.* wild) boar.
кáбель *m* cable.
кабін|а *f* cabin, booth; A cockpit; **~éт** *m* study; office; Me (consulting) room; *pol.* cabinet.
каботáж *m* coasting.
кáв|а *f* [*indecl.*] coffee; **~ник** *m* coffee pot; **~ничка** *f* coffee mill; coffee box; **~овий** coffee...; **~ярня** [*g/pl.*: ~ярень] coffee house, cafe.
кавалéр *m* cavalier; knight; **~ист** *m* cavalryman; **~ійський** cavalry...; **~ія** *f* cavalry, horse.
кáверз|а F *f* intrigue; trick; **~ний** F trick(s)y.
Кавкáз *m* Caucasus (*prp.*: на З/М to/in); **~ець** *m* Caucasian; **~ький** Caucasian.
кавýн *m* watermelon.
кадик F *m* [*e.*] Adam's apple.
кади|ло *n* censer; **~ти** *e.* [каджу, кадиш] cense.
кáдмій *m* cadmium.
кадр *m* (*mst. pl.*) cadre, key group, van (guard); skilled workers; (*film*) shot; close-up; **~овий** Ml regular, active; commanding; skilled.
кажáн *m* bat.
казанóк *m* kettle, pot; Ml mess kit; derby *Brt.* bowler.
казáрма *f* Ml barracks *pl.*
казáти say, tell; кáжуть (що) they say; it is said; що й ~! of course, it goes without saying; не кáжучи (вже) про not to mention; відвéрто кáжучи frankly speaking; як кáжуть as the saying goes.
казáх *m*, **~ський** Kazak(h); *Sov.* **≗ська РСР** Kazak Soviet Socialist Republic; **≗стáн** *m* Kazakstan.
каз|éнний state..., government...; official, public; formal, perfunctory; commonplace; на ~éнний рахунок *m* gratis; **~нá** *f* treasury, exchequer.
кáзк|а *f* [*g/pl.*: -зóк] fairy tale; tale, fib; нарóдні ~й popular/folk tales; **~óвий** fabulous, fangtastic; fairy (tale)...
кáзна-що F bosh, baloney.
Каїр *m* Cairo.
кайдáни *m/pl.* fetters, shackles.
кáйло <кирка> *m* pick(ax[e]), mattock.
какáо *n* [*indecl.*] cocoa.
каламбýр *m* pun.
каланчá *f* watch-tower; F beanpole.
калáч *m* small (*padlock-shaped*) white loaf.
календáр *m* [*e.*] calendar.
калина *f* snowball tree.
кáлій *m* potassium.
калі|ка *m/f* cripple; <по-> **~чити** cripple, maim.
калорія *f* calorie.
калóші *f/pl.* galoshes, rubbers.
кáльк|а *f* tracing; tracing paper; *fig.* loan translation; **~увати** trace.
калькул|юáти C calculate; **~яція** *f* calculation.
кальсóни *f/pl.* drawers, underpants.
калюжа *f* puddle, pool.
кáльцій *m* calcium.
кáмбала *f* flounder.
камін *m* fireplace.
кам|енистий, ~енястий, ~'янистий stony: **~еніти, ~'яніти** <за-> turn (in) to stone, petrifi; **~енолóмня, ~'ярня** *f* [*g/pl.* ~енолóмень, ~ярень] quarry; **~еняр** *m* bricklayer, (*a. hist.*) mason; **~інний, ~'яний** stone...; *fig.* stony, rock (salt), ~'янé вугілля *m* (pit) coal (hard and soft) **~інь** *m* -еня stone, rock; Me *a.* calculus, gravel.
кáмер|а *f* (*prison*) cell; Me ward; Rr (cloak) room, office; *parl.* (O), J, E, Ml. chamber; *phot.* camera; bladder (ball); tube (*wheel*); **~ний** Mu, E chamber...
камкá *f* damask (*fabric*).
кампáнія *f* Ml *pol.* campaign.
камфорá *f* camphor.
Камчáт|ка *f* Kamchatka; **~(н)ий** damask...
канáва *f* ditch; gutter; drain.
Кáнад|а *f* Canada; **~ець (ієць)** *m* [-ця (ійця)], **~ка (ійка)** *f* [-док (дійок)]; **~ський (ійський)** Canadian.
канáл *m* canal; (*a. fig.*) channel; pipe; **~ізáція** *f* canalization; (town) severadge.
канáрка *f* [*g/pl.*: -ок] canary.
канáт *m*, **~ний** rope, cable.
канвá *f* canvas; *fig.* basis; outline.
кандидáт *m* candidate; *a. lowest Sov. univ.* degree, *approx.* = master.
канікули *pl.* vacation *Brt.a.* holidays.
канон|áда *f* cannonade; **~éрка** *f* [*g/pl.*: -рок] gunboat.

ка́нути *pf.* sink, fall; як у во́ду ~ disappear without leaving a trace; ~ у ві́чність (у небуття́) pass into oblivion.
канцеляр|и́зм *m* red tape; **∸ія** *f* (secretary's) office, secretariat; **∸ський** office...; writing.
каню́чити F beg for.
ка́пати *s.* крапати.
капелю́|х *m* hat; **~шний** hat...; hatter's; milliner's; **~шник** *m* hatter; **~шок** *m* [*g/pl.*: -ків] *dim of* ~х; (*lady's*) hat.
капіта́л *m* C capital; stock; **~і́зм** *m* capitalism; **~і́ст** capitalist; **~істи́чний** capitalist(ic); **~овкла́дення** *n* investment; **~ьний** capital; dear, expensive; main; thorough.
капіта́н *m* Ml, Sh captain.
капітул|юва́ти *(im)pf.* capitulate; **~я́ція** *f* capitulation.
капка́н *m* trap (*a. fig.*).
капли́ця *f* [*g/pl.*: -ць] chapel.
ка́пля *s.* крапля.
К
капо́т *m* dressing gown; overcoat; E hood, *Brt.* bonnet.
капри́з *m* whim, caprice; **~ували** be capricius; **~на** [-ний] capricius, whimsical.
ка́псуль Ml *m* percussion cap.
ка́пту́р *m* hood.
капу́ста *f* cabbage; квашена ~ sauerkraut.
капшу́к <кисе́т> *m* tobacco pouch.
капюшо́н *s.* каптур.
ка́ра *f* punishment.
карабі́н *m* carbine.
карава́н *m* caravan.
кара́кул|ь *m*, **~евий** astrakhan.
кара́|льний punitive; **~ти** <по-> punish; **∸ний** [*sh.*] J punishable.
каранти́н *m* quarantine.
карапу́з F *m* tot, hop-o'-mythumb.
кара́сь *m* crucian (*fish*).
карау́л *m s.* варта.
карб|о́ваний engraved, chased; ~ крок firm step; **~ува́ти** mark; make a rotch; coin, mint; engrave, chuse.
карбо́ловий carbolic (*acid*).
карбу́нкул *m* carbuncle.
карбюра́тор *m* carburet(t)*or*.
каре́л *m* Karelian; **≗ія** Karelia; **~ка** [*g/pl.*: -лок] Karelian.
каре́та *f* carriage, coach.
кар'є́р *m* full gallop (at O); з мі́сця в ~ on the spot; **~а** *f* career; fortune; **~и́ст** *m* carrerist.
ка́рий (dark) brown; bay.
карикату́р|а *f* caricature, cartoon; **~ний** caricature...; [-рна] comic(al), funny.
карка́с *m* frame (work), skeleton.
ка́рк|ати *once* <~нути> croak (*a.*, F, *fig.*), caw.
ка́рлик *m* dwarf, pygmy; **~овий** dwarf...; dwarfish.
карлю́чка *f* scrawl.
карнава́л *m* carnival.
карни́з *m* cornice.
Карпа́ти *f/pl.* Carpathian Mts.
ка́рт|а *f* map; Sh chart; (playing) card; menu; ставити на ~у stake (have all one's eggs in one basket); **~е́ль** *f* cartel; **~е́ч** *f* case shot; **~я́р** *m* gambler (at cards).
карта́тий checkered (*Brt.* chequered).
карти́н|а *f* picture (in на M); movie; image; painting; scene (*a. thea.*); **~ка** *f* [*g/pl.*: -нок] (small) picture...; illustration; **~ний** picture...; picturesque, vivid.
карто́н *m* cardboard, pasteboard; o = **~ка** *f* [*g/pl.*: -нок] (cardboard) box; hatbox.
карто́пля *f* botato(es).
картоте́ка *f* card index.
карту́з <кашке́т> *m* [*e.*] cap; O pack(age).
карусе́ль *f* merry-go-round.
ка́рцер *m* dungeor; lockup.
ка́са *f* pay desk *or* office; (*a.* білетна ~) Rr ticket window, *Brt.* booking office; *thea.* box office; bank; fund; cash; cash register; money box *or* chest, safe; **~ці́йний** *s.* апеляці́йний; **~ція** *f* J reversal.
касе́та *f phot.* plate holder.
каси́р *m*, **~ка** *f* cashier.
ка́ска *f* [*g/pl.*: -сок] helmet.
каспі́йський Caspian.
ка́ста *f* caste (*a. fig.*).
касто́ровий *s.* рициновий.
каструва́ти *(im)pf.* castrate.
каструля *f* saucepan; pot.
катало́г *m* catalogue.
ката́ння *n* driving, riding, skatting, *etc.* (*cf.* ката́ти[ся]).
катастро́ф|а *f* catastrophe; **~і́чний** catastrophic.
ката́ти roll (*a.* E); mangle; <по-> (take for a) drive, ride (*a.* верхи, *etc.*), row (на човні); skate (на ковзанах); sled(ge) (на санках), *etc.*; roll.
категор|і́чний categorical; **∸ія** *f* category.
ка́тер Sh *m* [*pl.*: -ри́, *etc. e.*] cutter; торпе́дний ~ torpedo boat.
катери́нка *s.* шарма́нка.
кат|і́вня *f* torture chamber.
като́д *m* cathode; **~ний** cathodic.
като́ли|к *m*, **∸чка** *f* [*g/pl.*: -чок] **∸цький** (Roman) Catholic.
ка́тор|га *f* hard labo(u)r in (*Siberian*) exile; place of such penal servitude; *fig.* drudgery misery; **~жа́нин** *m* [*pl.*:

-жа́ни, -а́н], **~жник** *m* (exiled) convict; **~жний** hard, penal.
каучу́к *m* caoutchouc, rubber.
ка́федра *f* platform, pulpit, lecturing desk; chair, cathedra.
ках|ель *m*, **~ля** *f* (Dutch) tile.
кач|а́лка *f* rolling-pin (*for paste, dough*); beater (*for linen*); **∸ка** *f* **1.** duck; **2.** rolling (бокова́ *or* бортова ~ка); pitching (кильова ~ка); **~у́р** *m* drake.
кача́н *m* head (of cabbage).
кача́ти *s.* помпува́ти.
ка́ш|а *f* mush , *Brt.* porridge; gruel; pap; F slush; *fig.* mess, jumble; **~ова́р** Ml *m* cook.
ка́ш|ель *m*, **~ляти** *once* <~лянути> cough.
кашке́т *s.* картуз.
кашлю́к <ко́клюш> *m* whooping cough.
кашне́ *n* [*indecl.*] neckscarf.
кашта́н *m* **~овий** chestnut.
каю́та Sh *f* cabin, stateroom.
ка́ят|ися <по-> repent; **~тя** *n* penance.
кв. *abbr.*: **1.** квадра́тний; **2.** кварти́ра, Р квати́ра.
квадра́т *m*, **~ний** = **~о́вий** square.
квáк|ати *once* <~нути> *s.* кумкати.
кваліфік|а́ція *f* qualification(s); **~ований** qualified, competent; skilled, trained.
кварта́л *m* quarter (= district; 3 months); block, F building (*betw.* **2.** *cross streets*); **~ьний** quarter(ly); district... (*a., su., form.*: district inspector).
кварти́р|а *f* appartment, *Brt.* flat; ~а двокімнатна two-room apt./flat; lodgings *pl.*; Ml quarter(s); billet; **~а́нт** (~онайма́ч) *m* **~а́нтка** (= онайма́чка) *f.* [*g/pl.*: -ток, (-чок)] longer, roomer, subtenant; **~ний** housing, house-..., **~на плата (квартпла́та)** *f* rent.
квас *m* quass; **~ити** <за-> sour; **~о́ля** *f* (*Brt.* runner) bean(s).
квати́рка *f* [*g/pl.*: -рок] window leaf.
ква́шений sour, leavened.
квита́нція *f* receipt; check, ticket.
квито́к *m* ticket; card; зворотний ~ round-trip ticket, *Brt.* return-ticket.
квітень *m* April.
кво́лий sickly.
кво́та *f* quota, share.
квт(г) *abbr.* = kw. (K.W.H.).
кег|ельба́н *m* bowling alley; **∸ля** *f* [*g/pl.*: -лів] pin (*pl.*: ninepins), *Brt.* skittle(s).
кедр *m* cedar; сибірський ~ cembra pine.
кекс *m* cake.
ке́лих <ку́бок> *m* wineglass, goblet.
ке́лія *f eccl.* cell.
Кельн *m* Cologne.
кельт *m* Celt; **∸ський** Celtic.
кенгуру́ *m* [*indecl.*] Kangaroo.
ке́п|і *n* [*indecl.*] **~ка** *f* [*g/pl.*: -пок] cap.
кепкува́ти make fun (of над О).
ке́пськ|ий bad, nasty, foul; спра́ва ~а thigs are looking bad.
кера́м|іка *f* ceramice; **~іковий**, **~ічний** ceramic.
кер|івни́й leading; **~івни́к** *m* leader; chief; manager; teacher; науко́вий ~івни́к supervisor; **~івни́цтво** *n* leadership; guidance; supervision; leaders *pl.*
керм|а́нич *m* helmsman, man at the wheel; steersman; **~о́** *n* rudder, helm; handle-har(s)wheel; стояти за ~о́м be at the wheel; ~вла́ди the reins of government; **~ови́й** steering, control...; ~ове́ ко́лесо steering wheel.
керува́|ння *n* management; government; E control; *gr.* government; **~ти** (О) lead; direct, manage; govern, rule, control, operate, run; **-ся** follow, conform (to).
ке́та *f* siberian salmon.
кефі́р *m* kefir, yog(h)urt.
киби́тка *f* [*g/pl.*: -ток] tilt cart (*or* sledge).
кив|а́ти *once* <~нути> nod, beckon; point (to на 3); **~о́к** *m* [~вка́] nod.
ки́д|ати, *once* <ки́нути> throw, Sh (якір) cast, ~ lots кидати жереб, fling; <по-> rush, кидати роботу ~ off leave off; **~ся** *g v/i* dash, rush; ~ на go to (в 3); **~о́к** *m* [-дка] hurl, throw.
Ки́|їв *m* Kyiv; **~я́нин** *m* [*pl.*: ~я́ни], **~я́нка** *f* [*g/pl.*: -нок] Kyiver; **~ївський** Kyiv...
кий *m* [*pl.*: киї́, киї́в] cue.
ким *s.* хто.
кинджа́л *m* dagger.
ки́нути *s.* ки́дати.
кипари́с *m* cypress.
кип|і́ння *n* boiling; точка ~іння boiling point; **~іти** [*e.*: -лю́, -и́ш], <за-> boilt; seethe; surge (up), rage, overflow; be in full swing (work, war); **~у́чий** seething; vigorous, vehement.
кип'я|ти́ти [*e.* -чу́, -ти́ш], <за-> boil (up); F be (come) excited; **~то́к** *m* [-тку́] boiling *or* boiled (hot) water.
кирги́з *m* **~ький** Kirghiz.
кири́лиця *f* Cyrillic alphabet.
ки́рка *f s.* кайло.
кирпа́тий F snub-nosed.
ки́сень *m* oxygen.

кисе́т *s.* капшу́к.
кисі́ль *m* [*e.*] (*king of*) jelly.
ки́сл|ий sour. (*a.* Ch) acid; **~ота́** *f* [*pl. st.*: -оти] acid; **~уватий** sourish.
ки́снути turn sour; F *fig.* get rusty.
кисть *f* hand.
кит *m* [*e.*] whale.
кита|єць *m* [-та́йця] Chinese; **≗й** *m* China; **~йський** Chinese; ≗йська Наро́дна Респу́бліка (КНР) Chinese People's Republic; **~я́нка** *f* [*g/pl.*: -нок] Chinese.
ки́тиця *f* tassel.
китобі́й *m*, **~ний** whaler.
кицька <кі́шка> *f* cat, pussy-cat.
киш|е́чник *m* bowels, intestines *pl.*; **∸ка** *f* [*g/pl.*: -шо́к] intestine (small тонка́, large товста́), gut; *pl.* F bowels; hose; **~ко́вий** intestinal, enteric; digestive (*tract*).
кише́н|я *f* pocket: **~ько́вий** pocket...; note (book); ~ьковий злодій *m* pickpocket; *cf.* ліхтарик.
К
киші́ти teem, swarm (with O).
ківш *m* P ковша́ scoop; bucket; haven.
кі́готь *m* [-гтя́; *from g/pl. e.*] claw.
кілки́й prickly; biting, pungent.
кіл(о́к) *m* **1.** [*pl.*: -кілки] stake, pale; **2.** F ні кола́ ні двора neither house nor home.
кіло́ *n* [*indecl.*] = **~гра́м** kilogram; **~ва́т**(-година) *m* kilowatt(-hour); **~ме́тр** *m* kilometer (*Brt.* -tre).
кіло́чок *m* [-чка] peg.
кіль *m* Sh keel; **~ватер** *m* wake; **~ка** *f* sprat; *a.* few, some, several; somewhat.
кі́лькіс|ний quantitative; *gr.* cardinal (*number*); **∸ть** *f* quantity ; number; amount; за ~тю quantitavely.
кіль|це́вий ring...; circular; **~це** *n* [*pl.st.*, *gen.*: кілець] ring; circle.
КІМ *m Sov.*, *abbr.*: Communist Youth International (*1919-1943*).
кімна́т|а *f* room; **~ний** room...; B indoor.
кінемато́граф *m* cinema(tograph), movie theater; **∸ія** *f* cinematography.
кін|е́ць *m* end; close; point; Sh rope; F distance; part; case; без ~ця endless(ly); в один ~ець one way; в обидва ~ці there *a.* back; під ~ець in the end; третій з ~ця last but two.
кінно́та *f* cavalry.
кіно́ *n* [*indecl.*] movie, motion picture, *Brt.* the pictures, cinema (to/at в 3/M); *coll.* sreen, film; **~акто́р** *s.* ~арти́ст; **~актри́са** *s.* ~артистка; **~арти́ст** *m* screen (*or* film) actor; **~артистка** *f* [*g/pl.*: -ток] screen (*or* film) actrees; **~ательє́** *n* [*indecl.*] (film) studio; **∸вар** *f* cinnabar; **~журна́л** *m* newsreel; **~зірка** F *f* [*pl.*: -зірки] filmstar; **~зйо́мка** *f* [*g/pl.*: -мок] shooting (of a film), filming; **~карти́на** *f* film; **~стрічка** *f* reel, film (copy); **~опера́тор** *m* cameraman; **~плівка** *f* [*g/pl.*: -вок] film (strip); **~режисе́р** *m* film director; **~сеа́нс** *m* show, performance; **~сцена́рій** *m* scenario; **~теа́тр** *m* movie theater, cinema; **~хроніка** *f* newsreel.
кі́н|ська си́ла *phys.* horse-power (*abbr.* n.p.); **~ський** horse; **~ь** *m* horse; *poet.* steed; *chess*: knight.
кінце́вий *philos*, Ma finite; final; terminal; ultimate; end, last.
кінці́вка *f* extremity, limb; ending.
кінч|а́ти finish, end; graduate from; F stop; **~и́ти** <за-, по-, с->; **∸ик** *m* tip; point.
кіо́ск *m* kiosk, stand, stall.
кіо́т *m eccl.* image case, shrine.
кі́п|оть (**~тява**) *f* soot, lampblack.
Кіпр *m* Cyprus.
кір *m* [P ко́ру] measles.
кіст|ля́вий <кощáвий> scrawny, rawboned; **∸ка** *f* bone; die; **~очка** *f* bone; B stone; stay; **~я́к** *m* skeleton; frame-work; **~ни́й** bone...
кіт *m* tomcat; *s.a.* ко́тик pussy; *zo.* fur-seal.
кі́тель *m* [*pl.*: -лі] jacket.
кі́шка *s.* ки́цька.
кла́віш *m*, **~а** *f* Mu, E key.
кла́д|ка *f* laying, (*brick-*, *stone*) work; **∸ови́ще** *n* cemetery.
кла́нятися bow to; greet.
кла́пан *m* E valve; Mu key, stop.
кла́п|оть *dim.* **~тик** *m* [*st.*] shred, scrap, piece, rag.
клас *m* class; *shool*: grade, *Brt.* form; classroom; **∸ик** *m* classic; **~ифікува́ти** class(ify); **~и́чний** classic(al); **∸ний** class(room, *etc.*); **∸овий** class (*struggle*, *etc.*).
кла́сти [кладу́, -деш; клав] **1.** <покла́сти> (в, на, *etc.* 3) put, lay (down, on, *etc.*), deposit; apply, spend; take (*as a basis* в 3); F fix; rate; make; leave (*mark*); **2.** <скла́сти> lay (down); erect.
кла́ц|ати, <~нути> click, clang; chatter (*one's teeth* O).
кле́|їти glue, paste; **-ся** stick; F work, get on *or* along; **~й** *m* glue, paste; **~йки́й** [кле́йка] sticky, adhesive.
клейо́н|ка *f*, **~чатий** oilcloth.
клекоті́ти seethe, bubble.
клен *m* maple.
клеп|а́ти <за-> rivet; hammer; **~ка** *f* [*g/pl.*: -пок] riveting; stave.
клин *m* [*pl.*: ~и -ів] wedge; gusset; **∸ом** pointed (beard); світ не ∸ом зійшо́вся the word is large; there is always a way out.

клинóк *m* [-нкá] blade.
клич *m* call; cry; **~ка** *f* [*g/pl.*: -чок] (*dog's, etc.*) name; nickname.
клишáв|ий, ~о bandy-legged; *s.* незграбний.
клíзма *f* enema.
клiéнт *m* client.
клíмат *m* climate; **~ичний** climatic.
клíніка *f* clinic.
клíтк|а *f* [*g/pl.*: -ок] cage; square check; *biol.* (*a.* ~ин(к)а) cell; **~ови́на** *f* cellulose; celllular tissue.
клíп|ати, <~нути> blink.
кліше́ *n* [*indecl.*] cliche (*a. fig.*).
клішня́ *f* [*g/pl.*: -нів] claw (*of the crayfish*).
клоп *m* [*e.*] bedbug, *Brt.* bug.
клóпіт *m* trouble; cares *pl.*; worry, fuss, bustle; bother; **~ли́вий, ~ни́й** troublsome; fussy; bustling.
клопотá|ти, <по-> trouble; bustle about; **-ся 1.** bustle about; **2.** solicit (for), petition (for про З); intercede (with/for у Р/за З); **3.** be uneasy (about); worry (about); **~ння** *n* intercession; petition.
клóун *m* clown.
клуб 1. *m* [*pl. e.*] cloud, puff (*smoke, etc.*); *s.a.* **~óк**; ~ **2.** club (-house).
клýмба *f* (flower) bed.
клювáти [*e.*; клюю, клюєш] *once* <клюнути> peck, pick; bite (fish).
клю́ква *f s.* журавли́на.
клю́нути *s.* клювáти.
ключ *m* key (*a. fig.* clue; *a.* E [гайкóвий ~] = wrench); Mu clef; **~и́ця** *f* clavicle, collarbone; **∸ниця** housekeeper.
клю́чка *f* **1.** hockey stick; (*для гольфу*) club; **2.** *s.* кóстур.
кля́мка *f* latch.
кляп *m* gag.
кля́|сти [-ну, -неш, -в, -ла] = проклинáти, *cf.*; **∸сти́ся**; <по-кля́стися> swear (*s.* th. у М; by О); **∸тва** *f* oath; **~твопорýшення** *n* perjury.
кля́уза *f* intrigue, denunciation, О captious suit; pettifoggery.
кмітли́вий sharp, bright, quick-witted.
кни́|га *f* book; *teleph.* directory; register; **~гáр** *m* book-seller; **~гáрня** *f* bookshop; **~госхóвище** *n* archives, storeroom *pl.*; **~жка** *f* [*g/pl.*: -жок] book; notebook; **~жкóвий** book...; bookish.
кнóпка *f* [*g/pl.*: -пок] thumbtack; *Brt.* drawing pin; Ee (push) button; patent (*or* snap) fastener.
кнур *m* boar.
княг|и́ня *f* princess (*prince's consort*; daughter: **~жна** = князівна); **~зь** *m* [*pl.*; -зі, -зів] prince; великий ~зь grand duke.
коа|ліці́йний coalition...; **~лíція** *f* coalition.
кóбальт *m* cobalt; **~овий** cobaltic.
коби́ла <лоши́ця> *f* mare; *sport*: horse.
кобурá *f* holster, saddlebag.
ковáдло *n* [*g/pl.*: -áдл] anvil.
ков|áль *m* (black) smith; **∸аний** forged; **~ка** *f* forging; shoeing; **~ки́й** walleable.
ковбасá *f* [*pl.*: -áси] sausage.
кóвдра *f* blanket.
ковзан|и́ *m/pl.* skates; **∸ка** *f* (skating) rink; mangle; **~я́р** *m* [-ра] skater; **~я́рський** skating.
кóвз|ати, <~нýти> slide, glide, slip; *impf.* **-ся** slide, skate; **~ки́й** slippery.
кови́ла *f* = кови́ль *m* feather grass.
ковпáк *m* [*e.*] cap; shade; bell glass.
ковт|áти <~нýти> swallow; bolt, gulp down; **~óк** *m* [-тка] draught, gulp; ~ок води a drink of water.
ковчéг *m* ark; Ноїв ~ Noah's.
кого *s.* хто.
код *m* code.
коефіціéнт *m* coefficient.
кóжний every, each; either (*of two*); *su.* everybody, everyone.
кожýх *m* sheepskin coat.
коз|á *f* [*pl.st.*] (she-) goat; **~ел** *m* [-зла] (he-) goat; **~еня́** *n* kid.
козáк *m* Cossack.
козá|цький, ~чий Cossack('s)...
коз|ир *m* trump; **~óк** *m* [-рка] peak (*cap*); **~иря́ти** F, *once* <~ирнути> trump; toast; Ml salute.
козýля (косýля) *f* roe (deer).
кокéт|ка *f* [*g/pl.*: -ток] coquette; **∸ливий, ∸ний** coquettish; **∸ство, ~увáння** *n* coquetry; **~увáти** coquet, flirt.
кóклюш *m s.* кашлю́к.
кóкон *m* cocoon.
кок|óс *m* coco; **~óсовий** coco(nut)...; **~с** *m* coke.
колгóсп *m Sov.* collective farm, kolgosp; **~ний** kolgosp...; **~ник** *m*, **~ниця** *f* collective farmer.
колéг|а *m/f* colleague; **∸ія** *f* board, staff; college.
колекти́в *m* collective, group, body; *Sov.* **~ізація** collectivization; **~ний** collective.
колéк|тор *m* Ee collector; **~ціонéр** *m* (*curiosity*) collector; **~ція** *f* collection.
кóлення <колíння> *n* splitting, chopping.
колес|и́ти [-шý, -и́ш] travel (much); take a roundabout way; **∸о** *n* [*pl.* -лéса] wheel; крути́тися як (нáче, мов) бíлка (бíлочка) в кóлесі fuss,

bustle about; ста́вити па́лиці в ко-ле́са (в ко́лесо) put a spoke in a p.'s. wheel; но́ги -ом bowlegged.

коли́ when; F if; ever; sometimes; **-не́будь, ~сь** (at) some time (or other), one day, sometime.

коли́ б *s.* якби.

колива́|ння *m* oscillation; vibration; **-ти** once shake.

коли́-не-коли́ off and on

колис|а́ти <за-> lull; **~ка** *f* [*g/pl:* -сок] cradle; **~ко́ва** (пісня)*f*, **~ко́вий** lullaby.

колиха́ти [*st.:* -ишу́] sway, swing; stir; heave.

коли́шній former, late, ex-...

колі́брі *m/f* [*indecl.*] hummingbird.

колі́ння *n s.* ко́лення.

колі́н|о *n* knee [*pl.* ~а. *g/pl.* ~], стати на ~о, ~а (навколішки) kneel; E crank; **~ча(с)тий** E crank.

колісни́ця *f* chariot.

ко́лія *f* rut (a. Rr) track (*both a. fig.*).

К **ко́ло** *n* **1.** circle; **2.** ring **3**. by, near, beside 4. about; nearly.

коло́д|а *f* block; trough; pack, deck *(cards);* **~ка** *f* [*g/pl.:* -док] last; (foot) stock(s); E (brake) shoe; **~ник** *m* convict (in stochs); **~язь** *т* [-дязя] well.

колон|а *f* colulmn (Ar a. pillar; *typ.* o); **~ка** *f* [*g/pl.:* -нок] *typ.* column; (gas) station; water heater, *Brt.* geyser.

колоні|а́льний colonial; **~за́ція** *f* colonization; **~зува́ти** *(im)pf.* colonize; **~я** colony.

ко́лос *m* [*pl.:* -ло́сся] ear, spike; **~йтися** ear, be forming ears/spikes; **~ни́к** *m* E grate.

колупа́ти <по-> pick, poke.

колчеда́н *m* pyrites.

ко́льки *f/pl.* colic, gripes.

кольки́й *s.* кілкий.

кольчу́га *f* mail.

колю́ч|ий thorny, prickly; barbed *(wire)*; **~ка** *f* [*g/pl:* -чок] thorn, prickle; barb.

коля́ска *f* [*g/pl:* -сок] carriage, victoria; baby carriage, *Brt.* perambulator.

ко́ма *f gr.* comma.

кома́нд|а *f* command; detachment; Sh crew; *sport.* team; *(fire)* company *(or* department), *Brt.* brigade; F gang; **~ир** *m* commander; **~ний** commanding); team...; **~ува́ння** *n* command; **~увач** (~уючий) commander.

кома́р *m* mosquito, gnat.

кома́|ха *f* insect; **~шник** anthill; **~шня́** *f pl.* insects; ants.

комбайн Ac *m* combine.

комбін|а́т *m* combine of complementary industrial plants *(Sov.);* **~а́ція** *f* combination; **~ува́ти** combine.

коме́дія *f* comedy; F farce.

коменда́|нт *m* commandant; superintendent; **~ту́ра** *f* commandant's office.

комент|а́р *m* comment(ary); **~а́тор** *m* commentator; **~увати** *(im) pf.* comment (on).

комер|са́нт *m* (wholesale) merchant; **~ційний** commercial.

коме́та *f* comet.

коми́ш *s.* очерет.

ком|і́зм *m* comicality; **~ік** *т* comedian, comic (actor).

Комінте́рн *m* (Third) Communist International *(1919-1943).*

ко́мір, ~е́ць *m* collar.

комі́р|ка, ~чи́на *f* [*g/pl.:* -рок, -чин] closet, small room, pantry.

коміса́р *m* commissar (Sov.); commissioner; **~іат** *т* commissariat.

комі|сі́йний commission *(a.* C; *pl su.* = sum); **~сія** *f* commission *(a.* C), committee; **~те́т** *т* committee.

комі́чний komic(al), funny.

комо́д *m* bureau, *Brt.* chest of drawers.

компа́н|ія *f* company *(a.* C); водити ~ію з (O) associate with; **~ьйон** *m* C partner; F companion.

компа́ртія *f* Communist Party.

ко́мпас *т* compass.

компенс|а́ція *f* compensation; **~ува́ти** *(im)pf.* Compensate.

компете́н|тний [-тна] competent; **~ція** *f* competence; line.

ко́мплек|с *m,* **~сний** complex; **~т** *m* (complete) set; **~тний, ~тува́ти,** <з-> complete.

компліме́нт *m* compliment.

компо|зи́тор *m* composer; **~стува́ти,** <за-> punch; **~т** *m* sauce, *Brt.* stewed fruit.

компре́с *m* compress.

компром|етува́ти <з->, **~іс** *m* compromise.

комп'ютер *m* computer.

комсомо́л *m* Komsomol, *cf* ВЛКСМ; **~ець** *m,* **~ка** *f* [*g/pl:* -лок], **~ьский** Young Communist.

комфо́рт *m* comfort, convenience; **~абельний** [-льна] comfortable, convenient.

кому *s.* хто.

комýн|а *f* commune; **~а́льний** municipal; **~ізм** *m* communism; **~іка́ція** *f* communication *(pl.* MI); **~іст** *m,* **~і́тка** *f* [*g/pl:* -ток], **~істи́чний** communist *(a. cap., cf* КПРС).

комутатор *m* commutator; *teleph.* switchboard; operator.

конва́лія *f* lily of the valley.
конве́єр *m* (belt) conveyor; assembly line.
конве́нція *f* convention.
конве́рт *m* envelope.
конво|і́р *m*, **~юва́ти**, **∸й** *m*, **∸йний** convoy.
конгре́с *m* congress.
конденс|а́тор *m* condenser; **~увати** *(im)pf.* condense; evaporate (*milk*).
конди́тер *m* confectioner; **~ська** *f* confectioner's shop; ~ські вироби *pl.* confectionery.
конду́ктор *m* conductor (Br. *Brt.* guard).
ко́ник *m* [-ника] skate; F hobby.
конкре́тний [-на, -не] concrete.
конкур|е́нт *m* competitor; **~е́нція** C *f* competition; **~ува́ти** compete; **~с** *m* competition; C bankruptcy.
конопа́тити calk.
коно́пля *f* hemp; **∸ний** hempen.
коносаме́нт *m* bill of lading.
консерв|ати́вний [-вна] conservative; **~ато́рія** *f* conservatory, *Brt.* school of music, conservatoire; **∸и** *m/pl.* canned (*Brt.* tinned) goods; safety goggles; **∸ний:** ∸на фа́брика *f* cannery; **~ува́ти** <за-> conserve, preserve; can; *Brt.* tin.
конспе́кт *m* summary, abstract; sketch; **~и́вний** concise, sketchy; **~ува́ти** <за-> outline; epitomize.
конспіра|ти́вний [-вна] secret; **∸ція** *f* conspiracy.
конст|атува́ти *(im)pf.* state; find; **~итуція** *f* constitution.
констру́|ктор *m* designer; **~кція** *f* design; construction; **~юва́ти** *(im)pf.* <з-> design.
ко́нсул *m* consul; **~ьский** consular; **~ьство** *n* consulate; **~ьта́ція** *f* consultation; advice; advisory board; **~ьтува́ти** <про-> advise; **-ся** consult (with з О).
конта́кт *m* contact.
континге́нт *m* contingent, quota.
контине́нт *m* continent.
конто́р|а *f* office; **~ник** *m* clerk; **~ський** office...; ~ський службовець *m*.
контраба́нд|а *f* contraband; займатися ~ою smuggle; **~ист** *m* smuggler.
контр|аге́нт *m* contractor; **~-адміра́л** *m* rear admiral.
контра́кт *m* contrakt.
контра́ст *m*, **~ува́ти** contrast.
контрата́ка *f* counterattack.
контрибу́ція Ml *f* contribution.
контрол|е́р *m* (ticket) inspector (Rr *a.* ticket collector); **∸ь** *m* control, checkup; **∸ьний** control..., check...; ~ьна робота *f* test (paper); **~юва́ти** <про-> control, check.
контр|ро́звідка *f* counterspionage, secret service; **~революція** *f* counterrevolution.
конту́|жений contused; **∸зити** *pf.* bruise, contuse; **~зія** *f* contusion, bruise.
ко́нтур *m* contour, outline.
кону́ра *f* kennel.
ко́нус *m* cone; **~оподі́бний** [-бна] conic(al).
конфере́нція *f* conference (at на М).
конфі|денці́йний [-йна] confidential; **~скува́ти** *(im)pf.* confiscate.
конфлі́кт *m* conflict.
конфу́з|ити (-ся be [-come]) embarrass(ed), confuse(d); **∸ливий** F bashful, shy.
концентр|аці́йний: ~ табір concentration camp; **~а́ція** *f* concentration; **~и́чно** concentric; **~ува́ти** <з-> concentrate (**-ся** *v/i*).
конце́рт *m* concert (at на М); Mu concerto.
конья́к *m* [*part.g.*: -у́] cognac.
ко́ню|х *m* groom, (h)ostler; **∸шня** *f* [*g/pl.*: -шень] stable.
конюши́на *f* clover, trefoil.
коня́рство *n* horse breeding.
коопер|ати́в *m* cooperative (store); **~а́ція** *f* cooperation.
координувати *(im)pf.* coordinate.
копа́лини *n/pl.* minerals.
копі́йка *f* [*g/pl.*: -йок] kopeck.
копа́льні *f/pl.* mine, pit.
копа́ти <ви-> dig (up); **-ся** *im pf.* dig, root; rummage (about); dawdle.
копи́то *n* hoof.
копію|ва́льний ~вальний папір *f* carbon paper; **~ва́льник** *m* copyist; **~ва́ти** <с-> copy.
ко́пія *f* copy (*vb.* зняти ~ію з М).
копоши́тися [-шуся, -шишся] swarm, F stir, mess aroand.
копти́ти [-пчу́, -пти́ш; -пчений], <за-> smoke; soot.
кора *f* bark; crust.
кораб|е́ль *m* ship; nave (*church*); **~лебудува́ння** *n* shipbuilding.
кора́л *m* coral; **~овий** coral..., coralline.
Корді́льєри Cordilleras.
кордо́н *m* frontier; border; за ~, за ~ом abroad; ~з-за ~у from abroad.
коре́|єць *m* [-ейця], **~йський** Korean; **∸я** *f* Korea; **~я́нка** *f* [*g/pl.*: -нок] Korean.
коректи|и́в *m* correction; **∸ор** *m* proofreader; **~ува́ти** correct; proof (reading); **~у́ра** *f* proof (reading).
коре|на́стий (~нистий) thickset, stocky; **~ни́тися** root.

K

корж *m* [*g/pl.*: -жíв] scone, lozenge.
корзи́на *f* [*g/pl.*: -нок] <кóшик> basket.
коридóр *m* corridor, passage.
кори́сливий mercenary.
кори́с|ний useful; helpful; бути ~ним be of use (to); **~но** useful; **~тáння** (~тування) use; **~тáтися** (~тувати-ся) use, make use (of); **~ть** use; на чиюсь ~ for the benefit of smb., in favour of smb.
кори́тися (с-) submit, yield; ~ дóлі resign oneself to fate.
корифéй *m fig.* luminary, a shining light, leader.
кори́ця *f* cinnamon.
кори́чневий brown.
корі́н|ний native; fundamental, radical, basic; **~ня** *n*(*pl.*) root(s), **~нь** *m* root, Ma radical; **-чик** *m* [-чика] rootlet.
корм *m* [*pl.*: -ми] fodder; seed; **~á** Sh stern; за ~óю astern, на ~і aft, **~ови́й** fodder.
корóбка *f* box, case.
корóв|а *f* cow; **~ник** *m* cowshed.
корóмисло *n* [-сла] yoke; (*a. scale*) beam; dragonfly.
корол|éва *f* queen; **~éвич** *m* prince; **~íвна** *f* princess; **~íвство** Kingdom; **~íвський** royal; king's; **~ь** *m* king.
корóн|а *f* crown; **~áція** coronation; **⁓ка** *f* [*g/pl.*: -нок]; **~увáння** *n* coronation; **~увáти** *(im)pf.* crown.
кóроп *m* carp.
корóста *f* scab, scabies.
корóткий short; brief.
коротко|зóрий short-sighted; **~зóрість** short-sightedness; **~нóгий** short-legged; **~строкови́й** short-term; **~хвильови́й** short-wave *attr.*; **~чáсний** short, brief; short-term.
короткочáсний short; passing.
корóтше shorter; ~ кáжучи in short, in a word.
корпорáція *f* corporation.
кóрпус *m* body; frame, case; building, (*a.* Ml) corps.
корсéт *m* corset, *Brt. a.* stays *pl.*
корт *m* (tennis-) court; **~ик** *m* cutlass, hanger.
кóрчити <с-> impers. (*a.* **-ся**) writhe (with pain від бóлю); convulse; F make (*faces*); (*a.* удавати з себе) play, pose, put on airs, set up for.
корчмá *m* tavern, pub, mess.
корчувáти <ви-> grub up, root out.
кос|á *f* [*acc/sg.*: кóсу́; *pl.*: кóси] **1.** plait, braid; **2.** scythe Ac; **3.** spit (of land); **~áр** *m* mower; **~áрка** *f* Ac mower, moving machine; **~и́ти** <с-> mow; **~ови́ця** mowing (-time).
коси́нка *f* [*g/pl.*: -нок] kerchief.
косм|éтика *f* cosmetics *pl.*; **~ети́чний** cosmetic; **~íчний** cosmic; **~онáвт** *m* astronaut; **⁓ос** *m* cosmos.
кóс|о obliquely; ~ look askance; **~orí́p** *m* slope; **⁓ий** slanting, oblique; squint (-eyed); F wry; **~oóкий** squint (-eyed); **~трубáтий** twisted, rugged.
кости́стий <кощáвий>bony; scrawny.
кóстур <клю́чка> *m* cruth(ed stick), staff.
костю́м *m* suit; costume; **~óваний**: бал *m* fancy (-dress) ball.
кося́к *m* lintel; slant; felloe; herd; flock; shoal.
котéл *m* caldron; boiler E.
кóтик *s.* кіт.
коти́ти (по-) roll, drive, wheel (*v/i* - **ся**; sweep; move, flow; *cf. a.* кататися).
котлéта *f* cutlet; chop; rissole (*without paste*).
котóк *m* E roll.
котри́й which; who; that; **⁓-небудь**, **~сь** some, some kind of.
коту́шка *f* [*g/pl.*: -шок] spool; Ee coil.
котя́чий cat('s); feline.
кóфт|а *f* (woman's) jacket; blouse; (в'язана ~а) jersey, cardigan; **~очка**, **~инка** *f* [*g/pl.*: -чок, -нок] blouse.
кохáн|ець *m* lover; **⁓ий** beloved, darling; favo(u)rite, pet; **~ка** *f* mistress, sweetheart; **⁓ня** love; **⁓ти** love; like, be (<по-> grow) fond of; **⁓тися** love each other; be enthusiatic (about).
коцюбá *f* poker.
кочегáр *m* fireman, stoker; **~ка** *f* stoke hold; fire-room.
коч|івни́к *m* nomad; **~ови́й** nomadic; **~увáти** wander, roam; F move; travel.
кошеня́ *n* kitten.
кóшик *m s.* корзина.
кошлáтий <кудлáтий>shaggy.
кошмáр *m* nightmare; **⁓ний** dreadful, horrible; F awful.
кóшт|и *pl.* **1.** means; відпускати великі ~ assign large sums of money; **2.** costs, expense sg.; **~óвний** valuable, costly; precious; **~óвність** *f* jewel, get; **~óрис** estimate; **⁓увати** cost; be worth (of).
кощáвий *s.* кістлявий, костистий.
кравáтка *f* (neck) tie.
крá|дений stolen; **~дíжка** *f* theft; burglary; **~сти** <в-> steal.
краєви́д *m* landscape; scenery.
краї́на *f* country, land.
край *m* **1.** land, region; **2.** territory; **3.** border; edge; **4.** beside, at, near; by; ~ дороги by the road; **⁓ній** last, extreme; **~ність** *f* extreme; extremity.
крам *m* **1.** goods *pl.*; commodities *pl.*; **2.** F material, stuff; **~áр** *m* shop-

keeper; store-keeper; ~ниця *f* shop; store.
крамола *f* sedition, revolt.
кран *m* tap; E crane.
крап|ати <капати> *once* <∸нути> drip, drop, trickle; leak; **∸елька** *f* [*g/pl.*: -ельок] droplet; *sg.* F bit, grain; **∸ка** *f* [*g/pl.*: -ок] point, dot; full spot, period; **∸ля** <капля> *f* [*g/pl.*: -пель] drop; *sg.* F bit, grain; **~лями** by drops; мов (як) дві ~лі води (as like) as two peas.
крас|а *f* [*pl.st.*: ~и] beauty; **∸ень** *m* handsome man; **~ивий** beautiful; handsome; **~номовний** eloquent; **~номовність**, **~номовство** eloquence, **~уня** *f* beauty, beautiful woman/girl.
краснуха *f* German measles.
красуватися shine, snow (off).
кратний [-тна] divisible; *n su.* multiple; ...~... fold.
крах *m* failure, crash, ruin, bankruptcy.
кращ|е *adv.*, *comp.* of добре; **~ий** better; best (at... у ~ому випадку [разі]).
краяти cut.
кредит *m* credit; у ~ on credit; **∸ний** credit; **~ор** *m* creditor; **~оспроможний** [-жна] solvent; **~увати** *(im)pf.* credit.
крейд|а chalk; whiting; **~яний** chalky.
крейс|ер *m* cruiser; **~увати** cruise; ply.
кректати groan, moan.
крем *m* cream.
крема|торій *m* crematorium; **∸ція** cremation.
кремезний sturdy; stocky, thickset.
кремінь *m* [-меню] flint.
кремл|івський, **♀ь** *m* Kremlin.
крем|ній silicon; **~енистий**, **~енястий**, **~'янистий** gravelly, stony; siliceous.
крен *m* Sh, A list, careen.
кресл|ення *n* [*st.*] (mechanical) drawing, draft (*Brt.* draught), design; **~ити**, <на-> draw, design; **~яр** *m* draftsman; *Brt.* draughtsman; **~ярський** drawing (*board*, *etc.*).
кривавий blody, sanguinary.
кривд|а *f* falsehood, injustice; wrong; **~ити** <с-> hurt; offend.
крив|а Ma *f* curve; **~изна** *f* crookedness, curvature; **~ий** [-а, -о] crooked (*a. fig.*), wry; curve(d); F one-eyed; **~ити** [-влю; -виш] (**-ся** be [come]) crook (ed); twist (ed); **~ляння** *n* grimacing, twisting; **~лятися** (make) grimace(s); mince; **~оногий** bandy-legged; **~ошип** E *m* crank.
кри|га ice; **~голам** ice-breaker; **~жаний** ice *attr.*; icy; **~жина** block of ice, icefloe; **~жі** *pl.* sacrum (*pl.*: -rums, -ra).
криж|аний ice, icy; **~аніти** freeze, ice; grow numb (with cold).
криза *f* crisis (*pl.*: -ses); depression.
крик *m* cry, shout; bawl, outcry; **~ливий** shrill; clamorous; (*a. dress*, *etc.*) loud; **∸нути** *s.* кричати; **~ун** F *m*, **~уха** F *f* bawler, clamo(u)rer, tattler.
крил|атий winged (*a. fig.*); **~о** *n* [*pl.*: крила, крил P] wing (*a.* A, Ar, Ml *pol.*); sail (*windmill*); splashboard.
Крим *m* [в ~у] Crimea; **♀ський** Crimean.
кри|мінальний criminal; **~стал** *m* crystal; **~ічний** crystalline; **~стальний** crystalline.
криниця *f* well.
критерій *m* criterion.
крити <по-> cover; coat; trump.
крити|к *m* critik; **~ка** *f* criticism; cirtique, review; **~кувати** criticize; **∸чний** [-чна] critical.
крихітний tiny.
крих|кий brittle, fragile; **~котілий** frail, infirm; **~та** *f* crumb.
кричати [*e.*; -чу, -чиш], <за-> *once* <крикнути> cry (out), shout (at на 3); scream.
кришка *f* [*g/pl.*: -шок] cover, lid.
криштал|евий crystal *attr.*; cutglass *attr.*; **~ь** *m* crystal, cut-glass.
крізь through.
крій *m* cut; style.
кріль *m* rabbit.
крім exept(ing); besides; ~ того moveover.
кріп *m* dill.
кріпа|к *m*, **∸чка** *f* serf; **∸цтво** *n* serfdom; **∸цький** serf; **∸ччина** *f* serfdom.
крісло *n* [*g/pl.*: -сел] armchair.
кріт *m* mole.
кров *f* blood; **∸ний** (*adv.* by) blood; fullblooded, purethoroughbred; vital; arch...; **~овилив** Me *m* extravasation; **~ожерний** [-рна] bloodthirsty; **~обіг** *m* circulation of the blood; **~опивець**, **~опивця** *m* bloodsucker; **~опролиття** *n* bloodshed; **~опускання** *n* bloodletting; **~отеча** *f* bleeding; **~оточити** bleed; **~'яний** blood...
кроїти cut out.
крок *m* step; ~ за ~ом step by step; ~ом руш! Ml quick march!; **~увати** step; stride; pace.
кроква *f* [*pl.*: ∸и, ∸ков] rafter.
крокодил *m* crocodile.
кролик *m* *s.* кріль.
крона *f* top, crown.
кропива nettle.
кропітк|а: робота tedious work; **~ий** laborious.

К

крохмáл|ь *m*, **~ити** <на-> starck; **~ьний** starch(ed).

круг *m* circle, ring; disk; **∸лий** round; **~ови́й** circular; mutual (responsibility); **~óм 1.** around; **2.** everywhere, **~осві́тній** round-the-world; ~осві́тня мандрівка world tour.

круж|ля́ти go round; whirl, spin; **~ни́й** roundabout; **~óк** *m* circle; small disc.

крук *m* raven.

круп *m* (*horse*) croup.

круп|á *f* grits, groats *pl.*: sleet; **~и́нка** grain.

крути́ти <за-, с-> twist; twirl; roll (up); turn; whirl; P *im pf.* trick.

крут|и́й 1. steep; **2.** sudden; abrupt; ~ий поворóт sharp turn; **3.** stern; **4.**: ~е яйцé hard-boiled egg.

круті́й *m* cheat, swindler; **~ство** *n* trickery, swindle.

круши́ти destroy, shatter.

крючóк *m* hook, crook; buttonhook.

кряж *m* range; chain of hills.

кря́к|ати, *once* <~нути> quack.

куб *m* Ma cube; boiler; **~атýра** cubic capacity; **∸ик** cube (*pl.*: -ики) *toy*: bricks.

кýбок *m* [-бка] *s.* кéлих; *prize*: cup.

кубомéтр *m* cubic meter (-tre).

кýбрик Sh *m* mes deck; crew quarters *pl.*

кувáти [*e.*: кую́, куєш] **1.** <ви-> forge; **2.** <під-> shoe (horse); **3.** cuckoo.

куди́ where (...to); ~ краще much better; ~ б не wherever; ~ завгóдно anywhere; **~-нéбудь, ~сь** somewhere.

кудкудáкати cackle, cluck.

кудлáтий *s.* кошлáтий.

Кузбáс M *m* Kuznetsk Basin.

кýзня *f* smithy.

кýзов *m* [*pl.*: -ва] body; box.

куйóвдити disherel, rumple.

кукурі́кати crow.

кукурýза *f* corn, *Brt.* maize.

кулáк *m* fist.

кулемéт *m* machine-gun, **∸ник** *m* machine-gunner.

кули́к *m* curlew; snipe.

кулінáр *m* culinary specialist; **~ія** *f* cookery; **~ний** culinary.

кулі́са *f* wing, side scene; за ~ми behind the scenes.

кульбáба *f* dandelion.

кульгá|вий lame; **~вість** *f* lameness; **~ти** limp; be lame; toddle; stump.

культ *m* cult; **~ивувáти** cultivate; **~робóта** *f* cultural educational work (*Sov.*); **~ýра** *f* culture; **~ýрний** (-рна) cultural; cultured, civilized; polite, well-bred.

кýля *f* [*pl.*: -лі] bullet; ball, sphere; пові́тряна ~ balloon; земнá ~ globe; **∸стий** spherical, globular.

кум *m* [*pl.*: -ми́, -мі́в] godfather; **~á** *f* [godmother] gossip; **~éдний** funny, amusing; **~и́р** *m* idol; **~ис** *m* k(o)umiss.

кýмк|ати <квáкати> *once* <~нути> croak.

куниця *f* marten.

куня́ти nod.

кýп|а *f* [*g/pl.*: -пи] heap; a lot of, heaps of; **~и́нá** *f* [*g/pl.*: -и́ни] mound, hillock.

купá|льний bathing (~льний костюм *m* bathing suit, *Brt.* bathing costume), **~ння** bathing; **~ти** bathe; **-ся** <ви-> bathe; take a bath.

купé Rr *n* [*ind.*] compartment.

купéц|ь *m* [-пця] merchant; **~тво** *n pl.* merchants; **~ький** merchant('s).

купів|éльний C purchasing; **~éльна:** спромóжність purchasing power **∸ля** *f* buying.

куплéт *m* couplet, stanza; song.

купорóс *m* vitriol.

куп|увáти <~и́ти> buy, purchase.

курáнти *pl.* chime.

кургáн *m* burial mound, barrow.

кур'єр *m* messenger, courier.

кури́ти smoke.

курі́нь *m* hut; tent, hovel.

курі́пка *f* [*g/pl.*: -пок] partridge.

кýр|ка *f* [*pl.*: кури] hen; chicken, fowl; **~чá** *n* chicken.

курóк *m* [-рка] cock (*gun*).

курóрт *m* health resort.

курс *m* course (Sh, A, Me; *educ.*; тримати ~ на [3] head for; *univ. a.* year); C rate of exchange; *fig.* line, policy; тримати (бути) у ∸і (P) keep (be) (well) posted on; **~áнт** *m* student; Ml cadet; **~и́в** *m* typ. italics; **~увáти** ply.

кýртка *f* [*g/pl.*: -ток] jacket.

кýрява *f* dust.

кусáти, <укуси́ти> bite (**-ся** *v/i.* *(im)pf.*) sting.

кустáр *m* (handi) craftsman; **∸ний** handicraft...; home(made-); *fig.* homespun.

кут *m* angle; під цим кутом зору from this point fo view; **~áти** <за-> muffle, wrap; <-ся> muffle/wrap oneself on (in); **∸ній** corner *attr.*; ~ (*tooth*) molar; **~ови́й** angular; angle; corner; **~óк** *m* corner, rook.

кух|áр *m* cook: **∸ня 1.** kitchen; **2.** cookery; **~овáрити; ~овáрка** *f* cook; **∸оль** mug; ~ пи́ва glass of beer.

кýций doock-tailed; short.

кýчер 1. *m* coachman; **2.** <лóкон> *pl.* [-рів] curl; **~я́вий** curly (-headed); tufty; ornate.

кучугýра *f* hill; heap, pile; (снігу) drift.

куш *m* stake; F lot, sum.
куше́тка *f* [*g/pl.*: -ток] lounge.
кушні́р *m* [~á] furrier.
куштува́ти <с-> taste.
кущ *m* bush; shrub.
кюве́т *m* (side) ditch.

Л

лаб|іри́нт *m*, labyrinth; **~ораторія** *f* laboratory.
ла́в|а **1.** *f* bench; ~а підсу́дних dock; зі шкільно́ї ~и since one's school-days; ~очка для ніг footstool; **2.** *f* rank; **3.** *f* M drift; **4.** *f geol.* lava; **~и́на** *f* avalanche (*a. fig.*); **~ірувати** tack (Sh and *fig.*); **~р** *m* laural; bay; bay-tree; спочива́ти на ~рах rest on one's laurels; пожина́ти ~ри reap *or* win laurels; **~ро́вий** laurel ...; bay ...; ~ро́вий лист bay-leaf; ~ро́вий віно́к wreath of laurels.
ла́гідн|ий gentle, mild; **~іти** relent, mollify; **~о** gently; mildly.
ла́годити, <по-> repair , mend; fix; F tune.
лад *m* [до ~ý; *pl. e.*] way, manner; order; system, order, regime; harmony, concord, accord; Mu mode, tune; на свій ~ in one's own way; приво́дити спра́ви до ~у put *or* set one's affairs in order; ви́вести з ~у break down, be put out of action; **~ан** *m* incense; **~ити**, <по-> get along *or* on (well); не ~ити *a.* be at odds *or* variance; out of keeping; **-ся** F *(im)pf.*. prepare; get ready for, be ready to start; **~на́ти** prepare, get ready; repair , mend; settle, patch; **~ний** F harmonious; fine, good(-looking); **~но** = до ~ý F well, all right.
ла́дозький ~е озеро *n* Lake Ladoga.
лазаре́т *m* infirmary; field-hospital.
ла́з|ити climb (*v/t.* на 3); creep, crowl; **~і́вка** *f* [*g/pl.*: -і́вок] loophole; **~ня** bath(*s*).
лазу́р *f* [-рі] *poet.*, **~о́вий** azure.
лазу́тчик *m* scout, spy.
ла́й|ка *f* **1.** [-ки; *pl.* ла́йки́, ла́йо́к] abuse, swearing; bad language; invectives *pl*; curse, oath; **2.** [-ки; *g/pl.* -йок] Eskimo dog; husky. **3.** [*g/sg.*: -ки] (*skin*) kid(-skin); **~ковий** kid...; **~ли́вий** abusive.
лак *m* varnish, lacquer; **~е́й** *m* footman, lackey; flunk(e)y; **~е́йський** lackey('s), *fig.* servile; **~о́вий** varnish(ed), lacquer(ed); patent leather ...; **~оні́чний** laconic(al); **~ува́ти** <по-, від-> laquer; varnish; *fig.* embellish.
ла́м|аний broken; ~ана лі́нія *f* Ma broken line; **~а́ти**, <з-> **1.** break (*a.* up); **2.** *fig.* sweep away, pull (down), destroy, tear; ~а́ти тради́ції destroy traditions; **3.** transform, alter; ~а́ти собі́ го́лову *fig.* rack one's brains (over); **-ся**, <з>, *a.* зломи́тися **1.** break, get broken; **2.** be breakable; **3.** *(im)pf.* P clown; mince; be obstinate; **~ки́й** brittle, fragile.
ла́мп|а *f* lamp; *rad.* tube, *Brt.* valve; **~а́д(к)а** *f* [*g/pl.*:-док] (icon) lamp; **~овий** lamp ...; **~очка** *f* [*g/pl.*:-чок] bulb.
лан *m* field; **~дша́фт** *m* landscape, **~ка** *f* link; *fig.* part, branch; flight; squad; **~тух** *m* big sack; **~цю́г** *m* chain (*a. fig.*); ~цю́г поді́й sequence of events; **~цюго́вий** chain ...; ~цюго́ва реа́кція *phys.* chain reaction; ~цюго́ва переда́ча E chain-drive; **~ь** *f* fallow deer; hind, doe.
ла́па *f* [*g/pl.*: лап] paw; *fig.* clutch.
лапк|и́ *f/pl.* quotation marks; в ~áх *iron.* so-called.
ларьо́к *m* [-рка] stand, *Brt.* stall.
ла́сий dainty; fond of (dainties); tasty; ~ шмато́(чо)к tidbit, *Brt.* titbit.
ла́ска[1] *f* [*g/pl.*: -сок] zo. weasel.
ла́ска[2] *f* **1.** caress; **2.** kindness, affection; будь ~ a) please; б) certainly; в) not at all; you're welcome; **~вий** **1.** affectionate; tender (*voice, glance*); caressing (*wind, etc.*); **2.** courteous, amiable; бу́дьте ~ві please; be so kind (as to); **~во**: ~во про́симо F you're welcome; [обійти́ся] ~во treat kindly.
ла́сощі *coll. pl.* dainty, delicacy; *pl.* sweetmeats, *Brt.* sweets; candy *sg.*
ла́ст|івка *f* [*g/pl.*: -ок] swallow; **~ови́ння** *n* freckls *pl.*
ла́су|вати, <по-> (O) enjoy, relish (*a. fig.*), eat with delight; be fond of dainties; regale (in); **~н** *m* lover of dainties; gourmand; бу́ти ~но́м *a.* have a sweet tooth.
ла́таний patched.
лата́|ти P, <за-> patch, mend; **~ття** B water-lily.
латві́йський Latvian.
ла́ти *pl.* **1.** *hist.* armo(u)r *sg.* **2.** rags.

лат|и́нський, ~и́нь *f* Latin; ~и́нський алфаві́т Roman alphabet; ~и́нська мо́ва Latin.

лати́|ський Lettish; **~ш** *m* [*e*.], **~шка** *f* [*g/pl*.: -шок] Lett.

ла́тка *f* P [*g/pl*.: -ток] patch.

лату́к *m* lettuce.

лату́нь *f* brass.

лауреа́т *m* prize winner.

лафе́т *m* Ml gun carriage.

лахм|а́тий shaggy, dishevel(l)ed; **~і́ття** *coll*. rags.

ла́цкан *m* lapel.

лаштува́ти prepare, make ready.

лашту́нк|и *pl. thea*. wings; side scene; за ~ами behind the scences (*a. fig*.).

ла́щитися <ле́стититися> caress; fawn (upon).

ла́яти, <ви́-> abuse, scold; **-ся** swear, curse; abuse o.a.

леб|еди́ний swan ...; ~еди́на пі́сня swan-song; **~еди́ця** *f s*. **~і́дка** *f* **1.** *poet*. swan; **2.** E windlass; **~́ідь** *m* [ле́бедя; *g/pl*. ле́бедів] swan.

лев *m* [ле́ва] lion; ~ Leo; **~еня́** *n* lion-cub; **~и́ний** lion's; **~и́ця** *f* lioness.

лега́льн|ий legal, **~ість** *f* legality.

леге́нд|а *f* legend; **~а́рний** legendary.

леген|е́вий pulmonary; **~́я** *f* lung; запа́лення ~ ів pneumonia; хво́рий на ~́і lung-patient.

легіо́н *m* legion.

легк|и́й light (*a. fig*.); easy; slight; F lucky; **~́ість** *f* lightness; easiness; ease; facility; **~́о** lightly; easily; airily; slightly; (Д) ~ + *inf*. it is very well for ... + *inf*., it is easy.

легко|ва́гий light; *fig*. shallow; **~ва́жний** light-minded, frivolous; thoughtless; **~ва́жність** *f* levity; frivolity; flippancy; **~ви́й**: ~ви́й автомобі́ль *m* (*a*. ~ва́ [авто] маши́на *f*) auto(mobile), car; **~ві́рний** credulous; **~ві́р'я** credulity; **~ду́хий** pusillanimous; **~тра́вний** digestible.

ле́гшати 1. become lighter; **2.** become easier.

ле́дар *m* [-я]; **~ка** *f* slacker, idler, lazy, loafer; **~ювáти** loaf, be idle.

леда́чий lazy, idle; sluggish.

ле́две hardly, scarcely.

лед|ене́ць *m* (sugar) candy; **~ени́ти**, <за-> freeze, ice; chill; **~ені́ти**, <за-> freeze, ice; grow numb (with cold)l chill.

леж|а́лий stale, old, spoiled; **~а́ти** [*e*.; ле́жати] lie; be (situated); rest, be incumbent; from (*the basis* у М); **~а́чий** lying; *a*. B prostrate; turndown (*collar*); **~ебо́ка** *contp*. lazybones *pl*.

ле́зо *n* edge.

лейтена́нт *m* (second) lieutenant.

ле́кси|ка *f* vocabulary; **~́чний** lexical.

ле́к|тор *m* lecturer; **~ція** *f* lecture (at на М; *vb*.: слу́хати [чита́ти] attend [give, deliver]).

леле́|ка *f* stork; **~чий** stork ...

ле́мент *m* shouting, clamour; lament; **~ува́ти** shout; clamour.

лемі́ш *m* [*g/pl*.: -меші́в] plowshare (*Brt*. plough-share).

ле́пет *m* (about children), **~а́ти**, <про-> babble, prattle.

ле́пта *f* mite.

ле́ст|ити (Д) flatter, **-ся** *s*. ла́щитися; **~ощі** *pl*. flattery *sg*.: adulation *sg*.; **~ун** *m* flatterer.

лет|і́ти, <по-> (be) fly(ing); **~ки́й** Ch volatile; **~у́чий** flying; F offhand (concert); short (*meeting* = летю́чка *f*); **~ю́чий**: ~ю́ча ми́ша (=кажа́н) *zo*. bat.

лещ́ата *pl*. E vice *sg*.; *fig*. grip *sg*.; зати́снути в ~ grip in a vice.

лива́рни|й foundry ...; **~й** заво́д foundry; **~к** founder, foundryman.

ли́ж|а *f* ski (*vb*.: ходи́ти, *etc*., на ~ах); **~ний** ski ...; **~ник** *m*, **~ниця** *f* skier; **~ня́** *f* ski track.

лиз|а́ти, <~ну́ти> lick.

ли́ко *n* [-а] bast.

ли́мар *m* saddler.

лимо́н *m* lemon; **~а́д** *m* lemonade.

лин *m* [-а] *zo*. tench.

ли́нв|а *f*, **~́овий** rope, cable.

лину́ти gush (forth); rush; (begin to) pour in torrents.

ли́нути fly; glide; (re)sound.

лин|ю́чий F fading, faded; mo(u)lting; **~я́лий** faded; mo(u)lted; **~я́ння** *n* mo(u)lt(ing); **~я́ти**, (ви́-) mo(u)lt; lose its fur/coat; fade, lose colour; run.

ли́п|а *f* linden, lime tree; **~ень** *m* July.

лип|ки́й sticky; sticking (*plaster*); adhesive; **~не́вий** July ...; **~́нути**, <при-> stick (to), cling (to) (*a. fig*.).

лис *m*, fox; **~́ий** bald; **~́ина** *f* bald head; blaze; **~и́ця** *f* fox (silver ... сріблявста, чо́рно-бу́ра); vixen; **~і́ти**, <по-> grow bald; **~к** *m* gloss; **~ку́чий** glossy, shiny; **~ні́ти(ся)** be glossy *or* sleek, shine.

лист *m* **1.** sheet; certificate; plate (*metal*); letter; рекомендо́ваний ~ registered letter; **2.** [*pl. st*.: ли́стя] B leaf; **~і́вка** *f pol*. leaflet; postcard; **~ови́й 1.** leaf(y); sheet ...; folio ...; **2.** *cook*. pull (*paste*); **~о́к** *m* [-ка́] *dim. of* ~ ; slip; ~оно́ша *m/f* postman; **~опа́д** *m* November (month); fall/shedding of the leaves; **~ува́ння** *n* correspondence; **~ува́тися** correspond (with); **~́я** *coll*. foliage, leaves *pl*.; **~яни́й** leaf ...; foliose, leafy; leaf-bearing.

ли́сячий fox ...
Литва́ *f* Lithuania.
лит|во́ *n* castings *pl.*; **∠и** [ллю, ллєш; лив, лила́, лило́; ли́й-(те)!, ли́тий] pour; shed; E cast; дощ ллє як із відра́ it's raining cats and dogs; **-ся** flow; streem, pour; spread; sound; **∠ий** cast.
ли́тка *f* calf (*leg*).
лито́в|ець *m* [-вця], **~ка** *f* [*g/pl.*: -вок], **~ський** Lithuanian.
литтья́ *n* E founding, casting.
лихва́р *n* O [-ря́] userer, money-lender; **~ство** *n* usury; **~ський** usurious.
лих|и́й evil; bad; wicked; ~а́ до́ля sad *or* bitter fate; **∠о** *n* distress, disaster; misfortune; trouble; evel; **~ові́сний** ominous, sinister; **~оді́й** *m* villain; **~olі́ття** hard times *pl.*; dark days; **~ома́нка** fever; **~осло́вити** talk smut.
ли́цар *m* knight; **~ський** knightly; *fig.* chivalrous.
лице́ *n* face; лице́м в лице́ (віч-на-віч) face to face; до лиця́ (ли́чити) suit *or* become a p.; лиця́ [нема́] (на М) be bewildered.
лицемі́р *m* hypocrite; **~ити** play the hypocrite; dissemble; **~ний** hypocritical; **~ство** *n* hypocricy.
лиц|юва́ти face; turn; **~ьови́й** face ...; front ...; right (*side*).
лича́к *n* bast shoe.
личи́н|a *f* mask, guise; під ~ою under (the) cover (of); **~ка** *f* [*g/pl.*: -нок] larva; maggot.
ли́чити suit, become to.
лиша́й *m* [*e.*] B lichen (*a.* ~ник); Me herpes.
лиш|а́ти <~и́ти> leave; abandon; give up; drop, stop; keep, retain; **-ся** remain; stay; **~е́** only; as soon as; **∠ок** *m* surplus; remainder, rest.
лібера́л *m* **~ьний** liberal.
Ліва́н *m* Lebanon.
лі́в|ий **1.** left (*a. fig.*); left-hand ...; wrong (*side*; on з P); ~ий борт *m* Sh port side; **2.** (politics) left, left-wing ...; **3.** *su.* left-winger; **~о́руч** to the left; on the left; ~о́руч від ме́не to *or* on my left; **~ре́я** *f* [*g/pl.*: -ре́й] livery; **~ша́** *m/f* left-hander.
лі́га *f* league.
лі́гв|ище *n*, **~о** *n* lair, den.
лід *m* [льо́ду; на льоду́] ice.
лі́дер *m* (*pol.*, *sport*) leader.
лі́жко *n* bed; bedstead.
лі́зти [*st.*: лі́зу; лізь!; ліз, -ла], <за-> be climb(ing, *etc.*, *v/t.* на З); creep; penetrate; get (into); F reach into; (до Д [з О] importune, press, butt in(on); intrude (upon); fall out (*hair*); (на З) fit (*v/t.*); P meddle.
лі́йка *f* [*g/pl.*: лі́йок] watering pot, can.
лі́кар *m* doctor; physician; **~ня** *f* hospital; **~ня́ний**: ~ня́ний листо́к medical certificate.
лі́карськ|ий medical; doctor's; medicinal; ~і тра́ви (medicinal) herbs.
ліквід|а́ція liquidation; abolition; **~ува́ти** liquidate; abolish, eliminate.
лі́ки *pl.* medicine *sg.* прийма́ти ~ take (one's) medicine.
лі́коть *m* [-ктя] elbow.
лікува́|льний medical; medicinal; ~льний за́клад *m* medical establishment; **~ння** *n* treatment; **~ти** treat; **-ся** undergo/receive treatment, be treated, treat (one's ... від P); take a cure.
лі́лія *f* lily; водяна́ ~ water lily.
ліло́вий lilac (-colo(u)red).
Imі́т *m*, **~ува́ти** limit.
лі́мфа *f* lymph.
лінгві́стика *f s.* мовозна́вство.
лі́нза *f* lens.
ліни́вий lazy, idle.
ліні́|йка *f* **1.** line; **2.** ruler; slide-rule; **3.** O carriage; **~йний** linear; Ml (of the) line; Sh battle ...; **~юва́ти**, <по-> rule, line; **∠я** *f* line (*a. fig.*; in по Д); залізни́чна ∠я railway-line; railroad-track.
лінко́р *m* Sh battleship.
лі́н|ощі *pl.* laziness *sg.*; indolence *sg.*; **~ува́тися** be lazy, idle.
Лінч: зако́н (*or* суд) ∠а lynch law; **≗ува́ти** lynch.
лінь *m* [-ня́] Sh line; **~ки**: F (мені́) ~ I hate, don't want, won't.
ліп|и́ти <ви́-б з-> sculpture, model, mo(u)ld; F <на-> stick (to на З); **∠ка** *f*, **∠лення** mode-l(l)ing, mo(u)lding; F sculpture; **~ни́й** plastic.
лі́р|а *f* lyre; **~ик** *m* lyric poet; **~ика** *f* lyric poetry; **~и́чний** lyric(al).
ліс *m* [з лі́су; *pl.*: ліси́, *etc. e.*] wood, forest; lumber, *Brt.* timber; *pl.* scaffold(ing); ∠ом through a (the) wood; як у ∠і F *fig.* at sea; **~и́стий** woody, wooded; **~івни́к** *m* forestry expert; **~івни́цтво** *n* forestry; **~ни́к** *m* [*e.*] ranger; **~ни́цтво** *n* forest district; **~ни́чий** *m* forester; **~ови́й** forest ...; wood(y); lumber ...; *Brt.* timber ...; **~ови́к** *m* satyr; P Old Nick.
лісо|наса́дження *n* afforestation; (af)forested tract; wood; **~пи́льня** *f* [*g/pl.*: лень] sawmill; **~ру́б** *m* lumberman; woodcutter.
літ *m* [льо́ту], <по-> flight; на льоту́ in the air; on the wing; F *fig.* in haste, instantly, quickly.

Л

літá *pl.* years; age *sg.*; в ~áх elderly, advanced in years.
літá|к *m* airplane (*Brt.* aeroplane), aircraft; пасажи́рський ~ air liner; ~-снаря́д *m* guided missile; **~льний** flying; **~ти** fly.
літни́й flying (*weather*).
лі́тера *f* letter; вели́ка ~ capital letter; **∸тор** *m* man of letters; literary man; **~ту́ра** *f* literature; худо́жня ~ту́ра fiction; техні́чна ~ту́ра technical publications *pl.*; **~ту́рний** literary; **~турозна́вець** literary scholar; **~турозна́вство** literary studies *pl.*; history and criticism of literature.
лі́тній 1. summer ...; **2.** elderly.
лі́то *n* summer; ба́бине ~ = Indian summer; на ~ for the summer; **∸пис** *m* chronicle; annals *pl.*; **~пи́сець** *m* [-сця] chronicler; **~пи́сний** chronicle ...; annalistic; **~чи́слення** *n* chronology; era.
літр *m* liter (*Brt.*-tre; = *approx.* 1 qt.).
ліфт *m* elevator, *Brt.* lift; **~е́р** *m* elevator boy, *Brt.* lift man.
лі́фчик *m* waist, bodice; bra(ssière).
ліхта́р *m* [*e.*] lantern; (street)lamp; (head)light; F *s.* сине́ць; **~ик** *m* flashlight, *Brt.* (electric) torch.
ліце́нзія *f* license (for на 3).
ліч|бá *f* counting; calculation; **∸ений** counted.
лічи́|льний calculating (*machine*, calculator); slide (*rule*); **~льник** *m* meter; **~ти**, <по-> **1.** count; **2.** count, add up, compute; ~ти гро́ші count money.
ліщи́на *f* hazel.
лляни́й <льняни́й> flax(en); linen ...
лоб *m* [ло́ба; на ло́бі] forehead.
ло́бзик *m* fret saw.
лобов|и́й *anat.* frontal; ~а ата́ка Ml frontal attack.
лов *m* catching; **~е́ць** *m* hunter; fisherman; **~и́ти**, <з-; пійма́ти, с-, у-> catch; (en)trap; grasp, seize; ~на сло́ві take at one's word; ~ ко́жне сло́во hang on smb.'s lips; ~ ри́бку в каламу́тній воді́ fish in troubled waters.
ло́вкий F **1.** *s.* га́рний; **2.** crafty, slippery.
ло́вля *f* catching; fishing.
логари́фм *m* logarithm.
ло́гі|ка *f* logic; **∸чний** logical.
ло́жа *f thea.* box; lodge; stock.
ло́же *n* couch, bed; stock.
ло́жка *f* [*sg.*: -жки, -жці; *pl.* ло́жки́, ∸жо́к, ∸жка́м] spoon.
лоза́ *f* [*pl. st.*] vine; B switch.
лози́на *m* switch.
ло́зунг *m* slogan, watchword.
локал|ізува́ти localize; **-ся** become localized; **∸ьний** local.
локо|моти́в *m* locomotive, engine; **~н** <ку́чер> *m* lock, curl.
ло́кшина *f* noodles *pl.*; noodle soup.
лом 1. *m coll.* [∸му] scrap; залі́зний ~ scrap-iron; **2.** *m* [∸ма] crow-bar.
лома́ка *f* cudgel, club, bat.
ломба́рд *m* pawnshop.
лом|и́ти [-лю́, ∸иш] F = лама́ти **1.** break (up); **2.** *impers.*; у ньо́го ло́мить кістки́ his bones ache; feel a pain in; **3.** charge/ask (*excessive price*); **-ся 1.** break; burst (with); bend; **2.** break (through, into); force one's way; **∸ка** *f* breaking (up); **~ови́й** dray ...; ~ кінь *m* cart-horse, dray-horse, *su.* drayman, carter = F ломови́к *m*; **~о́та** *f* Me rheumatic pain; acute.
ло́н|о *n* F lap, bosom (in у M); у ~і сім'ї́ *f* F in the bosom of one's family; на ~і приро́ди in the lap of nature.
лопа́та *f* shovel, spade.
ло́п|ати(ся), <~нути> break; crack, burst; ~нути від смі́ху split one's sides with laughter.
лопа́т|ка *f* [*g/pl.*: -ток] **1.** *dim.* of ~а; **2.** *anat.* shoulder-blade.
ло́пать *f* blade; vane, fan.
лопу́х *m* [*e.*] burdock.
лоск *m* luster, gloss (*a. fig.*); *fig.* polish.
ло́ск|іт *m* tickling; боя́тися ~оту be ticklish; **~ота́ти**, <по-> tickle; **~отли́вий** ticklish.
лос|о́сь *m* salmon; **~ь** *m* elk.
лот *m* Sh lead; plummet.
лотере́я *f* lottery, ruffle.
лото́к *m* [-тка́] hawker's stand, tray; chute, shoot.
ло́цман *m* Sh pilot.
лош|а́к *m* hinny; **~и́ця** *f s.* коби́ла.
лощи́|на *f* hollow, valley; **∸ти** [*e.*; -щу́; -щи́ш; ло́щений] <на-, ви́-> gloss, polish.
лоя́льн|ий loyal; **~ість** *f* loyalty.
лубо́к *m* [-бка́] Me splint; cheap popular print (*or* literature).
луг 1. *m* [лу́гу; *pl.* -ги́, -гі́в; у лу́зі, на лугу́] meadow, grassland; **~ови́й** meadow ...; grassland ...; **2.** *m* Ch alkali.
луди́ти tin.
луж|о́к *m* [*g/pl.*: -кі́в] (small) glade, grass-plot.
луза́ти <лу́скати> crack; ~ насі́ння eat sunflower seeds.
лук *m* [-ка; *pl.*: -ки, -кі́в] bow.
лу́ка 1. *f* meadow; **2.** *f* bend (river).
лука́в|ий crafty, wily; **~ити**, <з->

Л

dissemble, dodge; be cunning; ~ство *n* cinnung, slyness, ruse.
лунá *f* echo; **~ти** be heard.
лунáтик *m* sleepwalker.
лункúй 1. sonorous; ringing; **2.** resonant.
лупá 1. *f* dandruff; **2.** *f* magnifying glass.
луп|úти 1. <облýплювати> peel; **2.** thrash; **-ся** peel (off); **~цювáти** thrash; beat.
лускá *f* scales *pl.*; **~ти 1.** crack; burst; break (up); **2.** *s.* лузáти.
лушп|áйка *f* shell; peel; husk; **~úння** *n* coll. *s.* лушпáйка.
лýщити husk, peel; shell.
льняний *s.* лляний.
льод|овúй ice ...; **~овúк** *m* glacier; **~овикóвий** glacial; ice ...; **~óвник** *m* ice cellar; refrigerator; icebox; **~орíз** *m* icebreaker; starling; **~остáв** *m* freeze-up; **~охíд** *m* ice drift; **~янúй** ice ...; icy (*a. fig.*); chilly; **~янúк** *m* fruit-drop; candy.
льон *m* [льóну] flax.
льóт|ний air (crew); flying; ~на спрáва flying, aeronautics; **~чик** *m*, **~чиця** *f* aviator, flier, pilot, air(wo)man.
льох *m* cellar.
люби|й 1. dear; nice, sweat; **2.** *su.* darling; beloved; **~мий 1.** *s.* любúй; **2.** favo(u)rite; **~тель** *m* **1.** lover; ~тель мýзики music lover; **2.** amateur; **3.** fan; **~тельський** amateur ...; **~ти 1.** love; <по-> fall in love with; **2.** be fond of; like; ~ти читáти be fond of reading; ~ти мýзику like *or* love music.
любóв *f* **1.** [-óві, -óв'ю] love (of, for до Р); ~ до батьківщúни love for one's country; **2.** ~ *fem. name.* (*cf.* Amanda); **~ний** love ...; loving; ~ний зв'язóк *m* amour.
люблячий loving, affectionate.
любувáтися (О *or* на З) admire, (be) delight(ed) (in).
люб'язн|ий amiable, obliging; dear; courteus, polite; *su.* sweetheart; F lovely; **~ість** *f* courtesy; kindness, amiability; compliments *pl.*; говорúти ~ості pay compliments; зробúти ~ість do a favour.
люд *coll.* F people *pl.*; folk *pl.*; **~и** *pl.* [-éй, ~ям, -ьмú, ~ях] people; men; вúйти в ~и arrive, make one's may in life (*or* fortune); сéред ~éй in public; **~úна** *f* man; human being; person; **~инолю́бство** *n* philanthropy; **~ний** populous, crowded; **~оїд** *m* cannibal; orge; **~оїдство** *n* cannibalism; **~ство** humanity, mankind; **~ськúй** human; **~ський** humane; **~яний** humane; **~яність** *f* humanity.
люк *m* hatch(way).
лю́лька *f* pipe.
лю́стра *f* chandelier, luster.
лю́тий[1] (*month*) February.
лю́т|ий[2] **1.** fierce, ferocious; savage; grim; **2.** severe, cruel; ~ий морóз severe frost; **~ість** *f* ferocity, rage; **~увáти** wreak one's fury; rage; **~ь** *f* fury, rage.
люцéрна *f* alfalfa, *Brt.* lucerne.
ляг|áти [-гáю, -гáєш], <~тú> [*v/t.*: ля́жу, ~еш, ~уть; ліг, ляглá] lie down; ~у (З) go to (*bed*, *a.* ~[спáти]); fall, F turn in.
ляк *m* fright, scare; з ~у from fright; **~аний** frightened; **~áти,** <з-> frighten, scare; **-ся** be frightened; take fright (at).
ля́лечка *f* **1.** dolly; **2.** *zo.* chrysalis (*pl.*-ices, -ides).
ля́льк|а *f* [*g/pl.*: -льóк] doll; **~óвий** doll('*s*); dollish; puppet ...; ~óвий теáтр puppet show.
ля́мк|а *f* [*g/pl.*: -мок] strap; тягтú ~у (ярмó) F drudge, toil.
ля́пас *m* slap in the face; F box on the ear.
ля́с|кати, <~нути> clap (*hands*); slap; crack (*whip*); snap (*one's fingers* О).
лящ *m* [*e.*] **1.** *zo.* bream; **2.** *s.* ля́пас.
лящáти: аж у вýхах лящúть there is a ringing in one's ears.

М

М

мабýть probably, likelihood, likely.
мавзолéй *m* mausoleum.
мáвка *f* [*g/pl.*: -вок] forest-nymph.
мáвпа *f* [*g/pl.*:-вп] monkey; ape.
маг *m* magician; **~íчний** magic(al); **~ія** magic; **~нетúчний** magnetic(al).
магазúн *m* store, *Brt.* shop.
магíстр *m* Master; **~áль** *f* main (A air) line (Rr route, Sh waterway); thoroughfare; trunk(line); main.
магнáт *m* magnate.
мáгн|ій *m* magnesium; **~íт** *m* magnet; **~íтний** magnetic; **~ітофóн** *m* tape-recorder; ~ітофóнний зáпис tape (-recording).
магнóлія *f* magnolia.

магометáн|ин *m* [*pl.*: -áни, -áн], **~ка** *f* [*g/pl.*: -нок] Mohammedan.
мажóр *m* Mu major key.
мáз|анка *f* [*g/pl.*: -нок] mud hut; **~анúна** F *f* daub(ing); **~ати 1.** <по-, на-> smear; rub (in); anoint; spread, butter; whitewash; **2.** <з-> oil, lubricate; **3.** <за-> soil; *impf.* daud; **~ня́** F *f* daub(ing); **~óк** *m* [-зкá] touch, stroke; Me swab; **~ь** *f* ointment; grease; **~ýт** black oil.
майбýт|нє *n* future; **~ній** future (*a. gr.*); **~ість** (~тя́) futurity, future.
майдáн *m* square; **~чик** ground.
мáйже almost, nearly.
мáй|ка *f* [*g/pl.*: мáйок] sleeveless; sports shirt; **~нó** property; **~óр** *m* major; **~орíти** loom; stream; flutter; **~нýти** flash; dash.
мáйст|ер *m* [*pl.*:-рú] master; foreman; craftsman; expert; ~ер на всі рýки (на вся́чину) jack-of-all-trades; **~éрня** *f* workshop; atelier, studio; **~éрний** masterly (*adv.* ~но); **~éрність** *f* mastery skill; trade, handicraft; **~увáти** F <з-> work; make.

мак *m* poppy.
макéт *m* model; dummy.
мáківка *f* [*g/pl.*: -ок] top; crown.
мáклер *m* broker.
макрéль *f* mackrel.
максим|áльний [-льна] maximum; '~ум maximum; at most.
макулатýра *f* spoilage, waste-paper.
малá|єць *m* [-лáйця], **~йка** *f* [*g/pl.*:-йок], **~йський** Malay(an).
мал|éнький, ~úй little, small; short; triffing; petty.
малúн|а *f* raspberry, -ries *pl.*; **~овий** raspberry-...; crimson; soft, sonorous.
мáло little; few; not enough; less; ~ не nearly, almost; ~ хто few; hardly anybody; ~ коли hardly ever.
мало|вáжний insignificant; trifling; **~відóмий** little known; **~грáмотний** uneducated, ignorant; faulty; **~ймовíрний** unlikely; **~калíберний** small-bore; **~лíтній** minor, underage; little(one); **~лю́дний** thinly populated; empty, deserted.
малувáто F little, not (quite) enough.
мальовнúчий picturesque, vivid.
малю|вáння *n* drawing, designing; **~вáти** <на-> draw; design; **~́к** *m* kid(dy); **~́нок** *m* drawing, picture, illustration.
мáля́р *m* (house) painter, **~íя** *f* malaria.
мá|ма *f* ma(mma), mum, mother; **~тýся, ~мýня, ~мýся, ~монька, ~тінка** F *f* mammy, mummy.
мáмонт *m* mammoth.
мандарúн *m* mandarin.
мандáт *m* mandate.
мандр|íвка *f* journey; voyage; trip; **~íвний** wandering, travelling; **~івнúк** *m* traveller; **~увáти** travel.
ман|éвр *m* **~еврувáти** maneuver, manoeuvre; Rr shunt, switch; **~екéн** *m* mannequin.
ман|éра *f* manner; **~íрний** [-на] affected.
манжéт(к)а *f* [*g/pl.*:-ток] cuff.
манúти [маню́, мáнищ], <по-> beckon; (al)lure, entice, tempt.
манúшка *f* [*g/pl.*:-шок] dick(e)y.
манівцí *pl.* roundabout way.
манікю́р *m* manicure; **~ниця** *f* [*g/pl.*:-ниць] manicurist.
маніпулювáти manipulate.
маніфестáція demonstration.
мáн|ія *f* (велúчності megalo)mania; **~ія́к** *m* maniac; **~кíрувати** *(im)pf.* (o) neglect.
мáнна ~ крупа *f* semolina.
манóметр *m* pressure-gauge; manometer.
мáнтія *f* robe, gown.
мануфактýра *f* textiles *pl.*
мáпа *f* map.
марá *f* phantom, spectre, ghost; **~фóнський** (біг) marathon race.
мáрганець *m* [-нця] manganese.
маргарúн *m* margarine.
мáрево *n* mirage.
маринувáти <за-> pickle.
мáрити dream; be delirious.
маріонéтка *m* marionette; puppet.
мáрк|а *f* [*g/pl.*:-рок] stamp; mark; counter; make; brand; trademark; **~íза** *f* awning; **~сúстський** Marxist, Marxian.
мáрля *f* gauze.
мармелáд *m* fruit candy (*or* drops).
мармúза P *f* mug, phiz.
мáрмур *m* marble; **~óвий** marble.
марнíти <з-> pine away; fade.
мáрн|о *or* **мáрне** in vain, to no purpose; **~отрáт** *m* squanderer, spendthrift; **~отрáтство** *n* extravagance, wastefulness; **~увáти** <з-> waste, squander, dissipate.
мародéр *m* marauder, looter; **~ство** *n* looting.
мартéн *m* open-hearth furnace; **~івський** open-hearth.
мáрш *m* **1.** march; **2.** flight (of stairs); **~ал** *m* marshal; **~ирувáти** march; **~рýт** *m* route.
мáс|а *f* mass; bulk, multitude; **~áж** *m* **~ажувáти** (pt. *a.* pf.) massage; **~úв** *m* massif; **~úвний** [-вна] massive; **~овий** mass ...
мáск|а *f* [*g/pl.*: -сок] mask; **~арáд** *m* (*a.*

бал-~ара́д) masked bail, masquerade; **~ува́ння** *f* [*g/pl.*:-ань], **~ува́ти** <за-> mask; disguise, camouflage.

мас|ли́на *f* olive; olive-tree; **∸ло** *n* [*g/pl.*:-сел] (*a.* вершко́ве ~ло] butter (*a.* олі́я) oil; **~лоро́бка** *f* [*g/pl.*:-бок] churn; oil mill; **∸ляний, ~ни́й** oil(y); butter(y); greasy, unctuous; **~ля́нка, ~ни́чка** *f* [*g/pl.*: -нок, -чок] butter dish; lubricator.

маст|и́ка *f* floor-polish; **~и́ло** *n* lubricant; grease; **~и́ти 1.** <по-, на-> smear; rub(in); anoint; spread, butter; whitewash; **2.** <з-> oil, lubricate; **3.** F <за-> soil; **∸ь** *f* [from *g/pl. e.*] colo(u)r; suit.

масшта́б *m* scale; *fig.* scope; caliber (*Brt.* -bre); repute; standard.

мат *m* mat; (check)mate.

матема́ти|к *m* mathematician; **~ка** *f* mathematics; **∸чний** mathematical.

матери́к *m* continent, **~о́вий** continental.

матер|и́нський mother('s), motherly, maternal; **~и́нство** *n* maternity; **∸ія** *f* matter; fabric, material; stuff.

матеріа́л *m* material; **~і́зм** *m* materialism; **~алі́ст** *m* materialist; **~істи́чний** materialistic; **~ьний** [-льна] material; economic; financial.

ма́ти 1. *f* [ма́тері, *pl.*; матері́, -і́в] mother; **2.** have; **3.** must; have to; ~ на ува́зі mean; ~ зна́чення be of importance; ~ змо́гу be in a position; ~ у́спіх be a success.

ма́тка *f* [*g/pl.*: -ток] *zo.* female; queen (bee); *anat.* uterus.

ма́товий dull, dim, mat.

матра́ц *m* mattress.

ма́триця *f typ.* matrix; stencil.

матро́с *m* sailor.

матч *m* match (*sport*).

мах *m* stroke, flap; **~а́ти** *once* <~ну́ти> (O) wave; wag, strike, flap; *pf.* F jump, go; **~ови́й, ~ови́к** *m* fluwheel.

ма́цати feel; touch.

ма́чуха *f* stepmother.

маши́н|а *f* machine; engine; F car, bike, *etc.*; **~а́льний** [-льна] mechanical, perfunctory; **~і́ст** *m* machinist; Rr engineer, *Brt.* engine driver; **~ка** *f* **1.** machine; **2.** typewriter; друкува́ти на ~ці type; **3.** clippers *pl.*; **4.** sewing-machine; **~обудува́ння** *n* mechanical engineering; **~о́пис** *m* typewriting.

мая́к *m* lighthouse.

ма́я|тник *m* pendulum; **∸чити, ~чі́ти** F loom.

маяч|ня́ *f* **1.** delirium; **2.** nonsense, fantasies; raving.

ме́бл|і *pl.* furniture; **~юва́ння** *n* furnishing(s); **~юва́ти** *(im)pf.* furnish (with O).

мед *m* honey; mead.

медал|і́ст *m* medallist; **∸ь** *f* medal; **~ьйо́н** *m* locket.

ме́ди|к *m* medical man (F student); **~каме́нти** *pl.* medicaments; medical supplies; **~ци́на** *f* medicine; **∸чний** medical; medicinal.

медо́вий honey(ed); ~ мі́сяць honeymoon.

мед|о́гляд *m* medical examination; **~пу́нкт** *m* first-aid post; **~сестра́** *f* nurse.

меду́за *f* jelly-fish.

меж|а́ *f* border; balk; за ∸ми краї́ни beyond the borders of the country; **~ува́ти** border (on/upon).

ме́кати bleat.

Ме́ксик|а *f* Mexico; **≗а́нець** *m* [-нця], **≗а́нка** *f* [*g/pl.*:-нок], **≗а́нський** Mexican.

меланхолі́|йний melancholy, melancholic; **'~к** *m* melancholiac; **'~я** *f* melancholy.

мелоді́|йний melodic; melodious; **'~я** *f* melody.

мемуа́ри *pl.* memoirs.

ме́нш *s.* ме́нше; **~ати** decrease, diminish; **~е** less, smaller; якомо́га ~е as little as possible; **~ий** smaller, lesser; smallest, least; **~ість** *f* minority; **~ови́к** *m* Menshevic; **~ови́цький** Menshevist.

меню́ *n* [*indecl.*] menu, bill of fare.

мере́ж|а *f* net; network; **~иво** *n* lace.

мерехті́|ння *n*, **~ти** twinkle.

ме́рз|лий frozen; **~лота́** *f* frozen ground; ві́чна ~лота́ permafrost; **~нути** <з-, за-> freeze; be cold, numb.

мерзо́тн|ий vile, odious; **~ик** F *m* [-ника] rascal; **~ість** *f* meanness; nasty thing.

ме́ркнути <по-> fade, darken.

мертв|е́цька F *f* mortuary; **∸ий** dead; *fig.* lifeless; ∸а ти́ша dead silence; ∸а то́чка dead center; *fig.* deadlock (at на M); **~і́ти** <з-> deaden; grow *or* turn numb (pale, desolate); **~о́тний** deadly (pale); **~я́к** F *m* [*e.*] corpse.

мерщі́й quick!; hurry up!

ме́сник *m* avenger.

мести́ [мету́, мете́ш], <під-> sweep.

мет|а́ *f* aim, object, purpose, end, goal; ма́ючи на ~і with the purpose (of); aim at.

мета́л *m* metal; **~е́вий** metal(lic): **~і́ст** *m* metalworker; **~оо́бро́бний** metalworking; **~у́рг** *m* metallurgist; **~урगі́йний** metallurgical; **~ургі́я** *f* metallurgy.

мет|а́льний missile; **~а́ти**, *once*

<~нýти> throw; bring forth; keep (*bank*); baste; **-ся** toss, jerk; rush about.
метáфора *f ling.* metaphor.
метéли|к *m* [*g/pl.*: -ків] butterfly; **~ця** *f* snowstorm, blizzard.
метеóр *m* meteor; **~и́т** *m* meteorite; **~óлог** *m* meteorologist; **~ологíчний** meteorological; **~олóгія** *m* meteorology.
мéтод *m* method; **~и́ст** *m* specialist in educational methods; **~и́чний** methodical, systematic; **~ологíчний** methodological; **~олóгія** *f* methodology.
метр *m* meter, *Brt.* metre; **~ика** *f* certificate of birth; metrics; **~и́чний** metric.
метрó *n* [*ind.*], **~політéн** *m* subway, *Brt.* tube, underground; **~пóлія** *f* parent state, mother country.
метуш|и́тися [-шýся, -ши́шся] fuss; **~ли́вий** fussy; **~ушня́** *f* turmoil, fuss.
механі|зáтор *m* machine operator; **~зáція** *f* mechanization; **~́зм** *m* mechanism; **~зóваний** mechanized; **~зувáти** mechanize; **'~ік** *m* mechanic(ian); **'~ка** *f* mechanics; **~́чний** mechanical; propelling (*pencil*).
меч *m* [*e.*] sword.
мечéть *f* mosque.
мéшка|нець *m* inhabitant, resident; **~ти** live, reside.
ми we; ~ з ним he and I.
мигдáль *m* almond(s) *pl.*
миготíти flash; gleam; flit; fly (past); loom; turn up.
ми́лий nice, lovely, sweet; (my) dear, darling.
ми́лити <на-> soap; ~ гóлову (Д) F blow up, scold.
ми́лиця *f* crutch.
ми́л|ість *f* kindness, goodness; favo(u)r; mercy; pardon; з ~ості out of charity; **~éнький** F lovely; dear; darling.
ми́ло *n* soap; lather; **~варíння** *n* soap boiling.
мило|звýчний harmonious, eu-phonious; **~сéрдний** charitable, merciful; **~сéрдя** *n* charity, mercy; **~сти́вий** gracious, kind; **'~стиня** *f* alms.
ми́лувати pardon; spare; **'-ся** exchange caresses.
ми́льн|ий soap(y); ~а пíна lather [lɑ:-]; **~иця** *f* soap dish.
ми́ля *f* mile.
ми́мо past, by; **~вíльний** involuntary; **~вóлі** involuntarily; unintentionally; **~хíдь** inpassing by.
ми́мрити P mumble; dawdle.
мин|áти <~ýти> pass; slip by; be over; pass through.
минýл|е the past **~ий** past; ~ий час *gr.* the past tense; ~ого лíта last summer.
мир *m* peace; у ~і at peace; **~и́ти** <по-, при-> reconcile (to з О); **-ся** make it up, be(come) reconciled; <при-> resign o.*s.* to; put up with; давáй ~и́тися! let's make it up! **~́ний** peace...; peacefull; ~́не насéлення civilians *pl.*; **~олю́бний** peaceful; peace loving; **~ськи́й** F wordly; common.
мис *m* cape.
ми́ска *f* basin; plate.
ми́слення *n* thought; thinking.
мисли́вець *m* hunter; volunteer.
ми́сл|ений mental; **~имий** conceivable; **~и́тель** *m* thinker; **~ити** think (of, about про З); imagine; **~ячий** thinking.
мистéцтво *n* art; skill.
митáрство *n* toil, drudgery.
митéць *m* artist; master, expert.
ми́ти wash; рукá рýку миє ≈ you scratch my back and I'll scratch yours; **-ся** wash; have a bath.
ми́т|ниця *f* custom house; **~о** *n* customs duty.
мит|тéвий momentary, instantaneous; **~́тю** instantly, in a trice (moment); **~ь** *f* instant, moment.
Михáйло *m* Michael.
ми́ш|а *f* [*g/pl.*: -шéй] mouse; **~еня́** *n* [*g/pl.*: -ня́т] **1.** armpit; arm; **2.** *dim. of* ми́ша; **~олóвка** *f* [*g/pl.*: -вок] mouse trap.
миш'я́к *m* [*e.*] arsenic.
мíгр|áція *f* migration; **~éнь** *f* sick headache; **~увáти** migrate.
мíд|ний copper(y) brazen; **~ь** *f* copper; жóвта ~ь brass.
між (О) between; among(st); ~ нáми (кáжучи) between ourselves; ~ íншим а) in passing; б) by the way; incidentally; **~мíський** *teleph.* long-distance ..., *Brt.* trunk ...; interurban; **~нарóдний** international; **~планéтний** interplanetary; **~усóбний** internal, civil (*war, etc.*); **~царíв'я** *n* interregnum.
мізéрний paltry.
мізи́нець *m* [-нця] little finger.
м|ій *m*, **~оя́** *f*, **~оє́** *n*, **~оí** *pl.* my; mine; *pl. su.* F my folks.
мікрóб *m* microbe.
мілин|á *f* shoal, sandbank; на ~í aground; stranded (*a. fig.*); F in a fix.
мілі|мéтр *m* millimeter (*Brt.* -tre); **~таризáція** *f* militarization; **~тари́зм** *m* militarism.
мілíти <об-> (grow) shallow.
міліці|онéр *m* militiaman; policeman; **'~я** *f* militia; police.

мілк|и́й fine, shallow; **~ово́дний** shallow.
міль *f* moth.
міль|йо́н *m* million; **~я́рд** *m* billion, *Brt.* milliard.
мі́на *f* **1.** Ml mine; **2.** look, air.
мінера́л *m* mineral; **~о́гія** *f* mineralogy.
міни́тися <з-> change; ~ на обли́ччі change countenance.
міні|атю́рний miniature ...; *fig.* tiny, diminutive; **~ма́льний** minimum.
мініст|е́рство *n* ministry; ~е́рство закордо́нних (вну́трішніх) справ Ministry of Foreign (Internal) Affairs; State Department (Dept. of the Interior) (*Am.*); Foreign (Home) Office (*Brt.*); **ˆр** *m* minister, secretary.
мінли́в|ий changeable, variable; fickle; **~ість** *f* changeability; unsteadiness.
мінов|и́й: ~а́ ва́ртість exchange value; ~а́ торгі́вля barter.
мінonóсець *m* [-сця] torpedo boat; еска́дрений ~ destroyer.
мі́нус *m* minus; defect.
міня́ти <по-, об-> exchange, barter (for на 3); **-ся** change (*s.* th. with O/ з О).
мі́р|а *f* measure; degree; way; зна́ти ~у keep within limits; в ~у того́ як according as, to; as far as; while the ..., the (+ *comp.*); до пе́вної ~и to a certain degree; **~ка** *f* [*g/pl.*: -рок] measure; зня́ти ~ку з ко́гось take s.b. measure; мі́ряти на с вою́ ~у judge (s.b.) by one's own yardstick.
міркува́|ння *n* reflection, thought; **~ти** reflect (on *or* upon), meditate (on *or* upon).
мі́рний measured.
міро́шник *m* miller.
мі́ряти <з-> measure; <при-> F try on; **-ся** (си́лою) try their strength on each other.
міси́ти <за-> knead; puddle.
мі́сі|оне́р *m* missionary; '**~я** *f* mission, legation.
міст *m* [моста́ і мо́сту; *pl. e.*] bridge.
мі́стика *f* mysticism.
місти́ти(ся) be; contain.
містифіка́ція *f* mystification, hoax.
містк|и́й capacious; spacious; **ˆість** *f* capacity.
мі́ст|о *n* town; city (large town; F down town); за ~ом *go* (*live*) out of town; **~е́чко** *n* small town; quarter.
мі́сц|е *n* place, spot; seat; F job, post; passage; package; (зачепи́ти за) болю́че ~е tender spot (touch on the raw); ~е наро́дження *n* deposit, field; не на (своє́му) ~і in the wrong place; **~я́ми** in (some) places; ве́рхнє ~е upper berth; ни́жнє ~е lower berth; **~е́вий** local; ~е́вий жи́тель native; ~е́вий відмі́нок *gr.* locative (case); **~е́вість** *f* region, district, locality place; **~езнахо́дження** *n* location, position; ; **~е прожива́ння** *n* residence; **~е перебува́ння** *n* whereabouts; residence.
мі́ся|ць *m* month; moon; цього́ ~ця a month; per month; **~чний** month's; monthly; moon ...; ~чник безпе́ки ру́ху road-safety month.
міськ|и́й town ..., city ...; municipal; ~а́ ра́да city *or* town soviet (council).
мі́тинг *m* meeting; **~ува́ти** F hold a meeting.
мі́т|ити **1.** mark; **2.** (в, на 3) aim, drive at, mean; **~ка** *f* [*g/pl.*: -ток] mark(ing).
мітла́ *f* [*pl. st.*: мі́тли, мі́тел; мі́тлам] broom.
міф *m* myth; **~і́чний** mythic(al); **~оло́гія** *f* mythology.
міх *m* [*pl. e.*] **1.** кова́льський ~ bellows *pl.*; **2.** *s.* мішо́к.
міху́р *m* (*anatomy*) bladder.
міцн|и́й strong; firm, solid, sound; robust; hard; affectionate; ~и́й мир lasting peace; ~и́й чай strong tea; ~а́ тка́нина tough cloth; ~и́й сон sound sleep; **ˆість** *f* strength; firmness; reliability; durability; **~і́ти, ~і́шати** grow strong(er); **ˆо** strongly; firmly.
міць *f* strength; power, might.
мі́чений marked.
міша́ти <роз-> stir; <з-, пере-> mix, mingle.
міше́нь *f* target.
мішо́к *m* [-шка́] sack, bag.
мішура́ *f* tinsel, spangle.
міщан|и́н *m* [*pl.* -а́ни, -а́н] (petty) bourgeois; Philistine; **ˆство** *n* petty bourgeoisie, lower-middle class; Philistinism, Babbittry; **ˆський** (petty) bourgeois, Philistine.
мл|а *f* darkness; mist, haze; **~и́стий** hazy, misty.
млин *m* mill; **~е́ць** *m* pancake; **~о́к** *m* hand-mill, quern.
млі́ти <зо-] languish; go numb; faint.
мло́сний languishing.
мля́вий withered, faded; flabby; sluggish; dull.
мно́ж|ення *n* multiplication; **~ина́** *f gr.* plural; **~ити** <по-> Ma multiply (by на 3); increase; **-ся** increase, grow, multiply; **~ник** *m* multiplier.
мобіліз|а́ція *f* mobilization; **~о́ваний** enlisted man; **~ува́ти** *(im)pf.* mobilize.

М

мов <мóвби> as if; as though; that; allegedly.

мóв|а *f* tongue; language (in на M); speech; discourse, talk, conversation; word; розмóвна ~а colloquial speech; прямá ~а *gr*. direct speech; частúни ~и *gr*. parts of speech; ~а йде про the question is; про це не мóже бýти й ~и that is out of the question.

мóвби *s*. мов.

мóв|ити speak, talk; say, tell; **-ся** be said; **~лення** *n* speech; **~ний** linguistic, language; ~ні нáвички speech habits; **~ознáвець** *m* linguist; **~ознáвство** <лінгвíстика> *n* linguistics; **~чазнúй** taciturn; silent; **~чáнка** *f* silence; **~чáти** be (*or* keep) silent; **~чки** silently, tacitly; **~чýн** *m* taciturn person.

могúл|а *f* grave; **~ьний** tomb ...; **~ьник** *m* grave digger.

могтú <з-> can, be able; may; я не мóжу не + *inf*. I can't help ...ing; не мóже бýти! that's impossible.

могýтн|ій mighty, powerful; **~ість** *f* might.

мóд|а *f* fashion, vogue; **~елювáти**, **~éль** *f* model; mo(u)ld; ~éльне взуттí fashion shoes *pl*.; **~ернізувáти** (-dɛr-) *(im)pf*. modernize; **~úстка** *f* [*g/pl*.: -ток] milliner; **~ифікувáти** *(im)pf*. modify; **~ний** fashionable, stylish; fashion ...

мóж|е perhaps, maybe; **~лúвий** possible; зробúти все ~лúве do one's utmost; **~лúвість** *f* possibility; chance; по ~лúвості as ... (far) as possible; **~лúво** it is possible; possibly; **~на** (менí, *etc*.) one (I, *etc*.) can *or* may; it is possible; ~на увійтú? may I come in?

мозáїка *f* mosaic.

моз|ковúй cerebral; **´~ок** *m* [-зку] brain; marrow; (*spinal*) cord.

мозол|úстий horny, callous; **´~ити**: ´~ити очí (Д) F be an eyesore to; **´~я** *f* callosity; corn.

мóкко *m* [*ind*.] mocha.

мóк|нути <про-> become wet; soak; **~рий** wet; moist; **~рість** *f* wet(ness), humidity; **~ротúння** *n* phleghm.

мол *m* jetty, mole.

молéбень *m* [-бня] thanksgiving (service), Te Deum.

молéкул|а *f* molecule; **~ярний** molecular.

молúт|ва *f* prayer; **~и** implore, entreat, beseech; **-ся** <по-> pray; **~óвник** *m* prayer book.

молод|éць F *m* [-дця́] fine fellow, brick; well done! **~éцький** F brave, valiant; smart; **~úй** young, new; **~úти** rejuvenate; **~íжний** youth; **'~ість** *f* youth, adolescence; **~íти** <по-> grow (look) younger; **~ня́к** *m* [*e*.] offspring; underwood; sapling *pl*.; **´~ший** younger; junior ; **'~ь** *f* youth, young people *pl*.; **~ята** *pl*. newly wedded couple.

моложáвий youthful, young-looking.

молокó *n* milk; **~сóс** F *m* greenhorn.

молочкó *n* milt (*physiology*).

мóлот *m* (large) hammer; **~áрка** *f* [*g/pl*.: -рок] threshing machine; **´~и** [мелю́, мéлеш] <пере-, з-> grind; P *impf*. talk; **~úти** <з-> thresh; **~óк** *m* [-ткá] hammer; з ~кá by auction; **~ьбá** *f* threshing (time).

молоч|áрня *f* dairy; creamery; **´~ний** milk ...; dairy ... **´~ник** *m* milkman.

мольбá *f* entreaty; prayer.

мольбéрт *m* easel.

момéнт *m* moment, instant; **~áльний** momentary, instantaneous; snap (*shot*); **~áльно** instantly.

монáрхія *f* monarchy.

мона|стúр *m* [*e*.] monastery, convent; **´~х** *m* monk; **´~хиня** *f* nun (*a*., F, **´~шка** *f* [*g/pl*.: -шок]).

монгóл *m*, **~ка** *f*, **~ьський** Mongolian.

монéт|а *f* coin; money, cash; тíєю ж ~ою in a p.'s own coin; за чúсту ~у in good faith; **~ний** monetary; ~ний двір mint.

моно|грáфія *f* monograph; **~лíтний** monolithic; **~лóг** *m* monologue; **~полізувáти** *(im)pf*. monopolize; **~пóлія** *f* monopoly; **~тóнний** monotonous.

монт|áж *m* assembling, assemblage; cutting (*film*); montage; **~áжний** assembly; **~áжник** *m* fitter; assembly worker; **~éр** *m* assembler, mechanic(ian); electrician; **~увáти** <з-> assemble, install; cut (*film*).

монумéнт *m* monument.

морáль *f* morals *pl*.; morality; moral; F lecture, lecturing; **~ний** moral; ~ний стан morale.

морг|áти <~нýти> blink (O).

мóрд|а *f* muzzle, snout; **~увáти** <за-> torture, torment.

мóре *n* [*pl*. *e*.] sea; seaside (at на M); ~м by sea; за ~м overseas; **~плáвець** *m* seafarer; **~плáвство** *n* navigation.

морж *m* [*e*.] **~óвий** walrus.

морúти <за-> exterminate; ~ гóлодом starve; torment, exhaust.

мóрква *f* carrot(s).

морóз *m* frost; **~иво** *n* ice cream; **~ити** <за-> freeze; **~ний** frosty; **~остíйкий** frost-resistant.

мóрок *m* gloom, darkness.

морóчити F fool, beguile.

морськ|úй sea..., maritime; naval; nautical; seaside...; ~úй вовк old salt; ~úй флот navy; ~á хворóба seasickness.

мо́рфій *m* morphine, morphia.
морфоло́гія *f* morphology.
мо́рщити <з-> wrinkle, frown (*v/i.* **-ся**); distort.
моря́к *m* [*e.*] seaman, sailor.
москате́льний drug(gist's).
Моск|ва́ *f* Moscow; **≗ви́ч** *m* [*e.*], **≗ви́чка** *f* [*g/pl.*: -чок] Moscower; **≗о́вський** Moscow...
москі́т *m* mosquito.
мости́ти [мощу́, мо́стиш; мо́щений] pave; cobble.
мот|а́ти <на-, з-> reel, wind; F, *once* <~ну́ти> shake, wag; jerk; F <про-> squander, waste; **-ся** dangle; P knock about.
моти́в *m* motive, motif; **~а́ція** *f* reason, motivation; **~ува́ти** *(im)pf.* motivate.
моти́ка *f* hoe, mattock.
мото́к *m* [-тка́] skein.
мото́р *m* motor, engine; **~изо́ваний** motorized; **~изува́ти** *(im)pf.* motorize; **~и́ст** *m* operator; **~ний** 1. motor *attr.*; ~ний чо́вен motor boat; 2. quick, nimble, deft, agile, brick; **~о́лер** *m* (motor) scooter.
мо́торошн|ий weird, uncanny, dismal, sinister; мені́ ~о I am terrified.
мотоци́кл *m*, **~е́т** *m* motorcycle; **~і́ст** *m* motorcyclist.
моту́з|ка *f* [*g/pl.*: -зок] rope; **~очка** *f* string, cord.
мох *m* [-ху] moss; **~на́тий** shaggy, hairy; **~ови́й** mossy.
моч|а́лити wet, moisten; soak; step; **~а́лка** *f* [*g/pl.*: -лок] bast wisp; **~и́ти** <на-, за-> wet, moisten; **∸ка** *f* [*g/pl.*: -чок] lobe (*of the ear*).
мо́шка *f* [*g/pl.*: -шок] midge.
мо́щений paved.
мо́щі *pl.* [-щей] relics.
мракобі́с *m* obscurant; **~ся** *n* obscurantism.
мрець *m* corpse.
мрі|йли́вий dreamy; **∸йний** *s.* мрійли́вий; **∸йник** *m* (day)dreamer; **∸я** *f* dream, daydream, reverie; **∸яти** dream (of про З).
мря́|ка *f*, **~чити** drizzle.
мсти́|вий revengeful; **~ти(ся)** revenge o.s., take revenge (on Д); (за З) avenge a. p.
МТС (маши́нно-тра́кторна ста́нція) machine and tractor station.
мугикати hum.
мудр|е́ць *m* [*e.*] sage; **∸ий** wise, sage; **∸ість** *f* wisdom; зуб ∸ості wisdom tooth; F trick; **~о́ваний** difficult, hard, intricate; fanciful; queer; **~ува́ти** <на-, з-> subtilize; quibble; trick; (над О) bully.
муж *m* [-жі́, жі́в, -жа́м] (*obsolete*) man; **~и́к** *m* peasant; P boor; man; **~и́цький, ~и́чий** peasant's, rustic; **∸ній** courageous; manly; **~ні́ти** <з-> mature, grow; **∸ньо** courageously; bravely; **~чи́на** *m* man.
му́за *f* muse.
музе́й *m* museum.
му́зика *f* music; P business; **∸льний** musical; **∸льність** *f* gift for music; **∸нт** *m* musician.
му́к|а 1. *f* pain, torment, suffering, torture(s); F harassment; ~и тво́рчості throes of composition; 2. *f* flour; meal.
му́кати low, moo.
мул *m* mule.
му́ляр *m* bricklayer, (*a. hist.*) mason.
му́ляти pinch, hurt.
мультиплікаці́йний: ~ фільм (animated) cartoon).
му́мія *f* mummy.
мунди́р *m* uniform; карто́пля в ~і F potatoes in their jackets *or* skin.
мундшту́к *m* [*e.*] cigarette holder; tip; mouthpiece.
мур *m* wall (*of stone or brick*).
мурава́ *f* (young) grass; glaze.
мура́|ха *f* [-а́хи; *pl.*:-а́хи, -а́х] ant; **~ши́ний** ant...; **~шка** *f* [-шки; *pl.*: -шки, -шок] *s.* мура́ха; **~шник** *m* ant hill.
мур|кота́ти purr; F hum; **~моті́ти** mutter.
мурува́ти <з-> build.
му́си|ти must, ought (+ to *inf.*), have (+ to *inf.*); ти ~ш закі́нчити цю робо́ту you must finish this work; be forced (+ to *inf.*).
муска́т *m*, **~ний** nutmeg.
му́скул *m* muscle; **~и́стий, ~я́стий, ~ьний** muscular.
му́скус *m* musk.
мусо́н *m* monsoon.
мусульма́н|ин *m* [*pl.*: -а́ни, -а́н], **~ка** *f* [*g/pl.*: -нок] Moslem.
мут|и́ти [мучу́, му́тиш], <за-> muddy; stir up; **∸ний** muddy, (*a. fig.*) troubled (*waters*); dull; blurred; foggy; uneasy; **~ні́ти** <по-> grow turbid; blur; **∸ь** *f* dregs *pl.*; mud; blur; haze; dazzle.
му́фта *f* muff; (*handicraft*) socket, sleeve.
му́х|а *f* fly; роби́ти з ~и слона́ ≈ make mountains out of molehills; **~оло́вка** *f* [*g/pl.*: -вок] flycatcher; **~омо́р** *m* toadstool.
му́ч|еник *m*, **~ениця** *f* martyr; **~еницький** martyr's; **~и́тель** *m* tormentor; **~ити** <за-> torment, torture; vex, worry; **-ся** agonize, suffer torments; toil.

му́шка *f* [*g/pl.*: -шок] midge; (Spanish) fly; (fore)sight (*gun*).
му́штр|а *f*, **~ува́ти** Ml drill.
мча́ти(ся) <по-> rush, whirl *or* speed (along).
м'яз *m* muscle; **~и́стий** muscular.
м'як|и́й soft; smooth, sleek; tender; mild, gentle; lenient; easy (*chair*); ~и́й ваго́н first-class coach *or* car(riage); **∸ість** *f* softness; **∸нути** <роз-> become soft; **∸о** softly; **~осе́рдий** soft-hearted; **~оті́лий** chubby; *fig.* flabby, spineless; **∸оть** *f* flesh, pulp; **~у́ш** *m* crumb; **∸шати** <по-> get soft; **~ши́ти** soften.
м'яс|и́стий fleshy, pulpy; F fat, chubby; **~ни́й** meat ...; butcher's; **~ни́к** *m* butcher; **∸о** *n* meat; flesh; pulp; (*cannon*) fodder; **~ору́бка** *f* [*g/pl.*: -бок] mincing machine; *fig.* slaughter.
м'я́та *f* mint.
м'я́ти <зі-, по-> [мну, мнеш] (c)rumple, press; knead, wrinkle; trample; **-ся** F waver.
м'яч *m* [*e.*] ball; гра́ти в ~а́ play ball; **∸ик** *m dim. of* ~.

Н

на 1. (З): (*direction*) on, onto; to, toward(s); into, in; шлях ~ Ки́їв the road to Kiev; (*duration, value, purpose, etc.*) for; till; ~ хвили́нку for a moment; Ma by; поділи́ти ~ три divide by three; **2.** (M): (*position*) on, upon; in, at; with; for; ~ ній ... she has ... on; **3.** F there, here (you are, *a.* ∸ тобі́).
наба́в|ка F *s.* надба́вка; **~ля́ти** <~ити> raise; add.
набага́то much, far.
набаки́р F aslant, cocked.
наба́т *m* alarm bell; tocsin.
наби|ва́ти <∸ти> [-б'ю́, -б'є́ш; *cf.* би́ти] stuff, fill; fix on (*a.* many, much); shoot, print (*calico*); ~ва́ти ру́ку на чо́мусь get one's hand at s.b.'s; ~ва́ти собі́ ці́ну make oneself sought after; **-ся 1.** crowd (into); **2.**: ~ва́тися на знайо́мство force one's acquaintance (on): **∸вка** *f* [*g/pl.*: -вок] stuffing, padding.
набира́ти <набра́ти> [-беру́, -бере́ш; *cf.* бра́ти] gather; pick, collect, enlist, recruit; *teleph.* dial; *typ.* set; take (many, much); gain (*speed, height*); be, have; **-ся** *a.*, (P), pluck *or* screw up; F catch; acquire.
набі́г *m* incursion, raid; **~а́ти** <~ти> [-іжу́, -іжи́ш] run (against *or* on на З); cover; gather.
набі́к to *or* on one side; awry; відхо́дити ~ make way, step aside.
набі́р *m* enlistment, levy; enrol(l)ment; set (of); ~ слів mere verbiage.
на́бережна *f* quay, wharf.
набли|жа́ти <∸зити> approach, drew near (до Р; *v/i.* **-ся**); **∸жений** Ma approximate; **∸ження** *n* approach(ing); approximation.
набо́жний pious, devout.
наболі́л|ий sore; burning; ~е пита́ння urgent problem, sore subject.
набра́ти(ся) *s.* набира́ти(ся).
набрид|а́ти <∸нути> [-ну, -неш, *etc.*] (Д *or* О) tire; bother, molest, pester, bore; мені́ набри́д ... I'm tired (of), fed up (with); *impers.*: мені́ набри́дло нага́дувати йому́ I'm sick of reminding him; **∸ливий** tiresome; troublesome, annoying; ~ співбе́сі́дник bore.
на́брід *m* F rabble, riff-raff.
набряк|а́ти <∸нути> swell.
нава́ж|уватися <~итися> dare; venture.
нава́л|а *f* invasion, inroad; **~ювати** <~и́ти> [-алю́, -а́лиш; нава́лений] burden (with); heap (up); load; pile up; **-ся** lean all one's weight (upon); press; fall (up)on, go at; **~ьний** rapid, impetuous; urgent.
наванта́ж|ення [*g/pl.*: -ень] load(ing); F *a.* burden job, assignment; **~увати** <~ити> [-а́жу, -а́жиш; -а́жений] load (with О); F *a.* burden, busy, assign (*work* to); ~
наввипередки F: бі́гти ~ (run a) race; chase each other.
наве́рх up(ward[s]); upstairs.
навесні́ in spring.
навздогі́н (за О; Д) after, in pursuit of; крича́ти ~ call after.
на́взнак, ~и on one's back.
нави́воріт F topsy-turvy; inside out, wrongly.
на́вик *m* experience; skill; habit.
нави́літ (*shot*) through.
навис|а́ти <∸нути> hang (over); impend; **∸лий** beetle (brow).

наві|вáти <∸яти> bring, blow; *fig.* cast, evoke; ~вáти сон make one sleepy.
навідний leading.
навідрíз blantly, categorically.
наві́д|уватися <~атися> F call on (до Р); visit, go and see.
навíжений mad, insane, crazy.
навíк, ~и forever, for good.
навíс *m* awning; shed.
навíтряний windward.
нáвіть (*a.* ~ і) even; ~ не not even.
навíчно forever, for good.
навíщо <нáщо> what ... for, why.
навкóлишній surrounding; neighbouring.
навкóлішк|ах, ~и on one's knees; ставáти ~и kneel.
навкóло round, around; about.
навкругú *s.* навкóло.
навманнá at random, at haphazard.
навмúсн|ий intentional, deliberat; ~о on purpose, purposely, deliberately.
нав|óдити <~естú> direct (to); point (at), turn (to); lead (to), bring on *or* about, cause, raise (*cf.* наганя́ти); apply (paint, *etc.*).
нáволочка *f* [*g/pl.*: -чок] pillow-case.
наводн|я́ти <~йти> flood, inundate (with).
навпакú the other way round; vice versa, conversely; on the contrary; якрáз ~ quite the reverse.
навперебíй F vying with each other.
навперéваги atilt.
навперéйми (in a) short cut, cutting (across *or* s.b.'s way Д).
нáвпіл in two, in half; (*do*) by halves.
навпóмацки grope one's way.
навпóчіпки: сíсти (сидíти) ~ squat.
навпростéць F by the direct way; straight on; outright; *fig.* point-blank.
навря́д hardly, scarcely.
навскáч at full gallop.
нáвскіс obliquely, aslant.
нáвстіж wide (open).
навтікачá F пустúтися ~ take to one's heels.
навýшники *pl.* earflaps; headphones.
нáвхрест crosswise.
навчá|ння *n* studies *pl.*, study; training; drill; **~льний** <учбóвий> educational; Ml drill; ~льний рік schoolyear; ~льне прилáддя teaching aids *pl.*; ~льні посíбники training appliances; ~льний план curriculum.
навч|áти <~йти> teach; **-ся** learn; study.
навшпúнькаx on tiptoe; ходúти ~ (go on) tiptoe.
нав'ю́ч|увати <~ити> load (with).
нав'я́з|ливий obtrusive; fixed; **~увати** <-áти> tie (to, on на 3), fasten; knit, obtrude [up] on Д; *v/i.* **-ся**).
нагáд|ування *n* reminder; dun(ning); **~дувати** <~áти> remind, dun.
нагáй *m* [*g/pl.*: -гаíв] whip.
нагáльний pressing, urgent.
нагáр *m* snuff (*candle*).
наг|аня́ти <~нáти> **1.** *s.* наздоганя́ти. **2.** : F ~аня́ти страх, нудьгý, *etc.* (на 3) frighten, bore, *etc.*
наг|инáти <~нýти> bend, bow, stoop (*v/i.* **-ся**).
нагíрний upland, highland.
нáгл|ий sudden, unexpected; ~а смерть sudden death.
нáглухо firmy; tightly.
нáгляд *m* supervision; surveillance; **~áч** *m* supervisor; inspector; jailer.
нагля́|дувати <∸нути> watch, look (after); supervise, surveil.
нагнíт|áльний force (*pump*); **~áти** <~йти> pump.
нагнóєння *n* suppuration.
наговóр|ювати <úти> say, tell, talk ([too] much *or* many ...); F slander (на 3); conjure; record; **~úтися** *pf.* talk one's fill.
нагóд|а *f* opportunity, chance, occasion; мáти ~у get a chance; при ~і when opportunity offers; з ~и on the occasion (of).
нáголó clean(-*shaven*); naked.
нáголос *m* stress, accent.
наголó|шувати <~сúти> stress; *fig.* lay stress (on), emphasize.
нагорí above, upstairs.
нагорóд|а *f* reward, recompense; decoration; **~жувати** <~úти> [-роджý, -рóдиш; нагорóджений] (О) reward; decorate; *fig.* endow.
нагóру up; upward; upstairs.
наготá *f* nudity; bareness.
нагот|óвлювати <~увáти> prepare; lay in.
награб|óваний robbed; **~увáти** *pf.* rob, plunder (a lot of).
награ|вáти <∸ти> play softly.
нагрі|вáльний heating; **~вáти** <∸ти> *s.* грíти.
нагромáд|жувати <~ити> [-джу, -диш; нагромáджений] pile up.
нагря́нути *pf.* appear, come (upon) suddenly, unawares; break out (*war*); take by surprise.
над (О) over, above; at; about; with; працювáти ~ проéктом work at a plan; ~ усé most of all.
надавáти <надáти> (Д) let (a p.) have; leave to; give, render; grant; place (at a p.'s disposal); ~ знáчення

attach importance (to); ~ слóво give (s.b.) the floor.
надáв|лювати <~úти> (*a.* на 3) press; push; press out (much).
надáлі from now on.
надáти *s.* надавáти.
надбáв|ка *f* [*g/pl.*: -вок] raise, increase; extra charge; ~ка до зарплáти rise in wages; **~ля́ти** <~ити> F *s.* набавля́ти.
надбудóва *f* superstructure.
надбуд|óвувати <~увáти> overbuild; raise.
надвéчір towards evening.
надв|íр out, outside; **~óрі** out-of-doors, outside.
нáдголодь starv(el)ing.
надгрóбний tomb ..., grave ...
надзвичáйний unusual, uncommon, extraordinary; extreme.
надзвуковúй supersonic.
надзéмний overground; Rr elevated; *Brt.* high-level ...
надúб|увати <~ати> F come across (P, на 3).
надивúтися *pf* (на 3) feast one's eyes (upon), gaze long enough (at).
надих|áти <~нýти> [*e.*; -хнý, -хнéш, *etc.*] (**-ся** fell) inspire(d by O).
наді|вáти <∸ти> [-íну, -íнеш; надíтий] put on.
надійтú *s.* надхóдити.
надíл Ac *m* lot, plot, allotment; **~я́ти** <~úти> allot (s. th. to O *or* 3); give; endow.
надірвáти(ся) *s.* надривáти(ся).
надісла́ти *s.* надсилáти.
надíйний reliable, dependable; firm; safe; sure.
надí|я *f* hope (of на 3); покладáти ~ю show promise; ∸ *fem. name, cf.* Hope.
надíятися (на 3) hope (for); rely (on).
надлúшок *m* [-шку] surplus.
надлóм *m* crack, fissure; *fig.* crisis; **~лювати** <-úти> F crack, break; shatter.
нáдмір *m* excess; abundance.
надмíр|ний excessive; **~у** too; excessively.
надóвго for (a) long (time).
надокуч|áти <∸ити> [-чу, -чиш] (Д *or* О) tire; bother; molest; мені ∸ив I'm tired (of), fed up (with); мені ∸ило нагáдувати йомý I'm sick of reminding him; **∸ливий** tiresome; troublesome; annoying.
надолýж|увати <∸ити> [надолýжу, -жиш] make up for.
нáдпис *s.* нáпис.
надпис|увати <~áти> superscribe; C endorse; ~áти конвéрт address an envelope.
надприбýток *m* superprofit.
надприрóдний supernatural.
нáдра *pl.* bosom, entrails.
надрúв *m* rent, tear; strain, burst; **~áти** <надірвáти> [-дірвý, -дíрвеш; надірвáв, -áла, -áло; надíрваний] tear; shatter, break, undermine; injure; (over)strain (*o.s.* себé, **-ся**; be [come] worn out, exhausted; labo(u)r); ~áтися (зó сміху) split one's sides (with laughing).
надрíз *m* cut, incision; **~увати** <~áти> cut, incise.
надрукувáти *s.* друкувáти.
надсилáти <надісла́ти> [-дішлю́, -дíшлеш; надíсланий] send; dispatch.
надсип|áти (∸ати) pour (out).
нáдто too, too much; particulary.
наду|вáти <∸ти> inflate, swell; drift, blow; ∸ти гýби pout; **-ся** *v/i.*; **~внúй** inflatable, air ...; **∸тий** swollen.
надýм|аний far-fetched, strained; **~ати** F *pf.* think (of, out), devise; make up one's mind.
над|хóдити <надійтú> [-дійдý, -дíйдеш] approach, go (up to); arrive, come; set in; be received.
наждá|к *m*, **~чний** emery.
нажú|ва *f* profit(s), gain(s); **~вáти** <~ти> [-живý, -живéш; нажúв, -úла, -úло; нажúтий] earn, gain, profit(eer), amass, make (*a fortune; enemies*); get, catch; **~вка** *f* [*g/pl.*: -вок] bait.
назáвждú forever; раз і ~ once (and) for all.
назáвтра F the next day; tomorrow.
назáд back(ward[s]); ~! get back!; оглядáтися ~ look back.
нáзва *f* name; title.
назвáн|ий: ~а дочкá adopted daughter; ~ий бáтько foster-father.
назвáти(ся) *s.* називáтися.
наздогáд at random.
наздог|аня́ти <наганя́ти[1]> overtake, catch up (with).
назéмний land ..., ground ...
називá|ти <назвáти> [-звý, -звéш; назвáв, -áла, -áло; нáзваний] call, name, mention; ~ти себé introduce o.s.; F invite; ~ти рéчі своїми іменáми call a spade a spade; **-ся** call o.s., be called; як ~ється ...? what is (*or* do you call) ...?
назóвні out(-side), outward(s), (*get*) abroad *fig.*
назрі|вáти <∸ти> ripen; swell; Me gather; *fig.* mature; be imminent *or* impending.
назýстріч to meet, toward(s); ітú ~ (Д) go to meet; *fig.* meet halfway.

наївн|ий naïve, ingenuous; unsophisticated; **~ість** *f* naïveté.
наї|дáтися <наї́стися> [-ї́мся, -їси́ся, *etc.*, *s.* ї́сти] eat one's fill.
наї|жджáти <наї́хати> [-ї́ду, -ї́деш] (на 3) run into, knock against; come across; F come (occasionally), call on (до Р).
наї́з|дом short *or* flying visit(s), run; **~ник** *m* horse-man, equestrian; (*horse*) trainer.
наї́стися *s.* наїдáтися.
наї́хати *s.* наїжджáти.
найбі́льший the greatest; the largest.
найвáжчий the most difficult.
найви́щий the highest.
найгі́рший the worst.
найкрáщий the best.
нáйман|ець *m* hireling, mercenary; **~ий** hired, rent(ed); hackney, mercenary; ~а прáця wage (hired) labour.
наймáння *m* hire; rent.
най|мáти <~ня́ти> [наймý, нáймеш; нáнятий] hire, engage, rent; F lodge; **-ся** *a.* hire out (as в Н *pl. or* О).
наймáч *m* employer; tenant.
наймéння *n* name; title.
наймéнший the least.
найни́жчий the lowest.
найти́ *s.* нахóдити.
накáз *m* order, command; **~áти** *s.* ~увати; **~óвий**: ~óвий спóсіб imperative mood; **~увати** <-áти> order, command; tell; F should, ought.
наки|дáти 1. <∸дати> sketch, design, draft; throw (up); **2. ~дáти** <∸нути> throw over on (на 3); **3. -ся** attack, fall (up)on, pounce on.
наки́дка *f* cape; cloak; pillow; cover.
нáкип *f* scum; scale, deposit.
накладáти <наклáсти> (на 3) lay on, apply (to); put (on), set (to); impose; leave (*trace*); fill; pack, load; ~ пов'я́зку bandage; ~ резолю́цію append one's decision.
накладнá *f* waybill: ~ плáта cash on delivery.
наклáсти *s.* накладáти.
наклéїти *s.* наклéювати.
нáклеп <обмóва> slander; calumny; libel; звóдити ~ на кóгось calumniate s.b.; **∸ник** *m* slanderer; **∸ницький** slanderous; libellous.
наклé|йка *f* [*g/pl.*:-éйок] label; **~ювати** <наклеїти> [-éю] glue *or* paste on; stick on, affix.
накóл|ювати <~óти> pin, fix; chop, break; prick; kill; **-ся** prick oneself.
наконéчник *m* tip; top.
накопи́ч|ення *n* accumulation; Ml concentration; **~увати** <~ити> accumulate, amass; collect, gather.
накрéсл|ювати <~ити> draw; trace, design.
накри|вáти <∸ти> cover; (*a.* на) lay (*the table*); serve (*meal*); Ml hit; F catch, trap; dupe; **-ся** cover oneself (with).
накриття́ *n* roof; shelter.
накрохмáлений starched.
накуп|óвувати <~и́ти> buy.
налагóд|жувати <~ити> put right *or* in order, get straight, fix; set going; establish; tune; **-ся** come right.
налéж|ати [-жу, -жиш] (Д) have to, be to be *p.pt.*; belong (to [до] Р), pertain; *imper.*; вам ~ить зроби́ти це you are to do it; **~ний** belonging (to); due, proper; appropriate, suitable; ~ним чи́ном properly, dully; віддавáти ~не give s.b. his (her, their) due.
налеті́ти *s.* налітáти.
нали|вáти <∸ти> [-ллю́, -ллéш; -ли́й(те)!; нали́в, -и́ла, -и́ло; нали́тий] pour (out); fill; ripen; *p.pl.p.* ripe; plump; sappy; **-ся** *v/t.*; *a.* swell; ∸тися крóв'ю become bloodshot.
нали́вка *f* [*g/pl.*: -вок] (fruit) liqueur.
наливн|и́й: ~é я́блуко juicy apple; ~é суднó tanker.
нали́нути *pf.* come flying; rush (up[to]); surge.
налі́во to *or* on the left; *s.* напрáво.
налі́п|лювати <~и́ти> stick.
нал|і́т *m* flight; blast; Ml, A raid, attack; Me fur; (*a. fig.*) touch; з ~ьóту on the wing, with a swoop; *cf.* літ; **~ітáти** <налеті́ти> (на 3) fly (at, [*a.* knock, strike] against); swoop down; raid, attack; fall ([up] on); rush, squall.
налі́ч|увати <~и́ти> **1.** count; **2.** *(im)pf.* number.
наляг|áти <~ти́> [-ля́жу, -ля́жеш; -ля́жуть; -лі́г, ляглá; -ля́ж(те)!] (на 3) press (against, down), *fig.* oppress; apply o.s. (to); lie; sink, cover; F stress.
наля́ка|ний scared, frightened; **∸ти(ся)** frighten; be (get) frightened.
нам *s.* ми.
намагá|ння aspiration, attempt, endeavour; striving, urge; tendency; **~тися** try, endeavour, attempt.
намáз|увати <~ати> *cf.* мáзати put (on); spread (on); smear; ~ати хліб мáслом butter bread.
намалювáти *s.* малювáти.
намáц|увати <~ати> grope, fumble; *fig.* sound; detect, find.

Н

нама́|щувати <~сти́ти> put (on), spread (on).
намерз|а́ти <~́нути> freeze.
наме́т *m* **1.** tent; **2.** snow-drift.
наме́т|увати <~а́ти> tack; *s.a.* мета́ти.
намилува́тися (О) admire to one's heart's content; не ~ never get tired admiring (*o.s.* собо́ю).
нами́л|ювати <~ити> soap.
намист|и́на *f* bead; **~́о** *n coll.* (glass)beads.
на́мір *m* intention, design, purpose; **~я́тися** <~́итися> intend.
намі́сник *m* governor.
намі|ча́ти <~́тити> mark, trace; design, plan; select; nominate.
намо́в|а *f* instigation; incitement; *s.* на́клеп; **~ля́ти** <~ити> put up (to), instigate, incite; slander (на 3); try to persuade.
намок|а́ти <~́нути> get wet.
намоло́|чувати <~ти́ти> thresh.
намо́рдник *m* muzzle.
намо́т|увати <~а́ти> wind, spool, reel.
намо́ч|увати <~и́ти> wet, make (s.b.'s) wet; soake.
наму́л|ювати <~яти> (*feet*) rub sore, make sore.
нанести́ *s.* нано́сити.
нани́з|увати <~а́ти> string.
наніве́ць: зво́дити щось ~ set s.b.'s at nought; bring to nothing.
на́ново anew, (over) again.
нано́с *m* alluvium; **~ити** <нанести́> [-несу́, -се́ш; -ні́с, -не́сла] bring (much, many); carry, waft, deposit, wash ashore; heap; enter, mark; lay on, apply; inflict (Д), cause; pay (*visit*); deal (*blow*); **~и́ти** F bring (a lot of); ~ ді́жку води́ fill a barrel with water; **~ни́й** <напливни́й> alluvial; extraneous; superficial.
наоди́нці alone, in private; tête-á-tête; поговори́ти ~ talk face to face.
нао́сліп blindly.
нао́чн|ий vivid; graphic; obvious; direct; object (*lesson*); ~е прила́ддя visual aids; **~ик** *m* blinder.
на́пад *m* attack; aggression; forwards *pl.*; **~а́ти** <напа́сти> [*pt.* -па́в, -а́ла] (на 3) attack, fall (up)on ; come across *or* upon; hit on; overcome; **~а́ючий** *m* assailant; (*sport*) forward; **~́ки** *pl.* [*gen.*: -ок] accusation, cavils; carping, faultfinding *sg.*
напа́м'ять by heart.
напасти *s.* напада́ти.
на́па́сть *f* misfortune, disaster.
напе́вно probably; for certain, definitely; *a.* F without fail; він, ~, вже там he is probably there by now; he should (must) be there by now.
напере́д forward; in advance; beforehand; за́дом ~ back to front.
напередо́дні the day before; ~ чого́сь on the eve (of).
наперекі́р (Д) in spite *or* defiance (of), contrary (to); in defiance of s.b.'s; to spite s.b.; роби́ти ~ be contrary.
напе́рсток *m* thimble.
напи|ва́тися <~́тися> [-п'ю́ся, -п'є́шся; -пи́вся, -пи́лась; -пи́йся, -пи́йтеся!] drink, quench one's thirst, have enough (Р); get drink.
напи́лок *m* file.
напина́ти <напну́ти> tighten; tauten; put on(up); throw on; ~ наме́т pitch a tent; **-ся** tighten; exert all one'a strength.
на́пис <на́дпис> *m* inscription.
написа́ти *s.* писа́ти.
напи́тися *s.* напива́тися.
напів|відкри́тий half-open, ajar; **~голо́дний** half-starved; **~го́лосно** in a undertone, in a low voice; **~живи́й** half-dead; **~забуття́** *n* semi-consciousness; **~зруйно́ваний** half ruined, dilapidated; **~кру́глий** semicircular; **~лежа́ти** recline; **~одя́гнений** half-dressed; **~письме́нний** semiliterate; **~провідни́к** *m* semiconductor; **~со́нний** half-asleep (awake); drowsy; **~фабрика́т** *m* semi-finished product; *pl.* prepared food *sg.*
напі́|й *m* [-по́ю] drink, beverage; **~дпи́тку** F tipsy, drunk.
напі́р *m* pressure; thrust.
напли́|в rush; deposit; excrescence; **~ва́ти** <-сти> swim (against на 3), run (on); flow; deposit; approach, cover; waft, reach; gather; **~вни́й** *s.* наносни́й.
наплу́тати muddle.
напну́ти(ся) *s.* напина́ти(ся).
напова́л (*kill*, *etc.*) outright.
напо́вн|ювати <~ити> (О) fill; crowd; imbue; *p.pt.p.* *a.* full; **-ся** fill; be filled.
напогото́ві on the alert, on one's guard.
напої́ти *s.* напува́ти.
напока́з for show; виставля́ти ~ put up for show.
наполе́глив|ий persevering, pertinacious; persistent; obstinate; ~а вимо́га insistent request; **~ість** *f* persistence, perseverance.
напполови́ну half; ~ деше́вше half the price; (*do*) by halves.
наполяг|а́ти <~ти́> [-ля́жу, -ля́жеш] insist (on на М); ~ на своє́му have one's will.

напослі́док F ultimately.
напоум|ля́ти <∸ити> bring to reason; suggest an idea.
напо́хваті at hand.
нап|о́ювати <~ува́ти; напої́ти> give to drink; make drunk; imbue.
направ|ля́ти <∸ити> direct (at); turn (upon); refer; aim, level; send; assign, detach; sharpen, set; **∸о** (від P) to *or* on the (s.b.'s) right; ~! Ml right face!
напризволя́ще: ки́дати кого́сь ~ leave s.b. to the mercy of fate.
напри́кінці towards the end.
напри́клад for example *or* instance.
напро́весні in the early spring.
напрока́т for hire.
напроло́м F: іти́ ~ force one's way, straight ahead, break through.
напро́ти (P) opposite.
напро́чуд marvellously, strikingly; extremely.
напро́|шуватися <~си́тися> (на 3) (pr) offer (o.s. for), solicit; provoke; fish (for); suggest o.s.
напру́|га *f* tension (*a.* Fe; voltage), strain; exertion; effort; close attention; **~жений** strained; (in)tense; keen, close; ~жена атмосфе́ра tense atmosphere; ~жена пра́ця hard (strenuous) work; ~жена ува́га strained attention; **~же́ність** *f* tensity; tension; **~ження** *n* tensity; strain; E stress.
напру́ж|увати <~ити> [-жу, -жиш] strain (*a. fig.*); exert; stretch; bend (*bow*); ~ м'я́зи tauten the muscles; ~ усі́ си́ли strain every nerve; **-ся** tauten; strain oneself, exert oneself.
на́прям *m* direction; trend; літерату́рний ~ literary school; **~ки́** F straight on; outright; **~ок** *s.* на́прям.
напус|ка́ти <~ти́ти> let in, fill; set at (на 3); fall; F (~ка́ти на се́бе) put on (*airs*); cause; **-ся** fall (up)on (на 3).
напу́тній farewell ...
нара́да *f* conference (at на M), meeting (*a.* in); deliberation, consultation (for на 3).
нара|жа́ти <~зи́ти> expose; **-ся** undergo; be exposed; run (*rick*).
нарах|о́вувати <~ува́ти> **1.** *s.* налі́чувати 1, 2; number; **2.** (*bookkeeping*) put (set) down to one's account; **~ува́ння** *n* extra fee.
нарва́ти *s.* нарива́ти.
наректи́ *s.* нарі́ка́ти.
нарече́н|ий *su.* fiance; **~а** *su.* fiancee; bride.
наре́шті at last; finally.
на́ри *pl.* plank bed.
нари́в *m* boil; abscess; **~а́ти** <нарва́ти> **1.** pick (a lot of); **2.** fester; gather (head); у ме́не ~а́є па́лець my finger is beginning to fester.
на́рис *m* [-су] essay.
на́рівні (з O) on a level with; equally; together (*or* along) with.
нарі́жний corner ...; angle ...; ~ ка́мінь corner-stone.
нарі́з|а́ти <∸ати> cut; carve; E thread; **∸увати** = ~а́ти.
на́рі́зно separately, apart.
нарі́ка́|ння *n* complaint; reproach; **~ти** <наректи́> **1.** complain (of), lament; **2.** name; call.
на́ріст *m* (out) growth.
нарко́|з *m* narcosis, anaesthesia; **~тик** *m* narcotic.
наро́д *m* people, nation; **~ження** *n* birth; день ~ження birthday; **~жуваність** *f* birth-rate; **~жувати** <народи́ти> give birth (to); bear; *fig.* give rise (to); **-ся** be born; *fig.* arise, spring up; **~ний** people's, popular, folk ...; ~на пі́сня folk song; ~не господа́рство national economy; ~ний фронт popular front; ~на демокра́тія people's democracy; **~ність** *f* nationality; **~ногоспода́рський** national economic, **~онасе́лення** *n* population.
наро́зхват F greedily; like hot cakes; розкупо́вуватися ~ sell like hot cakes.
наро́зхрист F unbuttoned.
нарост|а́ти <~и́> [-сте́; *cf.* рости́] grow; accrue; swell.
нару́чники *pl.* handcuffs, manacles.
нарци́с *m* narcissus.
наря́д *m* attire, dress; assignment, commission, order; Ml fatique; detachment; **~жа́ти** <~и́ти> [-ряджу́, -ря́диш] dress (up); assign; detail; **~ний** smart, trim, elegant; order ...
нас *s.* ми.
наса́д|ження *n* planting; (im-) plantation; trees, plants *pl.* **~жувати** <~и́ти> plant (many); F set, pur, place.
наса́мперед first of all, to begin with.
насви́стувати whistle.
насе́лен|ий populated (with), inhabited (by); **~ня** *n* population; inhabitants *pl.*
насел|я́ти <~и́ти> people, populate; *impf* inhabit, live in.
наси́д|жений *a.* snug, habitual, long-inhabited; comfortable perch (*place*); **~жувати** <~і́ти> brood, hatch.
наси́л|у only just, hardly; **~ьницький** forcible, forced; violent; **~ьство** *n* violence, force, coercion; rape.
насі́чка *f* [*g/pl.*: -чок] notch.

нáсип *m* embankment, mound; **~áти** <~́ати> pour; strew, scatter; fill; throw up; raise.
насú|чення *n* saturation; **~чувати** <~тити> satisfy; saturate.
насі|дáти <~́сти> [-сяду, -сядеш; *cf.* сíсти] **1.** fall on; press; **2.** cover, settle (on).
насін|úна *f* seed; **~́ний** seed; **~́ня** *pl.* seeds.
наск|áкувати <~óчити> (на 3) fall (up)on; run *or* strike against, come across.
наскíльки as (far as); how (much).
нáскрізь through (out); F through and through.
наслáти *s.* настилáти.
наслíдни|к *m* F heir; **~ця** *f* heiress.
нáслід|ок *m* consequence, result; **~́ування** *n* imitation; **~́увати** **1.** imitate; **2.** inherit.
наслýхатися *pf.* (P) listen to one's heart's heart content; не мóжу ~ never get tired of listening to.
насмíл|юватися <~итися> dare, venture; beg *to.*
насмі|хáтися mock, jeer; sneer (at над О); **~шúти** (P) make (s.b.) laugh; **~́шка** *f* [*g/pl.*: -ок] mockery, sneer; **~́шкуватий** (fond of) mocking; **~́шник** *m*, **~́шниця** *f* scoffer, mocker; **~я́тися** laugh (at); have a good laugh.
наснáг|а *f* inspiration; enthusiasm; давáти ~у inspire s.b. (to).
насолóда *f* enjoyment; delight; pleasure.
насóс *m* pump.
нáспів *m* melody, tune; **~́увати** **1.** hum, sing; **2.** <~áти> [-áю, -áєш; наспíваний] record.
наспíд underneath; on the bottom.
нáспіх hurriedly, in a hurry.
наспрáвді in reality.
наста|вáти <~́ти> [-стáне] come; **~́ла** зимá winter has come; (*weather*) set in; (*evening, silence*) fall; **~́ла** ніч night has fallen.
настав|ля́ти <~́ити> **1.** put, place, set (many P); **2.** piece (on), add; aim, level (at на 3). **3.** admonish; ~ля́ти когóсь на дóбру путь set s.b. in the right way; **~́ник** *m* teacher, instructor, tutor, mentor, preceptor.
нас|теля́ти <~телúти [-телю́, -тéлеш, настéлений], наслáти> lay, spread; plank, pave.
настúрлив|ий tiresome, importunate; obsessive, haunting; ~а ідéя obsession fixed idea.
настíй *m* infusion, extract; **~ний** persistent; urgent, pressing; ~на потрéба urgent necessity.
настíль|ки so (*or* as [much]); **~ний** table ...; reference ...; ~на лáмпа desk lamp; ~ний тéніс table tennis; ~на кнúга handbook.
настíнний wall, mural.
насторóж|ений watchful; ~ений пóгляд guarded look; **~і**: бýти ~і be on the alert; **~увати(ся)** <~ити(ся)> [-óжусь, -óжишся] cause allertness; prick up one's ears.
настó|ювати <~я́ти> make an infusion; **-ся** draw; brew.
нáстр|ій mood; frame of mind; spirits *pl.* зіпсувáти комýсь ~ій put s.b. out of humor; у мéне немá ~ою I am not in the mood (for + *ger.*), I'm in no mood (+ to *inf.*); у ньóго погáний (гáрний) ~ій he is in law (hight) spirits.
настрó|ювати <-їти> **1.** tune; tune in; **2.** set s.b. against.
настрóм|лювати <~úти> stick (through).
нáступ *m* offensive; attack, advance; beginning ... break, ... fall (at з О); **~áльний** offensive; **~áти** <~úти> tread *or* step (on на 3); come, set in; *im pf.* attack, advance; press (hard); approach; **~́ний** following, next; forthcoming; ~́ного рóку next year; **~́ник** *m* successor.
насу|вáти <~́нути> **1.** F: ~́нути капелю́ха на óчі pull one's hat over one's eyes; **2.** *fig.* approach; ~вáла ніч night was approaching; ~́нули хмáри clouds have gathered; **-ся** *s.* насувáти 2.
насýп|лений gloomy, sullen; **~лювати(ся)** <~ити(ся)> knit (*the brow*); frown, scowl.
нáсухо dry; вúтерти ~ wipe dry.
насýщний vital, essential.
натворúти F *pf.* do, cause.
натерпíтися F have suffered a great deal (of).
натикáтися <наткнýтися> (на 3) run against, (*a.* come) across.
нат|ирáти <~éрти> (O) rub (*a.* sore); get (*corn*); wax, polish.
нáтис|к *m* press(ure), rush; onslaught, charge; urge; **~кáти** <~́нути> (*a.* на 3) press, push (*a.* F, *fig.* urge, impel; influence); stress.
наткнýтися *s.* натикáтися.
нáтовп *m* crowd, throng; mob; swarm.
натóмісць instead of.
натóм|люватися <~úтися> get tired.
натóч|увати <~úти> sharpen.
натрап|ля́ти <~́ити> (на 3) knock (against), run (into); strike; (P) come across; (P) find.
нáтрій *m* natrium.

нату́|га *f* strain, effort; **жуватися** <~житися> strain oneself, exert all one's strength.
нату́р|а *f* disposition, nature; model; малюва́ти з ~и draw (paint) from life; плати́ти ~ою pay kind; **~а́льний** natural; real; ~а́льний мед pure honey; ~а́льний шовк real silk; ~а́льної величини́ life-size; **~щик** *m*, **~щиця** *f* (artist's) model.
натхне́нн|ий inspired; ~а пра́ця enthusiastic work; **~я** *n* inspiration.
натще́рце F on an empty stomach.
натяг|а́ти <~ну́ти, ~́увати> stretch, (*a. fig.*) strain; pull (on на 3); draw in (*reins*); **~́нутий** *fig.* strained; ~́нуті стосу́нки strained relations.
натя́жк|а *f* [*g/pl.*: -жок] strain(ing); affectation, forced *or* strained argument(ation), detail, trait, *etc.*; з ~ою *a.* with great reserve.
на́тяк *m* (на 3) allusion (to), hint (at); зрозумі́ти ~ take a hint; **~а́ти** <~ну́ти> (на 3) allude (to), hint (at); на що ви ~а́єте? what are you driving at?
нау́к|а *f* science; lesson; knowledge; це вам ~а! let that be a lesson to you!; **~о́вець** *m* scientific (research) worker; scientist; **~о́вий** scientific; **~о́во-до́слідний** (scientific) research; **~о́во-популя́рний** popular science.
на́фт|а *f* (mineral) oil, petroleum; **~алі́н** *m* napthalene; **~овий** oil *attr.*, petroleum *attr.*; ~ова ви́шка derrick, rig; **~оналивни́й**: ~оналивне́ судно́ (oil) tanker; **~оперегі́нний** заво́д oil refinery; **~опрові́д** oil pipeline.
наха́б|а *m/f* impudent fellow; **~ний** impudent, impertinent, insolent; **~ність** *f*, **~ство** *n* impudence, impertinence, insolence.
наха́п|увати <~а́ти> F (P) snatch (up), pick up (a lot of; a smartering of; hoard; *a.* **-ся**).
нахваля́тися threaten (+ to *inf.*); promise boastingly.
на́хил *m* **1.** bent, aptitude, inclination; ~ до му́зики bent for music; ~ до малюва́ння aptitude (turn) for painting; **2.** slope; **~я́ти** <~и́ти> [-илю́, -и́лиш; нахи́лений] bent, tilt; bow, stoop; **-ся** bent, lean.
нахлі́бни|к *m*, **~ця** *f* hanger-on (*pl.* hangers-on), sponger.
нахма́ри|ти(ся) *impers.*: **~лося** the sky is overcast.
нахму́рювати(ся) *s.* хму́рити(ся).
на|хо́дити <найти́> **1.** *s.* зна|хо́дити <~йти́>; **2.** come (across на 3); cover; be seized (F wrong) with; що на вас найшло́ what has come upon (over) you? **3.** ~хо́дять хма́ри heavy clouds are gathering.
наці́л|ювати(ся) <~ити(ся)> aim at.
націоналі|за́ція *f* nationalization; **~́зм** *m* nationalism; **~ува́ти** nationalize (*Brt.* -ise).
націона́льн|ий national; ~е пита́ння the problem of nationalities; **~ість** *f* nationality.
на́ція *f* nation.
нача́л|о *n* source, origin; basis; principle; *pl.* rudiments; **~ьник** *m* chief, head, superior; Ml commander; Rr (station) master, agent; **~ьство** *n* command(er[s], shief[s], superior[s]); authority, -ties *pl.*; **~ьству- вати** (над О) command; manage.
на́че, **~б(то)** *s.* немов(би).
начи́н|ка *f* [*g/pl.*: -нок] filling, stuffing; **~ня** *n* tackle, gear; fishing - tackle; utensil; **~я́ти** (~и́ти) fill (with O).
на́чисто clean, cleanly; переписа́ти ~ make a clean (fair) copy (of); completely; **~ту́** F frankly, openly.
начи́та|ний well-read; **~ність** *f* eruditor.
начита́тися (P) read (a lot of); have enough (of); не мо́жу ~ never get tired of reading.
на́чорно roughly, (in) a draft; написа́ти ~ make a rough copy (of).
начу́тися F (P) hear a lot (of), much.
наш *m*, **~́а** *f*, **~́е** *n*, **~́і** *pl.* our; ours; по-**~́ому** in our way *or* opinion *or* language; це ~́а кімна́та that's our room; ця кімна́та ~́а that room is ours.
нашарува́ння *n* stratification.
нашати́рний: ~ спирт *m* (liquid) ammonia.
нашвид|ку́, *f* **~ку́ру́ч** in haste, offhand, anyhow.
наше́стя *n* invasion, inroad.
наши|ва́ти <~́ти> [-ши́ю, -ши́єш; *cf.* ши́ти] sew on (на 3 *or* M) *or* many ...; **~́вка** *f* [*g/pl.*: -вок] gallon, braid; Ml stripe; **~́йник** collar; **~́ти** *s.* нашива́ти.
нашкі́рн|ий skin ..., cutaneous; Me: ~а хворо́ба skin disease.
нашто́вх|увати <~ну́ти> F incite (to); ~ну́ти на ду́мку suggest an idea (to); **-ся** knock (against), run (into); *fig.* come across.
нащ́адок *m* [-дка] descendant, offspring.
на́що *s.* наві́що.
нaя́в|ний available; **~у́** in reality; waking.
н.е. (на́шої е́ри) A. D.
не not; no; ~ те F (or) else.

Н

неаби́який considerable, great; outstanding; not usual, unusual.
небага́то a little; slightly; somewhat; **~слі́вний** laconic; terse.
неба́жаний undesirable.
небажа́ння *n* unwillingness, reluctance.
небалаку́чий taciturn.
неба́чений never seen before; unprecedented.
небезпе́|ка *f* danger; **~чний** dangerous; **~чно** dangerously.
небес|а́ *pl.* heaven *sg.*: підно́сити до ~ laud (praise) to the skies; **~́ний** celestial, heavenly.
небили́ця *f* cock-and-bull story; fable, tale.
небитки́й unbreakable.
не́біж *m* nephew.
небі́ж|чик *m* dead person; the deceased; the late; **~чиця** *f* dead woman; the deceased, the late.
не́б|о *n* sky (in на M); про́сто ~a in the open; бу́ти на сьо́мому ~i be in the seventh heaven.
небо́га *f* niece.
небо|зві́д *m* firmament, sky; **~схи́л** *m* horizon.
небува́лий unheard-of, unprecedented.
Нева́ *f* Neva.
неважли́вий unimportant, trifling.
неблага́нний relentless, inexorable.
невві́члив|ий rude, impolite; **~ість** *f* impoliteness, incivility.
невгамо́вний restless, boisterous.
невда́ваний sincere, unfeigned.
невда́|лий unsuccessful; poor; ~лий пере́клад unhappy translation; **~ха** *m/f* failure; **~ча** *f* failure; misfortune; reverse; зазна́ти ~чі suffer a reverse.
невдово́лен|ий (O) dissatisfied; discontented; **~ня** *n* discontent, dissatisfaction.
невдя́чн|ий ungrateful, thankless; **~ість** *f* ingratitude.
невели́кий small; short; not very tall.
невже́ really?, is it possible?
невжи́ваний not in use.
невиба́гливий unpretentious, unfastidious; hardly.
невига́дливий plain, simple.
неви́гідний unprofitable; disadvantageous.
неви́димий invisible.
неви́значений indefinite (*a.gr.*), uncertain, vague; *gr.* (*vb.*) infinitive.
невикона́ння *n* nonfulfillment.
невиліко́вний incurable.
невимо́гливий unpretentious.
невира́зний inexpressive; indistinct.
невисо́к|ий low, small; short; inferior, slight; ~а я́кість poor quality.
неви́триман|ий unbalanced, uneven; unseasoned; **~ість** *f* lack of self-control.
неви́хован|ий ill-bred; **~ість** *f* ill-breeding.
невиче́рпний inexhaustible.
не́від *m* seine, sweep-net.
невідворо́тний unavoidable.
невідді́льний inseparable.
невід'є́мний integral; inalienable.
невідкла́дн|ий pressing, urgent; ~а (меди́чна) допомо́га first aid.
невідмі́нюваний indeclinable.
невідо́м|ий unknown; *su. a.* stranger. **~о** *impers.* it is not known; ~о, де no one knows where.
невідпові́дн|ий incompatible; absurd, foolish; **~ість** *f* discrepancy.
невідсту́пн|ий persistent; importunate; ~а ду́мка persistent thought.
невідче́пний persistent.
невідчу́тний intangible.
неві́льни|к *m*, **~ця** *f* slave; captive.
неві́р|а *f* unbelief; **~ний** incorrect; false; unfaithful; unsteady; *su.* infidel; **~уючий** unbelieving.
неві́стка *f* [*g/pl.*: -ток] daughter-in-law; sister-in-law (*brother's wife*).
невла́д at the wrong moment; quite inappropriately.
невлови́мий elusive; imperceptible.
невмиру́щий immortal.
невмі́лий unskillful.
нево́ля *f* slavery, bondage; captivity.
невпи́нний incessant; constant.
невпізна́нний unrecognizable.
невразли́вий invulnerable.
неврівнова́жен|ий unbalanced; **~ість** *f* inbalance.
неврожа́й *m* crop-failure, bad harvest; **~ний** of poor crops; of bad harvest.
невсипу́щий **1.** vigilant; watchful; **2.** *s.* невто́мний.
невті́шний inconsolable; unconsoling.
невтоли́мий unquenchable; insatiable.
невто́мний indefatigable, untiring, tireless.
невтруча́ння *n* non-interference.
невча́сний untimely; tardy.
нега́йн|ий immediate; **~о** immediately, at once.
нега́рн|ий not beautiful, unattractive, plain; homely, ugly; mean; **~о** bad, badly, not well.
негі́дни|й useless; unfit; F nasty; unworthy; mean; **~к** *m* scoundrel, blackguard.
негла́сний secret, private.
неглибо́кий shallow; superficial.
него́да *f* foul weather.
негр *m* Negro; **~а́мотний** *s.* непись-

ме́нний; ~итя́нка *f* Negress, Negro woman; **~итя́нський** Negro.
неда́вн|ій recent; до ~ього ча́су until quite recently; ~о recently, not long ago.
недале́к|ий not distant, near, near(by), close; short; recent; dull, stupid; limited; ~о not far.
недаре́мн|е, ~о *s.* неда́рма́.
неда́рма́ not for nothing, not in vain, not without reason; justly; він говори́в ~ he had a reason for speaking as he did.
недба́лий careless; negligent; F slipshod.
недвозна́чний unequivocal; unambiguous.
неді́йсний invalid, void; ineffective, ineffectual.
неді́ля *f* Sunday.
недобач|а́ти <∸ити> have poor (eye)-sight.
недоб|і́р *m* shortage; **∸рий** unkind; hostile; evil, bad; ∸ра (з)ві́стка bad news; ∸ра сла́ва evil reputation; **~рози́чливий** hostile, ill-disposed; **~рози́чливість** *f* ill-will; **~роя́кісний** inferior, off-grade.
недо́вг|ий brief, short; ~о not long, short; F easily; ~о ду́маючи without pausing to think.
недові́р|а *f* distrust, mistrust; **~ливий** distrustful, mistrustful; **~'я** *n s.* недові́ра.
недога́дливий slow-witted.
недо́|гляд *m* oversight; че́рез ~гляд by an oversight; **~гризок** *m* F gnawed bit; **~диви́тися** *pf.* overlook; **~їда́ти** <~ї́сти> not eat enough (*or* one's fill); **~ї́дки** F *pl.* leavings, left-overs.
недоко́наний imperfect(ive *gr.*).
недокрі́в'я *n* anaemia.
недо́курок *m* (cigarette-)butt.
недола́дний ungainly, unwieldy; incoherent.
недо́лік *m* defect; deficiency; shortcoming; lack.
недолі́ч|уватися <~и́тися> miss, be short (of); ~и́лися десяти́ ten (were found to be) missing.
недолю́блювати have little liking (for).
недо́ля *f* rough luck; misfortune.
недомо́вка *f* [*g/pl.*: -вок] omission.
недооці́н|ка *f* underestimation; **~ювати** <~и́ти> underestimate, undervalue.
недоре́чн|ий inappropriate; ~е пита́ння irrelevant question.
недорі́куватий tongue-tied.
недороги́й cheap, inexpensive; (недо́рого) cheap, at a reasonable price.
недосві́дчен|ий inexperienced; **~ість** *f* inexperience.
недос|ипа́ти <~па́ти> not get enough sleep.
недоскона́л|ий imperfect; **~ість** *f* imperfection.
недоста́|тній insufficient, deficient, inadequate; *gr.* defective; **~ча** *f* deficiency; lack; shortage; deficit.
недосто́йний unworthy (of); worthless.
недос|ту́пний inaccessible; unattainable (for), beyond the powers (of); too difficult (for); **~я́жний** *s.* недосту́пний.
недото́рканий virgin.
недоторка́нн|ий inviolable; untouched, untouchable; ~а осо́ба protected person.
недотри́мання *n* nonobservance.
недоу́к *m* half-taught person.
недоу́мкуватий feeble-minded.
недоці́льний inexpedient.
недочува́ти be hard of hearing.
недружелю́бний (недру́жній) unfriendly.
неду́|га *f* ailment, infirmity; **~жий** sick.
недурни́й sensible, (quite) intelligent.
нежи|ви́й dead, lifeless; dull; inanimate; **~ли́й** uninhabited; deserted, desolate; store ...; **~тте́вий** impracticable; unreal.
не́жить *m* cold (in the head).
нежона́тий single, unmarried.
незаба́ром soon, before long.
незабу́тній unforgettable.
незадо́вго shortly (before до P).
незадов|і́льний unsatisfactory; **~о́лений** discontented; dissatisfied (with); displeased (with); **~о́лення** *n* displeasure.
неза́йман|а, ~ий untouched; virgin.
незако́нний illegal, unlawful, illegitimate; illict.
незале́жн|ий independent (of); **~ість** *f* independence; ~о independently; ~о від regardless (of), irrespective (of).
незамі́нний irreplaceable.
незамо́жний indigent, poor.
незапа́м'ятний immemorial.
незапере́чний irrefutable; undeniable.
незаслу́жений undeserved, unmerited.
неза́тишний uncomfortable.
незаціка́влений indifferent, uninterested; disinterested.
незбагне́нний incomprehensible, inconceivable.
незважа́ючи: ~ на in spite of, despite, nonwithstanding; (al)though.
незвич|а́йний unusual, uncommon; **∸ний** unaccustomed; unused (to).
незві́даний unknown.
незвору́шний imperturbable.

незв'я́зний incoherent.
незгла́дний indelible.
незго́д|а *f* disagreement; discord; **~ний** discordant, inconsistent.
незгра́бний <клиша́вий> ungainly, awkward; clumsy; rough.
незде́ржливий intemperate; unbridled.
нездійсне́нний unfeasible, impracticable.
нездола́нний irresistible; invincible.
нездоро́вий unhealthy; sick; morbid.
нездужа|ється: я ~ю I feel (am) sick *or* ill, unwell; **~ти** be sick *or* ill
незла́года *f* tiff, quarrel.
незла́мний inviolable; inflexible.
незліче́нний countless, innumerable.
незлобли́вий gentle, placid.
незмі́нний immutable; invariable; unfailing.
незмі́рний immense.
незнайо́м|ець *m* [-мця] stranger; **~ий** unknown, unfamiliar; strange; unacquainted (with); **~ка** *f* [*g/pl.*: -мок] stranger.
незна́|ний unknown; novel; **~ння** *n* ignorance; **~чний** unsignificant; small, slight; of no importance (significance).
незнище́нний ineradicable.
незри́мий invisible.
незрівня́нн|ий incomparable, matchless; **~о** incomparably, matchlessly; much, far.
незрі́лий unripe; immature.
незрозумі́лий unintelligible, incomprehensible; strange, odd.
незру́чн|ий uncomfortable; inconvenient; improper; **~ість** *f* inconvenience; **~о** uncomfortably; awkwardly.
незря́чий blind, sightless.
неїсті́вний inedible.
неймові́рний incredible; unimaginable.
нейтрал|іза́ція *f* neutralization; **~ізува́ти** neutralize; **~іте́т** *m* neutrality; **~́ьний** neutral.
неквапли́вий leisured, deliberate; slow, unhurried.
некраси́вий homely, ugly; mean.
некроло́г *m* obituary (notice).
некульту́рний uncultured, uncivilized; ill-mannered.
нела́гідний unsociable, unaccommodating.
нелегки́й heavy; hard, not easy.
нелюд|и́мий unsociable; **~́ський** inhuman; inhumane; superhuman; **~́яний** inhumane.
нелякли́вий brave.
нема́(є) *impers. vb.* [*pt.* не було́, ft. не бу́де] (P): there is (are) no; у ме́не (*etc.*) ~ I (*etc.*) have no(ne); його́ (її) ~ (s)he is not (t)here *or* in; ~ за́ що don't mention it!; ~ за що (купи́ти) there is nothing to buy for; ~ з ким поговори́ти there is nobody to talk to.
немал|и́й great *or* large enough; **~́о** (P) a lot, a great deal (of).
неми́л|ість *f* disgrace; **~осе́рдний** unmerciful, ruthless.
немину́ч|е, ~ий inevitable.
неми́слимий unthinkable, impossible.
неміцни́й flimsy, unstable.
немі́чний feeble, weak; powerless; ill, sick.
немо́в(би) as if, as though; somehow; він ~ постарі́в he looks older somehow.
немовля́ *n* infant, baby.
неможли́вий impossible.
нена́ви|діти hate, detest; **~сний** hated, hateful, odious; **~сть** *f* hatred (against до P).
ненавми́сн|ий accident, casual; **~о** unexpectedly.
ненаді́йний unreliable; unsafe, insecure; untrustworthy.
ненадо́вго for a short while (time), not for long.
ненаже́р|а F *m/f* glutton; voraciuos eater; **~ливий** gluttonous, voracious; insatiable; **~ливість** *f* gluttony.
нена́пад *m* nonagression.
ненаро́ком by chance, unintentionally; by accident, by mistake.
нена́че(бто) *s.* немо́в(би).
ненорма́льний abnormal.
необа́чний imprudent.
необду́маний rash, hasty.
необере́жний careless, incautious; imprudent.
необі́знаний uninformed; ignorant (of з O).
необме́жений unlimited, unrestricted; absolute.
необов'язко́вий optional.
необхі́дн|ий necessary; that one needs; **~ість** *f* necessity, need; **~о** *impers.* it is necessary (+ to *inf.*).
неодмі́нн|ий indispensable; permanent; **~о** without fail, certainly.
неоднора́зо́в|ий repeated; **~о** more than once, repeatedly.
неодру́жений unmarried, single.
неозбро́єни|й unarmed; ~м о́ком with the naked eye.
неозна́чений indefinite (*a. gr.*), uncertain, vague; *gr.* (*vb.*) infinitive.
неося́жний immence, boundless, vast.
неоте́саний unhewn; F rude.
неоха́йний slovenly, untidy.
неохо́ч|е unwillingly; **~ий** reluctant.
непе́вний uncertain, hesitant; untrustworthy.

непербо́рн|ий insuperable; irresistible; ~е бажа́ння overmastering desire.
неперева́ршений unsurpassed, matchless.
непередба́чений unsurpassed.
неперeко́нливий unconvincing.
неперемо́жний invincible.
неперехі́дний intransitive.
неписьме́нн|ий illiterate; ~**ість** *f* illiteracy.
непід|ку́пний incorruptible; ~**ро́бний** genuine, true; sincere.
неплат|і́ж *m* nonpayment; ~**ник** *m* defaulter; ~**оспромо́жний** insolvent.
непова́га *f* disrespect, lack of respect.
непо́вн|ий not full; incomplet; ~ий робо́чий ти́ждень short week; ~**олі́тній** under age; minor; ~**олі́ття** *n* minority; ~**оці́нний** defective; ~**оці́нність** *f* defectiveness; відчуття́ вла́сної ~оці́нності inferiority complex.
неповорткий clumsy, slow.
непога́н|ий *s.* га́рний; ~**о** not badly, quite well; *impers.* it is not bad.
непого́жий rainy, foul.
непогріши́мий infallible.
неподалі́к not far off, *or* from (від P).
неподо́б|ний improper, unbecoming; undue; ~**ство** *n* disgraceful thing.
непоказни́й plain, homely, mean.
непокі́рливий intractable.
непоко́їти upset, worry; disturb, bother, trouble; hurt; -ся be uneasy (worried) about.
непоко́ра *f* insubordination.
непола́дка F *f* [*g/pl.*: -док] defect, trouble; strife.
непомі́рний excessive, exorbitant.
непомі|тний imperceptible, unnoticeable; plain, ordinary, humdrum; ~**чений** unnoticed.
непопра́вн|ий irreparable; ~а по́ми́лка fatal mistake.
непорозумі́ння *n* misunderstanding; disagreement.
непору́шний motionless, (*a. ast.*) fixed; sluggish.
непоря́д|ний dishono(u)rable, disreputable; ~**ок** *m* disorder.
непосидю́чий fidgety.
непоси́льний beyond one's strength.
непослі́до́вний inconsistent.
непостійний inconstant, unsteady, fickle.
непосту́пливий uncomplying.
непотрі́бний unnecessary.
непохи́тний firm, steadfast; unflinching; imperturbable.
непоча́тий untouched; ~ край робо́ти there's heaps of work to be done.
непоясне́нний inexplicable.

непра́в|да *f* untruth, lie; (it is) not true; пра́вдами і ~дами *(by hook) or* by crook; ~**доподі́бний** impro-bable; ~**ильний** incorrect, wrong; irregular (*a. gr.*); improper (*a.* Ma).
непрацезда́тний disabled.
неприбо́рканий indomitable.
нeприва́бливий homely, mean.
неприві́тний unfriendly, ungracious.
неприда́тний unfit (for).
неприє́мн|ий disagreeable; unpleasant; ~**ість** *f* trouble..
неприпусти́мий inadmissible; intolerable, impossible.
неприро́дний unnatural; affected, forced.
непристо́йний obscene, indecent.
непристу́пний inaccessible; impregnable; unapproachable.
неприто́мн|ий unconscious; ~**ість** *f* unconsciousness; ~**іти** <з-> lose consciousness.
неприхи́льн|ий unkindly; unfavo(u)rable; ~**ість** *f* dislike.
непри́язний unfriendly, hostile.
непроба́чний unpardonable.
непробу́дний deep (*of sllep*); unrestrained.
непрогля́дний impenetrable; pitch-dark.
непродукти́вний unproductive.
непрозо́рий opaque.
непрої́жджий impassable.
непрола́зний F impassable; complete.
непромока́льний waterproof.
непрони́кний impenetrable.
непро́ханий uninvited.
непрям|и́й indirect; ~и́й відмі́нок *gr.* oblique case; ~а́ мо́ва *gr.* indirect speech.
нерв *m* nerve; ~**овохво́рий** neurotic; ~**о́зний** nervous; ~**ува́ти** be nervous; feel nervous; make s.b. nervous.
нері́вн|ий, ~омі́рний uneven.
нері́дний ignoble; indelicate.
нерішу́ч|ий indecisive, irresolute; ~**ість** *f* indecision; в ~ості at a loss.
неро́б|а *m/f* idler; good-for-nothing; ~**о́чий** free, of (*day*).
нерозбі́рливий illegible; unscrupulous.
нерозви́нений undeveloped.
нерозв'я́зний insoluble.
нерозді́льний indivisible.
нерозлу́чний inseparable.
нерозри́вний indissoluble.
нерозрізни́мий indistinguishable.
нерозсу́дливий imprudent; irrational.
нерозум|і́ння *n* bewilderment; ~**ний** unreasonable, unwise.
нерозчи́нний insoluble.
нерухо́м|ий immovable; ~е майно́ real estate; immovables *pl.*

Н

несамови́тий irresponsible; frantic, violent, out of one's mind.
несамості́йний dependent (on *or* influenced by, others).
несвідо́мий unconscious; thoughtless.
несерйо́зний frivolous; light-minded, shallow.
несказа́нний indescribable.
нескінче́нний endless, infinite; unlimited, boundless; eternal.
нескла́дний ungainly, unwiedly; incoherent.
нескладни́й simple.
нескро́мний immodest, indelicate, indiscreet.
неслухня́ний disobedient.
несмачни́й insipid.
несміл|и́вий, ∸ий timid.
неспали́мий fireproof.
несподі́ван|ий unexpected, sudden; **~ка** *f* surprise; прие́мна ~ка pleasant surprise.
неспо́кій *m* anxiety, uneasiness.
неспокі́йний restless, anxious; uneasy; ~ сон troubled sleep.
несправедли́в|ий unjust, wrong; **~ість** *f* injustice; wrong.
неспра́вн|ий out of repair *or* order, broken, defective; careless, faulty; inaccurate; unpunctual; **~ість** *f* E disrepair.
несприя́тливий unfavourable.
неспромо́жний incapable (of), unable (to).
неспро́ст|а not in vain, not without reason *or* purpose; justly; це ~а! there is more in it than meets the eye; **~о́вний** irrefutable.
неста́|ток *m* [*g/pl.*: -тки] privation(s), hardship(s); **~ча** *f* dificiency; lack, shortage.
несте́рпний unbearable, intolerable.
нести́ carry; bear; bring; drift, waft; ~ відповіда́льність bear the responsibility; ви́соко ~ го́лову hold one's head hight; Ml ~ слу́жбу serve; **-ся** **1.** rush (along), tear (along), speed (along); **2.** lay (*eggs*).
нестійки́й unstable; unsteady.
нестри́м|аний unrestrained; **~ний** irrepressible.
нестройови́й Ml noncombatant.
нестя́м|а *f* rage, frenzy; atrocity; до ~и коха́ти be wildly in love (with).
несумі́сний incompatible.
несумлі́нний unfair; unprincipled; careless.
несхо́жий unlike, different (from на 3).
нетвере́з|ий drunk (*a.* в ~ому ви́гляді).
нетерп|и́мий intolerant; intolerable; **~і́ння** *n* impatience; чека́ти з ~і́нням wait impatiently; **~ля́чий** impatient.
нетлі́нний imperishable.
нетовари́ський unsociable, reserved.
нето́рканий untouched, untoucheable.
нетрива́лий short, brief.
нетуте́шній alien, strange.
неува́жн|ий inattentive; **~ість** *f* inattention.
не́у|к *m* F ignoramus; **~цтво** *n* ignorance.
неупере́джений unbias(s)ed.
неуро́чний unseasonable.
неухи́льний unswerving, firm.
неха́й 1. let (him, *etc.*, + *vb*); ~ він іде́ let him go; **2.** all right; **3.** though, even though.
нехи́трий F simple, plain; dull.
не́хотя unwillingly, reluctantly.
не́хтувати neglect, disregard.
нече́м|а *m/f* boor; **~ний** impolite, discourteous, uncivil; **~ність** *f* incivility.
нечепу́ра *m/f* sloven.
нече́сн|ий dishonest; **~ість** *f* dishonesty.
нечи́ст|ий unclean, dirty; impure; evil, vile, bad, foul; ~а со́вість guilty conscience.
нечітки́й indistinct, vague.
нечу́|ваний unheard-of; awful; **~тли́вий** insensitive; insensible; **~тний** inaudible, noiseless.
неща́дний pitiless, ruthless, relentless.
нещас|ли́вий unhappy; **∸ний** unhappy, unlucky; F paltry; ∸ний ви́падок accident; **∸тя** *n* misfortune; disaster; accident; на ∸тя unfortunately.
нещи́рий insincere.
нещода́вн|ій recent; **~о** recently, not long ago.
нея́|вка *f* nonappearance; **~скра́вий** dull, dim; mediocre; **~сний** not clear; *fig.* vague.
ни́ва *f* field (*a. fig.*; in на M).
ни́ж|ній lower; under ...; ground *or* first (*floor*); **~че** below, beneath, under; lower; shorter; ~че по Дніпру́ down the Dnieper; **~чезазна́чений**, **~чезга́даний**, **~ченаве́дений** undermentioned; **~чий** lower; ~ча осві́та primary (elementary) education.
низ *m* bottom, lower part; *pl. a.* masses; **~а́ти** <на-> *s.* нани́зувати; **~ина́** *f* hollow, lowland; **∸ка** string; **~овина́** *f s.* низина́; **~ьки́й** [*comp.*: ни́жче] low; mean, base; short; ~ька́ я́кість poor quality; **∸ько** low; basely, meanly; **~ькопокло́нник** *m* groveler; **~ькопокло́нство** *n* servility (towards); **~ькопро́бний** low-grade; **~ькоро́слий** undersized; dwarfish.
ни́кати wander, roam; linger, loaf;

gad about; rove, run about; F poke about.
нúні now, at present; **~шній** present.
нúрка *f* kidney.
нúти ache; whimper; F lament.
нúтк|а *f* [*g/pl.*; -ток] thread; string; cotton; промóкнути до ~и be wet through; шúто бíлими ~ами be transparent.
ниць: упáсти ~ prostrate o.s.
нúшком quietly; on the sly.
нúшпорити rove, run about; rummage.
нúщ|ити annihilate; destroy; abolish, annul; **~івнúй** crushing, shattering.
ні 1. no; Ви знáєте йогó? - Ні, не знáю; Do you know him? - No (I do not); **2.** not a; ні слóва не булó мóвлено not a word was uttered; **3.** neither ... nor; **4.** nobody, anybody (він ні з ким не порáдився he consulted nobody, he did not consult anybody); nothing, anything; він ні в чóму не сумнівáвся he doubted nothing, he did not doubt anything; ні зá що (в свíті)! not for the world!
нíби(то) as if, as though.
нíвечити spoil, ruin.
нíготь *m* [-гтя] nail.
нíде there is no (where *or* room *or* place to [... from] *inf.*; Д for).
нідé nowhere; anywhere; я ~ не мóжу знайтú їх I can find them nowhere, I can't find them anywhere.
ніж 1. *m* knife; (на ножáх) at daggers drawn; **2.** than.
нíж|ити coddle, pamper, fondle; **-ся** loll; lounge; luxuriate; **~ка** *f* [*g/pl.*: -жок] *dim.* of ногá, *s.*; leg (chair, *etc.*); **~ний** tender, fond; delicate; soft; **~ність** *f* tenderness; fondness; civility.
нізáщо for no reason, for nothing; ~ в свíті not for the world.
нізвíдки from nowhere.
нíкель *m* nickel; **~óваний** nickel-plated.
нíколи there is (менí ~ I have) no time; once.
нікóли never; ніхтó ~ цьогó не бáчив no one has ever seen it.
нíкуди nowhere; йомý ~ пітú he has nowhere to go.
нікýди nowhere; anywhere; ми ~ не йдемó сьогóдні we are going nowhere today; we are not going anywhere today.
нікчéмн|ий insignificant, tiny; vain; **~ість** *f* nothingness, vanity, nonentity.
нíм|ець *m* [-мця], **~éцький** German; **~éччина** *f* Germany; Федератúвна Респýбліка Німéччини (ФРН) Federal Republic of Germany; **~ка** *f* [*g/pl.*: -мок] German.
нім|úй dumb, mute; **~íти** become dumb; grow dumb.
н|іс *m* [у, на нóсі; *pl. e.*] nose; break; prow; F spout; в ~ (*speak*) through one's nose; за ~ (*lead*) by the nose; на ~óсі (*time*) at hand; у менé йдé кров із ~óса my nose is bleeding.
нісенíтниц|я *f* nonsense; верзтú ~ю talk nonsense.
нíскільки <нітрóхи> not in the least.
нітрóхи *s.* нíскільки.
ніхтó nobody, no one, none; ~ цьогó не знáє no one knows it.
ніч *f* night; цілíсіньку ~ all night long; **~úй** nobody; **~нúй** night(ly), (*a.* B, *zo.*) nocturnal; **~нúй** метéлик moth.
нíчого (менí, *etc.*) ~ + *inf.* (there is *or* one can) (I have) nothing to ...; (one) need not, (there is) no need; (it is) no use; stop...ing.
нічóго *s.* ніщó; nothing; ~собí not bad; so-so; no(t) matter; ~! never mind!, that's all right.
нíша *f* niche.
ніщó nothing; він нічóго не знáє he knows nothing, he doesn't know anything.
нiяк by no means, not at all; ~ не мóжу I simply cant't; **~úй** no (at all F); ~ої надíї there is no hope.
нíяковíти feel awkward; be confused.
-но F (*after vb.*) just; will you.
новáтор *m* innovator.
новéла short story.
нов|éнький novice, tyro; newcomer; **~изнá** *f* novelty; **~úй** new; novel; recent; modern; з ~úм рóком! a happy New Year! що у вас ~óго? what's your news? **~инá** *f* (piece of) news; novelty; **~úнка** *f* [*g/pl.*: -нок] novelty; news; **~íтній** latest; ~íтня істóрія recent history.
ново|брáнець *m* [-нця] recruit; **~будóва** *f* [*g/pl.*: -дóв] new building (project); **~ввéдення** *n* innovation; **~нарóджений** newborn (child); **~прибýлий** newly arrived; newcomer; **~рíчний** New Year's; **~сéл** *m* new settler; **~сíлля** *n* new home; house-warming.
ног|á *f* [*ac/sg.*: нóгу; *pl.*: нóги, ніг, ногáм, *etc. e.*] foot, leg; ітú в ~у march in (*or* keep) step; з усíх ніг with all one's might, at full speed; стáти на ~и recover; become independent; поклáсти ~у на ~у cross one's legs; ні ~óю (до P) not visit (a p.); на бóсу ~у with no stocking *or* sock on; з головú до ніг from head to foot.

Н

нóжи|к *m* knife; **~ці** *pl.* (pair of) scissors; disproportion.
нóмер *m* number; size; (*hotel*) room; item, turn, trick; (*a.*, *dim.*, **~óк** *m*) tag, plate.
номiнáльний nominal.
норá *f* hole, burrow.
Норвé|гiя *f* Norway; **≗жець** *m* [-жця], **≗жка** *f* [*g/pl.*: -жок], **≗зький** Norwegian.
нóрка *f zo.* mink.
нóрм|а *f* norm, standard; rate; **~áльний** normal; **~увáти** *(im)pf* standardize.
нóров *m* F disposition; **~йстий** restive, jibbing (*horse*); obstinate, refractory (*man*).
нóсик *m diam.* of нiс; spout.
нос|йлки *f/pl.* [*gen.*: -лок] stretcher, litter; **~йльник** *m* porter; **~йти** carry, bear, *etc.*, *s.* нести́; wear (*v/i.* **-ся**]; F **-ся** (з О) *a.* have one's mind occupied with; **~íй** bearer; carrier.
носов|йй nasal; prow ...; ~á хýсточка handkerchief.
носóк *m* [-скá] sock; toe; на ~кáх on tiptoe.
носорóг *m* rhinoceros.
нóта *f* note; *pl. a.* music.
нотáрiус *m* notary (public).
нотáтки *pl.* notes.
нотáцiя *f* reprimand, lecture.
ноч|íвля *f* [*g/pl.*: -iвель] overnight stop (*or* stay *or* rest); night's lodging; night quarters; **~увáти** <пере-> pass (*or* spend) the night.
нóша *f* load, burden.
ну 1. now; ~ ж бо! now then, be quick; ~, починáйте! come on! **2.** well; та ~? indeed?, really?, you don't say!; ha?; ~ добре! very well, then!; ~ глядй ж! just you wait!; ~ то й що? well, what of it? ~ так що? what about it?
нýд|ити F *impers.* менé (йогó; *etc.*) нýдить I feel (*or* he feels) sick; **-ся** languish; **~нйй** boring, tedious, dull; sad; (Д) **~но** feel bored; ~нá людйна bore; **~ьгá** *f* boredom, ennui; **~ьгувáти** (за О) long (for), miss.
нужд|á *f* [*pl. st.*] need, want; necessity; F request; concern; жйти в ~í live in poverty; **~éнний** poor, miserable; beggarly.
нуль *m* naught; zero; **~овйй** *attr.* zero.
нумер|áцiя *f* numeration; **~увáти** <про-> number.
нýтрощi *pl.* internal organs, entrails.
нюх *m* flair, scent; **~́альний**: ~́альний тютюн *m* snuff; **~́ати** <по-> smell; scent; snuff.
нявкати F mew.
нян|ька *f* (F **~я** [*g/pl.*: -ьок]) nurse, *Brt. a.* nanny; **~ьчити** nurse, tend (*a.* **-ся**); F fuss over, busy o. s. with (з О).

О

о *prp.* at; о п'ятiй годинi at five o'clock.
об against, on; спéртися ~ стiл lean against the table; спiткнýтися ~ кáмiнь stumble on *or* over a stone.
оáзис *m* oasis (*pl.* oases).
обáбiч *adv.* on both sides (of).
обагр|йти <~йти> redden, purple; stain (with О); steep.
обáч|ливий, ~ний circumspect, prudent; provident, thrifty; wary, enxious; cautious, careful.
обби|вáльник *m* upholsterer; **~вáти** <~́ти> [обiб'ю, обiб'éш] (*cf.* бйти) upholster; strike off; F wear out; ~ порóги (у Р) importune; **~́вка** *f* upholstery.
оббирáти <обiбрáти> [-берý, -берéш, -берýть] rob; P gather.
оббрйзк|увати <~ати> sprinkle.
обвáж|увати <~ити> F hang (with О).
обвáл *m* collapse; landslide; avalanche; **~юватися** <~йтися> fall in *or* off; **~йти** *pf.* roll.
обвáр|ювати <~йти> scald.
обви|вáти <~́ти> wind round; embrace (with); **-ся** twine o.s. round.
обвинувá|льний accusatory; of "guilty"; ~ акт *m* indictment; **~чений** accused; defendant; **~чення** *n* accusation, charge; indictment; prosecution; **~чувати** <~тити> accuse (of), charge (with); find guilty.
обвйслий drooping, sagging.
обвiтр|ений chapped; (*про облйччя*) weather-beaten; **~юватися** <~итися> get chapped, become weather-beaten.
обв|óдити <~естй> lead, see *or* look (round, about), enclose, encircle *or* border (with О); draw out; F turn (*a p. round one's finger*).

обворо́ж|увати <~и́ти> charm, fascinate.
обву́гл|ювати <~ити> char.
обв'я́з|увати <~а́ти> tie up *or* round; dress; hang.
обганя́ти <обігна́ти> [обжену́, обжене́ш; обігна́в, -ла, -о] (out) distance, outstrip.
обгина́ти <обігну́ти> turn *or* bend (round); Sh double.
обгово́р|ення *n* discussion; **~ювати** discuss; debated; F talk over.
обгорі́ти *s.* обгоря́ти.
обгор|та́ти <~ну́ти> envelop; turn; wrap (up); wind; **~́тка** *f* [*g/pl.*: -ок] cover; (book) jacket; **~́тко́вий** wrapping (*or* brown paper).
обгор|я́ти <~і́ти> scorch.
обгрунт|о́ваний well-founded; substantiated; **~о́вувати** <~ува́ти> prove, substantiate; **~ува́ння** *n* substantiation; ground(s).
обда|ва́ти <~́ти> pour over; scald; bespatter; wrap up; seize.
обдар|о́ваний gifted; **~о́вувати** <~ува́ти> present, gift (wiht O); endow (with O).
обдив|ля́тися <~и́тися> (*огляда́ти*) examine; look over; (*роздивля́тися навко́ло*) look all round; take a look round (*a. fig.*).
обд|ира́ти <~е́рти> [-еру́, -ере́ш; обідра́в, -ла, -ло] bark, peel; tear (off).
обділ|я́ти <~и́ти> present, gift (with); F deprive of one's due share (of O).
обду́м|аний considered; deliberate; **~увати** <~ати> consider, think over.
обду́р|ювати <~и́ти> deceive; cheat.
обез|ба́рвлювати <~ба́рвити> discolo(u)r, make colo(u)rless; **~бо́лювання** *n* an(a)esthetization; **~зара́жування** *n* disinfection; **~збро́ювати** <~збро́їти> disarm; **~до́лений** destitute; wretched, miserable; **~лю́д(н)іти** *pf.* become deserted.
обезсме́ртити immortalize.
обелі́ск *m* obelisk.
обере́жн|ий cautious, careful, wary; prudent; **~ість** *f* caution, heed; **~о!** look out!; with care!
обере́мок *m* armful; взя́ти в ~ gather up in one's arms.
обер|іга́ти <~егти́> guard; **-ся** protect (o.s. against, from від P).
обе́рт *m* revolution; turn; **~а́ння** *n* rotation, convertion; transformation; **~а́ти** <-рну́ти> turn, revolve; convert; rotate; **-ся** turn; turn round; (*крути́тися*) revolve, rotate; *fig.* turn out; (*перетво́рюватися*) be converted (to, into); (*у казка́х*) turn (into); C circulate.
об'є́днаний united; amalgamated; (*спі́льний*) joint.
об'є́дн|ання *n* association, union; unification; **~увати** <~а́ти> unite (*cf. a.* ООН), join (**-ся** *v/i.*); rally.
об'є́кт *m* object; (*промисло́вий та ін.*) installation, project; **~и́в** *m* objective, lens; **~и́вний** objective; (*неупере́джений*) impartial.
об'є́м *m* volume; size; extent, range; **~ний** voluminous.
обже́р|а (*cf.* ненаже́ра) F *m/f* glutton; **~ливий** F gluttonous; **~ливість** F *f* gluttony.
обзав|о́дитися <~ести́ся> provide o.s. (with O), acquire, get.
обзива́ти <обізва́ти, озива́ти> call (names O); **-ся** respond (to); ніхто́ не обізва́вся there was no response.
обива́тель *m* inhabitant; Philistine; **~ський** Philistine...
оби́два (і) both, the two.
об|ира́ти <~ра́ти> (*відбира́ти*) choose, select; (*голосува́нням*) elect.
обібра́ти *s.* оббира́ти.
о́біг *m* circulation.
обігна́ти *s.* обганя́ти.
обігну́ти *s.* обгина́ти.
обігра|ва́ти <~́ти> beat; win.
обігрі|ва́ти <~́ти> warm, heat.
обі́д *m* dinner, lunch; F noon; до (пі́сля) ~у in the morning (afternoon); **~ати** <по-> have dinner (lunch), dine; **~ній** dinner..., lunch...
обі́дня *f*, *eccl*, mass.
обі́дра|нець *m* ragamuffin; **~ний** ragged.
обізва́ти(ся) *s.* обзива́ти(ся).
обій|ма́ти (*a.* обніма́ти) <~ня́ти> embrace, hug, clasp; seize; **-ся** embrace; **~́ми** *pl.* embrace.
обійти́(ся) *s.* обхо́дити(ся).
обімлі́ти F *pf.* be stupefied.
обірва́ти(ся) *s.* обрива́ти(ся).
обі́руч with both hands.
обі́т *m* vow, promise (**~ниця** *poet.*); **~ова́на** Promised (*Land*).
обіця́|нка *f*, **~ти** *(im)pf.* F *a.* <по-> promise.
об'ї|да́ти <~́сти> [-ї́м, -їси́ *etc. s.* ї́сти] eat *or* gnaw round, away; **-ся** overeat o.s.
об'ї́дки *pl.* F leavings, left-overs, scraps.
об'ї|жджа́ти <~́хати> go, drive round, travel through *or* over; visit (all [one's]); <~́здити> (*коня́*) break in; **~́зд** *m* detour, by-pass; (*ді́я*) going, riding, driving round.
обкида́ти <-ки́дати> scatter, bespatter (with).

обкла|дáти <⁓сти> lay round; face, cover; Me fur; tax; fine; impose (tax, fine O); **⁓динка** *f* cover, (book) jacket.
обкле|ювати <⁓їти> paste; paper.
обк|óвувати <⁓увáти> bind; fetter.
обкóп|увати <⁓áти> dig round.
об|крадáти <⁓(і)крáсти> rob.
обкрý|чувати <⁓тúти> twine, wind round.
о(б)кýт|увати <⁓ати> wrap up.
облáва *f* battue; raid.
облагорóд|жувати <⁓ити> ennoble, refine; finish.
обладнá|ння *n* equipment; **⁓ти** *pf.* equip; fit out.
обл|áзити <⁓íзти> F (*про шерсть та ін.*) moult; (*про шкíру, фáрбу*) peel off.
облáм|увати <⁓áти>, **-ся** break off.
облас|нúй regional; **'⁓ть** *f* region; province, sphere, field (*fig.*).
облáтка *f* (*g/pl.*: -ток) wafer; capsule.
облачéння *n eccl.* vestments.
обледені|лий R ice-covered; **⁓ти** ice up, become coated with ice.
облéсливий flattering.
обли|вáти <⁓ти> pour (s.th. O) over, wet; flood; soak; **-ся** pour o.s.; shed (*tears*); be dripping (*with sweat*) *or* covered (*with blood*); bleed (*heart*).
облúз|увати <⁓áти> lick (off); **-ся** lick one's lips (*or* o.s.).
облисíти grow bald.
облиц|ьóвувати <⁓ювáти> face (with); (*кáхлем*) tile (with); (*дéревом*) panel (with).
облúччя *n* face; countenance; front; в ⁓ by sight; to s.b.'s face; риси ⁓ features (of one's face).
облишáти <-лúшити> give up, leave; (*давáти спóкій*) leave s.b. alone.
облíгáція *f* bond.
облíзлий F mangy, shabby.
óблік *m* calculation; registration; inventory; discount, list(s); вести ⁓ keep books *pl.*; взяти на ⁓ register.
облікóвець *m* teller; record-keeper.
облíп|лювати <⁓úти> stick all over; cover (with); F (*отóчувати*) cling (to).
обл|ітáти <⁓етíти> fly round (*or: all* over, past, in); fall.
облóг|а *f* siege; **⁓овий** of siege *or* martial law.
обложúти **1.** *s.* обкладáти; **2.** Ml besiege; lay siege (to).
облюб|óвувати <⁓увáти> take a fancy to.
обляг|áти <⁓тú> cover; fit (*close*).
облям|íвка *f*, **⁓óвувати** <⁓увáти> border.
обмáз|увати <⁓ати> besmear; plaster, coat, cement.
обмáн *m* deception; deceit; frand; **⁓ливий** deceptive; **⁓ний** deceitful, fraudulent; **⁓щик** *m* (**⁓щиця** *f*) cheat, deceiver; **⁓ювати(ся)** (be) deceive(d), cheat; (be mistaken in в M).
обмáх|увати <⁓нýти> wipe, dust; fan.
обмáц|увати <⁓ати> feel, touch.
обмéж|ений confined; limited; narrow (-minded); **⁓ення** *n* limitation, restriction; **⁓увати** <⁓ити> confine, limit, restrict (o.s. **-ся**; to O; content o.s. with; not go beyond).
обместú *s.* обмітáти.
обми|вáння *n* ablution; **⁓вáти** <⁓ти> wash off, bathe.
обмин|áти <⁓ýти> go round, skirt; *fig.* (*уникáти*) avoid; get round; pass over.
обмíлина *f* shoal, sandbank.
óбмін *m* exchange (in) for в З (на З); interchange (of O, M); **⁓ювати** <⁓я́ти> *a.* F <⁓úти> exchange (for на З); **-ся** s.th. (O).
обмíр|ювати <⁓яти> measure; F (*недомíрювати*) give short measure.
обмітáти <обместú> sweep off; brush off.
обмóва *f s.* нáклеп.
обмóв|итися *pf.* make a slip (in speaking); **⁓ка** *f* slip of the tongue; **⁓ляти** <⁓ити> vilify; (*звóдити нáклеп*) slander.
обмóвник F *m* informer.
обмолó|т *m* Ac thresh(ing); **⁓чувати** <⁓тúти> Ac thresh.
обморóзити *pf.* frostbite.
обмóт|ка *f* [*g/pl.*: -ток] Ee winding; *pl.* puttees; **⁓увати** <⁓áти> wind (round); (*обкýтувати*) wrap (round).
обмóч|увати <⁓úти> wet; dip.
обмундир|óвувати <⁓увáти>, **⁓увáння** *n* uniform, outfit.
обнарóдувати *pf.* promulgate; publish.
обнімáти *s.* обіймати.
обнóв|(к)а *f* F (*g/pl.*: -ок) new thing, novelty; **⁓лення** *n* renewal; renovation; **⁓ляти** <⁓úти> [-лю, -иш, -лений] renew; renovate.
обн|óсити <⁓естú> carry (round); serve; pass by; fence in, enclose; **'⁓ся** F *(im)pf.* wear out one's clothes.
обнюх|увати <⁓ати> smell at; sniff (at).
обов'яз|кóвий obligatory, compulsory; **⁓кóво** certainly, without fail; **'⁓ок** *m* duty; Ml service.
обóє both (of), the two.
обóжн|ювати <⁓ити> adore, worship; deify.
обóз *m* Ml train; carts *pl.*
обóйма *f* (*патрóнна*) clip, charger.

оболо́нка *f* [*g/pl.*: -ок] cover (-ing), envelope; E jacket, casing; *anat.* membrane; ра́йдужна ~ iris.
обопі́льний mutual.
обо́рка *f* [*g/pl.*: -рок] frill, ruffle.
оборо́н|а *f* defense (*Brt.* -ce); **~ний** defensive, defense...; **~оздáтність** *f* defensive capacity; **~я́ти** defend.
оборо́т *m* revolution; rotation; circulation; turn; turnover; transaction; **~ний** C circulating.
обо́чина *f* (*шля́ху*) side of the road; (*тротуа́ру*) curb.
обпа́лений burnt.
обпа́л|ювати <~йти> burn; scorch; E bake, calcine (*cf.* ~ювальна піч *f* kiln); **-ся** burn o.s. (F one's fingers).
обп|ира́тися <~е́ртися> [обіпру́ся, обіпре́шся; обперся, -лась, -лось] lean (against, on на З), *a. fig.* = rest, rely ([up] on); ~ ліктями lean one's elbows (on на З).
обп|іка́ти <~екти́> burn; **-ся** burn o. s.; *fig.* (*зазна́ти невда́чі*) burn one's fingers.
обпл|іта́ти <~ести́> entwine (around).
обплу́т|увати <~ати> wrap (up), muffle (in); *fig.* entangle.
обпри́ск|увати <~ати> sprinkle.
обра|жа́ти <∸зити> insult; offend, hurt; **-ся** take offence, feel insulted.
о́браз *m* manner, way (in O); mode; form; figure, character, image; **∸а** *f* insult, offence; **~и́** *pl.* *eccl.* icon; **∸ливий** offensive, insulting; **~ний** graphic, vivid; **∸ник** *m* offender; **~отво́рчий** fine (arts).
обрам|о́вувати <~ува́ти> frame.
обра́н|ець *m* chosen one; **~ці** *pl.* the elect *sl.*; ~ець наро́ду chosen representative of the people.
обре́зклий flabby, bloated.
обрах|о́вувати <~ува́ти> count, reckon up; (*обма́нювати*) cheat (in counting).
обри́в *m* precipice, steep; **~а́ти** <обірва́ти> [-ву́, -ве́ш, -ва́в, -ва́ла, обі́рваний] tear *or* pluck (off, round); break off, cut short; **-ся** fall (from з Р); **~истий** steep; abrupt; **~ковий** scrappy; **~ок** *m* [-вка] scrap, shred.
обрид|а́ти <∸нути> pall on; pester; be sick (of); **∸ливий** tiresome, boring.
о́брис *m* outline, contour; **~о́вувати** <~ува́ти> outline, sketch.
обрі́з *m* edge; **~ок** *m* scrap; **~увати** cut off; cut short.
о́брій *m* horizon; skyline.
обробі́ток *m* (*землі́*) tilling, cultivation.
обро́б|ка *f* [*g/pl.*: -ок] processing, Ac cultivation; elaboration; adaptation; **~ля́ти** <~и́ти> work, process; Ac till; elaborate, finish, polish; treat; adapt; F work; E manufacturing; **~ний:** ~на промисло́вість manufacturing industry.
обро́к *m* (quit)rent, tribute.
обро́слий overgrown.
оброст|а́ти <~и́> overgrow, be overgrown.
обру́б|ок *m* stump, block; **~увати** <~а́ти> hew (off), lop, chop off.
обру́ч *m* hoop; **~а́льний** engagement...; **~а́ти** <~и́ти> affiance, betroth; **-ся** be(come) engaged (to з О); **~ення** *n* betrothal; *cf.* заруча́ти; **~ка** *f* ring.
обру́ш|увати <~ити> demolish; cast; **-ся** fall in; collapse; fall (up) on (на З); Ac peel (off).
обря́д *m* ceremony, rite, ritual.
обс|а́джувати <~ади́ти> plant (with O); **~і́ювати** <~і́яти> sow, stud (with O).
обсервато́рія *f* observatory.
обсипа́ти <обси́пати> strew (over); stud; *fig.* heap; **-ся** crumble; fall.
обс|иха́ти <~о́хнути> dry.
обску́б|увати <~ти> pluck.
обслі́дува|ння *n* inspection (of); inquiry (into), investigation (of); **~ти** *(im)pf.* inspect, examine, investigate.
обслу́га *f* Ml gunners *pl.*
обслуго́вува|ння *n* service; operation; **~ти** serve, attendd; operate; supply (З *or* О).
обста́вина *f* circumstance (under, in при М, в М; for за Д); *gr.* adverb.
обста|вля́ти <∸вити> surround; furnish, fit out (with O); F arrange, settle; **~но́вка** *f* [*g/pl.*: -вок] furniture; *thea.* scenery; situation; conditions *pl.*
обсте́ж|увати <~ити> investigate, inquire; (*хво́рого*) examine.
обсто́|ювати <~я́ти> defend; stand up (for); ~свої́ права́ assert one's rights; ~ свої́ по́гляди maintain one's opinion.
обстриг|а́ти <∸ти> (**-ся** have one's hair) cut; crop; shear; pare.
о́бстріл *m* bombardment, fire; **∸ювати** <~я́ти> fire on, shell.
обстру́г|увати <~а́ти> plane.
обступ|а́ти <~и́ти> surround.
о́бсяг *m* scope, amount.
обтира́ння *n* rub(-down).
обт|ира́ти <~е́рти> rub (off *or* down), wipe (off), dry; F fray; **-ся** rub o.s. down.
обт|і́сувати <~еса́ти> hew; trim.
обті́чний E streamlined.
обто́ч|увати <~и́ти> turn.
обтрі́п|аний (*cf.* обша́рпаний) shabby, frayedd; **~увати** <~а́ти> (*о́дяг*) fray, wear out.

обтру́|шувати <~сити> shake off.
обтя́|гувати <~гти́> cover (with O); *(im)pf.* fit close; **~жка** *f* в ~жку close-fitting; **~жливий** burdensome, onerous; **~жувати** <~жити> [*st.*; -я́жую, -я́жуєш] wiegh upon, be a burden to.
обу́за *f* F burden, encumbrance.
обумо́в|лювати <~ити> condition (on O); cause.
обу́р|ений indignant; outraged; **~ення** indignation; **~ювати** <-ити> rouse s.b.'s indignation; infuriate; **-ся** be indignant (at O).
обу́х *m* butt; F thunder (*struck*).
обхва́|т *m* arm's span; circumference; **~чувати** <~ти́ти> clasp (in O), embrace, infold.
обх|і́д *m* round, beat (be on робити); detour; evasion; **~ідни́й** roundabout; **~о́дити** <обійти́> [обійду́, ~́деш *cf.* іти́] go *or* pass round; travel through (many) *or* over; visit (all [one's]); Ml outflank; avoid; pass over (in O); **-ся** cost (me мені); manage; do without (без P); there is (*no... without*).
обце́ньки *n/pl.* [*gen.*: -ньок] pincers.
обчи́сл|ення *n* calculation; **~ювати** <~ити> calculate, compute; **~ювач** *m* **1.** computer specialist; **2.** computer.
обчи|ща́ти <~́стити> peel, skin; ~ карто́плю peel potatoes; ~ яйце́ shell an egg; clear (of); (*від бру́ду*) clear away, clean off.
обша́рпаний ragged.
обш|а́рювати <~а́рити> rummage (around); **~ива́ти** <~и́ти> [*cf.* шити] sew round, border (with O); plank, face, sheath; F clothe.
о́бшук *m* **~́увати** <~а́ти> search.
общи́на *f* community, commune.
общи́п|увати <~а́ти> pluck.
об'яв|а *f* announcement; notice; advertisement; declaration; **~ля́ти** <~и́ти> declare (*s.th. a.* про M; s.b. [to be] s.th. З/O), tell; anounce, proclaim; advertise; express.
ова́льний oval.
ова́ці|я *f* ovation; влаштува́ти ~ю give s.b. an ovation.
овдові́ти (*про чолові́ка*) become a widower; (*про жі́нку*) become a widow.
ове́с *m* (*g.* вівса́) oats.
ове́ч|ий sheep's; **~ка** *f* sheep.
о́від *m* gadfly.
оволоді|ва́ти <~́ти> seize, take possession of; get control over; master.
овоч|е́вий vegetable; ~ магази́н greengrocery; **'~і** *pl.* vegetables.
овчи́на *f* sheepskin.
оги́д|а *f* disgust, aversion, repugnance; abhorrence, loathing; **~ний** disgusting, loathsome; detestable; abominable; F lousy.
огіро́к *m* cucumber.
оглу́хнути go *or* grow *or* become deaf [def].
оглуш|а́ти (*a.* **~́увати**) <~и́ти> deafen, stun; **~́ливий** deafening, stunning.
о́гля|д *m* survey; review; **~да́ти** <~́нути> examine; review; survey; take a view of, look at; **-ся** look back (at на З); look round, turn to look (at); **~́дач** *m* reviewer; (*на ра́діо*) commentator.
о́гнище *n s.* во́гнище.
оголо́|шення *n* announcement; notice, advertisement; declaration (*cf.* об'ява); **~шувати** <~си́ти> announce; publish (the banns of); divulge; fill, resound.
ого́л|ювати <~и́ти> bare, strip; lay bare; uncover; unsheathe; (*залиша́ти без листя*) bare, denude; **-ся** (*зніма́ти о́дяг*) strip naked.
огоро́|джувати <~ди́ти> enclose, fence (in); **~жа** *f* fence.
огриз|а́тися <~ну́тися> F snap.
огрубі́|лий coarse, hardened; **~ти** coarsen; *fig.* get coarse.
огря́дний (*креме́зний*) burly, beefy; (*товсти́й*) portly, corpulent.
огу́льний wholesale, indiscriminate; infounded; *adv. a.* in the lump.
о́да *f* ode.
одві́рок *m* jamb, door-post.
одворо́т *m* lapel; (*boot*) top.
оде́жа *f s.* о́дяг.
одеколо́н *m* cologne.
одерев'яні́лий numb.
одерж|и́мий obsessed (by O), afflicted (with); **~́увати** <~́ати> receive, get; obtain; catch; have; gain, win; **~́увач** *m* recipient; (*кореспонде́нції*) addressee.
оди́н *m*, одна́ *f*, одно́ (*a.* одне́) *n* one; alone; only; a certain, some; **~а́дцятий** eleventh; **~а́дцять** eleven; **~а́к** *m* person by himself; individual; single (unmarried) man; (the) only son; **~а́рний** single.
один|и́ця *f* one; digit; unit; F (*mark*) very bad; *pl.* (a) few; **~и́чний** single, isolated; **~о́кий** lonely; single; lonesome; **~о́кість** *f* solitude, loneliness (*cf.* самі́тність); **~о́чний** single, solitary; individual; one-man...
одкрове́ння *n eccl.* revelation.
одна́к however, yet, still; **~овий** equal; identical; the same.

O

одниná *f gr.* singular.
одно...: **~бáрвний** monochromatic; plain; **~бíчний** one-sided (*a. fig.*); unilateral; **~бóртний** single-breasted; **~дéнний** one-day; **~дýмець** *m* like-minded person, sympathizer; **~звýчний** monotonous; **~знáчний** synonymous; **~имéнний** of the same name; **~кімнáтний** one-room; **~клáсник** *m* (**-иця** *f*) classmate; **~колíйний** single-track; **~кóлірний** one-colour; **~кýрсник** *m* (-ця *f*) course-mate; **~́літок** *m* coeval; the same age; **~манíтний** monotonous; **-ість** *f* monotony; **~осíбний** individual; **~поверхóвий** one-storied (*Brt.* -reyed); **~рíдний** homogenous; **~рíчний** one-year old; annual; **~складóвий** monosyllabic; **~стáйний** unanimous; **-ність** *f* unanimity, accord; **~тúпний** of the same type *or* model.
одно|фамíлець *m* (**-льниця** *f*) namesake; **~чáсний** simultaneous.
óдповідь *f* rebuff, snub.
одр *m* O bed, couch; bier.
одрýжен|ий married; **~ня** *n* marriage.
одрýж|увати <~úти> marry off; marry (to); **-ся** marry, get married (to).
одубíти *pf.* die.
одýм|уватися <~атися> change one's mind, think better of it.
óдур *m* F stupor.
одурí|лий F crazy, mad; **~ння** *n* F stupor; **~ти** F become *or* grow stupid; (*збожеволíти*) go crazy.
одурмáн|ювати <~ити> stupefy.
одýтлий puffedd up.
одухотвор|úти <~úти> inspire ; animate.
óдяг <одéжа> *m* clothes *pl.*, clothing; **~áти** <~тú> dress; **-ся** dress o.s.; put on.
óжеледь *f* black ice, ice-crusted ground; сьогóдні ~ it's slippery today.
ожи|вáти <~́ти> revive; **~вляти** <~вúти> enliven, animate, resuscitate; **-ся** quicken, revive; brighten.
ожúна *f* blackberry, -ries *pl.*, bramble.
ожи|рíння *n* obesity.
озаглáв|лювати <~ити> entitle, give a title to; *cf.* заголóвок.
озбрóєн|ий armed; **~ня** *n* **1.** armament, arming; **2.** armaments, arms.
озбр|óювати <~óїти> arm; *fig.* equip (with); **-ся** arm o.s. (*a. fig.*).
озвірíти *pf.* become brutal.
озвýчений: ~ фільм sound film.
оздóб|а *f* ornament, adornment (*a. fig.*); **~лення** *n* decoration, embellishment; **~лювати** <~ити> adorn, decorate.
оздорóвлення *n* making healthier, sanitation.
оздорóв|лювати (*a.* **~ля́ти**) <~ити> improve (the health of); reform, reorganize; **~чий** health-improvement; sanitation.
озелен|я́ти <~úти> plant trees and shrubs (in).
óзеро *n* [*pl.* озéра, -ер] lake.
озивáти <~вáти> *s.* обзивáти.
озúмий winter (*crops*).
озирáтися look (round *or* back).
озлоб|ля́ти <~úти> (**-ся** become) exasperate(d), embitter(ed).
ознайóм|лювати <~ити> familiarize (o.s. **-ся**, з O with).
ознáка *f* (*рúса, властúвість*) feature, characteristic; (*покáзник, свíдчення*) sign, indication; (*хворóби*) symptom.
ознамен|увáння *n* commemoration (in на З); **~óвувати** <~увáти> mark, commemorate, celebrate.
означ|áти signify, mean; **~́ення** *n gr.* attribute.
ознóб *m* chill.
озóн *m* ozone.
ой oh! o dear!
окáзія *f* (*вúпадок, подíя*) event, incident; (*нагóда*) opportunity.
окам'янí|лий petrified; **~ти** *s.* скам'яніти.
окаянний O damned, cursed.
океáн *m*, **~ський** ocean.
óкис|ел *m* oxide; **~́лювати** <~лúти> oxidize.
окíст *m* ham.
оклáд *m* salary, tax rate.
óклик *m* hail, call; знак ~у *gr. m* exclamation mark; **~áти** <~́нути> hail, call (to).
óко *n* [в óці; *pl.*: óчі, очéй, очáм] eye; на ~ by eye; в очі (Д) to s.b.'s face; в моїх очах in my view *or* opinion; ітú кудú óчі дúвляться wander aimlessly; на очах у когось in s.b.'s sight, under s.b.'s very eyes; **~замúлювання** *n* eyewash, humbug.
окóлиця *f* (*cf.* цáрина) outskirts; environs; (*округа*) neighbourhood.
окóп *m* trench; **~уватися** <~áтися> entrench o.s.
óкорок *m* (*a.* окíст *m*) ham.
окрá|їна *f* outskirts *pl.* (*cf.* окóлиця); outlying districts; borderlands *pl.*
окрáса *f* adornment.
окрéм|ий separate; individual; single; **~о** apart; aloof; separate (-ly).
окрéсл|ювати <~ити> outline, sketch; **-ся** loom, appear.
óкрик *m* hail, call; (*грýбий*) threatening shout, bawled order.

окрил|я́ти (*a.* **∸ювати**) <**~и́ти**> *fig.* wing, encourage.

окрі́п *m* boiling water; B dill.

о́круг *m* district; **виборчий ~** constituency; **~лий** roundish; **~ля́ти** <**~ли́ти**> round (off).

окру́жність *f* circumference.

оксами́т *m* velvet; **~овий** velvet(y).

окта́ва *f* Mu octave.

окулі́рувати *(im)pf.* graft.

окулі́ст *m* oculist; F eye-doctor.

окуля́р *m* eyepiece, eye-lens, ocular; **~и** *m/pl.* spectacles, glasses; (*те́мні*) goggles.

о́кунь *m* perch.

окупа́нт *m* invader.

окуп|а́ти <**~и́ти**> (**-ся** be) offset, recompense(d), compensate(d).

окуп|аці́йний occupation...; **~а́ція** *f* Ml occupation; **~ува́ти** *(im)pf.* occupy.

ола́дка *f* [*g/pl.*: **-док**] fritter.

о́лень *m* deer; **півні́чний ~** reindeer.

оли́в|а *f* **~ка**, **~ковий** olive.

оліве́ць *m* [*e.*] pencil.

олі́йн|ий B oil-bearing, **~і культу́ри** oil-producting crops; **~а фа́рба** oil-paint, oils *pl.*

олі́йниця *f* oil mill.

олімпі|а́да *f* Olympiad; **∸йський** Olympic.

олі́фа *f* drying oil.

олі́я *f* oil.

о́лов|о *n* **~'я́ний** tin.

ома́н|а *f* fallacy, delusion, illusion; (*хи́бне сприйняття́*) misconception; **~ливий** deceptive; (*уя́вний*) illusory.

ома́р *m* lobster.

оме́ла́ *f* mistletoe.

омле́т *m* omelet(te).

омоло́дж|ення *n* rejuvenation; **~ува-ти(ся)** <**-ди́тися**> rejuvenate.

омо́нім *m* *ling.* homonym.

он there; **~ воно́ як!** so that's it!

онда́тра *f* musk-rat; (*ху́тро*) musquash.

оне́зьк|ий **∸е озеро** *n* Lake Onega.

онімі́|лий numb; F dumb; **~ти** become dumb.

онкологі́|чний oncologic(al); **'~ія** *f* oncology.

ону́к *m* grandson; **~а** *f* granddaughter; *cf.* **онуча́та**.

ону́ча *f* foot wrap (rag).

онуча́та *m/f pl.* grandchildren.

ООН (**Організація Об'єднаних Націй**) U.N.O. (United Nations Organization).

опа|да́ти <**∸сти**> fall (off); diminish, decrease.

о́пади *pl.* precipitations.

опа́л|а *f* disgrace, ban; **~ення** *n* heating; **~ювати** <**~и́ти**> singe; heat.

опам'ята́тися *pf.* come to *or* recover one's senses, come round.

опан|о́вувати <**~ува́ти**> master; (*про ду́мки́, почуття́*) seize, overcome.

о́пера *f* opera.

опера|тивний operative; surgical; executive; Ml front... war...; **∸тор** operator (*a.* Me = surgeon); **~ці́йний** operating; **∸ція** *f* operation.

опере́та *f* musical comedy, operetta.

опер|ізувати <**~еза́ти**> gird.

о́перний opera(tic).

оперува́ти *(im)pf.* operate; Ml *a.* be in action.

опер|я́тися <**~и́тися**> fledge.

опеча́т|увати <**~ати**> seal (up).

опин|я́тися <**~и́тися**> get, find o.s.

опира́тися **1.** *s.* **обпира́тися**; **2.** resist, oppose.

о́пис description; list, inventory; distraint; **∸ка** slip of the pen; **∸увати** <**~а́ти**> describe (*a.* Ma); make (an inventory [of]) distrain (upon).

о́пит *m* (*a.* **∸ування** *n*) inquiry, interrogation; **~ни́й** (**лист**) questionnaire; **∸увати** <**~а́ти**> interrogate, question.

опі́в|дні at noon; **~ночі** at midnight.

о́пік *m* burn; scald.

опі́к|а *f* guardianship, (*a. fig.*) tutelage; trusteeship; **~а́ти** be guardian (trustee) to; patronize; **~уваний** ward; **~у́н** *m*, **~у́нка** *f* guardian; trustee.

о́пір *m* resistance (*a. phys.*, Ee); opposition; **чини́ти ~** offer resistance; **~ матеріа́лів** E strength of materials.

о́піум *m* opium.

опла́к|увати <**~ати**> bewail, deplore, mourn (over).

опла́|та *f* pay(ment); settlement; **~чувати** <**~ти́ти**> pay (for); remunerate; settle.

о́плески *m* (*mst. pl.*) applause.

опло́т *m* bulwark; stronghold.

о́повз *m* *s.* **зсув**.

оповив|а́ти <**~и́ти**> twine *or* wind (round); (*про дим, тума́н*) envelop, cover, overcome.

оповіда́|ння *n* story, tale, narrative; short novel (*or* story); **~ти** <**-ві́сти́**> tell, relate, narrate; **∸ч** *m* (**-чка** *f*) narrator, (story-)teller; **'~відь** *f* narration, narrative.

опові|ща́ти <**~сти́ти**> [**~ща́ю, ~ща́єш, ~щу́, ~сти́ш**] notify; inform, C *a.* advise (of **про** M); **∸щення** *n* notice, notification.

оподатк|о́вувати <**~ува́ти**> tax, impose taxes (on).

опозиц|і́йний opposition...; **∸ія** *f*

opposition; бу́ти в ⁓ії (до) be opposed (to).

ополо́н|ик *m* ladle; **~ка** *f* ice hole.

ополч|а́тися <~и́тися> rise in arms; **~е́нець** *m* militiaman; **~е́ння** *n* militia; Territorial Army.

опоне́нт *m* opponent.

опонува́ти (Д) oppose.

опо́р|а support, prop, rest; **~ний** strong, of support.

опоро́ч|увати <~ити> defile.

опошл|я́ти <⁓ити> vulgarise.

опра́ва setting; rim, frame; book cover, binding.

оправ|ля́ти <⁓ити> put in order, set; **-ся** recover (*a.* o.s.); put one's dress, hair in order.

опрац|ьо́вувати <~юва́ти> study; (*розробля́ти - план та ін.*) work out, elaborate; polish, work up.

оприто́мн|ювати <~іти> recover consciousness.

опромі́н|ювати <~ити> illuminate, light up; *fig.* brighten (up); irradiate, expose to rays.

опротест|о́вувати <~ува́ти> J appeal (against); protest a bill.

о́птик *m* optician; **~а** *f* optics.

оптим|а́льний optimum, optimal; **~і́зм** *m* optimism; **⁓і́ст** *m* optimist; **~істи́чний** optimistic.

опто́|вий, '~м *adv.* wholesale.

опублік|о́вувати <~ува́ти> *s.* публікува́ти; **~ува́ння** *n* publication.

опу́дало *n* (*відганя́ти птахі́в*) scarecrow; (*твари́ни*) stuffed animal; (*пта́ха*) stuffed bird.

опу́клий convex; prominent.

опус|ка́ти <~ти́ти> lower; cast down; hang; drop; draw (down); **~ти́ти ру́ки** lose heart; **-ся** sink; fall; go down; *fig.* come down (in the world); *p.pt.a.* down and out.

опух|а́ти <⁓нути> swell.

опу́щення *n* ommission.

оп'яні́ння *n* intoxication.

ора́кул *m* oracle.

ора́нже|вий orange..; **~ре́я** *f* greenhouse.

о́ранка *f* tillage.

ора́|ти <з-> (*s. a.* вио́рювати) Ac plow (*Brt.* plough), till; **~ч** *m* plowman, *Brt.* ploughman.

орбі́та *f* orbit.

о́рган *m* organ.

орга́н *m* Mu organ.

організ|а́тор *m* organizer; **⁓м** organism; constitution; **~о́вувати** <~ува́ти> organize.

органі́чний organic.

о́ргія *f* orgy.

орда́ *f* horde.

о́рден *m* [*pl.*: -и́, *etc. e.*] order, decoration.

о́рдер *m* [*pl.*: ~и́, etc.*e.*] warrant.

ордина́р|ець *m* Ml [~ця] orderly.

оре́л *m* [орла́] eagle; ~ чи ре́шка? heads *or* tails?

оре́нд|а *f* lease, rent; здавати (брати) в ~у lease (rent); **~а́тор** *m* lessee; tenant; **~ува́ти** *(im)pf.* rent.

оре́ол *m* halo, aureole.

оригіна́льний [-льна, -льне] original.

орієнт|а́ція *f* orientation, bearings *pl.*; **~о́вний** approximate, tentative; **~ува́тися** orient o.s. (to на З), take one's bearings.

орке́стр *m* orchestra; band.

орли́ний aquiline.

о́рний arable.

ору́дний *gr.* instrumental (*case*).

ору́дувати F handle, operate.

орфографі́|чний orthographic(al); **'~я** *f* spelling.

орхіде́я *f* orchid.

оса́ *f* [*pl. st.*] wasp.

о́сад *m* (*a.* оса́док *m*) sediment; *fig.* aftertaste; **⁓жувати** <~и́ти> besiege; Ch precipitate; F importune; check, snub; **~и** *pl.* precipitations.

оса́нка *f s.* поста́ва.

осви́ст|увати <~а́ти> hiss.

осві́дч|ення *n* (у коха́нні) declaration of love; offer, proposal; **~уватися** <~итися> declared one's love (to); (*проси́ти руки́*) propose (to).

освіж|а́ти <~и́ти> [~у́, ~и́ш] refresh; freshen *or* touch up; brush up; **~ни́й** refreshing.

осві́т|а *f* education; **~лення** *n* lighting; light; *fig.* (*поді́й та ін.*) presentation; interpretation.

осві́тлюваний illuminating, lighting.

осві́т|лювати <~ли́ти> light (up), illuminate; *fig.* elucidate, illustrate.

осві́|тній educational; **~чений** educated; **~ченість** *f* erudition; **~чувати** <~ти́ти> (*дава́ти знання́, осві́ту*) enlighten; educate.

осво́|ювати <~їти> master; open up; B acclimate (*Brt.* -tize); **-ся** accustom o. s. (to в М); familiarize o.s. (with з О).

освя́|чувати <~ти́ти> consecrate.

осе́л *m* [осла́] donkey, (*a. fig.*) ass.

осе́ледець *m* [*g/pl.*: -дців] herring.

осе́ля *f* (*житло́*) home, dwelling.

осе|ля́тися <~ли́тися> put up [at в М]; settle.

осере́док *m fig.* center (-tre), seat.

осете́р *m* sturgeon.

оси́к|а *f* asp; **~овий** asp(en).

оси́л|ювати <~ити> *s.* дола́ти.

осироті́лий orphan(ed).

осі|дáти <**∸**сти> [осяде; осів; *cf.* сідáти] subside; settle; **∸лий** settled.
осін|ній [-я, -є, -і] autumnal, fall...; **'~ь** *f* fall, *Brt.* autumn (in [the] O).
осíчка [*g/pl.*: -чок] misfire.
оскаженí|лий furious, enraged; **~ти** F fly into a rage.
оскáрження *n* J appeal.
оскверн|я́ти <~и́ти> profane; desecrate, defile.
оскíльки since, so long as, ~..., остíльки just as... so.
оскó|лок *m* [-лка] splinter; **~ма** *f* soreness of the mouth; ~набúти ~му make one's mouth sore; *fig.* set one's teeth on edge.
ослаб|áти <~íти, ∸нути> grow weak *or* feeble, languish; slacken; abate; **∸лення** *n* weakening; relaxation; **~ля́ти** <∸ити> weaken, enfeeble; relax, slacken, loosen.
ослúця *f* she-ass.
ослíн *m* bench; **~чик** *m* footstool.
ослíп|лювати <~úти> blind; dazzle.
ослю́к *m* [*e.*] hinny.
осмúсл|ений sensible, intelligent; **~ювати** <~ити> comprehend, conceive; grasp, make sense of.
осмíл|юватися <~итися> dare, venture.
осмí|ювати <~я́ти> laugh at, ridicule, deride; **~я́ння** *n* derision, ridicule.
оснá|стка *f* rigging (out, up); **~щення** *n* equipment; **~щувати** <~стúти> rig (out, up).
оснóв|а *f* basis, foundation; fundamental, essential principle; *gr.* stem; *text.* warp; Ma, Ar, Ch base; **~нúй** fundamental, basic, principal, primary; C original (stock); **~ополóжник** *m s.* заснóвник; **~увати** <оснувáти> found; establish; **-ся** be based, rest; settle.
осóб|а *f* person, individual(ity); дійова ~a character, personage; **~úстий** personal; **~лúвий** peculiar, (e)special, particular; **~ість** *f* peculiarity; **~ня́к** *m* villa, private residence; **~óвий** personal; ~óвий склад personell; ~óва спрáва personal records (*or* documents), dossier.
осокá *f* sedge.
осокíр *m* black poplar.
осорóм|лювати <~ити> cover with shame; **-ся** disgrace o.s.
оспíв|увати <~áти> praise (in song), sing (of).
оспóр|ювати <~úти> contest, dispute; contend (for).
остáн|ки *m/pl.* remains; **~ній** last; latest; ultimate; finale; latter; worst; highest.
оста|тóчний final; definitive; **∸ча** *f* remainder; rest; remnant; *pl.* remains.
остер|ігáтися <~егтúся> [~ежýсь, ~ежéшся, ~ежýться] beware of, be careful of.
остигáти *s.* стúгнути.
остовпí|лий F stunned; **~ти** be dumbfounded.
óсторонь aside, apart; aloof; стоя́ти *or* тримáтися ~ keep away (from),
óстрів *m* (-ова; *pl.*— овú) island; **~івець** *m* islet; **~ов'я́нин** *m* islander.
острóг *m* prison; *hist.* burg; **~а** *f* spur (*cf.* шпóра).
оступ|áтися <~úтися> stumble.
óсуд *m* disapproval; **∸ження** *n* condemnation; conviction; **∸жувати** <~úти> condemn; doom (to на 3); disapprove; **∸ний** F responsible, accountable.
осýнутися *pf.* grow lean.
осýш|увати <~úти> drain; dry (up); empty.
ось here (is); there; now; well; that is...; ~ і все F that's all; ~ тут я й живý this is where I live; ~ (вонó) що! so that's it; аж ~ all of a sudden; at last.
остя|вáти <∸яти> (**-ся** be [come]) illuminate(d), light (lit) up; brighten, lighten; **~гáти** <~гнýти> (*усвідóмлювати*) comprehend, understand, grasp; (*опанóвувати*) master, learn; **~йний** radiant.
от **1.** here; ~ вам (вáша) сýмка here is your bag! як ~ as; for example; **2.** this is, that's; ~ чого він хотів that's what he wanted; **3.** ~ уявíмо let us imagine; ~ розкажи йому (well), tell him; ~ і все (and) that's all.
отáк(úй) F *s.* тáк(úй).
отáман *m* hetman.
отáра *f* flock (of sheep).
óтвір *m* opening, aperture.
отже (and) so, thus; ~ слухай(те) listen here; consequently, therefore, so, that is why.
оторопíти F *pf.* be struck dumb.
ототóжн|ювати <~ити> identify.
отóч|ення *n* environment; environs *pl.*; neighbo(u)rhood; encirclement; circle, company; **~увати** <~úти> surround.
óтроцтво *n* boyhood; adolescence.
отрý|єння *n* poisoning; **~йний** poisonous; venomous; **~та** *f* poison; *fig.* bane; venom; **~ювати** <~їти> poison; spoil.
отупí|ння *n* stupor, dullness; **~ти** grow dull.
отченáш *m* Lord's Prayer; Our Father.
óтчий (*poet.*), (*a.* отéцький R) paternal; fatherly.

офіц|éр *m* officer; **~ерський** officer ('s, -s'); **~іáнт** *m* waiter; **~íйний** (*a.* ~іáльний) official; **~іóзний** semiofficial.

офóрмлення *n* (*зóвнішній вúгляд*) design; музúчне ~ musical setting; худóжне ~ artistic arrangement.

оформ|ля́ти <~́ити> form, shape; get up (*book*); mount (*play*); legalize; adjust.

ох oh! ah! **~áйний** tidy, neat, clean; **~́ання** *n* groan(s); **~́ати** <~́нути> groan.

охмел|я́ти <~úти> (~íти F become) intoxicate(d).

охоло́|дження *n* cooling; **~джувати** <~дúти> cool; **~нути** *pf.* cool down.

охóп|лювати <~úти> seize, grasp; embrace; envelop.

охорóн|а *f* guard(s); protection; Ml outpost; **~ець** *m* keeper, guardian; **~я́ти** guard, protect (from, against від P).

охó|та *f* F desire (for), mind (to); **~тник** *m* volunteer; (*охóчий до...*) lover (of); R hunter (*cf.* мислúвець); **~че** willingly, gladly, with pleasure.

охрúп|лий hoarse; **~нути** grow (*or* become) hoarse.

оцéт *m* vinegar.

оцíн|ка *f* [*g/pl.*: -ок] valuation, appraisal; estimation, appreciation; mark; **~ювати** <~úти> value; estimate, appraise; appreciate.

очар|óвувати <~увáти> charm, fascinate, enchant; **~увáння** *n* charm, fascination.

очевúд|ець *m* eyewitness; **~ний** evident.

очерéвина *f* peritoneum.

очерéт *m* [*e.*], **~яний** reed, rush.

очú|стка *f* clean(s)ing; clearance; *pl.* peelings; **~щáти** <~стити> clean(se); clear; peel; purify; evacuate, quit; empty.

очíкувати wait (for).

очíпок *m s.* чепéць.

очкó *n sport.* point; *cards*: spot, *Brt.* pip.

очманíлий mad, crazy.

óчн|ий eye; лíкар по ~их хворóбах oculist, eye-specialist; ~е я́блуко *anat.* eye-ball; ~а стáвка confrontation.

очóл|ювати <~ити> lead; head; ~ боротьбу́ lead the struggle; ~ делегáцію head a delegation.

ошáтний smart; well-dressed.

ошúйник *m s.* нашúйник.

ошпáр|ювати(ся) <~ити(ся)> F scald (o.s.).

оштукату́рити plaster.

ошу́к|увати <~áти> F deceive, cheat.

ощáд|ливий economical; thrifty; **~ний**: ~на кáса, ~ний банк savings bank.

ощаслúв|лювати <~ити> make happy.

ощир|я́ти <~́ити>: ~ зу́би (-ся) bare (*or* show) ones teeth; **-ся** *s.*

ощу́п|увати <~ати> *s.* обмáцувати.

П

пáв|а *f* peahen; **~úч** *m* peacock; **~іáн** *m* baboon; **~ільйóн** *m* pavillon; (*fair*) hall; (*film*) studio.

пáв|одок *m* spring floods; **~у́к** *m* spider; **~утúна** *f*, **~утúння** *n* cobweb; (*spider's*) *a. fig.* web.

пáгін *m* shoot, sprout.

пáгорб *m* (*a.* пáгорок) hillock, knoll.

пáд|ати <упáсти> fall, drop; *fig.* decline; (... *від утóми*) be ready to drop (with fatigue); **~íж** *m* (*cattle*) plague, rinderpest; **~íння** *n* fall; downfall, overthrow; C slump; **~у́ча** (хворóба) *f* epilepsy; **~черка** *f* stepdaughter.

паз *m* chink; E slot; (*жóлоб*). groove; **~́ур** *m* claw; **~́уха** *f* bosom (in за 3; за O); cavity.

пай *m* share; **~овúк** *m* shareholder; **~óк** *m* ration.

пак F ще б ~! yes, rather! and how!; I'll say!

пáка *f* (*a.* пáчка *f*) bundle; (*ку́па*) pile, heap; (*бавóвни та ін.*) bale.

пакéт *m* (small) parcel, packet; (*для продуктів*) paper-bag; (*поштóвий*) letter.

пакт *m*, ~ про взаємодопомóгу mutual aid *or* assistance pact; ~ про ненáпад non-aggression pact.

паку|вáти <за-> pack; **~́нок** *m* bundle; packet, parcel.

палáта *f* chamber; Me ward; *parl.* house; board.

палá|ти <за-> blaze, flare (up), (in) flame; glow, burn; (en) rage (with O); **~хкотíти** <за-> blaze; **~ц** *m* palace.

пáлець *m* (*рукú*) finger; (*ногú*) toe.

пáли|во *n* fuel; **~́ти** <за-> burn (down);

(кури́ти) smoke; ~**ця** *f* stick; walking-stick, cane; ~**чка** *f* (small) stick; Mu baton.
палі|й *m* incediary; *fig.* instigator; ~**са́дник** *m* small front garden; ~**тра** *f* palette; ~**ту́рка** *f s.* обгóртка, обкла́динка.
па́лка *f s.* па́лиця.
пал|ки́й fiery; *fig.* ardent; ~ приві́т heartful greeting; ~**уба** *f* deck; ~**ю́чий** burning; scorching.
па́ля *f* pile.
паляни́ця *f* loaf (of bread).
па́ль|ма *f* palm-tree; ~**мовий** palm; ~**не́** *n* (engine) fuel; gasoline, *Brt.* petrol; ~**то́** *n* [*indecl.*] (over) coat.
па́морозь *f* rime; mist.
памфле́т *m* lampoon.
пам'ят|а́ти <за-> remember, recollect; think of (про M); bear *or* keep in mind; '~**ка** *f* **1.** memorandum [*pl.*: -da]; list of instructions; **2.** *hist.* monument; '~**ний** memorable; '~**ник** *m* monument; *a. fig.* memorial; '~**ь** *f* memory; recollection.
пан *m* gentleman; sir; Mr. (*with name or title*); O landowner, landlord.
Пана́мський ~ кана́л *m* Panama Canal.
панель *f* pavement, footpath, footway, Am. sidewalk; panelling, wainscot; Ar panel; ~**ний** panel-construction.
па́ні *f* lady; Mrs. *or* miss (with name); ~**бра́тство** *n* familiarity; ~**бра́тський** familiar; ~**ви́й** ruling; prevailing, (pre)dominant.
П
па́ні|ка *f* panic, scare; ~**ке́р** *m* panic-monger, alarmist; ~**кува́ти** <за-> become *or* be panic-stricken; ~**чний** panic; panic-stricken.
панора́ма *f* view; panorama.
панс|іо́н *m* boarding-school; boarding-house; board; board and lodging; ~**ький** master's; landlord's.
пант|ало́ни *m/pl.* drawers, pants; ~**ели́к** *m* зби́ти з ~ели́ку confuse; ~**е́ра** *f* panther; ~**омі́ма** *f* pantomime; dumb show; ~**о́флі** *m/pl.* slippers.
панува́ти rule, reigh; (pre)dominate, prevail (over над O).
па́нцерник *m* armo(u)red car.
па́нцир *m* coat of mail, cuirass; *biol.* shell; ~**ний** iron-clad, armour-clad.
панчо́ха *f* stocking.
па́нькатися F fuss over, busy *o.s.* with [з O].
па́па *m eccl.* pope.
пап|еро́вий paper; ~**і́р** *m* paper; document; ~**іре́ць** *m* slip of paper; ~**ка** *f* folder, file; ~**оро́ть** *f* fern, bracken; ~**у́га** *m* parrot.
пар *m* Ac fallow; ~**а** *f* **1.** pair; two; couple; **2.** steam; vapour.
пара́граф *m* paragraph.
пара́д *m* parade; ~**ний** full (*dress*); front (*door*); ~**окс** *m* paradox.
парази́т *m* parasite; *fig. a.* drone (*cf.* тру́тень); ~**и́чний** parasitic(al).
парал|е́ль *f* parallel; ~**е́льний** parallel; ~**ізува́ти** paralyse; ~**іч** *m* Me paralysis.
парасо́лька *f* umbrella; sunshade.
парашу́т *m* parachute; ~**и́ст** *m* parachutist; Ml paratrooper; ~**ний** parashute (*drop, landing*).
пари́к *m s.* перу́ка.
парит|е́т *m* parity; '~**и** steam (*in a bath* **-ся**).
парі́ *n* [*indecl.*] bet, wager.
парк *m* park; Rr depot; Ml, *mot.* stock; fleet; ~**а́н** *m* fence; ~**е́т** *m* parquet (floor).
парла́мент *m* parliament; ~**а́рний** parliamentary; ~**е́р** *m* Ml truce envoy.
па́рни|й paired; twin...; even; ~**к** *m*, ~**ко́вий** hotbed.
паро|ви́й steam...; ~**во́з** *m* engine; locomotive; ~**ді́я** *f* parody; travesty; burlesque; ~**ль** *m* password, parole; ~**м** *m* ferry(-boat), *cf.* поро́м; ~**мник** *m* ferryman; ~**пла́в** *m* steamer; steamboat; steamship; ~**пла́вство** *n* (steamship) line.
па́росток *m* sprout, shoot (*a. fig.*).
па́рт|а *f* desk; ~**е́р** *m* parterre, *Brt.* pit; ~**иза́н** *m* partisan; guerilla; ~**иту́ра** *f* score.
парті́|єць F *m* Party man *or* member; ~**йний** party...; ~**йність** Party membership; partisanship; '~**я** *f* party; C parcel, lot, consignment; Ml detachment; batch; game; set; match Mu part.
партне́р *m* (~**ка** *f*) partner.
па́рубок *m* youth; bachelor (*cf.* холостя́к).
парува́ти steam, give off vapour; couple, pair, bring together.
па́рус *m* [*pl.*: ~и́] sail; підняти ~и́ set sail; ~**и́на** *f* canvas, sailcloth, duck; ~**и́новий** canvas...; ~**ний** sailing; ~ний спорт yachting, sailing; ~**ник** *m* sailing ship *or* boat.
парфу́м|и perfume; ~**е́рія** *f* perfumery.
парч|а́ *f* brocade; ~**е́вий** brocade(d).
парши́вий mangy.
пас *m* pass (*sport, cards*); (*по́яс*) belt; E driving-belt; ~**ажи́р** *m*, **-ський** passenger; ~**и́в** *m* C liabilities *pl.*; **-ний** passive; **-ність** *f* passivity.
па́синок *m* stepson.
па́сі|ка *f* apiary; ~**чник** *m* bee-keeper.
па́ска *f eccl.* Easter (for для P; on на M); Easter cake; Passover; (*s.a.* вели́кдень).

па́сквіль *m* lampoon; squib.
паску́дний P foul, filthy.
па́смо *n* lock; (*гір*) range; ridge.
пасови́ще *n* pasture (-ground).
па́спорт *m*, **~ний** passport; ~ний стіл passport office.
па́ст|а *f* paste; зубна ~ tooth-paste; **~ва** *f eccl.* flock; **~и** (**-ся**) graze, pasture; **~ка** *f* trap, pitfall; **~ор** *m eccl.* pastor; **~у́х** *m* herder (*Brt.* herdsman), shepherd; **~у́шка** *f* shepherdess.
пасува́ти suit; fit; correspond; (sport) pass; <c-> F yield (to перед О).
пате́нт *m*; **~о́ваний**; **~ува́ти** *(im)pf.*, *a.* <за-> patent.
патефо́н *m* record player, gramophone.
патла́тий shaggy, hairy.
па́тока *f* (*a.* меля́са *f*) molasses, *Brt. a.* treacle.
патр|іо́т *m* patriot; **~іоти́зм** *m* patriotism; **~іоти́чний** patriotic; **~о́н** *m* **1.** Ml cartridge, shell; (lamp) socket; **2.** patron; boss; **3.** pattern; **~онта́ш** *m* cartridge belt, pouch; **~улюва́ти**, **~у́ль** *m* patrol.
па́|уза *f* pause; **~фос** *m* pathos; verve, vim.
пах|ва́ *f* armpit; **∸нути** smell (of O); **∸ощі** *pl.* fragrance; **~у́чий** fragrant, odorous.
паціє́нт *m*, **~ка** *f* patient.
пацю́к *m* rat.
па́чка *f* pack(et), package; batch; parcel.
па́ш|а *f* grass; forage crop; **~те́т** *m* paste, pâté.
па́ща *f* jaws, mouth.
пая́|льний ~льна лампа blow-lamp; **~льник** *m* soldering iron; **~ти** <за-> solder.
пе́вн|ий sure (*a.* пе́вен *sg.*); confident; reliable; appointed; certain; **~о** confidently; certainly, surely.
педаго́г *m* pedagogue, teacher; **~іка** pedagogics; **~і́чний** pedagogic(al).
педа́|ль *f* pedal, treadle; **~нт** *m* pedant; **~нти́чний** pedantic(al).
пейза́ж *m* landscape, scenery.
пе́кар *m* baker; **∸ня** *f* bakery.
пек|е́льний infernal; hellish; **∸ло** *n* hell; **~ти́** bake; scorch; **-ся** (be) bake(d), (*на сонці*) bask in the sun; **~у́чий** burning; scorching.
пелена́ *f* shroud (*of mist*); P lap, hem (*of a skirt*).
пелю́|стка *f* petal; **~шка** *f* (-и́ *pl.*) wrap, swaddling band (*pl.* clothes), diaper, *Brt. a.* napkin.
пельме́ні (*m/pl.*) ravioli.
пен|а́л *m* pen case; pencil-box; **∸зель** *m* brush; **∸сія** *f* pension; **~сне́** *n* (*indecl.*) pince-nez, eyeglasses *pl.*; **~ь** (**-о́к**) *m* stump, stub; blockhead; **~я́** *f* fine.
перв|и́нний primary; initial; **∸і́сний** primary; initial; primitive; original; **∸і́стка** *f* (**-ок** *m*) first-born.
перга́мент *m* parchment; **~ний** (*папір*) grease-proof paper.
переб|ива́ти <~и́ти> break; interrupt; spoil, kill; **-ся** break; F rough it; **~ира́ти** <~ра́ти> look over (through); sort (out); go over; *(im)pf.* Mu finger; tell (one's beads); **-ся** move (into на, в З); cross (*v/t.* че́рез З).
пере́бі|г *m* course; run; **~га́ти** <∸гти> run over (*or* across); desert; **∸жчик** *m* deserter; *fig.* turncoat; **∸й** *m* stoppage, break; irregularity; misfire (*mot.*); **∸льшення** exaggeration, overstatement; **∸льшувати** <∸шити> exaggerate; **∸рливий** discriminating; fastidious.
переб|о́рювати <~оро́ти> overcome, master; **~ува́ння** *n* stay, sojourn; **-ти** stay, be; **~удо́ва** *f* rebuilding, reconstruction; reorganization; reformation; **~удо́вувати** <~удува́ти> rebuild, reconstruct; reorganize; reform; **-ся** be rebuilt/reconstructed.
перева́|га *f* advantage; preference; privilege; **~жа́ти** <∸жити> excel, surpass; exceed; predominate, prevail (over); **∸жний** predominant, prevailing; premary; **∸жно** mainly, chiefly; **∸жувати** <∸жити> outweigh; weigh again.
перева́л *m* (mountain) pass.
перевантаж|ений overloaded; *fig.* overburdened; **~еність** *n*, **~ення** *f* overloading; *fig.* overburdening; (робо́тою) overwork; **~увати** <~ити> overload, overburden; overwork.
перева́р|ювати <~и́ти> overdo; digest.
переве́|зення *n* transportation, conveyance; **~зти́** *s.* перево́зити; **~рта́ти** <~рну́ти> turn over; turn upside-down; overturn; **-ся** (over)-turn; **~ршувати** <~ршити> excel, surpass, transcend; **~сти(ся)** *s.* перево́дити(ся).
переви́|бори *pl.* election; **~дава́ти** <~да́ти> republish; reissue; **~да́ння** *n* reedition; **~кона́ння** *n* overfulfil(l)-ment; **~ко́нувати** <~конати> exceed, surpass; **~робни́цтво** *n* overpro-duction; **~хова́ння** *n* re-education; **~хо́вувати** <~ховати> re-educate; **~щувати** <~щити> exceed.
переві́|з *m* transportation, conveyance; ferry; **~зник** *m* ferryman; **~рка** *f* checking; control; F check-up; testing, examination; **~ря́ти** <~ри-

ти> check, verify; examine, inspect; test, check.
перево́|дити <перевести́> take (across); transfer, move; put (*a.* watch) on; remit, transmit; **-ся** be transferred (moved); **~зити** <перевезти́> carry, convey, transport; move; **~ро́т** *m* radical change; revolution; upheaval.
перев|ті́лення *n* reincarnation; transformation; **~то́ма** *f* overstrain; **~то́млений** overstrained, overtired; **~то́млюватися** <~томи́тися> be overtired; **~'я́зка** *f* bandaging; **~'я́зувати** <~'яза́ти> tie up; bandage; dress.
перег|аня́ти <~на́ти> outdistance; leave behind; **~ина́ти** <~ну́ти> bend; **~ляд** *m* revision, review; reconsideration; viewing; examination; **~ляда́ти** <~ля́нути> revise, go through again; reconsider, review; run *or* go through; examine; see; **-ся** exchange glances.
перего|во́ри *pl.* negotiations, talks; **~ни** *pl.* races; (*sailing*) regatta; **~ро́джувати** <~роди́ти> partition (off); **~рта́ти** <~рну́ти> turn (over).
перегр|иза́ти <~и́зти> gnaw; bite (through); **~іва́ти** <~і́ти> overheat; superheat; **-ся** become overheated.
перегу́к|уватися <~ну́тися> call to one another.
пе́ред before; in front of; **~ава́ти** <~а́ти> pass, give; hand; report; tell; reproduce; broadcast; televise, telecast, show; **~ава́ч** *m* transmitter; **~а́ча** *f* passing, handing; transfer; broadcast; telecast; E transmission, gear, drive.
передбач|а́ти <~ити> foresee; **-ся** be foreseen; be expected; **~ення** *n* prevision, foresight; **~ливий** foreseeing; prudent; **~ливість** *f* foresight; prudence.
передв|и́борний (pre-)election; **~і́сник** *m* precursor, forerunner; **~іща́ти** <~істи́ти> foretell; betoken.
передде́нь *m* eve; у ~ on the eve (of).
переди|вля́тися <~ви́тися> look over (through); **~хну́ти** take a breath; take a rest; **~шка** *f* respite, breathing-space.
передм|і́стя *n* suburb; **~о́ва** *f* preface, foreword.
пере́д|ній front..., fore...; ~ край front line; **~ови́й** leading; progressive; foremost; front (*line*); (*загі́н*) vanguard; **~пла́та** *f* subscription; **~пла́тний** subscribers' (edition); **~пла́тник** *m* subscriber; **~пла́чувати** <~плати́ти> subscribe (to).
передпо́кій *m* hall, lobby, ante(room) chamber.
передра́жн|ювати <~и́ти> mimic.
пере́друк *m* (re)printing; (re)typing; **~о́вувати** <~ува́ти> (re)print; (re)type.
передсме́ртний death; dying.
переду|ва́ти precede; **~мати** change one's mind; think (about *or* over); **~мо́ва** *f* prerequisite, precondition; premise.
передч|а́сний premature; untimely; **~а́сно** prematurely; **~ува́ти** have a presentiment (of); **~уття́** *n* presentiment; foreboding, misgiving.
переж|да́ти wait; wait till s.th. is over; **~ива́ння** *n* experience; feeling; **~ива́ти** <~и́ти> outlive; endure; experience; **~и́ток** *m* survival; **~о́вувати** <~ува́ти> chew; masticate.
переї|жджа́ти <~хати> cross; (re)move (в, на З [in] to); run over; **~зд** *m* passage; crossing; move; removal.
перей|ма́ти <~ня́ти> catch; intercept; take, adopt; **~мено́вувати** <~менува́ти> rename; **~ми** *pl.* labo(u)r (childbirth); **~ти** *s.* перехо́дити.
пере́каз *m* retelling; paraphrase, rendering; legend; remittance, order; **~увати** <~а́ти> retell; paraphrase; put *s.th.* into one's own words; report, tell; remit.
перекваліфік|а́ція *f* training for a new profession; **~о́вувати** <~ува́ти> train for a new profession; **-ся** acquire a new profession.
переки|да́ти <~нути> throw over; Ml C transfer, shift; lay (*bridge*) **-ся** spring across; rush across; spread; (*жартами*) bandy jokes; **'~с** Ch peroxide.
пере́кла|д *m* translation; interpretation; **~да́ти** <~сти> translate; interpret; shift; transpose; throw; **~да́цький** translator's; **~да́ч** translator; interpreter; **~дення** transposition; arrangement; **~дина** (*sport*) *f* horizontal bar; crossbar, crossbeam.
перекли|ка́тися call (shout) to *o.a.*; reecho (*v/t.* з О); *fig.* have *s.th.* in common (with з О); **~чка** *f* roll-call, call over.
перек|люча́ти(ся) <~лючи́ти(ся)> switch over; **~лю́чення** *n* switching over; **~о́вувати** <~ува́ти> re-shoe, shoe over again; *fig.* reeducate, remake.
переко́н|аний convinced (of); staunch; **~аність** *f* conviction; **~а́ння** *n* persuasion; conviction; **~ливий** convincing, persuasive; **~ливість** *f*

persuasiveness; **-о** convincingly, persuasively; **~увати** <~áти> convince (of в М); (try to) persuade; **-ся** be convinced (of); satisfy *o.s.*; make shure (of; that).

перекóшений twisted; distorted.

перекр|áювати <~áяти> cut out, again; *fig.* remake; **~éслювати** <~éслити> cross (out), draw again; **~ивáти** <~ńти> (re-)cover; exceed; break, beat; stop up, block (roads); **~иття** *n* floor; covering; **~ýчувати** <~утńти> twist; distort, pervert.

перекý|шувати <~сńти> bite through; cut; F take a bite (snack).

перел|áзити <~íзти> climb over (чéрез З).

перелáм|ний (момент) turning-point; **~увати** <~áти> break in two; break, fracture; overcome.

перелетíти *s.* перелітáти.

перелń|в *m* Mu run, roulade; play (*colo[u]rs*); **~вáння** *n* Me transfusion; **~вáти** <~ти> decant, pour; transfuse; **~вáти з пустóго в порóжнє** mill the wind; **-ся** overflow; *(im)pf.* Mu warble, roll; (*colo[u]rs*) play, shimmer.

перелиц|ьóвувати <~ювáти> turn (*clothes*).

перéлік *m* enumeration; list.

перелíт *m* passage (*birds*); A flight; **~áти** <перелетíти> fly across (over); pass, migrate; flit; **~ний** (*bird*) of passage.

перелíч|увати <~ńти> (re)count; count (down); count over again.

перелóм *m* fracture; crisis, turning point.

переляк *m* fright; **~аний** frightened; **~ано** in fright; **~áти** frighten, scare; **-ся** get a fright; be frightened.

перем|агáти <~огтń> be victorious (over З); win; conquer; vanquish; defeat; overcome; beat; surmount.

перем|éлювати <~олóти> grind, mill.

перем|икáти <~кнýти> E switch (*cf.* переключáти).

перемńр'я *n* armistice, truce.

перемін|яти <~ńти> change.

перемíш|увати <~áти> mix (up), confuse.

перемíщ|ений ~ені осóби *pl.* displaced persons; **~ення** *n* transfer(ence), shift(ing); **~увати** <~стńти> move, shift; transfer.

перемó|га *f* vicroty; **~жець** *m* victor; winner; conqueror; **~жний** victory; trium-phant, victorious.

перен|асéлення *n* overpopulation; **~éсення** *n* carrying, transport(ation).

перенíсся *n* bridge (*of nose*).

перен|óсити <~естń> transfer, carry over; bear, endure, stand; postpone, put off (till на З).

перенóсн|ий figurative, metaphorical; **~ńй** portable.

переоб|ирáти <~рáти> reelect.

переоблáдн|увати <~áти> reequip.

переóблік *m* inventory, stock-taking; new registration.

переобтяж|ення *n*, **~увати** <~ити> overload; overwork.

переодяг|áтися <~тńся> change (one's clothes); **∸нений** disguised.

переозбрó|єння *n* rearmament; **~юватися** <~їтися> rearm.

переоцíн|ка *n* revaluation, reappraisal; overestimation, overrating; **~ювати** <~ńти> revalue; overestimate, overrate.

пéрепел *m* quail.

перепин|яти <~ńти> interrupt.

пéрепис *m* census; enumeration, listing; **∸увати** <~áти> copy; type; list; rewrite; enumerate; **∸увач** *m* (**-ка** *f*) copyist.

перепит|увати <~áти> repeat one's question; ask again.

перепідго|тóвка *f* retraining; refresher course; **~товляти** <~тувáти> train (anew).

перепла|вляти <∸вити> remelt, recast; smell (down); **∸чувати** <~тńти> overpay; pay too much.

перепли|вáти <~стń> swim *or* sail (across чéрез З).

переплńг|увати <~нýти> jump (over).

перепл|ітáти <~естń> bind (*book*); interlace, interwine.

переплýтати *s.* плýтати.

переповз|áти <~тń> creep, crawl (over).

перепóвн|ений overcrowded; overflowing; **~ювати** <~ити> overfill; **-ся** cram; overcrowd.

переполóх *m* tumult, turmoil; dismay, fright; **~ати (-ся)** (get) alarm(ed), perturb(ed).

перепóна *s.* перешкода.

перепочń|нок *m* respite, breathing-space, **~вáти** <~ти> take a rest.

перепрáв|а *f* crossing, passage; ford; temporary bridge; **~ляти** <~ити> carry (over), convey; **-ся** cross, pass.

перепрóд|аж *m* resale; **~увати** <~áти> resell.

перепрó|шувати <~сńти> excuse, pardon; ask s.b.'s pardon [*s.a.* пробачáти (-ся)].

перéпустка *f* pass, permit.

перерах|óвувати <~увáти> recount, count (down); enumerate; C transfer; **~ýнок** *m* re-calculation.

перéр|ва *f* recess, break (*school*);

П

interval; interruption; stop; (*lunch*) time; **~ива́ти** <~ва́ти>; **-ся** come apart, tear; *fig.* be interrupted; break; **~и́вчастий** broken, faltering.

перері́з *m* cut; section; **~увати** <~ати> cut (through); sever; cut off; kill.

переро́б|ка *f* alteration; recast; remaking; **~ля́ти** <~и́ти> recast; make over, alter.

переро́д|ження *n* regeneration; degeneration; **~жуватися** <~и́тися> regenerate; degenerate.

перерос|та́ти <~ти́> grow; *fig.* outgrow; overgrow; develop; **˗ток** *m* over-age child.

переру́б|увати <~а́ти> hew *or* cut through.

переря́джений disguised, masked; masker.

переса́д|жувати <~и́ти> В Ме transplant; graft; make change seats; **-ся** <пересі́сти> take another seat, change seats; change (*trains*); **˗ка** *f* transplanting; grafting; Rr change.

пересві́дч|уватися <~итися> be convinced (of), make sure (that), satisfy oneself (that).

пересел|е́нець *m* (re-)settler; (im)migrant; **˗ення** *n* (e)migration; removal, move; **~я́ти** <~и́ти> (re)move; **-ся** (e)migrate.

пересил|а́ти <-сла́ти> send (over), transmit; forward; **˗ка** *f* consignment, conveyance; carriage.

перес|иха́ти <~о́хнути> dry up; parch; **~и́чений** satiated; surfeited; **~и́чуватися** <~ити́тися> be satiated (with); be surfeited (with); **~і́чний** ordinary, common(place), mediocre; mean, average.

пересі́сти *s.* переса́джуватися.

переск|а́кувати <~о́чити> jump (over через 3); skip.

переслі́дува|ння *n* pursuit; persecution; J prosecution; **~ти** pursue; persecute; haunt; J prosecute; chase.

пересо́|лювати <~ли́ти> oversalt; **~хлий** dry.

переспі́лий *s.* перести́глий.

перестав|а́ти <-та́ти> stop, quit, cease; **~ля́ти** <˗ити> move, set (*a. clook*): put (elsewhere); rearrange; transpose; convert (into на 3); Ма permute.

перест|еріга́ти <~ерегти́> warn (of від Р), caution (against); **~и́глий** overripe; **~и́гнути** <~ига́ти> become overripe; **~оро́га** *f* warning, caution.

перестр|ажда́ти suffer, live through; **~ахо́вка** *f* reinsurance; overcautiousness; **~і́лка** *f*, **~і́люватися** skirmish.

переступ|а́ти <~и́ти> step over, cross; *fig.* transgress.

пересув|а́ння *n* movement; transportation; **~ати(ся)** <-су́нути(ся)> move, shift; **~ни́й** travel(l)ing, mobile, itinerant.

пере́су́|ди *m/pl.* F gossip.

перетас|о́вувати <~ува́ти> shuffle, reshuffle.

перетво́р|ення *n* change; transformation; conversion; **~ювати** <~и́ти> change, turn, transform (into в 3).

перетер|пі́ти suffer.

пере́тин *m* Ма section; **~а́ти** <~я́ти> cross, run across; intersect; cut (through, off); **~ка** *f* membrane; *zo.* web; бараба́нна ~ка *anat.* eardrum.

перет|ира́ти <~е́рти> grate; wear out; **-ся** break, fray through; **~ра́влювати** <~рави́ти> digest.

перетя́г|увати <~ти́> drag; pull; draw (*fig.* win) over; outweigh; cord.

перехва́л|ювати <~и́ти> overpraise.

перех|итри́ти *pf.* outwit; **~і́д** *m* passage; crossing; Ml march; *fig.* transition; conversion; **~ідни́й** crossing; transitional; *gr.* transitive; challenge (cup *etc.*).

перехо́|вувати <~ва́ти> hide, conseal **~дити** <перейти́> cross; move; pass (on), proceed (to); turn ([in] to); exceed, transgress; **~плювати** <~пи́ти> catch; intercept; embrace; F borrow.

перехре́|сний cross (*fire, examination*); **~стя** *n* crossroad(s); **~щувати(ся)** <~сти́ти(ся)> cross.

пе́ре|ць *m* pepper; paprika; **~чека́ти** *s.* пережда́ти; **˗чити** F contradict; oppose; **~чи́тувати** <~чита́ти> reread; read (many, all...); **~чниця** *f* pepper-box.

переш|ива́ти <~и́ти> alter, make over; **~и́йок** *m geogr.* isthmus; **~і́птуватися** whisper (to o.a.); **~ко́да** *f* obstacle, barrier; hindrance, impediment; біг з ~ко́дами steeplechase; **~коджа́ти** <~ко́дити> hinder; prevent (a p. from Д в М).

пери́на *f* feather bed.

периферí́я *f* circumference, periphery; outskirts *pl.* (in на М).

пері́од *m* period; epoch, age; **˗ика** *f* periodicals *pl.*; **~и́чний** periodic(al); Ма circulating.

перл|и́на *f* (*a.* пе́рло) pearl; **~о́вий** pearl (*barley*).

перман́е́нт *m* permanent wave.

перна́тий feathered, feathery.

перо́ *n* feather, plume; pen; fountain pen (автору́чка); **~н** Rr platform.

перс *m*, **~и́дський** Persian; **˗ик** peach; **~о́на** *f* person; **~она́л** *m* personnel,

staff; ~пекти́ва *f* perspective; *fig.* prospect, outlook; ∠тень *m* (*cf.* обру́чка) ring.
перу́ка *f* wig; ∠р *m* hairdresser (*жіночий*), barber; ∠рня hairdressing saloon, barber's (shop).
перчи́ти pepper.
пе́рш|ий first; chief, main; *Brt.* ground (*floor*); *thea.* dress (*circle*); ~е (*n*) first course (*meal*; for на 3); ~ість *f* the first place; primogeniture; superiority; *sport* championship.
першо|джерело́ *n* first source, origin; ~кла́сний first-rate *or* -class; ~ку́рсник *m* freshman; ~осно́ви *pl.* elements; ~ря́дний paramount, supreme; ~со́ртний = ~класний; ~черго́вий urgent, top-priority.
пес *m* dog; F cur; ~е́ць *m* Arctic fox; ~имі́зм *m* pessimism; ~имісти́чний pessimistic; ∠тити caress, fondle; cherish; ~тли́вий gentle, caressing; affectionate; ~тли́ве ім'я́ pet name.
петл|и́ця *f* buttonhole; tab; ~я́ *f* loop; eye; mesh; stitch; hinge.
петру́шка *f* B parsley; ≗ *m* Punch (and Judy).
печ|а́ль *f* grief, sorrow; F business, concern; ~а́тка *f* seal; stamp (*a. fig.*); ∠е́ний baked; ~е́ня *f cook.* roast (*meat*); ~е́ра *f* cave; ∠иво *n* pastry; cookie, biscuit; ~і́нка *f* liver; ~ія́ *f* heartburn.
п'єдеста́л *m* pedestal.
п'є́са *f thea.* play; Mu piece.
пив|на́ *f* alehouse, bar, saloon; ∠о *n* beer; ale; ~ова́р *m* brewer; ~ова́рний (заво́д) *m* brewery.
пи́ка P *f* mug; muzzle; snout.
пил *m* dust; ~а́, ∠ка *f* saw; ~о́к *m* B pollen; ~осо́с *m* vacuum cleaner; ∠ьний vigilant; attentive; alert; watchful; ∠ьність *f* attention; vigilance, alertness; ~ьнува́ти watch; guard; keep vigil (over); ~я́ти saw; *fig.* F nag (at).
пирі́|г *m* pie, pasty; tart; ~жо́к *m* patty.
пи́рх|ати <~нути> snort.
пи́с|аний hand-written; painted; ∠ар *m* clerk; ~а́ти write; type (write); paint; ~е́мний written; ~е́мність *n* written language; characters *pl.*; literature; ~к *m* squeak(ing); peep, cheep (birds); ~кля́вий squeaky; ~ьме́нний literate; ~ьме́нник *m* (-ця *f*) writer, author; (authoress); ~ьме́нність *f* literacy; ~ьмо́ *n* writing; characters; (Святе́ Письмо́) Scripture; ~ьмо́вий written; in writing; writing (*a. table*).
пита́|льний inquiring; interrogative; ~ння *n* question; problem, issue; point, matter; постає́ ~ння one may say; ~ти ask; inquire (after); question; -ся (у Р) ask (s.b.'s) permission.
пи́ти drink; take, have.
пи́х|а *f* arrogance, haughtiness; ~а́тий arrogant, haughty.
пи́хкати pant, puff.
пиш|а́тися be proud (of), take pride (in); show pride; ∠ний fluffy, fleecy; light (*bread*); splendid, magnificent; luxuriant.
пишно|мо́вний bombastic, high-flown; ∠та *f* splendo(u)r; pomp.
пища́ти squeak; cheep, peep.
пия́|цтво *n* drunkenness; ~чити drink (heavily); F booze.
піані́но *n* [*indecl.*] piano.
пів (...) half (...); ~годи́ни *f* half (an) hour.
півде́н|ний south(ern); ~ний за́хід *m* southwest; ~ний схід *m* southeast; ~но-за́хідний southwest...; ~но-схі́дний southeast...; ∠ь *m* **1.** south; ї́хати на ~ travel south; *cf.* схід; **2.** midday, noon (*cf.* по́лудень).
пі́в|ень *m* cock; F rooster; ~ко́ло *n* semicircle; ~ку́ля *f* hemisphere; ~мі́сяць *m* half-moon; crescent.
пі́вніч *f* **1.** midnight; **2.** north; ∠ний north(ern); northerly; arctic; Півні́чний Льодови́тий океа́н *m* Arctic Ocean; ∠ний за́хід *m* northwest; ∠ний схід *m* northeast; ∠но-за́хідний north-west...; ~но-схі́дний northeast...
піво́|берт *m* half-turn; ~нія *f* peony; ~стрів peninsula.
піврі́ччя *m* half-year, half a year; *Am* semester.
півро́ку *m* = піврі́ччя.
півтора́ one and a half; ~ста one hundred and fifty.
під **1.** under; toward(s), to (*direction*); (*age, time*) about; on the eve of; à la, in imitation of; for, suitable as; (*position*) under, below, beneath; near, by (*battle*) of; (used) for, with; по́ле ~ жи́том rye field; **2.** *m* (пе́чі) hearth, floor.
підбадьо́р|ювати(ся) <~и́ти(ся)> cheer up.
підби|ва́ти <∠ти> line, fur; (re)sole; hit, injure; F instigate, incite; draw in; pick out, select; -ся sneak up (to до Д); ∠тий F black (*eye*).
під|бира́ти <~ібра́ти> pick up; tuck up; draw in; pick out; select; -ся sneak up (to до Р).
підбіг|а́ти <∠ти> run up (to).
підбі́|р *m* selection; picking up *or* out; assortment; на ~ір chosen, select;

П

~óр *m* heel; **~орíддя** *n* chin; **~ýрювання** *n* instigation, incitement; **~ýрювати** <~ýрити> incite, instigate; **~ýрювач** *m* instigator.
підвáл *m* basement; cellar; **~ини** *pl.* F foundation; basis; (*cf.* фундáмент).
підви́щ|ений increased, higher; heightened; **~ення** *n* rise; promotion; eminence, rise, elevation; platform dais; **~увати** <~ити> raise; increase; promote; improve; **-ся** rise; advance.
підвí|з *m* supplies; delivery; **~кóння** *n* window-sill; **~сни́й** suspended; hanging; **~шувати** <~сити> suspend; hang (under; on); fix.
підв|лáдний dependent (on), subject (to); **~óда** *f* cart; wag(*g*)on; **~óдити** <~ести́> lead ([up] to); bring, get; lay; build; make (up); F let a p. down; **-ся** rise; **~óдний** submarine; ~ камінь *m* reef; **~óзити** <~езти́> bring, get; give a p. a lift; bring in; deliver, supply; **~орíття** *n* gateway.
підв'я́з|увати <~áти> tie (up).
підг|аня́ти <-дігнáти> drive *or* urge on, hurry (up); fit, adapt, adjust; **~инáти** <-ігну́ти> tuck (under); bend; **-ся** fail; **~íр'я** *n* foot; **~лядáти** <~ля́нути> spy, peep; **~одóвувати** <~одувáти> feed, fatten; **~оря́ти** <~орíти> burn; **~отóвка** *f* preparation (for для Р); training; Ml drill; **~отóвчий** preparatory; **~отувáти** *pf.* prepare.
підд|авáти <~áти> *fig.* subject; **-ся** yield; give way (to); не ~авáтися (Д) defy (*description*); **∸аний** *m* subject; **∸анство** *n* citizenship, nationality; **~увáло** *n* ash-pit.
підж|áк *m* coat, jacket; **~и́влювати** <~иви́ти> feed (up); Ac give fertilizer.
підзаголóвок *m* subtitle, subheading.
підзвíтний accountable.
підзем|éлля *n* vault, cave; dungeon; **∸ний** underground, subterranean; *cf.* метрó.
підзóрн|ий ~а трубá *f* spyglass.
підігрівáти <~рíти> warm up; *fig.* stir up.
під'ї|жджáти <∸хати> drive *or* ride up (to), approach; F drop in (on); make up to; **∸зд** *m* entrance, porch; drive; approach; **~зни́й** Rr branch (*line*).
підйóм *m* lift(ing); ascent, rise (*a.fig.*); climb; легки́й (важки́й) на ~ nimble (slow); **~ний:** ~ міст *m* drawbridge; ~на сила *f* carrying capasity; ~ні (грóші) *pl.* travel(l)ing expenses.
підкáз *m* F prompting; **~увати** <~áти> prompt; suggest.
підки|дáти <~нути> throw (up); jolt; add; foist, palm (on Д); toss (up).
підкла|дáти <∸сти> lay (under), add; enclose; foist (on Д); **∸дка** *f* lining; E support.
підклé|ювати <~їти> paste (up), glue (up).
підкл|икáти <~и́кати> call, beckon.
підкóв|а *f* horseshoe; **~аний** *fig.* versed; **~увати** <-кувáти> shoe.
підкóп *m* sap, mine; undermining; **~уватися** <~áтися> undermine (під З); sap.
підкóр|ення *n* conquest; subjugation; taming; obedience, submission, subordination; **~я́ти** <~и́ти> conquer, subdue; subordinate (to); **-ся** submit (to); resign *o.s.*; surrender; obey.
підкра|дáтися <∸стися> steal *or* sneak up (to до Р).
підкрéсл|ювати <~ити> underline, underscore; *fig.* emphasize, stress.
підкрíп|лення *n* reinforcement; corroboration; refreshment; **~лювати** <~и́ти> reinforce, fortify; corroborate; support; refresh; **-ся** refresh *o.s.*, have a snack.
пíдкуп *m* bribery; **~áти** <~и́ти> bribe; win, prepossess; **∸ний** corrupt.
підл|абу́зник *m* sycophant, toady; lickspittle; **~áмувати** <~оми́ти> break underneath; **-ся** give way; **~éглий** subordinate; subject; **~éглість** *f* subordination; submission.
підлé|сливий flattering; **~сник** *m* flatterer; **~щуватися** <~сти́тися> fawn, cajole, flatter.
підли́|ва *f* gravy; sauce; **~вáти** <∸ти> pour; add.
підли́з|а *m/f* F toady; wheedler; **~уватися** <~áтися> F flatter, insinuate *o.s.* (with до Р).
пíдл|ий mean, base, low; **~íсть** *f* meanness, baseness; low act; **~íток** *m* teenager; youth, juvenile; **~óга** *f* floor; **~ягáти** submit (to); obey; be subordinate (to); be subject (to).
підм|альóвувати <~алювáти> touch up; make up; **~áнювати** <~ани́ти> deceive; cheat; beckon; **∸ет** *m gr.* subject; **~éтка** *f* sole; **~ивáти** <~и́ти> wash (*a.* out, away); (*береги́*) undermine.
підмі|зи́нний (*пáлець*) fourth finger; (*лівої руки*) *a.* ring-finger; **∸на** *f* substitution, exchange, **∸нювати** <~ни́ти> substitute (s.th. *or* for О *or* З); (ex)change; (*тимчасóво*) F replace, stand in (for); **~тáти** <-ести́> sweep; **∸шувати** <~шáти> mix (s.th. with s.th. Р *or* в З).

підмо|вля́ти <∸вити> instigate, talk a p. into; **∸га** *f* help, assistance, aid; **∸чений** wet; F stained.
піднебе́сся *n* firmament.
підне|бі́ння *n* palate; **~ві́льний** dependent; forced.
підне́с|ений elated, excited; elevated (*style*); **~ений на́стрій** *m* elation; high (*spirits*).
підні́ж|жя *n* foot, bottom (at бі́ля Р); pedestal; **~ка** *f* step, footboard; *mot.* running board; trip.
підн|іма́ти <~я́ти> lift, raise; pick up (from з Р); elevate; set (up; off); take up (*arms*); hoist (*flag*); weigh (*ancor*); set (*sail*); give (*alarm*); make (*noise*); plow (*Brt.* plough) up; **-ся** rise; arise; go up (*stairs*); climb (*hill* на З); (*з лі́жка*) get up.
підно́|влювати <~ви́ти> renovate; **~с** *m* tray; **~сити** <-нести́> (*вго́ру*) lift, raise; (*прино́сити*) bring, carry; offer, present (Д); **~шення** *n* gift.
підо́зр|а *f* suspicion; **~іва́ти** suspect; **~ілий** suspicious.
підо́шва *f* sole; foot, bottom.
підпа|да́ти <∸сти> fall (under); **∸л** *m* arson; burning; **∸лювати** <~лити> set on fire (*or* fire to); **∸лювач** *m* incendiary.
підпер|і́зуватися <~еза́тися> put on one's belt.
підпи|ра́ти <-пе́рти> support, prop; **'~с** *m* signature (for на Д); за '~сом signed by; **~сни́й** subscription...; **∸сувати(ся)** <~са́тися> subscribe (to; for на З); sign.
підпі́|лля *n*, **~льний** underground; **~льник** *m* (-ця *f*) underground (political) worker; **~рка** *f* prop, support.
підпо|лко́вник *m* lieutenant colonel; **∸ра** *f s.* підпі́рка; *fig.* stand-by; **~рядко́ваний** subordinate; **~рядко́вувати** <~рядкува́ти> subject, subdue; subordinate; put under (s.b.'s Д) supervision; **-ся** Д submit (to); obey; be s.b.'s subordinate.
підп|риє́мство *n* plant, works, factory; **~уска́ти** <~усти́ти> allow to approach; admit.
підрах|о́вувати <~ува́ти> count (up), compute; calculate; **~у́нок** *m* calculation, computation; counting.
підри́в *m* blowing up, blasting; undermining (*a.fig.*); **~а́ти 1.** <-ді-рва́ти> blow up, blast, spring; dynamite; **2.** <-дри́ти> sap; undermine; dig (the earth from beneath); **~ни́й** blasting, explosive; *fig.* subvefrsive.
підр|і́зувати <~і́зати> cut; crop, clip; **~о́бка** *f* forgery, counterfeit; **~обля́ти** <~оби́ти> forge, counterfeit; **~о́бний** sham...; counterfeit...; **~о́зділ** *m* subdivision; Ml unit; **~оста́ти** <~ости́> grow up; rise; **~у́чний** handy; at hand; *m* assistant, apprentice; helper; **~у́чник** *m* textbook; **~я́д 1.** one after another; successive(ly), running; **2.** *m* contract; **~ядко́вий** (*перекла́д*) word-for-word translation; interlinear; **~я́дний** *gr.* subordinate.
підс|відо́мий subconscious; **~ила́ти** <-дісла́ти> send (secretely); **~и́лений** intensified; **~и́лювач** *m* E amplifier; **~іда́ти** <~і́сти> sit down (by до Р); **~ка́кувати** <~ко́чити> jump up; run up (to); **~ліпува́тий** weak-sighted; **~лу́хувати** <~лу́хати> eavesdrop, overhear; **~ма́жувати** <~ма́жити> roast, brown; toast; grill; fry; **~о́бний** subsidiary, by-..., side..., subordinate.
підс|о́вувати <~у́нути> push, shove; F slip; palm off; present.
підста́|ва *f* reason; grounds; **~вка** *f* support, prop, stay; stand; **~вни́й** false, straw...; -вна осо́ба *f* dummy; **~вля́ти** <~вити> put, place, set (under під З); move up (to до Р); Ма substitute; **~нці́я** *f* substation.
підст|ерiга́ти <~ерегти́> lie in wait of; *pf.* trap; **~ила́ти** <~ели́ти> spread (under під З); **~и́лка** *f* bedding; spreading; floor covering; (*для худо́би*) litter; **~ре́лити** hit, wound; **~ри́бувати** <~рибну́ти> jump up; **~рига́ти** <~ри́гти> trim, lop; cut, crop, clip.
пі́дступ *m* approach (to до Р); intrigue, scheming; *pl.* plots; **~а́ти(ся)** <~и́ти(ся)> approach; **∸ний** artful, guileful, insidious; perfidious; **∸ність** *f* guile; wile, craft; insidiousness.
підсу́дний 1. J under *or* within the jurisdiction; **2.** *m* defendant; the accused.
підсум|ко́вий total; final, concluding; **~о́вувати** <~ува́ти> sum up; add up; total up; **∸ок** *m* sum, total; result.
підтас|о́вувати <~ува́ти> garble, juggle (with); shuffle (trickily).
підтве́рд|ження *n* confirmation; corroboration; **~жувати** <~ити> confirm, corroborate; acknowledge; **-ся** prove (to be) true; be confirmed, prove correct.
підт|е́кст *m* implication; **~о́чувати** <~очи́ти> sharpen; eat (away); wash (out), erode; **~ри́мка** *f* support, backing; approval; **~ри́мувати** <~ри́мати> support; back up;

П

uphold; keep up, maintain; **~я́гувати** <**~ягну́ти** *a.* **~ягти́**> pull (up); tighten; draw; F ginger up, pull up; join in (song); **-ся** (*на рука́х*) pull *o.s.* up; chin; brace up; improve; F catch up; **~я́жки** *pl.* suspenders *Brt.* braces.

піду́ч|увати <**~и́ти**> teach; learn; (*підмовля́ти*) egg on.

підфарб|о́вувати <**~ува́ти**> touch up (*a. fig.*); make up.

підх|і́д *m* approach (*a. fig.*); (*то́чка зо́ру*) point of view; **~о́дити** <**-ді́йти́**> approach; go (up to); arrive, come; suit, fit; **~о́плювати** <**~опи́ти**> catch; pick up; take up; (*пі́сню*) join in; **-ся** jump up.

підчепи́ти hook (*a. fig.*); pick up, catch.

підш|е́фний sponsored; **~ива́ти** <**~и́ти**> sew on (to до Р); hem; file; **~и́пник** *m* E bearing;и; **~кі́рний** hypodermic; **~то́вхувати** <**~товхну́ти**> push, shove; (*лі́ктем*) nudge; **~у́кувати** <**~шука́ти**> look for; try to find; *pf.* choose; find.

піж|а́ма *f* pyjamas (*Am.* pajamas) *pl.*; **∸мурки** *pl.* (*гра*) blind man's buff *sl.*

пізн|ава́льний cognitive; **~ава́ти** <**~а́ти**> (*вп́ізна́ти*) recognize; get to know; perceive; cognize; **~а́ння** *n* perception; *pl.* knowledge; cognition; **∸ій**, **∸о** late.

пі́й|ло *n* swill, mash, **~ма́ти** catch.

пік *m* *geogr.* peak; годи́ни ~ rush-hours; **∸а** *f* pike, lance; spades *pl.* (*cards*); **~а́нтний** piquant, spicy (*a. fig.*); **~е́т** *m* picket; **~і́рувати** A dive; **~лува́тися** look after; take care (of), care (for про М); **~ні́к** *m* picnic.

піло́т *m* pilot; **~а́ж** *m* piloting, flying.

пілю́ля *f* pill.

пі́льг|а *f* privilege; **~о́вий** favo(u)rable, special; privileged; reduced; на **~о́вих** умо́вах on favo(u)rable terms.

пін|а *f* foam, froth; (*на коне́ві*) lather; (soap) suds *pl.*; **~гві́н** *m* penguin; **~истий** foamy, frothy; **~итися** <за-> foam, froth; sparkle (wine); **~це́т** *m* pincers *pl.*; tweezers *pl.*

піоне́р *m* pioneer.

піпе́тка *f* pipette, dropper.

піра|мі́да *f* pyramid; **∸т** *m* pirate.

пір|'ї́на *f* feather; **~'ї́нка** *f* (small) feather, plumelet; **~на́ти** <**~рну́ти**> dive, plunge; **∸'я** *pl.* feathers; plumage.

пі́сля after (wards), later (on) ~ чо́го whereupon; **~во́є́нний** postwar; **~за́втра** the day after tomorrow; **~мо́ва** *f* epilogue; **~обі́дній** after-dinner.

пісн|и́й lenten; fast...; F lean (*meat*); *fig.* sour; sanctimonious; **∸я** *f* song; F story.

пісо́к *m* sand.

піст *m* (*вели́кий*) Lent.

пістоле́т *m* pistol.

піт *m* sweat; **~и́** (*поча́ти йти́*) set off, go off, start; (*про о́пади*) begin to fall; пішов сніг *or* дощ it began to snow *or* rain; **~ни́й** sweaty; **~ні́ти** <с-> sweat, perspire; **~ьма́** *f* dark(ness).

пі́х|ви *pl.* sheath; *sl.* scabbard; **~о́та** *f* infantry; **~оти́нець** *m* infantryman; **~о́тний** infantry.

піч *f* stove; oven; furnace; kiln.

піш|а́к *m* ch. pawn (*a. fig.*); **∸ий** foot; on foot; unmounted; **∸ки** on foot; ходи́ти **∸ки** walk, go on foot; **~охі́д** *m* pedestrian; **~охі́дний** pedestrian; foot.

піща́ний sand(y).

пла́в|ання *n* swimming, boating; navigation; voyage, cruise, trip; **~ати** swim; float; sail, navigate; **~е́ць** *m* swimmer.

плав|и́льний melting; **∸ити** <роз-> smelt, fuse, **∸ка** *f* (s)melting; fusion; **~ки́й** fusible; **∸ний** easy, smooth; fluent (мова); **~у́чий** floating.

плагіа́т *m* plagiarism.

пла́з|ом crawling; on all fours; **~ува́ти** creep, crawl; **~у́н(и)** *m* reptile(s).

плак|а́т *m* poster, placard, bill; **∸ати** cry, weep; **-ся** moan (about), complain; **∸са** *m/f* crybaby; **~си́вий** whining.

план *m* plan; draft; plane; fore-(back)ground; **∸ер** *m* glider; **~е́та** *f* planet; **~ета́рій** *m* planetarium; **∸ка** *f* plank, lath; **∸овий** planned; **~омі́рний** planned, systematic; **~та́ція** *f* plantation; **~ува́ти** <за-> plan; A glide.

пласт *m* layer; *geol.* bed, stratum; **∸ика** *f* plastic arts (figure); **~и́нка** *f* plate; record; **∸ир** *m* plaster; **~и́чний** plastic; **~івці́** *pl.* flakes; **~ма́са** *f* plastic.

пла́т|а *f* pay(ment); fee; wages *pl.*; fare; rent; **~и́ти** <за-> pay; settle (*account*); repay (with); **-ся** *fig.* pay (with); **~і́ж** *m* payment; **∸ний** paid; to be paid for; **∸ник** *m* payer; **~ня́** *f* salary, wages *pl.*; pay; **~о́** *geogr.* plateau; **~оспромо́жний** solvent; **~тя** *f* dress, frock, gown; **~фо́рма** *f* platform; programme; open truck, platform car.

плац|да́рм *m* base; Ml bridgehead; **~ка́рта** *f* reserved seat (ticket).

пла|ч *m* weeping, crying; **~че́вний**

deplorable, pitiable, lamentable; plaintive; ~щ *m* raincoat; cloak.

пле|ври́т *m* Me pleurisy; **∸д** *m* plaid; travel(l)ing rug; **~ка́ти** cherish, fondle; **~мі́нний** tribal; brood..., stud...; **~мі́нник** *m* nephew; **~мі́нниця** *f* niece; **∸м'я** *n* tribe; **~на́рний** plenary; **∸нтатися** trudge along; **∸нум** *m* plenary session; **~ска́ти** lap; splash; (*в доло́ні*) clap one's hands; **-ся** lap; splash; **~ска́тий** flat; **∸скіт** *m* lapping; splash; **~сти́** <за-> braid, plait; weave; spin; F twaddle; lie; **-ся** F drag, lag; **∸тений** knitted; wicker...; **~че́** *n* shoulder; back; E arm.

плечи́стий *s.* широкоплéчий.

пли|вти́ *s.* плавати; **~га́ти** <~гну́ти> jump, spring, leap; **~гу́н** *m* jumper; **∸н** *m* flow; course; **∸нний** flowing; running; unstable; **∸нність** *f* instability, fluctuation(s); **~сти́** *s.* пливти́; **~та́** *f* plate; slab, (*flag-, grave-*) stone; (*kitchen*) range; (*gas*) stove; **∸тка** *f* tablet, cake, bar; hot plate; tile (*облицюва́льна*).

плі́|вка *f* film; pellicle; (*магнітофо́нна*) tape; **~д** *m* fruit; **∸дний** *s.* плодови́тий плодотво́рний; **∸снява** *f* mo(u)ld; **∸снявіти** grow *or* get mouldy; **~т** *m* raft; (*тин*) fence; **~тка** *f* gossip; *pl.* scandal; **~ч-о́-пліч** shoulder to shoulder.

плод|и́тися breed; propagate, multiply; **~івни́цтво** *n* fruit growing; **~о́вий** fruit...; **~ови́тий** fertile; fecund; prolific, fruitful; **~оно́сити** bear fruits; **~отво́рний** fruitful, productive; profitable; favo(u)rable; **~ю́чий** fertile; fruit-bearing.

пло́мб|а *f* (lead) seal; (*tooth*) filling; **~ува́ти** <за-> seal (up); fill, stop.

пло́ск|ий flat (*a. fig.* = stale, trite), plain, level; **~огі́р'я** *n* plateau, tableland; **~огу́бці** *pl.* pliers.

пло́щ|а *f* area (*a.* Ma); square; (*living*) space; **~ина́** *f* space, area; plain.

плуг *m* plough, (*Am.*) plow.

плу́таний confused; uneven.

плута|ни́на *f* muddle, confusion, mess; **∸ти** <переплу́тати> tangle; muddle up, mix up; (*прийма́ти за і́нше*) take for; **-ся** get confused.

плю|ва́льниця *f* cuspidor, spittoon; **~ва́ти** <∸нути> spit (out); F not care (for на З); **~во́к** *m* spit(tle).

плюс *m* plus; F advantage; **∸кіт** *m* splash; lapping.

плюш *m*, **∸евий** plush.

плющ *m* B ivy.

пляж *m* beach.

пля́м|а *f* spot, stain, blot(ch); **~ува́ти** <за-> stain, spot (*a. fig.*).

пля́шка *f* bottle.

пневмати́чний pneumatic.

по 1. (Д) on, along; through; all over; in; by; according to, after; through; owing to; for; over; across; upon; each, at a time; **2.** (З) to, up to; till, through; for; **3.** (М) (up)on.

побала́кати F talk (to з О); speak, tell, say.

побажа́ння *n* wish, desire.

поба́ч|ення *n* meeting, appointment; rendezvous, date; признача́ти ~ make an appointment (for); до ~! goodbye!; до ско́рого ~! see you soon!; **~ити** see; **-ся** see each other, meet.

поби́ти beat; defeat; (*гра́дом*) beat down; (*моро́зом*) nip, kill; break, smash; **-ся** fight; be broken *or* smashed; (*об закла́д*) bet.

побі́гти run, start running.

побі́жн|ий cursory; superficial; **~ість** *f* fluency, agility; cursoriness; **~о** in passing, cursorily.

побі́чний accessory, incidental, casual; secondary; collateral; by-(*product*).

побла́жливий lenient, indulgent; patronizing.

поблизу́ nearby; close (to P); close by; (від P) near.

побо́жний pious, devout.

побо́р|ник *m* champion; advocate; **~ювати** <~о́ти> overcome; beat; conquer.

побо́юватися be (a little) afraid of (P).

побрати́м *m* sworn brother.

побува́ти be; visit.

побуд|о́ва *f* construction; building.

по́бут *m* way of life, manners; **~о́вий** of manners; popular, genre; common, everyday.

пова́|га *f*; **~жа́ти** respect, esteem; **~жний** worthy; respected; respectable; venerable.

пова́л|ення *n* overthrow; **~и́ти** overthrow; throw down; fell; throng; **-ся** fall down.

поведі́нка *f* behavio(u)r, conduct.

по́вен *s.* по́вний.

пове́р|нення *n* return; **~та́ти** <~ну́ти> (re)turn; *fig.* change; **-ся** (re)turn; come back (from з P); revert (to до P).

по́верх *m* floor; stor(e)y; пе́рший ~ ground floor; дру́гий ~ first floor.

пове́рх 1. *prp.* beyond, above; over; besides; **2.** *adv.* on the top.

пове́рх|ня *f* surface; **~о́вий** superficial; surface...

повести́ lead, take.

повз *prp.* past, by; **∸ати**, **~ти́** creep; crawl.

пови́дло *n* jam, fruit butter.

пови́н|ен, ~ний must; should (+ *inf.*); ought (+ to *inf.*); **~ні́сть** *f* duty, obligation.

по́від *m* (*у коня́*) bridle-rein; **~о́млення** *n* communication; report, statement, announcement, information; **~омля́ти** <~о́мити> report; inform (p. of Д про М); **~ь** *f s.* по́вінь.

пові́ка *f* eyelid.

пові́льний slow; sluggish.

по́вінь *f* flood, inundation; high water (*in spring*).

пові́р|ений (*a.* пові́рник) *m* confidant; plenipotentiary; chargé (d'affaires у спра́вах); **~ити** *s.* ві́рити; **~'я** *n* superstition; popular belief, legend.

пові́сити *s.* ві́шати.

пові́с|тка *f* notice, notification; (*до су́ду*) summons *pl.*; (*до а́рмії*) call-up papers *pl.*; **'~ть** *f* tale, story.

повітр|опла́вання *n* aeronautics; **∸я** *n* air; на ∸і in the open air, outdoors; **∸я́ний** air(y).

по́вн|ий full (of P); complete, absolute; perfict; **~істю** fully, completely.

повнова́ж|ення *n* authority; (full) power; **~ний** plenipotentiary.

повно|вла́дний sovereign; absolute; **~лі́тній** of age (*after su.*); **~лі́ття** *n* coming of age; majority; **~пра́вний** enjoying full rights (*after su.*), ~пра́вний член *m* full member.

повно|та́ *f* fulness, completeness; **~ці́нний** full (value)...; *fig.* full-fledget.

пово́д|ження behavio(u)r; conduct; **~итися** behave, treat (*s.b.*).

пово́лі gradually, little by little.

поворо́зка *f* lace.

поворо́т *m* turn; *fig.* change, turning-point; **~ний** turning; rotating; swing; crucial.

повста|ва́ти <∸ти> (a)rise; revolt; **∸нець** *m* rebel, insurgent; **∸ння** *n* insurrection, revolt, rebellion; (up) rising.

повст|ь *f* **~я́ний** felt.

повсякде́нний daily, everyday.

повто́р|ення *n* repetition; reiteration; **~ний** repeated; **~ювати** <~и́ти> repeat; reiterate.

повча́|льний edifying, instructive; **~ння** *n* precept, lesson, homily; instruction; **~ти** teach; lecture.

пов'яз|увати <~а́ти> tie (together), bind, connect, join; unite; associate.

пога́н|ий bad, poor; **~о** bad(ly), not well.

погі́рш|ати be (become) worse; be aggravated; deteriorate; **~ення** *n* deterioration; change for the worse; **~увати** <~ити> make worse; worsen; deteriorate.

погли́|блювати <~бити> deepen; make (become) more profound; **-ся** deepen; become deeper; **~на́ти** <∸нути> absorb; swallow up, devour.

по́гля|д *m* glance; look; gaze; stare; *fig.* view, opinion; на мій ~д in my opinion; на пе́рший ~д at first sight; **~да́ти** *once* <∸нути> (на З) (have a) look, glance (at).

погна́ти drive.

погові́р *m* gossip.

поговори́ти (have a) talk.

пого́д|а *f* weather; прогно́з ~и weather forecast; **~ження** *n* coordination; *gr.* agreement, concord; **~жувати** <~ити> coordinate; adjust; make agree; **-ся** agree (with з О; to на З), consent (to), assent; F admit.

поголи|ти(ся) shave *o.s.*; **~і́в'я** *n* livestock; **'~ос** *m* rumour.

пого́н *m* epaulet, shoulder strap; **~ич** *m* drover; **~я** *f* pursuit, chase; prusuers *pl.*

пограбува́|ння *n* robbing, robbery; **~ти** rob.

по́гр|іб *m* cellar; (powder) magazine; **~о́жувати** threaten, menace; **~о́за** *f* threat, menace; **~о́м** *m* massacre; **~у́ддя** *n* bust.

пода|ва́ти <∸ти> give; serve (*a. sport.*); drive up, get ready; move (in); hand (*or* send) in; lodge (*complaint*); bring (*action*); set (*example*); render; raise (*voice*); **-ся** move; yield; **∸гра** *f* gout, podagra; **~ння́** *n* presentation; **~рува́ти** present (*a.* p. with З *or* М): **~ру́нок** *m* present, gift; **∸тися** go, leave (for); **∸ток** *m* tax, duty, levy.

по́дв|иг *m* feat, exploit, deed; **~і́йний** double; (*супере́чливий*) ambivalent; **~і́р'я** *n* court, yard; **~о́єний** double; redoubled; **~о́єння** *n* doubling; redoubling; **~о́ювати(ся)** <~о́їти (ся)> (re)double.

поде́куди here *a.* there, in some places.

поде́нн|ий by the day (*пі́сля іме́нника*); **~ик** *m* day-labourer, time-worker.

поде́рти tear; **~й** torn; **~ся** tear, be torn.

подзвони́ти ring; toll; *teleph.* call up.

по́див *m* astonishment, surprise; amazement; **~и́тися** look (at); gaze (at).

по́дих *m* breathing, breath; ~ весни́ breath of spring; до оста́ннього ~у to the last moment of one's life.

поді́бн|ий similar (to до Р); such; нічо́го ~ого nothing of the kind; **~ість** *f* similarity (*a.* Ма); resemblance, likeness.

по́діл *m* division; point (*scale*); *biol.* fission.

поді́л *m* **1.** (*низина́*) lowland; **2.** lap, hem (of a skirt), skirt.

поді́л|ьний divisible; **~ьність** *f* divisibility; **~я́ти** <~и́ти> divide (into на З); share; separate; **-ся** break up, split up; (be) divide(d), fall (into).

поді́ти put; **-ся** F go; get to; куди́ він поді́вся? what's become of him?

поді́я *f* event, occurrence.

подо́ба|тися <с-> please; мені́ ~ється I like.

подо́вж|ення *n* lengthening, prolongation; extension; **~ні́й** longitudinal, lengthwise; **~увати** <~ити> lengthen, prolong; **-ся** lengthen, become longer.

подола́|ння *n* overcoming, surmounting; **~ти** overcome, subdue; surmount.

по́дорож *f* journey, travel, tour; voyage; trip; **~́ник** *m* B plantain; ribwort; **~́ній** *m* traveller; travel(ling); **~ува́ти** travel; voyage.

подоро́жча|ння *n* rise of price(s); **~ти** *s.* доро́жчати.

подра́зн|ення *n* irritation; **~ик** *m* irritant; **~ювати** irritate.

подро́биця *f* detail.

по́друга *f* (girl)friend; playmate; schoolmate.

по-дру́ге second(ly), in the second place.

подру́жжя *n* married couple; husband and wife.

подружи́тися make friends (with з О).

подру́жній matrimonial, conjugal.

подря́пати scratch.

по́дув *m* waft, breath, puff.

поду́|жати overpower; *fig.* master, overcome; **~мати** think; **~шка** *f* pillow; cushion.

подя́к|а *f* gratitude; thanks; **~увати** thank (*a.* p. for *s.th.*).

пое́|зія *f* poetry, **~ма** *f* poem; **~т** *m* poet; **~ти́чний** poetic(al).

поєди́нок *m* duel (with *arms* на М).

поє́дн|увати <~а́ти> join, connect, link; *fig.* bind; ~ теорію з пра́ктикою combine theory with practice; **-ся** unite, combine.

пожа́длив|ий greedy (of на З, до Р); avaricious; **~ість** *f* greed(iness).

пожартува́ти joke.

пожва́в|лення *n* animation; **~лювати** <~ити> revive; enliven; brighten up; **-ся** liven up; become animated.

поже́ж|а *f* fire; conflagration; **~ний** fire...; **~ник** *m* fireman.

пож|е́ртвувати donate; (*чимось*) sacrifice; **~и́ва** *f* food, nourishment; **~и́вний** nutritious, nourishing; **~ива́ти** F live; як ~ива́єте? how are you (getting on); **~ина́ти** reap *or* win (*laurels*); **~ира́ти** <~е́рти> devour (*a. fig.*); eat up; **~и́тки** *pl.* F thinks, belongings.

по́за 1. *prp.* out of, outside; beyond; ~ зако́ном outlaw; 2. *f* pose, posture; прийма́ти по́зу assume a pose.

поза|вчо́ра the day before yesterday; **~́ду** behind; past.

поза|кла́сний out-of-class; **~мину́лий** the... before last; **~́очі** behind s. b.'s back; **~торі́к** the year before last.

позачерго́вий extra (ordinary); out of turn.

позашкі́льни́й nonschool.

позашлю́бний illegitimate.

позашта́тний not of the staff.

позб|авля́ти <~а́вити> deprive of; ~ свобо́ди imprison; **-ся** be deprived (of); **~ува́тися** <~у́тися> get rid (of); escape.

поздо́|вжній *s.* подовжній; **~ро́влення** *n* congratulation; **~ровля́ти** <~ро́вити> congratulate (on); wish (many happy returns [of the day]); send (*or* give) one's compliments; **~ро́вчий** congratulatory.

пози|ва́ч *m* F plaintiff; **~́ка** *f* loan; **~ти́вний** positive; affirmative; **~́ція** *f* position; *fig.* attitude (on по Д, з Р); **~ча́ти** <~́чити> borrow (*у ко́гось*); lend (*кому́сь*); **'~чка** *f* debt; loan.

позі́х|ати <~ну́ти> yawn.

познайо́мити *s.* знайо́мити.

познач|а́ти <~́ити> (*мітити*) mark, denote, designate; (*вказувати*) indicate; **-ся** affect; be reflected; **~́ка** *f* note, mark.

по́з|ов *m* lawsuit, action, claim; **~оло́та** *f* gilding, gilt; **~олоти́ти** gild; **~оло́чений** gilt, gilded.

позува́ти pose; put on airs.

пойме́нний of names; by (roll) call; nominal.

по-і́ншому differently; in a different way.

по́їзд *m* train; **~́ка** *f* journey; trip; voyage; tour.

пої́сти eat; have *s.th.* (to eat).

пої́|ти <на-> water; give to drink; **~хати** до; depart, set off.

пока́жчик *m* index (*pl.* -xes, indices); guide, list; indicator; pointer; roadsign.

по́каз *m* showing, demonstration; display; **~а́ння** *n* evidence; E indication; **~ни́й** imposing, impressive, dignified; **~ни́к** *m* proof, indicator; index; Ma exponent; **~о́вий** significant, demonstrative; model; show (*trial*); **~́увати** <~а́ти> show; demonstrate; point (at на З); J testify, depose (against на З); E

П

read; **-ся** appear, come in sight; show *o.s.*
покалі́ч|ений maimed, crippled; **~ити** maim, cripple.
покара́|ння *n* punishment; penalty; F nuisance; **~ти** punish.
покая́|ння *n* repentance; confession; penance; penitence; **∸тися** repent; do penance; confess.
по́ки for the time being; (mean) while; (un)till; (*до цього часу*) so far; for the present; **~да́ти** <∸нути> leave, abandon; quit; desert; **∸нутий** left; forsaken; deserted; abandoned.
покі́йн|ий *m* the late, the deceased; **~ик** *m* the deceased.
покі́нчи́ти finish; do away with (з О); commit (suicide з собо́ю); put an end to *s.th.*
покі́рлив|ий humble, meek; submissive, obedient; **~ість** *f* submissiveness; obedience; humility, meekness; **~о** submissively, humbly.
покі́рн|ий *s.* покі́рливий; **~ість** *f s.* покі́рливість.
покі́с *m* meadow; (hay) moving.
по́клад *m* (*pl.* ~и) *geol.* deposit; **~и** вугі́лля coal-field;
покла|да́ти <-сти> (на З) lay (on); entrust (with); ~дати наді́ї на (З) rest one's hopes upon; ~дати обо́в'язки на (З) place a duty on; **-ся** rely (on на З), depend (upon).
покла́жа *f* freight, load.
по́клик *m* appeal; call; **∸ання** *n* vocation, calling; **∸ати** call, appeal.
покл|і́н *m* bow; **~оня́тися** <~они́тися> worship; **~ясти́ся** swear.
поко́ївка *f* parlo(u)rmaid.
поко|лі́ння *n* generation; **~ря́ти** <~ри́ти> conquer; subdue; **~ти́ти(ся)** roll (down); **~ха́ти** fall in love (with).
покра́щати *s.* кра́щати.
покри|ва́ло *n* coverlet; veil; cloth; **~ва́ти** <∸ти> cover (*a.* = defray ~ *видатки*); (*фарбою та ін.*) coat; paint; pay off; discharge; **~ття́** *n s.* покрі́вля; covering; coating; payment; **∸шка** *f* lid; (*шини*) tire-cover; tire.
покр|і́вля *f* roofing; **~і́й** *m* cut; kind, breed.
покро́в *m* O shade; shelter; cover; hearse cloth; **~и́тель** *m* patron, protector.
покру́чений twisted, curved.
поку|па́тися take (*or* have) a bath; **~пець** *m* buyer; purchaser; customer; **∸пка** *f* purchase; за ∸пками (*go*) shopping; **~штува́ти** taste.
пола́ *f* flap; skirt, tail; **~годити** repair, mend; **~маний** broken.
по́ле *n* field (*a. fig.*); (*тло*) ground; (*книжки*) margin; (*капелюха*) brim *sl.*; **∸гшення** *n* relief; **∸гшувати** <∸гшити> lighten; facilitate; ease; relieve; **~мізува́ти** polemize, argue (with); **∸міка** *f* polemics *pl.*, dispute; **~мі́чний** polemic(al); **~ті́ти** *s.* леті́ти.
поли|ва́ти <∸ти> water; pour; **∸н** *m* B wormwood; **∸ця** *f* shelf; (*у вагоні*) berth.
полі́г|о́н *m* (target) range; proving ground; **~рафі́чний**: ~рафі́чна промисло́вість *a.* **~рафі́я** *f* printing industry.
полі|клі́ніка *f* polyclinic; **∸но** *n* log; **∸пшений** improved; **∸пшувати(ся)** <~пшити(ся)> improve; **~ро́ваний** polished; **~рува́ти** polish.
полі́т *m* flight; **~ехні́чний** polytechnic(al); **~ик** *m* politician; **~ика** *f* policy; politics *pl.*; **~и́чний** political.
поліц|е́йський **1.** police; **2.** police(man *m*); **∸ія** *f* police.
полічи́ти count, calculate.
полк *m* regiment; **~о́вник** *m* colonel; **~ово́дець** *m* commander, general.
поло|ви́на *f* half; **∸ги** *pl.* childbirth *sl.*; **∸гий** sloping; **∸ження** *n* position; location; situation; state, condition; standing; regulations *pl.*; thesis, principle.
по́лоз *m* ~о́к (*саней*) runner.
поло́н *m* captivity; взя́ти (попасти) в ~ (be) take(*n*) prisoner; **~е́ний** *m* captive, prisoner; war prisoner; **~и́ти** captivate; fascinate.
полоска́ти rinse; gargle; **-ся** splash; paddle; flap (*flag etc.*).
поло́|ти <про-> weed; **~тно́** *n* linen; (*картина*) canvas; Rr roadbed; embankment; (*saw*) blade; **~тня́ний** linen; **~хати** <с-> frighten; **-ся** be frightened; **~хли́вий** timorous, shy; timid, fearful.
по́лу|день *m* noon, midday; **~м'я** *n* flame; blaze; **~м'я́ний** flaming, fiery; *fig. a.* ardent; **~ни́ці** *f/pl.* (garden) strawberries.
полю|би́ти grow fond (of); fall in love (with); **~ва́ння** *n* hunt(ing); chase (after); **'~с** *m* pole; E *a.* terminal; Півні́чний ~ North Pole; Півде́нний ~ South Pole.
поляг|а́ти <~ти́> **1.** lie down; go to bed; *pf.* (*загинути*) fall; **2.** consist (in в Д); lie (in).
поля́|к *m* Pole; **~рний** arctic, polar; **~рник** *m* polar explorer.
по́ль|ка *f* **1.** Polish woman, Pole; **2.** (*танець*) polka; **~ови́й** field; **~ський** Polish.
пома́да *f* pomade; (lip)stick.
помазо́к *m* shaving-brush.

пома|ле́ньку (*а.* пома́лу) little by little, slowly; F so-so; **~ндрува́ти** travel (for some time); leave (for); set off; **'~х** *m* (*руки́*) wave, movement; stroke, sweep; flap; **'~цки** groping(ly).

поме́рлий 1. *m* the deceased; **2.** dead.

поми́ї *pl.* slops.

поми́л|ка *f* mistake, error, fault; **~ко́вий** erroneous, mistaken; **~ко́во** by mistake; **~ування** *n* pardon; **~увати** pardon; **~я́тися** <~и́тися> [~ю́сь, ~ишся, ~яться] be mistaken, make a mistake(-s), err, miss.

пом|ира́ти <~е́рти> die; *pf.* be dead; **~ири́ти** reconsile (with); **-ся** make it up (with); be reconciled (to); **~ідо́р** *m* tomato; **~і́ж** between; among.

поміркко́ван|ий moderate; abstemious; **~ість** moderation; abstemiousness.

помі́рн|ий moderate, (*a. geogr.*) temperate; **~ість** *f* moderation, moderateness.

помі́ряти measure; take (temperature); **-ся** (*си́лою*) try one's strenght on each other.

помі́|ст *m* dais, platform; **~тка** *f* note, mark.

помі́тн|ий noticeable, perceptible; marked, remarkable; **~о** noticeably; appreciably.

по́мі|ч *f* help, assistance, aid; **~ча́ти** <**~**тити> notice; mark; **~чни́к** *m* assistant, helper; **~ша́ти** stir; mix; **~ща́ти** <~сти́ти> put, place; **-ся** get in; **~щик** *m* landowner, landlord; **~щицький** landowner's; landlord's.

помно́жити multiply (by).

по-мо́єму in my opinion; as I see it; (in) my way.

по́мст|а *f* revenge; **~и́тися** revenge *o.s.* (on), take revenge (on).

пом'я́|кшувати <~кши́ти> make soft; soften, mollify (*a. fig.*); moderate; allay; **-ся** become soft; soften, mollify (*a. fig.*); diminish, abate; (*про пого́ду*) grow milder; **~тий** crumpled, creased.

по́над (З) over; beyond; above; **~уро́чний** overtime; **~шта́тний** supernumerary.

понево́л|ення enslavement, subjugation; **~ювати** <~ити> enslave, subjugate.

понеді́лок *m* Monday.

пони́|жувати <~зити> lower, reduce; (*в поса́ді*) degrade; **~ка́ти** <~кнути> droop, wilt; hang one's head.

поно́в|лювати <~и́ти> renew, renovate; refresh; restore; reconstruct; **-ся** be renewed; be restored; recover.

по-ново́му in a new way; поча́ти жи́ти ~ begin a new life.

по́ночі in the dark.

поню́ри|й downcast, dismal; **~ти** го́лову hang one's head.

поня́ття *n* concept(ion); idea, notion; comprehension.

пообі́дати *s.* обідати.

пообіця́ти *s.* обіцяти.

поодин|о́кий isolated; **~ці** separately; singly, one at a time.

попа|да́ти <~сти> hit, strike; get; **-ся** get caught.

попере́д before; in front of; **~жа́ти** <~ити> notify; give advance, notice (about); warn; prevent; **~ження** *n* warning; notice; notification; prevention; **~ник** *m* (**~ниця** *f*) precursor; predecessor; **~ній** preceding; previous.

попе́реду in front, in advance, ahead (of P); before.

по́перек *m/pl.* loins; small of the back.

попере́|к *adv., prp.* across, crosswise; in (*a. p.'s way*); **~мі́нно** by turns; alternately; **~чний** transverse, (-sal); cross...

по-пе́рше first(ly).

по́пит *m* demand.

попі́д under, (*поблизу́*) near.

по́пі́л *m* ashes *pl.*; **~ьни́чка** *f* ash tray.

поплаве́ць *m* (*а.* поплаво́к *m*) float (*a.* E).

поплі́чник *m* (*співуча́сник*) accomplice.

попо́вн|ення *n* replenishment; Ml reinforsment; **~ювати** <~ити> replenish; supplement; enrich; reman, reinforce; **-ся** be replenished; be enriched; be reinforced.

попо|ла́м in two, in half; half and half; fifty-fifty; **~на** *f* horsecloth.

попра́в|ка *f* correction; amendment; **~ля́ти** <~ити> correct; adjust, put straight; repair; (a)mend.

попрі́к|а́ти <~ну́ти> reproach (with O).

попру́га *f* girth.

популя́рн|ий popular; **~ість** *f* popularity.

попус|ка́ти <~ти́ти> relax, ease; loosen.

по́ра *f* B pore.

пора́ *f* time; season; period; F prime; **~да** *f* advice, counsel; **~дник** *m* adviser; (*кни́жка*) reference book; **~зка** *f* defeat; ~ в права́х disfranchisement; **~нення** *n* wounding; wound; **~нений** wounded; injured man; **~нити** wound injure; *fig. a.* hurt; **'~тися** keep house; be busy (over, with).

порва́ти tear; *fig.* break off; **-ся** tear; be torn; *fig.* break (snap); be broken off.

пори|ва́тися try to attain; strive (for *or* after); **~вчастий** gusty; jerky; impulsive; abrupt; impetuous; **~на́ти**

<~нути> dip, plunge (*a. fig.*); '~стий porous.

по́рівну equally, (in) equal parts.

порі́вн|ювати, <~я́ти> compare (to, with з O; *v/i.* **-ся**); **~я́льний** comparative; **~я́ння** *n* comparison (in *or* with у M *or* з O).

порі́г *m* threshold (*a. fig.*); rapids *pl.*

порі́д|дя *n fig. contp.* spawn; F ugly creature; **~ни́ти** *s.* ріднити.

порі́з *m* cut; **~ати(ся)** cut (*o.s.*); **'~но** separately.

по-рі́зному in different ways.

по́ріст *m* **1.** verdure, shoots *pl.*; **2.** hair (*on one's face*).

порі́чки *f/pl.* B red *or* white currants.

поро́д|а *f* breed, species, race; stock; sort, type; *geol.* rock; layer; **~жувати** <~и́ти> give birth, beget; *fig.* generate; (*про почуття́*) evoke, give rise (to), cause, entail; **~истий** thoroughbred; racy; pedigree.

порожн|е́ча *f* emptiness; vacuum; **~и́на** *f* emptiness; *anat.* cavity; **~ій** empty; hollow; vacant.

порозум|і́тися come to a mutual understanding; **~ні́шати** grow wiser.

поро́м *m s.* паро́м.

поро|ся́ *n* young (suckling) pig; **~ти** unpick; **'~х** *m* (gun)powder; (*пил*) dust; **~хови́й** (gun) powder...; **~ша** fresh *or* loose snow; **~ши́на** *f* speck of dust, mote; **~ши́ти** raise the dust; **~шо́к** *m* powder.

по́рт *m* port; harbo(u)r; **~ати́вний** portable; **~ве́йн** *m* port; **~о́вий** port; ~е мі́сто seaport; ~ робітни́к docker; **~ре́т** *m* portrait; **~сига́р** *m* cigar(ette) case; **~уга́лець** *m* **-льський** Portuguese; **~фе́ль** *m* brief case, bag; portfolio; **~ье́ра** *f* curtain.

пору́|ка *f* bail, guarantee; security; responsibility; **'~ч** beside; side by side; near; close by; **'~чень** *m* (-чні *pl.*) handrail *sl.*; **~шення** *n* breach, violation, transgression; infringement; **~шник** *m* disturber; trespasser; offender; **~шувати** <~шити> break; disturbe; infringe, violate.

порцеля́н|а *f*, **~овий** *s.* фа́рфо́р, фа́рфоро́вий.

по́р|ція *f* portion; helping; **~шень** *m* piston.

по́ряд *s.* по́руч; **~ко́вий** ordinal; **~ний** decent, honest; **~ність** *f* decency, honesty; **~ок** *m* order; regime; way; form course; *pl.* conditions, kind; ~ де́нний agenda; (-ки *pl.*, *пра́вила, зви́чаї*) rules, customs.

порятý́нок *m* rescue; salvation; redemption.

поса́д|а *f* post; position; займа́ти ~у hold a post; **~и́ти** plant; seat; offer a seat; **~ка** *f* planting; embarkation; Rr boarding; A landing, alighting; **~о́вий** official.

посві́дч|ення *n* attestation, certification; card, certificate; licence; ~ осо́би identity card; **~увати**, <~ити> certify.

по-сво́єму in one's own way.

посе|ле́нець *m* settler; **~ля́ти(ся)** <~ли́ти(ся)> settle; **~ре́д** in the middle (of); amid(st); **~ре́дині** amid(st), in the middle; **~ре́дник** *m* mediator, intermediary, middleman, go-between; **~ре́дництво** *n* mediation; **~ре́дній** mediocre; middling; **~ре́дність** *f* mediocrity; **~ре́дньо** fair, satisfactory; so-so.

посил|а́ння *n* reference (to); **~а́ти** <-сла́ти> send; dispatch; mail, post; **-ся** refer (to); cite; **~ений** intensified; reinforced; **~ення** strengthening; intensification; amplification; **~ка** *f* parcel; **~ьний** *m* messenger; **~ювати** <~ити> intensify; strenghten; (*sound*) amplify; **-ся** intensify; become stronger; grow louder.

пос|ипа́ти <~и́пати> powder, (be) strew (over; with O); **~і́бник** *m* textbook, manual; **~і́в** *m* sowing; crop; **~івни́й** sowing; **~і́яти** *s.* сі́яти; **~ковзну́тися** *pf.* slip.

посла|не́ць *m* messenger, envoy.

послідо́вн|ий successive, consecutive; (*логі́чний*) consistent; **~ик** *m* follower; **~ість** succession, sequence; consistency.

по́слу|га *f* service; **~жливий** obliging; **~хати(ся)** *s.* слу́хати(ся).

посме́ртний posthumous.

посмі́|ти *s.* смі́ти; **~ха́тися** <~хну́тися> smile; **~хо́висько** *n* (*a.* ~хо́вище) laughingstock; **'~шка** *f* smile; grin.

посо́л *m* ambassador; **~ьство** *n* embassy.

по́спі|х haste, hurry; **~хом** hastily; **~ша́ти** <~ши́ти> hurry, hasten; make haste; (*про годи́нник*) be fast; **~шний** hasty, hurried; **~шність** *f* haste, hurry.

пост *m* post; на ~у́ Ml *stand* sentinel.

поста́|ва *f* bearing; **~ва́ти** <~ти> spring up, arise; **~вити** *s.* ста́вити; **~вка** *f* delivery; **~вля́ти** supply; **~вни́й** degnified, stately; **~но́ва** *f* decision; resolution; decrée; **~но́вник** *m* producer; director.

по-старо́му as before, as of old.

по́ста|ть *f* figure; **~ча́ння** *n* supply; **~ча́ти** <~чити> supply; provide (with).

пості́йн|ий constant, steady; ~ струм *m* direct current; regular; permanent;

invariable; ~ість *f* constancy; regularity; ~о constantly.
по́стіль *f* bed; bed-clothes.
по́стріл *m* shot; *(noise)* report; на відстані ~у within gunshot.
поступ|а́льний onward; progressive; **~а́тися** <~и́тися> let *s.b.* have; yield; give in, give way, yield; **'~ка** *f* yielding; concession; **~ливий** yielding; (com)pliant; **~о́вий** gradual.
посу|ва́ти <~нути> move; **-ся** move; advance; *fig.* make progress.
по́суд *m* crockery; *(tea)* service, F things *pl.*; F vessel; **~ний** cup *(board)*; dish *(towel)*; **~ниця** *f* [*g/pl.*: -ниць] scullery *or* kitchen maid.
посу́|ха *f* drought; **~шливий** arid; droughty.
посяга́|ння *n* encroachment (on); infringement (upon); **~ти** <~гну́ти> encroach (upon), infringe (on), attempt.
потає́мний innermost, secret.
по́тай, ~ки secretly, surreptitiously; **~ли́вий** reserved, reticent, secretive; **~ли́вість** *f* reserve, reticence, secrecy, secretiveness; **~ни́й** secret, hidden, concealed.
потака́ти indulge.
поталани́ти be lucky (fortunate) enough.
по-тво́єму in your opinion; as you like it, as you wish.
потво́р|а *f* monster; **~ний** monstrous; ugly.
потерпі́лий *m* victim.
поти́лиця *f* back of the head; nape (of the neck).
по́тиск *m* handshake; **~а́ти** <~снути> shake, press.
потихе́ньку slowly; quietly; secretly.
поті́|к *m* flood, torrent; stream; flow; **'~м** afterward(s); then; later on; **~ти** sweat; perspire; be damp; **~ха** *f* fun; amusement; funny thing; F lark; **~ша́ти** amuse, divert, entertain; **-ся** amuse *o.s.*; make fun (of з P), mock (at над O).
потов|аришува́ти make friends; **~щення** *n* thickening.
потойбі́чн|ий beyond the grave; ~е життя, ~ий світ the future life, the next world.
пото|п *m* flood; deluge; **~па́ти** <~нути> sink, go down; drown; **~пи́ти** *(судно́)* sink; **~чний** current; present-day; every-day; routine.
потрап|ля́ти <~ити> get (into); get (to), reach.
потре́б|а *f* need, want (of у M); necessity; requirement; **~ува́ти** need, require, be in need (of).
по-тре́тє third(ly).
потрі́бн|ий necessary; **~о:** те, що ~ the very thing; must + *inf.*
потрі́йний threefold; triple, treble.
потрі́скатися crack; *(про шкі́ру)* chap.
потр|о́ху *(помалу)* a little; *(поступо́во)* little by little; gradually, slowly; **~ясати** <~ясти́> shake; *(вра́зити)* impress, have a deep effect (on).
поту́жн|ий powerful; strong; **~ість** *f* power; E capacity.
поту|ра́ння *n* indulgence; **~ра́ти** indulge, pander; **~ха́ти** <~хнути> *(світло, a. fig.)* go out; die out.
по́тяг **1.** *m* inclination; leaning (towards): ~ до музики bent for music; **2.** *m s.* поїзд; **~ну́ти** (*a.* **~ти́**) *s.* тягну́ти, тягти́.
по-украї́нському (in) Ukrainian.
пофарбува́ти paint; dye.
по́хапцем hastily, hurriedly.
похвал|а́ *f* praise; **~ьний** approving, praising; laudable, praiseworthy, commendable; **~я́тися** <~и́тися> boast.
похи́л|ий inclined, slanting; ~а площина́ inclined plane; ~ий вік old age; **~и́тися** bend (over); lean.
похитну́ти give a push; rock, sway; *fig.* shake; **-ся** lurch; stagger; *fig.* be shaken.
похі́д *m* march; excursion; tour, hike; Ml campaign; cruise; **~ний 1.** march(ing); field; **~ни́й 2.** derivative; *a. f* Ma derivative.
похм|і́лля *n* hang-over; **~у́рий** gloomy, sombre; dismal.
похова́|ння *n* funeral, burial; grave; entombment.
похо́д|ження *n* origin; birth; **~ити** come (of), descent (from); arise, originate (from).
по́хорон *m* funeral, burial; **~ний** funeral...; dead *(march)*.
поцілу|ва́ти(ся) kiss; **~нок** *m* kiss.
поча́сти partly.
поча́тися *s.* починатися.
почат|кі́вець *m* beginner; **~ко́вий** first, initial; primary, elementary; **~ок** *m* beginning; outset, start; source, origin.
почервоні́ти redden; grow *or* turn red; flush; blush.
по́че|рк *m* hand (writing); **~сний** honoured; honorary; hono(u)rable; of honour *(e.g. guard)*; **~сть** *f* honour; **~т** *m* suite, retinue.
почи́н *m* initiative; F start, beginning; **~а́ти(ся)** <поча́тися> begin, start, commence.
почорні́ти turn black.
почу|ва́ти feel; have a sensation; sense,

be aware; ∸**ти** hear; (*нюхом*) scent; smell; **-ся** be heard; **~ття́** *n* sense; feeling; sensation; emotion; ~ гордості feeling of pride; ~ нового sense of the new.

поша́н|а *f* respect; esteem; з ~ою (*у листа́х*) yours truly.

по́ш|епки in a whisper; **~и́рення** *n* widening; broadening; expansion; spreading; dissemination; **~и́рювати** <~и́рити> widen, broaden; *fig. a.* enlarge; extend; expand; spread; circulate; **-ся** widen; broaden; *fig. a.* be enlargen *or* expanded; extend (to); apply (to); spread; get about; **~и́ти** *s.* ши́ти; **~ко́дження** *n* damage; injury; **~ко́джувати** <~ко́дити> damage, spoil; injure, hurt; **~кодува́ти** *s.* шкодува́ти.

по́шт|а *f* post, mail; **~а́мт** *m* post office; **~о́вий** postal; post; **~овх** *m* push; jolt, bump; shock, tremor; (*сти́мул*) stimulus, incitement.

по́шуки *m/pl.* search.

пощасти́ти *s.* щасти́ти.

поя́|ва *f* appearance; '**~с** *m* belt, girdle; (*та́лія*) waist; *geogr.* zone; **~снення** *n* explanation; **~снювальний** explanatory; **~снювати** <~сни́ти> explain; make clear; illustrate account for; **-ся** be explained; explain *o.s.*; be accounted for; become clear.

праба́ба, прабабу́ся *f* great-grandmother.

П

пра́вд|а *f* truth; **~и́вий** true, truthful; **~оподі́бний** plausible, likely; probable, verisimilar.

прavéць *m* Me tetanus.

пра́ви|й **1.** right, right-hand; *pol.* right-wing; **2.** guiltless; right; ∸**ло** *n* rule; regulations *pl.*; -а доро́жного ру́ху traffic regulations; principle, maxim; ∸**льний** right, true; correct; regular; proper; ∸**льно** rightly; correctly.

прави́т|ель *m* ruler; regent; '**~и** **1.** rule, govern; drive; steer; **2.** correct; straghten; (*гостри́ти*) set, sharpen; **3.** (*вимага́ти*) demand.

правл|і́ння *n* (management) board; board of directors; manging *or* executive committee; administration; ∸**ячий** ruling.

пра́вну|к *m* great-grandson; **~чка** *f* great-granddaughter.

пра́в|о *n* right; (*нау́ка*) law; **~а́** (*водія́*) (driving) license *sl.*; **~обере́жний** right-bank; **~ови́й** legal; **~омі́р-ний** lawful, rightful; legitimate; **~омі́рність** *n* legitimateness; **~о́пис** *m* spelling, orthography; **~опи́сний** orthographical, spelling; **~опору́шення** *n* F offence, infringement of the law; **~опору́шник** *m* offender, delinquent; **~о́руч** on the right (of); to the right; **~осу́ддя** *n* justice; чини́ти ~ administer justice.

пра́гн|ення *n* aspiration; striving; urge; tendency; **~ути** aspire (to, after), strive (for, after); rush.

пра́дід *m* great-grandfather.

пра́кти|ка *f* practice; **~кува́ти(ся)** (be) practic(ed); ∸**чний** practical.

пра́л|ьний washing...; **~ьна** маши́на *f* washing machine; **~ьня** *f* laundry; **~я** *f* laundress.

пра́ння́ *n* washing, laundering.

пра́пор *m* flag, colo(u)rs *pl.*; banner, **~оно́сець** *m* standard-bearer.

пра́с|ка *f* iron; **~ува́ти** iron; press.

пра́ти wash, launder; відда́ти ~ send to the wash.

прах *m* dust; remains *pl.*; ashes *pl.*

працезда́тн|ий able-bodied, able to work; hard-working, efficient; **~ість** *f* capacity for work; ability to work.

прац|івни́к *m* worker; **~ьови́тий** industrious, hard-working; **~юва́ти** work (on *s.th.* над О; for на З; as O), function; labo(u)r, toil; be open, operate, run; ∸**я** *f* work, labo(u)r; job.

пред|ме́т *m* object, thing; article; (*те́ма*) subject, topic; ∸**ок** *m* ancestor; **~ставля́ти** <~ста́вити> introduce, present; represent, be; act; **~ставни́к** *m* representative; advocate; **~ставни́цтво** *n* representation; **~'явля́ти** <~'яви́ти> present, produce; (*заявля́ти про щось*) bring, lay, raise; **~'явни́к** *m* bearer.

презид|е́нт *m* president; ∸**ія** *f* presidium.

прези́р|ливий contemptuous, scornful; **~ство** *n* contempt, scorn.

прекра́сний beautiful, fine; excellent.

прем'є́р|а *f* premiere, first performance *or* night; **~-міні́стр** *m* prime minister, premier.

пре́мія *f* prize; reward; bonus; rate; premium.

пре|пара́т *m* preparation; **~с** *m* press; ∸**са** *f* the press; (*журналі́сти*) pressmen; **~с-конфере́нція** *f* press-conference; **~сти́ж** *m* prestige; **~сто́л** *m* throne; **~тенде́нт** *m* pretender (to); claimant (to); **~тендува́ти** claim (to), pretend (to); **~те́нзія** *f* claim, pretension; complaint; ∸**фікс** *m gr.* prefix.

при by, at, near; attached to; in s.b.'s presence ~ ді́тях before children; about; with; in; for.

прибер|е́жний shore; near the shore; littoral; coastal; riverside; **~іга́ти** <~егти́> save up, reserve.

приби|ва́ти <~́ти> (*цвяха́ми*) nail; (*пил*) lay; beat (down); **~ра́льниця** *f* charwoman; office-cleaner; **~ра́ти** <-бра́ти> take away; clean up, tidy, put in order; (*хова́ти*) put away; F make (*o.s.*) up (**-ся**); ~ до рук appropriate.

прибі|га́ти <~́гти> come running; **~́й** *m* surf; **~́чник** *m* supporter, adherent.

приб|ли́зний approximate; **~ли́зно** approximately, ronghly; **~о́ркувати** <~о́ркати> tame; *fig.* curb, subdue; **~о́ркувач** *m* (animal-)tamer; **~ува́ти** <~у́ти> arrive, come; (*збільшува-тися*) increase, rise; **~утко́вий** profitable; **~у́ток** *m* profit, gains *pl.*, rise.

прив|а́бливий attractive; engaging; **~а́блювати** <~а́бити> attract, draw; engage (in до Р); **~а́л** *m* stop, halt; **~а́тний** private; -а власність private property; -а особа private person; **~ерта́ти** <~ерну́ти> attract, draw (*s.b.'s attention*); **~́ид** *m* ghost, spectre, apparition, phantom.

при́ві|д *m* pretext, plea; **~́з** *m* bringing (in); (*приве́зене*) delivery; **~зни́й** imported; brought in; **~ле́й** *m* privilege; **~лейо́ваний** privileged; **~́льний** open, spacious; free; **~́т** *m* greetings *pl.*, regards, compliments *pl.*; F hello! hi! (*привіта́ння*); **~та́ння** *n* greeting; Ml salute; **~та́ти** greet, welcome; hail; (*ви́гуками*) cheer; Ml salute; (*схвали́ти*) applaud, welcome; **-ся** greet *s.b.*; **~́тний** affable, friendly; **~́тність** *f* affability, friendliness.

привла́сн|ення *n* appropriation; **~ювати** <~ити> appropriate, take possesion (of); (*видава́ти за своє́*) arrogate to *o.s.*

прив|о́дити <~ести́> bring, take; lead, bring; drive (to); result (in); put in...; Ma reduce; **~о́зити** <~езти́> bring in; import; **~ча́ти** <~чи́ти> accustom, habituate; train; **-ся** get used (to); **~'я|да́ння** *n* withering; **~я'да́ти** <~́нути> wither, fade; **~'я́зувати** <~'яза́ти> fasten, bind; tie; **-ся** (*набридда́ти*) bother, pester; F intrude (up) on; F run after; **~́'язь** *f* leash, lead; (*для твари́н на па́ші*) tether.

приг|а́дувати <~ада́ти> remember, recall; recollect; **~аня́ти** <~на́ти> drive in; fit (on), adjust (to); **~ви́нчувати** <~винти́ти> screw on; **~ні́чений** oppressed; depressed, dispirited; **~ні́чення** *n* de(op)pression; **~ні́чувати** <~ніти́ти> oppress; (*психі́чно*) depress; dispirit; **~но́блений** oppressed; **~но́блення** *n* oppression; **~но́блювати** <~ноби́ти> oppress; **~но́блювач** *m* oppressor.

приго́|да *f* adventure; incident; **~ди́тися** be of use, prove *or* be useful, come in useful *or* handy; **~дницький** adventure; **~ло́мшувати** <~ло́мши-ти> stun, stupefy; **~́лосний** *m* *ling.* consonant; **~рта́ти** <~рнути> press (to); hug *s.* b. to one's heart; **~́рща** *f* hand(ful); **~тува́ти(ся)** prepare, get ready; **~ща́ти** <~сти́ти> treat, entertain.

пригрі|ва́ти <~́ти> warm; *fig.* shelter.

прид|а́тний fit, suitable, useful; usable; **~а́тність** *f* fitness, suitability, usefulness; **~ба́ння** *n* acquirement; acquisition; **~ба́ти** acquire; buy; **~ивля́тися** <~иви́тися> look narrowly (at), peer; examine (closely); **~іля́ти** <~ іли́ти> allot; spare (*time etc.*); give *or* grant attention (to); **~у́мувати** <~у́мати> have the idea; think out, devise, contrive; make up, invent; **~у́шувати** <~уши́ти> weight down; press; suppress; repress; ~ за́колот put down a rebellion.

прие́дн|увати <~а́ти> join; add; connect, attach (to); incorporate, annex; **-ся** join up (with); *fig.* support.

прие́м|ний pleasant, agreeable; nice (*e.g. face*, a P. *etc.*); **~ність** *f* pleasure; **~но** pleasantly, agreeably; it is pleasant.

приз *m* prize; **~во́дити** <~вести́> drive; cause; reduce; **~е́млення** *n* touchdown, landing; **~емля́тися** <~емли́-тися> land, alight; touch down; **~е́р** *m* prize-winner; **~ма** *f* prism; **~нава́тися** <~на́тися> confess; **~на́ння** *n* confession.

признач|а́ти <~́ити> appoint (*p.s.th.* З *or* О), designate; fix, settle; prescribe; destine; F assign; **~́ення** *n* appointment; assignment; prescription; мі́сце ~ destination.

при́зов *m* call; Ml call-up; **~ни́к** *m* draftee (*Am.*).

приї|жджа́ти <~́хати> arrive, come; **~́жджий** *m* new-comer, visitor; guest..., visitant...; **~́зд** *m* arrival.

прийде́шн|ій future, coming; **~є** *n* future, time to come.

прийма́ль|ний reception; ~на комісія enrolment committee; E receiving; **~ня** *f* waiting-room; (*лі́каря*) consulting-room.

прий|ма́ти <~ня́ти> accept; take (over; for за З); admit; engage, take on; receive; (*рі́шення*) pass, carry, adopt; (*по ра́діо*) take (down); **-ся** take root; **~ма́ч** *m* receiver; **~ме́нник** *m* *gr.* preposition; **-нятний** acceptable; **~óм** *m* reception; receiving; *(в організацію)* admittance; *(спосіб)* way, method; **~тися** *s.* прихóдитися.

прúк|азка *f* proverbial phrase, saying; **~идáтися** <~йнутися> feign, simulate, pretend (to be); **~лад** *m* example; instance; **~лáд** *m* Ml butt; **~ладáти** <**~лáсти**> put (to); apply (to); **~ладнúй** applied; **~лéювати(ся)** <~лéїти(ся)> stick.

прикмéт|а *f* sign, token; **~ник** *m* adjective.

прикó|вувати <-кувáти> chain; *fig.* tie, rivet; **-рдóнний** border, frontier; **-рдóнник** *m* frontier guard.

прикрá|са *f* adornment; decoration; ornament; embellishment; **~шáти** <~сити> adorn; decorate; ornament; embellish.

прик|ривáти <~рúти> cover, screen; close *(softly);* **~ся** cover *o.s.* (with); **~рий** regrettable; annoying; **~риттяʹ** *n* cover *(a.* Ml), screen; shelter; protection; **~ріплювати** <~ріпúти> fasten (to); attach (to) *a. fig.*; register; **~рість** *f* annoyance; vexation; яка ~! how annoying! **~ýшувати** <~усúти> bite; *fig.* ~ язикá keep one's mouth shut.

прилá|вок *т* counter; '~д *т* instrument, apparatus, device; **~ддя** *n/pl.* articles; accessories *pl.*; письмóве ~ writing materials; **~джувати** <~дити> fit (to).

П

прил|éглий adjacent, adjoining; **~úв** *m* surge; (крóві) rush; **~ивáти** <~úти> (про кров) rush; **~йнути** arrive, come; *cf.* прилітáти; **~ипáти** <~йпнути> stick (to); **~ітáти** <~етіти> fly in; *(примчáти)* rush in; **~юдний** public; open; **~ягáти** adjoin; *(про одяг)* fit closely; **~ягтú** lie down (for a while).

примá|нювати <~нúти> entice, lure; **~ра** *f* phantom, spectre; *(привид)* ghost; **~рний** phantasmal, ghosty; illusory.

примéнш|увати <~ити> belittle; detract.

прими|кáти <~мкнýти> join; side (with); **~рення** (re)conciliation; **~ряʹти** <~рúти> reconcile; **-ся** make it up (with), be reconciled (with).

примí|рка *f* trying on; *(на íншого)* fitting; **~рник** *m* copy; **~рювати** <~ряти> *(на сéбе)* try on; **~ський** suburban; local; **~тúвний** primitive; **~тка** *f* note; annotation; footnote; **~щення** *n* building, house; premises *pl.;* житлове ~ dwelling house; living quarters *pl.*

прúмó|вка *f* by-word; **~вляʹти** keep saying; **~рський** seaside.

прúму|с *т* **1**. Compulsion, coercion; **2**. primus (-stove); **~сóвий** compulsory, forced; **~шувати** <~сити> compel, force.

прúм|ха *f* whim, caprice, freak; **~хлúвий** freakish; fastidious; capricious, whimsical; **~чáти(ся)** come tearing along; come in a great hurry.

принáд|а *f* bait; *fig.* allurement, lure, attraction; **~жувати** <~ити> lure, antice; attract, draw; **~ний** attractive; **~ність** *f* attractiveness.

прин|áймні at least, at any rate; **~úжений** humiliated, abject; humble; **~úження** *n* humiliation, abasement; **~úжувати** <~úзити> humiliate, humble, abase; *(примéншувати)* belittle, lower; **-ся** abase *o.s.;* **~úзливий** humiliating; **~óсити** <~естú> bring; carry; fetch; *(урожáй)* bear, yield; ~ прибýток yield a profit; ~ кóристь benefit; ~ щáстя bring luck; **~ц** *m* prince; **~цéса** *f* princess; **~цип** *т* principle; **~ципóвий** principled; of principle; **~ципóвість** *f* adherence to principle.

принтер *m* printer.

припáс *m* store; supplies *pl.; (харчí)* provisions *pl.;* **~áти** <~тú> lay up, store; **~óвувати** <~увáти> adjust (to), fit (on).

припú|нення *n* cessation, stoppage; **~няʹти(ся)** <~нúти(ся)> stop; cease, end; '**~с** *m* instructions *pl.;* order, direction; **~ска** *f* addition; postscript; registration; **~сувати** <~сати> add; regis ter; ascribe (to); attribute (to); **-ся** register; have *o.s.* registered.

припл|úв *т* flood, flow; *fig.* rush; rising tide; ~ і відплив rise and fall of the tide, ebb and flow; *fig. (нíжності та ін.)* surge; upsurge; rush of blood, congestion; **~ивáти** <~ивтú> come swimming, swim up (to); sail up; **~íд** *m* offspring; **~ющений** flat, flattened; **~юшувати** <~юшити> flatten.

прип|рáва *f* seasoning, flavouring; relish; **~равляʹти** <~рáвити> season, flavour; **~ускáти** <~устúти> suppose, presume; assume; presuppose; **~устúмий** admissible; hypothetical; **~ýщення** *n* assumption, supposition.

прирé|чений doomed (to); condemned; **~ченість** *f* doom.

прирíвн|ювати <~яʹти> equate (with); put on the same footing (as).

прир|ікáти <~ектú> doom (to), condemn (to); **~íст** *m* increment, increase; **~обíток** *m* extra earnings *pi;* **-обляʹти** <~обúти> fix; earn extra; **~о́да** *f* nature; character, disposition; **~о́джений** innate, inborn; **~о́дний** natural; native; (*невимушений*) unaffected; **~однічий** natural; **~о́дність** *f* naturalness, simplicity; ease; **~о́дно** naturally; **~одозна́вець** *m* scientist; naturalist; однозна́вство *f* (natural) science.

прир|оста́ти <~ости́> adhere (to); grow (to до Р); icrease; **~уча́ти** <~учи́ти> tame; domesticate.

приса́дкуватий thickset, squat.

присв|і́йний *gr.* possessive; **~о́єння** *n* appropriation; (*звання*) awarding, conferment; **~о́ювати** <~о́їти> appropriate; assume (*the right*); confer (on); give; ~ кому́сь науко́вий ступінь confer a scientific degree on *s.b.*

присвя́|та *f* dedication; **~чувати** <~ти́ти> devote; dedicate.

прис|ила́ти <~ла́ти>, send; **~ипля́ти** <~па́ти> lull to sleep; *fig.* lull.

присі|да́ти <⁓сти> squat; cowre; **⁓куватися** <⁓катися> find fault (with), pick on, carp *or* cavil (at); seize.

приско́р|ення *n* acceleration; **~ювати** <~ити> speed up; accelerate; (*наближа́ти прихід та ін.)* hasten, precipitate.

присл|і́вник *m* adverb; **~і́в'я** *n* proverb; **~у́жувати** <~ужи́ти> wait (up)on, serve; **-ся** be subservient (to), ingratiate *o.s.* (with); **~уха́тися** <~у́хатися> listen (to до Р); *fig.* lend an ear (to).

при́смак *m* smack; aftertaste.

при́смерк *m* **1.** twilight, dusk; semi-darkness; **2.** sunset.

прис|ни́тися dream, have a dream (about); **~оро́млювати** <~оро́мити> shame, put to shame; **⁓пів** *m* refrain; **~тава́ти** <~та́ти> stick (to), adhere (to); (*набрида́ти*) pester, importune, badger, worry, join, take up (with); Ch land, come in (to), put in (to); **~тавля́ти** <~та́вити> put (against); lean (against); *pf.* (*для до́гляду та ін.*) leave in charge (of); **~тано́вище** *n* shelter, refuge; **⁓тань** *f* quay, wharf, pier; landing-stage.

прис|тіба́ти <~тебну́ти> fasten; button up; buckle (on).

присто́йн|ий decent, proper; **⁓ість** *f* decency, propriety.

пристос|о́ваний fit (for), adjusted (for), adapted (for); **~о́вувати** <~ува́ти> fit, adapt, adjust; **-ся** fit, adapt (*o.s.* to до Р, під З); **~ування** *n* adaptation, adjustment; device, appliance; acclimatization.

при́стр|асний passionate; bias(s)ed, partial (to до Р); **~асть** *f* predilection; (for до Р); bias; passion (for); **~ій** *m* device, appliance; **~о́ювати** <~о́їти> set (up); add *or* attach (to до Р); settle; place; provide.

при́ступ *m* fit, attack; Ml assault, onset, onslaught, storm; **~а́ти** <~и́ти> set about, start, begin; proceed (to); approach (to); **⁓ний** available; reasonable, moderate (price); approachable; accessible; within the capasity (reach (of); simple, comprehensible; **⁓ність** *f* accessibility; availability; simplicity; (про люди́ну) approachability.

прису|ва́ти <⁓нути> move (near; to).

при́суд *m* verdict, judgement, sentence; **⁓жувати** <~и́ти> sentence (to), condemn (to); (*нагоро́джувати*) award.

при́судок *m gr.* predicate.

прису́|тній present; **~тність** *f* presence.

прися́га *f* oath; **⁓ти** <-гну́ти> swear; **-ся** take *or* make an oath.

прита|ї́тися hide *o.s.*; keep quiet; **~ма́нний** characteristic, inherent (in), intrinsic (in); peculiar (to).

прити́с|кувати <~нути> press (to); (*до груде́й*) clasp; **-ся** press; nestle; cuddle up (to).

прито́|ка *f* tributary; afflux; **~мний** conscious; **~мність** *f* consciousness; втра́тити ~мність lose consciousness.

притул|ок *m* refuge, shelter; (*political*) asylum; **~я́ти(ся)** <~и́ти(ся)>; lean (against); rest (against).

прит|упля́ти <~упи́ти> blunt, take the edge off; **-ся** become blunted *or* dull (*a. fig.*); **⁓ча** *f* parable; **~яга́ти** <~ягти́> draw, pull; (*про магні́т*) attract.

прихи|ля́тися <~ли́тися> bend, incline; **⁓льний** well-disposed; sympathetic; inclined (to); disposed (to); **⁓льник** *m* supporter, adherent; (*миру*) advocate, champion; **~тря́тися** <~три́тися> contrive, manage.

прих|і́д *m* arrival, coming; **~о́ваний** hidden, concealed; **~о́вувати** <~ова́ти> conceal, hide; (*зата́ювати*) keep back; **-ся** be concealed, be hidden; **~о́дити** <прийти́> come; arrive; (*виника́ти*) appear; ~ до па́м'яті come to one's senses; ~ на допомо́гу come to the rescue; **-ся** fit, suit ([p.'s] *s.th.* по Д); be (to); *impers.* have (+ *inf.* to...), must.

прицí|л *m* (back) sight; **~льний** aiming; **~люватися** <~литися> (take) aim (at); **~нюватися** <~нйтися> ask the price (of).

причáл *m* mooring(s), berth; **~ювати** <~ити> moor; land.

причеп|йти(ся) причіплюватися; **~ливий** captious, carping, faultfin-ding; **~урйтися** F smarten *o.s.* up.

причетний participating (in), involved (in), concerned (with, in).

причйн|а *f* cause; reason (for); **~яти** <~йти> close, shut.

прйчі|п *m mot.* trailer; **~пливий** *f* captious; **∸плювати** <-чепйти> hook (on; to до P); Rr couple; **-ся** cath (on), cling (to); infect; F pester; pick on; **∸сувати** <-чесáти> comb; do *s.b.*'s hair; **-ся** do one's hair; brush; one's hair; (*у перукáрні*) have a hair-do.

причóму morever, and what's more; ~ відóмо, що it being known that.

приши|вáти <∸ти> sew (on, to); F involve (in), impose (up)on.

прищ *m* pimple; **~éплювати** <~епйти> engraft; Me inoculate, ~ вíспу vaccinate; (*вихóвувати*) inculcate (in, upon); implant (in); **-ся** take, become established, take root; (*про мóду*) catch.

прйя|зний friendly, amicable; cordial, (*привíтний*) affable; **∸тель** *m* (**-ка** *f*) friend; **~тельський** friendly; **~телювáти** be friends (with).

прíзвисько *n* nickname.

прíзвище *n* surname, family name; як вáше ~? what is your name?

прí|лий rotten; **~рва** *f* precipice; gulf, abyss (*a. fig.*); **~сний** (*водá*) fresh; (*хліб*) unleavened; (*їжа*) insipid (*a. fig.*); **~ти** rot.

про about, of; on; читáти ~ сéбе read to *o.s. or* silently.

прóба *f* (випробувáння) trial; test; E assay, sample; (*gold, silver*) hallmark, standard.

пробач|áти <∸ити> excuse, pardon, forgive; Пробáчте! (I'm) sorry! Excuse me! I beg your pardon; Forgive me (for; my...); **∸ення** *n* forgiveness, pardon; apology.

проби|вáти <∸ти> break through; pierce, punch; **-ся** fight (*or* make) one's way (through крізь 3); *fig.* F rough it; B come up; shine through; (*посйлено працювáти*) toil (at над M); **~рáтися** <-брáтися> struggle (through); make one's way (through крізь 3); (*прокрадáтися*) steal *or* slip.

пробíг *m* run; *sport.* race; **~áти** <~ти> run; pass (by); cover.

проб|íрка *f* test tube *or* glass; **∸ка** *f* cork; stopper; E plug; Ee fuse; F (traffic) jam; **~лéма** *f* problem; **∸лиск** *m* gleam; flash.

прóб|ний trial..., test...; specimen..., sample...; touch (*stone*); pilot (*balloon*); **~óїна** *f* hole; (*у стіні a.*) breach, gap; Sh leak.

прóбу|вати <c-> try, test; (*на смак*) taste; (*намагáтися*) try, attempt (+ to *inf.*); **∸дження** *n* awakening; **∸джувати(ся)** <~дйти(ся)> awake, wake up; **∸ти** stay, remain.

провá|дити carry out, conduct; **~л** *m* collapse, falling in; (*невдáча*) failure (*a. fig.*), crash; **~лювати** <~лйти> wrack, ruin; fail; reject; *thea.* damn; **-ся** fall *or* tumble (down); break *or* fall in; fail, flunk; *thea.* be damned; disappear.

провé|дення *n* carrying out, realization; construction; installation.

провйн|а *f* fault; guilt; **~йти(ся)** be guilty (of), be at fault (in).

прóвід *m* **1.** wire; **2.** leadership, guidance; **~нйй** leading; guiding (*star*); **~нйк** *m* conductor; guide; (*у пóїзді*) guard; conductor *Am.*

провí|зія *f* provisions *pl.*; foodstuffs, victuals *pl.*; **~нціáл** *m* (**-ка** *f*), **~нціáльний** provincial; **~нція** *f* province; **~сник** *m* precursor, forerunner, herald; **~трювати** <∸трити> ventilate; air; **~щáти** <~стйти> foretell, presage, portend; (*бýти ознáкою s.th.*) betoken.

провод|жáти <-вестй> accompany; see off; ~ когóсь додóму see *s.b.* home; **∸ити** <-вестй> lead, take; conduct (*a.* Ee), guide; carry out (*or* through); realize, put (*into practice*); put *or* get through; pass; spend (*time*); draw (*line etc.*); lay, construct; develop (*idea*); pursue (*policy*); hold (*mee-ting*); C enter, book; F trick, cheat.

провóзити <-везтй> carry, get through; transport; drive, convey; take.

провок|áтор *m* (agent) provocateur; F stool-pigeon; **~аційний** provocative; **~áція** *f* provocation; **~увáти** provoke.

пров|ýлок *m* lane, alleyway, side *or* by street; **~чáти** <~чйти> *s.* проýчувати.

прогá|лина *f* (*прóпуск*) blank, empty place *or* space; (*упýщення*) gap, flaw; glade; patch, spot; **~няти** <прогнáти> drive (away); *fig.* banish, dispel; (*звільняти*) sack, dismiss.

прогíрклий rank, rancid.

прогл|éдіти overlook; miss; **~ядáти** <~я́нути> glance (through), skim, look through *or* over.

прогн|áти *s.* проганя́ти; **~и́ти** rot to pieces; be rotten through; **~óз** *m* forecast, prediction; Me prognosis; ~ погóди weather forecast.

прого|вори́ти say; talk; **-ся** blab; (*сказáти зáйве*) let it out; **~лóшення** *n* proclamation; ~ тóсту proposing the health (of); **~лóшувати** <~лоси́-ти> proclaim; propose (*toast*).

прогр|авáти <~áти> lose; **-ся** loose all one's money; **~áма** *f* program(me *Brt.*); (*курсу а.*) syllabus; **~áмний** programmatic, program(me); (*навчáльний*) syllabus; ~áмне управлíння computer control; **~амóваний:** ~не навчáння programmed learning; **∸аш** *m* loss; *sport.* defeat; **~éс** *m* progress; **~еси́вний** progressive; **~есувáти** progress, advance, make progress; (*про хворóбу*) develop.

прогýл *m* truancy; **~ьник** *m* shirker; (про ýчня) truant, slacker; **~ювати** <~я́ти> shirk (work), play truant; **-ся** walk, strol, take a walk; **~янка** *f* walk (for на 3), stroll; ride (*вéрхи, на велосипéді*); drive (*в автомаши́ні*); row (*чóвном*).

продав|áти <-дáти> sell; **-ся** be for *or* on sale; **~éць** *m* seller; (*у магази́ні*) salesman, shopman; shop assistant; **~щи́ця** *f* seller; saleswoman, shopgirl; shop assistant.

прóдаж *m* sale; **∸ний** sale, selling; for sale; (*підкýпний*) venal, mercenary, corrupt.

продешеви́ти make a bad bargain.

продиктувáти dictate; **~рáтися** <-дéр-тися> force one's way (through).

прóді|л *m* (hair) parting; **~ря́влювати** <~ря́вити> make a hole (in).

продóвж|ення *n* continuation; sequel; course (in); (*стрóку*) prolongation, extension; **~увати** <~ити> continue, go on, carry on (with); prolong; **-ся** last, continue, go on.

продовóль|ство *n* provisions *pl.*, food (stuffs); **~чий** food...; grocery...; food store *Am.*

продýк|т *m* product; material; *pl.a.* (food) stuffs; **~ти́вний** productive, efficient; **~ти́вність** *f* productivity; **~тóвий** *s.* продовóльчий; **~ція** *f* production, output.

продýм|увати <~ати> think over.

проéк|т *m* project, design; scheme, plan, draft; **~тний** design; projected; **~тувáти** project, design, plan; (*мáти нáмір*) plan, contemplate; **~ція** *f* projection.

прож|éктор *m* searchlight; **~ивáти** live, reside; (*витрачáти*) spend; **~итко-вий:** ~ мíнімум living wage; **~óгом** headlong.

прóз|а *f* prose; **~аíчний** prose; prosaic; **~ивáти** <~вáти> nickname, dub; **~óрий** transparent; (*вода, повітря*) limpid, pellucid; **~óрість** *f* transparence, limpidity (*a. fig.*); **~орли́вий** sagacious; perspicacious; farsighted; **~орли́вість** *f* sagacity; **~рівáти** <~рíти> recover one's sight; see, perceive.

проіснувáти subsist, exist.

проï|дáти <∸сти> eat (away *or* through); (*про кислотý*) corrode; F spend (on eating); eat; **~жджáти** <∸хати> go, pass, drive *or* ride through (*or* past, by); do, cover (*вíдстань*); (*пропусти́ти зупи́нку*) pass, miss; **∸зд** *m* passage, thoroughfare; (*дія*) drive, journey; плáта за ~ fare; немá ~у no thoroughfare (no t.!); **∸здити** (*ви́тратити на поïздку*) spend on the journey; **∸здом** passing through.

прой|мáти <~ня́ти> pierce, penetrate; (*про мороз та ін.*) go right through, strike.

прокá|зувати <~зáти> articulate; say, utter; (*за кимсь*) repeat; **~т** *m* **1.** hire; **2.** E rolling; rolled metal.

проки|дáтися <∸нутися> wake up; awake; **~сáти** <∸снути> turn sour.

прокла|дáти <∸сти> build; (*труби*) lay; ~ шлях make a road; **∸дка** *f* E packing; gasket; washer; lining; **~мáція** *f* leaflet.

прокл|инáти <~ясти́> curse, damn; **~íн** *m s.* прокля́ття; **~я́тий** damned, (ac)cursed; **~я́ття** *n* damnation; curse; ~яття! *int.* damn it!

проко|втнýти swallow; **∸л** *m* puncture; small hole; **∸лювати** <~лóти> prick, pierce (through); stab.

прок|радáтися <~рáстися> steal (in *or* into); **~уратýра** *f* public prosecutor's office; **~урóр** *m* public prosecutor.

пролá|зити <-лíзти> get through, squeeze through; *fig.* warm *o.s.* (into); **~мувати** <~мáти> break (through); **-ся** fracture.

прóле|жень *m* bedsore; **~тáр** *m* proletarian; **~таріáт** *m* proletariat.

проли|вáти <∸ти> spill; (*кров, сльóзи*) shed; ~ свíтло (*на щось*) throw light (upon) **-ся** spill.

пролі|сок *m* B snowdrop; **∸т** *m* flight; (*схóдів*) stair-well; (*мóсту*) span; Rr (*між стáнціями*) stage; **~тáти** <-летíти> fly (past, over, by).

П

проло́|г *m* prologue; **~м** *m* break; gap, breach; **~млювати** <~ми́ти> break; make a hole.

проляг|а́ти <~́ти> lie *or* run (across).

прома|йну́ти flash, (*про час*) fly by; '~**х** *m* miss; (*поми́лка*) blunder; **~хну́тися** miss (one's aim); make a blunder.

промен|е́вий ray; radial; E radiation; ~а хворо́ба radiation sickness; **~и́стий** radiant.

промерз|а́ти <~́нути> freeze through.

проми|ва́ти <~́ти> wash (out, away); (*ра́ну, о́чі*) bathe; Ac irrigate; **~на́ти** <~ну́ти> pass (by); be over, be past; (*про час*) pass, elapse; (*пропуска́ти*) miss, omit; '**~сел** *m* trade, craft; *pl.* fields (e.*g.* oil fields); **~сло́вий** industrial; **~сло́вість** *m* industry.

про́між between; (*серед*) among; **~ний** intermediate; **~́ок** *m* gap, interval, space.

про́мінь *m* ray, beam; розхо́дитися про́менями radiate.

промо́|ва *f* speech; **~вець** *m* speaker, orator; **~вистий** eloquent, expressive; **~вля́ти** <~вити> pronounce; articulate; say; make *or* deliver a speech; **~вчати** be *or* keep silent; give no answer; **~ка́льний:** ~ папі́р blotting paper; **~ка́ти** <~кнути> get wet *or* soaked; (*пропуска́ти во́ду*) let water (through); blot; **~чувати** <~чи́ти> wet, drench; ~ но́ги get one's feet wet.

промтова́р|и *pl.* (промисло́ві това́ри) manufactured *or* consumer goods; **~ний:** ~ магази́н *m* stores *pl.*; department store (*Am.*).

прониз|а́ти *s.* прони́зувати; **~́ливий** shrill, piercing; penetrating; **~́увати** <~а́ти> pierce, penetrate.

проник|а́ти <~́нути> penetrate; permeate; get (in); spread; **~́ливий** penetrating, searching; acute, shrewd.

прон|о́сити <~ести́> carry (by, past, through); **-ся** rush (by), fly (by, past); *fig.* (*в ду́мці*) flash; **~осни́й** laxative.

пропа|га́нда *f* propaganda, propagation; **~ganди́ст** *m* (-ка *f*) propagandist; **~ганди́стський** propaganda..., propagandist...; **~гува́ти** propagandize; **~да́ти** <~́сти> disappear; vanish; get *or* be lost; be gone (wasted); be missing; lose, fail; perish, die; **~́жа** *f* loss; (*те, що пропа́ло*) missing *or* lost thing; **~́лювати** <~ли́ти> burn (through); **~́сниця** *f* fever.

пропелер *m* propeller.

пропи|ва́ти <~́ти> spend (on drinking); drink; '**~с** *m* samples of writing *pl.*; **~́ска** *f* (residence) registration; **~́сувати** <~са́ти> register; (*лі́ки*) prescribe; -ся get registered.

проплив|а́ти <~ти́> swim (by, past); sail (by, past); float, drift, (by, past).

про́по|відь *f* sermon; preaching; **~зи́ція** *f* proposal, suggestion; motion (*а. на збо́рах*); **~́лка** *f* weeding; **~́лювати** <~ло́ти> weed; **~нува́ти** offer; propose, suggest; (*кандидату́ру*) put up, forward; **~рці́йний** proportional; proportionate; well-proportioned; **~́рція** *f* proportion; ratio.

про́пуск *m* pass, permit; (*у те́ксті*) omission; gap; (*заня́ть та ін.*) absence (from), non-attendance; **~а́ти** <-сти́ти> let pass, make way (for); let in, admit; omit, leave out; (*заня́ття*) miss.

проре́ктор *m* vice-president (of a university...); **~и́в** *m* break; Ml breakthrough; (у робо́ті) gap, hitch; **~ива́ти** <~ва́ти> **1.** tear; break (through); **2.** dig; **-ся** tear; break, burst; break through.

проро́|к *m* prophet; **~кува́ти** prophesy, predict; **~ста́ти** <~сти́> germinate; sprout; grow (through); come up.

просве́рдл|ювати <~ити> bore, drill, perforate.

просві́т *m* (*між предме́тами*) gap; Ar bay, opening, aperture; **~и́тель** *m* enlightener; **~и́тельство** *n hist.* enlightenment; **~и́тельський** educational; **~ництво** *m hist.* enlightenment.

просві́|чувати <~ти́ти> (*рентге́ном*) X-ray; examine with X-rays; **-ся** shine through, appear; **~ща́ти** <~ти́ти> enlighten.

проси́|джувати <~ді́ти> sit; ~ годи́нами sit for hours; **~ля́ти:** <ли́ти> ~ ни́тку в го́лку thread a needle; **~па́тися** (*а.* просина́тися) <-сну́тися> wake up, awake; **~ти** <по-> ask (for); beg; request; (*запроси́ти*) invite; про́шу please, be so kind; **~ха́ти** <-со́хнути> get dry.

просі́|ювати <~яти> sift.

проск|а́кувати <~о́чити> rush by; slip *or* jump (by, through, in [to]).

прослав|ля́ти <~́ити> glorify; **-ся** become famous (for, through).

про́со *n* millet; **~́вувати** <-су́нути> push (through).

просп|а́ти oversleep; sleep (for a time); **~е́кт** *m* avenue; (*план*) prospectus.

прост|а́к *m* simpleton; **~е́жувати** <~е́жити> observe; follow up;

retrace; (*вислі́джувати*) trace, track; **~и́й** simple; easy; ~е ре́чення *gr.* simple sentence; common, ordinary, plain; **∸иня́** *f a.* простира́дло *n* sheet; **~и́ти** *s.* проща́ти; **~і́й** *m* idle time; (*маши́ни*) stoppage, standing idle; **~і́нок** *m* pier; **∸ір** *m* space, spaciousness; **∸о** simply, easily; sheer, це ~ божеві́лля it's sheer madness; **~оволо́сий** bare-headed; **~оду́шний** open-(simple-)hearted, artless.

просто́р|ий roomy, spacious; **~о́вий** spatial.

простота́ *f* simplicity.

простр|і́лювати <~е́лити> shoot through; **~о́млювати** <~оми́ти> pierce through.

просту|ва́ти go *or* make for, move; step, stride; **∸да** cold, chill; **∸джувати** <~ди́ти> let *s.* b. catch cold; **-ся** catch cold; **∸пок** *m* misdeed, fault, offence.

простяг|а́ти <~ти́, ~ну́ти> stretch out; (*подава́ти*) offer, hold out; **-ся** extend, reach, stretch.

прот|а́лина *f* thawed patch; **~е́** but; however; but still; **~е́з** *m* artificial limb; (*зубни́й*) set of false teeth; **~е́зний** orthopaedic; **~е́кція** *f* patronage; **~е́ст** *m* protest; **~естува́ти** protest (against); **∸и** against; (*навпро́ти*) opposite; facing; (*всу́переч*) contrary to; (*порі́вняно*) to, as against; **~ива́га** *f* E counter-poise, counterbalance (*a. fig.*).

проти́в|итися oppose, object (to); resist; **~ний** (*воро́жий*) adverse; *s. a.* протилежний; **~ник** *m* opponent; (*во́рог*) adversary; (*воро́же ві́йсько*) enemy.

проти|га́з *m* gas-mask, respirator; **~ді́я** *f* counteraction; **~ді́яти** counteract; **~ка́ти** <-ткну́ти> pierce (through); **~ле́жний** opposite; (*несхо́жий*) contrary, opposed; (*зворо́тний*) reverse; **~ле́жність** *f* contrast, opposition; opposite, antipode; **~пові́тряний** anti-aircraft (*defense*), air-raid (*precautious, protection*); **~ра́ти** <-те́рти> rub dry, wipe clean; (*крізь си́то*) rub (through); **~ста́вити** oppose (to); contrast (with); **~ста́влення** *n* opposing, contrasting; **~та́нковий** antitank...

прот|іка́ти <~екти́> flow, run; leak; pass, elapse; take a ... course; **~о́ка** *f* strait(s); **~око́л** *m* minutes *pl.*; record; protocol; **~оро́ваний** beaten; (well) trodden; **∸яг** *m* draught; **~яга́ти** (*a.* **~я́гувати**) <~ягну́ти, *a.* ~ягти́> push (through); extend; (*про час*) last, linger; *s. a.* простяга́ти(ся); **∸ягом** in the course (of); during; within.

протя́жн|ий drawling, lingering; **~ість** *f* extent, stretch, (at на M); course (in на M).

проу́чувати (*a.* провча́ти) <-вчи́ти> F teach a lesson.

профа́н *m* ignoramus; **~а́ція** *f* profanation.

профес|і́йний professional; **∸ія** *f* profession; trade; **∸ор** *m* professor; **∸орський** professorial; **~у́ра** *pl.* professors, professorate; (*поса́да*) professorship.

профіла́кти|ка *f* prophylactic *or* preventive measures *pl.*; **∸чний** prophilactic, preventive.

про́ф|іль *m* profile; **~спі́лка** *f* trade(s)-union.

прох|а́ння *n* request (at за O; for про З); entreaty; O petition; please (don't не + *inf.*); (до Р) (may p.) ask (p.) a favour; **~а́ти** *s.* просити; **~а́ч** *m* applicant; **~і́д** *m* passage, pass; (*між ряда́ми*) aisle, gangway; **~о́дити** <-ойти́> pass; go (by, through, over, along); (*яку́сь ві́дстань*) cover, do; (*про час*) pass, elapse; stop, be over; be held, go off; (*вивча́ти*) take *a...* course, do, study; **~о́жий** passer-by; **~оло́да** *f* cool(ness), freshness; **~оло́дний** cooling, refreshing; **~оло́нути** cool off, get cold; *fig.* cool (down).

процвіта́|ння *n* prosperity; **~ти** prosper, thrive.

проце|ду́ра *f* procedure; Me treatment; **∸нт** *m* percentage; per cent; interest; **∸с** *m* process; J trial; **∸сія** *f* procession.

прочи|ня́ти <~ни́ти> open slightly, set ajar; **∸тувати** <~та́ти> read (through).

прочуха́н(ка) *m* (*f*) reprimand; да́ти прочуха́на (прочуха́нки) (Д) bowl out, blow up (a p.).

прош|а́рок *m* layer; stratum (-ta *pl.*); *geol.* seam; **~то́вхувати** <~товхну́ти> push (through); **-ся** force one's way (through).

прощава́й(те)! farewell! goodby(e)!

проща́|ння *n* farewell, leave-taking, parting (at на З); **~льний** parting, farewell; **~ти** <прости́ти> forgive, excuse, pardon; **-ся** <по-> take a leave (of), say good-bye (to); bid farewell.

про́яв *m* manifestation, display, demonstration; **~ля́ти** <~и́ти> show, display; manifest; *phot.* develop; **-ся** show *or* manifest itself; **∸ник** *m* developer.

П

проя́сн|ювати(ся) <~и́тися> clear up, brignten; (become) clear *a. fig.*
прудки́й swift, brisk, lively; quick.
прудконо́гий swift(-footed).
пруж|и́на *f* spring; **∠ний** elastic; resilient; **∠ність** *f* elasticity, resilience.
пру|т *m* twig, switch; (*метале́вий*) rod; **~ча́тися** resist.
пря́ж|а *f* yarn; **~ка** *f* buckle; clasp.
прям|и́й straight; direct, through (*train*); (*про хара́ктер*) straightforward; open, obvious; ~ий кут Ma *m* right angle; **∠о** straight; directly; frankly, bluntly; (*са́ме*) right; **~ови́сний** plumb, sheer; **~оку́тний** right-angled; rectangular; ~ трику́тник *m* right-angled triangle; **~оку́тник** *m* rectangle; **~олінійний** rectilinea(r)l; (*щи́рий*) straightforward; **~ува́ти** <по-> set off (for); make (for).
пря́|ник *m* gingerbread; (медо́вий) honeycake; **~сти** spin.
псевдоні́м *m* pseudonym; assumed name.
псих|іа́тр *m* psychiatrist; **~іатри́чний** psychiatric; **~іатрі́я** *f* psychiatry; **∠іка** *f* mind, psyche, mentality; psychics; **~і́чний** mental, psychic(al); ~ічне захво́рювання mental disease; **~о́лог** *m* psychologist; **~ологі́чний** psychologic(al); **~оло́гія** *f* psychology.
псува́ти spoil, corrupt (*a. мора́льно*); **-ся** spoil, get spoiled; (*про ї́жу*) go bad; (*про пого́ду*) break up; (*мора́льно*) become corrupt, degenerate; break down.
птах *m* bird; **~івни́цтво** *n* poultry breeding; **~офе́рма** *f* poultry farm.
пташ|еня́ *n* fledgeling, nestling **~и́ний** bird's (*nest*).
пти́ця *f* bird; (*сві́йська*) poultry (fowls).
пу́блік|а *f* public; *thea.* audience; **~а́ція** *f* publication; (*твір*) published work; **~ува́ти** publish.
публіци́ст *m* publicist; journalist; **~ика** *f* publicistic writing; journalism.
публі́чн|ий public; **~о** in public; openly, publicly.
пу́гач *m* eagle owl.
пу́др|а *f* powder; **~ениця** *f* powder box *or* case; **~ити(ся)** powder (*o.s.*).
пу́зо *n* F belly.
пуль|с *m* pulse; лічи́ти ~ take the pulse; **~сува́ти** pulsate, pulse; (*ча́сто*) throb; **~т** *m* desk, stand; control panel; Mu music stand.
пункт *m* point; paragraph, item, clause, article; place; (*меди́чний та ін.*) post, station; **~и́р** *m* dotted line; **~уа́льний** punctual; accurate; **~уа́льність** *f* punctuality; accuracy; **~уа́ція** *f gr.* punctuation.
пунш *m* punch (*drink*).
пуп *m* navel; **∠'янок** *m* (*бру́нька*) bud, shoot.
пур|га́ *f* blizzard, snowstorm; **∠пур** *m* purple; **~пу́рний**, **~пуро́вий** purple.
пуск *m* start(ing), setting in operation; (*ракéти*) launch(ing); **~а́ти** <-ти́ти> let (*s.b.*) go; set (*s.b.*) free; (*дозволя́ти*) let; let in; start; launch, throw; release; allow; put (forth); send; (*па́ру, газ*) turn on; **~ови́й** starting; launching.
пусте́|льний desert, desolate; **~ля** *f* desert, waste, wilderness.
пусті́|й empty; void, vain, idle; vacant, blank; dead (rock); F hollow; **~р** *m* waste ground.
пу́ст|ка *f* deserted house; **~о** empty; **~ота́** *f* emptiness; vacuum; **~отли́вий** mischievous, playful; **~отли́вість** *f* playfulness; **~ощі** *pl.* pranks; **~ува́ти** be naughty; play pranks; (*бу́ти пусти́м*) be *or* stand empty; **~у́н** *m* mischievous person; naughty child.
пу́т|а *pl.* bonds, ties; *sl.* clog; shackles; **~і́вка** *f* pass; **~івни́к** *m* guide (book), itinerary; **~о** *n* hobble; **~ь** *m* way; track, path; line; means; **~я́щий** sensible, worthwhile.
пух *m* down; (*на обли́ччі*) fuzz; (*на ткани́ні*) fluff, nap; ні ~у ні пера́! F good luck! **~и́р** *m* bubble; (*водяни́й*) blister; **~ки́й** loose, soft; (*про хліб*) light; **∠лий** chubby, plump; swollen; **~ли́на** *f* Me swelling; (*вну́трішня*) tumour; **~на́стий** fluffy, downy; **∠нути** swell; **~о́вий** downy.
пу́чка *f* [*g/pl.*: -чок] pinch.
пучо́к *m* bundle; bunch; (*про́менів*) pencil of rays; (*соло́ми*) wisp, tuft.
пуш|и́нка *f* bit of fluff; (*сніговá*) feather of snow; down; **~о́к** *m* fluff, down; (*на плода́х*) bloom.
пу́ща *f* dense forest.
пшени́|ця *f* wheat; **~чний** wheaten.
пшоно́ *n* millet.
пюре́ *n* mash; карто́пляне ~ mashed potatoes.
п'я́|вка *f* leech; **~дь** span; *fig.* inch; **~льці** *pl.* tambour-frame *sl.*
п'ян|ий drunk(en), tipsy; **~и́ти** make drunk; *fig.* intoxicate; **~и́ця** *m/f* drunkard; **~і́ти** <с-> get drundk; *fig.* be intoxicated (with); **~ки́й** intoxicating, heady; **~ство** *n* drunkenness; hard drinking.
п'ят|а́ *f* heel; **~а́к** *m* F five-kopeck coin *or* piece; **~деся́т** fifty; **~деся́тий** fiftieth; **∠еро** five; **~ибо́рство** *n sport.*

pentathlon; ∸ий fifth; ~икýтний pentagonal; ~икýтник *m* pentagon; ~ирíчний five-year (old); ~исóтий five hundredth; ~íрка *f* five; (*оцін-ка*) five, excellent; ∸ка *s.* п'ятá; ~нáдцятий fifteenth; ~нáдцять fifteen; ∸ниця Friday; ~сóт five hundred; ~ь five.

Р

р. *abbr.*: рíчка, рiкá.

раб *m* [*e*], ~**á** *f*; ~**и́ня** *f* slave; ~**овлáсник** *m* [-ника] slaveholder; ~**олíпність** *f*, ~**олíпство** *n* servility; ~**олíпствувати** cringe (to пéред О); ~**ство** *n* slavery; ~**ський** slave ...; slavish, servile.

рáда 1. *f* Soviet; Рáда Нарóдних Депутáтів Soviet of People's Deputies; сíльськá ~ village Soviet; міськá ~ City *or* Town Soviet; Верхóвна Рáда Supreme Soviet; **2.** *f* council; Рáда Мінíстрів Council of Ministers; **3.** advice; counsel; дáти ~у arrange, manage.

рáд|ий (be) glad (at, of з Р; Д; *a.* to see p.), pleased, delighted; would like; (be) willing; не ~ (рад) (be) sorry; ~(ий) не ~(ий), willy-nilly; ~**áр** *m* radar; ∸**и** (Р) <за> for the sake of (*or* ... ['s] sake); for.

радикáл *m*, ~**ьний** radical.

радúст *m* radio(wireless) operator.

рáдити advise (р. Д); **-ся** consult, deliberate, confer; ask advice (of); discuss.

радіáтор *m* radiator.

рáдій *m* Ch radium.

рáдіо *n* [*ind.*] radio, *Brt. a.* wireless (on по М); ~**акти́вний** radioactive; ~**акти́вність** *f* radioactivity; ~**амáтор** (*a.* ~люби́тель) *m* radiofan; ~**апарáт** *m s.* ~приймáч; ~**вýзол** *m* radio center (*Brt.*: -tre); ∸**ла** *f* radio-gramophone; ~**мóвлення** *n* broadcasting (system); ~**передáча** *f* (radio)broadcast; trans-mission; ~**приймáч** *m* receiving set; radio, *Brt.* wireless (set); ~**слухáч** *m* listener; ~**стáнція** *f* radio station; ~**установка** *f* [*g/pl.*: -вок] radio plant.

рáд|існий joyful, glad; merry; ~**íсть** *f* joy, gladness; pleasure; ~**íти** exult; be pleased, be glad, rejoice.

рáдіус *m* radius.

рáдник *m* **1.** council(l)or; **2.** adviser, counsellor.

рáдо 1. gladly, willingly, readily; **2.** cordially; ~**щі** *pl. coll.* joy *sg.*, gladness *sg.*

рáдувати <об-, по-> (З) gladden, make glad, please, rejoice; **-ся** (Д) rejoice (at), be glad *or* pleased (of, at).

раз *m* [*pl.e.*, *gen.* -íв, раз] time (*this, etc.* [у] З); one; однóго ∸у once; ще ~ once again; once more; два ∸и (двíчі) twice; ні ∸у, жóдного ∸у not once, never; не ~ repeatedly; як ~ just (in time F у сáмий ~; *s.a.* вчáсно), the very.

рáзом together, along with; ~ з тим at the same time.

разю́чий striking, impressive.

рай *m* [у раю́] paradise.

рáйду|га *f* rainbow; ~**жний** iridescent, rainbow ...; *fig.* rosy.

рай|кóм *m* (райóнний комітéт) district committee (Sov.); ~**óн** *m* district; region, area; ∸**óнний** district ...; regional; ~**рáда** *f* (райóнна рáда) district soviet (*or* council).

рак *m* crawfish, *Brt.* crayfish; морськи́й ~ lobster; Ме, *ast.* (♋) cancer.

ракéт|а *f* (sky) rocket; ~**ка** *f* [*g/pl.*: -ток] racket (*sport*); ~**ний** rocket ...

рáковина *f* **1.** sink; wash-bowl; **2.**: вушнá ~ external ear.

рáм|(к)а *f* [*g/pl.*: -мок] frame(-work, *a. fig.* = limits; within у М); ~**па** *f* footlights *pl.*; stage.

рáн|а *f* wound; ~**г** *m* rank; ~**ець** *m* [-нця] satchel; Ml knapsack; ~**ити** <по-> wound, injure (in у З).

рані́ш, ~**е 1.** earlier; якомóга ~е so early as possible; **2.** before, until; **3.** formerly, before.

ран|кóвий morning ...; ~**кóва** зоря́ dawn; ∸**ком** in the morning; сьогóдні ~ком this morning; ∸**ній** early, morning ...; ∸**о** early; ~о чи пíзно sooner *or* later; ∸**о-врáнці** early in the morning; ∸**ок** *m* **1.** morning (in the ∸ком; ∸ками); **2.** matinee; дóброго ∸ку good morning; ~**увáто** F rather early.

рап|íра *f* rapier; ∸**орт** *m*, ~**ортувáти** report; ∸**с** *m* B rape; ~**сóдія** *f* rhapsody.

раптóв|ий sudden, unexpected; ~**íсть** *f* suddenness; unexpectedness; surprise.

рáптом suddenly, all of a sudden.

рáс|а *f* race, ~**и́зм** *m* rasism, racialism;

~и́ст *m* racist, racialist; ~и́стський racialist ...; ~овий racial.
ратифік|а́ція *f* ratification; ~**ува́ти** ratify.
ра́тиця *f* hoof.
рафіна́д *m* lump sugar.
рахівни́|к *m* book-keeper; accountant; ~**цтво** *n* book-keeping; ~**ця** *f* abacus *sg*.; accounts *fig*.; рахува́ти на ~ці use an abacus.
рахі́т *m* rickets.
раху|ва́ти count; calculate, compute; -**ся** consider; take into consideration; не -ся з кимсь ignore *s.b.*; not consider *s.b.*; ∸**нок** *m* **1.** calculation; **2.** account; пото́чний ∸нок account current; **3.** bill (*document*); **4.** *sport.* score; відкри́ти ∸нок open the scoring; зрівня́ти ∸нок even the score; за ∸нок чого́сь at the expense of *s.th.*; особи́сті ∸нки *pl.* private reckoning; зво́дити ∸нки *pl.* settle a score with *s.b.*, square accounts with *s.b.*
раціон|алізува́ти rationalize; ~**а́льний** rational (*a.* Ма).
ра́ція 1. *f* radio transmitter-receiver; **2.** *f* sense, reason; ви ма́єте ~ю you are right; нема́ ~ї there is no point (in + *ger.*).
ра́чки (*a.* ка~) F on all fours.
рва́ти 1. <розі-, по-> tear (to, in pieces на, у З), *v/i.* -**ся**; **2.** <зі-> pluck; **3.** <ви́-> pull out; **4.** <пере-> break off; **5.** <піді-> blow up; ~ й мета́ти F be in a rage; -**ся** break; strive *or* long (eagerly); tear; be broken; struggle to get free.
рвону́ти *pf.* jert; -**ся** dart.
реа|білітува́ти rehabilitate; ~**гува́ти** (на З) react (upon); respond (to); ~**кти́вний** reactive; jet (*plane*); ~**кці́йний**, ~**кціоне́р** *m* reactionary.
реал|і́зм *m* realism; ~**ізува́ти** realize; С *a.* sell; ~**істи́чний** realistic; ∸**ьний** real; realistic; ∸**ьність** *f* reality.
ребро́ *n* [*pl.*: ре́бра, ре́бер, ре́брам] rib; edge (on ~м); поста́вити пита́ння ру́ба *fig.* point-blank.
рев *m* roar; bellow; howl.
рева́нш *m* revenge; *sport.* return match.
реві́з|ія *f* inspection; auditing; revision; ~**о́р** *m* inspector; auditor.
ре́в|інь *m* [*st.*] rhubarb; ~**і́ти** <~ти́> [-ву́, -ве́ш] roar; bellow; howl; F cry.
ревмати́|зм *m* rheumatism; ∸**чний** rheumatic.
ревн|и́вий jealous; ∸**ий** zealous, eagaer; diligent, assiduous; ∸**ість** *f* zeal, eagerness; ∸**ощі** *pl.* jealousy *sg.*; ~**ува́ти** <при-> be jealous (of [p.'s] до Р).
революці́|йний, ~**оне́р** *m* revolutionary; ∸**я** *f* revolution.
револьве́р *m* revolver.
ревти́ 1. roar; bellow (*animals*); howl (*storm*); **2.** F howl, weep.
ре́гіт *m* (loud) laughter, roar.
регла́мент *m* order, regulations *pl.*; time limit; ∸**ація** *f* regulation; ~**ува́ти** regulate.
регота́ти roar (with laughter).
регре́с *m* retrogression.
регул|юва́ти <у-> regulate; adjust; control; (*esp. pf.*) settle; ~**я́рний** regular; ~**я́рність** *f* regularity; ~**я́тор** *m* regulator.
реда|гува́ти <від-> edit, redact; ∸**ктор** *m* editor; ∸**кція** *f* editorial staff; editorship; editor's office; wording, text, version; redaction; (*radio*) desk.
реди́ска *f* [*g/pl.*: -сок] (red) radish.
ре́дька *f* [*g/pl.*: ∸дьок] radish.
реє́стр *m*, ~**ува́ти** <за-> register (*v/i.* -**ся**; *a.* get married *in a civil ceremony*); index.
режи́м *m* regime(*n*); conditions *pl.*; regulations *pl.*, order.
режис|е́р *m* stage manager; director, producer; ~**и́рувати** stage.
резе́рв *m* reserve(s); ~**і́ст** *m* reservist; ∸**ний** reserve...
резо|лю́ція *f* resolution; decision; ~**на́нс** *m* resonance; ∸**нний** F reasonable.
результа́т *m* result (as a в М); outcome; ~**и́вний** effective.
резюм|е́ *n* [*ind.*] summary; ~**ува́ти** summarize.
рейд *m* **1.** Sh road (stead); **2.** Ml raid.
ре́й|ка *f*, ~**ковий** rail; track; схо́дити <зійти́> з ~ок be derailed.
Рейн *m* Rhine.
рейс *m* trip; voyage; flight; ~**овий** regular-route.
рекла́м|а *f* advertising; advertisement; publicity; ~**а́ція** *f* reclamation, complaint; ~**ний** advertising; publicity; ~**ува́ти** advertise; F boost; publicise; reclaim.
рекоменд|аці́йний of recommendation; ~**а́ція** *f* recommendation; reference; ~**ува́ти** <по-> recommend, advise; О introduce.
реконструюва́ти reconstruct, restore.
реко́рд *m* record; ~**ний** record ...; ~**сме́н** *m*, ~**сме́нка** *f* [*g/pl.*: -нок] record-holder, champion.
ре́ктор *m* president, (*Brt.* vice-)chancellor, rector (*univ.*).
релі|гі́йний religious; ∸**гія** *f* religion; ∸**квія** *f* relic.
рем|есло́ *n* [*pl.*: -е́сла, -е́сел, -е́слам] trade, (handi)craft; occupation;

∸інь *m* [-меня] strap; belt; ~**існи́к** *m* (handi)craftsman, artisan; *fig.* bungler; ~**існи́чий** trade ...; handicraft ...; home-made; bungling.

ремо́нт *m* repair(s); remount(-ing); ~**ний**, ~**ува́ти** repair, fix; decorate (*flat*).

ре́мствувати complain (about, to, of на З).

ре́нта *f* rent; revenue; (*life*) annuity; ∸**бельний** profitable; ∸**бельність** *f* profitableness.

рентге́нівськ|ий: ~ий зні́мок roentgenogram; ~і про́мені *pl.* X-rays.

реорганіз|о́вувати <-ува́ти> reorganize (*Brt.* -se).

репа|раці́йний reparation ...; ~**тріюва́ти** repatriate.

репертуа́р *m* repertoire, repertory.

репети́|рувати <про-> rehearse; *impf.* coach; ~**тор** *m* coach; ~**ція** *f* rehearsal; генера́льна ~ція dress-rehearsal.

репетува́ти shout; cry out.

ре́пліка *f* retort; *thea.* cue.

репорт|а́ж *m* report(ing); commentary; ~**е́р** *m* reporter.

репре́с(а́л)ія *f* reprisal.

репроду́ктор *m* loud-speaker.

реп'я́х *m* bur(dock); agrimony.

ресо́ра *f* spring.

респу́бліка *f* republic; ∸**нець** *m* [-нця], ∸**нський** republican.

реставр|а́тор *m* restorer; ~**а́ція** *f* restoration; ~**ува́ти** restore.

рестора́н *m* restaurant (at у М).

ресу́рси *pl.* resources.

ретéльний zealous; diligent, assiduous.

ретушува́ти <від-> retouch.

рефера́т *m* report, paper, essay; summary; synopsis (*pl.* -ses).

рефо́рм|а *f*, ~**ува́ти** reform; ~**а́тор** *m* reformer.

реценз|е́нт *m* reviewer; ~**ува́ти** <про->, ∸**ія** *f* review.

реце́пт *m* **1.** recipe; **2.** (*doctor's*) presciption; ви́писати ~ prescribe (*s.th.*).

рециди́в *m* relapse; ~**і́ст** *m* recidivist.

речови́й material; corporeal; ~ міш́ок *m* knapsack; ~ до́каз *m* J material evidence.

речовина́ *f* substance, matter.

ре́ш|ето *n* [*pl.*: -ше́та, -ші́т, -ше́там] sieve; ~**і́тка** *f* grating, grille; lattice; bars *pl.*; railings *pl.*; ~**і́тчастий** lattice ...; latticed; trellis(ed).

ре́шт|а *f* remainder, rest; ~**ки** *pl.* **1.** remains; **2.** vestiges, traces.

ри́б|а *f* fish; ~**а́к** *m* fisherman; ~**а́лити** fish; ~**а́лка** *m* **1.** angler, fisherman; **2.** fishing; ~**а́льство** *n* fishery; ~**а́льський** fishing; fish ...; ∸**ний** fish(y); ~ про́мисел *m* fishery; ~**оло́в** *m* angler; ~**'я́чий** fish ...; cod-liver (oil).

рив|о́к *m* [-вка́] jerk, tug; ~ка́ми by jerks.

рид|а́ння *n* sob(bing); ~**а́ти** sob.

рига́ти <~ну́ти> belch.

ри́за *f* chasuble; robe.

ри́зик *m s.* риск; ~**ува́ти**, <~ну́ти> risk; take a risk.

ри́ло *n* snout; P mug.

Рим *m* Rome; ∸**а** *f* rhyme; ∸**лянин** *m* [*pl.*: ∸яни, ∸ян], ∸**лянка** *f* [*g/pl.*: ∸нок] Roman.

ри́мськ|ий Roman; ~і ци́фри Roman numerals.

римува́ти(ся) rhyme.

ри́н|ковий market ...; ~**ок** *m* market (in на М).

ри́нути rush; gush (forth), (begin to) pour in torrents.

рипі́ти creak, squeak; scratch.

рис *m* rice.

ри́са *f* line; trait, features *pl.* (*a.* ~и обли́ччя); *fig.* touch.

риса́к *m* [*e.*] trotter.

риск *m* risk (at на З); hazard; іти́ на ~ run risks, take chances; ~**о́ваний** risky; ~**ува́ти** <~ну́ти> (*usu.* О) risk, venture.

ри́ска *f* [*g/pl.*: -сок] hyphen.

ри́совий rice ...

рисув|а́ння *n* drawing; designing; ~**а́ти**, <на-> draw; design; **-ся** F pose, mince.

рису́нок *m* [-нка] drawing, design; picture, illustration (in М).

рись *f* **1.** trot; бі́гти ри́ссю trot; **2.** *zo.* lynx.

ри́ти <ви-> dig; burrow, mine; **-ся** rummage; dig; root.

ритм *m* rhythm; ~**і́чний** rhythmical.

риф *m* reef.

ри́цар *m* knight; *fig.* gentleman; ~**ський** knightly, chivalrous; knight's.

рици́новий (*a.* касто́ровий) castor (*oil; hat*).

рича́ти [*e.* -чу́, -чи́ш] growl, snarl.

ришт|ова́ння, ~**ува́ння** *n* scaffolding, staging.

рів *m* [ро́ву] ditch; moat.

рі́вн|ий **1.** even, level, flat; smooth; regular; straight: ∸а лі́нія straight line; **2.** equal; equable; йому́ нема́є ∸ого he has no match; ~**и́на** *f* plain; ~**и́нний** flat; ∸**ість** *f* equality; ∸**о** precisely, exactly, *time a.* sharp; F absolutely; equal(ly); evenly, regularly.

рівно|ва́га *f* balance (*a. fig.*), equilibrium; ~**зна́чний** equivalent; ~**мі́рний** uniform, even, equal;

~**пра́вний** (enjoying) equal (rights); ~**пра́вність** *f* equality (of rights); ~**ці́нний** equal (in value).

рі́вн|я *m/f* F equal; ~**я́ння** *n* Ml eyes (*right!*); Ma equation; ~**я́ти** <з-> smooth; make equal; even, equalize; compare (with); line up; Ml dress (*ranks*); F compare; **-ся** straighten out; line up; Ml dress; be equal (to Д).

рівча́к *m* ditch, trench.

ріг *m* **1.** [ро́га; *pl.*: ро́ги] horn; anthler; Mu bugle; **2.** [ро́гу, на ро́зі] (*street*) corner.

рід *m* [у, на роду́; *pl. e.*] family,kind; genus (*pl.* genera); race, birth (by O), origin; generation; sort, kind; way; *gr.* gender; F class; **ро́дом із, з** P come *or* be from.

ріди́на *f* liquid, fluid; scantiness.

рідí́ти (*forest, hair*) get thinner; (*clouds, etc.*) disperse, drift away; be depleted.

рідк|и́й (*hair, etc.*) thin, sparse, scanty; rare, infrequent; liquid; watery; ∸**існий** rare, uncommon, exceptional; ∸**ість** *f* rarity, curiosity; sparsity, thinness; uncommon (thing); **на** ∸**ість** F extremely, awfully; ∸**о** seldom, rarely.

рі́дн|ий own; native; (my) dear, darling; ~**і** *su. pl.* one's relatives *or* relations; ~**а мо́ва** mother tongue; native language.

рідни́ти <по-> bring together; make related; **-ся** become related (with).

рідн|я́ *f* relative(s), relation(s); [**бу́ти**] ~**е́ю** related (to з O).

Р

рід|шати **1.** become rare; **2.** *s.* ~**і́ти.**

ріжо́к *m* [-жка́] *dim. of* **ріг**; ear trumpet; feeding bottle; (*gas*) burner; shoehorn.

рі́зани|й carved, ∸**на** *f* slaughter, massacre.

рі́зати **1.** <роз-> cut (up, open); slice; carve (*meat*); **2.** <за-> slaughter, kill (*cattle*); **3.** <ви́-> carve, cut (in *wood* по Д, на М); **4.** <з-> cut off; F fall; *impf.* hurt; F say; P talk; **5.** **-ся** F cut (one's teeth); gamble.

різдво́ *n* (*a.* **Різдво́ [Христо́ве]** Christmas (at на З); **поздоро́вити з** ∸**м Христо́вим** with a Merry Christmas; **до (пі́сля) Р.Хр.** B.C. (A.D.).

різе́ць *m* [-зця́] incisor; chisel; cutter.

рі́зка *f* [*g/pl.*: -зо́к] rod; birch.

різк|и́й sharp *or* biting *or* cutting (*wind*); keen *or* severe (*criticism*); acute (*pain*); harsh (*person*); shrill (*voice*); glaring (*light*); sharp (*answer*): rough (*tone*); abrupt *or* short (*manners*); ∸**ість** *f* sharpness; abruptness; bluntness; harsh words *pl.*

рі́зний various, different, diverse.

різни́тися differ (in).

різни́ця *f* [*sg. only*; -цею] difference (*a.* Ma).

різно|ба́рвний multicolo(u)red; ~**бі́й** *m* lack of coordination; ~**бі́чний** many-sided; *fig.* versatile.

різно|ви́д *m*, ~**ви́дність** *f* variety, sort; ~**калі́берний** F, ~**ма́стий** *s.* ~**ше́рстий**; ~**кольоро́вий** *s.* ~**ба́рвний**; ~**мані́тний** manifold, multifarious, various; ~**мані́тність** *f* variety, diversity, multiplicity; ~**рі́дний** heterogeneous; ~**сторо́нній** *s.* ~**бі́чний**; ~**ше́рстий** variegated; F motley, mixed.

різня́ *f* slaughter.

різьб|á *f* carving; E thread; ~**и́ти** carve; engrave.

рій *m* [ро́ю і роя́; *pl.* рої́, рої́в] swarm.

рік *m* year; **цього́ ро́ку** this year; **в його́ роки́** at his age; **з ро́ку в** ~ from year to year; **скі́льки вам ро́ків?** how old are you?

рі́ка́ *f* river, stream.

рі́па *f* turnip.

ріпа́к *m s.* **рапс**

ріст *m* **1.** growth; *fig.* increase, rise; **2.** height; stature; size; **висо́кого ро́сту** tall; **мале́нького ро́сту** short.

річ *f* [*pl.*: ре́чі] thing; object; piece; *pl.* belongings; baggage, *Brt.* luggage; **ре́чі пе́ршої необхі́дності** the necessaries of life.

рі́чище *n* river-bed; (*a. fig.*) channel.

рі́чк|а *f* [*g/pl.*: -чо́к] (small) river; ~**ови́й** river ...

річни́|й year's; annual; ~**ця** *f* anniversary.

ріш|а́ти <~**и́ти**> [-шу́, -ши́ш] F solve, decide, resolve (*a.* **-ся** [on, to на З] make up one's mind); dare, risk; ∸**ення** *n* **1.** decision, resolution; verdict; **2.** solution (of), answer (to); ~**у́че** resolutely, decidedly; positively; ~**у́чий** resolute, firm; decided; decisive; ~**у́чість** *f* resolution; firmness; determination.

роби́ти <з-> make, do; ~**ви́сновки** draw conclusions; ~**помилки́** make mistakes; **-ся** (O) become, grow, turn; happen (with, to з O) be going on; **що з ним зроби́лося?** what has become of him?

робітни́|к *m*, ∸**ця** *f* worker, working (wo)man; (day)labo(u)rer, (farm) hard; (*house*)maid; ~**чий** workers', labo(u)r, working; ~**чий клас** working class.

робо́|та *f* work (at за O; на M); job, labo(u)r. toil; assignment, task;

шука́ти ~ту look for a job; **~тода́вець** *m* employer, F boss; **~тя́щий** industrious; **~чи́й** working, work (*a. day*); ~ча си́ла man power; labo(u)r.
рове́сник *m* coeval, of the same age.
рог|а́тий horned; **~і́вка** *f* cornea; **~ови́й** horn ...
рого́жа *f* (bast)mat.
роди́|льний *s.* полого́вий; **'~мка** *f* [*g/pl.*: -мок] birthmark, mole; **~на** *f* family; **~нний** family ...; related, kindred, of blood; ~нні зв'язки́ ties of relationship *or* blood; **~ти** <на-> give birth (to); bear; *fig. a.* give rise (to); **-ся** be born; *fig.* arise, spring up; **'~ч** *m*, **'~чка** *f* relative, relation; **~ча́тися** <по-> **1.** become related (to); **2.** maintain family ties.
родо́|ви́й genitive (*case*); **~ви́й** patrimonial; genetic; *s.* полого́вий; **~ві́д** family tree; (*animal*) pedigree; **~ві́дний** genealogical; **~нача́льник** *m* ancestor, (*a. fig.*) father.
роже́вий pink, rosy.
розбав|ля́ти <*∸*ити> dilute.
розбагаті́ти get rich.
розбе́щ|ений **1.** spoiled, undisciplined; **2.** dissolute; depraved, corrupted; **~еність** *f* **1.** lack of discipline; **2.** dissoluteness, depravity; **~увати** [-щую, щуєш, -щений] <розбе́стити> [-бе́щу, -бе́стиш] (**-ся** become) spoil(ed), corrupt(ed), deprave(d), debauch(ed).
розби|ва́ти <*∸*ти> [розіб'ю, -б'є́ш; розбий(те)!; *∸*тий] **1.** break (to pieces), shatter (*a. fig.*); **2.** knock, hurt; fracture; **3.** beat, defeat; **4.** ~ та́бір make a camp; **-ся 1.** break; crash (*plane, car*); *fig.* be wrecked, shatte-red; come to nothing; **2.** hurt oneself.
розби́вка *f* separation; *typ.* spacing (out).
розбир|а́ння *n* taking to pieces, dismantling; sorting (out); **~ати** <розібра́ти> [розберу́, розбере́ш, розібра́в, розі́браний] take to pieces, dismantle, pull down; investigate, unquire into; review; analyze (*Brt.* -se), parse; make out, decipher, understand; sort out; I try; buy up; F take; *impf.* be particular; **-ся** F (в M) grasp, understand; unpack.
розби́тий broken; F jaded.
ро́збі|г *m* start, run (with, at з P); **~га́тися** <*∸*гтися> [-жу́сь, -жи́шся, -жимо́ся, -жите́ся] take a run; scatter; disperse.
розбі́жність *f* difference, variance, discrepancy, divergence; ~ думо́к difference in opinion.
розбі́й *m* robbery; **~ник** *m* robber; чини́ти розбо́ї rob; pirate; **~ницький** predatory; of robbers *or* brigands.
розбі́р *m* **1.** disassembling; **2.** investigation, examination; review, critique; **3.** *gr.* parsing; analysis; **4.** J trial; без розбо́ру indiscriminately; **~ливий** legible; discerning; scrupulous, fastidious; **~ливість** *f* legibility; scrupulousness; fastidiousness; **~ни́й** folding, collapsible.
розбо́вкувати F <розбо́вкати> let out, divulge, trumpet.
розбо́вт|увати <*∸*ати> stir; *s.* розмі́шувати.
розборон|я́ти, <~и́ти> separate.
ро́збрат *m* discord, dissension, contention.
розбрести́ся disperse.
розбри́зк|увати <~ати> splash about.
ро́збрід *m* disorder, mess.
розбуди́ти wake (up).
розбух|а́ти, <*∸*нути> swell.
розва́|га *f* entertainment, amusement; diversion, distraction; **~жа́льний** pleasure ...; **~жа́ння** *n* amusement; **~жа́ти** <*∸*ити> entertain, amuse, (*o.s.* **-ся**); divert, distract.
розва́ж|ений, **~ни́й** weighed out; **~увати** <~ити> weigh (out).
розва́жлив|ий deliberate; reasonable; **~ість** *f* reasonableness.
розва́л *m* disintegration; collapse, breakdown; chaos; **~ювати** <~и́ти> [-алю́, -а́лиш] **1.** pull apart; pull down (*building*); **2.** wreck, ruin; **3.** disorganize; **-ся 1.** fall to pieces; collapse, fall down; **2.** go to pieces; be ruined; **3.** F sprawl, lounge.
розванта́ж|ення *n* unloading, discharging; **~увати** <~ити> [-жую, -жуєш; -жений] (**-ся** be) unload(ed); discharge(d).
розве́ден|ий divorced; divorcé(e) *su.*; **~ня** *n* divorce; Ml relief, mounting; breeding; cultivation.
розви|ва́ти <*∸*ти> [розів'ю́, -зів'є́ш; розви́в, -ла́, -ло́; розви́тий] unroll; untwist; <*∸*нути> [-ну, -неш; розви́нений] *fig.* develop (*memory, industry*); Ml exploit (*success*); gather *or* pick up (*speed*).
розвидня́|тися *impers.*: ~є́ться day is breaking.
розви́|нений (*a.* ~нутий) developed; cultivated; intelligent; advanced; **∸ток** *m* development; progress.
розві|ва́тися <*∸*ятися> flutter, fly.
ро́звід 1. *m* [ро́зво́ду] divorce; **2.** *m* [-во́ду] Ml relief, mounting.
ро́звідка 1. research, investigation;

Р

2.*f* [*g/pl.*: -док] reconnaissance; intelligence service; *geol.* exploring, prospecting; **∸ник** *m* scout; intelligence officer; *geol.* prospector; **∸увальний** reconnaissance ...; intelligence; **∸увати** <∸ати> reconnoiter (*Brt.* -tre); F find out; *geol.* explore, prospect; **∸увач** *m* A reconnaissance plane.

розві́нч|увати <~а́ти> dethrone; F debunk; uncrown; unmask.

розві́|шувати <~шати, *a.* ~сити> hang (out).

розві́|ювати <~яти> disperse; *fig.* dispel; **-ся** disperse.

розв|о́дити <~ести́> take (along), bring; divorce (from з O); separate; dilute; mix; rear, breed; plant, cultivate; light, make; Ml mount, relieve; **-ся** get divorced (from з O); F multiply grow *or* increase in number.

розв|о́зити <~езти́> take; transport; deliver, carry.

розворуши́ти F *pf.* stir (up), rouse.

розв'яз|ка *f* [*g/pl.*: -зок] outcome, conclusion; issue; end; denouement; **∸ний** forward, (free *and*) easy; **~увати** <~а́ти> untie, undo, unbind; *fig.* unleash; solve; **-ся** come untied; F get rid (of з O); come out, be solved.

розга́д|ка *f* [*g/pl.*: -док] solution; answer; **~увати** <~а́ти> solve, guess, unriddle.

розгалу́|ження *n* ramification, branching; **∸жуватися** <~зитися> ramify, branch; (*road*) fork.

розганя́ти <розігна́ти> [розжену́, -ене́ш; розігна́в, -ла, -ло; розі́гнаний] disperse, scatter; dispel; F drive away; **-ся** take a run.

розгардія́ш *m* F mess, muddle, jumble.

розгви́н|чувати <~ти́ти> [-нчу́, -нти́ш; ∸чений] unscrew.

роз|гина́ти <~ігну́ти> unbend, straighten (*o.s.* **-ся**).

розг|і́н *m* dispersal; run, momentum; з ~о́ну full tilt.

розла́д|жувати <∸ити> smooth; iron, press.

ро́згляд *n* examination; consideration; trial; analysis; **~а́ти** <розгля́нути> [-ну, -неш] **1.** look (at); scrutinize; **2.** *fig.* regard (as), consider (to be); **3.** *fig.* consider, view, examine.

розгні́ва|ний angry, furious, infuriated; **~ти** infuriate; **-ся** fly into a rage.

розну́зданий unbridled.

розговори́тися get into talk (with).

розго́йд|увати <~ати> swing; rock.

ро́зголос *m* publicity; F talk, rumo(u)r.

розголо́|шувати <~си́ти> [~шу́, ∸сиш, ∸шений] divulge; trumpet.

розго́р|нений *fig.* developed; **~нутий** large-scale; **~та́ти** <~ну́ти> unfold, unroll, unwrap; open; *fig.* Ml deploy; *fig.* develop; (**-ся** *v/i*; *a.* turn).

розгор|я́тися <~і́тися> kindle, flare (up) (*a. fig.*), (in)flame, blaze up; begin to glow.

розграб|о́вувати <~ува́ти>, **~ува́ння** *n* plunder, pillage, loot.

розгро́м *m* **1.** crushing, defeat, rout; **2.** devastation; **~и́ти** rout, defeat; devastate.

розгуб|и́ти *pf.* lose (one's head **-ся**; be[come] perplexed *or* puzzled; **∸лений** confused, perplexed, bewildered; **∸леність** *f* bewilderment, perplexity; confusion.

розгу́л *m* revelry, carouse; debauch(ery), licentiousness; *fig.* raging, violence; ~ реа́кції orgy of reaction; **~ьний** revelry, debauch, F dissolute; loose; *fig.* raging, violence; **~ювати** F stroll, saunter, walk about; **-ся**, <~я́тися> **1.** clear up (*weather*); **2.** F have a good walk *or* run, move without restraint; **3.** *pf.* go on the spree; be on the loose; **4.** break loose, rampage, rage.

розда|ва́ти <∸ти> distribute, hand out, give out; play (*cards*: deal) out; **-ся 1.** (re)sound, be heard; **2.** give way; **3.** separate, split; **4.** F expand.

роздави́ти crush, smash; run down.

разда́ча *f* distribution.

роздво́|єння *n* bifurcation, fork; **~юватися** bifurcate; fork.

роздив|ля́тися <~и́тися> look (at); examine.

роздира́ти F, <-де́рти> [-деру́, -дере́ш; -де́р, ~ла, ~ло; -де́ртий] *impf.* rend; *pf.* F tear to pieces.

ро́зділ *m* division; section; part; issue; **∸ення** *n* division (into на 3); *eccl.* schism; **~о́вий** dividing; *gr.* disjunctive; **∸ьний** separate; distinct; **~я́ти** <~и́ти> [~ю́, ∸иш; ∸ений] divide (into на 3; *a.* [-ed] by); separate; share; **-ся** (be) divide(d), fall.

роздму́х|увати <~ати> fan (*a. fig.*).

роздобу́ти F [-бу́ду, -бу́деш] *pf.* get, procure.

розд́олля *n* open (*space*).

роздорі́жж|я *n* crossroad(s); на ~і at the cross-roads; *a. fig.* at the parting of the way.

роздоса́дуваний F angry.

роздрат|о́ваний irritated; exasperated; **~о́вано** in irritation; **~о́вувати** <~ува́ти> [-у́ю, ∸єш; -о́ваний]

irritate, exasperate; **-ся** lose one's temper; **~ува́ння** *n* irritation; temper.
ро́здріб: на *or* у ~ by *or* at retail; **~ни́й** retail ...; **⁓нювати** <~ни́ти> [⁓нюю, ⁓нюєш, ⁓нений] reduce to fragments; pound, crush.
роздро́б|лення *n* breaking; smashing; **~ля́ти** <~и́ти> break, crush; splinter.
роздря́п|увати <~ати> scratch.
розду|ва́ти <⁓ти> (*a. fig.*) fan (*fire*); blow (away); F puff up, inflate; enlarge (upon), exasperate, exaggerate; **-ся** swell, inflate, billow (*sail*).
ро́здум *m* meditation, thought(s); doubt(s); у глибо́кому ~і deep in thought; **⁓ати** change one's mind; **⁓увати** meditate, think, ponder, hesitate.
розду́тий F **1.** swollen; **2.** billowing; **3.** *fig.* inflated.
роздяг|а́льня *f* F [*g/pl.*: -лень], checkroom, cloakroom; **~а́ти** <~ти́> [~ну́, -дягне́ш; ⁓нений, ⁓нутий] undress (*v/i.* **-ся**), take off; F strip (of).
розе́тка *f* [*g/pl.*: -ток] rosette; Ee (*plug*) socket.
роз'є́днувати <~єдна́ти> separate; Ee disconnect; **-ся** separate, part; Ee become disconnected.
роз|жа́лобити move to pity; **~жалува́ти** degrade (to у Н *pl.*); **~жа́рений** red-hot; incandescent; **~жа́рення** *n* incandescence; **~жа́рювати**, <~жарити> heat; incandesce; make (**-ся** become) red-hot, white-hot; **~жо́вувати** <~жува́ти> [*e.*: -жую́, -жує́ш] chew; *fig.* F spoonfeed (to).
роззбро́|єння *n* disarmament; **~ювати(ся)** <~їти(ся)> disarm.
роззу|ва́ти(ся) <⁓ти(ся)> take off one's shoes.
роззя́в|а *m/f* F gawk, gaper, goof; **~ля́ти** F <~ити> open wide; ~ля́ти ро́т(а) gape.
ро́зиграш *m* draw; drawn game; drawing of a lottery; ~ пе́ршості play(s) for championship.
розі|гріва́ти <~грі́ти> [~грі́тий] warm (up); **⁓грувати**, <~гра́ти> play, raffle (off); F play a trick (on).
розімкну́ти *s.* розмика́ти.
роз'ї|да́ти <⁓сти> eat away; corrode (*a. fig.*).
роз'їжджа́ти drive, ride, go about; be on a journey *or* trip; drive about; **-ся** <~ї́хатися> [-ї́дуся, -ї́дешся, -їжджа́йтеся!] leave (for по М); depart, go away; separate; pass o.a. (з О); *pf.* miss each other.
роз'ї́зд *m* departure; setting out; Rr station and double track (on a single-track railway), siding; Ml horse *or* mounted patrol.
розка́з|увати <~а́ти> relate, narrate, tell.
розка́ч|увати(ся) <~а́ти(ся)> F bestir.
роз|ка́юватися <~ка́ятися> repent (*v/t.*, of у М); **~ка́яння** *n* repentance (of у М).
розквартирува́ти *pf.* quarter.
розквита́тися F settle up accounts (with); *a. fig.* be even (with), be quits (with).
ро́зквіт *m* blossoming; (*a. fig.*) bloom; prime (*life*), *fig.* prosperity; golden age (*literature, etc.*); **~а́ти** <⁓нути> blo(ss)om; *fig.* flourish, thrive, prosper.
розки́д|аний **1.** scattered; **2.** *fig.* disconnected, confused; **~а́ти** **1.** <⁓дати> scatter, throw about, strew; F squander; **2.** <~ки́нути> spread (out); throw out; pitch (*tent*), set up.
ро́зкіш *f* luxury; comfort; magnificence, sumptuousness; luxuriance; **⁓ний** luxurious; magnificent, splendid, sumptuous; F luxuriant, exuberant.
ро́зклад **1.** *m* timetable (Rr ~ поїзді́в; *school*: ~уроків), schedule (on за О); **2.** *m* decomposition, decay; corruption; demoralization.
розкла|да́ти <⁓сти> **1.** lay out; display; set up; make (*fire*); **2.** distribute, apportion; **3.** decompose; **4.** demoralize, corrupt; **-ся** **1.** Ch decompose; decay; **2.** become corrupted; **~дни́й** folding; **⁓нюватися** <⁓нятися> (з О) bow (to), greet; take leave (of).
розко́|л *m* split, schism; **~лина** *f* crevice, cleft, crack; **~лювати**(ся) <~ло́ти(ся)> split, cleave; crack.
розко́п|ка *f* [*g/pl.*: -пок] excavation; **~увати** <~а́ти> dig out *or* up; excavate.
розко́|ти *m pl.* roll, peal; **~тистий** rolling; **~чувати** <~ти́ти> (un-)roll; *v/i.* **-ся** gain speed; roll (off).
розкошува́ти luxuriate.
розкра|да́ння *n* plunder; **~дати** <⁓сти> steal, plunder, embezzle.
розкри|ва́ти <⁓ти> [-кри́ю, -кри́єш; -кри́тий] expose, disclose, unmask; open (*v/i.* **-ся**); uncover; reveal; put (*one's cards*) on the table; **~тикува́ти** *pf.* scarify; **~ття́** *n* exposure, disclosure, unmasking; **~ча́тися** [*e.*; -чу́сь, -чи́шся] *pf.* shout, bawl (at на З).
розкріпа́ч|ення *n* emancipation, liberation; **~увати** <~ити> [*st.*; -чую,

Р

-чуєш; -кріпа́чений] emancipate, liberate.

розкру́чувати <~ти́ти> **1.** untwist, unscrew; **2.** start turning.

розку|по́вувати <~пи́ти> buy up; **~́по́рювати** <~́по́рити> uncork; open; **~рку́лити** *pf.* dispossess *or* oust (the kulak[s] *Sov.*); **~́тувати** <~́тати> unwind, unwrap; **~́шувати** <~си́ти> crack; F see through, get (the hang of).

ро́злад *m* **1.** discord; dissension; lack of co-ordination; **2.** disorder; upsetting; disturbance; ~ шлу́нку indigestion; **~́жувати(ся)** <~́ити (ся)> *s.* розстро́ювати(ся).

розла́м|увати <~а́ти> break; pull down; **-ся** break to pieces.

ро́зли́|в *m* flood; **~ва́ти**, <~́ти> [розіллю́, -ллє́ш; *cf.* ли́ти; -ли́й (те)!; розли́в, ~ла́, ~ло́; ~тий] spill; pour out; bottle; ladle; flood, overflow; spread; (*v/i.* **-ся**).

роз|літа́тися <~летíтися> fly (away, asunder); F break (to pieces); come to naught; take a sweep.

розло́гий spacious, ample; spreading.

розло́м|лювати <~и́ти> break.

розлу́|ка *f* separation (from з O), parting; **~ча́ти** <~чи́ти> [-чу́, ~́чиш; -чений] separate (*v/i.* **-ся**; from з O), part; devorce; **~чений** divorced, divorcé(e) *su.*; **~чення** *n* divorce.

розлюби́ти cease to love.

розлют|и́ти make angry *or* furious; **~́ований** enraged, furious.

розма́з|увати <~ати> smear, spread.

розмалюва́ти *pf.* ornament; paint, colour; draw all over.

ро́зма|х *m* swing, brandish (with [*a.* might] з ~́ху); span (*a. fig.*), sweep; amplitude; *fig.* vim, verve, élan, scope; range, extent; **~́хувати** <~хну́ти> (O) swing, sway, dangle; brandish; gesticulate, wave (*hands*); **-ся** lift (one's hand O); **~́шистий** F wide; diffuse.

розмеж|о́вувати <-ува́ти> *pf.* mark off, demarcate, delimit; *fig. a.* differentiate (between); **~ува́ння** *n* delimitation.

роз|ме́лювати <~моло́ти> [~мелю́, ~ме́леш] grind, crush; **~мива́ти**, <~ми́ти> wash out *or* away; **~мика́ти** <розімкну́ти> Ee open.

розмина́ти <-зім'я́ти> [-зімну́, -зімне́ш; -зім'я́тий] **1.** knead (*paste, clay*); **2.** mash (*potatoes*); **3.** ~ но́ги F stretch one's legs; **-ся** <розі-м'я́тися> **1.** grow soft by kneading; **2.** get mashed; **3.** stretch; limber up; <розмину́тися> pass each other; *pf.* cross (*letters*); miss each other.

ро́змі́н *m*, **~́ювати** <~я́ти> (ex)change (for на 3); **~́ний**: ~а моне́та *f* change.

ро́змір *m* size; dimension(s), measure(ment); rate (at у M), amount; scale; *poet.*, Mu meter (*Brt.* -tre; in O), Mu a time, measure (of у 3); **~́ений** measured.

розмірк|о́вувати <~ува́ти> consider, think.

розміря́ти, <-мíряти> measure (off).

розмі|ча́ти *a.* розмíчувати <~́тити> mark; **~́шувати** <~ша́ти> stir (up); <~си́ти> knead.

розмí|щувати <~ща́ти, ~місти́ти> [~щу́, ~стиш; ~щений] **1.** put, place; **2.** accommodate, quarter, lodge; **3.** distribute; **-ся 1.** take one's place; **2.** be accommodated, be quartered; **~щення** *n* **1.** placing; **2.** accommodation; **3.** arrangement, order; **4.** distribution.

розмно́ж|ення *n* multiplication; propagation, reproduction; duplicating; **~увати** <~ити> multiply (*v/i.* **-ся**); mimeograph.

розмо́в|а *f* talk, conversation; **~ля́ти** speak (to, with); talk (to, with); **~ний** colloquial.

розмо|ка́ти <~кнути, ~́кти> soak, swell; **~́тувати** <~мота́ти> unwind, wind off; **~́чувати** <~чи́ти> *pf.* soak.

розм'як|шувати <~ши́ти> [~шую, ~шуєш; ~́шений] soften, mollify.

розн|іма́ти <~я́ти> part, take to pieces.

розно́|с *m* delivery; peddlery; **~си́ти** <рознести> deliver (to, at по M), carry; convey; hawk, peddle; F spread; smash, destroy; blow up; scatter; enter, book; swell, give a rating; **-ся** spread; resound; **~сни́й** peddling; **~шувати** <~си́ти> tread out, wear to shape, wear in; **~щик** *m* peddler, hawker; (*news*) boy, man; messenger.

розо́р|ення *n* ruin, destruction, devastation; **~ний** ruinuous, wastefull; **~я́ти** <~и́ти> (-ся be[come]) ruin(ed), destroy(ed), ravage(d); bring to ruin; **-ся** *impf.* F abuse.

ро́зпа|д *m* disintegration; decay; **~да́тися** <~́стися> [~́вся, ~́лася] fall to pieces; decay; disintegrate; break up (into на 3), split; **~ко́вувати** <~кува́ти> unpack.

ро́зпал *m* (у M) heat, thick (in), height (at), (in full) swing; **~́ювати(ся)** <~и́ти(ся)> [ю́, ~́иш, ~́ять; ~и́в, ~и́ла; ~́ений] kindle (*a. fig.*): heat; light; rouse; unleash.

розпа́тланий disheveled.

ро́зпач *m* despair; у ~і in despair; **∸ливий** desperate; **∸ливо** desperately.

розпая́ти (-ся come) unsolder(ed).

розпеча́т|увати <~ати> open; unseal.

розпе́чений scorching, burning hot; red-hot.

розпе́|щувати <~стити> coddle, spoil.

розпи́л|ювати 1. <~и́ти> powder, pulverize, scatter; 2. <~я́ти> [~юю, ~юєш; ~яний] saw; **~ювач** *m* spray(er), atomizer.

розпина́ти <розіпну́ти, розп'я́сти> [розіпну́, розіпне́ш; розіп'я́тий] crucify; pitch (*tent*).

ро́зпис *m* 1. list; 2. fresco; **∸ка** *f* [*g/pl.*: -сок] receipt (against під З); **∸увати** <~а́ти> write, enter; paint; ornament; **-ся** sign (one's name); (acknowledge) receipt (у М); F register one's marriage.

розпи́|тувати <~та́ти> inquire, ask.

розпізна|ва́льний distinctive; **~ва́ти** <∸ти> perceive, discern; find out; distinct.

розпл|авля́ти *s.* пла́вити; **~а́катися** burst into tears; **~а́та** *f* payment; requital; *fig.* retribution; **~а́чуватися** <~ати́тися> (з О) pay off, settle accounts (with); pay (for за З); **~е́скувати** <~еска́ти> *s.* розплі́скувати.

розпли|ва́тися <~сти́ся, ~вти́ся> spread; run; swim about; blur; swell; F grow fat; **∸вча(с)тий** *a.* blurred, diffuse, vague.

розплі́скувати spill, splash about; **-ся** spill (over).

розпл|іта́ти <~ести́> (-ся get) unbraid(ed); untwist, unplate.

розплоди́ти breed; **-ся** breed, multiply.

розплу́|тувати <~тати> untangle; unravel; disentangle (*a. fig.*).

розплю́щ|увати <~ити> (*eyes*) open.

розпові|да́ти <∸сти́> tell; relate, narrate; **~да́ч** *m* narrator, storyteller; **~дни́й** narrative; **'~дь** *f* narration, narrative; story, tale.

розповз|а́тися <~ти́ся> creep *or* crawl (away).

розповсю́дж|ений widespread; widely distributed; **~ення** *n* 1. spreading, dissemination; 2. prevalence; circulation; **~увати** <розповсю́дити> 1. distribute; 2. spread, extend; disseminate; propagate; **-ся** extend; spread; get about.

розпо́діл *m* distribution; allocation, assignment; **∸ьний** distributing; distributive; Ee cintrol ...; switch ...; **~я́ти** <∸ити> distribu-te; allot; assign (to по, за Д), allocate; arrange, classify.

розпоро́ш|ення *n* pulverization; spraying, atomizing; frittering; scattering; **~увати** <~и́ти> powder, pulverize; disperse; spray, atomize.

розпо́р|ювати <~о́ти> rip, open; **-ся** rip, come undone.

розпоряд|жа́тися <~и́тися> [-жу́ся, -и́шся] give instructions *or* orders; *pf. a.* see (that); deal (with), (O) dispose (of); *impf.* manage, direct; **∸ження** *n* order(s), instruction(s); decree; disposal (at у З); command (to у Р); **∸ливий** active, efficient, circumspect; **∸ливість** *f* administrative ability, management; **∸ник** *m* manager, organizer; **∸ок** *m* [-ка] order; routine; rule (*office, etc.*) regulations *pl.*

розпо|чина́ти <~ча́ти> begin, start; commence; **-ся** begin, start.

розпра́в|а *f* violence, reprisal; massacre; short work (of з О); **~ля́ти** <~ити> straighten; smooth; spread, stretch; **-ся** 1. straighten; 2. deal (with); make short work (of).

розпри́ск|увати <∸ати> splash *or* sprinkle about.

розпро|дава́ти *a.* розпро́дувати <~да́ти> [-да́м, -даси́; -да́в, -да́ла, -да́ло; ∸даний] sell out (*or off*); **∸даж** *f* (clearance) sale; selling off.

розпроща́тися [-ща́юся, -ща́єшся] take leave (of); *fig.* (з О) bid farewell (to); give up, abandon.

розпряг|а́ти <~ти́> [*v/i.*: -жу́, -же́ш] unharness.

розпу́к|уватися <~атися> come out, blossom out, open.

ро́зпуск *m* dissolution; dismissal; disbandment; breaking up.

розпу|ска́ти <~сти́ти> dismiss, disband, dissolve, break up; unfurl; undo; loosen; spread; melt; *fig.* spoil; **-ся** open; expand; loosen, untie; dissolve; F become spoiled.

розпу́с|ний dissolute, licentious; **~ник** *m* libertine, debauchee, rake; **~ничати** F (indulge in) debauch, deprave, corrupt; **∸та** *f* debauch; depravity; dissoluteness.

розпу́ття *n s.* роздорі́жжя.

розпу|ха́ти <∸хнути> swell; *a. s.* набуха́ти, набряка́ти; **∸хлий** swollen.

розпу́шувати <-и́тию́, с-, під-> loosen (*soil*); hoe.

розпу́щений spoiled, undisciplined; dissolute.

розп'я́ття *n* crucifix, crucifixion.

розра́да *f* comfort; consolation; solace.

розрах|о́вувати <~ува́ти> (не mis-) calculate, estimate, judge; dismiss,

pay off; *impf.* count *or* reckon (on на З); mean; expect; intend; **-ся** settle accounts, get even (with з О), pay off; count off.
розраху́н|ок *m* calculation; estimation; settlement (of account); payment; dismissal, *Brt.* F *a.* sack; account, consideration; intention; providence; F use; з ~ку at rate of; ми з ва́ми розрахува́лися (кви́ти) F we are quits.
розри́|в *m* **1.** *a. fig.* gap; rupture; **2.** breaking-off; annulment, dissolution; **3.** burst, explosion; **~ва́ти** <розірва́ти> [-ву́, -́вип; -ва́в, -ва́ла, -ва́ло; розі́рваний] **1.** tear (up); break (off) (*a. fig.*); tear to pieces; **2.** annual, dissolve, sever; **3.** blow to pieces, *impers.* burst, explode; **-ся** **1.** be torn; **2.** burst; **~ва́ти** <розри́ти> [-ри́ю, -ри́єш] **1.** dig up; **2.** F turn upside-down; **~вни́й** explosive; **~да́тися** *pf.* break into sobs.
розрі́джений rarefied.
ро́зріз *m* cut, slit, section; angle (from у М); **~́нений** odd; isolated; **~́нення** *n* distinction, difference; **~ни́й** *s.* **~́увальний**; **~ня́льний** distinctive; **~ня́ти**, <~ни́ти> [~́ню, ~́нюєш, ~́нений] distinguish (between); make out; discern; **-ся** differ (in); be distinguished (by); **~́увальний**: ~́увальний ніж paper knife; **~́увати** <~а́ти> cut (up), slit.
розро́б|лення *n*, **~ка** *f* [*g/pl.*: -ок] working (out); elaboration; Ac tillage; M exploitation; **~ля́ти**, <~и́ти> work up (into на З), process; work out, elaborate; Ac till; M exploit.
розроди́тися be delivered (of *a child*).
розр|оста́тися, <~ости́ся> [*3rd p. only*: -осте́ться; -і́сся, -осла́ся] grow; enlarge, expand.
розру́б|увати, <~а́ти> split.
розру́ха *f* ruin, devastation.
розря́д *m* category, class; Ee discharge; Ml unloading; **~жа́ти** <~и́ти> [-жу́, ~́иш; -жений] unload; discharge; reduce, disengage (*tension*); *typ.* space; F dress up; ; **~ка** *f* [*g/pl.*: -ок] spacing, space; relaxation; detente; Ee discharging.
розса́д|а *f* sprout(s); **~жувати** <~и́ти> transplant; seat, separate; plant out; **~ник** *m* **1.** seed-bed; **2.** *fig.* breeding ground; hotbed.
розсвіта́|ти *impers.*: ~є day is breaking; it is dawing.
розсе́л|ення *n* settling (in a new place); **~я́ти(ся)** <~и́ти(ся)>; **1.** settle (in a new places): **2.** separate.
розсе́рдити make angry; **-ся** get angry.
роз|сила́ти <розісла́ти> [~ішлю́, ~ішле́ш; ~і́сланий] send out (*or* round); **~си́лка** *f* distribution, dispatch.
розсип|а́ти <~́ати> scatter, spill; **-ся** *v/i.* crumble, fall to pieces; break up; fail; lavish, shower [*s. th.* on в М/З]; **~́частий** crumby, friable; short.
роз|сиха́тися <~со́хнутися> dry up; crack from dryness; **~сіда́тися** <розсі́стися> **1.** take one's seats. **2.** sprawl; F sit at ease.
розсі|дла́ти *pf.* unsaddle; **~ва́ти**, *a.* **~́ювати** <~́яти> disseminate; scatter, disperse (*v/i.* **-ся**); dissipate, dispel; divert (*us.* **-ся** *o.s.*); **~ка́ти** <~́кти> cut (up), dissect, hew, cleave (water); swish (*air*); **~́яний** dissipated, scattered; *phys.* diffused.
розсі́л *m* brine, pickle.
розсла́б|лювати <~ля́ти, ~лити> weaken, enervate (*v/i.* ослаб|і́ти, ~́нути, ~́ти *pf.*).
розслі́дува|ння *n* investigation, inquiry into; **~ти** investigate, inquire into.
розсмі|я́тися [*е.*: -ю́сь, -є́шся] *pf.* burst out laughing.
розс|о́вувати <~у́нути> part, draw; separate, move apart; pull out.
розста|ва́ння *s.* проща́ння, розлу́ка; **~ва́тися** <~́тися> [~́нуся, ~́нешся] part, separate (from з О); leave; **~вля́ти** <~́вити> place; arrange; set (up); move apart; **~но́вка** *f* [*g/pl.*: -вок] arrangement; distribution; order; punctuation; drawing up; pause.
розстеля́ти *a.* розстила́ти <розстели́ти> [-стелю́, -сте́лиш; -сте́лений], <розісла́ти> [-зстелю́, -зсте́леш; -і́сланий] spread (*v/i.* **-ся**), extend.
роз|стібáти <~стебну́ти> unbutton; undo, unfasten, unclasp, unhook; **-ся** become unbuttoned *or* unfastened.
ро́зстріл *m* (death by) shooting, execution; **~́ювати**, <~я́ти> shoot, execute.
розстро́чка *f* (payment by) instal(l)ments (by у З *sg.*, на ви́плат, в ~у).
розстро́|ювати, <~ї́ти> upset, derange; disorganize; disturb, spoil; shatter; frustrate; Mu put out of tune (*or* humo[u]r, *fig.*); **-ся** be(come) upset; fail.
розступа́тися <~и́тися> give way, part; open, split.
розсу|ва́ти <~́нути> move apart *or* aside; draw, part.
розсувн|и́й extensible, folding; ~и́й

стіл *m* extension-table; ~á завіса *f thea.* draw curtain; sash(-frame).

ро́зсуд: дíяти на влáсний ~ use one's own discretion; **~и́ти** *pf.* judge; decide (*a. issue*); consider; **∸ливий** judicious, wise, reasonable; **∸ливість** *f* judiciousness, reasonableness.

розтáск|увати <~áти> pilfer; take to pieces; F separate.

розташ|óвувати <~увáти> dispose, put, arrange, place; **-ся** settle down; encamp; *pf.* be situated; **~увáння** *n* **1.** arrangement; disposition; **2.** situation; Ml position(s).

розтерзáти *pf.* tear to pieces; lacerate; *s. a.* роздирáти.

розтéрти *s.* розтирáти.

ро́зтин *m* dissection; **~áти 1.** cut, slit; **2.** dissect.

розтирáти <~тéрти> [розітру́, розітрéш] pound, pulverize; rub; smear; **-ся** rub oneself (down).

розти́с|кувати, ~кáти <~нути> [∸кую, ∸куєш; розти́снутий] unclench, open.

розтлумáчити *pf.* expound, explain.

розто́п|лювати <~и́ти> light, kindle; melt; <*v/i.* **-ся**>; **∸тувати** <~тáти> tread down, trample.

розторо́пний deft, quick; *a.s.* мото́рний.

розтрá|та *f* waste; embezzlement; peculation; **~тник** *m* embezzler, peculator; **~чувати** <~тити> spend; dissipate, waste; squander, embezzle; (*fig.*) ruin; ~ здоро́в'я ruin one's health.

розтріп|аний dishevelled; tear (torn), thumb(ed); **~увати** <~áти> **1.** disarrange; rumple (*hair*); tatter (*books*); **-ся** be dishevelled, be tattered.

розторо́щ|ення *n* destruction; **~и́ти** break, crush; smash, defeat, rout (*enemy*).

розтя|гáти, <~гти́> stretch (*v/i.* -ся; F fall flat); Me strain; drawl; extend, prolong; pilfer; **-ся** be worn out, be strained; **∸гнутий** long-drawn; **∸гування** *n* stretching; strain(ing); **~жний** [*e.*] extensible, elastic; *fig.* vague.

розукру́пн|ювати <~и́ти> diminish; decentralize.

ро́зум *m* mind, brains *pl.*; intellect; sense; reason; при своє́му ~і in one's right mind; **~íти** <з-> **1.** understand; comprehend; realize; **2.** mean, imply (by під O); **-ся** *impf.* be a good judge; be versed (in); до́бре ~íтися (в) have a good understanding (of); **~ний** clever; intelligent; sensible; reasonable; rational; **~ні́шати,** <по-> grow wiser; **~о́вий** mental; intellectual; national; ~о́ва прáця *f* brainwork; ~о́ві здíбності mental abilities.

розу́ч|увати, <~и́ти> study, learn; **-ся** forget, unlearn.

роз|формувáти *pf.* disband; **~хáпувати** F, <~хапáти> snatch away; buy up (quickly); **~хвáлювати** <~хвали́ти> [-хвалю́, -хвáлиш; -хвáлений] extol(l *Brt.*), praise (highly).

розхи́т|увати <~áти> loosen (*v/i.* **-ся**); (be[come]) shatter(ed).

розхо́д|ження *n* divergence, difference (of y M); radiation; variance; **~итися,** <по-, розійти́ся> [-йду́ся, ∸йдешся; -йшо́вся, -йшла́сь] disperse; break up; differ (from з O); diverge; part, separate, get divorced (from з O); pass *or* miss *o.a.*, (*letters*) cross; be sold out, sell; be spent (y P) run out of; melt, dissolve; ramify; radiate; F spread; become enraged; get excited *or* animated.

розцві|тáти, <~сти́> *s.* розквітáти; **∸тка** *f* colours; **∸чення** *n* colouring.

розціни́ти *s.* розцíнювати.

розцíн|ка *f* [*g/pl.*: -нок] valuation; rate, tariff; **~ювати** <~и́ти> [-ціню́, -цíниш; -цíнений] estimate, value; price; rate; regard; consider.

розціп|лювати <~и́ти> unclench, undo; open; ∸лювати ру́ки unclasp one's hands.

розчар|о́ваний disappointed, disillusioned; **~о́вувати** <~увáти> (y M) (**-ся** be) disappoint(ed) (in y M), disabuse(d) (of); disillusion(ed) (with); **~увáння** *n* disappointment, disillusionment.

розчáх|увати <~ну́ти> throw *or* fling open (*v/i.* **-ся**).

розчепíрити F *pf.* spread.

розчервонíтися grow red in the face; be flushed.

ро́зчерк *m* flourish; stroke.

ро́зчин *m* solution; mortar; **∸ний** soluble; **~я́ти** <~и́ти> **1.** dissolve; **2.** [-чиню́, -чи́ниш; -чи́нений] open.

роз|чищáти <~чи́стити> clear (away).

роз|чíплювати <~чепи́ти> uncouple, unhook.

розчíсувати <~чесáти> comb (one's hair **-ся** F).

розчлен|о́вувати <~увáти> dismember.

розчу́л|ений touched, moved; **~ювати** <~ити> touch, move; **-ся** be moved, touched.

роз|чу́ти <до ~> *pf.* hear distinctly; не розчу́ти not (quite) catch.

розшарувáння *n* stratification.

розши|вáти <**∸ти**> [-ши́ю, -ши́єш; *cf.* ши́ти] embroider; undo, rip; **∸рення** *n* widening, enlargement; expansion; **∸рювати** <**∸рити**> widen, enlarge; extend; Me dilate; **-ся** widen, broaden; be enlarged *or* expanded; **~фрóвувати** <**~фрувáти**> decipher, decode.

роз|шнурувáти *pf.* untie; **~штóвхувати,** <~штовхáти> push aside; push; shake.

рóзшук *m* search (in *or* of у M *pl. or* P); J preliminary trial; **кáрний ~** criminal investigation department; **∸увати** <**~áти**> seek, search (for); look (for); *pf.* find; **-ся** turn up; be found.

розщéдритися show one's generosity.

розщéп|лення *n* splitting; fission; **~лювати** <**~и́ти**> [-лю́, ∸иш; -щéплений] split, splinter; Ch decompose, break down.

роз'я́сн|ення *n* explanation; interpretation; clarification; **~я́ти,** *a.* **~ювати** <**~и́ти**> explain, elucidate, make clear; **-ся** become clear.

роз'я́тр|ювати <**~и́ти**> irritate; fret, stir (up).

роїтися swarm, hive.

рóк|іт *m*, **~отáти** roll.

рóлик *m* roller (skates *pl.*).

роль *f* part, role.

ром *m* rum.

ромáн *m* novel; F (love) affair, romance; **~íст** *m* novelist; **~ти́зм** *m* romanticism; **~ти́чний** romantic.

ром|áшка *f* [*g/pl.*: -шок] camomile; **~б** *m* rhombus.

рони́ти drop, let fall; shed (*leaves*).

росá *f* [*pl. st.*] dew.

росí|йський, ~я́нин Russian; **∸йською** мóвою (in) Russian.

Росíя *f* Russia.

рóслий big, tall.

росли́н|а *f* plant; **∸ний** vegetable, vegetative, plant ...; **~ний світ** *m* the vegetable kingdom; **∸ність** *f* vegetation, flora.

рости́ [-тý, -тéш; *pic*, рослá, рослó] <ви-> grow, increase; develop; **~ти** [*e.*: рощý, рости́ш] rear; F grow.

ростóк *a.* пáросток *m* [-ткá] sprout, shoot.

рот *m* [рóта; у ~і] mouth; **∸а** *f* company; **∸ики** *pl.* B snapdragon; **∸ний** company, (commander).

рóх|кати <**~нути**> grunt.

роя́ль *m* (grand) piano.

ртуть *f* mercury.

рубáнок *m* [-нка] plane.

рубáти 1. <на-> chop, cut, hew, hack; mince; **2.** <з-> fell; F *impf.* speak bluntly; **-ся** fight (hand to hand).

рубéць *m* [-бця́] hem; scar, wake.

руб|íж *m* boundary; border (line), frontier; за ~ежéм abroad.

рýбка *f* **1.** felling; **2.** Sh cabin, deckhouse.

рýблений <по-> chopped, minced; log.

рýб|рика *f* heading; column; **~чáстий** ribbed.

руд|á *f* [*pl. st.*] ore; **~и́й** red; sorrel; **~ни́к** *m* [*e.*] mine, pit; **~никóвий** mine(r's); fire (*damp*); **~окóп** *m* miner.

руйн|íвний destructive; **~увáння** *n* destruction, demolition; **~увáти** <з-> destroy, demolish (*a. fig.*); pull down (*building*); spoil, wreck (*economy*); blow up; bring to ruin; **-ся** *impf.* collapse, be demolished, be destroyed; become dilapidated (*building, furniture*).

руїни *pl.* ruins (F *a. sg.* = *p.*).

рук|á *f* [*ac/sg.*: рýку; *pl.*: рýки, рук, -кáм] hand; arm; **~á в ~ý** hand in hand (arm in arm; *a.* під ∸у); бýти на ∸у (Д) suit a p. (well); на ∸у нечи́стий light-fingered; від ~и́ in handwriting; під ~óю at hand, within reach; [як] ~óю подáти it's no distance (a stone's throw); з пéрших рук at first hand; приклáсти ∸у sign.

рукáв *m* [*e.*; *pl.*: рукáва, -вíв] sleeve; (*river*) branch; hose; **~и́ця** *f* mitten; gauntler; **~чик** *m* cuff.

руко|дíлля *n* needlework; **~ми́йник** *m* washstand; **~пáшний** hand-to-hand; **∸пис** *m* manuscript; **~стискáння** (пóтиск рук) hand shake; **~я́тка** *f* [*g/pl.*: -ток] handle, gripe; hilt.

руль *m* [*e.*] rudder; helm; steering wheel; handle bar; **~ висоти́** A elevator; **~ови́й** steering; control ...; *su.* steersman, helmsman.

румýн *m*, **~ка** *f* [*g/pl.*: -нок] **~ський** R(o)umanian.

рум'я́н|а *n/pl.* rouge; **~ець** *m* [-нця] ruddiness; blush; **~ий** ruddy, rosy; red scarlet; **~ити** <на-> rouge; **~íти** redden.

рундýк *m* [-кá] stand, *Brt.* stall.

рýн|о *n* fleece; **∸а** *pl.* Ac *s.* схóди.

рýпор *m* megaphone; *fig.* mouthpiece.

русáлка *f* [*g/pl.*: -лок] mermaid, waternymph.

рýс|ий *a.* **~я́вий** fair(-haired), blond(e).

русло́ *n s.* рíчище.

Русь *f* [-сі] *hist.* Rus, *poet.* Russia.

рути́|на *f*, **~нний** routine.

рух *m* movement (*a. pol.*); stir; *phys.*

motion; traffic; ∸ати move; set in motion; *fig.* promote; advance; -ся move, advance; set out; start; ~ли́вий lively; quick; ~ли́вість *f* mobility; liveliness; ~о́мий movable; ~о́ме майно́ movable property.

руч|а́тися <~и́тися> (за З) warrant, guarantee, vouch for.

ру́чка *f* **1.** [-чки, чці; *pl.* -чки, -чок] (small)hand; **2.** [-чки, -чці; *pl.* -чки́, -чо́к] handle, knob; (*chair*) arm; lever; pen(holder).

ручни́й hand ...; manual; handmade; small; Ml *a.* light; tame; wrist (*watch*).

руш|а́ти <∸ити> start, begin to move; set out; ~і́йний: ~і́йна си́ла motive power.

рушни́к *m* towel; dish-cloth.

рушни́|ця *f* [*g/pl.*: -ць] gun, rifle; ~чний gun ...

рюкза́к *m* knapsack, rucksack.

рябизна́ *f* flicker.

ряби́й pockmarked, piebald; spotted; freckled.

ряби́ти [*e.*: -и́ть] ripple; mottle; ~і́ти *impers.* flicker (before p's *eyes* в М *or* у Р).

ряботи́на *f* pit.

ря́бчик *m* hazel grouse.

ряд *m* [у -і; pl.*e.*] row; line; file; series; number, several; *pl.* ranks; *thea. a.* tier; у ∸і ви́падків in a number of cases.

рядови́й ordinary; *su.* Ml private.

ряд|о́к *m* [-дка́] **1.** line, row; string; **2.** line; з но́вого ~ка́ beginning a new paragraph.

ря́дом *s.* по́руч.

ря́са *f* cassock.

рясн|и́й **1.** thick; dense; **2.** lavish; rish; ~і́ти abound (in), exuberate.

рятівни́|й *a.* рятува́льний saving; life-saving; rescue ...; escape ...; ~й по́яс life-belt; ~к *m* rescuer, savio(u)r; life-guard.

ряту|ва́ти <в-> save, rescue; redeem; -ся escape (*v/t.* від Р); save oneself; ∸нок *m* rescuing, saving; escape, safety; rescue; redemption; *fig.* salvation.

С

с. *abbr.*: село́.

сабот|а́ж *m* sabotage; ~а́жник *m* saboteur; ~ува́ти sabotage.

са́ван *m* shroud.

сагайда́к *m* quiver.

сад *m* [у -у́; *pl. e.*] garden.

саджа́ти *s.* сади́ти.

сади́ба *f* **1.** farmstead, farmland; **2.** *hist.* country-seat; manor.

сади́ти, <по-> seat; put; plant; Sh embark, Rr entrain.

садівни́|к *m* gardener; ~цтво *n* gardening, horticulture.

садно́ *n* graze, abrasion, excoriation.

садо́в|ий garden...; cultivated; ~ина́ *coll.* fruits *pl.*

са́ж|а *f* soot; у ~і sooty.

са́жень *m* *Russ.* fathom (= 7 *ft.*).

саквоя́ж *m* travel(l)ing bag.

сала́т *m* salad; lettuce.

са́ло *n* bacon; suet, tallow.

салю́т *m*, ~ува́ти salute.

са́льдо *n* [*ind.*] C balance.

са́льний **1.** greasy; **2.** obscene.

сам *m*, ~а́ *f*, ~о́ *n*, ~і́ *pl.* -self: я ~(а́) I ... myself; ми ~і́ we... ourselves; ∸е just, exactly; а ∸е namely; ~е́ць *m* [-ця́] *zo.* male.

са́м|ий **1.** the very; на ~ому спо́ді at the very bottom; до ~ого ра́нку right up till the morning; з ~ого ра́нку from early morning; **2.** той ~ий, та ~а the same; в той ~ий день the same day; це те ~е it's the same thing.

сами́ця *f* [*g/pl.*: -ць] *zo.* female.

самі́тн|ий lonely, solitary; ~ик *m fig.* hermit; ~ість *f* loneliness.

само|бу́тній original; ~ва́р *m* samovar; ~вби́вець *m s.* ~гу́бець; ~вдово́лений self-satisfied, self-complacent; ~ви́значення *n* self-determination; ~ві́дданий self-denying, self-sacrificing; ~ві́льний unauthorized, arbitrary; ~ві́льно without permission; ~влада́ння *n* self-control; ~вла́дний autocratic; ~впе́внений self-confident; self-assured; ~врядува́ння *n* self-government; ~го́н *m* home-brew; ~гу́бець *m/f*, ~гу́бство *n* suicide.

самодержа́в|ний autocratic; ~ство *n* autocracy.

само|ді́яльність *f* amateur performance(s); spontaneous activity; ~ду́р *m* despot; petty tyrant; ~за́хист *m* self-defense; ~збере́ження *n* self-preservation; ~**зва́нець** *m* [-нця] impostor, usurper; pseudo...; ~**ка́т** *m* scooter; ~**кри́тика** *f* self-criticism; ~**люби́вий** ambitious; vain, conceited; ~**лю́бство** *n* ambition; vanity; ~**обма́н** *m* self-deception; ~**оборо́на** *f* self-defense; ~**обслуго́вування** *n* self-service; ~**осві́та** *f* self-education; ~**пи́сний** fountain(pen); ~**по-же́ртва** *f* self-sacrifice; ~**почуття́** *n* (state of) health; ~**пра́вний** arbitrary; ~**ро́бний** homemade, self-made; ~**рі́дний** native, pure; original; ~**сті́йний** independent; ~**сті́йність** *f* independence; ~**су́д** *m* lynch law; ~**та́** *f* solitude, loneliness; на ~і́ a) in solitude; б) face to face; ~**тні́й** lonely, solitary; ~**тні́сть** *s.* самота́; ~**у́к** *m* self-taught p.; ~**хва́льство** F *n* boasting; ~**хі́дний** self-propelled; ~**ці́ль** *f* end in itself.

самши́т *m* box (wood).

сан *m* dignity.

санато́рій *m* sanatorium; health centre.

санда́лі, ~**лії** *pl.* sandals.

са́ни *pl.* sled(ge) *sg.*; sleigh *sg.*

саніта́р *m* hospital attendant, orderly; ~**ка** *f* nurse; ~**ний** sanitary.

сан|кціонува́ти sanction; ~**о́вник** *m* dignitary.

сантиме́тр *m* centimeter; tape-measure.

са́п|а́, ~**ка** Ag hoe, mattock.

сапе́р *m* engineer, *Brt.* sapper.

сап'я́н *m* morocco.

сара́й *m* shed.

сарана́ *f* locust.

сарафа́н *m* sarafan (*long sleeveless gown of countrywomen*).

сард|е́лька *f* [*g/pl.*: -льок] wiener (*thick variety*); ~**и́на** *f* sardine.

са́рна *f* chamois.

сатана́ *m* Satan.

сателі́т *m* satellite.

сати́н *m* sateen, glazed cotton.

сати́р|а *f* satire; ~**ик** *m* satirist; ~**и́чний** satirical.

сачо́к *m* [-чка́] butterfly net.

сваві́л|ля *n* self-will; ~**ьний** self-willed, wil(l)ful.

свар|и́тися <по-> quarrel (with); fall out; wrangle; ~**ка** *f* quarrel, squabble, altercation; variance (at у M); F wrangle; ~**ли́вий** quarrelsome, shrewish (*woman*).

сва|т *m*, ~**ха** *f* matchmaker; ~**тати** seek (-**ся** ask) in marriage (for до 3).

свє́к|ор *m* [-кра] father-in law; ~**ру́ха** *f* mother-in-law (*husband's father or mother resp.*).

сверб|і́ти itch (my у ме́не); ~**ля́чка** *f* itch.

све́рд|ел *m*, *a.* ~**ло** *n* [*pl. st.*: све́рдла] drill; borer; gimlet; ~**ли́льний** drilling; ~**ли́ти** drill, bore; ~**лі́ння** *n* drilling; ~**ло́вина** *f* bore-hole; boring well; *geol.* pore.

све́тр *m* sweater, pull-over.

свина́р *m* pig-man; ~**ка** *f* pig-woman; ~**ник** *m* pig-sty; ~**ство** *n* pig-breeding.

свине́ць *m* [-нця́] lead.

свин|и́на *f* pork; ~**ка** *f* [*g/pl.*: -нок] mumps; морська ~ка guinea pig; ~**офе́рма** *f* pig-breeding farm; ~**ство** *n* dirty *or* rotten act, smut; ~**це́вий** lead(en); ~**я́** *f* pig; swine; hog; sow; ~**я́чий** pig...; котле́та із ~и́ни pork chop.

свист *m* whistle; ~**а́ти** *a.* ~**і́ти**, *once* <сви́снути> whistle; *pf.* P pilfer; ~**о́к** *m* [-тка́] whistle.

свищ *m* Me fistula; crack; (*metal*) honeycomb; (*wood*) knot hole.

сві́д|ок *m* witness; бу́ти ~ком witness (*s.th.*).

свідо́м|ий conscious; class conscious; conscientious; ~**ість** *f* consciousness; class-conciousness; втрача́ти ~ість *f* lose consciousness; faint; ~**о** consciously.

свідо́цтво *n* certificate; ~ про наро́дження birth certificate.

сві́дч|ення *n* evidence; J testimony; ~**ити** witness; testify (to); testify (against).

свіж|ий fresh; cool; latest; new; ~**ість** *f* freshness; ~**і́ти**, *a.* ~**і́шати** freshen, become fresh; become cool(er); look fresher.

св|ій *m*, ~**оя́** *f*, ~**оє́** *n*, ~**ої́** *pl.* my, his, her, its, our, your, their (*refl.*); one's own; peculiar; *su. pl.* one's people, folks, relations; не ~ій frantic (*voice* in O).

світ *m* **1.** *s.* сві́тло; *s.* світа́нок; ні ~, ні зоря́ before dawn; **2.** world; universe; у всьо́му ~і all over the world; *fig.* ~ твари́н animal world; росли́нний ~ vegetable kingdom; ви́щий ~ high society *or* life; ви́йти у ~ be published, come out; P dear, darling.

світа́н|ок *m* daybreak; dawn (at на M); на ~ку at dawn.

світа́|ти: *impers.* ~є it is dawing.

світи́ло *n* star; (*celestial*) body, luminary (*a. fig.*).

світи́|ти **1.** shine; hold a light (for) **2.** light; -**ся** shine (*a. fig.*), його́ о́чі ~лися від ра́дості his eyes shone with joy; у ві́кнах ~ться lights are burning in the windows.

сві́тл|ий light, bright; serene; ~а голова́ lucid mind, clear intellect; ~е майбу́тнє bright future.

світлі́|ти, *a.* **~шати** <по-> brighten; grow light(er); (*sky*) clear up.
сві́тл|о 1. *n* light; де́нне ~о daylight; при ~і by the light (of); **~ови́й** light...; **2.** *adv.* it is light.
світло|маскува́ння *n* blackout; **~фор** *m* traffic lights *pl.*
світля́|к *m*, **~чо́к** [-чка́] glowworm; fire-fly.
світни́й luminous, luminescent, fluorescent.
світов|и́й world...; ~а́ війна́ World War.
світо́гляд *m* world outlook.
сві́тський secular, worldy, temporal; of high society; fashionable.
сві́чка *f* [-ки; *pl.*: -чки́, -чо́к, -чка́м] candle; El plug.
свічни́к *m* candlestick.
свобо́да *f* freedom, liberty.
своєрі́дн|ий original; peculiar; **~ість** *f* originality, peculiarity.
своєча́сний timely, opportune.
своло́та *f* rabble, riff-raff; rascal.
своя́чка *f* sister-in-law (*wife's sister*).
свят|е́нник *m*, **~е́нниця** *f* hypocrite; **~е́нництво** *n* hypocrisy, bigotry.
свят-ве́чір *m* (Xmas) Eve.
свят|и́й holy; sacred; godly; solemn; Easter (week *su. f*); *su.* saint; **~и́ня** *f* relic; sancuary; **~и́ти** [свячу́, -я́тиш] <о-> consecrate, hallow; **~́ість** *f* holiness, sanctity; **~ки́** *pl.* [*gen.*: -тóк] Christmastide (at на 3); **~ко́вий** festive, holiday...; **~кува́ння** *n* celebration; **~кува́ти** celebrate; **~́о** *n* holiday; a festive occasion; festival; із ~́ом! best wishes (of the season)! compliments *pl.* (of the season)!
свято|та́тство *n* sacrilege; **~ша** *m/f* hypocrite.
свяще́н|ик *m* priest; **~ий** holy; sacred.
сеа́нс *m* sitting; *cinema*: show(ing).
себе́ myself, yourself, himself, herself, itself, ourselves, yourselves, themselves (*refl.*); oneself; до ~́е home; into one's room; від ~́е on p.'s behalf; так собі so-so; **~лю́бний** selfish, self-loving.
сезо́н *m* season; **~ний** seasonal, season...
сей *s.* цей.
секре́т *m* secret (in по M, під O); **~а́р** *m* secretary; **~аріа́т** *m* secretarial; **~ний** secret; confidential; **~но** secretly; **~ничати** F be secretive, act secretely.
сек|суа́льний sexual; **~́та** *f* sect; **~́тор** *m* sector; sphere, branch.
секу́нд|а *f* second; **~ний** second...; **~на** стрі́лка second hand; **~омі́р** *m* stop watch.
се́лез|ень *m* [-зня] drake; **~і́нка** *f* [*g/pl.*: -нок] *anat.* spleen.
селе́ра *f* celery.
сели́ти(ся) *s.* оселя́ти(ся).
се́лище *n* settlement, colony.
селі́тра *f* saltpeter, niter, *Brt.* nitre.
сел|о́ *n* [*pl. st.*: се́ла] village (in у *or* на M); на ~і́ *a.* in the country.
селян|и́н *m* [*pl.*: ~́ни, -я́н] peasant, farmer; **~́ка** *f* [*g/pl.*: -нок] countrywoman, country girl, farmer's wife; **~́ство** *n* peasantry; **~́ський** farm(er['s]), peasant...; country...
се́меро seven.
семе́стр *m* term, semester.
семирі́чний seven-year...; of seven years; seven-year-old.
семисо́тий seven hundredth.
семіна́р *m* seminar; **~ія** seminary.
сена́т *m* senate; **~ор** *m* senator.
сенс *m* sense, meaning.
сен|сацí́йний sensational; **~тимента́льний** sentimental.
сепара́тний separate.
се́рб *m*, **~ка** *f* [*g/pl.*: -бок] Serb(ian); **~ський** Serbian.
серве́тка *f* [*g/pl.*: -ток] napkin.
серві́|з *m* service, set; **~рува́ти** serve.
серде́чний heart..., hearty, cordial; intimate; dear; best.
серде́шний unfortunate, miserable.
серди́ти <розсе́рдити> annoy, vex, fret, anger, make angry; **~й** angry, mad (with, at на 3), wrathful; irascible, fretful; spiteful, vicious; **-ся** be (come) angry (with на 3).
се́ред among, amongst; amidst; in the middle (of).
середа́ *f* [*ac/sg.*: се́реду; *pl.*: се́реди; *etc. st.*] Wednesday (on у 3, *pl.*: по M).
сере́дина *f* middle; center (*Brt.* -tre); mean: золота́ ~ the golden mean.
середзе́мн|ий, **~омо́рський** Mediterranean.
сере́дні|й middle; average, medium...; central; middling; ordinary; Ma mean; *gr.* neuter; secondary *or* (*Am*) high (*school*); ~ віки́ the Middle Ages.
середньові́ч|ний medieval; **~чя** *n* the Middle Ages *pl.*
середо́вище *n* environment, surroundings *pl.*, sphere; *phys.* Ch medium; midst.
сере́жка *f* earring.
сержа́нт *m* sergeant, моло́дший ~ corporal.
сері́|йний serial; multiple; **'~я** *f* series *sg.*, *pl.*; (*film*) part.
серйо́зн|ий serious, grave; earnest ; **~о** seriously; *a.* indeed, really.

С

серп *m* sickle; crescent.
серпáнок *m* muslin; haze, mist.
сéрпень *m* August.
сéрц|е *n* [pl.*e*.: -ця́, -дéць, -ця́м] heart; F temper; F anger; darling, love, sweetheart (*address*); від усього ~я whole-heartedly; до ~я (до душí) (Д) to one's liking; take to heart; **~ебиття́** *n* palpitation; **~éвий** heart('s); ; **~еви́на** *f* core, heart.
сéсія *f* session (in на М), J term; екзаменаці́йна ~ examination period.
сест|рá *f* [*pl.*: ∸ри, ~éр, ∸рам] sister; nurse; нáша ~ра F (such as) we.
сéч|а *f* urine; **~ови́й** urinary; **~ови́й** мíхýр *anat.* (urinary) bladder.
Сибір *m* Siberia; **≗ський, ≗я́к** *m*, **≗я́чка** *f* [*g/pl.*: -чок] Siberian.
си́в|ий (*hair*) gray, white; (*man*) gray-haired, white-haired; **~инá** *f* gray hair; **∸íти** <по-> go *or* turn gray (*Brt.* grey).
сигáр(éт)а *f* cigar(ette).
сигнáл *m*, **~ити** signal; **~ізáція** signalling; **~ізувáти** signal; *fig.* warn; **~ьний** signal; alarm.
сиді́лка *f* F nurse.
сиді́|ння *n* **1.** seat; **2.** sitting; **~ти** sit (at, over за Р); be, stay; fit (a p. на М); **-ся**: йомý не сиди́ться he can't sit still.
сидр *m* cider.
сидя́чий sedentary; sitting.
си́зий (bluish) gray, *Brt.* grey; dove-colo(u)red.
си́л|а *f* strength; force; power, might; vigo(u)r; intensity; capacity; efficacy; energy; *fig.* volume (*sound, etc.*); своїми ~ами by *o.s.*; не мáти сил unable; пóнад ~у above one's strength; з усіє́ї ~ли F with all one's might; **~áч** *m* athlete; **~увáтися** try, endeavo(u)r; **~ови́й** power...; **~омíць** F by force.
си́ль|ний strong; powerful, mighty; intense; heavy (*rain*); bad (*cold*); great; **~но** *a.* very much; hard; **~цé** *n* [-ця́] snare, noose.
си́мвол *m* symbol; **~ізувáти** symbolize; **~íчний** symbolic.
симетр|и́чний symmetrical; **∸ія** *f* symmetry.
симпат|изувáти sympathize (with Д); like; **~и́чний** likable, nice, sympathetic; **∸ія** *f* sympathy, liking.
симул|ювáти feign, sham; simulate; malinger; **~я́нт** *m*, **~я́нтка** *f* [*g/pl.*: -ток] simulator; **~я́ція** *f* simulation.
симфоні́|чний symphonic, symphony...; **∸я** *f* symphony.
син *m* [*pl.*: сини́, -нíв, -нáм] son; *fig. a.* child.
синдикáт *m* syndicate.
синéць *m* livid spot, bruise; black-eye.
син|и́льний hydrocyanic, prussic (acid); **~и́ти** <під-> blue; **~и́ця** *f* titmouse; **~íвський** filial; **∸ій** blue; **~íти** <по-> turn (*impf.* show) blue.
син|óд *m* synod; **~óк** *m* F *dim.* of син: sonny; **~óнім** *m* synonym; **∸таксис** *m* syntax; **~такси́чний** syntactic(al); **∸тез** *m* synthesis; **~тети́чний** synthetic(al); **~хронізувáти** synchronize.
син|ювáтий bluish; **∸ява** *f* the (dark-) blue.
си́нька *f* blue.
си́п|ати pour; strew, scatter; shed (*leaves*); moult (*plumage*); pelt (*rain*); squander (*money*); spout (*words, jokes*); *fig.* sputter, speak quickly; spatter; **-ся 1.** fall off (*leaves, flowers*); shed its grain; **2.** rain, pour (*sounds, words*); -ся грáдом rain down, hail; **~кий** dry; quick (*sand*); **∸лий** hoarse (*voice*).
сир *m* [-у] curds *pl.*, cottage cheese; cheese; як ~ у мáслі (*live*) in clover; **~éна** *f* siren; **~éць** *m* [-ця]: шовк-~éць raw silk; **~и́й** damp, moist; raw, crude; unbaked; (*water, milk*) unboiled; **~ість** *f* dampness, moisture; **~íти** dampen; **∸ний** cheese...; caseous; **∸ник** *m* cheese cake; **~óватка** *f* [*g/pl.*: -ток] (*milk*) whey; *biol.*, Me serum; **~ови́на** *f coll.* raw material(s) (*pl*).
сирóп *m* syrup.
сиротá *m/f* [*pl. st.*: си́роти] orphan.
сирувáтий dampish; rare, *Brt.* underdone.
систéма *f* system; **~тизувáти** systematize; **~ти́чний** systematic(al).
си́тець *m* [-тцю] chintz, cotton.
си́т|ий satisfied, sated, fat; **~ний** nourishing; substantial, copious, rich; F fat; **~о 1.** *su. n* sieve; **2.** *adv.*: ~о пої́сти have a substantial meal.
сич *m* brown owl, horned owl.
сичáти hiss.
си́щик *m* detective.
сів|áлка *f* [*g/pl.*: -лок] seeder; **~бá** *f* sowing.
сíдало *n* roost.
сідáти <сíсти> [ся́ду, ∸деш; сів, ∸ла] (на , у З) sit down; get in (to) *or* on, board; Sh embark; Rr entrain; mount (*horse*); alight (*bird*); A land; set (*sun*); settle; sink; set (to work за З); run (aground на мілинý).
сідл|áти, <о->, **~ó** [*pl. st.*: сíдла, ∸дел, ∸длам] saddle.
сідни́ця *f* buttock.
сідóк *m* [*e.*] horseman; passenger.

сік *m* [в соку́] juice; sap.
сі́катися <при-> rush (at), dash (at).
сіка́ч *т* chopper; cleaver.
сікти́ 1. cut (up), cut *or* slash to pieces; chop, hew; cleave; **-ся** split; ravel; **2**. <ви́;> whip, flog.
сіль *f*[со́лі, сі́ллю; *pl.* со́лі, со́лей] salt *(a. fig.);* F point; **~ни́ця** *f* saltcellar.
сільра́да (сільська́ ра́да) *f* village soviet.
сільськ|и́й rural, country..., village...; ~é господа́рство *n* agriculture; **~огосподá́рський** agricultural; farming.
сім seven; **~деся́т** seventy; **~деся́тий** seventieth; ~ разі́в [по] seven times.
сіме́й|ний family...; married; **~ство** *n* family.
сі́мка *f* [*g/pl.*: -мок] seven.
сімна́дцят|ий seventeenth; **~ь** seventeen.
сімсо́т seven hundred.
сім'я́ *f*[*pl.:* сім'ї, сіме́й, сі́м'ям] family; **~ни́й** *anat.* seminal; **~ни́н** *m* family man.
сі́ни *pl.* [-не́й] hall (way).
сін|ни́к *m* hayloft; **~о** *n* hay; **~окі́с** *m* haymaking; hayfield; haymaking time.
сі́п|ати *once* <-нути> pull, tug *(a.* за 3 at), jerk, twist; F press a p. hard, importune.
сі́рий gray, *Brt.* grey; dull *(a. fig.* = Humdrum).
сірі́ти <по-> turn *(impf.* show) gray (*Brt.* Grey).
сі́рка *f* sulphur; F earwax.
сірни́к *т* [-a] match.
сірува́тий grayish, *Brt.* Greyish.
сірча́ний sulphuric, sulphur...
сі́сти *s.* Сіда́ти.
сі́тка *f* [*g/pl.:* -то́к] net; wire-gauze; rack; El grid; scale; network, system; string-bag; **~кі́вка** *f* Me [*g/pl.:* -вок] retina; **~ь** *f* net; network.
Сіці́лія *f* Sicily.
сі́чень *т* [*st.*] January.
сі́я|ти 1. <по-> sow (*a. fig.*); **2**. sift; **3**. drizzle; **~ч** *m* sower; fig. disseminator.
сія́ти shine, beam; radiate.
ска|же́ний 1. mad, rabid; **2**. furious, frantic, wild; **3**. enormous; **~жені́ти** rage, fly into rage; **~з** *m* **1**. Me hydrophobia; rabies; **2**. rage, fury; **~зи́тися** go mad.
сказ|а́ння *n* legend; saga; story; **~а́ти** *s.* каза́ти.
скак|а́ти skip, jump; hop, leap; gallop; race; **~ови́й** race...; racing.
ска́лити show, bare *(one's teeth).*
скалі́чити cripple, mutilate.
скалка *f* chip, splinter; fragment,
скандал *m* scandal; **~и́ти** brawl, make a row; **~і́ст** *m* quarreler, troublemaker; brawler; **~ьний** scandalous.
скандіна́вський Scandinavian.
сканер scanner.
скарб *т* treasure (*a. fig.*); **~ни́к** *m* treasurer; Ml paymaster; **~ни́ця** *f* treasury.
ска́р|га *f* complaint; **~житися** complain; Ju sue, go to law.
скарлати́на *f* scarlet fever.
скас|о́вувати <~ува́ти> abolish, abrogate, repeal; cancel; **~ува́ння** *n* abolition; abrogation; cancellation.
скат *m zo.* ray, skate; електри́чний ~ electric ray.
скате́р|ка *f*, **~ти́на** *f* table-cloth.
ска́т|увати <~а́ти> F cribe, copy.
ска́чка *f*[*g/pl.:* -чок] gallop; *pl* horse race(s).
ска́ч|увати <~а́ти> roll (up); **-ся** get *or* be rolled up.
сквер *т* square, park, public garden.
скеле́т *т* skeleton.
ске́ля *f* [*pl. st.*] rock, cliff, crag; **~стий** rocky, cliffy.
скепти́чний skeptic(al).
скер|о́вувати <~ува́ти> direct, turn; aim.
ски́б|а, ~ка *f* slice; **~очка** *f dim. of* ски́ба.
ски́глити *(dog)* whine; *contp. (man)* whimper.
ски|да́ти <~нути> throw (down; off) take off; overthrow; dethrone (з тро́ну); shake off *(yoke);* shed *(hide, clothes);* F discount, reduce; **-ся** *impf.* F have a likeness (with на 3); **~нення** *n* overthrow.
скипида́р *т* turpentine.
ски́рта *f* stack, rick.
скис|а́ти <~нути> turn sour.
скі́льки 1. how *(or* as) much, many; ~ це ко́штує how much is it?; ~ вам ро́ків? how old are you?; **2**. as far as; **~-не́будь** F some, any.
скі́па <-ка> *f* (burning) chip, spill.
скі́петр *т* scepter, *Brt.* -tre.
склад *m* **1**. store, stock; warehouse, storehouse; Ml depot; composition; вхо́дити до **~у** be *or* form part (of), . consisting of; complement; о́собо́вий ~ personnel, Ml staff; рядови́й ~rank and file; *thea.* cast; J facts *pl*, **2**. structure, body, build, constitution; character; kind; way (of *life);* F harmony; *gr.* syllable.
склад|а́льний E assembling; **~а́ний** fold(ing); collapsible; camp...; fait *(boat);* **~а́ний** ніж *m* clasp-knife, **~а́ння** *n* composition; E assemblage; **~ати** <скласти> lay orput (together, up, down); pile up; pack (up); fold; add; compose, assemble; lay down

С

(*arms; one's life*); склáвши рýки idle; draw up; take, pass (*examinations*); write (*poem*); make, form; resign (from), exonerate; relieve *o.s.* (of); **-ся** (be) form(-ed), be composed; *fig.* shape, turn out, develop; pack (*things*); consist (of); be made (of); F club (together); **~áч** *m* compiler; writer, author; compositor; typ-setter; **~ений** compound, composite.

склáд|ка *f* [*g/pl.*: -док] pleat, fold; crease; **~ний** harmonious; well-rounded, smooth; fluent, coherent, connected; P well-made (*or* -built); accommodating; **~нúй** complicated, complex, intricate; compound; ~нé рéчення *gr.* complex sentence; **~ність** *f* complexity, complicacy, complication.

складно|підря́дний *gr.*: ~підря́дне рéчення complex sentence; **~суря́дний** *gr.*: ~суря́дне рéчення compound *or* co-ordinated sentence.

складов|úй constituent, component, (*part*; ~á частúна *f a.* ingredient).

склáд|чина *f*: в ~чину by clubbing (together).

склáсти *s.* складáти.

склеп *m* crypt, (burial) vault; **~úстий** vaulted; **~íння** *n* Ar *fig.* vault.

склé|ювати <~їти> stick *or* glue together (*v/i.* **-ся**).

склúк|ання *n* convocation; **~áти** <~ати> [склúчу, -лúчеш; -лúкав, -лúкала, -лúкало; склúканий] call, invite; convoke, convene, summon.

скл|ó *n* [*pl.*: стéкла, -кол, -клам] glass; (*lamp*) chimney; **~óка** *f* squabble; **~янúй** glass...; glassy; **~я́нка** *f* glass; bit of glass; **~я́р** *m* glazier.

скнáр|а *m/f* F miser, skinflint; flay-flint; **~ий** F stingy; **~ити** F be niggardly; **~ість** *f* F miserliness.

скоб|á *f* [*pl.*: ~и, скоб, ~ам] stample, cramp (iron); **~лúти** [-лю́, ~лиш; ~лений] scrape.

скóвз|атися slide (about); skate; **~нýти** slip.

сковородá *f* [*pl.*: скóвороди, ~рíд, скóвородам] frying pan.

скóвувати <скувáти> [*e.*; скую́, скуéш] forge (together); weld; fetter, chain, shackle; bind; arrest; lock; морóз скувáв рíчку the river is ice-bound.

скóїтися *s.* кóїтися.

сколúх|увати <~нýти> stir up, rouse.

сколó|чувати <~тúти> **1.** stir up, muddy; **2.** mix, shake up.

скóл|ювати <~óти> pin together; split (off), chip off, break off; prick.

сконáти die, expire.

скóп|увати <~áти> dig up.

скорбíти grieve (over за O).

скорбóт|а *f* grief, (deep) sorrow; **~ний** mournful, sorrowful.

скóр|ий quick, fast; near (*future*), forthcoming; у ~ому чáсі before long.

скористáтися (для P) use, make use of; (з P) avail *o.s.* of; enjoy, have, take (*opportunity*).

скорúтися *s.* корúтися.

скóро quickly, fast; soon.

скоромóвка *f* [*g/pl.*: -вок] patter, tongue twister; rapid speech, sputter.

скороминý|чий, **~щий** transient.

скорóмний meat, milk (*food, forbidden in Lent*).

скоро|спíлий, **~стúглий** (*a. fig.*) precocious; early; fast-ripening.

скоротéчн|ий: ~і сухóти galloping consumption.

скорóчення *n* abbreviation; reduction, curtailment; abridg(e)ment; contraction.

скорóчувати <~тúти> [-рочý, -рóтиш] shorten, cut (down); abbreviate (*word*); abridge (*text*); reduce, curtail; *p.pt.p. a.* short, brief; Ma cancel out, eliminate; **-ся** decrease, shorten; contract.

скóса sideways, askance.

скосúти *s.* скóшувати.

скот *m coll.* cattle, livestock; **~áрство** *n* cattle-breeding; stock-breeding; **~úна** *f* F cattle; P brute; dolt, boor; **~úнячий** brutish, bestial, swinish, brutal; **~ний**: ~ двір *m* callte yard.

скó|чувати <~тúти> roll (*or* slide) down (*v/i.* **-ся**).

скóшувати <скосúти> mow (off *or* down) (*grass*); squint (*eyes*); bevel, slope.

скрáю at *or* from the end (of).

скреб|áчка *f*, **~óк** *m* scraper; road-scraper; paint-scraper.

скребтú [-бý, -бéш] scrape; scratch.

скрéг|іт *m* gritting, grinding, gnashing; **~отáти**, <~отíти>: ~ зубáми grit *or* gnash one's teeth.

скреко|тáти, *a.* **~тíти** (*insect, bird*) chirp, shirrup; (*magpie*, *a. fig.*) chatter; croak.

скрес|áти <~нути> (*river, ice*) break (up).

скривáвлений blood-stained.

скривúтися become twisted; make a wry face.

скрúк|увати <~нути *a.* скричáти> cry out, scream.

скри́|ня, ~нька *f* box, chest; *f* trunck, chest,.
скрип *m* (*door, floor*) creak; (*pen*) scratch; (*snow, sand*) crunch; **~áль, ~áч** *m* violinist; fiddler; **~íти** <∸ну-ти> creak, squeak; scratch; crunch; grit, gnash; **~ка** *f* [*g/pl.*: -пок] violin; fiddle; грáти пéршу ~ку *fig.* play a leading part.
скрізь everywhere.
скрíп|а *f* E tie, clamp, cramp; **~ка** *f* [*g/pl.*: -пок] clip, paper-fastener; **~лення** *n* fastening, strengthening; E = скрíпа; counter-signature, authentication; **~лювати, ~ля́ти** <~и́ти> [-лю́, ∸иш; -лений] fasten; tignten, corroborate; strengthen, E tie, clamp, bolt; mortar; validate; countersign, ratify, authenticate; ~и́вши серце reluctantly.
скрóмн|ий modest; frugal; simple; **~ість** *f* modesty.
скрóня *f* [-ні] *anat.* temple.
скрýт|а *f* difficulty; financial difficulties *pl.*; **~ни́й** difficult; straightened, reduced; бýти в ~нóму станóвищі be in strained circumstances; be hard up.
скрýха *f* distress, contrition.
скрý|чувати <~ти́ти> braid; twist, roll up; wring, bind, tie up; P bend; ~ рýки pinion *s.b.*'s arms.
скубти́ <(у)~нýти> twitch; pluck; browse.
скувáти *s.* скóвувати.
скуйóвд|жувати <~ити> tousle; ~жене волóсся *n* dishevel(l)ed hair.
скýльпт|ор *m* sculptor; **~ýра** *f* sculpture; piece of sculpture.
скýмбрія *f* mackerel.
скупáти(ся) (take a) bath; bathe.
скуп|и́й avaricious, stingy, miserly; sparing (in на 3); scanty, poor; taciturn, reticent (на словá); *su.* miser; **~и́тися** <по-> be stingy (*or* sparing), stint (in, of на 3); **∸ість** *f* avarice, miserliness, stinginess.
скупóвувати <~и́ти> buy up.
скýпч|ення *n* accumulation; gathering, crowd; **~увати** <~ити> accumulate, gather, store (up); amass; save; **-ся** accumulate, pile up; gather, crowd.
скучáти *s.* нудьгувáти.
скýчити become bored.
слаб|и́й weak (*a.* El), feeble; faint; infirm; delicate; flabby; poor; **∸(к)ість** *f* weakness (*a. fig.* = foible; for до P); infirmity; **~овíльний** weak-willed (*or* -minded); **~оси́лий** weak, feeble; **~оýмний** feeble-minded; **~охарáктерний** flabby; **∸шати** weaken; grow *or* get weak(er) *or* feeble; (*wind*) slack off, abate, slacken.
слáв|а *f* glory; fame, renown; reputation, repute; rumour; (Д) hail; long live; ~а бóгу! God be praised!, thank goodness! на ~у F first-rate, A-one; wonderfully well; **~éтний** glorious; famous, celebrated; **~ити** glorify; praise, extol; **-ся** be famous (for O); have the reputation (of); **~ний** *s.* ~éтний; F nice, fine.
слáнець *m* [-нцю] slate.
слáсни́й voluptuous; sensual, sensuous; obscene; F dainty.
сластолю́б|ний voluptuous; **~ство** *n* voluptuousness.
слáти <по-> [-шлю, -шлеш] send.
сли́ва *f* plum.
слиз *m* [∸у] slime; mucus, phlegm; **~ови́й** *anat.* mucous; **~увáтий** mucous; slimy; **~ькúй** slippery.
сли́н|а *f* saliva, spittle; ~ка течé (p.'s) mouth waters; **~я́вий** F slobbery.
слід 1. *m* trace (*a. fig.*), track, footprint, footstep; print; scent; іти́ по ~áх follow in the tracks; mark (*wound*); **2.** *impers.*: should, ought to; be to be; як ~ properly, duly; as it should be; ~ пам'ятáти it should be remembered; цього ~ булó чекáти it was to be expected; вам ~ you ought (+ to *inf.*).
слідку|вáння *n* shadowing; **~вáти** [∸ю, ∸єш] (за O) watch, follow; look after; shadow; trace; spy (on, upon).
слíдом (за O) (right) after, behind, following.
слíдство *n* investigation, inquest, trial.
слíдувати (за O) follow (*a. fig.*); take (after).
слíдч|ий investigatory, ~і óргани investigating authorities; *a. su.* examining magistrate; (preliminary) investigator.
слізли́вий tearful, lachrymose.
сліп|éць *m* [-ця́] blind man; **~ий** blind (in, *Brt.* of *one eye* на 3); dull (glass); *su.* blind man; **~и́ти** [-лю́, ∸иш] <о-, за-> [-слíплений] blind, dazzle; **∸нути** <о-> grow (*or* become) blind; **~otá** *f* blindness; **~ýчий** blinding, dazzling (*a. fig.*).
слов|áк *m*, **~áцький, ~áчка** *f* Slovak; **~éнець** *m*, **~éнка** *f*, **~éнський** Slovene.
словéсн|ий verbal, oral; literary; philologic(al); **~ість** *f* literature; (*folk*-)lore; philology.
словни́к *m* dictionary; vocabulary, glossary; lexicon; **~óвий**: ~óвий склад *m* stock of words.
слóв|о *n* [*pl. e.*] word (in a O; ... for... Н *or* в 3); term; speech; на ~áх by

С

word of mouth; orally; згíдно з ~áми according to; просúти (надáти Д) ~о ask (give p.) permission to speak; **~озмíна** *f* inflection (*Brt.* -xion).

слов'ян|úн *m* [*pl.*: -яни, -ян], **~́ка** *f* [*g/pl.*: ~́ок] Slav; **~́ський** Slavic, *Brt.* Slavonic.

слон *m* elephant; bishop (*chess*); **~óвий** elephant's; ~óва кíстка ivory.

слу|гá *m* [pl.*st.*] servant; **~́жба** *f* (на M) service (in); employment, job; office, work (at); duty (on); ~ зв'язкý communication service; бýти на військовій ~́жбі serve in the (armed) forces; шукáти ~́жбу look for work *or* a job; **~жбóвець** *m* employee; office worker; clerk; **~жбóвий** office...; official; *gr.* relational, auxiliary; **~жúти** <по-> serve (a p. *or* th. Д); work (as O); **~жíння** *n* service.

слух *m* hearing, ear (by на З; по Д).

слýха|ти <по-> listen (to З), hear; attend; Me auscultate; ~й! *a.*, Ml, attention!; ~ю! *teleph.*: hullo!; ~ю(сь)! yes(,sir); **-ся** be obedient (to), obey (p. P); не ~тися be disobedient, disobey; J be tried; take (*advice*); **~ч** *m* listener, hearer; student; *pl.* audience.

слухня́ний obedient.

слуховúй of hearing; acoustic(al); ear...; ~ апарáт hearing aid; dormer (*window*).

слýшний 1. suitable, proper; favourable; ~ момéнт opportune moment; **2.** right, correct; just.

слюдá *f* mica.

слю́сар *m* [-ря] metal craftsman; locksmith, fitter, mechanic, plumber.

сльоз|á *f* [*pl.*: сльóзи, сліз, сльозáм] tear; сміятися до сліз laugh till one cries; **~úтися** [-úться] water; **~оточúвий** tear (*gas*); watering.

сльотá *f* slush, mire; sleet.

смáглий, смагля́вий 1. brown, dark; dark-skinned; swarthy; **2.** sunburnt, tanned, brown.

смáж|ений fried; grilled; roast(ed); ~ена картóпля *f* chips *pl.*; **~ити** fry; grill; roast.

сма|к *m* **1.** taste; flavo(u)r; **2.** style; приéмний на ~к savo(u)ry; припадáти до ~ку be to one's taste, relish (*or* like) *s.th.*; мáти ~к (до) have a taste (for).

смалúт|и singe; scorch; сóнце '~ь the sun is beating down.

смарáгд *m* emerald; **~овий** emerald.

смачн|úй tasty, good, delicious; **~о**: ~готувáти cook well, ~íсти eat well.

смерд|íти stink (of); **~ю́чий** stinking.

смерк|áти(ся) <~́нути(ся)> grow dusky *or* dark; [*impers.*] decline (of the day); **~óм** in the twilight.

смерт|éльний mortal, fatal, (*a. adv.*) deadly (*weapon, poison*); death...; ~éльний вóрог mortal enemy; **~́ний 1.** *s.* смертельний; **2.** mortal (*a. su.*), deadly, fatal; (*a.* J) death...; J capital; **~́ник** *m* prisoner sentenced to death; **~́ність** *f* mortality; death rate; **~́ь** *f* [*from g/pl. e.*] death; до сáмої ~і till one's dying day; F (*a.* до ~́ті) deadly, utterly; прú смерті at death's door.

смерч *m* waterspout; tornado.

сметáна *f* sour cream.

смúк|ати <~нýти> [-úкну-, úкнеш; *etc.*, *st.*] pull; tousle; twitch; F pester.

смирéнн|ий humble; meek; **~ість** *f* humility; meekness.

смúрний quiet, still; meek, gentle, mild.

смисл *m* sense; meaning; point; respect; F use; ~ життя́ meaning of live; **~овúй** semantic; notional.

смич|кóвий Mu stringed; bow...; ~кóві інструмéнти bow instruments; **~óк** *m* [-чкá] Mu bow.

смíлúв|ий courageous, bold, daring; **~́ість** *f* boldness; courage; **~́о** boldly; bravely, fearlessly.

смíлий *s.* смілúвий.

смíлість *f s.* смілúвість.

смíти <по-> dare; не смій! don't you dare! як ви смíєте! how dare you!

смíт|ити <на-> litter; make dirty; **~ни́к** *m* dust-heap; rubbish-heap; **~тєпровíд** *m* rubbish chute; **~тя́** *coll.* rubbish, litter, dust; я́щик для ~тя́ ash can (*Brt.* dustbin); винóсити ~ з хáти = wash one's dirty linen in public; **~тя́р** *m* ashman.

смі|х *m* laughter (with зі ~ху); fun (for зáдля Р; на З); зáдля ~́ху in jest, for sheer fun; **~шúти** [-шý, -шúш] <роз-> [~́шений] make laugh; **~шнúй** laughable, ludicrous, ridiculous; funny; до ~шнóго ridiculously; **~шно** funnily, in a funny manner; amuse; absurdly; *impers.* ~ дýмати, що it would be absurd to suppose.

смі|я́тися [-ю́ся, -є́шся] <за-> laugh (at *impf.* над О); make fun (of); chucle; mock (at); deride; F joke; ~є́ться той, хто ~є́ться остáнній he laughs best who laughs last.

смóкінг *m* tuxedo, dinner jacket.

смоктáти suck.

смол|á *f* [*pl. st.*] resin; tar; pitch;

~и́стий resinous; ~и́ти <за-> pitch, tar, ~яни́й pitch...; tar...
смо́рід *m* stench, stink.
сморо́дина *f* currant(s *pl.*).
сму́га *f* **1.** strip; stripe; **2.** zone, belt; лісова́ ~ forest bell; **3.** period; ~стий striped, stripy.
сму́глий, смугля́вий *s.* сма́глий, смагля́вий.
смут|и́ти <за-> grieve, distress; ~ни́й *s.* сумни́й; ~ок *m* grief, sadness; sorrow.
сму́шок *m* [*g/pl.*: -ків] astrakhan.
снага́ *f* strength, vigour.
сна́йпер *m* sharpshooter.
снаря́д *m* shell; missile; projectile; E machine; apparatus.
снас|ть *f* **1.** Sh (~ті *pl.*) rope *sg.*, rigging *sg.*; **2.** E *coll.* gear, tackle; риба́льська ~ть *f* fishing-tackle.
сни́тися dream.
сніг *m* [у ~у́, на ~у́; *pl.* -и́, -і́в] snow; ~ іде it is snowing; ~ови́й snow...; ~опа́д *m* snowfall; ~у́р *m* bullfinch.
снід|а́нок *m* breakfast; lunch; ~ати (have) breakfast; have lunch.
сніж|и́нка *f* snow-flake; ~ка *f* snowball; ~ний snowy, snow...; ~на зима́ snowy winter.
сніп *m* sheaf.
снови́да *m/f s.* луна́тик.
сновиді́ння *n* vision, dream.
снува́ти scurry, whisk.
соба́|ка *m* dog; hound (*a. fig.*); ~чий dog('s).
собіва́ртість *f* prime cost.
со́боль *m* [-ля] sable.
собо́р *m* cathedral; council; diet; ~ува́тися administer (receive) extreme unction.
сова́ *f* [*pl. st.*] owl.
со́вати [-аю, -аєш] <суну́ти> shove, put; F slip, give; poke one's nose, butt in.
со́віс|ний conscientious; ~но (р. Д) ashamed; ~ть *f* conscience; на ~ть conscientiously, well, honestly.
сово́к *m* [-вка́] scoop, shovel; dustpan.
со́кіл *m zo.* falcon.
сокови́тий **1.** juicy, succulent; **2.** *fig.* rich (*colour, plants, language*).
солда́т *m* [*g/pl.*: -ів] soldier; ~и *a. pl.* the men; ~ський soldier's.
соли́ти [солю́, со́лиш; со́лений] **1.** <по-> salt; **2.** <за-> pickle.
соліда́рн|ий solidary; in sympathy with; ~ість *f* solidarity.
солі́дний solid, firm, sound; respectable.
солі́ння *n* salting.
солі́ст *m*, ~ка *f* [*g/pl.*: -ток] soloist.
соліте́р *m zo.* tapeworm.
солове́й *m* [-в'я́] nightingale.
со́лод malt; ~и́ти sweeten, sugar.
соло́дк|ий sweet; sugary; honeyed; delightful; ~е *su.* desert (for на 3); ~ість *f* sweetness; delight; *cf.* со́лодощі; ~ува́тий sugary.
со́лодощі *pl.* [*st.*] candy *sg.*, *Brt. a.* sweets, sweetmeats.
соло́м|а *f* straw; thatch; ~и́на *f* straw; ~'яний straw...; ~'яна стрі́ха thatch; F grass (*widow[er]*).
соло́ний salt(y); saline; pickled; corned; *fig.* spicy.
солони́на *f* corned beef.
соля́н|ий: ~а кислота́ Ch hydrochloric acid.
солян|и́й salt...; ~і́ копа́льні salt-mines.
сом *m* catfish, sheatfish.
сон *m* [сну] sleep; dream (in уві М); крізь ~ half-asleep, in one's sleep.
сонли́в|ий sleepy; drowsy; ~ість *f* sleepiness; drowsiness.
со́нний sleeping (*a.* Me); sleepy, drowsy; soporific; *fig.* sluggish; listless.
со́н|це *n* sun (lie in на М).
со́н|я *m/f* F sleepyhead; ~я *f dim. of* Софія; ~ячний sun(-ny); solar; ~яшник *m* sunflower.
сопі́лка *f* pipe, reed.
сопі́ти [-плю́, -пе́ш] wheeze; snuffle, sniff.
со́пл|і *pl.* P snot, snivel *sg.*; ~я́к *m* P snot nose.
сора́тник *m* companion-in-arms; comrade (-in-arms); brother-in-arms.
со́рок forty; ~а *f* magpie.
сороко́вий fortieth.
со́ром *m* shame; без (уся́кого) ~у shamelessly; ~ити [-млю, -миш] <при-> [присоро́млений] shame, make ashamed; -ся <по-> be ashamed (of P); ~ли́вий shy, bashful, modest; ~ли́вість *f* bashfulness, modesty; ~і́тний F shameful; '~но! (for) shame! мені́ ~но I am ashamed (for р. за З); ~'язли́вий shy, timid.
соро́чка *f* [*g/pl.*: -чо́к] shirt; chemise, (under-) shirt.
сорт *m* [*pl.* сорти́, -ті́в] **1.** sort; quality, grade; kind, sort; **2.** variety (plants); ~ува́льний Rr switching; ~ува́льник *m* sorter; ~ува́ння *n* (as)sorting; ~ува́ти <роз-> (as-)sort, grade.
соси́ска *f* [*g/pl.*: -сок] sausage.
со́ска *f* (baby's) dummy.
со́сн|а́ *f* [*pl.*: со́сни, со́сен і со́сон] pine (-tree); ~о́вий pine...; pinewood...
сосо́к *m* [-cка́] nipple; teat (*animal*).
со́ти|й hundredth; дві ці́лих і два́дцять п'ять ~х 2,25.

сóтня *f* [*g/pl.*: -тень] a hundred.
сóус *m* sauce; gravy (*meet*); dressing (*salad*).
сохá *f* (wooden) plow, *Brt.* plough.
сóхнути (get) dry; fade, wither; *fig.* F pine away (*people*).
соціáл-демокрáт *m* Social Democrat; **~и́чний** Social Democrat(ic).
соціáльн|ий social; ~е страхувáння *n* (соцстрáх) social insurance.
сочеви́ця *f* B lentil(s).
сочи́тися ooze (out), trickle.
союз *m* union, alliance; confederacy; **~ний** allied; **~ник** *m* ally.
сóя *f* soy(bean).
спад *m* abatement; ~ виробництва falling-off of production; **~áти** <спáсти> [спадý, -éш; спав, -áла, -áло] subside, fall; decrease; abate; ~áти на дýмку enter one's head; **~кóвий** hereditary; **~кóвість** *f* heredity; **~коéмець** *m* heir; successor; **~коéмиця** *f* heiress; **~ни́й** descending; **∸ок** *m* heritage, legacy; **∸щина** *f* 1. inheritance; legacy; одéржати у ∸щину receive by inheritance; 2. legacy, heritage; культýрна ∸щина cultural heritage.
спáйка *f* solder(ing).
спáлах *m* flare, flash, outburst, outbreak.
спалáх|увати <~нýти> 1. flare up, flash; blush; 2. burst into a rage; break out.
спáл|ення *n* burning; **~ьний** sleeping; bed ...; **~ьня** *f* [*g/pl.*: -лень] bedroom; **∸ювати** *n* <~и́ти> burn (down).
спантели́ч|увати <~ити> 1. confuse, muddle, bewilder; 2. puzzle, perplex.
спáржа *f* asparagus.
спаси́бі (вам) thank you (very much вели́ке ~), thanks (for за З).
спáсти *s.* спадáти.
спáти [сплю́, спиш; спав, спáла, -о] sleep; *a.* ітú, лягáти ~ go to bed; не лягáти ~ sit up; мені́ не спи́ться F I can't sleep.
спá|ювати <~я́ти> solder.
спéк|а *f* heat, sultriness; **~óтливий** sultry, hot; **~тися** *s.* спікáтися.
спектáкль *m* [-лю] performance, show; дéнний ~ matinee.
спекул|ювáти speculate (with O); profiteer (*a. fig.*); **~я́нт** *m* speculator, profiteer; **~я́ція** *f* speculation, profiteering (*a. fig.*).
спéреду in (from) front (*as prp.*: P).
сперечáтися argue, dispute (with *s.b.* about), debate; wrangle.
спéртися *s.* спирáтися.
спéрш(у) F (at) first.
специфі́чний specific, characteristic.
спеціаліз|áція *f* specialization; **~увáти** give specialized training; concentrate; **-ся** specialize (in на М, з Р).
спеціа|лі́ст *m* specialist, expert (in у М, з Р); **∸льний** special; specialized; ∸льна осві́та specialized education; **∸льність** *f* speciality, proffession; trade.
спецóдяг *m* overalls *pl.*
спи́н|а *f* [*ac/sg.*: спи́ну; *pl. st.*] back; **~ка** *f dim. of* спи́на.
спинни́й spinal (cord мóзок *m*); vertebral (column хребéт *m*), back (*bone*).
спин|я́ти <~и́ти> 1. stop; make stop; pull up; 2. restrain; 3. ~ пóгляд rest one's gaze (on).
спирáтися <спéртися> 1. lean (on); 2. relly (on); base oneself (on).
спирт *m* [у -ý; *pl.*: -тú, *etc. e.*] spirit (s. *pl.*), alcohol; **∸ни́й** alcoholic, strong (*drink*); **~ови́й** spirit...; ~ови́й завóд *m* spirit plant.
спис *m* spear; **∸ок** *m* [-ску] list, register; copy; **∸увати** <~áти> copy (out); write (off); F plagiarize, crib; Sh pay off; discharge.
спитáти *s.* питáти.
спихáти <зіпхнýти> F push (down, aside).
спи́ця *f* spoke (*of wheel*); knitting-needle.
співвіднóшення *n* correlation; alignment.
співвітчи́зни|к *m*, (**~ця** *f*) compatriot, fellow country (wo)man.
співдрýжність *f* community.
співжиття́ *n* cohabitation.
співзвýчний consonant (with, to); in harmony (with); conformable, accordant; concordant.
співіснувá|ння *n* coexistence; **~ти** coexist.
співробі́тни|к *m* collaborator; employee, member; *pl.* staff; contributor; colleague; **~цтво** *n* collaboration; cooperation; (*newspaper*) contributions *pl.*; **~чати** collaborate, cooperate (with).
співрозмóвник *m* interlocutor.
співучáс|ник *m* accomplice; **∸ть** *f* complicity.
співчу|вáти (Д) sympathize; feel (with); condole (with, on); approve (of); яки́й (що) ~вáє sympathizer; **~тли́вий** sympathetic, sympathizing; **~ття** *n* sympathy (with, for до Р); condolence.
спідни́ця [*g/pl.*: -ць] skirt.
спі́дн|ій 1. lower; bottom; 2. under; ~я білизна underclothes *pl.*, underwear.

спі́зн|юватися <~и́тися> be late (of); він ~ни́вся на по́їзд he missed the train.

спійма́ти *s.* лови́ти.

спіка́тися <спекти́ся> F *s.* запіка́тися; E conglomerate.

спі́|лий ripe; **~ти** ripen.

спілка *f* union, leage; професі́йна ~ trade union.

спілкува́|ння intercourse; **~тися** associate (with з O).

спі́льн|ий **1.** common; mutual; ~і інтере́си common interests; ~ий друг mutual friend; **2.** joint, combined; co(*education*); **~о** together, conjointly.

спі́льн|ик *m*, **~иця** *f* accomplice, ally.

спір *m* [спо́ру] argument, dispute; controversy, discussion; wrangle, quarrel.

спіра́ль *f*, **~ний** spiral.

спі́рний disputable, questionable; controversial.

спітка́|ти **1.** meet; encounter; **2.** happen; overtake, befall; його́ ~ло го́ре he has had a misfortune.

спіткну́тися *s.* спотика́тися.

спіш|и́ти <по-> [-шу, -ши́ш] hurry (up), hasten; *clock*: be fast (5 min. на 5 хвили́н); **∸итися** *pf.* dismount; **∸ний** urgent (*matter*); pressing *or* rush (*order*); special *or* express (*letter, delivery*); hasty, hurried; **∸но** quickly.

сплав *m* **1.** alloy (*of metal*); **2.** float(ing); rafting; **~ля́ти** <∸ити> **1.** fuse, alloy; **2.** float, raft.

спла́|та *f* payment, paying off; **~чувати** <~ти́ти> pay; pay off.

спле́с|к *m* splash; **~кувати** <~нути> splash; ~нути рука́ми throw up one's arms.

сплести́ *s.* сплітати.

спле́т|ення *n*, **~і́ння** *n* interlacement, complications, texture; *anat.* plexus (*pl.* ~xes); со́нячне ~ення solar plexus.

сплива́ти <сплисти́ *a.* спливти́> float *or* drift away, pass on.

сплиг|увати <~а́ти> jump down *or* of.

сплітати <сплести́> weave; plait, braid; (inter)lace; F invent; ~ віно́к make a wreath; (*hands*) lock; (*fingers*) interlock.

сплу́тати (en)tangle; muddle, confuse; take (for), mix up; F ~ ка́рти upset *s.b.*'s plans.

сплю́щ|увати <~ити> flatten.

сплячка *f* **1.** hibernation (*animals*); **2.** F lethargy, sleepiness (*people*).

спобо́рник *m s.* сора́тник.

сповз|а́ти <~ти́> climb *or* slip (down, off).

сповиі|ва́ти <∸ти> swaddle (*child*); envelop, cover.

сповід|а́ння *n* confession; ві́ро- creed; **~а́ти**, <ви́-> = **∸увати** *impf.* confess (*v/i.* **-ся**, to a p. пе́ред O; *s.th.* у M); profess (*religion*); **∸ник** *m* confessor.

сповіі|ща́ти <~сти́ти> inform (of, about); let (*s.b.*) know (of, about).

спо́вна́ completely, in full, entirely, ...wholly.

спо́гад *m* remembrance, recollection, reminiscence; **~и** *pl.* memoirs, reminiscences.

спогляда́|льний contemplative; **~ти** contemplate.

сподви́жник *m s.* сора́тник.

сподіва́|ння *n* expectation (contrary to па́че, бі́льше *or* зверх, по́над P), hope, dream; **~тися** expect, hope (for); rely (on); wait (for).

сподо́батися *s.* подо́батися.

спожи|ва́ти <∸ти> consume, use; eat, have (*food*); **~ва́ч** *m* consumer; **∸вчий** consumer...; ∸вча коопера́ція consumers' co-operative societies *pl.*

спо́кій *m* quiet, calm(ness), tranquillity; composure; peace, public order; душе́вний ~ peace of mind; **∸ний** quiet, calm, tranquil; composed; бути ∸ним feel at ease; бу́дьте ∸ні don't worry.

споконві́ку from time immemorial.

споку́|са *f* temptation; **~си́ти** *s.* ~ша́ти; **~сливий** tempting, seductive; **~сник** *m* seducer, tempter.

споку́т|а *f* redemption; atonement, expiation; **~увати** redeem; atone (for), expiate; ~увати прови́ну atone for one's guilt.

споку|ша́ти <~си́ти> (**-ся** be) tempt(ed); seduce(d).

спол|і́скувати <~оска́ти *once* ~осну́ти> rinse (out).

спо́лох **1.** alarm, panic; би́ти (*у дзвін*) на ~ sound the alarm; **2.** *a.* ~и *pl.* flash.

споло́х|увати <∸ати> frighten, scare away; flush.

сполу́|ка *f* Ch combination, compound; **~ча́ти** <~чи́ти> join, unite; (*a. teleph.*) connect; link up; combine; communicate (*v/i* **-ся** *(im)pf.*); **~чений** connected; **~чення** *n* joining, junction, combination; communication; Ma, Ch combination; **~чний** connecting; conjunctive; *gr.* connective; copulative; **~чник** *m gr.* conjunction.

спонука́ти impel, induce, prompt.

спо́рити dispute, argue, debate; quarrel; F bet; poet. fight; **-ся** F succeed, get along.

спорі́дн|ений kindred, akin, related,

cognate; ~ені мо́ви related languages; **~еність** *f* relationship, kindred, kinship; affinity; **~ення** *n* relationship, cognation; **~ювати** <~ни́ти> unite, draw together; make alike.

спорожни́ти *pf.* empty.

спорт *m* sport; ли́жний ~ skiing; займа́тися ~ом go in for sport(s); **~и́вний** sporting; athletic(-looking); sport(s)...; **~сме́н** *m* sportsman, athlete; **~сме́нка** *f* [*g/pl.*: -нок] sportswoman.

споруд|а *f* edifice, construction, structure; building; **~жувати** <~и́ти> [-джу́, ~диш; ~джений] build, construct, erect, raise.

споряд|жа́ти <~и́ти> [-жа́ю, -жа́єш; ~жений] equip, fit out (with O); prepare; supply; **~ження** *n* **1.** equipping; **2.** equipment, munitions *pl.*, outfit.

спо́сіб *m* method, means; manner, way (in O); *gr.* mood, mode.

спостере́ж|ення *n* observation; **~ливий** observant; **~ний** observation (post).

спостерiга́|ти **1.** observe, study; **2.** keep an eye (on); watch; see after *or* to (it that); **~ч** *m* observer.

спотв|о́рювати <~о́рити> distort, twist (*a. fig.*); ~о́рювати і́стину distort the truth.

спотика́тися <спіткну́тися *i* спотикну́тися> stumble (over).

спохва́|чуватися <~ти́тися> bethink *o.s.*

спочáтку **1.** at first, at the beginning; **2.** formerly; before; **3.** all over again.

спочи|ва́ти <~ти> (have a) rest; sleep; ~ва́ти на ла́врах rest on one's laurels; **~нок** *m* rest; не ма́ти ~нку have no peace; **~ти** *s.* ~ва́ти.

спра́в|а *n* **1.** affair; business; громадські ~и public affairs; це не моя ~а that is no business of mine; **2.** cause; ~а ми́ру the cause of peace; **3.** deed, act; до́бра ~а a good deed; **4.**: ~и *pl.* things; ~и поправля́ються things are improving; **5.** J case; в чо́му ~а? what's the matter?; як ~и? how are you? це зо́всім і́нша ~а that's quite another thing; ма́ти ~у (З) have to deal (with); **6.** from the right; on the right (of); to the right (of).

спра́вджуватися <~дитися> come true.

спра́вді really, indeed.

справедли́в|ий just; fair, impartial; true, right; **~ість** *f* justice; fairness, impartiality; truth; по ~ості by rights.

спра́вжній true, real.

справ|ля́ти <~ити> **1.** arrange, hold; F celebrate, keep, make (*holiday*); **2.** produce; ~ вплив (на) produce *or* make an impression (on); **-ся** (з О) **1.** manage; *pf.* get the better of; **2.** F manage, cope (with).

спра́вний **1.** in working order; in good repair; **2.** conscientious; skilful.

спра́г|а *f* thirst; **~лий** thirsty.

спрац|ьо́вуватися <~юва́тися> **1.** wear; be worn (out); **2.** work in harmony.

сприй|ма́ння *n* perception, apprehension; **~ма́ти** <~ня́ти> perceive, apprehend.

сприйня́тливий sensitive; susceptible (до Р).

спри́ск|увати <~ати> sprinkle; F wet.

спри́тн|ий agile, quick; dexterous, adroit, deft, smart, ingenious; **~ість** *f* adroitness, dexterity, smartmess.

спричин|я́ти <~и́ти> cause; evoke, give rise (to).

сприя́|ння *n* assistance, help; **~ти**, <по-> (Д) assist, help, cooperate; contribute (to), further, promote; **~тливий** favourable, propitious.

спро́б|а *f* attempt, endeavour; **~увати** *s.* про́бувати.

спрова́д|жувати <~ити> F get rid (of), pack off.

спрожо́гу rashly.

спром|ага́тися <~огти́ся> find time.

спромо́жн|ий able; C solevent, J valid; **~ість** *f* ability; купіве́льна ~ість (*of money*) purchasing power; (*of population*) purchasing capacity.

спросо́ння F half asleep, not fully awake.

спро́ста F unintentionally, innocently.

спрост|о́вувати <~ува́ти> refute.

спро́|щувати <~сти́ти> **1.** simplify; **2.** *fig.* oversimplify.

спрям|о́вувати <~ува́ти> direct, turn; aim.

спу́рх|увати <~ну́ти> fly up.

спус|к *m* lowering; descent; slope; launch(ing); drain(ing); *fig.* F quarter; **~ка́ти** <~ти́ти> lower, let down; launch (*ship*); drain (*pond*); unchain, set free (*dog*); pull (*trigger*); slacken; F pardon; squander, dissipate; lose, gamble away (*cards*); **-ся** go (*or* come) down (stairs по М), descent; slip down, sink.

спусті́лий deserted.

спусто́ш|ення *n* devastation; **~увальний** devastating; **~увати** <~ити> devastate, ravage; drain *s.b.*'s spirit.

спух|а́ти <~нути> swell.

сп'яні́ння *n* intoxication.

сріб|ли́ти <по-> silver; **-ся** glisten like silver; **~ло** *n* silver; **~ля́стий** silvery; **~ний** silver(y).

С

ссáти [ссу, ссеш, ссетé, ссуть] suck.
ст. *abbr.*: **1.** століття *n*; **2.** стáнція *f*; **3.** стáрший.
стабіліз|áція *f* stabilization; **~увáти** stabilize.
стабíльний stable.
ставáти <стáти> [стáну, ~неш] stand; rise, grow, get; step, place *o.s.*, get, stop, pull up (*car*); get down (to *work*); ~ в чéргу line; *Brt.* queue up; appear (before), spring up; *pf.* begin; will; feel (*better*); take (to); що б то не стáло at any cost; at all costs; ~ на нóги recover, get well; ~ на перешкóді be in smb.'s way; ~ на чолí become leader (of); **-ся**, <стáтися> [*3rd p. or impers.*] happen (to з О), occur; come; take place; F be.
стáвити <по-> put, place, set, stand; install, fix; put (*or* set) up; apply (*compress*); stake, (на З) back; *thea.* stage; Ml billet; raise, propose, move; make (*conditions, etc.*); drive; cite; impute (у З); bring (to p.'s *notice* у З); give; organize; value, esteem; F appoint, enage; **-ся** treat, be disposed (to); regard.
стáвк|а *f* [*g/pl.*: -вок] rate; wage, salary; stake (*cards, etc.*); (head) quarters *pl.*; *fig.* hope; reliance (on); робúти ~у count (on); óчна ~а confrontation.
стáвлен|ня attitude (to); treatment (of); **~ик** *m* protege.
ставнúй stately, portly.
стадіóн *m* stadium (in на М).
стáдія *f* stage.
стáдо *n* (*cows, deers*) herd; (*sheep, goats, geese*) flock.
стаж *m* length of service.
стáйня *f* stable.
сталéвий steel...; (*colour*) steel-grey; *fig.* of steel.
сталеливáрний steel (*mill*).
стáлий constant, steady, stable; permanent, invariable.
сталь *f* steel; **~нúй** *s.* сталéвий.
стамéска *f* [*g/pl.*: -сок] chisel.
стан *m* [-ну] **1.** figure (*man*); **2.** camp; **3.** state; estate, class, status; condition; ~ здорóв'я *n* state of health; соціáльний ~ social position *or* status; *gr.* voice; Ch., *phys.* state; **4.** [-на] E mill.
стандáрт *m* [-у] standard; **~ний** standard..; mass-produced; prefabricated.
станúця *f* Cossack village.
становúти **1.** *s.* стáвити; **2.** be; make, form.
станóвище *n* condition; state; status; situation; міжнарóдне ~ international situation.
станц|íйний station...; waiting; post (*master*); **~ія** *f* station (at на М); *teleph.* office, exchange; Rr *a.* yard; вузловá ~ія junction.
стáнути *pf.* thaw off, melt.
стар|á *f* old woman.
стараá|нний painstaking, diligent, assiduous; careful; **~ння** *n* pains *pl.*, care(ful effort), eagerness, zeal; **~тися** <по-> try, do one's best.
стáр|ець *m* [-рця] (old) monk; **~éчий** senil.
стар|úй old, *a. su.* old man; ~í рéчі *pl.* second-hand articles *pl.*; junk, *Brt.* lumber; **~íсть** *f* old age (in one's на М літ).
стáрити <по-> make (**-ся** grow) old.
старíти **1.** <по-> grow old, age; **2.** <за-> grow obsolete; become old-fashioned.
старов|инá *f* olden time *or* days (of yore) (in в З); relic of the past; **~úнний** old; ancient, antique; longstanding.
стародáвн|ій old; ancient, antique; olden; ~я істóрія ancient history.
старомóдний old-fashioned, out-of-date.
стáроста *m* (*village*) elder, (*church*) warden; (*class*) monitor.
стáрощі *pl.* [-щів] *fig.* great age.
стартувáти start; blast off (*rocket*); take off (*airplane*).
стáрш|ий older; oldest; (*a brother and a son*) elder; senior; higher, highest; fore(man); first (*lieutenant*); **~инá** *m* foreman; chairman, manager; Ml sergeant-major; first sergeant *Am*; Sh petty officer, mate; **~инствó** *n* seniority; по ~ý by seniority.
статéчний staid, sedate, grave.
стáти *s.* ставáти.
статúст *m*, **~ка** *f* [*g/pl.*: -ток] *thea.* supernumerary; *film*: extra; **~ика** *f* statistics; **~úчний** statistic(al).
стáтися *s.* ставáтися.
статтá *f* article; paragraph; item, clause, entry.
статýра *f* build; constitution.
статýт *m* statute(s); regulations *pl.*; Ml manual; charter (*a.* UNO).
стáтуя *f* statue.
стать *f* *biol.* sex.
стаціонáрний stationary.
стáчка *f* [*g/pl.*: -чок] strike.
ствéрд|жувати <~ити> confirm.
ствол *m* Ml barrel, tube; M shaft.
створ|ення *n* creation; **~ювати** <~úти> create, make; set up (*committee*); create *or* produce (*impression*); **-ся** arise, form.

стебло́ *n* stalk; stem (*of flower*).
стегно́ *n* [*pl.*: сте́гна, -гон, -гнам] thigh; hip; loin; haunch.
сте́ж|ити [-у, -иш] **1.** watch, follow; **2.** keep up (with); keep an eye (on); **3.** see (to), look (after); ~ за собо́ю look o.s. properly.
стекти́ *s.* стіка́ти.
стела́ж *m* [-а́] shelf.
стели́ти [стелю́, сте́лиш], <по-> [посте́лений] spread, lay; make (*bed*); **-ся** *impf.* (be) spread; drift; B creep.
сте́ля *f* ceiling.
стеногра́|ма *f* shorthand (verbatim) report *or* notes *pl.*; **~фі́ст** *m*, **~фі́стка** *f* [*g/pl.*: -ток] stenographer; **~фія** *f* stenography, shorthand; **~фува́ти** take down in shorthand.
степ *m* [у ~у́, *pl. e.*] steppe.
сте́пінь *m* Ma power.
степови́й steppe...
сте́рво P *contp. n* damned wretch.
стере|гти́ [-жу́, -же́ш] guard, watch (over *or* for); **-ся** be careful (of); beware (of).
стереоти́п *m* stereotype; **~ний** stereotype..., stereotyped.
сте́ржень *m* E rod; pivot.
стерил|ізува́ти sterilize; **~ьний** sterile, sterilized.
стерно́ *n* rudder; helm; (steering) wheel; **~ви́й** steering, control...; *su.* steersman, helmsman.
стерпі́ти endure, bear.
сте́рпний tolerable.
сте́рти *s.* стира́ти.
сти́гл|ий ripe; **~ість** *f* ripeness.
сти́гнути **1.** ripen; **2.** (become) cool; be getting cold *or* cool.
стик *m* joint, juncture.
стика́тися <зіткну́тися> (з O) adjoin; (get in) touch (with).
стиль *m* style; (*Old, New*) Style.
стина́ти **1.** <стя́ти *i* зітну́ти> [зітну́, -не́ш, -не́; *past.* стяв, -ла́, -ло́, -ли́] cut off *or* down; cut *or* slice off one's head, behead; **2.** <стя́ти *i* зітну́ти> F bring *or* trow together; lock, to be frozen over; clench one's teeth; **-ся** <стя́тися *i* зітну́тися> F fight; *pf.* join battle with, skirmish with; F grapple with.
стипе́ндія *f* scholarship; grant.
стира́ти <сте́рти> [зітру́, зітре́ш] **1.** wipe *or* rub off, out; dust; erase, efface, blot out; clean; pulverize; *fig.* obliterate; **2.** grind fine.
стирча́ти [*e.*; -чу́, -чи́ш] stick out; F hang about.
стис|ка́ти <∸нути> [сти́сну, -неш; сти́снутий] (com)press, squeeze; clench (*hand, teeth*); constrict, seize; **-ся** contract; shrink; become clenched.
сти́сл|ий brief; concise; **~ість** *f* conciseness; **~о** briefly, in a few words.
сти́с|нення *n* pressure; compression; **~нутий** compressed; compact, concise, terse.
сти́ха softly, in a low voice; furtively; stealthily; slowly; slightly, gently.
стих|а́ти <∸нути> abate; fall; ceased; calm down, (become) quiet; **~і́йний** elemental; spontaneous; natural; **~ія** *f* element(s).
сти́ш|увати <~ити> **1.** deaden, muffle; ~увати го́лос lower one's voice; **2.** slow down.
стіг *m* [у стогу́; *pl.* стоги́, *etc. e.*] stack, rick; ~ сі́на haystack.
стій|! stop!, halt!; **~ки́й** firm, steadfast, steady; durable, persistent; **∸кість** *f* firmness; **∸ло** *n* Ac box (stall).
стік *m* flowing (off); drain, gutter, waste-pipe.
стіка́ти <стекти́> run *or* flow down; ~ кро́в'ю be bleeding to death; trickle; **-ся** join; flock, gather.
стіл *m* table (at за O); board, fare; meal; office, bureau, department, desk; *hist.* throne.
сті|ле́ць *m* [-льця́; *g/pl.*: -льці́в] chair; seat.
сті́льки (*n/sg.*) so *or* as much; (*n/pl.*) so *or* as many; не ~ ..., скі́льки rather ... than, not so much ... as.
стільни́к *m* honeycomb(s).
стін|а́ *f* [*as/sg.*: сті́ну; *pl.* сті́ни, стін, сті́нам] wall; притиска́ти до ~и́ F drive into a corner; **~ка** *f* wall; гімнасти́чна ~ка wall-bars *pl.*, rib-stalls *pl.*; (*of vessel*) side; Sh sea-wall; **~ни́й** wall...; ~на́ газе́та wall newspaper; ~ни́й живо́пис *m* mural painting.
стіс *m s.* ку́па.
стічни́й waste..., soil...
сто hundred.
сто́вбур *m* **1.** trunk (*of tree*); stem; **2.** M shaft (*of mine*).
стовп *m* post, pole; column; pillar; **~е́ць** *m* solumn; **~і́ти** F <о-> petrify; **~ови́й**: ~ова́ доро́га *f* highway.
сто́г|ін *m* moan, groan; **~на́ти** [-ну́, -гнеш] moan, groan.
сто́йк|а *f* stand(ard); support; counter; bar; set, роби́ти ~у point, come to a point; (*sport*) hand- *or* head-stand.
стокра́тний hundredfold.
стокро́тка *f* [*g/pl.*: -ток] daisy.
столи́|ця *f* capital; **~чний** capital...; metropolitan.
столі́ття *n* century; centenary.

столо́вий table (*spoon*), dinner (*service*).

сто́ляр *m* joiner; cabinet-maker; **∸ний** joiner's (*shop, etc.*); ~на спра́ва joinery.

сто́м|лений tired, weary; **~люватися** <~и́тися> tire *o.s.*; get tired.

стоно́га *f* F [-ги; *g/pl.*: -ні́г] centipede.

стопа́ *f* **1.** foot; footstep (with O; in по M); **2.** foot (*verse*); pile.

сто́пт|увати <~а́ти> tread down; wear out.

сторі́нка *f* [*pl.*: -нки́, -но́к] page; column (in на M).

сто́рож *m* [*pl.*: -і́, -і́в, *etc. e.*] watchman; guard; **∸а** watch, guard; стоя́ти *or* бу́ти на ∸і watch (over), stand on guard (of); **~и́ти** be on the watch; guard, keep watch (over); **~ови́й** watch...; guard...; sentry (*box*); observation (*post*); Sh patrol (*boat*).

сторон|а́ *f* [as *or sg.*: сто́рону; *pl.*: сто́рони, -рі́н, ∸ронам] side; direction; pass by; part; place, country, land; Ma, Ju party, side; рі́дна ~а́ native land; чужа́ ~а́ foreign country; ∸и сві́ту the cardinal points; take (one's) side; з чиєї ~и́ on the part of *s.b.*; по оби́дві ∸и on both sides (of); дізна́тися ~о́ю know *s.th.* by hearsay; іти́ у рі́зні ∸и go in different directions; прохо́дити ~о́ю (*clouds, etc.*) pass by; **∸ній** **1.** strange; ~ня люди́на stranger, outsider; **2.** outside...; of others; без ~ньої допомо́ги unaided; **3.** *su.* stranger.

сторч **1.** upright; **2.** head first.

стосо́вно as for (to); with *or* in reference (to); concerning.

стосу|ва́тися concern; це вас не стосується: it doesn't refer to you; it's not your business; **∸нки** *pl.* relations; бути в найкра́щих ~нках (З) be on the best terms (with).

стоя́нка *f* stand, stop (at на M); *mot.* parking place *or* lot; Sh anchorage, moorage.

сто|я́ти [стою́, -їш; стоячи́] stand; be; be situated; stop; lodge, quarter; stand up (for за З), defend; confront; insist (on на M); be at a standstill; годи́нник ~ї́ть the clock *or* watch has stopped; ~я́ти на чолі́ be at the head (of); сті́й(те)! stop!; F wait!; **~я́чий** standing, stagnanat (*water*); stand-up (*collar*); standard (*lamp*).

стра́в|а **1.** dish; course; обі́д із трьох страв three-course dinner; **2.** food; **~охі́д** *m anat.* gullet.

страждá|лець *m* [-áльця] martyr; **~áння** *n* suffering; **~áти** <по-> suffer (from від P, O; for за З).

страйк *m* strike, walkout; **∸овий** strike...; **~ува́ти** <за-> (be <go> on) strike.

страсни́й Holy; Good (Friday).

стра́та *f* execution; (*a. fig.*) punishment.

страт|е́г *m* strategist; **~егі́чний** strategic(al); **~егія** *f* strategy; (*science*) strategics.

стра́тити *s.* стра́чувати.

стра́ус *m* ostrich.

страх *m* **1.** fear (for від, із P), fright; dread; відчува́ти ~ (пе́ред) be terrified (of); **2.** terribly, awfully; ~ як хо́лодно *impers.* it's horribly cold; **~а́ти** [-а́ю, -а́єш], <на-> (**-ся** be) frighten, threaten (-ed; at P; fear, dread, be afraid of, intimidate).

страхі́ття *n s.* потво́ра.

страх|ови́й insurance...; **~о́вка** *f* [*g/pl.*: ~о́вок] insurance (rate); **~ува́ння** *n* insurance (*fire*... від P); **~ува́ти** <за-> **1.** insure (against від P); **2.** *fig.* ensure the safety (of).

стра́|чувати <~тити> execute, put to death.

страш|и́ти *s.* страха́ти; **~ни́й** terrible, frightful, dreadful; **∸ний** Суд Last Judg[e]ment; **∸но** **1.** terribly, awfully; **2.** *impers.*: мені́ ~ I'm afraid *or* frightened, I fear.

стре́льнути *s.* стріля́ти.

стреме́но́ *n* [*pl.*: -ме́на -ме́н] stirrup.

стрепену́тися start, shudder, shake up.

стриб|а́ти <~ну́ти> **1.** jump, leap, spring; skip; hop; **2.** bounce, rebound; **3.** *pf.* take a leap *or* jump; **~о́к** *m* **1.** jump; leap; spring; ~о́к у во́ду dive; **2.** *fig.* sudden leap *or* change; **~у́н** *m* jumper.

стрива́|ти: ~й(те) just a minute, wait a bit; look out, take care.

стриво́ж|ений alarmed, disturbed; **~ити** *s.* триво́жити.

стри́|гти <по-, під-> cut; clip, trim; shear; **-ся** <по-> cut one's hair, have one's hair cut; **~жений** cut; short; bobbed, short-haired; shorn; trimmed.

стриж *m* sand martin.

стри́жень *m* **1.** *s.* сте́ржень; **2.** (*of plant*) core, heart; **3.** *fig.* core.

стри́жка *f* **1.** (hair-)cutting; shearing; trimming; **2.** hair-cut.

стри́ман|ий reserved, (self-)restrained; ~ний тон *m* restrained tone; **~ість** *f* restraint.

стри́м|увати <~ати> hold in, keep back, restrain; moderate; suppress; **-ся** control *o.s.*; abstain; refrain (from).

стрій *m* **1.** Ml formation, order, array; line; **2.** Mu tune.
стріл|á *f* [*pl. st.*] **1.** arrow (like О); **2.** E jib; **~éць** *m* shot, marksman; Ml rifleman; gunner; **~éцький** shooting...; (of) rifles; **~́ка** *f* [*g/pl.*: -лок] hand (*clock*); pointer; indicator; needle; B shaft; arrow (*drawing, etc.*); tongue (*land*); clock (*stocking*); Rr switch, points *pl. Brt.*; **~́очник** *m* Rr pointsman; switchman; **~янúна** *f* shooting, firing, exchange of shots *or* fire; **~я́ти** <стрéльнути> shoot, fire (at в З, по М; gun з, із Р); F *impers.* feel acute pains *pl.*; **-ся** *(im)pf.* (fight a) duel.
стрімголóв headlong; headfirst.
стрімкúй **1.** steep, precipitous; **2.** impetuous; rapid, fast-moving; rash.
стрíчка *f* ribbon; band; E tape.
стройов|úй fighting, front(line); **~á** підготóвка drill.
строк *m* period, term (for *or* of О *or* на З); time, date, deadline.
строкáтий variegated, particolo(u)red, motley (*a. fig.*); gay; *fig.* mixed, diverse.
строфá *f* stanza.
строч|úти [-чý, ~́чиш; ~́чений] stitch, sew; F scribble; write; F blaze away; **~́ка** *f* seam.
струг *s.* форéль.
стругáти <за-, під-> sharpen, point; <вú-> plane.
структýра *f* structure.
струм *m* stream; *phys.* El current; **~́інь** *m* [-меня] stream (in О); (*strong*) jet; spurt; (*a. air*) current; **~óк** *m* brook, stream; brooklet, streamlet; **~увáти** stream, flow, run; purl.
струнá Mu *f* string.
струнк|úй **1.** graceful; slender, slim; **2.** *fig.* well-balanced, orderly; well-shaped; **~́ість** *f* slenderness; **~́о** **1.** gracefully; **2.** Ml ~! attention!
стрýнний stringed (*instruments*); string (*orchestra*).
струс *m* **1.** push; shaking; tremor; **2.** *fig.* shock; ~ мóзку Me concussion of the brain.
струсúти, струснýти *s.* стрýшувати.
струч|óк *m* [-чкá] pod.
стрý|шувати <~сúти, ~снýти> shake off *or* down; shake; jolt.
студéнт *m*, **~ка** *f* student, undergraduate; **~ський** student's.
студіювáти <про-> study.
стýдія *f* studio, atelier.
стук *m* knock(ing); tap; (*wheels*) clatter; **~́ати** <~́нути> knock (at *door* у З; *a.* **-ся**); rap, tap; *pf.* hit, strike; **~́ають** there's a knock at the door; **~іт** *m s.* стук.
стýл|ковий folding (*doors*); **~я́ти** <~йти> close, put together.
стýп|а *f* mortar (*vessel*); товктú вóду в ~і = beat the air.
ступ|áти <~úти> step; tread, walk; далéко ~úти *pf. fig.* make great progress.
ступíнча(с)тий (multi) graded.
стýпінь *m* [*st.*] **1.** degree; **2.** ~ дóктора наýк doctor's degree; **3.** stage; **4.** *gr.* degree; звичáйний *or* вúщий *or* найвúщий ~ positive *or* comparative *or* superlative degree.
стýпка *f* [*g/pl.*: -пок] (small) mortar.
ступня́ *f* foot.
стусáн *m* push, shock, cuff, kick.
стяг *m* banner.
стягáти *a.* стя́гувати, <стягтú, *a.* стягнýти> **1.** fasten; tie up; **2.** Ml concentrate, assemble; **3.** pull *or* draw together (off, down); **4.** *pf.* F pilfer; **5.** levy, exact, collect; **6.** call to account; impose penalty (on).
стя́г|нений: *gr.* ~нене рéчення conjoint sentence.
стя́гнення *n* **1.** levy, collecting; **2.** punishment, reprimand; накладáти ~ penalize.
стьóбаний quilted.
стьоб|áти **1.** <ви-, про-> quilt; **2.** *once* <~нýти> whip.
суб'єкт *m* **1.** subject; **2.** F fellow; individual, type; **~úвний** subjective.
суб|óта *f* Saturday (on: у З, *pl.*: по М); **~сúдія** *f* subsidy.
субтрóпі|ки *pl.* subtropics; **~́чний** subtropical.
суверен|ітéт *m* sovereignity; **~́ний** sovereign.
сувíй *m* roll, scroll; bundle (of papers).
сувóр|ий strict, austere (*discipline, order, life*); severe (*look, reprimand, weather*); stern (*test, trial*); hard (*winter*); rigorous (*climate*); rigid (*economy*); під ~им секрéтом in strict confidence; **~ість** *f* severity, strictness, austerity, rigour.
суглóб *m* joint.
сугýбий especial, exceptional.
суд *m* judg(e)ment (to на З); court (of justice); tribunal; trial (put on віддáти під З; bring to віддáти до Р); prosecute; justice; польовúй ~ court martial.
судáк *m* pike perch.
судд|íвський *sport.* referee's; **~я́** *m* [-ддí; *pl.*: сýдді, -ддів; два суддí]; **1.** judge; **2.** *sport.* arbitrator, referee, umpire.

сýдження *n* 1. opinion; judgement; 2. statement.
судúна *f* Me vessel.
судúти 1. *fig.* judge; 2. J try, judge; destine; **сýдячи** з (P) judging by; 3. referee; umpire; 4. blame; **-ся** be at law (with з O).
суднó *n* [*pl.*: ∸дна, -ден] vessel; Sh ship; boat.
судно|будівнúй shipbuilding...; ship (*yard*); **~будувáння** *n* shipbuilding; **~плáвний** navigable; **~плáвство** *n* navigation.
судовúй judicial, legal; law...; (of the) court.
судóма *f* cramp, spasm, convulsion.
сýдоро|га *f s.* судóма; **~жний** convulsive.
суéцький: ∸ канáл Suez Canal.
суетá *f* vanity; fuss; bustle.
сузíр'я *n* constellation.
сук *m* bough; twig; knot; branch.
сýка *f* bitch.
сукáти <з-> twist, twine; roll.
сукнó *n* [*pl. st.*: сýкна, сукон, сýкнам] (smooth) woolen cloth.
сýкня *f* dress, frock.
сукня́ний cloth...
сукóн|ний: ~на мова clumsy *or* awkward style.
сукýпн|ий joint, combined; **~ість** *f* totality, total combination, aggregate, whole.
султáн *m* sultan; (*on a hat*) plume.
сум *m* grief, sadness, sorrow.
сýма *f* sum (for *or* of на З *or* у M), amount; **∸рний** summary.
сумбýр *m* confusion, muddle.
сумíжн|ий adjacent, adjoining; neighbouring; ~і наýки overlapping sciences.
сумíрний commensurable.
сумíсн|ий joint; compatible; ~о conjointly.
сýміш *f* 1. mixture; 2. confusion.
сумі|щáти <~стúти> combine.
сýмка *f* [*g/pl.*: -мок] 1. bag, ~ для покýпок shopping-bag; патрóнна ~ Ml cartridgepouch; польовá ~ Ml map case; 2. *biol.* pouch.
сумлíнн|ий conscientious; painstaking; ~я conscience; мýки *or* докóри ~я *pl.* remorse *sg.*
сумн|úй sad, sorrowful.
сýмнів *m* doubt (about у M); question (in під O); пóза всякúм ~ом beyond all manner of doubt; **~áтися** <за-> (у M) doubt; have doubts (about); **∸ний** 1. doubtful; questionable; 2. dubious, shady.
сýмно *s.* sadly, sorrowfully; 2. *impers.*: менí ~ I am sad.
сýмочка *f* 1. small bag; 2. (*lady's*) handbag; fancy-bag; бíсерна ~ beaded bag.
сумувáти <за-> grieve, be sad.
сýнути *s.* 1. сóвати; 2. ломúтися[2].
суп *m* [∸у] soup.
суперéч|ити 1. object (to); disagree (with); 2. contradict; **~ка** *f* argument, dispute; wrangle, quarrel; **~ливий** contradictory, conflicting; **~ність** *f* contradiction; discrepancy; клáсові ~ності class contradictions.
супéрни|к *m* rival; **~цтво** *n* rivalry; **~чати** compete, rival, vie, be a match (for з O).
сýпров|ід *m* Mu accompanimet; у ~оді (P) accompanied (by) (*a.* Mu); escorted (by); **~íдний** covering (*letter*); **~óджувати**, *a.* **супровóдити** 1. accompany; ascort; 2. provide (with O); **-ся** *impf.* be accompanied (by O); entail.
супротúвни|й 1. opposite; adverse; 2. contrary, adverse (*wind, stream*); **~к** *m* opponent; adversary.
супýтни|к *m*, **~ця** *f* fellow travel(l)er; (*life's*) companion; *ast.* satellite.
сургýч *m* [-ý] sealing-wax.
сурм|á 1. *f* trumpet; bugle; **~áч** *m* trumpeter; bugler; **~úти** blow, trumpet; 2. *f* antimony.
сурогáт *m* substitute.
суря́дн|ий *gr.* co-ordinated; **~ість** *f* parataxis; co-ordination.
сусíд *m*, **~ка** *f* neighbo(u)r; **~ній** neighbouring; adjoining; next; **~ство** *n* neighbourhood; **~ський** neighbour's.
суспíль|ний social; ~ лад social system; public; **~ство** *n* society.
сутен|íти [~íє] grow *or* get dark.
сýтичка *f* [*g/pl.*: -чок] collision; conflict, clash.
сýтінки *pl.* [-ків] dusk, twilight *sg.*
сýтність *f* essence, substance.
суттéвий essential; vital.
сутýли|й round-shouldered; stooping; **~тися** stoop.
сут|ь *f* essense, substance, F gist, *fig.* core; ~ть спрáви the (main) point; по ~ті as a matter of fact; at bottom, to the point.
суфл|éр *m* prompter; **~íрувати** [-íрую, -íруєш] prompt (р. Д).
сух|áр *m* [-ря́] cracker, zwieback, *Brt.* biscuit; piece of dried bread; (*sweet*) rusk; **~úй** dry, dried-up; arid (*grownd*); withered (*plants*); dead (*leaves*); **∸ість** *f* dryness; **~овíй** *m* dry wind; **~одíл** *m* 1. dry *or* waterless valley; 2. continent, mainland; **~одíльний** land...; ~одíльні рослúни land plants; **~ожúлля** *n anat.* tendon,

С

sinew; **~опу́тний** land...; **~опу́ттям** by *or* over land; **~орля́вий** lean, spare; **~о́ти** *pl.* consumption; **~о́тний** consumptive.
суці́льний continuous, unbroken; solid, compact; all-round, universal.
суча́сн|ий modern; present-day, up-to-date; **~ик** *m* contemporary; **~ість** *f* contemporaneity; modernity; up-to-dateness.
сучо́к *m* [-чка́] *dim. of* сук.
су́ша 1. dry land; (main) land; **2.** dry weather; drought; **~а́рка** *f* [*g/pl.*: -а́рок] dryer, drying apparatus; **~а́рня** *f* [*g/pl.*: -а́рень] drying room; **~е́ний** dried; **~и́ти** dry, air; ~ собі́ го́лову [над] rack one's brains [over]; **-ся** dry, get dried; **~і́ння** *n* drying; **∸ка** *f* [*g/pl.*: -шок] ring-shaped cracknel *or* roll.
су́щий 1. F existing; **2.** F plan (*truth*); quite (*true or right*); sheer; downright.
сфе́р|а *f* sphere; **~и́чний** spherical.
сформува́ти form.
сформулюва́ти formulate.
схамену́тися recover one's wits; change one's mind; F bring (come) to one's senses.
схва́л|ення *n* approval; approbation; **~ьний** approving; favourable; **~ювати,** <~и́ти> approve (of); не ~ювати, не ~и́ти disapprove (of).
схвильо́ваний excited.
схе́ма *f* diagram; scheme (in на M); lay-out; ~ радіоприймача́ receiver circuit; **~ти́чний** schematic; outline...
схи́бити F *pf.* blunder, make a slip *or* mistake.
схил *m* **1.** slope; slant на ∸і літ in one's declining years; descent; **2.** pitch *or* slope (*roof*); **∸ення** *n* inclination; *ast.* declination; **∸ьність** *f* inclination (to), disposition (to *or* for); liking (for), taste (for); susceptibility (to); **∸ьний** inclined (to до P), disposed (to); **~я́ти** <~и́ти> [-ю, ∸иш; ∸ений] bend; lower; stoop; *fig.* persuade; incline; win over; **-ся** bend over; *fig.* bow (before *or* to); be inclined (to).
схід 1. *m* east; ♎ the East, Orient; Близьки́й (Дале́кий) ♎ the Near (Far) East; на ~ (to [ward] the) east; eastward(s); на схо́ді in the east; зі схо́ду from the east; на ~ від (P) (to the) east of; **2.** ascent (of); **3.** (*sun, etc.*) rise, rising.
схі́д|ець *m* [*pl.* ∸ці, ∸ців] step; ~ці *pl.* stairs, staircase *sg.*
схі́дний east(ern, -erly); oriental.
схлип *m*, **∸ування** *n* sob(bing); **∸увати** *once* <∸нути> sob.
схов *m* custody, keeping; storage; відда́ти на ~ store; Rr cloakroom, *Brt.* left-luggage office; **∸аний** hidden, concealed; **∸анка** *f* hiding-place, secret recess; **~а́ти** *s.* хова́ти; **∸ище** *n* **1.** store house; archives; **2.** refuge; shelter; Ml dug-out.
схо́ди 1. *pl.* (*plunts*) shoots; **2.** *pl.* stairs, staircase *sg.*; steps; **~на** *f* step; **~нка** *f* [*g/pl.*: -нок] step; rung.
схо́д|ити [-джу, -диш] <зі́йти́> **1.** go *or* climb ([up] on на 3), ascent, rise (*sun, etc.*); **2.** come up, sprout; **3.** go down, descent (*a. night*); get off (*train*); ~ити на бе́рег go ashore; **4.** vanish, melt, disappear (snow); ashore; **5.** leave (*road, stage*); зійти́ зі сце́ни *fig.* quit *or* retire (from) the stage; run off (*rails*); **6.** bleed to death; dissolve (in tears O); *fig.* exhaust (*money*); **7.** *fig. pf.* go mad; **~и́ти** [-джу́, ∸диш] **1.** go; **2.** go *or* travel all over; **~итися** <зійти́ся> **1.** meet; gather, come together; **2.** become friends (with); **3.** agree (in); **4.** tally.
схо́д|ка *f* meeting (at на M); **~ні** *pl.* Sh gangplank, gangway.
схо́ж|ий resembling, like, similar (to), alike; це на нього ~е it's just like him; **~ість** *f* similarity, likeness, resemblance.
схо́п|лювати <~и́ти> seize (by за 3); grasp (*a. fig.*), grab, grip; snatch, catch hold (of); **-ся** sieze, lay hold of; jump up.
схоро́нність *f* safety.
схре́щ|ення *n* *biol.* crossing; (*streets, etc.*) intersection; **~увати** <схрести́ти> [-ещу́, -е́стиш; -е́щений] cross *a. biol.* (*v/i.* **-ся**).
сце́н|а *f* **1.** stage; **2.** scene; **3.** F (quarrel) scene; **~а́рій** *m* scenario, script; **~і́чний** scenic, stage...
США (Сполу́чені Шта́ти Аме́рики) U.S.A. (United States of America).
сього́дні today; ~ вра́нці this morning; ~ уве́чері this evening; tonight; не ~ - за́втра any day now; **~шній** today's; this (*day*); present-day...
сьогорі́чний this year's.
сьо́мга *f* salmon.
сьо́мий seventh.
сьо́рб|ати <~ну́ти> sip; take a gulp (of).
сюди́ here, hither; this way.
сюже́т *m* subject; plot; topic.
сюрпри́з *m* surprise.
сюрту́к *m* frock coat.
сюрча́ти whistle; chirr, chirrup.

сяг|а́ти <~ну́ти> **1.** reach; touch; **2.** extend, stretch (for); **3.** go back (to).

ся́йво *n* radiance; light, shine; halo; півні́чне *or* поля́рне ~ northern lights *pl.*

сяка́тися <ви-> blow one's nose.

ся́яти shine, gleam, beam; radiate.

Т

т. *abbr.*: **1.** това́риш; **2.** том; **3.** то́нна; **4.** ти́сяча.

та[1] **1.** and; **2.** but; ~ що ви ка́жете! you don't say so!

та[2] *s.* той.

табаке́рка *f* [*g/pl.*: -рок] snuffbox.

та́бель *m* time sheet.

та́б|ір *m* [*pl.*: -ори́, *etc. e.*] camp; Ml party; розташува́тися (стоя́ти) ~ором camp (out); ~ірний camp...

табле́тка *f* [*g/pl.*: -ток] tablet, pill.

табл|и́ця *f* table, scheduale; list; scale; *gr.* paradigm; ~**и́чка** *f* plate; ~**о́** *n* indicator panel.

табу́н *m* herd, drove.

табуре́тка *f* [*g/pl.*: -ток] stool.

тавр|о́ *n* [*pl. st.*] brand; *fig.* stigma, stain; ~**о́ваний** <за-> branded; ~**ува́ти** [-у́ю, -у́єш; *e.*] <за-> brand; *fig. a.* stigmatize.

таджи́|к *m*, ~**цький** Tajik; ~**чка** *f* Tajik women.

таємний secret; stealthy; vague; privy.

таємни́|ця *f* secret; mystery; ~**чий** mysterious; secret(ive).

таз *m* [*pl. e.*] basin; *anat.* pelvis.

таї́|нство *n* sacrament; ~**ти** conseal; -**ся** hide.

тайга́ *f* taiga.

тай|кома́ secretly; behind (one's) back (від Р); ~**ни́к** *m* [*e.*] hiding (place); (inmost) recess.

так 1. *part.* yes; oh (yes), indeed (*a. interr.*); (oh) but, now, well; *imp.* do(n't)...!; *tags*: aren't, don't, *etc.*; may, let; **2.** so, thus; F properly; не ~ wrong(ly); робі́ть ~ do it like this; ми й ~ запі́знюємося we're late as it is; і ~ да́лі and so on; ~ собі́ so-so; ~і є! just as I thought! саме ~ just so; ось ~! that's right!; ~ зва́ний so-called.

таки́ F all the same; indeed.

так|и́й such; so; like that; у ~о́му ра́зі in that case; ~и́й са́мий the same; as...; він не ~и́й he is not the sort (of a man); що це ~е́ F what's the matter?, what's on?; ~**и́й-то** such-and-such; so-and-so.

та́кож <теж> also, too; ~ не neither, nor; а ~ as well as.

та́кса *f* (fixed) rate.

таксі́ *n* [*ind.*] taxi(cab).

таксува́ти *(im)pf.* rate.

такт *m* Mu time, measure, bar; *fig.* tact; ~**ика** *f* tactics *pl.* and *sg.*; ~**и́чний** tactical; ~**о́вний** tactful; ~**о́вність** *f* tactfulness.

тала́н *m* fate, destiny; good luck, success; ~**ити** be lucky, be in luck; ~**ови́тий** talented, gifted; ~**т** *m* talent, gift (for до Р).

та́лий thawed; slushy.

та́лія *f* waist.

тало́н *m* coupon.

там there; F then; ~ ви́дно бу́де then we'll know (what to do); ~ са́мо in the same place; ibidem; де ~! not likely!; ~ і сям F here and there.

тамува́ти control, curb; check, suppress; quench; appeasy; allay, still; ~ ди́хання hold one's breath.

та́нець *m* [-нця] dance (*go* dancing на З *pl.*).

та́нк *m* tank; ~**ер** *m* tanker; ~**і́ст** *m* tankman, tank-soldier; ~**овий** armo(u)red...; tank...

тано́к *m* [-нка́] dance; пуска́тися в ~ fling oneself into a dance.

та́нути <роз-> thaw, melt; fade, die (away); languish, pine.

танцю|ва́льний dancing...; ~**ва́ти** dance; ~**ри́ст** *m*, ~**ри́стка** *f* dancer.

та́почка *f* [*g/pl.*: -чок] sport slipper.

та́ра *f* tare; packing.

тараба́нити drum; patter.

тара́н *m* Ml ram; ~**ити** ram.

тарга́н *m* cockroach.

тари́ф *m* tariff; ~**ний** tariff...; standard (*wages*).

тарі́лка *f* [*g/pl.*: -ло́к] plate.

тасува́ти <пере-> shuffle.

тата́р|ин *m* [*pl.*: -ри, -р, -рам], ~**ка** *f* [*g/pl.*: -рок], ~**ський** Tartar.

та́то *m* dad(dy), papa.

тафта́ *f* taffeta.

тахта́ *f* ottoman.

та́чка *f* wheelbarrow.

тва́н|истий slimy, oozy; **~ь** *f* slime; ooze.
тва́р *f* creature; F wretch; **~и́на** *f* animal; *fig.* brute; **~и́нний** animal; **~и́нництво** *n* stock-breeding; ~и́нницька фе́рма live-stock farm.
тве́рдження *n* confirmation; affirmation, assertion; consolidation.
тверд|и́й hard; solid; firm (*a. fig.*); (stead)fast; fixed (*a. prices*); sound, good; F sure; **~и́ня** *f* stronghold.
тве́рдити affirm, assert; allege.
тве́рд|ість *f* firmness; hardness; **~і́ти** (*a.* ~і́шати) harden; **~нути** become firm; solidify; **~о** well, for sure.
твере́з|ий sober (*a. fig.*); **~ість** *f* sobriety.
тв|ій *m*, **~оя́** *f*, **~оє́** *n*, **~ої́** *pl.* your; yours; *pl. su.* F your folks; *cf.* ваш.
тв|ір *m* composition; writing, work; thesis; *gr.* parataxis, coördination; **~оре́ць** *m* creator; author; **~ори́ти** <с-> create, do; perform; **-ся** F be (going) on; happen; **~орі́ння** *n* work; creature; **~о́рчий** creative; **~о́рчість** *f* work(s), creation.
те *s.* той.
теа́тр *m* theatre (*Brt.* -tre; at в М); house; stage; **~а́льний** theatrical; theater...
тебе́ *s.* ти.
теж *s.* також.
те́з|а *f*, **~ис** *m* thesis (*pl.* theses).
тексти́ль *m coll.* textiles *pl.*; **~ний** textile; cotton (*mill*).
тек|ти́ flow, run; leak; pass; **~у́чий** fluid; fluctuating.
теле|ба́чення *n* television; **~візі́йний** TV; **~ві́зор** *m* TV set.
телегра́ма *f* telegram, wire.
телегра́ф *m* telegraph (office); wire (by по Д); **~ний** telegraph(ic); telegram..., by wire; **~ува́ти** *(im)pf.* (Д) telegraph, wire, cable.
телепереда́ча *f* telecast.
телеско́п *m* telescope.
телефо́н *m* telephone (by по Д); **~і́ст** *m*, **~і́стка** *f* [*g/pl.*: -ток] operator; **~ний** tele(phone)..., call (box); **~ува́ти** *(im)pf.* Д) telephone, F phone.
тел|и́тися [те́литься], <о-> calve; **~и́ця** *f* [*g/pl.*: -ли́ць] heifer; **~я́** *n* calf; **~я́тина** *f*, **~я́чий** veal.
те́м(а́тик)а *f* subject, theme(s).
тембр *m* timbre.
Те́мза *f* Thames.
те́мн|ий dark; *fig.* obscure; gloomy; shady; dubious; evil, malicious; ignorant, slow, backward; **~и́ця** *f* prison, dungeon; **~і́ти 1.** <по-> darken; **2.** <с-> grow *or* get dark; **3.** (*a.* **-ся**) appear *or* show dark; loom; **~о̀** (*in compds.*) dark...; **~о́та** *f* darkness; obscurity.
темп *m* tempo; rate, pace; **~ера́мент** *m* temperament; spirits *pl.*; **~ера́ментний** temperamental; **~ерату́ра** *f* temperature.
те́мрява *f* darkness, dark.
тенденці|йний, tendentious; **'~я** *f* tendency.
те́ндер Rr, Sh *m* tender.
тенді́тний frail, tender; delicate; fragile, brittle.
тене́та *pl. s.* сіть.
те́ніс *m* tennis; насті́льний ~ F ping-pong.
теор|е́тик *m* theorist; **~ети́чний** theoretical; **~ія** *f* theory; ~ія пізна́ння epistemology.
тепе́р now, at present; **~ішній** present, actual.
те́пл|ий warm (*a. fig.*); hot (*sun*); **~и́ця** *f*, **~и́чний** hothhouse; **~і́ти** <по-> grow warm; **~о** warmely; cordially; мені́ ~о it is (I am) warm; **~о́** *n* warmth; *fig.* affection; *phys.* heat; 10 гра́дусів **~а́** ten degrees above zero; **~ови́й** (of) heat, thermal; **~ота́** *f* warmth; *phys.* heat; **~охі́д** *m* motor ship; **~у́шка** *f* [*g/pl.*: -шок] heatable boxcar.
терапі́я *f* therapy.
тера́са *f* terrace.
тере́зи *pl.* scales, balance.
терза́|ння *n* torment, agony; **~ти 1.** torment, torture; **2.** <роз-> tear to pieces.
терит|оріа́льний territorial; **~о́рія** *f* territory.
те́рка *f* [*g/pl.*: -рок] grater.
те́рмін *m* **1.** date; term; time; **2.** (*scientific, etc.*) term; **~о́вий** urgent, pressing; timed; **~о́во** urgently; **~оло́гія** *f* terminology.
термо́|метр *m* thermometer; **'~с** *m* vacuum *or* thermos bottle.
терн|и́стий, **~о́вий** thorny.
теро́р *m* terror; **~изува́ти** terrorize.
терп|и́мий tolerant; bearable; **~и́мість** *f* tolerance (toward[s] до Р); **~і́ння** *n* patience; **~і́ти** <по-> suffer, endure; tolerate, bear, stand; not press, permit of delay; **~ля́чий** petient.
терпки́й tart.
те́рпнути grow numb (stiff).
те́рт|и rub; grate; **-ся** rub up (against); F hang about; **~я́** *n* friction (*a. fig.*).
тес|а́ти <об-> hew, cut; **~ля**, **~ля́р** *m* carpenter.
тесть *m* father-in-law (*wife's father*).
тетеру́к *m* [*pl.*: -и́, *etc. e.*] black grouse, blackcock.

те́хн|ік *m* technician; **~іка** *f* technics; technigue; equipment; F skill; **~ікум** *m* technical school; **~і́чний** technical; **~ологі́чний** technological; **~оло́гія** *f* technology.

те́ч|а *f* leak; усу́нути ~у plug a leak; **~ія́** *f* current; stream; вго́ру ~іє́ю up-stream; вниз ~іє́ю down-stream; плисти́ за ~є́ю *or* про́ти ~ії́ drift with the stream *or* against the stream.

те́ща *f* mother-in-law (*wife's mother*).

ти you; thou (*obsolete*); він зна́є тебе́ he knows you; він дасть тобі́ кни́жку he will give you the book; що з тобо́ю? what is the matter with you? бу́ти на "~" (з О) thou (p.), be familiar (with).

тигр *m* tiger; **~и́ця** *f* tigress.

ти́ж|день *m* week; два ~ні fortnight; на цьо́му (мину́лому, майбу́тньому) ~ні this (last, next) week; **~не́вий** a week's, weekly.

ти́кати <ткну́ти> poke, jab, thrust, stick (в З).

тил *m* [в - у́; *pl. e.*] rear, base; глибо́кий ~ hinterland.

тим so much the; ~ кра́ще (гі́рше) so much the better (worse); чим скорі́ше, ~ кра́ще the sooner, the better; ра́зом з ~ at the same time.

тимчас|о́вий temporary, transient, provisional; **∸ом** 1. meanwhile; 2. : ∸ом як while, whereas.

Тимофі́й *m* Timothy.

тин *m* [-ну] wicker fence; **~я́тися** F linger, loaf.

тип *m* type; F character; **~о́вий** typical.

тир *m* shooting gallery, rifle range.

тира́да *f* tirade.

тира́ж *m* [*e.*] circulation; drawing (*of a lottery*).

тира́н *m* tyrant; **~ити** tyrannize; **~і́я** *f*, **~ство** *n* tyranny.

тире́ *n* dash.

тис|к *m* pressure; **∸нений** (im-)printed; **∸нути** <при-, с-> squeeze; press (down *or* together), jam, compress; **∸нява** F *f* throng, jam.

ти́сяч|а *f* thousand; **~ний** thousandth; of thousand(s); **~олі́ття** *n* millenium.

ти́тул *m*, **~ьний** title.

тиф *m* typhus.

ти́|хий quiet, still; calm; soft, gentle; slow; C dull, flat; **~хо** quietly, softly; noiselessly; calmly; жи́ти ~хо live peacefully; **~хше**: ~хше! hush!; silence!; **~ша** *f* silence; stillness, calm(-ness).

ті those; ~ са́мі the same.

тік *m* threshing-floor.

тіка́ти run away; escape, make a getaway.

тіл|е́сний corporal; corporeal; flesh-colo(u)red; **∸о** *n* body; *phys.* solid; сторо́ннє ∸о foreign matter; усі́м ∸ом all over.

ті́льки only, but; як ~ as soon as; ~-но no sooner... than; ~ б if only; ~ що just (now); ~-~ F barely.

ті́м'я *n* crown (of the head).

тін|и́стий shady; **~ь** shade; shadow.

тісн|и́й narrow; tight; close; intimate; **~и́ти** <по-> press; opress; crown; **-ся** crowd, throng; jostle; **∸о** tight; *fig.* closely, intimately; **~о́та** *f* narrowness; throng.

ті́ст|ечко *n* pastry; (fancy) cake; **~о** paste, dough.

ті́тка *f* [*g/pl.*: -то́к] aunt.

ті́шити 1. amuse, entertain; flatter (o.s. with себе́ О); 2. console, soothe; **-ся** 1. amuse oneself; 2. console oneself (with).

тка́|ля *f* weaver; **~ний** woven; **~ни́на** *f* fabric, cloth; *biol.* tissue; **~ти** [тчу, тчеш; ткав, тка́ла, -о], <зі-> [зі́тканий] weave; **~цький** weaver's; weaving; **~ч** *m* weaver.

ткну́ти *s.* ти́кати.

тлі́|ння *n* decay, putrefaction; smo(u)ldering; **~ти** <зі-> (s)mo(u)lder, decay, rot, putrefy; glimmer.

тлума́ч *m* interpreter; commentator; translator; **~ення** *n* interpretation; reading; **~ити** give an interpretation (of); comment; explain; ~ний слови́к explanatory dictionary.

то 1. that, it; ~ мій ба́тько it is my father; до ∸го ж in addition to (that), moreover; add to this; 2. (*cj.*) then; коли́ не пі́дете, то я піду́ if you don't go, then I shall; то..., то now..., now; чи то..., чи то either... or.

тобі́ *s.* ти.

тобо́ю *s.* ти.

то́бто that is (to say), i.e.

това́р *m* commodity, article (of trade); *pl.* goods, wares.

товар|и́ство *n* comradeship, fellowship; partnership; association, society, company; **~и́ський** friendly; companionable; **∸иш** *m* comrade, friend; mate, companion (in *arms* по Д): colleage; assistant; ∸иш по шко́лі schoolmate; ∸иш по університе́ту fellow student; **~ишува́ти** be friends (with).

това́р|ний ware (house); goods-...; Rr freight..., *Brt.* goods...; **~ний** знак trade mark; **~обі́г** *m* commodity circulation; **~обмі́н** *m* barter.

товк|отне́ча F *f* crush, crowd; **~ти́** [-вчу́, -вче́ш, -вчу́ть; -о́вк, -овкла́; то́вчений] pound; ~ти́ во́ду в сту́пі

Т

= beat the air; **-ся** F hang about; **~у́чка** P *f* [*g/pl.* -чок] second-hand market.

товпи́тися crowd, throng; mob; swarm; *s.* **на́товп.**

товче́ний pounded.

тов|сти́й [*comp.* то́вщий] thick; large; big; stout, fat; **~сті́ти** <роз-> grow stout; **~стошкі́рий** thick-skinned; **~сту́н** F *m* fat man; **~́щати** <по-> grow stout; become thicker; **~щина́** *f* thickness; stoutness.

тогоча́сний *s.* **тоді́шний.**

тоді́ then; at that time; ~ **як** whereas, while; **~шні́й** <тогоча́сний>of that (*or* the) time, then.

той *m*, **та** *f*, **то** *n*, **ті** *pl.* that, *pl.* those; the one; the other; **не** ~ wrong, **ні** ~ **ні і́нший** neither; ~ **са́мий** the same; **тим бі́льше** the more so; **тим кра́ще** so much the better; **тим са́мим** thereby; **до то́го ж** besides, moreover.

то́кар *m* turner; **-ний** turner's; turning (*lathe*).

толокно́ *n* oat flour.

том *m* [*pl.*: -и́, *etc. e.*] volume.

том|и́ти weary, tire; torment, plague, harass, pester; oppress; **-ся** pine (for O), languish (with; be tormented, *etc. s.* ~и́ти); **~ли́вий** painful.

тон *m* [*pl.*: -и́, *etc. e.*] tone.

тонк|и́й [*comp.* тонкі́ший] thin; slim, slender; small; fine; delicate, subtle; keen; light (*sleep*); high (*voice*); F cunning; **~́ість** *f* thinness, *etc. s.* ~и́й; delicacy, subtlety; **~́ощі** *pl.* details (go into **вдава́тися в** З; F split hairs).

то́нн|а *f* ton; **~а́ж** *m* tonnage.

тону́ти <по-> sink; go down; submerge; drown.

топ|и́ти *v/t.* **1.** <по-> sink; flood; drawn; **2.** <за-, ви́- на-> heat; light a fire; **3.** <роз-> melt; **-ся 1.** <у-> drawn oneself; **2.** burn; be heated; **3.** melt; **~́ка** *f* furnace; **~́лений** melted; molten.

топогра́фія *f* topography.

топо́ля *f* [*pl.*: -о́лі, *etc. st.*] poplar.

топта́ти <по-, за-> trample; tread; <ви́-> press; **~́ся** tramp(le); F hang about; mark time (**на мі́сці**).

торг *m* [*pl.*: -и́, *etc. e.*] bargaining, chaffer; *pl.* auction (by **з** P; at **на** M); **~а́ш** *contr. m* [*e.*] dealer; **~і́вля** *f* trade, commerce; traffic; business; **~ове́льний** *s.* **торго́вий;** **~о́вець** *m* [-вця] dealer, trader, merchant; **~о́вий** trade..., trading, commercial, of commerce; Sh mercantile, merchant...; **~о́вка** *f* [*g/pl.*: -вок] market woman; **~ува́ти** trade deal (in **з** O); sell; be open; **-ся** bargain (with), haggle (with).

торжеств|о́ *n* triumhp; fistivity, celebration; **~ува́ти** triumph (over **над** O).

торі́|к last year; **~шні́й** last year's.

торк|а́ти <~ну́ти> touch; **-ся** touch; *fig.* concern; **спра́ва ~а́ється** it is a question *or* matter (of).

торохті́ти F rumble; rattle off.

торпе́д|а *f*, **~ний**, **~ува́ти** *(im)pf.* torpedo.

то́рсати *s.* **сми́кати.**

торт *m* pie; fancy cake.

торту́ри *pl.* torture *sg.*

торф *m* peat; **~'яни́й** peat...

тото́жн|ий identical; **~ість** *f* identity.

точи́|льний grinding; **~льник** *m* grinder; **~ти 1.** <на-> whet; grind; sharpen; **2.** <ви́-> turn; **3.** <по-, с-, пере-> eat (*or* gnaw) away; gnaw at; perforate; wear; **4.** (*strain*) pour; **-ся** ooze, trickle.

то́чка *f* point; dot; **ви́ща** ~ zenith, climax (at **на** M); ~ **кипі́ння** boiling-point.

то́чн|ий exact, precise; accurate; punctual; (of) precision; **~ість** *f* accuracy, exactness, precision; **~о** exactly, precisely, accurately; **так ~о!** Ml yes, sir!

то́що and so on, and so forth.

трав|а́ *f* [*pl.*, *st.*] grass; herb; weed; **~́ень** *m* May.

трав|и́ти 1. <за-> bait, chase, course; *fig.* attack; **2.** <ви́-> corrode; exterminate; **3.** Sh <ви́-> loosen; **~́лення** *n biol.* digestion; **~́ля** *f* baiting; *fig.* defamation.

трав'яни́|й, **~стий** grass(y).

траг|е́дія *f* tragedy; **~́ік** *m* tragedian; **~і́чний** tragic(al).

традиці́йний traditional.

тракт *m* highway; *anat.* tract; **~а́т** *m* treatise; **~и́р** *m* inn, tavern, *Brt.* public house, F pub; **~и́рник** *m* innkeeper; **~ори́ст** *m* tractor operator; **~́орний** tractor...; **~ува́ння** *n* [*g/pl.*: -ва́нь] treatment; **~ува́ти** treat.

тра́льщик *m* trawier; Ml mine sweeper.

трамбува́ти <у-> ram.

трамва́й *m* streetcar, *Brt.* tramway, tram(car) (by O, **на** M).

трампли́н *m* springboard.

транзи́т *m*, **~ний** transit.

транс|крибува́ти *(im)pf.* transcribe; **~люва́ти** *(im)pf.* transmit; realy; **~ля́ція** *f* transmission; **~пара́нт** *m* transparency.

тра́нспорт *m* transport(aion; *a.* system [of]); **~ний** transport(ation); **~ува́ти** *(im)pf.* transport, convey.

трансформатор *m* transformer.
траншея *f* [*g/pl.*: -ей] trench.
трап *m* gangway; **~еція** *f* trapeze; Ma trapezium.
трап|лятися <*-*итися> happen (to з O); come; take place; F be.
траса *f* route, line.
трат|а *f* expenditure; expense; waste; **~ити** <ви-, по-> spend; waste.
траур *m* mourning; носити ~ (по) be in mourning (of): **~ний** mourning...; funeral ..
трафарет *m* cliché (*a. fig.*).
трах! crack!
треба it is necessary; (Д) (one) must (*go, etc.*); need; want; так йому і ~! it serves him right!
трель *f* trill, shake; warble.
трем|тіти [*e.*; ~чу, -тиш] <за-> tremble, shake, shiver (with від P); flicker, glimmer (*s.th.* перед O); guard, save (над O); **~тливий** quivering; flickering; **~тлячий** trembling; tremulos.
трен|ер *m* trainer; coach; **~ований** trained; **~ування** *n* training; **~увати** train, coach; **-ся** training, practise.
трест *m* trust.
трет|ина *f* (one)third; *-*ій third.
трефи *pl.* clubs (*cards*).
три three.
трибун|а *f* tribune, platform; stand; **~ал** *m* tribunal.
трива|лий long; protracted, lengthy; **~лість** *f* length; durability; duration; **~ти** last; go on, continue.
тривкий strong, durable; stable; *fig.* enduring, lasting.
триво|га *f* alarm, warning, alert; anxiety; **~жити** 1. <с-, роз-> alarm, disquit; 2. <по-> disturb, trouble; **-ся** be anxious; worry; **~жний** restless, uneasy; alarm(ing), disturbing.
тригонометрія *f* trigonometry.
трид|енний three day's; **~цятий** thirtieth; *-*цять [*e.*] thirty.
трико *n* [*ind.*] tights *pl.*
трикolі|рний three-colo(u)r; tricolor(ed); *-*сний three-wheeled.
трикотаж *m* knitted fabric; knitwear.
трикутни|й triangular; three-cornered (*hat*); **~к** *m* triangle.
трилогія *f* trilogy.
тримати hold; keep; support; ~ курс (*кудись*) set one's course (for); ~ себе в руках keep o.s. in hand; **-ся** (за З); hold (on [to]); *fig.* stick (to); keep; hold out, stand.
три|поверховий three-storied (*Brt.* -reyed); **~разовий** repeated three times; **~річний** three-years(-old)'; *-*ста three hundred; *-*чі three times, thrice; **~юрідний** second (cousin брат *m*, сестра *f*).
трі|йка *f* [*g/pl.*: тріийок] three (*cf.* двійка); troika (*team of 3 horses abreast* [+ *vehicle*]); triumvirate; F (*mark* =) задовільно, *cf.*; **~ня** *f* triplets *pl.*
тріп|ати shake, pull about; tousle; make flutter; harass; **~отіти** flutter, quiver, tremble; palpitate.
тріск *m* crack, crash.
тріск|а *f* [*g/pl.*: -сок] chip; *fig.* lath; **~á** *f* cod; **~атися** *s.* тріснути; **~отіти** 1. *s.* тріщати; 2. *fig.* chatter, jabber; **~отня** *f* crackle; rattle; chirp; gabble; **~учий** hard, ringing (*frost*); *fig.* bombastic.
тріснути burst; crack; split; chap.
тріумф *m* triumhp; **~альний** triumphal; triumphant.
тріщ|ати [*e.*; -у, -иш] 1. <за-> crack; 2. <про-> crackle; rattle; chirp; F prattle; 3. <тріснути> burst; *-*ина *f* split (*a. fig.*), crack, cleft, crevice, fissure; chap.
трое three, the three (of).
тролейбус *m* trolley bus.
трон *m* throne; *-*ний *Brt.* King's (Queen's) (*speech*).
тропічний tropic(al).
трос *m* hawser, cable.
тростин|а *f* 1. reed; цукрова ~ sugar-cane; 2. cane, *Brt. a.* walking stick; **~ний** reed...; cane...
тротуар *m* sidewalk, *Brt.* pavement, footpathe, footway.
трофей *m* **~ний** trophy.
тро|хи, **~шки** a little, few, some; slightly, somewhat.
трощити <по-> break up, smash up; destroy, wreck; rout, defeat; crush.
троякий threefold, triple.
троянда *f* rose.
труб|á *f* [*pl. st.*] pipe, (*a. anat.*) tube; chimney; Rr, Sh smokestack, funnel; (*fire*) engine; Mu trumpet; **~ач** *m* [*e.*] trumpeter; **~ити** <про-> blow (the в З); *-*ка *f* [*g/pl.*: -бок] tube; pipe (*to smoke*); *teleph.* receiver; roll; **~опровід** *m* pipe line; **~очист** *m* chimney sweep; **~частий** tubular.
труд *m* [*e.*] labo(u)r, work; **~итися** <по-> work; toil, exert o.s.; trouble; **~івник** *m* toiler, worker; *-*ний *s.* важкий; *-*ність *f* difficulty; *-*нощі *pl. s.* трудність; **~овий** labo(u)r...; working; workman's; earned; service...; **~олюбний** industrious; **~ящий** working; *su.* worker.
труїти <о-> poison; spoil.
труна *f* coffin.
труп *m* corpse, body.

Т

тру́па *f* company, troupe.
труси́ *pl.* trunks, shorts; **~ти** *s.* трясти́.
трут *m* tinder.
тру́тень *m* [-тня] drone.
трух|á *f* dust; **~ля́вий** mouldering; rotten.
трус|ну́ти *s.* трясти́; **~ький** shaky; jolty.
трюк *m* trick, F stunt.
трю|м Sh *m* hold; **~мó** *n* [*ind.*] pier glass.
тря́с|ка *f* jolting; **~овинá** *f* bog, fen, quagmire; **~ти́** *once* <труси́ти, трусну́ти> shake (*hand*; *head*, *etc.* O; *a. fig.*); F (*impers.*) jolt; **-ся** shake, tremble; shiver; be jolted.
трьохсóтий three hundredth.
тсс! hush!
туалéт *m* toilet.
туберкульóз *m* tuberculosis; **~ний** tubercular; tuberculous (patient).
тубíл|ець *m* [-льця] native; **~ьний** native.
тýга *f* melancholy, anxiety, grief; yearning; boredom, ennui; ~ за бáтьківщиною homesickness.
туги́й tight, taut; stiff; crammed; F stingly; slow, hard (*a.* of hearing на вýхо); *adv. a.* hard put to it; hard up; hard, with difficulty.
туди́ there, thither; that way.
туж|и́ти grieve, feel sad (*or* lonely); feel bored; yearn *or* long (за O); **~ли́вий** melancholy; sad, dreary.
тужýрка *f* [*g/pl.*: -рок] jacket.
туз *m* ace; F boss.
тули́ти <при-> press, clasp; put; place (against); **-ся 1.** (до P) press oneself (to); **2.** (в M) nestle; be cooped.
тýлуб *m* trunk.
тумáн *m* fog, mist; haze; smog; **~ний** foggy, misty; *fig.* hazy, vague.
тýмб|а *f* curbstone (*Brt.* kerb-); pedestal; **~очка** *f* [*g/pl.*: -чок] bedside table.
тунéль *m* tunnel.
Тунíс *m* Tunisia; Tunis.
тýп|ати, *once* <~нути> stamp.
туп|и́й blunt; Ma obtuse; *fig.* dull stupid; apathetic; **~и́к** *m* [*e.*] blind alley, dead end, (*a. fig.*) impasse; nonplus, tight corner; **~и́ти** blunt; **-ся** become blunt; **~́ість** *f* bluntness; dullness; **~íти** grow blunt.
тýп|іт *m* stamp(ing), tramp(ing); **~нути** *s.* тýпати; **~отíти** stamp.
тур *m* round; tour; *zo.* aurochs.
турá *f* rook, castle (*chess*).
турбíна *f* turbine.
турб|óта *f* trouble, disturbance; care (for), concern (for); worry, anxiety; **~увáти** trouble, disturb, bother; worry, upset; **-ся** be anxious (about), worry (about).
турéцький Turkish.
тури́|зм *m* tourism; **~ст** *m* tourist; hilker, walker.
туркéня *f* [*g/pl.*: -éнь] Turk.
туркмéн *m* Turk(o)man; **~ський** Turkmen(ian).
турнé *n* [*ind.*] tour.
турни́к *m* [*e.*] horizontal bar.
турнíр *m* tournament.
тýр|ок *m* [-рка; *g/pl.*: -рків] Turk; **^2^ціє** *f* Turkey.
тут here; **~éшній** F local; я не ~éшній I'm a stranger here.
тýто|вий ~ве дéрево mulberry.
тýфля *f* [*g/pl.*: -фель] shoe; slipper.
тýх|лий bad (*egg*), rotten; **~нути 1.** <по-> go *or* die out; expire; **2.** <про-> go bad.
туш *m/f* **1.** Mu flourish; **2.** Indian ink.
тушк|óваний stewed; **~увáти** stew, braise.
тхір *m* *zo.* polecat.
тхну́ти stink; smell nasty.
тьм|á *f* dark, darkness (*a. fig.*); **~янíти** drow dim *or* dull; **~я́ний** dim; dull; dead (*gold*, *etc.*).
тьóхкати warble, trill, sing (*birds*); throb (*heart*).
тю́бик *m* tube.
тюк *m* [*e.*] bale, pack.
тюлéнь *m* *zo.* seal; F lout.
тюль *m* tulle.
тюльпáн *m* tulip.
тюрéмни|й prison...; **~к** *m* jailer, *Brt.* gaoler, warder.
тюрмá *f* [*pl.*: тю́рми, -рем, -рмам] prison, jail, *Brt.* gaol.
тютюн *m* [e; *part. g.*: -ý] tobacco; **~óвий** tobacco...
тя́г|а *f* draft, *Brt.* drought; traction; *fig.*, bent (for до P), desire (of); **~áр** *m* weight; burden; load (*a. fig.*); **~áти** pull, drag; ~áти за собóю drag along; **-ся** F traipse, hang about; be at law (with); **~áч** *m* tractor; **~ну́ти** <~ти́> pull, draw; Sh tow; draw in (out=delay); protract; drawl (out); attract; gravitate; drive at; long; have a mind to; whoud like; waft; F drag (on); steal; take (from з P); **-ся** stretch (*a.* =extend); last; drag, draw on; reach out (до P); move (slowly); **~ýчий** viscous; ductile; drawling, lingering.
тяжí|ння *n* gravitation; земнé ~ gravity; **~ти** gravitate (toward[s] до P); weight (upon над O).
тяж|кий 1. heavy; hard, difficult; **2.** burdensome; painful; **~́ко** heavily; it is hard; it is difficult; **~́чати** grow

heavy; begin to feel heavy.
тя́м|ити F understand; be able to reason; **~у́щий** clever, bright.
тятива́ *f* bowstring.

У

у (P) at, by, near; with; (at)...'s; at p.'s place; у ме́не (був, була́...) I have (had) my; (*borrow, learn, etc.*) from; of; in; у се́бе in (at) one's home *or* room, office.
убав|ля́ти <~́ити> lower, reduce, diminish, decrease.
убер|іга́ти <~егти́> save, safeguard.
уби|ва́ти <~́ти> **1.** drive (*or* hammer) in; ~ва́ти (~́ти) собі́ в го́лову ta-ke it into one's head; **2.** murder; kill; assassinate; **~́вство** *n* murder; assassination; **~́вця** *m* killer; murderer; **~́вчий** murderous deadly.
убира́льня *f* **1.** lavatory; toilet; **2.** dressing-room.
убира́ти[1] <убра́ти> **1.** dress (up); **2.** decorate, adore.
убира́ти[2] <увібра́ти> absorb; imbibe; suck in.
уби́тий dead; murdered; спа́ти як ~ sleep like a log.
убіга́ти [-жу́, -жи́ш, -жа́ть] run *or* rush in.
убі́к sideways; to the side.
убі́р *m* attire, dress; (*head*)gear.
ублага́ти [-а́ю, -а́єш] implore, beseech, entreat.
убо́|гий needy, poor; wretched, miserable; scanty; crippled; **~гість** *f* poverty; **~зтво** *n* poverty, destitution.
уболіва́|льник *m sport.* fan; **~ння** *n* grief, sorrow; **~ти** worry (about); mourn (over, for).
убра́ння *n* attire; clothes *pl.*, dress; *fig.* attire.
убра́ти *s.* убира́ти.
убрі́д: перехо́дити ~ ford.
ува́|га *f* attention; care; взя́ти до ~ги take into consideration; беручи́ до ~ги in view of, with regard to; залиша́ти без ~ги disregard; **~жний** attentive; ~жний по́гляд intent gaze; **~жність** *f* consideration, kindness; **~жно** attentively, keenly, closely; ~жно ста́витися (до P) be considerate (to).
увезти́ *s.* ўво́зити.
уверг|а́ти <~́нути> fling *or* cast (into в 3); plunge (*v/i.* **-ся**); ~ати у ві́дчай drive to despair.
увертю́ра *f* overture.
уве́сти *s.* уво́дити.
уве́сь *m*, **уся́** *f*, **усе́** *n*, *pl.*: **усі́ 1.** *adj.* all, the whole; full, life (*size*; at в 3); **2.** *su. n* all over; everything, *pl. a.* everybody; кра́щий від усі́х best of all, the best; при усьо́му то́му far all that; в усьо́му сві́ті all over the world; по усі́й краї́ні throughout the country; усього́ найкра́щого! good luck! **3.** все *adv.* always, all the time; only, just; усе́ ще ні no yet; усе́ бі́льше (і бі́льше) more and more; усе́ ж таки́ nevertheless, yet.
уве́чері in the evening; сього́дні ~ tonight; учо́ра ~ last night; за́втра ~ tomorrow night; пі́зно ~ late in the evening.
увижа́|тися (Д) seem; appear; loom; йому́ ~ється, що it seems to him that.
увібра́ти *s.* убира́ти[2].
увігна́ти *s.* уганя́ти.
уві́з *m* import(s); importation.
увійти́ *s.* вхо́дити.
увікові́ч|увати <~ити; уві́чнити> immortalize.
увімкну́ти *s.* умика́ти.
уві́нч|увати <~а́ти> crown.
увірва́ти(ся) *s.* урива́тися.
уві́чн|ити <~ювати> *s.* увікові́чувати.
уво́дити <уве́сти> introduce; bring *or* usher (in); ~ в курс спра́ви acquaint with an affair.
уво́зити <уве́зти> import.
ув'я́зн|ений prisoner; **~ення** *n* confinement, imprisonment; **~ювати** <~и́ти> enclose, put; confine, imprison.
уга́д|увати <~а́ти> guess.
угам|о́вувати <~ува́ти> calm, quiet; soothe; assuage; appease; **-ся** grow quiet; abate, die down; calm down.
уганя́ти <увігна́ти> [ужену́, -е́ш; увігна́в, -а́ла, -а́ло; уві́гнаний] drive in (to).
уга́р *m* coal gas; poisoning by coalgas; *fig.* frenzy, intoxication; **~ний** full of coal gas; charcoal...
уг|ина́ти <~ну́ти> bend in (wards): **~ну́тий** concave.
угли́б inward(s), deep (into).
угно́|єння *n* manuring; **~ювати** <~їти> fertilize, manure, dung.
уго́д|а *f* agreement; contract; **~о́вець** *m pol.* compromiser, conciliator; **~о́вський** conciliatory.
угодо́ваний well-fed, fat.

угóлос aloud.
угор|áти <~íти> be poisoned by coal gas; F go mad.
угóрець *m* [-рця] Hungarian.
угорí above; overhead.
угóрка *f* [*g/pl.*: -рок] Hungarian.
угóру up (ward[s]); схóдами ~ upstairs; руки ~! hands up!
Угóрщина *f* Hungary.
удáв *m* boa.
удáван|ий feigned, pretended, sham; ~**ість** *n* pretense, dissimulation.
уда|вáти <∸ти> feign, simulate, sham, pretend; ~вáти з сéбе pretend (to be), sham; **-ся 1.** turn out well, be a success; йомý ~лóся перекláсти... he succeeded in translating...; **2.** take after s.b.; у кóго він ∸вся? where does he get it from? **3.** ~вáтися в подрóбиці go into details; ~вáтися до хúтрощів resort to cunning.
удáв|лювати <~úти> press in.
удалин|í far off, far (from від Р); ~ý into the distance.
удáр *m* blow (*a. fig.*); (*a.* Me) stroke; Fe, *fig.* shock; impact; slash; (*thunder*) clap; F form; ~**ний** shock...; impact...; foremost; ~**ник** *m* shock worker; Mu drummer.
удар|яти <∸ити> strike (on по Д), hit; knock; beat, sound; punch (*кулакóм*); butt (*головóю*); kick (*ногóю*); set about, start (...ing в З *pl.*); go (to *head* в З); F set in; stir; **-ся** strike *or* knock (with *or* against O *or* об З); hit (в З); F fall into; throw o.s. plunge.
удáча *f* (good) luck.
удв|íчі twice (as...; *comp.*: ~íчі бíльше twice as much *or* many); ~**óх** both *or* two (of us, *etc.*, *or* together).
удéнь by day, during the day.
удив|лятися <~úтися> (в З) peer (into), look narrowly (at).
удóбр|ювати <~ити> *s.* угнó|ювати <~їти>.
удов|á *f* widow; ~**éць** *m* [-вця] widower.
удосконáлювати perfect (o.s. **-ся**), improve, polish up.
удóсталь F quite enough; plenty of.
удостó|ювати <~їти> (**-ся** be) hono(u)r(ed), fav(u)r(ed) (P); bestow, confer (on); award.
удрýге for the second time.
удружúти do (p. Д) a service *or* favo(u)r.
Уельс *m* Wales.
ужахнýтися be horrified.
ужé already; as early as; ~ не not... any more; вонú ~ дорóслі they are grown-up now.
ужú|ваний 1. common; in common use; customary; current; широко ~ваний widely used; **2.** second-hand; ~**вáння** *n* use, usage; application; (*food, medicine, etc.*) taking; ~**вáти** <~ти> use, employ; take (*medicine*); eat; ~**ток** *m* use, usage рéчі ширóкого ~тку articles of general consumption.
узагáльн|ювати <~ити> [*st.*; -ю, -иш; узагáльнений] generalize.
узакóн|ення *n* legalization; ~**ювати** <~ити> legalize.
узберéжжя *n* shore, coast.
узбíччя *n* side of the road; curb.
узвáр *m* sauce, *Brt.* stewed fruit.
узгóд|ження *n* coördination; *gr.* agreement, concord; ~**жувати** <~ити> coördinate; adjust; (*a. gr.*) make agree.
узголíв'я *n* head (*bed*); bolster.
уздéчка *f* bridle.
уздóвж along; lengthwise; ~ і впóперек throughout, far and wide.
узúмку *m* winter.
узлíсся *n* [*g/pl.*: -íсь] edge, border.
узмóр'я *n* [*g/pl.*: -їв] seashore, seaside.
узóр *m* pattern, design; з ~ами = ~**частий** figured, patterned.
узятися *s.* брáтися.
уїдáтися [*cf.* íсти] eat (in[to]).
укáз *m* decree, edict, ukase; ~**ка** *f* pointer; ~**увати** <~áти> show, indicate; point out; give instructions.
уклá|д *m* organization; way (*of life*); form; ~**дáння** *n* packing; laying; ~**дáти** <∸сти> (*agreement*) conclude; (*dictionary*) compiler; ~**дáч** *m* compiler.
уклé|ювати <~їти> glue *or* paste in; ~**йка** *f* [*g/pl.*: -йок] gluing in; sheet, *etc.*, glued in.
уклú|нювати(ся) <~нúти(ся)> (be) wedge(d) in.
уклíн *m* bow; regards *pl.*
уклон|ятися <~úтися> bow(to); greet.
укóл *m* prick; Me injection.
укомплект|óвувати <~увáти> complete, fill; supply (fully; with O).
укóп|увати <~пати> dig in; *fig.* як (нáче, ненáче) укóпаний stock-still, transfixed.
укорíн|юватися <-úтися> take root; ~**ений** (deep-)rooted.
укó|чувати <~тúти> roll in, wheel in.
укрá|дливий insinuating, ingratiating; ~**дáтися** <∸стися> creep *or* steal in; *fig.* insinuate o.s.; ~ в довíр'я s.b. worm oneself into s.b.'s confidence.
Украíн|а *f* Ukraine; ≗**ець** *m* [-нця], ≗**ка** *f* [*g/pl.*: -нок], ≗**ський** Ukrainian.
укрáй F completely, altogether, quite.
укрáсти steal.
укри|вáло *n* cloth; coverlet; bedspread,

У

photography; photographer's; **~графува́ти** <c-> photograph; **-ся** F have one's photo taken.
фра́з|а *f* phrase; empty talk; *gr.* sentence; **~еоло́гія** *ling.* phraseology.
фрак *m* dress coat.
фра́кція *f* fraction.
франкува́ти stamp.
франт *m* dandy, fop; **~и́ти** F [*e.*; -нчу́, -нти́ш] overdress; flaunt, parade; **~івськи́й** dandyish, dudish.
Фра́нц|ія *f* France; **~у́женка** *f* [*g/pl.*: -нок] Frenchwoman; **~у́з** *m* Frenchman; **~у́зький** French.
фрахт *m*, **~ува́ти** freight.
фре́зер *m* milling cutter.
френч *m* (army-type) jacket.
фре́ска *f* fresco.
фриво́льний frivolous.
фронт *m* front; **~ови́й** front...
фрукт *m* (*mst. pl.*) fruit; **~о́вий** fruit...; ~о́вий сад orchard.
фуга́сний demolition (*bomb*).
фунда́мент *m* foundation; basis; **~а́льний** fundamental; solid; basic.
фунда́тор *m* founder.
функці|онува́ти function; **'~я** *f* function.
фунт 1. *m* pound (=409,5 g); **2.** ~ сте́рлінгів pound (sterling).
фур|а́ж *m* fodder; **~го́н** *m* van; **~ія** *f mith.*, *fig.* fury; **~о́р** *m* furor; **~у́нкул** *m* furuncle, boil.
футбо́л *m* soccer, *Brt. a.* association football; **~і́ст** *m* soccer player; **~ьний** soccer..., football...
футля́р *m* case; sheath; box.
футури́|зм *m* futurism; **~ст** *m* futurist.
фу|фа́йка *f*, F **ку~** [*g/pl.*: -йок] jersey; sweater; padded jacket.

Х

хаба́р *m* [*g/pl.*: -рі́в] bribe; да́ти ~а́ bribe; **~ник** *m* bribe-taker, corrupt official; **~ництво** *n* bribery.
хазя́|їн *m* master; F boss; **~йнови́тий** practical, thrifty; **~йнува́ти 1.** keep house; **2.** do as one likes; boss the show; **~йство** *n* household; farm; **~йський** thrifty.
хай 1. *part.* let (+ *inf.*); ~ він іде́ let him go; **2.** *cj.* though, even if; ~ пі́зно, але́ я піду́ though it is late, I intend to go.
ха́кі [*ind.*] khaki.
халабу́да *f* **1.** F shanty, hovel, hut, cabin; **2.** tilt cart; **3.** (*top of the carriage*) hood; **4.** kennel (*for a dog*).
хала́т *m* dressing gown, bathrobe; smock-frock; (*working*) overalls *pl.*; (*doctor*) coat.
хала́тн|ий F negligent; **~ість** *f* negligence.
хале́п|а *f* trouble; scrape; mishap; потра́пити в ~у get into a scrape.
халту́р|а *f* F slapdash work, bungle; *fig.* botch; pot-boiler; catchpenny job; **~ити** *f* slapdash; be a pot-boiler; **~ний** F slapdash; catchpenny; **~ник** *m* pot-boiler, botcher.
халу́па *f* hovel; shanty; shack, hut.
халя́ва *f* boot-top.
хам *m* F cad, boor, churl; *sl.* heel; **~ство** *n* caddishness, boorishness; **~ський** F caddish, boorish.
хандр|а́ *f* spleen; the blues *pl.*; *a. s.* нудьга́; **~и́ти** be in the dumps *or* blues.
ханжа́ *m/f* hypocrite.
хао́|с *m* chaos; **~ти́чний** chaotic.
хапа́ти <схопи́ти> seize; snatch; grab; grasp; snap; F *pf.* ~ за ду́шу tug at one's heart-strings; **-ся** *impf.* **1.** snatch (at); catch (at); grip; lay hold of; **2.** seize (upon); take up.
хара́ктер *m* character, nature; temper, disposition; principles *pl.*; **~изува́ти** characterize; **-ся** be characterized (by); **~и́стика** *f* character(istic); characterization; **~ний** characteristic (of для P); typical; distinctive; **~ник** *m*, **~ниця** *f s.* **1.** чар|івни́к *m*, ~івни́ця *f*; чак|лу́н *m*, ~ка *f*.
ха́рк|ати, <~нути> spit, expectorate.
харч *pl.* F [-і́в] food, grub; **~і́вня** *f* [*g/pl.*: -і́вень] tavern.
ха́т|а *f* (peasant|s) house, hut, cottage; **~и́на** *f* small cottage, hut, cabin, shack.
ха́ща *f* thicket.
хвал|а́ *f* praise; **~е́бний** laudatory; **~е́ний** vaunted, much praised; **~и́ти**, <по-> praise; **-ся** boast (of O); **~ько́** *m* F boaster, braggart; **~ькува́тий** boastful, bragging.
хва́ст|ати(ся) <по-> boast, brag (of O); **~ощі** *coll. pl.* boasting, bragging.
хва́тка *f* **1.** grasp, grip, clutch; **2.** (*animals*) bite; ме́ртва ~ mortal *or* death grip.
хва́цьк|ий F **1.** brave, valiant, intrepid, bold, daring; **2.** smart, dashing,

nimble; **~ість** *f* boldness, daring, bravery, smartness; **~о** *adv.* dashingly.
хвили́н|а *f*, **~ка** minute, одну́ ~ку just a minute; **~ний** minute..., ~на стрі́лка minute-hand.
хвилюва́|ння 1. agitation; emotion, excitement; 2. rough water(s); rough sea; **~ти** <с-> 1. agitate; excite, stir; 2. ruffle; **-ся** 1. be (become) exicited (agitated); worry; 2. be (get) rough; surge.
хвилю́ючий 1. stirring, exciting; (*voice*) thrilling; 2. perturbing, disturbing.
хви́л|я *f* wave; E до́вгі, сере́дні, коро́ткі ~і long, medium, short waves; **~я́стий** wavy.
хві́ртка *f* [*g/pl.*: -ток] gate, wicket.
хвіст *m* [хвоста́] tail; brush (*fox*); F train; line, *Brt.* queue; у хвості́ (*lag*) behind; підібга́ти ~(á) F come down a peg (*or* two).
хво́йний coniferous.
хво́р|ий 1. ill, sick; (*animal*) sick; (*a part of a body*) sore, bad; *fig.* sore; ~а рука́ bad hand; 2. *su.* sick man *or* person; patient; **~íти** be ill (with); be sick (with); ~ гри́пом have influenza.
хворо́ба *f* sickness (on the score of у зв'язку з О), illness; disease; (*mental*) disorder; (leave... у зв'язку́ з О).
хворобли́вий sickly, ailing, morbid.
хво́рост *m* brushwood.
хво́я *f* (pine) needle(s *or* branches *pl.*).
хи́б|а *f* defect; flaw; ~и *pl.* *a.* shortcomings; mistake; error; **~ний** erroneous, mistaken; ~не уя́влення misconception.
хи́жа *f* 1. closet; store-room, pantry; 2. hut, shack; (*wooden peasant's*) house.
хиж|а́к *m* beast (*or* bird) of prey; **~а́цький** predatory; **⁓ий** rapacious, predatory; of prey.
хизува́тися show-off; boast (of).
хили́ти [⁓иш, -ю́], <на-, с-> bend, bow; incline; tilt; stoop.
химе́р|а *f* chimera; **~ний** chimeric(al); whimsical, fanciful.
хирі́ти weaken, grow sickly.
хист *m* ability, aptitude; gift.
хитави́ця *s.* ка́чка 2.
хит|а́ти <(по)~ну́ти> shake; rock; sway; ~ голово́ю shake one's head; toss; **-ся** (be [come]) shake(*n*); rock, sway, swing; stagger, reel, totter; (*chair*) be shaky; (*tooth*) be loose.
хит|кий shaky, rickety, tottering; *fig.* unsteady, fickle.
хи́тр|ий 1. cunning, crafty, sly, artful; 2. intricate, abstruse; **~ість** *f* 1. cunning, slyness, craft(iness); ruse, trick; Ml stra-tagem; 2. intricacy, abstruseness; **~ува́ти** <~и́ти> be cunning; try to outwit; dodge; fox; quibble; *cf.* мудрува́ти; **~у́н** *m* [-á] a sly *or* cunning fellow, dodger; slyboots.
хихи́к|ати <~нути> chuckle, giggle, titter.
хіба́ really; perhaps; only; F unless.
хід *m* [*pl.*: хо́ди] motion; speed (at на M), pace; course; walk; E *a.* action, movement; stroke (*piston*); entrance; access; lead (*cards*); move (*chess, etc.*); turn; vogue, currency; в ~у́ *a.* = ходови́й; на ходу́ *a.* while walking, *etc.*; F in progress; пусти́ти в ~ start, set going *or* on foot, circulate; усі хо́ди і ви́ходи the ins and outs.
хі́мі|к *f* (*Brt.* analytical) chemist; **⁓чний** chemical; indelible *or* copying-ink (*pencil*); **⁓я** *f* chemistry.
хіні́н *m* quinine.
хіру́рг *m* surgeon; **~і́чний** surgical; **~і́я** *f* surgery.
хли́нути gush (forth); rush; (begin to) pour in torrents.
хли́па|ння *n* sobbing; **~ти** sob.
хлист *m* [*e.*] horsewhip; switch.
хлис|та́ти <~ну́ти> 1. drink, sip; lap; P eat; 2. swill, F lap.
хліб *m* 1. bread; loaf; 2. [*pl.*: -ба́ *i* -би́] grain, *Brt.* corn; livelihood; *pl.* cereals; **~и́на** *f* loaf; **~ний** grain..., corn..., cereal; bread...; baker's; F profitable; **~опека́рня** *f* [*g/pl.*: -рень] bakery; **~осо́льний** hospitable; **~осо́льство** *n*, **~-сіль** *f* hospitality.
хлів *m* [у ~у́; *pl.*: -и́, *etc. e.*] shed; cote; sty.
хло́павка *f* [*g/pl.*: -вок] fly flap; cracker.
хло́п|ець *m* boy; youngster; fellow, guy, lad, chap; **~ча́к** *m* [*g/pl.*: -ків] urchin; greenhorn; **~ча́чий** boyish; mischievous; **~чик** *m* (little) boy; lad; **~чи́на** *m* F *s.* малю́к; a.= ~ча́к; **~чи́сько** *m s.* ~ча́к.
хлоп|'я́ *n s.* ⁓чик; **~'я́чий** boy's; boyish.
хлор *m* chlorine; **⁓истий** ... chloride; **⁓ний** chloric; **~офо́рм** *m*, **~оформува́ти**, <за-> chloroform.
хльо́с|кати, **~та́ти** <~ну́ти> lash, whip.
хлю́п|ати <~нути> 1. splash, lap, spill; 2. gush, spurt, pour; 3. *impf.* F squelch, ~ати но́сом sniff; **-ся** 1. splash, lap, swash; flounder, be spilled; 2. plunge *or* plop into the water.
хма́р|а *f* cloud; **~итися** cloud over, be overeast; **~ний** cloudy; dull; gloomy.
хмелі́ти F grow tipsy.

Х

хмиз *m* brushwood; deadfall, wind-fallen wood.
хміль *m* **1.** B hop; **2.** F drunkeness, intoxication; **~ний 1.** heady, intoxicating; **2.** intoxicated, tipsy.
хмýрий *s.* похмýрий.
хмýрити <на-> knit (*the brow*); **-ся** frown, scowl; be(come) overcast (*weather, sky*).
хмурніти <по-> become gloomier.
хникати F whine, snivel.
хóбот *m zo.* trunk.
ховáти 1. <с->, <при-> hide, conceal (from від Ф); **-ся** disappear; hide oneself; **2.** <по-> bury.
ход|á *f* walk, march; **~úти** go (to go, на 3); walk; sail; run, ply; move; visit, attend (*v/t.* до, у, на 3; p. go P); (у M) wear; circulate; (за O) look after, take care of, nurse; tend; (на 3) hunt; lead (*cards*); F be current; ease o. s.; **~іння** *n* going, walking; **~овий** marketable, sal(e)-able; current; ~ová кнúга best seller; **~ýльний** stilted; **~ьбá** *f* walking; walk; **~ячий** current, trivial; F walking.
хокéй *m* hockey.
холéра *f* cholera.
хóлка *f* [*g/pl.*: -лок] withers.
хóлод *m* cold (in на M); chill (*a. fig.*); **~ú** *pl.* cold (weather) *sg.* (in у 3); **~éць** *f* [-дцý] jellied meat; **~ильник** *m* refrigerator; **~íти** grow cold; chill; **~нéча** *f s.* ~ність; **~ний** cold (*a. fig.*); *geogr. and fig.* frigid; F (icy) cold; (мені) ~но it is (I am) cold; **~ність** *f* (*fig.*) coldness.
холоднокрóвн|ий cool(-headed), calm; **~ість** *f* composure.
холóнути <о-> be getting cold, cool.
холóп *m* bondman; F toady.
холост|ий single, unmarried; bachelor('s); Ml blank (*cartridge*); E idle (*motion*); **~ýк** *m* [*e.*] bachelor.
холóша *f* trouser leg.
холýй *m* P cad; toady.
хомýт *m* [*e.*] (horse) collar.
хом'ýк *m* [*e.*] hamster.
хор *m* [~у] chorus; choir.
хорвáт *m*, **~ка** *f* [*g/pl.*: -ток] Croat; **~ський** Croatian.
хорóбр|ий brave, courageous; **~ість** *f* bravery, courage.
хорóший good, fine.
хорт *m* borzoi, greyhound.
хоті|ти <за-> (P) want; wish; дýже ~ти be longing (for); я ~в(ла) би(б) I would (*Brt.* should) like; я хóчу, щоб ви + *pt.* I want you to ...; **-ся** (*impers.*) want, like: мені хóчеться I'd like.
хоч, ~á 1. though; although ~ зáраз! now, if you like! if you please; **2.** just; скажíть ~ слóво! do say something!; **3.** for example; взяти ~ цей вúпадок take this, for example; ~ би even if; ~ би й так! well, what of it! even if it be so; ~ убúй for the life of me.
хоч-не-хоч willy-nilly; whether you like it *or* not.
храм *m eccl.* temple.
хранúтель *m* keeper, guardian; custodian.
храп *m* F *s.* хропíння.
хребéт *m* [-бтá] *anat.* spine; range.
хре|ст *m* cross (*a. fig.*); <нáв-> crosswise; **~стúни** baptism, christening; **~стúти** [-щений] *(im/pf.)* baptize, christen; godfather, godmother, sponsor; <пере-> cross (o.s. **-ся**); **~щéник** *m* godson; **~щéниця** *f* goddaughter; **~щення** *n* baptist (Ml бойовé ~щення baptist of fire), christening.
хрип *m*, **~íння** *n* rattle, wheeze; **~и** *pl.* Me crepitation *sg.*; **~íти** wheeze; rattle; be hoarse; F speak hoarsely; **~кий** hoarse, husky; **~нути** <о-> become hoarse; **~отá** *f* hoarseness; husky voice.
христ|иянин *m* [*pl.*: -ияни, -иян], **~иянка** *f* [*g/pl.*: -нок], **~иянство** *n* Christianity; **~иянський** Christian; **~óвий** Christ|s; **~óс** *m* [Христá] Christ.
хрін *m* horseradish.
хробáк *m s.* черв'ýк.
хром *m* chromium; chrome.
хрóн|іка *f* chronicle; current events; newsreel; **~íчний** chronic(al); **~ологíчний** chronological; **~олóгія** *f* chronology.
хроп|íння *n*, **~íти**, **~тú** [*e.*; -плю, -пиш] snore; snort (*horse*).
хрýс|кіт *m* crunching (sound); **~тíти** crunch.
хрущ *m* [-á] cockchafer.
хрюк|ати <~нути> grunt.
хрящ *m* [-á] cartilage.
хтив|ий lustful; **~ість** *f* lust.
хто, когó, комý, ким who; whom; ~ це? who is that; той, ~ he, who; ~ б не whoever; ~ б то не був whoever it may be.
хто-нéбудь *s.* хтось.
хтось someone, somebody; (*interr. and negative sent.*) anyone, anybody.
хýга *f* snow-storm.
худ|ий thin, lean, scrawny; **~нути** <с-> grow thin, lose flash.
худóб|а *coll.* cattle, livestock; племіннá ~ breeding stock; bloodstock; pedigree cattle; **~ина** *f* F cattle.

худо́жн|ик *m* artist; painter; **~ій** artistic; art(s)...; of art; **~ій** о́браз image, character; **~ій** твір work of art; **~я** літерату́ра belles-lettres *pl.*, fiction and poetry.
худорля́вий lean, meager, spare.
хуліга́н *m* rowdy, hooligan, hoodlum; **~ити** act like a hooligan; **~ство** *n* hooliganism, rowdyism.
хуртови́на *f* snow-storm, blizzard.
ху́ст|ка *f* shawl; kerchief ; **~очка** (pocket) handkerchief.
ху́тір *m* farm(stead); hamlet.
ху́тко quickly, swiftly.
ху́тро *n* fur.

Ц

цап *m* [ца́па] (he)goat.
цар *m* czar, (Russian) emperor; king; **~е́вич** *m* czarevitch; prince; **~и́ця** *f*. czarina; empress; *fig.* queen; **~і́вна** *f* [*g/pl.*: -і́вен] princess; **∸ство** *n* empire; kingdom (*a. fig.*); rule; **∸ський** of the czar(s), czarist; imperial; **~юва́ння** *n*, **~юва́ти** reign.
цви́нтар *m* cemetery, graveyard.
цвіл|и́й mo(u)ldy; **∸ь** *f* mo(u)ld; покри́тися **∸лю** grow mo(u)ldy.
цвір|інча́ти, ~і́нькати chirp, twitter; **~ку́н** *m* [-а́] *zo.* cricket; **~ча́ти** chirr.
цвісти́ bloom, blossom.
цвіт blossom; flowers *pl.*; *fig.* flower (of), pick.
цвях *m* nail.
це 1. *s.* цей; 2. this; that; it; ~ моя́ і́грашка this (that) is my toy; ~ він написа́в той лист it was he who wrote that letter; як ~ можна? how can you?
це́бе́р *m*, **цебро́** *n* pail, bucket, tub.
це́бто that is.
цег|е́льня *f* brickworks; **∸ла** *pl.*, **~ли́на** *f* brick.
цей *m*, ця *f*, це *n*, ці *pl.* this, *pl.* these; *su.* this one; that; it; there (*-in, etc.*).
Цейло́н *m* Ceylon.
целюло́за *f* cellulose.
цеме́нт *m* **~ува́ти** cement.
це́нз|ор *m* censor; **~у́ра** *f* censorship; **~у́рний** censorial.
центне́р *m* centner (= 100 kg).
Ц **центр** *m* center, *Brt.* centre; **~аліза́ція** *f* centralization; **~алі́зм** *m pol.* centralism; **~алізува́ти** (*im*)*pf.* centralize; **~а́льний** central.
цеп *m* chain; Ml line.
церемо́н|итися stand on ceremony, be ceremonious; **~ія** *f* ceremony; **~ний** ceremonious.
це́рк|ва *f* [-ви; *instr/sg.*: -вою; *pl.*: -ви, -о́в, -вам] church; **~о́вний** church...
цех *m* shop, section; depártment.
цибули́на *f* bulb; onion.
цивіліз|а́ція *f* civilization; **~о́ваний** civilized; **~ува́ти** civilize.
циві́льний civil; civic (*a. right*).
ци́ган *m* [*nom/pl.*: -а́ни; *gen.*: цига́н] **∸ка** *f* [*g/pl.*: -нок], **∸ський** Gypsy, *Brt.* Gipsy.
цига́р|ка *f* cigarette; **~о́вий**; ~о́вий папі́р tissue-paper.
цикл *m* cycle; course; **~і́чний** cyclic; **~о́н** *m* cyclone.
цико́рій *m* chicory.
цилі́ндр *m* cylinder; top (*or* hight) hat; **~и́чний** cylindrical.
цинга́ *f* scurvy.
цин|і́зм *m* cynicism; **∸ік** *m* cynic; **~і́чний** cynical.
цинк *m* zinc; **∸овий** zinc...
цирк *m* circus; **~а́ч** *m* F circus performer; **~ови́й** circus.
циркул|юва́ти circulate; **'~ь** *m* (pair of) compasses *pl.*; **~я́р** *m*, **~я́рний** circular; **~я́ція** *f* circulation.
цисте́рна *f* cistern, tank.
цитаде́ль *f* citadel; stronghold.
цит|а́та *f* quotation; **~ува́ти** <про-> quote.
циф|ербла́т *m* dial, face (*watch, etc.*); **∸ра** figure; cipher; **~рови́й** figure.
ці these.
ці́вка *f* jet, spurt; current.
ціди́ти <про-> strain, pass, filter; F murmur, utter (between one's teeth).
ціка́в|ий interesting; inquisitive, curious; inquiring; **~ити** <за-> interest; **-ся** <за-> be interested (in), take an interest (in); **~ість** *f* curiosity; interest; **~о** interesting(ly).
ці́л|е *n* whole; у ~о́му on the whole; **~еспрямо́ваний** purposeful; **~ий** whole; entire; safe, sound; intact; ~е число́ integer.
ціли́на́ *f* virgin soil.
ці́литися <при-> aim (at в 3).
ці́л|ість *f* integrity; у по́вній ~ості intact.
цілко|ви́тий complete; perfect; absolute; **∸м** entirely, wholly.

цілодобóвий around-the-clock; day-and-night.
цілувáти(ся) <по-> kiss.
цілющий curative, medicinal; healthy.
ціль *f* **1.** target; не влýчити в ~ miss the mark (*a. fig.*); **2.** (*purpose*) aim, goal, end.
цíльн|ий entire, whole; righteous; rich (*milk*); **~ість** *f* integrity.
цін|á *f* price; cost; (*a. fig.* worth, value); ~ú немáє (Д) be invaluable; за бýдь-яку ~у at any price; **~ úтель** *m* judge, connoisseur; **~úти** [ціню́, ціниш], <о-> value, estimate, appreciate; **~ний** valuable; money (*letter*) ~ні папéри *pl.* securities; **~ність** *f* value; *pl.* valuables; **~увáти** **1.** *s.* ~úти; **2.** *fig.* appreciate; **-ся** be appreciated.
ціп *m* Ac flail; **~ені́ти** <за-> grow numb, stiffen; be transfixed; **~óк** *m* stick; staff.
цмóкати click (*one's tongue* O).
цнотли́в|ий chaste; **~ість** *f* chastity.
цóк|ати <~нути> click; clatter; **-ся** touch (glasses O) (with з O); **~іт** *m* clatter (*hoofs*).
цóколь *m* Ar socle; E socket; **~ний**: ~ний пóверх ground floor.
цукáт *m* candied peel (fruit).
цук|éрка *f* candy, *Brt.* sweet(s); **~ор** *m* sugar; **~орниця** *f* sugar bowl; **~рóвий** sugar...; ~рóва хворóба diabetes.
цупки́й thick; stiff; ~ папі́р strong paper.
цурáтися (P) shun, avoid.
цуценя́ *n* [-ня́ти; *pl.* -ня́та] puppy, whelp.
цькувáти hunt; *fig.* bound, persecute.
ця́тк|а *f* spot, stain; **~óваний** spotted, speckled; **~увáти** spot.
ця́ця *f* F bigwig.

Ч

чабáн *m* shepherd
чави́ти squeeze, crush, smash.
чавýн *m* cast iron; cast-iron kettle; **~ний** cast-iron...; **~оливáрний**: ~оливáрний завóд *m* iron foundry.
чад *m* [у ~ý] smoke ., fume(s); *fig.* daze; frenzy; **~и́ти** [*e.*; -жý, -и́ш], <на-> smoke.
чáдо *n* O *and iron.* child.
чай *m* [*gen.* чáю; *pl.*: чаї́, чаї́в] tea; tea party; дáти на ~ tip.
чáйка *f* [*g/pl.*: ~йóк] (sea)gull; lapwing; *poet.* mew.
чáйн|ий tea (spoon, *etc.*); **~ик** *m* teapot; teakettle.
чайові́ *pl.* tip.
чаклу|вáти conjure; practise witchcraft; **~н** *m* magician, wizard, sorcerer; **~нка** *f* sorceress; **~нство** <чáри 2.> *n* magic, sorcery, witchcraft.
чалмá *f* turban.
чан *m* vat.
чáпля *f* heron.
чáра *f* O cup, goblet.
чáри *pl.* **1.** spell(s), magic *sg.*; charms; **2.** *s.* чаклýнство.
чарівн|и́й magic(al), fairy...; enchanting, bewitching, chaming, fascinating; **~и́к** *m* wizard, magician; **~и́ця** *f* enchantress; **~ість** *f* charm, fascination, enchantment.
чáрка *f* [*g/pl.*: -рок] (wine)glass.
чароді́й *m* magician; **~ка** *f* enchantress, charmer; **~ство** *n* magic, sorcery.
чарувáти conjure; charm, bewitch.
чарýнка *f* mesh.
час *m* **1.** time; прóміжок ~у interval; з тóго ~у since then; **2.** time(s), age; **3.** *gr.* tense; **4.**: під ~ during; під ~ робóти while working; ~ від ~у from time to time.
часни́к *m* [*e.*] garlic.
чáсом sometimes, now and then.
чáст|ий frequent; quick, rapid; **~и́на** *f* part; share; component; department; Ml unit; O police station; ~и́ни мóви *gr.* parts of speech; ~и́ни сві́ту parts of the world; **~ішати** become more frequent; **~ка** *f* part; share; particle; fraction; *a. fig.* grain; Ma quotient; *gr.* particle; **~кóвий** partial; **~кóвість** *f* particular; **~кóво** partly; **~о** often, frequently; **~oкі́л** *m* palisade; **~отá** *f* [*pl.*: -óти, -óт] frequency; ~отá пýльсу *m* pulse rate; **~óтний** frequency..., **~ýшка** *f* couplet. Ч
чáх|лий sickly; stunted; **~нути** <за-> wither, shrivel; grow stunted.
чáш|а *f* [*g/pl.*: чаш] cup, bowl; chalice; ~а терéзів scale; **~ечка** *f* small cup; B calyx (*pl.* -xex, calyces); *anat.* knee-cap; **~ка** *f* cup, teacup; scale, pan; *anat.* колі́нна ~ка knee-cap *or* pan.
чвал *m* gallop; **~ом** at a gallop, F with all one's might.

чва́н|итися boast (of O); swagger, swank; ~**ли́вий** haughty, conceited, swaggering; ~**ство** *n* swagger, superciliousness, conceit.

чва́р|а *f* discord; strife; quarrel, дрібні́ ~и squabbles.

чве́рть *f* [-ті] (one) fourth; quarter; term.

чек *m* check, *Brt.* cheque; ~**а́нити** mint, coin; chase; ~**а́нка** *f* [*g/pl.*: -нок] minting; coinage; chase; ~**а́ння** *n* expectation; ~**а́ти**, <по-> wait (for P, на З); await; expect; ~а́ти не дочека́тися wait impatiently (for P); ~**овий** check...

че́лядь *coll.* servants *pl.*

че́мн|ий courteous, polite; civil; ~**ість** *f* courtesy, politeness; civility.

чемода́н *m* suitcase; valise; trunk.

чемпіо́н *m* champion; ~**а́т** *m* championship.

чепе́ць *m* [чіпця́] cap.

чепур|и́ти <при-> tidy up; **-ся** smarten oneself up, preen oneself; ~**ни́й** tidy, neat, clean; foppish; ~**у́н** *m s.* франт.

че́пчик *m* cap.

че́рвень *m* June.

черв|и́вий worm-eaten; wormy; ~**'я́к** *m* worm.

черво́н|ий red; ~**і́ти** <по-> redden, grow *or* turn red; blush; *impf.* be ashamed.

че́р|га *f* F **1.** turn; по ~зі in turn; by turn; **2.** queue; line; **3.** кулеме́тна ~га burst of machinegun fire.

черг|ови́й *m* **1.** (p.) on duty; **2.** regular, ordinary; next, immediate; **3.** *su.* man on duty; ~**ува́ння** *n* duty; (night) watch; (*ling.*) alternation; ~**ува́ти** be on duty; sit up, watch; **-ся** alternate, interchange.

череви́к *m* [*g/pl.*: -ви́ків] shoe, *Brt.* (lace-) boot.

черев|ни́й abdominal; ~на́ порожни́на abdominal cavity; ~ни́й тиф typhoid fever; '~**о** *n* belly, stomach; abdomen; F paunch.

черед|а́ *f* herd; flock; ~**ни́к** *m* herdsman.

че́рез 1. across; over; through; перейти́ ~ міст go over *or* across the bridge; **2.** (*help*) through; with; ~ дефі́с with a hyphen; **3.** every other; every; ~ день every other day; **4.** (*time*) in; ~ рік in a year; **5.** because of, owing to; ~ вас (all) because of you; ~ дощ on account of the rain.

чере́мха *f* bird cherry.

че́реп *m* [*pl.*: -пи́, -пі́в; два че́репи] skull.

черепа́|ха *f* tortoise; turtle; ~**ховий** tortoise(-shell)...; ~**шачий** tortoise's, snail's (pace ходá *f*; at O); ~**шка** *f* shell; cockle-shell.

черепи́|ця *f* tile (*of roof*); ~**чний** tiled, tile...

черепо́к *m* [-пка́] fragment, piece, crock.

чере́шня *f* [*g/pl.*: -шень] (sweet) cherry.

черк|а́ти <~ну́ти> cross out, cross off; F *pf.*: ~ну́ти па́ру (*or* де́кілька) слів drop a line.

черне́тка *f* rough copy; draft.

черн|е́ць *m* monk, ~**и́ця** *f* nun.

чернь *f* [~ні] mob, rabble.

черпа́|к *m* scoop, bucket (*dredge*); ~**ти** scoop; draw; *a. fig.* derive (*strength, knowledge*).

черств|и́й stale, hard; callous; ~**і́ти**, <за-> grow stale; harden.

чеса́ти 1. <по-> scratch; **2.** <при-, за-> F comb; **3.** *impf.* hackle, card; ~ язико́м chatter.

че́сн|ий honest, of hono(u)r; fair; ~**ість** *f* honesty; ~**о** F honestly; fairly; ~**о́та** *f* virtue.

честь *f* hono(u)r (in на З); credit.

често|люби́вий ambitious; ~**лю́бство** *n* ambition.

че́ський Czech(ic).

четве́р *m* [-рга́] Thursday (on: у З, *pl.*: по М).

че́твер|о four; нас ~ there are four of us; ~**тий** fourth.

четві́рка *f* [*g/pl.*: -рок] **1.** four; **2.** F (*mark*) good.

чех *m* Czech.

чехарда́ *f*, (до́вга лоза́) leapfrog.

чехослова́|цький Czechoslovak; ~**ччина** *f* Czechoslovakia.

че́шка *f* [*g/pl.*: -шок] Czech (woman).

чи 1. (*interr. part.*:) ~ зна́є він...? does he know...?; ~ вам це подо́бається? do you like it?; **2.** (*cj.*:) whether, if; ~ ..., ~ ... whether ..., or ...; **3.** (*cj.*:) *or*; ~ ... ~ ... either ... or ...

чиж *m*, F ~**ик** *m* siskin.

чий *m*, чия́ *f*, чиє́ *n*, чиї́ *pl.* whose; ~ це буди́нок? whose house is this? ~**-не́будь**, ~**сь** somebody's; (*interr. and negative*) anybody's.

Чи́лі *n* [*ind.*] Chile; ~**лі́єць** *m* [-лі́йця] Chilean.

чима́л|ий rather big *or* large; considerable; ~**о** much, a good deal (of), quite a number.

чимду́ж F at full speed; with all one's might.

чин 1. *m* rank; **2.** таки́м ~ом so, in such a way; яки́м ~ом? how?; ~**и́ти**, <в-> do, act, make; raise, cause; put in the way; administer (*justice*); accomplish; commit (*crime*); <ви́-> tan; **-ся** happen, take place; ~**ний**

valid; **~ник** *m* factor; **~ність** *f* validity; **~о́вник** *m* official, *fig. contp.* bureaucrat.

чи́рва *f* [*g/pl.*: черв] (*cards*) hearts *pl.*

чи́рк|ати <~нути> strike (*match*).

чиря́к *m* F boil.

чисе́льн|ий numeral, numerical; **~ик** *m* Ma numerator; **~ість** *f* number; Ml strength.

числ|е́нний numerous; **~е́нність** *f* multiplicity, large number, great size; **∸ення** *n* Ma numeration, десяти́чна систе́ма ∸ення decimal numeration; **∸итися** be on the ... list (у M *or* за O); **~і́вник** *m gr.* numeral; кі́лькісний ~і́вник cardinal (number); поря́дковий ~і́вник ordinal (number); **~о́** *n* [*pl. st.*: чи́сла, чи́сел, чи́слам] number; quantity; date; яке́ сього́дні ~о́? what date is today?; у ~і́ (M), у то́му ~і́ including; **~ови́й** numerical.

чи́ст|ий [*comp.* чисті́ший] **1.** clean (*collar*); neat, tidy; **2.** pure (*gold*); **3.** pure, honest; **4.** F meer, sheer, plain; ~а пра́вда simple truth; **5.** clear (*air, voice*); **6.** free, open (*field*); **7.** net (*weight*); **8.** blank (*page*); **~и́льник** *m* cleaner; ~и́льник взуття́ bootblack; **~ити** <по-> clean; brush; scour, scrub; curry (*horse*); polish (*boots*); shell (*nuts*); peel (*vegetables, fruits*); *pol.* purge; **-ся** clean oneself up; **~ка** *f* clean(ing); polish(ing); **~о 1.** neatly; **2.** truly, purely; **~окро́вний** thoroughbred; *fig.* genuine; **~ота́** *f* cleanness; *fig.* purity; neatness.

чит|а́льний : ~альний зал *m;* **~альня** *f* [*g/pl.*: -лень] reading room; **∸ання** *n* reading; recital; **~а́ти,** <про-> F [чита́ю, -а́єш; -а́в, -а́ла; чи́таний] read, recite; give (*lecture* on з P), deliver (*lecture*); teach; ~ати по склада́х spell; **~а́ч** *m*, **~а́чка** *f* reader; **~е́ць** *m* reciter; **∸ка** *f* reading.

чіп|ки́й clinging; tenacious; **~ля́тися** cling (to за З) (*a. fig.*).

чітк|и́й distinct, clear; legible; **∸ість** *f* clearness, legibility.

член *m* member; limb; *gr.* article; part; **~ороздільний** articulate; **∸ство** *n* membership; **∸ський** member(ship)...

чми́х|ати <~нути> snort.

чмо́к|ати F <~нути> smack.

чо́біт *m* [*e.*; *g/pl.*: чобі́т] boot.

чо́вг|ати <~нути>: ~ ного́ми shuffle one's feet.

чо́в|ен *m* boat; **~ник** *dim* of чо́вен small boat; *a.* E shuttle; **~ня́р** *m* [-ра́] boatman.

чого́ 1. *s.* що; **2.** what for; (*interr.*) why.

чоло́ *n* O forehead, brow.

чолові́|к *m* [*pl.*: -ки́] man; person; husband; **~чий** masculine; male; men's; ~чий рід *gram.* masculine (*gender*).

чому́ 1. *s.* що; **2.** why; **~сь** for some reason.

чо́рн|ий black (*a. fig.*); brown (*bread*); ferrous (*metals*); rough (*work*); back (*stairs, etc.*); leafy (*wood*); на ~ий день for a rainy day; ~им по бі́лому in black and white.

чорн|и́ло *n* ink; **~и́льний** ink...; **~и́льниця** *f* inkwell (*Brt.* inkpot), inkstand; **~и́ти** blacken; blacken (*fig.*), denigrate, slander; **~и́ця** *f* bilberry, -ries *pl.*; **~і́ти** <по-> blacken, grow black; show black.

чорно|ви́й rough; draft...; waste (book); **~воло́сий**, **~ко́сий** black-haired; **~го́рець** *m* [-рця] Montenegrin; **∸зем** *m* chernozem, black earth, black soil; **~ма́зий** swarthy; **~мо́рський** Black Sea...; **~о́кий** black-eyed; **~ро́б** *m* unskilled worker; **~сли́в** *m* prune(s); **~та́** *f* blackness; **~шкі́рий** Negro, black-skinned; black.

чорня́вий black-haired; dark; dark-skinned; swarthy.

чорт *m* [*pl.*: ~и́, ~і́в, *etc. e.*] devil; F the deuce (go: *a.* іди́, забира́йся; take: візьми́, побери́; *a.* confound, blast, damn it!); до ∸а, на [яко́го] ∸а F *a.* the deuce; **~ови́ння** *n* devilry; **~я́чий** devilish.

чоти́ри [-рьо́х] four; ~ ра́зи four times; **~ку́тний** quadrangular; **~ку́тник** *m* quadrangle; **~лі́тній**, **~рі́чний** four-years(-old)'; **~мі́сний** (на ~ мі́сця) four-seated; **~но́гий** fourth-footed; **~поверхо́вий** four-storied (*Brt.* - storeyed); **~ста** [чотирьохсо́т] four hundred.

чотирна́дцят|ий fourteenth; **~ть** fourteen.

чотирьохсо́тий four hundredth.

чохо́л *m* [-хла́] case; cover.

чуб *m* [-ба] forelock; **~о́к** crest (*bird*); topknot, tuft (of hair).

чуд|а́к *m* crank, character; **~а́цтво** *n* eccentricity; **~е́сний** wonderful, marvel(l)ous; miraculous; splendid; **~и́ти** fool, play tricks; *a. s.* дури́ти; **~ни́й** F queer, odd, strange; funny; **∸ність** *f* strangeness, oddity; **∸о** *n* [*pl.*: -еса́, -е́с, -еса́м] miracle, marvel; wonder; *a.* = ~о́во; **~о́вий** wonderful, marvel(l)ous; excellent, fine, splendid; **~о́висько** *n* monster;

Ч

s. потвóра; ~одíйний miraculous; ~отвóрець m wonderworker.
чуж|и́й someone else's, alien; strange, foreign; *su. a.* stranger, outsider; **~инá** *f*, (чужá сторонá *f*) foreign country (in на M; *a.* abroad); **~и́нець** *m* foreigner, stranger; **~озéмець** *m s.* ~и́нець; **~озéмний** foreign.
чу́й|ний keen, sensitive; *fig.* delicate, responsive; **~ність** *f* sensitiveness; keenness; *fig.* delicacy, consideration.
чу́лий sensitive, delicate, responsive.
чумá *f* plague, pestilence.
чурбáк *m* F block.
чу́т|и (F чувáти [*no pr.*]), <по-> hear (of, about про 3); погáно ~и be hard of hearing; <у->, <від-> scent, feel, notice; **-ся** (чу́ється) **1.** be heard, resound; **2.** be noticed, seen; seem (*to hear*); **~́ка** *f* rumo(u)r, hearsay; хóдять ~ки́ (що) rumo(u)rs are afloat (that); **~ки́й** sensitive, keen; light (*sleep*); *fig.* delicate, responsive; sympathetic; watchful; quick (of hearing); **~кість** *f* sensitiveness; keenness; *fig.* delicacy; consideration; watchfulness; responsiveness.
чут|ли́вий sensitive, responsive; **~ли́вість** *f* sensitivity, sensibility; **~́ний** audible; **~́ність** *f* audibility; **~́но** *impers.* one can hear (of про 3); що ~́но? what is the news? **~тéвий** sensual, sensuous; **~тя́** *n* **1.** sense, feeling; **2.** scent, flair (*a. fig.*); óргани ~тя́ sense organs; ~тя́ мóви feeling for language; худóжнє ~тя́ artistic flair.
чу́хати, <по-> scratch.
чу́чело *n* stuffed animal *or* bird; scarecrow; ~ горóхове F dolt.
чхáти, <чхну́ти> sneeze.

Ш

шабáш F **1.** *m* (knocking-)off-time; **2.** *int.* enough! no more!; **~ити** F <по-> knock off.
шаблóн *m* stencil, pattern, cliché; **~ний** trite, hackneyed.
шáбля *f* [*g/pl.*: -бéль] saber (*Brt.* -bre).
шáйба *f* disk; E washer.
шакáл *m* jackal.
шалéн|ий frantic; furious, fierce; wild (*feelings*); ~ий темп furious rate or tempo; **~ість** *f* fury, rage, frenzy; **~о** frantically, furiously, fiercely; **~íти** rage, storm; get into a rage.
шалопу́т *m* F good-for-nothing.
шаль *f* shawl.
шáлька *f* scale.
шáмкати mumble.
шампáнське *n* champagne.
шампу́нь *m* shampoo.
шáн|а *f* respect; honour; **~обли́вий** respectful, deferential.
шанóвний <вельми-> dear (*address*); respected.
шанс *m* chance, prospect (of на 3).
шантáж *m*, **~увáти** blackmail.
Ш **шанув|áння** *n* respect; honour; **~áти** esteem, hono(u)r, respect (for).
шáпка *f* [*g/pl.*: -пóк] cap; heading.
шапли́к *m* vat, tub, bucket, pail.
шар *m* [-у] layer; coat(ing); *geol.* stratum (*pl.* -ta).
шарáх|атися, <~ну́тися> rush (aside), recoil; shy; plop.
шарж *m* cartoon, caricature.
шáрик *m dim. of* шар; **~опідши́пник** E *m* ball bearing.
шáрити, <по-> rummage.
шарíти redden, flush, *s.* червонíти.
шáрк|ати <~ну́ти> **1.** scrape; shuffle; **2.** strike.
шармáнка <катери́нка> *f* [*g/pl.*: -нок] hand organ.
шарлатáн charlatan, impostor; quack; **~ство** *n* imposture, hocus-pocus.
шарнíр *m* hinge, joint.
шаровáри *pl.* baggy trousers.
шарпáк *m* F [-кá] ragamuffin.
шáрп|ати <~ну́ти> pull, jerk.
шарувáтий stratiform; flaky.
шарудíти [*e.*: -джу́, -ди́ш], <за-> rustle.
шарф *m* scarf, neckerchief.
шассí *n* [*ind.*] chassis; A undercarriage.
шáстати F poke about.
шаткувáти chop, shred.
шатрó *n* tent.
шáфа *f* [у -і; *pl. st.*] cupboard; wardrobe; (*book*)case; вогнетри́вка ~ safe.
шах *m* shah; check (*chess*); **~́и** *pl.* chess (*play v/t.* у 3); **~íст** *m* chess player; **~́овий** chess.
шахрá|й *m* swindler, cheat; **~йство** *n* swindle, swindling, fraud; **~йський** fraudulent; **~ювáти** swindle.
шáхт|а *f* mine; pit; **~áр** *m* miner, pitman; **~áрський** miner's.
шáшка *f* [*g/pl.*: -шек] checker,

draught(sman); *pl.* checkers, *Brt.* draughts.
швáбра *f* mop.
швáйка *f* thick awl.
швá|цький sewing (*machine*); **~чка** *f* seamstress.
швед *m*, **-'ка** *f* [*g/pl.*: -док] Swede; **-'ський** Swedish.
швейцáр *m* doorman, doorkeeper, porter.
швейцáр|ець *m* [-ця], **~ка** *f* [*g/pl.*: -рок] Swiss; **ᵊія** *f* Switzerland; **~ський** Swiss; doorman's, porter's.
швéндяти F lounge *or* loaf, gad about.
Швéція *f* Sweden.
швець *m* shoemaker.
швидкúй quick, fast, rapid, swift; speedy, prompt; first (*aid*); early (*reply*).
швúдкіс|ний (high-) speed..., fast; **~ть** *f* speed; rate; E, *phys.* velocity; *mot.* gear.
швúдко quickly, rapidly, swiftly; **~стúглий** fast-ripening; (*a. fig.*) precocious; early; **~хíдний** fast.
швóрка *f* string, twine.
шедéвр *m* masterpiece.
шéлест *m*, **~íти** rustle.
шéльма *f/m* F rascal, rogue.
шепеля́в|ий lisping; **~ити** lisp.
шéпіт *m* whisper.
шеп|отíти, ~тáти <~нýти> whisper (*v/i. a* **-ся**).
шептáти *s.* шепотíти.
шерéнга *f* file, rank.
шéрех *m* rustle.
шерст|янúй wool([l]en); **-'ь** *f* [-і, -ю] wool; coat; fleece.
шéст|еро six; **~икýтник** *m* hexagon; **~имíсячний** six-months(-old)'; **~исóтий** six hundredth; **~íрка** *f* six; **~ірня́** *f* E [*g/pl.*: ~ерéнь] pinion; cogwheel.
шеф *m* chief, head, F boss; patron, sponsor; **-'ство** *n* patronage, sponsorship.
шершáвий rough, rugged.
шúбени|к *m* F madcap (fellow); **~ця** *f* gallows, gibbet.
шúбка *f* window-pane; window-glass.
шúйка *f* [*g/pl.*: -йок] neck.
шик|áрний chic, smart; **-'ати** F <-'нути> hiss.
шикувáти(ся) Ml form up, draw up; fall in.
шúло *n* [*pl*: шилá, шил, -лáм] awl.
шúна *f* tire, *Brt.* tyre; Me splint.
шинéль *f* greatcoat, overcoat.
шúнка *f* ham.
шинóк *m* tavern, pub; mess.
шип *m* [*e.*] thorn; E (dowel) pin.
шипí|ння *n* hiss(ing); **~ти** <про-> hiss; spit; whiz.
шипля́чий *gr.* sibilant.
шипýчий sparkling, fizzing.
шипшúна *m* dogrose, (*berries*) hips *pl.*
ширвжúток (ширóкий вжúток) F *m* consumers' goods.
шири|нá *f* width, breadth; **'~ти, (-ся)** widen, spread.
шúрма *f* screen.
ширóк|ий [*comp.*: шúрший] broad; wide; vast; (at) large; great; mass...; large-scale; *phon.* open; на ~у нóгу in grand style; **'~о** widely, broadly; **~омóвний** broadcasting; promising; **~оплéчий** broad-shouldered.
широ|тá *f* [*pl st.*: -óти] breadth; width, wideness; ~ пóглядів broadmindedness; *geogr.* latitude; **~чíнь** *f* breadth, width; open (space).
шúршати <по-> become wider; widen; be expanded.
ширя́ти soar, fly.
шит|вó *n* sewing; embroidery; **-'и** [шúю, шúєш; шúй(те)!; шúтий] <з-> [зшúю, -єш; зшúтий] sew (*pf. a.* together); seam; <вú-> embroider; have made; **-'ий** sewn; **-'ий** зóлотом embroidered in gold.
шúшка *f* [*sg.*: -шки, -шці; *pl* шúшки, -'шóк, -'шкáм] B cone; knot; E knob.
шифр *m* cipher, code; pressmark; **~увáти** <за-> cipher, code.
шия *f* [*g/pl:* ший] neck; back.
шіст|деся́т sixty; **~деся́тий** sixtieth; **-'ка** [*g/pl:* -'ок] six; **~нáдцятий** sixteenth; **~нáдцять** sixteen; **~сóт** six hundred; **-'ь** six; шість разíв (раз) по six times.
шка|лá *f* [*pl st.*] scale; **~тýлка** *f* [*g/pl:* -лок] casket.
шкандибáти *s.* кульгáти.
шкáпа *f* jade.
шкаралýпа *f* [*pl. st.:* -лýпи] shell.
шкарубкúй hardened, horny.
шквал *m* squall, gust.
шків *m* E pulley.
шкідлúв|ий harmful, injurious, bad; **~а** звúчка bad habit; **~о** injuriously; badly.
шкіднú|к *m* **1.** Ac pest; **2.** saboteur, wrecker; **~цтво** *n* sabotage, wrecking; **~цький** sabotaging, wrecking.
шкільн|úй school...; ~óго вíку of school age.
шкíр|а *f* skin; leather; із ~и лíзти F do one's utmost; **~ка** *f* = шкурúнка peel; rind; cuticle; **~итися** F grin, jeer; **~янúй** leather...; ~янúй завóд tannery; **~янúк** *m* tanner.
шкóда **1.** *f* harm; injury; damage; **2.** *impers.* як ~! what a pity!; менí вас

~ I'm sorry for you; ~, що it's a pity (that).
шкóдити harm, injure, hurt, damage; ~ спрáві harm the cause; ~ здорóв'ю damage the health.
шкодувáти pity; be sorry (for, about); regret; не ~ зуси́ль (щоб) spare no pains (+ to *inf.*).
шкóл|а *f* school (*go* to до P; *be* at, in у M); ви́ща ~ academy; university; **~я́р** *m* schoolboy; **~я́рка** *f* schoolgirl.
шкребти́(ся) scrape, scratch.
шкря́бати 1. *s.* шкребти́; 2. scribble; **-ся** scratch, scrape.
шкýр|а *f* skin (*a.* ~ка *f* [*g/pl.*: -рок]), hide, pelt; **~ник** F *m* self-seeker.
шкутильгáти *s.* кульгáти.
шлагбáум *m* barrier, turnpike.
шлак *m* slag, scoria; cinder; clinker.
шланг *m* hose.
шліфувáти, <від-> grind; polish.
шлункóвий gastric, stomachic(al).
шлýнок *m* stomach.
шлюб *m* marriage; wedlock, matrimony; **∠ний** marriage...
шлю|з *m* sluice, lock; **∠пка** *f* [*g/pl.*: -пок] boat; launch.
шля́па *f* F milksop.
шлях *m* 1. road, way; route; track; waterway; 2. course; way; на прáвильному ~ý on the right road; 3. way, means *pl.*; ми́рним ~óм peacefully.
шляхéт|ний noble; high-minded, distinguished; lofty; precious; **~ність** *f* nobility.
шляхов|и́й road...; railway...; line...; **~ик** *m* railwayman.
шляхóм by means of, by.
шльоп F crack!; **∠ати** <∠нути> slap; shuffle; plump (*v/i.* F **-ся**; plop).
шмаг|áти, <~нýти> lash, whip.
шмат(óк) *m* shred, piece, bit.
шматувáти tear (up).
шмиг quick!; **~áти** F <~нýти> whisk, scurry, slip; dart, run about; *pf.* vanish (quickly).
шмóргати sniff (*nose*).
шні́цель *m* cutlet.
шнур *m* [*e.*] cord; El flex; **~óк** *m* [-ркá] shoestring, (shoe)lace; **~увáти**, <за-> lace (*or* tie) up.
шов *m* [шва] seam; E *a.* joint, junction; Me stitch.
шовк *m* [*g/sg. a.* у ~ý; *pl.*: шовки́, -áми, -áх, *etc. e.*] silk; *fig.* velvet; **~óвий** silk(en); **~ови́к** *m* silkworm; **~ови́стий** silky; **~óвиця** *f* mulberry (tree).
шоколáд *m* chocolate.
шокувáти shock.
шолóм *m* helmet.
шóмпол *m* [*pl.*: -ли] ramrod.
шóрник *m s.* ли́мар.
шорстки́й rough, (*hair, fabric*) coarse.
шосé *n* [*ind.*] high road, highway.
шóстий sixth.
шотлáнд|ець *m* [-дця] Scotchman, *pl.* the Scotch; **∠ія** *f* Scotland; **~ка** *f* [*g/pl.*: -док] Scotchwoman; **~ський** Scotch, Scottish.
шофéр *m* driver, chauffeur.
шпáга *f* sword.
шпагáт *m* packthread, string; *sport.* splits *pl.*
шпак *m* starling; **~íвня** *f* nestling box.
шпáла *f* Rr cross tie, *Brt.* sleeper.
шпалéр|и *pl.* wallpaper *sg.*; (*garden*) trellis, **~ник** *m* upholsterer.
шпáра *f* chink, crack, crevice; slit; E hole; pore.
шпа|ргáлка *f* F [*g/pl.*: -лок] pony, *Brt.* crib; **~т** *m min*, spar.
шпéтити, <ви́-> F dress down; scold, call down, blow up.
шпиг *s.* шпик[1].
шпиг|áти <~нýти> prick; taunt, gibe (at).
шпигу|вáти 1. spy; 2. <на-> lard; **∠н** *m*, **∠нка** *f* [*g/pl.*: -нок] spy; **∠нство** *n* espionage.
шпик 1. *m* slab bacon, fat; 2. *m* F sleuth.
шпи́лька *f* [*g/pl.*: -льок] hairpin; hat pin; tack; *fig.* taunt, twit (*vb.*: пусти́ти 3); англі́йська ~ safety pin.
шпинáт *m* spinach.
шпитáль *m* F hospital.
шпіонáж *s.* шпигýнство.
шпіц *m* Pomeranian (*dog*).
шпóр|а *f*, **~ити** spur.
шприц *m* syringe, squirt.
шпрóти *pl.* sprats, brislings.
шпýлька *f* [*g/pl.*: -льок] spool, bobbin.
шпур|ля́ти <~нýти> hurl, fling; *a.* **-ся** *impf.*
шрам *m* scar.
шрифт *m* type, print.
штаб *m* Ml staff; headquarters.
штáбель *m* [*pl.*: -лí, -лíв] pile.
штабни́й Ml staff...
штамп *m* stamp; E punch; cliche; stock-phrase; **~увáти** <від-> stamp; E *a.* press, punch.
штáнг|а *f* E pole; *sport.* weight; (*football*) goal-post; **~íст** *m* weight-lifter.
штани́ *pl.* pants, trousers.
штат *m* 1. state; 2. staff; **~и́в** *m* support; *phot.* tripod; **∠ний** (on the) staff.
штéмпел|ь *m* [*pl.*: -лí, -íв], **~ювáти** stamp; postmark.
штéпсель *m* [*pl.*: -лí, -лíв] plug; jack.
штик *m* [*e.*] *s.* багнéт.
шти|ль *m* calm; **~фт** *m* [*e.*] pin.

штовханина *f* turmoil.
штовх|áти *once* <~нýти> push, shove, thrust; *fig.* induce, prompt; F urge on, spur; **-ся** push (o.a.); F knock (at в 3; about).
штóпа|ння *n* darning; **~ти** <за-> darn; mend.
штóпор *m* corkscrew; A spin.
штó|ра *f* blind; curtain; **~рм** *m* storm; gale; **~ф** *m* quart, bottle; damask.
штраф *m* fine, penalty, mulct; **~нúй** fine...; penalty...; convict...; **~увáти**, <о-> fine.
штрейкбрéхер *m* strikebreaker.
штрих *m* stroke; trait; touch; **~увáти**, <за-> hatch; shade.
штýк|а *f* piece; F thing; fish; trick; story; business; point; *a. s.* фóкус; **~áр** *m s.* фóкусник; **~áрити** = утнýти ~у F trick.
штукатýр|ити <о->, **~ка** *f* plaster.
штурм *m* storm, onslaught; **∸ан** *m* navigator; **~овúк** *m* [*e*] battleplane; **~увáти** storm, assail.
штурхáн *m* kick.
штýчн|ий **1.** (by the) piece; **2.** artificial; E *a.* synthetic; **3.** affected, artificial; **~ість** *f* artificiality.
шýба *f* fur (coat).
шýлер *m* [*pl.*: -ú, *etc. e.*] sharper.
шулíка *m* kite.
шум *m* noise; din; rush; bustle; buzz; F hubbub, row, ado; ~ і гам hullabaloo; наробúти ∸у cause a sensation; **~лúвий** clamorous; **~íти** [*e.*; -лю, ~úш] make a noise; rustle; rush; roar; bustle; buzz; **∸ний** noisy, loud; sensational; **~овúй** noise...; jazz...; **~óк** *m* [-мкá]: під ~óк F on the sly.
шум|овúння *n* foam; froth; **~увáти** foam, froth; ferment; seethe.
шýрин *m* brother-in-law (*wife's brother*).
шýрх|іт *m* rustle; scrape; **~отáти** <~отíти> rustle; scrape, shuffle.
шýстрий F nimble.
шухля́да *f* drawer.
шушýкати(ся) F whisper.
шхýна *f* schooner.

Щ

щабéль *m* (*ladder's*) rung; *fig.* level; grade; підня́ти на вúщий ~ raise (smth.) to a higher level.
щавéль *m* [*e.*: -влю] B sorrel.
щадúти [*e.*: -джý, -дúш], <по-> spare.
щас|лúвець *m* F lucky man; **~лúвий** happy; fortunate, lucky; ~лúвої дорóги bon voyage!; **~лúво** **1.** F bye-bye!; so long!; **2.** happily; **~тúти** <по-> be lucky *or* fortunate; be a success; не ~тúти be a failure; **∸тя** *n* happiness;. good luck, fortune; на ∸тя fortunately, luckily; вáше ∸тя you were lucky.
ще **1.** (some) more, another; ~ хлíба some more bread; ~ чáю another cup of tea; **2.** still; yet (*negative*); ~ не пíзно it's not too late; **3.**: ~ в 1965 рóці as far back as 1965; as long ago as 1965; **4.** still, even; ~ бíльше still more; ~ й ~ more and more.
щебетáти chirp, twitter.
щéбінь *m* [-беню] road metal.
щéдр|ий liberal, generous, lavish; **~ість** *f* liberality, generosity, lavishness; **~о** generously, lavishly.
щéлепа *f* jaw; (full) denture.
щемíти ache feel constricted.
щеня́ *n* [-я́ти; *pl.* -я́та] puppy, whelp.
щéп|а *f* B graft; **~úти**, <при-> **1.** B graft; **2.** Me inoculate; **~úти** віспу vaccinate; **~лення** *n* **1.** B grafting; **2.** Me inoculation; vaccination.
щерб|áтий chipped; pitted; gap-toothed; **~úна** *f* pit; gap; notch.
щетúн|а *f* bristle(s); **~истий** bristly.
щúг|оль *m* [-гля] **1.** goldfinch; **2.** дáти ~ля F fillip (on по M).
щúколотка *f* [*g/pl.*: -ток] ankle.
щип|áти <(у) ~нýти> pinch tweak (*v/t.* за 3), (*a. cold*) nip; bite; **~цí** *pl.* [*e.*] tongs, pliers, pincers, nippers; Me forceps; (nut)crackers; **∸чики** *pl.* tweezers.
щúр|ий sincere; frank, candid; **~ість** *f* sincerety; candour; **~о** sincerely; candidly; **~осéрдий** open-hearted, frank, sincere.
щит *m* [*e.*] shield; buckler; screen, guard, protection; (snow)shed; (El switch) board; sluice gate; (tortoise) shell; **~овúдний** thyroid (*gland*).
щі *pl.* [*gen.*: щів] cabbage soup.
щілúна *f* chink, crack, crevice; E aperture, hole; замкóва ~ keyhole; Ml slit trench; голосовá ~ glottis.
щíтка *f* [*g/pl.*: ток] brush.

що 1. *pron.* what (*a.* ~за); that, which; how; (*a.* а ~ ?) why (so?); (*a.* а ~) what about; what's the matter; F а ~? well?; how (*or* as) much, how many; ось ~ the following; listen; that's it; ~ до мене́ as for me; ~ ви (ти)! you don't say!, what next!; нема́ за ~ (you are) welcome, *Brt.* don't mention it; ніза́що not for the world; ну ~ ж? what of that?; на ~ F however; з чо́го? F why?, wherefore?; ~ [й] говори́ти F sure; 2. *cj.* that; like, as if.

щоб (in order) that *or* to (*a.* з тим, ~); ~ не lest, for fear that; за́мість то́го, ~ + *inf.* instead of ...:ing; скажи́ йому́, ~ він + *pt.* tell him to *inf*; так ~ so that.

щове́чора every evening.

що́гла *f* mast; (*television, etc.*) tower.

щогоди́н|и hourly, every hour; **~ний** hourly.

щоде́нний daily; everyday.

що́до about, of, concerning, in regard to; ~ ме́не as to me, as far as I am concerned.

щоду́ху with all one's might.

що́йно just (now).

щока́ *f* [*ac/sg.*: що́ку; *pl.*: що́ки; щік; щока́м, *etc. e.*] cheek.

щомі́ся|ця monthly, every month; **~чний** monthly; **~чник** *m* monthly (*magazine*).

щонайбі́льше at most.

щонайме́нше at least.

що-не́будь [чого́-~] something; (*interr.* and *negative sentences*) anything.

щоно́чі every night, nightly.

щопра́вда true.

щора́з(у) every time.

щора́нку every morning.

щорі́чний yearly, annual.

щоро́ку yearly, every year.

щось 1. [чого́сь] *s.* що-не́будь; 2. rather, a bit; 3. somehow, for some reason or other мені́ ~ не ві́риться somehow I can't believe; 4. about.

щотижн|е́вий weekly, every week; **~евик** weekly (*magazine*); **~́я** every week, weekly.

щохвили́ни every minute.

щу́ка *f* pike (*fish*).

щу́лити 1. (*eyes*) narrow, screw up; 2. (*ears*) lay (one's ears) back.

щу́п|альце *n* [*g/pl.*: -ців] feeler, tentacle; **~ати** <по-> feel; touch; *fig.* sound; **~лий** puny, skinny.

щур *m zo.* 1. rat; 2. (*bird*) pine-finch.

Ю

ювелі́р *m* jeweller('s **~ний**).

ювіл|е́й *m* jubilee; **~е́йний** jubilee...; **~я́р** *m* p. celebraiting his jubilee.

югу́рт *m* yogurt.

юна́|к *m* [*g/pl.*: -кі́в] youth (*young man*); **~цтво** *n* youth; **~цький** youthful.

ю́нга *m* cabin boy.

ю́ний young, youthful.

ю́ність *f* youth (*age*).

юрб|а́ *f* crowd; P gang, horde, mob; **~и́тися** throng, pack; crowd (in, around).

юри|ди́чний juridical; of law; **~ско́нсульт** *m* legal adviser; **~́ст** *m* lawyer; F law student.

юр|ма́ *f s.* ~ба́; **~ми́тися** *s.* ~би́тися.

юро́дивий fool(ish) "in Christ"; mad, feeble-minded.

ю́рта *f* (*nomad's tent*) yurta.

юсти́ція *f* justice.

ю́хта *f* Russia leather; yuft.

ю́шка *f* broth, soup; fish-soup

Я

я I; це я it's me.

я́бед|а F *f* slander, talebearing; **~ник** *m* slanderer, informer; **~ничати** slander (*v/t.* на 3).

я́блу|ко *n* [*pl.*: -ки, -к] apple; (*eye*) ball; **~ня** *f* apple tree.

я́в|а *f thea.* scene; **~и́ти(ся)** *s.* явля́ти(ся); **~́ище** *n* phenomenon; fact, thing; occurrence, event; **~́ка** *f* presence, attendance; place of secret meeting; ~ля́ти, <∸ити> show; be: що він собо́ю являє? what kind of person is he? -ся appear, turn up; come; represent; ~ний open; obvious, evident; avowed; ~но obviously.

я́гідний berry...

ягня́ *n* lamb.

я́года *f* berry.

яд *m s.* отру́та.

я́дерний nuclear.

ядéрний F strong, stalwart, solid; pithy; fresh.

ядро́ *n* [*pl. st.*; g/*pl.*: я́дер] kernel; *phys.*, B nucleus; cannon ball; *fig.* core, pith.

яє́чн|ий egg...; **~я** *f* (scrambled *or* fried) eggs *pl.*

язи́к *m* 1. tongue; 2. clapper (*bell*); 3. Ml information prisoner; трима́ти ~ за зуба́ми hold one's tongue; **~а́тий** talkative; chatty; gossipy; **~о́вий** tongue...

язи́ч|ество *n* paganism; **~еський** pagan; **~ник** *m* pagan; **~о́к** *m* 1. *anat.* uvula; 2. boot-tongue.

яйцé *n* [*pl.*: я́йця, яє́ць, я́йцям] egg; *biol.* ovum (*pl.* ova).

як how; as; (as) like; what; since; F when; if; (+ *su.*, *adv.*) very (much), awfully; (+ *pf. vb.*) suddenly; я ба́чив, як він ішо́в... I saw him going ...; ~би мені́ (+ *inf.*) how am I to ...; ~ не however; (а) ~ же! sure!; ~же так? you don't say!; ~ ..., так і ... both ... and ...; ~ коли́, *etc.* that depends, ~ не (+ *inf.*) of course ...; ~ вам це подо́бається? what do you say?; **~найшви́дше, ~омо́га шви́дше** (кра́ще) as soon as (in the best way) possible.

якби́ if.

яки́й what, which; such as; F any; that; **~-небудь** (будь-~) any, some; F no more than, (only) about.

яки́йсь some (...*or* other); a sort of.

я́к|ір *m* [*pl.*: якорі́, *etc. e.*] anchor; (at на M); стоя́ти на ~орі lie at anchor; El armature, rotor.

я́кіс|ний 1. qualitative; 2. high-quality...; **~ть** *f* quality.

якнай|бі́льший the biggest, the largest; the greatest; **~кра́щий** the best; **~мéнший** the smallest, the least.

як-нéбудь somehow (*or* other); anyhow; sometime.

як-не-я́к still; and still.

якомо́га: ~ шви́дше as quick *or* fast as possible.

яко́сь (якось-то) 1. *adv.* somehow; somewhat; F once, one day; 2. *part.* such as.

як-о́т namely, for example.

якра́з just, right, exactly.

як слід F properly, well.

яку́т, ~ка, ~ський Yakut; ~ська мо́ва Yakut, the Yakut language.

якщо́ if, in case; once (*a.* ~ вже).

я́лик *m* jolly boat.

яли́н|а, ~ка *f* [g/*pl.*: -нок] fir(-tree), spruce.

я́ловичи|на *f*, **~й** beef.

я́ма *f* hole, pit; F dungeon; **~(оч)ка** *f* [g/*pl.*: ямо́(чо́)к] dimple.

ямщи́к *m* [*e.*] coachman, driver.

янта́р *m* [*e.*] amber; **~ний** amber; amber-coloured.

япо́н|ець *m* [-нця], **~ка** *f* [g/*pl.*: -нок], **~ський** Japanese; **≗ія** *f* Japan.

яр *m* [я́ру; *pl.*: яри́, ярі́в] ravine.

я́рий 1. *s.* ярови́й; 2. bright, dazzling; 3. violent, ardent; passionate.

яр|ли́к *m* [*e.*] label; **∸марок** [g/*pl.*: -рку] fair (at на M).

ярмо́ *n* [*pl.*: я́рма, я́рем, *etc. st.*] yoke; *a. fig.* burden.

ярові|и́й 1. spring...; ~а́ пшени́ця *f* spring wheat; 2. ~і *su. pl.* spring crops.

я́рус *m* circle (*thea.*); layer (*geol.*).

я́сен *m* ash (*tree*).

яскра́вий bright; glaring; vivid, rich (*colo[u]r*); blazing; *fig.* striking, outstanding.

я́сла *pl.* [*gen.*: я́сел] crib, manger; day nursery, *Brt.* creche.

я́сна *pl. anat.* gum.

ясн|ови́дець *m* [-дця] clairvoyant; **∸и́й** clear; bright; fine; limpid; distinct; evident; plain (*answer*); lucid (*style*); **∸ість** *f* clarity; **∸о** 1. clearly; distinctly; 2. *impers.*: сього́дні ∸о ti is bright today; було́ ∸о, що it was clear that.

я́струб *m* [*pl.*: -и́, *etc. e.*] hawk.

я́трити chafe; irritate; ~ старі́ ра́ни re-open old sores.

я́хта *f* yacht.

яч|мі́нь *m* 1. [-мéню, *etc. st.*] barley; 2. [-меня́, *etc. e.*] Me sty.

я́щик *m* box, case, chest; drawer; відклада́ти в до́вгий ~ shelve.

я́щірка *f* lizard.

American and British Geographical Names

Американські та британські географічні назви

A

Aberdeen [æbə'di:n] м. Абердін
Abkhazia [ɑbk'æziə] Абхазія
Adelaide ['ædəleid] м. Аделаїда
Aden ['eidn] м. Аден
Africa ['æfrikə] Африка
Alabama [ælə'bɑ:mə] Алабáма
Alaska [ə'læskə] Аляска
Albany ['ɔ:lbəni] Албáнія
Alleghany ['æligeini] **1.** Алегáни *pl.* (гори); **2.** Аллегéйні (річка)
America [ə'merikə] Амéрика
Antilles [æn'tili:z] Антúльські острови́
Antwerp ['æntwə:p] Антвéрпен
Arabia [ə'reibjə] Арáвія
Argentina [ɑ:d:ʒən'ti:nə] Аргентúна
Arizona [æri'zounə] Арізóна (штат у США)
Arkansas ['ɔ:kənsɔ: (штат у США), ɔ:'kænsəs (річка в США)] Аркáнзас
Ascot ['æskət] м. Ескот
Asia ['eiʃə] Áзія; ~ *Minor* Малá Áзія
Auckland ['ɔ:klənd] м. Окленд (порт у Новій Зеландії)
Australia [ɔ:s'treiljə] Австрáлія
Austria ['ɔ:striə] Áвстрія
Azerbaijan [æzebɑɑi'dʒɑ:n] Азербайджан
Azores [ə'zɔ:z] Азóрські острови́

B

Bahamas [bə'hɑ:məz] Багáмскі острови́
Balkans ['bɔ:lkənz]: *the* ~ Балкáни
Baltic Sea ['bɔ:ltik'si:] Балтійске мóре
Baltimore ['bɔ:ltimɔ:] м. Бáлтимор
Barents Sea ['bɑ:rənts'si:] Бáренцове море
Bavaria [bə'vɛəriə] Бавáрія
Belarus [belə'rʌs] Біларусь
Belfast ['belfɑ:st] м. Бéлфаст (столúця Північної Ірлáндії)
Belgium ['beldʒəm] Бéльгія
Belorussia [beləu'rʌʃə] Білорусія
Bengal [beŋ'gɔ:l] Бенгáлія
Berlin ['bə:'lin, bə:'lin] м. Берлін
Bermudas [bə(:)'mju:dəz] Бермýдські острови́
Birmingham ['bə:miŋəm] м. Бірмінгем
Biscay ['biskei]: *Bay of* ~ Біскáйська затóка
Black Sea ['blæk'si:] Чóрне мóре
Boston ['bɔstən] м. Бостóн
Brazil [brə'zil] Бразúлія
Brighton ['braitn] м. Брáйтон
Bristol ['bristl] м. Брúстоль (порт і торгове місто на півдні Англії)
Britain ['britən] (*Great* Велико-)Бритáнія; *Greater* ~ Великобритáнія з колóніями, Британська імпéрія
Brooklyn ['bruklin] Брýклін
Brussels ['brʌslz] м. Брюссéль
Burma ['bə:mə] Бірма
Bulgaria [bʌl'gɛəriə] Болгáрія
Byelorussia [bjelou'rʌʃə] Білорýсь

C

Calcutta [kæl'kʌtə] м. Калькýтта
California [kæli'fɔ:njə] Каліфóрнія
Cambridge ['keimbridʒ] м. Кéмбрідж
Canada ['kænədə] Канáда
Canary [kə'nɛəri]: ~ *Islands* Канáрські острови́
Canterbury ['kæntəbəri] м. Кéнтербері
Capetown ['keiptaun] м. Кéйптаун
Cardiff ['kɑ:dif] м. Кáрдіф
Caribbean Sea [kæ'ribi:ən'si:] Карúбське мóре
Carolina [kærə'lainə] Каролíна (*North* Північна, *South* Півдéнна)
Ceylon [si'lɔn] о. Цейлóн
Chesterfield ['tʃestəfi:ld] м. Чéстерфільд
Cheviot ['tʃeviət]: ~ *Hills* Чевіóтські гóри
Chicago [ʃi'kɑ:gou, *a.* ʃi'kɔ:gou] м. Чикáго
Chile ['tʃili] Чúлі
China ['tʃainə] Китáй.
Cincinnati [sinsi'næti] м. Цинцінáті
Cleveland ['kli:vlənd] м. Клівленд
Clyde [klaid] р. Клáйд
Colorado [kɔlə'rɑ:dou] Колорáдо
Columbia [kə'lʌmbiə] Колýмбія (річка, місто, адм. округ)

Connecticut [kə'nektikət] Коннéктікут (річка і штат в США).
Cordilleras [kɔ:di'ljɛərəz] Кордильéри (гори)
Coventry ['kɔvəntri] м. Кóвентрі
Crimea [kraimiə] Крим
Croatia [krəu'eiʃə] Хорватія
Cyprus ['saiprəs] о. Кіпр

D

Dakota [də'koutə] Дакóта (*North* Північна, *South* Півдéнна)
Denmark ['denma:rk] Дáнія
Danube ['dænju:b] р. Дунáй
Delhi ['deli] м. Дéлі
Detroit [də'trɔit] м. Детрóйт
Dover ['douvə] м. Дувр
Dublin ['dʌblin] м. Дýблін
Dunkirk [dʌn'kə:k] м. Дюнкéрк

E

Edinburgh ['edinbərə] м. Едінбург
Egypt ['i:dʒipt] Єгúпет
Eire ['ɛərə] Ейре
England ['iŋglənd] Áнглія
Erie ['iəri] : *Lake* ~ óзеро Ері
Estonia [i'stouniə] Естонія
Eton ['i:tn] м. Ітон
Europe ['juərəp] Єврóпа

F

Falkland ['fɔ:klənd]: ~ *Islands* Фолклéндські островú
Florida ['flɔridə] Флорúда
Folkestone ['foukstən] м. Фóлкстон
France [fra:ns] Фрáнція

G

Galveston(e) ['gælvistən] м. Гáлвестон
Geneva [dʒi'ni:və] м. Женéва
Georgia ['dʒɔ:dʒiə] Джóрджія (штат у США).
Germany ['dʒə:məni] Німéччина
Gettysburg ['getizbə:g] м. Гéттісберг
Ghana [ga:nə] Гáна
Glasgow ['gla:sgou] м. Глáзго
Gloucester ['glɔstə] м. Глóстер
Greenwich ['grinidʒ] м. Грúн(в)ич
Guernsey ['gə:nzi] о. Гéрнсі
Guiana [gi'a:nə] Гвіáна
Guinea ['gini] Гвінéя

H

Haiti ['heiti] о. Гаї́ті
Halifax ['hælifæks] м. Гáліфакс
Harwich ['hæridʒ] м. Хáридж
Hawaii [ha:'waii] Гавáйї
Hebrides ['hebridi:z] Гебрúдські островú
Heligoland ['heligoulænd] о. Гéльголанд
Hindustan [hindu'stæn, -'sta:n] Гіндустáн
Hollywood ['hɔliwud] м. Голлівуд
Hudson ['hʌdsn] р. Гýдзóн
Hull [hʌl] м. Гулль
Hungary ['hʌŋgəri] Угóрщина
Huron ['hjuərən]: *Lake* ~ óзеро Гýрóн

I

Iceland ['aislənd] Ісл́андія
Idaho ['aidəhou] Айдáхо
Illinois [ili'nɔi] Іллінóйс
India ['indjə] Індія
Indiana [indi'ænə] Індіáна
Iowa ['aiouə] Áйова
Irak, Iraq [i'ra:k] Ірáк
Iran [iə'r…a:n] Ірáн
Ireland ['aiələnd] Ірлáндія
Italy ['itəli] Італія

J

Jersey ['dʒə:zi] **1.** о. Джéрсі; **2.** ~*City* м. Джéрсі-Сіті

K

Kansas ['kænzəs] Кáнзáс
Karachi [kə'ra:tʃi] м. Карáчі
Kashmir [kæʃ'miə] Кашмíр
Kazakhstan [ka:za:kstæn] Казахстан
Kentucky [ken'tʌki] Кентуккі
Kenya ['ki:njə, 'kənjə] Кéнія
Klondike ['klɔndaik] Клóндайк
Korea [ko'riə] Корéя

L

Labrador ['læbrədɔ:] п-в Лабрадóр
Lancaster ['læŋkəstə] м. Лáнкáстер
Latvia ['lætviə] Латвія
Leeds [li:dz] м. Лідс
Leicester ['lestə] Лéстер
Lincoln ['liŋkən] м. Лінкольн
Liverpool ['livəpu:l] м. Ліверпул(ь)
Lithvania [liθju:einiə] Литва
London ['lʌndən] м. Лóндон
Los Angeles [lɔs'ændʒili:z] м. Лос-

Анджелес
Louisiana [lu(:)i:zi'ænə] Луїзіана

M

Mackenzie [mə'kenzi] р. Макéнзі
Madras [mə'dræs] м. Мадрáс
Maine [mein] Мен
Malta ['mɔ:ltə] о. Мáльта
Manchester ['mæntʃistə] м. Мáнчестер
Manhattan [mæn'hætən] Манхéттен
Manitoba [mæni'toubə] Манітóба
Maryland ['meriland, *Brt.* mɛəri-] Мéриленд
Massachusetts [mæsə'tʃu:sets] Массачýсетс
Melbourne ['melbən] м. Мéльбурн.
Miami [mai'æmi] м. Майя́мі
Michigan ['miʃigən] Мічиган (штат у США); *Lake* ~ óзеро Мічиган.
Milwaukee [mil'wɔ:ki(:)] м. Мілоуóкі
Minneapolis [mini'æpəlis] м. Міннеáполіс
Minnesota [mini'soutə] Міннесóта
Mississippi [misi'sipi] Міссісіпі (річка і штат)
Missouri [mi'zuəri, *Brt.* mi'suəri] Міссурі (річка і штат)
Montana [mɔn'tɑ:nə] Монтáна (штат у США)
Montenegro [mɔnti'ni:greu] Чорногорія
Montreal [mɔntri'ɔ:l] м. Монреáль
Moscow ['mɔskou] м. Москвá
Munich ['mju:nik] м. Мюнхен
Murray ['mʌri] р. Мýррей (Мáррі)

N

Natal [nə'tæl] м. Натáль
Nebraska [ni'bræskə] Небрáска (штат у США)
Newcastle ['nju:kɑ:s] м. Ньюкáсл
Newfoundland [nju:faundlənd, nju:fənd'lænd] о. Ньюфаундлéнд
New Hampshire [nju:'hæmpʃiə] Нью-Хéмпшир (штат у США)
New Jersey [nju:'dʒə:zi] Нью-Джéрсі (штат у США)
New Mexico [nju:'meksikou] Нью-Мéксико (штат у США)
New Orleans [nju:'ɔ:liənz] м. Новий Орлеан
New York ['nju:'jɔ:k] Нью-Йóрк (місто і штат в США).
New Zealand [nju:'zi:lənd] Новá Зелáндія
Niagara [nai'ægərə] р. Ніагáра, ~ *Falls* Ніагáрські водоспáди
Nigeria [nai'dʒiəriə] Нігéрія
Northampton [nɔ:'θæmptən] Нортгéмптон
Norway ['nɔ:wei] Норвéгія
Nottingham ['nɔtiŋəm] м. Нóттингем

O

Oceania [ouʃi'einiə] Океáнія
Ohio [ou'haiou] Огáйо (річка і штат)
Oklahoma [ouklə'houmə] Оклахóма (штат у США)
Ontario [ɔn'tɛəriou] Онтáріо; *Lake* ~ óзеро Онтáріо
Oregon ['ɔrigən] Орегóн (штат у США)
Orkney ['ɔ:kni]: ~ *Islands* Оркнéйські островú
Osetia [os'ətiə] Осетія
Ottawa ['ɔtəwə] м. Оттáва
Oxford ['ɔksfəd] м. Оксфорд

P

Pakistan ['pɑ:kis'tɑ:n] Пакистáн
Paris ['pæris] м. Парúж
Pennsylvania [pensil'veinjə] Пенсильвáнія (штат у США)
Philadelphia [filə'delfjə] м. Філадéльфія
Philippines ['filipi:nz] Філіппіни
Pittsburg(h) ['pitsbə:g] м. Пітсбург
Plymouth ['pliməθ] м. Плімут
Poland ['poulənd] Пóльща
Portsmouth ['pɔ:tsmeθ] м. Пóртемут
Portugal ['pɔ:tjugəl] Португáлія
Punjab [pʌn'dʒɑ:b] Пенджáб

Q

Quebec [kwi'bek] Квебéк

R

Rhine [rain] р. Рейн
Richmond ['ritʃmənd] м. Річмонд
Rhode Island [roud'ailənd] Род-Áйленд (штат у США)
Rhodes [roudz] о. Рóдос
Rhodesia [rou'di:ziə] Родéзія
Rome [roum] м. Рим
Russia ['rʌʃə] Росíя

S

Serbia [sɜ:rbiə] Сербія
Scandinavia [skændi'neivjə] Скандинáвія

Scotland ['skɔtlənd] Шотла́ндія
Seattle [si'ætl] м. Сіе́тл
Seoul [soul] м. Сеу́л
Sheffield ['ʃefi:ld] м. Ше́ффільд
Shetland ['ʃetlənd]: *the ~ Islands* Шотла́ндські острови́
Siberia [sai'biəriə] Сибі́р
Singapore [siŋgə'pɔ:] м. Си́нгапу́р
Slovakia [slovækiə] Словакя
Slovenia [sləvi:niə] Словенія
Soudan [su(:)'dæn] Суда́н
Southampton [sauθ'æmptən] м. Саутге́мптон
Spain [spein] Іспа́нія
St. Louis [snt'luis] м. Сент-Лу́їс
Stratford ['strætfəd]: ~ on Avon м. Стра́тфорд-на-Ейвоні
Sweden ['swi:dn] Шве́ція
Switzerland ['switsələnd] Швейца́рія
Sydney ['sidni] м. Сі́дней

T

Tadzhikistan (Tajikistan) [tədʒi:kistɑ:n] Таджикістан
Tartarstan (Tatarstan) [tɑ:tə(r)stæn] Татарстан
Tennessee [tene'si:] Теннессі́ (річка і штат у США).
Texas ['teksəs] Теха́с (штат у США).
Thames [temz] р. Те́мза
Toronto [tə'rɔntou] м. Торо́нто
Trafalgar [trə'fælgə] Трафальга́р
Transvaal ['trænzvɑ:l] Трансваа́ль
Turkey ['tə:ki] Ту́рція
Turkmenistan [tз:kmeni'stɑ:n] Туркменістан

U

Ukraine [ju:krein] Україна
Utah ['ju:tɑ:] Юта (штат у США)
Uzbekistan [ʌzbeki'stɑ:n] (uz-) Узбекістан

V

Vancouver [væn'ku:və] м. Ванку́вер
Vermont [və:'mɔnt] Вермо́нт (штат у США)
Vienna [vi'enə] м. Ві́день
Virginia [və'dʒinjə] Вірджи́нія (штат у США).

W

Wales [weilz] Уе́льс
Washington ['wɔʃiŋtən] Ва́шингто́н (місто і штат у США)
Wellington ['weliŋtən] м. Ве́ллінгтон (столиця Нової Зела́ндії)
West Virginia ['westvə'dʒinjə] За́хідна Вірджи́нія (штат у США)
Winnipeg ['winipeg] Вінніпег (місто озеро в Кана́ді)
Wisconsin [wis'kɔnsin] Віско́нсин (річка і штат у США)
Worcester ['wustə] м. Ву́стер
Wyoming [wai'oumiŋ] Вайо́мінг (штат у США)

Y

York [jɔ:k] Йорк
Yugoslavia *іст.* ['ju:gou'slɑ:viə] Югосла́вія

ЧИСЛІВНИКИ — NUMERALS

Кількісні

Cardinals

0 нуль naught, zero, cipher.
1 оди́н, одна́, одно́ one.
2 два, дві two.
3 три three.
4 чоти́ри four.
5 п'ять five.
6 шість six.
7 сім seven.
8 ві́сім eight.
9 де́в'ять nine.
10 де́сять ten.
11 одина́дцять eleven.
12 двана́дцять twelve.
13 трина́дцять thirteen.
14 чотирна́дцять fourteen.
15 п'ятна́дцять fifteen.
16 шістна́дцять sixteen.
17 сімна́дцять seventeen.
18 вісімна́дцять eighteen.
19 дев'ятна́дцять nineteen.
20 два́дцять twenty.
21 два́дцять оди́н (одна́, одно́) twenty-one.
22 два́дцять два (дві) twenty-two.
23 два́дцять три twenty-three.
30 три́дцять thirty.
40 со́рок forty.
50 п'ятдеся́т fifty.
60 шістдеся́т sixty.
70 сімдеся́т seventy.
80 вісімдеся́т eighty.
90 дев'яно́сто ninety.
100 сто (a *або* one) hundred.
200 дві́сті two hundred.
300 три́ста three hundred.
400 чоти́риста four hundred.
500 п'ятсо́т five hundred.
600 шістсо́т six hundred.
700 сімсо́т seven hundred.
800 вісімсо́т eight hundred.
900 дев'ятсо́т nine hundred.
1000 (одна́) ти́сяча (a *або* one) thousand.
60140 шістдеся́т ти́сяч сто со́рок sixty thousand one hundred and forty.
1000000 (оди́н) мільйо́н (a *або* one) million.
1000000000 (оди́н) мілья́рд (a *або* one) milliard *or* більйо́н *Am.* billion.

Порядкові

Ordinals

1st	пéрший first.	30th	тридця́тий thirtieth.
2nd	дру́гий second.	40th	сорокóвий fortieth.
3rd	трéтій third.	50th	п'ятдеся́тий fiftieth.
4th	четвéртий fourth.	60th	шістдеся́тий sixtieth.
5th	п'я́тий fifth.	70th	сімдеся́тий seventieth.
6th	шóстий sixth.	80th	вісімдеся́тий eightieth.
7th	сьóмий seventh.	90th	дев'янóстий ninetieth.
8th	вóсьмий eighth.	100th	сóтий (one) hundredth.
9th	дев'я́тий ninth.	200th	двохсóтий two hundredth.
10th	деся́тий tenth.	300th	трьохсóтий three hundredth.
11th	одинáдцятий eleventh.		
12th	дванáдцятий twelfth.	400th	чотирьохсóтий four hundredth.
13th	тринáдцятий thirteenth.		
14th	чотирнáдцятий fourteenth.	500th	п'ятисóтий five hundredth.
15th	п'ятнáдцятий fifteenth.	600th	шестисóтий six hundredth.
16th	шістнáдцятий sixteenth.	700th	семисóтий seven hundredth.
17th	сімнáдцятий seventeenth.	800th	восьмисóтий eight hundredth.
18th	вісімнáдцятий eighteenth.		
19th	дев'ятнáдцятий nineteenth.	900th	дев'ятисóтий nine hundredth.
20th	двадця́тий twentieth.		
21st	двáдцять пéрший twenty-first.	1000th	ти́сячний (one) thousandth.
22nd	двáдцять дру́гий twenty-second.	60140th	шістдеся́т ти́сяч сто сорокóвий sixty thousand one hundred and fortieth.
23rd	двáдцять трéтій twenty third.	1000000th	мільйóнний millionth.

AMERICAN AND BRITISH MEASURES AND WEIGHTS

АМЕРИКАНСЬКІ ТА БРИТАНСЬКІ МІРИ ДОВЖИНИ І ВАГИ (МАСИ)

1. Мíри довжини́

1 line (l.) лíнія = 2,12 мм
1 inch (in.) дюйм = 2,54 см
1 foot (ft.) фут = 30,48 см
1 yard (yd.) ярд = 91,44 см

2. Морськí мíри

1 fathom (f., fm.) морськи́й сáжень = 1,83 м
1 cable('s)length кáбельтів = 183 м, у США = 120 морськи́х сáженів = 219 м
1 nautical mile (n.m.) *or* **1 knot** морськá ми́ля = 1852 м

3. Квадрáтні мíри

1 square inch (sq.in.) квадрáтний дюйм = 6,45 кв.см
1 square foot (sq.ft.) квадрáтний фут = 929,03 кв.см
1 square yard (sq.yd.) квадрáтний ярд = 8361,26 кв.см
1 square rod (sq.rd.) квадрáтний род = 25,29 кв.м
1 rood (ro.) руд = 0,25 áкра.
1 acre (a.) акр = 0,4 га
1 square mile (sq.ml.) квадрáтна ми́ля = 259 га

4. Мíри об'є́му

1 cubic inch (cu.in.) кубíчний дюйм = 16,387 куб.см
1 cubic foot (cu.ft.) кубíчний фут = 28316,75 куб.см
1 cubic yard (cu.yd.) кубíчний ярд = 0,765 куб.м
1 register ton (reg.ton) реєстрóва тóнна = 2,832 куб.м

5. Мíри є́мності (рідки́х і сипу́чих тіл)

1 Brit. *or* **Imperial gill (gl., gi.)** стандáртний або англíйський джил = 0,142 л
1 Brit. *or* **Imperial pint (pt.)** стандáртна або англíйська пíнта = 0,568 л
1 Brit. *or* **Imperial quart (qt.)** стандáртна або англíйська квáрта = 1,136 л
1 Brit. *or* **Imperial gallon (Imp.gal.)** стандáртний або англíйський галóн = 4,546 л

6. Мíри сипу́чих тіл

Британські

1 Brit. *or* **Imperial peck (pk.)** стандáртний або англíйський пек = 9,086 л
1 Brit. *or* **Imperial bushel (bu., bus.)** стандáртний або англíйський бу́шель = 36,35 л
1 Brit. *or* **Imperial quarter (qr.)** стандáртна або англíйська чéтверть = 290,8 л

Американські

1 U.S. dry pint америкáнська сухá пíнта = 0,551 л
1 U.S. dry quart америкáнська сухá квáрта = 1,1 л
1 U.S dry gallon америкáнський сухи́й галóн = 4,4 л
1 U.S. peck америкáнський пек = 8,81 л
1 U.S. bushel америкáнський бу́шель = 35,24 л

7. Мі́ри рідки́х тіл

Британські

1 **Brit.** *or* **Imperial barrel (bbl., bl.)** станда́ртний або англі́йський ба́ррель = 1,636 га

Американські

1 **U.S. liquid gill** америка́нський джил (ріди́ний) = 0,118 л
1 **U.S. liquid pint** америка́нська пі́нта (ріди́ний) = 0,473 л
1 **U.S. liquid quart** америка́нська ква́рта (ріди́ний) = 0,946 л
1 **U.S. liquid gallon** америка́нський гало́н (ріди́ний) = 3,785 л
1 **U.S. barrel** америка́нський ба́ррель = 119 л
1 **U.S. barrel petroleum** америка́нський ба́ррель нафти = 158,97 л

8. Торго́ві мі́ри ваги́

1 **grain (gr.)** гран = 0,0648 г
1 **dram (dr.)** дра́хма = 1,77 г
1 **ounce (oz.)** у́нція = 28,35 г
1 **pound (lb.)** фу́нт = 453,59 г
1 **quarter (qr.)** че́тверть = 12,7 кг, у США = 11,34 кг
1 **hundredweight (cwt.)** це́нтнер = 50,8 кг, у США = 45,36 кг
1 **stone (st.)** стон = 6,35 кг
1 **ton (tn., t.)** тонна 1016 кг (тако́ж long ton: tn.l.), у США = 907,18 кг (тако́ж short ton: tn.sh.)

ДЛЯ НОВИХ СЛІВ ТА НОТАТОК

ДЛЯ НОВИХ СЛІВ ТА НОТАТОК

ДЛЯ НОВИХ СЛІВ ТА НОТАТОК

ДЛЯ НОВИХ СЛІВ ТА НОТАТОК

ДЛЯ НОВИХ СЛІВ ТА НОТАТОК

ДЛЯ НОВИХ СЛІВ ТА НОТАТОК

ДЛЯ НОВИХ СЛІВ ТА НОТАТОК

Довідкове видання

СЛОВНИК
АНГЛІЙСЬКО-УКРАЇНСЬКИЙ
УКРАЇНСЬКО-АНГЛІЙСЬКИЙ

2-ге видання, стереотипне

Упорядкування та загальна редакція
Бусела Вячеслава Тимофійовича

Відповідальна за випуск *Т. П. Боброва*
Художнє оформлення *Т. В. Бусела*
Комп'ютерна верстка *І. А. Білоконь, О. А. Булдашової*
Коректор *Т. О. Йовенко*
Координатори поліграфічного виконання:
Т. П. Боброва, Д. О. Петкевич

Підп. до друку 30.07.2010. Формат 70х84/32.
Папір офсетний. Друк офсетний.
Гарнітура Тип Таймс. Ум. друк. арк. 15,8.
Ум. фарбовідб. 16,64. Обл.-вид. арк. 41,3.
Зам. № 0-84

Видавничо-торгова фірма «Перун».
08200, Київська обл., Ірпінь, вул. Київська, 73-а.
Свідоцтво про внесення до державного реєстру:
серія ДК № 18 від 20.03.2000 р.

Видано коштом видавництва ВТФ «Перун».

Віддруковано в ЗАТ «КНИГА».
04053, Київ-53, вул. Артема, 25.
Свідоцтво про внесення до Державного реєстру
виготівників
Серія ДК № 2325 від 25.10.2005 р.

Видрукувано в Україні. Printed in Ukraine.

А
Б
В
Г
ҐД
Е
ЄЖ
З
І
ЇЙ
К
Л
М
Н
О
П
Р
С
Т
У
Ф
Х
Ц
Ч
Ш
Щ
ЮЯ

ВЕЛИКОБРИТАНІЯ

АВСТРАЛІЯ

ГРЕНАДА

ІНДІЯ

КАМЕРУН

КАНАДА

НІГЕРІЯ

НОВА ЗЕЛАНДІЯ

П

СІНГАПУР

США

С